Am Ende des realen Sozialismus (3)
Opposition in der DDR von den 70er Jahren
bis zum Zusammenbruch der SED-Herrschaft

Am Ende des realen Sozialismus

Beiträge zu einer Bestandsaufnahme der DDR-Wirklichkeit in den 80er Jahren

Herausgegeben von

Eberhard Kuhrt
in Verbindung mit
Hannsjörg F. Buck und
Gunter Holzweißig

im Auftrag des Bundesministeriums des Innern

Band 3

Opposition in der DDR von den 70er Jahren bis zum Zusammenbruch der SED-Herrschaft

Herausgegeben von

Eberhard Kuhrt
in Verbindung mit
Hannsjörg F. Buck und
Gunter Holzweißig

im Auftrag des Bundesministeriums des Innern

Leske + Budrich, Opladen 1999

Die Deutsche Bibliothek – CIP-Einheitsaufnahme
Ein Titeldatensatz für diese Publikation ist bei Der Deutschen Bibliothek erhältlich.

Gedruckt auf säurefreiem und alterungsbeständigem Papier.

Diese Veröffentlichung stellt keine Meinungsäußerung des Bundesministeriums des Innern dar. Für die inhaltlichen Aussagen tragen die jeweiligen Autoren die Verantwortung.

Satz: Leske + Budrich
Druck: Druck Partner Rübelmann, Hemsbach
Printed in Germany

Inhalt

IV. 1983–1988: Von den Friedensgruppen zur Opposition

V. Die Ausreisebewegung

VI. 1989: Von der Opposition zur Revolution

VII. Resümee

Anhang

Grußwort

Der Sturz der SED-Herrschaft durch einen unblutigen Volksaufstand vor zehn Jahren gehört zu den herausragenden Ereignissen unserer Geschichte. Die entscheidenden Träger dieses Ereignisses waren die Menschen in der DDR. Zunächst waren es die Ausreisewilligen, die ihrem Wunsch auch öffentlich Nachdruck gaben: „Wir wollen raus!" Dann aber kam die wachsende Zahl derer, die in immer stärkeren Demonstrationen grundlegende Veränderungen in der DDR selbst forderten: „Wir bleiben hier!" war kein Versprechen, sondern die Forderung, die Verhältnisse so umzugestalten, daß ein „Hier"-Bleiben in Freiheit möglich wurde.

Und dann kam der entscheidende Durchbruch: Mit dem Ruf „Wir sind das Volk!" machten die Demonstranten ihren Anspruch geltend, nicht länger Untertanen einer alles wissenden und alles regelnden Partei, sondern freie Bürger zu sein. Viele Menschen – auch Zeitzeugen, die in diesem Band zu Worte kommen – haben darüber berichtet, dass die Entdeckung der Fähigkeit zu selbstbestimmtem Handeln die für sie befreiende Erfahrung dieser Tage war. Und aus diesem Ruf wurde die Forderung „Wir sind ein Volk", als erkennbar wurde, dass die Wiedervereinigung in den Bereich realer Möglichkeiten rückte und, mit den Worten Willy Brandts, zusammenwachsen konnte, was zusammengehört.

„Mit ihrer Zivilcourage" – so hat es Bundeskanzler Schröder im Deutschen Bundestag am 9. November 1999 formuliert – „haben die Menschen in der damaligen DDR die deutsche Geschichte um etwas Einmaliges bereichert: die Erfahrung, dass friedliche Beharrlichkeit und demokratischer Gemeinsinn Diktaturen zu Fall bringen können."

Dass dies im Herbst 1989 möglich wurde, dafür schufen diejenigen die Voraussetzung, von denen in diesem Band die Rede ist: die zunächst kleine und heterogene Gruppe der „Opposition in der DDR". Diese Oppositionellen haben seit den 70er Jahren daran gearbeitet, neue, nicht SED-konforme Vorstellungen von Friedenssicherung, Umweltschutz, Menschenrechten, Grundfreiheiten und Demokratie zu entwickeln, zu verbreiten und öffentlich zu diskutieren, und sie standen für diese Ziele ein gegen den Druck von SED, MfS und politischer Justiz, gegen den ganzen aufgeblähten Sicherheitsapparat, mit dem die herrschende Partei gegen diese quantitativ kleine Schar zu Felde zog. Sie waren daher 1989 auch der Kern, an dem sich die latente Unzufriedenheit der Menschen kristallisieren konnte, als die politischen Rahmenbedingungen, die Impulse, die von der Öffnungspolitik Gorbatschows ausgingen, dies ermöglichten. Vor allem gaben die Bürgerrechtler das Beispiel dafür, dass es möglich war, auch dem scheinbar allmächtigen Apparat der totalitären Diktatur gegenüber die Angst zu überwinden und aufrecht seinen Weg zu gehen.

Die DDR-Opposition gehört der Geschichte an. Ihre zentralen Ziele, in denen sie sich, bei aller sonstigen Verschiedenheit, einig war – Beseitigung der Diktatur, Wiederherstellung von Freiheit, Demokratie und Rechtsstaatlichkeit – sind verwirklicht. Unabhängig davon, welche weiteren politischen Vorstellungen die Oppositionellen im einzelnen verfolgten, bleibt die Haltung wichtig, in der sie damals gehandelt haben: Der Wille zur Selbstbestimmung, auch zur geistigen Eigenverantwortlichkeit, die Zivilcourage, auch gegen Druck zu den eigenen Überzeugungen zu stehen, und die Bereitschaft, sich für die Gesellschaft zu engagieren. Diese Haltung gehört zu den geistigen Grundlagen jedes freiheitlichen Gemeinwesens – auch des wiedervereinigten demokratischen Deutschland.

Otto Schily
Bundesminister des Innern

Vorwort der Herausgeber

Es war das Zusammenwirken von drei Faktoren, das im Sommer und Herbst 1989 die latente Dauerkrise der DDR zu einer akuten Existenzkrise verschärfte. Der erste war eine Rahmensituation, in der die SED-Führung im eigenen Staat – vor allem durch eine sich zuspitzende wirtschaftliche Krisenlage – und innerhalb des östlichen Bündnisses – durch eine zunehmende Spannung zur Vormacht – geschwächt war und sich dadurch in ihren Möglichkeiten eingeschränkt sah, auf Veränderungs- und Reformforderungen durchgängig mit repressiven Mitteln zu reagieren. Als elementarer zweiter Faktor erwies sich eine tiefgreifende Unzufriedenheit in der breiten Bevölkerung. Unter „normalen" Umständen latent und ohne unmittelbare politische Wirkung, konnte sie unter den Bedingungen der späten 80er Jahre – angesichts enttäuschter Erwartungen auf eine die Anstöße Gorbatschows aufnehmende Reformpolitik – manifest werden. Voraussetzung dafür war der dritte Faktor: das Vorhandensein eines Kristallisationskerns, der dieser wachsenden Unzufriedenheit mindestens rudimentäre Artikulations-, Organisations- und Aktionsformen bereitstellte. Diese notwendige Voraussetzung schuf die „DDR-Opposition".

Für das Profil der DDR in ihrem letzten Jahrzehnt, dessen Zeichnung das Anliegen unserer Bände ist, stellt diese Opposition einen zunächst quantitativ geringen, aber unter dem Gesichtspunkt ihrer historischen Wirkung gleichwohl zentralen Aspekt dar. Zu den wichtigsten Hervorbringungen jeder Diktatur gehören die Gegenkräfte, die sie erzeugt.

„DDR-Opposition" ist eine zusammenfassende, die gemeinsame gesellschaftliche Funktion betonende Bezeichnung für sehr heterogene Gruppierungen. Diese Opposition hatte in ihrer jüngeren Entwicklungsgeschichte – das gemeinsame Grundanliegen stellt sie historisch in den Zusammenhang auch mit älteren Erscheinungsformen widerständigen Verhaltens in den 40er bis 60er Jahren – Ende der 80er Jahre eine rund zwei Jahrzehnte dauernde Entwicklung hinter sich. Begonnen hatte sie mit kleinen Anfängen im kirchlichen Raum: Bausoldaten, Protest gegen „sozialistische Wehrerziehung", „Offene Jugendarbeit"; im Hintergrund bei vielen Beteiligten der „Prager Frühling" als prägende Erfahrung. 1976 hatte sie Impulse durch die Ausweisung Biermanns und den sich daran knüpfenden Künstlerprotest, teils auch durch das Signal des Zeitzer Pfarrers Brüsewitz erfahren. Anfang der 80er Jahre konnten kirchliche Gruppen Anstöße aus der bundesdeutschen Friedensbewegung aufnehmen und für die eigenen Anliegen nutzen. Auch zu dieser Zeit freilich – des Dresdener Friedensforums, des „Berliner Appells“, der Bewegung „Schwerter zu Pflugscharen“ – handelte es sich um nicht mehr als ca. 5000 Menschen, in vielen unverbundenen örtlichen Kleingruppen, die, unter dem Druck und den Zersetzungsmaßnahmen der Staatssicherheit, erst allmählich zu überlokalen und -regionalen Zusammenhängen fanden, nicht zuletzt durch die regionalen Kirchentage des „Luther-Jahres“ 1983. In der ersten Hälfte der 80er Jahre hatten manche Gruppen ihre Akzente stärker in das von der SED weniger mißtrauisch beobachtete Umweltengagement verlagert. Seit Mitte der 80er Jahre konnten oppositionelle Kräfte offener die Menschenrechte thematisieren. Sie wurden dabei ermutigt auch durch Oppositionsgruppen in anderen mitteleuropäischen Staaten und sahen sich zu einem gewissen Grade gedeckt durch den KSZE-Prozeß mit den KSZE-Folgekonferenzen, der die SED-Führung dazu nötigte, wenigstens im äußeren Erscheinungsbild den Eindruck politischer Repression möglichst gering zu halten.

Die Eskalation der oppositionellen Aktionen, aber auch der staatlichen Reaktion – von der Stasi-Besetzung der Umweltbibliothek in der Berliner Zionsgemeinde, November 1987, über die Liebknecht-Luxemburg-Demonstration im Januar 1988 – kennzeichnen die Zuspitzung der inneren Lage bis hin zur Kommunalwahl 1989 und den sich daran anknüpfenden Protesten gegen den diesmal nachweisbaren Wahlbetrug, die, zusammen mit der zunehmenden Ausreisewelle, in die Ereignisse des Umbruchs einmündeten. In dieser Zeit konnten die Oppositionsgruppen, für eine kurze, aber entscheidende Phase, zum Organisationszentrum des Volksaufstandes werden; sie gaben ihm zugleich mit ihren aus der kirchlichen Arbeit mitgebrachten gewaltlosen Aktionsformen eine charakteristische und für den Erfolg des Aufstandes mitentscheidende Prägung.

Der folgende Band versucht, diese Opposition in knappen Überblicksanalysen, Zeitzeugenberichten und Dokumenten anschaulich werden zu lassen. Es ist eine Besonderheit des vorliegenden Bandes, daß die Darstellungen dieser Gruppierungen und ihrer Instrumente und Aktionen, aber auch die zusammenfassenden Überblicks- und Längsschnittberichte überwiegend von Autoren geleistet werden, die selbst maßgeblichen Anteil an den beschriebenen Ereignissen hatten.

Dabei ist eine Vielzahl von unterschiedlichen Perspektiven und Auffassungen nicht nur unvermeidlich, sondern gewollt. Das beginnt bereits bei der Definition des Begriffs „Opposition“, für die einleitend zwei unterschiedliche Ansätze vorgestellt werden; ihre Berührungspunkte werden in der Rundtischdiskussion etwas deutlicher, die am Schluß des Bandes resümiert wird. Die Spannweite oppositioneller Kräfte in der DDR wird aber auch in den einzelnen Rückblicken und Zeitzeugenberichten erkennbar oder unmittelbar anschaulich. Sie reichte von Gruppen und Akteuren, die ihre Tätigkeit selbst als politisch verstanden – auch wenn sie aus taktischen Gründen Bezeichnungen wie „oppositionell“ vermieden –, bis zu solchen, die an der Reaktion des Staates erkannten, daß sie mit ihrem Bemühen um eigenständiges und unangeleitetes Handeln bereits das politische Lenkungsmonopol des SED in Frage gestellt hatten; manche wurde von der rigiden Politik der SED und ihrer Organe gewissermaßen in die Opposition gedrängt. „Opposition“ bezog solche Gruppen und Personen ein, denen es in erster Linie um eine Ausweitung gesellschaftlicher Freiräume ging, bis hin zu denen, die den umfassenden politischen Herrschaftsanspruch der SED selbst in Frage stellen wollten – was freilich erst in den 80er Jahren möglich wurde – und die daher im Jahr 1989 auch auf politische Aktion und Organisation drängten. Sie reichte von Vertretern zunächst noch systemimmanenter Reformforderungen bis hin zur Einforderung von Zielen, deren Verwirklichung das System sprengen mußte. Und sie erstreckte sich schließlich von Menschen, die die Grundlagen der DDR bejahten, bis hin zu denen, die zu einer fundamentalen Ablehnung des Systems tendierten – wobei solche Positionen in der DDR grundsätzlich nicht öffentlichkeits- und politikfähig waren und daher auch in der DDR-Opposition, die sich, um überhaupt agieren zu können, um staatlich tolerierbare Handlungsfreiräume bemühte, allenfalls implizit oder verdeckt artikuliert wurden.

Aufgenommen ist in diesen Band auch ein Beitrag über die Flucht- und Ausreisebewegung. Sie zählt zwar generell nicht zur Opposition in dem engeren Sinne, daß die Ausreisewilligen politisch handeln wollten, um den Machtanspruch der SED in der DDR zu begrenzen. Wohl aber gehört diese Bewegung, nicht nur wegen der Ausreisegruppen, die sich in den 80er Jahren bildeten, in das weitere Umfeld der Opposition. Denn sie repräsentierte eine große Zahl von Menschen, die dem System, ohne an seine Reformierbarkeit zu glauben, in weitgehender oder grundsätzlicher Ablehnung gegenüberstanden. 1989 haben auch sie zum Ende der SED-Herrschaft entscheidend beigetragen.

Einig waren sich die oppositionellen Gruppen und Organisationen in dem Ziel, sich der totalen Lenkung und Kontrolle durch die SED zu widersetzen und diese zu beenden. Als dieses Ziel erreicht war, setzte, im Zuge jetzt notwendiger politisch-inhaltlicher Orientierung, eine starke Differenzierung innerhalb der und zwischen den oppositionellen Gruppen ein, und die unterschiedlichen Auffassungen über Ziele und Organisationsformen politischen Handelns in der DDR kamen zu ihrer vollen Wirkung. Gleichzeitig erwies sich, daß der nur teilweise gefundene Konnex zur breiteren Bevölkerung und die von manchen Oppositionellen beklagte programmatische Schwäche der Gruppierungen – einige Feststellungen hierzu enthält auch die Rundtischdiskussion am Ende des Bandes – dazu führten, daß ein Großteil der vorher oppositionell aktiven Kräfte die Virulenz der Einigungsforderung unterschätzte und im Zug des Herbstes und Winters 1989/90 – nach dem Erfolg, die Aufrechterhaltung des Staatssicherheitsapparates verhindert zu haben – ihre Funktion als Leitzentrum des revolutionären Ereignisse mehr und mehr einbüßte.

Damit aber wird der Berichtszeitraum dieses Bandes bereits überschritten; hier ist es das Ziel, die Entstehung und Entwicklung der Oppositionsbewegung und ihre Wirkung für den Sturz der SED-Herrschaft darzustellen. Die Phase von der Konstituierung des Runden Tisches im Dezember 1989 bis zur freien Volkskammerwahl im März 1990 bildet die Ereignisschwelle, an der die Geschichte des SED-Staates und damit auch der DDR-Opposition endet und der Weg in das vereinte Deutschland beginnt; an dieser Schwelle endet daher auch der Darstellungszeitraum dieses Bandes.

Die in diesem Band veröffentlichten Beiträge wurden großenteils 1997 bearbeitet und danach teilweise aktualisiert.

Die Verantwortung für die einzelnen Beiträge liegt ausschließlich bei den jeweiligen Autoren.

Magdeburg, 4. November 1989

Berlin, Februar 1990

I. Rückblicke

Rainer Eppelmann

Ohne uns hätte es die friedliche Revolution nicht gegeben*

Wir erinnern uns wieder Ein Volk war überrascht und dann voller riesiger Freude und feierte. Wir erinnern uns der Bilder, die Liebe auf den ersten Blick zu sein schienen. Ich denke nicht nur an die fröhlichen Bilder – eines haben wir vor uns –, wo viele Menschen auf diesem Scheusal drauf standen und mit kleinen Hämmerchen an ihm herumpochten, es zerstörten. Ich denke an die Bilder Tage und Wochen danach, das waren die Konvois, die Züge der Trabis und der Wartburgs, die da Richtung Westen fuhren, das erste Mal schauen und gucken. Es war kalt zu der Zeit. Und dann passierte etwas, das mich sehr anrührte, ich sehe es heute noch vor mir: Da standen auf einmal Fußgänger auf der Autobahn, Altbundesrepublikaner, mit Thermoskannen und gefüllten Tassen und haben denen, die da langsam dahinzuckelten, manchmal auch stehen mußten, etwas Heißes gereicht.

Und ich denke an diesen Tag auch sehr persönlich selber. Ich weiß noch, wie das war in der Französischen Friedrichstadtkirche: Der jetzige brandenburgische Ministerpräsident hatte zu einer Veranstaltung mit CDU und Demokratischem Aufbruch eingeladen; danach ging ich nach Hause und begegnete im Hausflur der Samaritergemeinde meinem Freund Wolfram Hülsemann. Und der – merkwürdig sah er aus – trat auf mich zu, er muß auf mich gewartet haben, und sagte: Du, Rainer, ich hab eben was gehört, unglaublich, die haben eben gesagt, die Mauer soll offen sein. Und dann haben wir beide etwas gemacht, was ihm seine Frau heute noch vorwirft: Wir haben uns in seinen Wartburg gesetzt und sind sofort losgefahren – seine Frau hat er nämlich in der Wohnung sitzen lassen. Wir sind bis zur Schönhauser Allee gefahren und dann die Bornholmer Straße hochgelaufen – da hatte man dann schon den Eindruck, daß wir offensichtlich nicht die einzigen waren, die das gehört hatten. Wir kamen auf den Grenzübergang Bornholmer Straße zu, da standen die ersten hundert, vielleicht zweihundert Menschen. Wir drängten uns, weil wir neugierig waren, ganz sanft nach vorn und standen auf einmal, es war ungeheuerlich, an diesem Schlagbaum. Und es passierte nichts! Keine drohenden Worte, keine Schreie, kein militantes Gebaren, keine Schüsse, nichts. Die Mauerwächter

* Ansprache bei der Feierstunde des Berliner Senats am zehnten Jahrestag der Maueröffnung, 9. November 1999.

standen uns gegenüber, nicht so, wie sie sonst immer standen, sondern ganz zaghaft, die begriffen auch nicht, was da geschah. Ihnen war auf einmal ihre Macht genommen. Die standen da, hilflos.

Einige, die neben uns standen, hatten – wir haben das beobachtet, schon als wir ankamen – mit den Grenzern gesprochen und forderten sie auf, den Schlagbaum doch endlich aufzuheben, es habe doch geheißen, daß jetzt alle reisen dürfen. Die konnten und durften das natürlich nicht. Und da haben wir – die beiden Hände waren mit dabei – den Schlagbaum hochgehoben. Das war ganz einfach, unbegreiflich einfach nach all den vielen Jahren davor mit all dem Leiden, all den Schwierigkeiten.

Später habe ich gehört, der Schlagbaum in der Bornholmer Straße sei der erste gewesen, der hochgegangen ist. Bis heute weiß ich aber nicht, ob wir uns damit tatsächlich ein historisches Verdienst erworben haben.

Ich denke dann daran, wie wir weitergegangen sind, Wolfram Hülsemann und ich, nicht bis in den Westen – da haben wir widerstanden, ich glaube, das war klug so –, wir sind nur bis zur letzten Barriere, bis kurz vor die Mauer gegangen, und dann haben wir uns umgedreht und konnten hervorragend beobachten, in uns selber hineinhören.

Ich verkenne nicht, daß dieser Tag für mich ein besonders wichtiger, wenn Sie wollen, eine biographische Korrektur gewesen ist. Ich erinnere mich eben auch noch sehr genau an den 13. August 1961. Da meinte der damals „größte lebende Deutsche", Walter Ulbricht, ich hätte genug gelernt, ich konnte also nicht mehr zur Schule gehen und mußte dann mit einer Maurerlehre anfangen, das durfte ich aber auch erst ein Jahr später. Und das, was sich tief in mich hineingefressen hat, war ein Augenblick wenige Wochen nach dem Bau der Mauer. Da stand mein Vater in West-Berlin auf einem dort gebauten Holzturm und meine Muter mit uns vier Kindern auf der anderen Seite. Viele Wochen, Monate, Jahre bestand keine Möglichkeit zu telefonieren. Wer schreibt sich schon jeden Tag? Und an Besuchen war überhaupt nicht zu denken.

Und dann auf einmal dieser unbegreifliche Tag! Ich hab in mich hineingehört, das war mir wichtig: Wie geht es dir jetzt damit? Und weil meine Frau heute nicht hier ist, kann ich sagen, ich gebe das ehrlich zu: Dieser Abend damals ist mir unmittelbarer, eindrücklicher in Erinnerung als meine eigene Hochzeit. Wir sahen die Menschen, in ihre Gesichter. Das waren ungeheuer fröhliche und freudige Gesichter, aber auch keine klaren Gesichter. Da war Frage mit drin, Angst, Unfaßbarkeit. Es gab, glaube ich, Tausende von Berlinern, die in dieser Nacht rübergegangen sind und zunächst nicht zurückgekommen sind, weil sie dachten: Ist das ein Jux der Geschichte? Was passiert morgen, wird das wieder zugemacht? Und ich weiß aus meiner Zeit als Minister für Abrüstung und Verteidigung, daß die damals Regierenden das ernsthaft erwogen haben, am 9., am 10. und am 11., mit gepanzerten Fahrzeugen die Mauer in Berlin wieder dicht zu machen.

Ich erinnere mich an eine junge Frau an jenem Abend, die kam mit einer Rose und ging auf einen Grenzer zu – die standen da irgendwo zwischen uns, sie hatten ja nicht Dienstende, aber sie waren unbewaffnet und standen beobachtend unsicher da. Und sie ging auf einen von denen zu und drückte ihm mit dem Wort „Danke" diese Rose in die Hand. Vielleicht ist es manchmal nur ein Wort oder eine Geste, die etwas verändert. Ich glaube, diese unbekannte junge Frau hatte damals einen entscheidenden Anteil daran, daß wir alle dort vor Ort die Nerven nicht verloren und es nicht zu Grenzgewalttätigkeiten kam. Vorstellen hätte ich mir das sehr wohl können.

In jener Nacht und in jenen Novembertagen wurden wir von der Wucht der Ereignisse einfach mitgerissen. Da gab es kaum Gelegenheit zu großen oder differenzierten Betrachtungen darüber, wo das alles angefangen hatte, wer alles mitgewirkt hatte und, vor allen Dingen, wohin das alles einmal führen sollte. An eine deutsche Vereinigung binnen Jahresfrist haben wir damals noch nicht gedacht. Wir wollten in unserem eigenen Land Ordnung schaffen, wir wollten endlich frei sein und offen reden können, und wir wollten etwas von der Welt sehen! Alles andere – wir sollten uns genau erinnern – kam danach.

Die von uns, die darüber nachgedacht hatten: Muß das zwischen DDR und Bundesrepublik denn so bleiben, kann es für uns nicht auch vergleichbare Möglichkeiten und Lebenschancen wie für die Menschen in der alten Bundesrepublik geben – wir hatten es ja vor Augen; die meisten wissen es noch, daß die DDR-Bürger zu 95% jeden Abend ausgereist sind, erst schwarz-weiß, dann in Farbe, bis auf Dresdner und die Rügener, die Westfernsehen nicht empfangen konnten – wir sehnten uns natürlich nach Demokratie, nach Rechtsstaat und Wohlstand, aber wir hatten den Eindruck gewonnen, deutsche Einheit, Wiedervereinigung – das ginge nur über einen Dritten Weltkrieg, und der Preis war uns zu hoch. Und darum: Diese Frage wurde später gelöst, auch wenn der 9. November der Tag war, der dies offensichtlich ermöglichte und einen dynamischen Prozeß in diese Richtung brachte, aber das Eigentliche passierte zwischen Gorbatschow und Kohl im Kaukasus. Auch daran sollten wir denken, wenn wir uns an den 9. November vor zehn Jahren erinnern.

Später habe ich mich oft gefragt: Ab wann wurde es denn eigentlich ernst? Ab wann war klar, daß wir, die wir zumeist aus der kirchlichen Friedensbewegung kamen oder ihr doch nahe standen oder in ihr ein zeitweiliges Zuhause gefunden hatten, den Sturz der bestehenden gesellschaftlichen Machtverhältnisse in der DDR tatsächlich wollten? Die eigene Erinnerung ist da kein guter Ratgeber. Wir haben gehandelt, wenn wir glaubten, daß es notwendig war und wenn wir es wagten.

Fing alles damit an, daß die Mauer gebaut wurde und Menschen sich auf Dauer nicht einsperren lassen, irgendwann, und sei der Druck noch so groß, ihre Ketten sprengen wollen? Fing das an, als erste mutige Männer in der DDR es wagten zu sagen: Ich nehm keine Waffe in die Hand, selbst wenn ich dann nicht studieren kann und mir Möglichkeiten der beruflichen Entwicklung in der DDR versperrt bleiben? Oder fing das an mit dem „Berliner Appell"? Mit der Friedensdekade? Für mich, glaube ich, fing alles tatsächlich an diesem 13. August 1961 oder wenige Tage danach an, als mein Vater auf der einen Seite stand und meine Mutter mit uns Kindern auf der anderen Seite. Alles andere war dann nachher fast biographische Konsequenz.

Die Bürgerrechtsbewegung in der DDR hatte keinen Geschichtsschreiber in ihren Reihen, der notiert hätte, was da alles geschah. Darum bin ich dem Staatssicherheitsdienst der DDR dankbar, daß er für uns die Rolle des Chronisten übernahm. Aus seinen Akten können wir heute recht genau erfahren, wie es um uns damals stand. Ja ich sage: In manchen Punkten haben die Genossen aus dem Mielke-Imperium zu ihrer Zeit sehr viel klarer gesehen als wir selber oder auch die klugen Zeithistoriker und Journalisten im Westen oder auch unsere Kirchenleitungen, wie es um die Bürgerbewegten in der DDR stand.

Zur Erinnerung: Im Jahr 1983 feierten Staat und Kirche in der DDR den 500. Geburtstag des Reformators Martin Luthers unter Beteiligung von viel ausländischer und westdeutscher Prominenz ganz groß, ganz bedeutungsvoll. Niemals zuvor waren die evangelischen Bischöfe so oft von den Spitzen des Politbüros empfangen worden. Niemals zuvor gab es so viele Fotos in der Presse der DDR, die Staat und Kirche Arm in Arm zeigten. Uns interessierte das alles recht wenig. Wichtig waren für uns die Kirchentage, die die SED-Machthaber den Kirchen hatten zugestehen müssen. Diese fünf regionalen Kirchentage gaben uns die Gelegenheit, uns republikweit darzustellen und miteinander zu vernetzen.

Im November des großen Lutherjahres zog das MfS dann „streng geheim" die Bilanz des Lutherjahres und stellte für sich Erschreckendes fest: Reaktionäre kirchliche Kräfte – *„insbesondere der hinreichend bekannte Pfarrer Eppelmann [Berlin] und Wonneberger [Dresden]"* – hatten nichts anderes vor als – ich zitiere jetzt wörtlich, *„im Rahmen ihres gemeinsamen subversiven Vorgehens langfristig darauf hinzuwirken, die Anerkennung der unabhängigen Friedensbewegung durch den Staat durchzusetzen, deren Ziele – u.a. nach Äußerungen der beiden – nicht mit den derzeitigen gesellschaftlichen Verhältnissen in der DDR übereinstimmten und deshalb diese Gesellschaft, so wie sie ist,* – ungeheuerlich – *nicht erhalten bleiben darf"*

In einer beigefügten „Information" begründeten die MfS-Genossen ihre erschreckende Einschätzung genauer: Die Friedensbewegung gewinne immer mehr Öffentlichkeit. *„Prominente Gäste"* aus dem Westen ließen sich von den Friedensbewegten für ihre Ziele vereinnahmen. Als neues Element sei die Einbeziehung von *„Schriftstellern und anderen künstlerisch tätigen Personen"* festzustellen. Immer häufiger komme es dabei zu *„teilweise massiven Angriffen gegen die sozialistische Staats- und Gesellschaftsordnung"*. Die Friedensbewegung erprobe *„die Übernahme von Methoden des ‚gewaltfreien Widerstandes' westlicher Friedensbewegungen mit der Zielstellung einer hohen Öffentlichkeitswirksamkeit"*, darunter *„sogenannte Kerzenaktionen"* und Gedenkveranstaltungen an Orten der Erinnerung an jüdisches Leben. Die Anwesenheit von West-Journalisten – namentlich genannt wird hier in diesem Zusammenhang Karl-Heinz Baum – sichere der Friedensbewegung in der DDR Öffentlichkeit, auch über die DDR-Grenzen hinweg.

Ich breche an dieser Stelle das Zitieren ab und sage nur: Ach, hätten uns doch die Stasi-Genossen schon damals gesagt, wie gut wir inzwischen geworden waren! Der Weg vom November 1983 bis zum November 1989 war doch noch so lang! Er hat uns noch so viel abverlangt, vor allem an Geduld und Klugheit und Mut. Viele unserer Freunde wurden noch aus dem Land gedrängt. Wir selber fragten uns immer wieder: Macht das alles überhaupt einen Sinn? Wo regt sich etwas in diesem so scheinbar versteinerten Land? Und Sie erinnern sich wahrscheinlich: Die beiden letzten Länder des Warschauer Vertrages, die stolz darauf waren, daß sie diesem komischen Tapetenwechsel in der Sowjetunion nicht folgten, waren Albanien und die DDR.

Sie alle kennen den Rest der Geschichte. Plötzlich wurden aus uns sehr wenigen die Hunderttausende auf den Straßen im ganzen Land. Über unseren Anteil am

Sturz der SED-Diktatur werden die Historiker vermutlich noch lange streiten. Wieviel Gorbatschow und Perestrojka waren nötig? Wieviel George Bush und sein generelles, von Anfang an gebrachtes Einverständnis, die Deutschen können und sollen ein Volk sein? Wie tief mußte die DDR-Wirtschaft noch absacken, um Veränderungen zu erzwingen? Welche Umdenkungsprozesse waren in der DDR-Staats- und Parteiführung notwendig?

Aber, lassen Sie es uns nie vergessen, ohne uns in der DDR hätte es den 9. Oktober und den 4. November und die ganze friedliche Revolution nicht gegeben.

Wenn wir etwas geleistet haben, dann war es wohl das, daß wir die Menschen gelehrt haben, mit brennenden Kerzen den bewaffneten Kräften der Diktatur endlich gegenüberzutreten. Ich weiß nicht, was aus uns und diesem Land geworden wäre und wie die Geschichte weitergegangen wäre, wenn es nicht gewaltlos geblieben wäre! Wenn die Regierenden in der DDR vor sich selbst, vor der internationalen Öffentlichkeit die scheinbar moralische Berechtigung gehabt hätten, Gewalt anzuwenden!

Wenn wir etwas möglich machen konnten, dann war es das, daß Menschen, die noch niemals ein Gebet gesprochen hatten, plötzlich in unser „Dona nobis pacem" einfielen. Wenn wir etwas geleistet haben, dann war es das, daß die Menschen, die da voller Angst und Zorn im Herzen auf die Straße gingen, sich an dem „Keine Gewalt!" gleichsam festklammerten, das sie in unseren Friedensgebeten und Mahnwachen gelernt hatten. Und vielleicht wäre auch noch manches anders geworden, wenn sich nicht Christen überall im Land für die dann folgende Arbeit an den Runden Tischen zur Verfügung gestellt hätten.

Das alles liegt nun schon zehn Jahre zurück. Vor genau zehn Jahren begriff ich: Jetzt wird alles anders in deinem Leben, und du hast selbst dabei mitgewirkt. Ich gebe zu: Ich bin ein wenig stolz darauf; aber zuerst bin ich unendlich dankbar darüber, daß ich dabei sein durfte und daß ich das erleben kann!

Mein Lieblingsbild ist das vom Nußbaum. Das fiel mir ein, als ich Vater von immer mehr Kindern wurde und dann feststellte: Die Nüsse, die Walnüsse zumindestens, die ich heute esse, die kann ich nur deshalb essen, weil mein Vater und mein Großvater einen Nußbaum gepflanzt haben. Das heißt: Unter uns funktioniert offensichtlich vieles, auch der Umgang der Generationen miteinander, nicht, wenn wir nicht bereit sind, Dinge zu tun, von denen wir den Eindruck haben, wir werden davon persönlich nicht die Nutznießer sein. Und da habe ich versucht, mein Nußbäumchen zu pflanzen, in dem Bewußtsein, so wie die Generationen davor: Wenn es gut wächst, werden deine Kinder etwas davon haben. Wenn es nicht so gut wächst, wird es länger dauern, dann sind es vielleicht erst deine Enkelkinder. Aber wenn du es nicht mit pflanzt, dann können es nicht mal deine Enkelkinder sein. Und ich verhehle nicht, daß ich heute ungeheuer glücklich bin: Der Nußbaum ist viel schneller gewachsen, als ich dachte, ich selber kann von den Nüssen noch essen.

Es ist schon eine große Sache und kommt nicht oft in der Geschichte vor, daß ein Gewalt- und Unrechtsregime plötzlich, als ob das gar nichts wäre, gewaltfrei aufgeben und verschwinden muß!

Wir sollten uns immer wieder dankbar daran erinnern, daß dies möglich war. Vielleicht hilft uns das Erinnern gerade auch dann, wenn uns die aktuellen Probleme manchmal zermürben und griesgrämig machen wollen

Eigentlich, liebe Freunde, haben wir viele Gründe, richtig froh und stolz und hoffnungsvoll zu sein! – Wenn man es uns nur so richtig abspüren würde! Und vielleicht hilft es uns: Eigentlich müßte der Tag, den auch Präsident Clinton heute zutreffend einen der großen, einen der wichtigsten Tage in der Geschichte unseres Jahrhunderts, genannt hat: eigentlich müßte dieser Tag ein richtiger, ein gesetzlicher Feiertag sein.

Markus Meckel

Der Wille zur Selbstverantwortung führte zur Infragestellung des Systems*

Der zwiespältige Begriff „Opposition in der DDR"

„Opposition in der DDR" ist zu einem gern verwendeten Schlagwort geworden. Wem zugesprochen wird, dazugehört zu haben, dem wird der Ehrentitel „Bürgerrechtler" und vielleicht ein Preis verliehen. DDR-Opposition läßt sich gut vermarkten.

Doch was meint das eigentlich, „Opposition in der DDR"? Für einen demokratischen Staat ist „Opposition" ein klar definierter Begriff, wobei die demokratischen Mitwirkungsmöglichkeiten der Opposition in verschiedenen demokratischen Staaten sehr unterschiedlich ausgeprägt sind.

Für die DDR und die anderen Staaten des Ostblocks war das völlig anders. Eine politische Opposition hatte in der Gesellschaft der DDR bzw. in ihren staatlichen Strukturen keinen rechtlich gesicherten Ort. Nur wenige der politisch Aktiven haben diesen Begriff zu DDR-Zeiten für sich in Anspruch genommen, besonders auch, weil er als „staatsfeindlich" kriminalisiert wurde. Dabei wollten sie natürlich Veränderungen der Politik der DDR, nach außen und nach innen, auch strukturelle Veränderungen und Mitspracherechte der Bürger. Wer die eigene Tätigkeit trotz Kriminalisierung als Opposition verstand und das auch aussprach, versuchte meist gleichzeitig klarzustellen, daß es ihm dabei durchaus um das Wohl des Landes ging, zu dem eben die Partizipation und Freiheit der Menschen gehören. Politische Opposition mußte sich mit dem absoluten Wahrheits- und Machtanspruch der SED auseinandersetzen und ihn grundlegend bestreiten. Dazu konnte sich jedoch im Laufe der achtziger Jahre kaum jemand in der DDR durchringen.

„Opposition in der DDR" und „Opfer" dieses Systems sind Begriffe, die leicht verwechselt werden. Wenn man an irgendeiner Stelle zu DDR-Zeiten Nachteile hatte, zählt man sich heute gern zur Opposition. Es wird selten unterschieden zwischen den vielfältigen Opfern und Benachteiligten des Systems und solchen, die versuchten, politisch zu handeln, um etwas zu verändern. Gewiß wurden in der DDR den Herrschenden nicht genehme politische Akteure sehr schnell zu Opfern

---

* Erweiterter Auszug aus: *Markus Meckel*, Aufbrüche, in: *ders. und Martin Gutzeit*: Opposition in der DDR, Zehn Jahre kirchliche Friedensarbeit, kommentierte Quellentexte, Köln 1994, S. 25-78.

und Benachteiligten. Man mußte jedoch nicht erst politisch aktiv werden, um in die Mühle des Repressionsapparates zu geraten. Der Varianten dafür waren viele, und nicht selten ganz unpolitische. Dazu reichte oft ein einzelnes Sich-Verweigern und auch der Wunsch, die DDR zu verlassen, sei es durch den Versuch der Flucht oder ganz legal durch einen Ausreiseantrag.

Umgekehrt wurden politisch Aktive nicht immer zu Opfern, jedenfalls im ausgeprägten Sinne wie etwa durch Verhaftungen und Haftstrafen. So hatten wir in der Kirche einen relativen Schutz vor massiver staatlicher Repression. Gewiß war dabei auch wichtig, wie die Kirchen bzw. die Kirchenleitungen sich verhielten und wie deutlich sie sich vor die jeweiligen Akteure stellten, oder ob sie dem staatlichen Druck nachgaben oder gar sich selbst zu seinem Handlanger machten. Denn auch das gab es.

„Opposition in der DDR“ – das hat inzwischen auch etwas Zwiespältiges. Man hört heute einerseits immer wieder bewundernde Worte über den Mut der „Oppositionellen“, über ihre Glaubwürdigkeit und Moral. Gleichzeitig aber wird weitgehend an ihrem Realitätssinn und an ihrer Politikfähigkeit gezweifelt. Und es fällt ja auch nicht schwer, für diese These Beispiele zu nennen. Da nun das Phänomen „Opposition in der DDR“ wenig bekannt ist, wird ein solches Urteil dann leicht auf alle übertragen. Außerdem war Opposition eben auch nur ein gesellschaftliches Randphänomen. [...]

Das Problem solcher Rede von der Opposition, die sich auf manche öffentlichen Darstellungen bezieht, ist das Schematische und Holzschnittartige, als wäre sie eine einheitliche Größe. Dabei war das, was sich heute „Opposition in der DDR“ nennt, zwar zahlenmäßig klein, aber doch ein in sich sehr differenziertes Geschehen. Die beteiligten Personen hatten sehr unterschiedliche persönliche und theoretische Hintergründe und es gab allerlei Animositäten, die es zwischen Menschen auch sonst gibt. Selbst die Ziele waren oft recht verschieden, sowohl was ihre Konkretheit als auch was ihren Inhalt angeht – sie waren geeint durch das Ungenügen und Leiden am Status quo der DDR und durch den Willen, etwas zur Veränderung zu tun. [...]

Vor dem eigenen politischen Handeln

Wer in der DDR in einem evangelischen Pfarrhaus aufwuchs, fand sich in jedem Fall in Schule und Gesellschaft als Außenseiter und Grenzgänger wieder. Man mußte sich dazu verhalten. Das konnte so aussehen, daß versucht wurde, diesen Unterschied zu den anderen wo irgend möglich zu nivellieren und möglichst alles mitzumachen, oder eben ihn als einen Freiraum wahrzunehmen, den es zu gestalten galt.

Für mich war der mit dieser Herkunft verbundene geistige und soziale Freiraum sehr wichtig. Von klein auf war mir bewußt, in einer eher feindlichen gesellschaftlichen Umwelt zu leben, in der man auf der Hut sein mußte und in der es galt, seinen Glauben und seine Überzeugungen unter ständigem Druck zu verteidigen, um sich nicht zu verleugnen. So stand von Hause her nie die Frage, wie man sich irgendwie durchschlängelt, sondern wie man aufrecht durchs Leben geht.

Ebenso wichtig war der ständige Bezug nach außerhalb, zum anderen Teil Deutschlands und die Kontakte zu anderen Ländern in West, Ost und Süd. Durch die vielfältigen ökumenischen Besuche aus aller Welt und durch Freunde und Verwandte aus Westdeutschland war der eigene Lebenshorizont nie allein die kleine enge DDR. Auch wenn wir in dem Bewußtsein lebten, daß wir auf Dauer in ihr leben würden, ja auf lange Zeit in ihr eingesperrt bleiben würden. Auf der anderen Seite war die DDR jedoch auch der Platz, an dem zu leben und zu wirken nicht nur ungeliebtes Schicksal war. Wir verstanden sie als den Ort, an den Gott einen gestellt hat und an dem es ihn zu bezeugen galt.

[...]

Der Mauerbau 1961 war ein schwerer Schlag, der sich mir als damals Neunjährigem tief einprägte. Dann die Bemühungen Willy Brandts um keine Schritte der Öffnung, das Passierscheinabkommen, die ersten Besuchsregelungen. Der Jubel war groß im ganzen Freundeskreis der Familie, als Gustav Heinemann Bundespräsident wurde, ebenso beim Wahlsieg Willy Brandts. Wie schon die Ostdenkschrift der EKD wurde auch die Ostpolitik Brandts nachhaltig unterstützt. Bei seinem Kniefall in Warschau waren wir innerlich überzeugt davon, daß er auch für uns dort kniet. Die Verleugnung der Verantwortung aus der deutschen Geschichte, die das Verhältnis der DDR zu dieser Geschichte und unseren Nachbarn prägte, war mir sozusagen von Haus her zutiefst fragwürdig. [...]

Das Entstehen von oppositionellen Gruppen im Zusammenhang der Friedensbewegung

Bis Ende der siebziger Jahre bildete sich in der DDR kaum so etwas wie Opposition, wenn man darunter nicht nur eine innere Haltung eines „Dagegen-Seins“ versteht, sondern politische Aktivitäten, die auf eine Veränderung der Politik der SED oder gar auf die Veränderung des Systems zielten. In den 50er und 60er Jahren waren es nach der Zerschlagung und Gleichschaltung der bürgerlichen Parteien hauptsächlich Kommunisten innerhalb der SED, die vom wahren Pfad der Partei abwichen und verfolgt bzw. außer Landes gedrängt wurden. Robert Havemann und Rudolf Bahro gehörten in den letzten zwanzig Jahren zu den bei uns Bekanntesten. Natürlich gab es massenhafte Flucht und Fluchtversuche, den Rückzug in die private Nische und, wo man sie fand, in eine gesellschaftliche, was aber schon schwieriger war. Selbstverständlich waren da in all den Jahrzehnten Aufrechte, die nicht bereit waren, alles mitzumachen und sich verweigerten. Immer wieder fand Protest statt, aber eben normalerweise nur je einzelner, etwa nach dem Einmarsch sowjetischer Truppen 1968 in die Tschechoslowakei, unterstützt von Deutschen aus der DDR, oder nach der Ausbürgerung Wolf Biermanns 1976. Viel seltener war es, daß einzelne Gruppen handelten, obwohl es auch dies hin und wieder gab.

In den 70er Jahren waren es dann besonders Schriftsteller wie Stephan Heym, Reiner Kunze, Christa Wolf, Günter de Bruyn, Franz Fühmann, Jurek Becker und Sarah Kirsch oder Künstler wie Bettina Wegener, die zum Sprachrohr kritischer Haltungen wurden und durch die sich viele vertreten fühlten. Als immer mehr kritische Schriftsteller und Künstler die DDR verließen – manche mit DDR-Paß, andere ohne – hatte man das Gefühl, daß es leerer und kälter wird im Lande. Gleichzeitig wurde aber deutlich, daß auch sie einzelne blieben, die Kritik äußerten, die weder andere um sich sammelten, noch war wirklich eine Suche nach Alternativen zu erkennen.

Mit Bewunderung blickten wir damals in die Tschechoslowakei und nach Polen. Wir dachten mit Bedrückung – angesichts der Charta 77 in der Tschechoslowakei und der sogar zur Massenbewegung gewordenen Solidarnosc in Polen –, daß mit Deutschen so etwas wohl nicht zu machen sei. Zeigte sich doch gerade in Polen, daß die Macht der kommunistischen Systeme auch ins Wanken geraten konnte – und das trotz mancher Fragen, die wir Inhalte und Strategie betreffend an Solidarnosc hatten. Etwa die Vermischung gewerkschaftlicher und politischer Forderungen – und dennoch waren sie dann so erfolgreich...

Erst mit der Friedensdiskussion um die von den Sowjets nach den KSZE-Beschlüssen in Helsinki aufgestellten SS 20 und dem daraufhin erfolgten Doppelbeschluß der Nato kam Bewegung auch in deutsche Lande. [...] Plötzlich fanden sich viele in der DDR nicht nur unterdrückt und entmündigt, sondern auch in ihrer und ihrer Kinder Existenz bedroht. Aufgerüttelt und voller Unsicherheit, gleichzeitig aber doch getragen von dem festen Willen, die Zukunft nicht von den Herrschenden verspielen zu lassen, fanden sie sich zusammen, um Möglichkeiten eigenen Handelns zu suchen.

In relativ kurzer Zeit entstand Anfang der 80er Jahre eine Vielzahl von Friedensgruppen, die sich mit diesen Sicherheitsfragen beschäftigten und versuchten, sich auch öffentlich gegen SS 20, Nachrüstung und das gesamte System der Abschreckung zu wenden. Innere und äußere Bedrohung wurden in einem Zusammenhang gesehen, der verschiedene Facetten hatte.

Das Gleiche zu fordern, war in der DDR nicht das Gleiche. Sehr eindrucksvoll hatte ich das schon 1973 erlebt, nach dem Putsch gegen Allende in Chile. Eine kleine Gruppe von Schauspielern der Volksbühne wollte unmittelbar danach auf die Straße gehen und protestieren. Die Stasi schaltete sich ein und verhinderte es. Zwei Tage später fand die von der SED veranstaltete Protestdemonstration mit Hunderttausenden von Menschen statt. Selbständige politische Aktionen waren eben gefährlich für das Herrschaftssystem – sogar wenn sie den gleichen Zielen galten, wie sie von der SED vertreten wurden. Das durchgehen zu lassen hätte ja Ermutigung bedeuten können, auch beim nächsten Mal, mit vielleicht anderem Inhalt, selbständig aktiv zu werden.

Entsprechend scharf reagierten Anfang der 80er Jahre die staatlichen Organe, wenn sich verschiedene Aktivitäten gegen die SS 20 und die Nachrüstung richteten, oder später gegen die Nach-Nachrüstung, das heißt die Aufstellung der SS 21 und 23 auf dem Territorium der DDR und der ČSSR. Selbst da, wo in der Ablehnung der Nachrüstung im Westen von den Kirchen und Friedensgruppen gleiche Teilziele angestrebt wurden wie von der SED und man gegen das System der Abschreckung auftrat, das formell von der SU ja so nie vertreten wurde, traten die Stasi und die anderen „Ordnungskräfte“ sofort auf den Plan. Im Grunde am absurdesten, aber eben auch am bezeichnendsten, zeigte sich das bei dem Symbol „Schwerter zu Pflugscharen“, das ja – ein biblisches Zitat aufnehmend – als sowjetisches Denkmal vor dem UNO-Gebäude in New York steht.

Viele Gruppen wollten eigentlich gar nicht die innenpolitischen Verhältnisse in der DDR thematisieren. Sie wollten sich mit Ernst den Problemen des Friedens stellen und beschäftigten sich mit den Fragen von Konfliktbewältigung auf den verschiedenen Ebenen, angefangen von der Friedenserziehung und der friedenspolitischen Verantwortlichkeit des einzelnen. Natürlich taten sich damit weitere Konfliktfelder im System der DDR auf, so war nicht nur die Sicherheitspolitik Thema, sondern z.B. auch die Kulturpolitik und das Bildungswesen. Besonders aber durch die Reaktionen des Machtapparates wurden die Gruppen in die nicht selten offene Auseinandersetzung mit dem SED-Staat getrieben. Das wiederum war kein Zufall – und auch von seiten der DDR-Regierung im Grunde kaum zu umgehen, auch wenn sie sich oft hätte klüger und weniger konfliktträchtig verhalten können, wie es von den Kirchen vielfach angemahnt wurde. Wer sich den internationalen Bedrohungen – und das waren ja im Bewußtsein vieler nicht nur die Sicherheitsfragen, sondern auch die der natürlichen Ressourcen, der Ökologie und des Nord-Süd-Verhältnisses – selbständig denkend und handelnd stellen wollte, geriet nicht nur mit jeweiligen Politikfeldern der DDR-Führung in Konflikt, etwa der Friedenspolitik und der Bildungspolitik, sondern mit dem DDR-System als solchem, das eigenständiges Handeln unabhängiger politischer Gruppen ausschloß und um der Machterhaltung der SED willen bekämpfen mußte.

Der DDR-Bürger erfuhr die innen- und außenpolitischen Verhältnisse in der DDR als ein in sich geschlossenes System der Bedrohung und Angst. Schon wer gegen die äußere Gefährdung durch die risikoreiche Sicherheitspolitik der Blöcke politisch aktiv werden wollte, brauchte Handlungsspielräume, die für ihn im Regime der DDR nicht vorgesehen waren – und so mußte er mehr Bürgerrechte fordern bzw. sie in Anspruch nehmen, um so erst zu einem politischen Subjekt werden zu können bzw. um als solches anerkannt zu werden.

Die Grundsätzlichkeit dieses Zusammenhangs ist von den verschiedenen Gruppen in sehr unterschiedlichem Maße erkannt und zum Thema gemacht worden. Faktisch war man jedoch, auch ohne ihn zu erkennen und zu thematisieren, in ihn gestellt.

Die zentrale Grunderfahrung in der DDR war doch, daß wir der Zuständigkeit für die eigene Wirklichkeit beraubt waren. Die SED sicherte sich mit allen Mitteln ihren absoluten Wahrheits- und Machtanspruch. Das betraf nicht erst das politische Handeln, sondern schon das häufig auch mit rigiden Mitteln durchgesetzte Monopol auf Information. Andere als der SED genehme Informationen über Sicherheitsfragen oder etwa ökologische Daten waren nur schwer zu erlangen. Schon von der staatlichen Ideologie und Haltung abweichende Interpretationen der Wirklichkeit machten einen sofort zum Staatsfeind. Man stand entweder an der Seite der SED auf der Seite des Fortschritts der Geschichte – oder eben auf der Seite der Reaktion und war damit Klassenfeind oder zumindest von diesem gelenkt.

Dementsprechend wurde staatlicherseits auch reagiert, obwohl im Selbstverständnis der Betroffenen der oppositionelle Charakter des eigenen Denkens und Handelns oft gar nicht intendiert war. Ähnlich ging es vielen Künstlern der alternativen bzw. ausgegrenzten Szene in den 80er Jahren. [...]

Wer selbständig politisch dachte und dafür Öffentlichkeit suchte oder sich in anderer Weise unabhängig politisch betätigte, wurde kriminalisiert. Deshalb wurde [...] besonders in den frühen achtziger Jahren, doch auch später noch sehr weitgehend, von vielen der in den Gruppen Aktiven der Begriff Opposition abgelehnt. Immer wieder wurde versucht, deutlich zu machen, daß es einem um das Wohl der Gesellschaft und der in ihr lebenden Menschen geht – wobei sich sofort die

Schwierigkeit der Begrifflichkeit zeigte. In der DDR waren Staat und Gesellschaft nicht unterschieden, waren zum Eigentum der SED geworden, die sich anmaßte, das Wohl der Menschen aus historischer Notwendigkeit zu kennen und entsprechend über sie zu verfügen. So verschwammen die Begriffe von Staat und Gesellschaft und wurden mit der SED-Herrschaft identifiziert. Das hatte die doppelte Folge, daß im Bewußtsein der Menschen „Staat" eine von ihnen abgelehnte Wirklichkeit wurde – mit allen schlimmen Folgen für ein demokratisches Bewußtsein. Zum anderen wurde durch diese Indifferenz ein Angriff auf die SED sofort zum Angriff auf das Gemeinwesen und sein Wohl. Diesem Verdacht galt es zu wehren, so daß es dann nicht selten zu sehr merkwürdigen, nicht zu Ende gedachten Formulierungen kam. Durch den expliziten Anspruch, sich die Zuständigkeit für die eigene Wirklichkeit und die Verhältnisse, in denen wir lebten, nicht wegnehmen zu lassen, und den Willen, politische Verantwortung zu übernehmen und in den Fragen des Gemeinwohls mitzureden, vollzog sich implizit eine grundsätzliche Infragestellung des Systems, in dem wir lebten. Explizit waren wir damals noch nicht soweit, die Machtfrage zu stellen.

Dies änderte sich erst Ende der 80er Jahre; hieraus entsprang der Entschluß im Januar 1989, eine Sozialdemokratische Partei in der DDR zu gründen.

II. Grundfragen und Definitionen

Ehrhart Neubert

Was waren Opposition, Widerstand und Dissidenz in der DDR? Zur Kategorisierung politischer Gegnerschaft

1. Integration als Anpassung und Verweigerung

Die unterschiedlichen Formen politischer Gegnerschaft in der DDR müssen auf dem Hintergrund der relativen innenpolitischen Stabilität des SED-Staates bis zu seiner Auflösung gesehen werden. Die Gründung und der dauerhafte Erhalt dieses deutschen Teilstaates entsprach den Interessen der sowjetischen Europapolitik, und die Sowjetunion hat bis 1989 direkt und indirekt das politische System in der DDR mit ihren Machtmitteln gestützt. Die sowjetischen Panzer haben in der ersten großen politischen Krise der DDR, dem Aufstand vom 17. Juni 1953, den SED-Staat vor seinen eigenen Bürgern gerettet. Seit den fünfziger Jahren konnten die deutschen Kommunisten selbst ihren Herrschaftsapparat ausbauen, der die Bevölkerung schließlich fast perfekt kontrollierte. Neben Polizei und MfS hatten auch die zahlreichen militärischen und paramilitärischen Formationen innenpolitische Sicherheitsfunktionen. Doch die DDR wurde über Jahrzehnte nicht allein durch diese physischen Machtmittel zusammengehalten. Selbst wenn die DDR-Geschichte als ein *„Untergang auf Raten“*[1] geschildert werden kann, ist doch zu konstatieren, daß der SED-Staat eine andauernde, relative Stabilität hatte. Es war jenes merkwürdige *„Paradox von Stabilität und Revolution in der DDR“*,[2] das in- und nebeneinander Phänomene der Verweigerung und solche der großen Bereitschaft zur Anpassung stehen ließ.

Die allgegenwärtigen Repressionsorgane der SED mußten immer nur gegen Minderheiten eingesetzt werden. Der politische Alltag der DDR war von der aktiven Mitarbeit vieler und der passiven Loyalität der Mehrheit der Bürger bestimmt. Der SED-Staat war zwar ungeliebt, und seine Führer konnten die Massen nie wirklich „begeistern“. Aber er konnte sich zugleich auf ein massenweises Teilnahmeverhalten stützen. Hunderttausende traten nach dem Krieg der KPD und seit 1946 der SED bei. Noch im November 1989 hatten mehr als zwei Millionen Menschen ein SED-Parteibuch und weitere Millionen waren in anderen Massenorganisationen organisiert. Die Beteiligung an den „Wahlen“, der Jugendweihe, den Massendemonstrationen oder den häufigen Unterschriftenaktionen verweigerten nur wenige Menschen. Beträchtliche Teile der Bevölkerung, die Funktionäre in Partei und Staat oder hunderttausende Spitzel des MfS haben zudem der SED auch Überschußleistungen erbracht und auf ihre Umgebung einen erheblichen Konformitätsdruck ausgeübt.

Teilnahmeverhalten und Loyalität sind fraglos auf dem Hintergrund der latenten und akuten Gewalt zu sehen. Sie stellten insofern auch ein Zurück- und Ausweichen angesichts der erdrückenden Macht der SED dar. Allerdings waren sie auch Ausdruck von Bindungen an das politische System, weil die äußere Unterdrückung zur eigenen Entlastung verinnerlicht wurde. Auf Dauer mußte die Bevormundung als sinnvoll erscheinen und die Angst vor der immer drohenden Repression ins Positive gewendet werden. Damit konnte die erfahrene Fremdbestimmung in größere Zusammenhänge eingeordnet und als eigene Entscheidung oder gar als eigene Überzeugung angenommen und erlebt werden. Dies konnte durch die Teilhabe am repressiven System in vielen Formen des „Mitmachens" geschehen. Dafür mußten aber auch hinreichende Rechtfertigungsgründe zur Verfügung stehen. Diese mußten ausreichend die eigene Motivation stützen, wie sie in der sozialen Umgebung auf eine gewisse Akzeptanz treffen mußten.

Zur Rechtfertigung von Teilnahmeverhalten konnten die Legitimationsangebote des SED-Staates genutzt werden. Die wichtigsten Säulen der Legitimation, Antifaschismus und Sozialismus, haben vollkommen unabhängig von einem tatsächlichen Wissen über Entstehung, Akzeptanz und Wirkung des nationalsozialistischen Staates und auch unabhängig von der intellektuellen Aneignung der marxistischen Theorie durch ihre moralische Ausstattung wirken können. Die antifaschistische Option entlastete von deutscher Schuld und die sozialistische stand für den hohen Wert Gerechtigkeit. In beiden konnten Absichten und Ziele der Herrschenden mit denen der Beherrschten verbunden werden. Denn beide wollten irgendwie das Gute, und die Beherrschten waren vieler politischer Sorgen ledig, wenn sie die letzten Intentionen des DDR-Sozialismus nicht in Frage stellten. Selbst kritische Intellektuelle hatten wegen seines hohen moralischen Anspruchs oft Schwierigkeiten, die Legitimation des SED-Staates in Zweifel zu stellen, wenn auch das ideologische Trommelfeuer Überdrußeffekte erzeugte.

Ein gewisses Maß an Übereinstimmung, die kaum reflektiert und Gegenstand von politischen Überlegungen war, konnte die SED zur Bevölkerung herstellen, weil sie an Verhaltensweisen und Orientierungen anknüpfte, die mit Antifaschismus und Sozialismus überhaupt nichts gemein hatten. Die SED konnte keine originäre politische und soziale Ethik und noch weniger eine eigenständige Ästhetik schaffen, da die marxistische Ideologie alle komplexen sozialen Beziehungen auf das Raster des Klassenkampfes reduzierte. Als sozialistische Lebensweise mußte die Einordnung in das soziale und politische System ausgegeben werden. Nicht einmal in einem der ideologischen Kernbereiche, der Einstellung zur Arbeit, konnte sie ein sozialistisches Bewußtsein schaffen. Um den Leistungswillen der „Werktätigen" zu stärken, wurde experimentiert, mit „ökonomischen Hebeln" nachgeholfen und wurden „sozialistische Wettbewerbe" inszeniert. Doch Druck und Appelle versagten. Das überlieferte, an Leistung orientierte Arbeitsbewußtsein, soweit es nicht mit der sozialen Homogenisierung erloschen war, traf auf eine Arbeitsorganisation und eine Verteilungsstruktur, die jede individuelle Motivation neutralisierten. Und es konnte auch geschehen, daß Arbeits- und Wirtschaftsgesinnung als Erbe eines falschen Bewußtseins aus dem Kapitalismus denunziert wurde. So traten im Arbeitsleben, wie in anderen gesellschaftlichen Bereichen, lediglich Entstrukturierungsphänomene auf, die die Gesellschaftsmitglieder zur Beziehungsarbeit, zum informellen Tausch und zum Unterlaufen der offiziellen Anforderungen veranlaßten.

Das Versagen der gesellschaftspolitischen Konzeptionen mußte darum nahezu zwangsläufig dazu führen, daß die SED und ihre Funktionärsschicht auf die banalisierten Normen ihrer eigenen Sozialisation zurückgriffen, wollten sie das Ganze irgendwie zusammenhalten und sollten die minimalen Voraussetzungen des gesellschaftlichen Lebens erhalten blieben. So fußte die Alltagskultur weithin auf zurückgebliebenen, provinziellen und oft genug philisterhaften Verhaltensweisen und Denkmustern. Urteile und Vorurteile aus dem Bodensatz der deutschen politischen Kultur, die sich in Ulbrichts primitiven „Zehn Geboten der sozialistischen Moral" und Honeckers Schlüsselbegriff Disziplin niederschlugen, waren geeignet, den „deutschen" Sinn für Ruhe und Ordnung, für Sauberkeit und Sicherheit auf sozialistische Staatsmühlen umzulenken. In der ostdeutschen Gesellschaft gab es viel Übereinstimmung mit der SED, wenn diese im Namen eines „sauberen Staates", wie dies Ulbricht und Honecker nannten, Kinder erzogen, Jugendliche disziplinierten oder die Gesellschaft paramilitärisch durchorganisierten. In solchen Bereichen mußten viele Bürger nicht einmal bewußt Anpassungsleistungen erbringen, da es hier keine Differenz zur SED gab. Auch der nie aufgearbeitete Antisemitismus und Chauvinismus in der ostdeutschen Gesellschaft konnte, wie 1980 während der polnischen Krise, für politische Zwecke mobilisiert werden.

Der Anspruch des Marxismus als kritische Gesellschaftstheorie konnte in der sozialistischen Gesellschaft nicht eingelöst werden. In der sozialistischen Realität durfte es keine Widersprüche geben, sondern nur die Harmonie zwischen Führung und Volk, zwischen Partei und Arbeiterklasse und zwischen Staat und Bürger. Darum beerbten die Kommunisten die Gemeinschaftsidee und strapazierten den mythischen Volksbegriff wie schon die Nationalsozialisten. Der monströse Staatskult der SED wurde zwar oft nicht ernst genommen, aber in einer Gesellschaft, die traditionell von einem dominanten Staatsbild geprägt war, auch nicht abgelehnt. Aus Mangel an politischer Bildung wurde die Okkupation des Staates durch die SED und die Ineinssetzung von Staat und Gesellschaft weithin gar nicht als politische Fehlkonstruktion erkannt.

Der SED-Staat förderte, wo es auch immer ging, ein „Wir"-Bewußtsein der DDR-Bürger. Dazu wurde vieles unternommen, um eine populistische Massenkultur zu inszenieren. Trotz vieler mißglückter Unternehmungen kamen partiell „ein Kessel Buntes" und das Sandmännchen im Ostfernsehen an. Die wohl größten Erfolge konnte die SED mit dem Sport erzielen. Mit Friedensfahrern und Eiskunstläuferinnen identifizierten sich Millionen. Aber trotz solcher Teilerfolge und trotz des weite Bevölkerungskreise erfassenden Teilnahmeverhaltens gelang es den Kommunisten nicht, eine Sonderidentität des Staatsvolkes der DDR im geteilten Deutschland zu schaffen. Die sozialistische Nationalkultur hatte im Westen ein Kontrastprogramm. Die nahe und doch so ferne, tabuisierte Welt der Westdeutschen übte eine unwiderstehliche Faszination aus, die zu besichtigen die Hoffnung von Millionen ausfüllte. Regelmäßig sammelte das MfS in Stimmungsberichten Klagen der Bevölkerung zur Versorgungslage und registrierte den Spott über das Warenangebot, den allgemeinen Sozialstandard oder die Leistungsfähigkeit des Gesundheitswesen. Der Westen schnitt bei diesen Vergleichen immer besser ab. 1969 stellte das MfS fest:

> „Allen Richtungen in der Argumentation der Bevölkerung ist gemeinsam, daß in starkem Maße Parallelen zur Versorgungslage und zum Lebensstandard der Bevölkerung in Westdeutschland gezogen werden. Vorherrschend ist dabei die Ansicht, daß dort die Versorgungslage bei gleichen Voraussetzungen (Witterungseinflüsse) weit besser sei als in der DDR. [...] In diesem Zusammenhang wurde dem MfS bekannt, daß in den letzten Wochen sprunghaft die Zahl der Briefe nach Westdeutschland/West-Berlin angestiegen ist, in denen über Versorgungslücken in der DDR berichtet wird. [...] Nach internen Schätzungen beinhalten gegenwärtig ca. 60% der Briefe nach Westdeutschland/West-Berlin derartige Anliegen.“[3]

Und noch 1985 vertreten die DDR-Bürger nach MfS-Auskunft Auffassungen *„zu einem angeblich sinkenden Lebensniveau in der DDR“*.[4]

Mit der Faszination am Westen und mit der Unzufriedenheit am Osten kam das große Unbehagen auf. Die Ostdeutschen fühlten sich in die Defensive gedrängt, waren ihnen doch die tatsächlichen oder vermeintlichen westdeutschen Identitätsmuster, wirtschaftlicher Erfolg, Reisen, Freizeitangebote, individuelle Selbstbestimmung usw., unzugänglich. Eine Bevölkerung, die sich nicht auf Rechte verlassen konnte, sondern in einem System von leistungsunabhängigen Privilegienzuteilungen lebte, mußte Zweifel an ihrem Selbstwert haben. Das MfS meldete 1978, daß sich die DDR-Bürger als *„Menschen zweiter Klasse“* fühlten.[5] Das Gemeinschaftsgefühl im Osten wurzelte darum auch in der angestrengten und trotzigen Kompensation von Minderwertigkeitsgefühlen und war eine Reaktion auf das Empfinden, auf die Schattenseite der deutschen Nachkriegsgeschichte geraten zu sein. Die eigene Lebensleistung mußte verteidigt werden. Zu diesen Leistungen gehörte das Ineinander von wahrgenommenen Aufstiegschancen und Vorteilen, die das politische System für Anpassung und Unterwerfung bot, und den in den privaten Nischen, Subkulturen und grauen Märkten ertrotzten Erfolgserlebnissen und selbst geschaffenen, individuellen Spielräumen.

Die sozialistischen Rollen wurden darauf überprüft, ob sie Vorteile und private Freiräume ermöglichten. So konnte es geschehen, daß ein angebotener Fortschritt in der Karriere abgelehnt wurde, weil mit der Beförderung das künftige Verbot von Westkontakten verbunden war.

Die Treueschwüre der Bürger in den zahlreichen sozialistischen Ritualen, ob Jugendweihe oder Massendemonstration, Ordensverleihung oder Belobigung, waren der Preis zur Sicherung privater Spielräume und begründeten eine stillschweigende Übereinkunft zwischen Herrschern und Beherrschten, waren ein Berührungspunkt zwischen offizieller und informeller Kultur, der das Unverbindbare im ritualisierten Verfahren koexistieren ließ. Diese Tauschgeschäfte gehörten zur Gemengelage sozialer Techniken, die zum Leben und Überleben erlernt wurden und waren der Kitt, der die abgegrenzte DDR-Gemeinschaft zusammenhielt und die unterschiedlichen Interessen der Mächtigen und der Abhängigen überspielen half.

In den ersten Jahrzehnten war die DDR zudem wenigstens für die ältere Generation auch eine „Aufsteigergesellschaft“,[6] die die soziale Integration begünstigte. Millionen waren in den Westen geflohen, die bürgerlichen Eliten herabgestuft und ein Kadersystem für die neue Elite geschaffen worden. Hier gab es für viele in der DDR Gebliebene etwas zu gewinnen, Verdienst, den kleinen Besitz der Flüchtlinge und eben die Karriere. Dies war ein weiterer Konformitätsfaktor, Anlaß zum

Schweigen und zum Dulden von Unrecht. Das Politische hatte Auswirkungen auf das Private und im Privaten spielte das Politische immer auch eine Rolle. Die Theorie von der bloßen Flucht vor der Politik in die privaten Nischen ist zu einfach. Der Aufstieg im System und selbst das Sitzen auf den angewiesenen Plätzen stattete dieses auch mit einem Stück Intimität aus. Eine Intimität, die den politischen Zugriff so hart machte, weil sie jede Distanz durchbrach. Nicht nur Arbeit und kommunales Engagement waren politisch, sondern auch der Kindergarten, die Pflege des Rasens vor dem Haus, die Freizeitgestaltung und das Grillen mit Nachbarn. All das konnte über „unsere Besten", die vorbildlichen Werktätigen und Genossen, in der Zeitung stehen oder an den Wandtafeln angeschlagen werden. Weil damit das Private zum Politikum wurde, war das Politische auch privatisiert. Nicht nur hatte das Politbüro sich das Land und seine Ressourcen gleichsam unter private Verfügungsgewalt gestellt, sondern es billigte auch hierarchisch gestuft die private Teilverfügung über die öffentlichen Angelegenheiten. In diesem Sinne wurde das Politische in der Politik verhindert. Die Anpassung an die politischen Vorgaben und auch der politische Druck, derart ins Alltagsgeschäft implantiert, wurde so fast automatisch weitergegeben, und gleichzeitig wurde nach Kompensationsmitteln gesucht, diesen zu ertragen. Kritiker und Oppositionelle waren daher nicht nur der Repression durch die SED-Organe ausgesetzt, sondern sahen sich oft genug auch gesellschaftlicher Isolierung und Ausgrenzung ausgesetzt. Sie erschienen den Angepaßten als ein Störfaktor in der Kommunikation zwischen den ungleichen Partnern, die sich vor offenen Konflikten drückten.

Teilhabe und Bindung an den SED-Staat waren auch Folge der Verinnerlichung wesentlicher Bestandteile der Ideologie. Die systematische Verknappung von nichtmarxistischen Bildungsinhalten, die stereotypen Wahrnehmungsraster und Bedeutungszuweisungen wirkten auch dann, wenn der sozialistische Katechismusunterricht eher langweilte. Nachhaltig wirkte besonders auf Intellektuelle, daß der Marxismus der Geschichte die Struktur eines determinierten Geschehens zum Guten gab.

Besonders Intellektuelle betrachteten die Stationen der marxistischen Eschatologie, von der Urgesellschaft bis zum Sozialismus, wie tatsächliche Geschichtsereignisse. Diese quasireligiöse Geschichtsmetaphysik sah keine Individuen als handelnde Subjekte vor. Der Mensch konnte allenfalls die Gesetze der Geschichte erfüllen und sich in deren Schicksalsmächtigkeit fügen. Als Trost für die Unterwerfung blieb nur, zu den „Siegern der Geschichte" zu gehören. Daran hielten sich gläubige Genossen fest. Für diejenigen, die solches nicht wörtlich nahmen, war es doch ein Angebot zur Verarbeitung von Ohnmachtserfahrungen. Es stützte selbst bei der Einsicht von Mißständen die Haltung, daß „man nichts dagegen machen könne" und auch nichts dagegen machen müsse. Alles ging seinen „sozialistischen Gang", im FDGB-Heim und in der Weltpolitik. Aber es ging eben immer irgendwie. Das war auch beruhigend.

Diese Welt von Um- und Zuständen, die zwar unbefriedigt ließen, in denen aber auch nichts Überraschendes geschah, war eine Ordnung, die allemal besser war als keine, eine Ordnung nach der sich Deutsche, mangels der Erfahrungen mit einer demokratischen Streitkultur, auch schon vor der Herrschaft der Kommunisten gesehnt hatten. Sigrid Meuschel beschreibt die bindenden Kräfte im DDR-Sozialismus:

> „Man kann sich des Eindrucks nicht erwehren, daß es sich bei diesem deutschen Sozialismus um eine politische Kultur der Angst handelte, der Angst vor dem Hauptfeind Heterogenität, vor dem Chaos der Zivilisation, als das die westliche Moderne nach wie vor wahrgenommen wurde. Es mußte gelingen, die Moderne in den Plan zu pressen; er symbolisierte Einheit und verlangte die unbedingte Disziplin der Kämpfenden ebenso wie ihren Gehorsam vor der Autorität."[7]

Das mußte von den entpolitisierten bzw. politisch neutralisierten Menschen gar nicht in der ideologischen SED-Sprache ausgedrückt werden. Jene Mischung aus unausgesprochenen Ängsten und mehr gefühlten als reflektierten Sehnsüchten nach Sicherheiten führte in die Nähe der SED, weil sie ihr nicht zu nahe trat. *„Die unpolitischen Traditionsbestände der deutschen politischen Kultur wurden in der DDR nicht nur nicht gebrochen, sie schrumpften tendenziell sogar noch um die Komponente der westlichen Zivilisation. [...] Was blieb, war die gemeinschaftliche statt gesellschaftliche, die kulturelle statt zivilisatorische Disposition."*[8]

Trotz aller Anpassung und auch Anpassungswilligkeit, trotz der Übereinstimmungen in unpolitischen Bereichen und trotz des Teilnahmeverhaltens konnte aber die soziale und politische Integration nie ganz gelingen. Der Versuch, die Gesellschaft in ein einheitliches Organisationssystem zu pressen, in dem soziale und ideologische Widersprüche aufgehoben sein sollten und individuelle und gesellschaftliche Interessen übereinstimmten, die auch noch allein von der SED vertreten werden sollten, mußte scheitern. Die Kommunisten mußten öffentlich den Schein eines widerspruchsfreien Sozialismus inszenieren und im konspirativen Untergrund dem öffentlichen Widerspruch vorbeugen. Die Ausmaße des konspirativen Organs mit mehreren hunderttausend offiziellen und geheimen Mitarbeitern sprechen schon für die Schwierigkeiten, die Gesellschaft in eine ideologisch definierte Paßform zu zwingen. Das setzte sich bis in die einzelnen Biographien fort. Dem Leitbild einer sozialistischen Persönlichkeit konnte niemand gerecht werden. Das große Erziehungsprojekt, das den neuen Menschen schaffen sollte, war schlichtweg unmenschlich. Selbst die Anpassungswilligen sahen sich überprüft, diszipliniert, gerügt, erzogen und bei festgestellter, oft gar nicht bewußter Abweichung kleinlichst behandelt.

Im Rückblick auf das Leben in der DDR können fast alle DDR-Bürger bis in die höchsten Ränge der Politbürokratie Lebensgeschichten von Flucht- und Ausweichmanövern, Tarnungen von Abweichung und Verweigerungsstrategien erzählen. Doch dieses aus der Unerfüllbarkeit von politischen Erwartungen herrührende Abweichen und Verweigern hatte mit politischer Gegnerschaft nichts zu tun. Ein solcher Dissens war vielmehr selbst Teil von Anpassungsversuchen, Bestandteil der unpolitischen, sozialen Techniken, die Leben und Überleben ermöglichten. Das stabilisierte das politische System weit mehr, als es dieses in Frage stellte. Die Ausweichmanöver und vielen kleinen, alltäglichen Absetzbewegungen kompensierten die gesellschaftspolitischen Fehlleistungen der SED.

In den fünfziger Jahren verfolgte die SED selbst geringe Verweigerungen. In späteren Jahren, als sie inzwischen auch die Haltungen und Stimmungen besser kannte, hat sie alle sozialistischen Augen zugedrückt, wenn die Nörgeleien keine politische und öffentliche Qualität bekamen. War es anfangs gefährlich, Westfernsehen zu empfangen, versorgte die Partei Mitte der achtziger Jahre die Dresdner selbst mit westlicher Fernsehunterhaltung. Staat und Bürger hatten sich allmählich auf ein Tauschgeschäft zwischen möglicher Verweigerung und politischem Stillhalten verständigt. Und wenn es auch knirschte, wenn auch der Bürger mit dem Abbestellen von Zeitungen, dem Fernbleiben von Versammlungen oder Passivität am Arbeitsplatz zur Erlangung einer Gegenleistung drohte, stellte er damit doch keine politische Frage, sondern verlangte lediglich das Zugeständnis, den Sozialismus nicht mehr ganz ernst nehmen zu dürfen. Das erhielt er.

Das Ineinander von Anpassung und Verweigerung als ein Verhaltensmuster zur Existenzsicherung spielte auch im Verhältnis von Staat und Kirche eine Rolle. Die Kirchen konnten zu keiner Zeit in das politisch-ideologische System integriert werden und waren über Jahrzehnte Medium für jede Form von Verweigerung. Aber diese Verweigerung konnte zugleich eine geschickte Form der Anpassung sein, wenn die Bedingungen und Mittel der Gesellschaftspolitik akzeptiert wurden, wenn das Prinzip des nichtöffentlichen Aushandelns von Konflikten, die konspirative Absprache, als Verkehrsmittel gewählt wurde. Diese auf Gegenseitigkeit beruhenden Verfahren zielten auf Stillhalteabkommen und die Neutralisierung kritischer Potentiale.

Die SED hatte nie die Mittel, wirksam die Unzufriedenheit der Bürger aufzuheben. Aber sie hat wirksam die Bürger politisch stillgelegt. Es ist ernüchternd banal. Die Revolte im politisch-ideologischen Staatsgefängnis konnte mit der strengen Hausordnung und einigen Ausnahmen von ihr verhindert werden. Bewilligt wurden für die Kader ein Jagdgewehr, fürs Volk vor Feiertagen Bananen, für Intellektuelle und Künstler allerlei Privilegien. Die Integration durch erbrachte Anpassung und geduldete Verweigerung beruhte auf „Kumpanei“[9] und nicht auf einem geregelten Interessenausgleich oder gar auf einer Interesseneinheit der DDR-Gesellschaft. Doch Kumpane sind keine Freunde. Als ein Teil der Bevölkerung 1989 den Tauschhandel durch geregelte Verfahren ersetzen wollte, zerfiel das ganze System in kurzer Zeit. Aber diese Forderung konnten nur jene erheben, die sich schon länger öffentlich geistig und politisch emanzipiert hatten, die Gegner der SED-Herrschaft.

2. Voraussetzungen von Gegnerschaft

Politische Gegner mußten und wollten sich den Entpolitisierungsmechanismen entziehen und den Konflikt mit der SED suchen und gestalten. Dies wird allerdings im breiten Feld der Gegnerschaft oft nicht immer eindeutig sichtbar. Vor allem verschwimmen häufig die Konfliktlinien. In einigen Forschungsansätzen wird darum die Opposition in der DDR relativiert oder in ihrer politischen Konsistenz in Frage gestellt. Oft wird den Gegnern der SED eine große Systemnähe zugeschrieben. Sie hätten in ihren Vorstellungen von einem demokratischen Sozialismus, von einem „Dritten Weg“ oder bei ihrer Kapitalismuskritik sowie ihrer Zurückhaltung in der nationalen Frage nur ungenügend die Interessen der DDR-Deutschen vertreten und nur partielle, ökologische und andere moralisierende Anliegen artikuliert. Dies sei auch der wesentliche Unterschied zur Opposition in Polen, der Tschechoslowakei und Ungarn, wo sich Oppositionelle nach 1968 vom Sozialismus verabschiedet und eine breitere Massenbasis gefunden hätten.

Christoph Kleßmann sieht nur eine *„ansatzweise organisierte Form der Abweichung"* mit *„ideologischen und politischen Alternativkonzepten"*, so daß *„es nach 1956/57 bis in die späten achtziger Jahre hinein kaum noch Opposition in der DDR"* gab. Dies hänge mit *„der fehlenden nationalen Identität und der unmittelbaren Nähe der Bundesrepublik"*[10] zusammen. Wohl aber katalogisiert er Ansätze von Opposition und vor allem intellektuelle Abweichungen während der gesamten DDR-Zeit. Auch die Opposition der achtziger Jahre und des Herbstes 1989 seien in ihren *„programmatischen Vorstellungen"* *„uneinheitlich"* und *„aus heutiger Sicht illusionär, weil in ihnen kaum das Programm der nationalen Einheit, sondern eher der 'dritte Weg' als tiefgreifende Reform thematisiert"* worden sei[11].

Ähnlich argumentiert Martin Jander, der das Entstehen einer Opposition ebenfalls erst im Jahr 1989 ansetzt und in den Jahren vorher nur *„Spuren"* von Opposition sieht. Er nimmt im Vergleich zur osteuropäischen Opposition, den Gedanken von Timothy Garton Ash auf, wonach die DDR-Opposition *„eine spezifische, romantische Sozialismus-Idee, die das Idealbild des antifaschistischen Staates gegen seine Wirklichkeit setzt"*,[12] entwickelt habe. Daraus folge: *„Die Opposition der DDR thematisiert damit ihr eigenes Verhältnis zu Nation und Freiheit – eingedenk der politischen Haftung für Auschwitz und die beiden Weltkriege – nicht. [...] Sie meidet das Thema oder befindet sich in weitgehender Übereinstimmung mit den Antworten, die die SED auf diese Fragen gibt. [...]"*[13] Jander sieht in der sozialethisch motivierten Kapitalismus-Kritik der DDR-Opposition eine Kritik am demokratischen System der Bundesrepublik, was zu einer mangelnden demokratischen Konzeptionierung und dem Fehlen von praktikablen Alternativen zum SED-Staat bis in den Herbst 1989 geführt habe. Jander hat noch weitgehender im Zuge der Untersuchung zu einer linken, oppositionellen Gewerkschaftsgruppe verallgemeinernd vermutet, daß die Opposition die demokratischen Institutionen abgelehnt habe und folgert: *„dann wird man den Zusammenbruch der DDR und ihren häufig beklagten alternativlosen Beitritt zur Bundesrepublik auch darauf zurückführen müssen, daß die oppositionellen Gruppen in der Wende nicht in der Lage waren, die wesentlichen Institutionen einer politischen Demokratie vorzuschlagen und zu popularisieren."*[14]

Sigrid Meuschel weitet ihr Urteil über die unpolitische und antizivilisatorische politische Kultur auch auf die DDR-Opposition aus. Diese Disposition habe bis hinein in die Opposition gewirkt. Bis auf bestimmte Ausnahmen unter Oppositionellen sei *„ein säkularisiertes Verständnis von Politik in der DDR eine Randerscheinung"*[15] geblieben. Diese Argumentation kann sich darauf stützen, daß der überwiegende Teil der politischen Gegner in der DDR sich auf die sozialistischen Vorgaben bezog, weithin die verbesserte DDR auf der Grundlage ihrer eigenen Staatsdoktrin forderte und die politische Opposition der achtziger Jahre sich in weiten Teilen religiös legitimierte.

Aus dem Blickwinkel eines an demokratischen Verhältnissen orientierten Politikverständnisses wiegt der Mangel an säkularen Politikkonzepten und die Fixierung auf die Legitimationsgrundlagen des SED-Staates schwer. Allerdings müssen für solche Betrachtungen Einschränkungen gemacht werden. Zudem werden einige der Einwände den Fakten nicht gerecht. So hat die DDR-Opposition zu allen Zeiten die Einrichtung rechtsstaatlicher und demokratischer Institutionen zum Ziel gehabt.

Auch der Runde Tisch, den die Opposition 1989 erzwungen hat, war lediglich als Übergangseinrichtung gedacht, der sich nach freien Wahlen erübrigen sollte. Vor allem wird aber bei den kritischen Einlassungen nicht bedacht, daß die politischen Gegner, die dauerhaft in der DDR leben wollten, erst die Voraussetzungen oppositioneller Politik schaffen mußten. Sie mußten den geistigen Bindungen ebenso wie den Entpolitisierungsstrategien entkommen, die inszenierte Geschichte und Kultur ihrer tragenden Mythen entkleiden und den Anspruch stellen, handelnde Subjekte in der Geschichte zu sein. Sie mußten geistige Unabhängigkeit, politische Partizipation und soziale Emanzipation nicht nur fordern, sondern auch antizipatorisch öffentlich praktizieren. Wird übersehen, daß politische Gegner diese Voraussetzungen mitbringen oder erst schaffen mußten, reduzieren sich manche Phänomene der Opposition auf einige periphere Episoden von abweichendem Verhalten, das von den Herrschenden zwar kriminalisiert wurde, aber kaum Auswirkungen auf das politische System hatte.

Auch die osteuropäische Situation glich in manchem der Lage der Opposition in der DDR. In Polen spielte die katholische Kirche als legale, organisatorische Stütze, als orientierende Kraft und als Legitimationshilfe eine entscheidende Rolle. Erinnert sei auch an die religiöse und ethische Fundamentierung des politischen Ansatzes von Vaclav Havel in der Tschechoslowakei. Auch in Ungarn spielten lange Zeit religiöse Gruppen eine Rolle in der Formierung der Opposition. Die Arbeiten von Helmut Fehr zur Oppositionsgeschichte in Osteuropa haben solche Parallelen in der Selbstbeschränkung in der Machtfrage oder der ethischen Legitimation gezeigt. Danach waren die oppositionellen Bewegungen *überall „Katalysatoren für kollektive Mobilisierungsprozesse"*, wie ihnen gleichermaßen eine *„Logik der Entwicklung"* innewohnte, die sich anhand *„der Themenbildung, des Handlungsrepertoires und der Interessenartikulation"* zeigte und in die *„Herausbildung eines staatsbürgerlichen Bewußtseins"*[16] mündete.

Der Mangel eines säkularen Politikverständnisses ist außerdem teilweise als ein Oberflächenphänomen zu betrachten. Aus einem Blickwinkel, der das historische Szenarium zu DDR-Zeiten zum Standort der Beobachtung wählt, zeigt sich, daß die säkularen Formen und Inhalte oppositioneller Politik durchaus wirksam waren, auch wenn sie im ethischen und religiösen Gewande auftraten. Die Verflechtung der Opposition mit den protestantischen Kirchen, die sowohl geistige Selbstbehauptung ermöglichte, wie sie auch die wichtigste Organisationsstütze darstellte, beruhte nur bei wenigen Oppositionellen auf einem taktisch-politischen Kalkül. Vielmehr handelte es sich für sie um ein authentisches Gegengewicht zur Totalität der geistigen und politischen Herrschaft der SED. Weil der DDR-Marxismus eine verkehrte Säkularisierung installierte, mußte die Säkularisierung der Politik noch einmal über die religiösen Wurzeln rekapituliert werden. Da rationales politisches Handeln ein Mindestmaß an Selbstbeschränkung braucht, hatte es im kommunistischen Allmachtskonzept einen schweren Stand. Die Differenz zwischen Vorletztem und Letztem konnte nur dort in den Blick kommen, wo Hoffnung ihren transzendenten Grund behielt und Hoffnung nicht schon deswegen abgeschnitten wurde, weil über den tristen DDR-Sozialismus hinaus nichts mehr erhofft werden durfte. Die religiöse Kultur der DDR-Opposition und des Widerstandes in der Wende hat dies ermöglicht. Auch die Adaption der, freilich veränderten, sozialistischen Idee und die antifaschistische Orientierung samt der damit verbundenen Legitimation der Existenz der DDR boten eine Legitimation, die in der geschlossenen DDR-Gesellschaft Voraussetzung politischen Handelns war. Es gibt dazu auch die vielen Beispiele aus der Oppositionsgeschichte, die zeigen, daß Oppositionelle den Antifaschismus-Ritualen der SED Alternativen entgegensetzten.

Zweifellos war die reale, gesellschaftliche, zivilisatorische, deutsche Alternative zur DDR die westdeutsche Bundesrepublik. Das hat sich auch unmittelbar auf alle Formen der politischen Gegnerschaft ausgewirkt. Deren Bezugsrahmen blieb immer gesamtdeutsch. Bis 1961 war dies ohnehin keine Frage. Nach dem Mauerbau kam dies dann bisweilen nur noch in abgeleiteter Form zum Tragen. Stets war der Westen auch der letzte Ausweg. Ostdeutsche Dissidenten trafen sich im Westen wieder, ob sie nun durch Flucht oder Ausreiseantrag oder durch zwangsweise Abschiebung dorthin gelangten. Die westdeutsche Öffentlichkeit und ihre Medien, die westdeutschen intellektuellen Diskurse, die parteipolitischen Auseinandersetzungen, die europäische Einigungspolitik aber auch die Rolle der Bundesrepublik im KSZE-Prozeß haben direkt und indirekt auf und in die DDR-Opposition gewirkt.

Doch umgekehrt gingen von der Bundesrepublik, abgesehen von den fünfziger Jahren, keine Ansprüche von der Politik aus, die den ostdeutschen Demokratisierungsprozeß bewußt gefördert haben – bis 1989. Bis auf wenige Ausnahmen unter Journalisten und einer sehr kleinen Zahl von Politikern wurden die Gegner der SED in der DDR als politische Größe kaum wahrgenommen. Diese Nichteinmischung beruhte nicht nur auf völkerrechtlichen Erwägungen. Es stellt sich die Frage, ob diese Zurückhaltung in weiten Kreisen der politischen Klasse, der Intellektuellen und der meinungsbildenden Institutionen, wie der Kirchen, Gewerkschaften oder Medien, nicht auch die Haltung zur Demokratie spiegelt. Wurde möglicherweise die Demokratie als durchaus akzeptable und in Verbindung mit wirtschaftlichem Erfolg auch vorteilhafte Ordnung verstanden, ohne in ihr einen zivilisatorischen Anspruch zu erkennen, der auch Ansprüche gegenüber der DDR legitimierte? Es läßt auf eine mangelhafte Annahme des eigenen politischen Systems schließen, daß nicht wenige Gruppen im Westen den ostdeutschen und osteuropäischen Kommunismus als Alternative zur freiheitlichen Demokratie sahen. Aber selbst dort, wo dies so deutlich nicht in Erscheinung trat, kann die Gleichgültigkeit gegenüber den inneren Prozessen in der DDR als eine Gleichgültigkeit gegenüber den freiheitlichen Grundwerten identifiziert werden. Schließlich wäre zu fragen, ob die westdeutsche politische Kultur ein Stück weit ebenfalls eine Kultur der Angst war, der Angst vor dem Kommunismus? Dann wäre die Bundesrepublik mit einer demokratischen Legitimität versehen gewesen, die sich aus einer Abwehrhaltung speiste, aber nicht auf der inneren Akzeptanz der demokratischen Verfassung beruhte. Jedenfalls lassen die fortgesetzten Stabilisierungshilfen für die DDR darauf schließen, daß der Kommunismus mehr befriedet als überwunden werden sollte. Auch das Verlangen nach der deutschen Einheit nahm selten politische Gestalt an, es realisierte sich vielmehr in einem kulturellen Bewußtsein, das politisch folgenlos blieb.

So wurden auch die Widerstandspotentiale in der DDR lediglich zur Legitimation der eigenen demokratischen Gesellschaftsverfassung genutzt und deren Akteure allenfalls humanitär betreut. In Westdeutschland wurde die DDR-Opposition oft nicht verstanden, oft wurden undifferenziert zwischen den ideologischen und politischen Funktionen der Kirchen, der Umwelt- und Friedensbewegung, den emanzipatorischen und sozialen Bewegungen der damaligen DDR und der alten Bundesrepublik Parallelen gezogen. Das führte zu einer bis heute anhaltenden, folgenreichen Fehleinschätzung. Die Friedensbewegung im Westen und die im Osten haben nicht nur eine lange Konfliktgeschichte, sondern erfüllten jeweils auch vollständig andere geistige und politische Funktionen in ihren Gesellschaften. Die Ostdeutschen mußten in der geschlossenen, abgegrenzten und repressiven Gemeinschaft der Gleichgeschalteten erst schaffen, was im Westen selbstverständlich war. Bis 1989 war die DDR-Gesellschaft auf sich allein gestellt, im Gegensatz zu der von der westdeutschen Politik viel ernster genommenen SED. In dieser Lage mußte die Opposition in der DDR die engen und dennoch riskanten Handlungsräume entdecken, vorsichtig ausweiten und gestalten.

Wie eng diese Handlungsäume geworden waren, zeigen die Ergebnisse des 17. Juni 1953, die jede Möglichkeit einer demokratischen Ordnung verstellten. Eine offene, konfrontative Gegenwehr konnte nichts mehr ausrichten. Darum mußten Umwege gegangen werden, die die SED-Herrschaft dort in Frage stellten, wo sie sich gründete. Daß dies möglich war, ist nicht allein dem vorausschauenden, politischen Kalkül von Oppositionellen zu verdanken. Das Experiment der SED, Gesellschaft durch Staat zu ersetzen, mobilisierte dort soziale und politische Kräfte, wo die Gesellschaft nicht ersetzbar war, wo sich der Partei-Staat selbst überforderte. Die Gesellschaft war zur sozialen und politischen Selbstorganisation genötigt und fand ihre handelnden Subjekte unter denen, die den SED-Staat durch die „bessere DDR“ ersetzen wollten und antizipatorisch eine soziale Alternative lebten. Angesichts der Machtverhältnisse gehörte dazu auch der Glaube an eine „bessere Welt“, einen demokratischen Sozialismus. Dies war die Transzendierung der Verhältnisse im Sinne einer möglichen Veränderung. Daraus erwuchs die DDR-Opposition mit allen Schwächen, die mit einer Praxis verbunden sind, die die Negation der Negation als politisches Mittel wählen muß. Formeln, wie „verbesserlicher“ oder „demokratischer“ Sozialismus konnten dies leisten, selbst wenn deren Realitätsbezug nicht überprüfbar war. Diese Sozialismus-Formeln überholten gleichsam die Legitimation der SED indem sie deren Ansprüche übernahmen und zugleich auf das Verfehlen dieser Ansprüche aufmerksam machten. Es war ein umständlicher, aber bisweilen der einzige Weg der Gesellschaft zu sich selbst, der offen und nicht determiniert und darum von Brechungen geprägt war. Und es war der riskante Weg vieler einzelner Individuen zu sich selbst, der Weg vom Untertan zum Bürger.

Für eine Bewertung der DDR-Opposition müssen ihre politische Funktion im SED-Staat, ihre Wirkungen, ihre Erfolge, ihre Selbstbehauptung und die Begrenzung der SED-Macht, gesehen werden. Dabei wird sichtbar, daß sich mit dem Entstehen der oppositionellen Bewegung die Ansätze eines aufklärerischen, säkularen und zivilgesellschaftlichen Politikverständnisses entwickelten, das sich von den totalitären Ansprüchen des Weltanschauungsstaates abhob. Die Befunde weisen aus, daß, unter welcher semantischen Chiffrierung auch immer, direkt und indirekt die Werte und politischen Ziele Freiheit, Recht und Menschenrecht, Pluralismus und Entideologisierung des Staates, Selbstbestimmung und freie Wahlen höchsten Stellenwert hatten. Dabei gab es schwerwiegende und in verschiedenen Zeiten unterschiedlich wirkende

Zielkonflikte. Wer die Demokratisierung der DDR in der DDR forderte, stellte nicht direkt das Existenzrecht der DDR in Frage. Wer es getan hätte, hätte wohl lange Zeit als hoffnungsloser Illusionist, auch im Westen, gegolten. Wer aber die Demokratisierung der DDR forderte, stellte direkt die Herrschaft der SED in Frage und damit indirekt auch deren deutschen Staat. Im Herbst 1989 wirkte sich in Teilen der Opposition dieser Zielkonflikt dramatisch aus. Als es zur Demokratisierung und Öffnung der Grenzen kam, konnte sich eine Reihe von Oppositionellen nicht rechtzeitig von den früheren Voraussetzungen bzw. den früheren Legitimationsmustern ihrer Politik trennen. Damit bedeutete das Ende der DDR auch das Ende der DDR-Opposition.

3. Die Debatte um die Klassifizierung von Gegnerschaft

Als politischer Gegner kann nur gelten, wer den Konflikt mit der SED politisch inszenieren wollte und sich deren Neutralisierungs- und Befriedungsstrategien zu entziehen suchte. Dies hieß, den Konflikt öffentlich auszutragen oder wenigstens die Wirkung der Handlung in der Öffentlichkeit erkennbar werden zu lassen. Im Unterschied zur unpolitischen Verweigerung mußten politische Gegner sich ihrer Rolle bewußt sein, auch persönliche Benachteiligungen hinnehmen und Risiken eingehen. Dennoch ist eine genauere Unterscheidung zwischen den verschiedenen Formen von Gegnerschaft nötig. Je allgemeiner und breiter die Begrifflichkeit angelegt wird, desto unklarer wird das Bild und ermöglicht selbst Akteuren des Systems, sich als Gegner auszugeben. Eine zu allgemeine Begrifflichkeit erfaßt sonst auch das Wechselspiel von Anpassung und Verweigerung, Unterwerfung und Abweichung.

Die Klassifizierung und Typologisierung politischer Gegnerschaft setzt zunächst die Berücksichtigung des Bezugsrahmens politischen Handelns voraus. Da sich in der DDR Gegner mit einer totalitären Diktatur auseinandersetzen mußten, die die vollständige Kontrolle aller Machtmittel hatte, waren Spielräume gegnerischen Handelns nicht nur eng, sondern es fehlten auch alle geregelten Verfahren im Interessenkampf. In dieser Lage entschieden die eigenverantwortliche Wahl der politischen Mittel und die Option für politische Strategien und Themen auch über die unterschiedlichen, bisweilen sich ausschließenden Typen politischer Gegnerschaft. So konnten sowohl die offene Konfrontation gesucht, wie auch Handlungsfelder gewählt werden, wo der Machtvorteil der SED nicht direkt zum Zuge kam. Die Gegner handelten dabei auf dem Hintergrund geistesgeschichtlicher, sozialer, politischer oder rechtlicher Konflikte und wollten bestimmte, aber nicht die gleichen, Wirkungen erzielen. Die Wahl der Mittel drückte ihr Selbstverständnis, ihre Intentionen und die Kontextualität ihrer politischen Äußerungen aus. Sie entschied auch über die Reichweite gegnerischer Politik und über deren Reproduktionsfähigkeit innerhalb des Systems.

Unter dem Aspekt der eigenverantwortlichen Wahl politischer Mittel sind Klassifizierungen unbrauchbar, die den ideologischen Feindbildstereotypen der SED entsprechen. Sie hat die milderen Formen von Verweigerung als Ausfluß eines Restbestandes bürgerlichen Bewußtseins bewertet und je nach Bedarf verfolgt oder als Erziehungsaufgabe definiert. Jede Form des offenen Widerspruchs wurde entsprechend ihrem Klassenkampfschema als feindlich beurteilt und verfolgt.

Als die gefährlichste Form der Feindschaft galt die Einstufung als „konterrevolutionär". Der im Rahmen der operativen Aktionen häufig gebrauchte Begriff Opposition bezeichnet ebenfalls nur generalisierend und undifferenziert politische Abweichungen, die kriminalisiert wurden. Unerschöpflich war das Arsenal des diskreditierenden, propagandistischen Feindbildvokabulars, mit denen innerparteiliche, kirchliche und andere Gegner belegt wurden. Es läßt nur beschränkt Rückschlüsse auf Art und Umfang politischer Aktivitäten zu. Am deutlichsten lassen sich noch die ritualisierten Bewertungen für innerparteiliche Abweichler und kirchliche Kritiker entschlüsseln. „Revisionisten" gab es vornehmlich in der SED, während „Klerikalreaktionäre" in der Kirche gesucht werden mußten. In den operativen Bearbeitungskategorien des MfS oder anderer exekutiver Organe für politische Gegner finden sich Einschätzungen wie „feindlich-negativ", „reaktionär", „antisozialistisch" usw. Generalisierender konnte zwischen PUT (Politische Untergrundtätigkeit) und PID (Politisch ideologische Diversion) unterschieden werden. Solche Einschätzungen waren in der Regel den Betroffenen nicht bekannt und widersprachen häufig ihrem subjektiven Empfinden. Dies galt ebenfalls für den häufig eingesetzten direkten oder indirekten Faschismusvorwurf.

Da politische Gegnerschaft nicht aus inneren Widersprüchen, Problemen und Konflikten erwachsen durfte, wurde hinter jeder ihrer Formen der Einfluß oder gar die direkte strategische Anleitung aus dem Westen angenommen oder behauptet.

Das im Schriftgut der Unterdrückungsapparate verwendete Feindbildvokabular ist jedoch unter dem Aspekt der Selbsteinschätzung der Verfasser aussagekräftig. Darin spiegeln sich die Herausforderung und die Ängste der Machthaber. Insofern liefern sie auch Indizien für die Wirkungen politischer Gegnerschaft. Politische Gegner, die im Lande bleiben bzw. ihre politischen Handlungen auf Dauer stellen wollten, haben daher in der Regel versucht, diesen Feindbildprojektionen zu entkommen und ihre Unabhängigkeit von westlichen Interessen nachzuweisen. Einige Besonderheiten in der Ausformung des kritischen Potentials in der DDR gehen darauf zurück. Dazu gehörte das Meiden jener Begriffe zur Vermittlung des Selbstverständnisses von Widersprechenden und Oppositionellen, die der SED Anlaß geben konnten, nicht nur propagandistisch, sondern auch mit ihrer politischen Justiz einzuschreiten. Darum ist für eine Typologie politischer Gegnerschaft eher auf deren tatsächliche Funktion zu achten, als auf ihre Eigendarstellung. Der Begriff Opposition ist lange Zeit unter denen, die sie repräsentierten, öffentlich gemieden oder zurückgewiesen worden. Intern dagegen wurde er häufig gebraucht. Oppositionelle haben Selbstbezeichnungen gewählt, die unverfänglicher waren. In der Opposition der achtziger Jahre wurden Begriffe wie „Unweltbewegung", „Friedensbewegung" oder „unabhängige Friedensbewegung" am häufigsten benutzt und waren Selbstverständigungs- und Kommunikationsformeln mit einem hohen Anspruch auf Legalität und Legitimität des Handelns. Die Untertreibung der eigenen Rolle findet sich auch bei den osteuropäischen Dissidenten So hieß es im Gründungsdokument der Charta 77: *„Charta 77 ist keine Basis für oppositionelle politische Tätigkeit. Sie will dem Gemeininteresse dienen. [...]"*[17]

Zu den Determinanten spezifischer Typen von Gegnerschaft gehören bestimmte kulturelle und soziale Milieus, in denen der SED entgegenstehende Interessen wirkten. Solche Milieus, die Gegnerschaft begünstigt haben, waren auch in der homogenisierten DDR-Gesellschaft mit den stets unbefriedigten Bedürfnissen nach Individualität und Eigenständigkeit vorhanden. Einzeluntersuchungen, wie die von Dieter Rink[18] am Beispiel Leipzigs, ergaben, daß es vor allem die protestantischen, intellektuellen und subkulturellen Milieus waren, in denen sich Kritik und Gegnerschaft artikulierten. Doch haben gemeinsame Interessenlagen in klar definierbaren Milieus, wie in den Subkulturen oder in der Evangelische Kirche, auch sich ganz und gar widersprechende Haltungen und Handlungen hervorgebracht. Hier finden sich sowohl unpolitische Anpassung und Verweigerung, wie Einzel- und spontaner Massenprotest mit und ohne politische Absichten. Darum sind die individuellen oder auch in Gruppen wirksamen Optionen und Orientierungen zu berücksichtigen, die unterschiedliche Politisierungsgrade zeigen. Auch die Phänomene der „Neuen Sozialen Bewegung" (NSB) der siebziger und achtziger Jahre waren in unterschiedlichem Maße politisiert. Fast nur in den Kirchen fand die NSB zu deutlichen Formen politischer Gegnerschaft. Deren soziale und politische Funktion wurde dort auch reflektiert und führte zu Theoriebildungen, die sich in einer bewußten Lebenspraxis als Antizipation von Gesellschaftsveränderungen äußerten. Hier lieferten protestantische, zivilisationskritische Orientierungen das ideologische Gerüst, das auf eine Machtbegrenzung der SED zielte.

Einen ganz eigenständigen Typ von Gegnerschaft stellen jene dar, die die DDR durch Flucht verließen oder den mühseligen Weg des Ausreiseantrages durchstanden. Die Flucht hat der DDR schwer geschadet, aber anderen Gegnern nicht unbedingt genutzt, da Abwanderung und Abschiebung die kritischen Potentiale schwächten. Die SED nutzte auch selbst dieses Ventil. Trotzdem ist die Flucht als massenweise, politische Gegnerschaft zu verrechnen, da in der Regel die Flüchtlinge wußten, daß sie dem System schadeten. Eckhard Jesse ordnet sie deswegen in einen, damit notwendig breiten, Oppositionsbegriff ein, *„obwohl sie keine eigene Gruppe bildeten."*[19] Dic Flüchtlinge verursachten aber auch schwere Interessenkonflikte unter SED-Gegnern bis in die letzten Jahre der DDR. Zur Ausreise Entschlossene, die durchaus lange angepaßt waren, versuchten in den achtziger Jahren in Oppositionsgruppen mitzuarbeiten, um ihre Wartezeiten für die Übersiedlung in den Westen zu verkürzen. Manche Oppositionelle sahen darin eine Schwächung ihrer Anliegen, während andere mit Ausreisewilligen zusammenarbeiteten. Dieser Interessengegensatz muß in einer Typologie der Gegnerschaft sichtbar werden.

Mit der Fluchtfrage wird die nationale Frage berührt. Für Oppositionelle, die der Demokratisierung der DDR verpflichtet waren, konnte es lange Zeit nur Zurückhaltung in der deutschen Frage geben. Sie konnten der DDR das Existenzrecht nicht absprechen, da dies auch ihre Bemühungen um Liberalisierung und Demokratisierung erübrigt hätte. Insofern gab es einen Zielkonflikt mit denen, die die DDR durch ihre Ausreise abschrieben.

Im Rahmen der nationalen Frage stand für Gegner der SED auch die Frage nach der geschichtlichen Kontinuität totalitärer Herrschaft. Zum einen mußten sie sich mit dem Antifaschismus der SED auseinandersetzen, um diese Legitimation anzugreifen. Zum anderen mußten sie ein Verhältnis zum Widerstand der NS-Zeit finden. Politische Gegner haben ihre Kritik schon seit Anfang der fünfziger Jahre mit antitotalitären Argumenten begründet. In den ersten Jahrzehnten konnten zahlreiche Kritiker in der DDR auch noch auf ihre eigenen Anteile am antifaschistischen Widerstand verweisen.

Trotzdem ist eine direkte Übertragung der Widerstandsformen kaum möglich. Das Ausmaß der nationalsozialistischen Verbrechen und die Bedingungen des Krieges rechtfertigten und erforderten andere Formen des Widerstandes. Andererseits hat das NS-Regime im Gegensatz zu den Kommunisten soziale, rechtliche, ökonomische und religiöse Institutionen nicht oder nur wenig angetastet und konnte sich auf die Identität von Staat und Nation stützen. Aus diesen Unterschieden ergeben sich für die Strukturtypen des Widerstandes andere Voraussetzungen, die sich u.a. auf die widerständigen Milieus, auf die Legitimation von Gegengewalt und auf die nationale Frage beziehen. Zudem waren die Risiken der politischen Gegner der SED seit den sechziger Jahren weit geringer als im NS-Regime.

Rainer Eckert, der die Vergleichbarkeit von Gegnerschaft in beiden Diktaturen referiert, zeigt mit Recht auf, daß politische Gegnerschaft trotz aller Unterschiede in beiden *Regimen „grundlegende Probleme des Verhältnisses des Individuums zur staatlichen Macht und der Anforderungen, die ein Staat an seine Bürger richten kann“* aufwerfen.[20] Er berührt damit die zivilisatorische Grundentscheidung, die Gegner beider Diktaturen treffen mußten. Weder der Widerstand im NS-Regime noch die DDR-Opposition insgesamt zielte auf eine Verfassungswirklichkeit, wie sie sich nach dem Kriege die Bundesrepublik gab, sondern richtete sich gegen die *„Allmachtsansprüche des totalen Staates“*.[21] Die jeweiligen ideologischen Differenzen waren erheblich, und auch die politischen Vorstellungen einer Neuordnung Deutschlands waren kaum miteinander verbindbar. Gemeinsam ist den Gegnern nur, daß sie die legitimatorische Basis für eine offene, zivile Gesellschaft auf der Grundlage von Freiheits- und Individualrechten geschaffen haben – eine in Deutschland nicht selbstverständliche zivilisatorische Leistung, die zwar nicht auf einer einheitlichen Theorie einer modernen Demokratie fußte, aber gerade in der geistigen Auseinandersetzung mit dem totalen Weltanschauungsstaat zu den Werten der freiheitlichen Demokratie fand. Doch dies ist ein sehr allgemeines Kriterium, das noch nicht hinreichend die internen Differenzen der Gegner erreicht.

Der Vergleich der Gegnerschaft in der DDR mit den außerordentlichen Bedingungen des Widerstandes der NS-Zeit legt nahe, zur Klassifizierung von Gegnerschaft die widerständige Energie und die von einzelnen und Gruppen, der SED direkt zu schaden und ihre Macht zu bekämpfen und zu begrenzen, zu messen. Damit sind auch die Effektivität von Gegnerschaft und die Differenz zwischen Quantität und Qualität des politischen Einsatzes im Blick auf den angestrebten Erfolg thematisiert. So haben Ende der achtziger Jahre nur einige hundert oppositionelle Gruppen mit unterschiedlicher politischer Kraft gearbeitet und waren, wie erwähnt, vorrangig an einer Reform der DDR orientiert. Dieses Potential erscheint nicht besonders durchschlagskräftig. Dem steht gegenüber, daß diese Gruppen 1989 zunächst Träger der DDR-Revolution waren. Auch die SED und das MfS sahen in diesen Gruppen gegen Ende der DDR die wichtigste Gegenkraft. Offenbar waren gerade die lange Existenz dieser Gruppen in der DDR, ihre Einbindung in die Kirchen und ihre öffentliche Wirkung Faktoren, die die SED nicht mehr ausschalten konnte.

Für eine breite und entschlossene Gegnerschaft zum SED-Staat kann die große Zahl der aus politischen Gründen Verurteilten und Opfer von Zwangsmaßnahmen stehen. Diese stellen aber eine heterogene Gruppe dar. Unter ihnen befinden sich sowohl entschlossene Gegner des Systems, die auch Gewalt anwendeten, wie viele, die selbst keine eigenständigen, widerständigen Handlungen unternommen haben. Von Unterdrückungsmaßnahmen konnten auch die betroffen sein, deren Normverletzung politisch interpretiert und kriminalisiert wurde. Andererseits hat eine Reihe von Oppositionellen wenig offene Repressionen erlebt, wenn es ihnen gelang, legale Handlungsräume zu erschließen. Für die SED waren sie alle unterschiedslos Feinde, wenn auch ihr Beitrag zur Machtbegrenzung der SED sehr verschieden war.

Zur Unterscheidung zwischen diesen Formen hat Kleßmann im Anschluß an Günter Minnerup vorgeschlagen, zwischen Dissidenz und Opposition zu unterscheiden. Unter Opposition versteht *er „eine zumindest ansatzweise organisierte Form der Abweichung von der herrschenden politischen Linie mit erkennbaren ideologischen und politischen Alternativkonzepten“.* Dagegen wäre Dissidenz *„ein eher diffuses und schwer faßbares Phänomen, [...] bewußte, wenn auch partielle Verweigerung und Abweichung.“*[22] Diese Unterscheidung erscheint nicht ausreichend. Einerseits konnte geplante und organisierte Gegnerschaft sowohl zu konfrontativen Widerstandshandlungen wie auch zu weicheren legalistischen Konzepten führen, die unterschieden werden müssen. Andererseits kann Dissidenz, wie schon erläutert, je nach Kontext auch zu den Anpassungsstrategien gehören.

Kleßmann ist aber zuzustimmen, *„daß es inhaltlich durchaus Kontinuitätsstränge“* von den Anfängen bis 1989 in der *„Geschichte intellektueller Opposition und Dissidenz“*[23] gab. Dabei wäre zu berücksichtigen, daß manches, was in den fünfziger Jahren noch als erhebliche Abweichung in Erscheinung trat, in den achtziger Jahren möglicherweise nur noch als geringfügige Abweichung galt. Und umgekehrt konnte in späterer Zeit manches kriminalisiert und verfolgt werden, was Jahre vorher noch von der SED akzeptiert wurde. Außerdem stellten bestimmte Typen von Gegnerschaft gleichsam politische „Sackgassen“ dar, die zu keinen greifbaren politischen Ergebnissen führten und deren Traditionen im Laufe der DDR-Geschichte aufgehoben wurden. Die Kontinuität von Gegnerschaft, wo sie erhalten blieb, verweist auf soziale und politische Probleme, die die SED zu keiner Zeit oder jeweils nur unzureichend lösen konnte.

Daß es unumgänglich ist, die jeweiligen Typen auf die konkreten, zeitlich begrenzten und inhaltlich spezifisch ausgeprägten Machtkonflikte zu beziehen, hat erstmals Ilko-Sascha Kowalczuk in seiner Typologisierung ausgeführt. Er benutzt dabei „Widerstand“ als generalisierenden Begriff, dem er die *Typen „1. gesellschaftliche Verweigerung, 2. sozialen Protest, 3. politische Dissidenz und 4. Massenprotest“*[24] zuordnet. Er bezeichnet politische Dissidenz ausdrücklich als „Opposition“. Diese differenziert er wiederum unter politisch-ideologischen und soziokulturellen Aspekten. Mit dieser Typologie bildet er ein Gefälle der widerständigen Energie ab. Abgesehen davon, daß die Generalisierung unter dem Begriff Widerstand zu allgemein ist, wird auch der Begriff Opposition nicht hinreichend an die Wahl der politischen Mittel gebunden.

Eine differenziertere Typologie bietet Hubertus Knabe an. Er entwickelt unter den Kriterien „*Risiko*“, den Relationen von „*Globalität*“ und „*Partialität*“, „*Öffentlichkeit*“ und „*Privatheit*“ sowie „*Aktivität*“ und „*Passivität*“ eine zehnstufige Typenskala, die „*Resistenz*“, *„Partielle Kritik“*, *„Sozialer Protest“*, *„passiver Widerstand“*, *„Neue Soziale Bewegungen“*, *„Politischer Protest“*, *„Dissidenz“*, *„Politische Opposition“*, *„Aktiver Widerstand“* bis zu *„Aufstand“*[25] unterscheidet. Diese

Typologisierung mißt ebenfalls die politisch Energie und bildet auch die fließenden Übergänge zwischen politischer und sozialer Gegnerschaft ab. Aus ihr gehen aber nicht die kategorialen Unterschiede zwischen Gegnern der SED hervor, die sich aus der Zweck-Mittel-Relation in den Bedingungen des totalitären Staates und dazu in der Konfrontationssituation zweier deutscher Staaten ergaben. Diese Unterschiede sind so groß, daß es zu erheblichen Differenzen in den Strategien und zu Zielkonflikten zwischen Gegnern kam. Zudem ergeben sich Schwierigkeiten bei dieser Typologie, die Motiven und Determinanten zu starkes Eigengewicht gibt. So können dem hoch bewerteten aktiven Widerstand durchaus partielle und private Motive zu Grunde liegen. Auch der Aufstand kann sowohl sozialer wie politischer Protest sein, der zwar viel Energie freisetzt, dem aber erst ein politisches Ziel gegeben werden muß. Dies hat sich etwa am 17. Juni 1953 gezeigt, der zunächst als sozialer Protest begann und erst im Verlauf eine politische Form fand.

Erfolgversprechender ist eine Typologisierung, die konsequent die Wahl der politischen Mittel und der diesen schon innewohnenden Zwecke und Ziele zum Kriterium der Unterscheidung macht. Dabei müssen auch die Breite politischer Aktionen und die errungenen Handlungsfelder in den gegebenen und selbst geschaffenen Voraussetzungen politischen Handelns abbildbar sein. Wenn Politik die Kunst des Möglichen ist, muß sich auch die Politik der politischen Gegner der SED an der Kunstfertigkeit messen lassen, das Mögliche ausgeschöpft und die SED zur politischen Reaktion auf die von ihnen geschaffene Wirklichkeit veranlaßt zu haben. Dazu gehörte wesentlich der Kampf um die Hegemonie der Interpretation von politischer Verbindlichkeit zur Auseinandersetzung zwischen der SED und ihren Gegnern. Die Gegner der SED mußten sich für ein Verfahren in ihrem Verhältnis zur SED entscheiden. Das konnte einseitig sein, indem sie die mehr oder weniger öffentliche Konfrontation suchten, also widersprachen oder Widerstand leisteten. Oder es konnte der Versuch sein, ein geregeltes Verfahren zu entwickeln, dem sich die SED nicht ohne weiteres entziehen konnte. In diesem Fall mußten Gegner Mittel und Ziele ihrer Politik an Rechtskategorien binden.

Zu wenig hat bisher die Widerstandsforschung diese rechtlichen Aspekte beachtet, obwohl sie sich als eine entscheidende Konfliktlinie durch die DDR-Geschichte ziehen. Peter Steinbach hat im Anschluß an die Diskussion zum Widerstand gegen das NS-Regime auf die verschiedenen Ebenen der Rechtsfrage hingewiesen. Im allgemeinsten Sinne ist nach ihm *„Widerstand als Menschenrechtsbewegung"* zu verstehen und das Ziel von Widerstand die *„Wiederherstellung des Rechts"*[26]. Das gilt uneingeschränkt auch für politische Gegner in der DDR, wobei der von Steinbach benutze Begriff Widerstand zu modifizieren wäre.

Die Einbeziehung der Rechtsebene zur Klassifizierung der Gegnerschaft ermöglicht die grundsätzliche Unterscheidung zwischen Widerstand, Opposition und Widerspruch. Der konfrontative *Widerstand* bekämpfte die SED mit Mitteln, die im Sinne der SED-Macht weder legitim noch legal waren. Der Widerstand operierte von einem Standpunkt außerhalb des politischen Systems. Gegner, die sich innerhalb des politischen Systems politisch bewegten, mußten versuchen, die minimalen Chancen legaler und legitimer Handlungsräume des DDR-Staates wahrzunehmen, auszuschöpfen oder auch erst zu entwickeln und zu erweitern. Dieser Typ wäre als *Opposition* zu bezeichnen. Das gilt, obwohl die SED ein politisches Rechtsverständnis hatte, das

Legitimität und Legalität für eine Opposition ausschloß bzw. ausschließen sollte. Dennoch läßt sich der Oppositionsbegriff strikt an das Legalitätsprinzip binden, da die SED selbst nach innen und außen den Schein verbindlicher und öffentlicher Rechtsstrukturen aufrechterhielt und ein Teil ihrer Machtorgane, wie das MfS, eigens dazu geschaffen waren, dieses Recht konspirativ zu unterlaufen. Dafür gibt es viele Belege. Hierher gehört schon Ulbrichts berühmte Äußerung während der Zerschlagung der bürgerlichen Demokratie, daß alles demokratisch aussehen müsse, aber die Macht der Kommunisten nicht in Frage stehen dürfe. Schließlich belegen Hunderte Stasiakten in den achtziger Jahren, daß die Zersetzungsmaßnahmen dieses Organs darauf gerichtet waren, eine legale Opposition in der DDR zu verhindern.

Während der konfrontative Widerstand in der Wahl der Mittel frei war, mußte eine entwickelte und strukturierte Opposition auf rechtlicher Grundlage ihre Mittel sorgfältig wählen. Wenn die Rechtsebene einbezogen wird, muß unterschieden werden zwischen den Voraussetzungen oppositioneller Politik und dieser selbst.

Zu den Voraussetzungen gehörten:

- ideologische Selbständigkeit und geistige Selbstbehauptung,
- Aufklärung und Säkularisierung übergeschichtlicher Ansprüche und die Enteignung oder der Ersatz der Legitimationsvehikel Sozialismus und Antifaschismus,
- soziale Selbstorganisation zum Zwecke der Rekonstruktion von Gesellschaft.

Zu den politischen Mitteln gehörten:

- das Herstellen von Gegenöffentlichkeit und die Artikulation und Durchsetzung von sozialen bzw. emanzipativen Interessen,
- das Erringen von Handlungsvorteilen, das Nutzen von Krisen und die Erhaltung der eigenen Reproduktionsfähigkcit,
- die Effektivität bei der bewußten Inkaufnahme persönlicher Risiken sowie die Verhältnismäßigkeit der Mittel beim Verfolg von Zielen,
- die Inanspruchnahme offizieller und legaler Handlungsräume und Institutionen.

Diese Kriterien zeigen die grundsätzliche Differenz zwischen Opposition und Widerstand. Dabei liegt es nahe, Widerstand noch einmal zu differenzieren, da es durchaus auch milde Formen des Widerstandes gegeben hat, die zwar noch hinreichend politisch waren, aber unterhalb der Schwelle der offenen Konfrontation blieben.

Als mildeste und heterogene Form politischer Gegnerschaft, die weder organisiert war noch konfrontativ auftrat, muß der *Widerspruch* klassifiziert werden. Ein direkter Zusammenhang der Strukturtypen politischer Gegnerschaft, Widerspruch, Widerstand und Opposition, erscheint häufig in den Biographien einer Reihe von langjährigen Gegnern der SED-Herrschaft. In bestimmten Milieus konnten gleichzeitig unterschiedliche Formen politischer Gegnerschaft auftreten.

4. Typologie der Opposition

Opposition beansprucht legale politische Tätigkeit und versucht, auf der Grundlage verbindlicher Normen und verbindlichen Rechtes die Machtträger zur Einhaltung dieser Normen zu veranlassen, um deren Macht zu begrenzen. Im Falle von Rechtsdefiziten arbeitet sie an der Schaffung rechtlicher Grundlagen und benutzt dazu auch andere Mittel zum Rechtsersatz. Ein an der westlichen, demokratischen Tradition orientierter Oppositionsbegriff ist für die DDR nur bedingt anwendbar, da sich keine Opposition auf der Grundlage eines verfassungsmäßig beschriebenen und durch vereinbarte politische Verfahren gesicherten Konsenses entfalten konnte, die eine programmatische und personelle Alternative zur etablierten Macht hätte anstreben können. Die nach dem Kriege installierte Neuordnung sah dies formal noch vor. Der in der Verfassung von 1968 festgeschriebene Führungsanspruch der SED schloß dann jede rechtlich geordnete Gegnerschaft aus. Allerdings verzichtete die SED zu keiner Zeit auf den Anspruch von Legalität, bzw. „Gesetzlichkeit". Zudem blieben in der DDR bestimmte, relativ stabile Rechtsbereiche erhalten. Neben einigen arbeits-, zivil- und standesrechtlichen Regelungen war dies vor allem der große Komplex des Kirchenrechts, wenn es auch ein ausformuliertes Staatskirchenrecht nicht mehr gab. Außerdem hatte die DDR internationale Verträge abgeschlossen und war völkerrechtliche Verbindlichkeiten eingegangen, auf die sich Oppositionelle beriefen. Das heißt natürlich nicht, daß die DDR ein Rechtsstaat war. Die SED ordnete das Recht ihrer Politik unter und brach ihr eigenes Recht systematisch. Aber diese Rechtsbrüche versuchte die SED zu verschleiern. Der Einsatz von konspirativen Zersetzungsmaßnahmen wurde für die SED im Kampf gegen eine legalistische Opposition deswegen wichtig, weil sie sich öffentlich an rechtliche Normen gebunden hatte.

Trotz aller Einschränkungen stellten die formalen legalen Spielräume für oppositionelle Politik eine Grundlage dar. U.a. haben Oppositionelle das Eingabensystem, das zivilrechtliche und verwaltungsrechtliche Sicherungen der Bürger ersetzte, für politische Zwecke genutzt. Vielfältig hat die Opposition sich um Legalitätsersatz durch den Nachweis politischer Legitimität bemüht. Neben der ethischen Legitimierung wurde auf ein alternatives Sozialismusverständnis Wert gelegt und wurden alternative Konzepte für die Deutschlandpolitik erarbeitet. Auch der Versuch, die Hegemonie der SED bei der Interpretation marxistischer Schlüsseltexte zu brechen, gehört hierzu. Oppositionelle haben oft mit Marxzitaten gearbeitet, nutzten Worte von Bert Brecht und vor allem Rosa Luxemburg. Selbst das Absingen der „Internationale" oder der Ruf „Wir sind das Volk" im Aufstand 1989 hatten eine legitimierende Funktion.

Analog der Rechtsentwicklung in der DDR-Geschichte lassen sich vier verschiedene Typen von Opposition benennen:

- die politische Opposition der demokratischen Parteien von 1945 bis 1949,
- oppositionelle Funktionen der Evangelischen Kirchen,
- die Kulturopposition Mitte der 70er Jahre,
- die Opposition von Marxisten.

Zu den folgenreichsten dieser Oppositionstyen – insbesondere zur Kulturopposition und zu den oppositionellen Funktionen der Evangelischen Kirche Ende der 70er und in den 80er Jahren – werden in anderen Beiträgen dieses Bandes (u.a. bei Bernd und Peter Eisenfeld) nähere Ausführungen gemacht. An dieser Stelle seien einige ergänzende Erläuterungen gegeben.

4.1. Die parlamentarische Opposition der demokratischen Parteien von 1945 bis 1949

Trotz der Begünstigung der KPD und ab 1946 der SED etablierte sich in der SBZ zunächst ein demokratisches Parteienspektrum, das in etwa auch die soziale Struktur Ostdeutschlands widerspiegelte. Die schrittweise Einschränkung – schon 1945 kam es zu Behinderungen – oppositioneller parlamentarischer Politik erfolgte durch die Zwangsvereinigung der SPD mit der KPD zur SED und der Bildung des antifaschistischen Blocks seit 1946. In den Ländern, in den Kommunen und an den Hochschulen agierten die demokratischen Parteien LDP und CDU vereinzelt in den ersten Jahren nach der DDR-Gründung mit eingeschränktem Aktionsradius noch als legale Opposition. Mit der Unterdrückung dieser politischen Rolle gingen seit 1946 Sozialdemokraten und einzelne Gruppen oder Mitglieder von CDU und LDP zum Widerstand über.

4.2. Oppositionelle Funktionen der Evangelischen Kirchen 1949 bis 1978

Die Kirchen stellten innerhalb der sozialistischen Staatsgesellschaft die einzigen nicht gleichgeschalteten Organisationen dar. Sie galten nach der Verfassung von 1949 als Körperschaft öffentlichen Rechtes. Ihr Status verschlechterte sich mit der Verfassung von 1968, die aber noch formal die Existenz der Kirchen und die individuelle Religionsausübung sicherte. Trotz der zeitweise schweren Repressionen, wie der Verfolgungswelle 1952 und 1953, mußte die SED die rechtlichen Ansprüche der Kirchen ernst nehmen, wofür eine in hohen Parteikreisen häufig verwendete Bewertung des Rechtsverhältnisses steht, nach der die Kirchen die einzige *„legale Position des Feindes“*[27] in der DDR seien. Die Kirchen, bzw. wesentliche kirchliche Repräsentanten, haben im Umgang mit dem SED-Staat bis in die sechziger Jahre hinein mit ihrer Rechtsstellung argumentiert, Rechtsstaatlichkeit eingeklagt und die totalen Ansprüche des DDR-Staates zurückgewiesen und dies rechtlich und theologisch begründet.

Der prominenteste Vertreter der Rechtskritik war Bischof Otto Dibelius, der sich 1959 mit seiner Obrigkeitsschrift zu Wort meldete und die grundsätzliche Frage nach der Legitimität und der Legalität des DDR-Staates aufwarf: *„In einem totalitären Bereich gibt es überhaupt kein Recht. [...] Weder ein Maximum noch ein Minimum, sondern überhaupt kein Recht. [...] Es gibt nur noch eine ‚Gesetzlichkeit‘, [...] die die Machthaber im Interesse ihrer Macht erlassen. [...]“*[28]Dies löste schwere kirchenpolitische Auseinandersetzungen aus.

Unter Berufung auf geltendes Recht haben die Kirchen nicht nur ihre eigenen Interessen wahrgenommen, sondern auch soziale und politische Interessen von Gruppen und einzelnen Menschen vertreten. In den fünfziger Jahren protestierten sie gegen Massenverhaftungen, gegen Wahlbetrug, gegen den Umgang mit den Bauern u.a.m. Da die SED jede unabhängige Öffentlichkeit unterdrückte, wuchsen den Kirchen gesellschaftliche Ersatzfunktionen zu. Die Kirche besaß trotz aller nachhaltigen Behinderungen eine unabhängige Organisations- und Kommunikationsstruktur, ein eigenes Rechtswesen und erhebliche intellektuelle Potentiale. Obwohl die Kirchen selbst erklärten, keine politische Opposition sein zu wollen, nahmen sie faktisch oppositionelle Funktionen wahr. Begünstigend für die Wahrnehmung dieser Oppositionsrolle war die synodal-demokratische Verfaßtheit der Kirchen. Die kirchenpolitische und politische Willensbildung und Artikulation der Synoden war nur mittelbar an Verhandlungen mit dem Staat gebunden und von daher für die staatliche Seite kaum zu manipulieren. Die Synoden haben immer wieder bis 1989 öffentliche Kritik geübt und dem Staat gegenüber gesellschaftliche Anliegen vertreten.

Als sich in den protestantischen Kirchen starke Strömungen entwickelten, die ein Arrangement mit dem SED-Staat anstrebten, wurden die Kirchen der wichtigste gesellschaftliche Raum, in dem politische Konflikte ausgetragen wurden. Schon bei der Lösung der DDR-Kirchen von der gesamtdeutschen Evangelischen Kirche und der Gründung des „Bundes der Evangelischen Kirchen in der DDR" (BEK) gab es scharfe innerkirchliche Kritik. In dieser Zeit begann eine Phase der zunehmenden Aushöhlung von Rechtspositionen und der Einschränkung der Oppositionsrolle. Dagegen opponierten einige Theologen, wie Ulrich Woronowicz, der 1976 ein Memorandum verfaßte, in dem er den *„Irrweg"* beklagte und *„die Verbindlichkeit des Rechtes"* einforderte.[29] Als mit dem Gespräch zwischen Honecker und den wichtigsten Kirchenführern am 6.3.1978 eine Art Burgfrieden geschlossen wurde, waren gleichzeitig in den Kirchen schon heftige politische Auseinandersetzungen im Gang, die nie im Sinne der SED befriedet werden konnten.

Ein Feld der Auseinandersetzungen war die Menschenrechtsfrage. Bisher hatten verschiedentlich einzelne und Gruppen von Ausreiseantragstellern mit der Menschenrechtsfrage politisch argumentiert. Eine kontinuierliche Menschenrechtsarbeit fand aber nur in den Kirchen statt. Einer der Wortführer war der Görlitzer Bischof Joachim Fränkel. Während ein Teil der maßgeblichen Theologen das sozialistische, kollektivistische Menschenrechtsverständnis übernahm, fiel seine Absage an das von der SED propagierte Menschenrechtsverständnis eindeutig aus:

> „Menschenwürde, Freiheit, Rechtsgleichheit usw. sind im Marxismus-Leninismus an das Maß der Leistung für den Sozialismus gebunden. [...] Damit aber werden Menschenwürde und die mit ihr verbundenen Freiheiten wie Grundrechte in ihrem Wesen verkannt. Sie sind das, was sie sind, nur, wenn sie als dem Menschen vorgegeben anerkannt und nicht unter das Soll einer bestimmten Gesinnung gebeugt werden."[30]

Es entstanden mehrere kirchliche Menschenrechtsgruppen, die zumeist scharf verfolgt wurden, aber dennoch wirksam arbeiteten.

Die ideologische Unabhängigkeit der Kirchen stellte auch die Voraussetzung dafür dar, daß die Legitimationsgrundlagen der SED-Herrschaft, Sozialismus und Antifaschismus, eigenwillig und nicht im Sinne der SED aufgenommen und zur Grundlage von politischer Kritik werden konnten. In den siebziger Jahren setzte eine breitere Beschäftigung mit der nationalsozialistischen Rassenpolitik und mit dem Antifaschismus durch die SED ein. Bischof Fränkel distanzierte sich ausdrücklich 1973 von der Antifaschismusideologie der SED und warf dieser vor, diese Ideologie zur Verschleierung der Menschenrechtsproblematik zu benutzen. U.a. gaben 1975 die ostdeutschen Bischöfe eine Erklärung zur Zionismusresolution der UNO heraus, die feststellte, *„daß wir die Gleichsetzung von Rassismus und Zionismus nicht mitvollziehen können."*[31] In der Folgezeit entstanden kirchliche Arbeitsmaterialien zum Antizionismus, es wurden zahlreiche Arbeitsgruppen gegründet und trotz Einspruch der SED wurde 1978 erstmals in der DDR der Progromnacht gedacht. Auf Synoden wurde die SED dafür kritisiert, daß sie gegen latenten Rassismus in der DDR nichts unternehme.

Im politisch-rechtlichen Schwebezustand der Kirche formte der Erfurter Propst Heino Falcke auf der Synode des BEK vom 30.6. bis 4.7.1972 in Dresden in seiner großen Freiheitsrede „Christus befreit – darum Kirche für andere" eine Position, die Forderungen nach einer mündigen Mitarbeit der Bürger, nach mehr eigenverantwortlichen Spielräumen und nach einer kritischen, öffentlichen Rolle der Kirche erhob, auch wenn der SED-Staat Rechtsräume verweigerte: *„Die Aufgabe, gegen Unfreiheit und Ungerechtigkeit zu kämpfen, bleibt auch in unserer Gesellschaft. [...] Unter der Verheißung Christi werden wir unsere Gesellschaft nicht loslassen mit der engagierten Hoffnung eines verbesserlichen Sozialismus."*[32] Er legte mit seiner Rede die Grundlage einer systemimmanenten Opposition, und die Staatsorgane begriffen schnell, daß dieser Vortrag ein politischer Schlüsseltext war. Falcke wurden Revisionismus und Dubcek-Ideologie vorgeworfen.

Trotz der starken traditionellen Fixierung der Protestanten auf den Staat, trotz der mangelhaften Unterscheidung zwischen Staat und Gesellschaft, trotz der Instrumentalisierung von kirchlichen Vertretern gegen die in den Kirchen agierende Opposition konnten die Evangelischen Kirchen dort oppositionelle Funktionen ausüben, wo sie die legalen Spielräume ausschöpften, sie zu erweitern suchten und ihre eigene Rechtsordnung nicht in Frage stellten oder stellen ließen. Dreh- und Angelpunkt für ihre Oppositionsrolle war die Verteidigung des Rechts des Bürgers.

4.3. Politische Opposition Herbst 1989

Erst im Sommer 1989 lösten sich die Oppositionellen aus der engen Verbindung mit den protestantischen Kirchen und formierten sich in eigenen Strukturen. Deren Vielfalt als Dialogforum (Neues Forum), als Bürgerbewegung (Demokratie jetzt und Vereinte Linke), als politische Vereinigung (Demokratischer Aufbruch) und als Parteien (Sozialdemokratische Partei, Demokratischer Aufbruch ab Dezember 1989, Grüne Partei) drückte auch die Suchbewegung nach angemessenen Organisationsformen aus. Sie nutzten dabei die tiefe Krise, in die die SED und ihr Staat geraten waren. Personell war die Oppositionsbewegung von 1989 zunächst noch identisch mit den Engagierten der sozialethischen Gruppen. Die politische Opposition des Herbstes 1989 nutzte bis in den November hinein die kirchlichen Organisationsstrukturen, die zunächst noch eine formale Legalität sicherten. Obwohl der SED noch alle Machtmittel zur Verfügung standen, setzte sie diese nicht mehr ein, um die Opposition zu zerschlagen. Schließlich erzwang sich die Opposition auch eine rechtlich gesicherte Position. Vollkommen eigenständig und unabhängig agierend, gelang es der Opposition im Herbst 1989 den „Runden Tisch" zu etablieren, der zum wichtigsten Instrument der Entmachtung der SED wurde. Trotz zahlreicher politischer Schwächen vertraten die Oppositionellen des Herbstes zunächst die Interessen der Bevölkerung, waren maßgeblich an der Organisation des massenweisen Widerstandes beteiligt und trugen die Hauptlast der Entmachtung der SED und ihres konspirativen Organs MfS. Diese Opposition verlor nach der Etablierung eines demokratischen Parteienspektrums und den Wahlen von 1990 rasch an politischer

Bedeutung, weil sie sich nicht rechtzeitig von ihren traditionellen Themen und Organisationsformen lösen konnte.

5. Typologie des Widerstandes

Im Unterschied zu den verschiedenen Oppositionsformen konnte sich der politische Widerstand nicht in legalen Handlungsräumen bewegen. Widerstandshandlungen zielten auf eine Schwächung oder Beseitigung der SED-Macht und deren öffentliche Diskreditierung. Widerständige haben sich nicht an die ethischen und rechtlichen Normen des Staates oder der Kirchen halten müssen und standen auch nicht unter dem Druck, die Legitimität ihrer Aktionen vor ihren Gegnern nachzuweisen. Direkte oder indirekte Gewalt war insofern nicht ausgeschlossen. Eine politische Programmatik brauchte nicht entwickelt zu werden, da im Ziel der Aufhebung der SED-Macht eine demokratische Alternative impliziert war und mehr oder weniger auch die Eigenstaatlichkeit der DDR in Frage gestellt wurde. Der Widerstand mußte in der Regel konspiriert werden. Der politische Widerstand war daher zwar nicht reproduzierbar, aber meist weitgehender und entschlossener in der Konfrontation mit der SED, als es eine Opposition sein konnte, die legale Handlungsräume erschließen wollte. Widerstand trat sowohl als kollektive wie auch als individuelle politische Handlungsweise auf.

5.1. Spontaner Massenaufstand

In der DDR-Geschichte kam es neben mehreren kleineren Streik- und Protestwellen zu zwei spontanen Massenerhebungen, am 17.Juni 1953 und während der Herbstrevolution 1989. In beiden Fällen reagierten große Teile der Bevölkerung auf die unerträglich gewordene Differenz zwischen gesamtgesellschaftlichen Interessen und der Politik der SED. Während beider Aufstände verbanden sich politische, soziale und nationale Forderungen der Demonstranten, die im Ergebnis auf eine Option für die westdeutsche politische und wirtschaftliche Ordnung hinausliefen. Ebenso war für die Ergebnisse der Aufstände die Haltung der Sowjetunion entscheidend. Im Unterschied aber zu 1953 verband sich die Herbstrevolution 1989 mit einer entwickelten Opposition, die den Verlauf der Ereignisse auf politische Ziele orientieren und den Aufstand legitimieren und auch legalisieren konnte.

5.2. Widerstand in spezifischen Milieus

In der DDR entstanden Widerstandskerne in sozialen Milieus und politischen Parteien und Organisationen, die durch die SED-Gesellschaftspolitik bekämpft und aufgehoben wurden, wenn diese keine legale Möglichkeit mehr besaßen, ihre Interessen zu verfolgen oder am politischen Prozeß als legale Opposition teilzunehmen. Seit 1946 entwickelte sich ein Widerstand von Sozialdemokraten und Mitgliedern der bürgerlichen Parteien, LDP und CDU. Dieser Widerstand fand anfangs noch kräftige Unterstützung durch Hilfsorganisationen und die Ostbüros der Parteien im

Westen. Gegen die Bedrückung der Bauernschaft und bürgerlicher Schichten wurde Widerstand bis zu Sabotagehandlungen geleistet. Seit den fünfziger Jahren bildeten sich auch Widerstandskerne in intellektuellen Milieus. Es entstand eine Reihe von verdeckt arbeitenden Gruppen, die mit unterschiedlicher Energie ihre Angriffe auf die SED vortrugen. Zu den bekannten Widerstandsgruppen gehörte der Eisenberger Kreis[33] Aus den Kirchen heraus wurde nur sehr vereinzelt organisierter Widerstand in diesem Sinne geleistet. Zumeist ging es dabei um den Versuch, eine aktive, weltanschauliche Apologie zu betreiben und die marxistische Ideologie aufzuklären. Auch die strafbare totale Wehrdienstverweigerung – im Unterschied zur milderen, legalen Form des waffenlosen Bausoldatendienstes, der eine oppositionelle Form von Gegnerschaft war – gehörte dazu.

Widerstand marxistischer Gruppen gab es in den siebziger Jahren, wenn er auch kaum öffentlichkeitswirksam geworden ist und wie etwa die kleine Gruppe der Trotzkisten zwielichtig war. Außer diesen Ausnahmen und dem Widerstand einzelner Marxisten kann nicht von einem marxistischen bzw. kommunistischen Widerstand in der DDR gesprochen werden. In den Zirkeln und privaten Kreisen junger marxistischer Intellektueller, die als Milieu potentiellen Widerspruchs einzustufen sind, sind vereinzelt bis Ende der siebziger Jahre Widerstandshandlungen geleistet worden, wie Proteste gegen den Einmarsch in die CSSR, Solidarisierungen mit Brüsewitz u.a.

5.3. Widerstand einzelner Personen

Widerstandshandlungen Einzelner hat es vielfach gegeben. Sie waren aus weltanschaulichen Orientierungen, sozialen und politischen Gründen motiviert. Teilweise handelte es sich um spektakuläre Aktionen, die große öffentliche Aufmerksamkeit bekamen. Eine Reihe von solchen Aktionen wurde konspirativ vorbereitet und war mit Gewalt verbunden, wie die Sprengung des sowjetischen Panzers 1980 am Befreiungsdenkmal in Karl-Marx-Stadt durch Josef Kneifel.[34] Ein anderes Beispiel für den gezielten Widerstand ist Michael Gartenschläger, der mit anderen Jugendlichen nach Protesten und dem Anzünden einer Scheune nach dem 13. August 1961 fast zehn Jahre im Zuchthaus war. 1976 wurde er an der Grenze erschossen, als er vom Westen aus eine Selbstschußapparat demontieren wollte.[35]

Kleine Sabotageakte, Anbringen von Losungen, Herstellen von Flugblättern u.a.m. haben oft Akteure veranstaltet, deren Namen zu DDR-Zeiten nie bekannt wurden und die dafür oft schwere Strafen hinnehmen mußten. Diese Aktivitäten häuften sich in Zeiten politischer Krisen, wie 1968. In solchen Situationen waren viele Menschen bereit, hohe persönliche Risiken einzugehen. Der Aufstand des Individuums fand statt, wenn der Verlust der sozialen, kulturellen oder religiösen Identität drohte oder schon eingetreten war.

Eines der wichtigsten Ereignisse der Widerstandsgeschichte ist das Selbstopfer des evangelischen Pfarrers Oskar Brüsewitz, der sich am 18.8.1976 öffentlich vor der Michaeliskirche in Zeitz verbrannte[36]. Sein Widerstand richtete sich gegen die kommunistische Religionspolitik, die Mißachtung des Gewissens und gegen die harmonisierende Kirchenpolitik. Sein Widerstand ist von der Wirkung der Selbstverbrennung, die Gegenstand oppositioneller Politik wurde, zu unterscheiden.

5.4. Widerstand durch Flucht und Ausreise

Das Ausreisebegehren und die Flucht in den Westen waren häufig deutliche Widerstandshandlungen, da sie eine Option für die politische und ökonomische Alternative zur DDR darstellten. Viele Flüchtende und Ausreiseantragsteller haben erhebliche Risiken auf sich genommen und durch energische und phantasievolle Aktionen ihre Flucht ins Werk gesetzt oder ihre Ausreise zu erzwingen versucht. Ausreisebegehrende haben individuelle und kollektive Widerstandsformen entwickelt. Zur politischen Opposition, die auf ein Mindestmaß von Legalität angewiesen war und Leben und Bleiben in der DDR propagierte, bestand damit ein Interessen- und Strategiekonflikt, der sich in den bis Ende der achtziger Jahre anhaltenden Differenzen zeigte. Ein Teil der Ausreiseantragsteller hat schließlich relativ erfolgreich die Verbindung zu Opposition und Kirche herstellen können. Seit den siebziger Jahren beriefen sich die Ausreisewilligen auf die KSZE-Schlußakte, um die Legalität ihres Begehrens zu unterstreichen und gerieten damit in die Nähe von Opposition. Sowohl die Massenflucht vor dem Mauerbau 1961 als auch die Massenflucht im letzten DDR-Jahrzehnt haben die Legitimität der SED-Herrschaft erheblich untergraben und im Herbst 1989 zu ihrer Beseitigung beigetragen.

6. Phänomene von Widerspruch

Die verbreitetste Form von politischer Gegnerschaft war der politische Widerspruch als bewußte Abweichung. Er blieb unterhalb der Schwelle des Widerstandes und war weit entfernt von Opposition. Widersprechende waren zumeist nicht grundsätzlich an ideologischen oder politischen Alternativen interessiert, bildeten keine eigenen Strukturen aus, zielten auf Teilöffentlichkeiten und minimierten die Risiken, wenn diese auch nicht kalkulierbar waren, da die SED unterschiedlich reagierte. Hier wären die Kritiker einzuordnen, die öffentlich der SED widersprachen und die Folgen der SED-Herrschaft mit ihren vielen Unzulänglichkeiten benannten, dabei aber zumeist nur ihr Unbehagen an Einzelentscheidungen äußerten oder mit ihrem Widerspruch eigene Interessen verfolgten. Die politische Bedeutung des politischen Widerspruchs liegt in der Stärkung von Zivilcourage und dem Wunsch nach größerer politischer Partizipation. Politischer Widerspruch äußerte sich in vielen gesellschaftlichen Bereichen und zahlreichen Einzelsituationen.

6.1. Innerparteilicher Widerspruch (SED)

Innerhalb der SED kam es zu verschieden Zeiten zum Widerspruch Einzelner und von Gruppen. Oft ist dabei zu beobachten, daß Widerspruch erhoben wurde, wenn es politische Rahmenbedingungen gab, die sowohl das eingegangene individuelle Risiko zu minimieren wie auch den politischen Erfolg des Widerspruchs sicherzustellen schienen. Dies war etwa 1956 und 1962 nach den beiden Entstalinisierungswellen in der UdSSR unter Nikita Chruschtschow der Fall. 1956 kam es zu Reformversuchen in der SED, die in der Revisionistenverfolgung mit hohen Haftstrafen für Walter Janka und Wolfgang Harich u.a. ihr Ende fanden.[37] Die Lockerungen, die nach 1962 möglich erschienen und in Wissenschaft und Kunst Bewegung brachten, endeten mit dem 12. Plenum des ZK der SED im Jahre 1965. Als in der UdSSR nach dem Machtantritt Gorbatschows 1985 die Perestroika-Politik griff und in die DDR hinein publizistisch wirkte, widersprachen wieder SED-Genossen. Damals traten viele aus der Massenorganisation „Gesellschaft für Deutsch-Sowjetische Freundschaft" aus. Die Träger des politischen Widerspruchs in der SED hielten sich von den Widerständlern und von der Opposition fern. Ihre Handlungen sind aber nicht zu unterschätzen, da es innerhalb des Apparates erheblich erschwert war, Widerspruch anzumelden und diesen bisweilen auch durch einen angedrohten oder vollzogenen Parteiaustritt zu untermauern.

6.2. Intellektueller Widerspruch

Von besonderer Bedeutung für die DDR-Gesellschaft war der häufig von Künstlern erhobene offene Widerspruch. Dieser bezog sich vorwiegend auf die Kulturpolitik der SED oder reagierte auf bestimmte restriktive Maßnahmen. Dafür stehen die Proteste gegen die Biermann-Ausbürgerung nach 1976 und gegen die Ausschlüsse aus den Künstlerverbänden Ende der siebziger Jahre. Weniger spektakulär waren zahlreiche öffentliche kritische Äußerungen von Intellektuellen, die die private Sphäre überschritten.

Der Widerspruch von Intellektuellen hat ganz eigene künstlerische und sprachliche Formen angenommen, die sich im Chiffrieren der Kritik ausprägten. Dabei ist im Einzelfall zu prüfen, welche Intentionen hinter den künstlerischen Äußerungen standen, da Widerspruch auch von den Rezipienten in die Produkte der Künstler projiziert wurde.

6.3. Widerspruch in Subkulturen und sozialen Sondergruppen

Im Prozeß der Ausbildung jugendlicher, homophiler oder künstlerischer Subkulturen kam es häufig als Reaktion auf die Ignoranz und Repression der SED zum politischen Widerspruch, der bisweilen auch in Verbindung mit der Opposition stand. Widerspruch wurde in der Wirtschaft erhoben, ohne einen hohen Politisierungsgrad zu erreichen. Hier wäre allerdings stets zu prüfen, ob es sich bei solchen Phänomenen nicht auch um Verweigerungen oder Abweichungen handelt, die auch systemstabilisierend wirkten. Massenweise haben religiös engagierte Menschen Widerspruch erhoben. In der Regel war das oft die aufgenötigte Form geistiger Selbstbehauptung in der Öffentlichkeit, in Schulen und Ausbildungsstätten, beim Militär u.a.

Verschiedentlich führte diese Form des Widerspruches zu Massenprotesten von Jugendlichen. So 1964 in Protesten gegen das Verbot von Beatmusik in Leipzig. Krawalle von mehreren tausend Jugendlichen gab es u.a. in Altenburg 1974 und in Plauen/Vgtl. 1976 bei Rockkonzerten. Aufmerksamkeit über die DDR hinaus fand die große Auseinandersetzung auf dem Berliner Alexanderplatz unter dem Fernsehturm am Staatsfeiertag, dem 7.10.1977, bei dem drei Menschen ums Leben kamen. Im Mai 1989 gab es Krawalle und Proteste an der Berliner Mauer, als Jugendliche ein Konzert auf West-Berliner Seite verfolgen wollten. Solche spontanen Proteste waren zunächst nicht politisch motiviert, sondern Ausfluß der Frustration. Dabei schlug der Protest aber bisweilen ins Politische um und Freiheitsforderungen wurden skandiert.

6.4. Widerspruch im Alltag

Im Alltag der DDR-Bürger war der politische Widerspruch relativ weit verbreitet. Immer wieder kam es zu Protesten und spontanen Meinungsäußerungen einzelner oder auch von Gruppen. Solche Protesthandlungen waren meist direkte Reaktionen auf politische und gesellschaftspolitische Übergriffe der SED. Vielfach haben Menschen ihrer aufgestauten Wut, ihrer Ohnmachtserfahrung, ihrer Unzufriedenheit oder ihrer Verzweiflung Luft machen wollen. Dahinter stand zumeist keine reflektierte, politische Idee, wenn auch Widerspruchshandlungen auszudrücken vermochten, wie wenig sich die Widersprechenden von der SED vertreten sahen. Widerspruch drückte sich u.a. im Volkswitz aus, der in der Wende auf Demonstrationen und öffentlichen Auseinandersetzungen zu einem blühenden, phantasievollen politischen Ausdrucksmittel wurde. Auch der politische Widerspruch im Alltag wurde von der Staatsmacht verfolgt. Alle Proteste wurden als sicherheitsrelevante „Vorkommnisse" registriert, und die SED las an ihrem Ausmaß und Charakter das Stimmungsbild in der Bevölkerung ab.

7. Ausschlußkriterien

Aus den hier aufgeführten Klassifizierungen fallen eine Reihe von Ereignissen um Personen heraus, die in der Geschichtsschreibung zumeist noch als Gegner der SED-Herrschaft anerkannt werden. Die Macht- und Privilegienkämpfe in der SED, die durchaus auch inhaltlich mit gesellschaftspolitischen Abweichungen verbunden waren, gehören hier nicht hinein. Zahlreiche verfolgte, disziplinierte und aus der Partei ausgeschlossene SED-Funktionäre, wie die sogenannte Zaiser-Herrnstadt-Gruppe[38] 1953, haben sich lediglich innerhalb der stalinistischen und poststalinistischen Machtverteilungskämpfe bewegt. Sie waren zudem selbst Vertreter des Repressionsapparates, den sie oft nur noch effektiver gestalten wollten. Entsprechendes gilt auch für all jene, die zwar in politische Ungnade fielen – oft ohne genau zu wissen warum oder weil sie lediglich zu eigenständig und entscheidungsfreudig handelten –, sich aber trotzdem nie aus den irrationalen Bindungen an die Partei lösen konnten. Nicht erfaßt werden auch solche Vertreter der evangelischen und katholischen Kirchen, die entweder auf Konfliktminimierung setzten oder sich ganz und gar aus dem gesellschaftlichen Bereich in ihre Großnische zurückzogen, wobei es auch vorkommen konnte, daß solche Personen im Rahmen ihrer Arbeitsbereiche oppositionelle Funktionen wahrnahmen, die sie selbst nicht wollten oder überschauen konnten.

8. Das Erbe der DDR-Opposition

Zu keiner Zeit stellten die politischen Gegner in der DDR eine einheitliche politische Größe dar. Gemeinsam war ihnen nur, daß sie zur Machtbegrenzung der SED angetreten waren. 1989/1990 war dieses Ziel erreicht. Nun mußten sie sich auf die parlamentarische Demokratie einstellen. Viele ihrer politischen Theorien, wie überhaupt der in der Diktatur notwendig zu wählende politische Ansatz, konnten nun nicht mehr greifen. Die subversiven, anarchistischen Ideologien, die moralisch-sozialethischen Haltungen, antizipatorischen Konzepte, Modelle von der Zusammenführung liberaler und sozialistischer Traditionen u.a.m. mußten angesichts der realen politischen Herausforderungen versagen. Seit Dezember 1989 setzte entsprechend auch eine Differenzierung in der Opposition ein, die auf ein allmähliches Einordnen in die (west-)deutsche Parteientradition hinauslief. Schon in der am 18.3.1990 gewählten Volkskammer saßen in fast allen Fraktionen langjährige Vertreter der DDR-Opposition. Inzwischen kann keine Partei allein das Erbe der DDR-Opposition für sich beanspruchen. Das politische Schicksal der Träger der Opposition ist so vielfältig wie die neue gesellschaftliche Pluralität in Gesellschaft und Politik. Einige langjährige Oppositionelle blieben unabhängig, um dezidiert bürgerrechtliche Anliegen zu vertreten oder sich der Aufarbeitung der Vergangenheit zu widmen. Manche sind in sozialen Initiativen und Vereinen untergekommen oder haben Positionen in den neuen Verwaltungen einnehmen können.

In diesem Zusammenhang muß auch an die Opfer unter den Oppositionellen erinnert werden. Viele Menschen sind nachhaltig durch die Zersetzungsmaßnahmen des MfS geschädigt worden. Sie fanden weder beruflich noch sozial eine angemessene Position oder haben psychische Schäden davongetragen. Viele sind auch schlichtweg vergessen, weil ihre Namen zu DDR-Zeiten und während der Revolution nicht bekannt wurden.

Im öffentlichen Sprachgebrauch werden ehemalige Oppositionelle in der Regel als „Bürgerrechtler“ bezeichnet. Doch dieser Begriff ist eine Projektion. Im Eigentlichen steht er nur den ehemaligen Oppositionellen zu, die sich dezidiert für die individuellen Menschenrechte eingesetzt haben und auch auf dem Boden eines entsprechenden Menschenrechtsverständnisses standen. Auf Oppositionelle aus dem protestantisch-sozialethischen oder gar dem sozialistisch-utopischen Lager läßt sich der Begriff nur anwenden, wenn er sich ganz allgemein auf deren Forderung nach politischer Partizipation bezieht. Eine institutionelle Kontinuität der Bürgerrechtsbewegung gibt es nicht mehr. Wohl aber gibt es eine biographische Kontinuität ehemaliger Oppositioneller, in der das Jahr 1989 ein wesentlicher Einschnitt ist. In den Biographien wirken Orientierungen und Haltungen weiter, die vielfältig gebrochen zu ganz und gar unterschiedlichen politischen Handlungen führen können und keine Prädisposition für politische Haltungen nach der Wende sein müssen. Der jeweilige politische und geistige Standort in der DDR sagt noch nicht viel über die politische Rollenfindung im vereinten Deutschland.

Dennoch gibt es ein Erbe der DDR-Opposition. Die Politik hat inzwischen auch vielfältig darauf reagiert und die Zivilcourage und persönliche Integrität der Bürgerrechtler und ehemaligen Oppositionellen durch hohe staatliche Auszeichnungen gewürdigt. Hier steht weniger die inhaltliche Ausrichtung der DDR-Opposition auf dem Podest als Menschen, die Wege fanden, sich dem politischen Anpassungsdruck zu entziehen. Dies drückt den *„Zusammenhang von zeithistorischer Erfahrung und politischer Urteilsbildung“*[39] in Zeiten von Politikmüdigkeit oder DDR-Nostalgie aus, gegen die um der Zukunftsperspektive der Demokratie in Deutschland willen besondere Signale gesetzt werden. Die mentalen Schwierigkeiten und Verunsicherungen im Umgang mit der freien Gesellschaft haben viele Bürgerrechtler wohl am schnellsten überwinden können. Viele sind damit Verkörperungen des Bürgers, der sich mit einer frei verfaßten Gesellschaft identifiziert.

Damit ist auch das wichtigste Erbe der DDR-Opposition angesprochen. So wenig die einzelnen Programme oder Vorhaben der ehemaligen Opposition konstitutiv für die Bundesrepublik heute sind oder sein können, so sehr hat die Opposition direkt und indirekt die Voraussetzungen für ein vereintes und demokratisches Deutschland geschaffen. Darum ist für die Selbstvergewisserung der Demokratie und für ihre Legitimation auch eine wissenschaftliche Erforschung von Opposition und Widerstand notwendig. Dies sollte sich auch in einer breiten Bildungsarbeit niederschlagen. Die Aufklärung der Geschichte der SED-Herrschaft und deren Gegner kann auf Dauer nur zur Delegitimation der SED-Diktatur und zur Säkularisierung der totalitären Geschichtsansprüche führen. Die gegenwärtigen Tendenzen einer nachholenden Legitimation der SED-Herrschaft und der Abwertung von Opposition und Widerstand in einigen politischen Milieus werden sich abschwächen, wenn in der Wissenschaft, in der politischen Bildung und in den Medien die DDR-Themen präsent bleiben. Das ist insgesamt ein konfliktreicher Prozeß, aber um der Aneignung der Demokratie willen kann auf diese Konflikte nicht verzichtet werden. Die mangelnde Aufmerksamkeit für geschichtspolitische Fragen hat in diesem Jahrhundert die deutsche Demokratie schon mehrfach gefährdet.

Anmerkungen:

1 *Armin Mitter, Stefan Wolle*, Untergang auf Raten, Unbekannte Kapitel der DDR-Geschichte. München 1993.

2 *Sigrid Meuschel*, Legitimation und Parteiherrschaft, Zum Paradox von Stabilität und Revolution in der DDR 1945–1989. Frankfurt/M. 1992.

3 BStU, MfS ZAIG 1768, Reaktion der Bevölkerung der DDR zu Fragen des Handels und der Versorgung, 10.12.1969, Bl. 22.

4 BStU, MfS ZAIG 4165, Hinweise über aktuelle Reaktionen der Bevölkerung der DDR im Zusammenhang mit Versorgungsfragen, 29.4.1985, Bl. 50.

5 BStU, MfS ZAIG 4124 Information über erste Reaktionen der Bevölkerung der DDR zum Verkauf von Pkw des Typs „Volkswagen – Golf" nach den erfolgten Preisregulierungen, 16.2.1978, Bl. 5.

6 *Lutz Niethammer, Alexander von Plato, Dorothee Wierling*, Die volkseigene Erfahrung, Eine Archäologie des Lebens in der Industrieprovinz der DDR. Berlin 1991, S. 45.

7 *Sigrid Meuschel* (s.o. Anm. 2), S.19.

8 a.a.O., S. 307.

9 *Gerhard Besier, Stephan Wolf* (Hrsgg.), „Pfarrer, Christen und Katholiken", Das Ministerium für Staatssicherheit der ehemaligen DDR und die Kirchen. Neukirchen-Vluyn 1991, S. 39.

10 *Christoph Kleßmann*, Opposition und Dissidenz in der Geschichte der DDR, in: APuZ B/91, 25.1.1991, S. 52f.

11 *Christoph Kleßmann*, (s.o. Anm. 10), S. 62.

12 *Martin Jander* unter Mitarbeit von *Thomas Voß*, Die besondere Rolle des politischen Selbstverständnisses bei der Herausbildung einer politischen Opposition in der DDR außerhalb der SED und ihrer Massenorganisationen seit den siebziger Jahren, in: Materialien der Enquete-Kommission „Aufarbeitung von Geschichte und Folgen der SED-Diktatur in Deutschland" (12. Wahlperiode des Deutschen Bundestages), hrsg. vom Deutschen Bundestag, 1995, Band VII/1, S. 993.

13 a.a.O., S. 954.
14 *Martin Jander*, Formierung und Krise politischer Opposition in der DDR. Die Initiative für unabhängige Gewerkschaften", in: *Poppe, Eckert, Kowalczuk*, (s.u. Anm. 20) S. 298.
15 *Sigrid Meuschel* (s.o. Anm. 2), S. 313.
16 *Helmut Fehr*, Von der Dissidenz zur Gegen-Elite. Ein Vergleich der politischen Opposition in Polen, der Tschechoslowakei, Ungarn und der DDR, in: *Poppe, Eckert, Kowalczuk*, S. 332f.
17 Manifest der Charta 77, Prag 1.1.1977, hektographiertes Material, Archiv Woronowicz, Akte Menschenrechte 1977–1979, S. 3.
18 Vgl. *Dieter Rink*, Das Leipziger Alternativmilieu, Zwischen alten und neuen Eliten, in: Michael Vester (Hrsg.), Soziale Milieus in Ostdeutschland: Gesellschaftliche Strukturen zwischen Zerfall und Neubildung. Köln 1995, S. 193–229.
19 *Eckhard Jesse*, Artikulationsformen und Zielsetzungen von widerständigem Verhalten in der Deutschen Demokratischen Republik, in: Materialien der Enquete-Kommission, S. 999.
20 *Rainer Eckert*, Die Vergleichbarkeit des Unvergleichbaren. Die Widerstandsforschung über die NS-Zeit als methodisches Beispiel, in: *Ulrike Poppe, Rainer Eckert, Ilko-Sascha Kowalczuk* (Hrsgg.), Zwischen Selbstbehauptung und Anpassung, Formen des Widerstandes und der Opposition in der DDR. Berlin 1995, S. 81.
21 a.a.O., S. 81.
22 *Kleßmann*, (s.o. Anm. 10), S. 52f.
23 Ebd.
24 *Ilko-Sascha Kowalczuk*, Von der Freiheit, Ich zu sagen. Widerständiges Verhalten in der DDR, in: *Poppe, Eckert, Kowalczuk*, (s.o. Anm. 20) S. 97.
25 *Hubertus Knabe*, Was war die „DDR-Opposition"? Zur Typologie des politischen Widerspruchs in Ostdeutschland, in: Deutschland Archiv 29 (1996)/2, S. 197.
26 *Peter Steinbach*, Widerstand – aus sozialphilosophischer und historisch-politologischer Perspektive, in: *Poppe, Eckert, Kowalczuk*, (s.o. Anm. 20) S. 30f.
27 *Besier* (s.o. Anm. 9), S. 183.
28 Zit. nach *Gerhard Besier*, Der SED-Staat und die Kirchen, Der Weg in die Anpassung. München 1993, S. 319.
29 *Ulrich Woronowicz*, Memorandum, Unsere Kirche hat ein gestörtes Verhältnis zum Recht. Wittenberge, 25.5.1976, Typoskript – Durchschlag, Archiv Woronowicz.
30 *Hans-Joachim Fränkel*, Ein Wort zur öffentlichen Verantwortung der Kirchen in der gegenwärtigen Stunde, Vortrag, 3.Tagung der 6.Provinzialsynode der Ev. Kirche des Görlitzer Kirchengebiets, 30.3.-2.4.1973, in: epd Dokumentation 17/1973 S. 40–52, S. 50.
31 *Manfred Falkenau* (Hrsg.), Kundgebungen: Worte, Erklärungen und Dokumente des Bundes der Evangelischen Kirchen in der DDR 1969-1980. Band I, Verlag des Amtsblattes der EKD, Hannover 1995, S. 145.
32 *Heino Falcke*, Mit Gott Schritt halten: Reden und Aufsätze eines Theologen in der DDR aus 20 Jahren. Berlin 1986, S. 12ff.
33 Vgl. *Patrick von zur Mühlen*, Der „Eisenberger Kreis", Jugendwiderstand und Verfolgung in der DDR 1953-1958. Bonn 1995.
34 Vgl. *Josef Kneifel*, Selbstzeugnis, in: *Rüdiger Knechtel, Jürgen Fiedler* (Hrsgg.) Stalins DDR, Berichte politisch Verfolgter. Leipzig, S. 94-124.
35 Vgl. *Karl Wilhem Fricke*, Opposition und Widerstand in der DDR. Köln 1984, S. 143f.
36 Dazu: *Harald Schulze* (Hrsg.), Das Signal von Zeitz, Reaktionen der Kirche, des Staates und der Medien auf die Selbstverbrennung von Oskar Brüsewitz 1976, Eine Dokumentation. Leipzig, 1993; *Helmut Müller-Enbergs, Heike Schmoll, Wolfgang Stock*, Das Fanal von Zeitz, Das Opfer des Pfarrers Brüsewitz und die Evangelische Kirche. Berlin 1993.
37 Dazu *Walter Janka*, Schwierigkeiten mit der Wahrheit. Hamburg 1989; *Wolfgang Harich*, Keine Schwierigkeiten mit der Wahrheit. Berlin 1993.
38 Vgl. *Helmut Müller-Enbergs*, Der Fall Rudolf Herrnstadt, Tauwetterpolitik vor dem 17. Juni. Berlin 1991.
39 *Peter Steinbach*, (s.o. Anm. 26), S. 27.

Ilko-Sascha Kowalczuk

Gegenkräfte: Opposition und Widerstand in der DDR – Begriffliche und methodische Probleme[1]

1. Einleitung

Opposition und Widerstand in der DDR stellten in mindestens zweifacher Hinsicht ein Ärgernis dar. Im Inneren des diktatorischen Staates sorgten Oppositionelle für Unruhe. Die Machthaber betrieben zudem eine Verfolgungs- und Unterdrückungspolitik, die häufig auch dort Opposition verfolgte, wo eigentlich bis zum Zeitpunkt der Verfolgung gar keine existiert hatte.[2] Das war ein zentraler Punkt der kommunistischen Innenpolitik. Stalin hatte 1936 gefordert, daß es die unveräußerliche Eigenschaft eines jeden Kommunisten sein müsse, *„daß er einen Gegner der Partei zu erkennen vermag, auch wenn er sich noch so gut tarnt“*.[3] Dieses Stalinsche Prinzip ist in den kommunistischen Staaten erst mit ihrem historischen Untergang außer Kraft gesetzt worden.

Die Opposition stellte aber nicht nur im Inneren der kommunistischen Staaten ein Ärgernis dar. Spätestens seit den siebziger Jahren, als sich im Rahmen der internationalen Entspannungspolitik zwischen Ost und West eine größere Verhandlungs- und Kooperationsbereitschaft einstellte, galten Opposition und Widerstand in den kommunistischen Staaten zunehmend auch im Westen als Störfaktoren. Das betraf zwar nicht nur die DDR, aber sie aufgrund der geteilten Nation in einem besonderen Maße. Bis auf einige wenige Ausnahmen mieden westdeutsche Politiker die „ostdeutschen Hobbypolitiker“ aus den Kirchen und den Hinterhöfen. Sie promenierten vielmehr gemeinsam mit ihren ostdeutschen Kollegen auf prächtigen Alleen, frönten gemeinsam der Jagd, fuhren auch schon mal gemeinsam in den Urlaub an den Balaton oder tauschten auf Bahnhöfen Bonbons aus und empörten sich gleichermaßen über die polnischen Zustände. Hier wurde auf vermeintlich gleicher Augenhöhe verhandelt. Von Macht zu Macht, so zumindest müssen sie es selbst gesehen haben.[4]

Diese Art der Entspannungspolitik übertrug sich zwangsläufig auch in die Kultur und die Wissenschaft. Freya Klier schrieb in ihrem Tagebuch 1987 diesbezüglich: *„Die Situation in der DDR wird einfach nicht mehr zur Kenntnis genommen.*[5] In den siebziger Jahren galt die DDR in der Bundesrepublik kaum noch als Diktatur. Weite Teile der „DDR-Forschung“ unterschieden sich von der „Frankreich-Forschung“ vor allem dadurch, daß die Wissenschaftler zumeist größere Schwierigkeiten hatten, in die DDR einzureisen, um dort zu forschen. Da aber die „DDR-Forschung“ von der SED genau beobachtet wurde, kamen die meisten Forscher allerdings seit den achtziger Jahren relativ unkompliziert in das Land hinter der Mauer. Das hing nicht etwa damit zusammen, daß die DDR eine tendenzielle Liberalisierung durchgemacht hätte, sehr wohl aber damit, daß viele Vertreter der „DDR-Forschung" eine solche konstatierten. Man hätte getrost eine Reihe der westdeutschen Werke zur DDR in der DDR verkaufen können, denn in mindestens drei Punkten unterschieden sie sich nur unwesentlich von den in der DDR produzierten Schriften. Erstens waren sie oft genug so verfaßt worden, daß sie von vornherein nicht die potentielle Chance besaßen, Bestseller zu werden. Zweitens gehörte es seit Mitte der siebziger Jahre zum „guten Ton", der DDR wirtschaftliche und politische Stabilität zu bescheinigen. Drittens schließlich, der in diesem Zusammenhang wichtigste Punkt: Die DDR wurde kaum noch als Diktatur bezeichnet; Opposition, Widerstand, das Ministerium für Staatssicherheit, politische Gefangene usw. kamen in den Schriften der „DDR-Forschung" kaum noch vor.[6] Natürlich gab es Publizisten, Wissenschaftler und Journalisten, die auch in den siebziger und achtziger Jahren beständig auf die diktatorischen Grundelemente der DDR hinwiesen. Dazu zählten eine Reihe von Soziologen, Rechtswissenschaftlern, Politologen und Ökonomen, die weiterhin an der Totalitarismustheorie festhielten und demzufolge den diktatorischen Charakter des kommunistischen Gesellschaftssystems erkannten und analysierten. Hinzu kamen zumeist akademische Außenseiter, deren Werke man in den einschlägigen Arbeiten nur selten erwähnt findet. Zumeist waren dies zudem Personen, die ihre eigenen leidvollen Erfahrungen mit der SED-Diktatur hatten sammeln müssen. Erinnert sei an solche unterschiedlichen Persönlichkeiten, wie zum Beispiel Thomas Ammer, Wolf Biermann, Karl Wilhelm Fricke, Jürgen Fuchs, Ralf Hirsch, Roland Jahn oder auch den – um einen auch schon vor 1989 in der Zunft etablierten zu nennen – Historiker Hermann Weber.

Die Revolution von 1989 überraschte insofern die westlichen Beobachter, als sich scheinbar plötzlich eine Massenbewegung gegen die Diktatur formierte und zudem Protagonisten hervorbrachte, die auf jahrelange Oppositionsarbeit zurückblicken konnten. Da saßen sie auf einmal in ihren Rollkragenpullovern, in Talaren oder Jesuslatschen an runden Tischen, sprachen vor Hunderttausenden von Menschen oder lösten kurzerhand einen Geheimdienst auf. Die bis vor kurzem in der öffentlichen Wahrnehmung Nichtexistenten stürzten eine Diktatur. Die ostdeutsche Bevölkerung wurde plötzlich für westdeutsche Sozialwissenschaftler interessant. Scharenweise strömten sie ins Land und hielten jedem und allen ihre Mikrofone für lebensgeschichtliche Interviews entgegen, verteilten in hundertfachen Ausführungen Fragebögen oder fotografierten jeden Strauch und jeden Mülleimer. Die Ergebnisse dieser wissenschaftlichen Betätigung können wir seit 1990 in hunderten Büchern und tausenden Artikeln nachlesen. Mittlerweile haben sich die meisten wieder „seriösen" Themengebieten zugewandt und die wieder kleiner gewordene Schar jener, die sich weiter mit der DDR beschäftigen, steht vor dem Problem, auch die vielen „Schnellschüsse" verarbeiten zu müssen.

Die Forschung entdeckte aber nicht nur das Volk, sondern auch die kleinere Gruppe der Oppositionellen. Quelleneditionen, Darstellungen, Erinnerungen, Interviews erschienen aus ganz unterschiedlichen Händen und Blickwinkeln, die in ihrer Gesamtheit ein buntes und plastisches Bild von Opposition und Widerstand in der vierzigjährigen DDR-Geschichte zeichnen. Darin mischten sich nach den ersten

Jahren der Euphorie nun auch solche Wissenschaftler ein, die scheinbar an die achtziger Jahre anknüpfen wollen. So behaupten beispielsweise der Amerikaner Christian Jopke und der Deutsche Martin Jander, in der DDR hätte es gar keine wirkliche Opposition gegeben bzw. sie hätte sich erst im Herbst 1989 herausgebildet.[7] Damit ist eine Argumentationslinie angesprochen, die sich gegenwärtig verstärkt. Denn solche Thesen sind nicht an ein bestimmtes politisches oder wissenschaftliches Lager gebunden. Ganz im Gegenteil: Gerade weil vor 1989 viele im Westen die Opposition im Osten nicht wahrnahmen oder wahrnehmen wollten, haben sie auch jetzt wieder ein begründbares Interesse daran, Zweifel zu äußern, ob es sie überhaupt gegeben habe. Dazu gehören Strömungen aller großen politischen Parteien der Bundesrepublik, dazu gehören bestimmte Kreise der sogenannten „Alt-68er", dazu zählen „Konservative" ebenso wie „Linke" und dazu gehören nicht zuletzt die Altkader aus der DDR, die PDS und die von Altkommunisten gesteuerten Initiativen zur „Aufarbeitung der DDR-Geschichte".

Aber auch bei jenen, die nicht an den neuen Geschichtslegenden mitstricken, herrscht zuweilen Verwirrung darüber, was und wer denn nun eigentlich Opposition und Widerstand in der DDR gewesen sei. Eine von mehreren Ursachen dafür besteht darin, daß sich bei vielen aufopferungsvoll bemühten Aufarbeitungsinitiativen aus dem Umkreis der Bürgerbewegung zuweilen ein gewisser Aktenfetischismus breitgemacht hat und vor allem noch immer eine einseitige Orientierung auf die Akten des Ministeriums für Staatssicherheit vorherrscht. Im folgenden setze ich mich mit vier Fragen auseinander, die mit Blick auf diesen Befund auch einen Beitrag zur Begriffsklärung anbieten. Erstens: Was waren Opposition und Widerstand in der DDR? Welche Differenzierungen sind beim gegenwärtigen Forschungsstand notwendig? Zweitens: Wodurch unterschieden sich Opposition und Widerstand in den siebziger und achtziger Jahren von den Jahren zuvor? Drittens: Wo bestehen offene Forschungsfragen in der DDR-Oppositionsforschung und welche methodischen Probleme stellen sich? Schließlich viertens: Welchen Nutzen hat die Erfahrung von Opposition gegen eine Diktatur für das politische Gemeinwesen eines demokratisch verfaßten Staates?[8]

2. Opposition und Widerstand in der DDR – eine begriffliche Annäherung

Die wissenschaftliche DDR-Oppositionsforschung steht vor demselben Dilemma wie jede andere Zeitgeschichtsschreibung: Sie hat sich nicht nur mit dem „wissenschaftlichen Diskurs" auseinanderzusetzen, sondern zudem auch mit den Erfahrungen und Erinnerungen der Zeitzeugen. Das mag zuweilen ein Vorteil sein. Einer Versachlichung der Debatten steht diese doppelte Herausforderung aber insofern entgegen, als nach jeder „wissenschaftlichen Meinungsäußerung" eine Vielzahl von Händen eifrig in die Luft fliegen, um anzuzeigen, daß man dies alles ganz anders in Erinnerung habe und höchstens punktuell zugestimmt werden könne. Dieser Dialog zwischen „Erkenntnis" und „Erfahrung" könnte fruchtbringend sein, allerdings unter der Voraussetzung, daß alle Diskursteilnehmer sich im klaren darüber sind, worin die Stärken und die Schwächen des eigenen Ansatzes liegen. Die Schwäche der wissenschaftlichen Auseinandersetzung liegt – verknappt – darin, daß sie bemüht ist, verallgemeinerbare Erkenntnisse zu liefern, die die subjektive Erfahrung konterkarieren bzw. nur auf einer allgemeinen oder abstrakten Ebene berücksichtigen können. Die Schwäche des vor allem von den eigenen Erfahrungen geprägten Ansatzes liegt demgegenüber darin, daß die Erkenntnisse zumeist nur für den aus der eigenen Lebenswelt bekannten Lebensraum verallgemeinerbar sind. Auf dieses auch methodische Problem wird unten nochmals zurückgekommen. Dennoch ist diese Feststellung schon an dieser Stelle wichtig, um den unterschiedlichen Zugang, der auch in diesem Sammelband zutage tritt, zu verdeutlichen. Denn der im folgenden von mir vorgestellte Oppositions- und Widerstandsbegriff hat weniger zum Ziel, die Erfahrungswelt der einzelnen widerzuspiegeln, als vielmehr einen Begriff zu operationalisieren, der sowohl für die weitere Forschung nützlich sein könnte als auch in den Kontext einer längeren wissenschaftlichen Diskussion verortet wird.[9]

In den meisten Arbeiten über Opposition und Widerstand in der DDR ist „*wenig vom Widerstand, von den Hoffnungen und der Verzweiflung der normalen Bevölkerung der DDR zu lesen*".[10] Das hängt entweder damit zusammen, daß die Autoren ein spezielles Untersuchungsfeld wählen, welches breitere Bevölkerungskreise von vornherein ausschließt, oder aber damit, daß die Autoren ihrer Analyse einen sehr eng gefaßten Oppositions- oder Widerstandsbegriff zugrunde legen. Von dieser „*konventionellen Oppositionsforschung*"[11] heben sich beispielsweise Armin Mitter und Stefan Wolle dadurch ab, daß sie gerade an Knotenpunkten der DDR-Geschichte den Nachweis erbringen, wie weit widerständiges Verhalten in der DDR verbreitet war.[12] Denn nur „*ein oberflächlicher Blick erlaubt*", wie Václav Havel feststellt, „*die Gesellschaft in Herrscher und Beherrschte einzuteilen*". Vielmehr „*führt diese Linie de facto durch jeden Menschen*".[13] Deshalb kommt es darauf an, nicht nur die oppositionellen und Widerstandsgruppen zu erforschen, sondern ebenso die Dialektik von widerständigem und anpassungswilligem Verhalten zu analysieren.[14]

Der Begriff „Opposition" wird in der Politik- und Geschichtswissenschaft vor allem für Phänomene des neuzeitlichen westlichen Staatensystems verwendet. Mit Opposition sind im weiten Sinne politische Kräfte gemeint, die die politischen Machthaber mit dem Ziel bekämpfen, „*entweder selbst die Macht zu übernehmen oder deren Politik die Berücksichtigung der eigenen Interessen aufzuzwingen*".[15] Oftmals wird dabei zwischen einer systemimmanenten Opposition und einer Fundamentalopposition unterschieden. Die systemimmanente Opposition ist die legale Opposition, die im Parlament als Gegenspielerin der Regierung auftritt. Sie gilt als die Kraft, die „*die Bürgerfreiheiten am besten bewachen*" könne.[16] Die Fundamentalopposition dagegen setzte sich aus politischen Kräften zusammen, „*die das politische System, in dem sie wirkten, aus prinzipiellen Erwägungen nicht anerkannten, sei es, daß sie ein durch Revolution zerstörtes Staatswesen wiederherstellen wollten, sei es, daß sie als revolutionäre Gruppen Vorstellungen von einem zukünftigen, besseren Staatswesen vertraten*".[17]

Wenn Opposition in parlamentarischen Systemen vor allem kritische Partizipation, Öffentlichkeit und Hinterfragung der Regierungsgeschäfte meint, dann hat Widerstand in eben solchem System vor allem Negierung und Obstruktion zum Ziel. Das kann sowohl auf bereits überwundene Zustände als auch auf utopische Zukunftsentwürfe ausgerichtet sein. Allgemein läßt sich formulieren, daß in diesem

Verständnis „Opposition" eine politische Gegnerschaft bezeichnet, die dann in Widerstand umschlägt, wenn sie keine Möglichkeiten zur legalen Entfaltung besitzt bzw. wenn ihr diese genommen werden.

Die auf die westlichen Demokratien eingeengten Begriffe können nicht auf die Verhältnisse in totalitär verfaßten Gesellschaften angewendet werden. Einerseits konvergieren in solchen Systemen die Begriffe, ihre Grenzen verwischen. Andererseits besitzen Opposition und Widerstand in ihnen eine andere Basis, eine andere gesellschaftliche Einbindung, wenn auch die Zielvorstellungen nicht hundertprozentig verschieden sein müssen. Da die traditionellen Begriffsinhalte für unseren Zusammenhang keine Anwendung finden können, ist es hilfreich, die Forschungen über den Widerstand gegen die NS-Diktatur als eine methodische Grundlage der DDR-Oppositionsforschung heranzuziehen.

Die Forschungen über den Widerstand gegen die nationalsozialistische Diktatur durchliefen in der Bundesrepublik drei größere Phasen. Bis in die 1960er Jahre lag der *„fast ausschließliche Schwerpunkt"* in der Erforschung des Widerstandes konservativer Eliten. Ihr Widerstand kulminierte im Attentatsversuch vom 20. Juli 1944. Insgesamt galt *„die Opposition im Dritten Reich eindeutig als ein ‚Widerstand ohne Volk'"*.[18] Daran schloß sich bis zum Beginn der 1970er Jahre die zweite Phase an, in der vor allem illegale Organisationen des sozialistischen und kommunistischen Widerstandes als Betrachtungsobjekte hinzukamen. Außerdem rückten nun nach den Motiven des nationalkonservativen Widerstandes stärker die gesellschaftspolitischen Vorstellungen und deren Traditionen in den Mittelpunkt. Die dritte Phase schließlich dauert an. Für diesen Abschnitt sind zwei Diskussionsfelder hervorzuheben. Zum einen veränderte sich erneut die Perspektive der Widerstandsforschung. Zum anderen begann eine intensive Debatte um den Begriff des Widerstands. Die Perspektive verschob sich insofern, als fortan die Widerstandsforschung auch das Verhalten des „kleinen Mannes" und der „kleinen Frau" berücksichtigte. Die Historiker heben nun den nichtorganisierten, vielfach spontanen Widerstand des einzelnen oder kleinerer nichtpolitischer Gruppen hervor. Dies geschieht vor dem Hintergrund eines totalitären Staatsgebildes, in dem jegliches widerständige Verhalten immer auch eine Begrenzung des allumfassenden Herrschaftsanspruches zur Folge hat. Diese vielfältigen Forschungen verwandelten die frühe Formel vom *„Widerstand ohne Volk"* in ihr Gegenteil, in *„Widerstand mit Volk"*[19]

Die neue sozialgeschichtliche Perspektive der Widerstandsforschung rief eine Diskussion um den Widerstandsbegriff hervor.[20] Bis dahin war auch in der NS-Forschung der Begriff „Widerstand" vornehmlich in seinem engen Gebrauch auf organisierte Gruppen, die den Sturz des Regimes anstrebten, angewendet worden. Der erste Vorschlag für eine breitere Definition erfolgte Mitte der siebziger Jahre. Peter Hüttenberger meint: *„Widerstand soll demnach jede Form der Auflehnung im Rahmen asymmetrischer Herrschaftsbeziehungen gegen eine zumindest tendenzielle Gesamtherrschaft heißen, wobei die Differenzierung der Formen des Widerstandes sich aus den verschiedenartigen Möglichkeiten der asymmetrischen Beziehungen ergibt, die ihrerseits von der sozialen Struktur der implizierten Einheiten abhängen.*[21] Unter symmetrischen Herrschaftsbeziehungen ist ein System zu verstehen, in dem Ziele, Normen, Maßstäbe und Interessen von Regierenden und Regierten ausgleichbar sind. Asymmetrische Herrschaftsbeziehungen dagegen bezeichnen ein

Herrschaftssystem, welches keine den symmetrischen Herrschaftsbeziehungen äquivalenten Ausgleichsmöglichkeiten besitzt. Demnach ist Widerstand ein direktes Produkt des Herrschaftssystems. Durch diese Definition gelangen Verhaltensweisen ins Blickfeld, die unter symmetrischen Herrschaftsbeziehungen überhaupt keine politische Bedeutung beanspruchen könnten.

In dem Forschungsprojekt „Bayern in der NS-Zeit" wurden die theoretischen Vorüberlegungen Hüttenbergers auf empirischer Grundlage erweitert. Widerstand umfaßt nun die Verhaltensweisen von konservativer Resistenz, partiellem Ungehorsam, defensiver Oppositionshaltung, Nonkonformismus, Solidarisierung mit aus politischen oder rassischen Gründen Verfolgten oder Diskriminierten, oder direkten Aktivitäten gegen die NS-Herrschaft. Martin Broszat führte einen neuen Begriff ein: „Resistenz". Bei Broszat bedeutet Resistenz *„ganz allgemein: Wirksame Abwehr, Begrenzung, Eindämmung der NS-Herrschaft oder ihres Anspruches, gleichgültig von welchen Motiven, Gründen und Kräften her"*.[22] Nun kann unter Widerstand und Resistenz sowohl *„aktives Gegenhandeln"*, *„ziviler Ungehorsam"*, *„die Aufrechterhaltung von Gesinnungsgemeinschaften außerhalb der gleichgeschalteten NS-Organisationen"* wie auch die bloße innerere *„Bewahrung dem NS widerstrebender Grundsätze und der dadurch bedingten Immunität gegenüber nationalsozialistischer Ideologie und Propaganda"* erforscht werden.[23] Die entscheidende Voraussetzung für die Anwendung dieses Begriffs auf bestimmte Verhaltensformen *„ist einzig und allein, daß sie tatsächlich eine die NS-Herrschaft und NS-Ideologie einschränkende Wirkung hatten"*.[24] Wichtig für die Entwicklung eines solchen Begriffs war der erkenntnisleitende Ausgangspunkt, daß in Gesellschaften mit totalitärem Anspruch politisch und historisch vor allem zählt, *„was* getan *und was* bewirkt, *weniger das, was nur* gewollt *oder* beabsichtigt *war"*.[25]

Die Begriffserweiterung impliziert zwei wichtige Konsequenzen. Einmal verlangt die Anwendung eines weiten Widerstandsbegriffs, daß jegliches Verhalten an der realen Situation zu messen ist. Das beinhaltet die Feststellung, daß Konformität und Nonkonformität ein Neben- und Miteinander darstellen. Daraus ist abzuleiten, daß die historischen Verhaltensmaßstäbe für „Widerstand" keine anderen sein können, als diejenigen, an denen „Opportunismus" und „Mitläufertum" zu messen sind.

Die unterschiedliche Verwendung der Begriffe erforderte eine Typologisierung des Widerstands. Denn natürlich ist die totale *„Herrschaft [...] ohne Massenbewegung und ohne Unterstützung durch die von ihr terrorisierten Massen nicht möglich"*.[26] Der breite Widerstandsbegriff aber könnte in einer unreflektierten Anwendung zu einem Gesellschaftsbild führen, das auf der einen Seite wenige Herrscher und auf der anderen viele Widerständler findet bzw. das eine Starrheit zeichnet, die der Dynamik zwischen widerständigem und anpassungsbereitem Verhalten nicht gerecht wird.

In der Forschung gibt es verschiedene Vorschläge für Typologien oder Skalen des Widerstandes.[27] Richard Löwenthal zum Beispiel unterscheidet drei Grundformen des antitotalitären Widerstandes: die politische Opposition, die gesellschaftliche Verweigerung und die weltanschauliche Dissidenz.[28] Dabei umfaßt die politische Opposition den bewußten politischen Kampf gegen das Regime. Die gesellschaftliche Verweigerung meint unter bewußter Vermeidung des Begriffs „Resistenz" in etwa dasselbe, was Broszat der „Resistenz" zuschreibt. Unter weltanschaulicher Dissidenz subsumiert Löwenthal diejenigen Personen, die sich bewußt der NS-Ideologie und den NS-Wertmaßstäben entzogen. Alle drei Formen bilden bei ihm den Widerstand im totalen Staat. Während andere Vorschläge Widerstand auf solche politisch bewußten Verhaltensformen beschränken, die sich fundamental gegen das Regime richten, verwenden Broszat und Löwenthal einen weiten Widerstandsbegriff, der auf all jene Verhaltensformen anwendbar ist, die den allumfassenden Herrschaftsanspruch untergraben.

Die NS-Forschung stellt sowohl vom theoretischen wie empirischen Diskussionsniveau her einen unverzichtbaren Ausgangspunkt für die DDR-Oppositionsforschung dar. Im Anschluß daran und in Abgrenzung zur konventionellen politikwissenschaftlichen Deutung der Begriffe läßt sich folgender Widerstandsbegriff definieren, der auch den folgenden Überlegungen zugrunde liegt: Prinzipiell wird unter Widerstand und Opposition eine Verhaltensform verstanden, die den allumfassenden Herrschaftsanspruch in Frage stellte, begrenzte oder eindämmte. Ein solches Verhalten soll „widerständiges" heißen. Dabei kann dieses organisiert wie nichtorganisiert, in Gruppen, individuell oder institutionell geschehen sein. Die Begriffe Widerstand und Opposition werden in Abgrenzung zur traditionellen auf das westliche Demokratiesystem ausgerichteten politikwissenschaftlichen Begriffsdefinition ausdrücklich synonym verwandt.

Dieser Oppositionsbegriff verweist darauf, daß sich widerständiges Verhalten nur in der konkreten Situation bewerten läßt. Das eröffnet die Möglichkeit, die bisher in der Oppositionsforschung vorherrschende Orientierung auf innerparteiliche und wenige außerparteiliche Oppositionsgruppen zu überwinden. Diese Einseitigkeit hing bis 1989 damit zusammen, daß im Westen eine Reformierung der inneren Verhältnisse des sowjetischen Lagers nur aus den Parteikreisen selbst erwartet wurde. Fatal war, daß allmählich auch im öffentlichen Bewußtsein die osteuropäischen Gesellschaften zu monolithischen Blöcken verschmolzen, in denen nicht mehr zu unterscheiden war, wer nun Herrscher und wer Beherrschter war. Dieses Bild bedarf der Differenzierung. Die DDR kennzeichnete sowohl Anpassung wie Widerstand. Dabei konnte eine Person sowohl Exekutor wie Widerständler sein. Eine totalitär verfaßte Gesellschaft begnügt sich nicht mit dem Verzicht ihrer Bürger auf eigenständiges politisches und soziales Handeln. Das Regime verlangte *„den aktiven Einsatz in seinem Sinne"*.[29] Verdächtig ist schon derjenige, der auch nur den Anschein erweckt, als wollte er abseits bleiben.[30]

Die Geschichte der kommunistischen Staaten hat sehr verschiedene Formen des Widerstands erlebt. Ins historische Bewußtsein gingen vor allem blutig niedergeschlagene Aufstände breiter Bevölkerungsgruppen ein. Für die DDR-Geschichte lassen sich vier Grundtypen des Widerstands aufstellen: 1. gesellschaftliche Verweigerung, 2. sozialer Protest, 3. politische Dissidenz[31] und 4. Massenprotest. Diese vier Gruppen des Widerstandes sind miteinander verwoben. Es muß berücksichtigt werden, daß die Zuordnung bestimmter Verhaltensweisen zu einer der ersten drei Formen nichts über die tatsächliche Haltung und Stellung des einzelnen im und zum System aussagt.

Mindestens zwei gesellschaftliche Erscheinungen und zwei Sonderformen des Widerstands in der DDR lassen sich in dieses Schema nicht einfügen. Die erste gesellschaftliche Erscheinung, die erwähnt werden muß, wäre die parlamentarische Opposition. Es ist an sich abwegig, parlamentarische Opposition in einem Staat ohne demokratisches Parlament bestimmen zu wollen. Tatsächlich gab es auch nur einmal in der Geschichte der Volkskammer bis zum Herbst 1989 den Fall, daß sich eine Gruppe Abgeordneter gegen eine Gesetzesvorlage entschied. Am 9. März 1972 stimmten 14 Volkskammerabgeordnete gegen das Gesetz zur Unterbrechung der Schwangerschaft, acht enthielten sich ihrer Stimme.[32] Die näheren Umstände und vor allem die Folgen für die Abstimmenden sind bis heute weitgehend ungeklärt. Allerdings ist davon auszugehen, daß die Gegenstimmen unter tatkräftiger Mithilfe der SED-Führung zustande kamen. Manfred Gerlach, der langjährige Vorsitzende der LDPD, schreibt dazu in seinen Erinnerungen: *„Auch das Gesetz über die Schwangerschaftsunterbrechung wurde von Honecker angeregt. [...] In der Volkskammer gab es nur aus der CDU-Fraktion einige Gegenstimmen und einige Stimmenthaltungen, doch muß man wissen, daß die Linientreue auch der CDU-Abgeordneten so ausgeprägt war, daß Honecker mit CDU-Chef Götting reden mußte, um diese Gegenstimmen und Enthaltungen zu erreichen! Es wäre unglaubwürdig erschienen, wenn alle christlich gebundenen Volkskammermitglieder dem Gesetz zugestimmt hätten; die Volkskammer sollte ein Spiegelbild der Volksmeinung sein.“*[33]

Ebensowenig lassen sich innerparteiliche Machtkämpfe als Widerstand klassifizieren, da man sie nicht als Verhaltensform bezeichnen kann, die den allumfassenden Herrschaftsanspruch der SED in Frage stellte, begrenzte oder eindämmte.

Eine Sonderform des Widerstands in der DDR war der institutionelle Widerstand, den in der DDR die Kirchen symbolisierten. Prinzipiell ist festzuhalten, daß die Kirchen ihre Souveränität bewahrten, die sie als einzigen Gegenpol zum SED-Herrschaftsanspruch und -Machtbereich existieren ließ. Daß kirchliche Würdenträger mit der SED und dem MfS sehr eng und auch inoffiziell zusammenarbeiteten,[34] ist dazu kein Widerspruch.

Schließlich muß auf eine zweite Sonderform hingewiesen werden, die in ihrer Einordnung und Bewertung kompliziert ist. Gemeint ist widerständiges Verhalten ausländischer und westdeutscher Bürger auf dem Territorium der DDR. Damit sind keine Verhaltensformen gemeint, die sich etwa in aufmüpfigen Gebärden gegenüber den Soldaten beim Passieren der innerdeutschen Grenze zeigten. Vielmehr zielt diese Form auf ausländische und westdeutsche Bürger, die politisch zielgerichtet oder in einer Zwangslage gegen das System opponierten. Diese „externe“ Opposition ist noch durch jene ausgebürgerten Oppositionellen (Jahn, Hirsch, Fuchs, Rosenthal, später noch Templin u.a.) zu erweitern, die vom Westen aus die politisch bewußte Opposition in der DDR materiell und ideell unterstützten.

Die *gesellschaftliche Verweigerung* ist in einem Staat mit totalitärem Anspruch der sichtbarste Ausdruck des Konflikts zwischen Herrschaft und Gesellschaft. Diese Form des Widerstands kann als die alltägliche beschrieben werden. Ungeachtet ihrer zumeist unpolitischen Motivation zog sie oftmals politische Wirkungen und Repressalien unterschiedlicher Qualität nach sich. Die gesellschaftliche Verweigerung scheint auf den ersten Blick durch Passivität, durch Nicht-Mitmachen geprägt zu sein. In einer totalitär verfaßten Gesellschaft aber entzieht sich der einzelne dadurch schon dem Herrschaftsanspruch der Machthaber, d. h. er ist aktiv.

Die gesellschaftliche Verweigerung gehörte zu den Verhaltensformen in der DDR, die von den meisten Menschen ebenso temporär praktiziert wurde, wie die meisten *„strukturelle Opportunisten“*[35] waren. Die Erscheinungsbilder dieser Widerstandsform sind sehr vielfältig. Dazu zählt zum Beispiel die Verweigerung einer bestimmten Sprache, das Fernbleiben von Parteien und Massenorganisationen bzw. der demonstrative Austritt aus diesen, in den sechziger und frühen siebziger Jahren der offensive Empfang westlicher Medien (dafür sind einige ins Gefängnis gekommen!), die Nichtteilnahme an offiziellen Demonstrationen, offene Mitgliedschaft in der Kirche, Wahlverweigerung bzw. Abgabe einer Gegenstimme, bis Ende der siebziger/ Anfang der achtziger Jahre das Tragen unorthodoxer bzw. unerwünschter Kleidung und Frisuren usw. Gerade bei der gesellschaftlichen Verweigerung ist nicht nur auf den sozialen Ort zu achten, sondern auch auf den zeitlichen Horizont. Nach dem Mauerbau zum Beispiel im Grenzgebiet die Antenne gen Westen ausgerichtet zu haben, konnte schon bei Wiederholung einen mehrmonatigen Gefängnisaufenthalt einbringen. In den achtziger Jahren dagegen sprachen auch schon viele Lehrer offen über Westfernseherlebnisse vor ihren Schülern.[36] Oder: Ob ein Lehrling in einem Baubetrieb aus der FDJ austrat oder ob dasselbe ein Student an der Universität tat, war qualitativ deshalb verschieden, weil der Student von vornherein andere Sanktionen befürchten mußte als der Lehrling. Oder ein letztes Beispiel: In der Kneipe permanent von der „Mauer“ oder in anderen unerwünschten Begrifflichkeiten zu sprechen, war weitaus weniger gefahrvoll als die offizielle Sprache zugunsten der einfachen, der alltäglichen, der westlichen Sprache im Polituntericht, in der Schule, der Universität, der Armee oder der Gewerkschaftsversammlung zurückzustellen oder gar nicht zu benutzen.

Allgemein läßt sich formulieren, daß eine totalitär verfaßte Gesellschaft selbst unentwegt entgegen ihren Absichten temporäre gesellschaftliche Verweigerung produziert. Die Vorgabe von allumfassenden Regelmechanismen, Wert- und Moralvorstellungen einerseits und durch die mit dieser Gesellschaft verbundenen vielfältigen sozialen, ökonomischen und geistig-kulturellen Mangelerscheinungen haben gesellschaftliche Verweigerung zwangsläufig zur Folge. Diejenigen Verhaltensweisen, die sich darunter teilweise subsumieren lassen, sind oftmals von der SED als „Fehlerdiskussion“ und „Meckerei“ verunglimpft worden. Dadurch signalisierten die Funktionäre, daß sie dies weder wünschten noch duldeten. Das wiederum wußte jeder DDR-Bürger. Seine Gesamthaltung zum Staat bestimmte den Grad gesellschaftlicher Verweigerung. Die meisten ließen sich durch Drohgebärden einschüchtern. Nur eine Minderheit bediente sich über einen längeren Zeitraum oder systematisch der gesellschaftlichen Verweigerung. Die radikalste Form findet sich bei denjenigen, die in der DDR lebten und gleichzeitig aus der Gesellschaft „ausstiegen“. Dazu gehören zum Beispiel Teile der Jugendkultur mit der Ausprägung subkultureller Milieus. Hier ist allerdings der Übergang zur politischen Dissidenz fließend.

Es gab innerhalb dieser Widerstandsform nicht nur erhebliche Unterschiede was die Art, sondern auch was die Motivationen und die Ursachen sowie die Reaktionen der SED betraf. Für das, was hier unter „gesellschaftlicher Verweigerung“ verstanden wird, sind seltener strafrechtliche Verfolgungen eingeleitet worden. Gleichwohl konnte sie Karrierebrüche bzw. die Verhinderung einer Karriere hervorrufen. Zu spürbaren Repressivmaßnahmen kam es zumeist erst dann, wenn zur gesellschaftlichen Verweigerung andere Widerstandsformen hinzutraten. Die gesellschaftliche Verweigerung genoß allgemein bei den Mitbürgern eine ungleich höhere Akzeptanz als beispielsweise die bewußt offene politische Opposition, worin viele lediglich eine Gefahr sahen, die Gesellschaft noch weiter zu entliberalisieren.[37]

Die Motivationen für gesellschaftliche Verweigerung erwiesen sich als so verschieden wie ihre Erscheinungsbilder. Eine politische Intention existierte seltener, und wenn, dann war der Übergang zu anderen Widerstandsformen fließend. Bei gesellschaftlicher Verweigerung überwog individuelles Handeln. Überwogen haben Motive, die aus der sozialen Lage entstanden. Gleichwohl erforderte es zuweilen Mut, auf diese hinzuweisen.

Sozialer Protest ist eine Widerstandsform, die sich gegen soziale Erscheinungen und Einrichtungen und für sozialpolitische oder innerbetriebliche Veränderungen erhebt. Dabei war es nicht notwendig, ausdrücklich politische Forderungen zu stellen. Denn jeder soziale Protest innerhalb dieser Gesellschaft war zugleich ein politischer Protest. Gleichwohl ist vielfach sozialer Protest unpolitisch motiviert gewesen.

Die Erscheinungsbilder sozialen Protestes waren während der DDR-Geschichte ebenso vielfältig wie die der anderen Widerstandsformen. Auch hier erfolgten deutliche Wandlungen zwischen den fünfziger und sechziger Jahren einerseits und den siebziger und achtziger Jahren andererseits. Anders als bei der gesellschaftlichen Verweigerung war der soziale Protest bis in die sechziger Jahre oftmals ein Gruppenprotest.

Sozialer Protest gehört zu den Bestandteilen jeder Klassengesellschaft und jeder Diktatur. Verschieden jedoch sind die Mechanismen, wie mit sozialem Protest umgegangen wird. Vor allem der neuzeitliche demokratische Verfassungsstaat hat Regelungen entwickelt, um einen Interessenausgleich der verschiedenen Klassen und Schichten zu ermöglichen. Sozialer Protest kann auch im neuzeitlichen Verfassungsstaat in politischen Protest umschlagen. Während sich die meisten Formen sozialen Protestes in der westlichen Demokratie legal äußern können, bewegen sie sich in totalitär verfaßten Gesellschaften am Rande der Legalität und Kriminalisierung.

Das Problem jeder totalitär verfaßten Gesellschaft besteht darin, daß die Ideologie eine Kongruenz zwischen Herrschaftswille und Volkswille propagiert. Insofern ist sozialer Protest objektiv gegen die Herrschaft und ihre Ideologie gerichtet. Gerade der SED-Propaganda lief diese Widerstandsform diametral entgegen. Denn bis 1989 bestand eine ihrer Hauptaufgaben darin zu suggerieren, daß die SED alles für das Volk und alles mit dem Volk macht. Die Partei hatte im Umgang mit sozialem Protest immer Probleme, weil sie einige Formen gesetzlich legalisierte. Aber genauso haben die SED-Führer gewußt, daß sozialer Protest oftmals nur eine Artikulationsform war, um die Ablehnung des Systems zum Ausdruck zu bringen. Furcht hatte die SED vor dem quantitativen Anwachsen sozialen Protestes, bei dem immer zu befürchten war, daß er sich sammelte, spontan entlud und zu einer Demonstration oder Manifestation gegen das Regime wurde. Der 17. Juni 1953 hatte gerade auf diesem Gebiet der SED vorgeführt, wie sich Marx' revolutionstheoretische Erkenntnisse gegen die eigene Herrschaft materialisieren können.[38] Die SED lernte aus den Ereignissen im Frühsommer 1953 zweifach: Zum einen baute sie den umfassenden Unterdrückungs- und Disziplinierungsapparat aus. Zum anderen versuchte sie, einen „*sozial gesteuerten Burgfrieden*"[39] mit der Arbeiterschaft zu erreichen. Gerade den sozialen Protest aus der Arbeiterschaft registrierte die SED seit dem 17. Juni 1953 aufmerksam und nahm ihn oftmals zum Anlaß, kurzfristige sozialpolitische Veränderungen zur Befriedung der Arbeiter durchzuführen.[40]

Eine in der gesamten DDR-Geschichte zu verzeichnende Form des sozialen Protestes war die Eingabe. Die SED definierte Eingaben als Vorschläge, Hinweise, Anliegen und Beschwerden, „*mit denen sich jeder Bürger schriftlich oder mündlich an die Volksvertretungen, die staatlichen und wirtschaftsleitenden Organe, die volkseigenen Betriebe und Kombinate, die sozialistischen Genossenschaften und Einrichtungen sowie an die Abgeordneten wenden*“[41] konnte. Dafür ist am 19. Juni 1975 ein Eingabengesetz verabschiedet worden. Zu unterscheiden ist bei Eingaben zwischen individueller und gemeinschaftlicher Eingabe sowie zwischen Eingaben, die eher soziale und solchen, die eher politische Sachverhalte betreffen.

Das Verfassen von Eingaben war für viele Menschen die aktivste Form, sich gegen Teilbereiche des Systems zu wehren. Das entsprach der mentalen Verfassung der Mehrheit: Etwas Legales tun und dabei doch opponieren. Eingaben erwiesen sich trotz ihres prinzipiell den Totalitätsanspruch untergrabenden Charakters für die SED als weniger gefährlich. Denn die Ausmaße dieser Form des sozialen Protestes waren nur für die Empfänger sichtbar. Für die heutige Forschung dagegen würde eine quantitative und qualitative Auswertung dieser Massendaten Rückschlüsse auf die Herrschaftsbasis zulassen.

Politisch motivierte Eingaben, ob nun von Einzelpersonen oder von Gruppen, zählten dagegen während der gesamten DDR-Geschichte zu einer Form politischer Dissidenz. Darauf reagierte die SED anders, häufig gar nicht. Auf jeden Fall waren oftmals diejenigen, die Eingaben gleich welchen Inhalts wiederholten oder sich mit den Erklärungen nicht abspeisen ließen, der fürsorglichen Beobachtung und Kontrolle durch die SED ausgesetzt. Inwieweit Eingaben sozialen Inhalts zu Benachteiligungen führten, ist noch nicht bekannt. Probleme für den Absender ergaben sich jedoch, wenn er soziale Forderungen mit Drohungen verband.

Der überwiegende Teil des sozialen Protestes war mit Wohnraum, Warenangebot, Privilegien, Reisemöglichkeiten, sozialen Aufstiegschancen und -möglichkeiten und Arbeitsverhältnissen verbunden. Die SED hatte damit Probleme, weil sich der soziale Protest zielgerichtet gegen bestimmte Erscheinungen und auf der Grundlage der konkret erfahrenen Lebensqualität und -umstände artikulierte.

Andere Formen des sozialen Protestes waren beispielsweise Streiks, von denen es bis zur Mitte der sechziger Jahre Tausende gab, seit den siebziger Jahren aber immerhin noch Hunderte. Dazu zählen weiter beispielsweise Proteste gegen die Wohungsbau- und Sanierungspolitik, die Politik gegenüber bestimmten Schichten der Bevölkerung oder gegen die Infrastrukturpolitik.

Die Widerstandsform des sozialen Protestes war in der DDR ein weitverbreitetes Verhalten, wenn auch von deutlich weniger Menschen getragen als die gesellschaftliche Verweigerung. Sozialer Protest hatte oftmals keine politische Motivation, gleichwohl politisierte und kriminalisierte die SED teilweise diese Widerstandsform. Dieser Protest war oftmals Ausdruck unbefriedigender Lebens- und Arbeitsumstände. Das Umschlagen in politischen Protest geschah vielfach bruchlos. Allerdings sind die meisten Träger sozialen Protestes niemals zu politischer Dissidenz gelangt.

Die bewußteste Form der Gegnerschaft äußerte sich in der Widerstandsform der *politischen Dissidenz.* Diese Oppositionsform[42] existierte während der gesamten

DDR-Geschichte in allen gesellschaftlichen Bereichen, sozialen Gruppen und Generationen. Die Träger dieser Widerstandsform stellten stets eine deutliche Minderheit dar. Sie unterschieden sich von anderen dadurch, daß sie ihren Widerstand offen austrugen, bewußt Benachteiligungen und Verfolgungen in Kauf nahmen und sich teilweise organisierten. Im Gegensatz zu den anderen Widerstandsformen läßt sich bei der politischen Dissidenz eine innere Periodisierung ebenso aufstellen wie eine Klassifizierung verschiedener Formen.

Die Geschichte politischer Dissidenz in der DDR hat mehrere größere Einschnitte erfahren. Der erste war mit dem Juniereignis 1953 gegeben, in dessen Ergebnis die SED ihren Disziplinierungs- und Unterdrückungsapparat intensiv und extensiv erweiterte. Der Mauerbau 1961 war für die politische Opposition ein wichtiger Einschnitt, wenn nicht der wichtigste überhaupt. Sinnvolle innere Abschnitte vom Mauerbau bis 1989 wären vor allem durch außenpolitische Ereignisse zu kennzeichnen, die für die Entwicklung der Opposition in der DDR eine Sogwirkung besaßen. Dazu zählen der Prager Frühling, der KSZE-Prozeß und die Schlußakte von Helsinki, die Nachrüstungsdebatte, der Einmarsch der sowjetischen Truppen in Afghanistan und die Verhängung des Kriegsrechts in Polen. Schließlich sind sowohl die gesellschaftlichen Entwicklungen in Polen und Ungarn als auch der Machtantritt Gorbatschows weitere wichtige Katalysatoren für die Entwicklung der DDR-Opposition gewesen.

Während der DDR-Geschichte artikulierten sich unterschiedliche Formen politischer Dissidenz. Innerhalb dieser Widerstandsform existierte die reformsozialistische Opposition, die „bürgerliche" Opposition und die sozio-kulturelle oder gesellschaftliche Opposition. Die grundsätzlichen Gemeinsamkeiten waren durch die gleichermaßen scharfen Verfolgungen wie durch die sowohl individuelle als auch organisierte Form des Auftretens gegeben. Außerdem richteten sich die Vertreter dieser Widerstandsform offen gegen die SED-Herrschaftspraxis. Unterschieden haben sie sich vor allem in ihren Zielen, in der Wahl ihrer Mittel und Kampfformen sowie im Grad ihrer Kritik. Während die reformsozialistische Opposition zu allen Zeiten existierte, war die „bürgerliche" Opposition vor allem bis zum Mauerbau und die sozio-kulturelle oder gesellschaftliche Opposition seit dem Mauerbau eine ausgeprägte Erscheinung.

Das einende Band der *reformsozialistischen Opposition* bestand aus ihrer prinzipiellen Ablehnung der SED-Herrschaftspraxis bei gleichzeitiger Wahrung des sozialistischen Systems und der staatlichen Teilung Deutschlands. In den fünfziger Jahren existierten als Ausnahme reformsozialistische Kräfte, die die deutsche Einheit anstrebten, allerdings unter der Hegemonie sozialistischer/kommunistischer Kräfte. Die Grenzen jeder reformsozialistischen Opposition lagen darin, daß ihre Forderung nach Aufgabe des totalitären SED-Herrschaftsanspruches jederzeit in den Zusammenbruch der DDR gemündet hätte. Die reformsozialistische Opposition war das Ergebnis des klaffenden Widerspruches zwischen theoretischem/verkündetem Anspruch und gesellschaftlicher Realität. Getragen wurde sie vor allem von Intellektuellen. Verändert hat sich dagegen die soziale Stellung dieser Träger. Während sich in den fünfziger Jahren vor allem aus Universitäten und Hochschulen, Verlagen, Redaktionen, Literaturzirkeln usw. reformsozialistische Kräfte rekrutierten, waren in den siebziger und achtziger Jahren reformsozialistische Kräfte häufig in gesellschaftlich marginalisierten Bereichen tätig, wo sie weit unterhalb ihrer beruflichen Qualifikation arbeiteten.

Reformsozialistische Opposition war eine Form der Gesellschaftskritik, die theoretisch vorgetragen und mit objektiv systemsprengenden Forderungen verbunden war. Dabei unterschieden sich die verschiedenen Strömungen dadurch voneinander, ob sie nur in Zirkeln diskutierten oder ob sie auch konkrete öffentlichkeitswirksame Aktionen durchführten. Diese Form politischer Dissidenz vereinte sehr unterschiedliche Personen und Gruppen. Dazu zählen zum Beispiel Wolfgang Harich und Walter Janka, Robert Havemann, Wolf Biermann, Rudolf Bahro, aber ebenso marxistische, trotzkistische und maoistische Gruppen aus den siebziger Jahren, schließlich auch ein Teil der organisierten Opposition aus den achtziger Jahren.

Die reformsozialistische Opposition war zweifelsfrei breiter entwickelt, als es bekannte Namen ausdrücken könnten. Die reformsozialistische Opposition ist eng mit der SED verbunden. Denn viele dieser Oppositionellen waren ursprünglich Mitglieder der Partei. Das trifft fast gänzlich auf die fünfziger Jahre zu, behält aber seine Gültigkeit auch für die siebziger und achtziger Jahre. Nicht wenige bekannte reformsozialistische Oppositionelle der achtziger Jahre waren zu Beginn der siebziger Jahre, als ihnen der Machtwechsel zu Honecker einen Aufbruch versprach, der SED beigetreten.

Freilich gab es graduelle Unterschiede in den Zielen. Erst nach dem Mauerbau war die massive Infragestellung des SED-Machtmonopols Konsens dieser Oppositionellen. Die Problemkreise Menschenrechte, Ökologie sowie innerer und äußerer Frieden sind verstärkt im Anschluß an die Schlußakte von Helsinki, als man die SED-Oberen beim Wort nehmen wollte, Inhalt der Forderungen und der Arbeit geworden. Die reformsozialistischen Gruppierungen der achtziger Jahre unterschieden sich von denen davor auch dadurch, daß sie teilweise unter dem Dach und dem Schutz der Kirche arbeiteten. Schließlich müssen bei der Erforschung einer reformsozialistischen Opposition stärker Einzelpersonen ins Blickfeld kommen. Denn viele von ihnen teilten zwar mit den Gruppen und Prominenten das Schicksal von Observierung, Verfolgung und gesellschaftlicher Ausgrenzung, vermochten es aber nicht, Öffentlichkeit herzustellen.

Mit reformsozialistischer Opposition ist oftmals verkürzt die innerparteiliche Opposition gemeint. Die synonyme Verwendung beider Bezeichnungen würde aber das Blickfeld verkürzen. Zum einen stammten tatsächlich viele reformsozialistische Kräfte aus den Reihen der SED, formierten sich in dieser und begannen ihre oppositionelle Tätigkeit noch als Mitglieder der SED. Der Parteiausschluß war die logische Folge einer solchen Betätigung. Zum anderen aber würde damit reformsozialistisches Kräftepotential übersehen werden, das niemals in der SED war und der marxistisch-leninistischen Theorie ablehnend gegenüberstand. Ihr reformsozialistisches Gedankengut war einem Pragmatismus geschuldet, der den Sozialismus nicht negierte und letztlich einer Zukunftsvision anhing, die den sozialistischen Ideen ähnelte.

Allerdings existierten auch innerparteiliche Oppositionsströmungen, die nicht der reformsozialistischen Opposition zuzurechnen sind. Hier sind zum Beispiel die sogenannten Sozialismustheoretiker von der Humboldt-Universität zu Berlin wie Dieter Klein, Michael Brie, Rosemarie Will und Rainer Land zu nennen. Sie und viele andere innerparteiliche Oppositionelle charakterisierte, daß sie zwar gegen einzelne gesellschaftliche und innerparteiliche Erscheinungen auftraten, aber niemals die führende Rolle der SED hinterfragten bzw. angriffen, was aber das Wesensmerkmal politischer Dissidenz in der DDR war. Die innerparteiliche Opposition war gemessen an ihren gesellschaftsrelevanten Zielen stets unbedeutend. Umfassender dagegen wurden innerparteilich einzelne Politiker, Strategien und Pläne kritisiert. Die SED-Mitgliederschaft hat zweifelsfrei ihren Beitrag zum Herbst 1989 beigetragen. Immerhin gab es im Oktober 1989 noch rund 2.280.000 DDR-Bürger, die dieser Partei angehörten. Daß ihr Beitrag am Erosionsprozeß der SED aber auch nicht übertrieben werden darf, belegt die Zahl der Austritte. Denn zwischen dem 1. September 1989 und dem 23. Oktober 1989 erklärten lediglich 29.768 Mitglieder und Kandidaten ihren Austritt aus der SED, das waren gerade 1,3 Prozent aller SED-Mitglieder.[43]

Die *„bürgerliche" Opposition* trat vorrangig in den fünfziger Jahren auf, existierte aber bis 1989 in verschiedenen Formen fort. Sie war durch die gänzliche Ablehnung des Systems wie der marxistisch-leninistischen Theorie gekennzeichnet. In den fünfziger Jahren, weniger in den achtziger Jahren, gehörte die Forderung nach freien demokratischen Wahlen mit anschließender Wiedervereinigung zum Grundprogramm jeder „bürgerlichen" Opposition.

Diese Form politischer Dissidenz erfuhr in breiten Bevölkerungskreisen massive Unterstützung. Die „bürgerliche" Opposition trugen vorrangig kleine Gruppen. Sie entwarfen selten Programme. Die benötigten sie auch nicht, da sie – neben universellen Werten – die Wiederherstellung der deutschen Einheit mit westdeutscher Demokratie erstrebten. Ihre Aktionsformen waren unterschiedlich. Flugblätter, kleinere symbolische Demonstrationen, öffentliche Provokationen, der Versuch von Vereins- und Parteigründungen, aber auch Sabotage und Zerstörung gehörten zu den häufigsten Ausdrucksmitteln ihrer Gegenwehr.[44]

Die „bürgerliche" Opposition der fünfziger Jahre dezimierte sich permanent durch Wegzug in den Westen. Viele Vertreter dieser Widerstandsform mußten aber zuvor zum Teil langjährige Zuchthausstrafen absitzen. Mit dem Mauerbau hörte eine bewußte „bürgerliche" Oppositionsbewegung mehr und mehr auf zu existieren. Erst seit den achtziger Jahren fing sie allmählich wieder an, sich zu etablieren. Denn es gab in den Menschenrechts-, Friedens-, Ökologie- und anderen Bürgerrechtsgruppen eine Vielzahl von Personen, die eher der „bürgerlichen" als der reformsozialistischen Opposition hinzuzurechnen wären. Gerade in den Gruppen der achtziger Jahre, die sich vor allen Dingen aus zwischen 1940 und 1965 Geborenen zusammensetzten, trafen sich sowohl reformsozialistische als auch „bürgerliche" Oppositionelle. Ihr gemeinsamer biographischer Hintergrund, ihre gemeinsamen Grunderfahrungen mit dem System und letztlich ihre marginalisierte soziale Stellung ließen sie zusammengehen.

Unter *sozio-kultureller* oder *gesellschaftlicher Opposition* sollen Verhaltensformen zusammengefaßt werden, die aus der dezidierten Ablehnung bestimmter Erscheinungen der DDR-Gesellschaft zu einer bewußten Ablehnung des Systems gelangten, ohne dabei allerdings in jedem Fall Alternatives bieten zu können. Damit sind außerdem Widerstandsformen gemeint, die zu ihrer Ablehnung der DDR durch die Kritik systemübergreifender Zustände gelangten. Die Vertreter der sozio-kulturellen oder gesellschaftlichen Opposition bildeten zumeist subkulturelle Milieus aus. Diese Form des Widerstands war fast nur durch soziale Gruppenbildung möglich. Das Erscheinungsbild ist vor allem für die siebziger und achtziger Jahre auszumachen. Beispiele aus den Jahren zuvor stellen „Fan"-Gruppen aus dem Umkreis von Jazz, Rock'n Roll und Beat-Musik dar, die oftmals durch ihre Kleidung, ihre Frisur und ihre Musik gesellschaftlich geächtet und verfolgt wurden. Aus diesen Erfahrungen heraus wurden politisierte Jugendliche zu politischen Opponenten, die sich eine eigene, eine „zweite Kultur" schufen.

In den späten siebziger und vor allem den achtziger Jahren trugen diese Oppositionsform vor allem die sogenannten „DDR-Generationen". Ihre bewußte Ablehnung des Systems manifestierte sich zum einen durch ihre dezidierte DDR-öffentliche politische und kulturelle Kritik. Zum anderen sammelten sie sich teilweise fern von bereits bestehenden Gruppen. Hier wurden ebenso Gesellschaftsentwürfe debattiert wie konkrete Aktionen geplant. Ausgangspunkt jedoch war zumeist die radikale Negierung herrschender Moral- und Wertvorstellungen sowie die bewußte Inszenierung einer Gegenkultur. Schließlich zählen zu dieser Widerstandsform zahlreiche Ökologie-, Frauen-, Totalverweigerungs- und Friedensgruppen,[45] die seit den siebziger Jahre entstanden waren. Sie könnten zwar ebenso den beiden anderen Formen politischer Dissidenz hinzugerechnet werden, aber ihre prinzipielle Zuordnung zu dieser Gruppe rechtfertigt ihre systemübergreifende Kritik. Daß sie dabei gleichwohl scharfe und öffentliche Kritik an den DDR-Verhältnissen übten, macht sie ja gerade zu politischen Dissidenten.[46]

Die Zuordnung konkreter Widerstandsformen ist nicht immer eindeutig möglich. Die Verweigerung des Wehrdienstes, ob nun mit oder ohne Waffe, zählte zur politischen Dissidenz, zumal die Mehrheit der Totalverweigerer in entsprechenden Gruppen organisiert war. Die Dienstableistung bei den Bausoldaten bedeutete ebenfalls in hohem Maße widerständiges Verhalten.[47] Allerdings fällt hier die Zuordnung schwer. Der Akt an sich ist noch keine politische Dissidenz, wenn damit auch soziale Aufstiegschancen weitgehend verbaut waren.

Ebenso schwierig ist die Einordnung des Wahlverhaltens. Zählt ein Nichtwähler oder derjenige, der eine Gegenstimme abgab, zur politischen Dissidenz? Auch dieser Akt an sich prädestiniert ihn noch nicht dazu. Da aber in der Regel ein solches Verhalten die Konsequenz einer Grundhaltung bedeutet, wird die Mehrheit von ihnen zur politischen Dissidenz zugerechnet werden müssen. Dies um so mehr, da dieses Verhalten unter DDR-Verhältnissen einem öffentlichen entsprach.

Andere Formen sind ebenfalls nicht erwähnt worden, so etwa die sogenannten Wirtschaftsverbrechen. Es gab solche, die bewußt als Sabotage in Szene gesetzt wurden. Aber es gab auch Wirtschaftsverbrechen, die erst von der SED zu solchen gemacht wurden. Ein letztes Beispiel, welches bislang nicht erwähnt, aber zumindest weiter diskutiert werden müßte, wäre die Frage der Ausreiseantragssteller. Vor allem Bernd Eisenfeld hat in den letzten Jahren mehrmals darauf hingewiesen, daß auch der Ausreiseantrag mit seinen Sogwirkungen als widerständiges Verhalten anzusehen sei.[48] Aber insgesamt muß beim gewollten Weggang in den Westen berücksichtigt werden, daß dies einer Flucht aus einer Konfliktlage entsprach, die mit dem individuellen Verzicht auf jede Einwirkung in die inneren Zustände verbunden war. Dies soll allerdings nicht den Anteil der Ausreisenden, die einen wichtigen Katalysator bei der Erosion der SED-Herrschaft darstellten, am Zusammenbruch des Regimes schmälern. Für die Zuordnung zu einer Form des Widerstands ist aber einzig und allein das Verhalten in der DDR relevant. Allerdings ist zu erforschen, inwiefern das Stellen eines Ausreiseantrages mit all seinen Unannehmlichkeiten eine Sogwirkung für widerständiges Verhalten ausübte.

Alles in allem waren die Vertreter der politischen Dissidenz eine deutliche Minderheit während der gesamten DDR-Geschichte. Diese Widerstandsform änderte sich am auffälligsten. Hatte sich jemand zum politischen Dissidenten entwickelt, war ihm bewußt, daß er damit die Handlungsspielräume, die diese Gesellschaft bot, verlassen und jederzeit mit Verfolgung und Bestrafung zu rechnen hatte.

Der *Massenprotest* schließlich ist die Form widerständigen Verhaltens, die während der DDR-Geschichte am seltensten auftrat. In der DDR gab es zwei Fälle eines klassischen Massenprotestes. Da wären die Ereignisse im Sommer 1953 und die vom Herbst 1989 zu nennen. Aber gab es neben diesen beiden bekannten Massenprotesten eventuell noch andere Ereignisse, die diesen Namen verdienen würden?

Ein Massenprotest ist dann gegeben, wenn hunderte oder tausende Personen sich versammeln, um ihren Unwillen kundzutun bzw. wenn sie sich wegen eines anderen Anlasses versammeln, der dann Ausgangspunkt des Protestes wird. Insofern sind beispielsweise die zahlreichen dezentralen Proteste im Herbst 1956,[49] im Sommer 1968 oder im November 1976 nicht als Massenproteste anzusehen. Ebenso fallen unter diese Kategorie nicht die massenhaften Wanderungs- und Fluchtbewegungen nach Westdeutschland. Dies könnte vielleicht als permanenter Massenprotest angesehen werden.

In der DDR hat es des öfteren Massenproteste gegeben, die freilich niemals an die Qualität der 1953er oder gar 1989er Ereignisse heranreichten. In der Regel entwickelte sich ein solcher Massenprotest aus Anlässen, die mit dem ursprünglichen Versammlungsziel nichts zu tun hatten. Bekannte Beispiele für diese Protestform sind zum Beispiel die Auseinandersetzungen am 7. Oktober 1977 auf dem Berliner Alexanderplatz oder die vom Juni 1987, als vor dem Reichstag Rockstars spielten und vor der Mauer Tausende Jugendliche der Musik lauschen wollten. Die Mauer und die zusätzlichen Absperrungen ließen schon bald den tausendfachen Ruf *„Die Mauer muß weg"* erschallen.

Auch hier muß weiter geforscht werden, inwieweit es andere Massenproteste und Demonstrationen gab. Da wäre beispielsweise an Schweigemärsche, größere Fahrradkorsos oder „Weihnachtsmarktunruhen" zu denken, aber ebenso könnten die Kirchentage eine Form des Massenprotestes gewesen sein.

Die ersten drei Grundformen widerständigen Verhaltens in der DDR können als Verhaltenspyramide aufgefaßt werden. Die *gesellschaftliche Verweigerung* war eine individuelle Widerstandsform, die die Mehrheit der Bevölkerung temporär praktizierte. Der *soziale Protest* konnte sowohl aus der gesellschaftlichen Verweigerung entspringen als auch völlig unabhängig von ihr sein. Ebenso steht es mit der *politischen Dissidenz*. Die Träger sämtlicher Verhaltensformen trafen sich beim *Massenprotest*. Prinzipiell ist eine eindeutige Zuordnung widerständiger Verhaltensformen problematisch. Kriterium muß die Handlung und Wirkung sein.

Die Motivationen für widerständiges Verhalten wie für deren spezifische Formen unterschieden sich von anpassungsbereitem und mitmacherischem nicht in jedem Falle. Denn hier wirkten ebenso gruppendynamische und weltanschaulich-ideologische, aber auch generationsspezifische und individualpsychologische Ursachen als Auslöser des Verhaltens.[50] Prinzipiell trifft für die Mehrheit der DDR-Bevölkerung zu, daß sich in ihnen ein ewiger Kampf zwischen Wollen, Können und Machen vollzog.

Die Klassifizierung widerständigen Verhaltens ist notwendig, um ein differenziertes Bild der DDR-Gesellschaft zu ermöglichen. Eine solche Klassifikation ist außerdem dienlich, reale Handlungsspielräume und -möglichkeiten aufzuzeigen. Schließlich ist sie wichtig, um die Taten vieler mutiger und unter zahlreichen Entbehrungen lebender Menschen aus der DDR deutlich zu kennzeichnen und zu würdigen. Denn eine Würdigung ist nur möglich, wenn die konkreten Handlungsspielräume bekannt sind. Dabei darf aber nicht das Bild einer verfolgten Gesellschaft entstehen, weil unterm Strich die Mehrheit sich eingerichtet und es sich, so gut es ging, gemütlich gemacht hatte.

So unterschiedlich Motivationen und Zielsetzungen widerständigen Verhaltens in der DDR auch waren, ihre Würdigung ist nur im konkreten Lebens- und Arbeitsbereich möglich. Generell kann festgehalten werden, daß mit zunehmender Dauer der SED-Herrschaft objektiv innerhalb des gesellschaftlichen Rahmens immer mehr widerständiges Verhalten möglich wurde.

3. Opposition und Widerstand in der Honecker-Ära[51]

Karl Wilhelm Fricke hat in seinem Standardwerk über Opposition und Widerstand in der DDR herausgearbeitet, daß es in der DDR kein „Widerstandsdogma" gab.[52] Daraus erklären sich auch die vielfältigen Erscheinungsformen der DDR-Opposition. Allerdings lassen sich für die gesamte DDR-Geschichte Unterschiede in den dominierenden Erscheinungsformen ausmachen, obwohl alle vorgestellten Typen widerständigen Verhaltens jederzeit existierten. Die folgenden Ausführungen konzentrieren sich allein auf den differenzierten Widerstandstypus der *politischen Dissidenz*.

Bis zum Mauerbau 1961 dominierte die bürgerliche Opposition, wenn auch seit 1956 die reformsozialistische Opposition an Stellenwert erheblich gewann. Die bürgerliche Opposition, die in den fünfziger Jahren nicht mehr, aber auch nicht weniger als freie Wahlen anstrebte, um darüber die sofortige deutsche Einheit herzustellen, trug bis zum Mauerbau Massencharakter. Die Forderungen war allgemein und breit akzeptiert, ohne daß es möglich wäre, prozentuale Bevölkerungsangaben zu ermitteln. Die Stimmungs- und Lageberichte des MfS, aber noch viel mehr die der SED, der Blockparteien und der Massenorganisationen zeichnen ein Bild, das deutlich macht: die SED regierte gegen die Mehrheit der DDR-Bevölkerung. Die SED-Führung konnte sich in den fünfziger Jahren nicht einmal auf ihre Parteibasis verlassen, auch wenn diese ihre wichtigste Machtbasis darstellte. Von den ab 1954 durchschnittlich rund 1,5 Millionen SED-Mitgliedern bis 1961 konnte sich die SED-Führung ihrer eigenen Meinung nach hundertprozentig auf gerade ein Fünftel oder rund 300.000 Mitglieder verlassen, jene, die sie in den sogenannten Parteiaktivs innerparteilich nochmals zusammengeschlossen hatte.

In den fünfziger Jahren war die bürgerliche Opposition aber nicht nur von einer relevanten Massenbasis getragen, sondern ebenso von einem Spektrum, das von Debattierklubs Intellektueller über antikommunistische Oppositionsgruppen bis hin zu Widerstandsgruppen reichte, die bewußt sabotierten und zerstörten. Der tatsächliche Einfluß westlicher Geheimdienste, der Ostbüros oder von Organisationen wie der Kampfgruppe gegen Unmenschlichkeit (KgU) ist bislang nicht geklärt, da eine Reihe wichtiger westlicher Archive für die Forschung nicht zur Verfügung stehen. Allerdings muß betont werden, daß deren Einfluß nicht allzu hoch veranschlagt werden sollte, da sie in der DDR den Boden nicht zu bereiten brauchten, sondern lediglich an der ohnehin herrschenden Ablehnung partizipierten.

Die entscheidende Gemeinsamkeit aller Oppositionserscheinungen in den fünfziger Jahren war, daß die DDR nur in Ausnahmefällen als Völkerrechtssubjekt anerkannt worden ist. Die DDR galt gemeinhin außerhalb der Parteikreise als illegitimes, von außen aufgebürdetes Gebilde, als eine kurzzeitige Kriegsfolge, bestenfalls als legitimer Übergangsstaat, der in einem vereinten Deutschland aufgehen würde. Ein vereintes Deutschland wurde überwiegend in der staatlichen Form der Bundesrepublik gedacht. Im reformsozialistischen Lager hing man demgegenüber Vorstellungen eines sogenannten dritten Weges an, ohne daß es je zu deren konkreter Ausformulierung gekommen wäre. Aber auch die Vertreter dieses Ansatzes strebten ein einheitliches Deutschland an, das aber vor allem im Gegensatz zur Bundesrepublik einschneidend verändert werden sollte.

Der Mauerbau war für die Opposition eine grundlegende Zäsur. Zwar war die Ansicht allgemein verbreitet, daß die SED mit dem Mauerbau lediglich einem neuen 17. Juni zuvorkommen wollte, der Mauerbau eine Bankrotterklärung darstellte und sich allein gegen die eigene Bevölkerung richtete und nicht gegen einen drohenden Weltkrieg, wie die SED es pausenlos verkündete, aber dennoch ebbte nach dem Mauerbau die Opposition spürbar ab. Direkt im Umfeld des Mauerbaus gab es zwar Protestaktionen und Sabotageakte, die aber unter dem allgemeinen Schock schnell zurückgingen. Hinzu kam, daß der Mauerbau die DDR einige Jahre innenpolitisch stabilisierte, daß sich die Wirtschaft augenscheinlich konsolidierte, sich das Lebensniveau der Menschen erheblich verbesserte und selbst Vorboten eines kulturpolitischen Tauwetters erkennbar waren. Allerdings waren dies zumeist trügerische Annahmen, wie etwa das sogenannte Kulturplenum von 1965 deutlich vorführte.

Dennoch hatte die Opposition in den sechziger Jahren schon ein deutlich anderes Gesicht angenommen. Die Gründe dafür sind darin zu suchen, daß mit der geschlossenen Grenze die potentiellen Gefahren für den einzelnen – zumindest in der zeitgenössischen subjektiven Wahrnehmung – erheblich größer geworden waren. Der rettende Schritt in den Westen, um sich einer Verhaftung zu entziehen, war nicht mehr möglich. Außerdem war durch den Mauerbau endgültig klar geworden, daß die DDR nicht mehr als ein Übergangsmodell angesehen werden konnte, sondern in einem größeren Zeitraum von ihrem Bestand ausgegangen werden mußte. In diesem Dezennium wuchs zugleich eine neue oppositionelle Generation heran, die der DDR zwar nicht mehr prinzipiell ihre Legitimität absprach, aber an deutlichen Reformen und gesellschaftlichen Veränderungen interessiert war. Diese neue Generation wurde geprägt durch die Persönlichkeit von Robert Havemann, durch die Ereignisse in Prag 1968, durch den Honecker-Machtantritt und die damit verbundenen erneuten Vorboten einer liberaleren Kulturpolitik, durch die Streiks und Demonstrationen der polnischen Arbeiter 1970, durch den KSZE-Prozeß und die Schlußakte von Helsinki 1975 und schließlich durch die Biermann-Ausbürgerung 1976.

Es bildeten sich inner- und außerhalb der evangelischen Kirche oppositionelle Gruppen, die anfangs vor allem dem Typus der sozio-kulturellen Opposition zuzuordnen sind. Die Nachrüstungsdebatte, Polen und Afghanistan erwiesen sich schließlich als Katalysatoren zur Herausbildung einer neuen Opposition ab Ende der siebziger Jahre und dann verstärkt ab Anfang der achtziger Jahre. Dabei waren in der Arbeit und im Engagement globale und innergesellschaftliche Probleme stets vermengt, was auch angesichts der staatlichen Verfaßtheit der DDR gar nicht anders ging. So war die Friedensfrage stets verbunden mit der Frage der inneren Sicherheit, sprich der Menschenrechtssituation in der DDR.

Im Gegensatz zu den fünfziger Jahren, und hier liegt der entscheidende Unterschied, war die DDR weitgehend als Völkerrechtssubjekt nun auch in der DDR anerkannt. Allerdings hieß dies nicht, daß nicht über die deutsche Frage nachgedacht worden wäre. Robert Havemann beispielsweise plädierte in einem offenen Brief an Breshnew 1981 für den Abzug aller Besatzungstruppen. Anschließend sollten die Deutschen die deutsche Frage lösen, allein und autonom.[53] Dies war insofern illusionär, als gerade 1981 ein Ausbrechen aus den feindlichen Militärblöcken absolut undenkbar war – und zwar für beide deutsche Staaten. Deswegen haben oppositionelle Gruppen, wie zum Beispiel später die Initiative Frieden und Menschenrechte (IFM), die deutsche Frage stets in das Projekt einer gesamteuropäischen Einigung angesiedelt, in deren Kontext die Überwindung des politischen und militärischen Status quo auch die deutsche Frage, die deutsche Wiedervereinigung in einen neuen, realitätsnäheren Rahmen gestellt hätte. Es bleibt eine Tatsache, daß die, die zur DDR-Opposition in den achtziger Jahren zählten, sich nicht an bloßen kosmetischen Veränderungen der DDR versuchen wollten, sondern daß sämtliche Gruppen und Personen, so unterschiedlich und gegensätzlich sie auch gewesen sein mögen, eine grundsätzliche Reform der DDR anstrebten;[54] eine Reform, die Begriffe wie Gewaltenteilung, Versammlungs-, Meinungs- und Vereinsrecht, Rechtssicherheit, freie Wahlen, letztlich die Gesamtheit der Menschenrechte zumindest versucht hätte, mit Leben zu erfüllen. Daß dabei im Mittelpunkt der Arbeit und Überlegungen nicht die deutsche Frage stand, hat weniger mit der politischen Naivität oder Überzeugung der Vertreter und Vertreterinnen der Opposition zu tun als vielmehr mit der politischen Annahme, daß die DDR erstens über die Politik der kleinen Schritte reformiert werden müßte, daß zweitens die deutsche Frage nur im Kontext der „europäischen Frage" gelöst werden könnte, daß drittens weniger die DDR-Regierung als vielmehr die Moskauer-Führung der eigentliche Hegemon sei und daß schließlich viertens die Bajonette der sowjetischen Besatzungstruppen die Herrschaft der Kommunisten begründeten und erst die Bajonette verschwinden müßten, ehe die Kommunisten abdanken könnten.

Die politische Dissidenz war in den achtziger Jahren vielfarbig und reichte sprichwörtlich vom Irokesenhaarschnitt des jugendlichen Punkers bis zur ergrauten oder kahlköpfigen Person fortgeschrittenen Alters. Diese Opposition ist zwar vorrangig von den sogenannten DDR-Generationen getragen und geprägt worden, von den Jahrgängen 1940ff., aber sie blieb weder auf diese Jahrgänge beschränkt noch war sie an ein bestimmtes Sozialisationsmuster oder Sozialmilieu gebunden. Ihre Vielfarbigkeit kam aber auch dadurch zum Ausdruck, daß man unter der politischen Dissidenz jeweils solche Gruppen herausfiltern kann, die einem gerade recht kommen, um eine eindimensionale Theorie empirisch zu belegen. Man findet also Vertreter, die vehement gegen die deutsche Wiedervereinigung ankämpften ebenso wie jene, die kompromißlos dafür eintraten, und natürlich vor allem die dazwischen angesiedelten Grautöne. Man findet sozialdemokratische Ansätze ebenso wie konservative, alternative, marxistische, maoistische etc., nur keine monarchistischen wie etwa in Rumänien oder Rußland. Diese Liste ließe sich um ein Vielfaches fortsetzen. Sie würde nur belegen: Die Stärke der DDR-Opposition bestand gerade in ihrer Vielfarbigkeit, in ihrem Sich-Nicht-Einordnen-Lassen, in ihrer – in Gänze gesehen – Dogmenlosigkeit. Dieser Befund zeigt zudem, daß es eigentlich sehr problematisch ist, von der „DDR-Opposition" zu sprechen. Dieser Begriff sagt ungefähr soviel aus wie „die Proletarier", „die Parlamentarier" oder „die Politiker".

Heutige Versuche, „der" DDR-Opposition zu unterstellen, sie sei gescheitert, gehören in das Reich der Geschichtslegenden.[55] Martin Jander zum Beispiel unterstellt: *„Partei und Oppositionsgruppen hatten in dieser Phase der Entwicklung* (vom Rücktritt Honeckers bis zur Maueröffnung, I.-S. K.) *ein gemeinsames Problem. Ohne die Bereitschaft der Bevölkerung der DDR an einer Reform des Sozialismus auf gegebener oder erneuerter Grundlage mitzuwirken, mußten ihre Vorstellungen ins Leere laufen."*[56] Die DDR-Opposition, so differenziert sie auch immer gewesen sein mag, hatte ja gerade zum Ziel, ein gesellschaftliches Gespräch, gesellschaftliche Demokratisierung in Gang zu setzen, ohne schon wieder fertige Rezepte präsentieren zu wollen. Das ist ihr ohne Zweifel gelungen, auch wenn Jander erneut die Legende kolportiert, die SED habe den „Dialog" eröffnet. Erst als Tausende demonstrierten und das Land verlassen hatten, versuchte sie unter der Kraft des Faktischen zu retten, was zu retten war. Sie rettete zwar Milliarden und Seilschaften, aber das wichtigste, der Staat und damit die Macht, ging ihr verloren. Man kann nun darüber streiten, wer dazu welchen Beitrag leistete. Allerdings sollte man sich dabei nicht auf die Legende berufen, die DDR-Opposition sei einseitig am Erhalt der DDR und am Sozialismus interessiert gewesen. Sicherlich, es gab solche Gruppen und Personen. Aber es existierten eben auch andere Strömungen. Nur wer, wie es Jander andeutet, bedauert, daß die DDR-Opposition nicht einer einheitlichen Idee und identischen Zielvorstellungen gefolgt ist, kann zu solchen Schlußfolgerungen gelangen. Denn tatsächlich waren oppositionelle Strömungen in der DDR heterogener und vor allem in der Bevölkerung weitaus stärker verankert, als gemeinhin angenommen wird. Gerade die Pluralität in der Oppositionsbewegung trug zum farbenfrohen Herbst 1989 bei. Daß bekannte Bürgerrechtler und Oppositionsgruppen nach 1990 nicht die politische Rolle spielten, die ihnen von einigen Beobachtern zugedacht worden war, überraschte mehr die Beobachter als die Betroffenen.

4. Die Oppositionsforschung: offene Fragen und methodische Probleme

Die Geschichte von Opposition und Widerstand in der DDR zählt seit 1990 zu den wichtigsten Forschungsfeldern der historischen und sozialwissenschaftlichen DDR-Forschung.[57] Neben zahlreichen Detailstudien, Dokumenteneditionen und Selbstzeugnissen existieren mittlerweile auch nach dem Klassiker von Fricke aus dem

Jahr 1984 erste neuere synthetische Versuche.[58] Auffällig ist aber noch immer, daß sich mit diesem Thema vor allem ehemalige DDR-Oppositionelle und aus dem Umkreis der Bürgerrechtsbewegung stammende Personen beschäftigen. Im engeren Sinne ausgebildete Historiker und Sozialwissenschaftler, die an Universitäten oder Forschungsinstituten arbeiten, abgesehen von der Forschungsabteilung beim „Bundesbeauftragten für die Unterlagen des ehemaligen Staatssicherheitsdienstes der DDR", sind bislang nur in Einzelfällen in der DDR-Oppositionsforschung mit empirisch eigenständigen Beiträgen hervorgetreten. Worin liegen nun die wichtigsten Forschungsdesiderata?

Noch immer gibt es keine auch nur annähernd allgemein akzeptierten Definitionen von Widerstand und Opposition in der DDR. Beinahe jeder Autor, der sich heute zum Thema „Opposition in der DDR" meldet, legt seiner Analyse einen individuellen Begriff zugrunde. Deshalb existieren bisher auch nur erste Versuche, widerständiges Verhalten in der DDR zu klassifizieren.[59] Aus diesen begrifflichen Unschärfen resultiert, daß sich die Forschung bislang zumeist nur auf eindeutige Widerstands- und Oppositionsgruppen konzentrierte. Das betrifft für die fünfziger Jahre antikommunistische Widerstandsgruppen und für die achtziger Jahre die – im weitesten Sinne – alternativen Basisgruppen. Aber selbst hier orientiert sich die Forschung zumeist lediglich auf die Großstädte der DDR. Ländliche Gebiete und Kleinstädte sind bisher kaum erforscht worden. Hinzu kommt, daß die achtziger Jahre vorrangig aus dem Blickwinkel der Revolution von 1989 Beachtung finden. Unterbelichtet blieben bislang auch die internationalen Rahmenbedingungen, die entscheidenden Einfluß auf die DDR-Opposition hatten. In diesen Kontext gehören auch Studien, die die internationalen Kontakte der DDR-Opposition untersuchen und Vergleiche zwischen den Oppositionserscheinungen in den kommunistischen Diktaturen anstellen.[60]

In Zukunft wird es weiter darauf ankommen, die Ausformung alternativer Lebens- und Kulturstile zu untersuchen bzw. deren Bedeutung für die Opposition herauszustellen. Stärker in den Blick müssen alltägliche Widerstandsformen genommen werden. Das wird uns erleichtern, die Frage zu beantworten, auf welcher Massenbasis die SED-Macht sich gründete. Die Oppositionsforschung muß generationsspezifische Verhaltensweisen in ihre Betrachtung einbeziehen und fragen, welche historischen Basisprozesse ausschlaggebend für die Ausformung unterschiedlicher, teilweise sogar gegensätzlicher generationsspezifischer Kulturformen waren.

Noch sehr am Anfang steht die Forschung bei der Frage, inwieweit Opposition in der SED existierte und wie sich diese über die Jahre veränderte.[61] Ebenso gilt es, die Blockparteien und Massenorganisationen unter dieser Fragestellung zu untersuchen und vor allem bezüglich der Blockparteien den zeitlichen Rahmen über die frühen fünfziger Jahre hinaus zu öffnen. Auch der Umgang der politischen Parteien und der Medien in der Bundesrepublik mit der DDR-Opposition ist bislang nicht ausreichend dargestellt worden. In diesem Zusammenhang wäre es auch wünschenswert, die Integration von Ausreisenden in die bundesrepublikanische Gesellschaft zu untersuchen. Weitere Themenfelder ließen sich auflisten. Man denke an die Kirchen, an das Verhalten der einzelnen sozialen Schichten, an die Armee und das Bildungssystem, an die Frage der Ausreisenden und ihrer Wirkung in der DDR usw. Zweifellos erfordert eine befriedigende Klärung des Verhältnisses der DDR-Opposition zu Demokratie, deutscher Einheit und Sozialismus noch weitere Forschungsarbeit. Dazu gehört die Beantwortung der Fragen nach den Auswirkungen realer politischer und wirtschaftlicher Prozesse auf das Denken und die Programmatik der Bürgerrechtler, nach den Differenzen zwischen einzelnen führenden Köpfen der Opposition und nach regionalen Unterschieden. Auch die soziale Zusammensetzung der Gruppen oder die Rolle der „zweiten Kultur" sind kaum erforscht. Die Wirkung politischer Dissidenz in der DDR ist weitgehend unbekannt. Hier wäre zum Beispiel zu fragen, inwieweit das weitgehend alternative Oppositionsmilieu der achtziger Jahre durch sein Erscheinungsbild potentielle Oppositionelle von eigenen Aktivitäten geradezu abhielt, weil sie nicht gemeinsame Sache mit „Chaoten" machen wollten.

Nun lassen sich freilich mühelos Dutzende solcher offener oder umstrittener Fragen auflisten. Das Hauptproblem scheint mir deshalb gegenwärtig auch nicht darin zu liegen, eine „spannende" Frage oder ein interessantes Themenfeld zu ergründen, sondern vielmehr darin, methodische und „handwerkliche" Unzulänglichkeiten zu überwinden. Generell ist gegenwärtig für die DDR-Forschung festzustellen, daß viele Forscher und Forscherinnen das Rad nicht zum zweiten, sondern zum x-ten Mal erfinden. Schaut man sich einmal unter systematischen Gesichtspunkten die publizistische und wissenschaftliche Literatur der letzten Jahre an, kommt man schnell zu der Erkenntnis, daß zwar viele fleißig und sehr intensiv in Archiven arbeiten, aber diesen Fleiß und diese Intensität offenbar durch ein mangelndes Literaturstudium zu kompensieren versuchen. Dies gilt nicht nur allgemein für die gegenwärtige DDR-Forschung, sondern auch für den speziellen Fall der DDR-Oppositionsforschung. Obwohl in „der" westdeutschen DDR-Forschung bis 1989 Opposition und Widerstand ein Stiefkind, ein eindeutiges Randthema von einigen, aber sehr produktiven Außenseitern darstellte, kann und darf die heutige Forschung nicht so tun, als gäbe es vor ihr nichts, was der Rezeption würdig wäre. Ganz im Gegenteil: die wissenschaftlichen Bibliotheken quellen über mit Literatur sowohl aus den fünfziger wie den achtziger Jahren, die es in den Blick zu nehmen gilt. Das ist nicht nur ein simples Gebot wissenschaftlicher Seriosität, sondern ebenso notwendig, um die knappen Ressourcen und die begrenzt zur Verfügung stehenden Kräfte optimal einzusetzen.

Eng damit im Zusammenhang steht die Frage des methodischen und empirischen Zugriffs. Nach der Öffnung der Archive von MfS, SED, Massenorganisationen, Blockparteien und „Regierung" setzte ein – wohl natürlicher – Run ein, der eine Fülle von empirisch gesättigten Darstellungen und noch mehr Dokumenteneditionen hervorbrachte. Dazu kamen die schon erwähnten sozialwissenschaftlichen Untersuchungen, die auf quantitativen und/oder qualitativen Befragungen basierten. Das war geradezu notwendig, um der großen Nachfrage gerecht werden zu können. Jetzt kommt es aber darauf an, nach erprobten und bewährten Methoden, „Geschichte zu schreiben", die nicht nur beschreibt, sondern auch erklärt. Dabei gibt es nicht die „richtige" Methode. Aber sofern man den Anspruch hat, nicht nur einen Ablauf beschreiben zu wollen, sondern ihn auch erklären, die Hintergründe aufzeigen und die Zusammenhänge analysieren will, wird man sich auf einige wenige Standards besinnen müssen, die schier unerläßlich sind. Dazu gehört die Auswertung der vorhandenen Literatur ebenso wie die historische Quellenkritik, dazu gehört eine umfassende und vorurteilsfreie Kenntnisnahme der zur Verfügung stehenden Quellen, dazu gehört, um ein letztes Beispiel anzuführen, die beständige Hinterfragung der eigenen Hypothese ebenso wie die gegebenenfalls vorzunehmende Korrektur eigener Thesen.

Diese an sich banalen Standards werden heute gerade in der DDR-Oppositionsforschung nicht immer beachtet. Viele publizierte Materialien der rührigen Aufarbeitungsinitiativen aus dem Umfeld der Bürgerrechtsbewegung, zum Beispiel, verlieren an Durchschlags- und Argumentationskraft dadurch, daß die Herausgeber offensichtlich häufig der Meinung sind, die veröffentlichten Dokumente sprächen für sich. Nicht anders ließe sich erklären, warum noch immer viele Dokumenteneditionen oder Darstellungen in Formen von Zitatencollagen erscheinen, die kaum Einleitungen und noch seltener wissenschaftlich abgesicherte Kommentierungen und Anmerkungen enthalten. Dokumente an sich sind sprachlos. Sie müssen erst durch den Forscher zum Sprechen gebracht werden – mit der Hilfe anderer Dokumente. Überspitzt formuliert könnte gesagt werden, daß kommentar- und einleitungslose Dokumenteneditionen deshalb mehr oder weniger nutzlos sind, weil sie jeder auch im Archiv einsehen kann, wenn dies zugegebenermaßen auch etwas mühevoller ist.

Eine andere Form in der gegenwärtigen DDR-Oppositionsforschung, die nun vor allem von „professionellen" Wissenschaftlern betrieben wird, ist ebenfalls zu kritisieren. Da wird nicht selten nach dem Strickmuster verfahren: man nehme eine Theorie, entwickle eine These, gehe ins Archiv, suche (und finde natürlich) die passenden Dokumente zur Erhärtung der These und fertig ist ein in sich geschlossenes und durchaus logisches Produkt. Problematisch daran ist nur, daß es einer kritischen Überprüfung nicht standhält, weil die selektive Wahrnehmung jederzeit das Produkt zum Einsturz bringen kann. Daß dies allerdings nur selten geschieht, hängt wiederum damit zusammen, daß in Deutschland eine mit hohem theoretischen Anspruch geschriebene Studie zumeist hohes Ansehen genießt, weil es hier geradezu eine Theoriegläubigkeit gibt, der man allerdings nicht mit Aktenfetischismus begegnen sollte. Es kommt auf eine Verbindung von Theorie und Empirie an, die sich erst allmählich in der neueren DDR-Forschung einzubürgern scheint.

Ein schon oft diskutiertes Problem bei der Erforschung der DDR-Geschichte und insbesondere der Opposition ist die generelle Frage der Quellen. Prinzipiell sind wir in der glücklichen und nach dem Zusammenbruch einer Diktatur einmaligen Lage, Quellen in Übermaß und ganz unterschiedlicher Herkunft zur Verfügung zu haben. Den Akten der SED und des MfS stehen Akten der Blockparteien, der Massenorganisationen, der staatlichen Behörden ebenso zur Seite wie die Unterlagen von Oppositionellen aus der DDR, die Dokumente entsprechender westdeutscher Behörden und Vereine und schließlich die zahlreichen westlichen Medienberichte. Nun kann natürlich kein einzelner Forscher alle denkbaren Quellen auswerten, aber auf eine gewisse Breite sollte Wert gelegt werden. Wenn man beispielsweise über die gesellschaftliche Relevanz der oppositionellen Gruppen in der DDR publiziert, wie Hubertus Knabe, und dabei allein auf Analysen des MfS zurückgreift, dann macht man sich zwangsläufig den Blick des MfS zu eigen und gesteht dem MfS zudem noch im Nachhinein die Definitionsmacht zu, zu entscheiden, wer und was Opposition gewesen sei.[62]

In den Akten wird nur selten gelogen, aber man findet dort auch nicht *die* Wahrheit. Das hängt nicht nur damit zusammen, daß es die Wahrheit nicht gibt, sondern auch damit, daß wir die Geschichte nicht nur immer wieder neu zusammensetzen müssen wie ein Puzzlespiel, sondern daß uns auch nicht alle Puzzleteile zur Verfügung stehen. Die Rekonstruktion von Geschichte erfordert nicht nur, die

Vielfarbigkeit zur Kenntnis zu nehmen, sondern ebenso ist es notwendig, die verschiedenen Dimensionen und Ebenen zusammenzufügen. Das bleibt auch für die Zukunft eine methodische Herausforderung, der man wahrscheinlich nur gerecht werden kann, wenn man von vornherein eine präzise Fragestellung entwickelt, den empirischen Zugriff breit anlegt, die Dokumente untereinander vergleicht und in Beziehung stellt und schließlich auch das liest, was in den Akten nicht steht.

5. Der Nutzen von DDR-Oppositionserfahrung für die Gegenwart

Der ostdeutsche Politiker Stephan Hilsberg hat auf die Frage, ob Diktaturerfahrung der Demokratie nützt, 1995 lakonisch angesichts von zwei deutschen Diktaturen geantwortet, *„es ist schon bezeichnend, daß heute eine solche Frage überhaupt aufgeworfen werden muß“.*[63] Allerdings räumte er ein, daß manchmal *„selbstverständliche Fragen gestellt werden“* müssen, weil sie oft genug gar nicht gestellt und noch viel weniger beantwortet werden.

Die folgenden Überlegungen stellen skizzenartige Annäherungen an die in der Überschrift implizierte Frage, ob es überhaupt einen Nutzen der DDR-Opposition für die Gegenwart gibt, dar. Diese Frage hat zwei Ebenen. Zum einen ist die subjektive Dimension des oppositionellen Akteurs, der Oppositionsgruppe und in einem erweiterten Sinne all jener angesprochen, die in der Diktatur im Spannungsverhältnis von Selbstbehauptung und Anpassung lebten. Zum anderen meint die Frage jene Dimension, die den Nutzen von Geschichts- und hier insbesondere von Diktaturerfahrungen für die politische Kultur, für die politische Bildung, letztlich für die gesellschaftliche Realität der Gegenwart anspricht.

Wenn in diesem Beitrag betont wurde, daß die herkömmlichen Begriffsdefinitionen von „Opposition“ und „Widerstand“ für die gesellschaftliche Realität kommunistischer Diktaturen nicht anwendbar sind und statt dessen mit neuen Inhalten ausgefüllt werden müssen, verweist dies indirekt auch darauf, daß die Mittel und teilweise die Ziele von Opposition und Widerstand nicht zwangsläufig auf demokratische Systeme übertragbar sind. Die in der Opposition angewandten Mittel waren auf die Verhältnisse in der Diktatur ausgerichtet. Wollte man diese auf das demokratische System übertragen, hieße dies, die Diktatur mit der Demokratie identifizieren zu wollen. Aber nicht nur die Mittel, sondern auch die meisten Ziele der Opposition sind hinfällig geworden. Mit der Revolution von 1989 sind die meisten auf das innenpolitische System ausgerichteten Ziele der Opposition obsolet geworden. Damit ist nicht gesagt, daß alle Ziele erreicht worden wären. Aber die wichtigsten, die einen offenen Streit und ein gefahrloses Engagement für eine zivile Bürgergesellschaft, für die Weiterentwicklung der Demokratie und den Ausbau der Rechtssicherheit garantieren, sind erreicht worden. Freilich gibt es andere Ziele wie, um Schlagwörter zu benutzen, Entmilitarisierung, Ökologie, Geschlechterfrage, Ausländer- und Minoritätenproblematik, Nord-Süd-Gefälle, Geheimdienste etc., für die es weiter lohnt zu streiten und sich zu engagieren. Aber, und das ist der entscheidende Unterschied, der demokratische Rechtsstaat stellt eine Fülle von Mitteln und Wegen zur Verfügung, die man anwenden und benutzen kann, um solche Probleme anzusprechen, in der Öffentlichkeit zu diskutieren und auch einer allmählichen Lösung zuführen zu können. Insofern ist die Frage, ob es aus der DDR-Opposition etwas zu bewahren gilt, an dieser Stelle eindeutig zu verneinen.

So sehr also zu unterstreichen ist, daß die Opposition gegen die kommunistische Diktatur mit ihrem Untergang nicht nur bedeutungslos, sondern ebenfalls zur Historie geworden ist, so sehr muß darauf hingewiesen werden, daß die subjektiven Erfahrungen damit keineswegs an Wert verloren haben. Ganz im Gegenteil, denn das Wissen, unter diktatorischen Verhältnissen nicht nur gelebt, sondern sich auch gegen diese Verhältnisse gewehrt zu haben, sollte dazu beitragen, auch heute die notwendige Zivilcourage und Selbstbehauptung zu verteidigen und offensiv zu vertreten. Diese persönlichen Erfahrungen sind unmittelbare Beiträge, um in Deutschland den antitotalitären Konsens zu stärken und zu festigen. Diese Erfahrungen gilt es weiterzutragen, um insbesondere gegenüber den Nachgeborenen, aber nicht nur ihnen gegenüber, die Mahnung an die Gefahren des Totalitarismus wachzuhalten. Sowohl die politische Kultur als auch die politische Bildungsarbeit können und dürfen heute in Deutschland nach zwei Diktaturen niemals so tun, als hätte es keinen deutschen Totalitarismus gegeben. Wir hatten zwei sehr unterschiedliche Formen von totalitären Diktaturen in Deutschland. Die mahnende Erinnerung an sie muß zugleich eine Warnung vor einer eventuellen dritten Form sein, von der keiner wissen kann, wie sie aussehen könnte. Die Erfahrungen in und mit der DDR sollten produktiv gemacht und bildungspolitisch verdeutlicht werden, auch um auf die vielen Diktaturen, die heute noch bestehen, hinzuweisen, um sich gegen diese zu engagieren. Gerade die massenhaften Erfahrungen, die beim Weg vom Obrigkeitsstaat zur Demokratie gemacht werden mußten, zeigen plastisch, daß die Menschenrechtsfrage niemals als gelöst angesehen werden kann, nirgendwo auf der Welt, und daß auch die Demokratie kein starres System ist, das, hat man es einmal, für immer gegeben ist. Demokratie ist nicht nur eine Organisationsform, sondern vor allem und vielmehr eine Lebensform. Diese muß in jeder Generation immer wieder neu errungen werden. Um das zu erreichen, ist es nicht zuletzt notwendig, die persönlichen und gesellschaftlichen Diktaturerfahrungen weiterzugeben und plastisch zu veranschaulichen. Die Diktaturerfahrung kann und sollte die Demokratie stärken und schützen.

Anmerkungen:

1 Dieser Beitrag entstand 1997. Neuere Literatur wurde nur noch begrenzt, aktuellere Diskussionen nicht mehr berücksichtigt.

2 Vgl. für ein solches Beispiel den Bericht von *Marietta Jablonski*, „Verhören bis zum Geständnis". Der Operativ-Vorgang „Optima". Hrsg. von der Landesbeauftragten für die Unterlagen des Staatssicherheitsdienstes der ehemaligen DDR in Sachsen-Anhalt, Magdeburg 1996.

3 Zit. nach *Hannah Arendt*, Elemente und Ursprünge totaler Herrschaft. 2. Aufl., München, Zürich 1991, S. 487.

4 Das ist insgesamt ein bislang noch zu wenig erforschtes Gebiet, vgl. bislang v.a. *Wilhelm Knabe*, Westparteien und DDR-Opposition. Der Einfluß der westdeutschen Parteien in den achtziger Jahren auf unabhängige politische Bestrebungen in der ehemaligen DDR, in: Materialien der Enquete-Kommission „Aufarbeitung von Geschichte und Folgen der SED-Diktatur in Deutschland" (12. Wahlperiode des Deutschen Bundestages), hrsg. vom Deutschen Bundestag, Baden-Baden 1995 (künftig Materialien), Band VII/2, S. 1110–1202; *Reinhard Weißhuhn*, Der Einfluß der bundesdeutschen Parteien auf die Entwicklung wider-

ständigen Verhaltens in der DDR der achtziger Jahre. Parteien in der Bundesrepublik aus der Sicht der Opposition in der DDR, in: ebenda, S. 1853–1949; *Heinrich Potthoff*, Die „Koalition der Vernunft". Deutschlandpolitik in den 80er Jahren. München 1995, S. 42–73; *Dieter Dowe* (Hrsg.), Die Ost- und Deutschlandpolitik der SPD in der Opposition 1982–1989. Bonn 1993. Allgemein grundlegend zur Deutschlandpolitik *Timothy Garton Ash*, Im Namen Europas. Deutschland und der geteilte Kontinent. München, Wien 1993.

5 *Freya Klier*, Abreiß-Kalender. Versuch eines Tagebuchs. München 1988, S. 190.

6 Vgl. dazu *Ulrike Poppe*, *Rainer Eckert* und *Ilko-Sascha Kowalczuk*, Opposition, Widerstand und widerständiges Verhalten in der DDR. Forschungsstand – Grundlinien – Probleme, in: *dies.* (Hrsgg.), Zwischen Selbstbehauptung und Anpassung. Formen des Widerstandes und der Opposition in der DDR. Berlin 1995, S. 9–26.

7 Vgl. *Martin Jander*, Formierung und Krise der DDR-Opposition. Die „Initiative für unabhängige Gewerkschaften" – Dissidenten zwischen Demokratie und Romantik. Berlin 1996; *Christian Jopke*, East German Dissidents and the Revolution of 1989. Social Movement in a Leninist Regime. New York 1995.

8 Es sei darauf hingewiesen, daß empirische Fallbeispiele wegen der Anlage des Gesamtbandes von vornherein wegen der Wiederholungsgefahr auf ein Minimum beschränkt bleiben mußten.

9 Für die folgenden Ausführungen zur Begrifflichkeit vgl. schon *Ilko-Sascha Kowalczuk*, Von der Freiheit, Ich zu sagen. Widerständiges Verhalten in der DDR, in: *Poppe, Eckert, Kowalczuk* (s.o. Anm. 5), S. 85–115; *Ders.*, Artikulationsformen und Zielsetzungen von widerständigem Verhalten in verschiedenen Bereichen der Gesellschaft, in: Materialien (s.o. Anm. 3), S. 1203–1284.

10 *Wolfgang Rüddenklau*, Störenfried. DDR-Opposition 1986–1989. Mit Texten aus den „Umweltblättern". Berlin 1992, S. 12.

11 *Eckhard Jesse*, Artikulationsformen und Zielsetzungen von widerständigen Verhalten in der Deutschen Demokratischen Republik, in: Materialien (s.o. Anm. 3), S. 987–1030, hier S. 993.

12 Vgl. *Armin Mitter* und *Stefan Wolle*, Untergang auf Raten. Unbekannte Kapitel der DDR-Geschichte. München 1993.

13 *Václav Havel*, Versuch, in der Wahrheit zu leben. Reinbek bei Hamburg 1989, S. 24.

14 Es sei darauf hingewiesen, daß ich an dieser Stelle darauf verzichte, die verschiedenen Konzepte von Oppositons- und Widerstandsbegriffen vorzustellen. Das ist in den letzten Jahren bereits mehrmals geschehen, vgl. z. B. verschiedene Beiträge in: *Poppe*, *Eckert, Kowalczuk* (s.o. Anm. 5), sowie in: Möglichkeiten und Formen abweichenden und widerständigen Verhaltens und oppositionellen Handelns, die friedliche Revolution im Herbst 1989, die Wiedervereinigung Deutschlands und Fortwirken von Strukturen und Mechanismen der Diktatur, in: Materialien (s.o. Anm. 3); vgl. weiter z.B. *Hubertus Knabe*, Was war die „DDR-Opposition"? Zur Typologisierung des politischen Widerspruchs in Ostdeutschland, in: Deutschland Archiv 29 (1996), S. 184–198; *Ehrhart Neubert*, Geschichte der Opposition in der DDR 1949–1989. Berlin 1997; vgl. auch den Beitrag von *Ehrhart Neubert* in diesem Band.

15 *Walter Euchner*, Opposition, in: Handlexikon zur Politikwissenschaft. Hrsg. von *Wolfgang W. Mickel*, Bonn 1986, S. 322–325, hier S. 322.

16 *Walter Euchner*, Einleitung: Opposition als Gegenstand politikwissenschaftlicher Forschung, in: *ders.* (Hrsg.), Politische Opposition in Deutschland und im internationalen Vergleich. Göttingen 1993, S. 7–20, hier S. 19.

17 *Klaus von Beyme* und *Robert V. Daniels*, Opposition, in: Sowjetsystem und demokratische Gesellschaft. Eine vergleichende Enzyklopädie. Band IV, Freiburg, Basel, Wien 1971, Sp. 958–992, hier Sp. 959.

18 *Ian Kershaw*, „Widerstand ohne Volk". Dissens und Widerstand im Dritten Reich, in: *Jürgen Schmädeke* und *Peter Steinbach* (Hrsgg.), Der Widerstand gegen den Nationalsozialismus. Die deutsche Gesellschaft und der Widerstand gegen Hitler. 2. Aufl., München, Zürich 1986, S. 779–798, hier S. 779.

19 A.a.o., , S. 780.

20 Die wichtigsten Zusammenfassungen des Diskussionsstandes bieten *Klaus-Jürgen Müller* (Hrsg.), Der deutsche Widerstand 1933–1945. 2., durchges. und erg. Aufl., Paderborn, München, Wien, Zürich 1990; *Schmädeke* und *Steinbach* (s.o. Anm. 17); *Peter Steinbach* (Hrsg.), Widerstand. Ein Problem zwischen Theorie und Geschichte. Köln 1987; *Ders.* und *Johannes Tuchel* (Hrsgg.), Widerstand gegen den Nationalsozialismus. Berlin 1994; *Gerd R. Ueberschär* (Hrsg.), Der 20. Juli 1944. Bewertung und Rezeption des deutschen Widerstandes gegen das NS-Regime. Köln 1994.

21 *Peter Hüttenberger*, Vorüberlegungen zum „Widerstandsbegriff", in: *Jürgen Kocka* (Hrsg.), Theorien in der Praxis des Historikers. Forschungsbeispiele und ihre Diskussion. Göttingen 1977, S. 117–134, hier S. 126.

22 *Martin Broszat*, Resistenz und Widerstand. Eine Zwischenbilanz des Forschungsprojekts, in: Bayern in der NS-Zeit, Band IV: Herrschaft und Gesellschaft im Konflikt, Teil C. München, Wien 1981, S. 691–709, hier S. 697.

23 Ebenda.

24 Ebenda.

25 A.a.o., S. 698.

26 *Arendt* (s.o. Anm. 2), S. 496.

27 Vgl. dazu ausführlicher *Kowalczuk* (s.o. Anm. 8).

28 *Richard Löwenthal*, Widerstand im totalen Staat, in: *ders.* und *Patrik von zur Mühlen* (Hrsgg.), Widerstand und Verweigerung in Deutschland 1933 bis 1945. Bonn 1990, S. 11–24, hier S. 13–14.

29 *Karlheinz Blaschke*, Formen des Widerstandes in der DDR, in: *Jürgen Elvert und Michael Salewski* (Hrsg.), Der Umbruch in Osteuropa. (Historische Mitteilungen; Beiheft 4), Stuttgart 1993, S. 65–81, hier S. 65.

30 *Martin Drath*, Einleitung: Totalitarismus in der Volksdemokratie, in: *Ernst Richert*, Macht ohne Mandat. Der Staatsapparat in der Sowjetischen Besatzungszone Deutschlands. 2., erw. u. überarb. Aufl., Köln, Opladen 1963, S. XI–XXXVI, hier S. XXIX.

31 Mit Dissidenten werden vom Wortursprung her jene Personen bezeichnet, die in einem Gemeinwesen von den herrschenden politischen und weltanschaulichen Grundsätzen abweichen. Seit den sechziger Jahren unseres Jahrhunderts sind als Dissidenten vor allem jene Personen bezeichnet worden, die in Osteuropa zur Bürgerrechtsbewegung zählten. In diesem Sinne wird auch hier der Dissidenzbegriff verwendet, d.h. er bezeichnet nicht nur Abweichung, sondern vielmehr noch Ausbruch aus dem gegebenen System, und umfaßt damit sowohl den ideologischen, geistigen Ausbruch als auch den durch Handlungen und Aktionen geprägten, was freilich oftmals einander bedingte.

32 DDR-Handbuch. Hrsg. vom Bundesministerium für innerdeutsche Beziehungen. 3., überarb. u. erw. Aufl., Band 2, Köln 1985, S. 955; vgl. auch *Siegfried Suckut*, Die DDR-Blockparteien im Lichte neuer Quellen, in: *Jürgen Weber* (Hrsg.), Der SED-Staat: Neues über eine vergangene Diktatur. München 1994, S. 99–197, hier S. 159–162.

33 *Manfred Gerlach,* Mitverantwortlich. Als Liberaler im SED-Staat. Berlin, 1991, S. 126.

34 Vgl. z.B. *Tina Krone* und *Reinhard Schult* (Hrsgg.), Seid untertan der Obrigkeit. Originaldokumente der Stasi-Kirchenabteilung XX/4. Berlin 1992; Die „Andere" Geschichte. Jena 1993; *Ehrhart Neubert*, Vergebung oder Weißwäscherei? Zur Aufarbeitung des Stasiproblems in den Kirchen. Freiburg/Br. 1993; *Clemens Vollnhals* (Hrsg.), Die Kirchenpolitik von SED und Staatssicherheit. Eine Zwischenbilanz. Berlin 1996.

35 Vgl. *Hans Buchheim*, Totalitäre Herrschaft. Wesen und Merkmale. 2. Aufl., München 1962, S. 47.

36 Gerade bei diesem Beispiel ist zu beachten, daß dies oftmals von der Lehrerpersönlichkeit selbst abhing. Hinzu kommt, daß die SED-Führung immer wieder selbst versuchte, offensiv mit den Westmedien umzugehen und die Erziehung darauf auszurichten bemüht war, daß die Schüler und Schülerinnen die westlichen Informationen vom richtigen Klassenstandpunkt her bewerteten. Allerdings sind solche zaghaften Versuche zumeist gleich wieder abgewürgt worden, als sich herausstellte, daß dieses Konzept fehlschlug.

37 Detlef Pollack schreibt zu den Oppositionsgruppen: *„Von den allermeisten DDR-Bürgern, die sich in den Unrechtsverhältnissen der DDR so recht und schlecht eingerichtet hatten, wurden die auf gesellschaftlichen Wandel drängenden Gruppen als unrealistische Träumer und nicht ins Gewicht fallende Politchaoten belächelt." Detlef Pollack*: Außenseiter oder Repräsentanten? Zur Rolle der politisch alternativen Gruppen im gesellschaftlichen Umbruchsprozeß der DDR, in: Deutschland Archiv 23 (1990), S. 1216–1223, hier S. 1218.

38 Zum 17. Juni vgl. *Ilko-Sascha Kowalczuk, Armin Mitter* und *Stefan Wolle* (Hrsgg.), Der Tag X–17. Juni 1953. Die „Innere Staatsgründung" der DDR als Ergebnis der Krise 1952/54. 2., durchgesehene Aufl., Berlin 1996 (mit Hinweisen auf die wichtigste einschlägige Literatur).

39 *Peter Hübner*, Balance des Ungleichgewichtes. Zum Verhältnis von Arbeiterinteressen und SED-Herrschaft, in: Geschichte und Gesellschaft 19 (1993), S. 15–28, hier S. 16.

40 Vgl. *ders.*, Konsens, Konflikt und Kompromiß. Soziale Arbeiterinteressen und Sozialpolitik in der SBZ/DDR 1945–1970. Berlin 1995.

41 Kleines Politisches Wörterbuch. Berlin 1967, S. 188.

42 Zu anderen Unterscheidungen, die sich am klassischen Oppositionsbegriff orientieren, vgl. z.B. *Günter Minnerup*, Politische Opposition in der DDR vor dem Hintergrund der Reformdiskussion in Osteuropa, in: Die DDR im 40. Jahr. Geschichte, Situation, Perspektiven. Köln 1989, S. 66–74, hier S. 67; *Christoph Kleßmann*, Opposition und Dissidenz in der Geschichte der DDR, in: Aus Politik und Zeitgeschichte, B 5/1991, S. 52–62, hier S. 52–53.

43 Abt. Parteiorgane des ZK, Zur aktuellen politischen Lage nach der 9. Tagung des ZK der SED, 23.10.1989 (S. 8). SAPMO BArch, DY 30, I IV 2/ 2 A/ 3250.

44 Als Fallbeispiel vgl. *Patrik von zur Mühlen*, Der „Eisenberger Kreis". Jugendwiderstand und Verfolgung in der DDR 1953–1958. Bonn 1995.

45 Wolfgang Rüddenklau schreibt mit Blick auf die Friedensbewegung: *„Am Widerstand gegen die Armee wuchs der Widerstand gegen das System, dessen stärkster und konzentrierter Ausdruck sie war." Rüddenklau* (s.o. Anm. 9), S. 28.

46 Vgl. z.B. *Carlo Jordan* und *Hans Michael Kloth* (Hrsgg.), Arche Nova. Opposition in der DDR. Das „Grün-ökologische Netzwerk Arche" 1988–90. Berlin 1995.

47 Vgl. *Bernd Eisenfeld*, Eine „legale Konzentration feindlich-negativer Kräfte". Zur politischen Wirkung der Bausoldaten in der DDR, in: Deutschland Archiv 28 (1995), S. 256–271.

48 Vgl. z.B. *Bernd Eisenfeld*, Die Ausreisebewegung – eine Erscheinungsform widerständigen Verhaltens, in: *Poppe. Eckert, Kowalczuk* (s.o. Anm. 5), S. 192–223, sowie seinen einschlägigen Beitrag in diesem Band.

49 Allerdings gab es Anfang November 1956 in Berlin eine Protestdemonstration von rund eintausend Studenten der Medizinischen und Veterinärmedizinischen Fakultäten der Humboldt-Universität zu Berlin. Eine ähnliche Demonstration hatte es bereits im Mai in Dresden von Studenten gegeben. Später folgten zum Beispiel im Mai 1959 in Dresden und im April 1962 in Freiberg politische Demonstrationen von Studenten.

50 Vgl. hierzu auch: *Ilko-Sasche Kowalczuk,* Bürgerbewegungen. Opposition und Widerstand in der DDR, in: *Werner Weidenfeld, Karl-Rudolf Korte* (Hrsgg.), Handbuch zur Deutschen Einheit 1949 – 1989 – 1999. Frankfurt/M., New York 1999.

51 *Karl Wilhelm Fricke*, Opposition und Widerstand in der DDR. Ein politischer Report. Köln 1984, S. 210.

52 *Robert Havemann*, Offener Brief an den Vorsitzenden des Präsidiums des Obersten Sowjets der UdSSR, Leonid Breshnew, in: *ders.*, Die Stimme des Gewissens. Texte eines deutschen Antistalinisten. Hrsg. von *Rüdiger Rosenthal,* Reinbek bei Hamburg 1990, S. 201–204.

53 Vgl. dagegen die Studie von *Jander* (s.o. Anm. 6), der vorgibt, nachzuweisen, daß die Gruppen der DDR-Opposition einzig am Erhalt des DDR-Sozialismus interessiert gewesen seien und lediglich eine sozialistische Reform angestrebt hätten. obwohl er über Opposition schreibt, läßt seine Studie nur den eigenartigen Schlu´ß zu, in der DDR habe sich erst im Herbst 1989 eine Opposition gebildet.

54 Vgl. für solche Versuche die schon erwähnten Dissertationen von *Jander* (s.o. Anm. 6) und *Jopke* (s.o. Anm. 6). Vgl. auch meine Rezension zu Janders Buch in: Horch und Guck 2/1997, Heft 21, S. 66: 67; sowie dazu den polemischen Briefwechsel zwischen Jander und Kowalczuk, in: ebenda, 1/1998, Heft 22, S. 70:71.

55 Vgl. für solche Versuche die schon erwähnten Dissertationen von *Jander* (s.o. Anm. 6) und *Jopke* (s.o. Anm. 6).

56 Zum Forschungsstand bis Ende 1995 vgl. *Poppe, Eckert, Kowalczuk* (s.o. Anm. 5).

57 Eine Bibliographie bis Ende 1995 findet sich ebenda, S. 416–423; diese Bibliographie ist nicht vollständig, umfaßt aber die wichtigsten Titel, zudem sind auch seither weitere wichtige Titel erschienen, vgl. z. B. *Ehrhart Neubert*, „Obwohl der scheinbar tiefe Frieden...“. Zur Genese der systemimmanenten protestantisch geprägten Opposition in der DDR – 1972–1978, in: *Gisela Helwig* (Hrsg.), Rückblicke auf die DDR. Köln 1995, S. 44–57; *Ruth Kibelka*, Zur Entstehung der unabhängigen Friedensbewegung in der DDR, in: Jahrbuch für Historische Kommunismusforschung 1996, S. 354–360; *Dominik Geppert*, Störmanöver. Das „Manifest der Opposition“ und die Schließung des Ost-Berliner „Spiegel“-Büros im Januar 1978. Berlin 1996; *Uwe Bastian*, Greenpeace in der DDR. Erinnerungsberichte, Interviews und Dokumente. Berlin 1996; verschiedene Beiträge in: *Rainer Eppelmann, Horst Möller, Günter Nooke, Dorothee Wilms* (Hrsgg.): Lexikon des DDR-Sozialismus. Parderborn 1996. *Hubertus Knabe*, Nachristen aus einer anderen DDR. Inoffizielle politische Publizistik in Ostdeutschland in den achtziger Jahren, in: Aus Politik und Zeitgeschichte, B 36/98, S. 26-38; *Andreas Dornheim, Stephan Schnitzler* (Hrsgg.), Thüringen 1989/90. Akteure des Umbruchs berichten. Erfurt 1995; Wunder gibt es immer wieder. Fragmente zur Geschichte der Offenen Arbeit Belrin und der Kirche von Unten. Berlin 1997; *Detlef Pollack, Dieter Rink* (Hrsgg.); Zwischen Verweigerung und Opposition. Politischer Protest in der DDR 1970–1989. Frankfurt/M., New York 1997. Es sei auch auf die Zeitschriften „Horch und Guck“ und „Gerbergasse 18“ hingewiesen, in denen laufend über die Opposition berichtet wird. Außerdem erscheinen bei den Aufarbeitungsinitiativen und den Landesbeauftragten für die Unterlagen des MfS laufend neue Veröffentlichungen, die teilweise auch Opposition und Widerstand behandeln.

59 Vgl. u.a. verschiedene Beiträge in: Möglichkeiten und Formen abweichenden und widerständigen Verhaltens (s.o. Anm. 3); *Poppe, Eckert, Kowalczuk* (s.o. Anm. 5); sowie *Knabe* (s.o. Anm. 13).

60 Vgl. als einen ersten Versuch dazu *Helmut Fehr*, Von der Dissidenz zur Gegen-Elite. Ein Vergleich der politischen Opposition in Polen, der Tschechoslowakei, Ungarn und der DDR (1976 bis 1989), in: *Poppe, Eckert, Kowalczuk* (s.o. Anm. 5), S. 301–334; außerdem wichtig: *Timothy Garton Ash*, Ein Jahrhundert wird abgewählt. Aus den Zentren Mitteleuropas. 1980–1990. München, Wien 1990.

61 Vgl. als einen Versuch *Thomas Klein*, Reform von oben? Opposition in der SED, in: *Poppe, Eckert, Kowalczuk* (s.o. Anm. 5), S. 125–141; *Ders.*: Die Herrschaft der Parteibürokratie. Disziplinierung, Repression und Widerstand in der SED, in: Aus Politik und Zeitgeschichte, B 20/1996, S. 3–12.

62 Vgl. *Hubertus Knabe*, Sprachrohr oder Außenseiter? Zur gesellschaftlichen Relevanz der unabhängigen Gruppen in der DDR – Aus Analysen des Staatssicherheitsdienstes, in: Aus Politik und Zeitgeschichte, B 20/1996, S. 23–36.

63 *Stephan Hilsberg*, Nützt Diktaturerfahrung der Demokratie?, in: *Poppe, Eckert, Kowalczuk* (s.o. Anm. 5) S. 335–343, hier S. 335.

oben: Friedensdekade November 1985, Berlin (Erlöserkirche)

unten: Pfarrer Oskar Brüsewitrz auf dem Gelände seiner Kirche in Zeitz)

oben: Robert Havemann in seinem Garten zusammen mit Wolf Biermann

unten: Pfarrer Rainer Eppelmann spricht am Grab von Robert Havemann, April 1982

oben: Inoffizielles Plakat zur Friedensdekade November 1982, Berlin (Samariterkirche)

unten: Jenaer Friedensgemeinschaft beteiligt sich mit eigenen Plakaten an einer offiziellen Demonstration, 18. März 1983

oben: Matthias Domaschk (Mitte), Jena, Sommer 1977

unten: Faksimile aus „Horch und Guck“, Heft 18 (1/96)

Wir gedenken unseres Freundes

Matthias Domaschk

der im 24. Lebensjahr aus dem Leben gerissen wurde.

Seine Freunde

Jena, im April 1982

Annonce vom 16. April 1982, Thüringische Landeszeitung

Kreisdienststelle

Jena, 22. April 1982
re-ge

M a ß n a h m e p l a n
zur Identifizierung von Personen, die im Stadtgebiet von Jena in der Zeit vom 08. 04. 1982 bis 21. 04. 1982 Todesannoncen geklebt haben

1. Kurzer Sachverhalt
Am 08. 04. 1982 wurde in der Volkswacht Gera, Kreisteil Jena eine Annonce anläßlich des 1. Todestages der Person

D o m a s c h k , Matthias

veröffentlicht. Diese Annonce wurde durch die Person

J a h n, Roland ...

aufgegeben.

Bereits in der Nacht vom 08.04. bis 09.04. wurden mehrere dieser Annoncen im Stadtgebiet (...) an Häuserwände, Lichtmasten u.a. Orten angeklebt. Am 16. 04. 1982 wurde in der Thüringer Landeszeitung wiederum eine Todesanzeige zu D o m a s c h k veröffentlicht, wobei die Person J a h n wieder als Auftraggeber identifiziert werden konnte. In der Nacht vom 19.04. bis 20.04.1982 wurden in größerer Anzahl wiederum ausgeschnittene Todesannoncen aus der Thüringer Landeszeitung im Stadtgebiet (...) geklebt. Alle bisher eingeleiteten Überprüfungs- und Fahndungsmaßnahmen erbrachten keinen konkreten Hinweis auf evtl. Tatpersonen.

2. Zielstellung der operativen Maßnahmen
Die bereits durchgeführten und noch weiter durchzuführenden politisch-operativen (...)maßnahmen haben das Ziel, den oder die Täter, die die Todesannoncen angeklebt haben, zu identifizieren, sie durch geeignete politisch-operative und rechtliche Maßnahmen zu disziplinieren und weitere negativ-feindliche Handlungen vorbeugend zu verhindern.

(AP 1097/81 , S. 260)

Protestpostkarte 1982, gegen die Relegation Roland Jahns von der Universität Jena

III. 1976–1982: Neue oppositionelle Ansätze

Bernd und Peter Eisenfeld

Widerständiges Verhalten in der DDR 1976–1982

1. Einführung

1.1. Äußere und innere Rahmenbedingungen

Die Entfaltungsmöglichkeiten von Dissens, Protest und Opposition in der DDR waren nicht nur an die grundsätzlichen Prämissen des SED-Regimes, sondern auch an die unmittelbaren außen- und innenpolitischen Rahmenbedingungen gebunden.

Die Zeit zwischen 1976 und 1982 stand noch ganz im Zeichen einer Entspannungspolitik, die mit dem Abschluß des KSZE-Schlußdokumentes von Helsinki im Jahre 1975 einen Höhepunkt erreichte. Die sowjetische Vorrüstung mit SS-20-Mittelstreckenraketen, der ihr im Dezember 1979 folgende NATO-Nachrüstungsbeschluß sowie die militärische Intervention der Sowjetunion in Afghanistan versetzten dieser Politik fundamentale Rückschläge. Während die sowjetische Intervention und die wenige Wochen später erfolgte Festnahme und Verbannung Andrej Sacharows bei den friedensbewegten Bürgern Ost- und Westeuropas ein kaum wahrnehmbares öffentliches Echo auslösten, rief der NATO-Nachrüstungsbeschluß eine nachhaltige öffentliche Debatte und im Westen Deutschlands eine Protestbewegung ins Leben, die sich zu einer breitgefächerten, von massiven Demonstrationen begleiteten Friedensbewegung ausdehnte.

Osteuropa tangierte die Entwicklung vor allem durch zwei Ereignisse. Im Januar 1977 erschien in Prag der Aufruf der „Charta 77", mit der eine gleichnamige Bürgerrechtsgruppierung ins Leben gerufen wurde, die sich fortan auf der Grundlage von Helsinki dem Ziel verbunden sah, in ihrer von Kommunisten beherrschten Heimat Menschenrechte durchsetzen zu helfen bzw. Menschenrechtsverletzungen zu erfassen. Und im Sommer 1980 kam es in Polen zu einer Streikbewegung, in deren Folge die unabhängige Gewerkschaft Solidarnosc gegründet, zunächst staatlich sanktioniert, im Dezember 1981 jedoch per Kriegsrecht wieder illegalisiert und durch Verhaftungen ihrer aktivsten Vertreter erheblich geschwächt wurde.

Die Lage in der DDR wurde – abgesehen von wachsenden wirtschaftlichen Schwierigkeiten – vorwiegend von der Sorge der Herrschenden bestimmt, wie den Gefahren zunehmender Ost-West-Kontakte, die der Helsinkiprozeß und die deutsch-deutschen Verträge heraufbeschworen, am wirkungsvollsten begegnet werden könne.[1] Offizielle Entspannungstöne nach außen kontrastierten mit verstärkten Abgrenzungsmaßnahmen nach innen. Oppositionelle Gruppierungen, wie die Charta 77 in der CSSR oder die Komitees zur gesellschaftlichen Selbstverteidigung (KOR) in

Polen,[2] sollten in der DDR bereits im Keim erstickt und westliche Einflüsse durch feindselige Abgrenzungen möglichst neutralisiert werden.

Die in der DDR zwischen 1976 und 1982 wirksam gewordenen Parteibeschlüsse und gesetzlichen Maßnahmen zielten genau in diese Richtung. Das traf hauptsächlich auf die Kader- und Sicherheitspolitik, das politische Strafrecht und die Militarisierung des Alltags zu. So wurden durch einen ZK-Beschluß die Kaderfragen zur „erstrangigen politischen Aufgabe" erklärt.[3] Damit waren die stärkere Begrenzung von Westkontakten und der Übergang zu einer repressiven Kulturpolitik verbunden. Durch Strafrechtsergänzungsgesetze wurden vor allem solche Paragraphen verschärft bzw. ausgedehnt, die sich gegen Gruppenbildungen (§ 107 StGB: „Verfassungsfeindlicher Zusammenschluß" und § 218: „Zusammenschluß zur Verfolgung gesetzwidriger Ziele") und Westkontakte (§§ 99 und 100 sogenannte Landesverräterische Nachrichtenübermittlung bzw. Agententätigkeit und § 219 „Ungesetzliche Verbindungsaufnahme") richteten.[4] Die Militarisierung, die neben der Disziplinierungsfunktion vor allem das unversöhnliche Feindbild zum Westen verteidigen bzw. stabilisieren helfen sollte, wurde gesetzgeberisch derart abgesichert, daß sie nahezu alle Bürger von Kindesbeinen an bis hin zum Rentenalter systematisch wehrerzieherisch beanspruchen bzw. vereinnahmen konnte. Die Einführung und Durchsetzung des obligatorischen Wehrunterrichtes für die Schülerinnen und Schüler der 9.-10. Klassen und das neue Verteidigungsgesetz im Jahre 1978, die Ausdehnung des obligatorischen Wehrunterrichtes auf die 11. Klassen der Erweiterten Oberschulen (EOS) im Jahre 1981, die neue Wehrgesetzgebung im Frühjahr 1982[5] und der generelle Ausbau der Zivilverteidigung, der 1976 aus den Händen des Innenministers in die Hände des Verteidigungsministers übertragen wurde, ebneten diesen Weg.

1.2. Überblick über die im Rahmen des Darstellungskomplexes nicht näher beschriebenen widerständigen Erscheinungsformen

Der nachfolgenden Untersuchung liegt nicht der Anspruch zugrunde, allen Erscheinungen widerständigen Verhaltens in der DDR zwischen 1976 und 1982 nachzugehen. Die genauere Darstellung einzelner Formen bleibt auf größere Gruppierungen mit einer gewissen Konsistenz sowie auf bedeutungsvolle Ereignisse, die widerständiges Verhalten auslösten bzw. ausdrückten, begrenzt.

Um jedoch die Gesamtlage im Untersuchungszeitraum nicht aus dem Auge zu verlieren, erscheint es unumgänglich, wenigstens kurz auf darüber hinausgehende wesentliche widerständige Erscheinungsformen einzugehen.

In größerem Umfang betraf das vor allem die Phänomene Flucht und Ausreise und den Protest gegen den im September 1978 eingeführten obligatorischen Wehrunterricht.

Flucht und Ausreise

Beide Phänomene besaßen objektiv sowohl die zweifelsfrei stärkste als auch massivste Konsistenz von allen in der DDR aufgetretenen widerständigen Erscheinungsformen.[6] Gruppenbildungen waren jedoch nur von kurzer Dauer. Bei den

Flüchtlingen führten sie entweder direkt ins Gefängnis oder in die westliche Freiheit. Bei den Antragstellern lösten sich die Gruppierungen zumeist kurzfristig wegen Inhaftierungen oder einer plötzlichen Ausweisung der Initiatoren auf. Aufmüpfige einzelne Antragsteller bewegten sich stets an der Grenze des Gefängnisses und führten teilweise einen langjährigen Kampf gegen staatliche Willkür. In der Vielzahl entwickelte sich daraus eine Ausreisebewegung, die ihre Startphase am Beginn des Untersuchungszeitraumes hatte und mit einem Paukenschlag einsetzte. Am 10. Juli 1976 legte der Riesaer Arzt und Antragsteller Dr. Karl-Heinz Nitschke mit einer Petition zur Erlangung der Menschenrechte (Anhang Nr. 1) den Grundstein für eine Bürgerrechtsgruppe. Zu diesem Zeitpunkt lagen zwei Jahre Haft wegen eines angeblichen Fluchtversuches, jahrelange Berufseinschränkungen und 52 ohne Antwort gebliebene Ausreiseanträge hinter ihm. Insgesamt 79 Bürger schlossen sich dieser Petition an.[7] Als diese Aktion im Westen Schlagzeilen machte, schlug das MfS zu. Ende August kam es zu Verhaftungen, Wohnungsdurchsuchungen, Verhören und systematischen Beschattungen. Knapp ein Jahr später entließ man Dr. Nitschke aus der Staatsbürgerschaft der DDR und schob ihn nach West-Berlin ab. War diese Bürgerrechtsaktion auch eher die Ausnahme, so war sie doch die Spitze eines Eisbergs, der seit Helsinki zu wachsen begann und unaufhaltsam vorwärtstrieb.[8]

Proteste gegen die Einführung des obligatorischen Wehrunterrichtes

Die Einführung des obligatorischen Wehrunterrichtes für die Schüler der 9. und 10. Klassen ab September 1978 stieß hauptsächlich im Vorfeld – nachdem erste Informationen darüber im Frühjahr 1978 bekannt wurden – auf eine vergleichsweise breite Widerstandsfront von Christen und Nichtchristen, die hofften, durch ihren Protest noch eine Wende herbeiführen zu können. Der Protest erfolgte vor allem in Form von gemeinsam oder einzeln verfaßten Eingaben bzw. Beschwerden. Mit einem „Offenen Brief" richtete sich beispielsweise der Mitarbeiterkreis der Evangelischen Studentengemeinde (ESG) in Naumburg Anfang Mai an alle ESG und charakterisierte die Pläne des SED-Staates als ein *„bedrohliches Zeichen"*.[9] Die ESG Dresden folgte mit einem Appell, der als Flugblatt in Umlauf gebracht wurde. Er forderte die Politiker aller Staaten zur Abrüstung und namentlich die der DDR zum Verzicht auf die Einführung des obligatorischen Wehrunterrichtes auf.[10] Der Pfarrkonvent des Kirchenkreises Zossen bewertete die staatliche Maßnahme als Verstoß gegen Geist und Buchstaben der KSZE-Akte (Anhang Nr. 2). Mit einer entsprechenden Eingabe an den Rat des Kreises solidarisierte sich der Kreiskirchenrat mit dieser Position.[11] Gestützt auf die von christlichen Eltern vorgebrachten Sorgen erhoben auch die Kirchenleitungen gegenüber dem Staat ihre „Bedenken". Die Evangelische Kirche brachte das durch ein „Wort" des Bundes an die Gemeinden und durch eine „Orientierungshilfe" der Konferenz der Evangelischen Kirchenleitungen zum Ausdruck.[12] Die Katholische Kirche reagierte mit einer Eingabe der Berliner Bischofskonferenz an die Regierung und brachte ihren Priestern den Inhalt zur Kenntnis. Das MfS registrierte eine regelrechte „Eingabenaktion". Insgesamt wurden rund 2 500 Eingaben ausgemacht.[13] Genauer unter die Lupe des MfS gerieten Eingabenschreiber an die zentralen Organe. Zwischen April und Anfang Juli 1978 betraf das 169 Personen, die namentlich erfaßt und deren Schreiben systematisch ausgewertet wurden. Das vom MfS gezogene Fazit lautete:

> „Selbst wenn solche Bekenntnisse ehrlich gemeint sind, kann man nicht übersehen, daß wohl die Mehrzahl der Petenten mit ihren Eingaben (und den entsprechenden Forderungen und Argumenten, die wie eine kritiklose Übernahme der Argumentationen und Orientierungshilfen aus der Presse der BRD erscheinen) den erwähnten Aktivitäten der BRD-Organe im engeren und weiteren Sinne Unterstützung geben, die Stärkung der DDR stören und hemmen, die Durchführung bestimmter notwendiger Maßnahmen erschweren und eine latente Gefahr für die DDR darstellen. Sie tragen mit ihren Aktivitäten dazu bei, das Ansehen der DDR herabzusetzen und der ideologischen Diversion gegen die DDR Resonanz zu verschaffen.“[14]

Außerhalb dieser beiden massiven Phänomene gab es noch eine Vielzahl widerständiger Erscheinungen von einzelnen Gruppierungen oder Personen, die teils offen, teils anonym agierten und zumeist schon im Ansatz ausgeschaltet wurden. Dazu einige Beispiele:

Gruppierungen

Im Amtsbereich der Evangelischen Landeskirche der Kirchenprovinz Sachsen kursierte 1977 kurzzeitig ein am Kirchlichen Oberseminar Naumburg verfaßtes und an die „Mitarbeiterschaft der evangelisch-katholischen Kirche“ gerichtetes „Querfurter Papier“ unter dem Titel „Frieden und Gerechtigkeit heute“.[15] Von allen Papieren, die im Untersuchungszeitraum auf theologischer Grundlage verfaßt und in der Kirche in Umlauf gebracht wurden, kam es einer fundamentalen Gesellschaftskritik am nächsten. Die Autoren stellten nicht nur einen Frieden in Frage, der mit einer *„umfassenden Militarisierung des Denkens und Lebens“* verbunden ist und im „Andersdenkenden“ einen Feind sieht; sie forderten auch – gestützt auf die Schlußakte von Helsinki – eine Politik, die der *„Pluralität“* und der *„Würde und Freiheit des einzelnen“ („Der vor Gott freie Mensch soll auch vor den Menschen frei sein“)* sowie einer auf Frieden und Gerechtigkeit verbundenen *„universalen Zusammenarbeit“* verpflichtet sein müsse. Erwartet wurde, *„bequemen Opportunismus aufzugeben“* und mit der Unterzeichnung dieses Papiers ein *„entschlossenes Zeugnis [...] abzulegen“*.[16] Massiver staatlicher Druck auf die Kirchenleitungen sowie die Inhaftierung und Abschiebung des Initiators nach West-Berlin führten zum Abbruch dieser Aktion.

Einer der Unterzeichner dieses Papiers, damals Student am Sprachenkonvikt, einer kirchlichen Hochschuleinrichtung in Ost-Berlin, beabsichtigte, wenig später in der DDR ein „Komitee zur Einhaltung der Menschenrechte“ in Anlehnung an die „Charta 77“ zu gründen. Er wurde im August 1978 in Prag wegen angeblichen „provokatorischen Verhaltens“ festgenommen.[17] Er stand auch mit einer Gruppe von 25 Personen in Verbindung, die Texte von Wolf Biermann, Robert Havemann, Jürgen Fuchs, der „Charta 77“ und des polnischen „Komitees zum Schutze der Arbeit“ vervielfältigten bzw. übersetzten und weiterreichten.[18]

1977 planten vier Ost-Berliner Jugendliche eine demonstrative Aktion „hetzerischen Inhalts“, der mit dem Volksaufstand am 17. Juni 1953 in Verbindung gebracht wurde. Eine Denunziation führte zur Verhaftung der Jugendlichen.[19]

Gedanken an den Volksaufstand hatten ebenfalls zwei Jugendliche aus Karl-Marx-Stadt im Kopf, die unter dem Namen „Gruppe 17. Juni“ fast zwei Jahre lang das MfS beschäftigten. Sie verteilten 1980 und 1981 Flugblätter, in denen sie gegen den Mindestumtausch im deutsch-deutschen Reiseverkehr West-Ost und den Wehrunterricht protestierten. Nach intensiver Spurensuche (u.a. 250 überprüfte Schriftproben und 104 „Personenaufklärungen") wurde die „Gruppe" im November 1981 vom MfS gefaßt.

Gleichzeitig entstand in Halle-Neustadt eine fünfköpfige Gruppierung, die an systemkritischen Texten arbeitete und anläßlich der Wahlen im Juni 1981 Flugblätter verteilen wollte. Sie wurde wenige Monate später, im März 1981, durch die Inhaftierung der beiden Initiatoren zerschlagen.[20]

Kurzlebige systemkritische Gruppen bzw. gemeinsame Aktionen gab es auch innerhalb der SED. So bildeten u.a. 1977 SED-Mitglieder im Kinderheim „A.S. Makarenko" bei Berlin eine „Interessengemeinschaft Marxismus-Leninismus". Ihr Ziel war es, solche Partei- und Staatsfunktionäre zu bekämpfen, die *„die Verbindung zum Volk verloren hatten."* Die beiden Initiatoren wurden aus der SED ausgeschlossen, gekündigt und verhaftet.[21]

Mit einer strengen und drei einfachen Rügen kamen 1979 leitende Parteimitglieder der Grundorganisation des Städtischen Krankenhauses Berlin-Weißensee davon. Sie ließen eine Resolution zu, die gegen die Medienpolitiik gerichtet war. Von 50 SED-Mitgliedern erklärten sich immerhin 42 mit der *„politisch-ideologischen Arbeit der Massenmedien nicht einverstanden"* und waren der Meinung, *„daß die Aufklärung unserer Genossen und der Bevölkerung über die Preis- und Qualitätsentwicklung in unserer Wirtschaft unzureichend ist"*.[22]

Aus der SED ausgeschlossen wurden 1981 fünf Mitarbeiter des Zentralinstitutes für Philosophie der Akademie der Wissenschaften, die der Arbeitsgruppe von Dr. Peter Ruben angehörten. Ihnen wurden u.a. fortgesetzte *„grobe Verstöße gegen das Parteistatut, insbesondere gegen den demokratischen Zentralismus, gegen die Einheit und Geschlossenheit der Partei und Verstöße gegen die staatliche Disziplin"* zur Last gelegt (Anhang Nr. 3).[23]

Die Fälle Rainer Bäurich und Josef Kneifel

1977 verfaßte der Dresdner Elektroingenieur und Antragsteller auf Ausreise, Rainer Bäurich, ein *„Manifest eines bekennenden Christen"*, das er an den damaligen Ministerpräsidenten Franz Josef Strauß mit der Bitte richtete, es als „offenen Brief" der Öffentlichkeit zugänglich zu machen.[24] In diesem Manifest prangerte Bäurich die kommunistischen Systeme im allgemeinen und die DDR im besonderen als *„totale Parteidiktaturen"* an, die die Menschenrechte mit Füßen treten und Freiheitsbestrebungen kriminalisieren. Bäurich bekannte sich zur Bundesrepublik Deutschland als seinem Vaterland und forderte westdeutsche Politiker und Medienmacher auf, die Rechtspositionen in der deutschen Frage nicht preiszugeben, dem *„Kommunistendeutsch"* zu widerstehen und statt *„Leisetreterei"* eine offensive *„geistige Auseinandersetzung"* mit dem Kommunismus zu betreiben. Der Brief an den damaligen Ministerpräsidenten F. J. Strauß, der dem MfS in die Hände fiel, brachte für Bäurich einen langen Leidensweg. Er setzte im November 1977 mit der Verhaftung und Verurteilung zu 5 1/2 Jahren Gefängnis wegen „staatsfeindlicher Hetze" ein und führte nach einer Amnestie im Jahre 1979 wenige Monate später wegen Aktivitäten im Zusammenhang mit seinem Ausreisewillen abermals ins Gefängnis. Erst im Sommer 1983 gelang sein Freikauf als politischer Häftling.

Als Symbol des Widerstandes gegen die sowjetische Besatzungsmacht und ihrem treuesten Verbündeten war auch eine spektakuläre Einzelaktion im Jahre 1980 gedacht. In der Nacht vom 9. zum 10. März zündete Josef Kneifel unter dem sowjetischen Panzerdenkmal in Chemnitz einen Sprengsatz. Die Detonation brachte den Panzer zwar nicht ins Wanken, versetzte jedoch die Staatssicherheit in höchste Alarmstimmung. Josef Kneifel und seine Frau Irmgard, die von der Aktion Kenntnis hatte, wurden fünf Monate später verhaftet und zu langjährigen Gefängnisstrafen verurteilt. Josef Kneifel, der einer lebenslänglichen Haft und einem dramatischen Leidensweg ausgeliefert war, gelangte erst 1987 durch den Freikauf als politischer Häftling wieder in die Freiheit.[25]

Widerständiges Verhalten in Zahlen

Statistiken lassen erahnen, wieviele Bürger – zumeist unbekannte – in der Zeit zwischen 1976 und 1982 Mut aufbrachten, das SED-Regime direkt anzugreifen oder sich ihm zu verweigern.

Konzentriert geben darüber wohl in erster Linie die Ergebnisse von Volkskammerwahlen Auskunft. Zwei davon fielen in den Untersuchungszeitraum. Zur Wahl im Oktober 1976 wurden knapp 1,5 Prozent Nichtwähler (rund 162.000) bekanntgegeben. Mit „nein" und „ungültig" stimmten angeblich rund 18.000, so daß hiernach auf ein widerständiges Potential von insgesamt rund 180.000 Personen (=1,6 Prozent der Wahlberechtigten) geschlossen werden kann.[26] Da Wahlfälschungen zugunsten der Wahlbeteiligten und der Ja-Sager – so wie sie bei den Kommunalwahlen 1989 aufgedeckt wurden – wohl dem Regelfall entsprachen, dürfte das Gegengewicht von 1,6 Prozent einen untersten Grenzwert abstecken. Bei der Volkskammerwahl 1981 lag er mit rund 97.000 Nichtwählern und 23.000 ungültigen- und „Nein"-Stimmen bei knapp 1 Prozent.[27] Dabei muß die Antwort offen bleiben, ob das zwischen 1976 und 1981 erkennbar rückläufige Gegengewicht entweder einer verstärkten Anpassung unter den Wahlberechtigten oder einem höheren Grad der Wahlmanipulation zugeschrieben werden muß.

Hinweise für eine Gesamtbilanz lieferte auch das Ergebnis einer vom Nationalrat der Nationalen Front im Oktober 1979 durchgeführten Unterschriftensammlung zu einer „*Willenserklärung der Deutschen Demokratischen Republik*" im Zusammenhang mit einer Abrüstungsinitiative des sowjetischen Parteichefs Breshnew. Dieser mit kampagneartigem Druck durchgeführten „Volksabstimmung" entzogen bzw. verweigerten sich 4 Prozent aller DDR-Bürger über 14 Jahre.[28] Legt man die entsprechende Einwohnerzahl zugrunde, so waren das immerhin rund 550.000 Personen.

Welche Größe einzelne widerständige Erscheinungsformen im Untersuchungszeitraum erreichten, mögen die nachfolgenden Beispiele verdeutlichen:

In den Jahren 1977 bis Mitte 1979 erfaßte das MfS allein über 600 Vorfälle der „schriftlichen Hetze" mittels Flugblattaktionen (ca. 3.500 Exemplare) und angebrachte Losungen (über 500). Inhaltlich richteten sie sich etwa zu 50 Prozent direkt gegen die Politik der SED; der übrige Teil wurde vom MfS der „antisowjetischen, faschistischen, antisemitischen Hetze" zugeordnet.[29] Etwa 30 Prozent der Fälle „klärte" das MfS auf.

Im Untersuchungszeitraum leitete dieser Apparat – allerdings mit rückläufiger Tendenz – insgesamt gegen rund 650 Personen wegen sogenannter staatsfeindlicher Hetze Ermittlungsverfahren ein.[30]

Bis Ende 1982 absolvierten etwa 4.000 Wehrpflichtige den Dienst als Bausoldaten.[31] Die Zahl der Wehrpflichtigen, die sich zum Bausoldatendienst bekannten, nahm mit Beginn des Jahres 1980 sprunghaft zu. Entschieden sich 1979 insgesamt 565 Gemusterte für einen Bausoldatendienst, so waren es im Jahre 1982 insgesamt 1.421.[32]

Ausreisewillige, die im Untersuchungszeitraum erstmals und in „rechtswidriger“ Weise ihre Ausreise in die Bundesrepublik bzw. nach Berlin-West beantragten, summierten sich auf rund 70.000 Bürger.[33]

Fluchtversuche (gelungene und gescheiterte) unternahmen von 1976 bis 1982 zwischen 28. 000 und rund 50. 000 DDR-Bürger.[34]

Über aufmüpfiges Verhalten von SED-Mitgliedern geben am ehesten die ausgesprochenen Parteistrafen Auskunft. Sie schlugen sich in abgestuften Formen (Rüge, strenge Rüge, Streichungen und Ausschlüsse) und verschiedenen Deliktgruppen nieder. Analysen der SED-Bezirksleitung Ost-Berlins für den Zeitraum 1. Dezember 1976 bis 30. November 1977 und für das Jahr 1981[35] weisen vier solcher Gruppen aus: Partei- und staatsfeindliche Handlungen (u.a. „Antikommunismus“ und „Überlaufen zum Klassenfeind“), Handlungen gegen die Einheit und Reinheit der Partei (u.a. „Verlassen des Klassenstandpunktes“), Verletzung der Normen und sozialistischen Verhaltensweisen (u.a. Disziplinlosigkeit, „kleinbürgerliches“ und amoralisches Verhalten und Mißachtung von Kritik) sowie Gesetzesverletzungen apolitischer Natur (u.a. kriminelle Delikte und Verstöße gegen Sicherheit und Ordnung). Bezogen auf die beiden ersten Deliktgruppen, die unzweideutig einen politischen Charakter tragen, wurden in den beiden o.g. Zeiträumen jeweils rund 200 Parteistrafen verhängt. Gesetzt in Relation zur Gesamtzahl der von der Ost-Berliner Parteiorganisation verhängten Parteistrafen (1976/77 rund 1. 050 und 1981 rund 1.500) entsprach das einem politischen Anteil von rund 19 bzw. 14 Prozent. Legt man diesem Anteil die Gesamtzahl der erfaßten Parteimitglieder (1977 rund 150.000 und 1981 rund 160.000) zugrunde, so wird die äußerst schmale Basis und der rückläufige Trend widerständiger „Genossen“ augenfällig: Ohne Berücksichtigung selbstgewählter Austritte waren es nicht einmal 0,2 Prozent. Anders ausgedrückt: Nur einer von 700 (1976/77) bzw. 800 (1981) SED-Mitgliedern hatte den Willen und fand den Mut, der Linie seiner Partei politisch zu widersprechen, und das in Zeiten, die mit der Biermann-Ausbürgerung und mit der Entwicklung in Polen genug Zündstoff lieferten, Widerspruch bzw. Konsequenzen anzumelden.[36]

2. Widerständige Gruppierungen/Aktionen im Schutzraum Kirche

Um die Mittagszeit des 18. August 1976 gingen auf dem Michaels-Kirchplatz in Zeitz Flammen auf. Der Pfarrer Oskar Brüsewitz setzte mit seiner Selbstverbrennung ein Zeichen. Auf einem Transparent hatte er geschrieben: *„Die Kirchen klagen den Kommunismus wegen der Unterdrückung der Jugend an.“*[37] Kirche, Kommunismus und Jugend, mit diesen drei Stichworten berührte Oskar Brüsewitz ein

Konfliktfeld, das mehr und mehr aufbrach und sich unter dem Dach der Kirchen kristallisierte. So subjektiv widersprüchlich die Handlung von Oskar Brüsewitz auch erscheinen mochte, objektiv blieb sie nicht folgenlos: Der Kirche „oben“ wurde ein Signal gegeben, den Bedrängnissen der Christen „unten“ wieder mehr Aufmerksamkeit zu schenken. Die Kirche als Dach und Schutzraum von Bedrängten und Andersdenkenden bildete den Ausgangspunkt einer Entwicklung, die sich Anfang der achtziger Jahre zu einer staatlich unabhängigen Friedensbewegung entwickelte.

Sie äußerte sich sowohl in Form alternativer friedenspolitischer Gedanken bzw. Vorschläge als auch in Protestbewegungen. Beide flossen häufig ineinander und fanden Anfang der achtziger Jahre durch das Symbol „Schwerter zu Pflugscharen“ ihren markantesten Ausdruck.

Daß sich diese Entwicklung im Rahmen der Kirchen vollzog, war nahezu unausweichlich. Die Kirchen in der DDR waren die einzigen Großorganisationen, die ihren autonomen Charakter bewahren konnten. Das schuf Möglichkeiten, Menschen zusammenzuführen, die offener und anders als von der offiziellen Staatsdoktrin vorgegeben, über die Probleme der Welt, der Gesellschaft und der einzelnen Menschen sprechen, Erfahrungen austauschen, über Alternativen nachdenken, solche entwickeln und punktuell auch in Aktionen umsetzen wollten. Die Grenzen waren dort abgesteckt, wo die SED Eingriffe in ihre Politik zu erkennen glaubte, die im Widerspruch zu ihren Interessen standen und theologisch nicht abdeckbar erschienen. Das Selbstverständnis der Kirchenleitungen respektierte diese Abgrenzung, indem einer Funktion als Auffangbecken und Ausgangsbasis politisch-oppositioneller Kräfte ausdrücklich Absagen erteilt wurden.

Gefordert waren die Kirchen aber in der Regel dann, wenn ihre christlichen Leitprinzipien von der Bewahrung der Schöpfung berührt oder gar in Frage gestellt wurden. In Verbindung mit den grundsätzlichen Problemen der Glaubensfreiheit ergaben sich daraus eine Reihe von gesellschaftlichen Konfliktfeldern, die vor allem Fragen nach den Menschenrechten, dem Frieden und der Ökologie aufwarfen. Den größten politischen Sprengstoff besaß die Menschenrechtsfrage, zwang sie doch letztlich zur Entscheidung zwischen einem eher pluralistisch oder einem eher diktatorisch ausgerichteten System. Sich offensichtlich der politischen Brisanz dieser Frage bewußt, wichen die Kirchen dieser Fragestellung entweder aus oder versuchten sich in der Rolle eines Vermittlers.

In der Friedens- und Umweltfrage war das anders; sie mußten nicht den Grundnerv des SED-Regimes treffen und erschienen – wenn man sie von den Menschenrechten abkoppelte oder wenn man sie gar zu vorrangigen Menschenrechten hochstilisierte – verhandelbar und gegebenenfalls auch systemimmanent nutzbar. Konflikte in diesen Fragen aber waren nicht zu umgehen, zumal sie staatlicherseits nicht entspannt, sondern zugespitzt wurden.

Im Juni 1978 erklärte Staatschef Honecker, daß es *„keinen Bereich des gesellschaftlichen Lebens“* gebe, *„der nicht von den Belangen der Landesverteidigung durchdrungen“* sei.[38] Für den Kommunisten Honecker und seine Partei war das eine Erfolgsmeldung, beruhte ihr Friedensverständnis doch im Kern auf der simplen Gleichung „Sozialismus = Frieden / Kapitalismus = Krieg“ und dem aus ihr abgeleiteten Grundsatz, daß der Frieden in erster Linie von der Stärke (auch der militärischen) des real existierenden Sozialismus abhänge. „Friedenserziehung" hieß demzufolge für die SED, die Bürger auf ein unversöhnliches Feindbild, insbesondere gegenüber der Bundesrepublik Deutschland festzulegen und sie umfassend und allseitig in ihre wehrpolitischen Ziele einzubinden. Die Folge war eine zunehmende Militarisierung der Gesellschaft,[39] die vor allem junge Christen und deren Eltern in Bedrängnisse brachte. Der Schriftsteller Reiner Kunze hatte u.a. diese Konflikte 1976 in seinem Prosaband „Die wunderbaren Jahre", poetisch verdichtet, weithin publik gemacht.[40]

Die Kirchen waren von dieser Entwicklung besonders betroffen. Ihr Friedenszeugnis lehnte die bipolare Weltsicht der SED ab und beruhte im wesentlichen auf der Botschaft der Versöhnung.[41] Der Erziehung zum Haß und zu Feindbildern erteilten sie eine Absage. Die Evangelische Kirche ging 1965 in einer Handreichung zum *„Friedensdienst der Kirchen"*[42] sogar so weit, daß sie den Waffen- und Wehrdienstverweigerern *„ein deutlicheres Zeugnis des gegenwärtigen Friedensgebotes unseres Herrn"* bescheinigten.[43] Vor diesem Hintergrund und dem protestantischen Übergewicht der Christen in der DDR war es nahezu zwangsläufig, daß sich von Anfang an die pazifistisch-antimilitaristischen Kräfte unter dem Dach der evangelischen Kirchen konzentrierten. Nach Einführung der Wehrpflicht im Januar 1962 waren das allen voran die Waffen- und Wehrdienstverweigerer.

Dem Militarisierungsprozeß des Staates entgegenwirkende friedenspolitische Alternativen gingen vor allem von den Bausoldaten der ersten Jahrgänge aus.[44] Eingebunden in einen ausschließlich militärischen Dienst, den sie so nicht gewollt hatten, standen sie in einem Dauerkonflikt mit ihrem Gewissen, der ständige Auseinandersetzungen mit den Befehlsgebern, aber auch untereinander hervorrief. Die Wahl lautete: anpassen oder widerstehen. Der Dienst als Bausoldat erwies sich so als Trainingsfeld für offene Auseinandersetzungen mit Andersdenkenden und als Teststrecke für den aufrechten Gang. Abgeschreckt durch hohe Gefängnisstrafen bei einer Totalverweigerung entschieden sich widerstehende Bausoldaten für punktuelle Verweigerungen (z.B. Gelöbnis), vor allem aber für Aktionen, die ihre Vorstellungen vom Frieden und Friedensdienst stärker ins Bewußtsein der Kirchen und der Gesellschaft tragen sollten. Was unter „Befehlsnotstand" nicht machbar erschien, wurde nach der aktiven Dienstzeit unter dem Dach der Kirchen in Gang gesetzt. Ihr Engagement war prägend für die pazifistisch-antimilitaristischen Strömungen zwischen 1976 und 1982, deren wesentliche Erscheinungsformen im folgenden nachgezeichnet werden.

2.1. Arbeitskreise „Friedensdienst"

Bereits im Frühjahr 1966 gründeten ehemalige Bausoldaten einen zentralen Mitarbeiterkreis, um ein Informationssystem über das weithin tabuisierte Thema „Wehr- und Waffendienstverweigerung" aufzubauen. 1967 weitete sich dieser Kreis auf Regionalgruppen aus, die sich zu Arbeitskreisen „Friedensdienste" unter dem Dach des Jungmännerwerkes entwickelten. 1975 hatten sich solche Kreise in Erfurt, Halle, Dresden, Ost-Berlin, Karl-Marx-Stadt und Schwerin etabliert. Ihnen ist zu danken, daß innerhalb der Evangelischen Kirche eine Friedensarbeit vorangetrieben wurde, die den Konflikt mit dem offiziell propagierten Friedensverständnis der

SED nicht scheute. So ging die Etablierung des Studienreferates Friedensfragen und eine Reihe elementarer Papiere für die Friedenserziehung in der Evangelischen Kirche entscheidend auf das Engagement der Mitglieder dieser Kreise zurück. Das betraf im wesentlichen eine im Jahre 1978 abgeschlossene Seminaranleitung *„Erziehung zum Frieden“*,[45] eine *„Arbeitshilfe“* sowie einen *„Leitfaden“* zur seelsorgerischen Beratung in Fragen des Wehrdienstes und der Wehrerziehung aus den Jahren 1979 und 1982, ein zwischen 1973 und 1978 entstandenes *„Lexikon- ABC des Friedens“* und eine bereits vor 1976 fertiggestellte und im Umlauf gebrachte Dia-Ton-Serie: *„Ohne kleine Leute – keine großen Kriege.“* Wenn in den genannten Papieren – in Korrektur zur „Handreichung“ aus dem Jahre 1965 – auch nicht mehr ausdrücklich Wehr- und Waffendienstverweigerung als das „deutlichere“ Friedenszeugnis eines Christen herausgestellt wurde, so implizierten sie dennoch Botschaften, die der staatlichen Friedensdoktrin in vielen Bereichen zuwiderliefen.

Die Seminaranleitung würdigte u.a. die positive Rolle *des „Anliegens der Wehr- bzw. Kriegsdienstverweigerer aus aller Welt“* für die Abrüstung, hebt die *„Friedenssicherung mit gewaltfreien Mitteln“* als *„entscheidende Voraussetzung für das Überleben der Menschheit“* hervor und kritisiert sowohl ein *„undifferenziertes Denken in Freund-Feind-Schemata und eine darauf aufbauende Haßerziehung“* als auch die *„starke Betonung der Wehrerziehung in allen Bereichen des gesellschaftlichen Lebens“*.[46]

In der *„Arbeitshilfe“* sah das MfS eine *„gegen die sozialistische Wehrbereitschaft und Wehrerziehung gerichtete Tätigkeit“*[47] und im *„Leitfaden“* unverändert die tendenzielle Absage an den Wehrdienst.[48] Dem *„Lexikon“* wurden *„klassenindifferente“* Positionen und der Versuch angelastet, *„sich von der Terminologie der politischen Umgangssprache in unserer Republik abzugrenzen“*.[49]

Die Dia-Ton-Serie geriet unter *„harte Kritik“* des Staatssekretärs für Kirchenfragen, Seigewasser, *„da sie Werbung für die Bausoldaten betreibe.“*[50]

Die praktische Arbeit der Friedensdienstkreise konzentrierte sich auf die Vorbereitung und Durchführung von Seminaren. Thematische Schwerpunkte richteten sich u.a. auf Fragestellungen mit politischer Brisanz wie beispielsweise zur Militarisierung des Alltages, zu den Menschenrechten, zur Rechtslage in der DDR und zum Umgang mit Konflikten im persönlichen und gesellschaftlichen Bereich. Zweimal im Jahr, und zwar in der Regel vor den Einberufungsterminen, organisierten diese Arbeitskreise sogenannte „Alt-Neu-Treffen“. Es handelte sich dabei um die Zusammenführung ehemaliger Bausoldaten mit potentiellen bzw. künftigen Waffen- und Wehrdienstverweigerern: Sie dienten hauptsächlich dem Erfahrungsaustausch und wurden für Beratungen genutzt. Seit 1973 fanden sich Vertreter dieser Kreise jeweils im Frühjahr zu einer zentralen Bausoldatentagung in Leipzig zusammen. Die Zahl der Teilnehmer schwankte zwischen 20 und 50 Personen. Das MfS, das diese Tagungen durch den Einsatz inoffizieller Mitarbeiter und „operativer Technik“ rund um die Uhr überwachte, stufte diese Treffen als „illegal“ mit überwiegend „staatsfeindlicher Orientierung“ ein (Anhang Nr. 4).

Mehrfach unternahmen Bausoldaten Anläufe, sich zentral zu organisieren. Sie scheiterten jedoch in der Regel unter dem Druck des MfS, der sowohl gegenüber der Kirche als auch gegenüber den Initiatoren ausgeübt wurde.[51] Anfang der siebziger Jahre starteten Bausoldaten den Versuch, über die Jugendkommission der

Christlichen Friedenskonferenz (CFK) sozusagen durch die Hintertür eines offiziellen Gremiums ein zentrales Standbein zu gewinnen. Er mißlang infolge einer vom MfS gesteuerten Unterwanderung.[52] In der gleichen Zeit etablierte sich, angebunden an das Jungmännerwerk, ein „Arbeitskreis Friedensdienst in der DDR“, der 1975 in „Kirchliche Arbeitsgruppe Frieden“ (KAF) umbenannt wurde. Die Gruppe, die vom MfS in einem Operativen Vorgang „Spaten“ bearbeitet wurde,[53] war hauptsächlich mit der Vorbereitung und Durchführung der zentralen Bausoldatentagung in Leipzig befaßt.

2.2. Friedensseminare

Auf Initiative von Hansjörg Weigel, einem Kraftfahrzeugelektriker, der 1966/67 seinen Bausoldatendienst leistete, fanden sich im Mai 1973 erstmals 25 junge Leute, zumeist ehemalige Bausoldaten, im sächsischen Königswalde zu einem Friedensseminar zusammen. In den ersten Jahren eher am Rande wahrgenommen, entwickelte sich dieses Seminar zu einem Anziehungspunkt basisorientierter kirchlicher Friedensarbeit. Die Teilnehmerzahl an den jeweils im Frühjahr und Herbst durchgeführten Seminaren stieg ständig an und überschritt erstmals 1979 mit 125 Teilnehmern die Hundertergrenze. Die Themenpalette, die auf diesen Seminaren durch Vortrag und Gruppenarbeit jeweils an einem Wochenende „abgearbeitet“ wurde, läßt Intentionen und Wandlungen erkennen. In den siebziger Jahren dominierten Fragestellungen, die unmittelbar auf der Haut brannten, wie beispielsweise zum „Friedensdienst mit und ohne Waffe“, zur „sozialistischen Wehrerziehung“, zu den Menschenrechten und zu gewaltfreien Konfliktlösungen. In den Jahren 1981/82 rückten Themen in den Vordergrund, die eher globale Probleme aufgriffen, so die weltweiten Rüstungslasten, die Konfliktlage in Europa und zur ökologischen Krise. Dieser Wandel reflektierte offensichtlich die aktuelle Situation und gleichermaßen zunehmende Kontakte zur westlichen Friedensbewegung. Doch trotz dieser Ausweitung der Perspektiven hatten die Teilnehmer immer die Menschen vor Ort im Auge. Im Mittelpunkt standen die Aufklärung über Probleme, die in der Gesellschaft weithin tabuisiert wurden sowie die Ermutigung, Denken und persönliches Handeln in Übereinklang zu bringen, Konflikten nicht auszuweichen, sondern mit Zivilcourage zu begegnen. Das Rahmenprogramm des Seminars unterstrich diesen Anspruch. Zumeist wurde es von Literaten und Künstlern gestaltet, die solche Eigenschaften verkörperten. Hin und wieder wurde das Seminar auch für Aktionen genutzt. So schickte man 1979 als Reaktion auf die Einführung des obligatorischen Wehrunterrichtes Luftballons mit dem Aufdruck „Spiel Frieden – nicht Krieg!“ in die Welt. Kein Wunder, daß das MfS im Mai 1980 zu der Einschätzung gelangte, daß mit dem Seminar eine Plattform existiere, auf der *„Auffassungen gegen den Sozialismus in der DDR diskutiert und verbreitet werden“* und mit Erich Loest, Bettina Wegner und Frank-Wolf Matthies solche Autoren bzw. Liedermacher zu Wort kämen, die der *„DDR ablehnend bzw. feindlich“* gegenüberstünden.[54] Kein Wunder auch, daß das MfS den Initiator Hansjörg Weigel zu kriminalisieren versuchte.[55]

Das Königswalder Friedensseminar, das in den Jahren 1982/83 mit jeweils 500 bzw. 600 Teilnehmern seinen Höhepunkt erreichte, bildete den Ausgangspunkt zur Etablierung weiterer Seminare in Meißen, Karl-Marx-Stadt, Leipzig, Ost-Berlin,

Naumburg, Saalfeld, Zittau, Leuna, Frankenhausen sowie für das „Mobile Friedensseminar“ in Mecklenburg.[56] In der Bedeutung – auch für die spätere Entwicklung[57] – kam das Meißner Friedensseminar dem von Königswalde am nächsten. Es wurde ebenfalls von einem ehemaligen Bausoldaten des Durchganges 1966/67, und zwar von Pfarrer Rudolf Albrecht, initiiert und wesentlich geprägt. Gestartet im Jahr 1975 in dem kleinen sächsischen Ort Zehren mit zwölf Teilnehmern (Thema „Frieden schaffen ohne Waffen“), erlangte es 1980 mit dem Wechsel in die Porzellanstadt Meißen schnell an Popularität. Die Teilnehmerzahl stieg von 70 im Frühjahr 1981 auf 140 im Herbst 1981 und erreichte schließlich 250 im Frühjahr 1983. Die Themenpalette entsprach etwa der von Königswalde. Hauptanliegen war *„Bewußtseinsbildung“, „Anregung zum Umdenken“* und gegenseitige Ermutigung.[58] Der Tenor des Seminars hieß Erziehung zur Zivilcourage und Mut zur Verweigerung (Ablehnung der gewaltsamen Austragung von Konflikten, der Waffe, der Haßerziehung, der Zivilverteidigung im Sinne der Verharmlosung der Kriegsfolgen), hieß aber auch Positionen beziehen, um Leben zu erhalten (Dialogfähigkeit, Solidarität und Opfer- und Vergebungsbereitschaft) und *„Mut zu kleinen Schritten“* und *„gelebte Hoffnung aus der Auferstehung Christi“* zu machen.[59]

2.3. Offene Arbeit – Bluesmessen

Mitte der sechziger Jahre sahen sich die SED und die Staatssicherheit immer wieder veranlaßt, sich mit „negativen Erscheinungen“ unter Jugendlichen zu befassen. Auslöser waren das zunehmende Auftreten sogenannter Gammler, Tramper und Rowdys, die als „dekadente“, vom Westen beeinflußte „Elemente“ abgestempelt wurden. Welches Ausmaß die SED in den siebziger Jahren zu erkennen glaubte und wie sie damit umging, das entlarven Maßnahmen zu den Weltfestspielen der Jugend 1974 in Ost-Berlin. Um der Welt eine „keimfreie“ Stadt und systemkonforme Jugendliche vorzutäuschen, nahmen die Sicherheitskräfte im Vorfeld knapp 30.000 Personen ins Visier; davon gerieten u.a. knapp 1.000 Jugendliche in Werkhöfe und 1.473 Kinder in Spezialkinderheime. Unmittelbar vor Beginn des „weltoffenen“ Treffens der Jugend wurden gegen knapp 3.700 Bürger Ermittlungsverfahren wegen angeblichen asozialen Verhaltens nach Paragraph 249 StGB eingeleitet.[60] Wer sich einer geregelten Arbeit hartnäckig entzog, landete in Arbeitserziehungslagern. Von 1976 bis Ende 1982 betraf das knapp 38.000 Personen.[61]

Für junge Menschen, die sich dem strengen sittlichen und politischen Normenkatalog des SED-Regimes oder auch des Elternhauses nicht beugen und alternative Lebensformen diskutieren und ausprobieren wollten, hatte der SED-Staat keine Freiräume, sondern zumeist nur repressive Antworten parat. Aufgefangen wurden viele dieser Jugendlichen im Rahmen der seit 1969 bestehenden Offenen Arbeit, einem Zweig der Evangelischen Kirche. Offene Arbeit bedeutete, offen zu sein für alle, die auf der Suche nach einem Schutzraum, nach tabufreien Zonen, Fragen und Gesprächen waren. Das galt vor allem gegenüber jugendlichen Randgruppen (Punks, Alkoholikern, Arbeitslosen und Aussteigern). Die Grundprinzipien der offenen Jugendarbeit lauteten: vorurteilsfreie Annahme und Überlassen kirchlicher Räume für eine weitestgehend freie Gestaltung. Zentren der Offenen Arbeit mit Jugendlichen bildeten Jena unter dem Diakon Thomas Auerbach,[62] der thüringische

Kirchenkreis Rudolstadt unter Pfarrer Walter Schilling sowie Halle-Neustadt unter Diakon Lothar Rochau.[63] Im Untersuchungszeitraum verlagerte sich die inhaltliche Arbeit zunehmend von sozialen Fragen (u.a. Generationskonflikte und Alkoholismus) auf die des Friedens (Wehr- bzw. Waffendienstverweigerung und Wehrerziehung), der alternativen Kultur- und Lebensgestaltung sowie des Umweltschutzes.

Eine große Anziehungskraft in der offenen Jugendarbeit besaßen die „Werkstattage" in Halle-Neustadt und in Jena, die Jugendliche aus der ganzen DDR anzogen. So trafen sich beispielsweise zu solchen Werkstattveranstaltungen im Juni 1981 etwa je 400 Jugendliche aus den Bezirken Gera, Halle, Leipzig, Dresden, Magdeburg, Rostock, Erfurt, Suhl und Ost-Berlin in Halle-Neustadt und Jena. Diskutiert wurde u.a. über die „SoFd"-Initiative".[64] Die Szene der Offenen Jugendarbeit in Jena erregte mehrfach durch Protestaktionen das öffentliche Interesse. Diese standen in Verbindung mit ständigen Inhaftierungen und vor allem im Zusammenhang mit dem Tod von Matthias Domaschk am 12. April 1981 in der Untersuchungshaftanstalt des MfS in Gera.[65]

Anfang Januar 1982 ging aus der Offenen Jugendarbeit die Jenaer Friedensgemeinschaft hervor, die ebenfalls mit öffentlichen Aktionen – so u.a. in Form einer „Schweigeaktion für den Frieden" mit über fünfzig Beteiligten aus Berlin, Dresden, Apolda und Weimar auf dem Platz der Kosmonauten[66] – auf sich aufmerksam machte.

Vor die Alternative gestellt, längere Haftstrafen in Kauf zu nehmen oder einen Ausreiseantrag zu stellen, entschieden sich viele Akteure, wenn auch widerwillig, für die Ausreise in den Westen. Im Falle von Roland Jahn, der als einer der aktivsten Vertreter dieser Gemeinschaft ebenfalls inhaftiert wurde, wußten sich SED und Staatssicherheitsdienst nur noch durch eine Zwangsausweisung zu helfen.[67]

Als besondere Form der Offenen Jugendarbeit traten in Ost-Berlin die Bluesmessen ins Rampenlicht der Öffentlichkeit. Begonnen mit 230 Teilnehmern im Sommer 1979, weiteten sich diese Messen schnell zu Großveranstaltungen aus, auf denen mehrere tausend Jugendliche aus der ganzen DDR zusammenfanden. Standen sie anfangs im Zeichen der Bluesmusik, so entwickelten sie sich zu einem bunten Kulturprogramm, das neben Predigten und Musik u.a. auch kleine Ausstellungen, Informationsstände sowie Sketche bzw. Laienspiele einschloß. Das dazu vom Initiator, Pfarrer Rainer Eppelmann, abgegebene Fazit lautete: *„Um so mehr wir von unseren Gästen vernahmen über Leid und Unterdrückung in der DDR, die sie erdulden mußten, desto aufmüpfiger und offener wurden unsere Texte."*[68] Als 1980 das Thema „Angst überwinden" behandelt wurde, schreckte man beispielsweise nicht davor zurück, auch von den Folgen einer Angst zu sprechen, *„wenn man in unserem Lande seine wirkliche, tatsächliche Meinung sagt"*.[69] Die zuständige Kreisdienststelle des MfS sah die inhaltlichen Schwerpunkte der Bluesmessen vor allem in der *„Verherrlichung des Pazifismus"* und im *„Auftreten gegen den Wehrdienst mit der Waffe und den Wehrunterricht [...], gegen sogenanntes Kriegsspielzeug und [...] gegen kleinbürgerliche Lebens- und Verhaltensweisen"*.[70] Nicht verwunderlich, daß die Bluesmessen das Konfliktfeld Staat-Kirche weiter anreicherten und beide Seiten darauf bedacht waren, diesen Messen politische Substanz zu entziehen. Eine 1981 geplante Bluesmesse zum Thema „Polen" kam demzufolge nicht zustande. Darüber hinaus tat das MfS sein übriges, um die Veranstaltungen zu behindern und die Teilnehmer einzuschüchtern. Diese Konzepte erschienen der SED offensichtlich angemessener als Verbote, hatte man doch in Form dieser Zusammenkünfte ein DDR-weites Unruhepotential zugleich beieinander und weitestgehend unter Kontrolle.

2.4. Friedensdekaden – „Schwerter zu Pflugscharen“

Vor dem Hintergrund einer Empfehlung des Evangelischen Jugendrates Europas, in allen europäischen Staaten einen Abrüstungstag durchzuführen, entsprang auf einer Konferenz der Landesjugendpfarrer in der DDR die Idee, im Rahmen der Herbstbußtage eine Friedensdekade durchzuführen. Sie fand erstmals 1980 statt und bildete fortan einen festen Bestandteil der kirchlichen Friedensarbeit. Für die Friedensdekade 1980 schlug der damalige Landjugendpfarrer der Evangelisch-Lutherischen Landeskirche Sachsens und ehemalige Bausoldat Harald Brettschneider das Thema „Schwerter zu Pflugscharen“ vor. Das war die Geburtsstunde eines Symbols, das den SED-Staat das Fürchten lehren sollte.

Auf der Suche nach einem eindrücklichen Bild für das Thema konnte nur ein Symbol zur Diskussion stehen, das staatlich nicht anfechtbar, zugleich aber als christliche Botschaft zu verstehen war. In der Plastik „Schwerter zu Pflugscharen“ des sowjetischen Bildhauers Jewgeni Wutschetitsch, die der sowjetische Staatschef Chruschtschow der UNO gestiftet hatte, und im gleichnamigen Bibelwort aus Micha 4,3 schien die Symbiose gefunden. Da eine staatliche Druckgenehmigung nicht erreicht werden konnte, wurde das Symbol auf ein Vlies gedruckt und auf der ersten Friedensdekade im November 1980 als Lesezeichen verbreitet.[71] Öffentlich als Stoffaufnäher getragen, erfaßte das Symbol vor allem die Herzen der friedensbewegten basisorientierten jungen Menschen in der DDR. Die zweite Friedensdekade im Herbst 1981 stellte sich darauf ein und bot das Symbol als Aufnäher und in einer Großauflage von 200.000 Stück an. Das war ein schwer verdaulicher Brocken für das SED-Regime, gerieten seine auf die militärische Stärkung der DDR ausgerichteten plakativen Friedenslosungen doch plötzlich in öffentliche Konkurrenz mit einem Erkennungszeichen der staatlich unabhängigen Friedensbewegung. Und das Ergebnis war eindeutig: Die Nachfrage nach dem Aufnäher stieg derart, daß Jugendliche dafür bis zu 50 Mark boten.[72] Gleichzeitig lenkte der Aufnäher auf alternative, der offiziellen Doktrin zuwiderlaufende Friedensvorstellungen und machte auf die Basisarbeit in den Kirchen neugierig. Und das alles in einer Zeit, als sich SED und ihr Sicherheitsapparat mit Aktionen (Bluesmessen, „SoFd“-Initiative, Berliner Appell, Dresdner Friedensforum) konfrontiert sahen, die der staatlich unabhängigen Friedensbewegung ohnehin immer mehr Popularität verschafften. Der offensive staatliche Angriff auf den Aufnäher und sinngemäße Darstellungen war deshalb nur eine Frage der Zeit. Er setzte im Frühjahr 1982 ein, nachdem man bereits die Protagonisten der genannten Aktionen mit Ermittlungsverfahren und Inhaftierungen überzogen hatte. Das öffentliche Tragen von Symbolen mit „pazifistischer Aussage“ wie „Schwerter zu Pflugscharen“, „Spiel Frieden – nicht Krieg“, „Kopfarbeit statt Kriegsarbeit“ wurde verboten, den Trägern in öffentlichen Kampagnen unter Verweis auf angebliche inspirierende Interessen des Westens „selbstmörderische Illusionen“ und die bewußte Verletzung der Gesetze der DDR unterstellt bzw. vorgehalten. Wer sich dem Verbot widersetzte, wurde in seiner weiteren Ausbildung bis hin zu Schulverweisen und Exmatrikulationen diskriminiert, polizeilich zugeführt und/oder mit Ordnungsstrafen belegt (vgl. Anhang Nr. 5). Gleichzeitig ergriff der SED-Staat Maßnahmen, die die Produktion derartiger Abzeichen, Aufnäher und Aufkleber begrenzte und der kirchlichen Aufsicht und ausschließlichen innerkirchlichen Verwendung unterstellte.[73] Die Evangelische Kirche, die das Symbol verteidigte, sah sich bereits Ende März 1982 namentlich durch die sächsische Landeskirche veranlaßt, in einem Brief zu erklären, daß sie vor den Folgen des öffentlichen Bekenntnisses *„nicht mehr schützen"* könne.[74]

2.5. Berliner Appell – Frieden schaffen ohne Waffen

Im Jahre 1980 bahnte sich zufällig in der DDR eine Verbindung an, die die SED und ihren Sicherheitsapparat besonders beunruhigen mußte. Einer der politisch aufsässigsten Pfarrer, Rainer Eppelmann, traf mit dem Dissidenten Nr. 1, Robert Havemann, zusammen.[75] Daraus ergab sich eine Verbindung, die dem SED-Regime, gleichermaßen aber auch den Kirchenleitungen, unheimlich erscheinen mußte, ließ dieses „Tandem" doch Befürchtungen über eine *„Zange der Konterrevolution"* aufkommen.[76] Havemann, der sich der „großen Politik" verpflichtet sah und von der Sorge geplagt war, daß das geteilte Deutschland infolge der atomaren Aufrüstung der Sowjetunion und der USA keinen *„Schutz vor der Gefahr des Wiederentstehens einer den Frieden bedrohenden deutschen Militärmacht"*, sondern *„Hauptgefahrenquelle für den Frieden in Europa"* bedeute, verband sich mit einem Pfarrer, dem vor allem die alltägliche Militarisierung der Gesellschaft der DDR auf der Haut brannte. Einig im Ziel, daß beide Stimmen nicht im stillen Kämmerlein verkümmern dürften und *„über die Blockgrenzen hinweg zu zeigen, daß es auch im Osten Menschen gab, die eine andere Vorstellung von Friedenspolitik hatten als die Regierenden"*, beschlossen beide im Juli 1981, sich mit einem Brief an Staatschef Honecker und Staatschef Breshnew zu wenden.[77] Eppelmann übernahm den Part für Honecker; Havemann den für Breshnew. Eppelmann warb für pazifistische Positionen, die *„angesichts der großen Gefahr totaler Vernichtung allen Lebens"* als *„einzige Möglichkeit politischen Handelns"* zu sehen seien und forderte insbesondere eine Entmilitarisierung der DDR, die Umwandlung des Bausoldatendienstes in einen Zivildienst und die schrittweise totale Abrüstung in Ost und West. Havemann und die Unterzeichner seines Offenen Briefes verlangten den Abschluß eines Friedensvertrages mit Deutschland und den Abzug aller Besatzungstruppen.[78] Da Honecker nicht reagierte und die eingeschalteten DDR-Medien jegliche Form der Veröffentlichung ablehnten, schaltete Eppelmann – vermittelt und ermutigt durch Havemann – erstmals ein westliches Medium, und zwar den „Stern", ein. Damit traf er allerdings nicht nur den Nerv des Staates, sondern auch den der Kirchenleitungen, die kritische Reflexionen über die DDR mittels Westmedien prinzipiell ablehnten. Eppelmann ließ sich davon aber nicht beeindrucken und setzte gemeinsam mit Havemann durch ein Gesprächsinterview, das auszugsweise von der ARD und dem ZDF ausgestrahlt wurde, diese Linie fort.[79] Angeregt durch den „Krefelder Appell" der westdeutschen Friedensbewegung schlug Havemann schließlich ein Pendant für die DDR vor. Heraus kam der „Berliner Appell – Frieden schaffen ohne Waffen".[80] Darauf bedacht, die Kirche nicht zu umgehen, band Eppelmann verantwortliche kirchliche Amtsträger ein. Diese standen der Sache zunächst mit Sympathie gegenüber und empfahlen, den Text u.a. durch Umformulierungen in Frageform zu entschärfen. Eine Verbreitung durch kirchliche Instanzen wurde jedoch abgelehnt. Nachdem SED und Staatsfunktionäre scharfe Kritik und die Rücknahme des Appells forderten, reihten sich die Kirchenleitungen und einstige Befürworter in die Abwehrfront ein.[81] Inzwischen aber hatten Eppelmann und Havemann schon die ersten Unterschriften gesammelt. Wenige Tage später, am 9. Februar 1982, schlugen SED und Staatssicherheitsdienst zu. Eppelmann wurde verhaftet, mußte allerdings aufgrund der öffentlichen Proteste, die u.a. auch von Vertretern des von der DDR offiziell unterstützten „Krefelder Appells" ausgingen, nach drei Tagen wieder freigelassen werden. Bevor es gelang, die Aktion, die mit dem Vorwurf der „staatsfeindlichen Hetze" verfolgt wurde, zu stoppen, hatten sich bis zum April 1982 etwa zweitausend DDR-Bürger mit ihrer Unterschrift zu diesem Appell bekannt.[82]

2.6. Aktion Sozialer Friedensdienst

Den waffenlosen Wehrdienst in einen zivilen Wehrersatzdienst umzuwandeln, dieses Anliegen verfolgten bereits die Bausoldaten der ersten Stunden. In Eingaben u.a. an die Volkskammer, den Staatsrat und das Ministerium für Nationale Verteidigung forderten sie ihren Einsatz im zivilen Bereich und eine entsprechende Änderung der Gesetzgebung.[83] Als Zeichen ihrer konstruktiven Bereitschaft schlugen sie nicht nur einen zusätzlichen freiwilligen „19. Monat" mit Dienstverrichtung im zivilen Bereich vor, sie realisierten das auch mehrfach. Neben dem Einsatz in karitativen Einrichtungen gelangen diese in Eigenregie organisierten Vorstöße auch hin und wieder in staatlichen Unternehmen.[84] Das allerdings widersprach der offiziellen Linie und lief eher „unter der Hand" ab. Die Situation zu Beginn des Untersuchungszeitraumes war also unverändert: Auf der einen Seite keine prinzipiellen Zugeständnisse und auf der anderen Seite der anhaltende Ruf nach einem Zivildienst, wie er beispielsweise im Herbst 1976 in einem Brief von Bausoldaten an Erich Honecker Ausdruck fand (Anhang Nr. 6). Neuer Mut konnte geschöpft werden, als bekannt wurde, daß seit dem Herbst 1980 in Polen ein Wehrersatzdienst im zivilen Bereich möglich war.[85] Das bis dahin vorgetragene und noch am ehesten verständliche Abwehrargument, die Bausoldaten verkörperten eine einmalige Situation im Ostblock, die nur schwer zu halten sei und schon allein deshalb keine weiteren Zugeständnisse zulasse, hatte sich damit in Luft aufgelöst. Im Kontext mit dem Aufbruch der Bewegung „Schwerter zu Pflugscharen" mußte sich eine neue Initiative förmlich aufdrängen. Im September 1980 als Idee angekündigt, legte der Dresdner Pfarrer Christoph Wonneberger im Oktober den ersten Entwurf eines Aufrufes zum Sozialen Friedensdienst (SoFd) vor, der am 3. Dezember ausformuliert in einer kleinen Runde *„im Dachstübchen der Weinbergsgemeinde"*, auf dem Tisch lag[86]. Ein knappes halbes Jahr später wurde das Papier zur Diskussion gestellt und überarbeitet. Abgesehen von einer Korrektur des Einführungstextes, dem politische Schärfe (so die Passage von der *„zunehmend schwindenden Verteidigungswürdigkeit der realen Verhältnisse unserer Gesellschaft"*) entzogen wurde, und der Aufnahme des Umweltschutzes als Einsatzbereich im Rahmen des SoFd, kam es zu keinen nennenswerten Veränderungen. Am 9. Mai wurde der Text in Dresden verabschiedet und mit der Aufforderung in Umlauf gebracht, daß alle, die ihn mitzutragen bereit seien, Freunde unterrichten und an die Synoden der Kirchen schreiben sollten. Die Aktion entwickelte sich zu einem außergewöhnlichen Erfolg. Der sächsischen Synode gingen allein 700 unterzeichnete Aufrufe zu.[87] Die Landeskirchen wurden mit Eingaben nahezu bombardiert. Sie summierten sich auf 1.500, die knapp 4.000 Personen unterschrieben hatten.[88] Auch Künstler beteiligten sich mit Postkarten (Mail-Art), Plakaten und Aufklebern an der Initiative, die sich wie in einem Schneeballsystem verbreitete. Beeindruckt von dieser Entwicklung gab die Evangelische Kirche ihren bis dahin äußerst zurückhaltenden Umgang mit den Forderungen nach einem Zivildienst auf. Zwar gab es teils heftige Kritik über die unkontrollierbare kettenbriefartige Verbreitung des Aufrufs, letztlich aber bejahten alle Synoden das Anliegen. Am weitesten ging die provinzsächsische Synode, die nicht nur als einzige Synode den Begriff *„Sozialer Friedensdienst"* übernahm, sondern diese Aktion als einen *„Ausdruck des tätigen Ja"* und als *„Zeichen der Hoffnung"* charakterisierte, die aus der *„verbreiteten resignativen Stimmung aufbricht."*[89]

Staat und Partei, die seit Mitte 1981 durch die Kanäle des MfS[90] genau über die Aktivitäten informiert worden waren,[91] lehnten die Initiative von vornherein unter Hinweis auf die Bausoldatenregelung ab. Einer ihrer Wortführer, der 1. Sekretär der SED-Bezirksleitung Cottbus, Werner Walde, kriminalisierte die Aktion im November 1981 auf einer Tagung des Zentralkomitees der SED gar als *„friedens-, sozialismus- und verfassungsfeindlich"*.[92] Entsprechend wuchs der Druck auf die Kirchenleitungen, die insofern kapitulierten, als sie wissen ließen, daß das Vorhaben *„in absehbarer Zeit"* nicht realisierbar sei.[93]

Ein in der Dresdner Weinbergsgemeinde im Januar 1982 durchgeführtes Seminar, das sich unter Beteiligung von zwanzig Delegierten mit einer DDR-weiten Vernetzung der Friedenskreise befaßte und das Ziel im Auge hatte, unter Nutzung der „SoFd"-Initiative für das Osterwochenende eine „Friedensfahrt" nach Dresden durchzuführen,[94] spitzte die Lage weiter zu. Unter Rückgriff auf ein Gespräch der Dresdner Landeskirchenleitung mit dem Staatssekretär für Kirchenfragen, Klaus Gysi, der *„nochmals auf die Strafbarkeit der Tätigkeit der Initiative"* wegen sogenannter „staatsfeindlicher Hetze" hinwies, wurden Wonneberger kirchliche Bestrafungen nach dem Pfarrergesetz angedroht, falls er nicht bereit sei, *„sich von allen Aktivitäten der ‚SoFd'-Initiative zurückzuziehen und regionale Treffen abzusagen"*.[95] Daraufhin beschloß der Initiativkreis, alle überregionalen Aktionen abzublasen. Das Thema war damit zwar nicht vom Tisch. Der euphorische Aufbruch, die weit über die Kirchenebene hinausreichende Solidarität mit der Aktion und der dadurch ausgelöste öffentliche Druck, sich in der DDR mit alternativen Friedenskonzeptionen auseinanderzusetzen, war jedoch weithin gebrochen. Die Verlagerung des Problems in die Hände der Geheimdiplomatie zwischen Staat und Kirche brachte, wie zu befürchten war, keine substantiellen Fortschritte.

2.7. Friedensforum Dresden

Anfang des Jahres 1982 brachten Dresdner Jugendliche, die sich außerhalb der Kirche zu einer „Initiativgruppe 13. Februar" zusammengeschlossen hatten,[96] Flugblätter in Umlauf, in denen dazu aufgerufen wurde, sich am 13. Februar 1982 um 21.50 Uhr an der Ruine der Frauenkirche zu einer Kerzendemonstration anläßlich des Gedenkens an die Bombardierung Dresdens zusammenzufinden (Anhang Nr. 7). Dieser Aufruf verbreitete sich wie ein Lauffeuer. Staat und Sicherheitskräfte standen vor einem Dilemma. Die kurzzeitig und spontan in Gang gesetzte Aktion schloß eine völlige Unterbindung aus, zumal völlige Ungewißheit über das Echo bestand. Klar war nur, daß die Initiative und die zu erwartenden Teilnehmer der unter dem Dach der Kirche gewachsenen, vom Staat unabhängigen Friedensbewegung entstammten. So war es naheliegend, daß SED und Staat die Kirche in die Pflicht nahmen, den sich anbahnenden Konflikt zu entschärfen. Die Sächsische Landeskirche übernahm diese Aufgabe und lud zum Abend des 13. Februar zu einem offenen Friedensforum in die Kreuzkirche ein. Diese Umleitung gelang weitestgehend. Obwohl die Polizei den Zulauf nach Dresden durch Kontrollen auf Autobahnen und Bahnsteigen zu bremsen versuchte, strömten zwischen 4.000 und 6.000 zumeist mit dem Aufnäher „Schwerter zu Pflugscharen" bestückte Jugendliche in die Kreuzkirche; an der Ruine der Frauenkirche versammelten sich zur nächtlichen Stunde zwischen 400 und 500 Jugendliche.[97]

Es waren vor allem die Fragestellungen an die Vertreter der Amtskirche im Rahmen des Forums, die die Nöte, Sorgen und Wünsche der Teilnehmer unmißverständlich zu Tage förderten.[98] Angesprochen wurden insbesondere die Einführung des „SoFd", der Umgang mit dem Aufnäher „Schwerter zu Pflugscharen", die Wehrerziehung, Fragen zum gewaltfreien Widerstand und zur Waffen- und Wehrdienstverweigerung, zum „Berliner Appell" und zu Behinderungen von nicht staatlich organisierten Friedensaktionen. Die Forderung nach Einführung eines obligatorischen Unterrichtsfaches „Friedenserziehung" wurde mit besonders lang anhaltendem Beifall, die ablehnenden Reaktionen der kirchlichen Amtsträger auf den „Berliner Appell" hingegen mit äußersten Mißmut (Buhrufen und Pfiffen) aufgenommen. Welche Hoffnungen und Enttäuschungen an diesem Tag in Dresden mitschwangen, das dokumentiert ein „fiktiver Brief", den ein Teilnehmer des Friedensforums rückblickend aus dem Jahre 1987 verfaßte.[99]

2.8. Friedenswerkstatt

Wenn auch das Dresdner Friedensforum viele Wünsche offen ließ, so ermutigte dieses Treffen Gleichgesinnter aus der ganzen DDR zu weiteren Aktionen. Nicht nur gemeinsam zu reden und Unterschriften zu sammeln, sondern auch gemeinsam etwas zu tun, diesen Grundgedanken griffen friedensbewegte evangelische und katholische Christen sowie Nichtchristen aus allen gesellschaftlichen Bereichen Ost-Berlins auf. Sie schlossen sich zu einer Arbeitsgemeinschaft mit dem Ziel zusammen, eine Friedenswerkstatt ins Leben zu rufen, die allen Ost-Berliner basisorientierten Friedensgruppen die Gelegenheit bieten sollte, ihre Arbeit öffentlich zu präsentieren. Dazu brauchte man natürlich entsprechend Freiräume und weitläufigen

Platz, was schließlich ohne Kirche und damit verbundene politische Kompromisse nicht zu haben war.[100] Am 27. Juni 1982 war es dann soweit. Unter den schützenden Händen der Kirchenleitung und des Stadtjugendpfarramtes hatte in der Berlin-Lichtenberger Erlöserkirche und ihrem unmittelbaren Umfeld die erste Friedenswerkstatt ihre Premiere. Unter dem Motto „Hände für den Frieden" wurde sie zu einem Volltreffer. Etwa 3.000 bis 5.000 Besucher wurden gezählt.[101] Das Angebot war äußerst vielseitig: Infostände lieferten nicht nur Einblicke in die Arbeit der Gruppen, sie boten auch Beratungen und Arbeitsmaterialien, Broschüren Plakate und Aufnäher (u.a. auch „Schwerter zu Pflugscharen" und „Spiel Frieden – nicht Krieg!") an. Ein „Hyde-Park" lud zu ungezwungenen Gesprächen ein. Umrahmt wurde das alles von einem bunten Kulturprogramm. Prominente Gäste waren Bischof Schönherr ebenso wie die Schriftsteller Stefan Heym und Rolf Schneider. Eine Podiumsdiskussion befaßte sich vor allem mit dem Thema „Pazifismus". Zwei Vorzüge zeichneten diese Friedenswerkstatt gegenüber den bis dahin durchgeführten Aktionen aus: Zum einen ergab sich die Gelegenheit, daß sich die verschiedensten Gruppierungen zentral zusammenfanden, Erfahrungen austauschen und ihre Arbeit weithin frei von staatlicher Zensur vorstellen konnten. Das mußte wechselseitig ermutigen. Zum anderen bestand so auch für Außenstehende die Möglichkeit, sich sozusagen vor Ort und „hautnah" ein eigenes und ganz konkretes Bild über die Bewegung „Schwerter zu Pflugscharen" zu machen (Anhang Nr. 8).

2.9. Öko-Gruppen

Im Vorfeld des 1979 in Boston unter der Schirmherrschaft der Ökumenischen Weltkonferenz behandelten Themas „Glaube, Wissenschaft, Zukunft" setzte auch in den Kirchen der DDR eine verstärkte Theoriediskussion zu ökologischen Überlebensfragen ein. Damit war u.a. auch das Kirchliche Forschungsheim Wittenberg befaßt. Dort hatte sich bereits 1977 ein Arbeitskreis aus Naturwissenschaftlern, Technikern und Theologen gebildet, der sich mit dem Thema: „Mensch und natürliche Umwelt im Zeitalter der industriellen Zivilisation – realistische Einschätzung der Situation, reale Handlungsmöglichkeiten" auseinandersetzte.[102] In diesem Rahmen wurde u.a. 1980 ein Arbeitspapier für Gemeindeseminare unter dem Titel: *„Die Erde ist noch zu retten, Umweltbedrohung – Christlicher Glaube – Handlungsmöglichkeiten"* herausgegeben.[103] Das Forschungsheim entwickelte sich mehr und mehr zum geistigen und inspirierenden Zentrum von Umweltgruppen, die als eigenständige Kreise gegen Ende der siebziger Jahre entstanden. Für die Jahre 1982/83 machte das MfS insgesamt 35 Gruppierungen aus.[104] Das Forschungsheim war Treffpunkt vieler solcher Gruppen, führte Seminare durch und initiierte 1980 durch ihren Leiter, Dr. Gensichen, die symbolische Aktion „Mobil ohne Auto".[105] Typische Initiativen der Umweltgruppen in dieser Zeit waren Baum- und Grünpflanzaktionen sowie „Radsternfahrten" bzw. „Grüne Wochenende". Im Sommer 1982 fanden sich beispielsweise auf einer „Radsternfahrt" etwa 600 Umweltschützer zusammen.[106] Neben den Informationsblättern, die das Forschungsheim Wittenberg herausgab, machte die Arbeitsgruppe Umweltschutz beim Stadtjugendpfarramt Leipzig seit November 1981 mit dem Informationsblatt „Streiflichter" auf sich und andere basisorientierte Umweltaktivitäten in der DDR aufmerksam (Anhang Nr. 8).[107]

2.10. Frauen für den Frieden

Die Aktion Frauen für den Frieden entstand als direkte Reaktion auf das am 25. März 1982 von der Volkskammer verabschiedete und am 1. Mai 1982 in Kraft gesetzte neue Wehrpflichtgesetz der DDR.[108] Nach diesem Gesetz konnten erstmalig Frauen im Alter zwischen 18. und vollendetem 50. Lebensjahr für den Fall der Mobilmachung und des Verteidigungszustandes zur Wehrpflicht einberufen werden. Dabei reichte bereits eine *„bedrohliche Lage im Interesse der Landesverteidigung“* aus, um die Mobilmachung in Gang zu setzen.[109] Diese verschärfte, offensichtlich mit Blick auf Polen verankerte Gesetzeslage verschaffte dem Regime genügend Spielraum, die Mobilmachung und damit die Einberufung der Frauen zum Wehrdienst für die „Bereinigung“ von Konfliktsituationen zu instrumentalisieren.

Die ersten Reaktionen von Frauen erfolgten noch im April, also vor dem Inkrafttreten des neuen Wehrpflichtgesetzes. Bärbel Bohley und Irina Kukutz richteten ihren Protest in Form einer Eingabe sowohl an das ZK der SED als auch an die Volkskammer.[110] Als im Herbst 1982 die Wehrkreiskommandos damit begannen, Frauen, die im Gesundheitswesen und im Fernmeldebereich beschäftigt waren, zu erfassen, brach eine Protestwelle aus, die zu einer von Bärbel Bohley initiierten Eingabe an Erich Honecker führte.[111] Diese Eingabe, der sich sofort über 150 Frauen vor allem aus Ost-Berlin, Halle und Dresden anschlossen und die weitere Unterschriftensammlungen auslöste,[112] bildete den Auftakt für eine Frauenbewegung, die 1983 unter dem Namen „Frauen für den Frieden“ als neuer Impuls in die vom Staat unabhängige Friedensbewegung einging.[113]

2.11. Friedenskreise – Friedensgebete – Frieden konkret

Inspiriert von den Friedensdienstarbeitskreisen und Friedensseminaren, entstanden in den späten siebziger Jahren die ersten Friedenskreise. Konsistenz und politische Brisanz wiesen vor allem die bei den Evangelischen Studentengemeinden (ESG) angesiedelten Kreise auf, die mit ihrer Arbeit nicht selten auch systemkritische Atheisten anzogen und integrierten. Das traf vor allem auf die ESG in Leipzig, Berlin, Dresden und Rostock zu. Als Beispiel soll der Aktionskreis „Anstiftung zum Frieden“ der ESG in Ost-Berlin stehen. Dieser Kreis, der, angeregt durch die SoFd-Initiative und das Königswalder Friedensseminar, 1981 entstand und jeweils 14tägig zusammenkam, entwickelte im ersten Halbjahr 1982 u.a. folgende Aktivitäten: Eingaben gegen die Herstellung und Verbreitung von Kriegsspielzeug, drei Vortragsabende zum Thema Pazifismus, Paketaktionen für Polen, Durchführung eines Ost-West-Seminars mit Vertretern westeuropäischer Friedensgruppen und die Teilnahme mit Informationsständen im Rahmen der Bluesmessen und der Friedenswerkstatt.[114] Das „Basispapier“[115] dieses Kreises verdeutlicht die Bandbreite derartiger Friedensinitiativen (Anhang Nr. 9). Neben den Friedenskreisen der ESG erlangten vor allem der 1980 von Pfarrer Dieter Nath und dem Vikar Heiko Lietz initiierte „Kessiner Friedenskreis“ in Mecklenburg, der „Große Friedenskreis Pankow“ unter Hans-Jürgen Misselwitz und der erste, im Herbst 1982 im Bezirk Neubrandenburg von den Pfarrern Markus Meckel und Martin Gutzeit ins Leben gerufene Friedenskreis Vipperow eine herausragende Bedeutung.[116] Anfang 1983 hatte das MfS DDR-weit etwa rund 50 Friedenskreise im Visier; deren tatsächliche Zahl lag jedoch weit höher. Allein im Bereich der Evangelischen Kirche Berlin-Brandenburg machte das MfS im Herbst 1982 insgesamt 28 Friedenskreise aus.[117] Gesellschaftlich wirksam waren vor allem solche Kreise, deren Mitglieder auch außerhalb des kirchlichen Raumes, so etwa am Arbeitsplatz in staatlichen Betrieben, in Schulen oder auf öffentlichen Veranstaltungen (Schriftstellerlesungen, Urania-Vorträge u.ä.) ihr Selbstverständnis von Frieden und Menschenrechten offen vertraten.[118]

Je mehr Friedenskreise entstanden, um so mehr mußte sich der Gedanke aufdrängen, die vielschichtig und vielerorts aufgetretene unabhängige Friedensarbeit zu bündeln, Informationen auszutauschen und sich wechselseitig zu ermutigen.

Von der Gesamtkirche war eine Lösung aus *„mancherlei Gründen – aus politischen Erwägungen und traditionellen Prägungen“* nicht zu erwarten. So jedenfalls sah es der Initiator von „Frieden konkret“, der damalige Leiter der Evangelischen Akademie in Magdeburg, Pfarrer Hans Tschiche. Im September 1981 konzipierte er eine „Bruderschaft“ aus Laien und hauptamtlichen Mitarbeitern, die den neuen Gruppierungen Orientierung und Konsistenz verschaffen sollte. Gedacht war an den Aufbau von Informationsdiensten sowie an koordinierende und unterstützende Aufgaben – auch im Sinne einer Interessenvertretung gegenüber kirchlichen und staatlichen Stellen. Im Vergleich zu den Grundsatzpositionen, die Tschiche damals zur Friedenserziehung vertrat, war das eher ein bescheidener, weniger konfliktbeladener Ansatz. Mit einem Seitenhieb auf die „Gesamtkirche“, der er vorwarf, einem *„verlogenen Resolutionismus, den wir gerade bei uns in der Friedensfrage häufig finden“*, Vorschub zu leisten, bekannte sich Tschiche im Mai 1981 zum Grundprinzip, daß der Weltfrieden mit der *„Humanisierung und Durchsetzung der innenpolitischen Verhältnisse“* beginne.[119] Friedensdienst in der DDR erfordere demzufolge, *„für ein innenpolitisches Klima“* einzutreten, das *„Toleranz, Vertrauen, Bereitschaft zum Umdenken und Einsichten zu eigenen Fehlentwicklungen von einzelnen Gruppen, Organisationen und der ganzen Gesellschaft wachsen läßt“*.[120] Allein jedoch die Vorstellung, ein von staatlichen und kirchlichen Einflüssen weitestgehend unabhängiges zentrales Gremium von Laien und kirchlichen Amtsträgern zu bilden, mußte bei der SED und ihrem Sicherheitsapparat, aber auch bei den Kirchenleitungen höchste Beunruhigung auslösen. Nachdem noch im Januar 1982 in Dresden ein dreiphasiges Konzept zur Realisierung der „Bruderschaft“ entwickelt wurde,[121] kam es Ende Mai bei einem Treffen in Samtswegen bei Magdeburg zum Rückzug. Auf Tschiche ausgeübter staatlicher und kirchlicher Druck ließen es als *„unzweckmäßig“* erscheinen, das Ziel in der ursprünglichen Form weiterzuverfolgen.[122] Der eingebrachte Vorschlag, in die Friedensarbeit Menschenrechtsfragen im Sinne der KSZE-Charta zur *„Durchsetzung demokratischer Grundrechte in der DDR“* einzubinden, stieß mehrheitlich auf Ablehnung, und das mit der Begründung, sich nicht in *„eine staatsfeindliche Rolle drängen lassen“* zu wollen.[123] Um dennoch den Gefahren der Isolation der unterschiedlichen christlichen Friedensinitiativen zu begegnen, wurde die Bildung eines Arbeitskreises „Friedensgottesdienst konkret“ beschlossen. Dieser sollte den Informationsaustausch sichern, die Friedensgottesdienste, Friedenswerkstätten, Friedensseminare und „insbesondere die Friedensgebete“ fördern und zu grundsätzlichen theologischen Reflexionen in der Friedensfrage führen.[124]

Die Idee regelmäßiger Friedensgebete entstand bereits 1981. Anfang 1982 schlug Pfarrer Wonneberger vor, in allen größeren Städten der DDR jeweils sonnabends 20 Uhr „Freie Friedensgebete“ abzuhalten, die es allen Beteiligten erlauben sollte, mit eigenen Worten Sorgen, Nöte und Wünsche anzusprechen, die aber auch gleichzeitig als Ort des Gedanken- und Erfahrungsaustausches von Friedenskreisen gedacht waren.[125] Die für den Gang der Geschichte der DDR so bedeutungsvollen Leipziger Montagsgebete entsprangen dieser Quelle. Nachdem Pfarrer Wonneberger bereits im April 1982 in der Dresdener Dreieinigkeitskirche ein erstes Friedensgebet durchführte, folgte Leipzig im November. Im September 1982 durch den Arbeitskreis Friedensdienst für die Friedensdekade im November 1982 vorbereitet, fanden erstmals in der Woche vom 7.-17. November 1982 regelmäßig von 18 Uhr bis 18.30 Uhr Friedensgebete in der Nikolaikirche statt.[126]

Der Ausgangsgedanke, möglichst viele Friedenskreise und andere staatsunabhängige Friedensinitiativen unter dem Dach der Kirchen und dem Namen „Frieden konkret“ zusammenzuführen, kam im Frühjahr 1983 dann schließlich doch noch zum Tragen. Anfang März 1983 trafen sich erstmals in Ost-Berlin Vertreter von 32 Friedenskreisen, insgesamt 125 Teilnehmer. Die Vernetzungs- bzw. Koordinierungsbestrebungen fanden so einen Kristallisationspunkt, der fortan und jährlich einmal unter dem Namen „Frieden konkret“ den Vertretern kirchlicher Basisgruppen die Möglichkeit bot, sich wechselseitig zu informieren, auszutauschen und zentralisiert an bestimmten Themen zu arbeiten. Das MfS sah – in Auswertung der ersten Zusammenkunft 1983 – „Frieden konkret“ als einen *„gewissen Höhepunkt in der Entwicklung der sogenannten Friedenskreise“*.[127]

3. Widerständiges Verhalten außerhalb der Kirchen

Zwei zeitliche Eckpunkte markierten die Entwicklung zwischen 1976 und 1982: die zwangsweise Ausbürgerung von Wolf Biermann im Herbst 1976 und der Tod von Robert Havemann im Frühjahr 1982. Beide Ereignisse standen für den Anfang und für einschneidende Begrenzungen widerständiger Aktionen im außerkirchlichen Raum. Sie setzten ein mit der Protestbewegung prominenter Schriftsteller und Künstler gegen die Ausbürgerung Biermanns, der 1979 ein abermaliges Aufbegehren folgte, spiegelten sich wider in der alternativen subkulturellen Szene und fanden zeitgleich ihren Ausdruck in den systemkritischen Plattformen Bahros und von Bergs, in Diskussionszirkeln sowie in einem Ableger der westdeutschen KPD/ML und endeten nahezu symbolhaft mit dem Abschied von Havemann an seiner Grabstätte.

3.1. Robert Havemann als zentrale Leitfigur des Widerstandes

Wenn in der DDR nach Leitfiguren des politischen Widerstandes außerhalb des kirchlichen Raums für die Zeit 1976 bis 1982 Ausschau gehalten wird, so fallen sofort Robert Havemann und Wolf Biermann ins Auge. Nachdem Biermann durch die Zwangsausbürgerung ausgeschaltet worden war, blieb Havemann als einzige Leitfigur in der DDR zurück. Und er verkörperte sie mit Würde und Standhaftigkeit: Er trat für den schrittweisen Abbau der Mauer durch mehr Reisefreiheit der Bürger ein, forderte u.a. die Einführung des Streikrechts, unabhängige Zeitungen und eine Oppositionspartei.[128] Sein großer Freundes- und Bekanntenkreis in der DDR profitierte nicht nur von seinen langjährigen Erfahrungen, sondern sah sich auch durch seine internationale Wertschätzung und seine vielseitigen Westverbindungen geschützt. Havemann konnte Menschen für seine Vision von einem Sozialismus mit menschlichem Gesicht begeistern. So schwärmte Pfarrer Rainer Eppelmann nach einem ersten Gespräch mit Havemann: *„Es war wie eine Predigt für mich. Der Siebzigjährige sprühte vor Energie, und er wollte noch selbst erleben, wie sich seine Prophezeiung erfüllt. Auch deshalb drängte er mich später immer wieder zu Aktionen. Sein Optimismus hatte allen Verfolgungen widerstanden und steckte seine Umgebung an.“*[129] Auf diesem Weg fand Havemann in seinen letzten Jahren auch solidarische Verbindung mit der staatsunabhängigen Friedensbewegung in der DDR. Seine Ambitionen waren vor allem globaler, blockübergreifender Natur und äußerten sich sowohl in seinem Offenen Brief an den sowjetischen Staatschef Breshnew[130] als auch in seiner Zusammenarbeit mit Eppelmann. Freilich ließ Havemann keine Zweifel aufkommen, auf welcher Seite er letztlich stand: *„Ich bin bei aller Schonungslosigkeit meiner Kritik an den politischen Zuständen in der DDR noch immer der festen Überzeugung, daß von den beiden deutschen Staaten die DDR der bessere ist.“*[131] Trotzdem haben die Machthaber nichts unversucht gelassen, diesen streitbaren Kommunisten zum Schweigen zu bringen. Langjährige Repressionen unterschiedlichster Art bis zum Versuch, ihn total zu isolieren, zu verhaften und auszubürgern, konnten seinen Willen nicht brechen.[132] Sein Widerstandsgeist lebte vor allem in seinem engsten Freundeskreis fort. Und das traf gleichermaßen auf die ins Gefängnis geworfenen und aus der DDR vertriebenen Freunde zu, wie beispielsweise im Falle des Schriftstellers Jürgen Fuchs, und auf vor Ort gebliebene, wie beispielsweise im Falle des Bürgerrechtlers Gerd Poppe.[133]

3.2. Die Fälle Rudolf Bahro und Hermann von Berg

Wirkte und arbeitete Robert Havemann mit offenem Visier und solidarisch mit Unterdrückten und Verfolgten, so agierten Rudolf Bahro und Hermann von Berg hinter den Kulissen.

Offiziell als Parteisekretär im Dienst der SED tätig, schrieb sich Bahro inoffiziell seinen Frust über das SED-Regime vom Leibe und dachte über neue Visionen nach. Das Ergebnis lag 1978 in Form eines im Westen erschienenen Buches unter dem Titel: *„Die Alternative: Zur Kritik des real existierenden Sozialismus“*, vor.[134] Wie aus seinem Selbstinterview kurz vor seiner Verhaftung im August 1977 hervorgeht, wollte er mit seiner Schrift das theoretische Fundament für den Kampf gegen die *„stalinistische Gesellschaftsverfassung“* liefern und der *„Partei die offene ideologische Schlacht im eigenen Lande, in allen Ländern des real existierenden Sozialismus aufzwingen“*.[135] Seinen Weg in die westliche Öffentlichkeit nutzte die SED, ihn 1978 wegen angeblichen Geheimnisverrates zu einer achtjährigen Gefängnisstrafe zu verurteilen. Nach einer Amnestie im Jahre 1980 folgte Bahro seinem Buch und im wesentlichen Sinne auch seinem Versprechen, die DDR im Westen weithin zu verschonen. Das MfS machte im Oktober 1979 knapp 90 DDR-

Bürger aus, die mit Bahros „Alternative“ in Berührung kamen und sich mit seinen Texten in der einen oder anderen Weise solidarisierten. Darunter befanden sich sieben direkt an der Herstellung des Buches Beteiligte und 33 Sympathisanten.[136]

Nicht viel anders erging es Hermann von Berg, dem Urheber einer Erklärung, die als „Spiegel-Manifest“ erhebliches Aufsehen auslöste.[137] Sie war das Ergebnis eines Diskussionspapiers, das in kleiner Zirkelarbeit begonnen, in einem „Bund der Kommunisten Deutschlands“ (BDKD) zu Ende geführt und im Jahre 1977 von Hermann von Berg dem Spiegel-Korrespondenten Ulrich Schwarz *„ins Stenogramm“* diktiert wurde.[138] Das in diesem Papier anvisierte Ziel, mit Hilfe der Reformkommunisten Europas in der DDR eine *„demokratisch-kommunistische Ordnung“* herzustellen, fand so gut wie kein Echo, zumal die Herkunft des Papiers im Dunkeln blieb. Die detaillierte Beschreibung der Bonzenwirtschaft als Selbstbedienungsladen der Parteiführung sorgten dennoch für erhebliches Aufsehen; bestätigte sie doch die allerorts umlaufenden Gerüchte. Auch die aufgeworfene nationale Frage erhitzte die öffentliche Debatte. Hermann von Berg, damals Wirtschaftswissenschaftler an der Ost-Berliner Humboldt-Universität, wurde 1978 vom MfS kurzzeitig verhaftet. Die Haftentlassung erfolgte unter der Auflage, alle Kontakte zu Westjournalisten abzubrechen, die Inhaftierung öffentlich zu widerrufen und sie mit einer Dienstreise nach Moskau zu legendieren. Hermann von Berg unterwarf sich diesen Bedingungen. 1985 erhielt er Lehr- und Publikationsverbot; 1986 konnte er die DDR legal verlassen.[139]

3.3. Politische Zirkel

Haus- und Gesprächskreise, die sich kritisch mit den gesellschaftlichen Verhältnissen in der DDR befaßten, gab es zu allen Zeiten, vor allem auch unter Christen. So machte das MfS 1975 Akademikerhauskreise in den Bezirken Gera, Magdeburg, Potsdam sowie im VEB Carl-Zeiss-Jena und in den Chemiekombinaten Leuna und Buna aus.[140]

Angeregt durch die Ideen des „Prager Frühlings“ und ihre Verbannung aus der Öffentlichkeit waren es zunehmend auch Nichtchristen und im besonderen Intellektuelle, Wissenschaftler und Künstler, die außerhalb kirchlicher Räume ihre Gedanken und Vorstellungen in kleinen vertrauten Kreisen austauschten. Im Untersuchungszeitraum war es vor allem Guntolf Herzberg,[141] der mit entsprechenden Initiativen in Erscheinung trat und ins Visier des MfS geriet. Herzberg gehörte schon Anfang der siebziger Jahre einem privaten Diskutierklub an. 1973 wegen „nichtmarxistischer Positionen“ aus der SED ausgeschlossen und als Philosoph am Institut für Philosophie an der Akademie der Wissenschaften kaltgestellt, war er der Spiritus rector dieser Zirkelarbeit. Er bildete mehrere Gesprächskreise, so den Hegel- und Lutherkreis und einen zur Wissenschaftsethik. Letzterer wirkte allerdings vorwiegend im Rahmen des Kirchlichen Forschungsheimes Wittenberg. Auch war Herzberg in die Ausarbeitungen Bahros einbezogen. Sinnigerweise wurde er vom MfS durch die Einleitung eines Operativen Vorganges unter dem Decknamen „Korrektor“ verfolgt. In diesem Rahmen deckte die Stasi insgesamt 95 Verbindungspersonen zu Herzberg auf.[142] Wegen Arbeitsverbot als Philosoph und Perspektivlosigkeit stellte er 1983 notgedrungen einen Ausreiseantrag. Im Frühjahr 1985 konnte er mit Familie ausreisen.[143]

Einige Kreise, die sich beispielsweise aus der offenen Jugendarbeit in Jena zusammenfanden und enge Kontakte zu ihren ausgebürgerten Freunden im Westen pflegten, wurden mehr oder weniger regelmäßig mit westlicher bzw. systemkritischer Literatur versorgt und dadurch inspiriert. Das ermöglichte die Auseinandersetzung mit den verschiedensten Ideen; angefangen von der Philosophie Nietzsches über die Ideen der Trotzkisten, Eurokommunisten und der sektiererischen westlichen Kommunisten bis hin zu den Dissidenten des „real existierenden Sozialismus" wie beispielsweise Solshenizyn, Sacharow und Bahro. Dieses Material wurde vervielfältigt und in der DDR verbreitet. Besonders aktiv waren auch Personenkreise der Sektion Literatur/Kunst der Jenaer Friedrich-Schiller-Universität, der Lehrkräfte und Studenten angehörten (vgl. Anhang Nr. 10).

1978 machte das MfS darüber hinaus zwei SED-interne Gruppen aus, die sich in Ost-Berlin und Leipzig gebildet hatten.[144] Der Kern dieser Gruppen bestand aus Assistenten der Wirtschaftswissenschaftlichen Sektion der Karl-Marx-Universität Leipzig und des Zentralinstituts für Wirtschaftswissenschaften der Akademie der Wissenschaften der DDR, aus Absolventen der Handelshochschule sowie Studenten und gleichgesinnten Bekannten der Initiatoren. Alle gehörten der SED an und verfolgten das Ziel, die *„bürokratische Deformation"* der Partei aufzubrechen. Das Statut der Berliner Gruppe sah hauptsächlich eine konspirativ angelegte Zirkelarbeit vor. Beide Gruppierungen nutzten Verbindungen in die Bundesrepublik und nach Berlin-West zur Einschleusung von Literatur. 1976 verfaßten sie unter dem Pseudonym *„Oppositionelle Mitglieder der SED"* einen *„Offenen Brief"* an Wolf Biermann, in dem sie seine Ausbürgerung scharf verurteilten und als einen *„wohlgezielten Schlag gegen die in den letzten Jahren wachsenden demokratischen Aktivitäten"* werteten.[145] Die Berliner Gruppe gab Ende 1976 eine Solidaritätserklärung für den polnischen Aufstand in Radon ab und organisierte eine Spendensammlung für das polnische Komitee zur Unterstützung der Arbeiter (KOR). Für das Zerschlagen dieser beiden Gruppierungen hielt das MfS „parteierzieherische" und disziplinarische Maßnahmen für angemessen. Uneinsichtige Mitglieder dieser Zirkel wurden jedoch hart bestraft: Bernd Gehrke wurde 1978 aus der SED ausgeschlossen, sein Arbeitsverhältnis fristlos gekündigt. Klaus Wolfram als Philosophiestudent relegiert und Thomas Klein im Dezember 1980 wegen „ungesetzlicher Verbindungsaufnahme" in Haft genommen und danach mit Berufsverbot belegt.

Häufig durchsetzt von IM und gezielt geschwächt durch Inhaftierungen und Ausbürgerungen, konnten die auf breiterer Basis angelegten politischen Zirkel Anfang der achtziger Jahre durch das MfS in ihren Wirkungen eingegrenzt und schließlich ausgeschaltet werden.

3.4. Die KPD/ML – Sektion DDR

Die „Sektion DDR" der Kommunistischen Partei Deutschlands/Marxisten-Leninisten wurde zur Jahreswende 1975/76 an einer Erweiterten Oberschule (EOS) in Ost-Berlin gebildet.[146] Ihre Gründungserklärung entsprach ganz dem Duktus hartgesottener maoistischer Revolutionäre: *„Nur durch eine neue gewaltsame, sozialistische Revolution können wir die sozialfaschistische Herrschaft der Honecker-Clique, die ein Vasall des russischen Sozialimperialismus ist, zerschlagen und die*

Herrschaft der Arbeiterklasse im Bündnis mit den Bauern und anderen Werktätigen, die Diktatur des Proletariats, wiedererrichten.“[147] Bis zum Jahre 1980 entstanden etwa ein Dutzend dieser Zellen, denen jeweils bis fünf Mitglieder angehörten. Hinzu kamen etwa 50 bis 80 Sympathisanten. Der westliche Einfluß war eindeutig. Die Generallinie wurde vom Zentralkomitee der westdeutschen KPD/ML vorgegeben. Die „DDR-Sektion“ griff die SED vor allem in Flugblättern und mit Hauswandparolen an. Obwohl sie streng konspirativ arbeitete, konnte es nur eine Frage der Zeit sein, bis die Stasi Durchsicht bekam. 1980 waren die rund 50 Mitglieder und Kandidaten dann auch bereits mit 20, wenig später mit 30 IM durchsetzt.[148] Im Frühjahr 1981 holte das MfS zum entscheidenden Schlag aus, der gleichzeitig das Ende des DDR-Ablegers der KPD/ML bedeutete. Es kam zu Verhaftungen von acht Mitgliedern bzw. Anhängern der Sektion. Die beiden Führungskräfte wurden zu je acht Jahren Gefängnis verurteilt.[149]

3.5. Proteste prominenter Schriftsteller und Künstler

Am 16. November 1976 beschloß das Politbüro der SED die Ausbürgerung Wolf Biermanns. Sie löste eine Protestwelle aus, mit der die Machthaber wohl kaum gerechnet hatten. Schon einen Tag später antworteten 13 prominente Intellektuelle und Künstler der DDR mit einer Petition, mit der sie gegen die Ausbürgerung Biermanns protestierten. Die Petition wurde von dem mit Honecker befreundeten Stephan Hermlin initiiert und im Westen veröffentlicht (Anhang Nr. 11).

Um den Schaden zu begrenzen, kam es in der Wohnung des Mitunterzeichners der Petition und damals beliebtesten Schauspielers in der DDR, Manfred Krug, zu einem Gespräch u.a. mit Politbüromitglied Werner Lamberz.[150] Obwohl in diesem Rahmen die Petenten darauf hinwiesen, daß die Ausbürgerung Biermanns einen erheblichen internationalen Gesichtsverlust für die DDR bedeute, hielt die SED-Führung nicht nur unbeirrt an ihrem Entschluß fest. Mit der Verhaftung von 54 Personen aus Jena, die mit Unterschriftensammlungen gegen die Ausbürgerung Biermanns protestierten,[151] der Festnahme des Schriftstellers Jürgen Fuchs und seiner Freunde Christian Kunert und Gerulf Pannach sowie mit der Verhängung eines Hausarrestes gegen Robert Havemann ließ sie vielmehr erkennen, daß sie jegliche politische Opposition, gleich unter welcher kulturellen oder ideologischen Flagge auch immer, im Keime ersticken wollte.

Daß sich die Erstunterzeichner selbst nicht in der Rolle einer Opposition bzw. in Gleichgesinntheit mit Wolf Biermann verstanden, das bezeugt nicht nur der Text der Resolution, sondern auch eine Reihe von Reaktionen. So äußerten beispielsweise Stephan Hermlin und Christa Wolf in Erklärungen zum Protestbrief ausdrücklich ihre Zustimmung zur Politik des Politbüros.[152] Ihr Protest begrenzte sich im wesentlichen auf ein solidarisches Bekenntnis mit einem Kollegen, der sich als Kommunist verstand und in der DDR als dem besseren deutschen Staat bleiben wollte und sollte. Solidarität mit der Systemkritik Biermanns oder mit politisch Inhaftierten in der DDR kam deshalb nicht von dieser Seite, sondern vorwiegend aus dem linken Lager des Westens. So konstituierte sich beispielsweise in Berlin (West) Ende 1976 ein „Schutzkomitee Freiheit und Sozialismus“, das sich der praktischen Hilfe gegenüber den politisch Inhaftierten und Verfolgten im Zusammenhang mit der Ausbürgerung Biermanns verpflichtet fühlte und selbst von Intellektuellen in Europa unterstützt wurde, die die DDR als Bündnispartner betrachtet hatten.[153] Die Gefahren, die von Wolf Biermann für das SED-Regime ausgingen, sah zumindest das MfS auch eher westlich der DDR: *„Biermann ist vor allem durch die ständige Aufwertung, das permanente Hochspielen seitens der westlichen Massenmedien und Presseorgane, weniger durch seine Verbindungen und Aktivitäten im Innern der DDR, von politisch-operativem Interesse.“*[154]

Vor dem Hintergrund dieser Protest- bzw. Solidaritätswelle fielen die Reaktionen von Kollegen hinsichtlich der Verfolgung des Schriftstellers Reiner Kunze vergleichsweise gering aus.[155] Reiner Kunze wurde noch vor der Ausbürgerung Biermanns im Zusammenhang mit seinem im Westen veröffentlichten Prosaband „Die wunderbaren Jahre“ [156] aus dem Schriftstellerverband der DDR ausgeschlossen und systematisch vom MfS derart existentiell bedroht, daß er für sich und seine Familie nur noch einen Ausweg in der Ausbürgerung sehen konnte.[157] Robert Havemann, einer der wenigen Intellektuellen, die gegen den Ausschluß von Reiner Kunze protestierten, schrieb den Schriftstellerkollegen ins Stammbuch:

> „Es gibt keinen Fall Reiner Kunze. Es gibt nur den Fall des Schriftstellerverbandes der DDR. Es ist nicht einmal ein Kniefall vor der Obrigkeit. Es ist ein Fall, mit dem wir nicht mehr rechneten. Es gibt eine ganze Reihe von bedeutenden Autoren, die Mitglieder des Verbandes sind – noch sind. Ich denke, sie sollten ernsthaft erwägen, ob sie weiterhin Mitglieder bleiben können, ohne sich der Gefahr auszusetzen, daß durch ihr Schweigen das allgemeine Mundtotmachen erst ermöglicht wird.“[158]

Mitte 1979 brachen nochmals acht prominente Autoren das Schweigen. In einem Brief an Honecker[159] kritisierten sie die offizielle Kulturpolitik. Herausgefordert wurden sie durch eine gegen Stefan Heym verhängte Geldstrafe,[160] vor allem aber durch einen im SED-Zentralorgan „Neues Deutschland“ veröffentlichten Brief des „Hofschriftstellers“ Dieter Noll, der von *„einigen kaputten Typen wie Heym, Seyppel und Schneider“* sowie von einem *„Klüngel an sogenannten Literaten“* sprach.[161] Die Folge war ein weiterer Exodus systemkritischer Schriftsteller, wobei die SED-Führung eine Politik des pragmatischen Kalküls nach dem Prinzip „teile und herrsche“ betrieb. Einige Prominente wurden mit Reisepässen versorgt, andere mit Auszeichnungen und Literaturpreisen geehrt. Gegen andere prominente, aber nicht anpassungswillige Autoren bzw. Künstler wie Klaus Schlesinger, Bettina Wegner, Karl-Heinz Jacobs, Hans Joachim Schädlich, Elke Erb, Franz Fühmann und Ulrich Plenzdorf wurde strafrechtlich ermittelt.[162] Weniger prominente und unbekannte, vor allem junge systemkritische Schriftsteller waren schließlich repressiven Maßnahmen ausgesetzt. So wurden beispielsweise 1980 Annegret Gollin, Thomas Erwin, Frank-Wolf Matthies und Lutz Rathenow vom MfS verhaftet und einem Ermittlungsverfahren unterzogen. Rathenow und Matthies wurden nach Interventionen u.a. durch Stephan Hermlin, Christa Wolf und Franz Fühmann aus der Untersuchungshaft entlassen; Matthies und Erwin landeten im Westen, Rathenow entschied sich, in der DDR zu bleiben.[163] Annegret Gollin kam zunächst wegen Schwangerschaft aus der Untersuchungshaft frei, wurde jedoch im März 1982 wegen „öffentlicher Herabwürdigung“ abermals verhaftet und im Dezember 1982 ausgebürgert.[164] Skrupellosen Zersetzungsmaßnahmen seiner Ehe mit der Schriftstellerin Heidi Härtl war der Leipziger Autor Gert Neumann, der im engen Kontakt mit dem ausgereisten Schriftsteller Siegmar Faust stand, ausgesetzt. 1981 sollte Neumann wegen seiner „feindlich-negativen Wirksamkeit" durch weitere Verunsicherungen zur Übersiedlung in die Bundesrepublik bewegt werden.[165]

1981 war im offiziellen Kulturraum die „Spreu vom Weizen" getrennt. Gerhard Ziegengeist, Direktor des Zentralinstituts für Literaturgeschichte an der Akademie der Wissenschaften der DDR bezeichnete diese Phase in der Kulturpolitik der SED als *„reinigendes Gewitter an der Kulturfront"*.[166] Das MfS vermerkte Anfang der achtziger Jahre eine allgemeine Beruhigung im „Kernbereich" der DDR-Literatur und bezog sich dabei auf die in der DDR verbliebenen, einst am Biermann-Protest beteiligten Autoren. Ihre Einbindung in die offizielle Friedenspolitik führte gar so weit, daß ihnen SED und MfS eine systemstabilisierende Rolle bescheinigten:

> „Befriedigt wurde festgestellt, daß sich einige Künstler ‚leidenschaftlich an den Aktivitäten zur Sicherung des Friedens' beteiligten [...]. Hermlin als Initiator und Mitorganisator der ‚Berliner Begegnung' [gemeint ist die Begegnung der „Schriftsteller für den Frieden"] bemüht sich, die ihm dadurch auferlegte Verantwortung und den dadurch erworbenen Status durch ein loyales, teilweise progressives Auftreten zu rechtfertigen."[167]

Stephan Hermlin reihte sich dabei ganz im Sinne der SED-Doktrin in die Front derer ein, die die Frage nach den Menschenrechten von der Frage nach dem Frieden trennten[168] und die demgemäß Forderungen nach der Einheit von innerem und äußerem Frieden – als Voraussetzung für eine tatsächliche Friedfertigkeit von Staaten und Systemen – als Versuch bewerteten, *„dem Krieg Tor und Tür zu öffnen"*.[169]

3.6. Die alternative Kulturszene

Die alternative Kulturszene reichte bis Anfang der siebziger Jahre zurück und gewann in den achtziger Jahren an Bedeutung. Es handelte sich hierbei vorwiegend um junge Autoren und Künstler, die organisatorisch nicht in den offiziellen Kulturbetrieb eingebunden waren und/oder sich in diesen auch ganz bewußt nicht einbinden lassen wollten. Angesiedelt war diese Szene vor allem in den Großstädten Berlin, Leipzig, Dresden, Karl-Marx-Stadt und Halle. Bilder, Bücher und Manuskripte wurden zumeist in Privaträumen vorgestellt und diskutiert.

Bis 1975 konnten viele dieser jungen Leute noch in staatlichen Kulturhäusern auftreten. So moderierte die kritische Liedermacherin Bettina Wegner bis 1975 die Veranstaltungsreihe „Eintopp" im Berliner Haus der jungen Talente, wo neben prominenten kritischen Schriftstellern wie Heym, Plenzdorf und Schlesinger u.a. auch die bis dahin kaum bekannten Autoren Lutz Rathenow und Jürgen Fuchs auftraten. In der Folge der repressiven Kulturpolitik nach 1975 zogen sich die meisten Akteure in Wohnungen, Ateliers und Hinterhöfe zurück oder kehrten der DDR den Rükken.[170] Die vor Ort blieben, entschieden sich entweder für eine politisch-kulturelle oder eine künstlerisch-ästhetische Richtung:

> „In den politisch engagierten Gruppierungen wird versucht, die ökonomisch-gesellschaftlichen Ursachen für die Bedingungen eigenständiger Lebensmodelle zu analysieren und ansatzweise zu verändern. Die künstlerisch-ästhetischen Gruppierungen hingegen setzen die Wirkungen dieser Gesellschaft auf das Individuum spielerisch um und basteln an indi-

viduellen Konzeptionen für ein Leben in den Nischen der offiziellen Kultur."[171]

Doch ähnlich wie die offizielle, so wurde auch die alternative Kulturszene unter Nutzung der von eingeschleusten Spitzeln gewonnenen Informationen zunehmend durch einen differenzierten Umgang paralysiert:

> „Dem einen gibt man ein Stipendium, stellt ihm eine Verbandskandidatur in Aussicht oder versucht ihn anderweitig zu korrumpieren, dem anderen droht eine Verurteilung wegen Asozialität. Einer bekommt überraschend eine Westreise genehmigt, einem anderen droht die Verhaftung."[172]

Diese Strategie entsprach ganz dem Willen der Parteiführung, die im November 1981 beschloß, DDR-loyale, künstlerisch ambitionierte Jugendliche zu fördern und auf den Eintritt in die offiziellen Verbände vorzubereiten; systemkritische bzw. nicht angepaßte, künstlerisch ambitionierte Jugendliche hingegen einer „geregelten Arbeit" zuzuführen und ihre Werke nicht zu veröffentlichen. Für „asoziale" und „staatsfeindliche Elemente" sollte die Justiz das letzte Wort sprechen.[173]

4. Fazit

Im Zeitraum 1976–1982 bildete der zunehmende Widerspruch zwischen Wort und Tat, zwischen den verbalen Bekundungen der SED zur Entspannungs-, Sicherheits- und Friedenspolitik nach außen auf der einen Seite und der praktizierten Politik der Abgrenzung, der Militarisierung und der Repression gegenüber Andersdenkenden nach innen auf der anderen Seite das wichtigste Stimulans für widerständiges Verhalten.

Mit der Ausbürgerung des Liedermachers Wolf Biermann, der Selbstverbrennung von Pfarrer Oskar Brüsewitz und der Petition des Riesaer Arztes Dr. Karl-Heinz Nitschke stand das Eingangsjahr 1976 im Zeichen von Ereignissen, die geradezu symbolisch die weitere Entwicklung vorbestimmen sollten.

Das *„reinigende Gewitter"* an der kulturellen Front trieb zwar das Gros der standhaften Literaten und Künstler aus der offiziellen Kulturszene und /oder außer Landes, die Folgen für das SED-Regime waren aber nur oberflächlich beruhigend. Abgesehen vom außenpolitischen Gesichtsverlust der Machthaber setzte ein Prozeß ein, der immer mehr Bürger veranlaßte, selbstbestimmt zu reagieren.

Wer die Willkürakte des Regimes als abermaligen Ausdruck einer unverbesserlichen Diktatur begriff und nicht bereit war, seine Lebensperspektive endgültig in den Nischen des Systems einzurichten, begann seine Koffer zu packen: Mit der Helsinki-Akte im Rücken setzte sich eine unaufhaltsame Ausreisebewegung in Gang. Wer auch auch als Nichtchrist – aus welchen Gründen auch immer – standhaft vor Ort bleiben wollte, landete zunächst eher oder später dort, wo er noch einigermaßen frei atmen und sich Luft verschaffen konnte: unter dem Dach der Kirchen. Der Zusammenschluß von Robert Havemann und Rainer Eppelmann im Jahre 1980 symbolisierte einen Vorgang, der schon Jahre früher einsetzte. Systemkritische Geister aller Weltanschauungen gerieten, sozusagen der Not gehorchend, unter dem Dach der Kirchen mit Menschen in Berührung, die – gerade aufgerüttelt durch das Signal des Pfarrers Brüsewitz, abermals provoziert durch weitere staatliche Schritte der Militarisierung der Gesellschaft und angeregt durch die westliche Friedensbewegung – mehr denn je gewillt waren, ihre alternativen Denkansätze und Lebensvorstellungen in die Gesellschaft einzubringen und in die Öffentlichkeit zu tragen. Der DDR-weite Zulauf vor allem junger Menschen zu den Friedensseminaren und der offenen Jugendarbeit, die ihre Anziehungskraft einer weitestgehend freien Gestaltung und nicht zuletzt dem Auftritt systemkritischer Liedermacher, Literaten und Künstler zu danken hatten, konnte auf Dauer nicht auf den kirchlichen Bereich begrenzt gehalten werden. Die dort geweckten Träume von mehr Freiheit und Selbstbestimmung drängten immer stärker nach einer gesamtgesellschaftlichen Öffnung. Das aber konnte letztlich nur außerhalb der Kirche geschehen. Die Ost-Berliner Bluesmessen, angestrebte Vernetzungen mit möglichst vielen Basisgruppierungen, die „SoFd"-Initiative, der „Berliner Appell", die Friedenswerkstätten und schließlich die Bewegung „Schwerter zu Pflugscharen" waren die Versuche eines solchen Ausbruchs.

Die rigorose Unterbindung und Verfolgung der meisten dieser Aktivitäten durch das Regime und das zurückweichende Verhalten kirchenleitender Mitarbeiter mußten Enttäuschungen und Resignation auslösen. Die Folgen äußerten sich in der weiter zunehmenden Bereitschaft, der DDR den Rücken zu kehren. Nunmehr potenziert, schlugen die Ausreisewilligen, die Ausgereisten und die Flüchtlinge abermals destabilisierend auf das System zurück. Sie verkörperten nicht nur wachsende Symptome eines Unrechtsregimes. Viele von ihnen trugen auch dazu bei, der DDR-freundlichen Einfärbung der bundesdeutschen Öffentlichkeit Grenzen zu setzen, demoralisierten die angebliche Perspektive von der welthistorischen Sieghaftigkeit des real existierenden Sozialismus und ermutigten sich wechselseitig zum Recht auf Selbstbestimmtheit.

Im besonderen waren es die aus der DDR vertriebenen Oppositionellen, die versuchten, ihren Gesinnungsfreunden in der DDR Beistand zu leisten. Das geschah, indem sie oppositionelle Arbeit in der DDR durch Informationen und Material und/oder durch öffentliche und persönliche Solidarität unterstützten. Ermutigung zur Selbstbestimmtheit war aber auch schon dann gegeben, wenn widerwillig Angepaßte mit Blick auf die Ausreisewilligen und Ausgereisten bewegt wurden, ihre Maske fallen zu lassen und sich in diese Form widerständigen Verhaltens einzureihen.

Die auf diese Weise dynamisierte Abstimmung mit den Füßen warf zugleich ein Licht auf Defizite der unter dem Dach der Kirchen wirkenden systemkritischen Kräfte. Defizite zeigten sich in erster Linie bei der Thematisierung der Menschenrechte und der deutschen Frage. Beide wurden zwar angesprochen und auch programmatisch diskutiert, letztlich aber gerieten sie immer wieder in die Tabuzone oder wurden der vorgeblich vorrangigen Idee einer deutsch-deutschen Friedens- bzw. Sicherheitspolitik geopfert. Und das geschah nicht nur als Folge eines vorauseilenden Gehorsams oder aus Sorge um einen verschärften repressiven Kurs des Regimes. Es spiegelte auch die Reaktion eines Selbstverständnisses weiter Teile der Kirche und ihrer widerständigen Basis wider, das in der Menschenrechts- und in der deutschen Frage der Staatsideologie eher nahe- als kritisch gegenüberstand. Dahinter verbargen sich letztlich antikapitalistische Grundhaltungen, die eine verbesserte DDR, nicht aber das System der sozialen Marktwirtschaft auf der Basis privatwirtschaftlichen Eigentums anstrebten. Auch die Protesthaltungen im kulturpolitischen Bereich bewegten sich in diesem Fahrwasser.

So mußte es nicht wundern, daß verfolgte und unterdrückte Personen, die die DDR grundsätzlich angriffen und/oder in der Bundesrepublik Deutschland den besseren deutschen Staat sahen – wie beispielsweise in den Fällen Rainer Bäurich, Hellmut Nitschke, Reiner Kunze oder auch im Falle der Autoren des Querfurter Papiers – sowohl innerhalb als auch außerhalb der DDR weit weniger Solidarität und öffentliche Publicity erfuhren, als beispielsweise Wolf Biermann, Robert Havemann, Rudolf Bahro, Hermann von Berg und Stephan Heym.

Diese eher fundamentalen Systemkritiker hatten in der DDR generell ein schweres Los. Während bei systemkritisch engagierten kirchlichen Mitarbeitern und der Kirche nahestehenden Christen zumeist die Institution Kirche und bei den SED-Genossen die inquisitorische Parteikontrollkommission als Puffer für Verfolgungsmaßnahmen fungierten, waren sie weitestgehend auf sich selbst gestellt und direkt dem Zugriff des staatlichen Repressionsapparates ausgeliefert. Ihre Spielräume unter dem Dach der Kirchen waren sehr eng gezogen oder wurden gar nicht erst zugelassen oder toleriert. Öffentlichkeitswirksame Aktionen und/oder Gruppenbildungen endeten in der Regel mit Inhaftierungen, Haftandrohungen und/oder Ausreisen bzw. im Freikauf als politischer Häftling. Fehlende oder nur marginale Solidarität im Osten wie im Westen mußten bei diesen Systemkritikern die „Wahl“ zwischen Kapitulation und Ausreise verstärken. Das traf insbesondere auf die „Namenlosen“ und solche zu, die den Begehrlichkeiten der Öffentlichkeit nicht entgegenkamen. Schicksal und Anzahl dieser vielen Unbekannten, die zumeist spurlos hinter Kerkermauern oder in den Westen verschwanden, konnten in diesem Rahmen nur mit Einzelbeispielen und einzelnen Zahlenangaben angedeutet werden.

Sie machen erklärbar, warum die eher fundamentale Systemkritik – sieht man von Ausreisegruppierungen ab – auf Dauer systematisch geschwächt wurde.

Aber auch das Wirkungsfeld der systemkritischen, weithin linksorientierten Kräfte blieb äußerst beschränkt. Zwar kann davon ausgegangen werden, daß ihre Kritik am SED-Staat von der übergroßen Mehrheit der Bürger – wenn freilich auch nicht öffentlich – weitestgehend geteilt wurde; ihre sozialistischen bzw. kommunistischen Grundpositionen, vor allem ihre Fixierung auf die DDR als dem besseren deutschen Staat fanden hingegen nur in kleinen Kreisen des linksintellektuellen bzw. künstlerischen Milieus einen Nährboden. Das traf erst recht auf trotzkistische bzw. maoistische Zirkel und Gruppierungen zu. Die Protestbewegung prominenter Schriftsteller und Künstler dürfte bei der Bevölkerung zwar Achtung hervorgerufen haben, ihre privilegierte Stellung im System – und dazu gehörten vor allem ihre Reise- und Ausreisemöglichkeiten – schuf jedoch viele Vorbehalte und letztlich Distanz. Eine gemeinsame Sache der Bürger mit den systemkritischen Intellektuellen oder gar einen Solidarność-Effekt hatte die SED so nicht zu befürchten. Allerdings brachten diese widerständigen Erscheinungen im Verbund mit den staatlichen Reaktionen für die DDR vor allem erhebliche Ansehensverluste im westlichen linksorientierten Lager.

Letztlich wurden jedoch durch alle im Untersuchungszeitraum aufgetretenen widerständigen Erscheinungsformen die wesentlichen Fundamente für die spätere Entwicklung gelegt:

Mit der Geburtsstunde von „Frieden konkret“ entstand das künftige Netzwerk der kirchlichen Basisgruppen. In dieses Netzwerk flossen alle Ideen und Erfahrungen der kirchlichen Basisgruppierungen ein: angefangen von den Friedensarbeitskreisen und Friedensseminaren bis hin zur „SoFd“-Initiative und den Bewegungen „Schwerter zu Pflugscharen“ sowie „Frauen für den Frieden“. Ihre wichtigsten Vertreter verkörperten den Kern dieses Netzwerkes.

Die programmatischen Ansätze zur Menschenrechtsfrage mündeten 1985 in die Initiative „Frieden und Menschenrechte“. Das war das Ergebnis von Kontakten mit der „Charta 77“, die bereits in den späten siebziger Jahren geknüpft wurden. Sie war aber auch gleichzeitig die Reflexion der seit 1976 einsetzenden Ausreisebewegung, die 1984 zur Ausreisewelle und zur explosiven Zunahme der Ausreiseantragsteller führte.

Die kulturkritischen Erscheinungen und die offene Jugendarbeit der Kirchen dürften Impulse ausgelöst haben, die besonders die spätere Subkultur des Prenzlauer Berges in Ost-Berlin und die aufblühenden Untergrundschriften prägen halfen.

Nicht zuletzt hinterließen aber auch all jene Spuren, die in diesem Rahmen lediglich statistisch berührt wurden, und die häufig auch keiner unmittelbaren staatlichen Repression ausgesetzt waren: DDR-Bürger, die versuchten, völlig unspektakulär ganz einfach „in der Wahrheit zu leben“, im Alltag Zivilcourage zeigten und einen aufrechten Gang wagten. Ihre Geschichte muß erst noch geschrieben werden.

Anmerkungen

1 Dazu erarbeitete das Ministerium für Staatssicherheit im Januar 1976 eigens eine 162seitige „Information über Probleme der gegnerischen Kontaktpolitik/Kontakttätigkeit und sich daraus ergebende Schlußfolgerungen für die politisch-operative Arbeit“; BStU, ZA, DSt. 102099, S. 1–162.

2 Vgl. *Helmut Fehr*, Unabhängige Öffentlichkeit und soziale Bewegungen. Fallstudien über Bürgerbewegungen in Polen und der DDR. Opladen 1996, S. 76ff.

3 Beschluß des Sekretariats des ZK der SED vom 7.6.1977 über die Arbeit mit den Kadern, SAPMO J IV-2/3/2605.

4 3. Strafrechtsveränderungsgesetz vom 28.6.1979; Gbl. I, Nr. 17, S. 139ff.

5 Vgl. *Bernd und Peter Eisenfeld*, Die Militarisierung von Erziehung und Gesellschaft in der DDR. Die politische Instrumentalisierung und Ächtung pazifistischer Einstellungen, Expertise für die Enquête-Kommission „Überwindung der Folgen der SED-Diktatur im Prozeß der deutschen Einheit“.

6 Vgl. *Bernd Eisenfeld*, Ausreise und Flucht – Macht und Ohnmacht in diesem Band sowie: Die Ausreisebewegung – eine Erscheinungsform widerständigen Verhaltens, in *Ulrike Poppe, Rainer Eckert, Ilko-Sascha Kowalczuk* (Hrsgg.), Zwischen Selbstbehauptung und Anpassung. Formen des Widerstandes und der Opposition in der DDR. Berlin 1995, S. 192–223.

7 Vgl. Gesellschaft für Menschenrechte (Hrsg.), Petition Riesa, Dokumentation. Frankfurt/Main. 1977, S. 5.

8 Vgl. *Eisenfeld*, Die Ausreisebewegung (s. o. Anmerkung 5).

9 Vgl. *Wolfgang Büscher, Peter Wensierski, Klaus Wolschner* (Hrsgg.), Friedensbewegung in der DDR. Texte 1978-1982. Hattingen 1982, S. 64f.

10 Wortlaut vgl. Berliner Kirchenreport vom 15.8.1978, S. 2.

11 Information der Zentralen Auswertungs- und Informationsgruppe (ZAIG) des MfS vom 21.6.1978; BStU, ZA, ZAIG 2819.

12 Berliner Kirchenreport (s. o. Anmerkung 10), S. 69ff.

13 Analyse der HA XX/4 über Erscheinungsformen, Mittel und Methoden sowie Schwerpunkte der politischen Untergrundtätigkeit vom 20.6.1979; BStU, ZA, HA XX/4 Or. 53, Bl. 260.

14 Einschätzung der Eingaben gegen die bzw. zur Einführung und Gestaltung des Wehrunterrichts für die Schüler der 9. und 10. Klassen der allgemeinbildenden polytechnischen Oberschulen der DDR vom 24.7.1978; BStU, ZA, HA XX Bündel 403, S. 1–28, hier, S.15.

15 Vgl. Information des MfS vom 7.7.1977 über eine geplante Unterschriftensammlung unter ein sogenanntes „Querfurter Papier" mit dem Titel „Frieden und Gerechtigkeit heute" durch kirchliche Kreise; BStU, ZA, ZAIG 2716, Bl. 1–10.

16 Zitiert aus dem Dokument; ebenda.

17 Analyse der HA XX/4 des MfS vom 29.6.1979 über Erscheinungsformen, Mittel und Methoden sowie Schwerpunkte der politischen Untergrundtätigkeit; BStU, ZA, HA XX/4, Org 53 ab, Bl. 258.

18 Ebenda, Bl. 257.

19 Information der HA I des Ministerium für Nationale Verteidigung vom 4.11.1977 Schreiben der NVA an den Chef der Militärakademie Dresden vom 23.1.1978; BStU, ZA, AIM 6509/83, S. 147–149.

20 Anlage zur Information des MfS über die Zerschlagung einer feindlich-negativen Gruppierung in Halle-Neustadt; BStU, ZA, ZAIG 4496, Bl. 106f. In dieser Gruppe war auch der Jugenddiakon Lothar Rochau involviert.

21 Schreiben des 1. Sekretärs der SED-Bezirksleitung in Ost-Berlin, Kurt Naumann, an Erich Honecker vom 20.9.1977, SAPMO IV B 2/9.05/065.

22 Protokoll 28/79 der Sekretariatssitzung der SED-Bezirksleitung Ost-Berlin am 3.12.1979; Landesarchiv Berlin, BPA IV D-2/3/232.

23 Protokoll 10/81 der SED-Kreisleitung der Akademie der Wissenschaften der DDR vom 24.4.1981, Landesarchiv Berlin, BPA IV D-4/11/60 und Beschlußprotokoll der 4. Tagung der Kreisleitung vom 1.7.1981; Landesarchiv Berlin, BPA D-4/12/013.

24 Vgl. *Gerhard Löwenthal*, Rainer Bäurichs Manifest, in: *Gerhard Löwenthal/Helmut Kamphausen/C.P. Clausen* (Hrsgg.), Feindzentrale Hilferufe von drüben. 2. Aufl., Lippstadt 1994, S. 194ff.

25 Vgl. „Ein Exodus könnte uns nur recht sein" Der Fall des ostdeutschen Dissidenten Josef Kneifel, in: „Spiegel" Nr. 40/1992 S. 118ff.

26 Vgl. Neues Deutschland vom 20.10.1976.

27 Vgl. *Peter J. Lapp*, Wahlen in der DDR. Berlin 1982.

28 Vgl. DDR-Komitee für Menschenrechte – Schriften und Informationen, Heft 4/79, S. 3f.

29 Vgl. Wochenübersichten der ZAIG zu Vorkommnissen 1978 und im I. und II. Quartal 1979; BStU, ZA, ZAIG 4470, Bl. 30, 4473 Bl. 39ff. und 4476 Bl. 45–46.

30 Zusammengestellt aus Übersichten der ZAIG des MfS zu Ermittlungsverfahren in den Jahren 1976–1982; BStU, ZA, ZAIG 13913.

31 Lag der Anteil der Bausoldaten bei den Musterungsjahrgängen bis 1979 zwischen ca. 0,7–0,8 %, so stieg er danach auf 0,9–1% (Diplomarbeit Major des MfS Heinz Mäder über ausgewählte Orientierungen zur operativen Sicherung des konzentrierten Einsatzes von Bausoldaten vom 15.10.1984; BStU, ZA, JHS, S. 90f.). Zwischen 1964 und 1989 lassen sich insgesamt 27 000 Wehrpflichtige ausmachen, darunter rund 15 000, die aktiven Dienst leisteten und 12 000, die sich zwar zum Bausoldatendienst erklärt hatten, aber nicht einberufen wurden. Die Zahl der Totalverweigerer betrug etwa 5 000. Vgl. *Bernd Eisenfeld,* Eine „legale Konzentration feindlich-negativer Kräfte". Zur politischen Wirkung der Bausoldaten in der DDR, in: Deutschland Archiv 28 (1995), S. 270ff.

32 Entwicklung der Zahlen im einzelnen: Im Jahre 1979 = 565; 1980 = 961, 1981 = 1.191; vgl. Information über Probleme des Einsatzes der Bausoldaten vom 10.2.1983, ebenda, Bl. 57.

33 Vgl. *Bernd Eisenfeld*, Die Zentrale Koordinierungsgruppe (ZKG) des MfS; MfS-Handbuch; Abteilung Bildung und Forschung beim BStU, Berlin 1995, S. 50, Tabelle 3 und

Jahres-Analyse der ZKG des MfS vom 24.1.1977 über das Jahr 1976; BStU, ZA, ZKG 2164, S. 25.

34 Vgl. MfS-Handbuch ZKG; ebenda, S. 49, Tabelle 1, sowie die Tabelle 1 am Ende des Beitrags über Flucht und Ausreise in diesem Band. Die Angaben der westlichen Statistik, die im wesentlichen auf der Zählung der Notaufnahmeverfahren beruhen und die der MfS-Statistik weichen teilweise voneinander ab, ebenso nennen verschiedene MfS-Zählungen unterschiedliche Zahlenangaben.

35 Analyse des Sekretariats der Ost-Berliner SED Bezirksleitung 1977; Landesarchiv Berlin, BPA IV D-2/3/124 und Analyse des Sekretariats der Ost-Berliner SED-Bezirksleitung 1981; Landesarchiv Berlin, BPA IV E-2/3066.

36 In Expertisen für die Enquêtekommission zur Aufarbeitung von Geschichte und Folgen der SED-Diktatur in Deutschland verweisen die Autoren Thomas Klein und Wilfriede Otto unter Bezugnahme auf Statistiken der Zentralen Parteikontrollkommission auf einen Anteil politischer Parteistrafen zwischen 11% und 22% von der Gesamtzahl aller Parteistrafen.

37 Vgl. *Hellmuth Nitsche*, Zwischen Kreuz und Sowjetstern, Zeugnisse des Kirchenkampfes in der DDR 1945–1981. Aschaffenburg 1983 und *Heike Schmoll/Helmut-Müller-Enbergs/ Wolfgang Stock,* Das Fanal. Berlin 1993.

38 Neues Deutschland, 9.6.1978.

39 Vgl. *Bernd und Peter Eisenfeld*, Expertise Enquête-Kommission (s. o. Anmerkung 5).

40 *Reiner Kunze*, Die wunderbaren Jahre. Frankfurt a.M. 1976.

41 „Frieden ist Frucht der Versöhnung durch Christus“, so die Katholische Kirche der DDR 1974 in der Pastoralsynode „Glaube heute“. Vgl. *Wolfgang Knauft*, Katholische Kirche in der DDR, 1945–1980. Mainz 1980, S. 202ff. Die Evangelische Kirche sah sich im „Dienst der Versöhnung“, die „nicht an der Bildung von feindlichen Fronten“ beteiligt sein wollte; Vollversammlung der Konferenz der Evangelischen Kirchen 1971; zitiert nach: *H. Dähn*, Konfrontation oder Kooperation? Das Verhältnis von Staat und Kirche in der SBZ/DDR 1945–1980. Opladen 1982, S. 157.

42 Auch bezeichnet als „Handreichung zur Seelsorge an Wehrpflichtigen“. Vgl. Kirchliches Jahrbuch 1966, S. 249ff. Vgl. *Peter Schicketanz*, Über Entstehung und Entwicklung der Bausoldaten nach Akten der NVA; Manuskript Privatarchiv.

43 Handreichung, ebenda.

44 Hierzu *Bernd Eisenfeld*, Kriegsdienstverweigerung in der DDR – ein Friedensdienst? Genesis, Befragung, Analyse, Dokumente. Frankfurt a./M. 1978 sowie *Uwe Koch/Stephan Eschler* (Hrsg.), Zähne hoch, Kopf zusammenbeißen. Kückenshagen 1994.

45 Erziehung zum Frieden – Anregungen und Vorschläge für die Durchführung von Gemeindeveranstaltungen, dokumentiert im Evangelischen Pressedienst Nr. 41/79 vom 24.9. 1979.

46 Ebenda.

47 Information über Probleme und Einsatz der Bausoldaten und der politisch-operativen Situation in diesen Personenkreisen vom 20.2.1981 der HA I/AKG des MfS; BStU, ZA, HA XX/AKG II-104, Bl. 19.

48 Studienmaterial der Juristischen Hochschule des MfS (JHS) vom August 1983: Grundorientierungen für die politisch-operative Arbeit des MfS zur Aufdeckung, vorbeugenden Verhinderung und Bekämpfung der Versuche des Feindes zum Mißbrauch der Kirchen“; BStU, ZA, MfS-JHS Nr. 125/83; Bibliothek ST 622 a.

49 Ebenda.

50 Sachstandsbericht der HA XX/4 zum OV „Spaten“ vom 5.5.1975; BStU, ZA, MfS 9774/80, Bd. 1, Bl. 233.

51 Vgl. *Eisenfeld*, Kriegsdienstverweigerung (s. o. Anmerkung 44), S. 106f.

52 Vgl. *Eisenfeld*, Zur politischen Wirkung der Bausoldaten in: Deutschland Archiv 28 (1995), S. 260f.

53 Vgl. Sachstandsbericht vom 28.7.1975 und 22.2.1978 OV „Spaten“; BStU, ZA, HA XX/4 9774/80, Band II, Bl. 6–27 u. 158–167.

54 Bericht der ZAIG des MfS zum Ermittlungsverfahren gegen Hansjörg Weigel; BStU, ZA, ZAIG 4487, Bl. 111.

55 So wurde 1980 Hansjörg Weigel durch das MfS festgenommen und gegen ihn ein Ermittlungsverfahren wegen „sogenannter staatsfeindlicher Hetze eingeleitet, weil er an Teilnehmer des Seminars „Die wunderbaren Jahre“ von Reiner Kunze und die „Gedächtnisprotokolle“ von Jürgen Fuchs weitergereicht hatte. Solidarische Bekundungen aus Ost und West sowie die Standhaftigkeit kirchlicher Amtsträger und das Interesse der Westmedien an dem Fall konnten zwar eine Verurteilung zu 18 Monaten Gefängnis nicht verhindern, aber doch eine Aussetzung der Strafe auf Bewährung erreichen. Siehe auch Anhang I, Zeitzeugenbefragung Hansjörg Weigel.

56 Vgl. *Markus Meckel/Martin Gutzeit*, Opposition in der DDR. Köln 1994, S. 52 sowie die Dokumente 18–20. Hierzu auch Anhang I, Zeitzeugenbefragung Markus Meckel.

57 Vgl. *Peter Eisenfeld*, Innerer Frieden schafft äußeren Frieden, in: *Ferdinand Kroh* (Hrsg.), Freiheit ist immer Freiheit ... Die Andersdenkenden in der DDR. Berlin 1988, S. 119–140.

58 Vgl. Interview mit Pfarrer Albrecht, abgedruckt im September 1996 in den Sächsischen Neuesten Nachrichten. Siehe auch Anhang I, Zeitzeugenbefragung Rudolf Albrecht.

59 Vortrag von Pfarrer Albrecht in der Annenkirche Dresden am 12.10.1979; Privatarchiv.

60 Vgl. *Falco Werkentin*, Politische Strafjustiz in der Ära Ulbricht. Berlin 1995, S. 390.

61 Information der HA VII des MfS vom 19.12.1983 über die Lage und einige Probleme auf den Gebieten der Rückfallkriminalität, der kriminellen Asozialität, der volkspolizeilichen Personenkontrolle und der Wiedereingliederung; BStU, ZA, HA IX 5114, Bl. 37.

62 Vgl. Anhang I, Zeitzeugenbefragung Thomas Auerbach.

63 *Rudolf Schulze*, Die Konflikte um den Jugenddiakon Lothar Rochau und seinen Dienst in Halle-Neustadt 1981–1983. Hannover 1996. Vgl. auch Anhang I, Zeitzeugenbefragung Lothar Rochau.

64 Vgl. Information Nr. 346/81 des MfS vom 7.7.1981 über weitere Aktivitäten evangelischer kirchlicher Kreise zur Einrichtung eines ‚Sozialen Friedensdienstes‘ als Alternative zum Wehr- und Wehrersatzdienst; BStU, ZA, ZAIG 3143, Bl. 4.

65 Matthias Domaschk, geboren 1957, gehörte der Jenaer Alternativszene der siebziger Jahre an. Als er sich 1976 einer Protestresolution gegen die Ausbürgerung Biermanns anschloß, folgte eine vorübergehende Festnahme durch das MfS. 1977 traf er sich in Prag mit Vertretern der Charta 77. Im unmittelbaren Vorfeld des X. Parteitags der SED wurde er am 10.4.1981 festgenommen und einem Verhör in der Untersuchungshaftanstalt der Bezirksverwaltung Gera des MfS ausgesetzt. Am Tag seiner vorgesehenen Freilassung, dem 12.4.1981, wurde Matthias Domaschk gegen 14.15 Uhr im Besucherzimmer der Untersuchungshaftanstalt stranguliert aufgefunden. Vgl. *Renate Ellmenreich*, Die Geschichte eines politischen Verbrechens in der DDR und Schwierigkeiten, dasselbe aufzuklären, hrsg. vom Landesbeauftragten des Freistaates Thüringen für die Unterlagen des Staatssicherheitsdienstes. Erfurt 1996.

66 Vgl. Matthias-Domaschk-Archiv Jena (Hrsg.), Opposition in Jena. Chronologie 1980–1989. Jena 1995, S. 26f.

67 Vgl. *Walter Jahn*, „Du bist wie Gift“ – Erinnerungen eines Vaters, hrsg. vom Landesbeauftragter des Freistaates Thüringen für die Unterlagen des Staatssicherheitsdienstes. Erfurt 1996.

68 *Rainer Eppelmann*, Fremd im eigenen Haus. Mein Leben im anderen Deutschland. Köln 1993, S. 152.

69 Ebenda, S. 153.

70 Analyse zum Erhebungsprogramm für die Ermittlung von Planstellennormativen des MfS vom Mai 1983; BStU, ZA, ZAIG 13752, Bl. 222.

71 Vgl. Interview mit Harald Brettschneider in: *Koch/Eschler* (s.o. Anm. 44), Dokument 19, S. 83–86.

72 Ebenda, S. 85.

73 Schreiben des Staatssekretärs für Kirchenfragen, Klaus Gysi, vom 14.9.1982 an Staatschef Erich Honecker zum Staat-Kirche-Verhältnis; SAPMO OO-28-01; Signatur 998, Bd. 1.

74 Vgl. Brief der Synode an die Jugendlichen der sächsischen Landeskirche vom 24.3.1982 und Kanzelabkündigung der sächsischen Landeskirche vom 28.3.1982, in: *Büscher/Wensierski* (s.o. Anm. 9), S. 290–296.
75 Vgl. *Eppelmann*, Fremd im eigenen Haus (s. o. Anmerkung 68), S. 141ff.
76 Ebenda, S. 187.
77 Ebenda, S. 181f.
78 Vgl. *Klaus Ehring/Martin Dallwitz* (Hrsg.), Schwerter zu Pflugscharen. Friedensbewegung in der DDR. Reinbeck 1982, S. 218–220 bzw. 212–214.
79 Ebenda, S. 221–225.
80 Ebenda, S. 227–229.
81 *Eppelmann* (s. o. Anmerkung 68), S. 89f.
82 Vgl. *Ehring/Dallwitz* (s. o. Anmerkung 78), S. 226.
83 Vgl. *Eisenfeld*, Kriegsdienstverweigerung (s. o. Anmerkung 44), Dokumente 17, 18, 21, 22, 31, 32.
84 Ebenda, Dokumente 35–37.
85 Vgl. dazu Meldungen im Tagesspiegel vom 1.7.1979 und in der Zeitschrift „Die Furche“, Nr. 34 vom 26.8.1981.
86 Text im Interview mit Christoph Wonneberger in diesem Band. Vgl. hierzu auch *Roland Brauckmann*, Der Friede muß nicht bewaffnet sein! Die Zersetzung des „Sozialen Friedensdienstes“ 1980–1986 in Dresden durch Partei und MfS; in: HORCH & GUCK, Nr. 2/1995 4. Jahrgang, Heft 15, S. 27.
87 Ebenda.
88 Vgl. OV „Provokateur“, Sachstandsbericht vom 12.1.1982; BStU, Außenstelle Dresden, BStU, ZA, AOP 1253/85, Band I, S. 20.
89 *Stephan Bickhardt*, Ein Friedensdienst, der Zukunft hat, nach einem Gespräch mit Christoph Wonneberger; in: Spuren, Zur Geschichte der Friedensbewegung in der DDR vom Januar 1988, S. 31.
90 Vgl. *Brauckmann*, Der Friede ... (s.o. Anm. 86).
91 Information Nr. 346/81 des MfS vom 7.7.1981; dokumentiert in: *Koch/Eschler* (s.o. Anm. 44), Dokument 21, S. 89–93.
92 Vgl. *Ehring/Dallwitz* (s. o. Anmerkung 78), S.182–201, hier S. 200.
93 Erklärung der Synode der Kirchenprovinz Sachsen im November an die Eingabenschreiber. Vgl. *Bickhardt*, (s.o. Anm. 89), S. 31.
94 Vgl. Abschnitt 2.11. „Frieden konkret“.
95 *Brauckmann*, Der Friede ... (s. o. Anmerkung 86), S. 28.
96 Es handelte sich um Johanna Ebischbach und Roman Felix, die später die konspirativ arbeitende Dresdner Gruppe „Wolfspelz“ gründeten. Vgl. *Brauckmann*, Der Friede ... (s.o. Anm. 86), S. 28f.
97 Das MfS machte ca. 4 000 in der Kreuzkirche und ca. 400 bis 500 Teilnehmer an der Ruine der Frauenkirche aus. Vgl. Information 85/82 des MfS vom 19.2.1982 über die Durchführung eines sogenannten Friedensforums in der Kreuzkirche; BStU, ZA, ZAIG 3202, Bl. 1–11, hier Bl. 1 und 10.
98 Vgl. *Ehring/Dallwitz* (s. o. Anmerkung 78), S. 76–89.
99 Vgl. *Karin Saab*, Fiktiver Brief nach Prag, in: Spuren – Zur Geschichte der Friedensbewegung in der DDR, Berlin 1988, S. 32ff.
100 Vgl. *Dietmar Linke*, Niemand kann zwei Herren dienen, Hamburg 1988, S. 210ff. Vgl. auch Anhang I, Zeitzeugenbefragung Dietmar Linke.
101 Das MfS sprach von *„etwa 3 000“* Teilnehmern; vgl. u.a. Information der BV Ost-Berlin des MfS zur Friedenswerkstatt vom 14.7.1982, in: OV „Anstifter“; BStU, Außenstelle Berlin 11766/85 Band 1, Anhang, Bl. 206–209, hier 207. Berichte von Teilnehmern und westlichen Pressevertretern sprachen von etwa 5 000 Besuchern (vgl. *Kroh*, Freiheit ... s. o. Anmerkung 57, S. 161).

102 Vgl. Heft „Die Erde ist zu retten – Umweltkrise – christlicher Glaube – Handlungsmöglichkeiten" des Arbeitskreises vom Juni 1982.
103 Vgl. *Peter Wensierski/Wolfgang Büscher*, Beton ist Beton. Zivilisationskritik aus der DDR. Hattingen 1981, S. 51–84 und S. 217.
104 Arbeitshinweise des Stellvertreters des Ministers des MfS vom 22.10.1985 über die Entwicklung, Pläne, Absichten und Aktivitäten gegnerischer und feindlich-negativer Kräfte zur Schaffung einer sogenannten Ökologie- und Umweltschutzbewegung in der DDR und deren operative Bekämpfung, BStU, ZA, MfS ZKG 1795, S. 15.
105 Ebenda, S. 14.
106 *Christian Dietrich/Uwe Schwabe* (Hrsgg.), Freunde und Feinde. Dokumente zu den Friedensgebeten in Leipzig zwischen 1981 und dem 9. Oktober 1989, hrsg. im Auftrag des Archivs Bürgerbewegung e.V. Leipzig, 1994, S. 510.
107 Vgl. den Beitrag von *Hubertus Knabe* über Samisdat in diesem Band.
108 GBl. Teil I, Nr. 12, S. 2221f.
109 Vgl. Verteidigungsgesetz der DDR vom 13.10.1978, GBl. Teil I, Nr. 35, § 4 Abs. 1.
110 Vgl. Widerstand autonomer Frauen in Berlin Ost und West, Dokumentation. Berlin 1989.
111 Dokumentiert in „Der Spiegel", Nr. 49 vom 6.12.1982.
112 Ebenda.
113 Vgl. Widerstand ... (s. o. Anmerkung 109).
114 Ebenda, Bl. 8.
115 Ebenda, Bl. 88.
116 Vgl. *Markus Meckel/Martin Gutzeit*, Zehn Jahre kirchliche Friedensarbeit – kommentierte Quellentexte. Köln 1994, S.91ff.
117 Vgl. OV „Anstifter" (s. o. Anmerkung 100), Band 1, Anhang Bl. 254–255.
118 Vgl. *Peter Eisenfeld*, Innerer Frieden schafft äußeren Frieden – Erfahrungsbericht über Möglichkeiten und Grenzen der Friedensarbeit im Raum Dresden; in: *Kroh* (Hrsg.), Freiheit ... (s.o. Anm. 57), S. 133.
119 *Hans Tschiche*, Das Trauma der Bedrohung. Überlegungen zur kirchlichen Friedensarbeit; Nachdruck aus einem Aufsatz im Maiheft der Literaturzeitschrift „L 80" in der Zeitschrift „Kirche im Sozialismus" Heft 4/81 S. 11ff.
120 Ebenda.
121 Vorgesehen war, zunächst im Rahmen der „SoFd"-Initiative mit einer „Friedenssternfahrt" zu Ostern für die Bruderschaft zu werben; danach sollte die endgültige Plattform erarbeitet werden und bis Ende 1982 die Konstituierung von „Frieden konkret" erfolgen. Vgl. OV „Anstifter" (s. o. Anmerkung 100), Band 1, Bl. 138f.
122 Ebenda, Bl. 139.
123 Ebenda, Bl. 139.
124 Ebenda, Bl. 141.
125 Vgl. OV „Provokateur", Abschlußbericht vom 22.4.1982 (s. o. Anmerkung 88), Bd. I, S. 93.
126 Vgl. das Interview mit Christoph Wonneberger in diesem Band sowie *Dietrich/Schwabe* (s. o. Anmerkung 105), S. 61 und 64f.
127 Studienmaterial der JHS vom August 1983 (s. o. Anmerkung 48), S. 86.
128 Vgl. *Robert Havemann*, Acht Vorschläge zur Demokratisierung des realen Sozialismus in der DDR, in: Dokumentation der Havemann-Gesellschaft Dialog 2/89; zitiert nach „Die Zeit" vom 29.10.1976.
129 *Eppelmann*, Fremd im eigenen Haus (s. o. Anmerkung 68), S. 177.
130 Dokumentiert als Doppelblatt für Unterschriftensammlung; hrsg. von *Peter Brandt;* Privatarchiv sowie in Auszügen dokumentiert in: *Ehring/Dallwitz* (s. o. Anmerkung 78), S. 212ff.
131 *Havemann*, Acht Vorschläge (s. o. Anmerkung 127).
132 Vgl. Robert Havemann-Gesellschaft u.a. (Hrsgg.), Kein Recht für Robert Havemann? Dokumentation einer Diskussionsveranstaltung über die Verfolgung Robert Havemanns in der DDR und den Versuch ihrer juristischen Bewältigung. Berlin 1996.

133 Vgl. Anhang I, Zeitzeugenbefragung Gerd Poppe.
134 *Rudolf Bahro*, Die Alternative. Köln 1978.
135 Thesen zu einigen untersuchungsspezifischen und strafrechtlichen Aspekten im Ermittlungsverfahren gegen Bahro der HA IX (Untersuchungsorgan) des MfS vom 28.9.1978, BStU, ZA, HA IX/2, AU 6890/82, Bd. 17, Bl. 4–6, hier Bl. 5.
136 Zusammenstellung der HA XX/OG vom 4.10.1979 über Personen, die im Zusammenhang mit Bahro unter operative Kontrolle zu stellen sind; BStU, ZA, OV „Konzeption", MfS 17596/81, Bd. 10, Bl. 80ff.
137 Vgl. Der Spiegel vom 2.1. und 9.1. 1978.
138 Vgl. *Hermann von Berg*, Dokumentation zum Spiegel-Manifest vom 28.9.1995 anläßlich der Veranstaltung der Gedenkbibliothek zu Ehren der Opfer des Stalinismus mit Prof. Dr. Hermann von Berg.
139 Ebenda.
140 Information der HA XX/4 des MfS vom 21.8.1975; BStU, ZA, HA XX/4-835, Bl. 97.
141 Vgl. Anhang I, Zeitzeugenbefragung Guntolf Herzberg.
142 Zusammenstellung der HA XX/ 9 vom 19.2.1981 über Verbindungspersonen Dr. Herzberg, Guntolf, BStU, ZA, HA XX/9-1601, Bl. 290–308.
143 *Guntolf Herzberg*, Einen eigenen Weg gehen. Oder weggehen; in: *Kroh,* Freiheit ... (s. o. Anmerkung 57), S. 78.
144 Informationen des MfS vom 14.1.1978 über staatsfeindliche Aktivitäten von Personen in der Hauptstadt der DDR, Berlin, sowie in Leipzig; BStU, ZA, ZAIG-2788, Bl. 1–9.
145 Anlage zur Information des MfS vom 14.1.1978 (s. o. Anmerkung 143), Bl. 8f.
146 *Tobias Wunschik*, Die maoistische KPD/ML und die Zerschlagung ihrer „Sektion DDR" durch das MfS; Manuskript, S. 11f.
147 Ebenda.
148 Ebenda, S. 21.
149 Ebenda, S. 25.
150 Vgl. *Manfred Krug*, Abgehauen. Ein Mitschnitt und ein Tagebuch. 6. Auflage, Düsseldorf 1996, S. 7-112.
151 Vgl. *Peter Rösch*, Interview, abgedruckt in der Zeitschrift „Gerbergasse 18", II/1996, S. 10.
52 Christa Wolf erklärte am 7.9.1976 u.a.: *„Über viele Jahre weiß man von uns [gemeint sie und ihr Mann], daß wir die Existenz dieses Staates für eine der wichtigsten Errungenschaften der Nachkriegszeit halten, daß wir die Politik des VIII. Und IX. Parteitages voll bejahen und unterstützen."* (Vgl. *Christa Wolf* in: Europäische Ideen, Heft 101, 1996, S. 28). Stephan Hermlin erklärte: *„Es war mein Fehler, den Brief zu AFP zu bringen [...]. Ich bin für die Politik des Politbüros und des VIII. und IX. Parteitages."* (Vgl. *Stefan Heym,* Der Winter unseres Mißvergnügens. Aus Aufzeichnungen des OV Diversant., München 1996, S. 161f.).
153 Vgl. *Hannes Schwenger*, Die DDR verriet sich selbst, in: Der Tagesspiegel vom 13.11.1996.
154 Vgl. *Joachim Walter*, Sicherungsbereich Literatur: Schriftsteller und Staatssicherheitsdienst in der DDR. Berlin 1996, S. 183.
155 Soweit bekannt, solidarisierten sich von den prominenten Schriftstellern lediglich Stefan Heym, Günter de Bruyn, Günter Kunert und Karl-Heinz Jakobs öffentlich mit Reiner Kunze (Vgl. Europäische Ideen, Heft 101, 1996, S. 24ff.). Christa Wolf, Jurek Becker und Hans Joachim Schädlich wandten sich anderweitig gegen den Ausschluß von Reiner Kunze (vgl. *Manfred Jäger*, Das Ende einer Kulturkritik, in: Deutschland Archiv, Jahrg. 9, Nr. 12/76, S. 1237 und *Walter*, Sicherungsbereich Literatur, S. 423).
156 Vgl. *Reiner Kunze* (s. o. Anmerkung 40).
157 Vgl. *Reiner Kunze*, Deckname „Lyrik", Frankfurt a.M. 1990, S. 67.
158 *Robert Havemann*, Stellungnahme zum Ausschluß von Reiner Kunze; zitiert nach Deutschland Archiv, Jahrg. 9, Nr. 12/76, S. 1242.

159 Das betraf die Schriftsteller Kurt Bartsch, Jurek Becker, Adolf Endler, Karl-Heinz Jakobs, Klaus Poche, Erich Loest, Klaus Schlesinger, Rolf Schneider, Dieter Schubert, Joachim Seyppel und Martin Stade.

160 Heym wurde zu einer Geldstrafe von 9 000 Mark verurteilt, weil er ohne Genehmigung durch die DDR im Westen seinen Roman „Collin" veröffentlicht hatte.

161 Neues Deutschland vom 23.5.1979.

162 Vgl. *J. Walter* (s. o. Anmerkung 152), S. 365ff.

163 Ebenda, S. 108f.

164 Ebenda, S. 109.

165 Ebenda, S. 415.

166 Vgl. *Harald Kleinschmidt*, Kulturpolitik der Widersprüche, in: Deutschland Archiv, Jahrgang 10, Nr. 6/77, S. 569.

167 Ebenda, S. 115f.

168 Stephan Hermlin: *„Die Erhaltung des Friedens sei die wichtigste Frage. Wenn diese gelöst ist, könne man sich auch über andere Fragen unterhalten."* Zitiert nach *Joachim Walter*, Sicherungsbereich Literatur (s.o. Anm. 152), S. 116.

169 Vgl. *Peter Eisenfeld*, Innerer Frieden ... (s. o. Anmerkung 57), S. 130.

170 Vgl. *Andrea Jäger*, Schriftsteller aus der DDR. Ausbürgerungen und Übersiedlungen von 1961–1989. Frankfurt/Main, 1995.

171 *Rüdiger Rosenthal*, Hintergrund und Widerstand – Parallelkultur in Berlin-Ost; in: *Kroh*, Freiheit ... (s. o. Anmerkung 57), S. 148.

172 Ebenda, S. 149.

173 *Klaus Michael*, Samisdat-Literatur in der DDR und der Einfluß der Staatssicherheit; in: Deutschland Archiv, Jahrgang 26, Nr. 11/93, S. 1258.

Anhang

Nr. 1

„... Die in freier Selbstbestimmung unterzeichnenden mündigen Bürger"

Petition zur vollen Erlangung der Menschenrechte vom 10. Juli 1976

Diese Petition ist in freier Selbstbestimmung ausgefertigt und unterzeichnet von mündigen Bürgern, die an die DDR-Behörden

a) Anträge auf Übersiedlung in die Bundesrepublik Deutschland
b) Anträge auf Entlassung aus der DDR-Staatsbürgerschaft stellten

und deren Anträge über Monate und Jahre von DDR-Staatsorganen überhaupt nicht – nicht definitiv – oder abschlägig beantwortet wurden. Aus religiösen – politischen – familiären – humanitären oder einem dieser Gründe stellten die Unterzeichner dieser Petition ihre Anträge an DDR-Behörden, basierend auf folgenden DDR-unterschriftlich anerkannten internationalen Dokumente:

I. Allgemeine Erklärung der Menschenrechte Artikel 13 (2), 14 (1), 15 (2)
II. Internationaler Pakt über bürgerliche und politische Rechte Artikel 2 12 (2)
III. Schlußakte der KSZE von Helsinki Zusammenarbeit in humanitären und anderen Bereichen

sowie

1) Verfassung der DDR, Artikel 8
2) Staatsbürgerschaftsgesetz der DDR, § 9 § 10 § 11
3) Grundlagenvertrag zwischen beiden deutschen Staaten, Artikel 2

Das im Widerspruch zu den aufgeführten DDR-unterschriftlich anerkannten internationalen Dokumenten stehende Verhalten der DDR-Behörden zwingt die in freier Selbstbestimmung unterzeichnenden mündigen Bürger zu dieser Petition, die sie

an die United Nations. Division of Human Rights
an die hohen Vertreter der KSZE-Teilnehmerstaaten
an die nationalen Körperschaften für Menschenrechte
an die Weltöffentlichkeit mit dem Ersuchen richten

die unterzeichnenden Bürger und Familien bei voller Erlangung ihrer Menschenrechte einschließlich des aus den zitierten internationalen Dokumenten erwachsenen Rechtes auf freie Wahl des Wohn- und Arbeitsortes wirksam zu unterstützen.
Riesa/DDR 10.7.1976

[Es folgen 79 Unterschriften von Bürgern aus Riesa, Pulsen, Karl-Marx-Stadt, Leukersdorf und Limbach. Erstunterzeichner waren Dr. med. K.H. Nitschke und dessen Frau, Dagmar Nitschke]

Quelle: Petition Riesa, Dokumentation der Gesellschaft für Menschenrechte e. V., Frankfurt/Main, 1. August 1977.

Nr. 2
„Wir sehen die Persönlichkeitsentwicklung der Kinder und Jugendlichen gefährdet“

Der Pfarrkonvent des Kirchenkreises Zossen zur Einführung des Wehrunterrichts, 31. Mai 1978

Wie wir durch Bürger, Eltern, Gemeindemitglieder und Konfirmanden erfahren haben, ist zum 1.9.78 die Einführung eines obligatorischen Wehrunterrichtes für die Schüler und Schülerinnen der 9. Klassen der POS und EOS vorgesehen. Diese Maßnahme stößt bei vielen der Betroffenen, unabhängig davon, ob es sich um Christen und Nichtchristen handelt, auf Unverständnis und ruft ihre Besorgnis hervor. Sie kann im Gegenteil dazu führen, daß die erklärte Friedenspolitik der Deutschen Demokratischen Republik bei erheblichen Teilen der Bevölkerung ins Zwielicht gerät. Wir weisen darauf hin, daß der Vorsitzende des Staatsrates der DDR, E. Honecker, in seinem Interview unmittelbar nach der Unterzeichnung der Schlußakte von Helsinki, veröffentlicht in der „Märkischen Volksstimme“ vom 7.8.1975, erklärt hat: „Die Deutsche Demokratische Republik sieht ihre besondere Verpflichtung darin, alles in ihren Kräften stehende zu tun, im Zentrum Europas Frieden und Sicherheit dauerhaft zu gewährleisten. Daran hat sich die Politik unserer Partei und unseres Staates immer gehalten.“

Die Schlußakte von Helsinki sagt zur Gesetzgebung der Unterzeichnerstaaten unter 1a) „Erklärung über die Prinzipien, die die Beziehungen der Teilnehmerstaaten leiten“, X „Erfüllung völkerrechtlicher Verpflichtungen nach Treu und Glaube“ ... „Bei der Ausübung ihrer souveränen Rechte, einschließlich des Rechtes, ihre Gesetze und Verordnungen zu bestimmen, werden sie ihren rechtlichen Verpflichtungen aus dem Völkerrecht entsprechen; sie werden ferner die Bestimmungen der Schlußakte der Konferenz über Sicherheit und Zusammenarbeit in Europa gebührend berücksichtigen und durchführen.“

In der Schlußakte werden unter 2. „vertrauensbildende Maßnahmen“ beschlossen, zu denen auch die „menschlichen Kontakte“ (vgl. den Abschnitt: Zusammenarbeit in humanitären und anderen Bereichen, z.B. „Begegnung der Jugend“ gehören, zu denen die Unterzeichnerstaaten erklären, sie „beabsichtigen, die Entwicklung von Kontakten und des Austausches unter der Jugend zu fördern, indem sie ermutigen, das Bewußtsein unter der Jugend der Bedeutung einer Entwicklung des gegenseitigen Verständnisses sowie der Stärkung freundschaftlicher Beziehungen und des Vertrauens unter den Völkern“ (Zitat aus „Berliner Zeitung“ Nr. 182 vom 2./3. August 1975, Seite 10).

Wir sind der Überzeugung, daß die Einführung des Faches Wehrunterricht für die Schülerinnen und Schüler der 9. Klassen, also Minderjährige im juristischen Sinne, die inhaltlich damit verbundene Entwicklung eines Feindbildes und der Aufbau von Vorurteilen den „vertrauensbildenden Maßnahmen“ in der Schlußakte von Helsinki widersprechen. Wir sehen dadurch weiterhin die gesunde Persönlichkeitsentwicklung der Kinder und Jugendlichen und ihre Erziehung zum Frieden gefährdet.

Zur Erziehung zum Frieden gibt es darüber hinaus für die Kirche den eindeutigen Auftrag der Buckower Konsultation Europäischer Kirchen vom Oktober 1975. Die Buckower Konsultation hatte zum Thema: „Die Konferenz für Sicherheit und Zusammenarbeit in Europa und die Kirchen.“

Im Bericht der Sektion II,2 heißt es zur Erziehung zum Frieden:

„Die Konsultation der Konferenz Europäischer Kirchen empfiehlt den Kirchen in Europa für die Arbeit in den Gemeinden: ...

d) Vorurteile abzubauen durch Aufklärung über ihre Entstehung, ihre Funktion und ihre Überwindung durch Kontakte mit Gemeinden bei Auslandsreisen und durch Kennenlernen der Kultur und Geschichte anderer Völker.

c) Die Resignation gegenüber den Bedrohungen des menschlichen Zusammenlebens zu überwinden und Mut zu vertrauensvoller Zusammenarbeit zu wecken.
f) Diese und weitere Elemente zur Erziehung zum Frieden sind zu sehen und zu gestalten als integraler Bestandteil im kirchlichen Unterricht, in der kirchlichen Jugend-, Eltern- und Erwachsenenarbeit und in der Zurüstung zum kirchlichen Dienst“ (vgl. Konsultation der Konferenz Europäischer Kirchen Buckow/DDR vom 27.-31.10.75, Bericht der Sektion II).

„Erziehung zum Frieden“, das heißt also für uns: Die Erziehung vom Anderen und von seinen Interessen her zu denken; Erziehung zum Frieden schließt ein, die Bereitschaft zum Verzicht und die Absage an ein Denken der Gewalt.

Wir erwarten, daß der Rat des Kreises Zossen dem Ministerium für Volksbildung der DDR unsere Einwände und Bedenken gegen die Einführung des Wehrunterrichtes in den 9. Klassen unserer Schulen vorträgt und dafür sorgt, daß auf die Einführung dieses Unterrichtsfaches verzichtet wird – um des Friedens willen.

Der Pfarrkonvent des Kreiskirchenrates Zossen
[15 Unterschriften]

Quelle: Information Nr. 368/78 der ZAIG des MfS vom 21.6.1978; BStU, ZA, ZAIG 2819.

Nr. 3
Systemkritische parteiinterne Gruppierung an der Akademie der Wissenschaften der DDR

Information über die Durchführung von Parteiverfahren in der Grundorganisation des Zentralinstituts für Philosophie, Berlin, 6.4.1981

Die obengenannten Parteiverfahren wurden langfristig und gründlich durch die Arbeitsgruppe der Parteileitung der Grundorganisation und durch eine Kommission, zusammengesetzt aus namhaften Wissenschaftlern, vorbereitet.

Die Gutachterkommission, der u.a. die Gen. xxx, xxx angehörten, hatten die Aufgabe, eine politisch-ideologische und philosophisch weltanschauliche Einschätzung von Schwerpunkten vorzunehmen, die Gen. xxx in einer Reihe von Artikeln, darunter in der Deutschen Zeitschrift für Philosophie 10/80, vertreten hat.

Ausgehend von den Ergebnissen der Arbeit der Parteileitung und der Gutachter-Kommission wurde der Mitgliederversammlung eine gründliche Einschätzung der Publikationen des Gen. xxx, die durch die Gutachter-Kommission erfolgt war, ausgewertet. Darin wird der Nachweis geführt, daß xxx vom Marxismus/Leninismus abweichende revisionistische Auffassungen vertrat und unter Verletzung des Parteistatuts versuchte, diese Auffassungen in der Parteiorganisation durchzusetzen.

Die Untersuchung zur Vorbereitung der Parteiverfahren und der Verlauf der Mitgliederversammlung haben ergeben, daß die Genossen xxx, xxx und xxx seit der Wahlberichtsversammlung der Grundorganisation, in der erstmals die Notwendigkeit einer Auseinandersetzung mit den Auffassungen von PR ausgesprochen wurde, gegen die Einheit der Grundorganisationen gerichtete Aktivitäten entfacht haben.

Die Bemühungen der genannten Genossen waren darauf gerichtet, ihre parteischädigenden Positionen gegen die Parteileitung und Institutsleitung durchzusetzen. Sie bedienten sich dabei Verleumdungen, Beschimpfungen und Lügen, ignorierten die Parteileitung und negierten die Genossen, indem sie u.a. demonstrativ Aussprachen verließen.

Der inhaltlichen Klärung der anstehenden Fragen wichen sie aus, indem sie die Genossen der Gutachter-Kommission für inkompetent erklärten und der Parteileitung die Verletzung des Statuts und der innerparteilichen Demokratie vorwarfen.

Die Genossen xxx und xxx haben darüber hinaus in grober Weise die Publikationsordnung der Akademie der Wissenschaften verletzt, indem Publikationen von xxx ohne Kenntnis der Institutsleitung in Zeitschriften der BRD und der Deutschen Zeitschrift für Philosophie veröffentlicht wurden.

Genosse xxx hat in den meisten Fällen gemeinsam mit Gen. xxx seit Oktober 1979 bis Januar 1981 23 mal Besuche aus der BRD, West-Berlin und Dänemark empfangen. Für diese Besuche lagen weder Genehmigungen der Instituts- und Parteileitung vor, noch entsprachen die Genossen der bestehenden Ordnung über das Stattfinden und den Inhalt der Besuche zu informieren. [...]

Die Mitgliederversammlung, an der von 103 Mitgliedern 92 = 89,6 % teilnahmen, dokumentierte die kämpferischen parteiischen Positionen der Grundorganisation.

Im Ergebnis der prinzipiell geführten Diskussionen, an der sich 25 Genossen, darunter einige mehrmals, beteiligten, führte zu folgenden Beschlüssen:

Gen. xxx Ausschluß aus der Partei
Gen. xxx Ausschluß aus der Partei
Gen. xxx Rüge.
[...]“

Quelle: Landesarchiv Berlin, BPA IV D-4/11/60: Auszug aus dem Protokoll 10/81 der SED-Kreisleitung der Akademie der Wissenschaften der DDR vom 24.4. 1981

Nr. 4
„... negatives und feindliches Gedankengut“

MfS-Bewertung des zentralen Bausoldatentreffens, Leipzig, 3.-4. Mai 1979

Zusammenfassende Einschätzung

- Es kann eingeschätzt werden, daß das stattgefundene illegale Zentraltreffen, wie in den vergangenen Jahren, wiederum geeignet war, entsprechendes negatives und feindliches Gedankengut im Rahmen der politisch-ideologischen Diversion zu verbreiten. Ausgehend von der politischen Grundhaltung, den geführten Diskussionen bzw. der Identifizierung mit ihr muß der am illegalen Treffen teilnehmende Personenkreis als ein potentieller Träger und Verbreiter der politisch-ideologischen Diversion eingeschätzt werden.
  Die Teilnehmer des illegalen Treffens wurden in ihrer negativen politischen Grundhaltung bestärkt und zu größeren Aktivitäten als bisher im Rahmen der sogenannten „Friedensdienstarbeit“ aufgefordert und ermuntert.
  Insgesamt ist das Bestreben erkennbar geworden, die „Friedensdienstarbeit“ in der DDR zu mobilisieren. Im Zusammenhang damit wurde die Tendenz deutlich, stärker als bisher in der Öffentlichkeit in Erscheinung zu treten.
- Nach wie vor besteht seitens führender Personen in der „Friedensdienstarbeit“ ein Legalisierungsbestreben. Das zeigt sich u.a. auch in der geplanten Referentengewinnung für das Zentraltreffen 1980.
- • Es ist einschätzbar, daß durch die Teilnehmer des illegalen Treffens keine demonstrativ-provokatorischen Handlungen oder andere feindliche Aktivitäten bzw. Handlungen unternommen wurden, welche eine strafrechtliche Relevanz beinhalten.
- • Die operative Kontrolle des illegalen Zentraltreffens 1979 war durch den Einsatz von 4 IM (je 2 BV Leipzig, BV Karl-Marx-Stadt) gewährleistet.

Quelle: Operativ-Vorgang „Spaten“, BStU, ZA, MfS 9774/80, Bd. III, Bl. 52.

Nr. 5

Staatliche Maßnahmen gegen das öffentliche Tragen und Verbreiten von Friedenssymbolen

Schreiben des Ministers für Staatssicherheit, Berlin, 17.3.1982

Maßnahmen
zur Unterbindung des öffentlichen Tragens und des Verbreitens von Abzeichen, Aufnähern, Aufklebern, sonstigen Gegenständen, Symbolen und Texten mit pazifistischer Aussage

Im Zusammenhang mit der „Basisinitiative" zur Entwicklung eines „Sozialen Friedensdienstes" und anderen sogenannten Friedensinitiativen der evangelischen Kirche werden besonders von auf oppositionellen Positionen stehenden oder politisch-schwankenden und teilweise auch negativ-dekadenten Jugendlichen/Jungerwachsenen demonstrativ Abzeichen, textile Aufnäher u.ä. mit pazifistischer Aussage sichtbar an Bekleidungsgegenständen angebracht. Sie verfolgen das Ziel, sich mit der von bestimmten reaktionären kirchlichen Kräften popularisierten Idee von einer sogenannten staatlich unabhängigen Friedensbewegung in der DDR zu solidarisieren und ihre oppositionelle und ablehnende Haltung, insbesondere zur sozialistischen Verteidigungspolitik, damit offen zum Ausdruck zu bringen.

Zur wirksamen Unterbindung dieser Aktivitäten sind folgende Maßnahmen durchzuführen:

1. Die zuständigen zentralen staatlichen Organe, insbesondere die Ministerien für Volksbildung und für das Hoch- und Fachschulwesen und das Staatssekretariat für Berufsausbildung sowie die gesellschaftlichen Organisationen, unter anderem die FDJ, die GST und der DTSB, haben zu gewährleisten, daß in ihren Verantwortungsbereichen das Tragen und Verbreiten derartiger Symbole unterbunden wird und zu diesem Zweck die bestehenden Disziplinar-, Schul-, Internats- und anderen Ordnungen konsequent durchgesetzt werden.
2. Das Ministerium des Innern hat zu gewährleisten, daß die Deutsche Volkspolizei das Tragen derartiger Gegenstände in der Öffentlichkeit, ausgehend von der Rechtswidrigkeit der Herstellung gemäß § 8 Abs. 3 der „Anordnung über das Genehmigungsverfahren für die Herstellung von Druck- und Vervielfältigungserzeugnissen" unterbindet, indem Träger derselben zur Entfernung und Herausgabe aufgefordert werden, in deren Ergebnis die entschädigungslose Einziehung erfolgt.
3. Im Weigerungsfalle erfolgt die Zuführung der entsprechenden Person gemäß § 12 Abs. 2 des VP-Gesetzes und die anschließende Durchsetzung der vorgenannten Maßnahmen.
   Diese Maßnahmen beziehen sich auch auf gleichartige Symbole, die rechtswidrig unter Umgehung der Zollbestimmungen in die DDR eingeführt oder selbst hergestellt wurden.
   Personen, die wiederholt und entgegen den ihnen erteilten Belehrungen durch das Tragen derartiger Gegenstände in Erscheinung treten, werden durch die territorial zuständigen Dienststellen der Deutschen Volkspolizei wegen Störung des sozialistischen Zusammenlebens gemäß § 4 Abs. 1 der Verordnung über Ordnungswidrigkeiten belegt.
   Zur Durchsetzung der vorgenannten Maßnahmen wird der Minister des Innern und Chef der Deutschen Volkspolizei zum Zwecke des Erlasses einer entsprechenden Weisung informiert.
3. Durch die Leiter der Bezirksverwaltungen des MfS ist zu gewährleisten, daß die vorgenannten Maßnahmen in geeigneter Form mit tschekistischen Mitteln wirksam unterstützt und durch kluges differenziertes politisches Handeln Konfrontationen vermieden werden.

Anhang
Bisher festgestellte Symbole und andere Gegenstände mit pazifistischer Aussage

1. Aufnäher für Bekleidungsgegenstände
   (7x7 cm, Vlies, weiß-roter Kreis, Symbolfigur blau mit schwarzer Inschrift „Schwerter zu Pflugscharen)

2. Aufklebesymbole
   (2-5 cm im Durchmesser, Friedenstaube mit den Losungen „Spiel Frieden nicht Krieg“ und „Kopfarbeit statt Kriegsarbeit“)
3. Lesezeichen
   (7x20 cm, Vlies, Aufschrift „Gerechtigkeit – Abrüstung- Frieden; Friedensdekade der Evangelischen Kirchen in der DDR“, blaue Symbolfigur mit dem Text „Schwerter zu Pflugscharen“)
4. Tücher
   (40x40 cm, Batiktechnik, Symbolfigur mit dem Text „Schwerter zu Pflugscharen“)

Quelle: Schreiben des Ministers des MfS vom 17.3.1982 an alle Leiter der Diensteinheiten; BStU, ZA, DSt. 102829, Anlage 3

Nr. 6
Vorschlag zur Einführung eines Zivildienstes

Schreiben einer Gruppe von Bausoldaten an den Generalsekretär, Löbau/Zittau, 25.10.1976

Sehr geehrter Herr Generalsekretär!
Gemäß den gesetzlichen Bestimmungen, die bei religiöser oder ähnlicher Motivation Wehrpflichtigen die Möglichkeit bieten, Wehrersatzdienst ohne Waffe zu leisten, haben wir, die Bausoldaten an der OSH „Ernst Thälmann“ von dieser Möglichkeit Gebrauch gemacht. Nach anderthalbjähriger Dienstzeit stehen wir nun Ende Oktober vor unserer Entlassung. Mit Genugtuung haben wir die im November 1975 eingetretenen Änderungen des Wehrersatzdienstes gemäß Anordnung 31/75 vom 4.7.75 des Stellvertreters des Ministers für Nationale Verteidigung und Chef des Hauptstabes zur Kenntnis genommen. Wir sehen in dieser neuen Art einen guten Schritt auf dem Wege zu einem zivilen Wehrersatzdienst. Zivilen Wehrersatzdienst betrachten wir nach unserem Verständnis der christlichen Friedenslehre als die einzige Möglichkeit eines Wehrersatzdienstes, den wir in voller Übereinstimmung mit den uns durch unseren Glauben und unser Gewissen gebotenen Grundsätze leisten können.

Quelle: Privatarchiv

Nr. 7
Aufruf zur Friedensdemonstration

Flugblatt, Dresden, 13. Februar 1982

Lieber Freund !
Am 13.2.82, dem Tag, an dem vor 37 Jahren unsere Stadt zerbombt wurde, wollen wir eine kleine Gedenkfeier organisieren!.

Dazu bist Du herzlich eingeladen! (aufgefordert!)

Diese Feier wurde nicht von einer Organisation vorgeschlagen, sondern von Jugendlichen, die ihren Wunsch nach Frieden ohne „höhere“ Genehmigung und Organisation zeigen wollen.
Diese Feier soll so ablaufen:

21.50 Uhr treffen wir uns an der Frauenkirche
Jeder bringt Blumen und eine Kerze mit.
Die Blumen werden zu einem Kreuz gelegt, um das wir uns setzen,

die Kerzen stellen wir vor uns auf (Streichhölzer mitbringen).
22.00 Uhr läuten die Glocken.
Danach warten wir 2 Minuten und singen dann „We shall over come".

Das Ganze läuft in absoluter Ruhe ab, es wird nicht gesprochen. Nach dem Singen gehen wir, nach ca. 4 Minuten Warten, leise von der Wiese. Blumen und Kerzen bleiben natürlich dort!

Sollte, was wir nicht hoffen, die Polizei eingreifen, ruhig bleiben und erst die Feier bis zum Ende durchziehen. Wir tun nichts Verbotenes!

Wenn es zu ernsten Zusammenstößen kommt, versucht alles in Frieden zu lösen, damit es nicht zu einem Chaos kommt, wie Fasching auf der Prager Straße. Aber auf alle Fälle Ausweis mitbringen!! ...
Lesen – Abschreiben – Merken – Mitmachen!

Quelle: Aus: Materialbrief der Arbeitsgruppe „Friedensbewegung in Ost und West, Nr. 3 vom Juni 1982

Nr. 8
„Möge die Hoffnung die Resignation überwinden!"

Aus einer Veröffentlichung der Arbeitsgruppe Umweltschutz Leipzig, Dezember 1981

Liebe Freunde!
Herzlich möchte ich zum neuen Jahr grüßen. Ich wünsche uns, gemeinsam voranzukommen auf dem eingeschlagenen Weg. Möge die Hoffnung immer wieder die Resignation überwinden, damit wir fähig bleiben zum Handeln in Gelassenheit und Freude.

Dieser Brief bringt zwei Beiträge aus unserer AG und einen über die Papiersammelaktion Ende November. Weitere Informationen können sich aus Platzgründen erst in Folge III anschließen.

Gerne hinweisen würde ich an dieser Stelle auf einen Jugendgottesdienst zur Umweltproblematik mit der Gruppe „Kaktus", der im Februar unter dem Motto „Zünd dir ein Feuer an" in der Christuskirche Eutritzsch stattfinden wird.

Und noch eine Vorinformation: Am 18.2.82, um 19.00 Uhr, wird sich unsere Gruppe in der Paul-List-Straße 17 mit Dr. Gensichen vom Forschungsheim Wittenberg treffen.

Doch erst einmal möchten wir einladen zu einer Ideenkonferenz zu den Aufgaben und Möglichkeiten unserer Gruppe. Insbesondere geht es dabei auch um erste Gedanken zur AKTION MOBIL OHNE AUTO.

Quelle: Auszug aus „Streiflichter" der Arbeitsgruppe Umweltschutz Leipzig am Stadtjugendpfarramt Leipzig, Burgstraße Streiflichter II, Dez. 81/Jan.82

Nr. 9
„Unsere Antwort ist der aktive Pazifismus"

Basispapier des Friedenskreises der Evangelischen Studentengemeinde (ESG) in Ost-Berlin

Dietrich Bonhoeffer 1934 auf der ökumenischen Konferenz Fanö, (Dänemark).
„Die Stunde eilt die Welt starrt in Waffen und furchtbar schaut das Mißtrauen aus allen Augen, die Kriegsfanfare kann morgen geblasen werden, worauf warten wir noch? Wollen wir selbst mitschuldig werden wie nie zuvor?" „Wie wird der Friede? Wer ruft zum Frieden, daß

die Welt es hört, zu hören gezwungen ist! Daß alle Völker darüber froh werden müssen! Der einzelne Christ kann es nicht, er kann wohl, wo alle Schweigen, die Stimme erheben und Zeugnis ablegen, aber die Mächte der Welt können wahllos über ihn hinwegschreiten.

Die einzelne Kirche kann wohl auch zeugen u. Leiden ach, wenn sie es nur täte – aber auch sie wird erdrückt von der Gewalt des Hasses.

Nur das eine große ökonomische Konzil der heiligen Kirche Christi aus aller Welt kann es so sagen, daß die Welt zähneknirschend das Wort vom Frieden vernehmen muß u. daß die Völker froh werden, weil die Kirche Christi ihren Söhnen im Namen Gottes die Waffen aus der Hand nimmt u. ihnen den Krieg verbietet und den Frieden Christi ausruft über die rasende Welt."

„Wir wollen reden zu dieser Welt kein halbes, sondern ein ganzes Wort, ein mutiges Wort, ein christliches Wort. Wir wollen beten, daß uns unser Wort gegeben werde heute noch, wer weiß, ob wir uns im nächsten Jahr noch wiederfinden."

1. Unsere Antwort auf das internationale Wettrüsten ist und wird der aktive Pazifismus sein.
2. Als Friedenskreis sehen wir unsere Hauptaufgabe darin, einen Bewußtseinsprozeß zu fördern über die Wichtigkeit und Problematik von Fragen zu Krieg, Frieden, Militarismus und angrenzende Fragen.
3. Einen dieser Schwerpunkte bildet der soziale Friedensdienst als vertrauensbildende Maßnahme und Friedenszeichen in der Gesellschaft.
4. Wir treten ebenfalls dafür ein, daß jegliche Ausbildung unabhängig von Bereitschaftserklärungen zum Reserveoffiziersbewerber, zur Zivilverteidigung und vormilitärischen Ausbildung möglich ist.
5. Wir treten für eine Rücktrittsmöglichkeit vom Fahneneid ein mit dem Ziel, daß Reservisten als Bausoldaten dienen können.
6. Wir wollen aufklären über die Grenzen der Zivilverteidigung (Pugwash-Konferenz) und treten dafür ein, daß der Katastrophenschutz von der Zivilverteidigung getrennt wird.
7. Wir appellieren an die Regierung der DDR, sich dem Beispiel der schwedischen Regierung anzuschließen und auf Herstellung, Vertrieb, Import und Export von Kriegsspielzeug zu verzichten. Unsere Friedenskreise nehmen sich vor, Kinder, Eltern, Lehrer und Erzieher über die Gefahren und die Schädlichkeit des Kriegsspielzeuges aufzuklären.
8. Wir setzen uns ein für die Einführung des Faches Friedens- und Sozialkunde anstelle des Faches Wehrkunde (Sozialistische Wehrerziehung).
9. Wir sind der Meinung, daß es notwendig ist, daß die Friedenskreise in der DDR ihre Initiativen untereinander abstimmen.

Wir appellieren an die christlichen Friedenskreise und an die Kirchenleitung, daß die Kirchen und die Friedenskreise für alle Friedenswilligen offen sind.
Nur für den innerkirchlichen Dienstgebrauch!

Quelle: OV Anstifter BV Berlin 11766/85 Bd. 1, Bl. 88.

Nr. 10
„... negativ-feindliche Positionen"

MfS-Bericht über Zirkelarbeit an der Friedrich-Schiller-Universität Jena, Juni 1980

[...]
Bei den im operativen Material „Juri" bearbeiteten Personenkreisen wurde sichtbar, daß diese ein ganzes System von Auffassungen und ideologisch-kulturpolitischen Positionen vertreten und verbreiten, die zum Teil infolge von Beziehungen zu westeuropäischen „Linken"

(IKP, FKP u.a.) eurokommunistisch verbrämt sind und der kulturpolitischen Linie von Partei und Regierung entgegenstehen.

Zum operativen Material „Juri" wurde erarbeitet, daß Lehrkräfte der Sektion Literatur/Kunst im Widerspruch zur Kunst- und Kulturpolitik unserer Partei stehen und negativ-feindliche Positionen in Forschung und Lehre an der FSU durchzusetzen versuchen und zum Teil schon durchgesetzt haben.

Nachweisbar beschäftigen sich in dieser Sektion Studenten und Lehrkräfte unter dem Vorwand der Forschung in seminaristischer Form mit Gegenwartsliteratur von feindlich-negativen Autoren, wobei vor allem deren negative Auffassungen verbreitet werden. Diese Aktivitäten sind als Versuch zu werten, eine langfristige Unterwanderung und Zersetzung von Kunst- und Literaturwissenschaftlern zu erreichen, deren späterer Einsatz im Bereich des Hoch- und Fachschulwesens, der Volksbildung und in kulturpolitischen Funktionen erfolgt.

Durch ihre zahlreichen operativ-interessanten Verbindungen zu Personen, die bereits vor Jahren in den OV's „Literat" und „Wild" der Bezirksverwaltung Leipzig wegen politisch-ideologischer Diversion und Verbreitung revisionistischer/bürgerlich-imperialistischer Auffassungen zur Literatur und Kulturpolitik der Partei sowie wegen Hetze gegen führende Repräsentanten bearbeitet wurden, verfestigten sich antisozialistische Auffassungen und führten zu engen Kontakten mit „kritischen DDR-Autoren". Ihre antisozialistischen Positionen wurden dadurch unterstrichen, daß sie sich mit dem Auftreten Hermlins auf dem Schriftstellerkongreß solidarisieren, von ihnen der „bürokratische Verwaltungsapparat" abgelehnt und gefordert wird, daß der Gegenstand der Literatur der siebziger Jahre die im Sozialismus vorherrschenden Widersprüche sein müßten. Von diesem Personenkreis werden auch internationale Symposien/Kongresse usw. als „Umschlagplatz" feindlicher Ideologien genutzt.

Der Personenkreis unterhält u.a. operativ-relevante Verbindungen zu

- anarcho-trotzkistischen Germanisten in Frankreich
- Funktionären der IKR, FDP und DAB
- Dissidenten der VIP
- DDR-feindlichen Literaturwissenschaftlern der BRD
- Germanisten aus den Niederlanden, die Verbindungen zum Arbeitskreis Sonnenberg-Tagungen" haben (AK wird vom Bundesministerium finanziert)
- antisozialistischen exponierten DDR-Autoren und Künstlern sowie zur Vorgangsperson „Ikarus" – K Jena

[...] XXX polemisiert scharf gegen „die Herrschaft der Apparate, den Funktionärsmechanismus von Partei und Staat", wobei er sich u.a. auf Lenin, Rosa Luxemburg und Bakunin beruft.

Er vertritt die Auffassung, das Volk in der DDR sei ausgeschlossen von der Mitgestaltung und Mitdiskussion des zu gestaltenden Lebens im Sozialismus. [...]"

Quelle: Auszug aus Einschätzung zu linksextremistischen und trotzkistischen Zentren, Organisationen, Einrichtungen, Personengruppen und Einzelpersonen der Auswertungs- und Kontrollgruppe (AKG) der Bezirksverwaltung (BV) Gera des MfS vom 9.6.1980; BStU, Außenstelle Gera, Auszug aus der Geheimen Verschlußsache Gra 040 Nr. 136/80, Bl. 36f.

Nr. 11
„Wir bitten, die beschlossenen Maßnahmen zu überdenken"

Biermann-Petition, 17. November 1976

Wolf Biermann war und ist ein unbequemer Dichter – das hat er mit vielen Dichtern der Vergangenheit gemein. Unser sozialistischer Staat, eingedenk des Wortes Marx ‚18. Brumaire', demzufolge die proletarische Revolution sich unablässig selbst kritisiert, müßte im Gegensatz zu anachronistischen Gesellschaftsformen eine solche Unbequemlichkeit gelassen nachdenkend ertragen können. Wir identifizieren uns nicht mit jedem Wort und jeder Handlung Wolf Biermanns und distanzieren uns von den Versuchen, die Vorgänge um Biermann gegen die DDR zu mißbrauchen. Biermann selbst hat nie, auch nicht in Köln, Zweifel darüber gelassen, für welchen der beiden deutschen Staaten er bei aller Kritik eintritt. Wir protestieren gegen seine Ausbürgerung und bitten darum, die beschlossenen Maßnahmen zu überdenken.

Sarah Kirsch, Christa Wolf, Volker Braun, Franz Fühmann, Stephan Hermlin, Stefan Heym, Günter Kunert, Heiner Müller, Rolf Schneider, Gerhard Wolf, Jurek Becker, Erich Arendt

Quelle: Manfred Jäger, Kultur und Politik in der DDR – ein historischer Abriß, Sonderheft Deutschland Archiv, Köln 1982, S. 162.

Jenaer Friedensgemeinschaft beteiligt sich mit eigenen Plakaten an einer offiziellen Demonstration, 19. Mai 1983

oben: „Schwerter zu Pflugscharen“ – Evangelischer Kirchentag, Wittenberg, September 1983

unten: Berlin (Samariterkirche), November 1982

Dresden (Petrikirche), 13. Februar 1983

Friedenswerkstatt Berlin (Erlöserkirche), Juli 1983, Stand der „Frauen für den Frieden“

IV. 1983–1988: Von den Friedensgruppen zur Opposition

Hubertus Knabe

Der lange Weg zur Opposition – unabhängige politische Bestrebungen 1983 bis 1988

Einführung

In der vierzigjährigen Geschichte der DDR kommt den achtziger Jahren eine besondere Bedeutung zu. Zu keinem anderen Zeitpunkt waren die Bemühungen der SED-Führung um innere und äußere Anerkennung ihrer Herrschaft so erfolgreich wie in diesem Jahrzehnt – und doch formierte sich gerade zu dieser Zeit zum ersten Mal seit der Errichtung der kommunistischen Diktatur eine politische Gegenkraft, die die SED trotz aller Bemühungen nicht in den Griff bekam. Zu keiner anderen Zeit fühlte sich das Politbüro seiner Macht so sicher wie in der späten Ära Honekker – und doch waren es gerade diese Jahre, die den Untergang der DDR einleiteten und fundierten. Das „*Paradox von Stabilität und Revolution*“[1] wird nirgends so deutlich wie in dieser letzten Phase der SED-Herrschaft.

Erfolge hatte die SED vor allem auf außenpolitischem Gebiet: Aus dem eher notgedrungen akzeptierten Mitglied der internationalen Staatengemeinschaft wurde in den achtziger Jahren ein respektierter, ja gefragter Partner, der Beziehungen in fast alle Länder der Erde unterhielt. Eine rege Besuchsdiplomatie untermauerte die ersehnte Anerkennung – vom ersten DDR-Besuch eines britischen Außenministers und eines französischen Ministerpräsidenten (1985) über Honeckers Reisen in die Niederlande (1986), nach Frankreich und nach Bonn (1987) bis zu den Vorbereitungen eines geplanten, aber nie zustande gekommenen USA-Besuches des SED-Chefs. Auch die führenden Politiker Westdeutschlands, von Franz Josef Strauß über Willy Brandt und Herbert Wehner bis hin zu zahlreichen Länderchefs, bemühten sich um persönliche Begegnungen mit dem obersten Repräsentanten der kommunistischen Diktatur, und die SPD stellte durch Erklärungen zu Abrüstungsfragen, zur Anerkennung der DDR-Staatsbürgerschaft oder zur Notwendigkeit eines „Dialoges“ vor allem die Gemeinsamkeiten mit der SED in den Vordergrund. Die politischen Eliten des Westens waren ganz offensichtlich der Meinung, die deutsche Teilung sei bis auf weiteres nicht mehr zu revidieren – und verhalfen der DDR-Führung damit zu entsprechendem Selbstbewußtsein.

Auch innenpolitisch hatte die SED „Erfolge“ aufzuweisen: Die Strukturen der inneren Sicherheit waren im Laufe der Jahre so ausgebaut und perfektioniert worden, daß man sich gegenüber allen Eventualitäten gewappnet sah. Die kulturpolitischen Konflikte der siebziger Jahre waren durch einen pragmatischen modus vivendi mit Schriftstellern und Künstlern abgelöst worden, der zwar eine unübersehbare Verödung des geistigen Lebens zur Folge hatte, aber kaum noch größere Reibungen verursachte. Das Konzept, die Kirchen, und hier vor allem die evangelischen, in den korporativistischen Aufbau des DDR-Systems zu integrieren, um sie nach und nach zu einem Teil der „entwickelten sozialistischen Gesellschaft" zu machen, war in den Augen der Führung trotz immer wieder auftretender Konflikte größtenteils aufgegangen und hatte schließlich zu einer wachsenden Annäherung zwischen Thron und Altar geführt – auch hier sah sich die Macht von einstigen Feinden zusehends anerkannt.

Die politische Stabilität der DDR, die sich erst im Nachhinein als vordergründig und hohl herausgestellt hat, so daß sie über Nacht wie ein Kartenhaus in sich zusammenfiel, bildet die eine Seite jener merkwürdigen Gleichzeitigkeit aus Allmacht und Ohnmacht, die die letzten Jahre der Honecker-Herrschaft kennzeichneten. Die andere Seite sind die Erscheinungen des politischen Widerspruchs in der DDR, die gerade in dieser Phase einen gravierenden Wandel durchlaufen haben – von passiver Unzufriedenheit und vereinzelten Aktionen verstreut agierender Gruppen hin zu organisierten und letztendlich erfolgreichen Strukturen oppositionellen Handelns. Erst in der Rückschau wird richtig klar, wie die von vielen als unbedeutend abgetanen Aktivitäten und Gruppierungen in den achtziger Jahren den Sturz der SED-Dikatur vorbereiteten und schließlich in die friedliche Revolution vom Herbst 1989 mündeten.

Die Jahre dieses Übergangs von den Friedensgruppen zur politischen Opposition zerfallen selber wiederum in verschiedene Phasen und Stufen, gliedern sich in Rückschläge und Aufwärtsbewegungen und differenzieren sich in ein komplexes Spektrum von Ideen, Gruppierungen und Aktionen – eine Vielfalt und Dynamik, die oft zu wenig Beachtung findet. Zu den schon früher bekannten Fakten sind inzwischen aufschlußreiche Berichte von Betroffenen hinzugekommen sowie Beobachtungen und Analysen, die das Ministerium für Staatssicherheit (MfS) hinterlassen hat. Vergleichsweise wenig zur Rekonstruktion von Opposition und Widerstand wurden dagegen die Akten des Partei- und Staatsapparates genutzt – vielleicht auch deshalb, weil gerade die Unterlagen, die die innere Sicherheit betreffen, unter der Regierung Modrow zum großen Teil beseitigt wurden. Die Selbstzeugnisse der Akteure, die illegalen Vervielfältigungen wie die internen Aufzeichnungen und Papiere, wurden ebenfalls nur punktuell aufgearbeitet, so daß insbesondere die internen Debatten und die Entwicklung in den Regionen bislang zu wenig bekannt sind.[2] Auch die Vielfalt der Widerspruchsformen – von Konflikten in den Betrieben über Eingaben und Briefe bis hin zu anonymen Drohungen oder gewaltsamen Auseinandersetzungen mit der Staatsmacht – wurde bislang kaum näher ausgeleuchtet, so daß ein Überblick wie der folgende lückenhaft und vorläufig bleiben muß. Im Mittelpunkt steht die Entwicklung der politisch engagierten Gruppen im Schutzraum der Kirchen – doch für ein fundiertes Gesamtbild der Jahre 1983 bis 1988, das auch die bislang unbekannten Aspekte widerständigen Verhaltens berücksichtigt, bedarf es weiterer Forschungsbemühungen.

Zurückdrängung und Neuformierung

Politischer Widerspruch bewegte sich in der DDR aufgrund des gewaltsam durchgesetzten Machtmonopols der SED in engen Schranken: Er blieb in der Regel individuell oder punktuell, war zwangsläufig konspirativ oder kaum öffentlich, zeichnete sich durch geringe Organisiertheit und kurze Dauer aus – jeden Anflug von echter Opposition erstickte die Führung mit Hilfe des allmächtigen Ministeriums für Staatssicherheit (MfS).[3] Größeren Freiraum in dieser gleichgeschalteten Gesellschaft boten lediglich die Kirchen, die ihre organisatorische Unabhängigkeit im SED-Staat bewahren konnten und in den achtziger Jahren zunehmend Ersatz bildeten für die sonst verweigerten Artikulations- und Mitwirkungsmöglichkeiten. Die Entwicklung von den Friedensgruppen zu einer Bewegung mit weitergehenden politischen Orientierungen bewegte sich deshalb vor allem in den Koordinaten des Verhältnisses von Kirche, Staat und Gruppen, wobei angesichts der besonderen Situation der DDR an der „Nahtstelle" der Blöcke auch externe Faktoren, vor allem die Nähe zu Westdeutschland und die Abhängigkeit von der Sowjetunion, eine erhebliche Rolle spielten.

Im Schatten der anschwellenden Friedensbewegung im Westen hatte der seit langem schwelende Konflikt um die innere Militarisierung der DDR Anfang der achtziger Jahre einen veränderten Resonanzboden erhalten: Vor allem aus Kreisen von Wehrdienstverweigerern und jüngeren Christen hatte sich in den evangelischen Kirchen eine spontane Protestbewegung gebildet, die von einer wachsenden Zahl von regelmäßig zusammenkommenden Friedensgruppen getragen wurde – nach MfS-Angaben vom April 1983 immerhin *„mehr als 50."* [4] Einen zunehmenden Widerhall fand auch die internationale Umweltdiskussion, die von kirchlichen Gremien wie von Basisgruppen in der DDR aufgegriffen wurde. Dieses unabhängige Engagement überraschte die Architekten der am 6. März 1978 in einem Spitzengespräch zwischen Erich Honecker und Bischof Albrecht Schönherr besiegelten neuen Kirchenpolitik, die eine gegenseitige Anerkennung und eine verstärkte Kooperation zwischen Staat und Kirche vorsah. Es brachte eine beträchtliche politische Unzufriedenheit zum Ausdruck und führte zu unerwünschten Konflikten, etwa um die im ganzen Land verbreiteten Aufnäher „Schwerter zu Pflugscharen", so daß sich die SED-Führung zu Gegenmaßnahmen veranlaßt sah, die die *„Verhinderung bzw. Zurückdrängung des feindlich-negativen Wirksamwerdens"* der Gruppen zum Ziel hatten – namentlich im Jahr des von Staat und Kirche gemeinsam begangenen Luther-Jubiläums (1983).

Zufrieden konnte daher die Arbeitsgruppe Kirchenfragen beim ZK der SED schon im März 1983 feststellen, daß die im Vorjahr in Verwirklichung einer Anweisung von Erich Honecker[5] eingeleiteten Maßnahmen dazu geführt hätten, daß die

> „Auseinandersetzungen nicht mehr vorrangig zwischen Staat und Kirche, sondern in zunehmendem Maße als innerkirchliches Problem in den Kirchenleitungen ausgetragen werden. Nahezu alle Kirchenleitungen bekunden, daß sie einer ‚unabhängigen' Friedensbewegung nicht das Wort reden und daß sie uneingeschränkt zu den Ergebnissen des Gespräches des Genossen Honecker mit dem Vorstand des Kirchenbundes am 6. März 1978 stehen. Sie wollen keine Konfrontation und Erreichtes nicht aufs Spiel setzen."

Durch differenzierte Einzelgespräche mit Kirchenverantwortlichen und durch massenpolitische Arbeit mittels der CDU, des Friedensrats der DDR, der FDJ und der Arbeitsgruppen „Christliche Kreise“ bei der Nationalen Front müßte aber unter Einbeziehung kirchenleitender Kräfte „*die politisch-ideologische Arbeit zur Zurückdrängung und zur Ausschaltung des Einflusses dieser Gruppierungen und ihrer Inspiratoren intensiver geführt, gezielter und differenzierter gestaltet*“ werden – wobei repressive Mittel und Methoden nach Möglichkeit unterbleiben sollten.[6]

Beispielhaft für dieses staatliche Vorgehen, das die spontan entstandene Friedensbewegung zurückdrängen sollte, sind die Maßnahmen gegen den 1981 gegründeten Friedenskreis der Evangelischen Kirchgemeinde Alt-Pankow in Berlin. Als dieser im Sommer 1983 in einer Eingabe an die Volkskammer der DDR öffentlich Bedenken gegen die vom Warschauer Pakt beabsichtigte Stationierung von Atomraketen in der DDR formuliert hatte, lud der Stellvertreter des Oberbürgermeisters für Inneres, Hoffmann, den Generalsuperintendenten von Ost-Berlin, Krusche, zu einer Aussprache vor, um gegen die Aktion zu protestieren und ihre Unterbindung zu verlangen. Dabei erklärte er u.a., daß staatliche Vertreter in der Vergangenheit bereits 14 Gespräche zu Fragen des Friedenskreises geführt hätten, „*ohne daß eine sichtbare Veränderung des ‚politischen Profils' zu verzeichnen sei (dem kirchlichen Vertreter wurde detailliert mitgeteilt, wann, durch wen und mit wem über welche Fragen die Gespräche geführt wurden)*“. Krusche erwiderte daraufhin, daß er die Eingabe zwar nicht für provokatorisch halte, er dem Friedenskreis aber die staatliche Position unverkürzt darlegen und mit der Aufforderung verbinden werde, die Eingabe nicht weiter zu verbreiten. Dies könne er jedoch nur als „*den ersten Schritt der Einflußnahme auf ‚Alt-Pankow*“‘ sehen, denn es gehe ihm „*um eine langfristige strategische Linie*“ mit dem Ziel, „*die ‚stabilisierenden Elemente' zu unterstützen*“.[7] Tatsächlich gelang es, wie das MfS später feststellte, den Friedenskreis durch eine Reihe von Maßnahmen nach und nach „*von einer politisch-negativen Gruppierung zu einem Gesprächskreis der Kirchgemeinde*“ umzuprofilieren, dessen Wirksamkeit entscheidend eingeschränkt worden sei; die bestehenden Arbeitsgruppen hätten sich Anfang 1986 aufgelöst, und die Teilnehmerzahlen bei Veranstaltungen, die zunehmend religiösen Charakter trügen, seien drastisch zurückgegangen.[8]

Das staatliche Vorgehen gegen das unerwünschte politische Engagement beschränkte sich aber nicht auf Gespräche und Drohungen. Im Januar 1983 wurde der Jenaer Friedensaktivist Roland Jahn wegen „öffentlicher Herabwürdigung der staatlichen Ordnung“ zu 22 Monaten Gefängnis verurteilt; nachdem internationale Proteste seine Freilassung bewirkt hatten, erfolgte im Juni seine Abschiebung in den Westen.[9] Im Juni 1983 wurde der Jugenddiakon Lothar Rochau verhaftet, weil er zum Weltumwelttag mit einer Gruppe Jugendlicher vor dem Haupttor des VEB Chemische Werke Buna gegen die extreme Luftverschmutzung protestieren wollte; zuvor war er wegen seiner vom Staat abgelehnten Jugendarbeit in Halle-Neustadt von der Kirche gekündigt worden.[10] Im Dezember 1983 – kurz nach dem Nachrüstungsbeschluß des Deutschen Bundestages – erfolgte in Berlin die Verhaftung der Hauptprotagonistinnen der Initiative „Frauen für den Frieden“, Ulrike Poppe und Bärbel Bohley, was zu einer starken Verunsicherung der Gruppe führte und schließlich die Ausreise von mehreren Frauen in den Westen zur Folge hatte.[11]

Die systematisch geplante Offensive des Staates gegen den „politischen Mißbrauch der Kirchen“ war trotzdem nur zum Teil erfolgreich. Zwar registrierte man befriedigt, daß die 1981 noch so kritisch bewertete Friedensdekade der Kirchen nunmehr *„betont innerkirchlichen Charakter“* getragen habe und sich die Organisatoren *„im wesentlichen an die von seiten der staatlichen Organe mit ihnen getroffenen Festlegungen“* gehalten hätten.[12] Nach jahrelangen Konflikten war auch die Verantwortung für die sogenannten „Blues-Messen“ in Ost-Berlin von dem besonders ungeliebten Pfarrer Rainer Eppelmann in die Hände von einem *„Mann der Mäßigung“*[13] gelegt worden. Wichtige Kirchenvertreter hatten sich schließlich auch öffentlich von den politischen Aktivitäten an der Basis distanziert, so der Thüringische Landesbischof Werner Leich, der es mit der Formel, die Kirche sei offen *„für alle, aber nicht für alles“*, ablehnte, sich hinter Roland Jahn und die Jenaer Friedensgemeinschaft zu stellen,[14] oder der Berliner Konsistorialpräsident Manfred Stolpe, der auf dem Kirchentag in Dresden erklärte, *„daß die Kirche nicht zu ‚Auswanderungszentralen' und auch nicht zu ‚Oppositionslokalen“‘* werden dürfe.[15] Und dennoch zeigten die massiven staatlichen Reaktionen an, daß im von den Neuen Sozialen Bewegungen geprägten Nachrüstungsjahr 1983 auch in der DDR beträchtliche politische Energien freigesetzt wurden, die man bändigen zu müssen meinte.

Zu den wichtigsten unabhängigen Aktivitäten zählten 1983 die Friedens- und Ausreisedemonstrationen in Jena, die Durchführung der zweiten Ost-Berliner Friedenswerkstatt (vgl. Anhang, Nr. 2), die Aktionen und Zusammenkünfte der Gruppe „Frauen für den Frieden“ sowie der Versuch, am 1. September 1983 eine Kerzenkette zwischen der sowjetischen und der amerikanischen Botschaft zu bilden. Gleichzeitig nahm die Vernetzung der Friedensgruppen mit westlichen Friedensengagierten zu – nicht nur im Fall der blockübergreifend agierenden „Frauen für den Frieden“, sondern auch durch die Initiative zum Abschluß „persönlicher Friedensverträge“ zwischen Ost und West („Abrüstung von unten“)[16] sowie durch engere Kontakte zu den „Grünen“, die im Mai 1983 erstmals auf dem Ost-Berliner Alexanderplatz demonstrierten. Nach einem Treffen mit Erich Honecker verabredeten die Grünen mit inoffiziellen Friedenskreisen der DDR sogar, im November den Ost-Berliner Botschaften der Supermächte gemeinsam eine Petition zu übergeben, was vom MfS jedoch verhindert wurde.

Da Staat und Partei in erster Linie gegen öffentliche und spektakuläre Aktionen vorgingen, verlagerte sich das Zentrum der Aktivitäten verstärkt in den Binnenraum der Kirchen. Statt Demonstrationen wie im Westen zu veranstalten, konzentrierte sich das Friedensengagement zunehmend auf die kontinuierliche Arbeit in kleinen Gruppen, die in Kirchen- oder Studentengemeinden ihren Platz fanden. Die Zahl der Friedenskreise nahm deshalb deutlich zu und lag nach MfS-Angaben bald bei 100 Gruppen (1983).[17] Gleichzeitig gründeten sich auch immer mehr Kreise zur Umweltproblematik, denn auch dieses Thema zog wachsende Aufmerksamkeit auf sich, so daß bei einem DDR-weiten Treffen im März 1984 bereits 30 Vertreter christlicher Öko-Gruppen zusammenkamen, denen ca. 10 weitere Gruppen bekannt waren.[18]

Solche Treffen dienten dem Zweck, die Arbeit der Gruppen stärker zu vernetzen und den Informationsaustausch zu verbessern – viele engagierten sich zum ersten Mal in einem solchen Kreis. Im März 1983 trafen sich deshalb auch erstmals

125 Vertreter von 32 Friedenskreisen aus der DDR zu einem gemeinsamen Seminar „Konkret für den Frieden“, das von nun an jährlich zusammentrat und zu einer Art Delegiertenversammlung der Gruppen wurde (vgl. Anhang, Nr. 1). Auch die Umweltgruppen führten seit 1983 regelmäßige Vertretertreffen durch, die im Kirchlichen Forschungsheim Wittenberg (KFH) stattfanden (vgl. Anhang, Nr. 4). Als überregionale Treffpunkte fungierten ferner die regelmäßigen „Friedensseminare“ vor allem im Süden der DDR (u.a. in Königswalde, Meißen, Karl-Marx-Stadt [Chemnitz] und Leipzig), zu denen meist mehrere hundert Teilnehmer kamen. Ähnliche Seminare und Veranstaltungen organisierten auch die Umweltgruppen – etwa das regelmäßige Schweriner Winterseminar (seit 1981), die sommerliche Radsternfahrt nach Potsdam-Hermannswerder (seit 1982) oder das jährliche Ökoseminar in Berlin (seit 1984). Umwelt- und Friedenskreise begannen zudem verstärkt, eigene Publikationen herauszugeben – von den „Streiflichtern“ aus Leipzig (seit 1981) und den überregionalen „Anstößen von und für christliche Umweltgruppen“ (seit 1982) bis zum Mecklenburgischen „Friedensnetz“ oder den Berliner „Schalom“-Heften (beide seit 1984).[19] Viele Kreise verloren auf diese Weise ihren anfänglichen Charakter einer kirchlichen Jugendgruppe und entwickelten zunehmend das Profil einer politischen Bürgerinitiative.

Gleichwohl war die Bilanz der unabhängigen Friedensbewegung in der DDR 1984 alles andere als ermutigend. Die Aufbruchsstimmung der Jahre 1981/82 hatte einer zunehmenden Resignation Platz gemacht – nicht nur wegen der zahlreichen Behinderungen durch Staat und Kirche, sondern auch, weil man mit allen politischen Forderungen, von der Verhinderung der Nachrüstung über die Einführung eines Zivildienstes bis zum Verbot von Kriegsspielzeug in der DDR, gescheitert war. Diese doppelte Ohnmachtserfahrung schlug sich auch in einer sprunghaft ansteigenden Zahl von Ausreiseanträgen nieder – und wurde dadurch noch verstärkt: 57.600 Menschen registrierte das MfS im Jahre 1984, die erstmals einen Antrag auf Ausreise stellten (gegenüber 14.800 im Jahr zuvor), und die 27.500, die die SED schließlich ziehen ließ, rissen auch in die unabhängige Friedensbewegung große Lücken (vgl. Anhang, Nr. 1).[20] Diejenigen hingegen, die bewußt in der DDR bleiben wollten, suchten jetzt oftmals nach erfolgversprechenderen Bereichen des politischen Engagements oder bemühten sich verstärkt um staatliche Anerkennung. Nicht von ungefähr wandten sich viele dem Umweltschutz zu, denn hier waren die Möglichkeiten sichtbarer Veränderungen – etwa durch Müllsammel- oder Baumpflanzaktionen – deutlich größer, und die staatliche Haltung war weniger ablehnend. So sank nach MfS-Angaben die Zahl der Friedenskreise im Jahr 1984 von 100 auf 60, während gleichzeitig 50 neue Ökologiekreise und 12 Frauenfriedenskreise entstanden.[21] Das Friedensthema verlor an Bedeutung, doch das Themenprofil und das Handlungsrepertoire der Gruppen verbreiterten sich.

Professionalisierung und Differenzierung

Das unabhängige politische Engagement im Schutzraum der Kirchen zeigte Mitte der achtziger Jahre demnach ein widersprüchliches Bild: Die Mobilisierungskraft der Gruppen ging zurück, und die SED registrierte befriedigt die zunehmende Durchsetzung eines „realistischen“ Kurses bei den Kirchenleitungen. Viele Gruppen strebten nach einem „konstruktiven“ Engagement, insbesondere im Umweltschutz, etablierten sich dabei aber mehr oder weniger fest unter dem Dach der Kirchen. Mit der Zeit gewannen sie ein wachsendes Maß an politischer Routine und qualifizierten ihre politische Arbeit in inhaltlicher wie organisatorischer Hinsicht.

So kamen zur Berliner Friedenswerkstatt 1985 nur noch 1.800 Teilnehmer – drei Jahre zuvor waren es beinahe dreimal soviel gewesen. Auch die Friedensdekade im November stieß nach offizieller Einschätzung auf eine sinkende Resonanz; *„der Teilnehmerschwund war im Vergleich zum Vorjahr insbesondere bei der Personengruppe der 18 – 25jährigen zu konstatieren“*[22] (Anhang, Nr. 3). Einen ähnlichen Rückgang konstatierte man bei den Berliner Blues-Messen, zu denen im Juni 1985 – nach einer erzwungenen Pause und Neu-Konzipierung – nur noch 1.750 Personen gegenüber 2.500 im April 1984 kamen.[23] Dieser Trend setzte sich auch im folgenden Jahr weiter fort.

Gleichzeitig – und nicht ohne inneren Zusammenhang zum Rückgang der Friedensbewegung – war das Verhältnis zwischen Staat und Kirche so gut wie nie zuvor. Die Konferenz der Kirchenleitungen hatte im September 1984 erstmals öffentlich von *„einem Grundvertrauen zwischen Staat und Kirche“* gesprochen. Wenig später, im Februar 1985, traf sich der Kirchenbundvorsitzende Hempel zu einem Spitzengespräch mit Honecker, wo er nach Ansicht der SED eine *„völlige Übereinstimmung zu den Grundfragen unserer Zeit“* zeigte.[24] Als einen wichtigen Erfolg der offiziellen Kirchenpolitik betrachtete man darüber hinaus das gemeinsame Wort der Kirchen in Ost- und Westdeutschland zum 50. Jahrestag des Kriegsendes im Mai 1985, das als Unterstützung der Friedenspolitik der DDR gewertet wurde.

In dieser Zeit der Rückbildung durchliefen die Gruppen einen langsamen Reifeprozeß: Obwohl ihnen der Zugang zu den Medien ebenso verwehrt blieb wie jede Form der offiziellen Institutionalisierung, schritt ihre Vernetzung weiter voran; auch auf überregionaler Ebene bildeten sich zunehmend feste Arbeitsstrukturen heraus, wenngleich eine Zentralisierung von den meisten abgelehnt wurde. Das III. Seminar „Konkret für den Frieden“ (März 1985) beschäftigte sich ausführlich mit der Frage einer stärkeren Zusammenarbeit der Gruppen und lud zum ersten Mal auch Umwelt- und 3.Welt-Gruppen zu dem Treffen ein. Am Ende des Seminars wurde schließlich ein sogenannter „Fortsetzungsausschuß“ gewählt, der die nächste Zusammenkunft vorbereiten sollte und in dem alle DDR-Regionen vertreten waren – kein Vorstand der unabhängigen politischen Gruppen, aber immerhin ein Gremium, das auch zwischen den jährlichen Zusammenkünften arbeitsfähig war. Konkrete Verabredungen und der praktische Erfahrungsaustausch standen auch beim Jahrestreffen der Umweltgruppen (April 1985) im Vordergrund (Anhang, Nr. 4), nachdem die Synode des DDR-Kirchenbundes im September 1984 erstmals grundsätzlich die Bedeutung des Umweltengagements in den Kirchen herausgestellt hatte.

Überregionalen Charakter hatten insbesondere die 1985 eingeführte Schöpfungswoche in Sachsen sowie die seit 1981 durchgeführte Aktion „Mobil ohne Auto“ zum Weltumwelttag; für Kinder aus besonders belasteten Gebieten der DDR organisierte die Ökologische Arbeitsgemeinschaft aus Dresden seit 1983 die Aktion „Saubere Luft für Ferienkinder“, und das Kirchliche Forschungsheim unterstützte mit einem „Öko-Fonds“ umweltorientierte Projekte. Andere Gruppen organisierten

Ausstellungen in kirchlichen Räumen, luden zu Seminaren ein oder erstellten Informationsmaterial zu speziellen Themen, insbesondere aus dem Umweltbereich. Dadurch erhöhte sich nicht nur die fachliche Kompetenz vieler Kreise, sondern auch die Erfahrung bei der praktischen Organisation politischer Vorhaben, zumal es innerhalb der Gruppen zu einer wachsenden Spezialisierung und Arbeitsteilung, z.B. durch Bildung von Untergruppen, kam. Das Streben nach einer staatlichen Anerkennung der unabhängigen Aktivitäten zeitigte zumindest im Umweltbereich partielle Erfolge, weil die Behörden nunmehr auf freiwillige Baumpflanzungen oder Säuberungsaktionen nicht mehr grundsätzlich mit Ablehnung reagierten.

Die erzwungene Depolitisierung der Gruppen hatte also durchaus ambivalente Folgen – sie wurden, wenn nicht respektiert, so zumindest toleriert und dadurch zu einem dauerhaften Faktor. Hinzu kam, daß sich, wie die SED zu Recht festgestellt hatte, durch den Druck des Staates die Konflikte nunmehr in die Kirchen selbst verlagert hatten und auch zwischen den Gruppen zunehmend unterschiedliche politische Profile sichtbar wurden. Während das Politbüro in einem Beschluß vom Januar 1986 zufrieden konstatierte, daß es gelungen sei, *„die Positionen jener kirchlichen Kreise, die der Linie einer ‚Kirche im Sozialismus' dadurch verbunden sind, zu festigen und das Wirkungsfeld negativer, reaktionärer Kräfte innerhalb der Kirchen einzuengen"*, [25] hatte der Druck auf die Gruppen andererseits zur Folge, daß sich radikalere Bestrebungen nunmehr zunehmend eigenständig formierten. Insbesondere in Berlin sah die SED eine Reihe von *„Exponenten einer negativen Linie"* am Werk, die die Kirche angeblich politisch mißbrauchten. In einem Bericht zur Friedensdekade 1985 werden insgesamt neun solcher kirchlichen Vertreter (u.a. Rainer Eppelmann, Ralf Hirsch, Ruth Misselwitz sowie Bischof Forck) und *„Beispiele für den Mißbrauch kirchlicher Veranstaltungen"* genannt (vgl. Anhang, Nr. 3). Noch während der Dekade wurde die Kirchenleitung von Berlin-Brandenburg aufgefordert, *„die negativen Kräfte [zu] disziplinieren"*, und mit der Drohung unter Druck gesetzt, ansonsten die Verhandlungen über den für 1987 geplanten Kirchentag abzubrechen.[26]

Die Differenzen zwischen den Gruppen sowie zwischen ihnen und der Amtskirche zeigten sich vor allem dort, wo es um Fragen ging, die auf den Kern des politischen Systems zielten – und entsprechende Empfindlichkeiten der SED berührten: Menschenrechte, Demokratie, grundlegende Reformen. Während die einen darauf zielten, vom Staat als Gesprächspartner anerkannt zu werden und Veränderungen durch „kleine Schritte" zu bewirken, fanden die anderen zur Überzeugung, daß in der DDR die Grundvoraussetzungen für politisches Engagement erst noch geschaffen werden müßten. Angestoßen durch die Charta 77 und die internationale Menschenrechtsdiskussion kam es deshalb 1985 in Berlin zu langwierigen Bemühungen, ein Menschenrechtsseminar zu veranstalten. Dieses stieß jedoch auf starken Widerstand bei der Kirchenleitung und löste darüber hinaus auch zwischen den Gruppen heftige Kontroversen aus, da die meisten – bei aller Kritik an der SED – von einem marxistisch geprägten Gesellschaftsbild inspiriert waren. Im Ergebnis konstituierten sich die „bürgerlich-demokratischen" Kräfte im Januar 1986 als Initiative „Frieden und Menschenrechte" (IFM), während die sozialistisch orientierte Fraktion die Gruppe „Gegenstimmen" bildete; eine dritte Strömung, die eher anarchistische Ambitionen verfolgte, sammelte sich in der im September 1986 eröffneten Berliner Umwelt-Bibliothek. Diese politisch und persönlich bedingten Differenzen zwischen den Gruppen nahmen in der Folgezeit noch zu und wurden vom MfS durch Inoffizielle Mitarbeiter systematisch verstärkt.

Emanzipation von der Kirche

Bis Mitte der achtziger Jahre existierten unabhängige politische Gruppen in der DDR im Regelfall nur innerhalb der evangelischen Kirchen – „freie" Gruppen, die nicht die Unterstützung der Bischöfe genossen, wurden, wie die Jenaer Friedensgemeinschaft 1982/83, zumeist rigoros vom Staat zerschlagen. Die Herausbildung eines stabilen Gruppensektors und der Dauerkonflikt mit den Kirchenleitungen führten jedoch dazu, daß Bestrebungen zunahmen, sich von der „Mutterinstitution" zu emanzipieren; umgekehrt waren auch viele Kirchenverantwortliche der Meinung, die Kirche könne nicht dauerhaft gesellschaftspolitische Konflikte stellvertretend für andere ausfechten und solle sich wieder mehr ihren ursprünglichen Aufgaben zuwenden.[27] Die Gorbatschowsche Reformpolitik und die Bemühungen der DDR um internationale Anerkennung ließen überdies die Sicherheitsorgane ab Mitte der achtziger Jahre vorsichtiger auf unabhängige politische Aktivitäten reagieren, so daß sich die Spielräume etwas erweiterten.

Eine der ersten stabilen Gruppengründungen außerhalb kirchlicher Strukturen war der unabhängige Friedenskreis „Wolfspelz" in Dresden, der 1985 nach staatlichen Repressalien gegen Mahnwachen an der Frauenkirche aus einem „Hauskreis" hervorging. Mit seinen Kontakten zur „Charta 77" und zu radikaleren Berliner Gruppen spielte er ab 1988/89 eine wichtige Rolle im Raum Dresden, wo die Gruppierungen sonst eher zurückhaltend und auf ihre Eigenständigkeit bedacht die Entwicklungen in Berlin verfolgten.

Dort spitzten sich zu dieser Zeit die Auseinandersetzungen mit den Kirchenleitungen um die Grenzen des politischen Engagements in ihren Räumen zunehmend zu: Außer dem Konflikt um das Menschenrechtsseminar und den nach wie vor ungesicherten Status der „Offenen Arbeit" mit Jugendlichen der Stadt löste vor allem die Entscheidung der Berlin-Brandenburgischen Kirche großen Unmut aus, 1987 keine Friedenswerkstatt durchzuführen – eine Vorbedingung des Staates für die Zustimmung zu einem Berliner Kirchentag im Rahmen der 750-Jahr-Feiern. Ein Teil der Gruppen nabelte sich nun zunehmend von der Kirche ab und begann, eigene Organisationsstrukturen zu entwickeln.

Die bedeutendste Gruppengründung außerhalb der Kirchen war zu diesem Zeitpunkt die Initiative „Frieden und Menschenrechte" (IFM) mit ihrer unabhängigen Zeitschrift „Grenzfall", die erstmals im Juni 1986 erschien. Die Zeitschrift verfolgte das Ziel, *„ein DDR-weites Informationsnetz auf- und auszubauen, um den einzelnen Friedens-, Ökologie-, Menschenrechts-, 2/3-Welt- und sonstigen Gruppen, die über staatliche Medien keine Möglichkeit zur Informationsweitergabe bzw. -verbreitung besitzen, den Weg zur Verständigung untereinander zu ebnen"*.[28] Politisch orientierte sich die IFM an osteuropäischen Bürgerrechtsbewegungen wie der „Charta 77" und setzte sich die Herstellung von Rechtsstaatlichkeit und eine Demokratisierung der DDR zum Ziel, wobei es ihrem Selbstverständnis entsprach, *„ne-*

ben Forderungen an Regierungen in Form von Eingaben und Appellen noch nicht zugestandene Rechte so wahrzunehmen, als seien sie bereits zugestanden".[29] Der Perspektivenwechsel von der innerkirchlichen Friedensbewegung zur osteuropäischen Bürgerrechtsbewegung zeigte sich nicht nur in einer Eingabe zum XI. Parteitag der SED, in der der Herrschaftsanspruch der Partei grundsätzlich hinterfragt wurde, sondern auch in einer zunehmenden Kooperation mit Dissidenten in anderen Ländern, die schließlich in eine erste gemeinsame Erklärung zum 30. Jahrestag des Ungarn-Aufstandes mündete (Oktober 1986). Enge Beziehungen bestanden darüber hinaus zum „Europäischen Netzwerk für den Ost-West-Dialog", das als blockübergreifende Initiative eine „Entspannung von unten" und die Verknüpfung von Frieden und Freiheit anstrebte.[30]

Den zunehmenden Willen zur Emanzipation von der Amtskirche signalisierte auch die Gründung des „Arbeitskreises Solidarische Kirche" (AKSK) im Oktober 1986. Er verstand sich als überregionaler Zusammenschluß von Mitarbeitern und Mitgliedern der Kirchen, die der Basisbewegung nahestanden, und war nicht in kirchliche Strukturen eingebunden. In einer „Basiserklärung" und einer „Rahmenordnung" setzte sich der AKSK kritisch mit den hierarchischen Strukturen in der Kirche auseinander und forderte zugleich die Demokratisierung des politischen Systems in der DDR. Bis Mai 1989 entstanden insgesamt 16 Regionalgruppen, die bedeutendsten davon in Berlin, Leipzig, Jena und in verschiedenen Orten des Bezirks Halle; zweimal im Jahr traf man sich zu einer DDR-weiten Vollversammlung. Die Mitglieder des AKSK, zu denen auch die spätere brandenburgische Bildungsministerin Marianne Birthler zählte, arbeiteten oftmals auch in anderen Gruppen mit und beteiligten sich an vielen politischen Aktionen.

Einen etwas anderen Weg ging die im Herbst 1987 gegründete Initiative „Kirche von Unten" (KvU), die aus der „Offenen Arbeit" mit Jugendlichen entstanden war. Diese hatte schon 1985 den Plan verfolgt, in Berlin eine selbständige Gemeinde mit eigenen Räumlichkeiten zu gründen, die nicht von einem Gemeindekirchenrat, sondern von einer Vollversammlung geleitet werden sollte. Nachdem dieser Plan am Widerstand der Kirchenleitung gescheitert war, kam er 1987 erneut in die Diskussion, als unzufriedene Basisgruppen in Berlin den ersten unabhängigen „Kirchentag von Unten" organisierten und dafür – nach Androhung einer Kirchenbesetzung – auch entsprechende Räumlichkeiten zur Verfügung gestellt bekamen. Die „Offene Arbeit" organisierte sich danach DDR-weit als „Kirche von Unten" und kam regelmäßig zu Vollversammlungen zusammen. Mit ungewöhnlichen Aktionen wie dem Abwurf von Flugblättern auf die Teilnehmer einer Kirchensynode und einer radikalen Kritik an Staat und Kirche stritt die KvU für ein eigenes Dach für ihre Arbeit (vgl. Anhang, Nr. 5). Im April 1988 erkannte die Kirchenleitung von Berlin-Brandenburg die Gruppe schließlich als eigenständige „Personalgemeinde" an und stellte ihr Anfang 1989 auch Räume für Veranstaltungen und Ausstellungen zur Verfügung.

Reformen in der DDR?

Bei all diesen Gruppengründungen ging es weniger um institutionelle Autonomie gegenüber Kirchenleitungen und Amtskirche als vielmehr um einen politischen Konflikt, der für die weitere Entwicklung immer bestimmender wurde: Sollte man sich mit den Möglichkeiten eines begrenzten, „konstruktiven" Engagements zufriedengeben und dafür auf konfliktträchtige Themen und Aktionsformen nach Möglichkeit verzichten – oder sollte man das Menschenrecht auf freie politische Meinungsäußerung selbstbewußt in Anspruch nehmen und dafür auch Unannehmlichkeiten und Spannungen in Kauf nehmen?

Die Politik der SED verschärfte diesen Konflikt, indem sie die mißliebigen Tendenzen konsequent auszugrenzen suchte und – anders als in Polen und Ungarn – keinerlei Integrationsangebote machte. Reformen wie in der Sowjetunion wurden pauschal als überflüssig abgelehnt, die geheimpolizeilichen Maßnahmen gegen die „feindlich-negativen Kräfte" dagegen noch verstärkt. Obwohl die Forderungen nach Menschenrechten und Demokratie auch in der DDR an Bedeutung gewannen, vertraten die Sicherheitsorgane die Auffassung, durch die bisherige Strategie sei der „Gegner" erfolgreich zurückgeschlagen worden. In Lageeinschätzungen hieß es regelmäßig, daß die Wirksamkeit der extremen Vertreter politischer Untergrundtätigkeit *„zurückgedrängt oder verhindert und damit insgesamt der Differenzierungs-, Zersetzungs- und Verunsicherungsprozeß fortgesetzt"* worden sei.[31] Erfreut registrierte das MfS auch die wachsenden ideologischen Auseinandersetzungen zwischen den Gruppen – etwa über den Besuch von Vertretern der westdeutschen CDU bei Pfarrer Eppelmann im Oktober 1987.

Gleichwohl wuchsen seit 1987 die Hoffnungen auf eine politische Entspannung auch im Innern der DDR. Hatte der Umgang mit dem Reaktorunfall in Tschernobyl noch einmal starke Zweifel am Reformwillen der neuen sowjetischen Führung ausgelöst und zur Forderung nach einer Volksabstimmung in der DDR geführt, gewann das Reformthema mit der allmählichen Stabilisierung von „Glasnost" und „Perestrojka" in der Sowjetunion immer mehr an Bedeutung in der DDR (vgl. Anhang, Nr. 7). Die Samisdat-Zeitschriften begannen nun, in großem Umfang Nachrichten und Artikel aus sowjetischen Medien nachzudrucken – ein Vorgang, den die SED schlechterdings kaum verbieten konnte. Die Gruppen lasen die Konzepte der Reformer und stießen damit automatisch ins Zentrum der Politik, das sie bis dahin zumeist eher vorsichtig umgangen hatten: die Schaffung echter Alternativen bei den Wahlen, die Öffnung der Medien, die Zulassung unabhängiger Vereinigungen, die Einführung der Gewaltenteilung – in dieser Konkretion hatte in den Jahren zuvor kaum jemand mehr Vorschläge für einen Wandel des Systems gemacht.[32] Da es in der SED ebenfalls spürbare Sympathien für den sowjetischen Reformkurs gab, konnten die Gruppen erstmals auch „auf der anderen Seite" eine gewisse Resonanz erwarten und ihre extreme Randstellung in der DDR ein Stück weit überwinden. Schließlich regten sich auch in den Kirchenleitungen und in den Kirchenzeitungen verstärkt Kräfte, die das, was in der Sowjetunion geschah, gerne auf die DDR übertragen wollten und gegen die unerträgliche Einengung des gesellschaftlichen Lebens durch die Parteibürokratie opponierten.

Konkret wurden solche Hoffnungen vor allem im Sommer 1987, als die SED nach langen Verhandlungen mit der SPD ein Papier unterschrieb, in dem sie sich zu den Prinzipien des politischen Dialogs im Innern und nach Außen verpflichtete (August 1987). Die „Umweltblätter" druckten das Protokoll einer Diskussionsveranstaltung in Freudenberg ab, bei der der Direktor des Instituts für wissenschaftlichen Kommunismus der SED, Rolf Reißig, erklärt hatte, daß der Dialog in der DDR auf allen Ebenen erweitert werden und alle gesellschaftlichen Gruppen einschließen müsse.[33] Die Synode des DDR-Kirchenbundes faßte kurz darauf einen Beschluß, demzufolge das Papier *„eine handhabbare Methode für andere Bereiche bieten (kann): Gemeinsame Überzeugungen feststellen, Unterschiede benennen und nach Richtungen suchen, in denen eine Zusammenarbeit möglich wird"*.[34] Wie eine praktische Bestätigung, daß die SED zu einer partiellen Pluralisierung im Inneren der DDR bereit sein könnte, wirkte der im September 1987 organisierte Olof-Palme-Friedensmarsch, bei dem kirchliche Basisgruppen erstmals offiziell mit eigenen Transparenten vertreten waren (vgl. Anhang, Nr. 6). Euphorisch wurde der Marsch deshalb in den „Umweltblättern" als *„die erste offiziell genehmigte Demonstration der unabhängigen Friedensbewegung, die erste geduldete Demonstration von Andersdenkenden in unserem Lande überhaupt"* begrüßt und dazu aufgefordert, die neuen Freiräume sensibel zu nutzen und auszufüllen.[35]

Die Aufgabe alter Feindbilder und die Entfaltung eines freien Dialoges zwischen „allen Bürgern der verschiedenen Staaten" machte sich vor allem die Initiative „Absage an Praxis und Prinzip der Abgrenzung" zur Aufgabe, die 1987 auf verschiedenen Synoden die Kirchen zu einem förmlichen Beschluß in dieser Frage bewegen wollte. In Anknüpfung an die Absage der Kirchen „an Praxis und Prinzip der Abschreckung" wollte die Gruppe das theoretische Bekenntnis von Staat und Kirche zur Vertrauensbildung praktisch werden lassen und forderte u.a. *„die rechtlich garantierte Reisefreiheit in westliche Länder für alle DDR-Bürger unabhängig von Alter, beruflicher Stellung, familiären Anlässen und politischer Einstellung"*.[36] Da dies nichts anderes als die Öffnung der Mauer bedeutete, reagierte die SED mit äußerster Nervosität und wertete die Einbringung des Antrages auf der Bundessynode in Görlitz als offene Provokation.[37] Noch während der Synode beschäftigte sich die oberste Parteispitze mit den Vorgängen, und das ZK-Sekretariat bekräftigte in einem Grundsatzbeschluß vom 14. Oktober seine Auffassung: *„Für staatsfeindliche Losungen oder Aktionen, in welchem Gewande auch immer, gibt es bei uns keinen Raum."*[38]

Solidarisierung und Politisierung

Daß die zaghaften Anzeichen eines „Ost-Berliner Frühlings" in erster Linie außenpolitischem Kalkül entsprangen und nicht zuletzt mit den Vorbereitungen des Honecker-Besuches in Bonn Anfang September 1987 zusammenhingen, wurde nicht nur durch die Reaktionen auf die Görlitzer Synode deutlich. Vielmehr verschärfte sich der Druck auch an anderen Stellen – zum Beispiel gegen die Auftritte des Liedermachers Stephan Krawczyk und der Regisseurin Freya Klier in kirchlichen Räumen; nach massiven Interventionen des Staates fanden sich kaum noch Kirchgemeinden bereit, Veranstaltungen mit den beiden durchzuführen, und erstmals wurden gegen die Veranstalter empfindliche Ordnungsstrafen verhängt. In der Nacht vom 24. zum 25. November 1987 drangen dann Mitarbeiter des Staatssicherheitsdienstes in die Ost-Berliner Umweltbibliothek ein und verhafteten sieben Personen, die gerade die „Umweltblätter" druckten; das Abzugsgerät sowie Teile einer nicht fertiggestellten „Grenzfall"-Ausgabe wurden beschlagnahmt – ein solches Vorgehen hatte es seit Jahren nicht mehr gegeben.[39]

Die Aktion, die sich eigentlich gegen die Herstellung des kirchlich nicht gedeckten „Grenzfalls" richtete, veränderte beinahe schlagartig die Gruppenszene in der ganzen DDR. Überall kam es zu Solidaritätsaktionen, die durch weitere Festnahmen noch verstärkt wurden. In Ost-Berlin wurden Mahnwachen und Informationsgottesdienste organisiert, und die politischen Differenzen zwischen den Gruppen spielten auf einmal kaum noch eine Rolle; viele eher müde agierende Gruppen politisierten sich mit einem Mal und setzten sich für die Freilassung der Inhaftierten ein. Unter dem Druck der Proteste wurden die Verhafteten schließlich freigelassen und die Ermittlungsverfahren eingestellt – ein Sieg, der den Gruppen zum ersten Mal ihre politische Kraft und die Schwäche der SED-Führung deutlich vor Augen führte.

Das Fiasko, mit dem die Zionsaffäre endete, veranlaßte die Sicherheitsorgane, wenige Wochen später erneut und entschlossener zum Gegenschlag auszuholen – vor allem, um das Krawczyk/Klier-Problem aus der Welt zu schaffen und um die Kontakte in den Westen zu zerschlagen, die der SED immer wieder eine unerwünschte Aufmerksamkeit der Medien bescherten. Als sich Ausreisewillige im Januar 1988 mit eigenen Transparenten („Freiheit ist immer auch die Freiheit der Andersdenkenden") an der jährlichen Gedenkprozession für Rosa Luxemburg beteiligen wollten, wurden über 100 Menschen festgenommen, unter ihnen Stephan Krawczyk und Freya Klier sowie führende Berliner Oppositionelle. Auch jetzt kam es zu einer DDR-weiten Welle der Soldarität mit Mahnwachen und einer intensiven Berichterstattung der West-Medien, doch diesmal gelang es den Sicherheitsorganen im Zusammenspiel mit dem dem MfS verpflichteten Rechtsanwalt Wolfgang Schnur und unter Beteiligung der an einer „Pazifizierung" interessierten Kirchenleitung, die wichtigsten Akteure zur Ausreise zu bewegen. Während die Solidaritätsbewegung zusammenbrach und es zwischen den Gruppen zu heftigen Auseinandersetzungen kam, wurden die Kirchen vom zuständigen Politbüromitglied Werner Jarowinsky offiziell verwarnt und ihre Zeitungen verstärkt unter Zensur gestellt.[40]

Gleichwohl ließen sich durch diese Maßnahmen die Verhältnisse nicht mehr so restaurieren, wie sie vor den Auseinandersetzungen um die Umweltbibliothek und die Luxemburg-Demonstration gewesen waren. Die wachsende Zahl von zu allem entschlossenen Ausreisewilligen (vgl. Anhang, Nr. 8) und die Radikalisierung des Reformprozesses in Osteuropa machten die offizielle Politik des „weiter so" immer unglaubwürdiger. Der Politisierungsprozeß der Gruppen ließ sich nicht mehr einfach zurückdrehen, sondern erfaßte nunmehr verstärkt auch kirchliche Gremien. Auf Zusammenkünften wie den „Ökumenischen Versammlungen" (Februar und Oktober 1988) oder dem Kirchentag in Halle (Juni 1988) wurde unüberhörbar die Forderung nach politischen Reformen laut, und der Vorsitzende des DDR-Kirchenbundes, Leich, wies die staatlichen Vorwürfe in einem Gespräch mit Erich Honecker Anfang März als ungerechtfertigt zurück.[41] In Leipzig[42] und Berlin kam es mehrfach zu ungenehmigten Demonstrationen (erste Montagsdemonstrationen, Pleiße-Gedenkmarsch, Protest gegen Kirchenzeitungszensur), und staatliche Repressalien wie die wiederholten Einsprüche gegen Artikel in den Kirchenzeitungen oder die Relegierung von Schülern der Carl-von-Ossietzky-Oberschule in Berlin hatten eine verstärkte Gegenwehr zur Folge. Viele Gruppen in der „Provinz" riefen jetzt – wie die Berliner – eigene Publikationsorgane und „Bibliotheken" (u.a. in Dresden, Zwickau, Karl-Marx-Stadt, Leipzig und Großhennersdorf) ins Leben, und der Trend zur überregionalen Vernetzung setzte sich durch Initiativen wie die Gründung des „Grün-ökologischen Netzwerks Arche" (Januar 1988), die Bildung weiterer Regionalgruppen der „Solidarischen Kirche" oder die Suche nach einem programmatischen Konsens auf dem jährlichen Seminar „Konkret für den Frieden" weiter fort.[43] Außer der IFM thematisierte nun auch ein Dutzend anderer Gruppen die Menschenrechtsproblematik.

Obgleich die Kirchenleitungen unter dem Druck des Staates in der zweiten Jahreshälfte 1988 wieder verstärkt nach einem Konsens mit der SED suchten und ihre „Befriedungsstrategie" gegenüber den Gruppen forcierten, erfüllte sich der Wunsch der Führung nicht, *„zurück zu einer Situation wie in der Zeit vor dem Kirchentag 1987"* zu kommen.[44] Aktionen wie das Auslieferungsverbot für die sowjetische Zeitschrift „Sputnik"[45] oder die Verleihung des Karl-Marx-Ordens an den rumänischen Diktator Nicolae Ceausescu sowie insbesondere die hilflose Reaktion der Parteiführung auf den wachsenden Ausreisestrom brachten den mittlerweile ca. 160 Gruppen[46] vielmehr auch in breiten Bevölkerungskreisen zunehmende Sympathien ein. Weil der Griff zu massiveren Repressalien durch internationale Abhängigkeiten (West-Verschuldung, KSZE-Folgekonferenz) versperrt schien, mußte man sogar mehr oder weniger tatenlos zusehen, wie die Gruppen mit phantasievollen Aktionen, Demonstrationen und Vervielfältigungen Schritt für Schritt in die Öffentlichkeit vordrangen und schließlich zum Kristallisationskern breiter Reformforderungen wurden. Die eigentliche Metamorphose in eine politische Oppositionsbewegung setzte jedoch erst 1989 ein, als radikale Vertreter der Friedensgruppen zur Gründung von Parteien und Bürgerbewegungen übergingen.

Anmerkungen

1 Vgl. *Sigrid Meuschel,* Legitimation und Parteiherrschaft. Zum Paradox von Stabilität und Revolution in der DDR 1945-1989. Frankfurt/Main 1992.

2 Eine Bresche hat hier geschlagen: *Erhart Neubert,* Geschichte der Opposition in der DDR 1949-1989. Bonn 1997.

3 Ausführlicher zum Oppositonsbegriff: *Hubertus Knabe,* Was war die „DDR-Opposition"? Zur Typologisierung des politischen Widerspruchs in Ostdeutschland, in: Deutschland Archiv 29 (1996). 2, S. 184ff.

4 Ministerium für Staatssicherheit (künftig MfS), Hochschule, Grundorientierungen für die politisch-operative Arbeit des MfS zur Aufdeckung, vorbeugenden Verhinderung und Bekämpfung der Versuche des Feindes zum Mißbrauch der Kirchen für die Inspirierung und Organisierung politischer Untergrundtätigkeit und die Schaffung einer antisozialistischen „inneren" Opposition in der DDR, VVS JHS 0001-241/83, S. 468, Matthias-Domaschk-Archiv (künftig MDA).

5 E. Honecker, Fernschreiben an die 1. Sekretäre der Bezirks- und Kreisleitungen der SED vom 16.4.1982, Bundesarchiv Berlin (künftig BuArch Bln) DY 30/IV B2/14/57.

6 Konzeption zur Weiterführung der politisch-ideologischen Arbeit zur Entwicklung des Friedensengagements der Kirchen und zur Verhinderung bzw. Zurückdrängung des feindlich-negativen Wirksamwerdens sogenannter ‚Friedenskreise' in den evangelischen Kirchen in der DDR, Anlage zur Hausmitteilung der Arbeitsgruppe Kirchenfragen beim ZK der SED an Erich Honecker vom 22.3.1983, BuArch Bln DY 30/IV B2/14/14, Bl. 3 und 5.

7 Information über ein Gespräch des Stellvertreters des Oberbürgermeisters für Inneres, Genossen Hoffmann, mit Generalsuperintendent Krusche am 14.7.1983, BuArch Bln DY 30/IV B2/14/96, Bl. 5ff.

8 MfS, Auskünfte zu Personenzusammenschlüssen, Anlage zum Schreiben des Ministers für Staatssicherheit vom 23. Mai 1989 an die Leiter der Diensteinheiten, VVS MfS 0008-39/89, MDA, ohne Seitennumerierung (hier: „Friedenskreis" der Evangelischen Kirchgemeinde Alt-Pankow).

9 Vgl. *Walter Jahn,* „Du bis wie Gift". Erinnerungen eines Vaters, hrsg. vom Landesbeauftragten des Freistaates Thüringen für die Unterlagen des Staatssicherheitsdienstes der ehemaligen DDR, Erfurt 1996.

10 Vgl. Die Konflikte um den Jugenddiakon Lothar Rochau und seinen Dienst in Halle-Neustadt 1981-1983. Ein Bericht im Auftrag der Kirchenleitung der Evangelischen Kirche der Kirchenprovinz Sachsen, erarbeitet von Oberkirchenrat i.R. Rudolf Schulze, GEP-Buch, Frankfurt/Main 1996.

11 Vgl. *Irena Kukutz,* Die Bewegung „Frauen für den Frieden" als Teil der unabhängigen Friedensbewegung der DDR, in: Materialien der Enquete-Kommission „Aufarbeitung von Geschichte und Folgen der SED-Diktatur in Deutschland", Band VII, Baden-Baden und Frankfurt am Main 1995, S. 1285ff.

12 Abteilung Parteiorgane des ZK, Information über Aktivitäten während der „Friedensdekade 1983" der evangelischen Kirchen in der DDR und über besondere Vorkommnisse, BuArch Bln DY 30/IV B2/14/96, Bl. 8. Ganz ähnlich auch die Einschätzung der Abteilung II des Staatssekretärs für Kirchenfragen vom 19. Oktober 1984, in der es hieß: *„Während die erste Friedensdekade stark von politisch negativen Kräften im kirchlichen Raum geprägt war und so viele Möglichkeiten für eine offene Konfrontation gegen die Friedenspolitik der DDR bot, gelang es in den folgenden Jahren realistischen Kräften vor allem in den Kirchenleitungen, die Veranstaltungen loyaler zu gestalten und den Spielraum für Provokationen immer weiter einzuengen."* BuArch Bln DY 30/IV B2/14/96, Bl. 31.

13 Information über ein Gespräch (siehe Anm. 7), Bl. 7; zu den Blues-Messen: *Rainer Eppelmann,* Fremd im eigenen Haus. Mein Leben im anderen Deutschland. Köln 1993, S. 139ff.

14 Zitiert nach *Gerhard Besier,* Der SED-Staat und die Kirche 1983-1991. Höhenflug und Absturz. Berlin und Frankfurt/Main 1995, S. 15.

15 Information über ein Gespräch (siehe Anm. 7), Bl. 1.

16 Ausführlicher dazu: *Stephan Bickhardt,* Die Entwicklung der DDR-Opposition in den achtziger Jahren, in: Materialien der Enquete-Kommission (siehe Anm. 11), S. 474ff.

17 Hochschule des MfS, Dissertation zum Thema: Das aktuelle Erscheinungsbild politischer Untergrundtätigkeit in der DDR und wesentliche Tendenzen seiner Entwicklung. VVS JHS 0001-230/89, S. 82, MDA. Ob die Zahl der Friedensgruppen gegenüber dem Stand vom April 1983 tatsächlich von 50 auf 100 anstieg, ist z.Zt. nicht nachzuprüfen, da genauere Angaben über den Zuwachs der Gruppen in den achtziger Jahren fehlen. Zweifel an der Zuverlässigkeit der Angaben ergeben sich aber daraus, daß für 1983 noch gar keine Umweltgruppen registriert werden – was erwiesenermaßen falsch ist. Einer anderen MfS-Dissertation zufolge war im Januar 1984 die *„Bildung von mehr als 50 sogenannten Friedenskreisen in allen Bezirken der DDR"* charakteristisch; MfS, Hochschule, Forschungsergebnisse zum Thema: Die weitere Qualifizierung der Arbeit mit Zentralen Operativen Vorgängen (ZOV) zur wirksamen Bekämpfung feindlicher Tätigkeit, insbesondere feindlicher Stellen und Kräfte, GVS JHS 0001-30/83. S. 145, MDA. Daß die Zahl der Gruppen 1983/84 deutlich anstieg, läßt sich indirekt aber aus einem MfS-Bericht vom Mai 1989 ableiten, der von 150

der insgesamt 175 erfaßten Gruppen das Gründungsjahr nennt: Danach entstanden 1983 16 der (1989 noch existierenden) Gruppen, davon 6 zum Thema Frieden, 7 zum Thema Umwelt und eine zu beiden Themen; 1984 gründeten sich 20 der Kreise, davon 10 zum Thema Frieden, 7 zum Thema Umwelt und 3 zu beiden Themen; vgl. MfS, Auskünfte zu Personenzusammenschlüssen (siehe oben Anm. 8).

18 Anstöße X, April 1984, S. 4; siehe auch Anm. 17.

19 Vgl. dazu den Beitrag in diesem Band: „Samisdat – Gegenöffentlichkeit in der DDR in den 80er Jahren".

20 Zahlen aus: *Bernd Eisenfeld,* Die Ausreisebewegung – eine Erscheinungsform widerständigen Verhaltens, in: *Ulrike Poppe, Rainer Eckert, Ilko-Sascha Kowalczuk* (Hrsgg.), Zwischen Selbstbehauptung und Anpassung. Formen des Widerstandes und der Opposition in der DDR. Berlin 1995, S. 202. Vgl. auch seinen Beitrag zur Ausreisebewegung in diesem Band.

21 Hochschule des MfS, Dissertation (siehe Anm. 17), S. 82. Anderen MfS-Angaben zufolge bestanden Anfang 1984 35 Umwelt- und Ökologiegruppen, von denen 20 regelmäßige Aktivitäten entfalteten; im Oktober 1985 soll dieses Verhältnis 42:28 Gruppen mit ca. 550-600 ständigen Mitgliedern betragen haben; MfS, HA XX, Arbeitshinweise über die Entwicklung, Pläne, Absichten und Aktivitäten gegnerischer und feindlich-negativer Kräfte zur Schaffung einer sogenannten Ökologie- und Umweltschutzbewegung in der DDR und deren operative Bekämpfung, VVS MfS 0008-72/85, S. 13, Archiv Kirchliches Forschungsheim Wittenberg (KFH). Ausführlicher zur DDR-Ökologiebewegung: *Hubertus Knabe,* Umweltkonflikte im Sozialismus. Möglichkeiten und Grenzen gesellschaftlicher Problemartikulation in sozialistischen Systemen. Eine vergleichende Analyse der Umweltdiskussion in der DDR und Ungarn. Köln 1993, S. 280ff.; zur unabhängigen Frauenbewegung in der DDR: *Irena Kukutz* (siehe Anm. 11) sowie *Samirah Kenawi,* Frauengruppen in der DDR der 80er Jahre, hrsg. von Grauzone. Dokumentationsstelle zur nichtstaatlichen Frauenbewegung in der DDR. Berlin 1995.

22 Einschätzung der 6. Friedensdekade der Evangelischen Kirchen „Frieden wächst aus Gerechtigkeit" vom 10.-20.11.1985 in der Hauptstadt, BuArch Bln DY 30/IV B2/14/96, Bl. 123.

23 Information ohne Datum, BuArch Bln DY 30/IV B2/14/20.

24 Zitiert nach *Besier* (siehe oben Anm. 14), S. 96 und S. 119.

25 Anlage Nr. 13 zum Protokoll Nr. 1 der PB-Sitzung vom 7.1.1986: Information zu aktuellen Fragen der Politik gegenüber den evangelischen Kirchen, BuArch Bln J IV 2/2/2148, S. 3.

26 Vermerk über ein Gespräch mit Konsistorialpräsident Manfred Stolpe beim Hauptabteilungsleiter (des Staatssekretärs für Kirchenfragen), Genossen Heinrich, am 13.11.1985, BuArch Bln DY 30/IV B2/14/96, Bl. 116ff. Da sich die Kirchenleitung wegen ihrer Grundordnung weitgehend machtlos gegenüber den inkriminierten Gemeindepfarrern fühlte, hatte Generalsuperintendent Krusche schon Ende September gegenüber dem Staatssekretariat für Kirchenfragen die Frage aufgeworfen, ob nicht *„staatliche Maßnahmen, wie etwa die Einleitung eines Ordnungsstrafverfahrens [gegen Eppelmann – H.K.], die Auseinandersetzungen in der Kirchenleitung im positiven Sinne beeinflussen würden";* Vermerk über ein Gespräch mit dem Berliner Generalsuperintendenten Dr. Krusche vom 27.9.1985, BuArch Bln DY 30/IV B2/14/96, S. 1.

27 So berichtete der Staatssekretär für Kirchenfragen, Klaus Gysi, von einem Gespräch mit den Kirchenvertretern Stolpe und Ziegler am 9.12.1987, in dem deutlich sichtbar geworden sei, *„daß die Haltung Zieglers wie z.B. auch die Haltung des Generalsuperintendenten Krusche in Richtung einer Trennung der Kirchen von diesen Gruppen ging";* Information vom 10.12.1987, BuArch Bln DY 30/IV B2/14/42, Bl. 196.

28 *Grenzfall,* 1. Ausgabe zur Berliner Friedenswerkstatt, 29.9.1986, dokumentiert in: *Ralf Hirsch* und *Lew Kopelew* (Hrsgg.), Grenzfall. Vollständiger Nachdruck aller in der DDR erschienenen Ausgaben (1986/87). Erstes unabhängiges Periodikum, Berlin 1989 (Selbstverlag), S. 1.

29 Vorstellung der Initiative „Frieden und Menschenrechte" zum Tag der Menschenrechte am 10.12.1987 in der Gethsemanekirche, in: ebenda, S. VIII.

30 Ausführlicher zur IFM siehe den Beitrag der Mitbegründer *Wolfgang Templin* und *Reinhard Weißhuhn* in diesem Band.

31 MfS, HA XX, Monatliche Lageeinschätzung vom 20. Dezember 1986, Bl. 286, MDA.

32 Zur Reformdiskussion in den Gruppen vgl. *Hubertus Knabe,* Konzeptionen für die Erneuerung. Demokratie-Diskussion in der DDR, in: Kirche im Sozialismus, 5/1989, S. 181ff.

33 Umweltblätter, 1. November 1987, S. 6. Auch andere Samisdat-Zeitschriften widmeten sich ausführlich dem SED-SPD-Papier; vgl. „Kontext", Heft 1, ohne Datum, und Heft 2 vom 27.4.1988.

34 Beschluß der Synode des Bundes der Ev. Kirchen in der DDR zum Bericht der Konferenz der Ev. Kirchenleitungen, Görlitz 22.9.1987.

35 Umweltblätter, 1. Oktober 1987, S. 4; vollständig abgedruckt in: *Wolfgang Rüddenklau,* Störenfried, DDR-Opposition 1986-1989. Mit Texten aus den „Umweltblättern". Berlin 1992, S. 144f.

36 Wesentliche Texte der Initiative sind dokumentiert in: *Stephan Bickhardt* (Hrsg.), Recht ströme wie Wasser. Christen in der DDR für Absage an Praxis und Prinzip der Abgrenzung. Ein Arbeitsbuch. Berlin 1988, hier S. 17.

37 Ausführlicher zu den Vorgängen um die Einbringung des Antrages auf der Görlitzer Bundessynode im September 1987: *Besier* (siehe oben Anm. 14), S. 228ff.

38 „Zur weiteren Arbeit mit den evangelischen Kirchen in der DDR", Anlage 1 zum Protokoll Nr. 112 der Sitzung des Sekretariates des ZK am 14.10.1987, BuArch Bln IV 2/3/4171, S. 3.

39 Umfassend dokumentiert wurden die Vorgänge seinerzeit in: EPD-Dokumentation Nr. 9/1988.

40 Zur Luxemburg-Affäre vgl. *Freya Klier,* Aktion „Störenfried". Die Januar-Ereignisse von 1988 im Spiegel der Staatssicherheit, in: *Hans Joachim Schädlich* (Hrsg.), Aktenkundig. Berlin 1992, S. 91ff. Die Jarowinsky-Erklärung wurde veröffentlicht in: EPD-Dokumentation Nr. 43/1988, S. 60-68.

41 Ausführlicher zu den kirchenpolitischen Entwicklungen des Jahres 1988: *Besier* (siehe oben Anm. 14), S. 267ff.

42 Zur Entwicklung in Leipzig vgl. *Christian Dietrich,* Fallstudie Leipzig 1987-1989. Die politisch-alternativen Gruppen in Leipzig vor der Revolution, in: Materialien der Enquete-Kommission (siehe oben Anm. 11), S. 558ff. sowie den Beitrag von Christian Dietrich und Martin Jandler in diesem Band.

43 Der Fortsetzungsausschuß (FA) des Seminars hatte die Erarbeitung eines Positionspapiers vorgeschlagen, welches der theologische Berater des FA, Hans-Joachim Tschiche, im Februar 1988 vorstellte und das u.a. *„die pluralistische, demokratische und dezentralisierte Organisation des wirtschaftlichen und gesellschaftlichen Lebens in der DDR"* forderte. Die Mehrheit der Teilnehmer sprach sich jedoch gegen eine Verabschiedung aus und beauftragte eine Redaktionsgruppe bis zum nächsten Seminar ein neues Papier vorzulegen; der ursprüngliche Entwurf ist abgedruckt bei: *Bickhardt* (siehe oben Anm. 16), S. 501ff.

44 Information über ein Gespräch des Stellvertreters des Oberbürgermeisters für Inneres, Genossen Hoffmann, mit Konsistorialpräsident M. Stolpe und Generalsuperintendent Dr. Krusche am 19.12.1988, BuArch Bln DY 30/IV B2/14/43, Bl. 150.

45 Vgl. den Beitrag von *A. Holzweißig* über Medien und Medienlenkung in Band 1 dieser Reihe (Die SED-Herrschaft und ihr Zusammenbruch, Leverkusen 1996), S. 51-81.

46 MfS, Information Nr. 150/89 über beachtenswerte Aspekte des aktuellen Wirksamwerdens innerer feindlicher, oppositioneller und anderer negativer Kräfte in personellen Zusammenschlüssen, abgedruckt in: *Armin Mitter* und *Stefan Wolle* (Hrsgg.), Ich liebe euch doch alle! Befehle und Lageberichte des MfS Januar-November 1989. Berlin 1990, S. 47.

Anhang

Nr. 1
„Konkret für den Frieden“
Bericht über das Jahrestreffen der Friedensgruppen 1984

Mir scheint, es hat seinem Namen Ehre gemacht, das Seminar für den Frieden, wenigstens, was den zweiten Teil der Überschrift angeht. Es war ein friedliches Treffen, ein sehr friedliches Treffen, und das ist nun fast schon eine Kritik. Denn so konkret, wie in der Überschrift gemeint – daß man sich hätte in die Haare kriegen können – war es nun im Ganzen nicht. Es war viel Theorie – das Referat von Garstecki[1] zum Thema, das, was Bischof Leich abgehandelt hat und auch, was Stolpe dann noch sagen zu müssen glaubte. Muß ja auch sein, denkt der, der eine Universität o.ä. besucht hat. Auf der Strecke bleibt dann aber die Kommunikation, und das fand ich ein bißchen schade. Die Kommunikation der Gruppen und Kräfte nämlich, die unterwegs sind, an der Basis, wie man so sagt. Im Hearing am Sonnabend kam dies, so denke ich, am ehesten auf, dieses Klagen über die Hilflosigkeit und Ohnmacht, der Versuch, die Ausreisewelle zu verkraften usw. Dies kann und darf methodisch nicht überspielt werden und wurde es in Eisenach auch nicht.

Viel Prominenz habe ich gesehen, etwas beklommen, aber es war doch auch gut, daß die da waren – von der Thüringischen Kirchenleitung fast alle – und auch die ganze Zeit. Damit ist doch deutlich geworden, daß Friedensarbeit nicht etwas ist für paar ausgeflippte Typen, etwas, was die Kirche so nebenher auch noch tut.

Zwei Gedanken vielleicht noch, vielleicht nicht die wichtigsten des Seminars, aber immerhin für mich bedenkenswert: 1. Garstecki sagte in seinem Referat „Solidarität im Konflikt muß vor Eskalation des Konfliktes gehen“. Das ist in der Tat mein Problem, und vielleicht das anderer auch. Wie kriege ich es hin, deutlich zu machen, daß mein Widerspruch konstruktiv sein will und nicht auf Destabilisierung aus ist? Ich kenne zu viele Konflikte, die sich nur einfach hochgeschaukelt haben. 2. In meiner Arbeitsgruppe sagte einer: „Mein Schuldirektor redet nur mit mir, wenn's Probleme gibt“. Eben, und das ist so schade. [...]

1 Joachim Garstecki, Referent für Friedensfragen in der Theologischen Studienabteilung beim Bund der Evangelischen Kirchen in der DDR.

Quelle: „Konkret für den Frieden II“ – Eisenach 3.-4. März 1984 (Bericht von Michael Wagner über das Jahrestreffen der DDR-Friedensgruppen), in: Friedensreader 2, 10. April 1984, ohne Seitenzählung (S. 3).

Nr. 2

Berliner Friedenswerkstatt 1984

Aus einer Information für das Zentralkomitee

[...] Im Laufe des Tages nahmen an der Veranstaltung ca. 3000 Personen teil. Die Mehrzahl der Besucher war zwischen 20–30 Jahre. Eine Reihe Teilnehmer hatte seine Kinder mitgebracht. Es war festzustellen, daß der Anteil der weiblichen Besucher überwog. Das Publikum kann als ein vorwiegend intellektuelles eingeschätzt werden. Alkohol wurde nicht konsumiert; die Teilnehmer bewegten sich diszipliniert. Es traten einige dekadent aussehende Personen auf (insbesondere ca. 15-20 Punker), diese bestimmten jedoch nicht das Bild der Veranstaltung. [...] Stände wurden gestaltet von der CFK/Weißenseer Arbeitskreis, Aktion Sühnezeichen, Samaritergemeinde, Friedens-Ökologiekreis Friedrichsfelde, Kirchgemeinde Alt-Pankow, Evangelisches Diakoniewerk, Gruppe „Frauen für den Frieden“, Jungmännerwerk, Gethsemanekirchgemeinde, „Lesben in der Kirche“, „Schwule in der Kirche“, Vegetarier, Pfarr- und Glaubenskirchgemeinde, Friedenskreis Sprachenkonvikt, Bund der Evangelischen Kirchen, Ökumenischer Jugenddienst [...].

An einer Vielzahl von Ständen wurde mehr oder weniger direkt auf pazifistischer Grundlage zur Friedensproblematik Stellung genommen bzw. [wurden] pseudoökologische Thesen vertreten.

Am Stand der Samaritergemeinde wurde ein Brief an die Konferenz der Kirchenleitungen ausgestellt, in welchem die Forderung enthalten war, die DDR zur „atomwaffenfreien Zone“ zu erklären. Des weiteren wurde die „blockübergreifende Friedensbewegung“ als ein konkreter Beitrag zur Friedenssicherung hingestellt. Diesbezügliche Aktivitäten der Samaritergemeinde wurden erläutert. In einem fiktiven Interview mit Lenin und Engels wurden aus dem Zusammenhang gerissene Zitate der Klassiker vorgestellt, welche beweisen sollten, daß es im Sozialismus keine reguläre Armee mehr geben dürfte.

Am Stand des Sprachenkonvikts wurde aufgefordert, den „Frieden von unten“ zu machen. Es wurde angeregt, „persönliche Friedensverträge“ mit Bürgern aus dem NSW[1] zu schließen. Die „Militarisierung“ von Kindern und Jugendlichen in der Schule versuchte man, anhand von Spielsachen, Büchern und Gedichten darzustellen.

Am Stand der „Frauen für den Frieden“ waren Luftballons angebracht mit der Aufschrift „von Jena bis Aachen macht Schwerter zu Pflugscharen“. (Durch Vertreter der Kirchenleitung wurde darauf hingewirkt, daß die Luftballons abgenommen wurden.) Aussagen zum Frauenwehrdienst wurden mit Auszügen von Berta von Suttner kommentiert, die darauf hinausliefen, daß man sich verweigern müsse. Der „Tagesablauf einer werktätigen Frau“ wurde dargestellt; dieser gipfelt in der Feststellung, daß die Frau weder für sich noch für die Kinder Zeit hätte. An dem Stand erfolgte eine Sammlung für die Familien von inhaftierten Wehrdienstverweigerern.

Am Stand des Jungmännerwerks erfolgte eine Information über die Möglichkeiten, seinen Wehrdienst bei den Bausoldaten abzuleisten.

Am Stand der Pfarr- und Glaubenskirche wurde Leben und Werk von M. Gandhi dargestellt. Dies wurde verbunden mit der Beantwortung der Frage, was „gewaltloser Widerstand“ sei – ziviler Ungehorsam, Verweigerung, Eingaben u.a.

Am Stand der Gethsemanekirchgemeinde wurde aufgefordert, gegen den geplanten Abriß der Gasometer in der Greifswalder Str./Prenzlauer Allee zu protestieren; man solle sich mit Eingaben an verschiedene staatliche Organe wenden. (Mit Kugelschreiber auf dem Plakat vermerkt: geplante Sprengung 14.7., 12.00 Uhr; erscheint in Massen.)

Am Stand der Kirchgemeinde Alt-Pankow erfolgte zeitweilig eine Unterschriftensammlung, in der die Synode der Evangelischen Kirche Berlin-Brandenburg aufgefordert wurde, sich mit der Umweltproblematik zu beschäftigen. (Die Weiterführung der Sammlung wurde von Krusche[2] unterbunden.)

Am Stand des Friedens/Ökologiekreises Friedrichsfelde wurde anhand von Fotos und Grafiken zum „Waldsterben", zur Wasserverschmutzung und zur Luftbelastung Stellung genommen. Diesbezügliche Eingaben an staatliche Organe wurden dargestellt. Des weiteren wurde an diesem Stand auch die Friedensfrage behandelt. Unter anderem wurde auf einer Grafik ein von einem Mönch Eingesperrter dargestellt; diesem war der Mund verklebt; Unterschrift: „Wir wollen Euch nur vor dem Knast bewahren". Eine andere Karikatur war unterschrieben mit „Vertrauen wagen, Maulkorb tragen".

An anderen Ständen wurde gegen die Nutzung von Kernenergie Stellung genommen und auf mögliche Gefahren verwiesen. Des weiteren wurde mehrfach gefordert, die Erziehung der Kinder nicht Medien oder Institutionen zu überlassen; man müsse ausgleichen und Schaden abwenden. An einer Vielzahl von Ständen wurden diverse Materialien verkauft („Abgabe gegen Spende"); Gesetzblätter, Fotografien, Anhänger, Hinweisblätter u.a.

1 NSW = Nichtsozialistisches Wirtschaftsgebiet, d.h. die westlichen Staaten.

2 *Günter Krusche,* Ost-Berliner Generalsuperintendent der Evangelischen Kirche in Berlin-Brandenburg.

Quelle: Information über eine „Friedenswerkstatt" am 8.7.1984 in der Berliner Erlöserkirche (Lichtenberg, Nöldnerstraße) 10.00 – 18.00 Uhr, BuArch Bln DY 30/IV B2/14/96, Bl. 12ff.

Nr. 3

Berliner Friedensdekade 1985

Aus einem Bericht für das Zentralkomitee

Im Rahmen der „Friedensdekade" (FD) fanden in der Hauptstadt 120 Gottesdienste und Andachten sowie 60 weitere nicht vorwiegend religiöse Veranstaltungen (Gesprächsabende, Foren, kulturelle Veranstaltungen usw.) statt. Fünf Ausstellungen in Berliner Kirchen wurden aus Anlaß der Dekade gestaltet.

Die FD hatte insgesamt im Vergleich zu den Vorjahren eine sinkende Resonanz. Die Teilnehmerzahlen lagen insgesamt unter denen des Vorjahres. Hierbei zeigt sich jedoch eine gewisse Differenzierung. So gelang es den Veranstaltern in der Samariterkirche (Friedrichshain) und der Kirche Alt-Pankow, die Teilnehmerzahlen im Vergleich zum Vorjahr zu erhöhen; hier handelte es sich insbesondere um politisch negative Veranstaltungen. Während auf Grund mangelnder Beteiligung vorwiegend religiös und unpolitisch konzipierte Veranstaltungen (Andachten, Friedensgebete u.a.) ausfallen mußten [...].
Beispiele für den Mißbrauch kirchlicher Veranstaltungen:

- Ausstellung in der Samariterkirche zum Thema „Menschenrechte"; Organisator Gruppe „Frieden stiften"
  u.a. sind Briefe an Erich Honecker ausgestellt, in denen gefordert wird: Redefreiheit, Versammlungsfreiheit, Pressefreiheit, Entmilitarisierung des Bildungswesens, Erweiterung der Reisemöglichkeiten;
  Bilddarstellung: Ein Gefangener wird aus dem Gefängnis entlassen, kommt aber in das große Gefängnis DDR; Bürger werden bespitzelt; Kritiker werden am Paragraphenkreuz hochgezogen; weitere Forderungen: Wehrdienstverweigerung, Chancengleichheit für Christen, Einreisemöglichkeit für „Grüne";
  ausgestellt wurde ein Brief gegen die Stationierung von Raketen in der CSSR und der DDR.
  Am 13.11. wurde in der West-Berliner Zeitung „BZ" ein Hetzartikel über die o.g. Ausstellung veröffentlicht. Nach erfolgtem Protest des Leiters des Sektors Kirchenfragen des Magistrats, Genossen Dr. Mußler, gegenüber Generalsuperintendent Dr. Krusche und des Stadtbezirksrates für Inneres Friedrichshain gegenüber Pfarrer Eppelmann wur-

de die bildliche Darstellung („DDR als großes Gefängnis“) entfernt. (Dafür an dieser Stelle der Hinweis: „Das Ausstellungsobjekt mußte auf staatliche Anordnung entfernt werden.“)

- 12.11.1985 „Pro und Kontra zum Thema der Dekade“ mit Pfarrer Tschiche in der Samariterkirche, ca. 80 Teilnehmer
  Tschiche betonte u.a., in der DDR würde eine Minderheit herrschen, die ihre Macht mit allen Mitteln verteidige. Das System sei unfähig, die herangereiften Probleme (z.B. Umweltschutz und Menschenrechte) zu lösen. Nötig sind Strukturveränderungen. In der DDR gibt es drei Möglichkeiten: Rückzug in den privaten Bereich (Nischengesellschaft); Einwanderung in staatliche und gesellschaftliche Institutionen (hat den Nachteil, daß damit Verhältnisse stabilisiert werden können); Suche nach neuen Lebensweisen, Training des „aufrechten Gangs“, öffentlich den Mächtigen zu widerstehen (hiermit identifizierte sich der Referent).
  Tschiche betonte, daß eine Solidarität der Ohnmächtigen notwendig sei; dabei muß man auch seine Existenz aufs Spiel setzen und Sanktionen in Kauf nehmen. Es ist wichtig, öffentlich zu bekennen, was bedrückt – z.B. Rechthaberei der Regierenden, Militarisierung des gesellschaftlichen Lebens, Konsumterror und rücksichtslose Ausbeutung der Natur.
  Der Liedermacher Stefan Krawczyk übte in seinen Liedern Kritik an einer angeblichen Einschränkung der persönlichen Freiheit.[...]

Quelle: Einschätzung der 6. Friedensdekade der Evangelischen Kirchen „Frieden wächst aus Gerechtigkeit“ vom 10.-20.11.1985 in der Hauptstadt, BuArch Bln DY 30/IV B2/14/96, Bl. 123ff.

Nr. 4
Nach der Reaktorkatastrophe von Tschernobyl

Aufruf für eine Volksabstimmung

Nach der Katastrophe von Tschernobyl hat sich die weltweite Diskussion um Alternativen zur Kernenergie verstärkt. Auf dem XI. Parteitag der SED wurde für unser Land eine erhebliche Steigerung des Anteils der Kernenergie beschlossen. Wir sind beunruhigt über die Risiken und tödlichen Gefahren, die hieraus entstehen könnten und sehen uns in unserer Mitverantwortung in besonderer Weise gefordert.

Die Verfassung der DDR sieht in Artikel 21 und 53 die Möglichkeit der Volksabstimmung vor. Die Beschlußfassung dafür obliegt der Volkskammer. Zur Vorbereitung einer Volksabstimmung ist eine breite Volksaussprache und die umfassende Information der Bevölkerung über die Vorzüge und Gefahren der Kernenergie unumgänglich.

Im Ergebnis dieser Diskussion müßten neben bereits bestehenden auch alternative Konzepte zur Abstimmung vorliegen.

Ich unterstütze durch meine Unterschrift den Willen, daß die Volkskammer der DDR eine Volksabstimmung zum weiteren Umgang mit der Kernenergie veranlaßt.

Quelle: Willenserklärung, in: Umweltblätter, o.Nr. (16. Dokumentation: Eingaben zu Atomkraftwerken nach Tschernobyl), o. Datum (1986), o. Seitenzählung (S.9).

Nr. 5
Kirche von unten

Fliegendes Papier 10

Mit dem Berliner Kirchentag hat sich die „Kirche von Unten" zusammengefunden. Wir sind ein Teil der Kirche von Berlin-Brandenburg – junge Leute, die in der Nachfolge Jesu leben wollen. Unsere Gemeinschaft setzt sich zusammen aus engagierten Mitarbeitern der Offenen Arbeit, Frauen-, Friedens- Öko- und 2/3-Weltgruppen und weiteren Interessierten.

Wir wollen neue Formen des Zusammenlebens erproben und brauchen dazu ein eigenes, selbstverwaltetes Gemeindezentrum. Mit diesem Papier wollen wir unserer Forderung nach einer offenen Berliner Kirchgemeinde und dem dazu nötigen Zentrum erneut Nachdruck verleihen. Unsere Grundposition und unsere Kritiken an der hierarchischen Kirche haben wir in den Fliegenden Papieren 1-9 ausreichend dargelegt.

„Wir wollen uns nicht länger von Euch auf's Jenseits vertrösten lassen, wir haben keine Zeit mehr für Verzicht".

Wir protestieren entschieden dagegen, daß die Evangelische Kirche in Berlin den lächerlichen Reigen um die 750-Jahr-Feierlichkeiten Berlins mittanzt. Es gibt doch wirklich genug Probleme, für die Ihr Eure Energie verwenden solltet.

Kirche von Unten

Gar viele schrein:
„Die Not ist groß!"
Gebt uns ein Haus –
Dann werdet Ihr uns los.

Quelle: Kirche von Unten, Fliegendes Papier 10, BuArch Bln DO4 995, Bl. 269.

Nr. 6
Pluralismus in der DDR?

Der Olof-Palme-Friedensmarsch

Mit der Teilnahme an einer Tagesetappe des Pilgerwegs vom KZ Ravensbrück zum KZ Sachsenhausen wollte ich einen persönlichen Beitrag leisten, mich öffentlich zur Abrüstung und zum gegenseitigen Vertrauen bekennen, um so das Anliegen des Friedensmarsches zu unterstreichen.

An dieser Wegstrecke, die früher für die Häftlinge zum Marsch des Todes wurde, nahmen Menschen unterschiedlichster Weltanschauung und Überzeugung teil. Durch die internationale Beteiligung, die Teilnehmer kamen u.a. aus Schweden, BRD, CSSR, Schottland, Dänemark, West-Berlin, DDR, wurde ein internationales Verantwortungsgefühl deutlich, für eine Sache einzutreten, die jeden in irgendeiner Weise trifft.

Für mich war es aufschlußreich zu erfahren, aus welchen Motiven der einzelne sich an diesem Zug beteiligt, denn der eigenständige Beitrag für den Frieden kann nicht „von oben" angeordnet werden. Es muß ein inneres Bedürfnis sein, denn organisierte Massenveranstaltungen für den Frieden dokumentieren nicht unbedingt eine notwendige Friedensfähigkeit, die auch ernst genommen werden kann.

Ich war daher positiv überrascht über den gesunden Geist, über die gute offene Atmosphäre, die in diesem Zug herrschte, der von ca. 800 Teilnehmern aller Altersschichten gebildet wurde. Von besonderem Stellenwert waren für den einzelnen das gegenseitige Kennenlernen und die ernsthaften Gespräche untereinander. Erfahrungen und Informationen wurden unterwegs ausgetauscht, Plakatinhalte diskutiert. Vorstellungen für eigenständige weiterführende Beiträge wurden gemeinsam durchdacht und weitergegeben.

Bei aller Eigenständigkeit der unterschiedlichen Blöcke wurde die Gemeinsamkeit der „Friedensfreunde" in der Zielvorstellung sichtbar, indem in jedem Ort, den der Teilnehmerzug passierte, ein Friedensbaum – Symbol des Lebens – gepflanzt wurde. Abschließend muß ich nochmal die Bereitschaft zu einem friedlichen und ehrlichen Miteinander vieler Teilnehmer als für mich erfreulich herausstellen. [...]

Nach dem positiven Erleben des Pilgerwegs war ich enttäuscht über die Aufmachung der Berichterstattung der Zeitung „Junge Welt – Organ des Zentralrates der FDJ" vom 7. September 1987. Die Seite 5 ist ausschließlich dem Friedensmarsch gewidmet. Es wird berichtet, wie in der Lutherstadt Wittenberg Eberhard Aurich, 1. Sekretär des Zentralrates der FDJ, Walter Kitzing, 2. Sekretär der Bezirksleitung Halle der SED und Vertreter ausländischer Friedensbewegungen von über 20 000 Teilnehmern begrüßt wurden. In der Ansprache auf dem historischen Markt verwies Eberhard Aurich als Hauptvertreter auf Folgendes:

„Von der Einheit unseres sozialistischen Jugendverbandes und seiner öffentlichen Anerkennung kündet, daß hier junge Atheisten und Christen, Jugendliche unterschiedlichster Weltanschauungen und Überzeugungen ihren Willen gemeinsam mit Repräsentanten aller fünf Parteien, der Massenorganisationen und der Staatsorgane sowie Vertretern der Kirchen bekunden wollen. Frieden zu schaffen, ist das wichtigste Ziel unserer Tage. Jeden von uns betrifft das. Ein täglich erfüllter Plan, jedes Prozent an Produktivität, jede in der Produktion wirksame wissenschaftlich-technische Lösung, jedes Gramm eingespartes Material und jede eingesparte Energie, jede in diesem Jahr unter kompliziertesten Bedingungen geerntete Tonne Getreide geht in das Fundament unserer Friedenspolitik ein. Es ist geschichtlich erwiesene Wahrheit: Nur ein starker Sozialismus schafft Frieden!" [...]

Einerseits wird der Anschein einer politisch-moralischen Einheit von Marxisten und Christen erweckt. Andererseits klingt der Versuch an, auch die Christen in den „Aufbau und die Stärkung der sozialistischen Gesellschaft", in den von Partei und Staat geführten „Kampf für den Frieden" und die „Sicherung des sozialen Fortschritts" einzubeziehen. Hier fühle ich mich als Christ getroffen und für eine Parteiideologie vereinnahmt. Bei diesen Darstellungsweisen muß es uns Christen immer wieder bewußt sein, daß wir uns vom Auftrag Christi her bestimmen und nicht für fremde Zielsetzungen einspannen lassen [...]."

Quelle: Peter Sense, Nachtrag zum Olof-Palme-Friedensmarsch. Eindrücke einer Friedensmarschetappe und persönliche Schlußfolgerungen im Arbeitskollektiv und Presse, in: Friedensnetz 3/1987, S. 12f.

Nr. 7
„Mehr Demokratie!"

Leipziger Thesen für eine andere DDR

1. Uneingeschränkte Reisemöglichkeiten für alle Bürger!
   Ihre Auswanderung und Rückkehr sind angeborene, unveräußerliche Menschenrechte.
2. Die Namen von Pazifisten der deutschen Geschichte werden öffentlich voller Ehrfurcht genannt. Wer ehrt die Pazifisten der Gegenwart?
3. Friedenserziehung ist Christenpflicht, jede Vorbereitungsmaßnahme, die von der Möglichkeit eines Krieges ausgeht, fördert indirekt die Bereitschaft, sich auf etwas einzustellen, was um jeden Preis verhindert werden muß.
4. So, wie es die Pflicht des Staates ist, seine Bürger über Menschenrechte, Ereignisse, Fakten, Gesetze, Verträge und Reden rechtzeitig, vollständig und öffentlich zu informieren, so hat jeder Mensch Anspruch auf Gedanken-, Gewissens- und Religionsfreiheit, das Recht,

seine Religion oder Überzeugung zu wechseln, sowie das Recht, seine Religion oder Überzeugung allein oder in Gemeinschaft, in der Öffentlichkeit oder privat, durch Lehre, Ausübung und Gottesdienst zu bekunden.

5. Die Einrichtung von Verwaltungsgerichten würde allen Menschen die Möglichkeit geben, verletzte Menschenrechte und Bürgerrechte einzuklagen und bürokratische Staatsorgane aller Ebenen zu zwingen, demokratische und überprüfbare Entscheidungen in angemessener Frist zu fällen. Mehr Demokratie, mehr Transparenz des Staates und seiner Maßnahmen dienen dem Bürger und fördern die Mitsprache.
6. Die Energiegewinnung aus Kernkraft ist heute technisch und wirtschaftlich machbar. Davon ausgehend weist die Energieplanung unseres Landes einen starken Ausbau der Kernenergie besonders zur Elektroenergieerzeugung aus.
7. Die Wirkungen und Risiken der Kernenergie sind in Bezug auf Umfang und Zeit so weitreichend, daß uns ein weiterer Ausbau dieser Technologie nicht mehr verantwortbar erscheint. Dabei spielt auch die Verträglichkeit für die 2/3 Welt und Friedenssicherung eine große Rolle. [...]

Quelle: 26 Thesen zu den Problemkreisen Frieden/Gerechtigkeit/Umwelt/2/3-Welt/Konziliarer Prozeß (Leipziger Gesprächsforum am 4. April 1987 um 15.00 Uhr im Gemeindesaal St. Nikolai), in: Friedensnetz Nr. 3/1987, S. 14.

Nr. 8
„Eine chronische Erscheinung in der Geschichte dieses Landes"

Die Gruppen und die Ausreisebewegung

1. Im Laufe der letzten Monate hat das Problem der Existenz einer großen Anzahl von DDR-Bürgern mit Anträgen auf Ausbürgerung und Ausreiseerlaubnis in mehrerer Hinsicht an Brisanz gewonnen. Zum einen wurde das Bedürfnis der Betroffenen erkennbar, die Schwelle von einer Vielzahl isolierter persönlicher Einzelschicksale zur Artikulation des allen gemeinsamen Wunsches nach schneller Genehmigung zur Übersiedlung zu überschreiten. Es gab Ansätze zur Selbstorganisation, die naturgemäß bei einer so heterogenen und großen Gruppe von Personen und bei ständigem Verlust gerade der Aktivsten sehr schwierig sind. Es wurden Versuche unternommen zur Formulierung der mit dem Wunsch nach Ausbürgerung verbundenen Probleme wie sozialer Integration, willkürliche Behandlung durch staatliche Organe, materielle Unsicherheit bis hin zur existenziellen Infragestellung. Zum anderen wurde auf diese Weise, vor allem aber durch immer wiederkehrende öffentliche Präsenz von Antragstellern im Zusammenhang mit kirchlichen und staatlichen Veranstaltungen, das bisher allgemein tabuisierte Problem massenhaften Wunsches nach Verlassen der DDR unabweisbar in das gesellschaftliche Bewußtsein gerückt.

2. Die Massenerscheinung des Wunsches nach endgültigem Verlassen der DDR ist nicht neu, sondern eine chronische Erscheinung in der Geschichte dieses Landes. Das Spektrum der Gründe dafür ist groß, die Motive dafür aber sind verschieden und mögen sich im Laufe der Zeit verlagert haben. Auf jeden Fall aber ist es ein Symptom für gesellschaftliche Zustände, deren Veränderbarkeit von einem bedeutenden Teil der Bevölkerung als unmöglich und deren Duldung als unerträglich angesehen wird. Daß diese Tatsache viele Jahre lang tabuisiert wurde, hat keineswegs zu einer Verbesserung geführt. Es ist an der Zeit, nach den Gründen für diesen Zustand zu forschen und die Ursachen zu suchen, um ihrer Lösung näher zu kommen. Diese Notwendigkeit besteht keineswegs nur für den Staat und seine Verantwortlichen, sondern für alle gesellschaftlichen Kräfte und Gruppen, denn alle zusammen und jeder einzelne, jede Familie, jeder Betrieb, die ganze Gesellschaft ist davon betroffen. Wir fordern deshalb die öffentliche Benennung dieses Problems, seiner Größenordnung,

seiner Entwicklung, weiter die öffentliche Diskussion über seine Ursachen und Lösungsmöglichkeiten, auch und gerade, wenn sie grundsätzliche Änderung der gesellschaftlichen Zustände verlangen.

3. Der Wunsch nach dem Verlassen des Landes – für Reisen, für eine gewisse Dauer oder auch endgültig – ist ein legitimer Anspruch für jeden Bürger eines jeden Landes. Das Recht darauf ist ein Menschenrecht. Von daher ist jeder politisch Denkende verpflichtet, für dieses Recht und seine Verwirklichung einzutreten und mit jenen solidarisch zu sein, denen es verwehrt wird. Diese Solidarität ist unabhängig vom politischen Standort, unabhängig von den eigenen Entscheidungen und unabhängig von der Entscheidung derer, die solche Rechte in Anspruch nehmen wollen, ebenso von den verschiedenen Motivationen dafür.

Deshalb unterstützen wir die Forderung nach schnellstmöglicher und durch politische und bürokratische Verzögerungen unbehinderter Genehmigung zur Übersiedlung für alle, die diesen Wunsch haben. Dazu gehört selbstverständlich auch das Recht, diesen Wunsch zu äußern. Diese Unterstützung gilt für jene, die auswandern wollen, ebenso wie für jene, die zurückkommen wollen, für jene, die reisen wollen, in welches Land, aus welchen Gründen und für welche Zeit auch immer. Die Betroffenen erwarten diese Unterstützung mit dem gleichen Recht wie wir sie bei der Verwirklichung von Menschenrechten für uns auch erwarten. [...]

Quelle: Erklärung eines Berliner Arbeitskreises zur Ausreiseproblematik, unterzeichnet von Reinhard Weißhuhn (Initiative Frieden und Menschenrechte), in: Friedensnetz Nr. 3/88, S. 17f.

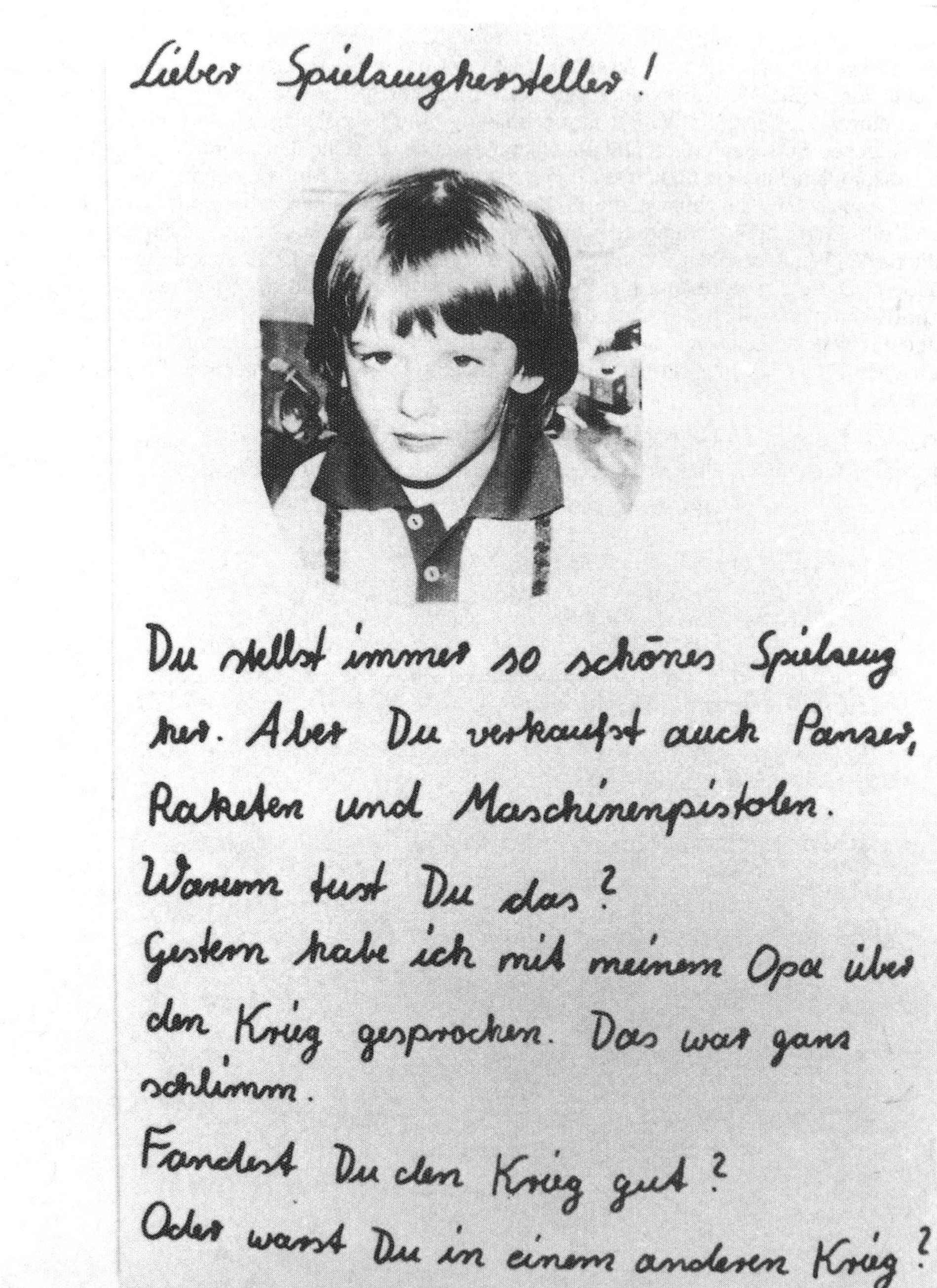

Lieber Spielzeughersteller!

Du stellst immer so schönes Spielzeug her. Aber Du verkaufst auch Panzer, Raketen und Maschinenpistolen.

Warum tust Du das?

Gestern habe ich mit meinem Opa über den Krieg gesprochen. Das war ganz schlimm.

Fandest Du den Krieg gut?

Oder warst Du in einem anderen Krieg?

Postkarte aus der Friedensbewegung, 1983

oben: Evangelischer Kirchentag, Rostock, Juni 1983

unten: Evangelischer Kirchentag, Berlin, Juni 1987

oben: Friedenswerkstatt 1988, Berlin (Erlöserkirche), Stand des „Freundeskreises Totalverweigerer"

unten: Jena, Juni 1987, Bausoldat bei Werkstatt der Jungen Gemeinde

oben: Raddemonstration gegen Luftverschmutzung, Berlin 1982

unten: Demonstration von Umweltschützern von Bitterfeld nach Wolfen

Demonstration gegen das Reinstsiliziumwerk Dresden-Gittersee, 1989

Informationsveranstaltung des Netzwerks „Arche“

oben: Erste Vollversammlung des Netzwerks „Arche", Halle, Februar 1989

unten: Die Sprengung des Berliner Gasometers 1985 erregte Unmut in der Berliner Bevölkerung; hier: Protestpostkarte

Wolfgang Templin, Reinhard Weißhuhn

Die Initiative Frieden und Menschenrechte

1. Menschenrechte als oppositioneller Konsens

Die übergreifenden Beiträge in diesem Band zum Widerstand in den beiden letzten Jahrzehnten der DDR haben bereits deutlich gemacht, daß sich die explizite und politische Einforderung grundlegender Bürger- und Menschenrechte als Programm und Handlungsgrundlage oppositioneller Gruppierungen erst sehr spät – ab Mitte der achtziger Jahre – durchsetzte. Aus dem breiten und in der Summe sehr diffusen Spektrum kirchlicher und kirchennaher Friedens-, Ökologie- und sozialer Selbsterfahrungsgruppen wuchs ab 1986 mit der Initiative Frieden und Menschenrechte eine Gruppierung hervor, die in mehrerlei Hinsicht Neuland betrat und die Schritte eines unabhängigen Friedensengagements mit einem offensiven und phantasievollen Einfordern von Demokratie und Menschenrechten verband. Ihre alsbaldige Einstufung als kollektiver Staatsfeind Nummer eins zeigte, wie sehr sie damit den diktatorischen Nerv des Systems getroffen hatte.

So wichtig und selbstverständlich diese begriffliche Verbindung im demokratischen Nachhinein erscheint, so viel war davon durch die ersten Jahrzehnte der DDR-Entwicklung verlorengegangen und verschüttet worden. Der frühe Widerstand in den vierziger und fünfziger Jahren war an der Notwendigkeit eines demokratischen Neubeginns nach den entsetzlichen Erfahrungen der Nazidiktatur orientiert und verweigerte sich von daher dem kommunistischen Herrschafts- und Alleinvertretungsanspruch. Seine Vertreter traten für die Wiedervereinigung Deutschlands unter demokratischem Vorzeichen ein. Für sie waren bei unterschiedlicher politischer Orientierung die Forderungen nach politischem Pluralismus und die Garantie grundlegender bürgerlicher Freiheiten fast immer Konsens.[1] Dieser Widerstand wurde mit terroristischen Mitteln gebrochen und zerschlagen, die Beteiligten landeten für lange Zeit in den Lagern und Gefängnissen oder wählten die Flucht in die Bundesrepublik als einzigen anderen Ausweg. Ihre Geschichte wird in weiten Teilen erst heute geschrieben.

„Linke“ marxistische Widerstandsbestrebungen innerhalb der SED oder in ihrer Nähe, wie sie in den Fraktionskämpfen der fünfziger Jahre oder der Intellektuellenrevolte von 1956 auftraten, hatten eine andere Grundlage. Ihr politisches Handeln grenzte sich vom offenen Stalinismus ab, blieb aber einem sozialistisch-kommunistischen Gesellschaftsdenken verhaftet, in dem die Grenzen demokratischer Freiheiten durch den Führungsanspruch einer Vorhutpartei gesetzt wurden. Die DDR als Modell für ein besseres Deutschland stand außer Frage. Es ging nicht um die Entscheidung Diktatur gegen Demokratie, sondern um die Suche nach einem idealen „humanen" Sozialismus.

Trotz des realen Scheiterns aller derartigen Versuche wurde diese Art „oppositioneller" Haltung, vor allem nach dem Bau der Mauer, immer bestimmender für große Teile der heranwachsenden Generation. Auch die bitteren Erfahrungen des Prager Frühlings von 1968 bewirkten hier keine unmittelbare Abkehr. Erst die massiven internationalen Anerkennungs- und Aufwertungsbestrebungen der DDR-Führung in den siebziger Jahren, vor allem die KSZE- Konferenz und ihre Folgen, führten auf einer anderen Ebene die Frage nach der Bedeutung von Menschenrechtsforderungen in die DDR zurück. Hier hatte die SED bereits seit geraumer Zeit die Flucht nach vorn angetreten. Während in den fünfziger und sechziger Jahren die Vorstellung von universell geltenden Menschenrechten und ihre Garantie in völkerrechtlichen Konventionen noch als bürgerliches Blendwerk und Manipulationsinstrument des Klassenfeindes abgetan wurde, setzte die offizielle DDR – befördert durch die westliche Entspannungspolitik – in der Folgezeit auf ein eigenes, „positives" Menschenrechtskonzept.[2]

Das Wiederaufleben unabhängigen Denkens und Handelns in der DDR ab Ende der siebziger Jahre gelang weder auf dem Boden sozialistischer Dissidenz – deren Lähmung und Resignation wurde nach der Ausbürgerung Biermanns, der Verhaftung und späteren Abschiebung Rudolf Bahros nur allzu offenkundig – noch von vornherein als menschenrechtliche Alternative. Der Impuls eigener Menschenrechtsarbeit auf oppositionellem Boden brauchte den Weg über die entstehende unabhängige Friedensbewegung.

2. Zur Gründungsgeschichte der IFM

Die Voraussetzungen für die Entstehung eines breiten Spektrums von Friedensgruppen gerade unter dem Dach der protestantischen Kirche wurden an anderer Stelle bereits behandelt. Da durch den KSZE-Prozeß und nicht zuletzt den wieder wachsenden Ausreisedruck die Frage nach der Geltung allgemeiner Menschenrechte auch in der DDR immer wieder gestellt wurde, tauchte dieses Thema im Kirchenrahmen und innerhalb der Gruppen häufiger auf. Es war aber das eine, die Diskussion über die theologisch-politischen, historischen und völkerrechtlichen Aspekte des Menschenrechtsthemas innerkirchlich zuzulassen und das andere, die politische Brisanz dieser Fragen für die künftige Arbeit der Gruppen selbst aufzunehmen und sich den Konsequenzen zu stellen.[3] Es war die spezifische Situation in den Gruppen und ihr Erfahrungsweg, der den Schritt von dem einen in das andere gegen zahlreiche Widerstände erzwang.

In den verschiedenen Gruppen trafen Menschen mit traditionellem gemeindechristlichem Verantwortungsdenken (Bergpredigt), überzeugte Pazifisten, kritisch-oppositionelle Marxisten und Exmarxisten zusammen. Für die beiden letzteren Gruppen war der Gang unter das Kirchendach alles andere als selbstverständlich. Ihrer aller Motivationen und Haltungen in Sachen Menschenrechte waren genauso vielfältig. Die Gruppenerfahrungen der ersten Jahre unabhängiger Friedensarbeit schufen für eine Reihe Beteiligter einen gemeinsamen Handlungsdruck.[4]

Bis zum Nachrüstungsbeschluß 1983 konnten viele gutwillige Gruppenmitglieder die Illusion und Hoffnung nähren, daß sich durch ein reines Friedensengagement eine positive oder nachgebende Reaktion allgemeiner Art der offiziellen DDR befördern ließe. Die Hoffnung auf einen Erfolg der blockübergreifenden Friedensbewegung war damit verbunden. Spätestens Ende 1983 erwiesen sich mit der internationalen Durchsetzung der Konfrontationslogik beide Hoffnungen als trügerisch. Mehr noch: die Gruppen mußten sich der bitteren Diskussion über die Gründe ihres Scheiterns und den Umgang mit dem verstärkten Repressionsdruck stellen. Die traditionellen Mittel der Repression – faktische Berufsverbote, Bildungsverweigerungen, Behördenschikanen und die lauernde Präsenz der Staatssicherheit im Hintergrund – schufen ein Klima von Verunsicherung und Depression. Dieses Klima ließ die einen aufstecken und gehen, führte aber für andere Beteiligte zur Frage nach den Konsequenzen für die künftige unabhängige Arbeit.

Auf der Berliner Friedenswerkstatt im Sommer 1985 kam es zur Initialzündung für eine künftige Menschenrechtsarbeit und -gruppe. Ralf Hirsch, Peter Grimm und Peter Rölle waren die unmittelbaren Initiatoren. Der Vorschlag und die Ankündigung für ein gemeinsames gruppenübergreifendes Menschenrechtsseminar im Herbst löste in einer ganzen Reihe Berliner Friedens- und anderen unabhängigen Gruppen heftige Diskussionen über Sinn und Gefahren eines derartigen Unternehmens aus. Da es den Initiatoren um mehr als eine thematische Veranstaltung ging – das Seminar sollte ausdrücklich Arbeitscharakter haben, die Verweigerung von Menschenrechten in der DDR behandeln und weitere Gruppenarbeit initiieren – war sowohl den Kirchenverantwortlichen, wie auch den Staats- und Staatssicherheitsorganen, die diese Entwicklung aufmerksam verfolgten, sehr schnell klar, was damit entstehen konnte. Verhindern oder entschärfen: in diesem Bemühen waren sich Staatsvertreter, die im Hintergrund agierten, und einige Vertreter der Berlin-Brandenburgischen Kirchenleitung grundsätzlich einig.

Noch im Spätsommer 1985 bildete sich ein Vorbereitungskreis für das Menschenrechtsseminar, dem Vertreter verschiedener Berliner Gruppen angehörten. Auch in diesem Kreis gingen die Meinungen über die Tragweite und die Konsequenzen einer solchen Veranstaltung weit auseinander. Es gelang, für November 1985 Räume in einer Treptower Gemeinde zu finden und die organisatorischen Vorbereitungen des Seminars voranzutreiben. Eine Woche vor Seminarbeginn wurde die Veranstaltung von kirchlicher Seite abgesagt, weil mit der angekündigten Beteiligung von Vertretern der Grünen und der möglichen Präsenz von Westkorrespondenten politische Provokationen ins Haus stünden und die betreffende Gemeinde überfordert sei. Druck von staatlicher Seite hatte diese Verweigerung bewirkt und trieb damit die Auseinandersetzung innerhalb der Gruppen weiter voran.

Als sich die Mitglieder des Vorbereitungskreises, darunter so bekannte spätere Oppositionelle wie Reinhard Schult, Wolfgang Templin, Vera Wollenberger und Wolfgang Rüddenklau, nach der Seminarabsage erneut trafen, um die entstandene Situation zu diskutieren, standen sich zwei Positionen scharf gegenüber. Kirchennahe Gruppenvertreter rieten zur Vorsicht und zum Nachgeben, denn nur auf dem Boden der Kirche sei weitere Arbeit möglich. Um das Thema Menschenrechte überhaupt behandeln zu können, solle die politische Situation der DDR ausgespart und die Präsenz von Öffentlichkeit eingeschränkt werden. Von „linker“ Seite wurde das „bürgerliche“ Menschenrechtskonzept insgesamt in Frage gestellt – ein Argument, das in den Folgejahren immer wieder auftreten sollte. Die ursprünglichen Initiatoren des Seminars und eine Reihe weiterer Mitglieder des Kreises stellten sich dem entgegen. Sie waren nicht bereit, auf Öffentlichkeit zu verzichten und die Verweigerung von Menschenrechten in der DDR auszusparen.

Noch im November 1985 kam es zum Bruch und zur Spaltung des Vorbereitungskreises.[5] Im Dezember desselben Jahres wurde daraufhin die Initiative Frieden und Menschenrechte gegründet. Sie verstand sich vom ersten Moment an als kirchenunabhängige, offene Menschenrechtsgruppierung, die in der Schaffung einer eigenen Öffentlichkeit, selbstverantworteten Arbeitsformen, der Dokumentation von Menschenrechtsverletzungen und in politischen Aktionen neue Wege beschritt. Zu den Gründungsmitgliedern zählten unter anderen Ulrike und Gerd Poppe, Bärbel Bohley, Werner Fischer, Reinhard Weißhuhn, Lotte und Wolfgang Templin, Ralf Hirsch, Katja Havemann, Antje und Martin Böttger, Peter Rölle, Sabine und Peter Grimm.

3. Zusammensetzung und Arbeitsweise

In Berlin gehörten zu Beginn zwischen zwanzig und fünfundzwanzig Personen der IFM an. Fast alle von ihnen waren vorher schon lange Zeit in anderen Gruppen aktiv gewesen und hatten Erfahrung in unabhängiger Arbeit. Mitarbeit und Beteiligung in anderen Gruppen dauerte für viele IFM-Mitglieder auch weiter an. Mit der Entscheidung zu einer selbständigen, kirchenunabhängigen Gruppe sollten die Verbindungen in das kirchliche Gruppenspektrum nicht abreißen.

Der berufliche Hintergrund und die soziale Herkunft der Gruppenmitglieder spiegelt die mögliche Breite von Oppositionsbiographien in der späteren DDR wider. Vom promovierten Naturwissenschaftler über den ehemaligen marxistischen Philosophen, die Kirchenmitarbeiterin und den Abiturienten, der sein Studium erst gar nicht beginnen konnte, reicht die Spannweite der Hintergründe. Alle Gruppenmitglieder standen unter massiven sozialen Repressionen, das heißt, sie konnten die erlernten, qualifizierten Berufe gar nicht oder nur auf dem Umweg über eine Kirchenanstellung ausüben.

In einigen entscheidenden Fragen waren sich die Gründungsmitglieder der IFM durch ihre eigenen, vorherigen Erfahrungen sehr schnell einig, so daß eine Art Arbeitskonsens entstand, der die Gruppenarbeit trug:[6] Der gemeinsame Bezug auf Demokratie und Menschenrechte, auf die Entwicklung in Osteuropa ließ viele programmatische Grundsatzdebatten oder Auseinandersetzungen über die Verbindlichkeit der eigenen Arbeit zurücktreten, wie sie für linke Gruppen, aber auch für Kirchenkreise typisch waren. In der IFM konnten Christen und Nichtchristen, Exmarxisten und Gefühlssozialisten eine andere Art Gemeinsamkeit finden.

Entscheidend für die gesamte Arbeit der IFM war das Prinzip der Vorwegnahme. Verweigerte Rechte wurden eingefordert, eine Öffentlichkeit, die es nicht geben sollte, in anderer Weise gesucht und hergestellt, eine Legalität, die nicht sein durfte, behauptet und in offenen Arbeitsformen praktiziert. Durch diese systematische Vorwegnahme konnte die IFM auch immer wieder als Anstoß und Beispiel für andere Gruppen dienen. Die Schaffung eigener Publikationen und Informationsmittel, der offensive Umgang mit Medien und Auslandskontakten, der Rückgriff auf die Erfahrungen der Opposition in Osteuropa: all dies setzte sich in den letzten Jahren vor 1989 mindestens in einem Teil des Spektrums unabhängiger Gruppen immer weiter durch.

Der Bezug auf Osteuropa bedeutete für die IFM nicht nur die Verbindung zu den Gruppen der demokratischen Opposition. In den achtziger Jahren stellte sich die Frage nach der Stabilität des gesamten Ostblocks immer dringlicher. Während ein Teil der unabhängigen Gruppen nach wie vor auf Reformperspektiven innerhalb des Systems fixiert war (Gorbatschow), bedeutete die osteuropäische Orientierung der IFM den Versuch, Veränderung über gesellschaftlichen Druck von unten, über die Systemperspektive hinaus, zu erzielen.

4. Aktionsformen

4.1. Offene Briefe und Demonstrationen

Von diesem Grundverständnis waren die konkreten Arbeits- und Aktionsformen der IFM geprägt. Hier konnte es kein Rezept geben. So gut wie alle Formen unabhängiger politischer Arbeit, die in die Öffentlichkeit gingen, waren unerprobt und mit hoher Unsicherheit und Angst besetzt.

Offene Briefe und Stellungnahmen zu aktuellen Anlässen (Gründungserklärung der IFM, Appell zum UNO-Jahr des Friedens, Parteitagsinitiative, Brief an die Charta 77, Brief an Gorbatschow, Warschauer Erklärung) bildeten einen Arbeitsschwerpunkt. Sie waren immer namentlich gekennzeichnet, wurden im „Grenzfall" bekanntgemacht und veröffentlicht, aber auch gesondert verteilt. Neben der Information war die Gewinnung von Unterschriften bei einem Teil dieser Dokumente von großer Wichtigkeit.

Ein weiteres „Markenzeichen" der IFM, welches die Staatsorgane besonders reizte, waren öffentlichkeitswirksame Aktionen. Selbst wenn sie durch Zuführung oder Verhaftung der Beteiligten nicht zustandekamen, lösten sie im Vorfeld und in der anschließenden Medienreaktion ein sehr großes Echo aus. Der Versuch, trotz allgemeiner Reisesperre für alle Gruppenmitglieder ein Flugzeug nach Prag zu besteigen, die Solidaritätsaktionen mit verhafteten tschechischen Oppositionellen und die Aktion zum Tag der Presse auf dem Berliner Alexanderplatz gehören hierzu.

4.2. Veranstaltungen

Nach der Verhaftung von fünf der wichtigsten und aktivsten Mitglieder der Gruppe im Januar 1988[7] kamen die verbliebenen Aktivisten zu dem Schluß, daß Aktionen und Demonstrationen in der bisherigen Form nicht mehr der Kern der Aktionsformen der IFM sein sollten. Zum einen waren sie zunehmend bereits im Vorfeld vom MfS verhindert worden, wodurch ihre propagandistischen Ziele nicht erreichbar wurden. Zum zweiten erschien das Risiko zu groß, denn die Zusammensetzung der Verhafteten deutete darauf hin, daß das MfS besonders jene ausgesucht hatte, die auf demonstrative Aktionsformen gesetzt hatten; in erster Linie galt dies für Ralf Hirsch. Zum dritten waren die IFM und ihre Anliegen in den interessierten Milieus und nicht zuletzt in der wachgewordenen Öffentlichkeit mittlerweile so bekannt, daß es spektakulärer Aktionen nicht mehr in dem Maße bedurfte, wie dies in den ersten Jahren der Fall war. Statt dessen wollte man sich in Zukunft stärker auf inhaltliche Arbeit konzentrieren.

In der Folgezeit veränderte sich das öffentliche Bild der IFM entsprechend. Es sollten z.B. regelmäßig stattfindende öffentliche Gesprächsrunden zu aktuellen Themen in geschützten Räumen – in der Regel der Umweltbibliothek – installiert werden. Infolge mangelnder Organisation, Teilnahme und Vorbereitung kam dieser Versuch aber über einige wenige Termine nicht hinaus. Ein großer Erfolg trotz erheblicher Behinderungsversuche des MfS war demgegenüber eine aufwendig vorbereitete Veranstaltung der IFM im November 1988. Ihr Thema war Rumänien, ihr Anlaß der Jahrestag des Aufstands in Brasov. Ähnliches gilt für weitere Veranstaltungen seit Ende 1987, bei denen sich die Gethsemanekirche in Berlin als hilfreicher Partner und stabiler Veranstaltungsort erwies.

4.3. Samisdat

Das Erreichen von Öffentlichkeit und damit auch die Verbreitung von Publikationen war für die IFM von Anfang an eines der wesentlichen Ziele und Anliegen. Eine Reihe von Mitgliedern war mit wachsender Intensität daran interessiert, eine eigene, nicht durch westliche Medien vermittelte und verzerrte publizistische Öffentlichkeit herzustellen. Bereits seit der Gründung der IFM beschäftigten sich vor allem Peter Grimm und Ralf Hirsch damit, eine regelmäßig erscheinende Publikation zu schaffen. Der „Grenzfall", erstmals erschienen Mitte 1986, wurde zur ersten und neben den „Umweltblättern" bekanntesten und verbreitetsten Zeitung des oppositionellen Untergrundes in der DDR. Wie die IFM im Konflikt mit der Amtskirche entstanden, verzichtete der „Grenzfall" von vornherein als zumindest bis Mitte 1989 einzige dieser Zeitungen auf den Schutz des Aufdrucks „Nur für den innerkirchlichen Gebrauch" und die entsprechende inhaltliche Einwirkungsmöglichkeit der Amtskirche.[8]

Hauptproblem war seit jeher und in allen Ostblockstaaten weder Material noch Personal, auch nicht die Verbreitung, sondern die technische Herstellung derartiger Publikationen. Ein Durchbruch war deshalb die Hilfe westdeutscher und West-Berliner Symphatisanten und Spender, vor allem aus dem Umfeld der Grünen, mit der es seit Ende 1986 möglich wurde, mit monatlichen Auflagen zwischen 600 und 1000 Exemplaren zu erscheinen und allmählich Gruppen und Personen in der ganzen DDR zu versorgen. Dennoch erforderte diese Arbeit dauerhaft erheblichen organisatorischen und zeitlichen Aufwand. Nach Ende 1987, als das MfS den erfolglosen Versuch machte, der Redaktionsmitglieder und der technischen Ausstattung habhaft zu werden, erschien der „Grenzfall" nur noch selten, dennoch aber immer wieder bis Mitte 1989.

Inhaltlich beschränkte sich der „Grenzfall" keineswegs nur auf die Darstellung eigener oder Berliner Aktivitäten. Wesentlicher Schwerpunkt war von Anfang an die Verbreitung von unterdrückten Nachrichten aus den anderen sozialistischen Ländern und die Organisierung von Solidarität mit Verfolgten. Im Laufe der Zeit kamen Diskussionsbeiträge zu verschiedenen politischen Themen hinzu, zunehmend mit Namensnennungen von Autoren.

Die notwendigen Beschränkungen einer Monatszeitung von etwa 30 Schreibmaschinenseiten führten seit Mitte 1988 zu weiteren Publikationen mit thematisch und redaktionell höheren Ansprüchen. Gerd Poppe, Reinhard Weißhuhn und vor seiner Verhaftung auch Werner Fischer produzierten mehrere Monographien und starteten größere Zeitschriftenprojekte. Ohne das logistische Hinterland der Kirche bedeutete dies allerdings das Erreichen der Grenze des technisch Möglichen innerhalb des oppositionellen Raumes.

4.4. Beziehungen zu Gruppen in der DDR und internationale Kontakte

Die IFM war sich der Tatsache bewußt, daß die Opposition in der DDR aus verschiedenen Gründen schwächer, jünger und im traditionellen Sinne linker war als in den meisten anderen Ostblockstaaten. Mehrere ihrer Mitglieder hatten persönliche Kontakte zu Oppositionellen in Polen, der Tschechoslowakei und Ungarn, kannten die dortige Entwicklung und verfolgten sie trotz der Reiseverbote mit größter Aufmerksamkeit. Besonders die Charta 77, ihr Selbstverständnis, ihre Ziele und ihre Aktivitäten hatten enorme Bedeutung für die Entwicklung der IFM, obwohl es infolge der Restriktionen durch das MfS praktisch keine persönlichen Kontaktmöglichkeiten mehr gab. Der Einfluß der Diskussionen in der Charta 77, des KOR und der demokratischen Opposition in Ungarn auf das politische Selbstverständnis der IFM als Opposition, ihre Abkehr von der sozialistischen Vision und zunehmende Orientierung auf eher pragmatische Demokratisierungsforderungen ohne ideologisches Gesellschaftsmodell ist nicht zuletzt diesen Kontakten zu verdanken.[9]

Gewachsen in der Friedensbewegung bis 1984, hatte die IFM von Anfang an neben Kontakten zu westdeutschen Journalisten und verschiedenen ausländischen Organisationen und Gruppen besonders gute Beziehungen zu Teilen der Grünen und ihrem Umfeld. Ohne die Hilfe grüner Bundestagsabgeordneter wie Petra Kelly und Gerd Bastian wäre weder die vergleichsweise große öffentliche Wirkung der IFM erzielt worden, noch hätte das Verhaftungsrisiko für ihre Mitglieder sich in Grenzen gehalten, die immerhin das politische Überleben der IFM ermöglichten. Die von westlichen Symphatisanten erzeugte und vermittelte internationale Solidarität hat häufig genug die SED gezwungen, ihr Ziel zu relativieren, die sich entwickelnde Opposition zu zerschlagen.[10]

Diese Solidarität gab es auch zunehmend innerhalb der DDR. Sie galt natürlich nicht nur der IFM, zumal andere, im Westen weniger bekannte Gruppen und Personen sie weit mehr brauchten. Aber sie war nicht zuletzt eine Folge wachsender Vernetzung innerhalb des oppositionellen Milieus in der DDR. Diese war eines der erklärten Ziele der IFM, und deshalb wurden Kontakte zu anderen Gruppen auch außerhalb Berlins nach Kräften gepflegt und ausgebaut. Neben quasi institutionalisierten Kontakten wie dem innerkirchlichen Netzwerk „Konkret für den Frieden" gab es eine Reihe zunehmend intensiverer Beziehungen zu anderen Gruppen z.B. in Leipzig, Dresden oder Güstrow. Dennoch blieb die Vernetzung unzureichend. Soweit es die IFM betrifft, spielte dabei offenbar ihr Ruf als einer privilegierten und elitären Gruppe eine Rolle, der mit wachsender Entfernung von Berlin zunahm. Erklärbar wäre dies mit der objektiven Privilegiertheit der Situation unmittelbar an der Berliner Mauer und mit natürlicher – wie inzwischen klar ist, dennoch weit unzureichender – Vorsicht gegenüber Unbekannten.

5. Rolle in der Berliner Szene

5.1. Politische Standortbestimmung innerhalb der Opposition

In der Friedensbewegung, im Widerstand gegen Aufrüstung und Militarisierung trafen jedoch erstmals die beiden Hauptströmungen oppositionellen Engagements in der DDR zusammen: die christlich beeinflußte liberale und die marxistisch geprägte linke. Das Ergebnis war eine Neuformierung und Neuorientierung, die sich sowohl an Themen – Menschenrechte, Demokratisierung, Ökologie, Pazifismus, Dritte Welt – als auch an praktischen Verhaltensfragen – Verhältnis zur Konspiration, zur westlichen Öffentlichkeit, zur Amtskirche, zum Staat – ausrichtete.

In der IFM verbanden sich beide Grundströmungen der Opposition zu einer produktiven Synthese. Es ist sicher kein Zufall, daß sie zu den wenigen Gruppen der achtziger Jahre gehörte, die den Herbst 1989 überdauerten und gleichzeitig als einzige von ihnen bis zur Vereinigung mit den Grünen eine aktive politische Rolle spielte. Der Konsens innerhalb der Gruppe gründete sich auf die sowohl theoretische als auch praktische Beanspruchung politischer Rechte und das Ziel umfassender Demokratisierung. Ein „demokratischer Sozialismus“ war nicht mehr ausdrücklich als Zielstellung genannt, wenngleich ebensowenig eine Alternative zu ihm formuliert wurde (vgl. Anhang, Nr. 9). Statt dessen versuchte die IFM, sich zugunsten pragmatischen Handelns vom Denken in Visionen und Modellen zu lösen und so auch von traditionellen linken Vorstellungen, die für viele ihrer Mitglieder am Anfang ihrer politischen Biographie standen, zu emanzipieren. In ihrer Argumentation verband die IFM, abgeleitet aus der Friedensbewegung, die Prämisse von der Unteilbarkeit der Menschenrechte mit der These der Unteilbarkeit von äußerem – also zwischenstaatlichem – und innerem – also innerstaatlichem – Frieden. Dieser Gedanke begründete seinerseits die These von der wechselseitigen Bedingung von Frieden und Menschenrechten. Für ihr praktisches Handeln beanspruchte die IFM, daß die Wahrnehmung demokratischer Rechte legitim sei auch dann, wenn sie, wie in der DDR, nicht legal sei. Dazu gehörte u.a. die strafrechtlich besonders riskante und in der IFM dennoch vergleichsweise häufige Praxis, sich über westliche Medien öffentlich zu äußern. Dies war zumindest unter linken Oppositionellen schon aus ideologischen Gründen sehr umstritten und einer der Gründe für die traditionell vorherrschende Konspiration als Merkmal oppositioneller Arbeit. Die IFM beanspruchte ihrerseits prinzipiell öffentliches Handeln und schränkte bewußt den Anteil der Konspiration auf ein Minimum ein. Die Erfahrung schon aus der Zeit der Friedensbewegung zeigte, auch unabhängig von der fast völligen Irrelevanz der Konspiration,[11] daß öffentliche und besonders westliche Wahrnehmbarkeit oft einen wirksamen Schutz bedeuteten.

Trotz dieses relativ entwickelten und reflektierten Selbstverständnisses erklärte sich die IFM als Ganzes nicht ausdrücklich als Opposition. Der Grund dafür liegt allerdings weniger darin, daß sich die Mitglieder der Gruppe nicht als Oppositionelle verstanden, als darin, daß sie aus taktischen Gründen dieses für die SED extrem provokante Wort vermeiden wollten. Erst im Mai 1989 schien die Zeit reif für mehr Offenheit, und im „Grenzfall" erschien ein Artikel, der die unabhängigen Gruppen dazu aufrief, sich zum Begriff der Opposition zu bekennen (Anhang, Nr. 10).

5.2. Politische Kontakte und Konflikte innerhalb der oppositionellen Bewegung

Ein deutlich breiteres politisches Interesse und Engagement, der ausdrückliche Anspruch auf Unabhängigkeit von der Amtskirche sowie ausgeprägtes Interesse an öffentlicher Wahrnehmung und internationalen Kontakten unterschied die IFM von den kirchlich gebundenen Friedenskreisen und machte ihren Stellenwert innerhalb der oppositionellen Bewegung aus. Politisch unterschied sie sich von anarchistisch beeinflußten und traditionell linken Gruppen, die in den achtziger Jahren nach wie vor eine wichtige Rolle spielten, durch ihre Betonung des Werts der bürgerlichen Rechte und der pluralistischen Demokratie samt ihren Spielregeln. Dies und ihre mangelnde Berührungsangst vor westlichen Partnern auch aus dem bürgerlichen politischen Spektrum führte des öfteren zu Konflikten mit Gruppen wie der Kirche von Unten oder Gegenstimmen,[12] die im Herbst 1989 in die Vereinigte Linke und zum Teil ins Neue Forum einmündeten. Andererseits entwickelte sich aus den gleichen Gründen eine zunehmende Zusammenarbeit mit der DDR-weit organisierten innerkirchlichen Oppositionsgruppe Arbeitskreis Solidarische Kirche und mit der Initiative gegen Praxis und Prinzip der Abgrenzung, aus der später die Bürgerbewegung Demokratie Jetzt hervorging.

Anders als die verbreiteten Umweltgruppen spezialisierte sich die IFM nicht auf ökologische Fragen, ebensowenig auf Themen der Dritten Welt oder der Frauen. Statt dessen vertrat sie einen eher übergreifenden, generalisierenden Anspruch und engagierte sich für Vernetzung und themenübergreifende Zusammenarbeit. Das Problem der ungenügenden Organisiertheit der Gruppen untereinander war jedoch allen bewußt, ebenso das Angewiesensein aufeinander. Gruppen wie die Umweltbibliothek und später die Arche bemühten sich mit einigem Erfolg um DDR-weite thematische Zusammenarbeit. Im Rahmen des kirchlichen Koordinierungskreises „Frieden konkret", in dem auch die IFM mitarbeitete, gelang es immerhin, regelmäßige DDR-weite Treffen zu organisieren. Ein nicht zu unterschätzendes Vehikel der Kontaktpflege waren die eigenen Publikationen, deren Vertrieb bis in abgelegene Winkel der DDR quasi nebenbei Verbindungen entstehen ließ, die immer wieder aufgenommen wurden.

5.3. Die IFM und die Kirche

Schon die Entstehung der IFM weist auf ihr ambivalentes Verhältnis zur Kirche hin. Die meisten Gründungsmitglieder der IFM hatten bereits Erfahrungen mit der Kirche gemacht und waren jetzt nicht mehr bereit, sich deren patriarchalischer Aufsicht gewissermaßen auszuliefern. Deshalb betrachtete und erklärte sich die IFM von Beginn an und im Unterschied zu praktisch allen anderen oppositionellen Gruppen, erst recht zu den kirchlichen Friedenskreisen, als autonom von der Kirche. Infolge ihrer wachsenden und im Westen auch medienwirksamen Prominenz war die IFM auf kirchlichen Schutz vergleichsweise weniger angewiesen als andere Gruppen. Andererseits erwies sich, daß ohne praktische und auch politische Hilfe von Kirchengemeinden und Kirchenfunktionären ein Überleben als aktive oppositionelle Gruppe für die IFM unmöglich gewesen wäre, da sie aufgrund ihrer Exponiertheit besonders anfällig für staatliche Repressionsmaßnahmen war.

Abgesehen von der spezifischen Rolle der Kirche als religiöser – also nicht unmittelbar politischer – Institution spiegelte sie eine Vielfalt von Verhaltensweisen gegenüber dem Staat wider, wie sie ähnlich in der ganzen Gesellschaft anzutreffen war. Deshalb sind Verallgemeinerungen problematisch. Die IFM unterhielt enge Beziehungen zu einer Reihe von Pfarrern und kirchlichen Mitarbeitern, mehrere ihrer Mitglieder arbeiteten in kirchlichen Einrichtungen.[13] Die Kontakte zu anderen Gruppen unter dem Kirchendach hinzugedacht, ergibt sich das Bild eines unentwirrbaren Geflechts von persönlichen und teilweise institutionalisierten Verbindungen.

Nach den spektakulären Ereignissen im Januar 1988 entwickelte sich eine neue Qualität des Verhältnisses zwischen Kirchenleitung und IFM. Ab März 1988 fand ein Jahr lang eine Reihe von Treffen zwischen Vertretern der Kirchenleitung, angeführt von Bischof Forck und Konsistorialpräsident Stolpe, und der IFM statt. Die IFM interpretierte dies zunächst als Aufwertung und Anerkennung, zumal nach der Erörterung praktischer Fragen allgemeine politische Einschätzungen – auch über die Rolle der Kirche – ausgetauscht wurden. Zunächst basierten diese Gespräche auf der Grundlage eines Beschlusses der Kirchenleitungskonferenz und erhielten insofern offiziellen Status. Nach einiger Zeit wurde dieser Beschluß ausdrücklich aufgehoben, obwohl die Gespräche weiterliefen. Es gab außerdem Kritik an der privilegierten Stellung der IFM seitens anderer Gruppen. Auch in der IFM wuchs die Distanz zur Kirchenleitung, so daß diese Art Kontakte im Winter 1989 einschlief.

Wenngleich die Kirche als dem Staat gegenüber loyale, rechtlich abgesicherte Institution ungleich stärker war, gab es keine einseitige Unabhängigkeit. Wie auch andere Gruppen hatte die IFM nicht unerheblichen Einfluß auf wachsende Teile der kirchlichen Basis und erwarb sich im Laufe der Zeit zumindest den Respekt einer Reihe höherer Kirchenfunktionäre. Der häufig erhobene Vorwurf der Instrumentalisierung der Kirche durch die Gruppen trifft insofern zu. Aber der heutige Bedeutungsverlust der Kirche in Ostdeutschland macht noch im Nachhinein deutlich, daß ihre praktische Stellung als Ersatzgesellschaft in der DDR von diesen Gruppen hergestellt und durchgesetzt wurde und viel weniger aus der Kirche selbst kam.

5.4. Die IFM und das MfS

Trotz ergiebiger Akten- und damit Faktenlage bleibt dieses für die IFM besonders bedeutsame Thema in entscheidenden Punkten interpretationsabhängig, wenn nicht spekulativ. Die Frage lautet, ob und wieweit es dem MfS gelungen ist, die IFM zu kontrollieren und in ihren Entscheidungen zu beeinflussen. Die Antwort ist wichtig nicht nur für die unmittelbar Beteiligten, sondern paradigmatisch für die Rolle des MfS in der oppositionellen Bewegung insgesamt.

Tatsache ist, daß in der Einschätzung des MfS die IFM im Laufe der Zeit zu einer der gefährlichsten Gruppen in der DDR avancierte und dementsprechend behandelt wurde.[14] Wie kaum eine andere Gruppe wurde sie mit allen technischen Mitteln observiert und von IM's des MfS unterwandert. Wenngleich die zahlenmäßige Größe der IFM wegen ihres naturgemäß rein informellen Charakters nur ungenau zu definieren ist, ergibt sich insgesamt ein Anteil der IM's von anfangs etwa 30, später bis zu 50 Prozent der Mitglieder. Sie hatten fast alle den Status des IMB, des erfahrenen Spitzels mit „Feindberührung". Hinzu kommt eine Unzahl weiterer IM's im privaten und öffentlichen Umfeld der Mitglieder, zum Teil mit speziellen Aufgaben zur Bearbeitung einzelner Personen. Der Grad der Bedeutung der IM's für die Arbeit der IFM und insgesamt für das Leben der Mitglieder changierte stufenlos zwischen politischen Akteuren wie Ibrahim Böhme,[15] unterschiedlich qualifizierten Berichterstattern und persönlichen Freunden mit intimem Einblick in die Privatsphäre. Ihre Aufgaben umfaßten praktisch das gesamte Spektrum des vom MfS entwickelten Instrumentariums für die Behandlung „feindlich-negativer Personen", von der Informationssammlung über die Sabotage bis zur Zersetzung.

Wenn also von der IFM die Rede ist, handelt es sich im Kern um etwa 15 Personen, die über viele Jahre in je eigenen Operativen Vorgängen des MfS bearbeitet und von einer Vielzahl an IM's begleitet wurden. Was sie taten und planten, war dem MfS in der Regel bekannt. Dennoch läßt sich nach gegenwärtigem Erkenntnisstand nicht feststellen, daß es dem MfS gelungen wäre, durch IM's die politischen Positionen, die strategischen und die konkreten Entscheidungen der IFM zu beeinflussen. Von Manipulation kann also allenfalls in dem Sinn gesprochen werden, daß die Arbeit der IFM durch IM's behindert und in ihrer Effektivität zum Teil erheblich beeinträchtigt, nicht aber gesteuert wurde. Ein deutlicher Beleg dafür ist die Analyse eines IM im April 1989 gegenüber dem MfS, in der auf dieses Defizit aus Sicht des MfS hingewiesen wird.[16]

Natürlich war klar, daß das MfS die IFM nicht nur mit technischen Mitteln und den üblichen Einschüchterungen bearbeitete. Das tatsächliche Ausmaß der Infiltrierung durch IM's allerdings war schlicht unvorstellbar. Nur ein IM konnte Anfang 1989 enttarnt werden,[17] ein weiterer enttarnte sich im Frühjahr 1989 selbst. Andererseits behielt die IFM ihre im wesentlichen nicht konspirative Vorgehensweise aus Prinzip bei, zumal es keine Möglichkeit gab, das Eindringen von IM's und den Einsatz anderer Mittel des MfS effektiv zu verhindern. Wichtiger für die Berechenbarkeit des Risikos war die politische Einschätzung der Möglichkeiten zur Bekämpfung der IFM und der gesamten Opposition. Angesichts des prioritären Bestrebens der SED, internationale Reputation zu erlangen und zu bewahren, erwiesen sich Öffentlichkeit und Solidarität als wirksamster Schutz. Das MfS versuchte mehrmals Verhaftungen. Sofern diese nicht aus „außenpolitischen Gründen" bereits innerhalb des Entscheidungsapparats zurückgewiesen wurden, mußten die Verhafteten durchweg nach kurzer Zeit ohne Prozeß freigelassen werden. Der größte Erfolg des MfS war das befristete Zwangsexil von fünf IFM-Mitgliedern im Januar 1988, ein juristisch und politisch einmaliger Vorgang in der DDR.

6. Entwicklung 1989/1990

6.1. Der Vorabend des Herbstes 1989

Obwohl sicher niemand mit einem unmittelbar bevorstehenden Zusammenbruch der DDR als Staat gerechnet hatte, wurde spätestens mit Beginn der Botschaftsbesetzungen durch zur Ausreise Entschlossene im Frühsommer 1989 die Krise offenkundig. Die Erosion der Macht war unverkennbar, die SED weder willens noch imstande, sich der politischen und ökonomischen Situation zu stellen. Ihre entleerte und erstarrte Ideologie wirkte außerhalb der Partei nur noch lächerlich. Auch innerhalb der SED machte sich Frustration breit, genährt nicht zuletzt durch das unerreichbare Vorbild von Glasnost und Perestroika. Vielen in den oppositionellen Gruppen war klar, daß irgend etwas geschehen mußte, und auch in der Stimmung der Bevölkerung mischte sich Resignation zunehmend mit einer vagen Erwartung. Beängstigend blieb allein der riesige Sicherheitsapparat, dessen Bedeutung um so unbekannter, seine Stabilität und seine Absichten um so unberechenbarer wurden, je mehr der Realitätsverlust seiner Befehlshaber zunahm.

In dieser Situation versuchte die IFM, aus ihrer Isolierung herauszukommen, zugleich ihre Rolle in der oppositionellen Bewegung zu stärken und den Kontakt zwischen den versprengten engagierten Gruppen und Personen in der DDR zu verbessern. Dafür gab es mehrere Motive. Zum einen befand sich die IFM selbst in einer kritischen Lage. Ihre Arbeitsfähigkeit war durch den Verlust eines Großteils ihrer Aktivisten Anfang 1988 empfindlich beeinträchtigt und durch systematische „Zersetzung" von seiten des MfS sowie persönliche Spannungen zwischen einzelnen Mitgliedern zusätzlich gestört. Zum anderen hatte sich in der Vergangenheit gezeigt, daß die Isolierung der Gruppen im Fall verstärkten Drucks überwunden und zunehmend breitere Solidarisierungen mit erheblicher öffentlicher Wirkung erreicht werden konnten. Beispiele dafür waren die Reaktionen auf das Vorgehen des MfS gegen die Umweltbibliothek und den „Grenzfall" im November 1987 und die Verhaftungen im Gefolge der Luxemburg-Liebknecht-Demonstration im Januar 1988. Beide Ereignisse spielten sich in Berlin ab, wo das größte Symphatisantenumfeld bestand und der Kontakt in den Westen am leichtesten möglich war. Das dadurch entstandene Gefälle zur übrigen DDR mußte dringend abgebaut werden.

Deshalb beteiligten sich Mitglieder der IFM seit Anfang 1988 an dem Versuch, unter dem Schutz der Kirche ein „Kontakttelefon" zu installieren, das schnelle Verbindungen zu den Gruppen in der ganzen DDR ermöglichen konnte. Die Vorbereitungsgruppe aus Vertretern verschiedener Berliner Gruppen entwickelte sich während der Bemühungen um den Zugang zu einem kirchlichen Telefon zu einer Art gruppenübergreifender Koordinierungsstelle. Nach langen Verhandlungen gelang es im Februar 1989, eine Kirchengemeinde zu finden, die die Gruppe aufnahm.[18]

Neben diesem technischen Versuch strebte die IFM eine inhaltliche Profilierung und gleichzeitige Öffnung nach außen an – erklärtermaßen als „Flucht nach vorn", um einem drohenden Zerfall der Gruppe zuvorzukommen. Dazu wurde auf der Grundlage eines bereits im Herbst 1987 öffentlich vorgetragenen „Selbstverständnisses" ein Aufruf formuliert, der ab März 1989 in der ganzen DDR verbreitet wurde. Darin wurde zum aktiven und öffentlichen Engagement für die Respektierung der Menschenrechte, für Rechtsstaatlichkeit und Demokratisierung aufgefordert. Alle, die dies tun wollten, wurden ausdrücklich aufgerufen, sich zur IFM als Bewegung zu bekennen, sofern sie nicht *„gewaltpropagierende, fremdenfeindliche, autoritäre, faschistische Argumentationen"* vertraten (Anhang, Nr. 9). Ein Bekenntnis für oder gegen den Sozialismus wurde weder formuliert noch gefordert. Dies entsprach sowohl dem Diskussionsstand in der IFM als auch dem Ziel möglichst breiter Resonanz.

Die erhoffte Initialzündung blieb zu diesem Zeitpunkt und angesichts der erklärten Forderung, sich aktiv *„in eigene Angelegenheiten einzumischen"*, aus. Erst der maßgeblich von dem bisherigen IFM-Mitglied Bärbel Bohley initiierte Aufruf des „Neuen Forum" im September 1989 erzielte Popularität und entsprechende Massenwirkung. Mitglieder der IFM gehörten auch zu den Erstunterzeichnern des Neuen Forum und zu den Initiatoren der Bewegung Demokratie Jetzt. Die IFM selbst jedoch blieb erhalten und konstituierte sich DDR-weit am 28. Oktober als kleinste der inzwischen bekannten Bürgerbewegungen. Neben der Berliner Gruppe und einer Reihe von Einzelpersonen aus verschiedenen Orten gehörte zu ihr nun mit dem bisherigen Leipziger Arbeitskreis Gerechtigkeit auch eine der dort wichtigsten und seit Jahren aktiven Gruppen.

6.2. Demokratisierung in der DDR

Wie die Mitglieder aller anderen Bürgerbewegungen und neu entstehenden Parteien waren auch die Mitglieder der IFM aktiv zunächst an der Reformierung der DDR und aller ihrer Regeln und Institutionen, dann an der Vorbereitung auf die Vereinigung mit der Bundesrepublik beteiligt. Trotz der kleinen Zahl an Aktivisten spielte die IFM mit ihrer langen oppositionellen Erfahrung allerdings eine, gemessen an ihrer Größe, wichtige Rolle. Sie gehörte zu den Unterzeichnern der Vereinbarung zu einem Wahlbündnis im Oktober 1989[19] und zu den Initiatoren des im Dezember 1989 beginnenden Zentralen Runden Tisches, dem Instrument zur Demokratisierung der DDR.[20] Dort wurde sie vertreten von Gerd Poppe und Wolfgang Templin. Hauptanliegen der IFM waren eine neue Verfassung, Vereinigungs-, Partei- und Wahlgesetz sowie die Entmilitarisierung der DDR. Der Zentrale Runde Tisch benannte das IFM-Mitglied Werner Fischer zum Verantwortlichen für die Auflösung des MfS. Im Februar 1990 entsandte die IFM Gerd Poppe als Minister ohne Geschäftsbereich in die Regierung Modrow. Zusammen mit Demokratie Jetzt und dem Neuen Forum bildete die IFM das Bündnis 90 als Wahlbündnis zur Volkskammerwahl im März 1990 und stellte ihre Mitglieder Marianne Birthler und Gerd Poppe für die erste frei gewählte Volkskammer auf. In einem weiteren Wahlbündnis mit den Grünen zur Bundestagswahl im Dezember 1990 entsandte die IFM Gerd Poppe in den ersten gesamtdeutschen Bundestag.

Mitglieder der IFM saßen an den Runden Tischen in Berlin, Leipzig und Magdeburg. Dem Spagat zwischen Macht- und Regierungsbeteiligung einerseits, dem Selbstverständnis und der Geschichte als Basisbewegung andererseits entsprach, daß gleichzeitig die gewohnte Arbeit fortgeführt wurde – Aufrufe geschrieben, Protestresolutionen und Programme verfaßt. Die IFM gab sich ein Statut als informelle Vereinigung, dann als politische Vereinigung im Sinne des am Runden Tisch durchgesetzten Partei- und Vereinigungsgesetzes. Bis zur Bundestagswahl bestand die IFM wie die anderen Bürgerbewegungen auf dem Anspruch, keine Partei sein zu wollen. Erst mit der deutschen Vereinigung war sie gezwungen, sich im Rahmen des Bündnis 90 als Partei zu konstituieren, um die erreichten politischen Möglichkeiten zu behalten. Mit dem Bündnis 90 vereinigte sich die IFM 1993 mit den Grünen, zu denen sie langjährige Kontakte gepflegt und grundsätzliche politische Übereinstimmungen entwickelt hatte (vgl. Anhang, Nr. 12, Punkt VIII).

7. Erfolg und Mißerfolg

Es gibt eine Reihe von – durchaus insgesamt widersprüchlichen – Klischees und Legenden über die erst nach 1989 so genannte Bürgerbewegung. Die meisten sind auf die Darstellungen in den zumeist westdeutschen Medien und darauf zurückzuführen, daß sowohl das westdeutsche als auch der weitaus größte Teil des ostdeutschen Publikums wenig über die Geschichte der DDR-Opposition wußte.

Zu einer Bewertung der IFM als nicht unwesentlichem Bestandteil dieser Opposition gehört es, zumindest ansatzweise zu diesen Klischees und Legenden Stellung zu beziehen. Diese betreffen vor allem die Rolle der Kirche, der christlichen und der marxistischen Weltanschauung, den Einfluß des MfS, die Ziele der oppositionellen Gruppen und die politische Bedeutung der Bürgerbewegungen für den Herbst 1989.

Um mit dem letzten anzufangen: Die Autoren bekennen sich dazu, den Herbst 1989 als eine Revolution im klassisch marxistischen Sinn zu betrachten. Das heißt, die Herrschenden mitsamt ihrem gesamten Herrschaftsapparat und seinen politischen und ökonomischen Grundlagen wurden durch eine von der Mehrheit der Bevölkerung getragene Bewegung abgelöst und durch eine neue Staats-, Regierungs- und Wirtschaftsform ersetzt. Dennoch war diese Entwicklung weniger eine Revolution als der nahezu lautlose Zusammenbruch eines schon lange lebensunfähigen Systems. Die Massendemonstrationen oder die Ausreisewelle waren der sichtbare Ausdruck einer Krise, die in jedem Fall zum Kollaps der DDR und des ganzen sozialistischen Blocks geführt hätte. Die oppositionellen Gruppen konnten aufgrund ihres früheren Engagements am leichtesten die Rolle der Sprecher übernehmen. Sie waren vergleichsweise am besten auf diese Situation vorbereitet, und ihre in Jahren entwickelten Forderungen wurden im Herbst 1989 vom ganzen Volk erstmals offen mitgetragen. Das machte ihre Autorität für diesen Zeitraum aus. Damit konnten sie den Zeitpunkt, das hohe Tempo und die gewaltlose Form des Sturzes der SED beeinflussen. Weil ihre Ziele aber weder in erster Linie die Wiedervereinigung noch das Erreichen westdeutschen Konsumstandards war, verloren sie diese Autorität in dem Maße, wie diese Perspektiven nach dem 9. November in den Mittelpunkt rückten. Die IFM wie alle Gruppen des Herbstes 1989 mit einer politischen Vorgeschichte war vor diesem Zeitpunkt nicht typisch für die Stimmung in der DDR-Bevölkerung, und sie war es im Jahre 1990 schon nicht mehr.

Ebensowenig wie die Bürgerbewegungen oder jedenfalls die IFM die Bundesrepublik als erstes und erstrebenswertes Ziel ansahen, wollten sie aber auch nur eine liberalisierte Form des Sozialismus erreichen. Die IFM hat dies ohnehin nie behauptet, aber der Umstand, daß andere Gruppen wie Demokratie Jetzt oder sogar der Demokratische Aufbruch in ihren Gründungsaufrufen das Wort Sozialismus benutzten, beweist nicht, daß ihnen nur eine andere Variante des sozialistischen Experiments vorschwebte. Allen gemeinsames Ziel war Demokratie, und der größte Teil der Aktivisten war sich im Herbst 1989 auch darüber klar, daß dies nur mit Marktwirtschaft möglich ist. Die IFM kann für sich in Anspruch nehmen, zu diesem Schluß bereits Jahre vorher gekommen zu sein, auch wenn das öffentlich nicht deutlich erkennbar geworden ist. Allerdings ist einzuräumen, daß sie wie insgesamt die aktive Opposition in der DDR im Vergleich zu denen anderer ostmitteleuropäischer Staaten relativ spät diese Erkenntnis gewonnen hat. Insofern unterscheidet sich die IFM als spezifisches DDR-Produkt von ihren Vorbildern Charta 77 und Solidarnosc.

Immerhin hat sie von Anfang an versucht, ein programmatisches Gerüst für politisches Handeln in der DDR zu entwickeln. Das mündete allerdings nicht in ein politisches Programm vergleichbar dem traditioneller Parteien. Gründe dafür liegen einmal in der Notwendigkeit eines Konsenses jenseits weltanschaulicher Unterschiede ihrer Mitglieder, zum andern in taktischen Erwägungen der Risikobegrenzung, aber auch in ungenügender gedanklicher Konsequenz. Der Zeitpunkt für die Umsetzbarkeit einer konkreten politischen Alternative zur realen DDR schien zu fern, der Weg zu weit, als daß dieser Bedarf gesehen worden wäre. Im übrigen hatten alle Mitglieder der IFM genügend Erfahrung mit Visionen, um nicht zu wissen, wie gefährlich Erlösungsvorstellungen sind. Und schließlich war die Gruppe viel zu klein, als daß sie ernsthaft den Anspruch hätte erheben können, ein Programm für die DDR zu formulieren. Dazu war sie erst in der Vorbereitung auf die Volkskammerwahl im März 1990 gezwungen, und das Ergebnis war sicher nicht schlechter als das anderer, wenn auch nicht erfolgreich (vgl. Anhang, Nr. 11).[21]

Das Verhältnis der IFM wie auch vieler anderer Gruppen zur Kirche war – wie oben ausgeführt – ambivalent. Zu betonen ist aber der Unterschied zwischen der Amtskirche, ihren Zwängen und Begrenztheiten einerseits und vielen Pfarrern, kirchlichen Mitarbeitern und Gemeindegliedern andererseits. Die Kirche war der alternativlose Zufluchtsort für viele, und davon war sie natürlich beeinflußt. Aber sie war keine Partei, und sie war keine Opposition. Abgesehen davon, daß dies auch nicht ihre Aufgabe ist, spielte eine nicht zu unterschätzende Rolle hierfür, daß die evangelisch-lutherische Kirche, die innerhalb der protestantischen Kirchen und auch in der DDR insgesamt dominierte, ein deutlich auf die staatliche Autorität orientiertes Selbstverständnis hat. Dieses ist tradiert und theologisch begründet. Ernsthaft in Frage gestellt wurde es vor allem in den Anfangsjahren der DDR. Obwohl bei einigen älteren Kirchenfunktionären diese Erfahrung nachwirkte, hatte sich aber in den achtziger Jahren das traditionelle Verhältnis zur „Obrigkeit" längst wieder durchgesetzt.

Die IFM jedenfalls bemühte sich, der Versuchung zu widerstehen, die Amtskirche als eine Art gesprächsfähigen Staatsersatz anzusehen. Das mag nicht immer gelungen sein. Aber zumindest war besonders den nicht-christlichen Mitgliedern der Umstand bewußt, daß die Notwendigkeit, sich auf die Kirche zu stützen, problematisch war und nach Möglichkeit vermieden werden sollte. Im Unterschied zur IFM hatten die meisten anderen Gruppen, besonders außerhalb Berlins, allerdings kaum eine Alternative.

Alles in allem sind die Autoren auch nach mehreren Jahren Abstand überzeugt, daß die Initiative Frieden und Menschenrechte ein im wesentlichen gelungener

Versuch war, innerhalb der DDR aktiven politischen Widerstand gegen die SED-Herrschaft zu leisten. Dieser Widerstand erforderte die größtmögliche Distanz zur SED und dem Staat und war begrenzt durch die eingeschränkten praktischen Handlungsmöglichkeiten sowie durch das Risiko von Haft und vor allem von Abschiebung. Die IFM hat diese Möglichkeiten weitestgehend ausgeschöpft, und sie konnte dies trotz erheblicher Präsenz des MfS durch ihre in Jahren erarbeiteten Kontakte und ihre de-facto-Privilegiertheit. Allerdings lebten ihre Mitglieder dadurch in vieler Hinsicht anders als die DDR-Bevölkerung insgesamt und verloren so auch zunehmend das Gefühl für die „normalen" Bedürfnisse. Die Folge war wachsende Distanz auch in dieser Richtung mit dem Erfolg, daß die IFM nach dem Herbst 1989 nicht imstande und auch nicht willens war, diesen mehrheitlichen Bedürfnissen Ausdruck zu verleihen. Aber die IFM hatte auch nicht den Anspruch, für das Volk zu sprechen, sondern nur den, dazu beizutragen, daß das Volk selbst sprechen kann. Das kann es jetzt endlich tun.

Anmerkungen

1 Die Literatur zum frühen Widerstand in der SBZ/DDR wächst in jüngster Zeit erheblich an. Eine gute Zusammenfassung gibt *Karl Wilhelm Fricke*, Widerstand und Opposition von 1945 bis Ende der fünfziger Jahre, in: Materialien der Enquetekommission „Aufarbeitung von Geschichte und Folgen der SED-Diktatur in Deutschland" (12. Wahlperiode des Deutschen Bundestages), hrsg. vom Deutschen Bundestag, Baden-Baden 1995, (künftig: „Materialien"), Bd.VII/1, S. 15–25.

2 Dieses eigene Menschenrechtskonzept, ausgehend von der grundsätzlichen Überlegenheit der sozialistischen Staaten im historischen Sinne, der Garantie sozialer Menschenrechte im Sozialismus und der notwendigen Einschränkung politischer Rechte durch die Bedingungen des Klassenkampfes, wurde in den Ideologieinstituten der SED vorfabriziert und durch ein offiziell installiertes DDR-Menschenrechtskomitee international verbreitet. In den Hochzeiten der Entspannungspolitik gab es im Westen genügend Stimmen, die darin ein ernsthaftes und positives Bemühen der DDR in Sachen Menschenrechte sehen wollten.

3 Im Nachzug zu den DDR-offiziellen Bemühungen um das Thema Menschenrechte bildete sich ab 1977 auch im Rahmen der Protestantischen Kirche auf der Ebene des Bundes eine eigene Arbeitsgruppe Menschenrechte. Leitende Vertreter dieser Gruppe, wie der Superintendent Günther Krusche und die Oberkirchenrätin Christa Lewek, gaben hier die Gewähr, daß diese Form kirchlicher Menschenrechtsthematisierung in genügender Staatsnähe blieb.

4 Dieser Handlungsdruck erfaßte nicht nur die unabhängigen Gruppen, sondern ging mitten in die Gemeinden hinein. In der Frage eines verantwortlichen Widerstehens oder einer Akzeptanz der gegebenen Verhältnisse standen sich Pastoren, Gemeindemitglieder und Vertreter der Kirchenleitungen oft scharf gegenüber. Beispielhaft für einen solchen Prozeß ist die Dokumentation aus dem Thüringer Raum: Die „andere" Geschichte, hrsg. v.e. Autorenkollektiv mit Unterstützung des Matthias-Domaschk-Archivs Jena. 1. Aufl.1993. Eigenverlag.

5 In einer Diplomarbeit an der Hochschule des MfS wird dieser Vorgang so beschrieben: *„Bei der Gründung solcher sogenannter Menschenrechtsgruppen gab es unterschiedliche Auffassungen, die zum Teil konträr waren und durch gezielten Einsatz inoffizieller Mitarbeiter noch verstärkt wurden. Das Resultat war das Entstehen von zwei Personenzusammenschlüssen, der ‚Initiative für Frieden und Menschenrechte' und der ‚Aktion Gegenstimme'. Zeitweise auftretende Bestrebungen feindlich-negativer Kräfte zur Zusammenführung beider Personenzusammenschlüsse wurden durch das Wirken und durch Beeinflussung von IM zum Scheitern gebracht. Dazu wurden bestehende unterschiedliche Auffassungen zu den Formen und Inhalten der feindlichen Tätigkeit, wie zum einen die Tendenz aggressiver öffentlich-*

keitswirksamer Aktionen in direkter Konfrontation zum Staat, zum andern der Kurs der Ausarbeitung theoretischer Grundlagen zur ideologischen Arbeit und Gewinnung von Masseneinfluß, wie ‚Solidarnosc'' in der VR Polen, verstärkt und eine Einigung unmöglich gemacht." Vgl. *Thomas Rieger*, Erfahrungen bei der Beeinflussung feindlich-negativer Personenzusammenschlüsse sowie von Einzelpersonen, die im Sinne politischer Untergrundtätigkeit wirksam werden, mittels geeigneter, qualifizierter IM. Ministerium für Staatssicherheit, Hochschule, 1988.

6 Nach wie vor existiert keine umfassende Dokumentation aller vorhandenen IFM-Materialien. Neben den Dokumenten im Anhang des vorliegenden Beitrags ist insbesondere der Nachdruck des „Grenzfalls" eine wichtige Informationsquelle, s.u. Anm. 8

7 Am 25. Januar 1988 wurden die Mitglieder der IFM Bärbel Bohley, Werner Fischer, Regina und Wolfgang Templin sowie Ralf Hirsch verhaftet und ohne Prozeß in die Bundesrepublik abgeschoben. Mit Ausnahme des ausgebürgerten Ralf Hirsch erhielten sie unterschiedlich terminierte Einreiseverbote in die DDR. Vor dem 9. November 1989 konnten nur Bärbel Bohley und Werner Fischer im August 1988 in die DDR zurückkehren.

8 Vgl. *Ralf Hirsch, Lew Kopelew und Initiative Frieden und Menschenrechte* (Hrsgg.), Grenzfall. Sammelnummer 1–12, (Berlin 1986 – Ende 1987), Selbstverlag Berlin 1988.

9 Vgl. *György Dalos,* Der politische Umbruch in Ost- und Mitteleuropa und seine Bedeutung für die Bürgerbewegung in der DDR. In: Materialien, Bd. VII/1, S. 540–557, 1409–1436.

10 Vgl. *Wilhelm Knabe*, Westparteien und DDR-Opposition. Der Einfluß der westdeutschen Parteien in den achtziger Jahren auf unabhängige politische Bestrebungen in der ehemaligen DDR, in: Materialien, Band VII/2, S. 1110–1202; *Reinhard Weißhuhn*, Der Einfluß der bundesdeutschen Parteien auf die Entwicklung widerständigen Verhaltens in der DDR der achtziger Jahre. Parteien in der Bundesrepublik aus der Sicht der Opposition in der DDR, a.a.O., S. 1853–1949.

11 Auch konspirative Arbeitsfelder der IFM wie die Herstellung eigener Publikationen waren dem MfS durch den Einsatz von IM weitgehend bekannt.

12 Vgl. als Beispiel *Gerd Poppe*, Dialog oder Abgrenzung? in: Grenzfall – Vorabdruck 11/87, s.o.Anm. 8), S. 131–133.

13 Vgl. *Reinhard Weißhuhn*, Der Kirche ist das alles nur passiert. In: *Manfred Richter, Elsbeth Zylla* (Hrsgg.), Mit Pflugscharen gegen Schwerter – Erfahrungen in der Evangelischen Kirche in der DDR 1949–1990. Bremen 1991, S. 147–154, hier: S. 150–153.

14 Vgl. *Armin Mitter, Stefan Wolle* (Hrsgg.), Ich liebe euch doch alle! Befehle und Lageberichte des MfS Januar – November 1989. Berlin 1990, S. 46–71, hier S. 48–49, 68–69.

15 Vgl. *Birgit Lahan*, Genosse Judas. Die zwei Leben des Ibrahim Böhme. Berlin 1992, S. 209 –225.

16 Vgl. *Irena Kukutz, Katja Havemann*, Geschützte Quelle. Gespräche mit Monika H. alias Karin Lenz. Berlin 1990, S. 17–28.

17 S. Anm. 18.

18 Die Gruppe um das regelmäßig genutzte Telefon der Gethsemanegemeinde spielte eine wichtige Rolle bei der Vorbereitung der Demonstrationen am 7. und 8. Oktober 1989 in Berlin und den nachfolgenden Untersuchungen des Verhaltens der Polizei.

19 Die Absicht eines Wahlbündnisses wurde am 4. Oktober 1989 verabredet zwischen Vertretern von Demokratie Jetzt, Demokratischem Aufbruch, der Gruppe Demokratischer SozialistInnen, IFM, SDP, Neuem Forum und Friedenskreis Pankow und im Januar 1990 ohne Beteiligung der Gruppe Demokratischer SozialistInnen und des Friedenskreises Pankow wiederholt.

20 Vgl. *Uwe Thaysen*, Der Runde Tisch oder: Wo blieb das Volk. Opladen 1990, S. 25–31.

21 Vgl. 10 Fragen aus dem Volk ... und die Antworten von 10 neuen Parteien vor der Wahl. STERN extra, Sonderdruck für die DDR, Februar 1990, S.24–67.

Anhang*

Nr. 1
„Wir erwarten, daß ein konstruktiver Dialog beginnt"
Aus einer Eingabe an den XI. Parteitag der SED, Berlin, 2. April 1986

Der XI. Parteitag der SED zieht die Bilanz von fünf Jahren gesellschaftlicher Entwicklung der DDR. In der Diskussion und den Entschließungen werden sich die Linien künftiger Politik in allen Bereichen abzeichnen. Der Führungsanspruch der Partei stellt diese Entscheidungen weit über jene des Staatsapparates oder der Volkskammer. Grußadressen, Wettbewerbsverpflichtungen und „spontane" Stellungnahmen der Werktätigen lassen das Ausmaß des Erfolges und der Zufriedenheit erahnen. [...]

Aufgrund ihres hierarchischen Aufbaus hat die Partei die Möglichkeit, von der zentralen Ebene angefangen, wo staatliche Leitung und Politbüro kaum unterscheidbar sind, bis nach unten in die kleinsten Bereiche (Gruppen- und Wohnbezirksparteiorganisationen), ihre derzeitig herrschende Parteilinie mittels der Disziplin ihrer Mitglieder durchzusetzen. Parteidisziplin bedeutet, den Beschluß der Partei unter allen Umständen – auch wider bessere Überzeugung – zu befolgen und wahrzunehmen, d.h. einen Befehl zu befolgen. Es gibt für einen Genossen nichts Schlimmeres, als gegen diese Befehlsstruktur zu verstoßen. [...]

Zwar fordert das Parteistatut im Rahmen der innerparteilichen Demokratie die freie und sachliche Diskussion zu Fragen der Parteipolitik, sprich Staatspolitik. Doch finden solche Diskussionen kaum statt. Sie werden bereits im Kern erstickt und als opportunistisch-revisionistisch oder als dogmatisch und sektiererisch charakterisiert. Es gibt also keine Parteiöffentlichkeit, keine offene Auseinandersetzung und keine Publikationen zu solchen Fragen. [...]

In der Wirtschaftspolitik der SED spielen die jährlichen Wachstumsraten der Industrieproduktion und des erwirtschafteten Nationaleinkommens eine entscheidende Rolle. An ihnen wird gesellschaftlicher Fortschritt gemessen und darauf richten sich alle Anstrengungen. Die Daten der offiziellen Statistik weisen ansehnliche Zuwachsraten aus. Jeder Arbeiter, Planer, Verbraucher und Statistiker weiß, wie diese Zahlen zustande kommen und kennt die wirklichen Probleme von Produktionssteigerung und Leistungsbilanzen, von Einkommensentwicklung und Versorgung der Bevölkerung zu stabilen Verbraucherpreisen. Selbst wenn wir wirklich von einem stabilen Zuwachs ausgehen, bleibt die Frage, zu welchen Bedingungen er zustande kam und welche Folgekosten er mit sich bringt.

Ihre traditionelle Wirtschaftskraft und die Sonderrolle als stiller EWG-Teilhaber ließ die DDR innerhalb der sozialistischen Bruderländer in den letzten Jahren in bezug auf die Exportmöglichkeiten und die Westverschuldung noch gut wegkommen. Steigender Devisenhunger und volle Orientierung auf westliche Technologie führten dann aber zu einer Reihe riskanter Außenwirtschafts- und Außenhandelsmanöver, als 1982/83 ein deutlicher Knick im Wirtschaftswachstum eintrat. [...]

* Die im folgenden veröffentlichten Dokumente befinden sich, soweit nichts anderes angegeben ist im Besitz der Autoren.

Diese Situation ist nicht nur für den Außenhandel, sondern für die gesamte Wirtschaft charakteristisch. Weder inner- noch außerhalb der Betriebe stehen die Entscheidungen über bestimmte Wirtschaftszweige, die Verteilung der Investitionen, das Produktionsprofil, über Planvarianten und -alternativen zur Diskussion. Selbst Wirtschaftsfunktionäre, Planer, Konstrukteure und Technologen sind auf die Details der Ausführung und damit bestenfalls auf kosmetische Korrekturen verwiesen.

Die hohe Energie- und Verschmutzungsintensität vieler Industriezweige der DDR wirft das Problem der ökologischen Belastung in Gegenwart und Zukunft auf. Einem Bedürfnis nach sauberer und unzerstörter Umwelt wird bei aller Bedürfnisbefriedigung kaum entsprochen, denn die DDR nimmt bei der Luftverschmutzung, Gewässerbelastung und Zerstörung der Böden europäische Spitzenpositionen ein. Auch dies ist ein Prozeß, über den die Betroffenen bewußt getäuscht werden. Sie sind mit den Auswirkungen konfrontiert und mit den Reparaturmöglichkeiten entwickelterer Technologie getröstet. Die Binsenweisheit irreparabler Naturschäden existiert für das offizielle Bewußtsein kaum; mögliche Alternativen zu umweltzerstörender Industrialisierung und umweltbelastendem Individualverkehr werden verdrängt. Auch die Gefahren eines forcierten Einstiegs in die Kernenergie sind ein absolutes Tabuthema.

Im Selbstverständnis der SED wird wirtschaftliches Wachstum nicht als Selbstzweck gesehen, sondern dient der Einheit von Wirtschafts- und Sozialpolitik, der „immer besseren Befriedigung der materiellen und geistig-kulturellen Bedürfnisse der Werktätigen". Mit der simplen Losung „Alles für das Wohl des Volkes" wird die Frage verbaut, wer denn nun über wessen Wohl entscheidet und woher er weiß, was für den anderen gut ist. Nicht nur die Konsumgier der Bevölkerung treibt die Partei zur Einrichtung von Devisenhotels, Delikat-Ladenketten und Renommierpalästen, sondern ihr eigenes Konzept, die Bevölkerung über gesteigerten individuellen Verbrauch ruhig zu stellen, politisch zu entmündigen. Ein stiller Konsumvertrag, der solange funktioniert, wie noch genug in die aufgehaltene Hand fällt und die gemeinsame Decke nicht zu kurz wird.

Mit gesellschaftlicher Verantwortung oder gar „sozialistischer Perspektive" hat dies nicht mehr zu tun, denn die Probleme öder Trabantenstädte, zersiedelter Landschaft und kaputter Familienbeziehungen treffen die nächsten Generationen. Gerade in der Sozialpolitik, einem Vorzeigestück der DDR, wird solche Kurzsichtigkeit besonders deutlich. Die Anstrengungen im Wohnungsbau sind unverkennbar, aber die Konzentration auf Altbausanierung und Erhaltung intakter städtischer und ländlicher Lebensräume setzt viel zu spät ein und blieb inkonsequent. Eigenständige Initiativen auf diesen Gebieten werden oft mehr blockiert und behindert als unterstützt. Der Ausbau Berlins als Schaufenster der Republik geht auf Kosten und zu Lasten vieler vernachlässigter Städte und Regionen. [...]

Förderung der Familie in unserer Gesellschaft müßte Raum für verschiedene Formen der Partnerschaft, des Zusammenlebens und des Miteinander der Generationen schaffen. Eine stereotype Fixierung auf die Kleinfamilie in Wohnungsgröße, Sozialmaßnahmen und Erlaubniswesen läßt die Gleichberechtigung der Geschlechter, die Emanzipation sozial Behinderter und neue Formen gesellschaftlicher Kommunikationen kaum zustande kommen. Einseitige Leistungs-kriterien und Anpassungsdenken bestimmen den Katalog an Förderungen und Unterstützungen. Flexible Arbeitszeiten, Teilarbeitszeit für Frauen und Männer, Abbau der Schichtarbeit statt ihrer Zunahme könnten die Doppelbelastung der Frau und den Leistungsdruck innerhalb der Familie verringern.

Die medizinische Versorgung ist trotz aller Entwicklung in der Breite immer noch ungenügend. Die Ausstattung und die Arbeitsbedingungen vieler Polikliniken, kleinerer Arztpraxen, das Problem der Wartezeiten und der Versorgung mit Medikamenten stehen in scharfem Gegensatz zu der Ausstattung von Sonderkrankenhäusern und -stationen, für zahlungskräftige oder privilegierte Patienten.

Erhaltung der Arbeitskraft als Leistungsziel medizinischer Versorgung hat Priorität vor allgemeiner Gesundheitsfürsorge für die Bevölkerung, insbesondere der Rentner erscheinen bestenfalls als Randproblem der medizinischen Versorgung und der Sozialpolitik insgesamt.

Für alle Lebensbereiche gilt: Defizite gegenüber dem westlichen Lebensniveau scheinen dem Bedürfnis nach Alternativen zum sogenannten Konsumdruck jeden Boden zu entziehen. Die Idee des Fortschritts wird weitgehend auf quantitatives Wachstum reduziert.

Die Wirksamkeit der Wissenschaft als entscheidender Träger des Fortschritts und als Produktivkraft in unserer Gesellschaft bleibt ein offenes Problem. Einerseits wird die Hochschätzung der Wissenschaft allenthalben öffentlich zur Schau gestellt, werden hohe Anforderungen und Zielstellungen für die wissenschaftlich-technische Entwicklung formuliert, gleichzeitig aber bleibt die Wissenschaft auf das Aufzeigen von „Lösungswegen" für „herangereifte" Fragen begrenzt.

Da die Entscheidungsprozesse in der Partei- und Staatsführung der Öffentlichkeit verborgen bleiben und stets nur Resultate bereits getroffener Entscheidungen bekannt gegeben werden, ist deren wirkliche theoretische Fundierung schwer durchschaubar. Allenfalls kann von einem Einfluß privilegierter Wissenschaftler auf die Politik der Partei die Rede sein. Wissenschaftliche Fundierung der Politik ist nicht möglich, wenn sie sich nicht gleichzeitig der wissenschaftlichen Kritik aussetzt. Zugleich bleibt die Wissenschaft in unserer Gesellschaft solange kritikunfähig, wie der Zugang zur wissenschaftlichen Öffentlichkeit reglementiert wird und die hier dominierenden Personen sich selbst der wissenschaftlichen Diskussion nicht stellen.

Kaderpolitische Kriterien ersetzen meist Kompetenz, wenn es um die Besetzung akademischer Positionen, um Stipendien und Vergabe von Forschungsmitteln, um wissenschaftliche Kontakte usw. geht. Für die Mehrheit der Wissenschaftler sind elementare Bedingungen ihrer Arbeit, wie Zugang zu internationaler Fachliteratur, technische Ausstattung, Publikationsmöglichkeiten vollkommen unzulässig. Die zunehmende Verschuldung der Universitäten und akademischen Einrichtungen schreitet trotz der angestrebten Einheit von Lehre, Forschung und Studium fort. Die Forderung, in Naturwissenschaft und Technik bei geplanten Projekten nachzuweisen, daß sie dem internationalen Trend entsprechen, führt praktisch dazu, daß die Projekte immer nur in international bereits Vorhandenes eingepaßt werden, sowie Forschung und Entwicklung in der DDR bestenfalls zu Trittbrettfahrern weltweit bestimmter Vorhaben werden.

[...] Die kulturellen Bedürfnisse werden nicht von der Bevölkerung bestimmt, sondern künstlich von der Partei nach pragmatischen Gesichtspunkten geweckt und manipuliert. Durch die von der Partei gelenkte Kulturpolitik findet die ideologische Infiltration in allen Bereichen der Kunst und Kultur statt und wird eine Freisetzung künstlerischer Kreativität behindert. Die finanziellen Mittel werden nach politischen Gesichtspunkten eingesetzt. Besonders zu verurteilen ist, daß die Kulturpolitik durch den Ausverkauf von unersetzbaren Kulturgütern (Antiquitäten, Museumsgütern, Antiquariatsbeständen) auf ökonomischen Gewinn setzt.

Angesichts der Weltprobleme der achtziger Jahre ist es unverständlich, daß eine Orientierung der Kulturpolitik auf ein optimales und von Wunschdenken geprägtes Bild der gesellschaftlichen Verhältnisse erfolgt. Die Tendenz zu einem immer mehr dem Vergütungs- und Zerstreuungsdrank des Publikums befriedigenden Kunst- und Kulturbetrieb erfüllt gleichzeitig das Bedürfnis der Bevölkerung nach Entlastung und den ideologischen Anspruch nach Bescheinigung der Wirklichkeit. Wo die Schemata des sozialistischen Realismus nicht mehr greifen, wird verstärkt auf Trivialkultur und billigen Kunstersatz zurückgegriffen. Klassischer Kitsch und Neokitsch blockieren gleichermaßen kritisches Bewußtsein und erfüllen eine Ventilfunktion. [...]

Der Anspruch eines Erziehungs- und Bildungssystems sollte die Erziehung zu allseitig entwickelten, demokratiefähigen und mündigen Bürgern sein. Die Jugend- und Bildungspolitik in der DDR erhebt für sich diesen Anspruch, kann ihm aber in der Praxis nicht gerecht werden, weil sie auf einer persönlichkeitsbrechenden Erziehung und gesellschaftlichem Wohlverhalten aufbaut. Anstelle des sozialistischen Bildungsprivilegs wurde in der DDR ein politisches Bildungsprivileg gesetzt, das heißt, daß die berufliche Perspektive bzw. der weitere Bildungsweg sehr stark vom politischen Wohlverhalten abhängig ist. Bereits in der Schule wird dies in Beurteilungen unter dem Synonym „gesellschaftliche Arbeit" bewertet. Dadurch wird ein über den schulischen Leistungsdruck hinausgehender Anpassungsdruck erzeugt. [...]

Die Militarisierung des Bildungswesens beginnt schon im frühen Kindesalter (Kindergarten). Sie setzt sich im Wehrkundeunterricht an den Schulen, durch die größere Bedeutung der GST und der militärischen Ausbildung fort. [...] Dies zeigt sich besonders bei Vergabe von Studienplätzen, wo die freiwillige Verpflichtung zu einem längeren Wehrdienst als Bewertungsmaßstab gilt.

Dem gegenüber fehlt das Einüben demokratischer Verhaltensweisen fast völlig. Die Defizite in diesem Bereich sind erschreckend. Viele haben Schwierigkeiten, ihre Bedürfnisse und Forderungen zu formulieren bzw. teilweise überhaupt zu erkennen. Die Rechte des Einzelnen und deren Einklagbarkeit spielen im Erziehungsprozeß kaum eine Rolle. Internationale pädagogische Erfahrungen werden kaum genutzt und es besteht kein Raum für die Erprobung neuer Wege.

Schon Diskussionen über Erziehungsinhalt werden unterbunden. Die Möglichkeiten des einzelnen Lehrers, im Erziehungsprozeß eigene Akzente zu setzen, sind verschwindend gering.

Auch außerhalb von Bildung und Beruf sind die Möglichkeiten der freien Entfaltung und Entwicklung der Jugend stark eingeschränkt. Dies geschieht durch die Beschneidung elementarer Grundrechte, wie Recht auf Freizügigkeit, Meinungsfreiheit, Informationsfreiheit und der freie Zugang zu geistig-kulturellen Gütern. Die Monopolrolle der FDJ wird auch im Freizeitbereich deutlich. [...]

Durch die Jugend- und Bildungspolitik der DDR werden die Jugendlichen entmündigt und bevormundet. Die Summe dieser Erfahrungen führen bei vielen Jugendlichen zu einer resignierenden Haltung. Das zeigt sich an der Zahl derer, die einen Ausreiseantrag stellen bzw. einen Fluchtversuch unternehmen, in verstärktem Alkoholmißbrauch, Selbstmordversuchen und steigender Jugendkriminalität.

Nicht zuletzt muß man mit Besorgnis vermehrte neofaschistische Aktivitäten beobachten. Über die zuletzt genannten Fakten werden Statistiken der Öffentlichkeit vorenthalten und scheinbar von den Verantwortlichen ignoriert. In allen bisherigen offiziellen Stellungnahmen zur Jugendpolitik von Partei und Regierung, aber auch von der FDJ, wird ein problemloses und damit falsches Bild vermittelt.

Die Friedens- und Sicherheitspolitik der DDR ist gekennzeichnet von dem ernsthaften Willen, das Wettrüsten zu beenden. Zahlreiche Vorschläge zur Abrüstung, die gemeinsam mit den anderen Bündnisstaaten unterbreitet wurden, sind Beweise dafür. Alle Proklamationen bleiben jedoch verbal, wenn gleichzeitig festzustellen ist, daß sich die DDR unvermindert an der Aufrüstung beteiligt. In der sich heute darstellenden Bedrohungssituation halten wir es für notwendig, auf der Grundlage einer objektiven Analyse die Ursachen für das Wettrüsten und die Gefährdung des äußeren wie des inneren Friedens klar zu benennen.

Zu diesen Ursachen zählt die Existenz von Militärblöcken. Trotz der von vielen führenden Politikern der Warschauer Vertragsstaaten bekundeten Einsicht, daß Sicherheit in einer atomwaffenstarrenden Welt nicht mit einer weiteren Anhäufung von Waffen zu erreichen ist, wird an dem inzwischen fragwürdig gewordenen Gleichgewichtsdenken festgehalten, welches eine klare Absage an Geist und Logik der Abschreckung verhindert. Die Bedrohung durch die NATO und ihre Großmacht USA wird zum Anlaß genommen, um im eigenen Lager den Druck nach innen zu verstärken, sowohl durch unsere Großmacht UdSSR auf die Bündnispartner, als auch innerstaatlich. Dies drückt sich u.a. aus in der permanenten Militarisierung der Gesellschaft, die auch einen beabsichtigten Disziplinierungseffekt einschließt zur Aufrechterhaltung des politischen Status quo. Dabei wird im Verhältnis von Innen- und Außenpolitik ein anderer seltsamer Mechanismus erkennbar, der auch für die westliche Hemisphäre gilt: Je mehr bi- und multilaterale Kontakte auf staatlicher Ebene zustande kommen (was zu begrüßen ist), desto stärker werden unterhalb dieser Ebene liegende Kontakte unterbunden. [...]

Gerade eine mittelfristig auf den Austritt aus unserem Militärbündnis angelegte Politik würde den Prozeß der militärischen Entflechtung in Mitteleuropa fördern.

Das gilt auch für den Abzug fremder Truppen von unserem Territorium, ihrer Vernichtungsmittel.

Die damit im Zusammenhang stehenden statusrechtlichen Fragen in Bezug auf die immer noch vorhandenen Vorbehaltsrechte der Sieger des 2. Weltkrieges müßten demnach eine längst fällige Klärung erfahren. Zur Herstellung der vollen Souveränität der DDR kann die Problematik der ausstehenden Friedensverträge mit beiden deutschen Staaten nicht länger tabuisiert werden.

Innerhalb der Bündnisverpflichtungen mit den Warschauer Vertragsstaaten blieb die DDR nachweisbar unterhalb ihrer Möglichkeiten, friedenspolitische Akzente zu setzen. So wurden zahllose Vorschläge der Friedensbewegung nicht zur Kenntnis genommen oder als undiskutabel abgetan wie z.B. das Verbot von Kriegsspielzeug, Abschaffung des Wehrkundeunterrichts, Schaffung der Möglichkeiten eines sozialen Friedensdienstes, Verzicht auf die Werbung von Jugendlichen für die Ableistung einer längeren Armeedienstzeit und die damit verbundene Bezeugung bei Vergabe von Studienplätzen, um nur einiges zu nennen.

Viele Probleme, die im Zusammenhang mit dem Wehrdienst stehen, sind bislang auf keine Resonanz gestoßen. So die Einbeziehung von Frauen für die Vorbereitung der Mobilmachung, die Forderung nach Änderung des Wehrdienstgesetzes, wonach es Reservisten ermöglicht wird, von ihrem Fahneneid zurückzutreten und der Einsatz von Bausoldaten im ausschließlich zivilen Sektor.

Im atomaren Zeitalter muß die Frage nach dem Sinn eines stehenden Heeres völlig neu gestellt und beantwortet werden. Kalkulierbare Abrüstungsschritte wären hier denkbar – etwa in einer stufenweisen Herabsetzung der pflichtmäßigen und freiwilligen Wehrdienstzeit.

Friedens- und Sicherheitspolitik kann nicht allein eine Angelegenheit von Partei und Regierung sein. Denn Frieden ist Menschenrecht und folglich muß alles, was dieses Recht berührt, von jedem Mitglied der Gesellschaft diskutiert und mitbestimmt werden. Hierzu bedarf es eines Forums, welches die Möglichkeit bietet, alle friedenspolitischen Vorstellungen und Vorschläge öffentlich zu Wort kommen zu lassen, um auf dieser Grundlage eine Friedenspolitik zu gestalten, die den tatsächlichen gesellschaftlichen und staatlichen Interessen entspricht.

Der Friedensrat könnte eine solches Forum sein, jedoch kann er in seiner jetzigen Struktur und Funktion dieser Aufgabe nicht gerecht werden. Durch seine Abhängigkeit von der Abteilung Auslandsinformation beim ZK der SED erfüllt er lediglich die Funktion eines Sprachrohres und eines Interpreten der Friedenspolitik des Staates.

In der DDR existieren zur Zeit etwa 200 Friedensgruppen mit einigen tausend Mitgliedern, die sich innerhalb und außerhalb der evangelischen Kirche friedenspolitisch engagieren. Die Diskussionen innerhalb dieser Gruppen spiegeln größtenteils die Meinungen weiter gesellschaftlicher Kreise wieder. Das Spektrum der politischen Ansätze ist entsprechend breit gefächert. Um dieses Potential nutzbar zu machen, schlagen wir die Schaffung eines unabhängigen Friedensrates vor, der sich als Koordinator von theoretischen und praktischen Angelegenheiten zum Friedensthema versteht mit dem Ziel, staatliche und gesellschaftliche Interessen in Übereinstimmung zu bringen.

Für die bisher angedeuteten Probleme gibt es keine fertigen Lösungen. Sie sind nicht unlösbar, aber nur in einer offenen Diskussion, in der viele Partner gleichberechtigt sind, und an den gesellschaftlichen Prozessen kreativ teilhaben, können wir sie bewältigen. Ein Ausdruck für das in den letzten Jahren gewachsene Engagement ist die von den staatlichen Organisationen unabhängige Friedensbewegung. Von Parteitag zu Parteitag wächst mit dem Engagement aber auch der Druck von staatlicher Seite gegen die Engagierten. Ihnen wird immer wieder unterstellt, daß sie auf ungelöste Probleme hinweisen, um die DDR zu schwä-

chen und zu diskreditieren. Dies führt dazu, daß das offene Gespräch von den Vertretern staatlicher Institutionen und Einrichtungen vermieden wird gegen die Engagierten aber Repressalien ausgeübt werden.
[...]

Wie aber sind die Reaktionen der Betroffenen?

- Sie verlieren den Mut, sich in die gesellschaftlichen Prozesse einzubringen.
- Sie flüchten in den privaten Bereich.
- Sie verlassen die DDR, oder aber sie identifizieren sich so stark mit den Problemen in der DDR, daß sie selbst eine Kriminalisierung und Inhaftierung in Kauf nehmen.

Über die Zahl der tatsächlich gestellten Ausreiseanträge gibt es keine Veröffentlichung. Die im ND veröffentlichte Zahl von 20 000 Rückreiseanträgen läßt vermuten, daß die Zahl der ausgereisten und der Antragsteller wesentlich höher ist. Es ergeben sich keine sichtbaren Rückwirkungen auf die praktische Politik, was die Veröffentlichung solch engstirniger Meinungen fragwürdig erscheinen läßt.

Wenn die SED den Anspruch „Alles zum Wohle des Volkes" gerecht werden will, dürfen diejenigen, die die Probleme benennen, nicht kriminalisiert werden. Wir erwarten deshalb, daß in diesem Land ein konstruktiver Dialog beginnt.

Nr. 2
„Solidarität mit polnischen Friedensgruppen"

Aus: Grenzfall 1/1986

Im Dezember 1984 verurteilte ein polnisches Militärgericht Marek Adamkiewicz zu zweieinhalb Jahren Gefängnis, weil er sich weigerte, als Angehöriger der polnischen Armee den Fahneneid abzulegen. Seine Gründe stehen für die Haltung vieler polnischer Wehrpflichtiger und Verweigerer. In der Eidesformel wird mit „brüderlicher Verbundenheit" die unbedingte Bündnispflicht zur Sowjetunion umschrieben, damit kann der Einsatz in Nachbarländern jederzeit gerechtfertigt werden. Der Einsatz gegen die eigene Gesellschaft ist ohnehin Praxis.

Ein Hungerstreik für die Freilassung von Marek Adamkiewicz führte im April 1985 zur Gründung einer ersten Gruppe der Bewegung „Freiheit und Frieden" in Krakow. Im Mai 1985 entstanden weitere Gruppen in Wroclaw, Warschau, Gdansk und Szczecin.

In ihren ersten Dokumenten treten die Gruppen für politische und religiöse Toleranz und für die Durchsetzung der Menschenrechte als Bedingung des inneren und äußeren Friedens ein. Sie fordern für Wehrdienstverweigerer der verschiedensten Motivation einen Zivildienst und die Änderung der Eidesformel für den Militärdienst. An die Friedensbewegung des Westens ging wie auch an die der sozialistischen Länder der Aufruf zur Zusammenarbeit. Humanismus und Pazifismus sind für die meisten Mitglieder der Gruppe mit einem deutlichen Bekenntnis zur katholischen Kirche verbunden. Neben einer breiten friedenspolitischen Orientierung, in der sich verschiedene Standpunkte finden, spielen auch Fragen des Umweltschutzes und einer neuen Lebensweise eine große Rolle. Viel Gedankengut dieser Gruppen kommt natürlich aus den Impulsen der Solidarnosc, wird aber bewußt auf die basisdemokratischen, gewaltfreien und ökologischen Positionen der unabhängigen Friedensbewegung in Ost und West bezogen. Eine Unterstützung des Widerstandes in Afghanistan und der Opposition in Osteuropa bleibt nicht einseitig und unkritisch. Angehörige der Gruppen traten gegen die Unterdrückung in Chile und gegen die Nicaraguapolitik der USA auf. Der Nationalismus vieler Polen selbst wird scharf verurteilt. Texte und Aktionen der Gruppen fanden breite Resonanz in der Gesellschaft und wurden mit immer schärferen Repressalien des Staates beantwortet. Im Februar 1986 kam es zur Verhaftung von Piotr Niemczyk und

Jacek Czaputowicz, zwei der Aktivisten der Bewegung. Ihnen wird die Mitgliedschaft in einer kriminellen Vereinigung vorgeworfen. In einem Appell wandten sich Mitglieder der Gruppen an die internationale Friedensbewegung und ihre Organisationen, an die Grünen und an Amnesty International und riefen zur Solidarität mit den Inhaftierten auf. Die Repressalien gegen die Gruppenmitglieder und ihre Familien halten an.

Was können wir an Solidarität leisten?

Als Wichtigstes sollte die Auseinandersetzung mit der Situation und den inhaltlichen Standpunkten dieser Gruppen stärker werden. Dieses Problem steht für alle Friedens- und Emanzipationsbewegungen in unseren Nachbarländern. Kontakte zur westlichen Friedensszene gibt es reichlich, dagegen bleiben Polen, Ungarn, die CSSR und andere Ostblockstaaten rein private Urlaubsziele, vorhandene Reise- und Kontaktmöglichkeiten müßten viel stärker genutzt werden.

Friedenskreise der DDR könnten z.B. an die Erfahrungen mit persönlichen Friedensverträgen anknüpfen und diese Initiative auch innerhalb unseres Blockes entwickeln.

Für die polnischen Gruppen und Inhaftierten wären Briefe an die Generalstaatsanwaltschaft und den polnischen Friedensrat ein wirksames Zeichen der Solidarität. Wer diese Briefe mitträgt und unterschreibt, riskiert aber möglicherweise beschränkte Reisechancen. Dies sollten daher Leute tun, die ihren Urlaub ohnehin im eigenen Land verbringen müssen. Direktkontakte zu Familienangehörigen der Inhaftierten und zu Gruppenmitgliedern sollten genau überlegt, aber auch genutzt werden. Wir geben hier Adressen an:
Jozef Zyta [...];Jozef Cyrankiewicz [...];
(Kopien der Schreiben können an die polnische Botschaft geschickt werden).
Dokumente der Gruppen, Texte und Material über ihre Arbeit könnt Ihr über die Initiative „Frieden und Menschenrechte“ bekommen. Kontaktadressen: Peter Grimm [...];Ralf Hirsch [...];Wolfgang Templin [...].

Nr. 3

„Eine möglichst breite Diskusion“

Offener Brief an die Wiener Konferenz, in: Grenzfall 3/1986

Einige DDR-Bürger schickten einen informatorischen Brief an die Konferenz in Wien zu den Aktivitäten und Protesten, die die Katastrophe von Tschernobyl hervorgerufen hat, in der Hoffnung, diese würden dort an die Öffentlichkeit gelangen und auf Resonanz stoßen. Hier zur Kenntnisnahme der Wortlaut:

Am 16. Juni 1986 wendeten sich vier Bürger der DDR in einem offenen Brief an die Volkskammer der DDR.

Nachdem auf dem XI. Parteitag der SED im April 1986 eine erhebliche Steigerung des Anteils der Kernenergie beschlossen wurde, vertreten die Verfasser die Meinung, daß nach der Katastrophe von Tschernobyl über den Umgang mit der Kernenergie neu nachgedacht werden muß.

In ihrem Brief informieren die vier DDR-Bürger die Volkskammer über verschiedene Initiativen, die davon ausgehen, daß die endgültige Entscheidung über die weitere Energiepolitik ihres Landes nur auf dem Wege einer Volksabstimmung erfolgen kann. In der DDR hat die letzte Volksabstimmung im Jahre 1968 anläßlich der Annahme der neuen Verfassung stattgefunden. Auch die neue Verfassung sieht die Möglichkeit zur Volksabstimmung ausdrücklich vor. Die Notwendigkeit einer Volksabstimmung leiten die Verfasser daraus ab, daß auch das Wahlmandat der Abgeordneten der Volkskammer und ihrer nachgeordneten Staatsorgane an „politisch-ethische Grenzen persönlicher Verantwortung“ stoße. Gefordert wird keine spontane Aktion, sondern eine langfristig vorbereitete Diskussion, in der Befürworter wie Kritiker der Kernenergie gleichermaßen zu Wort kommen müßten.

Eine der genannten Initiativen ist eine Unterschriftensammlung zur Willenserklärung von Anfang Juni 1986. Da in der DDR eine öffentliche Unterschriftensammlung rechtlich nicht abgesichert ist, wird die Willenserklärung von den Unterzeichnern abgeschrieben und an Bekannte weitergereicht, die, wenn sie unterschrieben haben, ebenso verfahren. Aus diesem Grund laufen die Unterschriften bei den Kontaktpersonen zwar langsam, aber stetig ein. Wichtig ist den Unterzeichnern eine möglichst breite Diskussion über die Vorzüge und Risiken der Kernenergie.

Den Initiatoren Ralf Hirsch und Martin Böttger wurde von staatlichen Vertretern in einem Gespräch Ende Juni 1986 eine Ordnungsstrafe für den Fall der Weiterarbeit angedroht. Obwohl die Sammlung von Unterschriften bis zum heutigen Tag weitergeht, kam es noch nicht zum Ausspruch der Ordnungsstrafe. Bis zum heutigen Tage gingen weit über 1000 Unterschriften zur Willenserklärung ein. Die Namen der Unterschriften werden bis auf die Kontaktpersonen nicht veröffentlicht, sondern bei einer Vertrauensperson hinterlegt.

Die Willenserklärung ist nur eine von vielen Aktivitäten, die seit der Katastrophe von Tschernobyl existieren. Zu nennen sind zum Beispiel noch eine Eingabe der Ev. Samaritergemeinde Berlin und des Predigerseminars Wittenberg, beide Eingaben wurden beantwortet. Der unbeantwortet gebliebene Appell „Tschernobyl wirkt überall!" wurde von über 300 DDR-Bürgern unterschrieben.

Wir begrüßen Euer Bemühen, die verschiedenen Initiativen von unabhängigen Gruppen in Europa zur Kernenergie zu koordinieren und öffentlich zu machen.
In der Hoffnung auf eine strahlenfreie Zukunft grüßen wir Euch!
In Vertretung verschiedener Initiativen in der DDR
[Unterschriften von 10 DDR-Bürgern]

Nr. 4
„Menschenrechtsarbeit als Bestandteil der Friedensbewegung"

Brief an die Charta 77, Januar 1987

Liebe Freunde!
Als vor zehn Jahren die Charta entstand, gab es viele Skeptiker, die ihr kein langes Leben prophezeiten, zu stark war der Druck der Macht und die Lähmung der Gesellschaft. Ihr habt die Inhaftierung der Sprecher und vieler Unterzeichner, die offene und verdeckte Repression und die Taktik des Totschweigens überstanden. Die Charta wurde nicht zur Massenbewegung und konnte auch nicht alle Verletzungen der Menschenrechte verhindern. Sie entwickelte sich aber zur politischen und moralischen Autorität auch international. Probleme und Mißverständnisse, die sie in Dokumenten und Stellungnahmen ansprach, fanden ihr Echo in der Gesellschaft und mußten früher oder später auch vom Staat aufgenommen werden. Für uns war und ist die Existenz der Charta und anderer Menschenrechtsbewegungen in Osteuropa eine Ermutigung und eine Quelle der Inspiration, um mit den Worten eines bekannten Aufrufes zu sprechen. Am Anfang selbständiger Menschenrechtsarbeit in der DDR stand oft der Vorwurf, die Charta 77 kopieren zu wollen. Dies war aufgrund unserer Voraussetzungen weder möglich noch wollten wir es. In der DDR ist die Menschenrechtsarbeit als Bestandteil einer breiten und unabhängigen Friedensbewegung gewachsen. Viele Gemeinsamkeiten unserer Länder machen jedoch die Aufnahme wichtiger Arbeitsprinzipien und Erfahrungen möglich. Zu den wichtigsten gehören für uns:

– die unbedingte Offenheit und Öffentlichkeit der Arbeit. Menschenrechte können nicht erhandelt oder zum Gegenstand diplomatischen Schacherns in Geheimverhandlungen gemacht werden. Die Entwicklung der Selbsthilfe und die Solidarität der Betroffenen

wird die alte Stellvertreterpolitik überwinden. Der nationalen und internationalen Öffentlichkeit, darunter auch den Medien, kommt eine große Bedeutung dabei zu.
- Der Pluralismus als übergreifender Wert. Für die Durchsetzung grundlegender Menschenrechte engagieren sich auch bei uns Menschen mit unterschiedlicher Weltanschauung und politischen Haltungen. Die Spannungen zwischen verschiedenen Ansätzen in der Menschenrechtsfrage sind dabei produktiv und sollten nicht durch Grundsatzdebatten mit dem Ziel der Vereinheitlichung zerstört werden. Die Demokratisierung unserer Gesellschaften wird ein Weg des gemeinsamen Suchens und Lernens sein, für den es keine Modelle und Rezepturen gibt. Wir wünschen Euch Kraft für die weitere Zusammenarbeit, trotz der für uns fast geschlossenen Grenzen. Für Eure und unsere Freiheit.

Mitglieder der Initiative Frieden und Menschenrechte und
Engagierte in der Friedensbewegung

Nr. 5

„Entwicklung eines schöpferischen Meinungsstreites in der Gesellschaft“

Erklärung zur Arbeit der Massenmedien, August 1987

Eine unabhängige Presse ist eine wesentliche Grundlage für die Entwicklung der Demokratie eines Landes. Als einen Ausdruck verstehen wir die Absicht des Solidaritätsbasars des Verbandes der Journalisten der DDR und befreundeten Presseorgane, mit den Erlösen dieser Aktion die eigenständige Pressearbeit in Ländern der 2/3 Welt zu fördern.

Ohne eine wahrheitsgetreue, kritische, umfassende und auf die Entwicklung der Öffentlichkeit gerichtete journalistische Tätigkeit im eigenen Land wirken solche Bemühungen aber fragwürdig. Nach unseren Erfahrungen kranken die Medien in der DDR von jeher an:
- ausführliche Protokollberichte der Staatszeremonien und der politischen Rituale ohne jeden Informationsgehalt
- nebulöse Kommentierung statt Sachinformation
- Manipulierung und Ignoranz gegenüber relevanten und brisanten Konflikten
- Existenz von Tabuthemen, die in anderen Ländern längst keine mehr darstellen
- weiße Flecken in der Berichterstattung
- Diffamierung statt sachliche Publikationen
- „Reservierung“ von ständigen Rubriken in allen Bereichen (Ideologie, Kultur und Wirtschaft) für politische Stammkader
- sprachliche Unkultur (Die Lektüre des LTI von V. Klemperer müßte Pflichtliteratur jedes Journalisten sein.)

Diese Feststellungen gelten mit Einschränkungen nach dem Grad ihrer vermeintlichen politisch-ideologischen Brisanz für alle journalistischen Genres der Medien in der DDR und sind für uns um so bedrückender, weil es bekannt ist, daß in anderen sozialistischen Ländern die Journalisten zunehmend zu ihrer Berufsverantwortung finden. Sie können diese ihre Verantwortung im Rahmen der gesellschaftlichen Veränderungen in ihrem Lande wahrnehmen, zugleich treiben sie mit ihrer Arbeit aber auch diese Entwicklung voran.

Ein Beispiel dafür war der Kongreß des Verbandes der Journalisten in der UdSSR, der zu einschneidenden Änderungen nicht nur im Verbandsleben führte. „Glasnost“ und „Perestroika“ hielten auch hier ihren Einzug: Öffentlichkeit, kritische Berichterstattung und ein fairer Umgang gehören z.B. dazu. Diese Entwicklung läßt sich unter anderen Bedingungen auch in Polen verfolgen.

Dort ist es die Existenz einer breiten, unabhängigen Presse eines unzensierten Verlagswesens und einer aktiven Öffentlichkeit, die als Korrektiv und Ermutigung für die offiziellen Medien fungiert. Ähnliche Bemühungen werden seit langem auch in Ungarn und seit neuestem selbst in der CSSR deutlich.

Auch im Jubeljahr der DDR, der 750-Jahr-Feier Berlins, geht diese Entwicklung an den hiesigen Medien vorbei. Die verlogene Berichterstattung über die Pfingstereignisse am Brandenburger Tor, die zudem noch zwei Tage später erfolgte, ist nur eines von vielen Beispielen dafür (ND vom 11.6.1987).

Wer eigentlich zwingt die DDR-Journalisten zu Halbwahrheiten und Entstellungen: es gibt (offiziell) keine Zensur!

Das tatsächlich existierende Netz von Unterstellungsverhältnissen, Abhängigkeiten, Bevormundungen, ideologischen Vorgaben, das die unabhängige journalistische Arbeit verhindert, wird sich nicht von heute auf morgen lösen lassen. Es wird aber auch nicht durch bloße Hoffnung auf Reformveränderungen von oben verschwinden. Dazu bedarf es u.a. der Ehrlichkeit und der Zivilcourage eines jeden Journalisten, der journalistischen Sauberkeit, der wahrheitsgetreuen Publizistik sowie der Entwicklung eines schöpferischen Meinungsstreites in der Gesellschaft.

Nr. 6
„Der innere Zustand einer Gesellschaft kann friedensgefährdend sein“

Vorstellung der Initiative „Frieden und Menschenrechte“ zum Tag der Menschenrechte am 10.12.1987 in der Gethsemanekirche Berlin

Als Initiative „Frieden und Menschenrechte“ halten wir es für notwendig, gerade am heutigen Tag auf den uns wichtigen Zusammenhang von Frieden und Menschenrechten näher einzugehen.

Ein wie großer Schritt auf dem Weg zu nuklearer Abrüstung das am 8.12.1987 unterzeichnete Mittelstreckenabkommen auch ist, es betrifft doch nur einen Teil der Friedenspolitik, wie wir sie uns vorstellen und wie wir sie zur Herstellung von mehr als nur Abwesenheit von mit Waffen geführten Kriegen für notwendig halten. Unser Friedensbegriff unterscheidet sich von jeher von dem der Politiker. So sehen wir den politischen und militärischen „Status quo“, der auch von dem jüngsten Abkommen nicht berührt wurde, nicht als stabile Friedensgrundlage an.

Es gilt, die in Jalta beschlossene Teilung Europas zu überwinden. Wir unterstützen eine Politik, die der Blockauflösung und der Aufhebung dieser Teilung dient. Dazu gehören der KSZE-Prozeß, atomwaffenfreie, entmilitarisierte oder neutralisierte Zonen.

Unser Friedensbegriff enthält aber nicht nur die Vorstellung der Überwindung der Ursachen von Aggressionen und Gewalt in den internationalen Beziehungen, sondern auch im Innern der Staaten. Der innere Zustand einer Gesellschaft kann ebenso unfriedlich, ja friedensgefährdend sein wie äußere Bedrohung. Zwischen beidem besteht eine Wechselwirkung. Nicht nur kann durch den Verweis auf Aggression von außen von innergesellschaftlichen Problemen abgelenkt werden, auch deren Ursachen werden so verschwiegen.

Diese zu untersuchen ist Sinn und Ziel demokratischer Meinungsbildung. Daher ist Friedensarbeit für uns auch immer ein Prozeß notwendiger gesellschaftspolitischer Veränderungen. Diese innergesellschaftlichen Veränderungen sind nicht Bedrohung, sondern Vorbedingung für einen stabilen Frieden. Es muß eine breite Öffentlichkeit entstehen, die eine wirksame Kontrolle ausüben kann. Die Entstehung einer solchen kritischen Öffentlichkeit ist abhängig von der Garantie der Menschen- und Bürgerrechte.

Die etablierte Macht ist an solchen Veränderungen nicht interessiert oder nur insoweit, wie sie für die Machterhaltung notwendig sind. Die Garantie politischer Freiheitsrechte, die wir als unveräußerlich ansehen, kann deshalb nicht von den Herrschenden erwartet werden, sondern muß gegen sie durchgesetzt werden.
Wir sehen zwei große Aufgabenkomplexe in der Gesellschaft:

1. Herstellung von Rechtsstaatlichkeit,
2. Demokratisierung.

Rechtsstaatlichkeit ist für uns nicht identisch mit Einhaltung machtpolitisch motivierter Gesetze, sondern bedeutet, sich gegen jegliche Willkür der Mächtigen zu wenden. Auch ein Teil der sogenannten „positiven" Rechtsvorschriften ermöglicht Willkürakte, wie das Polizeigesetz, das Ordnungswidrigkeitsgesetz usw. Rechtsstaatlichkeit ist nicht zu trennen:

- von der Garantie der Meinungsfreiheit, Presse- und Medienfreiheit,
- von der damit verbundenen Ausübung einer wirksamen demokratischen Kontrolle,
- von der Abschaffung von Einschränkungen garantierter Rechte,
- von der Abschaffung von Paragraphen des Strafgesetzbuches, die die öffentliche Meinungsäußerung unter Strafe stellen können.

Rechtsstaatlichkeit ist weiter nicht zu trennen von der Existenz unabhängiger Gerichte, von der Einführung einer Verwaltungsgerichtsbarkeit, von der Beendigung der Verletzung der Privatsphäre: Telefon- und Postüberwachung ohne richterlichen Beschluß, Abhören von Wohnungen, präventive Festnahmen usw. Rechtsstaatlichkeit muß das Streikrecht garantieren und nicht zuletzt die Versammlungs- und Vereinigungsfreiheit.

Die Herstellung von Rechtsstaatlichkeit in diesem Sinne, also politische Grundrechte für alle, ist ein wesentlicher Schritt auf dem Weg zur Demokratie.

Für die ostmitteleuropäischen Gesellschaften ist allerdings die Etablierung eines parlamentarischen Systems nach westlichen Mustern nur schwer vorstellbar, zumal die ökonomischen Grundlagen dafür weder vorhanden noch anzustreben sind. Andererseits stehen wir auch Reformen von oben skeptisch gegenüber, werden sie doch das System einer alles umfassenden Verstaatlichung nicht abschaffen, sondern allenfalls im Interesse größerer Effizienz perfektionieren. Solche Reformen können aber größere gesellschaftliche Freiräume schaffen, unsere Artikulationsmöglichkeiten erweitern.

Grundlegende Veränderungen im Sinne einer gewaltfreien, auf die Erhaltung bzw. Wiederherstellung unserer natürlichen Umwelt beachten und die Respektierung der menschlichen Würde gerichteten Politik können wir vom „allmächtigen" perfekten Staat nicht erwarten. Dazu bedarf es der Dezentralisierung und der gesellschaftlichen Selbstorganisation sowie Verwaltung in allen Bereichen. Wenn wir in einem solchen Sinn wirken wollen, müssen wir lernen, den in der Gesellschaft tatsächlich existierenden Pluralismus zu akzeptieren.

Der Einsatz für als unveräußerlich betrachtete Menschenrechte bedeutet zwangsläufig, gesellschaftliche Entwicklung nicht mehr an einer bestimmten Ideologie, einem bestimmten utopischen Gesellschaftsbild messen zu können. Das mag für manche ein Schritt zurück sein, besonders für diejenigen, die sich selbst im Besitz der einzig wahren Weltanschauung wähnend, als autorisierte Sprecher einer Klasse oder gar eines ganzen Volkes auftreten, ohne diesen auch nur die Errungenschaften der bürgerlichen Revolution zuzugestehen. Einem System der Abgrenzung, der Geheimdiplomatie und des geheimen Expertenwissens halten wir den offenen, auch den kontroversen Meinungsaustausch und gewaltlose, aber eindeutige öffentliche Aktionen entgegen.

Es entspricht dem Selbstverständnis der Initiative „Frieden und Menschenrechte", neben Forderungen an Regierungen in Form von Eingaben und Appellen, noch nicht zugestandene Rechte so wahrzunehmen, als seien sie bereits zugestanden. Dazu gehören die Herausgabe unabhängiger Publikationen, eigene Ausstellungen und Veranstaltungen. Unser Bestreben geht dahin, in dieser Gesellschaft unabhängige Informationen und Kommunikation und eine zweite Ebene der Kultur zu befördern.

Ein wesentlicher Aspekt unserer Arbeit ist die Gleichzeitigkeit von Autonomie und Solidarität. Wir wehren uns gegen jede Art von Vereinnahmung, gleich welche, solidarisieren uns aber mit allen Personen und Gruppen in Ost und West, die gewaltfrei für Frieden, Erhaltung der Natur und für die Menschenrechte in der Welt und in unserem Land eintreten. Dabei ist es für uns unwichtig, welcher Konfession jemand angehört. So solidarisieren wir uns mit Freya Klier und Stephan Krawcyk wie auch mit den Freunden der Umweltbibliothek. Wir fühlen uns der Charta 77 ebenso solidarisch verbunden wie der Gruppe „Freiheit und Frieden" in Polen und den ca. 400 Verhafteten in Rumänien.

Nr. 7
„Für eine demokratische Öffnung der DDR"

Pressemitteilung der Fraktion Die Grünen im Bundestag, 26. Januar 1988

Absurde Tatvorwürfe als Vorwand für den preußischen „Polizeiknüppel" – Grüne Bundestagsfraktion fordert Freilassung der inhaftierten Mitglieder von Friedens- und Menschenrechtsgruppen in der DDR.

Die Fraktion Die Grünen im Bundestag verfolgt mit Betroffenheit die zunehmenden gezielten Verhaftungen von Mitgliedern der Initiative „Frieden und Menschenrechte" und der Regisseurin Freya Klier. Wie dem schon inhaftierten Liedermacher Stephan Krawcyk werden auch ihnen landesverräterische Beziehungen vorgeworfen.

Die Absurdität dieser Ermittlungsverfahrensgründe ist besonders den Mitgliedern unserer Fraktion bewußt, die Ralf Hirsch, Bärbel Bohley, Wolfgang Templin und Werner Fischer aus zahlreichen Gesprächen persönlich kennen- und schätzengelernt haben. Wie Stephan Krawczyk und Freya Klier setzen sich alle für eine demokratische Öffnung der DDR ein, in der unterschiedliche Meinungen als authentischer Ausdruck der Gesellschaft respektiert und in den politischen Entscheidungen berücksichtigt werden. Damit stehen sie in Widerspruch zu dem Wahrheitsmonopolanspruch der SED.

Anstatt einen breiten Dialog über Demokratie und Menschenrechte zu führen, greift die DDR-Führung zu Methoden aus alten Tagen des preußischen Obrigkeitsstaates, mit Verschwörungstheorien politisch Andersdenkende auszuschalten. Es ist geradezu ein Hohn auf das Wirken von Rosa Luxemburg, wenn ihrer in einer Demonstration gedacht wird und gleichzeitig eine Politik und Methoden angewandt werden, gegen die sich Rosa Luxemburg energisch eingesetzt hat.

Mit ihrem repressiven Vorgehen als Signal an die gesellschaftlichen Gruppen, eine Erweiterung demokratischer Spielräume nicht weiter zuzulassen, verspielt die SED-Führung die Chancen auf eine lebenswertere Gesellschaft im Inneren und erschwert zugleich eine Politik für alle politischen Kräfte in der Bundesrepublik und im Westen, die sich für einen offenen und gleichberechtigten Dialog mit der DDR einsetzt. Der eklatante Verstoß gegen eingegangene Verpflichtungen, wie sie im gemeinsamen Papier von SED und SPD niedergelegt wurden, setzt die SED dem Verdacht aus, sie betreibe ein Doppelspiel und schürt damit genau die alten antikommunistischen Deutungsmuster. Dem Abbau von Feindbildern werden damit seitens der SED selbst schwere Hindernisse in den Weg gelegt.

Die Grünen im Bundestag fordern die Partei- und Staatsführung der DDR auf, alle Inhaftierten unverzüglich freizulassen, Bespitzelung, Errichtung [sic] und Kriminalisierung kritischer Personen und Gruppen sofort einzustellen und allen Bürgerinnen und Bürgern das Recht auf freie Meinungsäußerung und freie Versammlung zu garantieren.

Nr. 8

„Solidarisch mit allen, die wegen Ihrer demokratischen Gesinnung verfolgt werden"

Erklärung aus fünf Ländern Mittel- und Osteuropas, 4. Februar 1988

An den Staatsrat der DDR
Wir, die unterzeichnenden demokratisch gesonnenen Bürger aus der Tschechoslowakei, Ungarn, Polen, der Sowjetunion und aus Jugoslawien nahmen mit Empörung Berichte über die Inhaftierung von 5 DDR-Bürgern und andere Repressionen auf. Die Aktivisten der Initiative Frieden und Menschenrechte Bärbel Bohley, Ralf Hirsch, Werner Fischer und Lotte und Wolfgang Templin werden von der Staatssicherheit der DDR beschuldigt, Landesverrat begangen zu haben. Ihnen drohen lange Freiheitsstrafen. Ihre Schuld besteht in nichts anderem, als daß sie ihr Recht geltend machen, abweichend zu denken und ihre Ansichten ohne die Zustimmung der Machthaber zum Ausdruck zu bringen. Sie sind im Gefängnis, weil sie sich nicht abfinden wollten mit der Unterdrückung demokratischer Freiheiten und mit der Polizeigewalt.

Die Staats- und Parteiführung der DDR hat durch die Verhaftungen die Helsinki-Schlußakte verletzt, die auch von der DDR unterzeichnet wurde.

Wir fordern die unverzügliche Freilassung aller fünf inhaftierten Aktivisten und die Beendigung des kriminellen Vorgehens gegen sie. Wir fordern die Freilassung von Vera Wollenberger, Andreas Kalk und Till Böttcher und den anderen DDR-Bürgern, die bereits zu Gefängnisstrafen von bis zu einem Jahr wegen ihrer Teilnahme oder versuchten Teilnahme an der Demonstration vom 17. Januar 1988 verurteilt wurden.

Wir fordern, daß die DDR-Behörden damit aufhören, DDR-Bürger zu nötigen, in den Westen zu emigrieren – unter Androhung langjähriger Gefängnisstrafen oder anderer Formen schwerer Belästigung. Wir fordern, daß die DDR die Freiheit der Meinungsäußerung und das Recht auf freien Informationsaustausch respektiert. Wir sind solidarisch mit allen, die in Ihrem Land wegen ihrer demokratischen Gesinnung verfolgt werden.

Prag, Brno, Bratislava
Budapest
Warschau, Wroclaw, Krakow, Gdansk, Poznan, Sczeczin (und fünf andere polnische Städte)
Moskau
Belgrad, Ljubljana, Zagreb (und sieben andere jugoslawische Städte)
den 4. Februar 1988

[Es folgen 264 Unterschriften aus 5 ost- und ostmitteleuropäischen Ländern, darunter die folgenden:]

Polen:

Adam Michnik; Henryk Wtujec (Solidarity Warsaw); [...].

Tschechoslowakei

Professor Jiri Hájek (former Foreign Minister) and Václav Havel (playwright) (first Charter 77 spokespersons in 1977); Jiri Dienstbier (former journalist), Dr. Jaroslav Sabata (psychologist and leading 1968 politician), Petr Uhl (journal Informace o Charte 77); [...].

Ungarn

György Dalos (writer); Péter Esterházy (writer); Miklós Haraszti (writer); János Kis (philosopher); György Konrád (writer); Ferenc Köszeg (teacher); Péter Nádas (writer); Iván Pető (archivist); [...].

Jugoslawien

Marko Hren (mathematician, People for Peace Culture, Ljubljana); Janez Jansa (defence expert and alternative writher); Sonja Liht (social anthropologist); Mihailo Markovic (Committee for the Defence of Freedom of Thought, Belgrade); Tomaz Mastnak (sociologist and member of the Ljubljana Peace Group); Rado Riha (philosopher); Vladimir Seks (lawyer and spokesperson for Yugoslav Helsinki Group in Croatia); [...].

Sowjetunion

Larissa Josifovna Bogoraz (press Club Glasnost); Jurij Khronopolo (Press Club Glasnost); Sergei Adamovich Kovalyov (Press Club Glasnost); Lev Mikhailovic Timofeyev (Press Club Glasnost).

Nr. 9
„Von nun an offen für alle Menschen in der DDR“

Aufruf der Initiative Frieden und Menschenrechte, Berlin, 11. März 1989

Die internationalen Beziehungen können friedlich nicht ohne inneren Frieden, nicht ohne gleichberechtigte, von Unterdrückung freie Bürger geregelt werden. Die Allgemeine Erklärung der Menschenrechte der Vereinten Nationen vom 10. Dezember 1948 geht daher als erstes davon aus, daß „die Anerkennung der allen Mitgliedern der menschlichen Familie innewohnenden Würde und ihrer gleichen und unveräußerlichen Rechte die Grundlage der Freiheit, der Gerechtigkeit und des Friedens in der Welt bildet, da Verkennung und Mißachtung der Menschenrechte zu Akten der Barbarei führten.“

In der UdSSR, in Ungarn und in Polen gibt es seit einiger Zeit Veränderungen, die sich vor allem auf „Demokratisierung“ und „Umgestaltung“ der Gesellschaft richten. Nach außen findet das seine Entsprechung in weitgehenden Abrüstungsvorschlägen und dem Wunsch nach zunehmender Kooperation. Außenpolitisch hat sich die DDR dieser Entwicklung angeschlossen. Innenpolitisch hat sie zweifellos einen erheblichen Nachholebedarf.

Unzweifelhaft äußern sich aber auch in der DDR immer mehr Menschen öffentlich zu ungelösten Problemen und veränderungswürdigen Zuständen. Der Wunsch nach „Glasnost“ und „Perestroika“ auch in der DDR hat weite Teile in der Bevölkerung erfaßt – bis in die staatlichen Institutionen und in die SED hinein. Deutlich wurde das beispielsweise an den Protesten gegen Verbot bzw. Zensur sowjetischer Presseerzeugnisse und Filme oder an der Kritik der Verbrüderungsszenen mit dem rumänischen „Conducator“.

Angesichts einer solchen Entwicklung erscheint es uns notwendig, daß die unabhängigen Friedens-, Ökologie-, Menschenrechts- und „Dritte Welt“-Gruppen ihre Isolierung überwinden, sich selbst öffnen und neue Argumente und Angebote für eine gesamtgesellschaftliche Öffnung entwickeln.

Die bisher auf einen relativ abgeschlossenen Kreis und auf den Berliner Raum orientierte „Initiative Frieden und Menschenrechte“ will der neuen Situation dadurch Rechnung tragen, daß sie sich von nun an als offen für all diejenigen Menschen in der DDR erklärt, die sich den nachfolgend angeführten Arbeitsgrundlagen und Zielvorstellungen anschließen können und wollen.

Unsere Absicht ist es nicht, eine zentrale Koordinierung oder ähnliche Organisationsstrukturen zu entwickeln. Hoffnung setzen wir dagegen auf die Möglichkeit eines verbesserten Informations- und Kommunikationsgefüges, wozu das Bestehen einer DDR-weiten Initiative beitragen könnte.

Die „Initiative Frieden und Menschenrechte“ (IFM) ist weder eine Organisation noch eine Partei. Um sich ihr anzuschließen, bedarf es keiner eingeschriebenen Mitgliedschaft. Ihr gehören Menschen an, die der Überzeugung sind, daß auch in der DDR tiefgreifende Veränderungen notwendig sind, um den heutigen globalen und innergesellschaftlichen Erfordernissen gerecht zu werden. Diese Veränderungen können mit Begriffen wie „Herstellung von Öffentlichkeit, Demokratisierung, Umgestaltung“ umschrieben werden, was besagt, daß die

Möglichkeit von Reformen in unserer Gesellschaft grundsätzlich bejaht wird. Mit der Hoffnung auf diese Möglichkeit wollen jene, die sich der IFM zurechnen, in der DDR bleiben und die hier notwendige Entwicklung positiv beeinflussen.

Der IFM sollte sich anschließen, wer der Richtung ihrer Überlegungen und Vorstellungen zustimmt. Um sich als Teil der IFM an die Öffentlichkeit zu wenden, braucht sich niemand aus bisherigen Arbeits- und Organisationszusammenhängen zu lösen, gleichgültig, ob es sich um die Mitgliedschaft in Parteien oder staatlichen Institutionen, die Zugehörigkeit zu Kirchen oder religiösen Gemeinschaften, zu Basisgruppen innerhalb oder außerhalb der Kirche handelt, Voraussetzung ist selbstverständlich, daß dabei gewaltpropagierende, fremdenfeindliche, autoritäre, faschistische Argumentationen ausgeschlossen sind.

Die unveräußerlichen Menschenrechte können von niemandem gewährt werden. Regierungen können sie verweigern, aber keinem Menschen absprechen. Wie der Name „Initiative Frieden und Menschenrechte" nahelegt, betrachtet sie Frieden und Menschenrechte als voneinander untrennbar. Sie hält es für gefährlich, eins gegen das andere auszuspielen. Die Menschenrechte sind unteilbar. Mit dem Hinweis auf die Verwirklichung sozialer Rechte und Pflichten dürfen nicht die politischen Rechte und Pflichten geringgeschätzt werden – und umgekehrt.

Zu den unveräußerlichen Menschenrechten gehören das Recht auf Freizügigkeit und das Recht auf freie Meinungsäußerung.

Es ist notwendig, den tatsächlich vorhandenen Pluralismus der Meinungen zu akzeptieren und die gesellschaftlichen Probleme offenzulegen. Die IFM wird stets für freie und ungehinderte Information und Kommunikation eintreten und alle eigenen Möglichkeiten (z.B. unabhängige Publikationen, Ausstellungen, Seminare) dafür nutzen. Mit ihrem Handeln werden die der IFM verbundenen Menschen sich in erster Linie ihrem Gewissen verpflichtet fühlen, was unter anderem heißt, das Recht auf Meinungsfreiheit ungeachtet staatlicher Restriktionen wahrzunehmen. Ihre Bereitschaft zum Dialog erstreckt sich auf alle gesellschaftlichen Kräfte, ungeachtet der Weltanschauung, Religion, ethnischen oder sozialen Zugehörigkeit – innerhalb des eigenen Landes wie auch über Landesgrenzen hinweg.

Menschenrechte haben ohne Frieden und Gewaltverzicht keine Perspektive.

Die IFM begrüßt jede Initiative, die zur Abrüstung und Entmilitarisierung beiträgt. Sie wehrt sich gegen jede Herstellung, Verbreitung und Aufstellung atomarer, bakterieller und chemischer Waffen, ebenso gegen das Eindringen militärischer und paramilitärischer Formen und Inhalte in die zivile Gesellschaft.

Die IFM handelt unter Verzicht auf jegliche Gewalt. Sie wird sich auch auf gewaltlose Weise gegen staatliche Gewalt zur Wehr setzen, wenn diese in der Diskriminierung und Kriminalisierung Andersdenkender besteht, z.B. im Falle von ungerechtfertigten Verhaftungen, Gerichtsurteilen, Ordnungsstrafen, Berufsbehinderungen und „Landesarresten".

Ohne Rechtsstaatlichkeit und politische Gewaltenteilung sind Menschenrechte nicht durchzusetzen.

Rechtsstaatlichkeit ist nur erreichbar, wenn Gleichheit der Bürger vor dem Gesetz besteht, wenn unter öffentlicher Kontrolle formulierte Gesetze eindeutige Kompetenzen festlegen und willkürliche Entscheidungen ausschließen, wenn unabhängige Instanzen in der Lage sind, Entscheidungen staatlicher Behörden zu relativieren oder rückgängig zu machen. Die IFM setzt sich für Rechtsstaatlichkeit ein und für die Veränderung bzw. Aufhebung von Gesetzen und Verordnungen, die die Verwirklichung der politischen und sozialen Rechte behindern.

Der Entwicklung von Demokratie steht die Festschreibung der Vormachtstellung einer Klasse, Schicht, Gruppe oder Partei diametral entgegen. Für die DDR ist die Trennung von Partei, Staat und Gesellschaft notwendig.

Die IFM befürwortet dezentrale und selbstverwaltete Strukturen überall in der Gesellschaft. Sie strebt deswegen auch für sich nicht nach einem übergreifenden Organisationsprinzip.

Die Entwicklung der Wirtschaft muß sich unter Wahrung der menschlichen Integrität und der Erhaltung der natürlichen Umwelt vollziehen. Die IFM tritt für eine ökologisch orientierte Politik ein. Sie richtet sich gegen die unreflektierte Propagierung von Hochtechnologien, „Wohlstand“ und „Wachstum“, insbesondere wendet sie sich gegen alle Technologien, die die zukünftigen Generationen und heute schon die Völker der „Dritten Welt“ belasten.

Unabhängigkeit und Vielfalt des geistig-kulturellen Lebens sind Grundbestandteil menschlicher Zivilisation. Die IFM hält daher eine Öffnung auf den Gebieten der Kultur, in der Kunst, der Wissenschaft und der Bildung für dringend geboten. Als besonders wichtiges Aufgabenfeld sieht sie eine grundsätzliche und seit langem überfällige Reform des Erziehungs- und Bildungswesens an. Den vielfältigen und komplizierten Problemen der nächsten Jahrzehnte ist nur zu begegnen, wenn jede Generation als eine mündige und sich selbst verantwortliche einer für sie offenen Zukunft entgegengehen kann.

Viele der hier nur unvollständig beschriebenen Orientierungen der Arbeit der IFM sind durch Regierungen und Parteien in Verträgen, Vereinbarungen oder Absichtserklärungen bereits beschrieben worden (z.B. Menschenrechtskonventionen, im KSZE-Prozeß, in Vereinbarungen zwischen SED und SPD). Die der IFM verbundenen Menschen wollen diese Entwicklung unterstützen, sie aber aufgrund ihrer Erfahrungen nicht den Regierenden allein überlassen, sondern sich im Bewußtsein ihrer Verantwortung und menschlichen Würde „in eigene Angelegenheiten einmischen“. Durch persönliche Kontakte und Zusammenarbeit über alle Grenzen hinweg will die „Initiative Frieden und Menschenrechte“ dazu beitragen, den Entspannungsprozeß „von unten“ zu fördern.

Berlin, den 11. März 1989

Nr. 10

„ Die Gesellschaft als Ziel oder Bevor sie demokratisiert werden kann, muß eine Gesellschaft vorhanden sein“

Aus: Grenzfall 1-5 / 1989

In einem Interview hat Zbigniew Bujak, der Vorsitzende der Solidarnosc in der Region Mascwsze, die krisenhafte Situation in Polen mit der Feststellung illustriert, daß in den letzten zehn Jahren mehr als 500 000 Polen emigriert seien. Das entspricht etwa 1,4 Prozent der polnischen Bevölkerung. Über die Situation in Polen soll und muß hier nicht viel gesagt werden, ebensowenig über den Stand der politischen Entwicklung dort. Festgestellt und bewußt wahrgenommen werden sollte aber der Umstand, daß im gleichen Zeitraum über 200 000 Menschen aus der DDR emigriert sind, also 1,3 Prozent der hiesigen Bevölkerung. Die Situation ist ökonomisch eine andere, und Auswanderung aus der DDR in die BRD ist auch nicht dasselbe wie Emigration aus Polen. Aber eine solche Größenordnung, die, wie jeder weiß, drastisch reduziert ist durch die Genehmigungspraxis der DDR-Behörden und hinter der eine unbekannte Zahl von Antragstellern steht, als chronische Erscheinung in einem Land ohne akute Krisen – das ist ein Phänomen, das seinesgleichen suchen kann. In der DDR gibt es keine Arbeitslosigkeit, schon gar keinen Hunger, statt dessen fast perfekte soziale Sicherheit und, wenn man dem 'Neuen Deutschland' glauben könnte, sogar stetiges wirtschaftliches Wachstum und steigenden Lebensstandard. Natürlich sollte man dem 'Neuen Deutschland' nicht ohne weiteres glauben, und was hier noch Stabilität genannt wird, heißt in der Sowjetunion längst Stagnation. Damit ist nach dem Auswanderungsdruck die zweite wesentliche Artikulationsform der DDR-Bevölkerung berührt: die Leistungsverweigerung. Beides sind Symptome einer atomisierten, entmündigten, sprachlosen Bevölkerung. Von Gesellschaft als aktiver handelnder Kraft kann keine Rede sein. Es gibt weder gewerkschaftlichen noch ernstzunehmenden politischen Druck seitens der Bevölkerung auf „ihren" Staat, schon gar keine gesellschaftliche Alternative, die erkennbar formuliert würde.

Die Resonanz und damit auch politische Bedeutung, die die unabhängigen Gruppen der Friedens-, Ökologie- und Menschenrechtsbewegung erfahren, ist zu gering, um eine relevante gesellschaftliche Größe zu sein. Die sich immerhin andeutenden Veränderungen in der Einstellung werden nicht nur hervorgerufen durch den Einfluß westlichen Problembewußtseins, die augenfälligen Erscheinungen von Verfall und Umweltzerstörung in der DDR und die Wirkung der Umgestaltung in der Sowjetunion. In erster Linie wird sie provoziert durch die erstaunliche Sturheit der Partei- und Staatsführung. Diese scheint längst nicht mehr in der Lage, über den Tag hinaus die eigenen Interessen purer Machterhaltung zu wahren. Solange die ökonomische Krise nicht akut ist, genügt der gesunde Menschenverstand für die Erkenntnis der Notwendigkeit einer Liberalisierungspolitik. In Ungarn wird sie exerziert, vielleicht noch rechtzeitig genug, um der Gefahr der Demokratisierung begegnen zu können. Polen mag als warnendes Beispiel dienen. Aber die Wirtschaft der DDR ist noch zu gesund, die Bevölkerung schon zu krank für derartige Entwicklungen. Die Krise ist eine politische. Gesellschaflicher Dialog findet nicht statt, entsprechende Forderungen seitens kirchlicher, erst recht außerkirchlicher Gruppen werden strikt abgelehnt. Da also nicht miteinander geredet wird, muß unabhängig voneinander geredet werden, und das bedeutete die Notwendigkeit einer Opposition. Wir sollten uns zu diesem Begriff bekennen, verstanden als Gegnerschaft zur praktizierten Politik und zum alleinigen Führungsanspruch der SED, die weder bereit ist, über die gesellschaftlichen Probleme zu reden, noch in der Lage ist, sie zu lösen. Begriffen und behandelt werden wir ohnedies nicht nur als Opposition, sondern als Feinde ...

Opposition ist notwendig als Instrument zur Artikulierung von Bedürfnissen und gesellschaftlichen Gestaltungsabsichten. Nicht erst das Angebot fertiger Alternativen berechtigt zu Widerstand, sondern bereits die erklärte Gegnerschaft der Herrschenden gegenüber jeder Veränderung, die nicht zur Stärkung ihrer Vorstellungen von Herrschaftsausübung dient. Das Risiko der Zerschlagung richtet sich weniger nach juristischen Möglichkeiten als nach den politischen Kräfteverhältnissen und äußeren Einflüssen aus allen Himmelsrichtungen. Hieraus läßt sich am ehesten die Beobachtung erklären, daß auch in Betrieben, Institutionen, Hochschulen eine Problemdiskussion beginnt. Die alte Losung „Von der Sowjetunion lernen heißt siegen lernen" kann ja auch als immer noch aktuell aufgefaßt werden. Für uns könnte das bedeuten, allmählich ins Gespräch auch mit jenen Menschen zu kommen, die bisher nur die Vorstellung von unsereinem als verschlagenen CIA-Agenten im Kopf hatten. Unsere Isolierung zu überwinden ist bitter nötig. Aber dazu gehört eben auch die Aktivität derer, die nach Jahrzehnten der Entmündigung und der perfekten Schizophrenie des Alltags ihrer Angst und Lethargie überwinden müssen. Erst dann kann gesellschaftliches Bewußtsein als konstruktives, veränderndes Element entstehen. Die Ausdrucksformen dafür müssen sich erst langsam entwickeln. So falsch die pauschale Kritik an den Antragstellern (Leute, die einen Antrag auf Ausreise aus der DDR gestellt haben, d. Red.) ist, so falsch wäre auch ihre Einschätzung als aktives gesellschaftsveränderndes Potential. Es sind Menschen, die resigniert haben, die gelitten haben, die frustriert sind und einen Neubeginn suchen, den sie sich in der DDR nicht mehr vorstellen können. Zur Lösung der gesellschaftlichen Probleme, für die sie Ausdruck sind, ist es notwendig, diese zu benennen und zu erklären. Es ist unsere Aufgabe, zum Entstehen einer Gesellschaft beizutragen, die dies kann.

Quelle: taz vom 23.05.1989

Nr. 11
„Die Wurzeln des Totalitarismus beseitigen"

Wahlprogramm der IFM zur Volkskammerwahl am 18. März 1990

1. Einheit ja oder nein?
Die Einheit der Nation ist ein natürliches Recht, das auf Dauer auch den Deutschen nicht versagt bleiben kann. Die schreckliche deutsche Vergangenheit verpflichtet uns, die Sorgen der Nachbarnationen ernst zu nehmen. Mit der Zerschlagung des faschistischen Deutschen Reiches sind Tatsachen geschaffen worden, die für mehr als eine Generation gelten. Deshalb kann eine zukünftige Vereinigung nur die beiden deutschen Staaten in den Grenzen von 1949 betreffen. Insbesondere die Oder-Neiße-Grenze zu Polen muß ausdrücklich garantiert bleiben.

Die so unterschiedlichen gesellschaftlichen Systeme haben sehr verschiedene wirtschaftliche, soziale, politische und kulturelle Strukturen hervorgebracht. Ein längerer Zeitraum und Veränderungen auf beiden Seiten werden erforderlich sein, um einen Prozeß der Annäherung zu erreichen, der das globale Gleichgewicht zwischen den Blöcken in gleichberechtigtes Zusammenleben ohne Blockgrenzen verwandelt. Die mitten durch Deutschland verlaufende Blockgrenze ist immer noch sehr empfindlich.

Die Vereinigung der beiden deutschen Staaten muß im Zusammenhang mit der Annäherung aller europäischen Staaten gesehen werden. Für den Prozeß des Zusammenwachsens der europäischen Nationen ist der Abbau der Blockgrenzen unerläßlich. Die Blöcke müssen aufgelöst, die europäischen Grenzen durchlässig werden. Wir glauben, daß erst dadurch gegenseitige Ängste und Vorurteile abgebaut werden können, ein friedliches Zusammenleben auf Dauer möglich wird.

2. Markt oder Planwirtschaft?
Die „sozialistische Planwirtschaft" ist erfolglos geblieben. Sie hat die Motivation durch Wettbewerb durch Dirigismus ersetzt. Das Ergebnis ist das Zurückbleiben hinter der wirtschaftlichen und technischen Entwicklung.

Die ökonomischen Gesetze dürfen nicht länger ignoriert werden. Deshalb halten wir es für notwendig, die Marktmechanismen zuzulassen, statt sie zu unterdrücken. Weil diese aber auf Wachstum beruhen, besteht die Gefahr der weiteren Zerstörung der Umwelt, der weiteren Ausplünderung der unterentwickelten Länder und der Verschärfung sozialer Spannungen in der DDR.

Deshalb müssen nach unserer Meinung demokratische und plenarische Mechanismen entwickelt werden, die diese Gefahren bannen oder zumindest mildern. Das heißt, es müssen sozialpolitische Sicherungen wie Umschulungsprogramme, Ruhestandsregelungen mit flexiblen Altersgrenzen und garantierte Krankenversorgung unabhängig vom Einkommen entwikkelt werden. Arbeitsloseneinkommen, Renten und Kindergeld sowie Mindestlöhne müssen an den Lebenshaltungsindex gebunden werden. Der Lebensstandard sozial schwächerer Menschen darf dabei nicht sinken. Ein soziales Existenzminimum muß festgestellt und garantiert werden. Die Großbetriebe müssen auch praktisch in Volkseigentum übergehen und demokratischer Selbstverwaltung der dort Arbeitenden unterliegen. Mittlere und Kleinbetriebe müssen aufgebaut werden. Dabei sind alle Eigentumsformen denkbar und notwendig.

3. Für oder gegen eine Währungsreform?
Im Zusammenhang mit dem Aufbau einer Marktwirtschaft in der DDR muß diese sich auf dem Weltmarkt bewähren. Dazu müssen das Außenhandelsmonopol aufgehoben und die Währung konvertierbar gemacht werden. Die verdeckte Inflation in Gestalt von Warenmangel wird zur offenen werden. All dies wird mittelfristig eine Währungsreform erfordern. Wir sind der Auffassung, daß diese nur ein möglicher Schritt im Prozeß der wirtschaftlichen Umgestaltung sein kann. Je effektiver die Wirtschaft wird, desto stabiler wird die Mark sein.

Das Ziel muß die Befriedigung der Bedürfnisse aus eigener Kraft sein, nicht die Unterwerfung unter die Wirtschaft der BRD und die D-Mark.

4. Rein in die EG?
Die DDR ist wirtschaftlich eng verflochten mit den Ländern des RGW. Auch dort werden Schritte zur Wirtschaftsreform unternommen. Die vorhandene Verflechtung fördert die Koordinierung der wirtschaftlichen Umgestaltung und macht sie gleichzeitig notwendig. Alle RWG-Länder können so gemeinsam ihre ökonomischen Reserven mobilisieren. Der RGW wird dabei umstrukturiert und zu einer funktionierenden Wirtschaftsgemeinschaft entwickelt.

Auf dieser Grundlage wird natürlich auch die Beziehung zur EG ausgebaut. Dabei kann die DDR eine hervorragende Rolle spielen. Ihre Stellung als RGW-Mitglied und zugleich ihr besonderes Verhältnis zur EG ermöglicht eine günstige Funktion als Vermittler zwischen beiden europäischen Wirtschaftsgemeinschaften. Dadurch gewinnt die DDR herausragende Bedeutung auf dem Weg zu einer gesamteuropäischen Wirtschaftsunion. Unser Standpunkt ist, daß nicht der Übertritt vom RGW zur EG, sondern die Vermittlung zwischen beiden bis zu ihrer Vereinigung den größten Nutzen verspricht.

5. Raus aus dem Warschauer Pakt?
Wir erleben gegenwärtig den Zerfall des sowjetischen Imperiums, was de facto einer wesentlichen Schwächung des Warschauer Paktes gleichkommt. Handlungsbedarf besteht unseres Erachtens nun vor allem auf Seiten der NATO-Staaten. Unser Ziel ist nicht der Austritt der DDR aus dem Warschauer Pakt, sondern die Auflösung der Blöcke.

Wir halten die vollständige Entmilitarisierung Europas für möglich. Sie könnte in mehreren Schritten erfolgen: Abbau der Massenvernichtungswaffen, Truppenreduzierung, Abbau der offensiven Doktrinen und Verteidigungssysteme. Schließlich könnte dann auch die defensive militärische Verteidigung durch soziale Verteidigung ersetzt werden. Der Erfolg des gewaltlosen Widerstandes in der DDR und anderen Warschauer Pakt-Staaten macht auf überzeugende Weise ein solches Konzept denkbar.

6. Wer schützt den Staat?
Demokratie hat hierzulande nur eine Chance, wenn der alte Repressionsapparat vollständig verschwindet. Die besonderen Erfahrungen in der DDR mit der Staatssicherheit verbieten aber auch die Neuentstehung eines Amtes für Verfassungsschutz. Es wird weder vor noch nach den Wahlen am 18. März benötigt. Es müssen Konzepte entwickelt werden, mit denen die Polizei den durch die Grenzöffnung entstandenen Problemen besser gerecht werden kann.

Wichtiger als die Stärkung des Polizeiapparats ist es aber, die Wurzeln des Totalitarismus zu beseitigen. Eine kritische Öffentlichkeit muß entstehen, die an sich schon einen gewissen Schutz vor extremistischen Kräften darstellt.

7. Wie wird die Umwelt wieder sauber?
Wir unterstützen alle Konzepte, die der Bewahrung der natürlichen Umwelt dienen. Gerade auch die neue marktwirtschaftliche Orientierung erfordert zwingend eine radikal veränderte Umweltpolitik. Wir sind für den sparsamen Umgang mit natürlichen Ressourcen, den Einsatz „sanfter" Technologien, den Abbau der Massenproduktion und die Rückkehr zum menschlichen Maß.

Kernenergie ist keine Alternative zur Verschwendung fossiler Brennstoffe. Statt dessen sollten Energiesparprogramme, Solartechnologien und dezentrale Produktionsstrukturen gefördert werden.

Die wirtschaftliche Entwicklung darf nicht zu Lasten der weniger entwickelten Länder und der nachfolgenden Generation gehen.

8. Sind die Städte noch zu retten?
Viele Städte, besonders Klein- und Mittelstädte in der DDR sind durch die falsche Baupolitik der letzten Jahrzehnte schwer zerstört. Viele Gebäude, ganze Viertel sind nicht mehr sinnvoll zu erhalten. Notwendig ist eine sofortige radikale Umstrukturierung des Bauwesens. Unsere

Meinung ist: Die großen Wohnungsbaukombinate mit ihren Plattenwerken müssen aufgelöst werden, soweit sie nicht für die Erhaltung der vorhandenen Plattenbauten notwendig bleiben. Statt dessen müssen kleine und mittlere Baubetriebe entstehen, die sowohl mit traditionellen Mitteln als auch unter Anwendung moderner Technologien die Altbausubstanz sanieren und durch Gebäude, einzeln oder in kleinen Komplexen, ergänzen können. Die Innenstädte müssen durch Dienstleistungsbetriebe belebt werden. Mit dem Bauland muß sparsam umgegangen und Schluß mit der Zersiedlung gemacht werden. Dazu gehört, daß die öffentlichen Nahverkehrssysteme verbessert und attraktiver gemacht werden. Der Autoverkehr darf die Städte nicht erdrücken und verstopfen. Deshalb muß die Planung des städtischen Verkehrs entsprechend ausgerichtet werden. Wirtschaftliche Steuerungsmechanismen des Staates zugunsten der intensiven Baulandsubstanz und der Förderung der Sanierung vorhandener Bausubstanz müssen diese Umorientierung von Bauwesen und Stadtplanung unterstützen.

9. Was soll vom Sozialismus bleiben?
Die Menschen in der DDR haben 40 Jahre lang ein System erlebt, das unter der Bezeichnung „Sozialismus" ihre Bedürfnisse nicht befriedigen konnte, ihre Entfaltung behinderte und ihnen elementare Menschenrechte verweigerte. Sie haben genug davon. Was immer der ursprüngliche Sinn des Begriffs „Sozialismus" enthalten hat, er ist durch die Realität zerstört worden. Geblieben ist das Gefühl einer gewissen sozialen Sicherheit und das Bewußtsein vergleichsweise geringer sozialer Unterschiede. Die notwendigen Veränderungen des ganzen gesellschaftlichen und wirtschaftlichen Systems dürfen deshalb diese schon selbstverständlichen Werte nicht vernichten. Deshalb ist ihre Erhaltung durch wirksame soziale Sicherung auch in der Marktwirtschaft erforderlich. Ebenso muß die demokratische Kontrolle der politischen und der wirtschaftlichen Entscheidungen garantiert werden. Dazu bedarf es neben politischen Parteien auch Bürgerinitiativen, Gewerkschaften, Konsumentenverbänden und anderen Organisationen. Die Ergänzung traditioneller parlamentarischer Demokratie durch verschiedene Elemente direkter, außerparlamentarischer Kontrolle ist für unser Demokratieverständnis wesentlich. Ob für die Gesellschaft, die wir uns vorstellen, der Begriff „Sozialismus" zutrifft oder ein anderer, erscheint uns weniger wichtig.

10. Abrechnen oder vergessen?
Mit dem Abbau des alten Sicherungsapparates muß die konsequente Entstalinisierung einhergehen. Wir können nicht einfach zur Tagesordnung übergehen; die Demokratisierung ist gebunden an die historische Aufarbeitung des Geschehenen. Dem „verordneten Antifaschismus" darf jetzt nicht der „verordnete Antistalinismus" folgen. Dogmen, Mythen und Denkschablonen, die totalitäre Strukturen immer wieder reproduzieren, müssen verschwinden. Für uns erhält in diesem Zusammenhang die Bildungsreform ein besonderes Gewicht. In ihr müssen schließlich auch die ehemaligen Stasi-Mitarbeiter aufgehoben sein, denn wenn sie zum sozialen Problem werden, ist die Demokratie in Gefahr.

Quelle: Stern

Nr. 12
„Bündnis für Demokratie, Ökologie und Menschenrechte"

Aus einer Erklärung der 1. Bundesdelegiertenkonferenz des Bündnis 90, Berlin 3. Mai 1992

I. Unsere Erde ist nicht teilbar
Noch vor vier Jahren konnte niemand die fundamentalen politischen Veränderungen voraussehen, deren Zeugen wir heute sind. Die jüngsten Ereignisse in der Sowjetunion und in Osteuropa haben nicht nur die betroffenen Länder erschüttert, sie stellen das gesamte Weltsy-

stem vor die Aufgabe, sich neu zu ordnen. Das Blockdenken gehört einer vergangenen Periode an, seine vereisten Strukturen sind längst im Auftauen begriffen. Die politischen Verhältnisse sind extrem in Fluß gekommen. Damit sind viele Hoffnungen, aber auch neue Gefahren verbunden. Die Weltsituation ist alarmierend. Der Fetisch des industriellen Wachstums droht in absehbarer Zeit zum globalen Kollaps und zum demokratischen Bankrott unserer „einen Welt" zu führen.

II. Teilhabe als Prinzip

Die politische Geographie in der Bundesrepublik Deutschland verändert sich. Auch die in Europa. Alte Sicherheiten brechen zusammen. Die treuen Stammwählerschaften der Traditionsparteien schrumpfen. Lange im voraus berechenbare und regierungsfähige Domänen bröckeln. Doch Vorsicht: Diese Erscheinungen sind noch kein Merkmal für eine neue politische Qualität oder gar Ära. Die Zahl der Nichtwählerinnen steigt stetig. Doch auch wer nicht wählt, entscheidet mit. Viele entscheiden sich bewußt für diesen Weg. Andere sind verstummt. Nicht aus Desinteresse. Nicht, weil sie sich für nichts interessieren. Die traditionelle Politik – das Politik Machen – ist am Ende. Der Aufwand der Parteien für ihre Öffentlichkeitsarbeit wächst ständig, je geringer die öffentliche Resonanz ihrer politischen Arbeit, desto tiefer wird ihr Griff in die Staatskasse. Das Politikverständnis ist falsch. Das Problem liegt nicht, wie viele Parteisprecher meinen, in der „unzureichenden Vermittlung einer eigentlich richtigen Politik".

Diese Politik des Scheins findet im Osten nach jahrzehntelanger Diktatur eher verführte und verzweifelte Unterstützerinnen als überzeugte Anhängerinnen. Auch im Westen nimmt diese Tendenz zu. Wir sehen darin eine große Gefahr für die Demokratie in Deutschland und einen Nährboden für alle, die mit demagogischen Methoden durch Vereinfachung neue Feindbilder schüren. Unsere unmittelbare Erfahrung mit der bundesrepublikanischen Parteiendemokratie veranlaßt uns nicht, nach einer völlig anderen Ausschau zu halten. Dennoch: Ohne demokratische Erneuerung, ohne praktische Erweiterung für Einwirkungsmöglichkeiten der Bürgerinnen und Bürger auf politische Entscheidungen und gesellschaftliche Entwicklungen, vor allem ohne eine Überwindung der traditionellen Interessenpolitik wird die deutsche Demokratie weiter verkümmern und Europa ein von oben verordneter Koloß der Giganten werden, der uns politisch, sozial und kulturell entmündigt.

Wir waren offen und neugierig und sind heute entsetzt über das Ausmaß an Ignoranz, chauvinistischen Machtgehabe und parteipolitischer Arroganz, die uns in der politischen Auseinandersetzung begegnen. Wer die Politik und reale Möglichkeiten der Einflußnahme nicht für die Gesellschaft öffnet und diejenigen ausgrenzt, die ihr sachliches und fachliches Engagement nicht mit einer parteipolitischen Entscheidung verbinden wollen, zerstört die Wurzeln der Demokratie und fördert den Egoismus der Masse gegen die soziale Verantwortung des Einzelnen. Unser Ziel ist eine neue Bürgerbewegung, die zur Lösung der Probleme des nächsten Jahrhunderts beitragen kann. Alle Einschätzungen der bisherigen Parteienkultur – von der Scheuch-Studie der CDU bis hin zum Club of Rome-Bericht – bestätigen unseren Ansatz, ein Projekt zu entwickeln, das zur Kommunikation und Entscheidungsfindung in der Gesellschaft jenseits egoistischer Clan-Interessen dient. Ein Projekt, dessen philosophische Grundidee auf der Anerkennung und Annahme des Anderen als Anderen beruht und dessen politische Praxis dem Prinzip der Teilhabe und der Eigenverantwortung des Individuums als Subjekt in der Gesellschaft folgt.

Diesem Prinzip entspricht die Struktur einer offenen, die Grenzen der Parteienstruktur überwindenden Bürgerbewegung. Die nächsten Jahre werden geprägt sein vom Aufbau dieser Strukturen quer zu den Parteifronten und den einzufordernden Möglichkeiten auf allen Ebenen.

III. Wer nur nach vorne schaut, sieht nicht, was ihn von hinten überrollt ...

Niemand ist davor gefeit, Fehler zu machen. Eine neue aus den historischen Erfahrungen beiderseits der Mauer schöpfende Bewegung wird sich wohl oder übel ihrer Vergangenheit stellen und aus dieser lernen müssen. Gesundbeterei, Verdrängung und Geschichtsklitterung potenzieren die Fehleinschätzungen von gestern und transportieren sie in die Zukunft.

Mit der Anerkennung der Zweistaatlichkeit wurde zum einen der Status Quo eines diktatorischen Regimes in Kauf genommen. Zum anderen diente das Zweistaatlichkeitsdenken der Festschreibung der alten Lagermentalität sowie der gegenseitigen Rechtfertigung beider deutscher Staaten und ihrer Blockeinbindung.

Diese Lagermentalität ist eng verbunden mit der ideologischen Konfrontationshaltung der letzten 40 Jahre, in denen die Politik des Kalten Krieges ihre „linke" Entsprechung in sozialistischen Durchsetzungsstrategien fand. Die seit kurzem aufgedeckte Verknüpfung dieser sozialistischen Erlösungsstrategien mit den Stasi-Machenschaften in und außerhalb der DDR spricht für sich.

Bei der Aufarbeitung dieser Fragen geht es nicht darum, die Schlachten von gestern zu schlagen. Notwendig ist jedoch, aus heutiger Sicht die damaligen Fehleinschätzungen konkret zu benennen. Die neue Bürgerbewegung kann nur dann ein politisches Projekt der Zukunft sein, wenn in ihr eine Kultur jenseits ideologisch geprägter Einseitigkeiten entsteht.

Die Zukunft gehört uns allen – hauptsächlich den kommenden Generationen. Politische Programme bleiben Papier und müssen scheitern, wenn das nicht deutlich und praktiziert wird. Dies ist eine Grunderfahrung der Bürgerbewegung in der DDR und in Osteuropa. Die politische Methode ist ein wichtiges Indiz für das, was wirklich gewollt und das, was lediglich proklamiert wird.

IV. Blick nach vorn: Teilhabe am Eigentum

Jahrzehntelange Erfahrungen mit sozialistischen Vergesellschaftungsexperimenten planwirtschaftlicher Natur haben eine Negativ-Beweiskraft, die kein theoretischer Exkurs erschüttern kann. Die neue Bürgerbewegung sieht in Lösungen sozialistischer Art – nämlich das Privateigentum abzuschaffen und damit den Menschen die Pflicht der Verantwortung und die Chance des Gewinns zu nehmen – eine Sackgasse. „Die Effektivität des Marktes als sozialer Institution zur Organisation menschlicher Produktivkräfte und zur Deckung menschlicher Bedürfnisse wird heute weltweit anerkannt. Durch Marktmechanismen allein lassen sich globale Probleme freilich nicht lösen, wenn diese einen langfristigen strategischen Ansatz erfordern oder es sich um Probleme der Verteilung handelt. Über den Markt allein können ferner auch die Probleme nicht gelöst werden, bei denen es um Energie, Umwelt, Grundlagenforschung und Fairneß geht." (Bericht des Club of Rome, 1991)

Es müssen Regulative geschaffen werden, die eine wirtschaftliche Wertschöpfung ermöglichen, ohne die Vernichtung von Werten der Natur und damit der Lebensgrundlagen unserer Kinder in Kauf zu nehmen.

Die anonymen Zwänge des Marktes üben einen hohen Anpassungsdruck aus, durch den sich die Mehrzahl der Menschen eher als willenlose Rädchen im Getriebe empfinden, denn als gestaltungsfähige Wirtschaftsbürger, die zur Entfaltung von Eigeninitiative und Selbstorganisation in der Lage sind.

Die neue Bürgerbewegung setzt das Subsidiaritätsprinzip gegen das Zentralstaatsprinzip: Die Belange sollen von den Menschen geregelt werden, die von den Konsequenzen der Regelungen auch betroffen sind, erst bei Konflikten ist eine darüberliegende Entscheidungsebene einzubeziehen. Konsequenterweise muß diese Tendenz der Dezentralisierung und Regionalisierung auch innerhalb der gigantischen Konzerne gestärkt werden. Teilhabe am Eigentum wird als praktisch realisierbares Bürgerrecht innerhalb einer Wirtschaftsdemokratie angestrebt.

Die freie Entfaltung wirtschaftlicher Eigeninitiative soll in der Regel nicht unnötig behindert werden. Hingegen können humane Belange nicht allein durch das Spiel privater Kräfte geregelt werden. Das betrifft die Lebensbereiche Wohnen, Gesundheits- und Sozialdienste, Bildung, Kultur und Wissenschaft sowie die öffentliche Meinungsbildung (Medien).

V. Global denken – lokal handeln

Dieser Leitsatz der Menschenrechts- und Ökologiebewegung fußt auf der Erkenntnis, das Wirklichkeit nur als komplexes Ganzes in seiner lokalen, nationalen und globalen Wechselwirkung verstanden werden kann. Alles und jedes hängt miteinander zusammen. Davon ausgehend, strebt die neue Bürgerbewegung „komplementäre", einander ergänzende und aufeinander angewiesene Lösungen an, die die Beschränkung auf Teilbereiche und Einzelprobleme überwinden. Das Denken in unaufhebbaren Widersprüchen, die Verabsolutierung von Teilinteressen in Form von „Durchsetzungspolitik" und Konfrontationsstrategien gilt es zu überwinden.

Die neue Bürgerbewegung kann ihr Ziel nur erreichen, wenn sie auch von moralischen und spirituellen Werten geleitet wird. Menschen brauchen ein Bewußtsein der eigenen Identität, wenn sie ein Leben in Anstand, menschlicher Würde und gegenseitiger Achtung führen wollen. Die Ideologie des Konsums, die ausgeht von „ich bin, was ich habe bzw. tue", hat die grundlegenden Lebenszusammenhänge sowie das Bewußtsein für existentielle Werte in Vergessenheit geraten lassen.

VI. Dem Großen nur, was das Kleine nicht vermag

Das größte zentralistische Gesellschaftsexperiment der Weltgeschichte ist gescheitert. Die großartigen Utopien von einer einzigen Weltzivilisation sind überholt. Die Europäische Gemeinschaft jedoch hat dieses Wissen noch nicht verarbeitet und verfolgt den nicht mehr zeitgemäßen Entwurf eines westeuropäisch-zentralistisch vereinten Europas, in dem offenbar alle Lebens- und Wirtschaftsbereiche normiert werden sollen. Die neue Bürgerbewegung erstrebt kein Europa der Giganten, sondern eines der Regionen, und in ihm einen demokratisch verfaßten Bund deutscher Länder, eine Gesellschaft und Produktionsweise der kleinen Einheiten, in denen dem Individuum Geborgenheit und Überschaubarkeit ermöglicht werden. Ein gemeinsames Haus Europa, in dem es neben den reichen Wohnstuben keine Kellerverschläge für die Verarmten geben darf, und das sich seiner Verantwortung für eine gerechte Weltwirtschaftsordnung bewußt ist.

Ein so verstandener europäischer Prozeß stellt nicht nur den Hang zu immer größeren und einheitlicheren Wirtschafts- und Sozialstrukturen in Frage. Wesentliche Bedingung für sein Gelingen ist das Erlernen von kritischer Toleranz. Die Anerkennung der „Anderen als Andere".

Aus diesem Ansatz heraus können wir weder eine Ausgrenzung von Teilbereichen oder Gruppen aus dem gesellschaftlichen Ganzen hinnehmen, noch akzeptieren wir eine Platzzuweisung der neuen – gesamteuropäischen – Bürgerbewegung innerhalb des herkömmlichen Parteienspektrums durch andere.

VII. Der Name „Bündnis" ist Programm

Es liegt in der Natur der Sache, daß nicht eine Gruppe für sich den in diesem Plädoyer enthaltenen gesamtheitlichen Ansatz in Anspruch nehmen kann. Auch das Bündnis 90 nicht. Das politische Projekt der neuen Bürgerbewegung kann nur durch Bündnisse ins Leben gerufen und am Leben erhalten werden. Bündnis 90 ist willens, mit allen, die auf dieser Grundlage zum Gespräch und zur Zusammenarbeit bereit sind, ein bürgerbewegtes Bündnis für Demokratie, Ökologie und Menschenrechte einzugehen. Die Partner in diesem Bündnis müssen bereit sein, in einem Haus mit verstellbaren Wänden, ohne Keller-Versteck und Dach-Garantie zu leben. Sie müssen bereit sein. Meinungsunterschiedlichkeiten nicht zu ideologischen Entscheidungsfronten zu verhärten, sondern sie den Argumenten der Sache und den realen Möglichkeiten unterzuordnen. Wir freuen uns, daß die Grünen als erster potentieller Bündnispartner ein solches Zusammenwachsen anstreben. Auch sie müssen sich an dieser Bereitschaft messen lassen. Wer sich in dieses Projekt begibt, bleibt nicht der, der er war.

Eine simple Addition mit den Grünen könnte die Lebenszeit dieser bundesdeutschen Alt-Nicht-Partei zwar verlängern, freilich in der historisch einmaligen Situation Deutschlands nicht entscheidend Neues schaffen. Eine Aufteilung und Spaltung in einander feindlich und haßerfüllt gegenüberstehende „Strömungen" oder „Flügel" würde den Grundcharakter des Bündnisses verletzen und von vornherein die Freiräume des Denkens verengen.

(Punkte I bis VII: Tendenzbeschluß der BDK)

VIII. Politischer Anspruch und Wirklichkeit
Die Gründung von Bündnis 90 hat die Zersplitterung der bürgerbewegten Kräfte des Herbstes 1989 überwunden. Es wurden hinreichende Bedingungen für die Sicherung der politischen Existenz geschaffen. Ausbau und Perspektive über 1994 hinaus hängen jedoch nicht nur vom politischen Geschick und Selbstverständnis ab.

Der Anspruch parlamentarischer Vertretung auf allen Ebenen bzw. Regierungsbeteiligung kann in den Dimensionen des vereinten Deutschlands nicht allein und aus eigener Kraft verwirklicht werden.

Die politischen Schwerpunkte der Arbeit und Aktivitäten von Bündnis 90 sind trotz Mitgliederaufnahme in den alten Bundesländern und dem Fakt bundesweiter Wählbarkeit im Osten Deutschlands geblieben.

Bündnis 90 muß sich an den zur Zeit wesentlichen Fragen – Überwindung der Spaltung Deutschlands; Abbau wirtschaftlicher und sozialer Gefälle; Absage an ideologische Borniertheit und Blockkonfrontation – messen lassen und seine integrative, parteiübergreifende Kompetenz unter Beweis stellen. Demokratie, Ökologie und Menschenrechte sind die ausschlaggebenden Zukunftsthemen. Sie gehören zusammen und können nur durch aktive Mitgestaltung der Bürgerinnen und Bürger, durch eine breite Bürgerbewegung wirkungsvoll umgesetzt werden.

Das für diese Zukunftsthemen angedachte Bündnis berücksichtigt die schmerzhaften Erfahrungen intellektueller Gesellschaftsentwürfe und setzt auf den Wert „der kleinen Schritte“ oder der „kleinen überschaubaren Zahl“. Es läßt sich nicht in einem kühnen Schwung erfüllen, sondern beschreibt einen schwierigen Prozeß. Dieser kann nicht auf den „Sankt Nimmerleinstag“ gerichtet sein, sondern muß nachvollziehbare Schritte enthalten.

Dieses Bündnis soll mit der historisch aus der ökologischen, sozialen und demokratischen Bürgerbewegung im Westen Deutschlands hervorgegangenen Kraft, den Grünen, geschlossen werden. Bei allen unterschiedlichen Erfahrungen in gegensätzlichen Systemen sind sie unser authentischer Partner. Unser beider politischer Ansatz wird eine ausstrahlende Wirkung für ein Bündnis für Demokratie, Ökologie und Menschenrechte entwickeln.

Leitgedanke der Bürgerbewegung ist die Verknüpfung von parlamentarischer und außerparlamentarischer Arbeit.

Dieser Anspruch besitzt im Konflikt mit der Selbstbehauptung von Bündnis 90 Vorrang. Die Situation, das Bündnis 90 und Die Grünen getrennt zu Wahlen antreten und einzeln geschlagen werden, darf sich unter keinen Umständen wiederholen und würde letztlich dem Durchbruch einer „Bürgerbewegung von rechts“ Vorschuß leisten.

Satzung des Bündnis 90

Präambel
Die Bürgerbewegung Bündnis 90 ist ein Zusammenschluß von Bürgerinnen und Bürgern, die auf der Basis eines gemeinsamen Grundkonsenses die solidarische Selbstorganisation der Gesellschaft anstreben.
Ziel des Bündnis 90 ist es, möglichst viele Bürgerinnen und Bürger an der politischen Willensbildung zu beteiligen und für die Übernahme von politischer und gesellschaftlicher Verantwortung zu interessieren.
Das Bündnis 90 versteht sich als Teil der Bewegung von Bürgerinitiativen, Verbänden und politischen Gruppen, die sich den Ideen der direkten Demokratie verpflichtet fühlen.
Die Mitglieder des Bündnis 90 setzen sich ein für Frieden, Gerechtigkeit und die Bewahrung von Natur und Umwelt.
Sie treten auf gegen Gewalt, Militarismus, Totalitarismus und Ausländerfeindlichkeit und jedwede Form der Diskriminierung.
Das Bündnis 90 bemüht sich um eine demokratische Kultur, die zur Durchsetzung seiner Ziele außerparlamentarische und parlamentarische Arbeit verbindet.
[...]

Fred Kowasch

Die Entwicklung der Opposition in Leipzig

Leipzig die „Heldenstadt", so lauteten 1989, im Jahr des Umbruchs, die Schlagzeilen. Hier gab es nicht nur die größten Demonstrationen für Reformen in der DDR, hier erklangen auch früh die Rufe nach der Deutschen Einheit. Dieser spontane Massenprotest, der sich im Herbst '89 auf dem Ring um die Innenstadt zeigte, besaß in Leipzig eine lange Tradition. Erinnert sei nur an den sogenannten „Beat-Aufstand", als 1965 Jugendliche gegen das Verbot westlicher Musik protestierten, die Tumulte während der Sprengung der Universitätskirche im Mai 1968 oder die Kerzendemonstrationen in der Leipziger Innenstadt im Herbst 1983.[1]

Dieser Aufsatz soll durch die Darstellung von einzelnen Aktionen der Leipziger Friedens-, Umwelt- und Bürgerrechtsgruppen die Schwierigkeiten bei der Herausbildung einer eigenständigen Opposition beschreiben. Obwohl diese Abhandlung keinen Anspruch auf Vollständigkeit erhebt, werden die wichtigsten Etappen im Spannungsverhältnis zwischen Opposition, Kirche und Staat dargestellt. Ausgehend von den Aktivitäten der kirchlichen Friedensgruppen am Beginn der 80er Jahre, wird auch auf die Aktionen der zahlreichen Umweltgruppen eingegangen. Hier hatte sich in Leipzig eine lokale Szene entwickelt, die in ihrer Größe und Vielfältigkeit zu diesem Zeitpunkt einzigartig in der DDR war. Mitte der 80er Jahre steckten beide Bewegungen dann jedoch in der Krise. Grund hierfür waren neben der Erfolglosigkeit der Bemühungen vor allem die massiven staatlichen Zwangsmaßnahmen. Dies führte bei den meisten der engagierten Jugendlichen zu Resignation, veranlaßte einige wenige aber auch zu illegalen Aktionen. Im Zusammenhang mit der neuen Politik des sowjetischen Präsidenten Michail Gorbatschow erhielten jedoch viele von ihnen neuen Mut. „Glasnost" und „Perestrojka" waren nun plötzlich Begriffe, die auch für die DDR einen begrenzten Reformprozeß in Aussicht stellten und die Arbeit vieler Leipziger Oppositiongruppen wesentlich beflügelten.

Der Verfasser hat in den 80er Jahren in Leipzig gelebt und dort in verschiedenen Friedens- Umwelt- und Bürgerrechtsgruppen mitgearbeitet. Der Aufsatz bezieht sich in vielen Passagen auch auf unmittelbar Erlebtes und kann trotz des zeitlichen Abstanden dadurch subjektiv gefärbt sein.

1. Die Friedensbewegung

Schon zu Beginn der 80er Jahre besaß Leipzig eine ungemein lebendige Jugend- und Alternativszene. Punks, Freaks, Friedensbewegte, Umweltschützer und „stille" Hausbesetzer lebten und engagierten sich in der DDR-Messestadt. Sie trafen sich in Wohnungen, den „Offenen Kellern" der Kirchgemeinden oder auch schon mal in leerstehenden Häusern. So besetzten in Leipzig am 28. März 1981 über 100 Jugendliche ein Abrißhaus, um darin eine Rockpalastparty zu feiern. Die Reaktion des Staates kam prompt. Mit sieben Überfallkommandos räumte die Polizei das Haus und nahm 94 Jugendliche fest. Diese mußten anschließend mehrere Stunden mit den Armen hinter dem Kopf verschränkt auf der Polizeiwache stehen, einige Frauen nötigte man sogar, sich nackt auszuziehen. Fast alle der Festgenommenen bekamen Geldstrafen in Höhe zwischen 75,- und 300,- Mark, für viele der halbe Monatsverdienst.[2]

Wesentlich ungefährdeter konnte sich dagegen die nicht genormte DDR-Jugend in den Räumen der Kirche treffen. Vor allem die evangelischen Gemeinden hatten am Beginn der 80er Jahre sogenannte „Offene Keller" eingerichtet. Diese standen auch Jugendlichen ohne christlichen Glauben offen. In Leipzig erhielten besonders die „Offenen Keller" der Michaelis- und Thomaskirche sowie der Gemeinde in Stötteritz großen Zulauf. Dort trafen sich allwöchentlich bis zu 40 Leute in einem Klima der Toleranz, um über Probleme in Schule, Beruf und Gesellschaft zu reden. Es wurden Vorträge über Umweltschutz, zur Drogenthematik und Friedenserziehung gehalten, all dies Themen, die bei den offiziellen Veranstaltungen der Staatsjugend FDJ nicht angesprochen wurden.

Besonders intensiv wurde in den „Offenen Kellern" der Kirchgemeinden über die Friedensthematik diskutiert. Im Zentrum stand dabei insbesondere die vom DDR-Staat geplante Einführung eines „Wehrkundeunterrichtes" an den Schulen und die Forderung zur Schaffung eines „Sozialen Friedensdienstes", vergleichbar mit dem Zivildienst in der Bundesrepublik. In diesem Zusammenhang entwickelte sich in Leipzig, angeregt durch die Initiativen des Dresdener Pfarrers Christoph Wonneberger, die Idee zu einem wöchentlichen Friedensgebet. Zusammen mit anderen in der Jugendarbeit aktiven kirchlichen Mitarbeitern begann der Arbeitskreis „Friedensdienst" vom 19. September 1981 an mit der Gestaltung der montäglichen Friedensgebete in der Leipziger Nikolaikirche.[3] Für viele Jugendliche aus dem Umfeld der unabhängigen Friedensbewegung stellte diese Veranstaltung einen kontinuierlichen Treffpunkt im Zentrum der Stadt dar, bei dem aktuelle Fragen offen angesprochen wurden (Anhang, Nr. 1).

Mit dem Tragen des Aufnähers „Schwerter zu Pflugscharen", der während der Friedensdekade im November 1981 in vielen DDR-Kirchen verteilt wurde, zeigten auch Leipziger Jugendliche ihren Unmut gegen die staatliche Friedenspolitik. Dabei ging es nicht mehr nur um die zunehmende Militarisierung der Gesellschaft, sondern auch um den Protest gegen die mögliche Stationierung sowjetischer SS-20-Atomraketen. Im Frühjahr 1982 wurden viele Jugendliche von der Polizei genötigt, die Aufnäher „Schwerter zu Pflugscharen" von ihrer Kleidung abzutrennen – zu gefährlich erschien den DDR-Behörden wohl die Wirkung dieser symbolisch gemeinten Losung. Mit eigenen Plakaten versuchten kirchliche Friedensgruppen 1983 überall in der DDR an den sogenannten „Pfingsttreffen der FDJ“ teilzunehmen, ein Vorhaben, das auch in Leipzig kontrovers diskutiert wurde. „*'Wenn wir es nicht schaffen, über unseren Kreis hinaus zu wirken, hat unser Engagement auf die Dauer keinen Erfolg', argumentieren die einen. ,Wenn wir bei der FDJ mitmarschieren, haben wir doch bei der Bevölkerung total verspielt, dann werden wir doch mit denen in einen Topf geworfen', die anderen.*“[4] Doch die eigenen Plakate wurden in Leipzig von den örtlichen SED-Funktionären beschlagnahmt. Diese unterstützen lieber ihre einseitig gewählte Parole: „Gegen NATO-Waffen Frieden schaffen“. An einen eigenständigen Beitrag der unabhängigen Friedensbewegung war in diesem Zusammenhang nicht zu denken.

Im November 1983 kam es schließlich nach den Friedensgebeten in der Nikolaikirche zum ersten Mal zu spontanen Demonstrationen. An fünf Tagen versammelten sich Jugendliche, vor allem des Offenen Kellers Mockau und der Initiativgruppe Hoffnung Nikaragua, mit brennenden Kerzen auf zentralen Plätzen in der Leipziger Innenstadt (Anhang, Nr. 2). Während die Polizei am Anfang nur die Daten der Versammelten aufnahm, wurden am 12. November erstmals Jugendliche wegen der Kerzendemonstration kurzzeitig festgenommen. Den Höhepunkt erreichte das staatliche Einschreiten dann zur Eröffnung der Internationalen „Dokumentar- und Kurzfilmwoche“, als Jugendliche erneut für den Frieden öffentlich demonstrieren wollten.

> „Am 18.11.83 versammelten sich gegen 19.07 Uhr rund 25 Personen an der Filmbühne „Capitol“ und versuchten einen Kreis zu bilden und Kerzen anzuzünden. Insgesamt wurden 17 Personen zugeführt, die Ansammlung war gegen 19.15 Uhr aufgelöst. Unter den Zugeführten befanden sich vier Mitglieder der „Initiativgruppe Hoffnung Nikaragua“, zwei Töchter des [...geschwärzt im Original], zwei rechtswidrig Ersuchende und Personen mit anderen operativ-interessanten Merkmalen. Im Ergebnis der durchgeführten Befragungen wurden gegen sieben Personen Ermittlungsverfahren mit Haft gemäß 217 StGB eingeleitet [...]“[5]

Bei ihrem Einsatz gingen Polizei und Angehörige des Staatssicherheitsdienstes auch für DDR-Verhältnisse ungewöhnlich brutal vor. Die Jugendlichen wurden von ihnen teilweise blutig geschlagen, an den Haaren auf einen bereitstehenden Einsatzwagen gezerrt und zu stundenlangen Verhören abtransportiert. Darunter eine hochschwangere Frau. Auch unbeteiligte Passanten wurden festgenommen und einer von ihnen über mehrere Tage hinweg festgehalten. Insgesamt verurteilten die Behörden sechs Teilnehmer der Friedensdemonstration zu Haftstrafen bis zu zwei Jahren.[6]

Dieses harte Vorgehen des Staates sowie die Tatsache, daß nur wenige Tage später DDR-weit, darunter auch in Leipzig, einige Dutzend Wehrdienstverweigerer ebenfalls zu langen Haftstrafen verurteilt wurden bildete für viele der Friedensaktivisten den Abschluß ihres politischen Engagements.

2. Die Umweltbewegung

Die ersten Ansätze einer Leipziger Umweltbewegung sind im Frühjahr 1981 auszumachen. Damals bestand in der Lutherstadt Wittenberg, unter dem schützenden Dach der Kirche, ein ökologisches Forschungsheim. Den von ihm zum Weltumwelttag herausgegebenen Aufruf zu einer alternativen Fahrradaktion „Mobil ohne Auto“ übernahm in Leipzig eine Gruppe Theologiestudenten. Diese hatten schon vorher zu verschiedenen Jungen Gemeinden Kontakt aufgenommen, um über Umweltthemen zu diskutieren. An der Fahrraddemonstration, mit der gegen die Umweltgefährdung durch den Autoverkehr protestiert wurde, beteiligten sich dann rund 130 Jugendliche. Dieser Zuspruch veranlaßte die Organisatoren der Veranstaltung, eine „Arbeitsgruppe Umweltschutz“ beim Evangelischen Jugendpfarramt zu gründen und den schließlich auf rund 70 Interessenten angewachsenen Kreis in zahlreiche Projektgruppen zu unterteilen. So gab beispielsweise eine Gruppe „Information“ unter dem Kürzel „Nur zur innerkirchlichen Information“ monatlich eine Zeitschrift mit Namen „Streiflichter“ heraus. Auf bis zu vier Seiten wurde hier über einzelne Umweltprobleme informiert, über Ökoveranstaltungen berichtet und wurden künftige Veranstaltungstermine bekannt gegeben. Weitere Projektgruppen der „AG Umweltschutz“ untersuchten die Beschaffenheit der Leipziger Radwege oder organisierten im Rahmen mehrerer Baumpflanzaktionen die Umwandlung einer ehemaligen Mülldeponie in eine Grünanlage.[7] Daneben organisierte man zusammen mit dem „Offenen Keller Stötteritz“ und einem privaten Umweltkreis am 29. November 1981 eine öffentliche Papiersammelaktion. Dort wurden mehrere Säcke Müll, aber auch über 100,- Mark aus den Grünanlagen der Leipziger Innenstadt geholt. An dieser Aktion, wie auch an der 2. Veranstaltung „Mobil ohne Auto“ oder dem Ökowochenende der „AG Umweltschutz“ vom 15.-17. Oktober 1982 in der Michaeliskirche, beteiligten sich viele Jugendliche, die sich sonst eher in den unabhängigen Friedensgruppen engagierten. Verstanden viele der christlich orientierten Jugendlichen doch unter der Bewahrung der Schöpfung ein gleichzeitiges Engagement für die Umwelt und den Frieden.

Durch die Rad- und Baumpflanzaktionen, die in den Jahren 1981 und 1982 in zahlreichen Städten stattfanden, aber auch weil es woanders keine Möglichkeit zum glaubhaften ökologischen Engagement gab, stießen viele Jugendliche ohne christlichen Glauben zu den Umweltgruppen. Diese Entwicklung registrierten auch die staatlichen Stellen, die daraufhin in der DDR sogenannte Gruppen für „Natur und Umwelt“ einrichteten. In Leipzig boten sie sogar der kirchlichen „AG Umweltschutz“ eine Zusammenarbeit bis hin zum völligen Übertritt in den Kulturbund an – ein einzigartiger Vorgang, der heftig diskutiert wurde. Versprachen sich doch einige Mitglieder der kirchlichen Ökogruppe dadurch stärkeren Einfluß auf die staatliche Umweltpolitik. Nach einer Kosten-Nutzen-Analyse einigte man sich darauf, eine neue Gruppe zu bilden, ohne die eigenen Strukturen zu zerstören. Das Ziel der im Sommer 1982 gegründeten Ökogruppe „Natur und Umwelt“ Leipzig-Mitte war es, einen 50 km langen Fluß auf Verunreinigungen zu untersuchen, Öffentlichkeitsarbeit zu betreiben und gemeinsam mit anderen Initiativen an Baumpflanz- und Naturschutzaktionen teilzunehmen. Im Frühjahr 1983 schließlich wollte die staatlich angebundene Kulturbundgruppe zusammen mit der kirchlichen „AG Umweltschutz“ ein offizielles Informationswochende veranstalten.

> „Der Versuch, ein gemeinsames Wochenende zu gestalten, war nicht leicht. Zuerst hieß es, die kirchliche Gruppe könnte offiziell bei der Kulturbundveranstaltung auftreten, ihre Arbeit vorstellen und ihre Meinung äußern. So etwas hatte es noch nie gegeben. Kurz vor dem Wochenende kam es jedoch zu Schwierigkeiten. Plötzlich gab es Eintrittskarten, und an die war nur schwer ranzukommen. Und von Redeerlaubnis für die Gruppe wollte auch kein Kulturfreund mehr etwas wissen."[8]

Aber auch die eigentlichen Organisatoren dieses Umweltwochenendes hatten Schwierigkeiten, ihr geplantes Konzept gegenüber den offiziellen Stellen umzusetzen. Denn durch die Ankündigung im ARD-Politmagazin „Kontraste" und den Zusammenfall des Veranstaltungsdatums mit der Bundestagswahl vom 6. März 1983 waren die Behörden besonders nervös geworden. Dies zeigte sich nicht nur im Umgang mit den Mitgliedern der „AG Umweltschutz", sondern auch dadurch, daß Fotos zum sterbenden Wald im Erzgebirge und zu Schaumkronen auf Flüssen kurz vor der Veranstaltung von den Infotafeln der Kulturbundgruppe „Natur und Umwelt" verschwanden oder Angaben zu Umweltbelastungen zensiert wurden. Trotz solcher Schwierigkeiten erlebte die Leipziger Umweltbewegung 1983 und 1984 ihren Höhepunkt. So nahmen an den von der „AG Umweltschutz" im Rahmen der Aktion „Mobil ohne Auto" organisierten Ökowochenenden bis zu 500 Personen teil:

> „Ein großes Fest ist vorbei, und es hat seit dem Bestehen der Arbeitsgruppe kein größeres gegeben. Die Resonanz war erfreulich gut – wenngleich mir auch scheint, daß die Teilnehmerzahlen bald einen Sättigungspunkt erreicht haben werden. Eine lockere Atmosphäre herrschte während des ganzen Wochenendes, und man konnte sich wohlfühlen in der großen Grünen Familie. Doch wenn die letzten Nachfeten vorbei sind, wird man um die Frage nach dem Sinn und nach der Zukunft dieses Festes nicht herumkommen. [...] Ohne Zweifel ist auch der Aufwand zur Organisation von ‚mobil' schneller gewachsen, als die Ausstrahlung überhaupt hätte wachsen können."[9]

Die Fahrradaktionen „Mobil ohne Auto" hatten die Organisatoren jeweils bei der Polizei als religiöse Veranstaltungen zwischen zwei Gottesdiensten in unterschiedlichen Kirchen angemeldet. Dieser als „vertrauensbildende Maßnahme" gedachte Akt führte zumindest 1984 dazu, daß die Behörden die Route des Fahrradkorsos über Waldwege bestimmten und somit viel von dem öffentlichkeitswirksamen Gedanken der Veranstaltung nahmen. Dennoch wurde im Rahmenprogramm von „Mobil ohne Auto" wie auch bei den DDR-weiten Radsternfahrten nach Potsdam-Hermannswerder, an der viele Leipziger teilnahmen, nicht nur umfangreich über das Ausmaß der Umweltzerstörung informiert, es wurden auch die Möglichkeiten alternativen Handelns diskutiert.

Im Laufe der Zeit hatte sich die Zahl der aktiven Leipziger Umweltgruppen auf rund ein halbes Dutzend erhöht. So kümmerten sich die „Natur und Umwelt-" Gruppen des Kulturbundes um den Zustand von Parks und Straßenbäumen, engagierten sich staatliche Naturschutzgruppen für die Erhaltung von Feuchtbiotopen, pflanzte eine private Ökoinitiative kleine Bäume aus dem Leipziger Tagebauvorfeld in städtische Grünanlagen um oder veranstalteten wie die „AG Umweltschutz" Informationsveranstaltungen in über 50 Kirchgemeinden. Die Aktionen der verschiedenen Gruppen wurden zwischen 1984 und Anfang 1986 auf vierteljährlichen Treffen untereinander abgestimmt. Das führte unter anderen auch dazu, daß im Januar 1985 wegen der schlechten Luftsituation über 80 Beschwerden an die Abteilung Umweltschutz beim Rat der Stadt Leipzig geschrieben wurden (Anhang, Nr. 3). Zwar wurden alle Beschwerdeführer zu Gesprächen eingeladen, doch Einfluß auf die Handlungsweise staatlicher Stellen bei Umweltschutzmaßnahmen konnte ein derartiges Engagement der Ökogruppen nicht nehmen.

3. Zwischen Resignation und Radikalität

Mitte der 80er Jahre steckte die einst so kreative Leipziger Umwelt- und Friedensbewegung in der Krise. Dazu hatten die ausbleibenden Erfolge und das harte Vorgehen des Staates geführt. Viele Jugendliche, die sich vorher für Umwelt und Frieden engagierten, konzentrierten sich nun verstärkt auf ihre persönliche Entwicklung im Studium, im Beruf oder in der Familie. Es kam in Leipzig aber auch verstärkt zu Ausreiseanträgen von Leuten, die zu einem Zurückschrauben eigener Lebensvorstellungen angesichts der erlebten Repression nicht mehr bereit waren. Des weiteren erhielten extreme Gruppen wie Punks, Skins und die Bagwan-Jünger starken Zulauf.

Einige, die sich früher in Umwelt- und Friedensgruppen engagiert hatten, setzten nun angesichts der Erkenntnis, daß öffentliches Engagement vom Staat mit Repression bestraft wurde, auf das System illegal arbeitender Kleingruppen. So klebten sieben Jugendliche aus dem „Offenen Keller Mockau“ während einer Januarnacht 1984 zahlreiche Plakate, unter anderem mit der Aufschrift: „Pershing bedeutet der Tod und SS 20?“. Zwei von ihnen wurden aufgrund der Information eines MfS-Informanten noch vor der Tat festgenommen, die anderen holte man nach eingehendem Verhör der bereits Festgenommenen am Morgen danach von der Arbeit ab. Das folgende Gerichtsverfahren, bei dem die Öffentlichkeit ausgeschlossen wurde, endete mit Haftstrafen bis zu zwei Jahren für die Plakatkleber bzw. mit sechs Monaten für die beiden Jugendlichen, die lediglich die Aktion mitgeplant hatten. Doch nicht alle Urheber der nach DDR-Recht illegalen Aktionen wurden in Leipzig den Behörden bekannt. So sorgte ein Kreis von fünf Jugendlichen dafür, daß in der Nacht zum 17. Januar 1984 Plakate zum Abbau von DDR-Atomraketen an eine Schule geklebt wurden. Diese Aktion wurde im Dezember 1984 an vier Kaufhallen im Gebiet des Leipziger Südens wiederholt. Im Januar 1985 schließlich fanden die Anwohner rund um den Bayerischen Bahnhof in Leipzig-Mitte insgesamt 150 Handzettel in ihren Briefkästen mit Forderungen der Friedensbewegung vor. Zur Frühjahrsmesse schließlich fielen am Montag, dem 11. März 1985, gegen 17.20 Uhr über 200 Flugblätter vom Dachboden eines Hauses in der Hainstraße herunter. Nur rund fünf Minuten konnten Passanten in der Leipziger Innenstadt diese Zettel auflesen, dann riegelten Beamte der Staatsicherheit den Einkaufsboulevard nahe dem Filmtheater „Freundschaft“ ab. Für dieses Flugblatt zeichnete, ähnlich wie bei der Handzettelaktion zwei Monate vorher, eine „Aktion Jetzt“ verantwortlich. Ihre vier Hauptforderungen auf dem Flugblatt: *„Keine Atomraketen in West und Ost; Einführung eines „Sozialen Friedensdienstes“; keine Produktion von Kriegsspielzeug; Boykott von FDJ und FDGB, GST und Kampfgruppe“*.

Des weiteren wurden im Vorfeld der Volkskammerwahlen am 8. Juni 1986 im Leipziger Stadtgebiet staatliche Losungen zerstört. Bekannt geworden ist weiterhin die Zerstörung eines Fahrzeuges der paramilitärischen Organisation GST im Juli und der Niederbrand des Wehrkreiskommandos Leipzig-Mitte im September 1986. Diese äußerst gefährlichen Aktionen besaßen zwar lokalen Bezug, eine größere Wirkung erzeugten sie jedoch nicht. Dazu fehlte es unter anderem an der Publizität durch die westlichen Medien. Glücklicherweise konnte für die Taten niemand zur Rechenschaft gezogen werden. Auch in den militanteren Kreisen bewirkte das ausbleibende Echo ein inhaltliches Umdenken. Das illegale Engagement bis hin zur Sachzerstörung wandelte sich in der Folge zu einer konstruktiven Mitarbeit in den Leipziger Oppositionsgruppen.

4. Die entstehende Bürgerrechtsbewegung

Zu einer Neuorientierung innerhalb der Leipziger Alternativbewegung kam es im Jahr 1987. Das lag unter anderem auch daran, daß mit Christoph Wonneberger im September 1987 ein profilierter Pfarrer die Koordinierung der vor sich hin dümpelnden Leipziger Friedensgebete übernahm. Wonneberger beschaffte sich einen Überblick über die bestehenden Gruppen und motivierte sie, sich aktiv an der Gestaltung der montäglichen Veranstaltung zu beteiligen. Zur gleichen Zeit entstanden in Leipzig mit der „Arbeitsgruppe Menschenrechte" (AGM) und der „Initiativgruppe Leben" (IGL) zwei neuartige Gruppen. Während die IGL, eine Abspaltung der kirchlichen „Arbeitsgruppe Umweltschutz", stärker auf öffentlichkeitswirksame Aktionen setzte, versuchte die AGM unter Pfarrer Wonneberger vor allem das Thema „Sozialer Friedensdienst" und die Verletzungen der Menschenrechte in der DDR anzusprechen. Von Anfang an gab es zwischen beiden Gruppen Übereinstimmung darüber, daß öffentlicher Protest durchaus ein legitimes Mittel darstellen kann, um auf gesellschaftliche Probleme aufmerksam zu machen. In dieser Zeit verbesserte sich auch die Kommunikation zwischen den neuen und den bereits bestehenden Oppositionsgruppen in Leipzig. Hinzu kam der Umstand, daß durch die innenpolitischen Reformen in der Sowjetunion viele der Gruppenmitglieder neu motiviert wurden, sich für Veränderungen in der DDR einzusetzen. Im September 1987 versuchten dann rund 70 Leipziger Gruppenmitglieder mit eigenen Transparenten an dem auch durch die DDR führenden Internationalen „Olof-Palme-Friedensmarsch" teilzunehmen. Im Gegensatz zu den guten Erfahrungen von Oppositionsgruppen aus anderen Städten, wurden die sächsischen Friedensaktivisten von den örtlichen Behörden an einer eigenständigen Teilnahme gehindert. Nur einen Monat später beschloß die sächsische Landessynode neue Kriterien zur Gestaltung von kirchlichen Veranstaltungen mit „fernstehenderen Gruppen". Somit bestand erstmals auch für nicht primär kirchlich angebundenen Gruppen die Möglichkeit, sich eigenständig und kritisch, wenngleich nur unter dem rechtlich schützenden Dach der Kirche, zu artikulieren.[10]

Die Durchsuchung des alternativen Ost-Berliner Treffpunktes Umwelt-Bibliothek im November 1987 durch Mitarbeiter der Staatssicherheit und die Vorgänge um die Liebknecht-Luxemburg-Demonstration am Anfang des Jahres 1988 ließen die Mitglieder der Leipziger Oppositionsgruppen aufschrecken. Wie in anderen Städten der DDR führten auch sie tägliche Fürbittveranstaltungen und Mahnwachen durch. Es entstand in Leipzig eine Koordinierungsgruppe für die Berliner Inhaftierten, die täglich Informationsveranstaltungen in verschiedenen Kirchgemeinden organisierte. Im Zentrum des Protestes standen dabei die montäglichen Friedensgebete in der Leipziger Nikolaikirche. Dieser regelmäßige Termin stellte für die verschiedenen Oppositionsgruppen nicht nur einen verläßlichen Treffpunkt dar, er führte auch dazu, daß andere, der Kirche weniger nahestehende Oppositionelle ein Forum zu finden glaubten. Bedingt durch den Verlauf der Ereignisse in Ost-Berlin, als über 100 „Ausreiseantragsteller" nach der Liebknecht-Luxemburg-Demonstration in die Bundesrepublik übersiedeln durften, hatte sich auch in Leipzig Hoffnung breitgemacht. Viele Antragsteller, die oft Jahre auf ihre Ausreise warteten und sozial isoliert lebten, glaubten nun über öffentlichkeitswirksame Aktionen ihre Ankunft im Westen wesentlich zu beschleunigen. Als Ansprechpartner für ihr Anliegen waren schnell die von den Leipziger Friedens-, Umwelt- und Bürgerrechtsgruppen gestalteten Friedensgebete in der Leipziger Nikolaikirche ausgemacht. Im Gegensatz zu Ost-Berlin, wo infolge der Ereignisse des Januars 1988 die Ausreiseantragsteller ausgegrenzt wurden, versprachen sich einige Leipziger Oppositionelle für ihre Arbeit einen personellen und ideellen Zugewinn. Trotz der Interventionen der Kirchenleitung konnten viele von ihnen in den Gruppen aktiv mitarbeiten und sich auch an der Gestaltung der Friedensgebete beteiligen. In diesem Umfeld entstanden aber auch eigenständige Ausreisegruppen, wie die Gruppe „Staatsbürgerschaftsrecht"[11]. Ihre Mitglieder organisierten Informationsabende und verteilten beispielsweise am 19. Februar 1988 während einer Veranstaltung zum Thema „Leben und Bleiben in der DDR" in der Nikolaikirche Eingabeentwürfe – adressiert an den DDR-Staatschef Erich Honecker – zur gesetzlichen Regelung der Ausreise. Einige von ihnen wurden daraufhin von der Staatssicherheit inhaftiert, nach zwei Wochen jedoch wieder freigelassen.

Am 14. März 1988 spitzte sich die Situation dann auch vor der Leipziger Nikolaikirche zu. An diesem Messemontag hielten sich üblicherweise viele westliche Geschäftsleute und mit ihnen zahlreiche bundesdeutsche Journalisten in der Leipziger Innenstadt auf. Deshalb und aus Protest gegen die Verhaftungen vom Februar in Leipzig planten einige Ausreiseantragsteller und Mitglieder der Oppositionsgruppen einen Schweigemarsch durch das Stadtzentrum (vgl. Anhang, Nr. 4). Mit dieser Aktion und durch den von der „Initiativgruppe Leben" am 5. Juni 1988 durchgeführten sogenannten „Gedenkumzug" gegen Umweltzerstörung zeigte sich in der Arbeit der Oppositionsgruppen eine neue Qualität. Sie versuchten nun, aus dem engen kirchlichen Raum auszubrechen und die Straße zu erobern. Diese Handlungsweise entsprach nicht nur dem Selbstverständnis einiger Gruppen, sie sahen sich hierzu auch durch das Verhalten der Amtskirche gedrängt. Diese fühlte sich durch die ständigen Gespräche mit staatlichen Behörden offenbar genötigt, den Einfluß der Ausreiseantragsteller und der aktionistisch orientierten Oppositionsgrupppen auf die Gestaltung der Friedensgebete zurückzudrängen – mit der Folge, daß ihnen die inhaltliche Gestaltung der Friedensgebete entzogen wurde. Daraufhin machten die Leipziger Oppositionsgruppen ihrer Empörung öffentlich vor der Nikolaikirche Luft. So verteilten sie am 5. September 1988, einem Messemontag, eine Protesterklärung an den sächsischen Landesbischof Hempel, in der sie sich über die Handlungsweise der Leipziger Kirchenverantwortlichen beschwerten. Im Anschluß daran zogen in einem Schweigemarsch rund 150 Teilnehmer durch die Leipziger

Innenstadt zum Marktplatz, ohne daß die Polizei eingriff. Auch in den folgenden Monaten kam es regelmäßig zu öffentlichen Aktionen von Mitgliedern der Bürgerrechtsgruppen. Sie protestierten am 24. Oktober vor der Nikolaikirche mit eigenen Plakaten gegen die gesellschaftlichen Zustände in der DDR, veranstalteten am 9. November einen Schweigemarsch zur Erinnerung an die „Reichskristallnacht" (Anhang, Nr. 5) und demonstrierten am 28. November 1988 anläßlich der Internationalen „Dokumentar- und Kurzfilmwoche" gegen das Verbot der Zeitschrift „Sputnik" und einiger sowjetischer Kinofilme. Bei all diesen öffentlichen Aktionen gingen die DDR-Behörden mit ungewohnter Milde vor. Zwar erhielten einige der Organisatoren Ordnungsstrafen oder wurden zur Befragung auf die staatlichen Ämter vorgeladen, inhaftiert wurde wegen der nach dem DDR-Strafgesetzbuch verbotenen Aktionen jedoch keiner. Das neue Konzept der Leipziger Oppositionsgruppen schien aufzugehen. Indem sie durch ihre Aktionen Öffentlichkeit herstellten, machten sie sich nicht nur vom Diktat der Leipziger Kirchenleitung weitgehend unabhängig, sie transportierten ihr Anliegen auch in andere Bevölkerungskreise. Hinzu kam, daß sich in Leipzig kaum merklich eine eigenständige Subkultur herausgebildet hatte. So wurden von Künstlerkreisen nicht nur zahlreiche eigenverlegte Zeitschriften herausgegeben, es bestanden auch gut besuchte Galerien oder illegale Cafés in besetzten Wohnungen. Diese Möglichkeiten trugen auch zur verbesserten Kommunikation unter den Leipziger Alternativgruppen bei.

Während des Jahreswechsels 1988/89 verhielten sich die staatlichen Behörden jedoch nicht mehr so zurückhaltend. So griffen Polizei und Mitarbeiter der Staatssicherheit am 20. November 1988 massiv ein, um eine Veranstaltung von Ausreiseantragstellern zu verhindern. Diese hatten mit Flugblättern Besucher der Friedensgebete zu einem „Schaufensterbummel" in der Leipziger Innenstadt aufgerufen.

> „Liebe Freunde des Friedensgebetes! Wir möchten hiermit zu einem Schaufensterbummel in der Leipziger Innenstadt in Familie oder auch solo einladen. Wir Freunde des Friedensgebetes haben doch immer brisante Themen zu besprechen. Beispiel: Diskussionen über die Vielfalt der Schaufenstergestaltung in Qualität und Quantität. Gerade in der Vorweihnachtszeit hält HO und Konsum sicher viele Überraschungen bereit. Treffpunkt: Sonntag, 20.11.1988, 15.00 Uhr Clara-Zetkin-Park (Ende Karl-Tauchnitz-Str. am Rondell). Von da an gemeinsamer Spaziergang in die Innenstadt."[12]

Den Treffpunkt dieser Aktion außerhalb der Leipziger Innenstadt hatte die Polizei abgesperrt. Noch bevor der „Schaufensterbummel" wirklich beginnen konnte, wurden 22 Personen unter massiver Gewaltanwendung festgenommen, konnten aber nach mehreren Stunden Verhör wieder gehen. Die Organisatoren dieser Veranstaltung, die sich zu diesem Zeitpunkt in Haft befanden, wurden im März 1989 zu Gefängnisstrafen von bis zu 20 Monaten verurteilt.

Wie ernst es den Leipziger Behörden gewesen sein muß, gegen die öffentlichen Veranstaltungen der Opposition vorzugehen, zeigte sich zu Beginn des Jahres 1989. Mit Flugblättern hatte eine „Initiative zur demokratischen Erneuerung unserer Gesellschaft" für den 15. Januar 1989 zu einer eigenständigen Demonstration für Presse- und Meinungsfreiheit in der Leipziger Innenstadt aufgerufen. Ähnlich wie ein Jahr zuvor in Berlin, als die Proteste am Rande der offiziellen „Luxemburg-Liebknecht-Demonstration" für Aufsehen gesorgt hatten, sollten auch in Leipzig demokratische Defizite in der Gesellschaft öffentlich gemacht werden.

„Der Tag der Ermordung von Rosa Luxemburg und Karl Liebknecht soll uns Anlaß sein, weiter für eine Demokratisierung unseres sozialistischen Staates einzutreten. Es ist an der Zeit, mutig und offen unsere Meinung zu sagen: Schluß mit der uns lähmenden Teilnahmslosigkeit und Gleichgültigkeit. Lassen sie uns gemeinsam eintreten für das Recht auf freie Meinungsäußerung, für die Versammlungs- und Vereinigungsfreiheit, für die Pressefreiheit und gegen das Verbot der Zeitschrift „Sputnik“ und kritischer sowjetischer Filme.“[13]

Noch vor der geplanten Demonstration kam es in Leipzig zu elf Verhaftungen von führenden Mitgliedern der Oppositionsgruppen. Anlaß dafür war das Verteilen des Flugblattes. Am 15. Januar 1989 schließlich folgten rund 500 Menschen dieser offiziell nicht genehmigten Demonstration durch die Leipziger Innenstadt. Es kam zu 53 vorläufigen Festnahmen. Das massive Vorgehen der Polizei und die Verhaftungen von Leipziger Bürgerrechtlern im Vorfeld der Demonstration durch den DDR-Staatssicherheitsdienst löste einen heftigen öffentlichen Protest im In- und Ausland aus, der schließlich zu ihrer Freilassung führte und die Einstellung der Ermittlungsverfahren zur Folge hatte. Ein früher Sieg der Leipziger Bürgerrechtsbewegung, der Mut machte für andere öffentliche Aktionen in der Messestadt.

Zusammenfassung

Am Beginn des Jahres 1989 hatte sich in Leipzig eine aktive und in sich weitgehend geschlossene Opposition herausgebildet. Im Gegensatz zu anderen Städten, wie beispielsweise Ost-Berlin, wurden die „Ausreiseantragsteller“ hier nicht ausgegrenzt, sondern in die Arbeit vieler Gruppen einbezogen. Die gemeinsamen öffentlichen Aktionen des Jahres 1988 sorgten für Kontinuität in der Arbeit der Bürgerrechtsgruppen, ermöglichten vielen Antragstellern aber auch, das Land zu verlassen. Aus dieser Symbiose, so schmerzhaft sie auch für manchen persönlich war, entwickelte sich eine ungewöhnlich kreative Szene. Lamentieren oder Abgrenzung untereinander stand nicht auf der Tagesordnung, in Leipzig bestimmten vor allem Spaß und Selbstbestätigung die politische Arbeit der Bürgerrechtsgruppen.

Hinzu kam, daß die Oppositionsgruppen in Leipzig auf eine lange Widerstandstradition zurückblicken konnten. Viele, die 1988/89 demonstrierten, kannten sich bereits von den Aktionen der Friedens- und Umweltgruppen am Anfang der 80er Jahre. In Leipzig wurde die Arbeit der Oppositionsgruppen vom Gedanken der Zusammenarbeit bestimmt, persönliche Ressentiments und Neiddiskussionen gewannen nie die Oberhand. Insgesamt glaubten aber nur wenige von ihnen an wirkliche Reformen und Veränderungen in der DDR, die deutsche Einheit hielt kaum einer für möglich.

Im Mittelpunkt der politischen Arbeit stand der Gedanke des kontinuierlichen Ausweitens von Freiräumen durch öffentliche Aktionen und solide Basisarbeit. Die Kirche wurde dabei anfangs als schützendes Dach genutzt, unter dem man die öffentlichkeitswirksamen Aktionen organisierte. Dazu nutzten die Oppositionsgruppen symbolträchtige Tage, an denen zumindestens in Leipzig eine gewisse Öffentlichkeit hergestellt war. Nicht ohne Grund fanden die ersten Schweigemärsche 1988 während der Leipziger Messen, die Luftballonaktion während der Internationalen Dokumentar- und Kurzfilmwoche und die Demonstration für Bürgerrechte

1989 während des KSZE-Folgetreffens statt. War doch dadurch auch eine internationale Öffentlichkeit hergestellt, die für die Oppositionsgruppen am Ende der 80er Jahre auch so etwas wie einen Schutz gegen das allzu harte Durchgreifen des Staates darstellte. Darüber hinaus läßt sich heute abschätzen, daß der Einfluß des MfS auf die Friedens-, Umwelt- und Bürgerrechtsgruppen, im Vergleich zu anderen Städten, wie Ost-Berlin, niedrig war.

Jedoch sollte man die Wirkung der Leipziger Opposition im Zeitraum bis 1988 auch nicht überschätzen. Mehr als 300 Engagierte besaßen die Leipziger Gruppen in Wirklichkeit nie, ihre Wirkung blieb in den 80er Jahren im wesentlichen auf das Umfeld der Kirchen begrenzt. Daß der lokal und zahlenmäßig eingeschränkte Protest im Verlauf des Jahres 1989 schließlich von Hunderttausenden artikuliert wurde, hat viele Ursachen. Das Heraustreten der Bürgerrechtsgruppen aus dem schützenden Raum der Kirche und die Eroberung der Straße ist nur eine davon. Immerhin aber bot ihre öffentliche Courage die Grundlage dafür, daß Leipzig zur „Heldenstadt" werden konnte.

Anmerkungen:

1 Vgl. *Hubertus Knabe*, Kirche, Intellektuelle, unorganisierter Protest. In: *Bernd Lindner* (Hrsg.), Zum Herbst '89. Demokratische Bewegung in der DDR. Leipzig 1994, S. 32 f.

2 O.V., „Freaks und Punks". In: *Norbert Haase, Lothar Reese* und *Peter Wensierski* (Hrsgg.), VEB Nachwuchs. Jugend in der DDR. Hamburg 1983, S. 244.

3 Vgl. *Christian Dietrich*, Fallstudie Leipzig 1987 – 1989. Eine Regionalstudie zur Opposition in der DDR. In: Deutscher Bundestag (Hrsg.), Enquete-Kommission. „Aufarbeitung von Geschichte und Folgen der SED-Diktatur in Deutschland". Band VII. Widerstand, Opposition, Revolution. Bonn 1994, S. 591, sowie das Interview mit Christoph Wonneberger in diesem Band.

4 Zitat aus *Wolfgang Büscher* und *Peter Wensierski*, Null Bock auf DDR. Aussteigerjugend im anderen Deutschland. Hamburg 1994. S. 134.

5 Bezirksverwaltung Leipzig des MfS, Tgb.-Nr. XX/AKG/397/83, 5. Dezember 1983. In: *Christian Dietrich* und *Uwe Schwabe* (Hrsgg.), Freunde und Feinde. Friedensgebete in Leipzig zwischen 1981 und dem 9. Oktober 1989. Leipzig 1994. S. 74.

6 Vgl. *B. Langenbach-Fochler*, Friedensfilmer noch nicht frei. In: „die tagezeitung", 5. Dezember 1983; siehe auch O.V., „Zahnbürste mitnehmen". In: Der Spiegel, Nr. 49, 5. Dezember 1983, S. 52.

7 Vgl. *Gesine Schmidt*, Bericht über praktische Arbeit von Ökogruppen. In: *Peter Wensierski*, „Von oben nach unten wächst gar nichts", Umweltzerstörung und Protest in der DDR. Frankfurt 1986.

8 *Büscher/Wensierski*, S. 68.

9 O.V., „mobil, mobil". In: Streiflichter. Nr. 26 vom Juni 1984. S. 1.

10 Vgl. *Dietrich*, Fallstudie Leipzig 1987 – 1989 (s.o. Anm. 4).

11 Ebd.

12 Aufruf zum sogenannten „Schaufensterbummel". Quelle: „Archiv Bürgerbewegung Leipzig".

13 MfS, ZAIG, Nr. 25/89, Information über Aktivitäten feindlich-negativer Kräfte in Leipzig im Zusammenhang mit dem 70. Jahrestag der Ermordung Karl Liebknechts und Rosa Luxemburgs. Berlin, 16. Januar 1989, Anlage I: „Aufruf an alle Bürger der Stadt Leipzig". In: *Armin Mitter* und *Stefan Wolle* (Hrsgg.), „Ich liebe euch doch alle!" Befehle und Lageberichte des MfS. Januar-November 1989. Berlin 1990. S.13. Dieses Flugblatt der „Initiative zur demokratischen Erneuerung unserer Gesellschaft" wurde in der Nacht zum 12. Januar 1989 5 000 mal in Leipziger Briefkästen verteilt.

Anhang

Nr. 1
„Beispiele negativer Aktivitäten“

Information des Rates des Bezirkes Leipzig zur Friedensdekade 1981

[...] In Vorbereitung und Durchführung der „Friedensdekade“ wurde sichtbar, daß die überwiegende Mehrzahl der evangelischen Geistlichen im Bezirk Leipzig die durch den Bund der evangelischen Kirchen in der DDR an die Gemeinden herausgegebenen Arbeitspapiere zur inhaltlichen Gestaltung der „Friedensdekade“ verwendet hat, ohne negative Aussagen zu treffen oder sich gegen die Politik des Staates zu wenden. Eine Reihe von Geistlichen hat überhaupt keine Aktivitäten übernommen, so daß Gottesdienste und Friedensgeläut unterblieben. [...]

Nachfolgende Beispiele negativer Aktivitäten zeigen, daß sich die Pläne und Absichten rechter kirchlicher Kreise in unserem Bezirk auf eine verstärkte Wirksamkeit unter der Jugend richten und dazu eine intensive Unterstützung durch die Kirchenleitung der Landeskirche Sachsens gegeben wird.

Im Jugendgottesdienst der Nikolaikirche am 18.11.1981, 19.30 Uhr, waren ca. 800 Personen anwesend.

Unter dem Thema: „Ent-rüstet Euch“ wurde in Form eines Sketches symbolisch eine Mauer errichtet und darauf orientiert, daß Mauern Menschen, Familien, Kollektive und Völker trennen, was vielen gar nicht mehr bewußt sei. Im Zusammenhang mit der Frage: „Wie werde ich mit Mauern fertig?“ wurde die Feststellung getroffen, daß es einzelne gab, die sich hinter Mauern hervorgewagt haben, wie zum Beispiel Wolfgang Borchart. Von diesem wurde ein Gedicht zitiert.: „Arbeiter an der Werkbank, wenn sie dir morgen befehlen, Du sollst statt Kochtöpfen Granaten drehen, dann gibt es nur eins, sag nein.“

Die Predigt, gehalten vom Jugendpfarrer Gröger, reflektierte über eine Grenze „an deren beiden Seiten Raketen aufgebaut sind. Auf der einen Seite könne man gegen diese Art von Schutz protestieren, und es werde auch protestiert. Auf der anderen Seite ist Ruhe und herrscht Schweigen. Im nächsten Jahr kommen neue Pershing II Raketen dazu. Wieviele SS 20 dazukommen, wissen nur die Großen dieser Welt.“ [...]

Weitere Aussagen bezogen sich auf den Bußtag, der erst nachdem sich junge Leute entrüstet hätten, wieder zum kirchlichen Feiertag gemacht worden sei. „Wenn der Ruf erschallt, Gewehre anzufassen“, so Pfarrer Gröger, trifft er nur die Jugend. „Es sei die Tragik, daß Ältere bestimmen, was Junge zu tun haben.“ Pfarrer Gröger stellte fest, junge Christen bemühen sich um eine Haltung, die in unserer Gesellschaft unüblich ist. Sie sollen die Heimat nicht mit der Waffe verteidigen, sondern in Alters- und Pflegeheimen arbeiten.

Im Verweis auf Mathäi 10 [sic] interpretierte Gröger die Anforderungen Jesu an die Menschen, daß

– junge Christen nicht länger gedankenlos ein Gewehr zur Hand nehmen, junge Christen sich nicht mit gemeinen Witzen über polnische Glaubensbrüder abfinden,

- Anforderungen an den Staat gehen müssen, für Jugendliche unter 18 Jahren die Möglichkeit zu schaffen, eine Ausbildung ohne Waffe zu absolvieren. Die Aussagen wurden jeweils durch heftigen Beifall der anwesenden Jugendlichen begrüßt.
- Das Fürbittgebet am Ende des Gottesdienstes sprach sich für alle Opfer der Gewaltherrschaft, für friedliche Lösung der Konflikte, der Nutzung von politischen und ökonomischen Potenzen zu friedlichen Zwecken aus. Es solle dort begonnen werden, wo Unfrieden und Ungerechtigkeit am größten sind, im Beruf, in der Familie oder in der Armee. [...]

Quelle: Christian Dietrich und Uwe Schwabe (Hrsg.), Freunde und Feinde. Dokumente zu den Friedensgebeten in Leipzig zwischen 1981 und dem 9. Oktober 1989. Leipzig 1994. Dokument 3. S. 45–47.

Nr. 2

„Mißbrauch christlich motivierten Friedensengagements"

Auszug aus dem monatlichen MfS-Bericht für November 1982

1. Zum Sachverhalt
Am 5.11.83 gegen 18.15 wurden auf dem Marktplatz ca. 50 Jugendliche sitzend, einen Kreis bildend und in der Mitte brennende Kerzen aufgestellt, angetroffen. [...] Am 6.11.83 gegen 19.50 versammelten sich 20 Jugendliche am Bachdenkmal des Thomaskirchhofes kurzzeitig mit brennenden Kerzen. [...] Am 7.11.83 gegen 18.40 versammelten sich 30 Personen aus der Nikolaikirche kommend und gingen in Richtung Naschmarkt und Grimmasche Straße mit brennenden Kerzen. [...] Durch Genossen der Volkspolizei wurden insgesamt 32 Beteiligte durch Feststellen der Personalien und Befragung namhaft gemacht. [...] Bei den Beteiligten handelte es sich ausschließlich um Jugendliche im Alter von 16 bis 23 Jahren und um keine negativ dekadenten Personen. Die Befragung der Beteiligten nach ihrem Motiv ergibt, daß sie mit dieser „Symbolhandlung" ihren Willen zum Frieden dokumentieren wollen und beabsichtigen, die Bürger zum Nachdenken über den Frieden anzuregen. Ausgangspunkt für diese sogenannten „Symbolhandlungen" sind offensichtlich die täglich stattfindenden Friedensgottesdienste in der Nikolaikirche bzw. Thomaskirche. [...] Die beabsichtigte Öffentlichkeitswirksamkeit wurde, bedingt auch durch den Zeitpunkt der Handlungen und durch die Tatsache, daß durch die Passanten der Hintergrund dieser Handlungen kaum übersehen wird, im wesentlichen nicht erreicht. Das kann man aus Reaktionen von Passanten, wie, es ist doch gar nicht Advent, schlußfolgern.

2. Wertung der Ereignisse
Diese Ereignisse können nur als Mißbrauch christlich motivierten Friedensengagements durch reaktionäre Kräfte innerhalb der Kirche im Sinne einer eigenen selbständigen Friedensbewegung bewertet werden. Dafür sprechen auch u.a. folgende Tatsachen: [...] In dem seit Anfang September durch den Stellv. d. Rates des Bezirkes für Inneres und dem Stellv. d. OBM f. Inneres in kurzen Abständen mit dem Präsidenten der Landeskirche Sachsen, Domsch, den beiden Superintendenten Richter und Magirius sowie mit dem Jugendpfarrer Gröger geführten Gesprächen wurde auf wiederholte Herausforderung von diesen versichert, alle Veranstaltungen im innerkirchlichen Rahmen zu halten, alles zu unterlassen, was zu einer Konfrontation zwischen Staat und Kirche führen und zu politischen Mißverständnissen geeignet sei und sich strickt [sic] an die Gesetzlichkeit zu halten. [...] Noch am 19.10.83 wurde von Jugendpfarrer Gröger versichert, daß es in Leipzig zu keinen symbolhaften Handlungen wie in Berlin zum Weltfriedenstag kommen werde. [...] Es wird offensichtlich, daß der Einfluß politisch-progressiver kirchenleitender Persönlichkeiten wie Magirius nicht ausreicht, um in der Praxis zu abgegebenen Worten zu stehen.

3. Schlußfolgerungen

1. Der Stellv. d. Rates d. Bez. f. Inneres und der Stellv. d. OBM f. Inneres führen am 8.11.83, 14.00 Uhr eine prinzipielle Aussprache mit dem Sup. durch mit dem Ziel, daß unter Verantwortung der beiden Sup.gewährleistet wird, daß derartige sogenannte „Symbolhandlungen" im Interesse der Kirche und des Staates der Unterbindung jeglichen politischen Mißbrauchs im Namen der Kirche sowie unter Wahrung der Gesetzlichkeit (keine Demonstration beantragt und genehmigt) unterbleibt.

2. Das VPKA sichert weiterhin die uniforme Präsens der VP, sichert die Feststellung zur Person und gewährleistet die Auflösung derartiger Handlungen im Anschluß an die täglich stattfindenden Friedensgottesdienste in der Innenstadt soweit erforderlich.

3. Durch den Rat der Stadt im Zusammenarbeit mit dem Rat d. Bezirkes wird ab 8.11.83 bis auf weiteres die offizielle Teilnahme von Vertretern der Staatsorgane an diesen Friedensgebeten gewährleistet.

Quelle: Christian Dietrich und Uwe Schwabe (Hrsg.), Freunde und Feinde. Dokumente zu den Friedensgebeten in Leipzig zwischen 1981 und dem 9. Oktober 1989. Leipzig 1994. Dokument 10. S. 67–68.

Nr. 3

„Erschrocken über den gesundheitsschädlichen Luftzustand"

Eingabe an den Rat der Stadt Leipzig/Abt. Umweltschutz wegen der gesundheitsschädlichen Luftsituation vom 18.-20.1. 1985

Erschrocken und betroffen war ich über den gesundheitsschädlichen Luftzustand von Freitag bis Sonntag. In diesen Tagen hatte ich akute Schleimhautreizungen. Menschen, die mir begegneten, hatten krampfartige Hustenanfälle und hielten sich Taschentücher vor die Atmungsorgane. Weite Parkflächen der Stadt waren kohlrabenschwarz und von Rußteilchen übersät. Diese durch die Inversionswetterlage ausgelösten Erscheinungen haben meines Erachtens die Ursache in der ungenügenden Luftreinhaltungspolitik und der fehlenden Aufklärung der Bevölkerung zum Verhalten bei Schlechtluftsituationen. Ist denn vermehrte Produktion wichtiger als die Gesundheit der Bevölkerung? Ich denke nein! Da ja bei uns das Leben des Menschen im Mittelpunkt stehen soll, erwarte ich von Ihnen, unverzüglich Maßnahmen einzuleiten, um einer Inversionswetterlage sowie vermehrter SO_2- und Staubemission besser begegnen zu können. Diese sollten sich von Maßnahmen zur Bewußtseinsbildung der Bevölkerung, über stärkere Gesetzeskontrollen bis zu Produktionsminderung, öffentlicher Warnung und Fahrverbot erstrecken.

Quelle: Archiv Bürgerbewegung Leipzig, Hefter 55.

Nr. 4

„Eine gewisse Ratlosigkeit von seiten der Statssicherheit"

Bericht eines Demonstranten über den Protestmarsch am 14.03.1988 in Leipzig

Nach Abschluß des Friedensgebetes in der Nikolaikirche am Montag, 14. 3 1988, an dem sich ca. 900 Leipziger beteiligten, versammelte sich ein Großteil der Teilnehmer auf dem Kirchhof und füllte ihn nahezu aus. Nach zwanzigminütigem Beieinanderstehen und unter fortlaufenden Diskussionen zu immer noch ungeklärten Fragen, die durch das Friedensgebet zwar angesprochen wurden, doch sicher noch nicht für den Großteil verständlich genug abgeklärt wurden, begann sich eine Gruppe Teilnehmer in Richtung Stadtzentrum in Bewegung zu setzen.

Immer mehr der auf dem Kirchhof Versammelten schlossen sich dem Zug an, so daß ca. 400 Friedensgebetsteilnehmer begannen, in Richtung Thomaskirche zu laufen. Der so spontan gebildete Umzug führte vorbei an einem Spalier von zivilen Sicherheitsbeamten, Schaulustigen, Interessierten und Besuchern der Frühjahrsmesse. [...] Eine gewisse Ratlosigkeit von seiten der Staatssicherheit, wie man den Marsch zum Anhalten und Auflösen bringen könnte, ohne Aufsehen und etwaigen Argwohn unter den Messebesuchern zu erregen, war nicht zu übersehen. An der Thomaskirche angelangt, bildeten die Demonstranten einen Kreis. Dabei wurde versucht, eine Gruppe Sicherheitsbeamter in den Kreis einzuschließen. Diese ergriffen sofort die Flucht, in der weisen Ahnung, dann dem offenen Spott preisgegeben zu sein. Auch bei dem Versuch, jene Beamte in die Gemeinschaft einzuziehen, flohen diese vor entgegengestreckten Händen. Nachdem der Kreis geschlossen wurde, in Form einer Kette, begannen die Teilnehmer des Friedensgebetes den Vers zu singen „Hewenu Schalom elechem“ (Wir bringen euch Frieden). Die Gruppe lief dann zurück zum Leipziger Markt unter fortlaufendem Gesang, bildete auch dort einen Hand-zu-Hand-Ring und lief weiter in einer Kette zurück zur Nikolaikirche. Auf diesem Weg, vom Markt zur Nikolaikirche, forderte erstmalig ein Polizei-Streifenwagen die Demonstranten auf, den Marsch aufzulösen. Ungeachtet dessen lief die Gruppe singender Demonstranten zurück zum Nikolaikirchhof und löste sich erst dort nach einigen Minuten auf.

Ohne einen direkten Aufruf, einfach aus einer inneren Übereinstimmung heraus gelang es seit langem, in Leipzig auch außerhalb der Kirche Gemeinschaft zu bilden und in Form eines Marsches Protest zu bekunden. Am Marsch waren nicht allein Ausreisewillige beteiligt, sondern auch Vertreter der Basisgruppe Initiativgruppe Leben und weitere Menschen, die sich für die Durchsetzung der Menschenrechte in der DDR einsetzen. Ein erstes gutes Zeichen dafür, daß das Recht auf freie Wahl des Wohnsitzes nicht allein ein Problem und die Aufgabe der jeweiligen Antragsteller ist, sondern, daß sich gerade Menschen mit den Ausreisewilligen solidarisieren, die nicht das Land verlassen wollen, wohl aber das Menschenrecht anerkennen und endlich gemeinsam mit den Antragstellern aktiv dafür eintreten. Ein gutes Zeichen auch dafür, daß nicht mehr geduldet wird, daß Menschen, die den Sinn des Lebens in einem anderen Land finden wollen, nicht länger Ausgestoßene unseres Landes sein dürfen. Letztlich muß noch hervorgehoben werden, daß es dieses Mal nicht zu keinen Ausschreitungen von seiten der Polizei als auch von den Demonstranten gekommen ist, so daß dieser Umzug einen guten Abschluß des Friedensgebetes bildete. Dieses primitive Recht, solch einen friedlichen Umzug zu gestalten, das an jenem Montag widerrechtlich zu den DDR-Gesetzen einfach in Anspruch genommen worden ist, muß Inhalt unserer weiteren Arbeit bleiben.

Quelle: Christian Dietrich und Uwe Schwabe (Hrsgg.), Freunde und Feinde. Dokumente zu den Friedensgebeten in Leipzig zwischen 1981 und dem 9. Oktober 1989. Leipzig 1994. Dokument 43. S. 142–143.

Nr. 5
„Verantwortung für die Freiheit der Menschen in unserem Land“

Flugblatt der Initiative zur gesellschaftlichen Erneuerung der DDR

Die Pogromnacht vor 50 Jahren mahnt uns: Die Menschen in Deutschland waren 1938 durch fünf Jahre faschistische Diktatur und Ideologie im Denken und Fühlen geprägt und deformiert. Haß und Gewalt gegenüber Andersdenkenden fanden in den Köpfen der Menschen damals ihre Legitimation. Die Angst vor dem totalitären Staatsgefüge und das Mißtrauen zu seinen Mitmenschen breiteten sich in der Gesellschaft aus. Unter dem ständigen Einfluß des faschistischen Massenkultes wurde Kritik und Aufbegehren bis ins eigene Denken selbstzensiert. Die Menschen zogen sich in die Privatsphäre zurück. Sie vollzogen eine innere Emigration oder mußten emigrieren. Wissen und Ahnung um Rassenverfolgung und Gewalt brachte nur wenige Menschen zum Handeln.

Wir erfahren durch die Aufarbeitung der Zeit des Stalinismus aus den Zeitungen der Sowjetunion, wie Andersdenkende unter dem Deckmantel der marxistisch-leninistischen Ideologie verfolgt und ermordet wurden.

Wir erleben in unserem Land, wie Menschen mit konstruktiv-kritischen Meinungen kriminalisiert und als Staatsfeinde verfolgt werden. Wir erleben Ausgrenzung und Diskriminierung. Wie lange werden wir als mündige BürgerInnen des ersten sozialistischen Staates auf deutschem Boden noch zusehen:

Wenn Skinheads und einige Fußballfans neonazistische Parolen schreien? Wenn verfassungswidrige Ausländerfeindlichkeit gerade auch gegen das leidgeprüfte polnische Volk um sich greift? Wenn ein Vertreter der Kreisleitung der FDJ an der C.V. Ossietzky EOS in Berlin, im Zusammenhang mit den Relegierungen und Schulstrafen gegen Schüler, die die offizielle „Speakers Corner" zum friedlichen Meinungsstreit über die Situation in Polen und Militärparaden nutzten, sagte, „man bemühe sich, um jeden zu kämpfen (z.B. um Grabschänder, Skinheads u. a.), aber in diesem Fall müßte die Trennung von eindeutig staatsfeindlichen Schülern erfolgen"? Wenn die Freiheit der Presse, über alle gesellschaftlichen Bereiche zu berichten, durch die sogenannte Druckgenehmigungspraxis verhindert wird? Wenn sich junge Menschen, die sich anders kleiden als die Mehrheit der Bevölkerung, wie die Punks in Dresden wegen „unästhetischen Aussehens" Ordnungsstrafen zahlen müssen oder physische Gewalt durch Polizisten erleiden müssen? Wenn Mitarbeiter der Kirche von Unten in Weimar – wie z.B. Jörg Winkler – für ihr Engagement zur Aufklärung über IWF und Weltbank psychisch unter Druck gesetzt und physisch mißhandelt werden? Wenn Mitarbeiter kirchlicher und unabhängiger Gruppen – wie am 28.10., 1.11., 4.11. in Berlin und zwischen dem 20.10. und 1.11. in Leipzig geschehen – auf Grund ihres friedlichen Engagements und ihrer öffentlichen Meinungsbekundung zugeführt und Ermittlungsverfahren wegen krimineller Handlungen angedroht werden ? Wenn Schriftsteller – wie am 1.11. Johannes Bader – nach Lesungen, bei denen sie auch über gesellschaftliche Probleme informierten, polizeilich zugeführt und Manuskripte beschlagnahmt werden?

Wenn wir das Gedenken an die Pogromnacht für uns annehmen, müssen wir unsere Verantwortung als Mensch wahrnehmen; die Verantwortung für die Freiheit der Menschen in unserem Land; die Verantwortung für Frieden, Gerechtigkeit und Bewahrung der Schöpfung.

Wir protestieren gegen neostalinistische Tendenzen in der Gesellschaftsstruktur der DDR. Wir protestieren gegen neonazistische Tendenzen im Denken und Handeln einiger Menschen dieses Landes. Wir fordern die Regierung der DDR auf, die Kriminalisierung und Ausgrenzung von Andersdenkenden [...] zu beenden. Wir fordern einen öffentlichen Dialog aller gesellschaftlichen Kräfte, der Kritik und Selbstkritik einschließt, über alle Problemfelder diese Landes.

Quelle: Die Mücke. Dokumentation der Ereignisse in Leipzig, hg. von der „Arbeitsgruppe Menschenrechte" und dem „Arbeitskreis Gerechtigkeit", Leipzig, März 1989, S. 10–12. Eigene Sammlung.

Nr. 6
„Wir protestieren gegen die Beeinträchtigungen von verfassungsmäßig garantierten Rechten"

Schreiben von 20 Leipziger Bürgern an das „Neue Deutschland", das Ministerium des Innern und den Staatsrat der DDR

Wir, die Unterzeichner dieses Schreibens, protestieren hiermit gegen die in den letzten Wochen verstärkt aufgetretenen Beeinträchtigungen von verfassungsmäßig garantierten Rechten. Nicht nur uns, sondern großen Teilen der Bevölkerung ist es unverständlich, wie man öffentlich von gesellschaftlichem Fortschritt und existierender Rechtssicherheit sprechen kann – wenn gleichzeitig entscheidende Artikel der Verfassung praktisch außer Kraft gesetzt sind. Dieses bezieht sich auf Artikel, in denen das Recht auf Meinungs- und Pressefreiheit, das Recht auf uneingeschränkte Religionsausübung und der Schutz der Persönlichkeit und Freiheit festgelegt ist. Gerade angesichts des Tages der Menschenrechte am 10. Dezember lassen die im folgenden aufgelisteten staatlichen Übergriffe und Verbote starke Zweifel an der innenpolitischen Dialogfähigkeit der Regierung der DDR aufkommen!

Wir protestieren:

- gegen die Inhaftierung und Hausdurchsuchungen von Mitgliedern des Arbeitskreises „Vorbereitungen von Gottesdiensten" in Berlin
- gegen die Ordnungsstrafverfahren und Zuführungen in Leipzig als Folge der Friedensgebete vom 17./24.10.1988
- gegen die Schulstrafen und Relegierungen von Schülern der „Carl von Ossietzky"-EOS in Berlin
- gegen das Aufführungsverbot von fünf sowjetischen Filmen
- gegen das Verbot der sowjetischen Monatszeitschrift „Sputnik"
- gegen die Zensur von Zeitschriften und kirchlichen Wochenblättern.

Diese bis in die Privatsphäre der Persönlichkeit reichenden Repressalien verletzen nicht nur die Würde des Menschen, sie untergraben jegliche Möglichkeit auf gesellschaftliche Mitgestaltung. Wir fordern endlich Rechtssicherheit für Andersdenkende, die Aufhebung der unsinnigen Publikations- und Filmverbote sowie einen öffentlichen Problemdialog aller gesellschaftlichen Kräfte!

Quelle: Die Mücke. Dokumentation der Ereignisse in Leipzig, hg. von der „Arbeitsgruppe Menschenrechte" und dem „Arbeitskreis Gerechtigkeit", Leipzig, März 1989, S. 14–15. Eigene Sammlung.

oben: Protest gegen Entlassung von vier Schülern aus der Ossietzky-Schule, Berlin-Pankow 1988 (bedrucktes T-Shirt)

unten: Postkarte aus der Bürgerrechtsbewegung

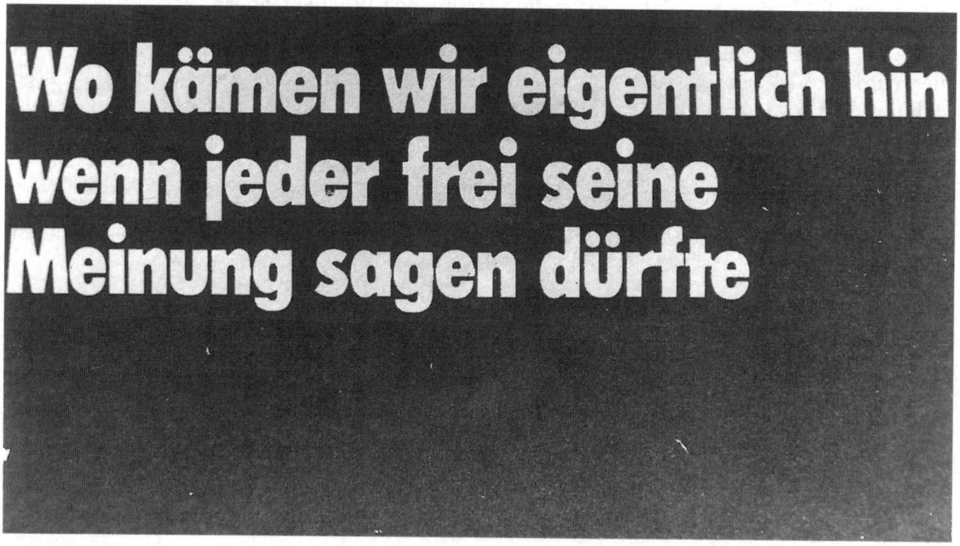

oben: Abschlußveranstaltung des Evangelischen Kirchentages, Berlin 1987

unten: Kirchentag von unten, Halle 1988

Olof-Palme-Friedensmarsch, September 1987

Olof-Palme-Friedensmarsch, September 1987, Plakate gegen Abgrenzung

oben: Treffen Petra Kellys in Ost-Berlin mit Gerd Poppe (Bildmitte) und Werner Fischer, September 1986

unten: Friedenswerkstatt Berlin 1986

Plakat, Ost-Berlin, Mitte der 80er Jahre

Christoph Wonneberger; Arnold Vaatz; Matthias Rößler;
Michael Richter

Opposition in Sachsen – Drei Zeitzeugenberichte

Die Spannweite biographischer Erfahrungen und politischer Zielvorstellungen, die in den revolutionären Herbst 1989 einmündeten, dokumentieren die folgenden Zeitzeugeninterviews mit dem Begründer der „SoFd"-Initiative und Initiator der Leipziger Friedensgebete sowie mit zwei prominenten Akteuren des Umbruchs in Dresden.

Die Gespräche führte Michael Richter.

Christoph Wonneberger

„Für mich war das, was ich getan habe, selbstverständlich immer Widerstand"

Christoph Wonneberger, Pfarrer i.R., geboren 1944 in Wiesa/ Erzgebirge.

Nach einer Lehre als Maschinenschlosser studierte er von 1963 bis 1970 in Leipzig und Rostock evangelische Theologie. Seit 1968 unterhielt er enge Kontakte zu Bürgerbewegungen in der CSSR und in Polen und beteiligte sich selbst vorübergehend am Widerstand gegen den Einmarsch der Warschauer-Pakt-Truppen in Prag. 1971 ging er an das Predigerkolleg in Leipzig und erhielt danach Pfarrstellen in Leipzig-Möckern, Taucha und Dresden. Aufsehen erregte 1980 sein Entwurf eines Konzeptes zum Sozialen Friedensdienst (SoFd), dessen weitere Verbreitung und Umsetzung ihm auf staatlichen Druck 1982 von der sächsischen Kirchenleitung untersagt wurde. Erstmals war damit das Modell eines Zivildienstes in der DDR konzipiert worden. In der Folgezeit wurde Wonneberger Mitinitiator der Friedensgebete in der DDR, durch die er die Idee des sozialen Friedensdienstes weiter propagierte. 1985 erhielt er die Pfarrstelle der Lukasgemeinde in Leipzig-Volkmarsdorf. Ab September 1986 fungierte er als Koordinator der kirchlichen Basisgruppen in Leipzig, die unter seiner Leitung die Friedensgebete in der Nikolaikirche organisierten. Im September und Oktober 1989 liefen über ihn zahlreiche Informationen zum Geschehen in Leipzig ins Ausland. Wegen schwerer Erkrankung mußte er sein Wirken Anfang November 1989 einstellen. 1991 wurde er von der Kirchenleitung in den Ruhestand versetzt.

Herr Wonneberger, wie kamen Sie zu Ihrer oppositionellen Haltung gegenüber dem SED-Regime? Standen Sie dem System schon immer ablehnend gegenüber?

Eine kritische Grundhaltung hatte ich schon immer. Deswegen habe ich mich bei meinem Theologie-Studium an der Universität in Rostock auch viel mit Philosophie beschäftigt, mit Hegel, aber auch mit dem Marxismus, parallel zu dem, was wir ohnehin mußten. Dabei habe ich immer nach einer Möglichkeit gesucht, wie man diese Gesellschaft mit eigener Beteiligung reformieren könnte. Wir haben auch versucht, aktiv zu werden, z.B. haben wir versucht, selbst eine FDJ-Gruppe zu gründen. Das war Anfang oder Mitte 1968. Da haben wir nach Frankreich geschaut, es war alles links, und wir haben versucht, selber etwas zu bewegen.

Hatte bereits ihre Entscheidung für das Theologiestudium etwas mit dieser kritischen Grundhaltung zu tun?

Ganz gewiß. Ich habe immer nach der Wahrheit gesucht und mich nicht mit den Antworten begnügt, die andere mir bereitgestellt haben. Mir waren die Fragen immer wichtiger als die Antworten. Auch bei der Theologie war ich immer kritisch und habe gesagt, man muß neue Fragen stellen. Deswegen habe ich eigentlich auch immer wieder philosophisch nachgefragt. Mir waren Fragen von Philosophen wie Martin Heidegger oder Ernst Bloch oft wichtiger als die Antworten der Theologen.

Diese Haltung erinnert mich an Paul Tillich oder Søren Kierkegaard, die ihre Position in ähnlicher Weise als auf der Grenze zwischen Theologie und Philosophie, zwischen Politik und gesellschaftlichen Problemen befindlich beschreiben.

In der Tat ist das Gesamtwerk von Tillich immer sehr wichtig für mich gewesen. Allerdings ist Tillich mir zu sehr auf Fichte ausgerichtet. Der ist mir zu harmonisch. Mir hat der junge Marx mehr gegeben. Wichtig war für mich aber auch immer meine Orientierung am aktuellen politischen Geschehen, damals 1968 zum Beispiel in Frankreich, wo es um Mitbeteiligung in den Betrieben ging und darum, wie man eine Gesellschaft auf gerechte Weise umorganisieren kann.

Wenn ich Sie richtig verstehe, hat der junge Marx für Sie auch bewirkt, daß Sie gegenüber der Gesellschaft, die von sich behauptete, daß sie sich auf Marx beruft, eine kritische Haltung eingenommen haben. Hatte Ihre Oppositionshaltung als Pfarrer auch Quellen aus dem Glauben bzw. ihrem theologischen Verständnis?

Meine soziale Grundhaltung ist christlich geprägt. Ich habe nie die Nähe der Herrschenden gesucht. Mein Herz gehört schon immer denen, die mit den Händen arbeiten und zu den unteren Schichten gehören. Bei irgendwelchen „Oberschichten" habe ich immer das Gefühl, denen habe ich nichts zu sagen. Aber zu sagen, ich stehe in der Nachfolge Christi, das hat mir nicht gereicht. Es ist zu wenig, einfach etwas nachzumachen oder nachzuahmen. Es reicht auch nicht, einfach nur fromme Antworten nachzusprechen, sondern man muß die Sätze selbst bilden. Mein Grundsatz war: Die Antwort reicht mir vielleicht heute, morgen muß ich eine neue Antwort finden.

Das eine sind die Gedanken, die man sich macht, etwas anderes ist, ob man auch selbst aktiv wird. Die Rolle, die Sie in den kirchlichen Gruppen gespielt haben, war ja etwas anderes, als sich selbst nur Gedanken über die Dinge zu machen. Das war ja eine Position, in der Sie Verantwortung trugen, wo Sie das Verhältnis der jungen Leute zur Gesellschaft und ihr politisches Selbstverständnis beeinflußten.

Das hat sich damals so entwickelt. Als ich das Pfarramt in Taucha übernahm, da habe ich mit einigen ganz jungen Leuten zu tun gehabt, die mich einfach gefragt haben und ich mußten ihnen antworten. Ich habe denen gesagt, fragen wir doch zusammen. Ich hatte nicht schon vorher meine Antworten parat; ich war ja selbst nicht viel älter, die Jugendlichen waren ca. 18 Jahre alt und ich 27. Wir haben gemeinsam überlegt: Was sollen wir eigentlich machen in dieser kleinen Stadt, es gab ja kaum Möglichkeiten. Ich habe gesagt, wir müssen überlegen, was wir hier bewegen können. Meine kirchlichen Räume kann ich natürlich offen halten, aber das reicht nicht; manche wollen nicht in die Kirche. Also versuchen wir zum Beispiel, einen Jugendklub zu entwickeln. Dafür haben wir dann ein Konzept erarbeitet.

Es gab in der DDR ja nicht so viele Freiräume, in denen man gesellschaftliche Kritik formulieren konnte. Deswegen war es wichtig, daß Leute wie Sie als Pfarrer ihre Freiräume nutzten und über den eigenen Verantwortungsbereich hinaus Leute motiviert haben.

Ich habe in der Tat immer das Gefühl gehabt, ich stehe in der Verantwortung, ich muß das, worüber ich rede, auch vormachen. Wenn ich nicht zwei Schritte weitergehe, weil meine Räume größer sind, wer sonst? Wenn ich nur so weit gehe wie jeder andere Bürger, das ist nichts Besonderes, ist sogar feige. Diese Verantwortung habe ich immer gefühlt und gleichzeitig gesagt, ihr dürft euch nicht danach richten, was ich mache, sondern ihr müßt eure eigenen Möglichkeiten verwirklichen, das machen, was ihr auch selber verantworten könnt. Dabei habe ich immer betont, wie wichtig es ist, nicht privat das eine und öffentlich das andere zu sagen. Ich glaube, man kann überhaupt nichts bewirken, wenn man sich mit zwei Gesichtern einrichtet.

Mir ging es also immer um den Grundsatz, sich selbst treu zu bleiben. Ich habe auch versucht, andere darin zu bestärken. Die Verweigung ist ja auch schon eine Möglichkeit; man kann sagen, ich gebe die Antwort nicht, die ihr haben wollt, oder ich gebe eine ganz andere. Ich habe die jungen Leute zum Beispiel immer ermutigt, in Schulaufsätzen das zu schreiben, was sie auch wirklich meinten. Für eine solche Haltung habe ich Dichter angeführt, die das selbst umgesetzt haben, Vaclav Havel oder Reiner Kunze beispielsweise. Das waren ja Gewährsleute für eine solche Meinung oder für dieses Lebensgefühl. Wir haben natürlich auch viel zusammen erlebt, am Wochenende viel unternommen. Das war sehr wichtig, dadurch entstand eine Vertrauensbasis. Dann konnte man auch über Schwierigkeiten reden und sagen, ich schaffe es vielleicht nicht, warum komme ich nicht dem nach, was ich eigentlich wollte und kann. Dann stellte sich plötzlich die Frage der Schuld. Damit war die Diskussion plötzlich in ganz anderen Dimensionen, als sonst in der Gesellschaft üblich, und dann war ich natürlich auch wieder als Pfarrer gefragt. Insgesamt aber ging es um den Versuch, das Öffentliche und das Private auf einen Nenner zu bringen, aufrecht zu leben.

Welche Rolle spielte für Sie der „Prager Frühling" und die Invasion in die Tschechoslowakei 1968?

Das Jahr 1968 war für meine politische Entwicklung entscheidend. Ich erinnere mich noch gut an die Marienberger Gespräche zwischen Theologen und Philosophen, zwischen Tschechen und Deutschen. Das waren schon berühmte Gespräche vor 1968, wo auch die Möglichkeit bestand, nach Hintergründen der Entwicklung in der Tschechoslowakei zu fragen. Mich hat damals beeindruckt, daß Leute in der CSSR privat ihren Schmuck geopfert haben, um die Währung stabil zu halten. Das war doch ein Zeichen, daß da nicht nur geredet, sondern auch gehandelt wurde. Für mich war das ein Zeichen für Echtheit. Ich war neugierig und wollte die Leute, die so etwas machen, kennenlernen, Leute, die sich nicht bloß bereichern, sondern die im Gegenteil etwas öffentliches bewegen wollten. Da konnte man sagen, so will ich auch leben, mit denen könnte ich auch eine neue Gesellschaft errichten.

Anfang Juli 1968 bin ich in den Ferien nach Prag gefahren und habe versucht, Leute kennenzulernen. Ich habe mich über einen Monat dort bewegt und mit vielen Leuten gesprochen. Ich wollte den Demokratisierungsprozeß dort miterleben, vielleicht auch - wenn möglich - mithelfen.

Kann man sagen, sie haben couragierte Haltung studiert?

Ja, wenn Sie so wollen. Es gab dort natürlich viele Leute aus der ganzen Welt, die das Geschehen miterleben wollten. Das war sehr interessant.

Dann kam die Invasion...

Ich war an der Karlsbrücke, da gab es plötzlich MG-Feuer. Niemand hatte das vorhergesehen. Wir waren noch bis eins oder halb zwei in der Nacht auf der Straße gewesen, es war eine warme Nacht. Wir, das waren gemischte Gruppen, nicht nur Studenten, verschiedene Leute. Noch am nächsten Morgen habe ich dann angefangen, mich am Widerstand zu beteiligen. Es gab Studenten, die wollten sich gleich einmischen und kamen blutend von der Straße zurück. Sie waren zum Teil angeschossen. Da habe ich dann versucht zu helfen. Wir haben Informationen gesammelt, uns getroffen und sie ausgewertet. Aus den gebündelten Informationen wurden Flugblätter zusammengestellt, die wir dann selbst gedruckt und verteilt haben. Ich habe sie für die Soldaten übersetzt. Von den jungen Tschechen hat mir keiner meine deutsche Herkunft zum Vorwurf gemacht. Im Gegenteil, sie haben sich gefreut, daß jemand wie ich bei ihnen mitmachte. Ich blieb dann noch etwa zwei Wochen – mein Urlaub war eigentlich schon zu Ende. Ich konnte aber nicht mehr raus und ich wollte es eigentlich auch gar nicht so schnell.

Wie war es denn, als Sie wieder in die DDR kamen?

Nach meinen Erlebnissen war es mir unmöglich, still zu bleiben. Ich konnte das eigentlich nur verarbeiten, indem ich versucht habe, es an die Öffentlichkeit zu bringen, trotz all der Risiken, die damit verbunden waren. Schon als ich wieder in die DDR zurückfuhr, bin ich im Zug „negativ aufgefallen", weil ich mich mit Armeeangehörigen angelegt habe. Und während einer Tagung der Luther-Akademie in

Görlitz habe ich dann so einen Anstecker getragen, auf dem „Dubcek – Svoboda" drauf stand. Die Stasi hat mich gleich von der Straße weg verhaftet. Sie haben mir das Schild abgerissen, weil ich es nicht freiwillig hergeben wollte. Das war für mich eine wichtige Erfahrung.

Für viele war der Einmarsch 1968 ein Einschnitt, eine Desillusionierung. Haben Sie sich in der DDR nach 1968 anders verhalten als vorher? Haben Sie den Leuten etwas anderes gesagt?

Nein. Ich hatte das Gefühl, etwas von dem, was dort gelaufen ist, müßten wir auch verwirklichen, vielleicht zielgerichteter als zuvor. Ich habe durchaus die Möglichkeit gesehen, etwas Ähnliches zu machen, auch wenn es in der CSSR erst mal gescheitert war. Ich habe mich dann sehr schnell nach Polen orientiert. Dort gab es eine ähnliche Situation, wenn auch auf anderer Schiene – mit Gewerkschaft – aber eben auch einen gesellschaftlichen Aufbruch. Das hatte zwar keinen großen philosophischen Hintergrund, sondern es ging einfach um die Beteiligung an den öffentlichen Angelegenheiten. Aber das fand ich genauso wichtig. Das nächste Jahr habe ich dann meinen Urlaub in Polen verbracht.

Sind Sie nach Polen gefahren, um etwas zu lernen oder um dort etwas zu verändern?

Immer unter dem Aspekt, von dem zu lernen, was andere machen, was die versuchen. Ich hatte vor allen Dingen Verbindungen nach Danzig, später auch nach Warschau und Krakau. Das war dort ein ganz anderer Ansatz als in der Tschechoslowakei, aber es war natürlich auch wieder interessant. Ich konnte dadurch wieder Neues dazulernen. 1969 habe ich angefangen, polnische Schriftsteller zu besuchen, habe mit Studenten Kontakt aufgenommen, die Vorgeschichte und Entstehung der Gewerkschaft Solidarnosc miterlebt. Damit die Verständigung besser klappte, habe ich polnisch gelernt.

Und immer im Hinterkopf, daß auch in der DDR solche gesellschaftliche Aufbrüche passieren sollten?

Selbstverständlich. Es gab allerdings nie einen Plan, dieses oder jenes jetzt zu verwirklichen, sondern ich bin davon ausgegangen, daß sich das Beispiel dann schon auswirken wird. Es hat auch einfach mein Herz dort geschlagen. Ich habe dort Schriftsteller und Studenten kennengelernt, die versuchten, Öffentlichkeit herzustellen. Das war für mich auch etwas Neues, ein ganz anderes Lebensempfinden.

Flossen die Erfahrungen aus diesen Aufenthalten auch in Ihre Arbeit in der Gemeinde ein?

Ja, das war in meinem Hinterkopf, als ich angefangen habe, in der DDR offene Jugendarbeit zu machen. Da flossen viele Überzeugungen mit ein, die ich in Prag und in Polen gewonnen hatte. Besonders wichtig war für mich das Erlebnis, daß Leute plötzlich aufrecht gingen und dadurch ganz andere Menschen wurden. Zum Beispiel habe ich mit Jugendlichen versucht, in Hörspielen selber zu verwirklichen, was die Polen gemacht haben. Für mich war auch interessant, wie die Polen sich nach dem Kriegsrecht verhalten haben. Meine polnischen Freunde haben immer gesagt, bei euch Deutschen, da bewegt sich überhaupt nichts, euch kann man in dieser Frage vergessen. Ich habe geantwortet, ja das stimmt, aber wir wollen bei euch lernen und das dann selber anwenden. Ich habe mich dann noch intensiver mit gewaltfreiem Widerstand beschäftigt, mit Mahatma Gandhi und Martin Luther King. Die Verbindung von Glauben und Bürgerrechten fand ich interessant, und es war mir wichtig den anderen mitzuteilen, wie und mit welchem Einsatz das geht.

Wenn ich Sie richtig verstehe, ging es dabei immer auch darum, daß der einzelne Mensch lernt, wie er sich in einer bestimmten Situation zu verhalten hat, sich selber treu zu bleiben, aber auch die gesellschaftlichen Spannungen zu bewältigen oder damit umzugehen?

Ja, und auch um den Traum, ein Stück in diese Richtung zu gehen, und um den Wunsch, daß sich dadurch auch die Gesellschaft verändert.

Was hatten Sie eigentlich für eine Gesellschaft als Zielvorstellung?

Ich bin immer davon ausgegangen, in Richtung Sozialismus weiterzumachen. Ich habe gern das Wort von einem „Sozialismus, den man selber verbessern kann", benutzt.

War das bis in die Zeit der friedlichen Revolution ihre Orientierung? Es gibt ja die Diskussionen um das Modell eines demokratisierten Sozialismus, in dem bestimmte Dinge festgezurrt bleiben, also die sozialistische Grundstruktur etwa. Es ist kein Kapitalismus, aber es gibt Demokratie und Menschenrechte. Würden Sie das so unterschreiben?

Wenn die Menschenrechte wirklich verwirklicht und mit einem rechtlichen Rahmen verbunden sind, dann kann sich in diesem Rahmen alles neu entwickeln. Wichtig war doch, nicht immer Angst haben zu müssen, daß alles sofort den Bach runter geht. Das war ja immer das Problem der SED.

Man sagt, im Herbst 1989 habe es zwei Sorten von Anhängern des demokratischen Sozialismus gegeben. Die einen haben das nur aus taktischen Gründen gesagt und wollten doch eigentlich etwas anderes. Die anderen wollten es wirklich. Sie zählen zu denen, die wirklich eine demokratische Veränderung des Sozialismus wünschten?

Ja, das Beispiel eines demokratischen Sozialismus ist ja nie gelungen. Es ist immer aus irgendwelchen Gründen niedergemacht worden, von der einen oder von der anderen Seite. Ich habe immer gesagt, solange er noch nicht verwirklicht ist, ist er auch noch nicht vom Tisch. Da kann jemand viel erzählen und sagen, das kann sowieso nie funktionieren.

Was verstehen Sie denn konkret darunter? Nehmen wir zum Beispiel mal die Bereiche Ökonomie, Ökologie, Soziales oder das politische System. Was würden Sie da für Antworten geben?

Das ist schwierig zu beantworten. Ich habe das nie als einen Block gesehen. Ich habe immer gesagt, das eine gefällt mir bei dem einen nicht, das andere gefällt mir bei dem anderen nicht. So ein Gesamtkonzept, von dem ich sage, davon gehe ich nicht ab, habe ich nie gehabt. Wenn ich mit Freunden aus dem Westen zusammen war, habe ich immer gesagt: Das ist doch auch schon etwas Menschliches, wenn man sagt, es muß auch Grenzen von Bereicherung geben, man kann sich auch bescheiden. Man muß andere deswegen nicht niedermachen, damit man noch reicher wird. Welche Opfer das kostet, merkt man doch in vielen Gesellschaften.

Sie haben also nicht ein klares festliegendes Modell, sondern es geht darum, daß die Gesellschaft sich immer entwickeln und verändern kann. Dazu gehört das Nachdenken über sich selbst und über die Werte, die man vertritt?

Ja, es geht darum, welche Werte ich verwirklichen will. Dabei muß man sich immer korrigieren können und abwägen, ist das der richtige Weg, ist das ein menschlicher Wert oder ist das nur ein vorgeschobener Wert. Ich habe eigentlich immer gedacht wie Ernst Bloch. Es geht darum, immer in die Zukunft zu träumen. Und dann ist immer wieder nachzufragen, ob es ein falscher Traum gewesen ist und ob man etwas korrigieren muß. Also immer die Verbesserung zu träumen und dann zu fragen, ist das denkbar, ist das machbar? Wollen wir das und wollen das viele andere auch, nicht nur ich?

In der DDR galt ja das Konzept eines demokratischen Sozialismus als aufrührerisch und oppositionell gegenüber dem Regime, mußte sich aber auf der anderen Seite keiner Nachfrage stellen, außer von seiten der SED. Im Westen wurde aber durchaus gefragt, hat zum Beispiel ein Konservativer oder ein Liberaler auch seinen Platz in einer demokratisch-sozialistischen Gesellschaft. Wie sehen Sie das, dürfen im demokratischen Sozialismus nur Sozialisten verschiedener Coleur mitbestimmen, und gibt es dann auch so etwas wie eine Staatssicherheit zur Unterdrükkung von Nicht-Sozialisten?

Da muß man eben sehen, wie weit jetzt eine Mehrheit oder wie viel Prozent der Gesellschaft überhaupt so weit ist, daß sie es verstehen, ihre eigene Entwicklung verstehen. Das heißt, sie müssen ja erst mal entscheiden können, was sie überhaupt wollen. Das ist das Wichtigste eigentlich, man muß die Öffentlichkeit so öffnen, daß man erst mal diskutieren kann und das lernen kann. Man muß lernen, selber Dinge zu entscheiden. Das war eben nicht zu lernen, indem man sagt, ich delegiere alle vier Jahre auf bestimmte Mandatsträger. Das bringt keine wirkliche Entwicklung. Wie man das dann machen muß oder kann, ob marxistisch oder trotzkistisch, welche Möglichkeiten man dann hat, das muß sich dann erst zeigen. Aber so weit waren wir ja noch nie. Man muß nicht alles schon im Kopf vorentschieden haben. Es reicht, wenn der übernächste Schritt vorbereitet wird, Hauptsache, die Richtung ist nicht falsch.

Welche Rolle haben Sie dabei für sich als Pfarrer gesehen?

Meine Rolle habe ich darin gesehen, die verschiedenen Ebenen zu verbinden, das ist einmal das Geistige, dann der Boden an dem Ort, wo ich wohne, und die Ortsgemeinde. Das eine sind die Jugendlichen, die haben noch keinen richtigen Kontakt zum Boden, die suchen noch. Das andere ist die Gemeinde, die dort wohnt, aber die hat den Kontakt zur Welt oder zur Freiheit verloren. Dies alles miteinander zu verbinden, die Jugendlichen, die Gemeinde und die Welt insgesamt, in einem Ort, in einem Gebäude, in einer Veranstaltung, das hat mich beschäftigt. Darum ging es mir auch 1981/82 mit der Idee, dem Thema „Frieden und Menschenrechte" im Begriff „Friedensgebet" wieder eine konkrete Form zu geben. Es war der Versuch, eine Form zu finden, die Gesellschaftliches, Geistiges und Gruppenbezogenes verbindet und einen Impuls auch über unsere engen Mauern hinaus gibt. Das Konzept des „Sozialen Friedensdienstes" habe ich in dieser Form Ende 1981 entwickelt. Mir war wichtig, die ganze Sache unterhalb der Ebene einer Organisation zu belassen, damit es nicht gleich erstarrt, sondern eine Form findet, die beweglich bleibt. Dahinter steckte der Wunsch, etwas Politisches zu bewirken, das man aber zugleich mit der Liturgie verbinden konnte. Die Idee war, einen Boykott zu machen und dann, wenn wir uns Mut zugesprochen hatten, auf die Straße zu gehen. Natürlich haben nicht alle diesen Hintergrund verstanden oder überhaupt davon gewußt.

Welche Rolle sahen Sie für die Kirche in der sozialistischen Gesellschaft?

Ich habe ab Mitte der siebziger Jahre nach einem Ansatz gesucht, der es der Kirche ermöglichen sollte, sich stärker als eigenständige Kraft in die Gesellschaft einzubringen. Der Zwiespalt zwischen der Militarisierung des Denkens, ja der gesamten Gesellschaft, und der sozialen Isolation und Vereinsamung vieler lag ja auf der Hand. Die Kluft wurde immer größer. Diese Spannung wurde mir unerträglich. Ich habe über eine Umverteilung der materiellen und menschlichen Ressourcen nachgedacht.

Wie würden Sie Ihr Konzept des sozialen Friedensdienstes beschreiben?

In der DDR war ja nie genügend Geld da, die Gesellschaft war arm. Ich dachte: So arm wie sie ist, wenn es um Rüstung geht, ist immer Geld da. Das fehlte dann nur leider an anderer Stelle. Ich konnte das mit Händen greifen, weil ich für ein Pflegeheim in meiner Gemeinde zuständig war. In diesem Pflegeheim standen in einem Saal sechzehn bis zwanzig Betten. Immer wenn ich da hingehen mußte, habe ich gesagt, das ist menschlich unwürdig, es ist nicht auszuhalten. Auf der anderen Seite werden Raketen aufgestellt. Wieviel ist denn ein Mensch wert? Welche Menschen sollten denn eigentlich geschützt werden? Ich habe mich dann intensiver damit beschäftigt, was es mit der Rüstung überhaupt auf sich hat. Dieses Problem haben wir dann in der Gemeinde immer wieder diskutiert. Im Sommer 1980 habe ich ein Papier erarbeitet und im September unserem Pfarrkonvent vorgetragen. Das waren etwa zwölf Leute; von denen konnte ich den Pfarrer Christian Burckhardt aus der Nachbargemeinde und meinen zuständigen Superintendenten Dr. Wetzel für das weitere Vorgehen gewinnen. Vielen von der Kirche war es zu scharf, die haben das nicht unterschrieben. Manches im Text habe ich dann abgemildert, damit sie das auch unterschreiben konnten. Das Ziel war es, deutlich zu machen, daß die Gesellschaft untergeht, wenn die sozialen Bedingungen immer schlechter werden. Denn dann würde es sich nicht mehr lohnen, diese Gesellschaft zu verteidigen. Hier der Entwurf:

Okt. 1980

Frieden schaffen – ohne Waffen

Aus der Arbeit des Pfarrkonventes Dresden-Neustadt heraus ist entstanden:

Initiative „Sozialer Friedensdienst" (SoFd)

Getrieben
von der Sorge um den Frieden in der Welt
und für das Wohl der Menschen in unserem Land,

bedrängt
von der real, wie auch im Bewußtsein der Bürger unseres Landes zunehmend schwindenden Verteidigungswürdigkeit der realsozialistischen Verhältnisse unserer Gesellschaft
– aufgrund der qualitativ und quantitativ weiterwachsenden Rüstung mit aller damit verbundenen Verschleuderung wertvoller materieller und menschlicher Ressourcen,
– aufgrund des faktisch und publizistisch zunehmenden Gewichtes des Militärischen in unserer Gesellschaft,
– aufgrund der unzureichenden öffentlichen Wertschätzung der für die Steigerung des Nationaleinkommens kaum oder nicht relevanten Mitglieder unserer Gesellschaft (Alte, Kranke, Behinderte),
– aufgrund der in diesen Bereichen zunehmend fehlenden und zum Teil (weil sachfremd gebunden) nicht berufsspezifisch ausgelasteten Arbeitskräfte,

ermutigt
– durch dem Weltfrieden dienendes politisches Engagement und den persönlichen Einsatz einzelner
– durch Initiativen einzelner Christen und Nichtchristen, aber auch kirchliche Aktionen, zuletzt die Vorschläge „Frieden schaffen ohne Waffen"

rufen wir zu einer Initiative

Sozialer Friedensdienst

auf.
Die Volkskammer der DDR möge beschließen:

1. Als gleichberechtigte Alternative zu Wehrdienst und Wehrersatzdienst wird ein Sozialer Friedensdienst (SoFd) eingerichtet. Die Erfassung, Musterung und Einberufung dazu erfolgt dem Wehrdienst entsprechend. Das Gesetz über die allgemeine Wehrpflicht vom 24.1.1962 mit den dazu erlassenen Folgebestimmungen ist dahingehend zu ändern.
2. Der SoFd-Leistende wird zu einer 24-monatigen Dienstzeit verpflichtet
   – als zeichenhafte Vorgabe seines Friedenswillens,
   – als Schwelle für „Drückeberger",
   – als pauschale Zugabe infolge nicht vorgesehener „SoFd-Reservisten"[a]
3. Der SoFd-Leistende genießt die gleichen Rechte wie der Wehrdienst-Leistende (Versicherung, Entlohnung, Urlaub, Erhalt des früheren Arbeitsplatzes).
4. Eine Kasernierung in Wohnheimen kann vorgesehen werden, um einseitigen „Heimschlafvorteil" zu vermeiden.
5. Es erfolgt eine Grundausbildung in Erster Hilfe und Katastrophenschutz.

6. Der SoFd-Leistende erhält regelmäßig politischen Unterricht mit dem besonderen Schwerpunkt: Konfliktforschung und gewaltfreie Konfliktbewältigung.[b]

7.1 Der Einsatz des SoFd-Leistenden geschieht an sozialen Schwerpunkten:
   1. Heimbetreuung (Kinderheime, Altersheime, Pflegeheime, Heime für körperlich oder geistig Behinderte),
   2. Krankenhaus-Hilfsdienst,
   3. Sozialfürsorge (Suchtkranke, Jugendhilfe, Resozialisierung)
   4. Volkssolidarität.

7.2. Besondere Zielsetzung bei 7.1. ist [c]:
   1. Entlastung der Fachkräfte für ihre eigentlichen Aufgaben
   2. Entlastung von Familienvätern und -müttern von Nacht- und Wochenenddienst.

7.3. Der Einsatz der SoFd-Leistenden im Bereich des Umweltschutzes ist zu prüfen.[d]

(gez) Chr. Burkhardt, Pfarrer (gez) Fr. Köhl, Pfarrer
(gez) Dr. Chr. Wetzel, Superintendent, (gez) Chr. Wonneberger, Pfarrer

a) In der zweiten Fassung (siehe unten) ist dieser Spiegelstrich gestrichen.
b) In der zweiten Fassung heißt es: ... mit den besonderen Schwerpunkten Friedenssicherung, Abrüstung, gewaltfreie Konfliktbewältigung.
c) In der zweiten Fassung heißt es hier: Die Zielsetzung ist dabei...
d) Dieser Punkt ist in der zweiten Fassung als letzter Unterpunkt zu 6.1 eingegliedert („Der Bereich Umweltschutz ist daraufhin zu prüfen.“)

Quelle: Privatarchiv Christoph Wonneberger.

Wie war die Reaktion des Staates?

Es hat den Staat erst einmal kalt erwischt. Auch die Stasi war nicht schnell genug. Ich habe dann überlegt, wie wir weiter vorgehen sollten, um wirklich etwas zu bewegen. Mein Ziel war es, zunächst innerhalb der Kirche einen Meinungsbildungprozeß auszulösen, ohne die Öffentlichkeit bereits zu informieren. Die Schiene über den Westen wollte ich nicht nutzen, ich dachte, das müssen wir in Dresden selbst regeln. Als ein geeignetes Forum innerhalb der Kirche boten sich die Synoden an, dort wird geredet und vorgelesen, da bekommt man mit, was passiert; andererseits waren sie nicht öffentlich, also für unsere Zwecke bestens geeignet. Ich habe die Sache mit zwei Amtskollegen vorgetragen, die innerhalb der Amtskirche einen besseren Namen als ich hatten. Das Echo in der Synode war zunächst gering und auf Beschwichtigung orientiert. Das Anliegen sei zwar berechtigt, aber so gehe es natürlich nicht. Für uns war es ein Erfolg, daß das Papier überhaupt erst einmal auf dem Tisch der Synode lag.

Das nächste Ziel war jetzt eine breitere Propagierung der Idee eines sozialen Friedensdienstes. Wir haben dafür gesorgt, daß der überarbeitete Entwurf immer wieder abgeschrieben und vervielfältigt wurde. In der Kirche mußte eine Öffentlichkeit hergestellt werden, so daß unser Anliegen nicht mehr ignoriert werden konnte und bei den nächsten Synoden im Herbst 1981 wieder behandelt werden mußte. Bis zum 1. September, dem Weltfriedenstag, sollte jeder, der sich für einen sozialen Friedensdienst aussprach, sich mit einer Eingabe an eine Synode wenden. Wir haben es den Leuten dabei bewußt nicht leicht gemacht und es ihnen selbst überlassen, die Adressen der Synoden ausfindig zu machen, und auch die Formulierung der Schreiben jedem selbst überlassen. Wir dachten, jemand der etwas bewegen will, muß sich auch selbst dafür einsetzen. Auch die Überlegung spielte eine Rolle, daß viele einzelne persönliche Anschreiben mehr Gewicht haben als Sammelschreiben mit einer Menge von Unterschriften. Wir mußten alles möglichst schnell, innerhalb weniger Tage, über die Bühne bringen, so daß man unsere Kettenbrief-Initiative nicht mehr stoppen konnte. Innerhalb kurzer Zeit verteilten wir wenigstens 10 000 Blätter mit der Information über unsere Initiative:

Nur für innerkirchlichen Dienstgebrauch! Zur Information!

Lieber Freund!
Wir suchen weiter nach Wegen zum Frieden. Die „Ehrfurcht vor dem Leben" gebietet uns, Frieden zu schaffen ohne Waffen und uns für das bedrohte Leben einzusetzen.

Uns bedrängt die immer weiter wachsende Rüstung, im Westen und im Osten. Uns bedrängt das immer mehr zunehmende Gewicht des Militärischen in unserer Gesellschaft. Uns bedrängen auf der anderen Seite ebenso die Mangelerscheinungen, dort wo es um die Kranken-, die körperlich und geistig Geschädigten, die Alten in Alters- und Pflegeheimen, die Suchtgefährdeten und auch um die Wiedereingliederung von Strafentlassenen geht. Auf diesem Gebiet fehlt es ja erheblich an Arbeitskräften. Diesem Mangel wäre zum Teil schon mit Hilfskräften abzuhelfen, die ihren guten Willen und Menschlichkeit mitbringen. Die qualifizierten Arbeitskräfte könnten sich ihren eigenen Aufgaben voll widmen.

Wir haben uns am 25.4. und 9.5.81 in Dresden getroffen und an der seit einem 1/2 Jahr diskutierten Initiative „Sozialer Friedensdienst" (SoFd) weiter gearbeitet.

Der überarbeitete Text liegt hier vor. Unsere Initiative will ein konkreter Beitrag sein, Frieden einzuüben und gleichzeitig denen in unserer Gesellschaft zugute kommen, die Hilfe am dringendsten brauchen.

Sozialer Friedensdienst

Die Volkskammer der DDR möge beschließen:
[Es folgt der Text des Gesetzesvorschlags wie in der ersten Fassung, mit einigen kleineren Überarbeitungen, die oben angegeben sind.]

Wenn Du Dir diese Initiative zu eigen machen kannst, sprich mit Deinen Freunden darüber - Schreibe bis zum 1.9.81 an die Synode der Kirchen, in deren Bereich du wohnst. Es kommt auf Dich, wie auf jeden einzelnen an !

Dresden, den 9.5.81
Im Namen der Initiativgruppe

gez. Burkhardt gez. Dr. Wetzel gez. Wonneberger

Quelle: Privatarchiv Christoph Wonneberger.

Die Resonanz war jedoch erneut gering. Ich habe mir daraufhin von allen regionalen Kirchentagen in der DDR die Termine besorgt, bin überall hingefahren, habe immer einen ganzen Packen unseres Papiers mitgenommen und es bei Veranstaltungen, Konzerten und allen möglichen Gelegenheiten verteilt. Bevor die Veranstalter darauf aufmerksam wurden, hatte ich die Hälfte schon weggegeben. Das habe ich privat gemacht, es war von der Kirche nicht gedeckt, aber es war von der Kirche auch nicht mehr abzudrehen.

Sie standen also praktisch auch in Opposition gegenüber der Kirche?

Ja, es war Ungehorsam gegenüber der Amtskirche. Entsprechend war das erste Echo im Herbst 1981. Aber bevor die Synoden sich äußerten, reagierte der Staat. Der Staatssekretär für Kirchenfragen, Klaus Gysi, erklärte an der Humboldt-Universität in Berlin, das Ganze sei vom Westen aus gesteuert und eingeschleust. Der Parteisekretär von Cottbus, Werner Walde, verwahrte sich direkt gegen die Initiative und nannte sie eine „verfassungs- und sozialismusfeindliche Aktion." Das war im September 1981. Dann folgte das Echo auf den verschiedenen Synoden. Wo ich selbst nicht anwesend sein konnte, hatte ich dafür gesorgt, daß Beobachter von uns dabei waren. Insgesamt waren zwischen 5.000 und 10.000 Eingaben gemacht worden. So etwas hatte es bis dahin noch nicht gegeben. Uns war auch klar, daß wir die genaueren Ergebnisse nicht zu sehen bekommen würden, aber es gab auch ein paar undichte Stellen, so daß wir schon einen Eindruck von den Reaktionen erhielten. So kamen in Sachsen die meisten Eingaben aus Dresden. Die da geschrieben haben, waren meist Leute, die selber Interesse an einem sozialen Friedensdienst hatten. Aber es wurde auch deutlich, daß es einen gemeinsamen politischen Willen gab, eine Alternative zum Wehrdienst zu fordern. Es gab auch Sammeleingaben, mit mehreren Unterschriften; da konnte man natürlich nicht wissen, ob die auch alle selbst einen sozialen Friedensdienst leisten wollten.

Wie haben die Synoden reagiert?

Unterschiedlich. In Magdeburg zum Beispiel war die Reaktion der Synodalen überwiegend positiv, auch das, was die dann selber daraus formuliert und politisch daraus gemacht haben. Allerdings gab es dort nicht so viele Eingaben. Die Berlin-Brandenburgische Synode hat gleich einen Ausschuß für das Thema eingerichtet. In Sachsen dagegen bewegte sich überhaupt nichts.

Weil sich gezeigt hatte, daß es ein breites Interesse am Thema gab, und sich auch weitere Gruppen gebildet hatten, die sich mit diesem Thema beschäftigten, haben wir dann alle uns bekannten Gruppen für ein Wochenende nach Dresden eingeladen, um gemeinsam weitere Schritte zu überlegen. Insgesamt waren wir da vielleicht etwa fünfzig Leute. Die Stasi war natürlich überall dabei; beim Mittagessen in einer Gaststätte wurden wir alle gefilmt. Aber wir haben uns gleich am ersten Tag darüber verständigt, wie wir mit der Stasi umgehen wollten: Wir wollten nicht verdeckt arbeiten, sondern alles so offen, wie es nur ging, betreiben. Diese Entscheidung war wichtig für die Weiterarbeit.

Meine Überlegungen gingen in Richtung gewaltfreier Aktionen. Ich habe im November 1980 die Idee von Friedensgebeten als einer Möglichkeit eingebracht, auf verschiedenen Schienen gleichzeitig weiterzukommen. Wir hatten ja feststellen müssen, daß wir an die Namen und den Adressen der an einem sozialen Friedensdienst Interessierten nicht heran kamen. Deswegen beschlossen wir jetzt, an die Öffentlichkeit zu treten, um unseren politischen Willen erkennbar zu machen. Daraus entstand die Idee, zu Ostern ein Friedensfest zu machen, in dem wir die Idee des Ostermarsches mit der des Friedendienstes verbinden wollten. Ich habe im persönlichen Kontakt mit einigen Pfarrern, die Verständnis für unser Anliegen hatten, Veranstaltungen in verschiedenen kirchlichen Zentren geplant und vorbereitet; in meiner eigenen Gemeinde war so etwas kaum möglich. Um unserer Initiative neue Impulse zu geben, habe ich mit dem Friedensforscher Robert Jungk aus Österreich Verbindung aufgenommen und ihn gebeten, bei uns zu Ostern 1982 eine Zukunftswerkstatt zu organisieren. Er hat positiv reagiert, aber keine Einreise bekommen. Wir dachten auch daran, bei diesem Fest die mail-art zu nutzen, also eine Kunst, die man durch Postkarten austauscht. Das kam aus dem Westen, der Karikaturist Klaus Steck hat das mitentwickelt.

Sie sagen, das Treffen hätte stattfinden sollen, was passierte dann?

Zunächst gab es wachsenden Druck von Seiten des Staates. Hinzu kam, daß es plötzlich noch eine andere Aktion gab, die parallel lief. Es ging dabei um den 13. Februar, den Jahrestag der Bombardierung Dresdens. Es gab eine Gruppe in Dresden, sie nannte sich „Wolfspelz", die für den 13. Februar 1982 eine Aktion vorbereitet hatte. Sie wollten die Ruinen und damit ihr Anliegen durch eine Besetzung ins rechte Licht rücken und ließen sich davon auch nicht abbringen. Ein Mitglied der Gruppe hat in einer Druckerei in der Nachtschicht eine Meldung gesetzt und gedruckt, etwa 50.000 Stück, und überall verteilt. Im Grunde hat „Wolfspelz" unsere Idee mit den Kettenbriefen übernommen und in veränderter Form umgesetzt. Es gab auch personelle Überschneidungen. Einige aus dieser Gruppe gehörten auch zu unserer Initiative. Nach der Aktion geriet dadurch auch unsere Initiativgruppe „SoFd", das hieß „Sozialer Friedensdienst", in das Blickfeld des MfS, mir selbst wurde unterstellt, für beide Aktionen verantwortlich zu sein, was aber gar nicht der Fall war. Der Staat erhöhte seinen Druck auf die Kirchenleitung erheblich. Die Kirchenleitung hat die Jugendlichen geschützt, sonst wären sie ins Gefängnis gewandert.

Wir waren noch mit den Vorbereitungen für unsere Osteraktion beschäftigt, da wurde ich plötzlich ganz kurzfristig zur Kirchenleitung bestellt. Man sagte mir ziemlich direkt, entweder Sie fliegen sofort raus oder Sie unterlassen Ihre Aktivitäten. Ich habe inzwischen in meinen Akten aus der Dresdner Zeit gelesen, daß der für Kirchenfragen zuständige Staatssekretär Klaus Gysi drei Tage vorher persönlich nach Dresden gekommen war, um der Kirchenleitung mitzuteilen, daß sie mich entweder innerhalb von drei Tagen gemaßregelt und aus dem Rennen genommen haben müssen, oder „sie" würden das selbst übernehmen. Die Drohung war unmißverständlich: Ich war zur zentralen Sicherheitsgefahr erklärt worden. Die Kirchenleitung verbot mir, das Konzept weiter zu verfolgen. Sie ließen mich wissen, daß meine Aufgaben in der Gemeindearbeit lägen und alles andere darüber hinaus nicht mein Auftrag sei. Wenn ich dem nicht Folge leiste, würde ich beurlaubt. Ich habe mich mit den Gruppen darüber beraten, wie ich mich nun verhalten sollte. Das, was ich vorhatte – ein Treffen zum Thema „Sozialer Friedensdienst" in mindestens drei Kirchen in Dresden – schien nicht mehr durchführbar; Ich wollte auch die Weiterarbeit der Gruppen in den kirchlichen Räumen nicht gefährden. Deswegen schien es mir klüger, erst einmal einen Rückzieher zu machen.

War Ihr Wechsel nach Leipzig eine Strafversetzung?

Nein, das hatte damit nichts zu tun. Wenn ich gesagt hätte, ich mache trotzdem weiter, dann hätte mich die Kirche beurlaubt. Ich hätte dann aber keine Chance mehr gehabt, die Arbeit mit der Initiativgruppe fortzusetzen.

Sie mußten also das Treffen Ostern 1982 absagen.

Ja, aber wir wollten trotzdem im Bereich der Öffentlichkeitsarbeit weitermachen. Dazu dienten uns dann die Friedensgebete. Wir haben sie als eine Art bewegliche Struktur konzipiert, mit der wir besser auf Probleme reagieren konnten. Schon im Dezember 1981 war im kleinen Kreis darüber gesprochen worden, über Friedensgebete in mehreren Städten Anlaufpunkte zu schaffen, wo man sich sammeln und dezentral Dinge bereden könnte. Als sich nun die Idee eines „Sozialen Friedensdienstes" nicht mit dem großen Treffen realisieren ließ, haben wir verstärkt auf die Friedensgebete gesetzt. In Rostock, Magdeburg, Leipzig – überall ging es los.

Unsere Idee war es dabei, Punkte zu schaffen, an denen wir unsere Ideen vorstellen konnten und die auch für auswärtige Besucher gut erreichbar waren. Es sollten Kirchen bzw. Gemeinden möglichst im Zentrum von Dresden sein. Dabei fiel unsere Wahl auf die Dreikönigskirche. Sie ist nicht so groß und liegt in der Nähe des Bahnhofs. Ich habe mit dem dortigen Pfarrer gesprochen und beim Kirchenvorstand beantragt, dort einmal in der Woche ein Friedensgebet zu halten. Unsere Absicht war es aber auch, überall im Raum Dresden kleinere Gruppen zu bilden, die die Friedensgebete tragen sollten. In Leuben bildete sich dann eine kleine Gruppe, ebenso bei der Evangelischen Studentengemeinde und in Radebeul. Schließlich gab es etwa fünf Gruppen, die die Friedensgebete getragen haben. Die Gruppen haben sich abgewechselt, um die Belastung gering zu halten. Wir haben uns ab und zu getroffen, um das gemeinsame Vorgehen zu koordinieren. Unsere Veranstaltungen haben wir immer am Wochenende angeboten, damit sich auch Interessierte von außerhalb problemlos beteiligen konnten. Wir hatten auch Leute dabei, die sehr beweglich waren, überall hin trampten, das war damals so ein Trend. Sie dienten uns als Verteiler unserer Ideen. Inzwischen weiß ich aus den MfS-Akten, daß unsere besten Verteiler von der Stasi waren. Seit April 1982 fanden die Friedensgebete statt, immer am gleichen Ort, in der Dreikönigskirche, nur die Gruppen, die für die Durchführung zuständig waren, haben gewechselt.

Kann man sagen, daß das Konzept der Friedensgebete, wie es später in Leipzig politische Bedeutung erlangte, bei Ihnen in Dresden entwickelt wurde?

Ja, allerdings war die Bezeichnung „Friedensgebete" nicht neu. Es gab Friedensgebete in der Dekade, der Zeit vor dem Bußtag. Die Veranstaltungen ähnelten den unseren, hatten den gleichen Namen, fanden aber nicht wöchentlich statt, sondern nur im November. Damit konnten sie nicht zu Kristallisationspunkten werden.

Aber auch diese Traditionslinie ist in die Leipziger Friedensgebete eingeflossen?

Selbstverständlich. Auch ich habe den Begriff Friedensgebete bewußt gewählt, weil es so etwas bereits gab. Ich habe der Sache bloß eine neue, intensivere Qualität gegeben. Auch der Staat hat nicht gleich gewußt, daß sich dahinter eine Struktur verbirgt und nicht bloß irgendwelche einmaligen Versammlungen.

Ging es bei den Friedensgebeten denn eher um Verkündigung oder eher um den Versuch, gesellschaftliche Veränderungen in Gang zu setzen?

Für mich wurden die Friedensgebete seit dem Dezember 1981 immer wichtiger, aus meinem christlichen Geist wie aus meinem gesellschaftlichen Anliegen heraus. Mit ihrer Übereinstimmung von Form und Inhalt wurden durch die Friedensgebete Strukturen geschaffen, die es ermöglichten, Horizonte zu erweitern. Ihnen standen dafür urchristliche Elemente zur Verfügung: Klage, Lob, Sammlung, Glaubensbekenntnis, Fürbitte. Die Liturgie im Friedensgebet greift die einzelnen Glieder dieser Kette auf. Zuerst war da die Notwendigkeit, Informationen weiterzugeben, die Anlaß zu klagen waren. Das kann in der christlichen Liturgie in Form eines gesprochenen oder gesungenen Kyrie geschehen: Gott, erbarme dich! Die Klage ist laut geworden und andere stimmen darin ein. Beim Kyrie ist der nächste Schritt, sich mitzuerbarmen. Wenn niemand eine Idee hat, wie der beklagte Zustand zu ändern ist, muß man ihn gemeinsam aushalten. Dann bleibt es bei dem gesungenen Kyrie. Es kann aber auch soweit gehen, daß das Kyrie zum Protest führt. Der Protest wird gemeinsam artikuliert, schriftlich festgehalten und an konkrete Adressaten übergeben. Dadurch wird Öffentlichkeit hergestellt. Die Friedensgebete haben die Funktion eines Zwischengliedes zwischen Persönlichem und Öffentlichem. Sie gründen sich tief in der Theologie, führen aber bis zum aktuellen politischen Handeln. Die Friedensgebete waren selbst als eigenständige Struktur gedacht, aber ohne in sie in feste Organisationsformen einzubinden. In der Folgezeit ist in verschiedenen Orten ein ganz eigenständige Tradition gewachsen.

Haben Sie dieses Konzept dann mit nach Leipzig mitgenommen?

Nein, die Idee war dort schon vorher verankert. Bei unserer Initiativgruppe „SoFd" waren ja regelmäßig auch Leute aus Leipzig beteiligt, durch die das Konzept dorthin gelangte. Schon seit November 1981 gab es in dieser Gruppe ja auch Abgesandte verschiedener Gruppen, zum Beispiel aus Magdeburg, Berlin und Leipzig, die in unserer Zentralgruppe mitgearbeitet haben. Aus Leipzig waren immer verschiedene Vertreter dabei, ein Student und ein Diakon. Die wußten, was wir planen und was woanders gemacht wird. In Leipzig wurde unser Konzept etwa seit Anfang September 1982 umgesetzt. Da war dann auch jemand dabei, der sich seit Januar 1982 in Dresden an unserer Arbeit beteiligt hatte. In Leipzig haben sich die Friedensgebete dann, anders als bei uns, mehr über das Jugendpfarramt entwickelt. Da das Jugendpfarramt über keine eigene Kirche verfügte, haben die in der Nikolaikirche angefragt; auch die liegt zentral und nicht weit vom Bahnhof entfernt. Aber auch in Dresden haben die Gruppen natürlich weitergearbeitet, auch als ich dann zunächst für ein halbes Jahr nach Meißen und schließlich nach Leipzig wechselte. In Dresden hat sich das Konzept der Friedensgebete weiterentwickelt. Mit dem 13. Februar gewann dann die Kreuzkirche an Bedeutung. Schon 1980 war Christof Ziemer als Superintendent nach Dresden gekommen, der hatte natürlich auch eigene Ideen mitgebracht.

In Leipzig habe ich mich nicht sofort wieder an der Arbeit mit den Friedensgebeten beteiligt, weil ich mich zunächst um meine neue Gemeinde kümmern mußte, um die Gebäude, aber auch um meine familiäre Situation. Hier war praktisch überhaupt nichts in Ordnung, wir konnten hier nicht einmal vernünftig wohnen. Es gab keine Handwerker, es gab keine Heizung, ich mußte alles selbst machen, und die Kirche war kalt. In der Gemeinde war nichts los, sie lag im sogenannten „roten Osten" Leipzigs, hier hat früher Ernst Thälmann auf dem Markt gesprochen. Das waren meine Probleme. Obwohl ich selber keine Zeit für Aktivitäten außerhalb meiner Gemeinde hatte, habe ich aber mitbekommen, daß bei den Friedensgebeten nicht viel passierte. Es gab einen Diakon und ein paar Jugendliche, die sich einmal in der Woche trafen. Niemand hat sich wirklich richtig dafür interessiert, und es ist auch kaum jemand von außerhalb dazugekommen. Es war eher so, als wenn sich ein paar Freunde treffen. Es war auch gar nicht richtig offiziell, es gab kein Plakat oder so etwas. Trotz meiner zeitlichen Belastung habe ich immer überlegt, ob man die Friedensarbeit nicht intensivieren könnte 1983 machten wir eine Stafette mit Fasten, 1985 gab es eine Veranstaltung in der Friedensdekade. Auch der Superintendent wollte, daß diese Arbeit intensiviert würde, er forderte mich auf, mich darum zu kümmern. Ich sagte ihm das zu – es war im September 1986 – erklärte aber gleich, daß ich es dann auf meine Weise machen würde. Ich bin dann erst einmal in Leipzig herumgefahren und habe in der Studentengemeinde, in Künstlerkreisen und in der ganzen Szene nach Leuten gesucht, die interessiert waren, und Kontakte geknüpft. Im Oktober fand dann bei mir in der Wohnung ein erstes Treffen statt, bei dem es um Konzepte für das Friedensgebet ging. Die Teilnehmer kamen aus verschiedenen Gruppen der Leipziger Szene – es waren Künstler dabei, Schwule, Grüne und so weiter –, die kaum etwas voneinander wußten. Wir einigten uns, zunächst mal ein Projekt für die zehn Tage der Friedensdekade durchzuführen und das dann auszuwerten. Während der Dekade im November 1986 hat dann jeden Abend eine andere Gruppe in der Nikolaikirche etwas gemacht. Ich habe dann noch im November begonnen, eine künftige Wochenplanung für die Friedensgebete vorzubereiten, ein Plakat gestaltet, um die Öffentlichkeit zu informieren und gleich dreihundert Stück verteilen lassen. Eine Druckerei hat mir dabei geholfen; die Leute, die ich kannte, haben mich für ein paar Stunden im Betrieb eingeschlossen und sich nicht darum gekümmert, was ich da produzierte.

Im Februar 1987 ging dann die Arbeit mit den Gruppen richtig los. Ich habe versucht, mit ihnen eine Form für die Friedensgebete zu entwickeln, die zwar offen, aber trotzdem dicht und mit einer Liturgie verbunden ist. Es ging eigentlich ganz gut los, die Gruppen haben viel voneinander gelernt.

Sie waren der einzige Koordinator, oder gab es noch andere, die sich um die Friedensarbeit kümmerten?

Ich war der einzige und habe das auch selbst immer weiter entwickelt. Wir haben uns dann einmal im Monat mit den Gruppen getroffen und über alle Probleme gesprochen. Aus der praktischen Erfahrung mit den Friedensgebeten wurden bei diesen Zusammenkünften die Projekte weiterentwickelt oder neue konzipiert.

Lief das so wie in Dresden, daß die Gruppen nacheinander für die Gestaltung zuständig waren?

Ja, und da habe ich ihnen auch völlig freie Hand gelassen und mich nur um die Koordinierung und Verteilung gekümmert. Ich wußte schon, wer was macht und zu welchem Thema, aber reingeredet habe ich da nie. Das schloß nicht aus, daß wir uns auch gegenseitig kritisierten. Es war für uns alle ein Lernprozeß. Die Gruppen lernten, selber Öffentlichkeit herzustellen. Es waren ja durchweg Laien, die es nicht gewöhnt waren, frei zu reden. Die Arbeit wurde dann allerdings immer schwieriger; weil das öffentliche Interesse zunahm. 1987 kamen dann mit der Ausreisewelle plötzlich Massen an Besuchern zu den Friedensgebeten, und unsere Situation änderte sich erheblich.

Die Friedensgebete wurden zum Podium der „Ausreiser"?

Ja, die hatten ja auch keine anderen Möglichkeiten, sich zu treffen. Es war ja auch nicht so, daß die Basisgruppen, die die Friedensgebete gestalteten, sich nicht für die Problematik der Ausreise interessierten. Sie waren vielmehr durchaus bereit, solche Themen aufzugreifen, wenn auch nicht unbedingt, um das für sich selber umzusetzen. Das war das Spannende an der Geschichte, daß die einen zusammenkommen wollten, um in der DDR selbst etwas zu verändern, die anderen wollten nur noch weg. Beide Richtungen trafen sich nun, immer am gleichen Ort und zur selben Zeit und befaßten sich mit denselben Themen. Ohne daß dies selbst ausdrücklich problematisiert wurde, gab es zwischen beiden Grundüberzeugungen ständig einen inneren Kampf um die richtige Haltung.

Gab es in den Friedensgebeten kontroverse Diskussionen?

Es gab eigentlich keine Diskussionen, oder nur sehr selten, weil die Friedensgebete nicht so angelegt waren. Es gab immer eine Gruppe, die das Friedensgebet gestaltete, und die anderen stellten das Publikum.

Woran erkannte man die „Ausreiser"? Hat man denen das angesehen?

Das hat man mit der Zeit schon mitbekommen. Es gab ja auch Gespräche nach den Andachten. Wir haben die Leute angeredet und gefragt, ob sie nicht Lust hätten, bei uns mitzumachen einige kamen auch von sich aus auf uns zu. Wir haben allerdings festgelegt, daß jemand, der einen Ausreiseantrag gestellt hatte, nicht Sprecher einer Gruppe werden konnte, es sei denn, er zog seinen Antrag zurück. Denn wir sind davon ausgegangen, daß nicht jemand hier etwas maßgeblich betreiben kann, der gar nicht hier bleiben will. Einige wollten wenigstens so lange mitmachen, wie sie hier waren. Manche sagten sogar: Wäre ich früher zu euch gekommen, hätte ich vielleicht keinen Antrag gestellt, aber jetzt gibt es kein Zurück mehr , ich habe meine Brücken schon abgebrochen. Es gab auch ein paar besonders Raffinierte, die sich hervortun wollten, um vom Staat schnell rausgelassen zu werden. Aber das war nicht die Regel. Insgesamt waren die Gruppen nicht so stark mit Leuten bestückt, die ausreisen wollten. Auch den Vorschlag, eine eigene Gruppe der „Ausreiser" zu bilden, haben wir abgelehnt, weil das unseren Vorstellungen widersprach.

Über Leipzig hinaus wurden die Friedensgebete allerdings durch die „Ausreiser" erst richtig bekannt.

Ja, die brauchten für ihr Anliegen natürlich ein hohes Maß an öffentlicher Aufmerksamkeit. Oft waren sie schon eine halbe Stunde vor Beginn der Veranstaltungen da, haben sich schon hingesetzt und eigene Flugblätter verteilt. Wir haben das auch nicht kontrolliert. Die haben dann zum Beispiel zur Messe einen Marsch verabredet, weil sie sich gesagt haben, wenn sie sich in der Nikolaikirche versammelten, dann wären ihre Chancen größer, aus der Kirche heraus einen Demonstrationszug aufzubauen, als wenn sie sich an irgendeiner Ecke treffen. Sie haben die Nikolaikirche ohne Zweifel als Mittel für ihre Ziele benutzt.

Im August 1988 bekamen Sie einen Brief vom Superintendenten, in dem er Ihnen mitteilte, daß Sie von Ihrer Verantwortung für die Gestaltung der Friedensgebete entbunden sind. Sie durften die Friedensgebete nicht mehr koordinieren. Was waren die Gründe?

Die Kirchenleitung stand unter dem enormen Druck des Staates.

Aber die Friedensgebete gingen ja trotzdem weiter. Haben Sie einfach weitergemacht?

Formal war ich weg, hatte nichts mehr zu sagen. Das lag aber weniger an der Kirche, die war ja gar nicht so politisch. Probleme gab es immer nur, wenn plötzlich von seiten des Staates Druck gemacht wurde. Der Staat hat die Kirchenleitung einfach erpreßt: Entweder ihr zieht den Wonneberger aus dem Verkehr oder ihr bekommt für dies und jenes keine Genehmigung mehr. Wie das im einzelnen lief, kann man ja heute alles in den Akten nachlesen.

War es dann mit den Friedensgebeten erst mal vorbei?

Nein, das war so: Ich habe das letzte Friedensgebet mit einer Gruppe zusammen gemacht, die mich als Pfarrer dabei haben wollte. Dabei kam es zu einem Konflikt. Wir hatten eine Kollekte für einen Sprayer gesammelt, zirka achttausend Mark. Der Sprayer hatte eine Parole in einem Tunnel angesprüht, war erwischt worden und konnte nun die Strafe nicht bezahlen. Wir beschlossen, ihm zu helfen. Wir haben überlegt, daß die „Ausreiser" alle meist relativ viel Geld hatten und daß wir durch eine Kollekte genügend zusammenbekommen würden, um die Strafe zu bezahlen. Es ging uns dabei um das Prinzip der Solidarität: einen einzelnen konnte der Staat niedermachen, aber wenn wir gemeinsam für ihn eintraten und seine Strafe bezahlten, waren wir stärker. Ich habe das auf meine Kappe genommen und vorher nicht mit der Kirchenleitung abgesprochen. Bei der Kollekte gab es einen Eklat. Der Vertreter des Superintendenten stand auf und erklärte, er dulde das nicht; ich antwortete, das hier sei meine Sache, er sei überhaupt nicht zuständig. Damit war das Problem eigentlich vom Tisch. Während der Vorbereitungen für das nächste Friedensgebet am 2. September zum Thema „Menschenrechte" bekam ich einen Brief, in dem mir ohne Begründung mitgeteilt wurde, ich sei nicht mehr zuständig. Der Superintendent hat mir nie gesagt, was der eigentliche Hintergrund war; er hatte vorher unwahrscheinlichen Druck von Partei, Stasi und Kirchenleitung bekommen Der Staat verlangte offenbar, den Friedensgebeten einen offizielleren, stärker kirchlichen Charakter zu geben. Der Kirchenvorstand mußte die Friedensgebete jetzt selbst verantworten, und Pfarrer Christian Führer wurde für alles verantwortlich. Die Gruppen haben daraufhin nicht mehr mitgemacht, sondern geblockt, weil ihnen die Verantwortung für die Gestaltung entzogen wurde.

Damit erhielten die Friedensgebete aber doch eine ganz andere Qualität.

Ja vorübergehend, vielleicht zwei- oder dreimal lief das so. Die Gruppen boykottierten die Veranstaltungen und redeten außerhalb der Kirche miteinander. Dort war eine Baustelle, und dort gab es dann immer Verlautbarungen von verschiedenen Gruppen. Der Kirchenvorstand merkte, daß es so nicht ging, er suchte daher Pfarrer, die mit den einzelnen Gruppe zusammenarbeiten konnten. Rechtlich war es dann so, daß ein Pfarrer ein Friedensgebet machte und dafür verantwortlich war, und im Hintergrund wirkte eine Gruppe, also genau andersherum als zuvor. Praktisch war es aber so, daß bereits im Januar 1989 alles wieder ganz normal lief. Auch ich habe wieder mit meiner Gruppe oder mit den anderen Gruppen, die mich darum baten, zusammengearbeitet, auch wenn ich offiziell nicht mehr zuständig war. Niemand hatte intensiveren Kontakt mit den Gruppen als ich, das wußte auch der Kirchenvorstand.

Im Sommer 1989 folgte dann der Kirchentag in Leipzig.

Ja, da ging es den ganzen Sommer durch, da hatten wir fast gar keine Pause. Für uns war das ein Höhepunkt, weil wir mit allen Gruppen in meiner Kirche einen Statt-Kirchentag veranstaltet haben. Dabei stand ich als Pfarrer ganz alleine und hatte nur mit Laien zu tun. Aber das hat mir damals sehr viel Spaß gemacht. Die Beteiligten, es waren vielleicht zwanzig bis dreißig Leute, haben sich intensiv eingebracht und alles mitorganisiert.

Welche Rolle spielte dieser Statt-Kirchentag?

Er signalisierte aus meiner Sicht eine neue Entwicklung. Für mich war es eine neue Erfahrung, alle Gruppen drei Tage in einem Zentrum zusammenzuhaben. Dadurch ergab sich eine unwahrscheinliche Dichte und Qualität der Veranstaltungen. Wir haben einen Gottesdienst mit Künstlern gemacht, die sich ganz spontan einbrachten und fühlten eine neue, bislang für unmöglich gehaltene Qualität innerer Freiheit. Drei Tage fragten wir uns wirklich, wo leben wir eigentlich, in welchem Land? Es war eine Freiheit, die man auch am sprachlichen Umgang gespürt hat. Plötzlich artikulierten sich Leute in einem spontanen Gebet, die es bislang nicht gewohnt waren, sich auszudrücken. Bei mir hat alle Ordnung versagt, es war so spontan, daß ich keine schriftlichen Vorlagen mehr benutzte Für uns alle war der Statt-Kirchentag ein Höhepunkt.

Sie sagten vorhin, sie wollten den Jugendlichen vermitteln, vor sich selbst zu bestehen und Konflikte zu bewältigen. War der Umgang miteinander, wie Sie ihn im Sommer 1989 erlebten, schon das Ergebnis dieses Lernprozesses?

Ja, ich hatte den Eindruck, da sucht niemand mehr nur seins, sondern ist bewegt von dem, was alle bewegt. Wir haben uns wirklich gegenseitig angeregt. Zwei Tage lang haben wir nur Projekte ausgetauscht. „Aktuelle Stunde“ haben wir das genannt, wo jeder aus der DDR, egal von wo er kam, vorstellen konnte, was er zuletzt gemacht hat und was er plant. Jeder konnte mitschreiben, sich Adressen notieren und Kontakte knüpfen. Solch eine Vernetzung, einen solchen Austausch über laufende Projekte gab es bis dahin nicht. Auch auf dem Kirchentag hätte niemand so eine Möglichkeit gehabt, wenn wir das nicht veranstaltet hätten. Das Fernsehen haben wir bewußt draußen gelassen. Wir wollten nicht die Medien bestimmen lassen, sondern selbst bestimmen, was läuft. Natürlich hatte es noch nicht die Qualität erreicht, daß man eine politische Organisation hätte vorbereiten können. Das war noch nicht dran. Niemand von uns ahnte allerdings, daß das innerhalb weniger Wochen nötig werden würde. Ich dachte nach dem Sommer, die alte DDR würde es zwar nicht mehr sehr lange machen, aber wir hätten noch zwei Jahre Zeit. Es wäre ja auch nicht so schnell gegangen, wenn nicht die Ausreiser in Massen die Entwicklung vorangetrieben hätten. Die haben das hochgeputscht. Beim Kirchentag aber hatten wir noch nicht das Gefühl, daß plötzlich die „Ausreiser" das Tempo der Entwicklung diktierten.

Im September ging das mit den Montagsdemonstrationen richtig los. Wie haben Sie das erlebt?

Ich bin bei den Montagsdemonstrationen nicht mitmarschiert, sondern habe mich nach dem Friedensgebet immer schnell nach Hause beigeben. Meine Wohnung war eine Art Informationszentrale, da gingen immer alle Meldungen ein: wieviele haben heute demonstriert, mit welchen Losungen usw. Das konnte einer allein nicht mehr überschauen, also haben wir gemeinsam Informationen gesammelt. Am 4. September gab es bei 500 Demonstranten die ersten Spruchbänder aus den Basisgruppen („Für ein freies Land mit freien Menschen"), am 11. September waren es 1300 Kirchenbesucher, von denen 89 festgenommen und eingesperrt wurden. Mitte September zogen schon mehr als 5.000 Menschen Richtung Hauptbahnhof. Wieder zwei Wochen später waren es bereits 70.000. Die Vertreter der aktivsten Gruppen sind dann hierher gekommen, haben gefilmt, fotografiert und haben das praktisch weiter bearbeitet. Wir haben hier auch selber Flugblätter und Plakate gedruckt, vor allem auch für den 9. Oktobe. Da haben wir ungefähr 50.000 Flugblätter gedruckt, weil wir meinten, an diesem Tag komme es darauf an. Das war einfach so ein Gefühl. Ich bin fast immer mit dem Fahrrad gefahren, um ganz schnell wieder nach Hause kommen zu können. Manchmal habe ich, wenn der Zug sich zum Karl-Marx-Platz in Bewegung setzte, mein Fahrrad ein kleines Stück nebenher geschoben. Aber als ich gemerkt habe, das geht seinen Gang dort, bin ich los nach Hause, um Informationen entgegenzunehmen und weiterzugeben. Auch wenn ich nicht mitmarschiert bin, habe ich mich mit den Montagsdemonstranten gefreut, fand das wunderbar, daß sich so viele Menschen selbst freigelassen haben. Mir war klar, das dauert nicht mehr lange, die Gesellschaft wird sich verändern. Ich hatte in dieser Zeit das Gefühl, daß das Leben immer schneller wird. Alles lief wie im Zeitraffer ab, wie beim Film. Von Woche zu Woche verdichtete sich das immer mehr, und nicht nur ich hatte das Gefühl, daß das dem Höhepunkt zustrebt. Wann der genau eintreten würde, konnte ich nicht sagen, aber das Gefühl wurde immer stärker, daß wichtige Dinge bevorstehen. Vor allem nach dem 25. September 1989 wurde mir das immer deutlicher, nachdem die Demonstranten in Leipzig das erste Mal durch die Innenstadt und über Teile des Ringes gezogen waren.

Sie hielten am 25. September 1989 in der Nikolaikirche eine Predigt. Sie sprachen über die Gewalt, darüber, daß Jesus gesagt habe, ihm sei alle Gewalt gegeben im

Himmel und auf Erden und was dieses Wort für einen Staat bedeute, der selbst damit drohe, Gewalt anzuwenden. „Wer das Schwert nimmt, wird durch das Schwert umkommen", sagten sie und, „wer die Kalaschnikow nimmt, hat mit einem Kopfschuß zu rechnen, wer einen Gummiknüppel schwingt, sollte besser einen Schutzhelm tragen". Gegenüber der inneren Gewißheit, die von Gott komme, seien Stasi-Apparat, Hundertschaften, Hundestaffeln nur Papiertiger. „Also: Fürchtet euch nicht. Wir können auf Gewalt verzichten." Danach lief ein Zug von 6.000 bis 8.000 Menschen ungehindert ein paar hundert Meter auf den Leipziger Ring. Seit dem Juni 1953 hatte es in der DDR eine solche politische Demonstration nicht mehr gegeben. Haben sie Ihre Handlungen eigentlich als Widerstand gegen das herrschende SED-Regime angesehen?

Für mich war das, was ich getan habe, nicht nur Widerspruch oder Protest, sondern selbstverständlich immer Widerstand. So sehe ich das, ohne daß ich mein Tun mit dem Widerstand im Dritten Reich auf eine Stufe stellen würde. Aber meine Ansichten zu vertreten, auch wenn vieles dagegen sprach, das ist für mich eigentlich immer normal gewesen. So ähnlich wie Stefan Krawczyk das besungen hat: Wider-Stehen. Hier stehe ich und ich weiche nicht; Widerstand – in diesem Sinne.

Herr Wonneberger, ich danke Ihnen für das Gespräch.

Arnold Vaatz

„Ich habe schließlich erkannt, daß das System nicht reformierbar war"

Arnold Vaatz, Mitglied des Deutschen Bundestages, geboren 1955 in Weida/ Thüringen.

Nach dem Abitur 1974 und 18monatigem Grundwehrdienst in der NVA studierte er Mathematik an der Technischen Universität Dresden mit Abschluß als Diplom-Mnathematiker (1981). Seit Beginn der 70er Jahre hatte er sich in der kirchlichen Jugendarbeit engagiert; ein theologisches Fernstudium schloß er mit dem „Befähigungsnachweis zur freien Wortverkündigung" ab. Von 1981 bis 1990 war er tätig beim Dresdener VEB Komplette Chemieanlagen.

1982, nach Verhängung des Kriegsrechts in Polen, verweigerte er eine NVA-Reserveübung und erhielt dafür eine mehr als viermonatige Haftstrafe.

In der Zeit des Umbruchs im Herbst 1989 war er in Dresden Sprecher des „Neuen Forums", Wortführer der „Gruppe der 20" und Vorsitzender des „Koordinierungsausschusses zur Bildung des Landes Sachsen". Im Februar 1990 der CDU beigetreten, wurde er im März in den Landesvorstand der CDU gewählt. Seit Oktober 1990 war er Mitglied des Sächsischen Landtages, in der ersten Regierung Biedenkopf zunächst als Staatsminister Leiter der Staatskanzlei, von einer Kabinettsumbildung im Januar 1992 bis 1998 Sächsischer Staatsminister für Umwelt und Landesentwicklung. Seit 1998 ist Arnold Vaatz Mitglied des Deutschen Bundestages.

Herr Vaatz, Ihre Rolle während der friedlichen Revolution 1989/90 hat Sie weit über die Grenzen Sachsens hinaus bekannt gemacht. Ich möchte Ihnen ein paar Fragen zu Ihrer politischen Entwicklung in der DDR im Vorfeld der Jahre 1989/90 stellen. Mich interessiert der biographische Hintergrund von jemandem, der wäh-

rend des Umbruchs in Sachsen an zentraler Stelle verantwortlich mitgewirkt hat. Wie kam man in der DDR eigentlich zu einer oppositionellen Haltung gegenüber dem SED-Regime? Konnte das jedem passieren? Hatte es soziale Ursachen oder gibt es dafür eine Veranlagung?

Ich denke, das ist bei jedem Menschen unterschiedlich. Das hängt mit seiner eigenen Geschichte zusammen und natürlich sicher auch ein bißchen mit seinem Naturell. Ich kann nur für mich antworten, wie sich das bei anderen zugetragen hat, weiß ich nicht. Es ist natürlich auch sehr viel gegenseitiger Einfluß von anderen da gewesen, das ist klar. Ich bin in einem Elternhaus aufgewachsen, das dem, was in Ostdeutschland geschah, politisch distanziert bis feindselig gegenübergestanden hat. Und zwar hauptsächlich deshalb, weil mein Vater in der Landwirtschaft tätig war und er im Grunde miterlebt hat, und damit natürlich auch wir Kinder miterlebt haben, was in den Menschen vorgegangen ist, die sich gegen ihren Willen den Landwirtschaftlichen Produktionsgenossenschaften anschließen mußten. Ich habe im Grunde meine ganze Kindheit ein Stück weit als unnormal erlebt. Als unnormal, weil ich von einem bestimmten Zeitpunkt an mit dem ständigen Hinweis der älteren Generation, meiner Eltern, aufgewachsen bin, daß das, dem man sich jetzt beugen muß, nicht normal, nicht richtig und nicht gerecht ist. Das ging los mit dem Mauerbau, als man bei uns zu Hause sagte, wir dürfen jetzt nicht mehr in den Westen reisen. Als Sechsjähriger weiß man erst mal nicht, was unter Westeuropa oder Westdeutschland zu verstehen ist. Aber nach und nach versteht man das auch als Kind. Ich habe es so verstanden, daß wir aus der DDR als Einzige ein bestimmtes Land nicht betreten durften. Das sind ganz primitive Tatsachen, die auch einem Kind nicht normal vorkommen.

Dann ging es um das Problem Landwirtschaft. Unser Hof gehörte plötzlich nicht mehr uns. Er gehörte uns rein formal, aber wir waren nicht mehr verfügungsbrechtigt. Andere Leute entschieden dort, was geschah, ob Kühe in den Stall reinkamen, ob die Scheune voll Stroh geladen wurde usw. Mit diesem Verständnis von einer unnormalen Situation, die uns von anderen aufgezwungen wird, bin ich groß geworden. Dann ist mir die Haltung meiner Lehrer aufgefallen, die gerade das verteidigten, was in meinem Elternhaus nicht gewollt wurde, also der Widerspruch zwischen dem, was in der Schule gelehrt wurde und dem, wie wir zu Hause sprachen. Das wiederum kontrastierte mit der ständigen Forderung meiner Eltern, sich gegen das, was in der Schule gelehrt wurde, nicht aufzulehnen, weil man sich sonst in Gefahr begebe. Auch das habe ich als unnormal empfunden. Ich denke, das ist der Urgrund meiner späteren Entscheidung, dieses System nicht zu mögen und mich mit ihm anzulegen.

Versuchen wir doch einmal, die Geschichte Ihres Opponierens nachzuzeichnen.

Dazu müssen wir in meine Schulzeit zurückgehen. Als Schüler habe ich immer diesen Widerspruch empfunden, Mitglied der Pionierorganisation, aber eigentlich nicht dafür zu sein. Mein Vater sagte mir, daß die Kirche in Thüringen einen nicht schützen kann und wird, wenn man sich nicht an diesen Massenorganisationen beteiligt. Ich bin daher auch in der FDJ gewesen. Ich habe aber ständig Streitgespräche mit meinen Freunden geführt, auf dem Niveau der jeweiligen Altersstufe natürlich, aber auch mit denjenigen, die auf der anderen Seite der Front gestanden und das verteidigt haben, was ihre Eltern für richtig hielten, also mit dem Sohn des Bürgermeisters, des Parteisekretärs der Schule usw. Das waren die Streitgespräche der Kinder, die das ausgetragen haben, was in ihren Elternhäusern vorgegangen ist. Diese Phase ging bis zum Ende der achten Klasse, also 1970. Danach ging ich in eine Vorbereitungsklasse zum Abitur in der Stadt Weida. Dort kam ich in eine neue Umgebung und hatte neue Gesprächspartner. Seit damals habe ich mich sehr intensiv in der Jungen Gemeinde engagiert und bin auch Mitglied zunächst des Kreisjugendkonventes geworden und später des Landesjugendkonventes, das waren Dachkonstruktionen der einzelnen Jungen Gemeinden. Dort haben wir sehr viele politische Gespräche geführt. Wir haben die unterschiedlichen Meinungen der Pfarrer kennengelernt, und wir haben als christlich engagierte junge Leute eine Minderheitenposition innerhalb der Schulklasse eingenommen. Die meisten Schüler, die mit mir in die Vorbereitungsklasse der Abiturstufe gegangen sind, kamen aus Elternhäusern, in denen sich die Eltern ziemlich stark für den Staat engagierten und auch relativ hohe Positionen einnahmen. Es gab nur eine kleine Minderheit, die aus anderen Verhältnissen kam, z.B. der Sohn des Superintendenten. Diese wenigen, zu denen ich auch jetzt noch relativ gute Kontakte habe, haben ein sehr intensives, unabhängiges politisches Gespräch gepflegt.

Damals ist es auch zu einer ersten größeren Auseinandersetzung gekommen, als ich im Staatsbürgerkundeunterricht mal eine Arbeit schreiben mußte. Es war eine Kurzarbeit über eine Viertelstunde; wir sollten beschreiben, warum die SED als Partei der Arbeiterklasse immer recht hat. Daraufhin habe ich geschrieben: Wer in einer bestimmten politischen Frage recht hat, das muß sich in der Zukunft erweisen. Gerade das aber können wir jetzt noch nicht wissen, und aus dem Grunde kann man darüber keine Aussage treffen. Diese Arbeit hat dazu geführt, daß ich zunächst erst mal natürlich als Zensur eine Fünf bekam. Aber dann hatte das weitere Folgen. Der Klassenleiter und der Schulleiter beschäftigten sich damit, meinen Eltern wurde angedroht, daß ich für den Fall, daß sich dergleichen wiederholt, die Klasse verlassen müßte; ich müßte dann mit dem Zeugnis der 10. Klasse irgendwo unterkommen, das sei allerdings sehr schwierig. Das ist in der 9. Klasse gewesen und war Gespräch in der ganzen Schule. Wenn man sich heute überlegt, was das für eine läppische Angelegenheit war, wenn man als Kind auf eine vernünftige Antwort in einer Klassenarbeit solche Konsequenzen angedroht bekommt, dann wirft das ein bezeichnendes Licht auf die Zeit. Da wurde natürlich auch gleich alles mit zur Sprache gebracht, was die Lehrerschaft noch an mir störte, nämlich daß ich mehrfach mit Büchern aufgetaucht war, die nicht allgemein besprochen wurden, und im Literaturunterricht Fragen zu Autoren stellte, , die uns offiziell nicht bekannt waren. Und daß ich dann auch mehrfach im weltanschaulichen Teil des Staatsbürgerkundeunterrichts christliche Positionen bezogen habe. Damals ist mir zum ersten Mal klar geworden, daß ich an einen Signaldraht rangekommen bin. Diese Phase endete im Jahre 1972 mit dem Abschluß der 10. Klasse.

Aus Ihrer Biographie weiß ich, daß Sie Ihr Abitur in Greiz gemacht haben.

Ja, 1972 kam ich in ein Internat der Erweiterten Oberschule in Greiz. Dort hat sich meine Hinwendung zu kirchlichen Gruppen noch verstärkt. Ich war zeitweise in der Landeskirchlichen Gemeinschaft, obwohl mir der Pietismus etwas seltsam erschien und mein Empfinden nicht richtig traf. Daher habe ich mich dort wieder rausgelöst. Aber ich war Mitglied der Jungen Gemeinde in Greiz, bin an die Erweiterte Oberschule gegangen und war im Internat. Das Spannungsverhältnis dieser verschiedenen Kreise, der Schulklasse, der Internatsgruppe, der Internatsgemeinschaft und der Jungen Gemeinde haben mich geprägt. Ich bin immer ein sehr politischer Mensch gewesen und war von Anfang an kritisch gegenüber dem, was man an der Schule von mir gefordert hat. Es gab heftige Auseinandersetzungen mit unserem zweiten Staatsbürgerkundelehrer, der bald entdeckt hatte, daß ich prinzipiell nichts von den ganzen politischen Verhältnissen in der DDR hielt. Er hat mir ständig auf den Zahn gefühlt und immer wieder versucht, mich zu Bekenntnissen zu zwingen, die ich allerdings in der von ihm gewünschten Form nicht zu bringen bereit war. Ich erinnere mich noch an die Zeit der Werbung für die Armee. Die Schüler wurden zu Rundtischgesprächen eingeladen, alle Jungen einer Altersstufe, und jeder mußte erklären, warum er nicht Berufssoldat oder Offizier auf Zeit werden wollte. Es war relativ schwierig, zu sagen, ich habe einfach keine Lust und interessiere mich für etwas anderes. Aber genau das war letzten Endes unsere allgemeine Auskunft. Wir hatten uns vorher im Kreis der Schüler genau diese Antwort zurechtgelegt, mit Satz, Punkt und Komma. Und wenn nochmal gefragt wurde, wieder denselben Text: Ich interessiere mich mehr für etwas anderes und möchte deshalb einen anderen Beruf ergreifen. Ein Teil sagte natürlich, sie wollen gehen und wurden dann auch Offiziere der NVA.

Welche Rolle spielten die Lehrer?

In der Lehrerschaft war für uns auch erkennbar, wer sich richtig, auf Gedeih und Verderb, für diesen Staat engagierte und ihn direkt stützte und wer mehr oder weniger die Wege ebnete, auf denen man sich dem Ganzen entziehen konnte. Einer, der sehr unabhängig geurteilt hat, war zum Beispiel unser erster Staatsbürgerkundelehrer. Er war im Zweiten Weltkrieg Stukaflieger gewesen, hat dann irgendwann seinen Wandel zum Marxismus vollzogen, ist aber immer in kritischer Distanz zu dem Ganzen geblieben. Wenn er auch innerlich ein Linker gewesen ist, hat er doch im Grunde diese Art und Weise der Zudringlichkeit des Regimes und seiner Exekutoren zutiefst verachtet und oftmals seine Geschichts- und Staatsbürgerkundestunden in historische Vorlesungen verwandelt. Der Unterricht war ausgesprochen gut und ohne den sonst üblichen Bekenntnisdruck. Sein Nachfolger dagegen – das war der, von dem ich vorhin gesprochen habe – war ein kreuzgefährlicher, bösartiger Mensch, der ständig einen starken kommunistischen Bekenntnisdruck ausübte. Auch bei den Fachlehrern priesen manche ganz beonders die positiven Vorbilder des Systems und malten in den leuchtendsten Farben, wie gut es sei, sich für eine militärische Laufbahn zu entscheiden. Aber auch hier gab es eben solche und solche.

In Greiz haben Sie auch die Bekanntschaft mit Ibrahim Böhme gemacht.

In Greiz war ich von 1972 bis 1974. In dieser Zeit habe ich in der Tat auch Manfred Böhme kennengelernt, der später unter dem Namen Ibrahim Böhme einer der

Gründer der SDP in der DDR war und von dem man dann erfahren hat, daß er in besonders heftiger Weise für das Ministerium für Staatssicherheit gearbeitet hat. Manfred Böhme hat dort damals den sogenannten „Klub der Intelligenz" geleitet und eine Reihe von Zirkeln kreiert, die alle einen leichten politischen Einschlag hatten, sich aber auch intensiv mit Kultur beschäftigten. Ich war im Literaturzirkel dabei. Dort wurde Abende lang über politische Fragen diskutiert, und es hat sich auch dort bald gezeigt, daß ich einer von denjenigen war, die sich prinzipiell nicht mit diesem System anfreunden konnten. Wie das ganze beim Staat angekommen ist, das entnehme ich jetzt meinen Akten, die größtenteils aus der Feder von Böhme stammen. Er hat regelmäßig über mich berichtet. Zum Beispiel schrieb er über mich – ich war damals gerade 18 Jahre alt –, daß ich mich nicht erst zu einem wirklichen Feind der DDR entwickeln müßte, sondern daß ich diese Feindschaft quasi schon mit der Muttermilch aufgesogen hätte. Ich kann das jetzt nicht wortwörtlich zitieren, aber in diesem Sinne steht es in meinen Akten. So etwas hat er der Staatssicherheit erklärt und mich als ausgesprochen gefährlich für die anderen und als bösartig, was die Wahl meiner Mittel angeht, dargestellt.

Haben Sie denn tatsächlich gegen das Regime gewirkt oder ging es Ihnen eher darum, Ihre eigene persönliche Integrität zu wahren?

Ich wollte den Raum, den wir hatten, maximal ausnutzen, und ich wollte auch gegenüber dem Staat, in dem ich lebe, die Wahrheit sagen. Ich wollte wenigstens im Freundeskreis sagen, was ich als richtig und was ich als falsch ansehe. Das war für mich ein Gebot der Moral, wenn Sie so wollen. Ob man etwas bewegen kann oder nicht, ist eine andere Frage. Ich komme ja aus der kirchlichen Tradition; ich wollte nicht lügen. Ich wollte bekennen, an welcher Stelle ich stehe, und hoffte, daß ein solches Bekenntnis Schule machen würde und daß andere sich auch bekennen würden, nämlich gegen diesen Staat und zu einem anderen Begriff des Normalen.

Sie hatten in Greiz auch Kontakt zum Schriftsteller Reiner Kunze.

Ja, ich habe in Greiz auch Reiner Kunze kennengelernt, der dort wohnte, und plötzlich Gedichte veröffentlich hatte, in denen endlich einmal Dinge zu lesen waren, die meiner Wahrnehmung entsprachen. 1973 veröffentlichte er das Buch „Brief mit blauem Siegel" und schrieb darin plötzlich über die ostdeutsche Realität so, daß sich das mit meinen Empfindungen deckte – das war sonst bei DDR-Literatur selten der Fall. Das ging aber nicht nur mir so. Ich habe die Riesenbegeisterung erlebt, die durch alle Jungen Gemeinden und oppositionellen Zirkel ging, als dieses Buch erschien. Weil seine Auflage so gering war, haben viele es abgeschrieben. Ich habe mich bis dahin niemals richtig mit Dichtung oder solchen Dingen befaßt. Es war mir ein Greuel, Gedichte auswendig zu lernen und aufzusagen. Und jetzt ausgerechnet kam jemand und schrieb diese Form von Literatur, das hat mich in der Mitte getroffen. Ich habe, wenn Sie so wollen, in der korrekten Wiedergabe dessen, was ich täglich gesehen habe, einen Eigenwert gesehen, den es zu verfolgen galt. Für mich war es eine Beschädigung des eigenen Wesens, wenn man diesen Eigenwert nicht erkannte und Worte sagte, die nicht wahr waren, die nicht der eigenen Wahrnehmung entsprachen. Es kommt für mich bis heute einer inneren Beschädigung gleich, wenn ich gezwungen werde, etwas nachzusprechen, was andere für mich formuliert haben und was nicht meiner Wahrnehmung entspricht. Aus diesem Grunde habe ich mich dem immer entzogen. Dabei ging es nicht darum, etwas zu bewegen oder ein bestimmtes Ziel zu erreichen, sondern darum, innerlich am Leben zu bleiben.

Ich habe Reiner Kunze 1974 persönlich kennengelernt und mich sehr gut mit ihm verstanden. Er sagte mir, daß er an einem neuen Buch arbeitete, in dem er die Dinge noch rücksichtsloser und schnörkelloser auf den Punkt bringen wollte, die sich an unnormalen Dingen in Ostdeutschland ereigneten. Er wolle aufschreiben, wie über unser Leben und unsere Freiheit verfügt wird. Aus diesem Manuskript hat er Karfreitag 1974 in Neudietendorf die ersten Texte vorgelesen und darum gebeten, daß man ihm doch Begebenheiten aufschreiben und zuschicken möge, die seiner Intention entsprächen. Daraufhin habe ich alle meine Freunde, zu denen ich Vertrauen hatte, gefragt, ob sie denn nicht dazu beitragen wollte. Man könne hundertprozentiges Vertrauen zu Kunze haben, er werde alles anonymisieren und so miteinander vermischen, daß es letzten Endes nicht mehr rückverfolgbar sei. Gleichzeitig habe ich in dieser Zeit das erste Mal Lieder von Wolf Biermann in die Hand bekommen, habe sie mit der Hand und Schreibmaschine vervielfältigt und an meine Freunde verteilt. Das ist die Zeit in Greiz gewesen, eine sehr bewegte Zeit, die mich innerlich stark geprägt hat. Dabei ging es mir immer um das Ziel, möglichst viele Freiräume für diejenigen, die anders denken, zu erreichen und gegenüber dem Staat zu bekennen, wo man steht, nicht mehr die ganze Zeit mit dieser Zweigesichtigkeit rumzulaufen. Das ist im Grunde mein Ziel gewesen, ein idealistisches Ziel möglicherweise, aber es hat mich am Leben erhalten und mir sehr viel gegeben.

Sie haben ja sicher ihr Abitur mit dem Ziel gemacht, zu studieren. Gab es da Hürden, den Wehrdienst zum Beispiel?

In der Tat stand ich vor der Entscheidung, ob ich zur Armee gehen sollte oder nicht. Ich hatte die Wahl, Bausoldat zu werden, etliche haben das getan. Ich habe aber gemeint, diese Bausoldatenkonstruktion sei letzten Endes auch nur ein Placebo für das eigene Gewissen. Gar nicht zu gehen, empfand ich eigentlich als richtig, aber dann hatte man keinerlei Entwicklungsmöglichkeiten mehr. Und wenn einem hinterher die Bildung verweigert würde, wenn man also nach der Haft auf Grund einer politischen Entscheidung nicht mehr studieren könnte, das hätte ich für einen unberechtigten Sieg dieses Systems gehalten, weil man so nämlich wirklich geistig zurückgeschnitten und verzwergt werden konnte. Es war ganz klar, die hatten die Macht, die Entwicklung eines Menschen nach Belieben an einer bestimmten Stelle abzubrechen und zwar zu einem Zeitpunkt, wo man eigentlich noch viel lernen mußte. Aus diesem Grund bin ich zur Armee gegangen und habe gehofft, daß es nie zu einem Einsatz kommt, wo ich Dinge machen müßte, die ich mein ganzes Leben lang bereuen würde. Ich habe das Glück gehabt, daß ein solcher Fall nicht eingetreten ist. Ich bin nicht an die Grenze gekommen, mußte nie auf jemanden schießen und bin auch nicht wie diejenigen, die 1968 gerade bei der Armee waren, zu irgendwelchen Interventionen eingezogen worden. Aber ich habe immer mit der Gefahr gelebt. Ich bin davon verschont geblieben, aber ich war Soldat. Bei der Armee habe ich übrigens auch eine ganze Reihe von Leuten kennengelernt, die ähnlich dachten wie ich.

Hatten Sie wegen Ihrer politischen Überzeugungen Schwierigkeiten während der Wehrdienstzeit?

Während der Armeezeit rief mich der Kompaniechef einmal zu einem Vieraugengespräch und sagte mir sinngemäß: Genosse Vaatz, ich habe Sie jetzt eine ganze Weile beobachtet, Sie sind sicherlich nicht der einzige, der sich für den militärischen Alltag nicht interessiert und der nur das macht, was er unbedingt machen muß. Aber mir gefällt der Einfluß nicht, den Sie auf andere Leute ausüben. Solche Leute wie Sie können wir eigentlich nicht studieren lassen. Aus dem Grunde wollte ich Ihnen bloß sagen, bemühen Sie sich rechtzeitig um eine Arbeit. Ich weiß, Sie hatten sich für ein Mathematikstudium beworben, dieses Studium werden Sie nicht antreten, das werden wir zu verhindern wissen. Das war 1975 meine Realität.

1975 kam Biermann das erste mal nach Weida. Eingeladen hatte ihn der dortige Superintendent. Diese Veranstaltung habe ich ein bißchen mit vorbereitet; ich habe viele Leute angesprochen und eingeladen. Auch mit Kunze habe ich darüber geredet und angeregt, daß sich Kunze und Biermann an diesem Tag besuchen sollten. Also ich hatte die Finger mit drin, aber ganz bestimmt nicht als Hutmann, also als derjenige, der die Verantwortung trägt. Das war noch während meiner Armeezeit, wo ich den Urlaub immer dazu nutzte, Kontakt nach außen zu halten. Fast in jedem Urlaub war ich kurz bei Reiner Kunze zu Besuch, und er hat mir dann erklärt, wie der Fortgang seiner Arbeiten aussah. Ich habe ihn mal neben dreihundert Briefen gesehen, die er gerade als Antwort für die Leute verfaßt hatte, die ihm wieder neue Begebenheiten zugeschickt hatten.

So war die Situation, in der mir dieser Offizier sagte, mit meinem Studium sei es nun vorbei. Das war für mich Anlaß, den Superintendenten von Weida, Hans Schäfer, zu bitten, mir eine Beurteilung zu schreiben, damit ich mich beim kirchlichen Fernunterricht in Altenburg bzw. Rüdigershagen im Eichsfeld bewerben konnte. Dieser Fernunterricht war so angelegt, daß man einen zivilen Beruf ausübte und während der Ausübung dieses Berufes einen theologischen Fortbildungskurs absolvierte, der über vier Jahre ging, mit einem Befähigungsnachweis zur freien Wortverkündigung endete und ordentliche Examina in allen fünf theologischen Hauptfächern nach sich zog. Dieses habe ich in die Wege geleitet und wurde dort auch angenommen.

Dann kamen zu meiner großen Überraschung aber aus Dresden die Bewerbungsunterlagen für meinen Studienplatz an der Technischen Universität. Ich hatte mich eben als Landarbeiter in der LPG eingerichtet und im Sommer schon als Traktorist in der Tierproduktion gearbeitet. Meine Hauptaufgabe war es, die Rinder auf den Weiden mit Wasser zu versorgen und die kleine Milchrunde zu fahren, d.h. also, Milchkannen an einen bestimmten Sammelplatz zu bringen und Magermilch an die Schweine auszufahren. Als nun die Bewerbungsunterlagen kamen, sagte ich dem LPG-Vorsitzenden, daß ich nach Dresden fahren und mit dem Studium beginnen würde, daß ich aber damit rechnete, daß das ganz schnell wieder zu Ende sein würde- Daher bäte ich ihn, mir meinen Arbeitsplatz zu erhalten.

Sie bekamen also trotz Ihrer politischen Haltung eine Zulassung?

Ja, sie schickten mir die Imatrikulationsunterlagen, das Formular zur Anmeldung an der Universität, die Einweisung ins Wohnheim, den Stipendienantrag und eine Fahrkarte. Ich glaubte, die Geschichte von der Armee habe sich nur verzögert, aber ich sollte die Chance doch nutzen. Also fuhr ich nach Dresden, quartierte mich im Wohnheim ein – die Miete betrug 15 Mark im Monat, das war erschwinglich – und füllte den Stipendienantrag aus. Aber ich rechnete damit, daß das nicht lange dauern würde, und war ständig darauf vorbereitet, zum Direktor für Erziehung und Ausbildung gerufen zu werden. Das war ein ausgesprochen stramm ideologisch ausgerichteter Mensch, der keinen Widerspruch duldete und die Studenten mit schneidender Schärfe zu einem linientreuen Verhalten zwingen wollte.

Weil ich damit rechnete, bald relegiert zu werden, habe ich im ersten Halbjahr auch kaum Vorlesungen mitgeschrieben. Dann rückte aber die erste Prüfung näher, und ich wollte natürlich auf keinen Fall aus Leistungsgründen von der Uni fliegen. Deswegen schrieb ich von meinen Kommilitonen alle Vorlesungen ab, und ich habe die ersten Prüfungen auch tatsächlich erfolgreich hinter mich gebracht.

Haben Sie sich in dieser Zeit nur auf Ihr Studium konzentriert oder sich auch politisch betätigt? Ihr Studium fiel ja in eine spannungsgeladene Zeit.

1976 fing mein Studium an. Im selben Jahr erschien das Buch „Die wunderbaren Jahre" von Reiner Kunze im westdeutschen Fischer-Verlag. Die Konsequenzen waren verheerend. Die Meldungen jagten sich: Kunze aus dem Schriftstellerverband ausgeschlossen, hier hat sich einer gegen das Buch gewandt, dort gab es einen Artikel gegen das „Machwerk" usw. In dieser Situation habe ich mit meinem Freund Matthias Richter versucht, Kunze zu einer Lesung nach Dresden zu holen. Diese Lesung fand auch tatsächlich am 30. November 1976 im Turm der Dreikönigskirche statt. Die Dreikönigskirche selbst war eine Ruine. Kunze las vor handverlesenem Publikum aus dem Buch „Die wunderbaren Jahre". Die ganze Veranstaltung wurde natürlich von der Staatssicherheit hautnah überwacht. Einer meiner Freunde, den ich extra eingeladen hatte, berichtete auch für die Staatssicherheit. Er nahm sich ein Jahr später das Leben. Das war mein Einstieg hier in Dresden, wo ich hier das erste Mal so etwas gemacht habe. Ich hatte also wieder erheblichen Anlaß gegeben, schneller zu machen mit der Relegation von der Universität. Aber sie kam nicht, stattdessen kamen die Prüfungen.

Dann kam Ostern 1977, da ist Kunze plötzlich mit seiner Familie über den Grenzübergang Staffelstein, also über den Grenzübergang der jetzigen A 4 nach Bayern, ausgereist. Gleichzeitig verhärteten sich zusehends die Fronten. Im Herbst 1976 war Biermann ausgewiesen worden und unmittelbar danach wurde mein Freund Jürgen Fuchs, der damals auf Havemanns Grundstück in Berlin-Grünheide in Altbuchhorst wohnte, zusammen mit Christian Kunert und Gerulf Pannach von der Straße weg verhaftet und eingesperrt, ich glaube es war im Dezember 1976. Es folgte ein Hausarrest gegen Robert Havemann. Es war in der Tat eine spannungsgeladene Zeit.

In dieser Zeit haben wir die Veranstaltung mit Kunze hier in der Dreikönigskirche organisiert. Nach heutigen Maßstäben lacht man darüber, aber damals war das nicht ungefährlich; die Folgen konnten Verhaftung und lange Strafen sein. Trotzdem war es so wichtig, daß wir uns dem nicht entziehen konnten und es mit Freude und Hingabe gemacht haben.

Der Weggang von Kunze war für mich ein ziemlicher Schock. Noch in dem prächtigen Winter 1976/77 mit viel Schnee hatten wir in Leiningen, wo Kunze ein Wochenendhaus gemietet hatte, einen langen Spaziergang gemacht und uns intensiv unterhalten. Und dann kam das jähe Ende zu Ostern 1977. Sarah Kirsch folgte als nächste, dann gingen Günter Kunert und Manfred Krug. Ich hatte das Gefühl: Jetzt sind wir die Nächsten, scheibchenweise tastet man sich an den Teil der Wurst ran, in dem wir drin stecken und dann ist auch bei uns der Kopf ab. Das ist mein damaliges Empfinden gewesen.

Ich bin damals auch vorsichtiger geworden. Deswegen habe ich mich im Frühjahr 1978 auch endgültig von Manfred Böhme getrennt. Mir wurde plötzlich klar, daß Böhme in Greiz alles getan hatte, um Leute von Kunze fernzuhalten, indem er negative Dinge über seinen Charakter und sein Wesen verbreitet hatte. Er erzählte beispielsweise überall, Kunze sei unnahbar, er lasse niemand an sich heran und schot-te sich ab. Als Kunze weg war, ging auch Böhme aus Greiz weg, aber nicht ohne vorher alle möglichen Leute gegeneinander mißtrauisch gemacht und aufgebracht zu haben. Mir fiel das auf, weil ich mir auch Gedanken über Vertrauenswürdigkeit usw. machte. Das war lebensnotwendig in unserer Situation.

Was konnte man denn dagegen tun?

Natürlich habe ich auch versucht, mich gegen Denunzianten abzusichern. Leider wußte man nie genau, wen man vor sich hatte. Grundsätzlich habe ich immer versucht, Vertrauen zu schaffen, aber angesichts der Situation war es ein, wenn man es etwas paradox sagen will, mißtraurisches Vertrauen. Ich will es an einem einfachen Beispiel erklären: Zur Leipziger Buchmesse ist man gefahren, um, in augenzwinkerndem Einverständnis mit den Ausstellern, Bücher aus dem Westen zu „klauen", die man in der DDR nicht bekam. Also erzählte ich hinterher fünf Freunden: Ich war auf der Leipziger Buchmesse und habe dieses Buch dort geklaut. Dem einen habe ich gesagt, ich war am Montag dort, dem zweiten am Dienstag, dem dritten am Mittwoch und dem vierten am Donnerstag. Wenn ich also hinterher von dritter Seite hörte, ich sei doch am Donnerstag bei der Buchmesse gewesen, wußte ich, wer geschwatzt hatte. Aber alles in allem habe ich den Leuten Dinge über mich erzählt, die ihnen signalisierten, daß ich Vertrauen zu ihnen hatte. Das Beispiel mit dem Buch hat sich übrigens nie ereignet, das habe ich jetzt konstruiert, aber es gab andere derartige Sachen. Ich habe korrekt berichtet, um zu zeigen, daß ich dem anderen vertraute, aber einen kleinen sachlichen Fehler eingebaut, durch den ich gegebenenfalls den Denunzianten erkennen konnte. Ich sprach „belastend" über mich. Böhme machte das Gegenteil. Er hat andere denunziert, indem er sagte: Du, wenn der mit mir zusammen ist, redet der ganz anders. Weil ich merkte, daß er Leute in einer schwierigen und wichtigen Zeit gezielt gegeneinander ausspielte, bin ich zu ihm nach Leipzig gefahren und habe ihm gesagt, daß er aus meiner Sicht für andere arbeitete und daß ich demzufolge alle Beziehungen zu ihm abbräche. Das war 1978. Ich habe seinen Weg nie aus den Augen verloren. Meine Verdachtsmomente habe ich später auch einigen Berlinern von der Initiative für Frieden und Menschenrechte mitgeteilt.

Die ganze Situation Ende der 70er Jahre hat dazu geführt, daß ich mich zunächst ganz und gar zurückgehalten habe. Ich habe mich bemüht, dem Staat keinen Anlaß zu geben. Es kam eine lange Zeit, wo ich gar nichts getan habe, außer studieren, und mir auch keine Blöße nach außen gegeben habe. Allerdings habe ich mein Theologiestudium weiterbetrieben und bin in der Evangelischen Studentengemeinde aktiv geblieben. So habe ich die Zeit bis 1980 hingebracht.

Wie reagierte der Staat auf Ihre relative Zurückhaltung?

1980 wurde ich unmittelbar vor der Hauptprüfung plötzlich zur Staatssicherheit zur „Klärung eines Sachverhaltes" zitiert. Unmittelbar zuvor hatte mir ein naher Bekannter eröffnet, daß das MfS versucht habe, ihn als IM zu verpflichten. Er habe allerdings keine Unterschrift geleistet und wies mich darauf hin, daß er den Auftrag bekommen sollte, sich ausschließlich mit mir zu befassen. Das ist mein Freund Albrecht Heß gewesen. Dieselbe Auskunft bekam ich wenig später auch von einem anderen Freund, nämlich von Lutz Kittler, bei dem die Tatsache noch schwerer wog, daß er sich nicht bereit erklärt hatte, eine Unterschrift zu leisten, weil sein Vater ein NVA-Oberst war. Auch das war fehlgeschlagen. Trotzdem weiß ich inzwischen aus meinen Akten, daß ich sehr genau beobachtet wurde, allerdings eben nicht von diesen beiden Freunden. Bei der Staatssicherheit wurde ich nochmal ausgiebig zu dem ganzen Komplex Reiner Kunze und zu meinen eigenen Aktivitäten befragt und dann wieder entlassen. Ich ging an diesem Tag davon aus, daß es jetzt ernst würde und man mich von der TU Dresden verweisen würde. Aber das hat man nicht gemacht. Wie ich jetzt weiß, hat man an dem Tag meine Akte geschlossen und mit mir ein Abschlußgespräch geführt. Meine politische Zurückhaltung hatte sich offensichtlich ausgewirkt.

1980 kam es in Polen zu Streiks und Auseinandersetzungen zwischen der unabhängigen Gewerkschaft Solidarnosc und dem Staat. Wie haben Sie diese Zeit erlebt?

Ich habe damals versucht, in meiner Kirchgemeinde Interessenten zu finden, um Paketfreundschaften mit Polen zu begründen, weil ich dachte, wenn jetzt in Polen gestreikt wird, bricht dort bald eine Hungersnot aus. Eine meiner Intentionen war es, den Staat damit in eine schwierige Lage zu bringen, denn einerseits konne er ja schlecht irgendwelche humanitären Aktivitäten der Kirche verbieten, andererseits hätte er es aus politischen Gründen doch tun müssen. Das war ein interessantes Experiment. Ich habe sehr viele Leute aus meiner Kirchgemeinde in Dresden-Briesnitz dazu gebracht, Pakete zu packen und nach Polen zu schicken. In etlichen Fällen haben sich daraus Freundschaften entwickelt, die noch heute bestehen. Das war eine tolle Sache. Unsere Ansprechpartner waren die evangelischen Kirchen Augsburger Konfession in Polen. Es war sehr interessant und hat Spaß gemacht.

Im folgenden Jahr 1981 habe ich, gemeinsam mit meinem Freund Matthias Richter, den Bischof angeschrieben und gefragt, wie wir uns verhalten sollten, wenn wir als Reservisten nach Polen eingezogen würden. Ich bat um einen Rat der Kirche. Daraufhin wurden wir von zwei Oberlandeskirchenräten zu einem Gespräch empfangen. Beide beschworen uns, uns in der Sache nicht in ein Martyrium reinzusteigern und sagten, wenn, dann müsse man eben versuchen, so wenig wie möglich Schuld auf sich zu laden. Einer der beiden sagte dann noch einen Satz, den ich bis heute nicht vergessen habe: „Sie müssen eines Tages Ja zu diesem Staat sagen." Ich habe ihm klipp und klar gesagt, daß das nicht ginge, daß das für mich auch keine Auskunft sei, und daß ich jetzt lediglich die Auskunft bekommen hätte, die Kirche betrachte mit Bangen, wenn sich Leute dem staatlichen Drang widersetzen und möglicherweise eines Tages nicht mehr mitmachen. Aber sie haben auch gesagt – und das muß man der Kirche zugute halten –, wenn es Schwierigkeiten gebe, könne ich, nachdem sie mir ausführlich abgeraten haben, mich trotzdem an sie wenden und sie würden dann nach dem Maß ihrer Möglichkeiten meinem Freund und mir zu helfen versuchen. Man nannte mir für den Fall der Fälle Rechtsanwalt Wolfgang Schnur als möglichen Beistand.

Am 13. Dezember 1981 folgte der Staatsstreich und die Ausrufung des Kriegsrechts in Polen. Ich stand mittlerweile im Berufsleben. Plötzlich wurde ich 1982 zum Reservistendienst einberufen. Zwar war für uns der Druck erst einmal durch die „innere Lösung" in Polen gewichen, es fanden nicht mehr diese ständigen Manöver in Polen statt, an denen sich die Nationale Volksarmee beteiligte. Aber ich hatte soviel aus der Situation gelernt, daß ich mir sagte, man muß das Verhältnis zu dieser Armee in ruhigen Zeiten klären, damit man in unruhigen Zeiten nicht mehr berücksichtigt wird. Aus diesem Grund bin ich 1982, als ich zu einer Reservewehrübung von einem Vierteljahr, bis Januar 1983, eingezogen werden sollte, zum Wehrkreiskommando gegangen und habe gesagt, daß ich diesen Dienst nicht antreten würde. Ich sei bereit, eine Uniform zu tragen und zur Armee zu gehen, wenn sie das wollten. Aber ich würde keinen Waffenschein unterschreiben und in keinem bewaffneten Fahrzeug Platz nehmen. Ich wollte mein Verhalten christlich begründen und dem keine politische Note hinzufügen, denn ich wollte meiner Familie – meine Frau war schwanger – möglichst wenig Scherereien verursachen.

Ich wurde verhaftet und kam zunächst in Untersuchungshaft. Verteidigt wurde ich von Rechtsanwalt Schnur, den ich extra zu diesem Zweck in Binz auf Rügen aufgesucht hatte.

Es gab noch ein schwieriges Nebenproblem. Mein Freund Konrad Kretzschmar hatte sich mit mir im Sommer über seine beabsichtigte Flucht über Ungarn nach Österreich unterhalten. Wir hatten den Fluchtplan gemeinsam durchgesprochen und ihn darauf abgeklopft, was schiefgehen könnte. Ich war auch damit einverstanden gewesen, daß er die Filme, die er von seiner Diplomarbeit gemacht hatte, bei mir hinterlegte, so daß ich sie ihm hinterher zuschicken könnte. Kurz vor meiner Verhaftung, im September oder Oktober, besuchte mich sein Bruder und brachte die schlechte Nachricht: Konrad sitzt in Cottbus im Gefängnis, er hat zwei Jahre bekommen. Nun wußte ich nicht: Hatte er noch etwas für mich hinterlegt, und wenn ja, wo? Oder hatte er mir etwas zugesandt, und man hatte es abgefangen? Vielleicht hatte man ihm sogar gesagt: Wir haben die und die Unterlagen für den Vaatz abgefangen, er hat auch schon gestanden, jetzt sollten Sie auch gestehen, dann wird es billiger.

Das alles habe ich Schnur aufgeschrieben. Er war mir ja von der Kirche empfohlen worden, also dachte ich, man könnte es riskieren. Bei einem Besuchstermin in der Haft habe ich ihm ein paar Sachen aufgeschrieben, rübergeschoben und dann wieder an mich genommen, kleingerissen und später in die Toilette geschmissen.

Es ist daraufhin nichts passiert. Deshalb hatte ich von dem Zeitpunkt an Vertrauen zu Schnur. Ich weiß auch, daß Schnur nichts von der Sache weitergesagt hat. Wahrscheinlich hat er das nicht als Zentrum seiner Bemühungen betrachtet, er wollte vermutlich nur den Trend zur Wehrdienstverweigerung so weit wie möglich begrenzen. Für mich war das jedenfalls eine enorme Zusatzbelastung, als ich 1982 ins Gefängnis kam.

Am 23. Dezember 1982 kam ich als Häftling in das Stahlwerk Unterwellenborn und habe bis zu meiner Entlassung am 2. Mai 1983 in der Zurichterei gearbeitet. Dort habe ich sehr interessante Einblicke in das Wesen des Strafvollzugs der DDR tun können.

Nach meiner Entlassung hatte ich eine schwere Krise. Bis zum Jahre 1985 habe ich nahezu alle Kontakte abgebrochen, meine Freunde von früher kaum noch besucht und ihnen nicht einmal mehr geschrieben. Dahinter steckten persönliche Probleme, keine politischen. Auch mit meiner Frau hatte ich mich durch meine Abwesenheit sehr auseinandergelebt. Wir hatten erhebliche Probleme, an dem Punkt wieder anzufangen, an dem wir auseinander gegangen waren. 1985 ging ich nach Leuna. Dort habe ich lange zugebracht. Ich hatte dort einen Arbeitsrythmus, der es mir gestattete, wieder viele Verbindungen zu pflegen. Es war auch mein Ziel, alte Verbindungen wieder aufleben zu lassen. Von 1985 an habe ich mich auch wieder stark in der Evangelischen Akademie in Meißen engagiert und neue Kontakte zu den Berliner Oppositionellen gesucht. Gelegentlich habe ich Eckhard Hübener aus Rambow besucht, von dort bekam ich allmählich auch Zugang zu neuerem oppositionellem Schrifttum.

Haben Sie denn nach Ihrer Haftzeit wieder ihre früheren kritischen Positionen vertreten?

Nicht in der früheren Form, dazu war zu viel passiert. In dem Maße, wie sich meine Kontakte zur oppositionellen Szene in Berlin und Greiz wieder auffrischten, habe ich gemerkt, daß ich mich von deren Gedankengut in einer fundamentalen Weise entfernt hatte. Bedingt durch meine beruflichen Erfahrungen habe ich weniger moralistisch als früher gedacht und die Dinge jetzt auch stärker aus einer wirtschaftlichen Perspektive betrachtet. Ich habe die Praxis in Leuna gesehen, und mir wurde klar, daß dieses System nicht überleben konnte, weil man seit mehreren Jahrzehnten schlicht und einfach gegen das kaufmännische Abschreibungsprinzip verstoßen hatte. Eine Technologie ist abgeschrieben, wenn die jährlichen Rücklagen beginnen, die jährlichen Instandhaltungskosten zu unterschreiten. Dann muß man die alte Technologie ab- und eine neue anschaffen. Das hat man in Ostdeutschland nie gemacht. Die Konsequenz war, daß seit Jahrzehnten mehrere Generationen Technologien nebeneinander existierten. Über die reine Herstellung eines Produktes hinaus mußte man dadurch für die Verfertigung jedes Produktes noch eine eigene Instandhaltungsindustrie im Kombinat mitschleppen. Daß das nicht funktionieren konnte und zu einer riesigen Vergeudung von Arbeitskraft und auch zu einer Rückführung von gesellschaftlicher Arbeitsteilung geführt hat, das ist für mich der Schlüssel zum Niedergang und zur völligen Perspektivlosigkeit des Systems geworden. Ich habe schließlich, zu diesem Zeitpunkt, erkannt, daß das System nicht reformierbar war. Es gab keine Chance, diese ökonomischen Rückstände aufzuholen. Entweder würden wir durch eine Zeit gehen, wo die primitivsten Lebensbedürfnisse nicht mehr abgesichert werden konnten und mit Blut und Gewalt das System am Leben erhalten würde, oder aber das System würde sich auflösen, das war meine Hoffnung. Ich habe allerdings der ersten Variante die größere Wahrscheinlichkeit beigemessen. Ich dachte, wenn es losgehen würde, dann würde es hunderttausend Tote geben, und dann wäre wieder eine gewisse Zeit Friedhofsruhe, bis wir wieder an demselben kritischen Punkt ankommen würden.

Damit hatte ich inzwischen einen prinzipiell anderen Ansatz als zum Beispiel die Berliner Oppositionellen, die zum großen Teil für einen „Sozialismus mit menschlichem Antlitz" plädierten. Es gab aber inzwischen auch einen sich immer mehr verschärfenden Dissens mit der Kirche und ihrer Parole „Kirche im Sozialismus". Seit 1978 gehörten viele Pastoren zu den Reisekadern, durften zu kirchlichen Veranstaltungen im Westen reisen, kamen auch fast alle wieder, hielten Lichtbildervorträge vor den Gemeindemitgliedern und bekamen oft gar nicht mit, wie sehr sie den Leuten Blessuren zufügten, weil sie Dinge in Anspruch nahmen, die den anderen nicht zur Verfügung standen. Ich nutzte die Kirche inzwischen mehr als Podium, aber immer mit einer wachsenden kritischen Distanz. Die Folge waren in den Jahren 1987 bis 1989 erhebliche Auseinandersetzungen in der Evangelischen Akademie in Meißen. Der damalige Rektor, den ich übrigens sehr schätze, wurde immer ganz blaß und hektisch, wenn ich nur zur Tür hereinkam. Ich habe mehrfach bei Veranstaltungen zum Jahrestag der Staat-Kirche-Vereinbarung vom März 1978 teilgenommen. Das damalige Treffen Honeckers mit dem Vorsitzenden des Bundes der Evangelischen Kirche in der DDR, Bischof Schönherr, betrachtete ich als verheerend, der größte Teil der Kirchenleitung hingegen als damals wichtigsten denkbaren Schritt nach vorn. Die Auseinandersetzungen in der Evangelischen Akademie in Meißen dürften allen, die dabei gewesen sind, noch in Erinnerung sein. In einer Situation, in der die DDR dringend Devisen aus der Bundesrepublik benötigte, überlegte sich die SED-Führung, was sie den Kirchen an scheinbaren Wohltaten zufügen konnte, damit sie auf diesem Wege an Kredite aus der Bundesrepublik herankam; man bot z.B. die Genehmigung von Bauanträgen, damit irgendwo mit fremder Leute Geld eine neue Kirche in einem Neubaugebiet gebaut werden konnte oder die Genehmigung zu seelsorgerlichen Gesprächen unter Stasi-Aufsicht. Das alles waren „Zugeständnisse", die den Staat nichts kosteten und durch die nur konzidiert wurde, was in anderen Ländern alltäglich und normal war. Das ist das, was ich damals 1988 gesagt habe.

Ich nutzte also dieses Podium in Meißen. Gleichzeitig las ich den „Grenzfall" und die Umweltblätter und habe auch gelegentlich selbst in einem dieser Hefte etwas veröffentlicht, z.B. einen offenen Brief an Stephan Hermlin, der eine Generalabrechnung mit der DDR war. In diesem Brief habe ich damals unter anderem geschrieben:

> Weiteren Nachdenkens wert ist mit der ausdruck „politsicher Gefangener". Die Definitionsgewalt Ihrer Partei, so singulär bestimmend sie sich gibt, begegnet hier meinem anders lautenden Empfinden. Dieses schlägt nichtschwimmerhaft um sich; politischer Gefangener bin ich diesem zufolge, seit ich denken kann; in einem Stacheldrahtverhau von 108.000 Kilometern im Quadrat. Nicht jederzeit gleich tief hat dieses Bewußtsein in mir gesessen, seine Arbeit an meinem Leben aber getan. Seit meinem Aufenthalt im Strafvollzugslager Unterwellenborn weiß ich, daß typische Gefangenenverhaltensweisen extrapolierbar sind in das Gebiet des Alltagsverhaltens im Staat DDR. Eine von ih-

nen ist die Methode, in gespielter Leidenschaft verhaßte Umstände in einen wahren Segen umzubenennen, mit dem Ziel, sich ihren Wirkungen zu entziehen; behauptet man, zu seienm und der Menschheit Besten eingesperrt zu sein, dann ist man es vielleicht bald nicht mehr; tut man mit klug gefurchter Stirn im Kreise der Arbeitskollegen die Notwendigkeit der Mauer dar, dann hört sie für einen selbst vielleicht auf, zu existieren: Man wird „Reisekader“ – ein weiteres Anti-Wort. Ein Symptom dieser Methode ist ein Ich mit zwei Sprachen und der hierdruch erworbenen Schizophrenie. Der einen im Kleinkind angelegten Sprache steht eine Kunstsprache mit fremden Wahrheitskriterien gegenüber. Als jungen Pionier ließen mich in obrigkeitliche Pietät entrückte Lehrer Gereimtes zum Thema „Völkerfreundschaft“ dahersagen. Das gar zu grelle „Wir sind jung, die Welt ist offen“ verschwand zwar voller Takt nach 1961 aus den Lesebüchern, aber es blieb ja noch das muntere „Du hast ja ein Ziel vor den Augen“ Ihres Dichterkollegen Fürnberg. Es erwies sich bald, daß damit in mir das kleinste Alphabet jener Sprache des Gefangenen bereitgelegt wurde. Es gewann das Regelwerk Kontur, in dem der Sklave mit seinem Aufseher kommuniziert. Was in Wahrheit Völkerfreundschaft ihre Partei über das blanke Etikett hinaus schert, was es sie interessiert, ob die Welt für alle da sei, das begriffen wir Kinder natürlich schnell und ohne Vermittlung durch Lehrer. Ich weiß es nicht erst, seit nach Ihren „vorübergehenden Maßnahmen“ sogar die Grenze nach Polen nun auch (inzwischen sieben Jahre alt) zu ist.

1987 war ich auch in Berlin für einen größeren Kreis kein Unbekannter mehr.

So war meine Situation, kurz bevor 1989 die Entwicklung hin zur friedlichen Revolution an Fahrt gewann. In diesen Jahren 1989/90 bewahrheitete sich dann vieles, was ich prognostiziert hatte, und es ging vieles in Erfüllung, was ich mir immer gewünscht und wofür ich mich immer eingesetzt hatte.

Herr Vaatz, ich danke Ihnen für das Interview.

Matthias Rößler

„Als sich die Gelegenheit bot, die Verhältnisse des Westens hierher zu holen...“

Matthias Rößler, Sächsischer Kultusminister, geboren 1955 in Dresden.

Nach Abitur und Wehrdienst studierte er von 1975 bis 1979 in Dresden Maschinenbau. 1983 promovierte er zum Dr.Ing. Von 1983 bis 1990 war er als Entwicklungsingenieur im Kombinat Lokomotivbau/Elektrotechnische Werke in Henningsdorf tätig. Daneben war er Lehrbeauftragter an der Technischen Universität in Dresden, 1990 erhielt er die Lehrbefähigung für das Fach „Strömungs-und Modelltechnik".

Ab Herbst 1989 war er Mitglied sowie wissenschaftlicher Sprecher und Vorstandsmitglied des „Demokratischen Aufbruchs“, saß am „Runden Tisch“ des Bezirkes Dresden und leitete die Fachkommission Wissenschaft und Bildung Sachsen/Baden-Württemberg. Nach Beitritt des DA zur CDU 1990 wurde Rößler in den sächsischen CDU-Vorstand der CDU kooptiert. Seit 1990 ist er Mitglied des Sächsischen Landtages, seit Oktober 1994 Sächsischer Staatsminister für Kultus.

Herr Rößler, ich würde Ihnen gern ein paar Fragen stellen zur Rolle der Opposition im Vorfeld der friedlichen Revolution und nach Ihrem persönlichen Wirken im Demokratischen Aufbruch sowie im politischen Umbruch 1989/90. Beginnen wir mit den oppositionellen Gruppierungen in Dresden in den 80er Jahren. Welche Rolle spielten sie?

Eines möchte ich vorausschicken: Ich habe vor 1989 nicht zur organisierten Opposition gehört. Aber ich war in der kirchlichen Nische verankert und wurde dort mit den Fragen konfrontiert, die auch in diesen Gruppen eine Rolle spielten. Für mich persönlich bedeutete der Kirchentag in Leipzig 1989 den entscheidenden Durchbruch. Dort waren in den Diskussionsgruppen über weite Strecken ja schon mehr Nichtchristen als Christen vertreten. Ich hatte mich zu einer Gruppe über Umweltschutz gemeldet. Die Arbeit in dieser Gruppe, aber auch der gesamte Kirchentag machte mir klar, daß es hier gravierende Veränderungen gab. Dort trat die Opposition zwar nicht mit Transparenten, aber in den Diskussionsgruppen ganz massiv auf.

Wie gesagt, Oppositionsgruppierungen in ihrem punktuellen Wirken habe ich im Milieu der evangelischen Kirche erlebt. Da waren natürlich auch Kerzen zum 13. Februar an der Dresdner Frauenkirche, „Schwerter zu Pflugscharen" in der Kreuzkirche, unser Dresdner Kirchentag, Widerstand gegen das Reinstsiliziumwerk in Dresden und vor allem mein „Nein" zu den Kandidaten der „Nationalen Front" in der Kommunalwahl 1989.

Es gab oppositionelle Gruppierungen, die aktiv waren gegen das System, es gab aber auch Resistenz, passives widerständisches Verhalten der Bevölkerung. Wie würden Sie die beiden Faktoren ins Verhältnis setzen, was war wichtiger?

Verankert waren die oppositionellen Gruppierungen nur ganz punktuell in der Bevölkerung, eher im intellektuellen Milieu und insbesondere im Raum der evangelischen Kirche. Das Opponieren der Bevölkerung war eigentlich nicht so bestimmt von dem Wirken der Oppositionsgruppen, sondern davon, daß die Leute nicht mehr so weiterleben wollten, wie sie bisher gelebt hatten, sie haben sich zunehmend getraut, ihren Mund aufzumachen.

Die wichtigste Art des Opponierens der Bevölkerung war vor allem die Ausreisewelle. Die Bevölkerung wollte leben wie im anderen Teil Deutschlands. Und weil die Menschen die Möglichkeit hier auf diesem Gebiet nicht sahen, sind so viele geflohen bzw. ausgereist. Daran hat sich seit den 60er Jahren nichts geändert. Zuerst die Millionen, die über die grüne Grenze oder nach West-Berlin gegangen sind. Und dann die neue Ausreisewelle in den 70er und 80er Jahren, die am Schluß eine erhebliche Dimension angenommen hat. Und 1989 sagte man sich: Wenn wir jetzt nach drüben gehen, da können wir zwar leben, wie wir wollen, aber jetzt gibt es die Gelegenheit, dieselben Verhältnisse hierher zu bringen, so daß wir hier so leben können wie im Westen und nicht ausreisen müssen.

Meine Haltung hierzu war nicht anders als die großer Teile der Bevölkerung. Ich habe immer überlegt, im Freundeskreis oder mit meiner Frau, reisen wir jetzt aus oder bleiben wir? Denn natürlich gab es auch Gründe, warum wir bleiben wollten, zum Beispiel Familienbindungen oder unsere Verwurzelung im Dresdner Raum. Und als sich die Gelegenheit bot, die Verhältnisse des Westens hierher zu holen, da bin ich auch politisch aktiv geworden. Vieles, was in oppositionellen Zirkeln diskutiert wurde, stimmte mit diesem grundsätzlichen Wunsch der Bevölkerung nur teilweise überein. Die Massenopposition war die Ausreise. Wir wollten nie eine „andere“ DDR, sondern die Bundesrepublik Deutschland.

Sie sagen auf der einen Seite, Sie waren nie Opposition, auf der anderen Seite sagen Sie, Sie waren in der Kirche aktiv. Ich weiß, daß Sie sich geweigert haben, in die SED zu gehen, bei der Kampfgruppe mitzumachen und Reserveoffizier zu werden. Ist das nicht auch ein bestimmte Art zu widerstehen?

Aber eine passive. Ich kann mich z.B. mit einem Werner Schulz oder einer Vera Wollenberger und dem Risiko, das die eingegangen sind, nicht vergleichen. Und gerade in einer Zeit, wo angebliche Widerständler, auch aus der Ex-SED, wie Pilze aus dem Boden schießen, kann und möchte ich mich bewußt nur dort einordnen: in diesen passiven Widerstand, den die Mehrheit der Bevölkerung geleistet hat – zurückziehen in Nischen, nicht mitmachen, bewußt auch auf Karriere verzichten

Was war wichtiger für die friedliche Revolution? Das Wirken der kleinen oppositionellen Gruppierungen oder mehr diese passive Resistenz der Bevölkerung?

Die breite Masse hat die friedliche Revolution am Ende gemacht, aber die Oppositionsgruppen spielten eine entscheidende Rolle als Initialzündung.

Hing die Art des Widerstandes bzw. der Opposition vielleicht mit den politischen Zielen zusammen, die jemand vertrat?

Sicher. Ich wollte zum Beispiel nie die DDR reformieren. Als es damals wirklich diese einmalige historische Chance gegeben hat, die DDR abzuschaffen und dieses 40jährige Intermezzo deutscher Geschichte zu beenden, habe ich ganz ohne Wenn und Aber auf diese Option gesetzt und habe mir natürlich auch die politische Gruppierung gesucht, die das am nachhaltigsten wollte.

Das Wirken der oppositionellen Gruppen ist nicht hoch genug zu veranschlagen. Die Leute haben sich ununterbrochen Gedanken gemacht, wie man entsprechend der jeweiligen Lage Veränderungen erreichen könnte mit ganz hohem persönlichen Einsatz, einem viel höheren, als wir ihn vielleicht zu leisten bereit waren. Am Schluß überholte sie aber die von der Mehrheit getragene historische Entwicklung.

Am Grund unserer unausgesprochenen Fundamentalkritik stand nur die Frage: „Reist du aus oder bleibt du?“ Allerdings habe ich mich immer für die Sachen interessiert, die in dieser organisierten Opposition geschehen sind. Ich habe mich da an der Peripherie bewegt, war an der Diskussion beteiligt, aber in den Kern eingestiegen bin ich vor 1989 nie. 1989 aber war mir klar, jetzt kann man mit hohem Wirkungsgrad Veränderungen erreichen. Da habe ich meinen Beruf aufgegeben, habe alles auf eine Karte gesetzt und mich nur noch auf die Politik konzentriert.

Wie sah das konkret aus?

Ich war im September 1989 zu einem Verwandtenbesuch im Westen. Manche Freunde haben natürlich gesagt, du bleibst jetzt hier, wir besorgen dir einen Job, kein Problem. Deine Frau und deine Kinder holen wir nach, was willst du noch dort drüben. Ich sagte: „Abhauen kann ich immer noch, aber jetzt haben wir dort drüben eine Chance, etwas zu verändern.“ Deswegen bin ich zurückgefahren. Am 4. Oktober waren die Zusammenstöße am Dresdner Hauptbahnhof, da flogen Molotow-Cocktails und da standen die ausgebrannten Polizeiautos. Da wußte ich: Jetzt geht es los. Wobei ich immer der Meinung war, die Sache muß friedlich laufen, wir dürfen die nicht zu sehr reizen.

Gemeinsam haben wir dann überlegt, wie wir uns organisieren. Am 4. Oktober bin ich mit Freunden und Bekannten nach Leubnitz-Neuostra zu einer Gründungsversammlung des Neuen Forums gegangen. Allerdings wurde das Neue Forum dann tatsächlich dort nicht gegründet, die Stasi verhinderte es. Wir haben uns später bei einer anderen Gründungsveranstaltung beteiligt. Für meine Vorstellungen war aber das Neue Forum zu wenig aktiv, lange Diskussionen über die eigene Befindlichkeit kannte ich schon aus der Kirche.

Gemeinsam mit Bekannten haben wir deshalb beschlossen, uns die neuen Parteien anzusehen. Das war natürlich zuerst die SDP, normal in Sachsen. Mein Großvater und mein Urgroßvater, alle in der Familie Rößler waren vor 1933 in der SPD gewesen.. Deswegen gingen wir zur SDP-Gründung hier am 9. November im Saal der Martin-Luther-Kirche. Es war eine unbelastete Partei, aber im Grunde empfand ich es ähnlich wie beim Neuen Forum. Ich habe gesagt: „Leute, ihr müßt was machen, ihr müßt aktiv werden. Die Menschen wollen die Wiedervereinigung, die wollen leben wie im Westen.“ Die Antwort war: „Das können wir nicht, da gibt es noch so viel zu bedenken... “ Wir haben uns den „Demokratischen Aufbruch" angesehen. Dort war zu diesem Zeitpunkt – es war gegen Jahresende 1989 – das Spektrum schon zusammengeschrumpft durch die Trennung von Schorlemmer und dem linken Flügel. Schnur positionierte sich immer eindeutiger, erst zur Marktwirtschaft und dann zur Wiedervereinigung. Das fanden wir gut, auch das Programm hat mir gut gefallen. Es war durchdacht und ein ostdeutsches Eigenprodukt. Deswegen sind wir dort eingetreten. Auch die Idee von Hans Geisler, dem späteren sächsischen Sozialminister, den Demokratischen Aufbruch zur Partei im Neuen Forum zu machen, fand ich gut: ein organisatorischer Kern mit einer lockeren Bewegung rundum, wir wußten ja, mit Parteien hatten die Leute nach der DDR-Erfahrung nicht viel am Hut, ich auch nicht, muß ich gestehen. Ich mußte wirklich eine echte Barriere überwinden; die Vorstellung, in einer Partei zu sein, war für mich schwierig.

Wir sind dann im Demokratischen Aufbruch aktiv geworden; ich habe mich im Umwelt- und Bildungsbereich engagiert, und als dann der Parteitag des DA in Halle kam – Hans Geisler nahm mich dorthin mit – habe ich als wissenschaftspolitischer Sprecher kandidiert und bin, gegen eine ganze Menge Gegenkandidaten übrigens, auch gewählt worden. Am Runden Tisch des Bezirks Dresden wurde ich dann Geislers Nachfolger und bekam dort engen Kontakt zu der Dresdner Szene um Arnold Vaatz, die dort die größte Dynamik entfaltete. Ich hatte auch schnell Kontakt zu den Vertretern der anderen neuen Gruppen, vom Neuen Forum bis hin zur Vereinigten Linken. Uns einte damals die gemeinsame Opposition gegen die Vertreter des untergehenden Regimes, es gab so etwas wie einen antitotalitären Grundkonsens.

Ein Schlüsselerlebnis für mich war der Kohl-Besuch in Dresden im Dezember 1989. Als der Kanzler vor der Frauenkirche stand, da war den meisten klar, wohin die Sache läuft. Das gab mir dann auch den entscheidenden Schub, im DA intensiv mitzumachen. Sie wissen ja, die Ost-CDU war damals nicht so richtig im Gespräch, weder bei der West-CDU noch bei uns. Mir hat einfach der Pragmatismus der Dresdner DA-Leute gefallen. Ich will konkret Erreichbares auch in der Politik formuliert wissen, und wenn mir das gefällt, wenn mir das erreichbar scheint und meinen Intentionen entspricht, dann mache ich dort mit.

Worin lagen aus ihrer Sicht die politischen Unterschiede zwischen der DDR-Zentrale des Demokratischen Aufbruch in Berlin und dem DA in Sachsen bzw. Dresden?

Die Zentrale, aber auch der Leipziger Vertreter, die standen weiter links als wir vom Dresdner DA. Wir hatten hier übrigens sehr gute und engagierte Leute und wurden auch von der West-CDU, aus Baden-Württemberg und aus Bonn, sehr gut unterstützt; viele der Freundschaften halten bis heute. Die Ost-Berliner Szene und die Vorstandsmitglieder in der DA-Zentrale standen mir, mit wenigen Ausnahmen, eher fern, man kannte sich kaum.

Als es im Dezember 1989 um die Frage ging, wie der DA sich stärker auf die Wünsche der Bevölkerung einstellen konnte, um zu einer tragfähigen Partei zu werden, habe ich die Ratschläge aus der West-CDU als sehr hilfreich empfunden. Mir ging es in den damaligen Diskussionen vor allem um einen schnellen Beitritt zur Bundesrepublik.

Unsere Meinung war: Die Wiedervereinigung muß schnell kommen; wir hatten kein Interesse mehr am Zusammenhalt dieses Gebildes DDR. Einer der Gründe dafür war unsere Sorge, daß sich die alten Kader, sobald sie konnten, wieder sammeln würden. Nach der Aufbruchszeit entbrannte ja der Kampf um die neuen Strukturen; man mußte dafür sorgen, daß die alten Funktionsträger abgelöst wurden und nicht die Chance bekamen, nach kurzer Wartezeit, nach ein paar Monaten vielleicht, wieder beherrschenden Einfluß zu bekommen. Man mußte die Strukturen ändern, und man mußte die Funktionsträger, die am alten System festhalten wollten, aus den Strukturen herauslösen, ohne sie existenziell in die Ecke zu treiben. Man mußte also den Mut haben, selbst nach politischer Macht zu streben, nach der Verantwortung und damit nach Gestaltungsmöglichkeiten. In Arnold Vaatz habe ich dabei jemanden gefunden, der dies genauso sah.

Auch aus diesem Grunde war es gut, daß dann die Einheit durch die DDR-Bevölkerung, durch die Bundesregierung und mit Hilfe der Bush-Administration so schnell durchgesetzt wurde und daß es so nicht zu einer postsozialistischen Restauration kommen konnte.

Dabei war es auch notwendig und ein Glück, daß der ganze Umbruch friedlich verlaufen ist. Das war natürlich schon einmal grundsätzlich sehr gut so, aber es war nach meiner Auffassung auch unter praktisch-politischen Gesichtspunkten der richtige und erfolgreiche Weg.

Ich möchte Sie noch nach Ihrer Einschätzung der Rolle der – wie es in der DDR hieß – „technischen Intelligenz" in der friedlichen Revolution fragen. Sie hat ja offensichtlich hat eine ganz andere, wichtigere Rolle gespielt als die geisteswissenschaftliche Intelligenz. Wie erklären Sie das?

Ich bin sogar der Meinung, daß die technische Intelligenz und die Arbeiterschaft dort eindeutig die Hauptrolle gespielt haben. Natürlich auch Mittelständler, Mediziner, Theologen und einige andere. Überwiegend dem alten System verhaftet waren dagegen zum Beispiel der größte Teil der Studentenschaft, viele Hochschullehrer – vor allem bei den Geisteswissenschaftlern, hier hat die SED auch eine besonders intensive Kaderpolitik betrieben –, viele Lehrer, ein Großteil des öffentlichen Dienstes sowieso. Die revolutionären Triebkräfte waren vor allem die Arbeiterschaft und die technische Intelligenz, aber auch der Mittelstand, und, das sollte man nicht vergessen, viele ältere Menschen. Das lag vor allem daran, daß diese Gruppen wegen ihrer unterprivilegierten Position im SED-Staat das größte Interesse an einer Veränderung der Verhältnisse hatten. Viele Vertreter der technische Intelligenz besetzten die Runden Tische und später die Landtage.

Wichtig war auch die Zusammensetzung der technischen Intelligenz. Vielleicht darf ich Ihnen das an meinem eigenen Beispiel verdeutlichen. Ich wollte ursprünglich Völkerkunde studieren, was aber nicht möglich war, obwohl ich das Abitur mit einem Durchschnitt von 1,0 abschloß. Aber als ich dann im Bereich der Geisteswissenschaften studieren wollte, hat mir der Studienberater der Leipziger Universität gesagt, als Christ und „kleinbürgerliches Relikt" sollte ich besser ein technisches Studium wählen, da könnte ich keinen Schaden anrichten. Und so ging es vielen in der technischen Intelligenz. Viele potentielle Geisteswissenschaftler, die aus der Sicht der Partei nicht die genügende politische Zuverlässigkeit garantierten, sind durch solche Berufslenkung in den technischen Bereich gekommen.

Herr Rößler, ich danke Ihnen für das Interview.

Heiko Lietz

Die Entwicklung der Opposition im Norden*

Bei den folgenden Ausführungen handelt es sich um eine bewußt subjektive Darstellung der vom Thema vorgegebenen Ereignisse aus der Sicht eines aktiven Zeitzeugen, der über die ganzen Jahre intensiv in die Entwicklung der oppositionellen Gruppen im Norden der DDR eingebunden war. Dies soll am Anfang der Ausführungen hervorgehoben werden, um möglichen Mißverständnissen oder anderen Erwartungen vorzubeugen. In vielen Fällen hat der Autor aus der Fülle seines eigenen Archivmaterials schöpfen können, aus dem auch der Dokumentenanhang zusammengestellt wurde.

1. Zentren der Friedensarbeit in den 80er Jahren

1.1. Entstehung der Friedensgruppen

Ende der 70er, Anfang der 80er Jahre entstanden – vor dem Hintergrund zunehmender militärischer Aufrüstung in Ost und West – auch in der DDR ganz spontan Friedensgruppen. Menschen, die von der Gefahr einer militärischen Konfrontation zwischen den Blöcken zutiefst beunruhigt waren, wollten die Geschicke dieser Welt nicht mehr allein Politikern und Militärs überlassen. Sie organisierten den gewaltfreien Widerstand. Davon waren auch die damaligen Nordbezirke Rostock, Schwerin und Neubrandenburg nicht ausgenommen. Auch hier fanden sich Menschen in Städten und Dörfern zusammen und versuchten, alternative Friedenskonzepte zu entwickeln und umzusetzen (vgl. Anhang, Nr. 1). Das geschah auf sehr vielfältige Weise.

* Ein Vorabdruck des Beitrags ist erschienen in: leben in der DDR, Leben nach 1989 – Aufarbeitung und Versöhnung, Zur Arbeit der Enquête-Kommission, Landtag Mecklenburg-Vorpommern, Band 9, Expertisen und Forschungsstudien zum Thema „Geschichte der Wende“, Schwerin 1997, S. 197-228

1.2. Der Friedenskreis der Evangelischen Studentengemeinde Rostock

In der Rostocker Studentengemeinde bildete sich schon Ende der 70er Jahre ein Friedenskreis. Wichtige thematische Schwerpunkte waren Wehr- und Reservistendienst, die zunehmende Militarisierung der Gesellschaft, Übungen der Zivilverteidigung und Abrüstungsfragen. Anfang der 80er Jahre veranstaltete er über zwei bis drei Jahre monatlich Friedensgottesdienste in Rostock, zu denen in der Regel zwischen 300 und 800 Personen kamen, darunter auch viele interessierte Nichtchristen.

1.3. Der Kessiner Friedenskreis

Zwischen den Jahren 1980 und 1985 spielte der Kessiner Friedenskreis eine zentrale Rolle bei der Koordinierung der Friedensgruppen im Norden der DDR. Gegründet wurde er am 26. Juli 1980 in Güstrow. Zu den Gründungsmitgliedern gehörten Georg Hauff, Frank Lengwenus, Heiko Lietz, Edgar Hillmann, Annett und Volker Mischok und Dieter Nath. Um die Arbeit auch weiterhin abzusichern – Heiko Lietz als bisheriger Leiter dieses Kreises war inzwischen aus dem kirchlichen Dienst entlassen worden –, setzte er seine Arbeit ab September 1981 in Kessin, einem Dorf unweit von Rostock, fort, und der dortige Gemeindepastor Dieter Nath übernahm die Leitung.

Inspiriert durch das Königswalder Friedensseminar im Süden der DDR, das einige Mitglieder des Kessiner Friedenskreises im Herbst 1981 besucht hatten, führte der Friedenskreis das erste eigene Kessiner Friedensseminar vom 11. bis 13. Juni 1982 durch. Zu diesem Seminar kamen neben Mitgliedern regionaler Friedenskreise auch Vertreter aus Friedenskreisen Berlins, Sachsens und Thüringens. Neben der thematischen Arbeit – es wurden vor allem Fragen der Sicherheit und des Wehrbzw. Wehrersatzdienstes behandelt – spielte die Aufnahme persönlicher Kontakte und der DDR-weite Erfahrungsaustausch eine große Rolle. In den Jahren 1983 und 1984 erfolgten weitere DDR-offene Friedensseminare in Kessin.

Im Kessiner Friedenskreis liefen bis 1984 auch die Fäden für die Vorbereitung und Durchführung der Friedenswanderungen – später in „mobile Friedensseminare“ umbenannt, um damit einer Anmeldepflicht zu entgehen – zusammen (vgl. Anhang, Nr. 2). Die erste Friedenswanderung wurde im Sommer 1981 im Kirchenkreis Güstrow durchgeführt und kam auf Initiative von Heiko Lietz zustande. Er hatte auf einer europäischen Studentenpfarrerkonferenz in Barcelona 1980 einen holländischen Kollegen kennengelernt und für den gleichen Sommer drei Studenten zu sich eingeladen. Bei diesem Besuch wurde die feste Abmachung getroffen, sich im kommenden Jahr mit ewa sieben Holländern und sieben Deutschen zu einer Friedenswanderung zu treffen. So geschah es dann auch.

Am Ende des Seminars wurde ein Selbstverständnispapier für die weiteren Begegnungen erarbeitet und verabschiedet (Anhang, Nr. 3). In den kommenden Jahren teilte sich dieses Seminar, und es wurden zusätzlich vom Vipperower Friedenskreis eigene, sehr viel umfangreichere mobile Friedensseminare durchgeführt.

Zu diesen Seminaren kamen neben Holländern, die regelmäßig dabei waren, hin und wieder auch Friedensbewegte aus der Bundesrepublik, aus Dänemark und Großbritannien. In der internationalen Zusammensetzung spiegelte sich der Grundgedanke des Seminars wider: Da der Frieden auf dieser Erde nur block- und systemübergreifend errungen werden kann, müssen sich Menschen aus den feindlich gegenüberstehenden Blöcken miteinander verständigen und Brücken bauen. Vor allem die holländischen Teilnehmer ließen sich auch durch ständige Schikanen der Grenzpolizei nicht abschrecken und versuchten, wenn sie zurückgewiesen wurden, das nächste Jahr wieder einzureisen.

1.4. Der Vipperower Friedenskreis

In dem kleinen Dorf Vipperow in der Mecklenburgischen Seenplatte unweit von Neustrelitz bildete sich 1982 auf Initiative von Markus Meckel, der dort Pastor war, ein Friedenskreis, in dem Menschen aus den umliegenden Orten zusammenkamen. In Diskussionsabenden, bei anderen kirchlichen Veranstaltungen und in den Friedensdekaden brachte sich der Friedenskreis ein. Eine besonders wichtige Rolle spielten die seit 1983 eigenständig durchgeführten mobilen Friedensseminare. Auf ihnen wurde über die zunehmende Aufrüstung, über Umweltfragen, über die Not und das wirtschaftliche Elend in der 2/3-Welt, über die Menschenrechte und über Möglichkeiten der politischen Mitbestimmung diskutiert. Im Ergebnis dieser Diskussionen wurden Forderungen an staatliche Stellen gestellt, um z.B. einen zivilen Friedensdienst einzuführen oder die zunehmende Militarisierung der DDR-Gesellschaft zu beenden.

1.5. Die Rostocker Schalomgemeinschaft

Nach einer Reihe von Veranstaltungen in der Friedensdekade, die 1982 in verschiedenen Gemeinden Rostocks durchgeführt wurden, verabredeten sich etwa 10 Personen zu einer verbindlicheren Zusammenarbeit und gründeten auf Initiative von Heiko Lietz in der Warnemünder Kirchgemeinde den Rostocker Friedenskreis. Zentrale Themen dieses Kreises waren die zunehmende Militarisierung vor allem im Bereich der Schule, Maßnahmen der Zivilverteidigung, Wehrdienst und alternative Friedensdienste sowie die immer bedrohlicher werdende Raketenstationierung von atomaren Mittel- und Kurzstreckenraketen.

Im Herbst 1983 veröffentlichte der Friedenskreis im Rahmen der Friedensdekade den Rostocker Appell und sammelte in wenigen Tagen über 100 Unterschriften (Anhang, Nr. 4). Der Staat reagierte massiv, setzte die Warnemünder Kirchgemeinde unter großen Druck und erreichte es, daß diese Kirchgemeinde dem Friedenskreis totales Hausverbot für die Durchführung weiterer Veranstaltungen erteilte.

Nach einer halbjährigen Odyssee durch verschiedene Rostocker Kirchgemeinden fand er schließlich eine neue Heimat in der katholischen Christuskirche. Seit dieser Zeit gab sich der Friedenskreis den neuen Namen „Schalomgemeinschaft“.

Die katholische Christusgemeinde war eine der wenigen katholischen Gemeinden, die sich so exponiert in der Friedensarbeit engagierten. Das verdankte sie vor allem ihrem Pfarrer Ulrich Werbst. Sie wurde auch zu einem Träger im konziliaren Prozeß für Gerechtigkeit, Frieden und Bewahrung der Schöpfung vor und nach der Wende 1989.

2. Die Arbeitsgruppe Frieden (AGF) – Entstehung und Arbeitsweise

Neben diesen Zentren der Friedensarbeit gab es noch weitere intensiv arbeitende Friedenskreise in Greifswald, Schwerin, Wismar, Güstrow, Neubrandenburg, Stralsund und Neustrelitz, aber auch in kleineren Orten wie Ahrenshoop, Schwaan, Plau und Parum. Sie arbeiteten zunächst alleine ohne große Vernetzung. Aber es gab durchaus lose Kontakte zwischen verschiedenen Friedenskreisen vor allem über einzelne Personen.

Schon Anfang 1981 trafen sich Walter Bindemann, Dieter Nath, Christoph Kleemann und Heiko Lietz, um eine landeskirchliche Arbeitsgruppe Friedensdienst ins Leben zu rufen. Sie wollten ein Netzwerk in der Landeskirche aufbauen. Ein erster Schritt dorthin war eine Multiplikatorenkonferenz im Juni 1981, an der vierzehn Personen, kirchliche Mitarbeiter und Studenten, teilnahmen. Zur Vorbereitung der zweiten Friedensdekade im November 1981 wurde ein weiteres Multiplikatorenseminar im Oktober 1981 durchgeführt und dabei über die zunehmende weltweite Aufrüstung und die ansteigende Militarisierung der eigenen Gesellschaft nachgedacht und Schritte zu deren Abbau überlegt. Besonders intensiv war die Diskussion über die durchgeführten Zivilverteidigungsübungen in verschiedenen Städten und Dörfern der Landeskirche und über Möglichkeiten zivilen Ungehorsams im Rahmen dieser Übungen.

Als die Landessynode der Mecklenburgischen Landeskirche im Herbst 1981 den Beschluß faßte, den Rostocker Pastor Walter Bindemann nebenamtlich mit der Friedensarbeit in der Landeskirche zu beauftragen, sollte ihm auch gleichzeitig eine beratende Arbeitsgruppe Frieden (AGF) an die Seite gestellt werden. Der Oberkirchenrat legte autoritär die Zusammensetzung der Gruppe fest und grenzte dabei vorsätzlich die Personen aus, die ihm in ihrem Engagement zu weit gingen und sich nicht ausreichend steuern ließen. Dazu gehörten von den Aktiven der ersten Stunde vor allem Heiko Lietz, Markus Meckel, Dieter Nath und Henning Utpatel. Diese Entscheidung führte zu erheblichen Spannungen zwischen den aktivsten Friedenskreisen und dem Oberkirchenrat und erzeugte ein Klima des Mißtrauens. Auf Intervention von Walter Bindemann konnten sie jedoch im Gästestatus an den Sitzungen teilnehmen. Faktisch gehörten sie im Laufe der Jahre mit zu den Aktivsten der Arbeitsgruppe.

Als Walter Bindemann Mitte 1985 seine zusätzliche Arbeit als Beauftragter der Landeskirche niederlegte, drohte damit auch die ganze Friedensarbeit als eine eigenständige Arbeit beendet zu werden. Innerhalb der Landeskirche gab es durchaus bestimmte Personen, denen sehr daran gelegen war, weil sie um das gute Einvernehmen zwischen Staat und Kirche besorgt waren oder weil sie befürchteten, daß die bisher ausgegrenzten Personen zu viel Einfluß gewinnen könnten. Nach monatelangen Auseinandersetzungen innerhalb der Landeskirche setzten sich jedoch die weitsichtigeren Kräfte in der Kirchenleitung durch und beschlossen, die Friedensarbeit als eigenständigen Bereich in neuer Qualität fortzusetzen. Aus dem Beratungsgremium wurde ein Entscheidungsgremium, in dem der neu ernannte Beauftragte der Landeskirche integriert war. Die Zusammensetzung war auch völlig anders. In diesem neuen Gremium waren von dreizehn Mitgliedern allein acht aus den Basisgruppen, die von diesen Gruppen auch völlig selbständig gewählt wurden und die der Oberkirchenrat lediglich zu bestätigen hatte. Die fünf anderen Vertreter kamen aus der Landessynode (zwei), dem Landesjugendpfarramt, dem Oberkirchenrat und dem Amt für Gemeindedienst. Zum Vorsitzenden der AGF wurde Heiko Lietz gewählt. Damit begann eine neue Phase konstruktiver Zusammenarbeit zwischen der Kirchenleitung und den Basisgruppen. Die AGF definierte auch ihr Selbstverständnis neu. Mit der neu gegründeten AGF hatten die verschiedensten Friedens-, Umwelt-, 2/3-Welt-, Frauen- und Menschenrechtsgruppen eine stabile Koordinierungsstelle im Bereich gesicherter kirchlicher Strukturen.

Dennoch kam es nicht zu einer nahtlosen Verschmelzung zwischen den Basisgruppen und der Landeskirche. Das hatte vor allem personelle Gründe. In vielen Basisgruppen arbeiteten Christen und Nichtchristen problemlos zusammen. Wenn auch unterschiedlich motiviert, bemühten sie sich doch gemeinsam darum, Ungerechtigkeiten abzubauen, Unfrieden zu verringern und der Zerstörung der Schöpfung entgegenzutreten.

Für die meisten Basisgruppen war die gleichberechtigte Teilnahme aller Mitglieder an der Arbeit wichtiger als die formale Zugehörigkeit zur Kirche. Deswegen war es für die Basisgruppen wichtig, daß sie auch im Rahmen kirchlicher Strukturen einen autonomen Status behielten, um die eben skizzierte produktive Spannung aufrechtzuerhalten. Solange die politischen und gesellschaftlichen Rahmenbedingungen eine eigenständige politische Arbeit ohne erhebliche Gefahren außerhalb der Kirche nicht zuließen, war für die Nichtchristen die Mitarbeit in einer kirchlich eingebundenen Basisgruppe die einzige Möglichkeit, sich politisch frei zu betätigen. Aber auch für die engagierten Christen gab es immer wieder ernsthafte Konflikte zwischen den Gruppen, zu denen sie gehörten, und den Kirchgemeinden oder Vertretern der Landeskirche auf den verschiedenen Ebenen. Denn es gab auch unter Christen sehr unterschiedliche Auffassungen darüber, wie christliche Verantwortung in dieser Welt angemessen wahrgenommen werden muß. Dazu kam eine unterschiedliche Konfliktbereitschaft gegenüber staatlichen Stellen bei verschiedenen kirchlichen Mitarbeitern. Es war sicher auch von Vorteil für die Basisgruppen, daß sie viel radikaler sein konnten, da sie nicht so viel Rücksicht auf vieles nehmen mußten wie die Vertreter der Amtskirche. Es kam z.B. zu keinem Konsens zwischen Basisgruppen und der Kirchenleitung bei der Gründung des „Koordinierungskreises für Basisgruppen" im Oktober 1988. Da sich dieser Kreis ganz bewußt immer stärker jeglicher kirchlicher Einflußnahme entzog und auch nicht mehr bereit war, seine Arbeit nur innerhalb kirchlich gesetzter Rahmenbedingungen einschließlich der AGF zu machen, entstand für beide Seiten eine schwierige Lage. Aber auch hier half ein gutes Krisenmanagement über die Schwelle hinweg, und der Koordinierungskreis konnte weiterhin innerhalb der Kirche arbeiten. Aber für die Basisgruppen war es ein weiterer Schritt in die völlige organisatorische Unabhängigkeit. Ein Jahr später fanden sich viele Vertreter dieses Koordinierungskreises in den neu gegründeten politischen Bürgerbewegungen und Parteien wieder. Mit der Gründung des Koordinierungskreises machten sie den Schritt auf die Schwelle, heraus aus dem kirchlichen Schutzraum. Der nächste Schritt führte sie über die Schwelle, hinein in den ungeschützten Raum politischer Konflikte und Auseinandersetzungen.

3. Das „Friedensnetz" – eine Informationsbörse für Basisgruppen

Die neuzusammengesetzte AGF machte es sich zum Anliegen, möglichst rasch ein qualifiziertes Informationsblatt für alle interessierten Basisgruppen und Einzelpersonen in regelmäßigen Abständen herauszugeben. Sie konnte dabei an die Tradition der bisher nur vereinzelt erschienenen Friedensnetze anknüpfen. Es wurde sofort eine vierköpfige Redaktionsgruppe gebildet, die für den Inhalt und die Gestaltung die Verantwortung übernahm. Wurde das Friedensnetz zunächst nur innerhalb der eigenen Landeskirche verteilt, so wurde ab 1987 der Kreis der Abnehmer auf alle Landeskirchen erweitert. Verteilt wurde es über die einzelnen Landesgeschäftsstellen des Jungmännerwerkes. Zum Schluß hatte es eine Auflagenhöhe von ca. 800 Stück. Ende 1988 kam es zu einem ernsthaften Konflikt mit den staatlichen Stellen. Gegen die verantwortlichen Herausgeber des Friedensnetzes Georg Heidenreich und Heiko Lietz wurde ein Ordnungsstrafverfahren wegen des Vertriebs unerlaubter Druckerzeugnisse eingeleitet.

Vergleichbares passierte auch in anderen Orten der DDR. Doch im Unterschied zu anderen Landeskirchen stellte sich der Oberkirchenrat schützend vor die verantwortlichen Herausgeber und übernahm ab sofort selber formal die Rolle des Herausgebers. Als die staatlichen Stellen sich so unerwartet direkt mit dem Oberkirchenrat konfrontiert sahen, zogen sie ihr Strafverfahren zurück (vgl. Anhang, Nr. 5). Anfang Januar erschien ordnungsgemäß die nächste Nummer. Das spannungsvolle Miteinander hatte selbst diese Zerreißprobe erfolgreich bestanden.

In einer Rückflußinformation zur Entwicklung der politisch-operativen Lage in ausgewählten Schwerpunktbereichen auf Linie XX der Bezirksverwaltung für Staatssicherheit Schwerin vom 11. 4. 1989 heißt es u. a.: *„Trotz der eingeleiteten und zum Teil realisierten operativen Maßnahmen zur Disziplinierung der Herausgeber des Friedensnetzes wurde die Ausgabe 1/89 hergestellt und vertrieben. Die durch den Oberkirchenrat der Ev. Luth. Landeskirche Mecklenburgs eingeleiteten Maßnahmen zur inhaltlichen Zensur des Friedensnetzes haben sich eindeutig als untauglich erwiesen. Ebenso wie die letzten Ausgaben, die zur Einleitung eines Ordnungsstrafverfahrens führten, enthält die Ausgabe 1/89 einen vorwiegend feindlich-negativen Inhalt."*

Der Oberkirchenrat hat auch nach der formalen Übernahme als Herausgeber nur ganz selten und dann auch äußerst behutsam und in Übereinstimmung mit dem leitenden Redakteur redaktionelle Veränderungen herbeigeführt.

Im Oktober 1989 erschienen vermutlich das erste Mal in dieser kompletten Zusammenstellung alle Aufrufe der neu entstandenen oppositionellen Gruppierungen, die sich im Laufe des Jahres 1989 gebildet hatten, sowie Sympathiekundgebungen und die Beschlüsse der Bundessynode.

4. Dialogversuche und ihr Scheitern

Als sich die Friedenskreise in der DDR zu bilden begannen, suchten sie den offenen und gleichberechtigten Dialog mit den Vertretern des Staates und gesellschaftlicher Organisationen – ausgenommen Vertreter des MfS. Im Dialog wollten sie zentrale innen- und außenpolitische Fragen und Probleme besprechen und um einvernehmliche Lösungen ringen. Das war z.B. eines der wichtigsten Anliegen des Kessiner Friedenskreises bei der Durchführung seiner jährlich durchgeführten Seminare. Es wurden Einladungen verschickt und persönliche Gespräche mit politisch Verantwortlichen in Rostock durchgeführt. Es wurde auch versucht, mit dem Friedensrat der DDR ins Gespräch zu kommen. Aber die Organisatoren erhielten immer nur Absagen (vgl. Anhang, Nr. 6).

Das war für die Friedensgruppen jedoch auf Dauer nicht hinnehmbar, da der politische Demokratisierungsprozeß ohne diese Gespräche nicht zustande kommen konnte. Die kurzfristige Bereitschaft zu einem gesellschaftlichen Dialog während des Olaf-Palme-Friedensmarsches im August/September 1987 war nur ein taktisches Manöver im Zusammenhang des Staatsbesuches Erich Honeckers in Bonn. Danach wurde die vorherige Eiszeit wieder fortgesetzt; ein besonders deutliches Indiz waren die Inhaftierungen im Zusammenhang mit der Liebknecht-Luxemburg-Demonstration in Berlin im Januar 1988.

Als nach dem 3. Kessiner Friedensseminar 1984 kein Fortschritt in Richtung Dialog erkennbar war, verabredete sich eine kleine Gruppe von ca. zehn Personen, um sich über die weitere Strategie in der friedenspolitischen Arbeit zu verständigen. Sie kam am 6. Oktober 1984 im Vipperower Pfarrhaus bei Markus Meckel zusammen. Es wurden Überlegungen angestellt, wie Gruppen und einzelne in dieser Gesellschaft stärker zu politisch handelnden Subjekten in den geschichtlichen Prozessen werden könnten. Auch die Bildung von Verantwortungsgemeinschaften und deren Aufgaben bei der grundlegenden Veränderung gesellschaftlicher Verhältnisse wurde erörtert. Es wurden auch ernsthafte Zweifel daran geäußert, daß das gegenwärtige politische System noch reformierbar sei.

Von dieser Zusammenkunft, die zwar unter großen Vorsichtsmaßnahmen durchgeführt wurde, erhielt die Staatssicherheit dennoch umgehend durch den Informellen Mitarbeiter „Heinz“ alias Günter Engel, der ebenfalls anwesend war, einen ausführlichen Bericht (Anhang, Nr. 7). Sie verschärfte darauf ihre operativen Maßnahmen zur Zersetzung der dort anwesenden Personen. Es wurde z.B. gegen Heiko Lietz im Januar 1985 ein neunseitiger Maßnahmekatalog erarbeitet. Nach den durchgeführten Friedensseminaren im Sommer 1985 kam es in der Bezirksdienststelle der Staatssicherheit in Neubrandenburg zu einer Arbeitsberatung, auf der kein Zweifel an der Weisung des Stellvertretenden Ministers für Staatssicherheit, Rudi Mittig, gelassen wurde, wie mit bestimmten führenden Personen der unabhängigen Friedensarbeit umzugehen sei (Anhang, Nr. 8).

5. Die Bedeutung der Menschenrechte in der Arbeit der Basisgruppen

Seit Mitte der 70er Jahre – KSZE-Konferenz in Helsinki 1975, Inkrafttreten der Internationalen Menschenrechtskonventionen 1976 – spielten die Menschenrechte in der internationalen sowie der innergesellschaftlichen Diskussion eine zunehmende Rolle. Immer mehr Gruppen und Menschen nahmen den Kampf für die strikte Einhaltung der Menschenrechte auf.

Auch in der unabhängigen Friedensbewegung der DDR nahmen die Menschenrechte einen immer zentraleren Platz in ihrer Arbeit ein. Denn die Einhaltung vor allem der politischen und individuellen Menschenrechte war die Bedingung für eine qualifizierte Sacharbeit in den unterschiedlichen Bereichen. Ohne einen freien Zugang zu den Daten (Informationsfreiheit) wurde jede Umweltarbeit zur Makulatur, ohne das Recht auf Glaubens- und Gewissensfreiheit wurden alternative Friedensdienste undurchführbar, ohne Reisefreiheit konnten Kontakte mit der 2/3-Welt nicht ausreichend aufgenommen und internationale Projekte nicht durchgeführt werden. Da die Beschneidung grundlegender Menschenrechte immer stärker wurde, stellte sich die Frage nach einer grundlegenden Veränderung des politischen Systems immer dringlicher.

So kam es denn auch folgerichtig zu ersten Gründungen und zunehmenden Aktivitäten von Menschenrechtsgruppen. In Berlin hatte sich 1985 die „Initiative für Frieden und Menschenrechte" gegründet. Auch im Süden der DDR kam es zu Gründungen. Auf dem Seminar „Konkret für den Frieden" in Leipzig 1987 kam es zu einer eigenständigen Vernetzung der schon vorhandenen Menschenrechtsgruppen.

Ein wichtiges koordinierendes Seminar fand im Dezember 1988 in Warin bei Sternberg statt. Auf diesem Seminar, zu dem Vertreter von Menschenrechtsgruppen aus der ganzen DDR kamen, wurden auch erste Kontakte zur „Arbeitsgruppe Menschenrechte beim Bund der Evangelischen Kirchen in der DDR" über den mecklenburgischen Oberkirchenratspräsidenten Peter Müller aufgenommen. Es wurde auch intern über einen Aufruf von Menschenrechtsgruppen aus Anlaß des 40. Jahrestages der Verkündigung der Menschenrechte am 10. Dezember 1988 gesprochen. Dieser Aufruf erschien dann auch und forderte dazu auf, begangene Menschenrechtsverletzungen zu sammeln, zu dokumentieren und dann zu gegebener Zeit zu veröffentlichen. Der Staat reagierte umgehend. Am 18. Januar 1989 wurden die sechs in dem Aufruf namentlich aufgeführten regionalen Kontaktpersonen zeitgleich in die entsprechenden Dienststellen des MfS gebracht, streng verwarnt und über die strafrechtliche Relevanz ihres Tuns aufgeklärt. Sie wurden strikt aufgefordert, ihr gesetzwidriges Tun sofort einzustellen, ansonsten würden Maßnahmen ergriffen (vgl. Anhang, Nr. 9). Doch weder Heiko Lietz, der im Norden zu den Kontaktpersonen gehörte, noch die anderen hielten sich an diese Auflagen. Ein für 1990 in Güstrow geplantes großes Menschenrechtsseminar wurde angesichts der über die DDR hereinbrechenden Ereignisse nicht mehr durchgeführt. Der Kampf um die Einhaltung der Menschenrechte hatte bereits die Straße erreicht und dort klare Verhältnisse geschaffen.

6. Die Basisgruppen und der konziliare Prozeß für Gerechtigkeit, Frieden und die Bewahrung der Schöpfung

Zu einer Zeit, als in den Basisgruppen Themen des konziliaren Prozesses schon lange behandelt wurden, entstand auch zunehmend inmitten der etablierten Kirchen ein Denkprozeß, der sich für das eher gespannte Verhältnis zwischen Basisgruppen und Kirche sehr befruchtend auswirkte.

Ausgelöst durch einen Aufruf der Vollversammlung des Ökumenischen Rats der Kirchen 1983 in Vancouver an alle Kirchen und Christen, einen konziliaren Prozeß für Gerechtigkeit, Frieden und Bewahrung der Schöpfung anzustoßen, wurde dieser Impuls auch sehr intensiv von Kirchen und Christen in der DDR aufgenommen, zumal die Delegation der DDR-Christen 1983 in Vancouver mit zu den Einbringern dieses Aufrufs gehörte.

Der Aufruf des Stadtökumenekreises in Dresden Ende 1986 löste eine intensive Diskussion in vielen Gemeinden aus und führte schließlich zur Einberufung der Ökumenischen Versammlung der Kirchen in der DDR, die von Februar 1988 bis April 1989 währte und die zum Abschluß ein Dokument verabschiedete, in dem zu allen wichtigen Fragen des konziliaren Prozesses Positionen bezogen wurden.

Zu diesem intensiven Diskussionsprozeß wurden auch Vertreter der Basisgruppen eingeladen, die sich im Laufe der Jahre eine hohe Sachkompetenz in den entsprechenden Problemfeldern angeeignet hatten. Durch die sich intensivierende Zusammenarbeit zwischen Basisgruppen und Amtskirche wurden mehr und mehr die immer noch vorhandenen Spannungen abgebaut, und es entstand eine zunehmende Kooperationsbereitschaft. Von den 150 Delegierten der ökumenischen Versammlung kamen allein aus den unabhängigen Basisgruppen 40 Personen. Neben ihrer Sachkompetenz brachten sie auch ein erhebliches Maß an politischer Energie und eine größere Konfliktbereitschaft und -fähigkeit mit staatlichen Vertretern ein.

In der Landeskirche Mecklenburgs wurde die AGF damit beauftragt, die Delegierten für diese Vollversammlung zu benennen. Vertreter aus den Basisgruppen wie Annette Beleites, Matthias Baerens, Markus Meckel und Heiko Lietz gehörten mit zu dem Kreis der Delegierten. Sie und all die anderen hatten maßgeblichen Anteil daran, daß in den Diskussionsprozeß eine starke Bewegung hineinkam, die auch die etablierten Kirchen aus ihrem Status-Quo-Denken herausholte und sie sensibler gegenüber ihrem Auftrag werden ließ. Mit der Verabschiedung der Texte im April 1989 kündigten die Kirchen faktisch den Burgfrieden zwischen Staat und Kirche auf, wie er vom Bund der Evangelischen Kirchen in der DDR in den Vereinbarungen mit der Staatsführung vom 6. März 1978 festgeschrieben war. Sie forderten grundlegende gesellschaftliche und politische Veränderungen ein und setzten damit die staatliche Seite massiv unter Druck.

Der konziliare Prozeß beschleunigte und verschärfte die unumgängliche Auseinandersetzung mit dem bestehenden System. Was zunächst nur von kleinen Teilen der unabhängigen Friedensbewegung gedacht und ausgesprochen wurde, erfaßte immer größere Teile der Bewegung, wurde schließlich auch von den etablierten Kreisen der Kirchen aufgenommen – wenn auch nicht von allen – und mündete schließlich in dem Text der Arbeitsgruppe 3 der ökumenischen Versammlung der Kirchen „Mehr Gerechtigkeit in der DDR – unsere Aufgabe, unsere Erwartung“ (Anhang, Nr. 10). Bis zur letzten Minute versuchte der Vertreter des Staates, auf die Verantwortlichen der Versammlung Druck auszuüben, um diesen Text nicht zu verabschieden. Aber die ökumenische Versammlung ließ sich nicht mehr einschüchtern. Mit großer Mehrheit machte sie sich diesen Text zu eigen, der damit zu einem der Konsenspapiere für die herannahende Wende wurde.

Anhang*

Nr. 1
„... ein mehrfach gestaffeltes Tätigkeitsfeld“

Tätigkeitsbericht der „Arbeitsgruppe Frieden“ der Evangelisch-Lutherischen Landeskirche Mecklenburgs, Rostock, 15. Februar 1984

1. Friedensarbeit in Mecklenburg ist ein mehrfach gestaffeltes Tätigkeitsfeld. Ein Großteil der Friedensarbeit vollzieht sich in der Gemeindearbeit, im Konfirmanden- und Christenlehreunterricht, in Jungen Gemeinden, Gesprächskreisen und Gottesdiensten. Darüber hinaus mehren sich Aktivitäten, die speziell der Friedensfrage gewidmet oder aus ihr heraus entstanden sind: Friedensseminare und Friedensgottesdienste, Friedensgruppen mit einem vielfältigen Spektrum, Fastenaktionen und manches mehr. Die Arbeitsgruppe Frieden hat im Berichtszeitraum versucht, in ihren etwa monatlich gehaltenen Sitzungen diese Vorgänge zu überschauen, zu bewerten und zu interpretieren.

2. Unter den eigenen Aktivitäten der AG bzw. den von ihr getragenen nehmen zwei schon seit einigen Jahren einen wichtigen Platz ein: Beratungstage für junge Männer, die vor der Wehrdienstproblematik stehen, und Multiplikatorenseminare für kirchliche Mitarbeiter. Die Multiplikatorenseminare sind auf die Friedensdekade bezogen. Auch 1983 wurden wieder zwei dieser Seminare durchgeführt: im Sommer und im Herbst. Thematisch waren sie auf die Frage der Sicherheitspartnerschaft und das Thema der Friedensdekade „Frieden schaffen in der Kraft der Schwachen“ bezogen. Die Multiplikatorenseminare werden nach wie vor gut besucht. Die Anzahl der Beratungstage hat sich gegenüber den Vorjahren erhöht. Im Berichtszeitraum fanden vier Beratungstage statt (zum Vergleich: 1982 nur zwei): in Schwerin, Neubrandenburg und zwei in Rostock. Das deutet eine Tendenz an. Um die Beratung junger Menschen in Wehrdienstfragen schneller und qualifizierter und in einem breiteren Rahmen zu gewährleisten, wurde im Januar 1984 ein Beraterseminar veranstaltet. Auch dieses Seminar war gut besucht.

3. Besonderes Augenmerk liegt seit etwa einem Jahr auf der Entstehung und Arbeit von Friedensgruppen in Gemeinden oder auch Regionen. Diese Gruppen sind nicht immer kirchliche Gruppen im strengen Sinn, suchen jedoch immer Kontakt zur Kirche. Um das Gespräch mit ihnen und ihre Verbindung untereinander zu fördern, wurde im Januar 1984 von der AG ein Treffen von Friedensgruppen veranstaltet. An diesem Treffen nahmen auch Vertreter kirchenleitender Gremien teil; die Möglichkeit zum Dialog wurde allgemein gut eingeschätzt.

4. Zur Arbeit der AG im weiteren Sinn gehört eine recht intensive Vortragsarbeit des Vorsitzenden und anderer Mitglieder der AG.

* Die im folgenden abgedruckten Dokumente entstammen dem Privatarchiv des Verfassers.

Nr. 2
„...was den Anschein einer Demonstration erwecken könnte“

Schreiben des Schweriner Oberkirchenrates an den Landessuperintendenten, Schwerin, 22. April 1982

Auf Grund unseres Schreibens vom 12.4.82 an Bruder Nath wegen einer Friedenswanderung, das Ihnen in Abschrift zugesandt worden ist, hat gestern ein Gespräch mit dem Unterzeichneten stattgefunden, an dem die Brüder Pastor Nath, Vikar Meckel und stud. theol. Körner teilgenommen haben. Auf Grund dieses Gespräches teilen wir Ihnen folgendes mit:

Eine „Friedenswanderung“ wird nicht durchgeführt. Geplant ist ein kirchliches Gemeindeseminar zum Thema des christlichen Friedenszeugnisses in Vipperow über mehrere Tage, an dem Teilnehmer aus verschiedenen Kirchgemeinden teilnehmen. Innerhalb dieses Seminars sollen in Kirchgemeinden der Umgebung Gemeindeabende zum gleichen Thema angeboten werden. Ein solches Vorhaben halten wir für gut. Wanderungen zwischen den Orten sind nicht Inhalt und Bestandteil des Programms. Es steht den Teilnehmern freie Zeit zur Verfügung, um individuell die erforderlichen Wege zurückzulegen. Wenn Teilnehmer Wege, bei denen die Entfernung, das Wetter usw. es gestatten, zu Fuß zurücklegen wollen, bestehen dagegen keine Bedenken. Es muß jedoch alles vermieden werden, was den Anschein einer Demonstration oder ähnlichen Veranstaltungen [sic] erwecken könnte. Das bezieht sich vor allem auf das Mitführen von Symbolen, Plakaten und ähnlichem, auf demonstratives Rufen, Sprechchöre o.ä. und sonstiges demonstratives Verhalten. Bei großen Gruppen sollte wenigstens innerhalb von Ortschaften so aufgelockert werden, daß nicht der Anschein eines Demonstrationszuges entsteht. Wir bitten, mit den Teilnehmern das vorher zu besprechen, damit in ihrem Verhalten deutlich bleibt, daß auf dem Wege nicht eine Veranstaltung vorgenommen wird, sondern lediglich gemeinsam ein Weg zurückgelegt wird.

Wir gehen davon aus, daß das Seminar und die Gemeindeabende in Absprache mit Ihnen und mit den örtlich zuständigen oder sonst beteiligten Pastoren und anderen Mitarbeitern durchgeführt werden. Es wäre gut, wenn Herr Vikar Meckel für die Aufgaben, die er zur Durchführung des Seminars und der Gemeindeabende übernimmt, einen direkten Auftrag durch Sie erhalten würde. Erforderlich werdende Gespräche mit staatlichen Stellen, z.B. wegen einer etwaigen Teilnahme von Ausländern, wären zweckmäßig unter Ihrer Beteiligung zu führen.

Wir hoffen, daß das gute Anliegen ohne Mißverständnisse und Mißdeutungen und daraus entstehende Konflikte verwirklicht werden kann, und beten, daß Gottes Segen darauf ruhen möge.

Nr. 3
Auf dem Wege des Friedens

Grundsatzpapier für die Wanderungen des Kessiner Friedenskreises, Klueß, August 1981

„Sie werden ihre Schwerter zu Pflugscharen und ihre spieße zu Sicheln machen. Es wird kein Volk wider das andere das Schwert erheben, und sie werden hinfort nicht mehr lernen, Krieg zu führen. Ein jeder wird unter seinem Weinstock und Feigenbaum wohnen, und niemand wird sie erschrecken.“ (Micha 4 : 3^{b}–4^{a})

Wir, eine Gruppe von je sieben jungen Menschen aus den Niederlanden und der DDR, sind eine Woche zusammen durch verschiedene Gemeinden Mecklenburgs gewandert. Wir haben versucht, Frieden miteinander und in der Begegnung mit anderen Menschen zu leben. Der Annäherungsprozeß zwischen uns war für uns ein Symbol und Beispiel für einen Friedensprozeß in und zwischen Menschen, den wir verwirklicht haben in gemeinsamen Gesprächen, Mahlzeiten, Singen, Gebet und meditativer Stille.

Besonders diese Erfahrungen, die wir miteinander gemacht haben, haben uns zu folgenden Erkenntnissen geführt, die für uns als Ausgangspunkte für wirkliche Friedensarbeit dienen:

1. Wir haben erkannt und erfahren, daß Frieden mit anderen und mit uns erst durch Abbau von Ängsten möglich ist.
2. Äußerung und Ursache von Ängsten sind für uns vor allem die zunehmende Aufrüstung, Feindbilder, Abgrenzung und die Militarisierung des gesellschaftlichen Lebens. Statt Frieden zu fördern, verhindern sie ihn.
3. Wir erkennen, daß die Rüstung nicht nur ein Ausdruck des Machtstrebens, sondern auch eine Erscheinungsform der Angst von uns und anderen ist.
4. Wir meinen, daß Frieden nur aufgebaut werden kann, wenn wir mit unserer Sicherheit auch die Sicherheit der anderen mitbedenken, und zwar so, daß es für die anderen erkennbar und durchschaubar ist und damit Ängste abgebaut werden.
5. Wirklicher Frieden bedeutet für uns nicht nur Waffenstillstand und friedliche Koexistenz. Diese können nur erste Schritte auf dem Weg zur Proexistenz im Sinne des „füreinander Daseins“ sein.
6. Wir verstehen Frieden nicht als einen Zustand, sondern als ein Geschehen. Das heißt also einen Prozeß der Verminderung von Gewalt, Unfreiheit, Ungerechtigkeit, Armut und Angst, damit mehr Freiheit, Hoffnung, Gerechtigkeit, Solidarität, Vertrauen und Liebe entstehen können. Dafür ist die Erklärung der Menschenrechte eine wesentliche Orientierung.
7. Wir glauben, daß der Friede Gottes in unserer Geschichte Gestalt annehmen kann und daß Gott auch uns als seine Hände dazu braucht, Frieden zu schaffen. (Frieden schaffen = pacem facere – Pacifismus)
8. Gerade die zunehmenden Spannungen zwischen den Gesellschaftssystemen werden uns nicht davon abhalten, auf wirklichen Frieden zu hoffen und friedensfördernde Maßnahmen durchzuführen.

Aus diesen Erkenntnissen und Erfahrungen heraus wollen wir versuchen, jeweils in unserem eigenen Land diesen Frieden Gottes mitzugestalten. Dazu haben wir uns über ganz konkrete Schritte Gedanken gemacht.

Wir möchten auch andere dazu ermutigen, sich gemeinsam mit uns auf diesem Weg zu begeben.

Nr. 4

„Wir fordern den Verteidigungsrat auf, den Beschluß aufzuheben“

Rostocker Appell

Rostock, 11. November 1983

Mit Entsetzen haben wir, die Unterzeichneten, Christen und Nichtchristen, die Mitteilung des Nationalen Verteidigungsrates der DDR vom 15. Oktober 1983 zur geplanten Aufstellung sowjetischer Raketenkomplexe operativ-taktischer Bestimmung aufgenommen.

Ausgehend von unserer christlichen und humanistischen Grundeinstellung und von der Tatsache, daß von deutschem Boden nie wieder ein Krieg ausgehen darf, sind wir der festen Überzeugung,

- daß mit der geplanten Aufstellung dieser Raketen die Gefahr eines Krieges für das deutsche Volk nicht verringert, sondern vergrößert wird,
- daß es für uns und unsere Kinder unerträglich ist, künftig mit den atomaren Vernichtungssystemen auch im eigenen Land leben zu müssen,
- daß mit dieser angekündigten Maßnahme der bis zu diesem Zeitpunkt für so wertvoll gehaltene schwedische Vorschlag einer atomwaffenfreien Zone in Mitteleuropa fallengelassen worden ist.

Deswegen protestieren wir ganz entschlossen gegen die vom Nationalen Verteidigungsrat beschlossene Maßnahme.

Wir befinden uns damit in voller Übereinstimmung mit dem Beschluß der Bundessynode der evangelischen Kirchen in der DDR vom 20. September 1983, in dem die Regierung der DDR gebeten wurde, innerhalb des Warschauer Vertrages darauf hinzuwirken, daß keine atomaren Kurzstreckenraketen auf dem Gebiet der DDR stationiert werden, weder während der noch laufenden Genfer Verhandlungen noch zu einem späteren Zeitpunkt.

Wir fordern den Verteidigungsrat der DDR auf, den gefaßten Beschluß unverzüglich aufzuheben.

Wir bitten alle, die sich nicht mit der immer wahrscheinlicher werdenden Vernichtung des Lebens, hier und anderswo, abfinden wollen, sich diesem Appell anzuschließen und ihn, unterzeichnet, an den Vorsitzenden des Verteidigungsrates der DDR, Erich Honecker, zu schicken.

Es steht zuviel auf dem Spiel, als daß wir die Entscheidung über Leben und Tod nur den Politikern und Militärs überlassen dürfen.

Nr. 5

„... steht der Weiterarbeit nichts im Wege"

Aus „Friedensnetz" 2/1989

In eigener Sache

Für manchen Empfänger des „Friedensnetzes" mag bei der Lektüre der letzten Nummer (1/89) unter der Rubrik „In eigener Sache" die Frage aufgetaucht sein, warum es jetzt zu dieser neuen Versandpraxis gekommen ist. Das hat seine Hintergründe, über die wir kurz etwas sagen wollen.

Am 16. Januar 1989 wurde gegen Landesjugendpastor Georg Heydenreich und Heiko Lietz vom Rat des Bezirkes Schwerin, Abteilung Kultur, ein Ordnungsstrafverfahren eingeleitet, weil ihnen vorgeworfen wurde, daß sie das Druckerzeugnis „Friedensnetz" Nr. 5/88 herausgegeben hatten, ohne die dazu erforderliche staatliche Genehmigung zu besitzen. Diese Herausgabe stelle eine Ordnungswidrigkeit nach § 8 (1) und der Anordnung über das Genehmigungsverfahren für die Herstellung von Druck- und Vervielfältigungserzeugnissen vom 20.7.1959 ... dar.

In demselben Schreiben wurde gleichzeitig zu einem Gespräch zur Klärung von Sachfragen eingeladen.

In dem dann stattfindenden Gespräch am 30. Januar wurden die unterschiedlichen Standpunkte dargelegt, die sich aus einer unterschiedlichen Interpretation der oben angegebenen Anordnung ergeben.

Heydenreich und Lietz stellten klar, daß es sich bei dem „Friedensnetz" um ein innerkirchliches Arbeitsmaterial handelt, das von der Arbeitsgruppe Frieden verantwortet wird, die wiederum von der Kirchenleitung der Landeskirche mit dieser Arbeit beauftragt wurde. Dieses Arbeitsmaterial enthält Informationen, Texte und Anregungen für die insbesondere in den Friedens-, Umwelt- und Gerechtigkeitsfragen engagierte Arbeit von kirchlichen Gruppen und einzelnen Christen.

Die Vermittlung von Arbeitsmaterial für diese Arbeit entspricht dem Auftrag der Kirchenleitung für die Arbeitsgruppe Frieden. In entsprechender Anwendung des § 1 (5) der Anordnung über das Genehmigungsverfahren für die Herstellung von Druck- und Vervielfältigungserzeugnissen vom 20.7.1959 ist daher eine Genehmigung nicht erforderlich. Nach dem Vorstehenden ist weder die Herausgabe noch die Herstellung der Vervielfältigung dieses Materials eine Ordnungswidrigkeit.

In einem Schreiben vom 10. März 1989 an den Rat des Bezirkes Schwerin, Abteilung Inneres, Bereich Kirchenfragen, machte der Oberkirchenrat noch einmal deutlich, daß auch die Kirchenleitung in ihrer letzten Sitzung Anfang März festgestellt hat, daß die Erarbeitung und Vervielfältigung des Friedensnetzes unter der Verantwortung der Arbeitsgruppe Frieden der Evangelisch-Lutherischen Landeskirche Mecklenburgs zu dem von der Kirchenleitung erteilten Auftrag an die Arbeitsgruppe Frieden gehört. Es handelt sich dabei um Material für den kirchlichen Dienstgebrauch. Es ist üblich, solches Material im Sinne der Zusammenarbeit der Kirchen auszutauschen, so daß es auch in anderen Kirchen zur Verfügung steht. Der Oberkirchenrat teilte weiter mit, daß er die Arbeitsgruppe Frieden bei der Erstellung und der Versendung dieses Arbeitsmaterials unterstützen werde.

Abschließend erklärte er, daß er hoffe, mit diesem Schreiben zur Klärung von noch offenen Fragen beigetragen zu haben, so daß das eingeleitete Ordnungsstrafverfahren eingestellt werden könne.

Anfang Mai erhielt Heiko Lietz folgenden Brief:

Rat des Bezirkes
Abteilung Kultur
[...]
Werter Herr Lietz!
Das gegen Sie im Januar 1989 eingeleitete Ordnungsstrafverfahren wurde eingestellt.

Mit der Einstellung des Verfahrens steht der Weiterarbeit nichts mehr im Wege.

Mit sozialistischem Gruß

Nr. 6

„...verpaßte Möglichkeit des vertrauensbildenden Gespräches“

Schreiben des zweiten Kessiner Friedensseminars, Kessin, 21. Mai 1983

Vom 13.–15. Mai 1983 wurde in Kessin, einem Dorf vor den Toren Rostocks, das 2. Kessiner Friedensseminar durchgeführt. Vorbereitet wurde es durch den Kessiner Friedenskreis, der in der Evangelisch-Lutherischen Kirchgemeinde Kessin eingebettet ist. Zentrales Anliegen dieses Seminars war die Beschäftigung mit der „Weltkonferenz religiöser Vertreter für die Rettung der heiligen Gabe des Lebens vor einer nuklearen Katastrophe“, die vom 11. – 14. Mai in Moskau stattfand, und die Information über die „Rundtisch-Konferenz über ökonomische und moralische Folgen eines Einfrierens der Atomwaffen“ vom 7. – 9. März 1983, die ebenfalls in Moskau durchgeführt wurde.

Teilnehmer des Seminars waren etwa 80 Personen (in der Mehrzahl Vertreter kirchlicher Gemeinden der drei Nordbezirke).

Auftakt des Seminars war eine Podiumsdiskussion unter dem Thema: „Frieden schaffen – aber wie?“

Als Teilnehmer des Podiums waren neben

– dem Bischof der Evangelisch-Lutherischen Landeskirche Mecklenburgs,
– einem Arzt des DDR-Komitees „Ärzte gegen den Atomkrieg“,

- einem Physiker,
- einem Schriftsteller,
- einem Teilnehmer der Moskauer Konferenz vom Mai 1982

(die dann auch die Podiumsdiskussion durchführten,)
auch ein Vertreter des Friedensrates und ein Vertreter der FDJ-Bezirksleitung Rostock eingeladen.

Die Kontaktaufnahme mit dem Friedensrat der DDR begann im Oktober 1982. Trotz verschiedener schriftlicher aber auch telefonischer Anfragen an den Friedensrat der DDR erhielten wir keine definitive Antwort. Erst bei einem letzten Telefongespräch etwa 10 Tage vor dem Seminar wurde uns übermittelt, daß auf Grund der Kürze der Zeit nun kein Mitglied des DDR-Friedensrates mehr für unser Podium zu gewinnen sei. Die nachlässige Behandlung unserer Anfrage wurde durch Krankheit (seit Oktober 1982?!) begründet.

Mit der FDJ-Bezirksleitung Rostock begannen die Gespräche ebenfalls im Oktober 1982. Nach anfänglichem Zögern kam dann auch bald die Zusage. Diese wurde jedoch wenige Tage vor dem Seminar zurückgezogen. Begründung:

- Es gibt in der DDR Trennung von Kirche und Staat. Darum sieht die FDJ nicht vor, sich im Raum der Kirche vorzustellen. Diese Politik ist Richtschnur seit Gründung der FDJ.
- Wer sich den Friedensfragen widmen will, soll dies bei der FDJ tun. Er kann sich in den Grundorganisationen seiner Schule oder seines Betriebes Antwort holen.
- Der Gesprächspartner der Kirchen ist der Staatsapparat, nicht einzelne Organisationen.

Die genannten Gründe sind u. E. einerseits nicht ausreichend. Weiterhin drängt sich die Frage auf, wie lange wir denn – angesichts der angespannten Weltlage – im eigenen Land noch warten wollen, über unterschiedlich motivierte Positionen miteinander zu reden? Wir können die Zurücknahme der ursprünglich gegebenen Zusage als verpaßte Möglichkeit des vertrauensbildenden Gespräches nur bedauern. Auf jeden Fall fällt sie hinter den Geist der Moskauer Konferenz zurück, da dort bekanntlich Prof. G. Arbatow eines der vielbeachteten Hauptreferate hielt.

Mit dieser kurzen Information über die bedauerliche Gesprächsverweigerung der FDJ-Bezirksleitung Rostock möchten wir Sie bitten – und das ist das eigentliche Anliegen unseres Schreibens –, bei in Aussicht stehenden Gesprächen zwischen Vertretern der Regierung der DDR und Vertretern der Kirchen der DDR darauf hinzuarbeiten, daß derartige vertrauenshemmende Ereignisse künftig vermieden werden können. Es ist u. E. den Gesprächen zwischen Regierung und Kirchenleitung selbst nicht förderlich, wenn sie gleichsam im „luftleeren" Raum stattfinden, d. h. auf regionaler und lokaler Ebene und damit an der sogenannten Basis nicht wiederholt werden können.

Wenn wir den Weltfrieden erhalten wollen, müssen wir uns auch um den Frieden im eigenen Lande sorgen. Dazu aber gehören vertrauensbildende Gespräche.
Wir wären Ihnen sehr dankbar, wenn wir Sie für unser Anliegen gewinnen könnten.

Mit freundlicher Hochachtung
im Namen unseres Kreises
Dieter Nath, Pastor

Verteiler:
Herrn E. Honecker, Staatsratsvorsitzender der DDR
Herrn K. Gysi, Staatssekretär für Kirchenfragen
Herrn J. Hempel, Leitender Bischof der Konferenz der Evangelischen Kirchenleitungen
Herrn H. Rathke, Landesbischof der Evangelisch-Lutherischen Landeskirche Mecklenburgs
Herrn E. Krenz, 1. Sekretär des Zentralrats der FDJ

Nr. 7

„... in hohem Maße feindlichen und konspirativen Charakter"

MfS-Bericht über die Besprechung in Vipperow, 15. Oktober 1984

Abteilung XX/4
Am 6.10.1984 fand in der Zeit von 9.30 Uhr bis 21.00 Uhr im Pfarrhaus Vipperow eine Zusammenkunft feindlicher Personen statt. Es handelte sich dabei um die Personengruppe, welche sich im Ergebnis des „Kessiner Friedensseminars" 1984 gebildet und die sich selbst den Status einer „ad-hoc-Gruppe" des bisher provisorischen Fortsetzungsausschusses für die Veranstaltungsserie „Frieden konkret" gegeben hat.

An der Zusammenkunft nahmen teil:

1.	Meckel, Marcus [sic]	Pastor, Vipperow
2.	Wonneberger	Pastor, Dresden
3.	Hübener, Eckart	Vikar, Schwerin
4.	Gutzeit, Martin	Pastor, Schwarz
5.	Erler, Wolfgang	Berlin
6.	Poppe, Gerd	Berlin
7.	Misselwitz, Hans	Berlin
8.	Lietz, Heiko	Güstrow
9.	Engel, Günter	Güstrow

Pastor Tschiche, Magdeburg fehlte entschuldigt, gleichfalls die Person Richter, Edelbert, Naumburg. Die gesamte Zusammenkunft trug in hohem Maße feindlichen und konspirativen Charakter. Fakten dafür waren u. a. der interne Auswahl- und Einladungsmodus sowie der gesamte Ablauf der Zusammenkunft, in deren Verlauf Meckel z.B. darauf hinwies, daß spezielle Verbindungs- und Kontaktfragen außerhalb des Hauses unter vier Augen besprochen werden sollten. Den Telefonanschlußstecker hatte er bereits vorher entfernt. Mit Maßnahmen der Observierung der Zusammenkunft durch das MfS wurde gerechnet.

Insbesondere durch die Personen Poppe und Lietz wurde das einheitliche Ziel aller Anwesenden eindeutig benannt: es geht um die Planung und Durchführung einer Revolution in der DDR. Lietz: langfristige Aufgabenstellung ist es, mit „Partisanenarbeit" in den Staat sowie seine Parteien und Massenorganisationen einzudringen, diese Strukturen zu zerschlagen und neue Strukturen aufzubauen.

Die Zieldarstellungen wurden von allen Anwesenden widerspruchslos akzeptiert. Demzufolge diente die Zusammenkunft ausschließlich einer ersten Diskussion darüber, mit welchen Mitteln und Methoden die Zielstellung im einzelnen zu erreichen ist. Alle Anwesenden betrachteten die Zusammenkunft als eine Vorfeldphase für spätere, konkretere Aktivitäten.

Nr. 8
„Absoluten Vorrang haben Maßnahmen der Zersetzung"

Arbeitsberatung der MfS-Bezirksverwaltungen, Abteilung XX, Neubrandenburg, 26. September 1985

Protokoll zur Arbeitsberatung am 5. 9. 1985
Teilnehmerkreis:
Oberst Wiegand, Leiter HA XX/4
Hptm. Grimm, Referatsleiter HA XX/4
OSL Röpke, Leiter Abteilung XX, BV Schwerin
Major Wulf, Referatsleiter Abteilung XX/4, BV Schwerin
Major Klawun, Leiter Abteilung XX, BV Rostock
Hptm. Fiedler, Referatsleiter Abteilung XX/4, BV Rostock
OSL Suffa, Leiter Abteilung XX, BV Neubrandenburg
Hptm. Dust, Stellv. Leiter Abteilung XX, BV Neubrandenburg
Major Gräber, Referatsleiter Abteilung XX/4, BV Neubrandenburg

Gegenstand der Beratung
1. Festlegung von Maßnahmen in Auswertung des „Friedensseminars" in Vipperow/Neubrandenburg und der „Sommerwanderung" in Rostock und Orten des Bezirkes Schwerin
2. Informationsaustausch zur Lage/Situation im Bereich der evangelischen Kirche

Genosse Oberst Wiegand

1. Zur Lage und Situation auf der Linie der evangelischen Kirche
Bischof Hempel wandte sich über einen Beauftragten an den Staatssekretär, Genossen Gysi, und unterbreitete einen Vorschlag zur Gesprächsführung zwischen dem Vorstand KKL und dem Staatsratsvorsitzenden, Genossen Honecker.
Gesprächsgegenstand/Themen:

- Friedensfragen
- Entwicklungsländer
- menschliche Erleichterungen (hier insbesondere Angriffe auf Wehrdienst, Volksbildung)

Genosse Honecker hat sich noch nicht dazu geäußert.
2. Auswertungsmaßnahmen zum „Friedensseminar" und der „Friedenswanderung"
- Leitung im Ministerium hat großes Interesse an Ergebnissen der Linie XX gezeigt und Dank für geleistete Arbeit ausgesprochen
- Aufgaben wurden politisch verantwortungsbewußt gelöst – auch für die Zukunft gewährleisten, daß von unserer Seite keine Störungen bei der Durchsetzung der Politik in Kirchenfragen ausgehen, die Situation ruhig und bedacht bewältigen, absoluten Vorrang haben Maßnahmen der Zersetzung/intensive Bearbeitung in Form der Auseinandersetzung über gesellschaftliche Kräfte
- „Internes Ziel" des MfS sollte sein, dafür zu sorgen, daß es 1986 keine „Friedenswanderung" und kein „Friedensseminar" mehr gibt.
- Auftrag vom Genossen Mittig lautet:
- Bis zum XI. Parteitag muß die Bearbeitung von Lietz so forciert werden, daß L. als Problemperson vom „Tisch" ist. Das ist ein Kampfauftrag.

[...]

Nr. 9

„...zur Aufnahme gesetzeswidriger Handlungen aufgefordert“

Gedächtnisprotokoll über eine Befragung beim MfS, Güstrow, 18. Januar 1989

Am 18.1.89 kamen zweimal Mitarbeiter des MfS zu mir [H. Lietz] nach Hause (das erste Mal gegen 9.45 Uhr, wo sie nur meine kranke Tochter und meinen Schwiegervater vorfanden, das zweite Mal gegen 13.45 Uhr), um mich aufzufordern, zur Klärung einiger Fragen in die Dienststelle des MfS zu kommen.

Dieses Gespräch zur Klärung eines Sachverhalts fand von 15.30 Uhr -16.10 Uhr in der Kreisstelle des MfS statt (gemäß § 12, 19 und 20 des Polizeigesetzes).
Anwesend waren Major Böttcher und Major Berger.

Mir wurde mitgeteilt, daß während der Befragung ein Tonbandgerät laufen würde (Schallaufnahme). Nach meinem Einverständnis dazu wurde ich nicht gefragt. Ich wurde auf das Recht zur Beschwerde aufmerksam gemacht.

Major Böttcher begann mit der Ausgangsfrage, ob ich an der Herstellung von Schriften beteiligt wäre, die zum Inhalt hätten, die DDR verächtlich zu machen, und in denen Personen zur Aufnahme gesetzwidriger Handlungen aufgefordert werden.

Diese Frage verneinte ich kategorisch.

Der Frager sagte, daß ihm ein Schriftstück von einer Arbeitsgruppe zur Situation der Menschenrechte in der DDR vom 10. Dezember 1988 vorliege, in der es sich um eine Schrift im obengenannten Sinne handelt.

Die Frage, ob ich diese Schrift kenne, bejahte ich. Auch die, ob ich meine Zustimmung dazu gegeben hätte, als Kontaktperson in dieser Schrift bekanntgemacht zu werden.

Alle Fragen, die im Zusammenhang mit konkreten Personen standen, lehnte ich kategorisch ab zu beantworten.

Die Frage, ob mir der genaue Wortlaut dieser Schrift bekannt gewesen sei, verneinte ich. Mir sei jedoch die Grundintention des Textes bekannt gewesen, der ich auch meine Zustimmung gegeben hätte.

Der Befrager sagte mir, daß der Inhalt dieser Schrift gegen die §§ 220 und 218 StGB verstoße.

Nachdem ich mich gegen diese Interpretation der Schrift verwahrte, sagte er mir, daß dies aber aus ihrer Sicht so interpretiert werde und daß ich dies zur Kenntnis nehmen solle.

Ich wurde auch gefragt, ob ich den Aufruf an die Leipziger kennte.

Dies verneinte ich, gab jedoch zu überlegen, ob damit vielleicht ein Informationsblatt aus Leipzig gemeint sein könne, das mir auf dem Postweg an diesem Tag zugestellt worden sei.

Das ganze Gespräch dauerte gut eine halbe Stunde und verlief in einer zwar korrekten, aber recht angespannten Atmosphäre.

Darüber, ob die Angelegenheit damit endgültig erledigt wäre oder ob weitere Schritte folgen würden, wurde nichts gesagt.

Nach einer korrekten Verabschiedung verließ ich das Gebäude des MfS.

Gegen 13.30 Uhr wurde der Superintendent, und, da er nicht anwesend war, sein Stellvertreter von Herrn Reichelt (Abteilung Inneres des Rates des Kreises) darüber informiert, daß gegen 15.30 Uhr ein Gespräch zwischen mir und dem MfS stattfinden würde.

Ich setzte mich daraufhin, als mir dies zur Kenntnis kam, sofort mit dem Stellvertreter des Superintendenten zusammen, um ihn über den bisherigen Vorgang und etwaige Gesprächsinhalte zu informieren.

Nr. 10
Mehr Gerechtigkeit in der DDR – unsere Aufgabe, unsere Erwartung“

Ökumenische Versammlung für Gerechtigkeit, Frieden und Bewahrung der Schöpfung

Dresden – Magdeburg – Dresden (nur für den innerkirchlichen Gebrauch), 1989

Die folgenden Textauszüge sind dem dritten der zwölf Ergebnistexte der „Ökumenischen Versammlungen“ entnommen. (Vgl. hierzu auch die Materialien der Enquête-Kommission des Deutschen Bundestages „Aufarbeitung von Geschichte und Folgen der SED-Diktatur in Deutschland“, 1996, Band VI 2, S. 1430 – 1635.) Ein dokumentarischer Beitrag zu den Ökumenischen Versammlungen wird in einem Folgeband dieser Reihe veröffentlicht.

[...]
2. *Erfahrungen und Probleme*
(6) Die DDR ist eines der Länder, in denen die Befriedigung materieller Grundbedürfnisse für alle gewährleistet ist. Andererseits leben in unserem Land viele Menschen mit enttäuschten Erwartungen. Nicht alle Gründe für solche Enttäuschungen sind DDR-spezifisch.
[...]
Es gibt aber Probleme, die das gesellschaftliche Zusammenleben zusätzlich belasten. In Ausbildung und Beruf wird großer Wert auf sogenannte „gesellschaftliche Arbeit“ gelegt. Viele fühlen sich dadurch bedrängt. Aus unterschiedlichen Gründen gehen sie darauf ein, weil sie meinen, ihre „Staatstreue“ durch Funktionen und Mitgliedschaften in Organisationen beweisen zu müssen, da davon Fortkommen, Anerkennung und Privilegien in höherem Maß abhängen als von beruflicher Leistung. Schon in der Schule wirken Zwänge zur Mitgliedschaft in der Pionierorganisation und in der FDJ sowie zur Teilnahme an Jugendweihe und Wehrunterricht. Sie sind Teil einer umfassenden ideologischen Erziehung. Konformismus und Opportunismus sind oft ihre Folgen.
Der grundsätzliche Anspruch der Staats- und Parteiführung, in Politik und Wirtschaft zu wissen, was für den einzelnen und die Gesellschaft als Ganzes notwendig und gut ist, führt dazu, daß der Bürger sich als Objekt von Maßnahmen, als „umsorgt“ erfährt, aber viel zu wenig eigenständige, kritische und schöpferische Mitarbeit entfalten kann. [...] Die dadurch gegebene Spannung zwischen Regierenden und Regierten verhindert den inneren Frieden, beeinträchtigt aber auch den Hausfrieden im gemeinsamen europäischen Haus.
(7) Warum sind so wenige bereit, Verantwortung für das Gemeinwohl zu übernehmen? Viele engagieren sich nicht – aus Bequemlichkeit oder aus Berührungsängsten. Andere meinen: es lohnt sich nicht, es bringt nur Nachteile. Diese Haltung beruht auf alltäglichen Erfahrungen: Wenn sich Bürger auf Grund gemeinsamer Interessen außerhalb gesellschaftlicher Organisationen zusammenfinden, geraten sie schnell in den Verdacht staatsfeindlicher Aktivitäten.
[...]
Wer irgenwie auffällt und sich nicht wie erwartet verhält, muß mit Rückwirkungen in ganz anderen Lebensbereichen rechnen. Durch solche Ohnmachtserfahrungen werden Menschen entmutigt oder verbittert.

(8) Es fehlt in der DDR weithin an Ehrlichkeit und Wahrhaftigkeit. Weil vom Bürger erwartet wird, daß er sagt, was man hören will, hat er sich daran gewöhnt, etwas anderes zu sagen als er denkt, und anders zu handeln als es seinen Überzeugungen entspricht.
Es fehlt in der DDR die volle Rechtssicherheit. Das Eingabewesen macht den Bürger zum Bittsteller, ohne die wichtige Einsicht zu vermitteln, daß seine Interessen durchaus im Widerspruch zu anderen berechtigten Interessen stehen können.

[...]
Jugendliche werden gesellschaftlich und staatlich gefördert. Wenn sie aber durch besondere Ausdrucksformen, zu denken, zu sprechen und sich zu kleiden, auffallen, werden sie oft als störend betrachtet, mitunter sogar kriminalisiert. Dabei fällt es staatlichen Stellen und vielen in der Gesellschaft schwer zu akzeptieren, daß diese Jugendlichen damit auf vorhandene Probleme aufmerksam machen.
Frauen sind in der DDR gesetzlich gleichberechtigt. Aber in von Männern geprägten Strukturen können sie sich nicht genügend entfalten und ihren Einfluß zu wenig geltend machen. Belastungen durch Beruf und Familie und die Abhängigkeit von Traditionen erschweren es ihnen, ihre eigenen Werte zu erkennen und sie zu verwirklichen.
(9) Aus den Belastungen der beruflichen und gesellschaftlichen Existenz suchen viele Zuflucht im privaten Bereich des Lebens. Aber auch hier gibt es Spannungen und Probleme. [...]

3. Erfordernisse und Erwartungen
(10) Wir sind aufgerufen, „der Stadt Bestes“ [...], das heißt das Gemeinwohl zu suchen. Hilfreich sind uns dazu die Menschenrechtserklärungen der Vereinten Nationen, die weitgehend in unserer Verfassung enthalten sind. Die sozialen Menschenrechte sehen wir zum großen Teil verwirklicht, andere dagegen sollten wirksamer in den Gesetzen unseres Staates und in der gesellschaftlichen Praxis zur Geltung kommen. Mit den folgenden Überlegungen wollen wir dazu beitragen.
(11) Um uns in unserer Gesellschaft zurechtzufinden und an ihrer Gestaltung teilzunehmen, müssen wir Übereinstimmungen finden über das, was ist, was bleiben und was werden soll. Damit sie sich zeigen können und wachsen und damit wir wissen, woran wir miteinander sind, brauchen wir dringend die dafür notwendigen Informationen und den freimütigen und ehrlichen Meinungsaustausch überall dort, wo es um gemeinsame Angelegenheiten geht, sowohl in Versammlungen als auch in den Medien. [...]
(12) Wir brauchen eine Atmosphäre, die den Mut zur Teilnahme an den öffentlichen Angelegenheiten fördert. Diese wird beeinträchtigt durch geheime Überwachung und noch immer ungenügenden Datenschutz. Sie würden aber gefördert durch mehr Rechtssicherheit. Das Strafrecht und angrenzende Rechtsvorschriften sollten so gestaltet werden, daß die Auslegungsspielräume klar und möglichst eng sind. Die ab 1.7.1989 mögliche gerichtliche Nachprüfung von Verwaltungsentscheidungen ist ein Fortschritt. Die gerichtliche Nachprüfbarkeit von Verwaltungsentscheidungen sollte jedoch auf mehr Rechtsvorschriften als bisher vorgesehen ausgedehnt werden. Aber auch inhaltliche Gründe sollten in die Nachprüfung einbezogen werden. Der weiteren Vervollständigung der Rechtsordnung würde ein Gericht dienen, das die Verfassungsmäßigkeit der Gesetze und die Einhaltung von Verfassungsgrundsätzen überprüft.
(13) Damit Verantwortung in unserer Gesellschaft sachgerecht wahrgenomnmen werden kann, brauchen wir klar abgegrenzte Zuständigkeiten auf verschiedenen Ebenen des Staates sowie eine klare Trennung der Kompetenzen von Staats- und Parteifunktionen. [...] Ein Anfang ist die Pflicht der Behörden, ihre Entscheidungen den betroffenen Bürgern zu begründen und auf Wunsch schriftlich zu geben. Geheimhaltung sollte auf das Unumgängliche beschränkt werden.
(14) Wahlen, in denen die Urteilsfähigkeit der Bürger wirklich gefordert wird, geben den Gewählten ein tragfähiges Mandat. Das Wahlrecht sollte so reformiert werden, daß die Wähler auf die Aufstellung der Kandidaten wirksam Einfluß nehmen und geheim unter mehreren auswählen können.
(15) Unsere Gesellschaft braucht ein Bildungs- und Erziehungswesen, in dem Menschen heranwachsen können, die bereit und fähig sind zu verantwortlicher Lebensführung und zu mündiger Mitwirkung an den Gemeinschaftsaufgaben. Es soll Leistungsbereitschaft und Kreativität fördern, statt normierte Leistungen zu fordern. Es soll dazu befähigen, sich selbst

ein Urteil zu bilden, statt vorgegebene Urteile zu übernehmen. Es soll der Freiheit und Selbstverantwortung der Lehrenden und der individuellen Entwicklung der Lernenden breiteren Raum geben. Im Bildungs- und Erziehungswesen müssen gleiche Chancen für alle, unabhängig von ideologischen Überzeugungen und Mitgliedschaften in Organisationen oder der Art und Dauer des Wehrdienstes, gegeben sein.
(16) Wir brauchen die freie Entfaltung von Kunst und Kultur. Trotz Lockerungen werden sie noch immer durch staatliche Aufsicht und Genehmigungszwänge behindert.
(17) Unsere Gesellschaft braucht mündige Bürger, die ihre Rechte und Pflichten, ihre Aufgaben und Möglichkeiten selbstverantwortlich wahrnehmen, die mitdenken und sagen, was sie denken, ohne zu nörgeln, und die nicht warten, bis ihnen alle Schwierigkeiten aus dem Wege geräumt sind. Dazu brauchen auch sie die ungehinderte Möglichkeit, sich zu versammeln und in selbständigen Vereinen zusammenzutun, um gemeinsam nachzudenken und zu handeln.

Hubertus Knabe

„Samisdat" – Gegenöffentlichkeit in den 80er Jahren

1. Unabhängige Öffentlichkeit in der DDR

Eine unabhängige Öffentlichkeit konnte es nach dem Willen der Machthaber in der DDR eigentlich gar nicht geben. Der Anspruch der SED-Führung auf das Monopol politischer Machtausübung bezog sich auch und gerade auf den Sektor öffentlicher Kommunikation, der seit der russischen Oktoberrevolution von den kommunistischen Parteien als Schlüssel zu Machterwerb und Machterhalt betrachtet wurde.[1] Fast 70 Jahre lang blieb das unter den Bedingungen des Bürgerkrieges entstandene leninistische Grundverständnis im wesentlichen unverändert und bestimmte bis zuletzt die Einstellung der SED zu den modernen Massenmedien: *„Als Führungs- und Kampfinstrument der Partei der Arbeiterklasse und des sozialistischen Staates wirken die Massenkommunikationsmittel als kollektiver Agitator, Propagandist und Organisator bei der Entwicklung der sozialistischen Gesellschaft."*[2]

Die Durchsetzung des Anspruches auf totale Kontrolle der Öffentlichkeit erfolgte durch das Zentralkomitee der SED. Der in erster Linie zuständige Sekretär für Agitation und Propaganda (seit 1978: Joachim Herrmann) herrschte geradezu absolutistisch über das gesamte Medienwesen, obgleich es in der DDR keine formalisierte Vorzensur gab; Bücher und Kirchenzeitungen konnten jedoch nur mit einer Druckgenehmigung des Ministeriums für Kultur (bis 1988) bzw. mit Zustimmung des Presseamtes zur Auslieferung gelangen.[3] Juristisch war das Machtmonopol über die Medien vielfältig abgesichert – vor allem durch die „Anordnung über das Genehmigungsverfahren für die Herstellung von Druck- und Vervielfältigungserzeugnissen" sowie durch die „Verordnung über die Herausgabe und Herstellung aller periodisch erscheinenden Presseerzeugnisse".[4] Über jeder kritischen Äußerung in der Öffentlichkeit hing darüber hinaus das Damoklesschwert des Strafgesetzbuches der DDR – insbesondere die Paragraphen 106 (Staatsfeindliche Hetze) und 220 (Öffentliche Herabwürdigung, früher: Staatsverleumdung) (vgl. Anhang, Nr. 1).

Gleichwohl gelang es auch dem kommunistischen Herrschaftssystem niemals, sämtliche Formen öffentlicher Meinungsäußerungen unter seine Kontrolle zu bringen. Wie in anderen Diktaturen auch, gab es immer wieder Versuche, trotz aller Ohnmacht der Wahrheit zum Durchbruch zu verhelfen.[5] Vor allem nach Stalins Tod (5. März 1953) sowie unter Michail Gorbatschow weiteten sich dafür die Spielräume, und in Ländern wie Polen, Ungarn oder der CSSR formierte sich in den achtziger Jahren eine regelrechte „zweite Öffentlichkeit“ mit illegalen Verlagen, Zeitschriften und Verkaufsstellen.[6]

In der DDR war die Situation insofern anders, als der größte Teil des Staatsgebietes von westdeutschen elektronischen Medien erreicht wurde – quantitativ die bedeutendste Form von „Gegenöffentlichkeit“ in einer ansonsten einheitlich gesteuerten Berichterstattung. Auch Bücher, Zeitungen und Zeitschriften gelangten aufgrund der vielfältigen deutsch-deutschen Kontakte in beschränkter Zahl nach Ostdeutschland. Diese von außen wirkende Alternative zu den DDR-Medien war es aber auch, die die Entstehung unabhängiger Publikationen verzögerte und es der SED erleichterte, bis zuletzt an der strikten Gleichschaltung der Öffentlichkeit festzuhalten. Unangenehmes und Unkonventionelles konnte man bequem den West-Medien überlassen.[7]

Trotzdem bildeten sich auch in der DDR in den achtziger Jahren Ansätze einer selbstbestimmten Öffentlichkeit heraus, die die Erosion des kommunistischen Machtmonopols anzeigten, lange bevor die Politbürokratie gestürzt wurde. Vor allem in den letzten beiden Jahren der SED-Herrschaft erschienen zahlreiche nicht genehmigte Publikationen, in denen weitreichende politische Veränderungen zur Diskussion gestellt wurden. Umfang und Bedeutung dieses inoffiziellen Schrifttums sind bislang nur in Umrissen bekannt, obwohl einige der Beteiligten inzwischen ihre einstigen Aktivitäten dokumentiert haben.[8] Ein Politikum stellten diese Schriften dabei nicht immer unbedingt wegen ihres Inhaltes dar, sondern weil überhaupt das Meinungsmonopol der Partei durchbrochen wurde, so daß selbst ein kleiner, mit der Schreibmaschine geschriebener Zettel erhebliche Sprengkraft entfalten konnte. Die Wirkung dieser Gegenöffentlichkeit beruhte weniger auf Anzahl oder Auflagenhöhe der Schriften als auf der Tatsache, daß sich Teile der Gesellschaft offen sichtbar von den Zumutungen des Parteistaates befreiten. Der Begriff „Untergrundliteratur“, mit dem diese Gegenöffentlichkeit zuweilen auch bezeichnet wird,[9] ist deshalb auch eher irreführend, denn die Herausgeber suchten fast immer nach Nischen für ein *legales* Erscheinen – und die Behörden vermieden es zunehmend, mit offener Gewalt gegen sie vorzugehen. Treffender ist demgegenüber der aus dem Russischen stammende Begriff „Samisdat“ (Selbstverlag), der später auch in anderen sozialistischen Ländern Verbreitung fand und unabhängig vom Inhalt *„alle per Hand, Schreibmaschine, Abzugsgerät oder auch per Fotokopie inoffiziell vervielfältigten, nicht genehmigten Materialien“* meint.[10]

2. Der „einfache“ Samisdat

Die Anfänge des DDR-Samisdats reichen weit in die Geschichte des zweiten deutschen Staates zurück: Aufrufe, Flugblätter oder Manuskripte, die in der DDR vervielfältigt worden waren, zirkulierten in allen Phasen der SED-Herrschaft, doch bis zum Mauerbau waren zumeist im Westen gedruckte Schriften wie das berühmte Satireblatt „Tarantel“ vorherrschend.[11] Mit der Abriegelung der Grenzen und der Perfektionierung des Sicherheitsapparates der SED wurden maschinelle Vervielfältigungen immer schwieriger und riskanter, so daß in den sechziger und siebziger Jahren vorwiegend Schreibmaschinen-Durchschläge und manchmal auch Foto-

Abzüge erstellt wurden – zum Beispiel von Wehrdienstverweigerern, christlichen Pazifisten oder kritischen Marxisten, aber auch von Literaten und anderen Menschen, die ihre Gedanken unzensiert zu Papier bringen wollten.[12] In Krisensituationen wie nach dem Einmarsch in Prag (1968) oder nach der Ausbürgerung Wolf Biermanns (1976) kam es regelmäßig zu einem Anschwellen der inoffiziellen Textproduktion.[13]

Auch in den achtziger Jahren bestand dieser „einfache" Samisdat fort – nun verbreiteten vor allem die Mitglieder der in den evangelischen Kirchen arbeitenden Friedens-, Umwelt- oder Zweidrittelwelt-Gruppen ihre Auffassungen auf diese Weise. Für die über 100 bis 1983 entstandenen Gruppen war die Schreibmaschine anfangs der einfachste (und oftmals einzige) Weg zur schriftlichen Information und Selbstverständigung, auch wenn mit dem Durchschlag- und Kohlepapier der DDR nicht mehr als acht leserliche Exemplare angefertigt werden konnten. Das Spektrum der Schriften war dabei außerordentlich vielfältig und reichte von politischen Erklärungen und Offenen Briefen über theoretische Manuskripte und Vortragskonspekte bis hin zu Abschriften von Eingaben, Leserbriefen oder literarischen Texten – ein genauer Überblick ist kaum möglich. Während manche Texte nur im Bekanntenkreis zirkulierten oder der gegenseitigen Information dienten, wurden andere auch überregional weiterverbreitet und erreichten z.T. eine beträchtliche Wirkung.

Per Schreibmaschinendurchschlag „veröffentlichte" 1980 beispielsweise der Arbeitskreis Frieden der Evangelischen Studentengemeinde (ESG) Dresden seinen Appell „Ohne Waffen leben", in dem das Selbstverständnis des Kreises zusammengefaßt wurde.[14] 1982 erlangte der Protest von Frauen gegen das neue Wehrdienstgesetz der DDR auf diesem Wege Verbreitung. Ein Beispiel für die interne Schnellinformation via „einfachem" Samisdat ist der Brief der Leipziger Arbeitsgruppe Umweltschutz vom Juli 1984. Auch in der zweiten Hälfte der achtziger Jahre fanden wichtige Erklärungen und Forderungen immer wieder per Schreibmaschine Verbreitung – zum Beispiel eine Initiative mit Vorschlägen zur Veränderung der Jugendpolitik (1985), ein Offener Brief an die Volkskammer mit der Forderung nach einer Volksabstimmung über die Kernenergiepolitik der DDR (1986) oder eine gemeinsame Eingabe mit Vorschlägen zur Einrichtung eines zivilen Friedensdienstes in der DDR (1987).[15] Im gleichen Jahr „erschien" sogar eine 34seitige Broschüre als Schreibmaschinendurchschlag, mit der ein Jahr nach der Reaktorkatastrophe von Tschernobyl auf die Gefahren der Kernenergie hingewiesen wurde und die damals in der Ost-Berliner Umwelt-Bibliothek auslag.[16]

Zunehmend häufiger ging man allerdings schon Anfang der achtziger Jahre dazu über, Abzüge im Spirit-Umdruck-Verfahren (ORMIG) oder per Wachsmatritze herzustellen. Anders als bei der mühevollen Vervielfältigung mit der Schreibmaschine konnten auf diese Weise von einem Original gleich 200-300 bzw. sogar 1000-2000 Exemplare pro Arbeitsgang hergestellt werden. Voraussetzung war allerdings, daß sich eine kirchliche Einrichtung bereit fand, ihr Abzugsgerät zur Verfügung zu stellen, oder – was schwieriger zu bewerkstelligen und relativ risikoreich war – daß ein Gerät unkontrolliert in die DDR eingeführt werden konnte; Vervielfältigungsgeräte in staatlichen Institutionen standen dagegen fast immer unter strengem Verschluß. Längere Texte und solche, die mit dem kirchlichen Auftrag schlecht zu legitimieren waren, mußten aber meist nach wie vor mit der Schreibmaschine abgeschrieben werden, in den letzten Jahren der DDR griff man auch zum Computerausdruck. Individuelle Ausarbeitungen wie Vorträge, Eingaben, Briefe oder theoretische Überlegungen wurden ebenso wie Arbeitspapiere und literarische Schriften in der Regel als Typoskript verbreitet, während Texte mit überregionaler Bedeutung und kirchlichem Bezug zunehmend häufig maschinell vervielfältigt wurden – der Anfang des gedruckten politischen Samisdats.

3. Die „graue" Literatur der Kirchen

Ein anderer, mit dem vorgenannten zum Teil verzahnter Strang unabhängigen Schrifttums in der DDR ist die „graue" Literatur der Kirchen. Gemeint sind damit alle kirchlich verantworteten Publikationen, für deren Herstellung keine staatliche Genehmigung eingeholt wurde. Tatsächlich erschien neben den lizensierten Kirchenzeitungen, Amtsblättern oder Buchveröffentlichungen der kirchlichen Verlage noch ein breites Spektrum interner Schriften, die manchmal nur als Durchschlag vervielfältigt, in der Regel aber auf kircheneigenen Geräten in Auflagen von gewöhnlich nicht mehr als 2000 Exemplaren hektografiert wurden. Diese „graue" Literatur wurde mit den praktischen Erfordernissen der kirchlichen Arbeit begründet, vor allem mit der Notwendigkeit, die eigenen Mitarbeiter zu informieren sowie Hilfestellungen für die Arbeit der Gemeinden zu geben.

Bei dieser Praxis beriefen sich die Kirchen auf die Druckgenehmigungsanordnung von 1959, die Vervielfältigungen „für den inneren Dienstgebrauch" von der staatlichen Genehmigungspflicht ausnahm – dem Wortlaut der Bestimmungen zufolge freilich nur im Falle offizieller Einrichtungen wie Parteien, Massenorganisationen, staatlichen Institutionen, Betrieben etc.[17] Trotzdem wurde die unkontrollierte Herstellung von Texten „nur für den innerkirchlichen Gebrauch" durch die Behörden nach eigenem Bekunden *„stillschweigend durch Ignorieren toleriert"*.[18] Da sich die zur Vervielfältigung benutzten Geräte in kirchlicher Obhut befanden, war eine umfassende staatliche Kontrolle auch nicht einfach, zumal sich die Zahl der Maschinen in den achtziger Jahren beständig erhöhte.[19] In einer Expertise des Staatssekretärs für Kirchenfragen aus dem Jahr 1988 hieß es dazu fast resignierend: *„Es ist davon auszugehen, daß nahezu jede Kirchengemeinde* (ca. 7 800 – H.K.) *Eigentümer eines oder mehrerer Vervielfältigungsgeräte ist. Allein in den Jahren 1985 bis 1987 wurden mit Genehmigung der zuständigen staatlichen Organe insgesamt ca. 400 zum Teil hochmoderne Vervielfältigungsgeräte [...] eingeführt."*[20]

Das Spektrum der auf diese Weise selbstgefertigten Schriften war relativ breit – mit fließenden Übergängen zu den staatlich sanktionierten Formen der Vervielfältigung.[21] Es reichte von Anregungen für die Gemeinde- oder Jugendarbeit über innerkirchliche Informationen und Synoden-Drucksachen bis hin zu theoretischen Ausarbeitungen und Texten mit praktischem politischen Bezug wie dem jährlichen Aufruf zu einem autofreien Wochenende in der DDR („Mobil ohne Auto"). Vor allem die Ausbreitung der unabhängigen Gruppen im Schutzraum der Kirchen, aber auch die Bestrebungen der Kirche, ihr politisches Profil zu stärken, führten dazu, daß die „graue" Literatur der Kirchen als Form gesellschaftlicher Gegenöffentlichkeit an Bedeutung gewann.[22] Insbesondere die 1974 gegründete Theologische Studienabteilung (ThSA) beim DDR-Kirchenbund spielte dabei eine wichtige Rolle und gründete ohne staatliche Genehmigung verschiedene Veröffentlichungsreihen. Wie sonst nirgends in der DDR wurde hier ein eigenständiger intellektueller Diskurs an der Grenze zwischen Theologie, Politik und Gesellschaft geführt – unter bewußter Einbeziehung auch internationaler Diskussionen, vor allem auf ökumenischer Ebene (vgl. Anhang, Nr. 2).[23] Eine ähnliche Rolle spielte das Kirchliche Forschungsheim (KFH) in Wittenberg, das zahlreiche Publikationen zur Umweltproblematik herausgab, wobei hier der praktische Bezug eine größere Rolle spielte, weil sich das KFH als Ansprechpartner für ökologisch engagierte Christen verstand (vgl. Anhang, Nr. 3).[24] Darüber hinaus traten auch andere kirchliche Institutionen als Herausgeber inoffizieller Schriften auf, etwa der Ausschuß „Kirche und Gesellschaft“ und das Sekretariat des DDR-Kirchenbundes, das Evangelische Jungmännerwerk, die Landeskirchenämter u.a.m. Bei den auf diese Weise veröffentlichten Texten handelte es sich in der Regel nicht um im eigentlichen Sinne kirchenamtliche Stellungnahmen, sondern mehr um grundsätzliche Überlegungen, die von kirchlichen Ausschüssen, Gruppen oder einzelnen Mitarbeitern zu ausgewählten gesellschaftspolitischen Themen erarbeitet worden waren.

Als Herausgeber traten daneben seit Anfang der achtziger Jahre in wachsendem Maße auch dezentrale Einrichtungen wie die Landes- oder Stadtjugendpfarrämter sowie mehr und mehr einzelne Gemeinden in Erscheinung. Dadurch erhöhten sich nicht nur die Zahl und das politische Gewicht der kirchlichen „Grauschriften“, sondern auch ihr Charakter begann sich zu wandeln, da nun oftmals ein unmittelbarer Bezug zu politischen Basisgruppen und deren Aktionen im Schutzraum der Kirchen bestand. Die Dresdener Initiative zur Einführung eines „Sozialen Friedensdienstes“ (SoFD) verbreitete sich 1981 auf diese Weise mit einer bis dahin unbekannten Geschwindigkeit in der gesamten DDR und löste mehrere Tausend Eingaben an die evangelischen Kirchenparlamente aus. Auf kirchlichen Geräten wurde 1983 auch ein Aufruf zum Abschluß persönlicher Friedensverträge zwischen Bürgern aus Ost und West in großer Zahl vervielfältigt, um die wachsenden Spannungen zwischen NATO und Warschauer Pakt symbolisch zu unterlaufen.[25] Und 1984 wurde auf der Berliner Friedenswerkstatt ein Offener Brief der Aktion Sühnezeichen an den sowjetischen und amerikanischen Botschafter verteilt, in dem gegen die Stationierung neuer Atomraketen in Europa protestiert wurde.[26] Auf „Büchertischen“ konnte man bei Veranstaltungen wie diesen zunehmend häufig die unterschiedlichsten Materialien finden, die von einzelnen Gruppen erarbeitet und in den Kirchen vervielfältigt worden waren. Darüber hinaus kam es zu ersten Versuchen, solche Materialien regelmäßig zu publizieren und an Interessenten DDR-weit zu verschicken. Auf diese Weise entstand im Schutzraum der Kirchen allmählich eine politische Gegenöffentlichkeit, die den Rahmen kirchlicher „Grauschriften“ zunehmend überschritt.

4. Der kulturelle Samisdat

Weitgehend unabhängig von den Kirchen und den Gruppen entstand Ende der siebziger Jahre eine weitere Form von Gegenöffentlichkeit – der kulturelle Samisdat.

Dabei handelte es sich um Vervielfältigungen von Grafiken und literarischen Texten, die ohne staatliche Genehmigung in kleinen und kleinsten Auflagen herausgegeben wurde. Unter Berufung auf die Honorarordnung „Bildende Kunst“ konnten nämlich Grafiker, die Mitglied im Verband Bildender Künstler waren, von ihren Arbeiten in der DDR bis zu 100 Exemplare genehmigungsfrei drucken.[27]

Ende der siebziger Jahre begannen vorwiegend jüngere Künstler und Autoren damit, umfangreichere Mappen zu vervielfältigen, die Grafiken und Texte zu einem „integralen Kunstobjekt“ kombinierten. Solche im Selbstverlag herausgegebenen Grafikbücher entstanden zunächst in Dresden, dann in Berlin, Leipzig, Halle, Jena und Weimar und fußten auf *„einer neuen Generation von Malern und Dichtern, die so wie sie malten und schrieben, nicht integrierbar waren in den konservativen Kulturapparat“.*[28] Die restriktive Verlagspolitik nach der Biermann-Ausbürgerung (1976) erlaubte es jungen und unkonventionellen Autoren damals immer weniger, im offiziellen Literaturbetrieb zu publizieren. Während anfangs noch die Hoffnung bestanden hatte, mit Unterstützung von älteren, bereits „etablierten“ Autoren wie Franz Fühmann oder Gerhard Wolf auch für diese neue Literatur Veröffentlichungsmöglichkeiten zu finden, bildeten sich nach der Zurückweisung einer 1981 der Akademie der Künste übergebenen Anthologie immer stärker Strukturen einer „zweiten“, nicht-offiziellen Kultur in der DDR heraus.

Diese unabhängige Literatur- und Künstlerszene brachte bis 1989 insgesamt 30 grafisch-literarische Kleinzeitschriften und über 100 originalgraphische Künstlerbücher hervor.[29] Gedruckt wurden sie zumeist in privaten Künstlerwerkstätten, die vereinzelt schon in den siebziger Jahren entstanden waren und die die restriktive staatliche Druckgenehmigungspraxis zunehmend ignorierten.[30] Die meisten Periodika gab es in Berlin („Ariadnefabrik“, „Bizarre Städte“, „Caligo“, „Entwerter/ Oder“, „Herzattacke“, „Koma Kino“, „Liane“, „Mikado“, „Papiertaube“, „Schaden“, „Verwendung“), gefolgt von Leipzig („Anschlag“, „Glasnot“, „Messitsch“, „Sno'boy“, „Zweite Person“), Dresden („Poesiealbum“, „Spinne“, „UND“, „USW“), Karl-Marx-Stadt („A 3“, „Clochart“) und weiteren DDR-Städten.[31] Obwohl diese Publikationen oftmals nur in kleinsten Auflagen (zwischen 4 und in der Regel höchstens 99 Exemplaren) erschienen und eher in ästhetischer als in politischer Hinsicht die Schranken des Zugelassenen sprengten, wurden sie vom Ministerium für Staatssicherheit als Teil des „politischen Untergrundes“ mit großem Aufwand „operativ bearbeitet“.[32] Grund dafür waren weniger die veröffentlichten Texte oder Bilder, die nach einer rechtlichen Expertise des MfS von 1984 *„keine offenen Angriffe auf die DDR“* beinhalteten,[33] als vielmehr die Tatsache, daß hier auf unkontrollierte Weise eine begrenzte Öffentlichkeit hergestellt wurde und sich die Beteiligten zumeist außerhalb des offiziellen Kunst- und Literaturbetriebes bewegten. Aus rechtlichen und politischen Gründen vermied das MfS allerdings zumeist eine strafrechtliche Verfolgung und beschränkte sich zunehmend auf eine unsichtbare Kontrolle durch Inoffizielle Mitarbeiter, so daß sich der kulturelle Samisdat in der zweiten Hälfte der achtziger Jahre kontinuierlich ausdehnen und allmählich einen halb-legalen Status erwerben konnte.[34]

Diese ambivalente Reaktion von Duldung und Durchdringung war mit dafür verantwortlich, daß künstlerische und politische Gegenöffentlichkeit in der DDR weitgehend separat voneinander existierten und, besonders in Berlin, oftmals sogar mit Ablehnung aufeinander reagierten. Anders als in der CSSR oder der Sowjetunion gingen beide Bereiche nur punktuell eine Verbindung ein. Eine Ausnahme bildete in dieser Beziehung vor allem eine Ausstellung in der Ost-Berliner Samariterkirche (1986), in der die selbstgefertigten Kulturblätter erstmals einem breiteren Publikum vorgestellt wurden.[35] Ab 1988 bemühte sich dann die von der Evangelischen Bekenntnisgemeinde Berlin-Treptow herausgegebene Zeitschrift „Kontext“ um einen Brükkenschlag zwischen Politik und Kultur. Umgekehrt veröffentlichten die in Leipzig erschienenen graphisch-literarischen Hefte „Anschlag“ und „Glasnot“ regelmäßig auch Texte mit politischem Bezug – etwa Eingaben zur Luftverschmutzung oder zur Wehrdienstverweigerung, aber auch grundsätzliche Kritik am real existierenden Sozialismus (Anhang, Nr. 4 und Nr. 5); hier bestanden auch freundschaftliche Verbindungen zu den politischen Gruppen. Ansonsten entwickelte sich der kulturelle Samisdat jedoch weitgehend unabhängig von der in der zweiten Hälfte der achtziger Jahre expandierenden politischen Gegenöffentlichkeit.

5. Der politische Samisdat

Eine neue Qualität des Samisdats markierten jene Schriften, die, wie die seit 1986 in Berlin erscheinenden „Umweltblätter“, von politischen Gruppen herausgegeben wurden, die periodisch erschienen und die in Auflagen von bis zu 2000 Exemplaren maschinell vervielfältigt wurden. Sie unterschieden sich nicht nur thematisch sowie in Herstellung und Verbreitung von den bislang genannten Formen des inoffiziellen Schrifttums, sondern auch in ihrer Funktion: Mit der regelmäßigen Erscheinungsweise und ihrer Einbindung in größere politische Netzwerke markierten sie erstmals den Anspruch auf Schaffung einer demokratischen Öffentlichkeit in der DDR. Bei der Vorbereitung des Umbruchs im Herbst 1989 spielten sie eine nicht zu unterschätzende Rolle, da sie die Gruppen untereinander verknüpften, Mobilisierungsprozesse beförderten und eine zunehmende programmatische Profilierung ermöglichten.

Wann genau der Übergang zum politischen Samisdat dieser Art erfolgte, ist angesichts der fließenden Übergänge zu anderen Formen von Gegenöffentlichkeit schwer zu bestimmen. Das erste nicht-staatliche Periodikum mit gesellschaftspolitischer Thematik, die „Briefe zur Orientierung im Konflikt Mensch-Natur“, erschien im Januar 1980, doch handelte es sich dabei noch um eine im engeren Sinne kirchliche Veröffentlichung, da sie von einer kirchlichen Institution, dem Forschungsheim in Wittenberg, herausgegeben wurde. Im November 1981 startete dann erstmals eine Basisgruppe, die Arbeitsgruppe Umweltschutz am Stadtjugendpfarramt Leipzig, ein eigenes Periodikum, das den Namen „Streiflichter“ trug und wie die „Briefe“ bis zum Ende der DDR erschien – anfangs freilich nur mit einem oder zwei Blatt pro Ausgabe und unter der Kontrolle der Leipziger Superintendentur. Schon eher den Charakter einer unabhängigen Zeitschrift hatten die 1982 gegründeten „Anstoesse von & für christliche Umweltgruppen“, die in Leipzig zusammengestellt und nur formal vom Kirchlichen Forschungsheim in Wittenberg herausgegeben wurden.

Versuche, auch die Friedensgruppen der DDR durch ein eigenes Periodikum zu vernetzen, scheiterten 1983 auf dem gemeinsamen Seminar „Frieden konkret“.[36]

Stattdessen kamen jetzt auf lokaler und regionaler Ebene verschiedene Informationsblätter von unterschiedlicher Qualität und Lebensdauer heraus. 1983/84 erschien in Jena die „Brücke. Arbeitsmaterial für die Jungen Gemeinden der ev.-luth. Kirche in Jena", und 1984 entstanden mit „Schalom" (Berlin), „Blattwerk" (Halle), „Friedensnetz" (Mecklenburg), „Friedensreader" (Rudolstadt) sowie „Kontakte" (Leipzig) gleich fünf neue Periodika, die die langsame Ausbreitung einer neuen Aktionsform der unabhängigen Gruppen in der DDR anzeigten. Alle diese Blätter wurden auf kirchlichen Maschinen vervielfältigt und verfolgten in erster Linie das Ziel, den Informationsfluß zu verbessern und Anregungen für die Arbeit der Gruppen zu vermitteln. Politisch traten diese Periodika, jedenfalls in den ersten Jahren, in der Regel zurückhaltend auf, um staatlichen oder kirchlichen Repressalien keine Handhabe zu bieten, denn zu diesem Zeitpunkt konnte eine unabhängige Zeitschrift in der DDR keineswegs mit Tolerierung rechnen.[37]

Die Konventionen des innerkirchlichen Schrifttums wurden erstmals offen durchbrochen, als in Berlin im Dezember 1985 die erste Ausgabe des „mOAning Star" erschien – ein anfangs nur als Handzettel verbreitetes respektloses Blatt mit anarchistischen Ambitionen, das den Untertitel „Infoblatt der Offenen Arbeit, Teil der Kirche von unten" trug. Ohne jede kirchliche Anbindung kam dann im Juni 1986 die erste Nummer der von der Initiative Frieden und Menschenrechte (IFM) herausgegebenen Zeitschrift „Grenzfall" (Berlin) heraus.[38] Im selben Jahr erschien auch Heft 1 der „Umwelt-Bibliothek", die ein halbes Jahr später in „Umweltblätter. Info-Blatt des Friedens- und Umweltkreises der evangelischen Zionsgemeinde" umbenannt wurde und zu einer der bekanntesten Samisdat-Zeitschriften der DDR avancierte.[39]

In der zweiten Hälfte der achtziger Jahre wurde aus den vereinzelten Publikationen, die in kleiner Auflage zaghaft etwas Neues probierten und ohne Rückendeckung der Amtskirche kaum eine Überlebenschance hatten, nach und nach ein breiter Strom inoffizieller Veröffentlichungen aus den Reihen der Basisbewegung. Nun wurden nicht mehr nur Termine, Selbstdarstellungen oder Artikel über Baumpflanzaktionen veröffentlicht, sondern politische Fragen (fast) aller Art behandelt. Ein neuer, offener Tonfall hielt Einzug und verdrängte mehr und mehr die zurückhaltende, christlich geprägte Sprache der frühen Blätter. Zugleich differenzierte sich das Spektrum der Publikationen in unterschiedliche politische Richtungen, in stärker konzeptionell oder eher praktisch ausgerichtete Blätter, in regional bezogene oder DDR-weit wirkende Periodika, in umfassende Ausarbeitungen oder kommentarlose Dokumentationen.

1987 existierten in der DDR auf diese Weise bereits über 20 verschiedene Periodika, 1988 waren es schon 30 und 1989 annähernd 40.[40] Allein in Berlin zählte das MfS 1989 sieben Informationsblätter („Arche Nova", „Aufrisse", „Friedrichsfelder Feuermelder", „Kontext", „Ostkreuz", „Umweltblätter" und „Wendezeit"), im Bezirk Leipzig fünf („Anschlag", „Glasnot", „Kontakte", „Solidarische Kirche" und „Streiflichter"), im Bezirk Halle vier („Blattwerk", „Informationsblatt Nachtgebete", „Die Pusteblume" und „Brief aus der Haltestelle") und in Dresden drei („Lila Band", „Lausitzbotin" und „Wir Ahnungslosen") – und diese Auflistung war noch nicht einmal vollständig.[41] Hinzu kamen mehr und mehr Einzelpublikationen zu speziellen Themen[42] sowie steigende Auflagen (zwischen 100 und 2000 Exemplare) und Seitenumfänge (bis zu 100 dichtbedruckte Seiten), so daß der Staatssekretär für Kirchenfragen in einer Analyse vom Sommer 1988 von einer „neuen Qualität" und einer explosionsartigen Zunahme sprach: *„Inhaltlich befassen sich diese Materialien nicht mehr nur mit kirchlichen und religiösen Problemen, sondern greifen gesellschaftsrelevante Fragen auf, die offen oder versteckt gegen die Politik des sozialistischen Staates gerichtet sind."*[43] Auch das MfS konstatierte in einer Information an das Politbüro vom Mai 1989 eine *„Forcierung dieser Aktivitäten"* seit 1986 und *„aktuell eine steigende Tendenz"* bei der ungenehmigten Herstellung von Schriften *„politisch negativen bis antisozialistischen Inhalts und Charakters"* (Anhang, Nr. 6).[44]

Diese Ausbreitung des politischen Samisdat, die nach eigenem Eingeständnis[45] auch durch gezielte Gegenmaßnahmen des MfS (s. unten) nicht gestoppt werden konnte, hatte verschiedene Ursachen: Zentraler Faktor war, daß sich die Basisbewegung im Schutzraum der Kirchen in der zweiten Hälfte der achtziger Jahre politisch und organisatorisch stabilisierte und weiter ausdehnte.[46] Da die Herstellung von Öffentlichkeit ihr wichtigstes und im Grunde einziges Instrument war, Veränderungen in der DDR anzustoßen, flossen die Energien vieler Gruppen in die Anfertigung von Samisdat-Veröffentlichungen, und zwar zunehmend auch in mittleren und kleineren Städten der DDR. Dabei spielte auch die wachsende politische Differenzierung zwischen den Gruppen eine Rolle, die zu einer verstärkten Konkurrenz, nicht zuletzt auf dem Gebiet inoffizieller Publikationen, führte.

Ein zweiter Faktor war, daß sich die technische Basis für die Herstellung inoffizieller Schriften gegenüber früheren Jahren deutlich verbessert hatte. In den Kirchen hatte nicht nur die Zahl der Vervielfältigungsgeräte zugenommen, sondern auch die Bereitschaft der Verantwortlichen, diese den Basisgruppen zur Verfügung zu stellen – auch wenn es immer wieder Fälle von Zensur oder gar Ablehnung der Vervielfältigung gab.[47] Darüber hinaus verfügten einige Gruppen inzwischen auch über eigene Geräte sowie über Personalcomputer, die zumeist illegal aus dem Westen eingeführt worden waren und, etwa von der Ost-Berliner Umweltbibliothek, auch anderen Gruppen zur Verfügung gestellt wurden.[48] Die Beschaffung von Papier, Farbe und Matritzen war aufgrund der Unterstützung durch einige westliche Korrespondenten und Bundestagsabgeordnete ebenfalls leichter geworden.

Ein dritter Faktor war, daß der in früheren Jahren durch rigide Verfolgung aufgebaute und von den Bürgern weitgehend verinnerlichte Mechanismus der Angst langsam erodierte. Das Interesse von SED und MfS, die Beziehungen zur Kirche und zur internationalen Staatengemeinschaft nicht unnötig zu belasten, und die sowjetische Reformpolitik, die eine Befreiung der Öffentlichkeit von Tabus und Restriktionen anstrebte, führten dazu, daß die Behörden strafrechtliche Verfolgungsmaßnahmen nach Möglichkeit zu vermeiden suchten. Die mehrfache Aufforderung an die Kirchen, selber gegen den politischen Samisdat vorzugehen,[49] wurde von diesen, wenn überhaupt, nur halbherzig befolgt, so daß das MfS 1989 konstatieren mußte: *„Mit der bewußten Duldung des gezielten Mißbrauchs des Vermerkes ‚Nur für den innerkirchlichen Dienstgebrauch bestimmt' auf solchen Druck- und Vervielfältigungserzeugnissen bringt die evangelische Kirche indirekt ein prinzipielles Einverständnis mit der Herstellung und Verbreitung derartiger Materialien zum Ausdruck."*[50] Die Behörden verhängten deshalb ab 1988 verstärkt Ordnungsstrafen gegen die Herausgeber, ohne damit allerdings durchschlagenden Erfolg zu erzielen.

Lediglich die von den Kirchen gänzlich unabhängige Zeitschrift „Grenzfall" war Ende 1987 gewaltsam zerschlagen worden, doch die Durchsuchung des Druckortes und die vorrübergehende Verhaftung einiger Protagonisten hatten in der DDR eine breite Solidarisierungswelle ausgelöst und die Basisbewegung im Ergebnis eher noch gestärkt.[51] Die Tatsache, daß Grenzüberschreitungen im Veröffentlichungsbereich ansonsten aber offenkundig weniger stark geahndet wurden als früher, löste vielfach an anderen Orten Nachahmungsversuche aus – wodurch sich die Grenzen sukzessive weiter nach außen verschoben.

Fast ein wenig hilflos erscheinen deshalb im Nachhinein die Versuche der Behörden, den politischen Samisdat kurz vor der „Wende" durch eine juristische Änderung doch noch aus der Welt zu schaffen: Nach der Durchsuchung der Umwelt-Bibliothek und der Beschlagnahme ihrer Vervielfältigungstechnik im November 1987 kam es ein halbes Jahr später zu einer Beratung zwischen Vertretern der Generalstaatsanwaltschaft, des Ministeriums für Kultur und des Staatssekretärs für Kirchenfragen über die Einziehung bzw. Freigabe der Geräte. Dabei machte das Staatssekretariat den Vorschlag, zur grundsätzlichen Problematik der Durchsetzung der Druckgenehmigungsverordnung eine interministerielle Arbeitsgruppe zu bilden. Nachdem sich auch der Leiter der Arbeitsgruppe Kirchenfragen im Zentralkomitee der SED, Kraußer, *„sehr [damit] einverstanden"* erklärt hatte, weil er es für *„dringend geboten"* hielt, *„daß in diesem Bereich die für alle gültige Ordnung durchgesetzt wird"*,[52] erfolgte die Einsetzung der Arbeitsgruppe auf der Grundlage eines Beschlusses des Politbüros des ZK der SED vom Januar 1989. Zuvor waren schon in einem internen Papier aus dem Staatssekretariat die Vor- und Nachteile von drei Varianten einer rechtlichen Neuregelung abgewogen worden: (1) Einführung eines Vervielfältigungsrechtes der Kirchen *ausschließlich* für innerdienstliche Druckerzeugnisse, (2) Erteilung einer generellen Druckgenehmigung an die Kirchen und Übertragung der Verantwortung für die Verhinderung von „Fehlentwicklungen" auf die Kirchenleitungen oder (3) Durchsetzung der Verpflichtung der Kirchen, für sämtliche Vervielfältigungen zuvor eine Druckgenehmigung zu beantragen – was allerdings nach eigenem Eingeständnis dazu geführt hätte, daß *„die Arbeit der Abteilungen Kultur quasi lahmgelegt"* worden wäre.[53] Ende September 1989 einigte man sich schließlich auf eine Neufassung der Druckgenehmigungsanordnung, die erstmals auch die Kirchen mit berücksichtigte und deren „für den inneren Dienstablauf" bestimmte Druck- und Vervielfältigungserzeugnisse von der Genehmigungspflicht ausnahm – alle anderen Publikationen hätten nunmehr endgültig einer ausdrücklichen Genehmigung bedurft.[54]

Beschlossen wurde die Verordnung freilich nie – die Absetzung von Erich Honecker ließ das Vorhaben wenig später obsolet erscheinen. Derselbe Staatssekretär, auf dessen Initiative der Entwurf zurückgegangen war, sorgte nun dafür, daß die zuvor verhängten Ordnungsstrafen gegen die Herausgeber einer Samisdat-Zeitschrift in Forst, die den programmatischen Namen „Aufbruch" führte, wieder aufgehoben wurden – im Interesse einer *„Wiederherstellung des konstruktiven und sachlichen Dialoges zwischen Staat und Kirche"*.[55] Erstmals in der Geschichte der DDR konnten Bürger in diesen Herbsttagen des Jahres 1989 nun nahezu ungehindert ihre Auffassungen zu Papier bringen – die Gegenöffentlichkeit wurde zur Öffentlichkeit.

Anmerkungen

Ich danke dem Matthias-Domaschk-Archiv in Berlin, dem Archiv Bürgerbewegung in Leipzig sowie dem Archiv der Forschungsstelle Osteuropa in Bremen für die Unterstützung bei der Beschaffung der in diesem Beitrag angesprochenen inoffiziellen Schriften.

1 Bereits zwei Tage nach der Machtergreifung der Bolschewiken hatte Lenin mit dem „Dekret über die Presse" die nicht-bolschewistische Presse verboten, und am 6. Juni 1922 wurde offiziell die Zensur eingeführt; vgl. *Gayle Durham Hollander*, Political communication in the Soviet Union, in: *Rudolf L. Tökes* (Hrsg.), Dissent in the USSR. Politics, Ideology, and People. Baltimore and London 1975, S. 238f.

2 Wörterbuch des Wissenschaftlichen Kommunismus. Berlin (Ost) 1982, S. 248.

3 Vgl. *Martin Zagatta*, Informationspolitik und Öffentlichkeit. Zur Theorie der politischen Kommunikation in der DDR. Köln 1984, S. 46ff; *Stefan Pannen*, Die Weiterleiter. Funktion und Selbstverständnis deutscher Journalisten. Köln 1992, S. 18ff; *Gunter Holzweißig*, DDR-Presse unter Parteikontrolle, Gesamtdeutsches Institut – Bundesanstalt für gesamtdeutsche Aufgaben –, Analysen und Berichte Nr. 3/1991. Bonn 1991; *ders.*, Medien und Medienlenkung, in: Am Ende des realen Sozialismus (1). Die SED-Herrschaft und ihr Zusammenbruch, hrsg. von *Eberhard Kuhrt* in Verbindung mit *Hannsjörg F. Buck* und *Gunter Holzweißig*, Opladen 1996, S. 51ff; *Ulrich Bürger*, Das sagen wir natürlich so nicht! Donnerstags-Argus bei Herrn Geggel. Berlin 1990.

4 Anordnung über das Genehmigungsverfahren für die Herstellung von Druck und Vervielfältigungserzeugnissen vom 20. Juli 1959, in: Gesetzblatt der DDR, Teil I, Nr. 46, S. 640ff; Anordnung Nr. 2 über das Genehmigungsverfahren für die Herstellung von Druck und Vervielfältigungserzeugnissen vom 25. März 1975, in: ebenda, Teil I, Nr. 16, S. 307; Verordnung über die Herausgabe und Herstellung aller periodisch erscheinenden Presseerzeugnisse vom 12. April 1962, in: ebenda, Teil II, Nr. 24, S. 239f.

5 Zum Widerstand gegen die Zensur in verschiedenen Diktaturen vgl. Der Zensur zum Trotz. Das gefesselte Wort und die Freiheit in Europa. Wolfenbüttel 1991 (Ausstellungskatalog).

6 Vgl. *Hollander* (s.o. Anm. 1); *Heddy Pross-Weerth*, Samisdat in Rußland, in: Der Zensur zum Trotz (s.o. Anm. 5), S. 231ff.; *Vilem Precan*, Unabhängige Literatur und Samizdat in der Tschechoslowakei der 70er und 80er Jahre, in: ebenda, S. 241ff; *H. Gordon Skilling*, Samizdat and an Independent Society in Central and Eastern Europe. Columbus 1989; *Ludwig Richter* und *Heinrich Olschowsky* (Hrsgg.), Im Dissens zur Macht. Samizdat und Exilliteratur der Länder Ostmittel- und Südosteuropas. Berlin 1995; *Helmut Fehr*, Unabhängige Öffentlichkeit und soziale Bewegungen. Fallstudien über Bürgerbewegungen in Polen und der DDR. Opladen 1996; *György Dalos*, Archipel Gulasch. Die Entstehung der demokratischen Opposition in Ungarn. Bremen 1986; *Dietrich Beyrau* und *Ivo Bock*, Samisdat in Osteuropa und tschechische Schreibmaschinen-Kultur, in: Bohemia. Zeitschrift für Geschichte und Kultur der böhmischen Länder, 1988, Band 29, Heft 2, S.281; *Hubertus Knabe*, Umweltkonflikte im Sozialismus. Möglichkeiten und Grenzen gesellschaftlicher Problemartikulation in sozialistischen Systemen – Eine vergleichende Analyse der Umweltdiskussion in der DDR und Ungarn. Köln 1993.

7 Ebenda, S. 94ff.

8 Vgl. u.a. *Ralf Hirsch* und *Lew Kopelew* (Hrsgg.), Grenzfall. Vollständiger Nachdruck aller in der DDR erschienenen Ausgaben (1986/87). Erstes unabhängiges Periodikum. Berlin 1989 (Selbstverlag); *Wolfgang Rüddenklau*, Störenfried. DDR-Opposition 1986–1989, mit Texten aus den „Umweltblättern". Berlin 1992; *Carlo Jordan* und *Hans Michael Kloth*, Arche Nova. Opposition in der DDR. Das „Grün-ökologische Netzwerk Arche" 1988–90, mit den Texten der ARCHE NOVA. Berlin 1995; *Michael Beleites*, Untergrund. Ein Konflikt mit der Stasi in der Uran-Provinz. Berlin 1992; *Rainer Schottlaender*, Das teuerste Flugblatt der Welt. Dokumentation einer Großfahndung des Staatssicherheitsdienstes an der Berliner Humboldt-Universität. Berlin 1993 (Eigendruck); *Klaus Michael* und *Thomas Wohlfahrt*,

Vogel oder Käfig sein. Kunst und Literatur aus unabhängigen Zeitschriften in der DDR 1979–1989. Berlin 1992; *Thomas Günther*, Die subkulturellen Zeitschriften in der DDR und ihre kulturgeschichtliche Bedeutung, in: Aus Politik und Zeitschichte (APuZ), B 20/92, S. 27ff; *Peter Böthig* und *Klaus Michael*, MachtSpiele. Literatur und Staatssicherheit im Fokus Prenzlauer Berg. Leipzig 1993.

9 Vgl. *Jacques Poumet*, Die Leipziger Untergrundzeitschriften aus der Sicht der Staatssicherheit, in: Deutschland Archiv (künftig DA) 29, 1996, 1, S. 67ff. – Sogar das Ministerium für Staatssicherheit (MfS) ersetzte den angeblich *„von Medien des westlichen Auslands" geprägten Begriff „Untergrundzeitungen"* ab 1987 durch die neutraler konnotierten Bezeichnungen *„nichtgenehmigte Druck- und Vervielfältigungserzeugnisse antisozialistischen Inhalts und Charakters"* (für die politischen Blätter) sowie *„im Selbstverlag erscheinende Literatur- und Kunstzeitschriften"* (für die grafisch-literarischen Hefte); vgl. ebenda, S. 76 sowie MfS, Information Nr. 168/89 über die Herstellung und Verbreitung nichtgenehmigter Druck- und Vervielfältigungserzeugnisse antisozialistischen Inhalts und Charakters durch Personen, die personellen Zusammenschlüssen angehören, S.1, Matthias-Domaschk-Archiv (MDA).

10 *D. Pospielovsky*, From Gosizdat to Samiszdat and Tamizdat, in: Canadian Slavonic Papers, XX, No. 1 (March 1978), S. 46, zitiert nach: *Skilling* (s.o. Anm. 6), S. 6. Wörtlich übersetzt, bedeutet „sam" im Russischen selber oder selbst, „isdát" publizieren, herausgeben. Zurückgeführt wird das Akronym auf einen russischen Dichter, der in den fünfziger Jahren seine unveröffentlichten Gedichte zusammengeheftet und mit der Bezeichnung „Sam-sebja-isdat" (Verlag für sich selbst) versehen hatte, später – in ironischer Anlehnung an die sowjetische Abkürzungsmanie – mit „Samisdat"; vgl. *Dalos* (s.o. Anm. 6), S. 8; *Julius Telesin*, Inside Samizdat, in: Encounter, Februar 1973, S. 25, zitiert in: *Hollander* (s.o. Anm.1), S. 263, Anm. 70. Nicht zum „Samisdat" gehören die aus dem Ausland illegal eingeführten Schriften, für die im Russischen der Begriff „Tamizdat" (dort verlegt) geprägt wurde, sowie sämtliche mit staatlicher Genehmigung erschienenen Publikationen – auch wenn sie sich kritisch gegen die Macht wandten oder, wie manche Blätter in der DDR, in ihrer Aufmachung dem „Samisdat" ähnelten.

11 So wurden beispielsweise allein im Kreis Eisenberg (Thüringen) im Januar und Februar 1956 3118 bzw. 4843 „Hetzschriften" von der Polizei gefunden – die meisten vom Ostbüro der SPD; vgl. *Patrick von zur Mühlen*, Der „Eisenberger Kreis". Jugendwiderstand und Verfolgung in der DDR 1953–1958. Berlin 1995, S. 69f.

12 Eine Reihe dieser Schriften wurden später auch im Westen veröffentlicht; vgl. u.a. *Bernd Eisenfeld*, Kriegsverweigerung in der DDR – ein Friedensdienst? Genesis, Befragung, Analyse, Dokumente. Frankfurt/Main 1978; *Klaus Ehring* und *Martin Dallwitz*, Schwerter zu Pflugscharen. Friedensbewegung in der DDR. Reinbek 1982; Osteuropa-Info, Nr. 2(44), Juni 1981; DDR-konkret. Geschichten und Berichte aus einem real existierenden Land. Berlin 1978. Umgekehrt wurden bestimmte im Westen erschienene Bücher auch in der DDR immer wieder abgeschrieben – z.B. „Die wunderbaren Jahre" von *Reiner Kunze* oder „Die Alternative" von *Rudolf Bahro.*

13 So kam es im Zusammenhang mit dem Prager Frühling 1968 zur Verbreitung zahlreicher per Hand oder Schreibmaschine angefertigter Texte, in Dresden und Ost-Berlin wurden sogar Flugblätter verteilt; vgl. u.a. *Robert Havemann*, Fragen-Antworten-Fragen. Aus der Biographie eines deutschen Marxisten. München 1970, S. 262; *Karl Wilhelm Fricke*, Opposition und Widerstand in der DDR. Ein politischer Report. Köln 1984, S. 148f; *Marietta Jablonski,* „Verhören bis zum Geständnis". Der Operativ-Vorgang „Optima", hrsg. vom Landesbeauftragten für die Unterlagen des Staatssicherheitsdienstes der ehemaligen DDR Sachsen-Anhalt, Magdeburg 1996. Allein die Zahl der noch unaufgeklärten Fälle der „Verbreitung von Hetzschriften" nach dem Einmarsch in Prag bezifferte der Minister für Staatssicherheit, Erich Mielke, 1970 mit insgesamt 332; zitiert nach: *Joachim Gauck*, Die Stasi-Akten. Das

unheimliche Erbe der DDR. Reinbek 1991, S. 33. Nach der Biermann-Ausbürgerung zirkulierten vor allem Abschriften und Tonbandaufnahmen seines Kölner Konzertes sowie die Protestresolution Berliner Künstler gegen die Aberkennung seiner Staatsbürgerschaft durch die SED-Führung; vgl. *Thomas Auerbach*, Junge Gemeinde in Jena, in: „Freiheit heißt die heiße Ware". Politische Unterdrückung in der DDR. Köln 1978, S. 88.

14 Dokumentiert in *Ehring/Dallwitz* (s.o. Anm. 12), S. 116f.

15 Brief zum Jahr der Jugend an die Regierung der DDR vom Januar 1985, unterzeichnet von Ralf Hirsch u.a., MDA, Karton 43 (maschinenschriftlicher Durchschlag); Offener Brief an die Volkskammer der DDR vom 16. Juni 1986, unterzeichnct von Martin Böttger u.a., MDA, Karton 1a (maschinenschriftlicher Durchschlag); Eingabe an die Volkskammer der DDR betreffs Einrichtung eines zivilen Friedensdienstes vom 23. April 1987, unterzeichnet von Christoph Hering u.a., MDA, Karton SOFD (maschinenschriftlicher Durchschlag).

16 Ernte-krank-Pest – The Year After. Alles Lüge? Cernobyl ohne Folgen? Eine Dokumentation im Jahre 1 nach Cernobyl, MDA Karton 18, Tschernobyl (maschinenschriftlicher Durchschlag).

17 Die Ausnahmeregelung für interne offizielle Materialien war in § 1, Abs. 5 der Druckgenehmigungsanordnung eindeutig beschrieben und umfaßte nicht die Kirchen; vgl. Anordnung über das Genehmigungsverfahren (s.o. Anm. 4), S. 640.

18 Problematik der Anwendung und Durchsetzung der Druckgenehmigungsanordnung gegenüber Kirchen und Religionsgemeinschaften, Anlage Nr. 2 zum Schreiben vom Staatssekretär für Kirchenfragen an Politbüro-Mitglied Werner Jarowinsky vom 26.8.1988, Bundesarchiv, Außenstelle Berlin (künftig BuArch Bln) D0 4-922, S.2.

19 Selbst das Ministerium für Staatssicherheit hatte offenbar keinen genauen Überblick über die Zahl der kircheneigenen Vervielfältigungsgeräte, da diese einem internen Studienmaterial zufolge *„zumeist staatlich weder erfaßt noch kontrolliert"* wurden; vgl. MfS, Hochschule, Studienmaterial: Grundorientierungen für die politisch-operative Arbeit des MfS zur Aufdeckung, vorbeugenden Verhinderung und Bekämpfung der Versuche des Feindes zum Mißbrauch der Kirchen für die Inspirierung und Organisierung politischer Untergrundtätigkeit und die Schaffung einer antisozialistischen „inneren" Opposition in der DDR, VVS JHS o001-125/83, S. 75, MDA.

20 Problematik der Anwendung (s.o. Anm. 18), S. 1.

21 So wurden beispielsweise selbstgedruckte Kirchentagsmaterialien in der Regel vorab zur Druckgenehmigung eingereicht, während die Textsammlungen zu den jährlichen Friedensdekaden informell dem Staatssekretär für Kirchenfragen vorgelegt und im Fall „politischer Beeinspruchung" zumeist auch korrigiert wurden. Ohne vorherige Rücksprache mit dem Staat erschienen hingegen die Schriften der Theologischen Studienabteilung beim DDR-Kirchenbund oder des Kirchlichen Forschungsheimes in Wittenberg – von ihnen erhielt der Staatssekretär für Kirchenfragen gewöhnlich nur „Belegexemplare".

22 Vgl. *Detlef Urban*, Kirchen treten an die Öffentlichkeit, in: *Reinhard Henkys,* Die Evangelischen Kirchen in der DDR. Beiträge zu einer Bestandsaufnahme. München 1982, S. 342.

23 Die ThSA unterhielt verschiedene Referate (u.a. zu Weltanschauungsfragen, Friedensfragen oder Sozialethik), die ihre eigenen Ausarbeitungen sowie Fremdtexte in mehreren Veröffentlichungsreihen („Beiträge", „Informationen und Texte", „ausser der Reihe") publizierten; das Spektrum der Veröffentlichungen reichte neben theologischen Reflektionen von Themen wie Frieden und Abrüstung über Umweltschutz und Gesundheit bis hin zu Ökonomie, Feminismus, Aids oder Freidenkertum. Die Zahl der selbst erarbeiteten Texte der ThSA betrug über 60, die Auflagen bewegten sich in der Regel zwischen 1000 und 2000 Exemplaren, die an Interessierte in der ganzen DDR auf Wunsch verschickt wurden; vgl. Informations- und Dokumentationsstelle der EKD, Erarbeitungen der Theologischen Studienabteilung beim Bund der Evangelischen Kirchen in der DDR, Berlin o.J. (maschinenschriftliche Übersicht).

24 So gab das KFH die Schriften „Die Erde ist zu retten" (1980), „Wissenschaftsethik heute" (1984), „Wie man in den Wald rußt" (1985), „Kernenergie in der Diskussion" (1987), „Um-

weltschutz im Haushalt“ (1988), „Handbuch planmäßige Umweltarbeit“ (1989) u.a.m. heraus.

25 Abrüstung von unten. Anregung zu einer Aktion, verfaßt von Mitgliedern aus Friedenskreisen der evangelischen Kirchen in Mecklenburg und in der Kirchenprovinz Sachsen, Archiv des Verf. (hektographiert).

26 Brief der Leitung der Aktion Sühnezeichen vom 28.11.1983 an die Botschaften der UdSSR und der USA in der DDR, unterzeichnet von Werner Liedtke u.a., Archiv des Verf. (hektographiert).

27 Die Anlage 2 zur „Honorarordnung Bildende Kunst“ legte in Punkt 8 fest, daß für druckgrafische Werke bei einer Auflagenhöhe von über 100 Blatt eine Druckgenehmigung der örtlichen staatlichen Organe, Abteilung Kultur, eingeholt werden mußte – im Umkehrschluß betrachteten Grafiker ihre Drucke in darunter liegender Auflagenhöhe als genehmigungsfrei; Honorarordnung Bildende Kunst vom 20. Mai 1971, in: Verfügungen und Mitteilungen des Ministeriums für Kultur Nr. 8/1971, S. 49; ferner: *Helgard Sauer*, Unerwünschte Drucke in der DDR, in: Der Zensur zum Trotz (s.o. Anm. 5), S. 285.

28 *Peter Böthig*, „Und; undsoweiter; undsofort ...“ (Bibliophile Zeitschriftenprojekte, Siebdruckbücher), in: *Klaus Michael* und *Thomas Wohlfahrt* (Hrsgg.), Vogel oder Käfig sein. Kunst und Literatur aus unabhängigen Zeitschriften in der DDR 1979–1989. Berlin 1991, S. 274.

29 *Klaus Michael*, Feindbild Literatur. Die Biermann-Affäre, Staatssicherheit und die Herausbildung einer literarischen Alternativkultur in der DDR, in: Aus Politik und Zeitgeschichte B 22-23/1993, S. 23.

30 Die bekannteste dieser Werkstätten war die „Obergrabenpresse“ in Dresden, in der *„jeder interessierte grafiker experimentell arbeiten (konnte), von der herstellung der platte bis zum druck“;* Grafik aus Dresdner Werkstätten. Katalog der Galerie Rähnitzgasse. Dresden 1985, S. 21, zitiert nach: *Detlef Krell*, Unabhängige Künstlerwerkstätten in Dresden, in: *Günter Feist, Eckhart Gillen* und *Beate Vierneisel* (Hrsgg.), Kunstdokumentation SBZ/DDR 1945–1990. Aufsätze-Berichte-Materialien. Köln 1996, S. 745.

31 Eine ausführliche Bibliographie bei *Michael/Wohlfahrt* (s.o. Anm. 28), S. 407ff.

32 Ausführlich dazu: *Poumet* (s.o. Anm. 9).

33 MfS, Hauptabteilung XX: Information über die nicht genehmigte Herstellung und Verbreitung von sogenannten Literaturzeitschriften in der DDR vom 1. August 1984, BStU ZMA 1619; gleichlautend: MfS, Hauptabteilung IX/2, Rechtliche Stellungnahme vom 21. November 1984, ebenda; zitiert nach: *Klaus Michael*, Samisdat-Literatur in der DDR und der Einfluß der Staatssicherheit, in: DA 26, 1996, 11, S. 1262.

34 Noch 1984 wurden beispielsweise die Mitarbeiter der „Obergrabenpresse“ vom MfS zugeführt und verhört – ohne freilich die eingeleiteten vier Ermittlungsverfahren zum Anlaß für einen Strafprozeß zu nehmen; vgl. *Krell* (s.o. Anm. 30), S. 747. Ab 1987 wurden die Kleinzeitschriften und Grafik-Mappen dann mit Zustimmung des MfS offiziell von verschiedenen staatlichen Bibliotheken gesammelt; vgl. *Poumet* (s.o. Anm. 9), S. 69. In einer zentralen Aufstellung des MfS über *„staatlich nichtgenehmigte Druck- und Vervielfältigungserzeugnisse“* vom Frühjahr 1989 sind schließlich aus dem Bereich des kulturellen Samisdat nur noch zwei Zeitschriften aufgeführt – „Anschlag“ und „Glasnot“, (Leipzig bzw. Naumburg/Leipzig), in denen regelmäßig auch gesellschaftskritische Texte erschienen; vgl. MfS, Auskünfte zu staatlich nichtgenehmigten Druck- und Vervielfältigungserzeugnissen, ohne Datum; Anlage zum Schreiben des Ministers für Staatssicherheit vom 23. Mai 1989 an die Leiter der Diensteinheiten, BStU VVS MfS o008-39/89, MDA. Im offiziellen Katalog der am 6. Oktober 1989 eröffneten 12. Kunstausstellung des Bezirkes Dresden hieß es sogar ausdrücklich, die Mappenwerke der „Obergrabenpresse“ hätten *„neben zahlreichen anderen Faktoren [...] förderlich auf das grafische Schaffen Dresdens“* gewirkt; 12. Kunstausstellung des Bezirkes Dresden. Katalog, Dresden 1989, S. 11, zitiert nach *Krell* (s.o. Anm. 30), S. 748.

35 Vgl. MfS, Hauptabteilung XX: Information über den Verlauf der im Rahmen der Ausstellung „Wort und Werk – Grafik und Lyrik junger DDR-Künstler" in der Zeit vom 1.6.–30.6.1986 in der Samariterkirche Berlin-Friedrichshain durchgeführten Veranstaltungen, 15. Juli 1986, BStU ZMA 1619, zitiert in: *Michael* (s.o. Anm. 33), S. 1263.

36 *Frithjof Heller*, Unbotmäßiges von „Grenzfall" bis „Wendezeit". Inoffizielle Publizistik in der DDR, in: DA 21, 1988, 11, S. 1191f.

37 Die Blätter (z.B. „Schalom") suchten deshalb ihren Zeitschriftencharakter anfangs oft zu kaschieren, indem auf eine Numerierung oder auf Fortsetzungsartikel verzichtet wurde oder indem das Titelblatt wie ein persönlicher Brief, z.T. mit namentlicher Anrede, gestaltet war.

38 Von der Zeitschrift „Grenzfall" liegt ein Reprint der bis Ende 1987 erschienenen Ausgaben vor (s.o. Anm. 8).

39 Eine Reihe von Texten der „Umweltblätter" ist dokumentiert in *Rüddenklau* (s.o. Anm. 8).

40 Exakte Zahlenangaben sind schwierig, da die Übergänge zwischen Periodika und Einzelpublikationen fließend sind: So erschien von manchem „Periodikum" nur eine einzige Ausgabe (z.B. von „Art. 27", „Ostkreuz" oder „Die Pleiße"), während von mancher „Einzelpublikation" nach und nach mehrere Hefte herauskamen (z.B. „Aufrisse I und II").

41 Insgesamt wurden vom MfS zu diesem Zeitpunkt nach nicht ganz klaren Kriterien 27 *„beachtenswerte nichtgenehmigte Druck- und Vervielfältigungserzeugnisse antisozialistischen Inhalts und Charakters, sogenannte Informationsblätter"* erfaßt; vgl. MfS, Information Nr. 168/89 (s.o. Anm. 9), Anlage.

42 Z.B. *Uwe Bastian*, Alternative Energiewirtschaft (1988); *Michael Beleites*, Pechblende. Der Uranbergbau in der DDR und seine Folgen (1988); Dokumenta Zion. Sonderausgabe der Mit-Welt-Blätter (1987); Das Erfurter Filterpapier. Organ des 2. Ökumenischen Luftseminars in Erfurt (1989); Nachdruck (Dokumentation reformorientierter Texte aus Osteuropa, 1988); Schuldenkrise (Dokumentation zur IWF-Tagung in West-Berlin, 1988); Spuren. Zur Geschichte der Friedensbewegung in der DDR (1988); Wahlfall 89. Eine Dokumentation (zu den Kommunalwahlen in der DDR, 1989) etc.

43 Problematik der Anwendung... (s.o. Anm.18), S.1.

44 MfS, Information Nr. 168/89 (s.o. Anm. 9), S. 1 und S. 3.

45 Ebenda, S. 2.

46 In einer Information für das Politbüro vom Frühjahr 1989 berichtete das MfS von ingesamt rund 160 „feindlich-negativen Personenzusammenschlüsse" in der DDR und bezifferte ihr Gesamtpotential auf 2.500 Personen; MfS, Information Nr. 150/89 über beachtenswerte Aspekte des aktuellen Wirksamwerdens innerer feindlicher, oppositioneller und anderer negativer Kräfte in personellen Zusammenschlüssen, abgedruckt in: *Armin Mitter* und *Stefan Wolle* (Hrsgg.), „Ich liebe Euch doch alle!". Befehle und Lageberichte des MfS, Januar – November 1989. Berlin 1990, S. 47f.; ausführlich dazu: *Hubertus Knabe*, Sprachrohr oder Außenseiter? Zur gesellschaftlichen Relevanz der unabhängigen Gruppen in der DDR – Aus Analysen des Staatssicherheitsdienstes, in: Aus Politik und Zeitgeschichte, B 20/96, 10. Mai 1996, S. 23ff.

47 So mußte beispielsweise die Leipziger Zeitschrift „Streiflichter" regelmäßig vor der Vervielfältigung dem zuständigen Superintendenten Friedrich Magirius vorgelegt werden und konnte nur mit seiner Zustimmung erscheinen; ähnliche Regelungen bestanden auch an anderen Orten. Im Frühjahr 1989 forderte das sächsische Landeskirchenamt ausdrücklich alle Superintendenturen, Kirchenamtsratsstellen, Kirchgemeinden, kirchlichen Werke, Einrichtungen und Ausbildungsstellen dazu auf, bei allen Vervielfältigungen darauf zu achten, *„daß die Texte im Rahmen des kirchlichen Auftrags verantwortbar sind und der Erfüllung konkreter kirchlicher Aufgaben im jeweiligen Bereich dienen"*, und die Geräte *„gegen eine mißbräuchliche Verwendung durch Unbefugte zu sichern"* seien; Schreiben des Evangelisch-Lutherischen Landeskirchenamtes Sachsen vom 7. März 1989 (Abschrift), BuArch Bln DO 4/922.

48 *Rüddenklau* (s.o. Anm. 8), S. 186ff.

49 Vgl. Bund der Evangelischen Kirchen in der DDR, Vermerk über ein Gespräch in der Dienststelle des Staatssekretärs für Kirchenfragen am 17. August 1988, 15.00 Uhr bis 16.45 Uhr (hektografierte Abschrift, Archiv des Verf.).

50 MfS, Information Nr. 168/89 (s.o. Anm. 9), S. 3f.

51 Die Durchsuchung der Ost-Berliner Umwelt-Bibliothek im November 1987 bildete den Auftakt zur „Zurückdrängung" des politischen Samisdats. In den darauffolgenden Monaten bis zum Herbst 1989 ging man, neben der verdeckten „operativen Bearbeitung", vor allem mit Ordnungsstrafen von bis zu 1000 Mark gegen die inoffiziellen Zeitschriften vor – u.a. gegen „Aufbruch" (Region Forst), „Blattwerk" (Halle), „Kontext" (Berlin) und das „Informationsblatt Nachtgebete" (Halle).

52 Schreiben von P. Kraußer an das Staatsskretariat für Kirchenfragen vom 18.8.1988, BuArch Bln DO 4/922.

53 Problematik der Anwendung... (s.o. Anm. 18), S. 5ff.

54 Entwurf: Anordnung über das Genehmigungsverfahren für die Herstellung von Druck- und Vervielfältigungserzeugnissen – Druckgenehmigungsanordnung – vom 6.9.1989, BuArch Bln DO 4/1706.

55 Schreiben des Staatssekretärs für Kirchenfragen, Löffler, an den Vorsitzenden des Rates des Bezirkes Cottbus, Siegesmund, vom 16. 11.1989, BuArch Bln DO 4/974.

Anhang

Nr. 1
Das Damoklesschwert des Strafgesetzbuches der DDR

Paragraph 106 (Staatsfeindliche Hetze)

(1) Wer die verfassungsmäßigen Grundlagen der sozialistischen Staats- und Gesellschaftsordnung der Deutschen Demokratischen Republik angreift oder gegen sie aufwiegelt, indem er

1. die gesellschaftlichen Verhältnisse, Repräsentanten oder andere Bürger der Deutschen Demokratischen Republik wegen deren staatlicher oder gesellschaftlicher Tätigkeit diskriminiert;
2. Schriften, Gegenstände oder Symbole zur Diskriminierung der gesellschaftlichen Verhältnisse, von Repräsentanten oder anderen Bürgern herstellt, einführt, verbreitet oder anbringt;
3. die Freundschafts- und Bündnisbeziehungen der Deutschen Demokratischen Republik diskriminiert;
4. Verbrechen gegen den Staat androht oder dazu auffordert, Widerstand gegen die sozialistische Staats- und Gesellschaftsordnung der Deutschen Demokratischen Republik zu leisten;
5. den Faschismus oder Militarismus verherrlicht oder Rassenhetze treibt,

wird mit Freiheitsstrafe von einem bis zu acht Jahren bestraft.

(2) Wer zur Durchführung des Verbrechens mit Organisationen, Einrichtungen oder Personen zusammenwirkt, deren Tätigkeit gegen die Deutsche Demokratische Republik gerichtet ist oder das Verbrechen planmäßig durchführt, wird mit Freiheitsstrafe von zwei bis zu zehn Jahren bestraft.

(3) Vorbereitung und Versuch sind strafbar.

Nr. 2
Frieden schaffen aus der Kraft der Schwachen

Vortrag von Propst Dr. Heino Falcke zur Eröffnung des Friedenstages Erfurt am 11. November 1983 in der Erfurter Reglerkirche (Auszug)

Dieses Thema der Friedenstage spricht eine Erfahrung an, die wir in den letzten Jahren gemacht haben, die Erfahrung unserer Ohnmacht. Wir wollten für den Frieden etwas erreichen, aber statt dessen kommen nun wohl die Raketen drüben und dann auch hier. Wir wollten einen sozialen Friedensdienst erreichen, eine deutliche Alternative zum Wehrdienst, aber es ging nicht. Wir wollten mit den Aufnähern[1] eine größere Öffentlichkeit gewinnen, mehr Menschen zum Nachdenken bringen, aber wir stießen sehr schnell auf Grenzen. Und dann wurden auch wir selbst von der Schwäche ergriffen: „Hat's denn Zweck?“ und: „Lohnt denn das Risiko?“

Die Schwachheit wird also von denen erfahren, die etwas wollen und sich eingesetzt haben. An Grenzen stößt sich nur, wer sie zu überschreiten versucht; denen eine große Forderung zu stark wird, die spüren ihre Unzulänglichkeit. Die Schwachheit wird erfahren von den Ergriffenen, den Engagierten, den Hoffenden und den Liebenden. Und diese Schwachheit meint das Thema. Nicht die schäbige Schwäche derer, die immer schon wissen, daß alles keinen Zweck hat und die ihre Schultern nicht zum Tragen, sondern nur zum Zucken gebrauchen. (...)

Worin also besteht die Kraft der Schwachen im Licht Jesu Christi und was können wir, sollen wir damit ausrichten für den Frieden? – Ich möchte auf diese Frage drei Antworten versuchen:

Erste Antwort: Die Kraft der Schwachen ist die Vernunft der Liebe Jesu, die aus den Sackgassen einer Politik der Stärke herausführt und uns zur politischen Vernunft bringt. Die Politik der Stärke ist am Ende, besonders die Politik militärischer Stärke. Waffen hatten früher den begrenzten Sinn zu schützen, Gewalt einzudämmen, Schaden zu begrenzen. Waffengewalt führt heute im Automatismus von Erst- und Zweitschlag nicht zur Eindämmung, sondern zur Ausuferung der Gewalt. Sie verteidigt nicht, sie vernichtet, was sie verteidigen will. Wer dieses Schwert nimmt, der setzt einen Prozeß in Gang, den dann niemand mehr in der Hand hat, und das zeigt die Raketenstationierung, die jetzt in Westeuropa und dann wohl auch bei uns droht. Die Zeit, auf einen Raketenabschuß in Mitteleuropa zu reagieren, wird so kurz, daß der Mensch nicht mehr schnell genug ist. Computer müssen an seine Stelle treten. Also gerade die technische Allmacht des Menschen macht ihn ohnmächtig, so daß er die Entscheidung an Automaten abgibt. Das kann kein vernünftiger Mensch wollen.

So haben denn auch die Regierungen der Warschauer Vertragsstaaten Vorschläge zum Stopp des Wettrüstens und zum Abrüsten gemacht: Verzicht auf Ersteinsatz, atomwaffenfreie Zone, Verschrottung eines Teils der SS-20-Raketen usw. Mehr Waffen bringen nicht mehr Sicherheit, hat Erich Honecker gesagt. Aber wenn es drüben zur Stationierung kommt, dann soll nun doch auch bei uns stationiert werden. Gegen alle politische Vernunft geht also das Wettrüsten weiter. Offensichtlich sind also gerade die Mächtigen zu schwach oder nicht frei genug, um der politischen Vernunft zu folgen. Ich will jetzt nicht im einzelnen untersuchen, woran es liegt, welche Handlungszwänge, Abhängigkeiten, welche Interessen und welche Ängste da eine Rolle spielen. Jedenfalls braucht gerade die politische Vernunft in solchen Situationen die Kraft der Schwachen. Die haben keine politische Macht, aber sie sind dafür auch frei von den Zugzwängen der politischen Macht. Sie können das, was langfristig politisch vernünftig und überlebenswichtig ist, festhalten, wo es kurzfristigen Interessen und Zielen geopfert werden soll.

1 Gemeint sind die Aufnäher „Schwerter zu Pflugscharen“, deren öffentliches Tragen 1982 von der SED verboten wurde.

Quelle: Theologische Studienabteilung beim Bund der Evangelischen Kirchen in der Deutschen Demokratischen Republik. Referat Friedensfragen, Informationen und Texte Nr. 11, Februar 1984 (hektographiert), S. 2ff.

Nr. 3

Die Erde ist zu retten

Ein Arbeitspapier zur Umweltkrise und christlichen Handlungsmöglichkeiten (Auszug)

Lieber Leser!
In dem vorliegenden Papier wird die Umweltbedrohung, die Naturzerstörung dargestellt, es werden die Notwendigkeit und die Möglichkeiten des Handelns in dieser Situation aufgezeigt und es kommen Motivationen für Hoffnung und Engagement zur Sprache. Der Titel ist doppelsinnig: Er drückt Optimismus aus („ist zu retten" = kann gerettet werden), er meint aber auch unsere ökologische Zwangslage, die gebieterisch fordert: Die Erde ist zu retten = *muß* gerettet werden. Um *beide* Aspekte geht es auf den folgenden Seiten.

Dieses Papier ist das Ergebnis von Zusammenkünften eines Arbeitskreises im Kirchlichen Forschungsheim Wittenberg. Seit 1977 treffen sich in ihm regelmäßig junge Naturwissenschaftler, Techniker und Theologen unter dem Thema „Mensch und natürliche Umwelt im Zeitalter der industriellen Zivilisation – realistische Einschätzung der Situation, reale Handlungsmöglichkeiten". Schon bald wurde die Multiplikation der Gesprächsergebnisse – z.B. in Form von Aktivitäten und Gemeindeseminaren – zum Hauptziel der Zusammenkünfte. So ist es zu diesem Papier gekommen. Eine erste Auflage von 1980 war rasch vergriffen, nun liegt eine erweiterte und – wie wir meinen – verbesserte Neuauflage vor. [...]

In diesem Papier – das schon umfangreich genug ist – kommen manche Aspekte zu kurz oder kommen gar nicht zur Sprache. So haben wir uns in dem Kreis der Autoren ausführlich über die Berichte an den Club of Rome, über die Haltung innerhalb des Marxismus-Leninismus zu Umweltproblemen, über die Theorie vom grundsätzlich zerstörerischen Charakter der Wissenschaft, über Energiefragen, über technische Möglichkeiten des Umweltschutzes und über Möglichkeiten der Mitarbeit in der Kulturbund-„Gesellschaft für Natur und Umwelt"[1] informiert – Dinge, die in der vorliegenden Ausarbeitung nur sehr kurz angesprochen werden. Der Grund für diese Unvollständigkeit ist die Zielstellung des Papiers: Es will kleine Gruppen und einzelne Christen ansprechen und ihnen Orientierung bieten und muß seine Akzente in dieser Richtung setzen. Das Literaturverzeichnis bietet Hinweise, wie der Leser die dadurch bedingten Lücken ausgleichen kann. [...]

So wie die Dinge stehen, wird das Umweltproblem immer mehr zum Überlebensproblem werden. Es wird an Gewicht und Dringlichkeit noch erheblich zunehmen. Darum müssen Christen – gemeinsam mit allen hier Engagierten – ihr Wissen vertiefen, verstärkt ihr Bewußtsein schärfen, bewußtseinsbildend weiterwirken und konkrete Schritte unternehmen gegen die vernichtende Sintflut, für die Rettung unserer natürlichen Umwelt und für das Überleben der Menschenheit.

Dieses Papier ist dazu ein Beitrag.

1 Eine 1980 gegründete offizielle Umweltschutzorganisation, die Teil des DDR-Kulturbundes war.

Quelle: Die Erde ist zu retten. Umweltkrise, christlicher Glaube, Handlungsmöglichkeiten, hrsg. vom Kirchlichen Forschungsheim, 2. überarbeitete Auflage, Wittenberg 1982 (hektographiert), S. 1f.

Nr. 4

„Anschlag“ auf die Herrschenden

Ein Brief in das Gefängnis von Gert Neumann (Auszug)

Lieber A., heute möchte ich an Dich schreiben [...], nachdem ich eine lange und häßliche Zeitlang auf die Entwicklung Deiner Angelegenheit gesehen habe: von der ich wußte und von der ich weiß, daß sie nicht *allein* Deine Angelegenheit ist und auch nicht sein *soll*. Vielleicht hätte ich Dir schon früher schreiben sollen; doch es ist ja bekannt, daß es eigentlich ausgeschlossen ist, daß ein Brief wie dieser [...] jemand[en], der sich in „Untersuchungshaft“ der – sich zu einer solchen Maßnahme berechtigt wähnenden – „Organe“ befindet, tatsächlich erreicht. [...]

Mir hat einmal ein erfahrener Mann, der nicht in der DDR lebt und also nicht von dem hier angedeuteten Geschehen infiziert ist, gesagt, daß er grundsätzlich keiner Nachricht, die er aus der DDR erhält, *vertraue*. Das hat mir außerordentlich zu denken gegeben: folglich werden wir, wenn wir unsere Wahrheitsliebe nicht disziplinieren, [...] aus dem Wahrheitsprozeß, der tatsächlich philosophische Dimensionen hat, ausgeschlossen, und in unserem Ghetto DDR mitleidig betrachtet. [...]

Zurück bleibt nur ein Ekel; wenn man die gesamte Figur, die die „Organe“ in Deiner Angelegenheit in die Gegenwart geschrieben haben, betrachtet. Ihr Sinn bringt nur Zerstörung und erzeugt Haß.

Ich weiß, daß bestimmte Verantwortliche in der DDR an ihrem Zustandekommen interessiert sind, da sie in sentimentaler Manie sich davon überzeugt wähnen: gegen einen Feind kämpfen zu müssen.

Haben sie keinen Feind, funktioniert ihr Denken nicht; das lehrt uns schon Boris Pasternak. Nur [...] ist dieser Feind immer wieder das Leben und das, was den Namen Volk trägt [...], das sich unendlich geduldig mit der Dummheit beschäftigen muß, um sich vom Haß fernzuhalten, der den Blick auf die Freiheit unmöglich macht. Jene, so Herrschenden kennen die Freiheit nicht, davon wissen *wir*: Und viel von dem unverständlich *Erscheinenden* ist *einfach* damit zu erklären: daß es aus pathologischer Eifersucht auf die Kenntnis von der Freiheit, die der Widerstand gewährt, geschieht. Es gibt eine so unendliche Zahl an Sätzen und Biographien in der Geschichte, die davon sprechen: aber in jeder Gegenwart vollzieht sich immer der gleiche Kampf, der im realen Sozialismus seine besonderen Zynismen hat, die wir erleben (PM 12,[1] Arbeitsplatzbindung, Berlinverbot, Arbeitslosigkeit ...). [...]

Es ist nur zu hoffen, daß eine Auseinandersetzung durch unsere Geduld und durch unsere Wachsamkeit verhindert werden kann. Dich, lieber A., bitte ich, im Gefängnis in diesem Sinn zu *leben*. Nutze die Gelegenheit, dort Freunde zu sammeln und sie von der Notwendigkeit dieses, in Deinen Augen vielleicht als Taktik genannten Widerstands zu überzeugen. Wir sind eine Elendsgemeinschaft und keine Gemeinschaft von Schurken. Nur *Solidaritäten* können unter diesen Bedingungen eine *Sprache* am Leben erhalten [...], die freilich schon immer existiert; und deren Wörter sind notwendig *stumm* und widerlegen die Menschenverachtung und den Haß. Diese Sprache können die Aufsichtspersonen nicht verbieten, da sie nicht materiell ist. Das, lieber A., ist das riesige Material, das uns die „Organe“ verächtlich übriggelassen haben: weil sie mit ihm nichts anzufangen wissen. Ist das nicht ein Grund zu Freude?

1 „PM 12“ war ein Kürzel für einen behelfsmäßigen Personalausweis der DDR, mit dem man prinzipiell nicht ins Ausland reisen durfte und der darüber hinaus mit Aufenthaltsbeschränkungen innerhalb der DDR verbunden werden konnte.

Quelle: Gert Neumann: Brief in das Gefängnis, in: Anschlag II/1984, Leipzig 1984, ohne Seitennumerierung, vollständig abgedruckt in: Michael/Wohlfahrt (s.o. Anm. 8), S. 101ff.

Nr. 5
„Glasnost" in der DDR und ein Protest von Vaclav Havel

Nachdruck eines Aufrufes an die Delegierten der KSZE zum Schutz der „zweiten Öffentlichkeit" in der CSSR (Auszug)

Sehr geehrte Delegierte,
[...] In den letzten 19 Jahren hat die tschechoslowakische Polizei bei vielen Bürgern anläßlich von Hausdurchsuchungen und Leibesvisitationen Tausende von verschiedenen Manuskripten, Abschriften, unterschiedlichen Dokumenten, Zeitschriften, Büchern, Hunderte von Schreibmaschinen, Tonbandgeräten, Radios, Schallplatten, Tausende von Tonbändern sowie viele andere Dinge beschlagnahmt. Dies alles tat und tut sie angeblich, um den Staat vor Äußerungen feindlichen Denkens zu schützen. [...]

Die weitaus meisten beschlagnahmten Dinge, auch wenn sie angeblich nur zur Überprüfung beschlagnahmt worden waren, sind ihren Eigentümern nie zurückgegeben worden und nie wurde ihnen erklärt, warum es geschehen ist. Als winzige Illustration für diese Willkür führe ich ein Beispiel aus meiner eigenen kürzlichen Erfahrung an: Vor einem Jahr fuhr ich mit meinem Auto aus Südböhmen nach Prag, an der Straße wartete die Verkehrspolizei und zwang mich, vor das nächste Polizeigebäude zu fahren, wo die Staats- d.h. (Geheim-)polizei mein Auto durchsuchte und alles mitnahm, was aus Papier war, einschließlich einer Sammlung handschriftlicher Gratulationen zu meinem fünfzigsten Geburtstag aus der Feder von ausländischen Schriftstellern und Theaterleuten. Angeblich hat sie das getan, um zu überprüfen, ob ich nichts Feindliches mit mir führe. Selbstverständlich habe ich kein Stück von diesen Papieren seit dieser Zeit wiedergesehen, und wahrscheinlich werde ich auch nichts je wiedersehen.

Also: Sie können jederzeit und jedermann einfach wegnehmen, was sie wollen, von Kassetten mit Beatles-Liedern bis zu offiziell erschienenen Büchern, von persönlichen Auszeichnungen und Korrespondenzen bis zum Telefonapparat, von der Poesie Verlaines (seinerseits bei einer ähnlichen Kontrolle meiner Frau beschlagnahmt) bis zum Manuskript eines neuen Romans oder [einem] Schlagzeug. Erklärt werden muß nicht, zurückgegeben auch nicht. Es ist nicht möglich, sich auf irgendein Recht zu berufen.

Dinge, die von der tschechoslowakischen Staatspolizei während der letzten 19 Jahre bei ihrer angeblichen Tätigkeit zum Schutz des Staats vor seinen Feinden beschlagnahmt worden sind, haben einen Wert von vielen Millionen, und in ihnen ist die unvorstellbare Arbeit vieler Menschen enthalten, von Autoren philosophischer Bücher bis zu Abschreibern und Buchbindern, von Musikschaffenden bis zu ihren Fans, die durch die Beschlagnahme zunichte gemacht wurde. Ich schreibe Ihnen aber nicht wegen der materiellen Verluste, die dieses wahrlich diebische Verhalten der Polizei vielen Mitbürgern verursacht hat. Ich schreibe Ihnen aus einem anderen Grund: Ich verstehe dies als einen langandauernden vandalischen Krieg gegen die tschechische und slowakische Kultur. [...]

Schweigen Sie bitte nicht dazu, daß es in der Mitte unseres Kontinents und zu Ende des zwanzigsten Jahrhunderts möglich ist, daß jeder beliebige Wachtmeister darüber entscheidet, welches Gedicht auf Papier existieren darf und welches nicht!

Quelle: Glasnost V. meinungen literatur bilder, Leipzig/Naumburg 1988 (Linolschnitt, Originalgraphiken und Typoskript), ohne Seitenzählung

Nr. 6

Die Sichtweise der Staatssicherheit

Aus einer Information des MfS an das Politbüro über ungenehmigte Druck- und Vervielfältigungserzeugnisse

Mit der Bildung und Profilierung sogenannter kirchlicher Basisgruppen und weiteren, vor allem im Bereich der evangelischen Kirchen in der DDR agierenden personellen Zusammenschlüssen [...], waren und sind deren Inspiratoren, Organisatoren und Hintermänner bestrebt, unter bewußter Mißachtung bestehender Rechtsvorschriften der DDR ohne Genehmigung Druck- und Vervielfältigungserzeugnisse politisch negativen bis antisozialistischen Inhalts und Charakters herzustellen und zu verbreiten. [...]

Die damit von feindlichen, oppositionellen Kräften verfolgte Zielstellung besteht nicht nur in der Gewährleistung der Kommunikation vorgenannter personeller Zusammenschlüsse untereinander und mit gleichgelagerten Gruppen. Vielmehr geht es diesen Kräften darum,

- kontinuierlich weitere konzeptionelle Grundlagen für das Wirksamwerden feindlicher, oppositioneller und anderer negativer Kräfte in der DDR zu entwickeln, ihre politischen Auffassungen und Forderungen republikweit öffentlichkeitswirksam zu propagieren und zur Diskussion zu stellen – gewissermaßen eine breit gefächerte „publizistische Gegenöffentlichkeit" herzustellen – und auf dieser Basis Gleichgesinnte, Sympathisanten und weitere Personen für ihre feindlich-negativen Ziele zu gewinnen und bei diesen antisozialistische Bewußtseinsinhalte und Handlungsbereitschaften herauszubilden bzw. zu erzeugen,
- den jeweiligen personellen Zusammenschluß und dessen politische Ziele öffentlich aufzuwerten (auch international) und den gegebenen Handlungsrahmen mißbrauchend, gezielt auf eine Legalisierung hinzuwirken,
- den Solidarisierungseffekt mit Gleichgesinnten im In- und Ausland auszuprägen sowie
- „DDR-weite" Informationsbeziehungen für feindliche, oppositionelle Kräfte aufzubauen. [...]

Den überwiegend bestehenden Redaktionsgruppen (ca. 160 Personen) gehören in der Regel Führungskräfte solcher Zusammenschlüsse sowie kirchliche Mitarbeiter und Amtsträger mit ausgeprägten politisch-negativen oder verfestigten antisozialistischen Auffassungen an (ca. 40 %). [...]

Immer wiederkehrend werden in den sogenannten Informationsblättern Versuche unternommen, angebliche Verletzungen der Menschenrechte in der DDR und eine unzureichende Wahrnehmung der Verantwortung von Partei, Staat und deren Einrichtungen gegenüber der Gesellschaft und dem Einzelnen nachzuweisen und davon ableitend Forderungen nach politischen Veränderungen und nach einer „Demokratisierung der Gesellschaft" zu erheben. Erkennbar sind dabei Bestrebungen, den Publikationen insgesamt bzw. einzelnen Beiträgen einen theoretisch fundierten, wissenschaftlichen Gehalt zu geben und mittels „authentischer Berichte und Informationen" eine hohe Glaubwürdigkeit vorzutäuschen.

Quelle: MfS, Information Nr. 168/89 über die Herstellung und Verbreitung nichtgenehmigter Druck- und Vervielfältigungserzeugnisse antisozialistischen Inhalts und Charakters durch Personen, die personellen Zusammenschlüssen angehören (s.o. Anm. 9).

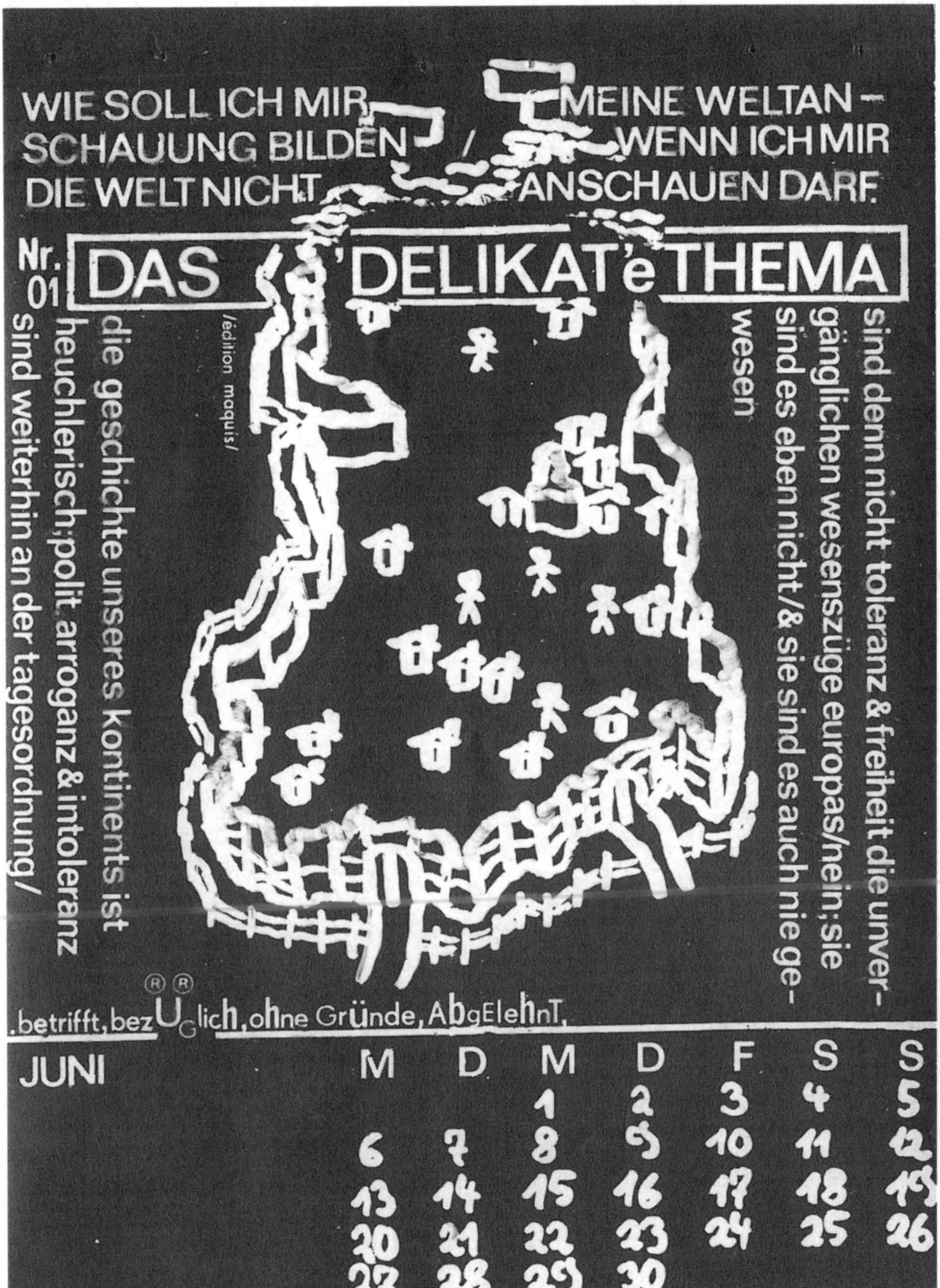

Blatt aus „Independent Calendar 1988“

KÜNSTLER FÜR ANDERE
PROJEKTE
ALTERNATIVEN
SOLIDARITÄT
Möbel für das Kinderdorf im Flüchtlingslager
Kwanza Sul/ Angola
Die Ev. luth. Kirchgemeinde Jena lädt ein:
indie Friedenskirche
N°4 8.5.87 20.00 Uhr
Stephan Krawczyk
Freya Klier
"Pässe und Parolen"
Wir bitten um Sachspenden für unseren Basar!
Der Erlös des Abends wird dem INKOTA-KONTO überwiesen!

oben: Szene mit Freya Klier und Stephan Krawczyk aus ihrem Programm „Pässe und Parolen“, 1987

unten: MfS greift gegen ARD-Team ein, Berlin, Liebknecht-Luxemburg-Demonstration, 17. Januar 1988

oben: Festnahme eines Demonstranten, Berlin (Unter den Linden), 1. September 1983

unten: Auflösung einer nichtgenehmigten Rosa-Luxemburg-Demonstration, Leipzig, 15. Januar 1989

Straßenmusikfestival Leipzig, Juni 1989

Straßenmusikfestival Leipzig, Juni 1989

Umweltbibliothek, Berlin

oben: Publikationsangebot (1989)

unten: Bei der Durchsuchung durch das MfS, November 1987 (MfS-Foto)

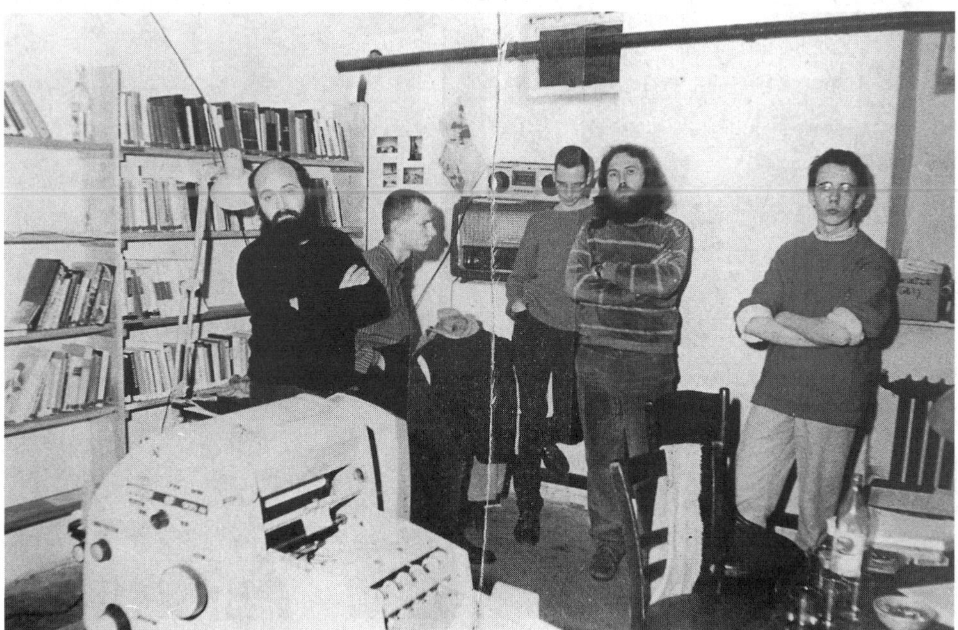

Protest gegen die Verhaftung von Mitarbeitern der Umwelt-Bibliothek, Berlin, November 1987

Protest gegen die Verhaftung von Mitarbeitern der Umwelt-Bibliothek, Berlin, November 1987

unten: Feuerwehr entfernt Transparent vom Turm der Zionskirche

Mahnwache (mit Freya Klier und Stephan Krawczyk) an der Zionskirche Berlin, November 1987

unten: MfS-Observation der Räume der Umweltbibliothek

Stephan Bickhardt

Vernetzungsversuche

1. Sozialisationsstufen und die Bedeutung der Kleingruppen auf dem Weg in die Opposition

Will man sich über politisch motivierte Vernetzungsversuche in der DDR der 80er Jahre informieren, so muß man zunächst das Sozialisationsfeld der Gruppen betrachten. Wie in freien Gesellschaften auch gab es Primärgruppen, z.B. die Familie. Die Bildung von Sekundärgruppen bekam in Ostdeutschland eine größere Bedeutung. Freunde, Schulkameraden, Arbeitskollegen, Christen und andere schlossen sich häufig zum sozialen Gebilde einer Gruppe zusammen. So entstand eine vergleichsweise freie und selbstbestimmte Gemeinschaft bzw. Gruppe, die sich mehr oder weniger bewußt gegen die verordneten Massenversammlungen und die von der SED indoktrinierte Gesellschaft richtete. Im Volksmund hieß es gelegentlich: *„Hast du gute Beziehungen ...?“* Solche selbst organisierten Verbindungen entstanden zum Beispiel, um Baustoffe, interessante Schallplatten und Bücher zu besorgen. Von den Beziehungen war es auch abhängig, ob man auf Parties, zu privaten Ausstellungseröffnungen oder anderen interessanten Dingen eingeladen wurde. Die Abwesenheit einer freien Gesellschaft in der DDR brach der face-to-face-Kommunikation die Bahn. Vor diesem Hintergrund schlossen sich auch politisch und sozialethisch interessierte Menschen zu Aktions- und Arbeitsgruppen zusammen. Häufig war es eine nicht anders zu kanalisierende Betroffenheit, z.B. in der Frage nach Krieg und Frieden, die die Menschen zu einer Gruppe zusammenführen konnte. Solche Sozialisation zur Kleingruppe hat es hundertfach gegeben. Aus eigenem Erleben kann der Autor die Bildung einer Kleingruppe beschreiben. Ich zitiere aus eigenen Aufzeichnungen:

> „Im Herbst 1982 luden mich zwei Bekannte in ihre Hinterhofwohnung ein. Im Zimmer der jungen Frau hatten sich Freunde versammelt. Kerzen brannten und ein Diawerfer wurde angestellt. In wenigen, etwas stockenden Sätzen begründete die Frau: Die Dias von Hiroshima zeigen uns, was passieren kann, wenn wirklich atomare Raketen in den deutschen Staaten stationiert werden. Sie sprach in ihrer eigenen, persönlichen Sprache von Weltpolitik. Die vom Zeitungsdeutsch besetzte Sprache löste sich. Zwei weitere

Frauen sprachen von Aufklärung, die not tut, von antimilitaristischer Erziehung. Entschiedenheit, Handlungswille stellte sich bei den Anwesenden ein. Ein Arbeiter lehnte in der Tür und sprach davon, daß er die Gewerkschaftsarbeit im Betrieb satt hat. Keine Formeln mehr, jetzt will er sich mit Gleichgesinnten zusammenschließen. Später zog er sich zurück aus der Gruppe. Seine Frau, Geschichtslehrerin, und bald auch er fürchteten ihre Entlassung. An diesem Abend, wie ich erst später merkte, war eine Friedensgruppe entstanden. Sie hatte nie einen Namen, sie hatte kein Programm. Trafen wir uns auf der Straße oder sonst irgendwo, hieß es immer: Kommst du in „die Gruppe" dann und dann? Die Mehrheit der fünfzehn in der Gruppe waren Christen. Aber nicht allein aus Rücksicht gegenüber den Nichtchristen schlossen wir uns keiner Gemeinde an. Wir wollten ausschließlich Selbstbestimmung. Die Wohnung wurde für zwei Jahre zum Versammlungsort. Nur die Meinungen in der Gruppe sollten unser Arbeitsprogramm legitimieren. Heute frage ich mich, warum es zu dieser Art von Gruppenbildung und Sozialisierung – damals bildeten sich Dutzende Klein-Gruppen auf diese Weise – erst des Horrors bedurfte. Die atomare Frage konnten wir ja nicht eigentlich bearbeiten, es ging vielmehr um uns selbst im Angesicht dieser Frage. Selbstorganisation, jenseits der Institutionen, die die Krise nicht in den Griff bekommen würden – Familie und Staat, gesellschaftliche Organisationen, wie z.B. die Parteien und die Kirche, so meinten wir – wurde geprobt. Mit weichen Knien gingen wir mit eigenen Plakaten zu FDJ-Demonstrationen, lasen reihum dieselben Bücher, erarbeiteten Schautafeln zu Erziehungsfragen, bereiteten aufgeregt und heimlich ein Seminar vor, zu dem der Gießener Psychiater Horst-Eberhard Richter kam. Alles neue Schritte, ein Lernen in einer selbstbestimmten Gemeinschaft, soziales Lernen, Wahrnehmung politischer Verantwortung als Selbstfindung. Nach der Raketenstationierung 1984 fiel die Gruppe auseinander. Die Negativbilanz konnte sie nicht tragen, nicht ertragen. Entscheidend waren persönliche Gründe, jeder zog andere Konsequenzen. Aber die Mitglieder gingen gewandelt für ihr Leben aus dieser Gruppe heraus. Bis hin zur Berufswahl ließen sie sich beeinflussen. Heute sehe ich den einen als Berater bei der Ökumenischen Versammlung, die beiden Frauen in einer Frauengruppe, eine andere arbeitet inzwischen als Fürsorgerin, die nächste als Kindergärtnerin, zwei weitere arbeiten in freien Experimentaltheatergruppen, zwei treffe ich bei Aktion Sühnezeichen usw."

Ich berichte so ausführlich von diesem Beispiel, weil ich daraus Grundsätzliches über die Entwicklung und Sozialisation der Gruppen in den 80er Jahren ableiten möchte. Denn alle Gruppen, diejenigen in den Kirchgemeinden eingeschlossen, durchliefen diese erste Stufe der Sozialisation. Das innerste Ziel der Gruppenbildung war: gegenseitig Solidarität gewähren und erfahren angesichts einer schweren Bedrohung. Die Enttäuschung über eine Institution, in der man versuchte, aktiv zu sein, weckte häufig die Bereitschaft, eine Gruppe zu gründen. Die rigide Parteidisziplin in der SED, die seelisch schwer zu ertragende Langeweile in der Gesellschaft, die ergebnislose Diskussion im Freien Deutschen Gewerkschaftsbund (FDGB), der Hinauswurf aus dem Studium und andere Mißliebigkeiten können diesbezüglich genannt werden. Die Solidarisierung einzelner kann also als entscheidende Tatsache bei der Entstehung von Gruppen genannt werden. Ähnliches kann im Hinblick auf die Jahre 1987 bis 1989 für die Gruppen selbst festgestellt werden. Denn die Solidarisierung der Gruppen untereinander – gerade angesichts politischer Verfolgung – hat entscheidend die Herausbildung einer landesweiten Opposition bewirkt. Vor diesem Hintergrund erklärt sich auch, weshalb in den Gruppen nichts besser funktionierte als die Solidarisierung untereinander. Ein häufig nicht genau benanntes Gefühl, politischem Druck und einer Bedrohung ausgesetzt zu sein, führte viele zunächst in Kleingruppen, Zirkeln und Lesekreisen zusammen. Aus diesem Netz persönlicher Beziehungen konnte eine politische Opposition entstehen. Niemand hat dies genauer dokumentiert als die Späher und Spitzel des Staatssicherheitsdienstes in der DDR.

Am 25. Februar 1989 wurde in der Berliner Golgatha-Gemeinde eine Ausstellung unter dem Titel *Gemeindegruppen in der DDR* in Anwesenheit von Bischof Dr. Gottfried Forck eröffnet. Unter Leitung des ehemaligen Bürgerrechtlers Dr. Martin Böttger war erstmals der Versuch gemacht worden, die verschiedenen Gruppenaktivitäten zu dokumentieren. Dank dieser Initiative konnte systematisch Überblick gewonnen werden. Seither unterscheide ich die Gruppenbildung wie folgt: Kleingruppe oder Zirkel, Gemeindegruppe, Großgruppe mit Untergruppen und Initiativgruppen, Netzwerkgruppe, Vereinigung. In meiner Eröffnungsrede beschrieb ich im Blick auf die 4. Sozialisationsstufe der Netzwerkgruppe, daß folgerichtig auf der 5. Stufe die landesweite politische Vereinigung sich gründen müßte. Im Februar 1989 konnte dies nur als Feststellung oder Imperativ benannt werden. Interessant ist daran für mich heute: Es bedurfte einer langen Sozialisationsfolge, bis die Ursachen bzw. Defizite, die zur Bildung der Kleingruppen geführt haben, beseitigt wurden, d. h. der Zusammenbruch eines den Menschen bedrohenden Systems beendet war. Mit der friedlichen Revolution ist diese Entwicklung aus den Gruppen heraus entstanden.

Die hier aufgezeigte Sozialisationsfolge hat darüber hinaus zwei weitere wichtige Aspekte. Die Kleingruppen versammelten sich in der Regel in Wohnungen. Wollten sie öffentlich wirksam werden, suchten sie meist den vergleichsweise geschützten Raum der evangelischen Kirche und ihrer Gemeinden auf. So entstanden Gemeindegruppen, in denen nicht selten bis zur Hälfte der Mitglieder Nichtchristen waren. Einerseits gelangten so die Kleingruppen zu öffentlicher Wirksamkeit, andererseits wurden sie aber auch forthin in der Nähe der Kirche und somit eher als sozialethische und nicht vorrangig politisch unabhängige Gruppen betrachtet. Aus der Frage nach den Gruppen wurde so die Frage nach „der Kirche und ihren Gruppen".

Zum anderen hatte sich der Gruppenbildungsprozeß mit der Entstehung der Netzwerkgruppen erschöpft. Die für eine Gruppe typische Kommunikation, daß ein jeder mit dem anderen möglichst in Übereinstimmung, auch in persönlicher Übereinstimmung, kommen kann, war längst verlassen worden. Gerade die Unübersichtlichkeit der Gruppenaktivitäten in der Endphase der DDR hat ihre politische Wirksamkeit erhöht, da die Kontrollmöglichkeiten des Staates hier nicht mehr vollständig greifen konnten. Somit wird aus der Frage nach den Gruppen und ihren Vernetzungen die Frage nach einer organisierten Opposition. Interessant ist in diesem Zusammenhang, welchen Begriff die Staatssicherheit bzw. der Geheimdienst der DDR für die Gruppenaktivitäten in den internen Papieren und Protokollen verwendet. Die Gruppen werden in der Regel *„feindlich-negative Zusammenschlüsse"* oder *„personelle Zusammenschlüsse"* genannt. Damit wird von vornherein eine Zielgerichtetheit unterstellt, die in vielen Gruppen auf der Sozialisationsstufe 1 und 2 nicht gegeben war. Aber eben jene Sozialisationen waren Voraussetzung für die Herausbildung der zielgerichteten Opposition in den letzten Jahren der DDR. Die Fixierung der SED auf die Staatsfeinde hat offensichtlich den Blick auf die untergründig komplex wachsende Gesellschaft verengt. 1989 schätzte das Ministerium für Staatssicherheit 160 Zusammenschlüsse bzw. kirchliche Gruppen.[1] Aufgezählt werden 150 kirchliche Gruppen und 10 personelle Zusammenschlüsse mit koordinierender Funktion, d. h. Gruppen mit Netzwerkcharakter. Über die Gruppen wird folgendes berichtet:

> „Das Gesamtpotential dieser Zusammenschlüsse, dazu gehören auch peripher angegliederte Kräfte, die in der Regel ohne eigenständige Beiträge lediglich Teilnehmer von Aktivitäten/Veranstaltungen darstellen, beträgt insgesamt ca. 2.500 Personen. (In diese Zahl nicht einbezogen sind Sympathisanten oder politisch Irregeleitete, die im Ergebnis gezielter Einwirkungen vorgenannter Kräfte – u. a. Erzeugung von sogenannten Solidarisierungseffekten – häufig in deren öffentlichkeitswirksame Aktivitäten einbezogen werden und damit das Potential und die Wirksamkeit solcher Zusammenschlüsse beträchtlich vergrößern.) Etwa 600 Personen sind den Führungsgremien zuzuordnen, während den sogenannten harten Kern eine relativ kleine Zahl fanatischer, von sogenanntem Sendungsbewußtsein, persönlichem Geltungsdrang und politischer Profilierungssucht getriebener, vielfach unbelehrbarer Feinde des Sozialismus bildet.“[2]

Die Konferenz der evangelischen Kirchenleitungen schätzte die Zahl der Gruppen im Rahmen der Kirche weitaus höher, auf 320.[3]

Vernetzung – ein eher unscharfer, vorpolitischer Begriff, der gegenwärtig in der Kommunikationsgesellschaft gern verwandt wird, wurde in den 80er Jahren der DDR mit viel Hoffnung belegt. Die Verknüpfung von wertorientierten Handlungen zwischen einzelnen und zwischen Gruppen beschreibt die Konstituierung eines nur noch mühsam vom Staat zu kontrollierenden Freiraums. Viele Menschen entzogen sich dem kontrollierten, staatsgelenkten Raum und begründeten in der privaten Sphäre Kleingruppen. Nicht wenige gelangten aus dieser Sphäre auf den verschlungenen Wegen der Vernetzung zur Systemopposition, ob sie nun einen Ausreiseantrag stellten, um in den Westen überzusiedeln, oder ob sie ihre politischen Ideen in Gemeinde- und Initiativgruppen sowie Netzwerken sozialisierten. Dabei löste die Bedrohung des einzelnen durch den allgegenwärtigen Staat Solidarisierungseffekte aus. So waren die Gruppen niemals nur Arbeits- bzw. Aktionsgemeinschaften, sondern zugleich auch Lebensgemeinschaften. Es gehörte mithin zur Dynamik dieser Gruppen, daß sie über sich hinausdrängten und mehr und mehr Gleichgesinnte sammeln wollten. Das Wort Vernetzung gehörte daher auch zum beständigen Vokabular der motivierten Mitglieder in den sozialethischen Gruppen.

2. Die Vernetzungsebene der Friedensseminare und das Rückwirkungsphänomen auf die Gruppen

Die Entstehung christlicher Friedensseminare ist im Zusammenhang unseres Themas unbedingt zu würdigen. Auf solchen Seminaren trafen sich Christen, aber auch Nichtchristen, die entweder bereits in Gruppen organisiert waren oder auch nicht. Mit anderen Worten: diese Seminare bestärkten den Gruppenbildungsprozeß und waren gleichzeitig der erste Versuch, inhaltliche Positionen abzustimmen. Diese Seminare wurden sowohl regional als auch überregional organisiert. Das erste dieser Friedensseminare wurde im Mai 1973 in dem sächsischen Ort Königswalde durchgeführt. Der Kraftfahrzeugelektriker Hansjörg Waigel rief Verbündete zu diesem Seminar zusammen. Als Bausoldat hatte er den Militärdienst mit der Waffe verweigert und wollte nun eine aktive christliche Friedensbewegung organisieren. Schnell sprach sich diese Arbeitsform herum, so daß im Laufe der Jahre eine kaum übersehbare Zahl von Seminaren entstand, die schließlich in jenes große Seminar „Frieden konkret" mündeten, welches allen sozialethischen Gruppen in der DDR ein Podium geben wollte. Waigels Mitstreiter Georg Meusel beschreibt die Rolle des Königswalder Seminars wie folgt:

> „So bestand in den Jahren dieses starken Drangs der Basis Richtung Friedensengagement ein Vakuum für christliche wie nichtchristlich Friedensbewegte, das zum sprunghaften Anwachsen der Friedensseminare und anderer nichtorganisierter Friedensgruppen unter kirchlichen Dächern führte. Einige christliche Friedensseminare wurden von Freunden, die Königswalde kennengelernt hatten, in ihren Orten ins Leben gerufen, andere entstanden spontan unabhängig davon. Zu den stärksten und langlebigsten Seminaren gehören die von Meißen, Karl-Marx-Stadt, Naumburg, Saalfeld und Leuna. Weniger langen Atem hatten z.B. die in Zittau und Frankenhausen. In Mecklenburg findet ein ‚Mobiles Friedensseminar' statt. Die institutionelle Kirche kam von der Basis her unter Druck, freute sich zwar über plötzlich durch Jugendliche gefüllte Kirchen, hatte aber Sorge über deren selbstbewußte Eigenbewegung. Sie kam nicht umhin, die Friedensproblematik mit hohem Stellenwert auf ihre Tagesordnungen zu setzen."[4]

Meusel hebt das allgemeine Vakuum politischer Betätigung hervor und den damit einhergehenden Druck auf die einzige nicht staatsgelenkte Organisation, die Kirche. Waren die Friedensseminare zunächst nicht auf eine stabile Vernetzung von einzelnen und Gruppen aus, so haben sie doch eine Eigenbewegung ausgelöst, die wesentlich zur Herausbildung der Netzwerkgruppen ab 1985 führte. Interessant ist nun, daß Meusel in seinem 1987 gegebenen Bericht die fehlende Vernetzung der Gruppen beklagt:

> „Es fehlt noch immer eine Vernetzung der Gruppen, so daß die Information untereinander äußerst lückenhaft und mangelhaft ist und eine Koordinierung praktisch nicht existiert. Ein Vorteil davon ist, daß keine Zentralisierung entstehen konnte. Institutionell-kirchliche Zentralisierungsversuche oder Monopolisierungsbestrebungen profilierter *Einzelkämpfer* oder einzelner Gruppen vollzogen die Friedenskreise nicht mit. Groß- und hauptstädtische Gruppen sind meist stärker intellektuell geprägt, und letztere neigen durch stärkere personelle Westkontakte mehr zur Übernahme von Vorstellungen und Konzeptionen aus der westlichen Friedensbewegung. Außerhalb dieser Städte sind die Gruppen stärker DDR-realitätsbezogen, aber auch provinzieller im Denken."[5]

Das halbjährlich stattfindende Wochenendseminar in Königswalde, zu dem zwischen 300 und 600 Teilnehmer anreisten, war somit für einen der Organisatoren kein hinreichender bzw. wirkungsvoller Vernetzungsversuch. Mit diesem von Meusel eingeschätzten Defizit wird deutlich, daß die Vernetzungen und gemeinsam gefaßten Beschlüsse von Basisgruppenvertretern das politische Artikulationsbedürfnis nicht wirklich ausschöpften. Meusel blieb stehen bei der Beschreibung von Widersprüchen, andere gingen weiter und organisierten DDR-weit operierende Gruppen.

Das landesweite Seminar „Frieden konkret" fand in den Jahren 1983 bis 1988 statt. Im Laufe der Jahre hat diese Veranstaltung eine Wandlung vom seminaristischen Charakter hin zu einer Delegiertenkonferenz mit verbindlichen Beschlüssen genommen. Markus Meckel, damals Pfarrer in Vipperow/Mecklenburg hat diese organisatorische Entwicklung wesentlich beeinflußt. In einem Brief an Bernd Albani bringt er seine Version der Vernetzung auf den Punkt:

> „Bezeichnend ist der Sprachgebrauch. Wenn in den vergangenen Jahren ‚Frieden konkret' häufig auch von Verantwortlichen noch als Friedensseminar bezeichnet wurde, hat sich nun weithin die richtige Bezeichnung *Delegiertentreffen der Basisgruppen* durchgesetzt. Trotzdem ist mein Eindruck, daß auch in den Köpfen vieler Delegierter der Unterschied nicht so deutlich ist. Ich verstehe das so: Die Friedensseminare im Lande sind da, um sich kennenzulernen, zu begegnen und zu stärken und eben gemeinsam an konkreten Themen zu arbeiten. Oft habe ich gehört, daß nach unseren Seminaren die Bearbeitung der Themen in heimatlichen Gruppen weiterging. Von den hier entstandenen Kontakten gar nicht zu reden. Irgendwie gilt das für ‚Frieden konkret', doch müssen in bezug auf die Themenarbeit die Akzente anders gesetzt werden, da es sich um das einzige und repräsentative Delegiertentreffen handelt:
> – Information und Austausch, Möglichkeiten zu Kontaktaufnahme und Vernetzung
> – Verständigung über Grundfragestellungen und Konsensbildung
> – Standortfindung in Kirche und Gesellschaft."[6]

Meckel wollte deutlich die nun schon zur Tradition gewordenen Friedensseminare in ihrer Bedeutung in die zweite Reihe gestellt sehen, um die Wirksamkeit und damit auch die Politisierung der Gruppen als Ganzes voranzutreiben. Denkt man Meckels Argumentation weiter, so erscheint es folgerichtig, daß er als einer der ersten an die Gründung einer Partei dachte und späterhin der Initiator bei der Gründung der Sozialdemokratischen Partei in Ostdeutschland wurde.

Die jährlich stattfindende Delegiertenkonferenz stand unter Schirmherrschaft jeweils einer der evangelischen Landeskirchen in Ostdeutschland und war insbesondere durch die Anwesenheit eines Bischofs geschützt. Auf dem 3. Treffen 1985 in Schwerin wurde ein Fortsetzungsausschuß gebildet. Damit gab es zum ersten Mal einen Sprecherkreis für die Friedens-, Ökologie-, Drittel-Welt-, Menschenrechts- und Frauengruppen.[7] Das letzte Delegiertentreffen „Frieden konkret" fand vom 26. bis 28. Februar 1988 in Cottbus statt. Es ist in seinem Ergebnis signifikant für Erfolg und Mißerfolg der versammelten Gruppen Ostdeutschlands. Das Mitglied des Fortsetzungsausschusses Hans-Jochen Tschiche, seinerzeit Leiter der Evangelischen Akademie Sachsen-Anhalt und späterhin Mitbegründer des Neuen Forums, stellte einen von ihm entworfenen Text einer Basiserklärung bzw. eines Konsenspapiers vor (Anhang, Nr. 1). Das Konsenspapier und der begründende Vortrag fanden große Zustimmung, allerdings wurde es lediglich zur Diskussion mit in die heimatlichen Gruppen genommen. Die Vernetzung erwies sich also auch hier als eine komplizierte Prozedur in der Kommunikation. Vernetzung unter den Gruppen bedeutete eben nicht nur, effizient und wirkungsvoll in politischen Entscheidungs- und Handlungszusammenhängen zu sein; sie bedeutete auch beständige Rückbindung der Gruppenvertreter zu ihrer jeweiligen Gruppe. Die DDR raubte dem einzelnen die Freiheit, nun sollten nicht wieder wenige im Namen vieler sprechen können. Dieser rückwirkende Bezug bei den Vernetzungsbemühungen stärkte den einzelnen in der Gruppe, brachte also ein Stück Freiheitsverwirklichung und im Blick auf politische Inhalte wenigstens eine Wahl in den persönlichen Einstellungen. Genau auf dieses Rückwirkungsphänomen hebt Tschiche ab, wenn er unter

Punkt 5 des Konsenspapieres davon spricht, daß die *„Gruppenmitglieder Trainingsfelder brauchen"*. Tschiche empfiehlt zunächst die *„Einübung der eigenen alternativen Lebensform"*. Die Bemühungen im Trainingsfeld Gruppe zielen auf die *„Fähigkeit des Einzelnen trotz kontroverser Überlegungen im kooperativen Gespräch zu bleiben"*. Das kooperative Gespräch ist also der charakteristische Grundzug der meisten Gruppen. Der Rückbezug bei den Vernetzungsbemühungen stärkte den einzelnen in der Gruppe, hielt die Gruppe als Ganzes im Zentrum des Geschehens und brachte dem einzelnen ein Stück Freiheitsverwirklichung und hinsichtlich politischer Inhalte eine Wahl in den persönlichen Einstellungen.

Tschiche verstärkt den Rückbezug bei der Vernetzung noch, indem er abschließt: *„Die Gruppen stellen diese Trainingsfelder zur Verfügung und verschaffen sich Sachkenntnis, um solche Prozesse helfend zu begleiten."* Damit wird die Vernetzung, wie sie auf den Delegiertenversammlungen von „Frieden konkret" geprobt wurde, zugleich in den Dienst einer Verstärkung der örtlichen Gruppen gestellt. Keimzellen für eine neue Gesellschaft bzw. Schulstätten für die Demokratie sollten die Gruppen werden. Das kooperative Gespräch im Trainingsfeld Gruppe, die vielfältigen Anregungen und Aufrufe, die die Gruppenmitglieder von Friedensseminaren mitbrachten, beides hat gewiß dazu befähigt, im Jahr 1989 auf Demonstrationen, an Runden Tischen und in Bürgerkomitees Verantwortung zu übernehmen. Fast schon beschwörend klingen unter dieser Perspektive die Sätze aus Punkt 1: *„Die Gruppen werden sich stärker untereinander vernetzen. Sie suchen Mittel und Wege, um ihren Widerstand und ihr Ziel unübersehbar durch zeichenhaftes Handeln an die Öffentlichkeit zu bringen."* Einem roten Faden gleich, ziehen sich die Worte Gruppe und Öffentlichkeit durch dieses einzige gemeinsame Basisgruppenpapier. Der eklatante Mangel an frei zugänglichen Öffentlichkeitsräumen, insbesondere im Blick auf die Medien, hat den Vernetzungsversuchen widerständiger Gruppen die Funktion einer Ersatzöffentlichkeit gegeben.

3. Die Wirksamkeit der Netzwerkgruppen und ideengestützte grenzüberschreitende Initiativen

Ganz im Unterschied zu den bedeutenden Friedensseminaren drängten die Netzwerkgruppen primär auf Außenwirkung. Vernetzung selbst und Vervielfältigung eigener politischer Ideen war das beständige Ziel in der Wirksamkeit. Es muß allerdings auch deutlich gesagt werden: Ohne die zahlreichen Friedensseminare wäre diesen politisch geleiteten Gruppen ein Teil ihrer Wirksamkeit genommen worden. Auf Seminaren und in Kirchengemeinden stellten diese meist thematisch-politisch arbeitenden Gruppen ihre Initiativen vor. Neu hingegen und für die Herausbildung der Opposition sehr wichtig war der in diesen Zusammenhängen nach osteuropäischen Vorbildern gewachsene Samisdat bzw. die Untergrundzeitschriften und die Verbreitung gezielter Informationen in den westlichen Medien, die bekanntlich auf vielen Wegen in den Osten zurückwirkten.[8] Vernetzung wurde selbst zum politischen Medium.

Sehr deutlich wird der komplexe Zusammenhang von Friedensseminaren und Netzwerkgruppen, betrachtet man die Entstehung der Gruppe „Frauen für den Frieden". Am 25. März 1982 beschloß die Volkskammer der DDR ein neues Wehrdienstgesetz, das den Militärdienst für Frauen vorsah. Briefe bzw. Eingaben an den Staatsratsvorsitzenden wurden geschrieben, zuweilen auch von Frauen gemeinsam. Das führte zugleich auch zur Bildung von kleinen Frauengruppen. Auf dem groß angelegten Friedensseminar in der und um die Berliner Erlöserkirche am 3. Juli 1983, das unter der Bezeichnung „Friedenswerkstatt" in den Augen des Staates eine Provokation darstellte, trat die Gruppe erstmals öffentlich auf. Der Verfasser erinnert sich daran, mit welch eindringlicher Überzeugungskraft Bärbel Bohley für eine Gruppeneingabe an Honecker warb, in der Hoffnung, das neue Wehrdienstgesetz werde zurückgenommen (Anhang, Nr. 2). Viele ließen sich ansprechen und unterschrieben, andere nahmen Materialien mit und suchten in ihrem Umfeld verbündete Frauen. Im Vorfeld der „Friedenswerkstatt" waren schon 150 Unterschriften gesammelt worden.[9] Auch diesmal war der Staatssicherheitsdienst dabei:

> „Bei der am 3. 7. 1983 in der Erlöserkirche stattgefundenen Friedenswerkstatt trat die ‚Initiative Frauen für den Frieden' massiv in Erscheinung. Wesentliche Aktivitäten dabei waren die Beteiligung von Bohley, Bärbel, am Podiumsgespräch, bei dem es erneut zur Darstellung der Ziele der ‚Fraueninitiative' kam. Weiterhin wurde ein Ausstellungsstand betrieben. Es wurde damit die Absicht verfolgt, eine ablehnende Haltung gegen das Wehrdienstgesetz und die Friedenspolitik der DDR zu dokumentieren. Weitere Zielstellung bestand in der direkten Anleitung zum Handeln, indem durch eine Vielzahl ausgelegter Publikationen [...] Aktivitäten und geplante Handlungen der ‚Fraueninitiative' dargestellt und zur Mitarbeit aufgerufen wurde. Mit der Maßgabe, weitere Personen – vornehmlich weibliche – in die Arbeit einzubeziehen, erging die Aufforderung, bei Interesse an einer Mitarbeit seine Anschrift in einen dafür vorgesehenen Briefkasten einzuwerfen. Wie bekannt wurde, haben 91 weibliche Personen auf diesem Wege ihr Interesse an einer Mitarbeit bekundet [...]" (aus OV „Bohle", Band 1, S. 35/36)[10].

Weitere Frauen kamen also hinzu, so daß ein Netz von Frauengruppen entstand. Aus Halle, Magdeburg, Leipzig, Greifswald, Dresden, Jena und anderen Städten konnte man nun von Frauengruppen hören, die untereinander Verbindung hielten und sich gemeinsame Aktionen vornahmen.

Weitere wichtige Netzwerkgruppen sollen genannt werden: Die „Initiative Frieden und Menschenrechte", in ihrer gut mit den „Frauen für den Frieden" zu vergleichenden Entstehung[11], entwickelte sich schnell zu einer Netzwerkgruppe mit regionaler Gliederung. Außerdem sind für den kirchlichen Bereich der Arbeitskreis „Solidarische Kirche" und die „Kirche von unten" zu nennen. Das überschüssige und nicht abgeforderte Potential an Veränderungswillen im politischen Bereich wurde auch auf die Kirche gelenkt. Das hatte zwei Gründe: Einerseits ging es den Mitgliedern um Reform und Öffnung kirchlicher Entscheidungszusammenhänge unter Berufung auf das synodale Prinzip in der evangelischen Tradition, andererseits sollte auf kirchliche Entscheidungsträger Druck ausgeübt werden, damit sich Kirchenpolitik durchschaubar und nicht geheimdiplomatisch gestaltete und sich unmißverständlich positiv zu den Gruppen in und außerhalb der Kirche stellte. Gerade die „Solidarische Kirche" mit ihren Regionalgruppen in allen ostdeutschen Landeskirchen vermittelte so Akzeptanz für die Basisgruppenbewegung unter kirchlichen Amtsträgern und Gemeindegliedern. Ähnlich den Friedensseminaren war hier der rückwirkende Bezug der Vernetzung wichtig, der mit dem Wort „Solidarität" schon programmatisch angekündigt wurde.

Die Vernetzung unter Gruppen und einzelnen Aktivisten nahm ein solches Maß an, daß es seit 1985 zu einem Selbstlauf von Aktivitäten kam. Solche ideengestützten Vernetzungen, die nicht primär an eine feste Gruppe gebunden waren, sondern eben eher auf der Basis persönlicher Kontakte stattfanden, hatten häufig deutsch-deutschen oder internationalen Charakter, insbesondere nach Osteuropa hin.[12] Das „Grüne Netzwerk Arche", welches im wesentlichen aus der von Carlo Jordan herausgegebenen Zeitschrift „Arche Nova – Forum für ökologische Gestaltung in Umwelt und Gesellschaft" bestand und in der Berliner Umweltbibliothek in den Kellerräumen des Gemeindehauses der Zionskirche hergestellt wurde, nahm auch internationale Nachrichten aus der Umweltschutzbewegung und Katastrophenmeldungen aus Osteuropa auf.[13] Ein anderes Beispiel für die zahlreichen ideengestützten Vernetzungen ist mit der „Initiative für Blockfreiheit in Europa" gegeben, die anläßlich des 40. Jahrestages des Kriegsendes von jeweils 40 ost- und westdeutschen Erstunterzeichnern getragen wurde. Eine kleine Gruppe von Ost- und Westdeutschen verfaßte diese Initiative, die sich an den Kongreß der Vereinigten Staaten und an den Obersten Sowjet in Moskau richtete: Dr. Martin Böttger, Gerd Poppe, Torsten D. Schramm. Interessant ist, daß nicht allein die inzwischen auch in Ostdeutschland durch den Intellektuellen und Naumburger Studentenpfarrer Dr. Edelbert Richter theoretisch begründete Idee von der Blockfreiheit akzeptiert, sondern auch die individuellen Menschenrechte und ihre Wahrnehmung zum Maßstab der Friedenspolitik erklärt wurden.[14] Fast gleichlautend schließen die Briefe:

> „Freiheit und Würde der Bürger sind der Schlüssel zu Freiheit und Selbstbestimmung der Völker. Deshalb sind neue Wege zu einer Friedenslösung für Europa nur unter Beteiligung der basisdemokratischen Friedens-, Ökologie- und Emanzipationsbewegungen in Ost und West möglich. Die eigenständigen blockübergreifenden Aktionen dieser Bewegungen gehen mit der vollen Durchsetzung der politischen Rechte für alle Bürger einher."[15]

Die auf Ideen gestützten Vernetzungsversuche einzelner hatten oft auch das Wohlergehen der Menschen in einem durchaus persönlichen Sinn im Auge und nicht allein die allgemeine Bedrohung und einen abstrahierten Friedensbegriff. Ja, man kann sagen, die Vernetzungsbemühungen insgesamt haben die Notwendigkeit einer Entsprechung von Friedens- und Menschenrechtspolitik bewußt gemacht und somit erheblich zur Politisierung der Gruppen und Netzwerke beigetragen. Diese Intention stand auch hinter dem Gedanken, eine „Freundschaftsgesellschaft DDR-BRD" zu bilden. Solche Überlegungen gab es in west- und ostdeutschen Kreisen der Friedensbewegung und der SPD. Der bewußte Anklang an die vielen staatsgelenkten Freundschaftsgesellschaften in der DDR hat dann doch zur Rücknahme des Vorschlages geführt. Aber auch auf diesem Wege sollte *„ein Netz grenzüberschreitender Kontakte gefördert und bewahrt werden"* (Anhang, Nr. 3).

4. Die Berliner Umweltbibliothek und das Anwachsen einer zersplitterten Systemopposition

Gab es in der ersten Hälfte der 80er Jahre bei den Vertretern der sozialethischen und politischen Gruppen nur Hausbibliotheken, so änderte sich das in der zweiten Hälfte. Neben den Friedens- und Umweltbibliotheken in Dresden, Zwickau und anderen Städten zog besonders die schon erwähnte Berliner Umweltbibliothek viele interessierte junge Leute an. Solche unter kirchlichem Druck entstehende Bibliotheken stellten einen weiteren Versuch der Vernetzung dar. Publikationen aus dem Samisdat, westliche und sonst unzugängliche Literatur, dazu ein weitreichendes Veranstaltungs- und Diskussionsprogramm hoben vor allem das inhaltliche Niveau in der „Gruppenszene", wie Außenstehende gelegentlich titelten. Die Vernetzungen gewannen solche Vielgestaltigkeit, daß weder Gruppen noch Kirchen noch der Staat und sein Geheimdienst vollständigen Überblick behalten konnten. Unter dem Vorwand, die Untergrunddruckerei der Zeitschrift „Grenzfall", die von der „Initiative Frieden und Menschenrechte" herausgegeben wurde, auszuheben, durchsuchte die Staatssicherheit die Räume der Umweltbibliothek im Pfarrhaus der Zions-Kirchengemeinde. Sieben Mitarbeiter wurden verhaftet, im Laufe der nächsten Tage auch Mitglieder aus anderen Gruppen. Dieser Vorgang in der Nacht vom 24. zum 25. November 1987 stellt das Ende einer kontinuierlichen Entwicklung fortschreitender Vernetzung dar und steht in der nun folgenden Solidarisierungskampagne zugleich für ihren Höhepunkt. Mahnwachen, Solidaritätserklärungen, Friedensgebete, Kontakttelefone, internationale und diplomatische Kontakte, laufende Unterrichtung westlicher Medien stellten die Elemente dieser Kampagne dar. Es blühte ein riesiges Netzwerk der Solidarität auf, beginnend mit einer „Öffentlichen Erklärung" vom 25. November, mit der sich einige sonst konkurrierende Berliner Gruppen einträchtig versammelten (Anhang, Nr. 4). Auch die Evangelische Kirche von Berlin-Brandenburg sah nun ihre Rechtshoheit im eigenen Bereich verletzt und erklärte in einem Kanzelwort ganz im Sinne der Gruppen:

> „Die Kirchenleitung hat in Gesprächen mit staatlichen Stellen ihrer Betroffenheit über das Vorgefallene Ausdruck verliehen. Sie erwartet volle Aufklärung aller Umstände und hat sich für die unverzügliche Freilassung aller Inhaftierten eingesetzt. Staatlicherseits ist demgegenüber erklärt worden, daß eine Freilassung der noch Inhaftierten Wolfgang Rüddenklau und Bert Schlegel wegen Verdunklungsgefahr zum gegenwärtigen Zeitpunkt nicht möglich sei. Der Bischof hat darum gebeten, daß er möglichst bald die Inhaftierten besuchen kann. Der Staatsanwalt hat wohlwollende Prüfung dieses Wunsches zugesagt.
> Die Evangelische Kirche in Berlin-Brandenburg ermutigt ihre Gemeinden und deren Gruppen, ihre in der Friedensdekade verstärkt aufgenommenen Aktivitäten für Gerechtigkeit, Frieden und Bewahrung der Schöpfung unbeirrt und geduldig fortzusetzen. Die Kirchenleitung geht davon aus, daß die Tätigkeit der evangelischen Gemeinden und ihrer Gruppen nicht beeinträchtigt werden darf."[16]

Und nun das Erstaunliche: die Vernetzung als friedlich wachsende Gegenmacht konnte nicht mehr allein als ausreichende und interessante Methode dienen. Es brauchte nun eine politische Antwort auf die offenkundige Systemschwäche der DDR. Aber wer wollte den Weg zu einer inhaltlich und personell ausgewiesenen Systemopposition gehen?

Mit dem Erfolg der Solidaritätskampagne gingen auch Kompromisse einher. So wurde die Zeitschrift „Umweltblätter“ eine Zeitlang im Berliner Konsistorium der Evangelischen Kirche gedruckt. Alle machten weiter, aber Resignation, Verhaftung, Ausbürgerung oder Ausreise in den Westen und eine praktisch nicht mehr stattfindende Kommunikation zwischen Staat und Kirche kennzeichneten das Jahr 1988. Diese zwar aktive, aber eben doch resignative Phase wurde nicht genutzt, um nach den Jahren des Projekts Vernetzung wirklich grundlegend neu zu denken. Jede Gruppe arbeitete weiter, setzte fort, was angefangen war – ein buntes Spektrum. Ich sehe in diesem Mangel eine späte Folge des geistigen Ausblutens, das in den 40er und 50er Jahren dieses Jahrhunderts mit der großen Fluchtbewegung nach Westen und dem Mauerbau 1961 die bekanntesten geschichtlichen Fakten hinterließ. Ehrhart Neubert hat m. E. als erster die Ersatzfunktion der „sozialisierenden Gruppen“ an der Stelle einer freien und von einer kritischen Intelligenz begleiteten Gesellschaft erkannt (Anhang, Nr. 5). Bereits 1985 spricht er davon, daß die Ablehnung der *„offiziellen Sozialisationsinstanzen“* Ausgangspunkt für die Entstehung der Gruppen sei. Die Vernetzungsbestrebungen konnten wohl ein Ersatz, eine zweite Öffentlichkeit gewissermaßen sein. Allerdings konnte man sich auch in diesem Netz verfangen, ja allzu lange daran festhalten. Es ist m. E. diese Dominanz des Gruppendenkens, welche schließlich 1989 auch zur Gründung mehrerer oppositioneller Bürgerbewegungen und Parteien führte. Es mangelte am Blick für‘s Ganze, an tiefgründiger Auseinandersetzung mit den geistigen Traditionen und mit der deutschen Teilung sowie am Einigungswillen der handelnden Personen. Der DDR-Staat hat seine verbliebenen Bürger derart kontrolliert und atomisiert, daß es geistiger Quellen von außen bedurfte, um auf freie Weise eine andere Politik zu formulieren. Genau hier ist die Grenze bzw. Verengung im Projekt Vernetzung zu finden, denn der beständige Rückbezug auf die eigene Gruppe und der ausgeprägte Wunsch nach Konsens kann solche Quellen schwer erschließen. So betrachtet waren die Vernetzungen, die selbst zunehmend zum politischen Inhalt wurden, Äußerungen individuellen Freiheitswillens, der allerdings nicht auf’s Ganze und nicht an die Wurzel des Übels ging. Hier trafen sich Bevölkerung auf der einen sowie Gruppen und Bürgerrechtler auf der anderen Seite – und unterschieden sich von jenen, die auf dem Weg der Ausreise mit der DDR brachen.

Um die Jahreswende 1988/89 begann in verschiedenen Gruppen das Nachdenken über die Gründung oppositioneller politischer Vereinigungen. Gruppenvertreter, die im „Fortsetzungsausschuß Frieden konkret“ Sprecherfunktion innehatten, arbeiteten in diese Richtung. Die erste Initiative stammt maßgeblich von Markus Meckel und hat die Gründung einer sozialdemokratischen Partei zum Ziel. Der Aufruf vom 24.7.1989, lediglich eine Initiativgruppe zu bilden, weckt den Eindruck von Offenheit, die Festlegung auf eine Partei und diese mit sozialdemokratischem Charakter wurde von vielen aber als Verengung empfunden. Die erstrangige Aufgabe wird folgendermaßen formuliert:

> „Die Erarbeitung einer politischen Alternative für unser Land, die an politische Traditionen anknüpft, die an Demokratie und sozialer Gerechtigkeit orientiert sind.
> Zu diesen Traditionen gehört an wichtiger Stelle die des Sozialismus. Dieser ist durch die Geschichte der letzten Jahrzehnte weitgehend diskreditiert worden. Angesichts der heutigen Situation im sozialistischen Lager ist es einfach nicht mehr angebbar, welche ökonomischen und politischen Strukturen der Vision des Sozialismus entsprechen können.

Um hier nach neuen Wegen zu suchen, bedarf es der schonungslos kritischen Bestandsaufnahme der geistigen, politischen, wirtschaftlichen und ökologischen Situation unseres Landes."[17]

„*Eine politische Alternative für unser Land*" zu erarbeiten, hätte der Koordinierung oppositioneller Ideen und Kräfte bedurft. Durchgesetzt hat sich eine gruppenfixierte oppositionelle Strategie, die allerdings dem Ministerium für Staatssicherheit das Eingreifen erschwerte. Der Sozialdemokrat Edelbert Richter hat in einem nüchternen Resümee zu seiner aktiven Rolle in der Bürgerbewegung und späteren Partei „Demokratischer Aufbruch – sozial und ökologisch" einige interessante Feststellungen gegeben, die den Schluß zulassen, daß wohl den meisten Vertretern der demokratischen Bewegung nicht bewußt war: Jetzt geht es um die Macht und nicht um die Vernetzung! „*Warum es denn so viele verschiedene Gruppierungen gäbe, da es doch im Grunde um* eine *Sache ginge*", wurde Richter auf großen Veranstaltungen immer wieder gefragt (Anhang, Nr. 6).[18] Die Zielrichtung des operativen politischen Denkens blieb also bis in den Herbst 1989 hinein an der Vorstellung hängen, Netzwerke, Foren und Bürgergruppen zu bilden, obwohl schon von landesweiten politischen Vereinigungen und Parteien gesprochen wurde. Niemand sollte aber im nachhinein den Stab brechen, denn die unter den Sozialisationsbedingungen der DDR entstandenen Gruppen und Vernetzungen bildeten eine Ansprech- und Absprachestruktur für die Friedensgebete und Demonstrationen, aber auch für die Entstehung der Bürgerbewegungen in den Monaten September bis November 1989. So waren es wieder Gründungsinitiativen bzw. Gruppen, und diesmal organisierten sie – von den Netzwerkerfahrungen geprägt – die Demokratiebewegung.

Anmerkungen:

1 Aus der Gauck-Behörde liegen mir diesbezüglich folgende Unterlagen vor: Schreiben des Ministers an die Leiter der Diensteinheiten, Vertrauliche Verschlußakte 008 MfS-Nr. 39/89, Blatt 1–3. Außerdem: Information über die Herstellung und Verbreitung nicht genehmigter Druck- und Vervielfältigungserzeugnisse antisozialistischen Inhalts und Charakters durch Personen, die personellen Zusammenschlüssen angehören, Nr. 168/89 12 Blatt und 4 Blatt Anlage. Dazu: Information über beachtenswerte Aspekte des aktuellen Wirksamwerdens innerer feindlicher, oppositioneller und anderer negativer Kräfte in personellen Zusammenschlüssen. Nr. 150/89 18 Blatt und 26 Blatt Anlage. Außerdem: Auskünfte zu Personenzusammenschlüssen, ohne Registrierung, S. 1–307.

2 Vgl. Information über feindliche Zusammenschlüsse(s.o. Anm.1), S. 3–5.

3 Vgl. *Uwe-Peter Heiligsfeld*, Der Bund der Evangelischen Kirchen in der DDR. Aspekte der Entstehung und des Wirkens aus westlicher Sicht. epd-Dokumentation 21/1992. Berlin 1992.

4 Vgl. *Georg Meusel*, Königswalde und die Arbeit christlicher Friedensseminare, in: *Stephan Bickhardt, Gerd Poppe u. a.* (Hrsgg.), Spuren. Zur Geschichte der Friedensbewegung in der DDR. Berlin 1988 (radix-Druckerei).

5 Vgl. *Meusel,* a. a. O., S. 65f.

6 Vgl. *Markus Meckel,* Brief an Bernd Albani, Mitglied des Fortsetzungsausschusses, zur zukünftigen Gestaltung von Frieden konkret, 12.3.1988, in: *Markus Meckel, Martin Gutzeit,* Opposition in der DDR. 10 Jahre kirchliche Friedensarbeit – kommentierte Quellentexte. Köln 1994.

7 Vgl. a. a. O., S. 241–243.

8 Vgl. den einschlägigen Beitrag von Hubertus Knabe in diesem Band.

9 Vgl. *Irena Kukutz,* Die Bewegung „Frauen für den Frieden“ als Teil der unabhängigen Friedensbewegung der DDR, in: Materialien der Enquete-Kommission „Aufarbeitung von Geschichte und Folgen der SED-Diktatur in Deutschland“, hrsg. vom Deutschen Bundestag, Band VII/2, Baden-Baden 1995, S. 1297–1304.

10 Vgl. a. a. O., S. 1304.

11 Vgl. den Beitrag von Wolfgang Templin und Reinhard Weißhuhn in diesem Band.

12 Vgl. den Beitrag von Gerd Poppe in diesem Band.

13 Vgl. „Arche Nova“ 1 + 2. Berlin 1986.

14 Vgl. *Edelbert Richter,* Zu den inneren Ursachen der Blockkonfrontation in Europa. Naumburg 1985 (Typoskript).

15 Vgl. Initiative für Blockfreiheit in Europa, Informationsblatt Berlin 1985. Es wird aus dem ostdeutschen Brief an den Kongreß der Vereinigten Staaten zitiert.

16 Dokumente Zion. Sonderausgabe der Mitweltblätter, S. 30f. Berlin 1987 (Vervielfältigung).

17 Aufruf zur Bildung einer Initiativgruppe mit dem Ziel, eine sozialdemokratische Partei in der DDR ins Leben zu rufen (24.7.1989), in diesem Band im Anhang zu dem Beitrag von Martin Gutzeit und Stefan Hilsberg.

18 Vgl. *Edelbert Richter,* Der Demokratische Aufbruch. Weimar 1990 (Typoskript), S. 5. Richters Erfahrungsbericht gehört zu den wenigen und wertvollen Quellen, die die Zersplitterung der Opposition detailliert beschreiben. Allerdings wäre die Konfliktlinie mit dem Neuen Forum und insbesondere mit Bärbel Bohley heute genauer zu analysieren. Ihre Befürchtung einer zu starken Lenkung oppositioneller Aktivitäten durch die Kirche und einzelne Amtsträger war ein wesentliches Motiv für die schnelle Gründung des Neuen Forums am 9./10. September 1989 in Grünheide.

Anhang

Nr. 1
Teilhabe statt Ausgrenzung – Wege zu einer solidarischen Lebens- und Weltgestaltung

Vernetzung auf der Grundlage der Suche nach Konsens

1.1. Durch unsere Gruppen wird moralisch legitimiert eine kritische Öffentlichkeit in der DDR hergestellt, die das Gespräch über notwendige Veränderungen in das gesellschaftliche Bewußtsein hebt.
1.2. Die Gruppen haben das Recht, so in der Öffentlichkeit aufzutreten, daß sie die gesellschaftliche Aufmerksamkeit erregen.
1.3. Die gesellschaftliche Kraft und der politische Einfluß der Gruppen reicht im Augenblick nicht aus, um kurz- oder mittelfristig gesamtgesellschaftliche Veränderungen durchzusetzen.
1.4. Trotz der Einsicht in die vorläufige Erfolglosigkeit verzichten die Gruppen nicht auf das Ziel einer anderen Kultur. Sie werden sich stärker untereinander vernetzen. Sie suchen Mittel und Wege, um ihren Widerstand und ihr Ziel unübersehbar durch zeichenhaftes Handeln an die Öffentlichkeit zu bringen. Sie lassen sich nicht verführen, gewalttätige Theorien zu entwickeln und in die Tat umzusetzen.

2.1. Die Gruppen erwarten, daß die Kirchen Räume zur Verfügung stellen, in denen Einzelne und Gruppen ohne Auflagen und trotz unterschiedlicher ideologischer und religiöser Motivation über die notwendigen gesellschaftlichen und persönlichen Veränderungen miteinander sprechen. Sie erwarten, daß die Kirchen Öffentlichkeitsräume bereitstellen, in denen die Gruppen wirksam werden können.
2.2. Die Gruppen wünschen in kritischen Situationen, die zu staatlichen Eingriffen führen, von den Kirchen nicht zuerst geheimdiplomatische Bemühungen und Teilnahme der kirchlichen Mandatsträger am Spiel der Mächtigen. Es sollte immer deutlich bleiben, daß sie sich dem Ideengut einer menschenwürdigeren Kultur und ihren Vertretern vorrangig solidarisch verpflichtet fühlen.
2.3. Die Gruppen respektieren, daß die gesamtkirchliche Arbeit wichtige Aspekte hat, die nicht im Blickfeld der Gruppen liegen.

3.1. In der DDR-Gesellschaft setzen sich die Gruppen dafür ein, daß die krisenhafte Situation der modernen Industriegesellschaften von allen Verantwortungsträgern öffentlich durchschaubar diskutiert wird.
3.2. Die Gruppen fordern die pluralistische, demokratische und dezentralisierte Organisation des wirtschaftlichen und gesellschaftlichen Lebens in der DDR.
3.3. Die Gruppen fordern den Ausstieg aus Technologien, die irreparable Umweltzerstörungen heraufbeschwören. Sie sind bereit, bei der Bevölkerung um Verständnis zu werben,

daß die entstehenden Kosten alternativer Entwicklungen von allen getragen werden müssen.

3.4. Die Gruppen bemühen sich um den Abbau der konsumorientierten Ziele der sozialistischen Gesellschaft. Sie sind bereit, die Kosten eines gesellschaftlichen Umbaus mitzutragen.

4.1. Die Gruppen bejahen jede politische Initiative, die zur allgemeinen Abrüstung führt. Sie unterstützen die Versuche, atomwaffenfreie Zonen in Europa zu schaffen.

4.2. Die Gruppen setzen sich für eine Veränderung der Weltwirtschaftsordnung ein, damit die armen Völker eine Chance erhalten, ihr wirtschaftliches und gesellschaftliches Leben unter menschenwürdigen Voraussetzungen zu gestalten. Sie beteiligen sich nach Maßgabe ihrer Möglichkeiten an Initiativen, die diesem Ziele dienen.

4.3. Die Gruppen gehen davon aus, daß dic Zukunft der Welt davon abhängt, nationale und internationale Krisen nicht durch militärische Gewalt und Interventionen, sondern durch politische Bemühungen zu lösen. Sie werden solche Bemühungen öffentlich unterstützen.

4.4. Die Gruppen bemühen sich in der DDR um eine Entmilitarisierung des öffentlichen Lebens, um die Entideologisierung der Bildung und um die Entbürokratisierung des Umganges mit den Bürgern.

5. Um diese Ziele zu erreichen, Forderungen durchzusetzen, mit Enttäuschungen und massivem Druck von unterschiedlichen Seiten leben zu können, brauchen die Gruppenmitglieder Trainingsfelder

   1. zur Einübung der alternativen Lebensform,
   2. zur Vergewisserung der eigenen religiösen oder ideologischen Motivation,
   3. zur Verarbeitung der eigenen Ohnmachtserfahrungen angesichts staatlichen Zwanges oder angesichts der sehr komplexen und komplizierten Problemlage,
   4. zur Fähigkeit des Einzelnen trotz kontroverser Überzeugungen im kooperativen Gespräch zu bleiben.

Die Gruppen stellen diese Trainingsfelder zur Verfügung und verschaffen sich Sachkenntnis, um solche Prozesse helfend zu begleiten.

Quelle: Basiserklärung von Hans-Jochen Tschiche zum Basisgruppentreffen „Frieden konkret", Cottbus 1988 (Vervielfältigung).

Nr. 2

Kein Wehrdienst für Frauen

Die Gründungsinitiative für den Widerstand der Frauen gegen die Militarisierung

Unserer Meinung nach handelt es sich um ein grundlegendes Gesetz aufgrund seiner Thematik und nicht zuletzt deshalb, weil die Hälfte der Bevölkerung der DDR unmittelbar betroffen ist. (Stat. Taschenbuch der DDR 1981)

– Wir Frauen erklären uns nicht dazu bereit, in die allgemeine Wehrpflicht einbezogen zu werden, und fordern eine gesetzlich verankerte Möglichkeit der Verweigerung. Das Recht der Verweigerung ist notwendig, weil sich durch Erlaß dieses Gesetzes, das den Frauen die Pflicht zu einem allgemeinen Wehrdienst auferlegt, eine Einschränkung unserer Gewissensfreiheit ergibt.

Da zu diesem Gesetz keine öffentlichen Diskussionen möglich waren, haben einige von uns diese auf dem Wege der Eingabe erbeten, andere hofften, sich an den daraus ergebenden Gesprächen beteiligen zu können. Leider sind diese Erwartungen enttäuscht worden, denn es fand sich niemand bereit, ein Gespräch über die uns so dringend beschäftigten Fragen zu beginnen.

Quelle: Eingabe an den Staatsratsvorsitzenden gegen das Wehrdienstgesetz vom 25. 3. 1982, Berlin 1983 (Vervielfältigung).

Nr. 3

Freie Verbindung von Gruppierungen zwischen Deutschland Ost und West

Ein ostdeutscher Entwurf für eine Freundschaftsgesellschaft

Mit der Einsicht, daß der Frieden zwischen den aufgerüsteten Industriegesellschaften in Ost und West auch durch ein Netz grenzüberschreitender Kontakte gefördert und bewahrt werden kann, meinen wir konkret:

1. Wir bitten die Adressaten, in der DDR eine Institution zu gründen, die die Kontakte zwischen Einzelnen und gesellschaftlichen Gruppierungen aus beiden deutschen Staaten vervielfachen hilft. Die Bürger unseres Landes sollten sich direkt an diese Einrichtung wenden können, um sich z.B. über Studienplätze in der BRD zu informieren.
2. Wir schlagen die Einrichtung einer Freundschaftsgesellschaft DDR – BRD vor, die durch ein Kuratorium geführt wird. Im Kuratorium sollten Vertreter wichtiger gesellschaftspolitischer Strömungen mitarbeiten:
   - alle in der Volkskammer vertretenen Parteien und Organisationen, besonders solche, die unterschiedliche politische Positionen und gesellschaftliche Interessen vertreten
   - die Kirchen, besonders diejenigen beider großen Konfessionen
   - die kirchlichen und unabhängigen Basisgruppen für Frieden, Menschen- und Frauenrechte, für Umweltschutz und Solidarität mit der 2/3-Welt

   Folgende Zusammensetzung des Kuratoriums halten wir für sinnvoll:

   - Fraktionen der Volkskammer: 6 Vertreter
   - Kirchen: 3 Vertreter
   - Fortsetzungsausschuß „Frieden konkret“: 3 Vertreter
3. Unseres Erachtens sollten die Grundsätze der Freundschaftsgesellschaft öffentlich diskutiert werden. Folgende Überlegungen möchten wir hierzu einbringen:

- Die Freundschaftsgesellschaft anerkennt die Rechtshoheit beider deutschen Staaten. Sie geht davon aus, daß Frieden und Verständigung auf dem Weg der Wahrnehmung der Rechte des Einzelnen und der freien Verbindung gesellschaftlicher Gruppierungen vorangebracht werden können.
- Die Freundschaftsgesellschaft fördert und vermittelt Austauschprogramme, besonders im Bereich von Bildung und Ausbildung, von Kultur und Kunst sowie im Bereich der Wissenschaft. Diese Programme sollten von den interessierten Personen, Gruppen und Institutionen selbst angestrebt und getragen werden.
- Die Freundschaftsgesellschaft unterstützt partnerschaftliche Projektarbeit zwischen Einzelnen, Gruppen, Kirchen, gesellschaftlichen Organisationen, aber auch zwischen Städten, die nach originellen und eigenständigen Wegen zur Förderung und Bewahrung von Frieden, Gerechtigkeit und Umwelt suchen.

4. Wir bitten die Adressaten, das Anliegen einer Freundschaftsgesellschaft parallelen bzw. vergleichbaren Organisationen in der BRD anzutragen. Letztlich hat diese Unterneh-

mung nur Sinn, wenn auch im anderen deutschen Staat eine ähnliche Gesellschaft gegründet wird.

Quelle: Stephan Bickhardt/Rainer Eppelmann, Entwurf: Für eine Freundschaftsgesellschaft DDR – BRD, Berlin 1987 (Typoskript).

Nr. 4

Die Berliner Umweltbibliothek und eine einzigartige Solidaritätsbewegung

Erste öffentliche Erklärung Berliner Gruppen

In der Zionskirche begann am 5. September diesen Jahres die erste unabhängige Demonstration von Basisgruppen, anläßlich des Olof-Palme-Friedensmarsches. Diese anscheinend hoffnungsvolle Entwicklung, die der DDR auch international gut zu Gesicht stand, wurde durch die jüngsten Vorgänge in Frage gestellt. Während sich gestern in Genf die Außenminister der UdSSR und der USA auf ein wichtiges Abrüstungsabkommen einigten, bereiteten in der DDR die Vertreter des harten Kurses nach altem Muster einen Angriff auf die Friedensbewegung vor. Dies war der vorläufige Höhepunkt eines zunehmenden Druckes auf politisch Engagierte nach dem Honeckerbesuch in der BRD.

Wir fordern:
1. die unverzügliche Freilassung der Festgenommenen
2. die Offenlegung der Verdachtsgründe
3. die sofortige vollständige Wiederherstellung der Arbeitsfähigkeit der Umweltbibliothek
4. die Einstellung jeglicher Repressionen gegen politisch Engagierte.

Berlin, den 25. November 1987

Umweltbibliothek
Kirche von Unten
Initiative Frieden und Menschenrechte
Friedenskreis Friedrichsfelde
Frauen für den Frieden
Gegenstimmen
Glieder der Zionsgemeinde

Quelle: Dokumenta Zion. Sonderausgabe der Umweltblätter, S. 14f., Berlin 1987 (Vervielfältigung).

Nr. 5

Das Bedürfnis nach Kommunikation und die zwingenden Sozialisierungsprozesse

Eine erste Studie zu den Gründen der Entstehung von Gruppen

In ihrem Erscheinungsbild sind es kritische Gruppen. Ihre Kritik ist die Voraussetzung zur Verarbeitung von Eindrücken und Erfahrungen in der Gesellschaft, denn nur durch Negation des Vorfindlichen sind Positionen zu gewinnen. Sie sind ideologiekritisch, protestlerisch und jeder Institution unfreundlich gesinnt. Bisweilen manifestiert sich dieses durch die Übernahme bestimmter Elemente der Jugend- und Subkultur und die Demonstration der

Marginalisierung. Das allein liefert den Stoff für unzählige Mißverständnisse. Sozialisierende Gruppen suchen eine positive Zuordnung zur Kultur und ihren Werten, werden aber permanent verdächtigt, diese nur zerstören zu wollen. In einer neo-biedermeierlichen Gesellschaft muß das Konflikte heraufbeschwören. Vorurteile (und Ordnungskräfte) werden mobilisiert und das Problem fälschlich mit dem Generationskonflikt, Dekadenz oder dem Verfall von Moral und Disziplin in Verbindung gebracht.

Sozialisierende Gruppen lehnen die offiziellen Sozialisationsinstanzen ab. Die in den Gruppen stattfindende Sozialisation überwindet den totalen Anspruch der „real-existierenden" Gesellschaft, indem deren Inkompetenz aufgedeckt wird, sinngebende Instanzen zu schaffen.

Form und Inhalt von Sozialisation in diesen Gruppen korrespondieren und entwickeln sich am Kommunikationsbedürfnis und der Unabweisbarkeit des Verlangens nach Gewißheit.

Quelle: Ehrhart Neubert, Reproduktion von Religion in der DDR-Gesellschaft, Berlin 1985 (Vervielfältigung).

Nr. 6

Keine Verständigung in der Opposition

Ein Erfahrungsbericht von Dr. Edelbert Richter, Mitgründer des Demokratischen Aufbruch – sozial und ökologisch

Am 20.9. fand in Weimar in einem kirchlichen Heim der erste Informationsabend über die neuen Gruppierungen statt. Völlig überraschend für uns war der Saal total überfüllt! Ich stellte die Aufrufe von Neuem Forum, Demokratie Jetzt, SPD und Demokratischem Aufbruch brav der Reihe nach vor, unter der naiven Voraussetzung, daß sie sich ohnehin bald zusammentun würden, um die doch von *allen* angestrebte Veränderung herbeizuführen. In der Tat wurde ich auch später immer wieder gefragt, warum es denn so viele verschiedene Gruppierungen gäbe, da es doch im Grunde um *eine* Sache ginge. Ich konnte nur – mit schlechtem Gewissen – darauf verweisen, daß wir die Pluralität, die wir wollten, eben jetzt schon vorwegnähmen. – Der Andrang der Leute ermutigte uns, für die nächste Zeit eine große Gemeindeveranstaltung zum selben Thema in der Herderkirche zu planen. Am 23.9. hatte ich endlich den Programmentwurf ganz fertig. Am 24.9. fuhr ich zu einem Treffen von Vertretern der oppositionellen Gruppen in Leipzig, das der wechselseitigen Verständigung dienen sollte. Es kam aber zu *keiner* Verständigung, nach meinem Eindruck deshalb, weil die Organisationskonzepte und letztlich die Demokratiebegriffe doch zu stark voneinander abwichen: Das Neue Forum wollte bloß eine Dialogplattform bzw. basisdemokratische Bewegung sein und wehrte sich gegen alle Struktur; die SPD dagegen betonte stark ihren Parteicharakter und das Ziel der repräsentativen Demokratie; zwischen ihnen standen Demokratie Jetzt und Demokratischer Aufbruch und schienen mir damals noch am ehesten vereinbar.

Quelle: Edelbert Richter, Der Demokratische Aufbruch, S. 5, Weimar 1990 (Typoskript).

Gerd Poppe

Begründung und Entwicklung internationaler Verbindungen

1. Vorbemerkungen

Die Entwicklung der DDR-Opposition bis zum Herbst 1989 ist nur begrenzt zu verstehen, wenn sie als ein isoliertes, ein regionales Phänomen betrachtet wird, wenn die äußeren Rahmenbedingungen vernachlässigt werden. Deren Gestaltung war niemals allein die Angelegenheit der herrschenden Politiker beiderseits des Eisernen Vorhangs. Diese richteten ihre Bemühungen weniger auf das Ende der europäischen und deutschen Teilung als auf die Stabilisierung des Status quo. Sie strebten zwar „menschliche Erleichterungen" an, rechneten aber keineswegs mit der Möglichkeit revolutionärer Entwicklungen in Ost- und Mitteleuropa.

Demgegenüber richteten sich die Zielvorstellungen und Handlungen ostmitteleuropäischer Dissidenten und Oppositionsbewegungen auf die „Rückkehr nach Europa", auf die Durchsetzung der Bürger- und Menschenrechte, auf demokratische und zivile Gesellschaften. Bewegungen wie Solidarność und die Charta 77 wurden von Gruppen in der DDR immer stärker beachtet, zumal auch in der DDR die Reformierbarkeit des „realen Sozialismus" zunehmend in Frage gestellt wurde. Paradoxerweise wuchsen die ostmitteleuropäischen Einflüsse in einer Zeit, in der das SED-Regime durch seine rigide Reise- und Einreiseverbotspraxis direkte Kontakte immer häufiger verhinderte.

Neben den „Ost-Ost"-Kontakten und -Einflüssen, deren Bedeutung für die DDR-Opposition insbesondere im Zeitraum von 1984 bis 1989 beschrieben werden soll, waren es vor allem die verstärkten Westbeziehungen der DDR-Gruppen, die zu einer Erweiterung ihrer Handlungsspielräume führten. Kontakte mit ausgereisten oder ausgebürgerten politisch engagierten früheren DDR-Bürgern, Begegnungen mit westlichen Journalisten, Politikern und Vertretern von Nichtregierungsorganisationen, bis Mitte der achtziger Jahre vor allem auch von Teilen der westlichen Friedensbewegungen, haben dazu beigetragen, daß die oppositionellen Gruppen sich trotz zunehmender Überwachung und Repression durch SED und MfS nicht nur erhalten, sondern sogar stärken und DDR-weit vernetzen konnten.

Im folgenden soll ein Überblick über die Entwicklung der Außenkontakte der DDR-Opposition zwischen 1980 und 1989 gegeben werden, wobei die Gründungsphase der neuen Parteien und Bürgerbewegungen des Herbstes 1989, die eine Vielzahl neuer Kontakte hervorbrachte, nur gestreift wird. Sie bedarf einer eigenen Untersuchung. Die Formen der Zusammenarbeit sollen exemplarisch dargestellt werden. Vor allem soll untersucht werden, wie sich Einflüsse aus Ost und West auf widerständiges und oppositionelles Handeln in der DDR ausgewirkt haben. Es muß gleich eingangs auf die beträchtlichen regionalen Unterschiede hingewiesen werden. Die Berliner Gruppen waren, was die Außenkontakte betrifft, in jeder Hinsicht im Vorteil. Viele ausländische Gäste nutzten Aufenthalte in West-Berlin zu einem Abstecher in den Ostteil der Stadt, entsprechendes gilt für bundesdeutsche Politiker oder Repräsentanten der Friedensbewegung. In der DDR akkreditierte West-Journalisten waren in ihren Ost-Berliner Büros erreichbar. Außerhalb Berlins waren solche Kontakte selten. Deshalb hatten oppositionelle Gruppen in anderen Städten eine andere Wahrnehmung von der Wichtigkeit derartiger Begegnungen. Nichtsdestoweniger haben auch sie mittelbar davon profitiert.

Was den verwendeten Oppositionsbegriff betrifft, will ich darauf verzichten, mich mit den vielen durchaus bemerkenswerten Definitionsversuchen der letzten Jahre auseinanderzusetzen.[1]

Auf keinen Fall können die im demokratischen Staat üblichen Vorstellungen von parlamentarischer und außerparlamentarischer Opposition zur Klärung beitragen. Für fragwürdig halte ich wegen der in Ost und West völlig unterschiedlichen politischen Rahmenbedingungen auch die Versuche einiger Autoren, die DDR-Gruppen als eine den bundesdeutschen „neuen sozialen Bewegungen" analoge Erscheinung zu erklären.

Besonders aufschlußreich sind demgegenüber die authentischen Texte ostmitteleuropäischer Dissidenten über widerständiges und oppositionelles Verhalten in der kommunistischen Diktatur.[2] Vaclav Havel z.B. beschreibt Menschen, die sich dem *„totalen Verfügungsanspruch der Macht widersetzen"*. Damit ist der wesentliche Unterschied von oppositionellem Verhalten im totalitären Staat gegenüber der Opposition im demokratischen Staat bereits benannt.

Zum Verständnis des Oppositionsbegriffs im folgenden Text, der sich vorwiegend auf das Handeln von Gruppen in der DDR der achtziger Jahre bezieht, mag es genügen, Havels Formulierung wie folgt zu ergänzen: Opposition – in Ostmitteleuropa und auch in der DDR – bestand in dem öffentlich bekundeten, politisch begründeten und mit der Mobilisierung Gleichgesinnter verbundenen Versuch, sich der totalitären Macht zu widersetzen. Es bedarf kaum einer weiteren Begründung, daß eine solche Haltung nur mit deutlichem Abstand von den Institutionen des Staates oder der kommunistischen Partei eingenommen werden konnte.

Es ist dabei unerheblich, ob oder ab wann die Gruppen oder Einzelpersonen den Oppositionsbegriff auf sich selbst anwendeten. Ebenso unerheblich ist es, ob oder wie lange sie noch Reformen gefordert oder überhaupt an die Reformierbarkeit des Systems geglaubt haben.

2. Blockübergreifende Friedensbewegung 1980-1985

Als Reaktion auf die von der SED-Führung betriebene Militarisierung der DDR-Gesellschaft entstand Ende der siebziger, Anfang der achtziger Jahre unter dem Dach der Evangelischen Kirche eine ganze Reihe von Friedenskreisen. Ihnen gehörten viele junge Menschen an, die z.B. sozialdiakonische Jugendarbeit leisteten, den Wehrdienst verweigerten und sich für einen sozialen Friedensdienst aussprachen. Sie wurden von engagierten Pfarrern und kirchlichen Mitarbeitern unterstützt, erhielten jedoch auch Zulauf aus eher linksgerichteten oppositionellen Zirkeln, die ihre Hoffnungen zunächst auf den 1968 gescheiterten „Prager Frühling" sowie dessen Folgewirkungen in der DDR gerichtet hatten und nun vor allem auf die polnische Solidarność setzten.[3]

Gemeinsam mit den von christlichen Motiven geprägten Mitgliedern der Friedenskreise traten sie aus ihrer Anonymität heraus, führten ihre Diskussionen nicht mehr in den wirkungslos gebliebenen konspirativen Grüppchen, sondern in der Öffentlichkeit, wenigstens der Teilöffentlichkeit, die von der Evangelischen Kirche erreichbar war. Gerade in der Zusammenführung der verschiedenen Traditionen und Wurzeln und in der für die DDR neuen Form der Auseinandersetzung liegt die besondere Bedeutung der vor allem mit dem Symbol „Schwerter zu Pflugscharen" identifizierten „unabhängigen Friedensbewegung".[4] Durch ihre öffentlichen Aktionen und Erklärungen wurden die neuen Gruppen – vor allem auch durch die Berichterstattung der westlichen Medien – nicht nur in der DDR bekannt, was zur Bildung weiterer Friedensgruppen (später auch Dritte-Welt-, Umwelt- und Frauengruppen) führte, sondern auch in der Bundesrepublik.

Zu diesem Zeitpunkt ließen sich bei aller Unterschiedlichkeit der Entstehungsgeschichte und Handlungsmöglichkeiten viele Parallelen zwischen den Friedensbewegungen der Bundesrepublik und der DDR feststellen.[5] Gemeinsames Hauptthema seit dem Nachrüstungsbeschluß der NATO im Dezember 1979 war bis Ende 1983 die beiderseits der Systemgrenze drohende Aufstellung von Atomraketen. Der Einfluß der großen westdeutschen Friedensbewegung auf die neuen Gruppen in der DDR war erheblich, sowohl was die Übernahme von Argumenten wie auch von Aktionsformen betraf. Ein grenzüberschreitender Dialog kam in einem von unabhängigen DDR-Gruppen bisher nicht erlebten Umfang in Gang. Dabei sind allerdings neben den systembedingten Verschiedenheiten (z.B. Demonstrationen von Hunderttausenden und offene Debatte im Parlament einerseits, Aktionen und Erklärungen von kleinen, durch das MfS als Staatsfeinde verfolgten Gruppen andererseits) weitere signifikante Unterschiede zu beachten. Der überwiegende Teil der westdeutschen Friedensbewegung hatte nur das eine Thema der Raketenstationierung. Nachdem diese vollzogen war, wurde die Bewegung schnell marginal. Die Friedensgruppen in der DDR lehnten die Stationierung gleichfalls ab, forderten aber zugleich die Beendigung der von der SED-Führung betriebenen alltäglichen Militarisierung der ostdeutschen Gesellschaft sowie die Aufnahme des von der SED verweigerten offenen Dialogs und damit das Recht auf freie Meinungsäußerung. Die Aktionen der unabhängigen Gruppen richteten sich gegen die Aufrüstung beider Blöcke, gegen die Blocklogik, die die europäische Teilung verfestigte, insgesamt. Demgegenüber beschränkte sich ein großer Teil der westdeutschen Friedensbewegung auf die Kritik an der NATO und war alles andere als immun gegenüber den Instrumentalisierungsversuchen der SED und ihrer bundesdeutschen Helfer. Ein anderer, kleinerer Teil der westlichen Friedensbewegung – fast ausschließlich auf diesen beschränkten sich die Außenkontakte der DDR-Gruppen – agierte im Sinne des „Aufrufs für ein atomwaffenfreies Europa" der Bertrand Russell Peace Foundation aus dem Jahre 1980. Darin hieß es, daß das Recht aller Bürger in Ost und West, einer gemeinsamen Bewegung anzugehören und den freien Meinungsaustausch zu führen, verteidigt und ausgeweitet werden müsse.

> „Wir müssen lernen, nicht gegenüber dem ‚Osten' oder dem ‚Westen', sondern untereinander loyal zu sein, und wir müssen uns über die von den Nationalstaaten verhängten Verbote und Beschränkungen hinwegsetzen."

An anderer Stelle des Aufrufes heißt es:

> „Wir müssen uns allen Versuchen von Politikern aus Ost und West widersetzen, diese Bewegung zu ihrem eigenen Vorteil zu manipulieren. Wir wollen weder der NATO noch dem Warschauer Pakt Vorteile verschaffen. Vielmehr muß es unser Ziel sein, Europa aus der Konfrontation zu lösen, Entspannung zwischen den Vereinigten Staaten und der Sowjetunion durchzusetzen und schließlich die großen Machtblöcke aufzulösen."[6]

Ganz im Sinne der blockübergreifenden Bewegung entstanden 1981/82 zwei Texte in der DDR, die auch in der Bundesrepublik und in Westeuropa für Aufsehen sorgten: Robert Havemanns Brief an Breshnew vom Oktober 1981 und der von Havemann gemeinsam mit Rainer Eppelmann im Januar 1982 verfaßte „Berliner Appell".[7] Beide Texte waren nicht unumstritten, wurden auch im Westen kontrovers diskutiert, woraus weitere Anstöße für den Ost-West-Dialog entstanden. Da Unterschriftensammlungen, sofern sie nicht von der SED angeordneten Kampagnen dienten, als „staatsfeindliche" Aktionen galten, ist die große Zahl von Unterzeichnern bemerkenswert, vor allem auch die Tatsache, daß Ost- und Westdeutsche den Brief an Breshnew gemeinsam unterschrieben.

In der Folgezeit haben zwei DDR-Gruppen zur Belebung des blockübergreifenden Dialogs besonders beigetragen, die „Friedensgemeinschaft Jena"[8] und die Berliner „Frauen für den Frieden".[9] Beide entstanden 1982 außerhalb der Kirche und erklärten ausdrücklich ihre Unabhängigkeit von kirchlichen Institutionen, ohne auf die Zusammenarbeit mit christlichen Friedenskreisen zu verzichten. Die „Frauen für den Frieden" lieferten zahlreiche Beweise für die Möglichkeit des Zusammengehens unterschiedlich motivierter Gruppen und Einzelpersonen und der Zusammenarbeit über die Landesgrenzen hinaus. Ihre öffentlichen Erklärungen und phantasievollen Aktionen erweckten das Interesse der bundesdeutschen Medien sowie der Teile der westlichen Friedensbewegung, die im Sinne des Russell-Aufrufes handelten. In Ost-Berlin kam es zu vielen Begegnungen der Gleichgesinnten aus Ost und West (nicht nur aus der Bundesrepublik, sondern auch aus vielen westeuropäischen Staaten und den USA). Für die DDR-Gruppen war die damit verbundene Horizonterweiterung ebenso wichtig wie der gegenseitige Austausch von Meinungen und Diskussionspapieren sowie die konkrete Verabredung gemeinsamer oder zeitlich paralleler Aktivitäten. Die Zusammenarbeit erreichte im Jahre 1983 einen Höhepunkt.[10] Die meisten wichtigen Aktionen (in Ost-Berlin z.B. „Fasten für den Frieden" im August 1983, der Versuch, am 1. September eine Menschenkette zu bilden, das Erscheinen der „Friedensfrauen" am 17. Oktober in Trauerkleidung auf dem Alexanderplatz) nahmen Bezug auf vergleichbare Initiativen in der Bundesrepublik und in Westeuropa. Auf westlicher Seite engagierten sich neben einzelnen Gruppen der Friedensbewegung besonders die Organisatoren und Teilnehmer der END-Konferenzen[11] und Mitglieder der Grünen.[12]

Die END-Konferenzen (European Nuclear Disarmament) wurden jährlich vom blockübergreifenden Teil der westlichen Friedensbewegung, insbesondere von der gleichnamigen britischen Organisation ausgerichtet. Die jeweils 30-50 eingeladenen Mitglieder der unabhängigen DDR-Friedensbewegung erhielten nie Ausreisegenehmigungen. Dennoch waren die Konferenzen – vor allem in den Jahren 1983 bis 1985 (Berlin, Perugia, Amsterdam) – für die DDR-Gruppen wichtig, boten sie doch die Gelegenheit, sich mit eigenen Vorschlägen an der Vorbereitung und darüber hinaus mit schriftlichen Beiträgen zu beteiligen. Intensive Kontakte entstanden während der II. END-Konferenz, die im Mai 1983 im Berliner ICC abgehalten wurde. Etwa 10 Konferenzteilnehmer aus verschiedenen westeuropäischen Staaten, den USA und Japan fuhren am 11. Mai nach Ost-Berlin und trafen mit Mitgliedern der Berliner und Jenaer Gruppen zusammen. Das vom MfS kurz darauf gegen die westlichen Konferenzteilnehmer verhängte Einreiseverbot konnte nichts daran ändern, daß in den folgenden Monaten und Jahren viele ähnliche Begegnungen folgten.

Im gleichen Zeitraum verschärften SED und MfS die repressiven Maßnahmen. Dem Dialogangebot der Friedensgruppen antwortete der SED-Staat mit Kriminalisierung. Die Jenaer Gruppe wurde durch Verhaftungen und Ausbürgerungen zerstört, ebenso erging es Gruppen in Potsdam, Weimar und Leipzig. Im Dezember 1983 wurden zwei Gründungsmitglieder der „Frauen für den Frieden“, Bärbel Bohley und Ulrike Poppe, vom MfS verhaftet, jedoch nach beeindruckenden Solidaritätsaktionen, an denen die westdeutsche und westeuropäische Friedensbewegung sowie Mitglieder der Grünen großen Anteil hatten, nach sechs Wochen auf freien Fuß gesetzt.[13] Dieser Erfolg der blockübergreifenden Zusammenarbeit hatte eine enorme Bedeutung für die Entwicklung der DDR-Opposition. Obwohl SED und MfS in der Folgezeit versuchten, die Aktivitäten der neuen Gruppen auf den Raum der Evangelischen Kirche zu beschränken (woran eine Reihe kirchlicher Amtsträger aktiv mitwirkte) und obwohl die Zahl der Einreiseverbote für Mitglieder der Grünen sowie der westdeutschen und -europäischen Friedensbewegung sprunghaft anstieg, nahm die Zahl der Ost-West-Begegnungen (vor allem in Ost-Berlin) stetig zu. Seitens einiger die III. END-Konferenz 1984 in Perugia vorbereitenden Organisationen bestand ein großes Interesse, die DDR-Gruppen – wie auch Vertreter der ostmitteleuropäischen Opposition – in die Vorbereitung und Gestaltung der Konferenz einzubeziehen. Zwar erhielten die aus der Tschechoslowakei, aus Polen und der DDR Eingeladenen keine Ausreisegenehmigung, dennoch dominierte das Thema unabhängiger Ost-West-Beziehungen die Konferenz[14] wie auch noch die Nachfolgekonferenz 1985 in Amsterdam. Zugleich aber wurde deutlich, daß die Polarisierung der westlichen Friedensbewegung auch vor den END-Konferenzen nicht haltmachte. Ein Teil der Konferenzteilnehmer befürwortete die Zusammenarbeit mit den offiziellen, von den kommunistischen Parteien eingesetzten „Friedensräten“. Der andere Teil schloß sich einer von der West-Berliner „Initiative Ost-West-Dialog“ eingebrachten „Erklärung für den Frieden in Europa“ an, die die eindeutige Bezugnahme blockübergreifender Friedenspolitik auf die ostmitteleuropäische Opposition forderte.[15] Der in Perugia begonnene Streit setzte sich in den nächsten Jahren fort und führte schließlich zum glanzlosen Ende der END-Bewegung.[16] Ihre Rolle beim Dialog mit oppositionellen Gruppen in der DDR war inzwischen längst von anderen übernommen worden, vor allem von Petra Kelly und weiteren Grünen sowie vom „Europäischen Netzwerk für den Ost-West-Dialog".[17]

Ostmitteleuropäische Gruppen und Bewegungen haben sich vergleichsweise spät mit der Friedensbewegung auseinandergesetzt, um so unmißverständlicher aber waren die Argumente, mit denen sie es taten. Immer wieder haben sie die Einäugigkeit eines Teils der westlichen Friedensbewegung kritisiert und den Zusammenhang von äußerem und innerem Frieden betont. Jiri Dienstbier von der Charta 77 und die polnische Gruppe KOS schickten im Jahre 1983 Briefe an die Teilnehmer der END-Konferenz in Berlin. Zur Konferenz 1984 veröffentlichte die Charta 77 einen offenen Brief, in dem es u.a. heißt:

> „Es ist die altbekannte ‚pazifistische' Neigung, die Friedensfrage aus dem Geflecht der gesellschaftlichen Beziehungen herauszulösen, die Frage nach der Demokratie von der eigentlichen Friedensfrage zu trennen oder sie sogar als etwas Zweitrangiges, eine Teilfrage von untergeordneter Bedeutung, zu'betrachten, als etwas, was später von selbst, mehr oder weniger automatisch auf die Tagesordnung kommen werde. Wir sehen in dieser Tendenz ein unbegründetes und der Sache des Friedens sehr abträgliches Zugeständnis an die konservative Auffassung von der friedlichen Koexistenz zweier einander entgegengesetzter Gesellschaftssysteme [...]"[18]

In einer gemeinsamen Protesterklärung anläßlich des ersten Jahrestages der Stationierung von Atomraketen in der DDR und der CSSR im November 1984 betonten Mitglieder der Charta 77 und unabhängiger DDR-Gruppen den Zusammenhang von Frieden, Demokratie und Menschenrechten: *„Wer die Würde des einzelnen Menschen antastet, keine Meinungsfreiheit garantiert, wird auch nationale und internationale Probleme auf gewalttätige Weise lösen wollen. Frieden ist untrennbar verbunden mit dem Einhalten und Erkämpfen aller Menschenrechte."*[19]

3. Die Teilung Europas und die Deutsche Frage

Im Unterschied zu führenden Politikern in Ost und West sah die unabhängige Friedensbewegung der frühen achtziger Jahre in der Festigung des Status quo der beiden Machtblöcke eine Friedensgefährdung und nicht eine Möglichkeit der Friedenssicherung. Die kritische Einstellung der oppositionellen Gruppen in der DDR bezog sich nicht nur auf das SED-Regime, sondern auch auf die Haltung der Bundesregierungen und der bundesdeutschen Parteien. Während die Regierungen Schmidt und Kohl die ostmitteleuropäische und DDR-Opposition vollständig ignorierten, trafen sie zugleich Entscheidungen, durch die die kommunistischen Diktaturen stabilisiert wurden.[20] Ein dauerhafter Frieden konnte nach den Vorstellungen der „blockübergreifenden" Gruppen nur mit der Überwindung des Status quo erreicht werden, d.h. mit dem schrittweisen Abbau beider Blöcke und schließlich ihrer Auflösung. Diverse Modelle zur Reduzierung der Blockkonfrontation wurden entworfen. Ungeachtet ihrer jeweiligen Realitätstüchtigkeit belebten sie die seit langem vernachlässigte Diskussion über die europäische und deutsche Teilung.

Insoweit sich oppositionelle Gruppen (wie auch die Friedensforschung im Rahmen der Evangelischen Kirche) in der DDR mit der Deutschland- und Europapolitik beschäftigt haben, fällt auf, daß die „europäische Frage" für sie bis zum Ende der DDR ein Schlüsselthema gewesen ist, die „deutsche Frage" dagegen eher am Rande, höchst sporadisch und mit großer Zurückhaltung, „eingebettet" in das Thema der Teilung Europas, aufgegriffen wurde.[21]

Von wenigen Ausnahmen abgesehen,[22] haben unabhängige Gruppen in der DDR die deutsche Teilung immer nur dann behandelt, wenn dazu Anstöße von außen gegeben wurden, z.B. durch die Diskussion um eine neue europäische Friedensordnung in der ersten Hälfte der achtziger Jahre in der Bundesrepublik oder durch die seit 1984/85 vor allem von ostmitteleuropäischen Dissidenten geführte Debatte.

Ein erstes Beispiel selbständiger Befassung von DDR-Oppositionellen mit der deutschen Frage im betrachteten Zeitraum ist der schon erwähnte Havemann-Brief von 1981. Havemann forderte die Herauslösung beider deutscher Staaten aus den Blocksystemen: *„Es gilt, insbesondere die beiden Teile Deutschlands der Blockkonfrontation zu entziehen."* Er erinnerte an die Entmilitarisierungs- und Neutralitätsdiskussion der fünfziger Jahre. Es sollten endlich Friedensverträge mit beiden Staaten abgeschlossen werden, fremde Truppen sollten Deutschland verlassen.[23] Die besondere Provokation, die in verschiedenen politischen Lagern im Westen und Osten helle Aufregung verursachte, lag in dem Satz: *„Wie wir Deutsche unsere nationale Frage dann lösen werden, muß man uns schon selbst überlassen, und niemand sollte sich davor mehr fürchten als vor dem Atomkrieg."* Die von diesem Brief ausgelöste Kontroverse sowie die inzwischen auch von einigen westdeutschen Linken enttabuisierte Debatte, nicht zuletzt auch der sich seit 1983 zuspitzende Streit um die Deutschlandpolitik der Grünen, führten 1984 zu mehreren seminarähnlichen deutsch-deutschen Begegnungen, bei denen über die deutsche Teilung, über Nation und Staat, über Koexistenz und Wiedervereinigung diskutiert wurde.[24] Jedoch blieben solche Veranstaltungen die Ausnahme, zumal eine Entwicklung im Sinne der Modellvorstellungen der frühen achtziger Jahre aufgrund der Nachrüstungsentscheidung und der vollzogenen Raketenaufstellung für lange Zeit illusionär erschien.

Ein interessantes Beispiel sowohl für die damalige Sicht oppositioneller Gruppen wie auch für ihre Aktionsformen liefert die „Initiative für Blockfreiheit in Europa" vom 8. Mai 1985.[25] Die Idee für diese „Überkreuzaktion" stammte aus der DDR: Jeweils 40 Unterzeichner aus der Bundesrepublik und der DDR schickten einen nahezu gleichlautenden Offenen Brief an die jeweils andere Großmacht. Neben den bekannten Forderungen nach Truppenabzug, atomwaffenfreien Zonen usw. wurde die Aufnahme von Verhandlungen mit dem Ziel eines gesamteuropäischen Vertragssystems, das schließlich zur Blockauflösung führen sollte, vorgeschlagen. Bemerkenswert ist auch die Einforderung der Bürgerrechte, wobei eine Passage fast im Wortlaut von der Charta 77 übernommen wurde: *„Freiheit und Würde der Bürger sind der Schlüssel zu Freiheit und Selbstbestimmung der Völker"* (vgl. Anhang, Nr. 1).

Überhaupt kamen die wesentlichen Anstöße zur Europa- und Deutschlanddiskussion Mitte der achtziger Jahre aus der Tschechoslowakei, Ungarn und Polen, vor allem mit der von Dissidenten und Intellektuellen geführten Mitteleuropa-Debatte.[26] Diese erreichte sicher nur einen kleinen Teil der oppositionellen Kreise in der DDR. Dennoch sind die ostmitteleuropäischen Einflüsse als eine wesentliche Voraussetzung für die Herausbildung der DDR-Opposition in der zweiten Hälfte der achtziger Jahre anzusehen. Zu einem Schlüsseltext sowohl für den Ost-West-Dialog wie auch für die Auseinandersetzung von DDR-Gruppen mit den Themen der ostmitteleuropäischen Demokratiebewegung wurde der 1985 entstandene „Prager Appell“ (auch „Prager Aufruf“) der Charta 77 (s. Anhang, Nr. 1). Er enthielt u.a. einige grundsätzliche Aussagen zur Teilung Europas und bezeichnete die Lösung der deutschen Frage als ein zentrales Problem der europäischen Einheit.[27]

Eine Antwort aus den Reihen der DDR-Opposition wurde am 8. Juni 1985 nach Prag geschickt (s. Anhang, Nr. 2). Ihre Aussagen unterscheiden sich in einem wesentlichen Punkt von denen der Charta 77. Die deutsche Einheit sollte Bestandteil, nicht aber Voraussetzung einer gesamteuropäischen Regelung sein.[28] Die Zurückhaltung, mit der die Oppositionsgruppen die deutsche Frage behandelten, war zum einen durchaus berechtigt: die historische Schuld der Deutschen erforderte aus deutscher Sicht einen besonders sensiblen Umgang mit diesem Thema. Zum zweiten war die Haltung der DDR-Oppositionellen zur Wiedervereinigung vermutlich nicht weniger heterogen und widersprüchlich als die der bundesdeutschen Politiker oder auch der Mehrheit der Deutschen in Ost und West. Schließlich – dies gilt auch für die Behandlung anderer Themen – waren die Versuche, Gegenpositionen zur Diktatur öffentlich darzustellen, aus gutem Grund von taktischen Erwägungen begleitet.

Im Februar 1985 veranstaltete das „Europäische Netzwerk für den Ost-West-Dialog“ in West-Berlin die Konferenz „Frieden im geteilten Europa – 40 Jahre nach Jalta“. Ihr Verlauf wurde – im Unterschied zu früheren Friedenskonferenzen – von ostmitteleuropäischen Dissidenten, aufgrund der Reiseverbote vor allem von Emigranten, geprägt. Beispielhaft sei aus einem Beitrag von Jiri Pelikan, einem emigrierten Protagonisten des „Prager Frühlings“, zitiert, der den unterschiedlichen Entspannungsbegriff von Regierungen und Demokratiebewegungen behandelte:

> „Die eine (Auffassung) anerkennt die Bestätigung und Konsolidierung des politischen Status quo, d. h. die Spaltung Europas in zwei Blöcke. Die andere strebt eine Überwindung des Status quo an, sei es durch Reformen, sei es durch den Willen der Völker, um den europäischen Völkern in Ost und West zu erlauben, ihre eigenen Entwicklungs- und Lebenswege zu wählen, ohne eine bewaffnete oder wirtschaftliche Intervention der beiden Supermächte zu riskieren. Die erste Auffassung der ‚Entspannung‘, wie sie heute von gewissen Regierungen und Staatsmännern, aber auch von westlichen Geschäftsleuten vertreten wird [...], blockiert den Wunsch der Völker in Osteuropa nach Selbständigkeit und Freiheit, schürt die internationale Spannung, anstatt zum Frieden beizutragen. Die Verfechter dieser Auffassung stützen ihre Politik lediglich auf die Beziehungen mit Regierungen und lassen die Bevölkerung, die sich mit der Regierung nicht identifizieren kann, völlig aus dem Spiel. Folglich sehen sie in Volksbewegungen wie dem ‚polnischen Sommer‘ und dem ‚Prager Frühling‘ Destabilisierungsfaktoren. [...] Die Verfechter der zweiten Art der Entspannung, die sie als Instrument zur Überbrükkung der Spaltung Europas ansehen, erkennen in Bewegungen wie ‚Solidarność‘, der ‚Charta 77‘ oder den unabhängigen Friedensgruppen der DDR und Ungarns Verbündete im Kampf für eine Änderung des politischen Status quo und für die Freiheit überall in Europa.“

Während der Konferenz, zu deren Diskussionsmaterialien auch zwei Texte aus der DDR zählten, gelang es mehreren Teilnehmern, neben Mitgliedern der Grünen und der westeuropäischen Friedensbewegung auch Auslandsvertretern der Charta 77 und der Solidarność, nach Ost-Berlin einzureisen, um sich mit dortigen Oppositionellen zu treffen.[29]

Eine besondere Bedeutung für Friedens- und Menschenrechtsgruppen in der DDR hatte das gleichfalls vom „Netzwerk“ 1986 initiierte Memorandum zur KSZE-Nachfolgekonferenz in Wien. Es behandelte die drei Körbe von Helsinki, richtete sich an die Verhandlungsdelegationen in Wien, vor allem aber an die gesellschaftlichen Gruppen in den KSZE-Staaten. Neben den Menschenrechtsfragen wurde die „Entspannung von unten“ behandelt. Anders als im Falle früherer „Ost-West“-Erklärungen und -Unterschriftensammlungen, bei denen es überwiegend um die Unterzeichnung fertiger und nicht mehr veränderbarer Papiere ging, fand eine intensive, mehrmonatige Debatte von Gruppen und Einzelpersonen aus 20 KSZE-Staaten statt, bevor der Text endgültig verabschiedet und in Wien übergeben wurde. Alle Änderungsvorschläge aus der DDR wurden berücksichtigt.[30] Das „Netzwerk“ beteiligte sich auch an der Ausrichtung von Konferenzen und anderen Treffen in Warschau, Budapest und Prag, die z.T. unter massiver Behinderung durch die Sicherheitsorgane stattfanden. Regelmäßig versuchten Vertreter von DDR-Gruppen, an solchen Begegnungen teilzunehmen, was wegen der durch SED/MfS verfügten Reiseverbote nur in Einzelfällen gelang. Oftmals mußten sie sich auf Diskussionspapiere, Solidaritätserklärungen usw. beschränken. Dennoch erlangte der mit der demokratischen Opposition Ostmitteleuropas begonnene europäische Dialog für einen Teil der DDR-Opposition eine immer größere Bedeutung. In diesem Zusammenhang sind besonders die 1985/86 entstandene „Initiative Frieden und Menschenrechte“ sowie die 1987 gebildete Initiativgruppe „Absage an Praxis und Prinzip der Abgrenzung“, aus der sich 1989 die Bürgerbewegung „Demokratie Jetzt“ entwickelte, zu nennen. Bemerkenswert war darüber hinaus die ostmitteleuropäische Zusammenarbeit von Umweltgruppen und Wehrdienstverweigerern unter Mitwirkung von Gruppen aus der DDR.[31]

Aus der Charta 77 kam der im Rahmen des „Netzwerks“ 1988/89 breit diskutierte Vorschlag zur Gründung einer „Europäischen Versammlung für Frieden und Demokratie“. Sie sollte als ein permanent arbeitendes Forum eingerichtet werden, um zwischen Ost und West wie auch zwischen ostmitteleuropäischen Gruppierungen – die der DDR eingeschlossen – gemeinsame Projekte zu fördern sowie den KSZE-Prozeß kritisch, „von unten“ zu begleiten. Dieser Vorschlag wurde von DDR-Gruppen u.a. während des Seminars „Konkret für den Frieden VII“ (24.-26. Februar 1989, Greifswald) diskutiert. Zum Selbstverständnis einer Reihe von DDR-Oppositionellen gehörte es, daß die Zusammenarbeit der ostmitteleuropäischen Demokratiebewegung von ähnlicher Bedeutung für anstehende Veränderungsprozesse in Europa sein würde wie die Vernetzung oppositioneller Gruppen in der DDR selbst. So argumentierte die „Initiative Frieden und Menschenrechte“ zur Vorbereitung des Greifswalder Seminars u.a. wie folgt:

> „Da wir entscheidende Verbesserungen nicht als Geschenk ‚von oben‘ erwarten dürfen, steht vor uns die Aufgabe, die ‚europäische Integration‘ auf der uns zugänglichen Ebene und mit unseren eigenen Mitteln voranzutreiben. Der Hauptbeitrag, den unsere Gruppen dazu leisten können, wird es bleiben, auf gesellschaftspolitische Veränderungen im eigenen Land zu drängen und – so möglich – sie in unseren eigenen Strukturen und unserem eigenen Handeln vorwegzunehmen. Das wird uns weniger schwer fallen, wenn wir

> uns stärker mit jenen solidarisieren und auseinandersetzen, die in ihren Ländern wie wir an der Hoffnung auf eine freiere und gerechtere Welt festhalten. Dabei sollte es nicht nur um die Verbesserung der Basiskontakte zwischen Ost und West gehen, sondern angesichts der aktuellen politischen Entwicklung in der UdSSR und anderen ost- und mitteleuropäischen Ländern gerade auch um die Beziehungen zu Gruppen und Organisationen in diesen Ländern. Eine kontinuierliche europäische Zusammenarbeit wäre erstrebenswert beispielsweise mit Menschenrechtlern, Umweltschützern, Kernkraftgegnern, Wehrdienstverweigerern, mit Frauengruppen, mit Gruppen, die für Reformen im Erziehungs- und Bildungswesen, oder solchen, die für eine unabhängige Kultur eintreten. Vorstellbar wären auch grenzüberschreitende Projekte, die den Umgang mit der Geschichte (Faschismus/Stalinismus) betreffen, oder solche, die sich auf die Herstellung unabhängiger Publikationen beziehen."[32]

Demgegenüber war die Bedeutung der in der Bundesrepublik – vor allem von den Grünen und Teilen der SPD – geführten Zweistaatlichkeitsdebatte für die Gruppen, aus denen die Bürgerbewegungen des Jahres 1989 hervorgingen, eher gering. Befürchtet wurde nach dem Honecker-Besuch 1987 in Bonn und nach dem „SPD-SED-Papier" eine weitere Aufwertung des SED- Regimes. Nach der Zunahme der Repression gegen Oppositions- und Ausreisegruppen in den Jahren 1988/89 war es sehr unwahrscheinlich, daß die formelle Anerkennung der Honecker-Regierung weitere Freiräume für die Demokratie- und Menschenrechtsbewegung mit sich bringen würde.

Die Ablehnung des „Mainstreams" grüner Deutschlandpolitik durch die „Initiative Frieden und Menschenrechte" und andere Gruppen hatte auch damit zu tun, daß diese Politik überwiegend von Personen betrieben wurde, die sich für „normale" Beziehungen mit der SED, aber gegen eine intensivere Zusammenarbeit mit der Opposition aussprachen. Vergleichbares gilt für die SPD, deren Dialog mit der SED von der Ignoranz gegenüber der Opposition begleitet wurde. Das SPD-SED-Papier war innerhalb der DDR-Gruppen stark umstritten. Dennoch haben die Vertreter der verschiedensten Strömungen sofort versucht, die öffentliche Debatte über den Text zu forcieren. Er ist gleichwohl, ganz im Gegensatz zur noch heute von Teilen der SPD gegebenen Darstellung, zu keinem Zeitpunkt eine „Berufungsgrundlage" für die DDR-Bevölkerung geworden, sondern allenfalls zu einem interessanten Diskussionspapier innerhalb der SED. Es gab allerdings auch in den DDR-Gruppen Befürworter der Zweistaatlichkeits-Thesen, nicht nur bei den „Linken", wie der Gruppe „Gegenstimmen" in Ost-Berlin, sondern auch, wenngleich aus gänzlich anderen Motiven, innerhalb oppositioneller Kreise im Rahmen der Evangelischen Kirche.[33]

4. Frieden und Menschenrechte. Ostmitteleuropäische Einflüsse auf die Entwicklung der DDR-Opposition 1985–1989

Bedeutend stärker als durch die – eher dem intellektuellen Diskurs kleiner oppositioneller Kreise vorbehaltene – europa- und deutschlandpolitische Debatte ist die sich in der zweiten Hälfte der achtziger Jahre herausbildende Bürgerbewegung der DDR durch die Forderungen nach elementaren Menschen- und Bürgerrechten, nach Demokratie und Gewaltenteilung, nach ziviler Gesellschaft beeinflußt worden. Auch hierzu kamen die wesentlichen Anstöße aus dem Osten. Schon in den sechziger und siebziger Jahren verband sich bei vielen DDR-Bürgern die Hoffnung auf Veränderungen in der DDR stärker mit den erkennbar wachsenden Freiräumen der polnischen oder ungarischen Gesellschaft als mit der Vorstellung von Reformen innerhalb der SED. Eine besondere Rolle hat der „Prager Frühling" gespielt, der trotz seiner Niederschlagung und der anschließend in der CSSR einsetzenden brutalen Repression erhebliche Nachwirkungen in der DDR hatte. Die politische Biographie vieler Protagonisten der späteren Bürgerbewegung beginnt mit den Ereignissen in der CSSR. Darüber hinaus wurde dieser Reformversuch von großen Teilen der DDR-Bevölkerung mit Sympathie und Hoffnung begleitet.[34]

Das andere für die DDR-Opposition herausragende Ereignis war die Gründung der polnischen Solidarność[35] und vor allem die Tatsache, daß sie trotz Kriegsrecht und Internierungslagern nicht zerschlagen werden konnte. Solidarność zeigte, daß es möglich war, die Opposition außerhalb der kommunistischen Partei und ihrer staatlichen Institutionen dauerhaft zu etablieren, und daß die Bildung paralleler gesellschaftlicher Strukturen sowie einer zweiten Öffentlichkeit eine Voraussetzung für den erfolgreichen Widerstand war. Im Unterschied zu den Oppositionsgruppen hatte die DDR-Bevölkerung an der Entwicklung in Polen ein viel geringeres Interesse als seinerzeit am „Prager Frühling". Auch lebten aufgrund der von SED und MfS organisierten Hetze gegen „die Polen" alte Ressentiments auf.

Die in den siebziger Jahren erleichterten Bedingungen für Reisen von DDR-Bürgern in die östlichen Nachbarstaaten ermöglichten auch direkte Kontakte mit der Dissidentenszene in Ungarn, Polen und der CSSR. Auch deren Reisen in die DDR nahmen zu. Diese Begegnungen führten dazu, daß oppositionelle Gruppen in der DDR über die politische Entwicklung in den ostmitteleuropäischen Ländern gut informiert waren, z.B. über die politischen Zielsetzungen von KOR in Polen, der Charta 77 in der CSSR oder der ungarischen demokratischen Opposition, auch über die Gründungsphase der polnischen Solidarność.[36] Zugleich wurde deutlich, daß es neben vielen Gemeinsamkeiten erhebliche Unterschiede gab, sowohl das politische Handeln der Akteure wie dessen gesellschaftliche Voraussetzungen und Rahmenbedingungen betreffend. Ein wohl entscheidender Unterschied war die Existenz der Bundesrepublik Deutschland: durch Ausreise und Abschiebung wurde das kritische Potential in der DDR immer wieder ausgedünnt. Der überwiegende Teil der in der DDR verbliebenen Intellektuellen hielt sich von der Opposition fern, um die kleinen, von der SED vergebenen Privilegien (z.B. Westreisen) nicht zu gefährden. Demgegenüber war die ostmitteleuropäische Opposition in wesentlichem Maße durch die Mitarbeit öffentlich bekannter Schriftsteller, Künstler, Wissenschaftler, früherer Politiker etc. geprägt. Die meisten polnischen, ungarischen und tschechischen Dissidenten glaubten schon Ende der siebziger, Anfang der achtziger Jahre nicht mehr an systemimmanente Reformen. Sowohl die wesentlichen Zielsetzungen als auch die Aktionsformen der ostmitteleuropäischen Opposition sind in der DDR erst mit fünf- bis zehnjähriger Verspätung aufgegriffen wurden, erst in der zweiten Hälfte der achtziger Jahre überwogen die Gemeinsamkeiten.[37]

In den achtziger Jahren verschlechterten sich die Möglichkeiten direkter oppositioneller Kontakte erheblich. Reisen von DDR-Bürgern nach Polen wurden nach der Verhängung des Kriegsrechts nur noch in Ausnahmefällen gestattet. Aber auch Reisen von Mitgliedern oppositioneller Gruppen in die CSSR und Ungarn wurden immer häufiger vom MfS verhindert. Ungarische Dissidenten konnten zwar in die Bundesrepublik, nicht aber in die DDR reisen. Die CSSR-Behörden hatten den Charta 77-Unterzeichnern die Reisepässe entzogen. Dennoch ist es den Repressionsorganen nie gelungen, die Kontakte nach Ostmitteleuropa zu verhindern. Neue Kommunikationswege wurden erschlossen, vor allem mit Unterstützung aus dem Westen. In der DDR akkreditierte Journalisten, Mitglieder der Grünen und des Netzwerkes Ost-West-Dialog sowie ausgebürgerte DDR-Oppositionelle haben erheblich dazu beigetragen, daß außer den Ost-West-Beziehungen auch der Ost-Ost-Dialog aufrechterhalten, ja trotz der Reiseverbote sogar intensiviert werden konnte. Die Gruppen in der DDR haben sich aus naheliegenden Gründen immer wieder mit den Reise- und Einreiseverboten auseinandergesetzt und die Reisefreiheit als Grundrecht eingefordert. Z.B. protestierte die „Initiative Frieden und Menschenrechte" mit ihrer „Flugzeugaktion" im April 1987 gegen die Reiseverbote in die CSSR. Ebenfalls 1987 wurde die „Absage an Praxis und Prinzip der Abgrenzung" veröffentlicht. Hauptforderungen waren die Garantie der Reisefreiheit von DDR-Bürgern, die Aufhebung der Einreiseverbote und insbesondere die Wiederherstellung der Reisemöglichkeiten zwischen Polen und der DDR.[38]

In besonderem Maße haben die Charta 77 und das mit ihr eng verbundene „Komitee zur Verteidigung zu Unrecht Verfolgter" (VONS) die Arbeit einiger Gruppen in der DDR beeinflußt. Dies wurde schon 1984/85 mit der zunehmenden Befassung mit den Menschen- und Bürgerrechten sowie den ostmitteleuropäischen Samisdat-Publikationen deutlich.[39] Neben dem bereits erwähnten „Prager Appell" waren es insbesondere die Texte von Vaclav Havel und anderen Dissidenten, die in der DDR kursierten und reflektiert wurden. Die Begründung des Zusammenhangs von Frieden und Menschenrechten, die Beschreibung der Repression, die Schilderung der Skepsis gegenüber den sozialistischen Utopien waren den oppositionellen Gruppierungen aufgrund ihrer eigenen Erfahrungen wohl vertraut.[40]

Sichtbarster Ausdruck des Einflusses der Charta 77 wurde die Gründung der „Initiative Frieden und Menschenrechte" (IFM). Ihre ersten öffentlichen Erklärungen, die wie bei der „Charta" als „Dokumente" bezeichnet und von drei Sprechern herausgegeben wurden, machten den Zusammenhang ebenso deutlich, wie die von da an behandelten Themen sowie die Sammlung und Veröffentlichung von Menschenrechtsverletzungen.[41] Auch in der Folgezeit hat sich die IFM immer wieder auf die Charta 77 bezogen. 1987 schrieb sie einen offenen Brief an die Unterzeichner der Charta 77 anläßlich des zehnten Jahrestages ihrer Gründung. 1988 folgte eine gemeinsam von mehr als 200 Vertretern unabhängiger Gruppen und Organisationen aus der CSSR, der Sowjetunion, Ungarn, Polen und der DDR unterzeichnete Erklärung zum 20. Jahrestag der Invasion der Warschauer-Pakt-Staaten in Prag. Erklärungen der IFM, z.B. zum 10.12.87, dem Tag der Menschenrechte, oder ihr Aufruf zur DDR-weiten Öffnung am 11.3.89, enthalten Forderungen, die auch von der Charta 77 und anderen ost- und mitteleuropäischen demokratischen Bewegungen immer wieder genannt worden sind.[42]

Die Solidarność hatte – im Unterschied zur Charta 77 – ein verhältnismäßig geringes Interesse an einer eigenen Außenpolitik. Erst mit der 1985 erfolgten Gründung der Gruppe „Wolność i pokoj" (WiP, Freiheit und Frieden),[43] die der Solidarność nahestand, zugleich aber auch die Zusammenarbeit mit der internationalen

Friedens- und Menschenrechtsbewegung anstrebte, verstärkte sich auf polnischer Seite der Wunsch, den Dialog mit DDR-Gruppen zu führen. 1986 erklärte WiP:

> „Wir wollen mit der internationalen Friedensbewegung zusammenarbeiten. Bei dieser Zusammenarbeit ist es für uns besonders wichtig, daß jene Grundwahrheit erkannt wird, daß wir uns dem Krieg nur dann effektiv entgegenstellen, wenn wir jene politischen Systeme bekämpfen, die auf einer internen Gewaltanwendung des Staates gegenüber seinen Bürgern basieren."

Der sich zwischen WiP und Gruppen in der DDR, u.a. der IFM, entwickelnde Dialog konnte meist nur telefonisch oder brieflich aufrechterhalten werden. 1988 erhielten mehrere DDR-Bürger eine Einladung von WiP, der sie wegen der Reiseverbote nicht Folge leisten konnten:

> „Dear Friend! We would like to invite you to Poland. Freedom and Peace is going to commemorate Otto Schimek's death anniversary on the 13th of November. This German soldier refused to kill the Poles during the 2nd World War and this refusal caused his death. Laying flowers on his grave we would be happy to see you among us. Freedom and Peace. Poland."

Der Wortlaut dieser Einladung ist zugleich ein Beleg für die Tatsache, daß das durch die NS-Verbrechen besonders belastete polnisch-deutsche Verhältnis auch zwischen polnischen und ostdeutschen Oppositionellen immer ein dominantes Thema gewesen ist.

Zum 30. Jahrestag der ungarischen Revolution von 1956 entstand eine gemeinsame Erklärung von 118 Oppositionellen aus Ungarn, Polen, der CSSR und der DDR. Es war das erste Mal, daß sie sich in einer solchen Geschlossenheit präsentierten. Die Unterzeichner erklärten, daß sie in ihren Ländern *„für politische Demokratie und für einen auf den Prinzipien der Selbstbestimmung gegründeten Pluralismus"* eintreten wollten *„sowie für eine friedliche Überwindung der Teilung Europas und für eine demokratische Integration auf diesem Kontinent, die die Rechte aller Minderheiten einschließt"*. Gegen die Unterzeichner aus der DDR inszenierte das MfS mit Hilfe der von ihm gesteuerten „Weißenseer Blätter" eine großangelegte Verleumdungskampagne.[44]

Während trotz aller Beschränkungen immer wieder persönliche Kontakte mit ostmitteleuropäischen Oppositionellen zustande kamen, reduzierte sich die Zusammenarbeit mit sowjetischen Dissidenten im allgemeinen auf den schriftlichen oder telefonischen Austausch von Informationen. 1982 hatten sich in Moskau und anderen Städten der Sowjetunion die sogenannten „Vertrauensgruppen" gebildet, die sich mit Aufrufen und offenen Briefen an die Friedensbewegung der USA und Westeuropas wendeten. Ab Mitte der achtziger Jahre entwickelten sich Beziehungen zwischen ihnen und Friedens- und Menschenrechtsgruppen in der DDR, obwohl die sowjetischen Gruppen auch unter Gorbatschow verfolgt wurden. Besonders wurden die DDR-Gruppen durch die Reaktor-Katastrophe von Tschernobyl 1986 mobilisiert. Ab 1987/88 erregten Versuche in der Sowjetunion zur Aufarbeitung der stalinistischen Vergangenheit Aufmerksamkeit in der DDR, insbesondere seit der Gründung der Bewegung „Memorial".[45] In den Jahren 1988/89 waren auch direkte Kontakte mit Vertretern der Demokratie- und Unabhängigkeitsbewegung in den baltischen Republiken möglich.[46]

5. Formen und Methoden der Zusammenarbeit

Die Form, in der die Positionen der IFM und einiger anderer Gruppierungen öffentlich gemacht wurden, entsprach der Praxis der Opposition in den anderen ost- und mitteleuropäischen Staaten, allerdings ohne deren öffentliche Wirkung zu erreichen. Oft handelte es sich um Erklärungen oder Aufrufe zu bestimmten Ereignissen oder Jahrestagen, besonders häufig auch um Protest- oder Solidaritätsbekundungen im Falle von Verhaftungen oder anderen Repressalien.[47] Die Texte wurden in vielen Fällen von westlichen Medien bekanntgemacht.[48] Ein wesentlicher Fortschritt bei der Formierung der DDR-Opposition wurde erreicht, nachdem sie seit 1986 ihre eigenen Publikationen herausgab. Form und Inhalt dieser Veröffentlichungen waren den ost- und mitteleuropäischen Samisdat-Schriften vergleichbar, für die es in Polen, Ungarn, der CSSR und der Sowjetunion eine lange Tradition gab. Ab 1986 gaben Mitglieder der IFM monatlich den „Grenzfall" heraus, kurz darauf erschienen die in der Berliner Umweltbibliothek entstandenen „Umweltblätter". Bis 1989 folgte eine ganze Reihe weiterer Veröffentlichungen, von denen einige unter dem Dach der Kirche, andere jedoch unter ausdrücklichem Verzicht auf den kirchlichen Schutz hergestellt wurden.[49] Die Übernahme von Erfahrungen und Methoden der Öffentlichkeitsarbeit der ostmitteleuropäischen Opposition ermöglichte nicht nur den Diskurs auf einer staatlich nicht kontrollierten Ebene und die Veröffentlichung von Informationen, die von den Machthabern verschwiegen und unterdrückt wurden, sondern vor allem die Weitergabe konkreter Erfahrungen von Gruppen und Einzelpersonen, die Darstellung von Beispielen unangepaßten Verhaltens und von Aktionen im In- und Ausland. Um die Zusammenarbeit von Oppositionsgruppen in der DDR zu verbessern, mußte ein Informations- und Kommunikationsnetz entwikkelt werden. Dafür bildeten die Samisdat-Erfahrungen eine ausgezeichnete Grundlage.

Insbesondere mit der Charta 77 war – wenigstens in Ansätzen – ein gemeinsames Informationssystem vorbereitet worden. Es bezog sich zum einen auf den Aufbau einer unabhängigen Nachrichtenagentur, zum anderen auf den Plan einer gemeinsamen ostmitteleuropäischen Oppositionszeitschrift. Auch war nach dem Vorbild der polnisch-tschechoslowakischen Dissidententreffen eine Begegnung zwischen Charta 77 und IFM geplant, die wegen Terminproblemen der „Chartisten" verschoben wurde. Diese Vorhaben wurden von den Ereignissen des Herbstes 1989 überholt, können aber als Beispiel für die gewünschte Zusammenarbeit dienen.[50]

Die angestrebte, seit 1984/85 immer wieder thematisierte DDR-weite Vernetzung oppositioneller Gruppen wurde erst 1989 erreicht. Dazu haben die jahrelangen Versuche überregionaler Zusammenarbeit[51] ebenso beigetragen wie die gemeinsame Erfahrung nationaler und internationaler Solidarität anläßlich der spektakulären Ereignisse vom November 1987 bis zum Oktober 1989 in Berlin und Leipzig.[52] Ein eindrucksvolles Beispiel dafür ist die gemeinsame Protesterklärung der ost- und mitteleuropäischen Opposition vom 4. Februar 1988.[53]

Umgekehrt hat auch die DDR-Opposition in dieser Zeit auf Menschenrechtsverletzungen in anderen Staaten nicht mehr nur mit schnell vergessenen Erklärungen kleiner Gruppen reagiert, sondern mit gut organisierten Solidaritätsveranstaltungen, die in mehreren Städten gleichzeitig stattfanden. Beispiele dafür sind der

Rumänien-Aktionstag im November 1988 und die Proteste gegen die Verhaftungen und Verurteilungen in der CSSR im März 1989.[54]

Die Bedeutung, die die Menschen- und Bürgerrechte für die DDR-Opposition erlangt hatten, zeigte sich auch in den spontanen Protesten in Berlin und anderen Orten der DDR nach dem Massaker auf dem Pekinger Tienanmen-Platz im Mai 1989. Im Oktober 1989 war zu befürchten, daß die SED-Führung zur Bekämpfung der Demonstranten in Leipzig und Berlin auf eine „chinesische Lösung" setzen könnte. So erscheint es durchaus folgerichtig, daß die erste außenpolitische Aktivität der Bürgerbewegungen nach dem Fall der Mauer darin bestand, den Dalai Lama am 6. Dezember 1989 in Berlin zu empfangen, um ihre Solidarität mit dem tibetischen Volk wie auch mit der chinesischen Demokratiebewegung zum Ausdruck zu bringen.[55] Der Dalai Lama hielt eine beeindruckende Rede – im gleichen Saal, in dem am darauffolgenden Tag die erste Sitzung des Zentralen Runden Tisches stattfand. Dieser war von der Kontaktgruppe der Opposition gefordert und vorbereitet worden – in deutlicher Anlehnung an den polnischen Runden Tisch.

6. Internationale Verbindungen der Opposition aus der Sicht von SED und MfS

Die SED und ihr „Schild und Schwert", das MfS, haben den Außenbeziehungen oppositioneller Gruppen seit jeher eine große Bedeutung beigemessen. Auf vielen tausend Seiten in „Operativen Vorgängen", MfS-Berichten und -Dissertationen wurden Westkontakte und in zunehmenden Maße auch Verbindungen nach Ostmitteleuropa detailliert beschrieben, so beiläufig oder zufällig manche dieser Begegnungen oder Kontakte auch zustande gekommen waren. Sofern es sich um Politiker, Journalisten oder bekannte Personen des öffentlichen Lebens aus der Bundesrepublik oder dem Ausland handelte, strebte das MfS eine „flächendeckende" Überwachung an. Sie reichte von „Fahndungsaufträgen" an Grenzübergängen über Beobachtungsberichte „offizieller" und Spitzelberichte „inoffizieller" Mitarbeiter, Telefonüberwachung, Postkontrolle und -beschlagnahme, Abhörmaßnahmen mittels „Wanzen" und Mikrophonen, konspirative Wohnungsdurchsuchungen, Einreisesperren bis hin zur gezielten Einflußnahme und zu „Zersetzungsmaßnahmen" im sogenannten „Operationsgebiet", der Bundesrepublik Deutschland. Seit 1983/84 war eine deutliche Zunahme der MfS-Aktivitäten bezüglich der Außenkontakte der Opposition feststellbar, sicher auch als Reflex auf deren tatsächliches Anwachsen. Zugleich aber wurde die zunehmende Hilflosigkeit des Repressionsapparates deutlich: der Versuch, mit immer subtileren Methoden das Entstehen einer den ostmitteleuropäischen Nachbarstaaten ähnlichen Oppositionsbewegung zu verhindern, ohne die „Normalisierung" der internationalen Beziehungen, die Reputation des SED-Staates in Gefahr bringen zu wollen.[56] Das Dilemma, in dem sich der SED/MfS-Apparat befand, wurde noch dadurch verschärft, daß bestimmte Tabus nicht verletzt werden durften: oppositionelle Bestrebungen durften nicht mit den wachsenden Problemen des „realen Sozialismus" begründet werden. Sie mußten als fremdgesteuerte, vom Gegner im Westen initiierte Aktivitäten dargestellt werden. Die Friedens-, Umwelt- und Menschenrechtsgruppen der DDR mußten als ein

Werkzeug des westlichen Imperialismus, der sich ihrer mit Hilfe von West-Politikern, -Journalisten und einigen ehemaligen DDR-Bürgern „bediente“, gelten. Zu keinem Zeitpunkt durfte über die Opposition als Ausdruck der wachsenden Unzufriedenheit der DDR-Bevölkerung auch nur nachgedacht werden, nicht einmal zum Zeitpunkt der massenhaften Ausreisebewegung des Jahres 1989. So hat letztlich auch die Verschärfung der Repression in den letzten Jahren der SED-Macht nicht zur Schwächung der Opposition, sondern nur zu ihrer Stärkung geführt. Gerade aus den Stasi-Unterlagen der Jahre 1988 und 1989 wird deutlich, daß der zusammenbrechende totalitäre Staat mit seinen menschenverachtenden und z.T. auch grotesken Überreaktionen selbst zur Entwicklung der Opposition viel mehr beigetragen hat, als der von ihm immer wieder beschworene westliche „Klassenfeind“. Ebenso deutlich wird aber, daß alle Theorien, die Stasi selbst hätte bewußt die „Wende“ herbeigeführt oder sie wenigstens in Kauf genommen, in das Reich der Legende gehören.[57]

7. Resümee

Die Entwicklung der Außenbeziehungen unabhängiger DDR-Gruppen in den achtziger Jahren war eine der wesentlichen Voraussetzungen für die Herausbildung der DDR-Opposition. Wenngleich die Möglichkeiten direkter Kontaktaufnahme mit Politikern und Journalisten, mit Vertretern der westlichen Friedens- und Ökologiebewegung oder der demokratischen Opposition Ost- und Mitteleuropas individuell und vor allem regional sehr unterschiedlich waren, wenngleich solche Begegnungen durch den Repressionsapparat zunehmend behindert wurden, nahm die Bedeutung der grenzüberschreitenden Beziehungen ständig zu. Neue Formen der Zusammenarbeit wurden entwickelt, gemeinsame politische Erklärungen verabschiedet, Informationen ausgetauscht, Solidaritätsbekundungen im Falle von Verhaftungen abgegeben. In den frühen achtziger Jahren gingen wichtige Impulse für den Ost-West-Dialog vor allem von Teilen der westlichen Friedensbewegung und der Grünen aus. Eine blockübergreifende Friedenspolitik sollte entwickelt, Entspannungspolitik „von unten“ betrieben werden. Seit Mitte der achtziger Jahre waren es vor allem ostmitteleuropäische Bewegungen, die den Dialog mit ihren europapolitischen Vorstellungen, vor allem aber ihren Forderungen nach Demokratisierung, Durchsetzung von Menschenrechten und ziviler Gesellschaft, anregten. Neben der Ost-West-Zusammenarbeit oder auch in deren Rahmen entwickelte sich trotz anhaltender Repression ein spezifischer ostmitteleuropäischer Dialog, an dem Gruppen und Einzelpersonen aus der DDR beteiligt waren. Formen und Methoden des Widerstandes wie auch der Kommunikation, die in Ostmitteleuropa seit langem erprobt waren, z.B. die Herstellung und Vervielfältigung eigener Publikationen, entwickelten sich schrittweise auch in der DDR. Erleichtert wurden diese Schritte auch durch westliche Unterstützung – von Friedens-, Frauen- und Umweltgruppen, von Journalisten, Mitgliedern und Bundestagsabgeordneten der Grünen, von ehemaligen DDR-Bürgern usw. Gleichwohl kann von einer Weststeuerung der DDR-Gruppen, wie sie von SED und MfS immer wieder behauptet wurde, keine Rede sein. Die einflußreichen Politiker der großen bundesdeutschen Parteien haben die

Gruppen bis zum Herbst 1989 weitgehend ignoriert. Die sich etwa ab 1984 herausbildende DDR-Opposition bedurfte der internationalen Zusammenarbeit und der Solidarität aus West und Ost, um zu ihrer authentischen Form zu finden, die gleichermaßen durch die Erfahrungen ostmitteleuropäischer Demokratiebewegungen wie durch die Besonderheiten des deutsch-deutschen Verhältnisses geprägt worden ist.

Anmerkungen

1 Vgl. z.B. *Eckhard Jesse*, Artikulationsformen und Zielsetzungen von widerständigem Verhalten in der Deutschen Demokratischen Republik, in: Materialien der Enquete-Kommission „Aufarbeitung von Geschichte und Folgen der SED-Diktatur in Deutschland", Baden-Baden; Frankfurt/M. 1995, (künftig: Materialien), Bd. VII.1, S. 994–1000; *Christoph Kleßmann*, Die Opposition in der DDR vom Beginn der Ära Honecker bis zur polnischen Revolution 1980/81, in: Materialien, Bd. VII.2, S. 1080–1083; *Rainer Eckert*, Die revolutionäre Krise am Ende der achtziger Jahre und die Formierung der Opposition, in: Materialien, Bd. VII.1, S. 682–688; *Ilko-Sascha Kowalczuk*, Von der Freiheit, Ich zu sagen. Widerständiges Verhalten in der DDR, in: *Ulrike Poppe; Rainer Eckert; Ilko-Sascha Kowalczuk* (Hrsgg.), Zwischen Selbstbehauptung und Anpassung. Berlin 1995, S. 85–115; vgl. auch die Beiträge von *Ilko-Sascha Kowalczuk* und *Ehrhart Neubert* in diesem Band.

2 Vgl. z.B. *Václav Havel*, Versuch, in der Wahrheit zu leben. Reinbek 1990; *Václav Havel*, Am Anfang war das Wort. Texte von 1969 bis 1990. Reinbek 1990. Eine kurze und prägnante Darstellung des antitotalitären Charakters der ostmitteleuropäischen Opposition ist enthalten in *Ludwig Mehlhorn*, Der politische Umbruch in Ost- und Mitteleuropa und seine Bedeutung für die Bürgerbewegung in der DDR, in: Materialien, Bd. VII.2, S. 1415ff.

3 Bis zu den frühen achtziger Jahren war oppositionelles Denken und Handeln in der DDR überwiegend die Sache der politischen Linken, vgl. z.B. *Robert Havemann*, Dialektik ohne Dogma? Berlin 1990; *Rudolf Bahro*, Die Alternative. Zur Kritik des real existierenden Sozialismus. Köln und Frankfurt/M. 1977. Bahro war der letzte wichtige Vertreter der „systemimmanenten Opposition". Ein Teil der undogmatischen Linken konnte die Schlußfolgerungen aus seiner „Alternative" nicht nachvollziehen und schloß sich der unabhängigen Friedensbewegung an. Sie erwarteten Impulse für Veränderungen nicht von einer neuen kommunistischen Elite (die ja bis zum Ende der DDR auch unsichtbar geblieben ist), sondern nur von einer öffentlich und außerhalb des Machtapparates geführten Debatte sowie der Entwicklung unabhängiger, „paralleler" Strukturen, wie sie in Polen, in Ungarn und der CSSR entstanden waren. Für die meisten Dissidenten in diesen Staaten waren die sozialistischen Utopien und das mit ihnen verbundene (im Westen bis heute verwendete) Links-Rechts-Klischee längst fragwürdig und für ihr Handeln bedeutungslos geworden. Vgl. z.B. *Vaclav Havel*, Anatomie einer Zurückhaltung, in: Am Anfang war das Wort. Reinbek 1990, S. 129–137.

4 Zu den geistigen und politischen Wurzeln sowie zur individuellen Entwicklung verschiedener Protagonisten vgl. die Protokolle der Öffentlichen Anhörungen „Motivationen, Möglichkeiten und Grenzen widerständigen und oppositionellen Verhaltens", 67. und 68. Sitzung, in: Materialien, Bd. VII.1, S. 10–313; zur Entwicklung der unabhängigen Friedensbewegung in den späten siebziger und frühen achtziger Jahren vgl. *Klaus Ehring, Martin Dallwitz* (Hrsgg.), Schwerter zu Pflugscharen, Friedensbewegung in der DDR. Reinbek 1982; vgl. auch *Stephan Bickhardt*, Die Entwicklung der DDR-Opposition in den achtziger Jahren, in: Materialien, Bd. VII.1, S. 450–478.

5 Vgl. *Reinhard Weißhuhn*, Der Einfluß der bundesdeutschen Parteien auf die Entwicklung widerständigen Verhaltens in der DDR der achtziger Jahre, in: Materialien, Bd. VII.2, S. 1853-1949, hier S. 1854–1856.

6 Für ein atomwaffenfreies Europa, hrsg. von der Russell-Friedens-Kampagne, Berlin 1981.

7 *Klaus Ehring; Martin Dallwitz* (s.o. Anm. 4), S. 212–214 sowie S. 227–229; *Stephan Bickhardt*, (s.o. Anm. 4), S. 462–466; *Reinhard Weißhuhn*, (s.o. Anm. 5), S. 1856ff.

8 Vgl. *Stephan Bickardt*, a.a.O., S. 478f. Jena ist neben Berlin immer ein Zentrum oppositioneller Aktivitäten in der DDR gewesen. Ein anschauliches Bild davon lieferte die öffentliche Anhörung der Enquete-Kommission des Deutschen Bundestages am 15. März 1994 in Jena: Protokoll der 67. Sitzung, in: Materialien, Bd. VII.1, S. 128–178.

9 Vgl. *Irena Kukutz*, Die Bewegung „Frauen für den Frieden" als Teil der unabhängigen Friedensbewegung der DDR, in: Materialien, Bd. VII.2, S. 1285–1408; *Stephan Bickhardt*, a.a.O., S. 479ff.; *Irena Kukutz*, „Nicht Rädchen, sondern Sand im Getriebe, den Kreis der Gewalt zu durchbrechen". Frauenwiderstand in der DDR in den achtziger Jahren, in: *Poppe, Eckert, Kowalczuk* (s.o. Anm. 1), S. 273-283.

10 Vgl. *Irena Kukutz*, Materialien, Bd. VII.2, S. 1303–1308; *Reinhard Weißhuhn*, (s.o.Anm. 5), S. 1861f.; *Gerd Poppe*, Zur Entwicklung des grenzüberschreitenden Dialogs (1987), in: *Stephan Bickhardt* (Hrsg.), Spuren. Zur Geschichte der Friedensbewegung in der DDR, Berlin (Samsidat-Ausgabe) 1988. Nachdruck in *Gerda Haufe; Karl Bruckmeier* (Hrsgg.), Die Bürgerbewegungen in der DDR. Opladen 1993, S. 208f.

11 Vgl. *Ludwig Mehlhorn*, (s.o. Anm. 2), S. 1425f.; *Ulrike Poppe*, „Der Weg ist das Ziel". Zum Selbstverständnis und der politischen Rolle oppositioneller Gruppen der achtziger Jahre, in: *Poppe, Eckert, Kowalczuk* (Hrsgg.), (s.o. Anm. 1) S. 247f. Diverse Einladungen, Materialien, Briefe, Manuskripte etc. zu den END-Konferenzen 1983–87 befinden sich im Archiv d. Verf.

12 *Reinhard Weißhuhn*, (s.o. Anm. 5); *Wilhelm Knabe*, Westparteien und DDR-Opposition, in: Materialien, Bd. VII.2, S. 1110–1202. Die Grünen waren mit großem Abstand die bundesdeutsche Partei, von der die DDR-Oppositionellen am meisten unterstützt wurden. Dennoch waren die DDR-Aktivitäten von Petra Kelly, Lukas Beckmann, Ulrich Fischer, Heinz Suhr und anderen bei den Grünen umstritten. Ähnlich wie im Falle der westdeutschen Friedensbewegung waren viele Mitglieder der Grünen mehr an guten Beziehungen mit der SED als an Kontakten mit Oppositionellen interessiert.

13 Vgl. *Hanna Kotowski* (Hrsg.), Für eure und unsere Freiheit. Dokumentation zu den Verhaftungen in der Friedensbewegung der DDR, Selbstverlag, Berlin 1984, Hg.:. Die Broschüre enthält neben Informationen über die Verhaftung und Freilassung von B. Bohley und U. Poppe sowie über Verhaftungen in Weimar, Leipzig, Potsdam, Karl-Marx-Stadt und diesbezügliche Solidaritätsaktionen eine Reihe von Dokumenten der unabhängigen Friedensbewegung der DDR (u.a. Grußadresse an die II. END-Konferenz; Aktion „Fasten für das Leben"; Brief an den Bundestag vom 22.11.83).

14 Vgl. Der Frieden ist unteilbar. Für ein Europa jenseits der Blöcke, hrsg. von der Initiative Ost-West-Dialog Berlin und dem Schweizerischen Friedensrat. Berlin 1985. Neben Texten aus Polen, Ungarn und der Tschechoslowakei sind auch Texte aus der DDR, die nach Perugia geschickt wurden, abgedruckt.

15 Der Frieden ist unteilbar, a.a.O., S. 144ff. Die Erklärung formulierte Grundsätze einer blockübergreifenden Friedensbewegung, wobei sie von den gemeinsamen Interessen der westlichen Friedensbewegung und der ostmitteleuropäischen Demokratiebewegung ausging. Mehr als 100 Personen – aus der Bundesrepublik und sieben weiteren westeuropäischen Ländern, aus der DDR, Ungarn, der CSSR sowie Emigranten aus Polen, der CSSR und der Sowjetunion – unterzeichneten die Erklärung.

16 Vgl. *Ralf Hirsch, Lew Kopelew*, (Hrsgg.), Grenzfall. Vollständiger Nachdruck aller Ausgaben 1986/87, Berlin 1989, S.111ff. Zur VI. END-Konferenz 1987 in Coventry hatten die Organisatoren nicht nur die Friedensräte aus dem Osten, sondern auch Delegationen der kommunistischen Parteien, u.a. der SED, der KPdSU, der KP Rumäniens, Bulgariens, eingeladen. Die große Mehrheit der etwa 50 aus der DDR eingeladenen Vertreter unabhängiger Gruppen sagten daraufhin ihre Beteiligung in jeder Form ab. (Die VII. und letzte END-Konferenz fand 1988 in Lund, Schweden, statt.)

17 Hervorgegangen aus der „Initiative Ost-West-Dialog Berlin". Vgl. *György Dalos*, Der politische Umbruch in Ost- und Mitteleuropa und seine Bedeutung für die Bürgerbewegung in der DDR. Materialien, Bd. VII.1, S. 555; *Ludwig Mehlhorn* (s.o. Anm. 2), S. 1426; *Reinhard Weißhuhn*, (s.o. Anm. 5), S. 1871ff.

18 Ein Dialog ist kein Austausch von Höflichkeiten. Offener Brief der Charta 77 an die III. END-Konferenz in Perugia, Juli 1984, in: Der Frieden ist unteilbar, (s.o. Anm. 14), S. 61ff.; *Jiri Dienstbier*, Wir brauchen eine gesamteuropäische Bewegung für den Frieden. Brief an die II. END-Konferenz in Berlin, Mai 1983, ebenda, S. 57ff.; Offener Brief des „Komitee für sozialen Widerstand (KOS)" an die westlichen Friedensbewegungen sowie „Der Frieden ist unteilbar", Erklärung des KOS vom 20. Oktober 1983, ebenda, S. 71ff.

19 „Stationierung dient dem Krieg", Frankfurter Rundschau, 26.11.84, auch enthalten in: Materialien, Bd. VII.2, S. 1388, sowie unter der Überschrift „Diese Raketen gefährden den Frieden" in: Der Frieden ist unteilbar, a.a.O., S. 54f.

20 Dieser Vorwurf bleibt trotz des für die Deutschen glücklichen Verlaufs der Geschichte auch nach dem heutigen Stand der Forschung berechtigt. Vgl. z.B. *Timothy Garton Ash*, Im Namen Europas. Deutschland und der geteilte Kontinent. München, Wien 1993.

21 Vgl. *Reinhard Weißhuhn*, (s.o. Anm. 5), S. 1913ff.; *Ulrike Poppe*, (s.o. Anm. 11), S. 266ff.; *Markus Meckel*, Materialien, Protokoll 68. Sitzung, Bd. VII.1, S. 311f.; *Ludwig Mehlhorn*, (s.o. Anm. 2), S. 1429; Materialien, Protokoll 52. Sitzung: Haltungen zur deutschen Frage in der DDR, Bd. V.1, S. 830–872.

22 An dieser Stelle sollen neben den Versuchen Havemanns 1981/82 wenigstens die zahlreichen Aufsätze und Vorträge von *Edelbert Richter*, Naumburg und Weimar, erwähnt werden, die in oppositionellen Kreisen intensiv diskutiert wurden.

23 Vgl. z.B. *Stephan Bickhardt*, (s.o. Anm. 4), S. 462ff.

24 Ein MfS-Bericht benennt Altbischof Kurt Scharf und Wolfgang Ullmann zutreffend als Referenten der ersten Veranstaltung dieses Kreises am 25. Februar 1984 in den Räumen der Sophiengemeinde Berlin. An der Diskussion haben u.a. teilgenommen: Martin König, Edelbert Richter, Ulrich Stockmann, Stephan Bickhardt, Eckhart Hübener, Uwe Kulisch, Karim Saab, Bärbel Bohley, Gerd Poppe ... Ein weiterer Stasibericht spricht von der Zusammenkunft *„einer sogenannten ‚Arbeitsgemeinschaft Deutschlandpolitik' unter Leitung des operativ bekannten König, Martin, [...] auf der sogenannte deutschlandpolitische Probleme erörtert wurden sowie Fragen der sogenannten unabhängigen Friedensbewegung sowie eines einheitlichen und neutralen Deutschlands"*. Das MfS verfügte gleichzeitig die Einreisesperre für Peter Brandt und Herbert Ammon, die zu einer Folgeveranstaltung eingeladen waren. Peter Brandt wurde am Grenzübergang zurückgewiesen, Ammon gelang die Einreise – zum letzten Male bis zum Fall der Mauer. Vgl. *Martin König*, Materialien, Bd. V.1, S. 837f.; *Peter Brandt, Herbert Ammon* (Hrsgg.), Die Linke und die nationale Frage, Reinbek 1981. Die MfS-Berichte sind enthalten in OV „Zirkel", MfS XV/4703/77, Bd. 17; Arch.-Nr. 1010/91.

25 Vgl. Spuren. Zur Geschichte der Friedensbewegung in der DDR, Samisdat, Berlin 1988; eine leicht gekürzte Fassung unter dem Titel „Initiative für ein souveränes Europa" ist enthalten in: Osteuropa-Info, 2.Jg., Nr. 3/85 (Hrsg.: Osteuropakomitee Düsseldorf); vgl. auch *Stephan Bickhardt*, (s.o. Anm. 4), S. 475f.

26 Vgl. u.a. *Ludwig Mehlhorn* (s.o. Anm. 2), S. 1427f.; *Milan Kundera*, Die Tragödie Mitteleuropas. Osteuropa-Info 2/84, Düsseldorf; *György Konrád*, Mein Traum von Europa, in: Kursbuch 81, Berlin 1985; *György Konrád*, Antipolitik. Mitteleuropäische Meditationen. Frankfurt/M. 1985; Mitteleuropa – Mythos oder Utopie?, in Osteuropa-Forum, Düsseldorf, 3.Jg., Nr. 14, Dezember 1986; Bibliographie zur Mitteleuropa-Diskussion, in: Osteuropa-Forum aktuell, Düsseldorf, Nr. 21, November 1988 (Beilage); *Timothy Garton Ash*, Ein Jahrhundert wird abgewählt. München, Wien 1990.

27 Archiv d. Verf.; auch Osteuropa-Info 2.Jg., 2/85, Düsseldorf. Vgl. im übrigen *Ludwig Mehlhorn*, (s.o. Anm. 2), S. 1429ff.; *Reinhard Weißhuhn*, (s.o. Anm. 5), S. 1913f. Der „Prager Appell" wurde an die IV. END-Konferenz 1985 in Amsterdam geschickt. Ähnliche Überle-

gungen zur deutschen Frage hatten auch Jaroslav Sabata (Charta 77) und Jacek Kuron (KOR, Polen) bereits öffentlich angestellt. Unterzeichnet wurde der „Prager Appell" von vielen wichtigen Chartisten, unter ihnen Vaclav Benda, Jan Carnogursky, Jiri Dienstbier, Jiri Hajek, Vaclav Havel, Ladislav Hejdanek, Eva Kanturková, Václav Maly, Anna Marvanová, Jan Ruml, Jiri Ruml, Jaroslav Sabata, Anna Sabatová, Petruska Sustrová, Petr Uhl.

28 Archiv d. Verf.; unterzeichnet wurde der Antwortbrief u.a. von Bärbel Bohley, Werner Fischer, Ralf Hirsch, Martin König, Martina Krone, Irena Kukutz, Gisela Metz, Gerd Poppe, Ulrike Poppe, Rüdiger Rosenthal, Jutta Seidel, Reinhard Schult, Wolfram Tschiche. Vgl. *Ulrike Poppe*, (s.o. Anm. 11), S. 267f.; *Ludwig Mehlhorn*, (s.o. Anm. 2), S. 1432. Mit den im Antworfbrief enthaltenen Aussagen standen die DDR-Oppositionellen nicht allein. Manche Dissidenten in Ostmitteleuropa waren gleichfalls der Ansicht, daß die deutsche Einheit *„bestenfalls das Ergebnis, niemals aber der Ausgangspunkt bei einer umfassenden europäischen Neuordnung sein kann"; János Kis*, Das Jalta-Dilemma in den achtziger Jahren, in: „Kursbuch 81", Berlin 1985.

29 Die Konferenz fand vom 8.–10. Februar 1985 statt, die Begegnungen mit den Konferenzteilnehmern zwischen dem 9. und 11. Februar, u.a. in den Wohnungen von W. Fischer, U. u. G. Poppe, B. Bohley, S. Bickhardt; vgl. OV „Zirkel", MfS XV/ 4703/77, Bd. 19. Der Beitrag von Jiri Pelikan befindet sich im Archiv d. Verf.

30 Das Helsinki-Abkommen mit wirklichem Leben erfüllen, hrsg. vom Europäisches Netzwerk für den Ost-West-Dialog, Berlin 1987; s. auch Kommune 12/1986, S. 47ff.; Osteuropa-Forum, 3. Jg., Nr. 13, September 1986; vgl. Osteuropa-Forum, 3. Jg., Nr. 14, Dezember 1986; vgl. auch *Ludwig Mehlhorn*, (s.o. Anm. 2), S. 1426; *Reinhard Weißhuhn*, (s.o. Anm. 5) S. 1892; Charta 77- Dokument 13/86, April 1986, Palach Press Ltd. London; *Petr Uhl*, Brief an das Netzwerk Ost-West-Dialog, Palach Press Ltd. London, 27. April 1986. Von den ca. 560 Erstunterzeichnern waren etwa 230 aus Ostmitteleuropa, davon 45 aus der DDR („Initiative Frieden und Menschenrechte", „Umweltbibliothek" Berlin und unabhängige Friedensgruppen). Ein überregionales Treffen von DDR-Gruppen, auf dem die letzte Fassung des Memorandums diskutiert wurde, fand im Sommer 1986 in Vipperow, im Pfarrhaus von Markus Meckel, statt. 1987 kam es zu einer Begegnung von DDR-Oppositionellen mit der offiziellen KSZE-Delegation der USA unter Leitung von Senator Steny Hoyer in einer Ost-Berliner Wohnung; vgl. *Grenzfall*. Vollständiger Nachdruck, (s.o. Anm. 16), S. 131ff.

31 Vgl. *Carlo Jordan; Hans Michael Kloth*, Arche Nova. Berlin 1985; Grenzfall. Vollständiger Nachdruck, a.a.O., S. 71f.: Internationales Friedensseminar in Warschau/ Warschauer Erklärung; East European Reporter, Vol 3, Nr. 2, London 1988: Conscientious Objection Appeal – enthält einen Appell an die KSZE-Nachfolgekonferenz zur Unterstützung von Kriegsdienstverweigerern (Unterzeichner aus Ungarn, Polen, Jugoslawien, der UdSSR, der CSSR und der DDR); Grenzfall. Vollständiger Nachdruck, a.a.O., S. 123f.: Solidarität mit ungarischen Kriegsdienstverweigerern. Zu den Konferenzen in Warschau und Budapest 1987 vgl. Osteuropa-Forum, 4. Jg., Nr. 17, August 1987: Europäischer Dialog in Warschau; Europäisches Netzwerk für den Ost-West-Dialog, November 1987, s. Archiv d. Verf.: Bericht von *Dieter Esche* über das Ost-West-Seminar in Budapest am 21.–22.11.87 sowie die von ca. 100 Teilnehmern unterzeichnete „Budapester Erklärung". Teilgenommen haben ca. 150 Personen aus 16 Ländern, u.a. der DDR (Mitglieder der „Initiative Frieden und Menschenrechte" sowie der „Umweltbibliothek").

32 Die Idee einer „Europäischen Versammlung" stammte von *Jaroslav Sabata*, Europäisches Netzwerk für den Ost-West-Dialog, 1988/89, Archiv d. Verf. Der Vorschlag führte schließlich zur Gründung der noch heute aktiven „Helsinki Citizens Assembly". Der Text der „Initiative Frieden und Menschenrechte" entstand im November 1988, Archiv d. Verf. Ähnlich argumentierte der Verf. in einem Vortrag zum Seminar „Frieden konkret" im Februar 1989 in Greifswald: Das „europäische Haus" dürfe nicht weiter nur als eine Angelegenheit der Politiker angesehen werden. Die westliche Politik habe „Solidarność" und andere ost- und mitteleuropäische Emanzipationsbewegungen ignoriert, es sei eine Aufgabe der DDR-

Gruppen, die Zusammenarbeit mit diesen Bewegungen zu verstärken. Unter Bezugnahme auf einen Essay von Timothy Garton Ash wies der Referent darauf hin, daß der Niedergang des sowjetischen Imperiums, der in Polen und Ungarn, aber auch in der Sowjetunion selbst sichtbar wurde, die *„Möglichkeit von Reformbestrebungen im Zentrum der Macht und von revolutionären Ereignissen an der Peripherie"* gebe, die Möglichkeit *„der Emanzipation der Staaten vom Zentrum und der Gesellschaft von den Staaten."* Vgl. Archiv d. Verf.; vgl. auch *Timothy Garton Ash*, Ein Jahrhundert ... (s.o. Anm. 26), S. 260–330.

33 Martin Gutzeit und Markus Meckel z.B., die späteren SDP-Gründer, hofften auf bessere Möglichkeiten zur Durchsetzung der bürgerlichen Rechte nach einer Anerkennung der DDR-Staatsbürgerschaft. Vgl. *Markus Meckel; Martin Gutzeit*, Opposition in der DDR. Köln 1994, S. 69ff. und 291ff.

34 Vgl. *Armin Mitter; Stefan Wolle*, Untergang auf Raten. München 1993, S. 367–482; Materialien, Bd. VII.1, 68. Sitzung, *Martin Gutzeit*, S. 239ff., *Markus Meckel*, S. 281, *Gerd Poppe*, S. 286ff.; *György Dalos*, (s.o. Anm. 17) S. 540f.; *Eckhard Jesse*, (s.o. Anm. 1), S. 1007f.; *Ludwig Mehlhorn*, (s.o. Anm. 2), S. 1413; Materialien, Protokoll der 47. Sitzung: Der Prager Frühling und seine Folgen (Podiumsdiskussion), Bd. V.1, S. 133–196. Im Unterschied zu anderen ostmitteleuropäischen Staaten war in der DDR die Niederschlagung des Prager Frühlings nicht gleichbedeutend mit dem Ende der Hoffnung auf einen „demokratischen Sozialismus". Erst seit 1984/85 verschwand das Thema Schritt um Schritt von der Agenda der oppositionellen Gruppen. Entsprechendes gilt für die sozialistische Utopie als Ganzes und auch für die These vom sogenannten „dritten Weg". Einige Historiker unterstellen noch der DDR-Opposition von 1989, daß ihre Vorstellungen sich vorwiegend aus solchen Theorien nährten. Hierbei scheint es sich aber eher um die Projektion sozialistischer Träume der westdeutschen Linken auf die DDR-Opposition zu handeln. Die berechtigten Forderungen der ostdeutschen Bürgerbewegungen, ihre Erfahrungen im Prozeß der deutschen Einheit stärker zu berücksichtigen, haben nichts mit einem „dritten Weg" zu tun.

35 Vgl. Materialien, Protokoll der 67. Sitzung, *Roland Jahn*, Bd. VII.1, S. 144f.; Materialien, 68. Sitzung, *Hans Misselwitz*, S. 249, *Gerd Poppe*, S. 288; *Stephan Bickhardt*, (s.o. Anm. 4), S. 468; *Christoph Kleßmann*, a.a.O., S. 1105ff.; *Wilhelm Knabe*, a.a.O., S. 1118f.; *Ludwig Mehlhorn*, S. 1422ff.; Materialien, Protokoll der 47. Sitzung: Solidarność 1980/81 und die Folgen ... (Podiumsdiskussion), Bd. V.1, S. 197–237.

36 Zum deutsch-polnischen Dialog vgl. z.B. *Ludwig Mehlhorn*, (s.o. Anm. 2), S. 1414ff.; über Begegnungen in Budapest berichtet u.a. *György Dalos*, (s.o. Anm. 17), S. 554ff.; *György Dalos*, Ost & Ost. Dissidentenkontakte im Warschauer-Pakt-Bereich, in: Gesteinsammlung. Festschrift für Gerd Poppe, Berlin 1991. Auf einer Konferenz im November 1996 in Jena beschrieb Petr Uhl die Treffen mit ostdeutschen Oppositionellen in Prag: Geschichtswerkstatt Jena (Hrsg.), Linke Opposition in der DDR und undogmatische Linke in der BRD. Tagungsdokumentation. Jena 1996, S. 65–71. In den MfS-Akten (vgl. z.B. OV „Zirkel", MfS XV/4703/77) finden sich etliche Berichte über solche Treffen in Prag, Budapest und Berlin. In den siebziger Jahren konnten z.B. ungarische Dissidenten wie György Konrád, Miklos Haraszti, György Dalos mehrere Male in die DDR einreisen, in den achtziger Jahren wurde ihre Einreise vom MfS regelmäßig verhindert.

37 Zu Unterschieden und Gemeinsamkeiten von ostmitteleuropäischer und DDR-Opposition vgl. *Helmut Fehr*, Von der Dissidenz zur Gegen-Elite, in: *Poppe, Eckert, Kowalczuk* (s.o. Anm. 1), 301–334; *Timothy Garton Ash*, (s.o. Anm. 26); *György Dalos*, in: Materialien, Bd. VII.1, S. 540ff.; *György Dalos*, in: Gesteinsammlung, a.a.O.

38 Zu Reisen von DDR-Oppositionellen in den achtziger Jahren in die CSSR, nach Polen usw. vgl. z.B. *Christian Dietrich*, Fallstudie Leipzig 1987–1989, in: Materialien, Bd. VII.1, S. 559f.; MfS-Bericht vom 12.9.85 über Treffen von Stephan Bickhardt mit tschechischen Dissidenten in Prag, in: OV „Zirkel", (s.o. Anm. 29), Bd. 21; *Wolfgang Templin*, Reisenotizen aus Osteuropa, in „Grenzfall", Nr. 1-12/88, Archiv d. Verf.; unveröffentlichte Reiseberichte von *Wolfgang Templin* (Polen) und *Ruth Kibelka* (Baltische Republiken), Archiv d. Verf.

Reiseverweigerungen in das sozialistische Ausland werden u.a. beschrieben in Grenzfall, Nr. 1-12/88 und Nr. 1-5/89, Archiv d. Verf. Zu den Einreiseverweigerungen für Mitglieder der Grünen vgl. u.a. *Wilhelm Knabe*, (s.o. Anm. 12), S. 1144ff.; *Reinhard Weißhuhn*, (s.o. Anm. 5), S. 1894f. Zu den Protesten gegen die Reisebeschränkungen und -verhinderungen vgl. *Peter Grimm; Ralf Hirsch; Rainer Eppelmann; Wolfgang Templin*, Appell zum UNO-Jahr des Friedens, in: *Ferdinand Kroh* (Hrsgg.), Freiheit ist immer Freiheit ..., Frankfurt und Berlin 1988, S. 214ff. Am 24. April 1987 versuchten ca. 15 Mitglieder der „Initiative Frieden und und Menschenrechte", gemeinsam nach Prag zu fliegen. Die Aktion wurde von bundesdeutschen Journalisten begleitet und vom MfS auf spektakuläre Weise verhindert. Vgl. Grenzfall. Vollständiger Nachdruck (s.o. Anm. 16), S. 55ff.; Tagesspiegel vom 26.04.87, FAZ, Süddeutsche Zeitung und Die Welt vom 27.04.87, Frankfurter Rundschau vom 9.05.87 sowie div. MfS-Dokumente, u.a. in OV „Zirkel", Bd. 23. Zur 1987 entstandenen Initiative „Absage an Prinzip und Praxis der Abgrenzung" (IAPPA) vgl. Aufrisse. Berlin 1987, Hg. *Stephan Bickhardt, Reinhard Lampe, Ludwig Mehlhorn*, Grenzfall, Vollständiger Nachdruck ..., a.a.O., S. 57f. In der DDR akkreditierte Journalisten wie Ulrich Schwarz, Karl-Heinz Baum, Hans-Jürgen Börner, Hartwig Heber, Hartmut Jennerjahn u.v.a. haben den Informationsaustausch ebenso unterstützt wie die Grünen Petra Kelly, Ulrich Fischer, Heinz Suhr, Elisabeth Weber, Birgit Voigt u.a. und die Mitglieder des „Netzwerk für den Ost-West-Dialog", z.B. Marie-Luise Lindemann, Elsbeth Zylla, Dieter Esche. In besonderem Maße haben auch ausgebürgerte Oppositionelle wie Roland Jahn, Jürgen Fuchs, Ralf Hirsch, Freya Klier u.a. zur ostmitteleuropäischen Zusammenarbeit beigetragen. Zur Rolle von westdeutschen Journalisten vgl. auch *Rainer Eppelmann*, Fremd im eigenen Haus. Köln 1993.

39 Aus MfS-Spitzelberichten von überregionalen Oppositionstreffen in Vipperow und Grünheide ist zu entnehmen, daß schon im Mai 1985 über die Herausgabe von Untergrundzeitschriften nach tschechischem Vorbild diskutiert wurde. Interessant ist auch der Hinweis, daß die Teilnehmer an diesen Treffen den Begriff „Opposition" auf sich anwenden. Vgl. *Meckel, Gutzeit* (s.o. Anm. 33), S. 163–170.

40 Vgl. u.a. *Vaclav Havel*, Anatomie einer Zurückhaltung, in: Am Anfang ... (s.o. Anm. 2), S. 148ff.

41 Vgl. u.a. *Ralf Hirsch*, Die Initiative Frieden und Menschenrechte, in: *Kroh* (Hrsg.) (s.o. Anm. 38), S. 210-233, *Wolfgang Templin; Reinhard Weißhuhn*, Initiative Frieden und Menschenrechte, in: *Helmut Müller-Enbergs; Marianne Schulz; Jan Wielgohs* (Hrsg.), Von der Illegalität ins Parlament. Berlin 1991, S. 148–165; Grenzfall. Vollständiger Nachdruck ... (s.o. Anm. 16). Vgl. auch den Beitrag von *Wolfgang Templin* und *Reinhard Weißhuhn* in diesem Band. Der ausdrückliche Hinweis in einer der ersten öffentlichen Verlautbarungen der IFM im Januar 1986, die Gründung einer „Charta 85" sei keineswegs geplant, verstärkt eher den Hinweis auf die Gemeinsamkeit mit der „Charta 77", als daß sie sie dementiert.

42 Brief der IFM zum 10. Jahrestag der Charta 77, Osteuropa-Forum, 4. Jg., Nr. 15, 1987 sowie in Grenzfall. Vollständiger Nachdruck, (s.o. Anm. 16), S. 29f. Gekürzte Fassung in „Tageszeitung" vom 13.1.87; Gemeinsame Erklärung zum Gedenken an den 20. Jahrestag der Invasion des Warschauer Paktes am 21.8.88, Grenzfall 1-12/1988, Archiv d. Verf. Zu den Erklärungen der IFM: Erklärung zum Tag der Menschenrechte, 10.12.87, vgl. Grenzfall, Vollständiger Nachdruck ..., a.a.O, S. VII; Aufruf der Initiative Frieden und Menschenrechte Berlin, 11. März 1989, Archiv d. Verf.

43 Vgl. Gründungserklärung der Gruppe „Wolność i pokoj", Mai 1985, in: Osteuropa-Forum, 3. Jg., Nr. 11, Düsseldorf, Februar 1986; Grundsatzerklärung der Bewegung „Freiheit und Frieden" 1986, in: Osteuropa-Forum, 3. Jg., Nr. 13, September 1986. Zur Einladung zur Gedenkveranstaltung 1988 vgl. Archiv d. Verf. Seitens der DDR-Opposition sind die deutsch-polnischen Beziehungen besonders von Ludwig Mehlhorn und Wolfgang Templin entwickelt worden.

44 Vgl. Grenzfall. Vollständiger Nachdruck ..., (s.o. Anm. 16), S. 14 und S. 36ff.; vgl. auch „Der Spiegel", Nr. 43/1986. Neben vielen prominenten Dissidenten aus Ungarn, der CSSR

und Polen unterzeichneten 16 DDR-Bürger die Erklärung (davon 14 aus der IFM, unter ihnen pikanterweise 5 inoffizielle Mitarbeiter des MfS). Die Kontakte mit der ungarischen demokratischen Opposition konnten trotz der rigorosen Einreisesperre aufrechterhalten werden, u.a. von Reinhard Weißhuhn unter Mitwirkung von Freunden im Westteil Berlins. György Dalos z.B. beteiligte sich mehrmals mit eigenen Beiträgen an DDR-Samisdat-Blättern. In den späten achtziger Jahren konnten Mitglieder von FIDESZ einige Male in die DDR kommen. Vgl. u.a. *György Dalos*, Konfliktlösung in Ungarn und in der DDR, Grenzfall 1-12/1988, Archiv d. Verf.; Der erste Mai in Budapest. Übersicht über Parteien, Organisationen und unabhängige Gewerkschaften in Ungarn, Grenzfall 6/1989, Archiv d. Verf.; Solidaritätserklärung von FIDESZ für die Oppositionsgruppen in der DDR (sowie zahlreiche weitere Texte aus Ungarn), in: Freier Fall, Heft 2, Oktober 1989, hrsg. von der Initiative Demokratischer Erneuerung, Dresden.

45 Vgl. Grenzfall. Vollständiger Nachdruck ..., (s.o. Anm. 16), S. 42: Brief der Moskauer Vertrauensgruppe an die unabhängige Friedensbewegung in der DDR. In der Folgezeit wurden (vor allem telefonisch unter Mitwirkung von Wolfgang Templin) Informationen ausgetauscht und auf beiden Seiten Solidaritätserklärungen veröffentlicht. Im Mai 1987 übergab die IFM in der sowjetischen Botschaft einen „Brief an Gorbatschow“. Dieser beinhaltete weniger eine Reverenz gegenüber dem sowjetischen Parteiführer als die Kritik an der Unbeweglichkeit der SED-Gerontokratie. Vgl. Grenzfall. Vollständiger Nachdruck ..., a.a.O., S. 66ff. Zu den Reaktionen auf die Tschernobyl-Katastrophe vgl. Grenzfall. Vollständiger Nachdruck ..., a.a.O., S. 16f. sowie S. 51f. Zum Thema der Vergangenheitsaufarbeitung vgl. Grenzfall. Vollständiger Nachdruck ..., a.a.O., S. 107ff.: Deutsch-sowjetischer Nichtangriffspakt und Zusatzprotokolle; Offener Brief von DDR-Bürgern anläßlich des 50. Jahrestages der Moskauer Schauprozesse von 1936–38, Grenzfall 6/1989, Archiv d. Verf.; *Gerd Poppe*, „Wir sind dabei, uns selbst zu erkennen“, unveröffentlichtes Manuskript für Ostkreuz, Nr. 2., Archiv d. Verf. Informationen über „Memorial“ erreichten die DDR vor allem mit Hilfe von Elisabeth Weber, Köln.

46 Die meisten Informationen gelangten über Ruth Kibelka in die DDR, die mehrfach in die baltischen Republiken reiste. Vgl. u.a. Grenzfall 1-12/88, Gespräch mit zwei estnischen Bürgern im November 1988, Archiv d. Verf.; Grenzfall 6/1989, Dokumentation über die litauische Organisation „Sajudis“. Vgl. auch die Beiträge von *H.-Friedel Fischer* und *Bernd Oehler* in: Forum für Kirche & Menschenrechte, Nr. 2, Leipzig, November 1989, Archiv. d. Verf.

47 Beispiele für Solidaritätserklärungen: Solidarität mit Petr Pospichal (inhaftierter Charta 77-Unterzeichner), Grenzfall. Vollständiger Nachdruck ..., (s.o. Anm. 16), S. 48f.; Solidarität mit polnischen Friedensgruppen sowie Brief an den polnischen Generalstaatsanwalt, Grenzfall. Vollständiger Nachdruck ..., a.a.O., S. 4 und S. 10; Prozeß gegen Sergej Swetuschkin (inhaftiertes Mitglied einer russischen Gruppe), Grenzfall. Vollständiger Nachdruck ..., a.a.O., S. 50.

48 Neben Veröffentlichungen in westdeutschen Tageszeitungen sowie Rundfunk- und Fernsehbeiträgen (z.B. „Kennzeichen D“, „Kontraste“) wurden Berichte, Erklärungen, Interviews usw. von Mitgliedern der DDR-Oppositionsgruppen in amerikanischen und westeuropäischen Zeitschriften abgedruckt, wodurch auch eine internationale Öffentlichkeit erreicht wurde: z.B. in Across Frontiers (Hrsg.: W. Jackson, Berkeley, Cal.); East European Reporter (J. Kavan, London); END. Journal of European Nuclear Disarmament (London); GDR Peace News (END, London); Labour Focus on Eastern Europe (G. Minnerup, London); Listy Blätter (J. Pelikan, Rom); La nouvelle Alternative (K. Bartosek, Paris); Peace & Democracy News (J. Landy, New York) - Vgl. Archiv d. Verf.

49 Grenzfall: Berlin 1986–89, Redaktion Peter Grimm (1988/89 auch Reinhard Weißhuhn). *Ralf Hirsch, Lew Kopelew* (Hrsgg.), Vollständiger Nachdruck aller in der DDR erschienenen Ausgaben 1986/87, Berlin 1989; drei weitere Ausgaben: Nr. „1-12“/1988; Nr. „1-5“/1989; Nr. 6/1989, Archiv d. Verf.; Umweltblätter: Berlin 1986–89, Redaktion Wolfgang Rüddenklau. Vgl. *Wolfgang Rüddenklau*, Störenfried. Berlin 1992. Von den Samisdat-Ausgaben

aus den Jahren 1987–89 sind hinsichtlich des behandelten Themas von besonderem Interesse: Spuren. Zur Geschichte der Friedensbewegung in der DDR. Berlin, Januar 1988, Hrsgg.: *Stephan Bickhardt u.a.;* Aufrisse. Absage an Praxis und Prinzip der Abgrenzung, Berlin 1987; Über das Nein hinaus. Aufrisse zwei, Berlin 1988, Hrsg.: *Stephan Bickhardt, Reinhard Lampe, Ludwig Mehlhorn;* Oder. Literarische Texte, Berlin 1987, Hrsg.: *Michael Bartoszek, Ludwig Mehlhorn, Joachim Zeller*; Fußnote 3. Eine Dokumentation, Berlin 1988, Hrsgg.: *Peter Grimm, Reinhard Weißhuhn, Gerd Poppe;* Ostkreuz. Politik, Geschichte, Kultur. Berlin, Januar 1989, Hrsg.: *Reinhard Weißhuhn, Gerd Poppe* (enthält u.a. eine Analyse des DDR-Samisdats von György Dalos. Der Leitartikel wurde von Jiri Dienstbier, Charta 77, geschrieben); Ostkreuz, Nr. 2, Berlin, 1989 (unveröffentlicht), Archiv d. Verf.; Kontext. Beiträge aus Kirche, Gesellschaft, Kultur, Berlin 1988–90, Hg.: *Torsten Metelka; Vaclav Havel,* Gemeinsame Sonderausgabe von Kontext und Ostkreuz, Berlin, März 1989 (herausgegeben anläßlich der Verhaftung und Verurteilung Havels und anderer tschechischer und slowakischer Bürgerrechtler im Februar 1989); Arche Nova, Berlin 1988–90, Hrsg.: *Carlo Jordan u.a.* Vgl. *Carlo Jordan; Hans Michael Kloth,* Arche Nova, Berlin 1995. Zur Analyse des DDR-Samisdat (vor allem der literarischen Editionen) vgl. auch *Klaus Michael,* Alternativkultur und Staatssicherheit 1976–1989, in: Materialien, Bd. III.3, S. 1652–1659 und 1674f. Außer den eigenen Zeitschriften der Opposition sind in den letzten Jahren der DDR vor allem die unabhängigen Rundfunksendungen von „Radio Glasnost" zu nennen. Sie wurden in der DDR vorbereitet, u.a. von Reinhard Schult, einem späteren Mitbegründer des „Neuen Forums", und in West-Berlin ausgestrahlt. Vgl. z.B. *Mitter; Wolle* (s.o. Anm. 34), S. 505f.

50 Petr Uhl in Prag war der Organisator der in einem Versuchsstadium befindlichen unabhängigen Agentur. Der Vorschlag für eine gemeinsame Zeitschrift der mittel- und osteuropäischen Opposition kam ebenfalls von Petr Uhl sowie Jan Urban von der Charta 77. Sie sollte gleichzeitig in Prag, Warschau, Ost-Berlin, Budapest, Moskau und Ljubljana erscheinen. Zu den Treffen zwischen Charta 77 und Solidarność vgl. u.a. Osteuropa-Forum aktuell, Nr. 18, Dezember 1987: Treffen der polnisch-tschechoslowakischen Solidarität. Dort wurde u.a. vereinbart: *„Die Teilnehmer dieses Treffens sind übereingekommen, Diskussionen zwischen unabhängigen Gruppen in Mittel- und Osteuropa zu initiieren und weiterzuentwickeln."* Archiv d. Verf. Bereits im Februar 1987 hatten Mitglieder slowenischer Oppositionsgruppen eine Reise nach Ungarn, Polen und Ost-Berlin unternommen, um Verbindungen zwischen ostmitteleuropäischen Oppositionellen zu knüpfen. Vgl. OV „Zirkel", a.a.O., Bd. 23.

51 Beispiele überregionaler Zusammenarbeit: Initiative Sozialer Friedensdienst (SoFD), Berliner Appell, Friedensgemeinschaft Jena, Frauen für den Frieden, Initiative Frieden und Menschenrechte, Umweltbibliotheken, Netzwerk Arche, Frieden konkret, Solidarische Kirche, Kirche von unten, Mobile Friedensseminare in Mecklenburg, Absage an Prinzip und Praxis der Abgrenzung, Freundeskreis der Wehrdienstverweigerer, Kontakttelefon 1988/89.

52 Der Repressionsapparat reagierte hilflos, da die Protestveranstaltungen gegen die Verhaftungen gleichzeitig in mehreren Städten der DDR organisiert wurden und darüber hinaus internationale Solidaritätsbekundungen in vorher nicht gekanntem Ausmaß zustande kamen. Vgl. Grenzfall, Vollständiger Nachdruck ... (s.o. Anm. 16), S. 136ff.; vgl. Fußnote 3, Berlin 1988, Archiv d. Verf.

53 Vgl. Fußnote 3, a.a.O., Protesterklärung gegen die Verhaftungen in der DDR, 4.2.88. Die Erklärung wurde unterzeichnet von 264 Personen aus Polen, Ungarn, der CSSR, der UdSSR und Jugoslawien, darunter von nahezu allen Prominenten von Solidarność, Charta 77 und ungarischer demokratischer Opposition. Die Erklärung wurde auch in unabhängigen Publikationen anderer ostmitteleuropäischer Staaten veröffentlicht, vgl. z.B. Independent Voices From Yugoslavia, Vol. IV, Nr.1, Lubljana. Februar 1988.

54 Die extremen Verhältnisse unter dem Ceausescu-Regime waren der Anlaß für den „Aktionstag Rumänien" am 15.11.88, der gleichzeitig in verschiedenen Städten der Bundesrepublik und der DDR organisiert wurde. In der Ost-Berliner Gethsemane-Kirche versammelten

sich ca. 800 Menschen. *Marie-Luise Lindemann* (Hrsg.), Aktionstag Rumänien. Dokumentation, Archiv d. Verf.; *Marianne Birthler*, Aktionstag Rumänien in der DDR sowie Artikel verschiedener Autoren zur Lage in Rumänien, in: Ostkreuz, Berlin, Januar 1989. Zu den „Rumänientagen" am 29.10.88 und am 27.1.89 in Leipzig vgl. *Christian Dietrich*, a.a.O., S. 636. Im Februar 1989 wurden Vaclav Havel und andere tschechoslowakische Oppositionelle in Prag verurteilt. 16 DDR-Gruppen riefen zu einem Aktionstag auf, der am 19. März 1989 in mehreren Städten der DDR stattfand. Vgl. European Nuclear Disarmament (Zs.), Appell zur Unterstützung der in der CSSR Inhaftierten, 10.3.89, Archiv d. Verf. (Der Appell wurde unterzeichnet von Personen aus 23 Staaten, unter ihnen 36 Unterzeichner aus der DDR); DDR-Gruppen rufen zu Aktionstag für politische Häftlinge in der CSSR auf, Tagesspiegel vom 16. März 1989 (enthält Auszüge aus dem Aufruf und Hinweise auf geplante Veranstaltungen in Nordhausen, Halle, Dresden, Zwickau, Altenburg, Erfurt und Berlin). Die Charta 77 reagierte umgehend: Am 17. März schrieben ihre Sprecher D. Nemcová, T. Hradilek und S. Vondra einen Brief an die DDR-Gruppen, mit dem sie sich für die Solidarität bedankten. Vgl. Palach Press Limited, London, 10.5.89; Programm der Solidaritätsveranstaltung am 19. März 1989 in der Zionsgemeinde Berlin, Archiv d. Verf.; Protestaufruf zu den anhaltenden politischen Repressionen in der Tschechoslowakei, 19.3.1989, hrsg. von der Umweltbibliothek, IFM und Gruppe Gegenstimmen Berlin, Archiv d. Verf.

55 Zu den Reaktionen auf das Massaker vgl. u.a. *Heiko Lietz* u.a. (Hrsgg.), Friedensnetz, Nr. 3/89, Archiv d. Verf. Die Veranstaltung mit dem Dalai Lama wurde gemeinsam von Mitgliedern des Neuen Forums, der IFM und Demokratie Jetzt sowie Petra Kelly von den Grünen vorbereitet. Zum Personenschutz waren Stasi-Leute erschienen, die früher die DDR-Oppositionellen überwacht hatten.

56 Aus den MfS-Akten geht hervor, daß die Maßnahmen gegen westdeutsche und -europäische Kontaktpersonen der DDR-Opposition im Laufe der achtziger Jahre intensiviert wurden. Vgl. MfS-Dissertation „Die politisch-operative Bearbeitung von feindlich-negativen Personenzusammenschlüssen", MfS JHS-Nr. 231/89, 15.2.89. Dort heißt es z.B.: *„Personen im Operationsgebiet – auch wenn diese in feindlichen Zentren tätig sind – sind nur insoweit von operativem Interesse, wie sie sich in die subversive Tätigkeit in der DDR einschalten und nach der DDR wirken."* In einer weiteren MfS-Dissertation, „Das aktuelle Erscheinungsbild politischer Untergrundtätigkeit in der DDR und wesentliche Tendenzen seiner Entwicklung", MfS JHS-Nr. 230/89, Potsdam, 20.12.88, wird als wesentliche Tendenz der „politischen Untergrundtätigkeit" die Zunahme der Außenbeziehungen der DDR-Opposition in westlicher und östlicher Richtung hervorgehoben. Ihre Aktivitäten werden detailliert beschrieben, die Feindbilder präzisiert. Als Hauptfeinde werden u.a. genannt: Charta 77, Solidarnosc, Wolność i pokoj, ungarische, jugoslawische und sowjetische Gruppen, das Netzwerk Ost-West-Dialog, die blockübergreifende Friedensbewegung, grün-alternative Bewegungen und Parteien, West- Journalisten und ausgebürgerte DDR-Oppositionelle. Vgl. auch *Irene Chaker*, Die Arbeit der Hauptverwaltung Aufklärung im „Operationsgebiet" und ihre Auswirkungen auf oppositionelle Bestrebungen in der DDR, Materialien, Bd. VIII, S. 126–242.

57 Vgl. *Armin Mitter; Stefan Wolle*, Ich liebe euch doch alle! Befehle und Lageberichte des MfS. Berlin 1990; OV Zirkel (s.o. Anm. 29), Bd. 26–30, Archiv d. Verf.; MfS-Berichte Nr. 39/89, 150/89, 168/89 nebst Anlagen: Auskünfte zu Personenzusammenschlüssen; Auskünfte zu staatlich

Anhang

Nr. 1
„... der Gedanke von der Unteilbarkeit des Friedens ..."

Prager Aufruf vom 11. März 1985

Vierzig Jahre lang hat es auf europäischem Boden keinen Krieg gegeben. Trotzdem ist Europa kein Erdteil des Friedens. Ganz im Gegenteil: Als die hauptsächliche Reibungsfläche zweier Machtblöcke ist es ein Ort ständiger Spannung, von der eine Bedrohung für die ganze Welt ausgeht. Ein Krieg, der hier entstünde, würde nicht nur zum Weltkrieg führen, sondern wäre wahrscheinlich tödlich für die Welt.

Die Ursache für diese unheilvolle Rolle Europas ist seine Teilung. Unsere gemeinsame Hoffnung besteht in ihrer Überwindung, die nur in einem zielbewußten, allmählichen und von allen vereinbarten Wandel der politischen Realität selbst, die sie bewirkt, möglich ist.

Der krieglose Zustand dauert auch deshalb schon vierzig Jahre, weil beide Gruppierungen eine Situation respektieren, die entstanden ist, als die in Jalta verabredeten Sphären militärischer Operationen zu militärisch-politischen Blöcken entarteten. Die Erhaltung, Verteidigung und Festigung dieses Zustands sind von unterschiedlichen Befürchtungen vor Destabilisierung des entstandenen Gleichgewichts bedingt. Ein Wandel erfordert deshalb besondere Sensibilität. Er darf nicht von der Drohung mit einer wie immer gearteten Übermacht begleitet sein. Er erfordert vielmehr die Schaffung von Garantien und Sicherheiten, das Bewerten und Zusammenfügen aller Teilaspekte, die Anerkennung des gegenwärtigen Zustands als Ausgangspunkt für Veränderungen und den Ausschluß der Befürchtungen, es könnten alte Gefahren aufleben, die schon zweimal in diesem Jahrhundert zur Katastrophe geführt haben. Die Möglichkeiten, den bestehenden Zustand zu überwinden, sind bei weitem nicht so ungünstig, wie es scheinen mag.

Die Konferenz über Sicherheit und Zusammenarbeit in Europa, die Schlußakte von Helsinki, die Folgeverhandlungen und das Schlußdokument von Madrid sind nicht nur eine Bestätigung des Status quo, sondern ein Programm europäischer und europäisch-amerikanischer Zusammenarbeit. In diesem Prozeß verhandeln nicht Blöcke, sondern gleichberechtigte Partner. In ihm ist die Unabhängigkeit aller Teilnehmerstaaten bekräftigt, und es sind Prinzipien der Beziehungen akzeptiert worden, deren Anwendung die Perspektive eines geeinten Europa eröffnet. In Übereinstimmung mit den Traditionen europäischer Kultur ist hier der Gedanke von der Unteilbarkeit des Friedens nicht nur in den Beziehungen zwischen den Staaten, sondern auch zwischen Staat und Gesellschaft, zwischen Bürger und Macht, verankert.

Die Forderung an die Regierungen, die Verpflichtungen zu erfüllen, die sie selbst eingegangen sind, ist eine bisher wenig genutzte Möglichkeit der Friedensbewegung. Dabei ermöglicht dieses völkerrechtlich bekräftigte System den Bürgern sowohl die öffentliche Kontrolle der Regierungen wie auch die schöpferische Überwindung erstarrter Haltungen. Unterschiedliche Verhältnisse in den einzelnen Ländern führen zur Betonung unterschiedlicher Schwerpunkte. Sie zu verstehen und zu respektieren, ist jedoch Bedingung für ein gemeinsames, solidarisches Vorgehen.

Ein demokratisches und souveränes Europa kann nicht existieren, wenn irgendeinem Bürger, einer Gruppe oder einer Nation das Recht bestritten wird, über die Ereignisse mitzubestimmen, die nicht nur das tägliche Leben, sondern das Überleben selbst beeinflussen.

In der Zusammenarbeit und im Dialog mit allen, die wirklich die gegenwärtige gefährliche Situation überwinden wollen, ist es dann möglich, mit eigenen Initiativen zur Abrüstung, zur Schaffung atomwaffenfreier und neutraler Zonen aufzutreten, die Entwicklung der Kontakte zwischen einzelnen, Gruppen und Staaten anzuregen, Nichtangriffspakte, Gewaltverzicht oder Verzicht auf Atomwaffen zu unterstützen, ebenso regionale Verträge aller Art, z.B. solche zur Annäherung von EG und RGW, sich gemeinsam gegen rücksichtsloses Verhalten der Umwelt gegenüber zu wehren, die Regierungen beim Wort zu nehmen, ihre Vorschläge zu analysieren und deren Folgen zu Ende zu denken. Kurz gesagt, jede individuelle, Gruppen- oder Regierungsinitiative zu unterstützen, die dem Ideal der Annäherung und freien Einigung der europäischen Nationen dient, und die Schritte abzulehnen, die dieses Ziel ferner rücken oder vereiteln.

Wir können auch einigen bisherigen Tabus nicht aus dem Wege gehen. Eines davon ist die Teilung Deutschlands. Wenn man in der Perspektive der europäischen Einigung niemandem das Recht auf Selbstverwirklichung streitig machen kann, dann gilt das auch für die Deutschen. Wie alle übrigen, so kann auch dieses Recht nicht auf Kosten anderer zur Geltung gebracht werden, auch nicht, indem man ihre Befürchtungen übersieht. Erklären wir also eindeutig, daß der Ausweg nicht in einer nochmaligen Revision der europäischen Grenzen gesucht werden kann. Grenzen sollen im Rahmen der europäischen Annäherung immer weniger bedeutsam werden, doch auch das kann nicht als Gelegenheit zu nationalistischen Rückfällen ausgelegt werden. Erkennen wir aber offen den Deutschen das Recht zu, sich frei zu entscheiden, ob und in welchen Formen sie die Verbindung ihrer zwei Staaten in ihren heutigen (Außen-)Grenzen wollen. Nach den Ostverträgen Bonns und nach Helsinki könnte der Abschluß eines Friedensvertrags mit Deutschland eines der bedeutenden Instrumente eines positiven Wandels in Europa werden.

Eine weitere Frage ist der Abzug fremder Armeen. Schlagen wir also vor, daß der Nordatlantikpakt und der Warschauer Pakt so bald wie möglich Verhandlungen über die Auflösung ihrer militärischen Organisationen beginnen, über den Abzug und die Beseitigung aller Kernwaffen, die in Europa installiert oder auf Europa gerichtet sind, und über den Abzug der militärischen Verbände der USA und der UdSSR aus den Gebieten ihrer europäischen Verbündeten. Bestandteil dieses Abkommens sollte die Verminderung des Bestandes der Armeen aller Seiten auf dem europäischen Kontinent auf ein Niveau sein, das alle Befürchtungen, von wem auch immer, vor einem möglichen Überfall ausschließt.

Diese und andere Aufgaben sollten Bestandteil eines komplexen Prozesses sein, der nicht gegen jemanden gerichtet sein darf, sondern auf Annäherung gerichtet ist. Wir wollen kein Europa als dritte Großmacht schaffen, sondern die Großmacht- und Blockstrukturen überwinden in der Vereinigung freier und unabhängiger Nationen in einem gesamteuropäischen Verband, einer demokratischen und souveränen Gemeinschaft, die in Freundschaft mit den Nationen der ganzen Welt lebt. Nur freie und würdige Bürger können die Freiheit und Selbstbestimmung der Nationen garantieren. Und nur souveräne Nationen können Europa als eine Gemeinschaft gleichberechtigter Partner begründen, von dem nicht die Gefahr eines globalen Krieges in die Welt ausstrahlt, sondern das ein Beispiel für wirkliches, friedliches Zusammenleben ist.

Vielleicht erscheint dieses Ideal wie ein Traum. Wir sind jedoch überzeugt, daß es dem Willen der Mehrheit der Europäer entspricht. Es lohnt sich also, sich dafür einzusetzen. Um so mehr, als die heutige Welt kaum ihre Krise überwinden wird, wenn sich nicht auch Europa auf den Weg macht, der seinem Willen entspricht. [...]

Quelle: Archiv G. Poppe

Nr. 2

„... die KSZE-Schlußakte stärker als Instrument nutzen ...“

Antwort aus der DDR-Opposition auf den Prager Appell vom 8. Juni 1985 (Auszug)

Euer Aufruf vom 11. März 1985 hat bei uns große Resonanz gefunden. Wie Ihr wißt, werden bei uns die in Eurem Aufruf angesprochenen Probleme und ihre Lösungsmöglichkeiten ebenfalls seit einiger Zeit diskutiert. Deshalb begrüßen und unterstützen wir Eure Absicht, eine gemeinsame Diskussion eröffnen zu wollen und schließen uns dem Aufruf an.

Auch wir sehen in der Teilung Europas und den daraus entstandenen Spannungen zwischen beiden Machtblöcken einen Hauptgrund für die Bedrohung des Friedens. Wir glauben, daß diese Bedrohung des Lebens der Menschen eine unheilvolle Wirkung ausübt und erschwert, daß konstruktiv über die Probleme der Gegenwart und Zukunft [...] nachgedacht wird.

Was die inhaltlichen Schwerpunkte Eures Aufrufs betrifft, so stimmen wir mit der Forderung nach Abzug fremder Truppen, der Auflösung der Militärblöcke und Schaffung einer europäischen Friedensordnung, die allen Staaten gleiche souveräne Rechte sichert, überein. In unserem Brief zum Tag der Befreiung vom Faschismus an den amerikanischen Kongreß haben wir unsere Vorschläge dazu formuliert.

Ihr habt recht mit der Feststellung, daß der KSZE-Prozeß von der Friedensbewegung bislang wenig beachtet worden ist. Eine wesentliche Ursache liegt vielleicht darin, daß es uns sehr schwer fällt, anzunehmen, daß in Helsinki tatsächlich von den Großmächten unabhängige Staaten miteinander verhandelt haben, und die Eingebundenheit in ihre Bündnisse plötzlich keine Rolle mehr spielen sollte. Sicherlich sind seit Helsinki Erfolge zu verzeichnen. Eine Reihe von wichtigen bilateralen Verträgen haben den beteiligten Staaten Vorteile in ihren Beziehungen gebracht. Was aber hat sich gerade in unseren beiden Ländern verändert? Weder gab es Fortschritte der Demokratisierung unserer Gesellschaften, noch gab es entscheidende Beiträge zur Beendigung des Wettrüstens, etwa in Form von einseitigen Abrüstungsinitiativen. Helsinki hat den bestehenden politischen und militärischen Status quo in Europa in den Jahren der Entspannung nicht in Frage gestellt. Daran ist im Grunde nichts zu kritisieren, wäre dies als Ausgangspunkt für die Veränderung des Status quo verstanden worden. Auf eine solche Veränderung zu drängen, sollte unser Ziel sein. Dabei können und dürfen wir natürlich nicht so tun, als gäbe es keine Regierungen und Politiker, die diesen Prozeß in Gang setzen könnten. Dies zu tun, hieße auch, die Machtverhältnisse zu verkennen. Wir sollten alles prüfen und unterstützen, was eine politische Entwicklung in unserem Sinne voranbringt. Aus diesem Grunde stimmen wir mit Euch überein, wenn Ihr meint, daß wir die KSZE-Schlußakte stärker als bisher als Instrument nutzen sollten, um unsere Regierungen beim Wort zu nehmen. Ihr habt diese Möglichkeiten in den letzten Jahren mit Eurem Engagement demonstriert.

Ein für uns wichtiger Bestandteil Eures Aufrufs ist die Haltung zur deutschen Frage. Wir sind froh, daß gerade Ihr dazu Stellung genommen habt und zur Diskussion auffordert. Ist dieses doch ein mit starken Ressentiments verbundenes Thema in vielen europäischen Staaten. Deutschlands Bedeutung im europäischen Spannungsfeld erlegt uns eine besondere Verantwortung auf. Wir denken, daß die Lösung der europäischen Frage nicht von der deutschen zu trennen ist. Die deutsche Vergangenheit mahnt uns jedoch zu großer Vorsicht und Rücksichtnahme gegenüber den Befürchtungen der ehemals von Deutschland unterdrückten Länder. Um die Teilung Europas zu überwinden, müssen alle Lösungsmöglichkeiten der deutschen Frage diskutiert werden. Dies sollten die Deutschen gemeinsam mit allen Völkern Europas tun, weil Selbstbestimmung der Völker heute nur mit Rücksichtnahme auf die Interessen aller anderen Völker Europas zur Entspannung und Überwindung der Teilung unseres Kontinents beitragen kann. Die Lösung der deutschen Frage kann daher nur eingebettet in einem gesamteuropäischen Vertragswerk eine Rolle spielen. Im Rahmen eines solchen Prozesses wird die Frage nach Abschluß eines Friedensvertrages mit den beiden deutschen

Staaten von Bedeutung sein. Wichtigste Kernpunkte wären die Erfüllung des Potsdamer Abkommens hinsichtlich der Entmilitarisierung Deutschlands und die endgültige Festschreibung der deutschen Grenzen, wie sie seit 1945 bestehen. [...]

Quelle: Archiv G. Poppe

V. Die Ausreisebewegung

Bernd Eisenfeld

Flucht und Ausreise – Macht und Ohnmacht

Wenn es in der europäischen Nachkriegsgeschichte ein Barometer gab, das das Verhältnis der Menschen zum jeweiligen System in der Ost-West-Konkurrenz „unbestechlich" anzeigte, so war es die „Abstimmung mit den Füßen". Im geteilten Deutschland mußte dieser Indikator besonders überzeugend ausstrahlen, spielte sich diese Konkurrenz doch an der unmittelbaren Nahtstelle beider Systeme und in einem nationalen Rahmen ab, der unmittelbare wechselseitige Einblicke und Einflüsse ermöglichte.

Die Bilanz zwischen beiden deutschen Staaten fällt eindeutig aus: Verließen bis zur Grenzöffnung im November 1989 von 17 Millionen Einwohnern rund 3,5 Millionen, also etwa zweihundert von tausend Bürgern die DDR in Richtung Bundesrepublik bzw. West-Berlin (vgl. Tabelle 1 am Ende dieses Beitrages), so von den 61 Millionen Westdeutschen rund 470 000, also etwa acht von tausend, in Richtung DDR.[1]

Die Wege von Ost nach West waren zweigeteilt: der eine führte illegal, das heißt, durch Flucht, der andere legal, das heißt, durch eine genehmigte dauerhafte Ausreise über die deutsch-deutsche Grenze. Beide, Flucht und Ausreise, entwickelten sich zu einem dramatischen Konfliktfeld, das entscheidend in das Schicksal direkt betroffener Menschen und des Staates DDR eingriff. Flucht und Ausreise stellten nicht nur tagtäglich und über vierzig Jahre hinweg das SED-Regime als ein System bloß, das sich gegen den Willen menschlicher Selbstbestimmung und Freiheit richtete; es trieb dieses Systems bis zum Sommer 1961 an den Rand seines Unterganges und schließlich 1989 in das endgültige Aus. Insofern spiegeln die Phänomene Flucht und Ausreise sowohl Macht und Ohnmacht zwischen Herrschenden und Beherrschten als auch eine wesentliche Erscheinungsform von Unterdrückung und Widerstand im SED-Regime wider.

1. Entwicklung bis zum Bau der Berliner Mauer

Bis zum Sommer 1961 beherrschte die Flucht den Wechsel von Ost nach West: 2,7 Millionen Ostdeutsche entschieden sich zu diesem Schritt (vgl. Tabelle 1 am Ende dieses Beitrages), und das wiederum auf zwei Wegen: durch illegale Grenzübertritte und durch genehmigte Besuchsreisen, die zur Flucht genutzt wurden. Die „Nichtrückkehrer" bzw. „Verbleiber" – so die Bezeichnung der im Westen verbliebenen Besuchsreisenden – machten immerhin rund 50 Prozent aller Geflüchteten aus.[2] Vor allem zwei Gründe bestimmten in dieser Phase die Fluchtbereitschaft der Ostdeutschen: innenpolitische Zwänge und Verfolgung[3] sowie eine wachsende Anziehungskraft der Bundesrepublik, die mit enttäuschten Hoffnungen über die Entwicklung in der DDR kontrastierte.

So korrelierten die Höhepunkte der Flucht weitestgehend mit Ereignissen, die den Zwangscharakter und die Reformunwilligkeit des SED-Regimes besonders klar hervortreten ließen. Im Jahre 1953 war das der rücksichtslose Kurs der SED zur Durchsetzung des auf der II. Parteikonferenz beschlossenen Programms zum „Aufbau des Sozialismus", an dem auch Stalins Tod nichts nachhaltig änderte und der im Volksaufstand und seiner gewaltsamen Unterdrückung endete.[4] 1956 hinterließen das im Januar verabschiedete Gesetz über die Schaffung der Nationalen Volksarmee und dadurch ausgelöste Befürchtungen über die Einführung der Wehrpflicht sowie die Unterdrückung der Streikbewegung in Polen sowie die mit russischen Panzern und ideologischem Begleitfeuer der SED niedergeschlagene ungarische Revolution ihre Spuren.[5] 1961 schließlich trug die von den Sowjets aufgeheizte Berlinfrage entscheidend zum Aderlaß bei.[6]

Vom MfS konspirativ beschaffte Unterlagen aus den Aufnahmelagern in der Bundesrepublik und West-Berlin bestätigen eine generelle Dominanz politischer Motive. Über 70 Prozent führten ihre Flucht auf direkte und indirekte politische Zwänge und Ängste zurück.[7]

Hinzu kam, daß der von der SED 1958 prophezeiten Perspektive, „die Volkswirtschaft der DDR innerhalb weniger Jahre so zu entwickeln, daß die Überlegenheit der sozialistischen Gesellschaftsordnung gegenüber der kapitalistischen Herrschaft umfassend bewiesen wird",[8] die Realität widersprach: Während die DDR-Wirtschaft von rückläufigen Zuwachsraten gekennzeichnet war, expandierten im anderen deutschen Staat Wirtschaft und Wohlstand.

Die Urheberschaft der Fluchtbewegung lastete man – wie üblich bei gravierenden Fehlentwicklungen – dem westlichen „Klassenfeind" an: *„Im Rahmen der imperialistischen Gesamtstrategie wurde die Inspirierung und Organisierung des Verlassens von Staaten [...] zu einer Hauptmethode im Kampf gegen den Sozialismus."*[9] Das Lösungskonzept hieß Drohung, verschärfte Repression und öffentliche Kampagnen. SED-Chef Walter Ulbricht erklärte im Oktober 1957 die „Republikflucht" als *„Verrat an den friedlichen Interessen des Volkes"*, die *„Westdeutschland als NATO-Basis"* nützt.[10] Einen Monat später wurde per Gesetz der unerlaubte Grenzübertritt über die Demarkationslinien – einschließlich des Versuches, der Vorbereitung und des Verleitens desselben – generell und ausdrücklich unter Strafe gestellt.[11] Die „Aufklärungsarbeit" zielte hauptsächlich auf die Schaffung einer *„breiten gesellschaftlichen Front"* gegen die Fluchtbewegung.[12] Das MfS erklärte die Verhinderung der Flucht *als „eine der wichtigsten Aufgaben bei der Sicherung des Aufbaus des Sozialismus".*[13] An ihr hatten *sich „sämtliche offiziellen Mitarbeiter",* aber auch das *„gesamte inoffizielle Netz des MfS in der DDR und in WD"* auszurichten.[14] Sie sollten vor allem die westdeutschen und West-Berliner *„Ausgangspunkte und Zentren der feindlichen ideologischen Diversion"* aufspüren und bekämpfen, im Innern alle Personen ins Visier nehmen, die durch Unzufriedenheit auffielen und anfällig für eine Flucht erschienen, in Zusammenarbeit mit der Polizei die Kontrolle des Reiseverkehrs über Berlin absichern, mit vertieften Analysen den Schwerpunkten und Ursachen der Flucht nachgehen und die propagandistische Arbeit der Partei unterstützen.[15]

Doch auch diese 1960 vom MfS eingeleiteten Maßnahmen konnten den weiteren Exodus nicht mehr aufhalten. Der Bau der Berliner Mauer erwies sich als letzter Rettungsanker des SED-Regimes.

2. Die Entwicklung der Flucht bis 1988

Die mit Mauer, Stacheldraht und Schießbefehl abgedichtete deutsch-deutsche Grenze verschaffte dem SED-Staat zwar eine Atempause, gelöst waren die Probleme damit nicht; im Gegenteil: Die auf diese Weise vertiefte Trennung, durch die hunderttausende Familien und freundschaftliche Bande gewaltsam zerrissen wurden, demaskierte das SED-Regime nicht nur abermals als Diktatur. Angesichts der Realität, daß es der SED auch bei geschlossenen Grenzen nicht gelang, die Anziehungskraft der Bundesrepublik und West-Berlins zu mindern, konnte der Wille vieler Ostdeutscher, sich dem SED-Regime zu entziehen, nicht entscheidend gebrochen werden. Gleich gar nicht war zu erwarten, daß das Wunschdenken Ulbrichts, „früher oder später" die Geflüchteten wieder in der DDR empfangen zu können, aufgehen würde.[16]

Statt dessen suchten trotz des gewachsenen Risikos noch immer Hunderttausende Bürger der DDR ihr Heil in der Flucht gen Westen,[17] darunter – vom 13. August bis Ende 1988 – über 38 000, die direkte Grenzwege wählten und dabei ihr Leben aufs Spiel setzten. Die Mehrheit der Geflüchteten bildeten aber auch in dieser Zeitphase die im Westen verbliebenen Besuchsreisenden. Ihr Zuwachs korrelierte mit dem anwachsenden Ost-West-Reiseverkehr in den achtziger Jahren.

Ausmaß und Dramatik der Flucht fanden aber nicht nur in den gelungenen, sondern vielmehr noch in den gescheiterten Fluchtversuchen ihren Ausdruck. Mehr als 900 Menschen mußten ihren Freiheitswillen mit dem Leben, knapp 1000 mit teils erheblichen Verletzungen und rund 72 000 mit Gefängnisstrafen bezahlen.[18] Analysen und Zahlenmaterial aus der Zeit zwischen 1976 und 1988 besagen, daß zwei Drittel aller Flüchtlinge in die Fänge des MfS gerieten.[19] Diese Bilanz ging nicht zuletzt auf eine verstärkte Kampfansage dieses Apparates gegen die Fluchtbewegung zurück. Vor dem Hintergrund der Gefahren, die die SED infolge zunehmender Ost-West-Kontakte und im besonderen nach Abschluß des Transitabkommens witterte, wies Stasi-Chef Mielke im Frühjahr 1975 die Bildung einer neuen Diensteinheit, der sogenannten Zentralen Koordinierungsgruppe (ZKG) an, der auf der bezirklichen Ebene die Bezirkskoordinierungsgruppen (BKG) folgten.[20] Die ZKG sollte als Leitzentrum mit koordinierender, anleitender und kontrollierender Funktion eine wirkungsvollere Bekämpfung der Flucht und Ausreise sowohl innerhalb als auch außerhalb (Bundesrepublik und Ostblockstaaten) der DDR sicherstellen. Neben dem Phänomen „Ausreise" bestimmten die organisierte Fluchthilfe und die Unterbindung spektakulärer Fluchtfälle die Arbeitsschwerpunkte der ZKG und der BKG.

Es waren hauptsächlich die der Öffentlichkeit zugänglich gewordenen spektakulären Fluchten, wie sie sich beispielsweise in Flugzeugentführungen, Ballonaktionen und gewaltsamen Grenzdurchbrüchen äußerten, die den SED-Machthabern höchst ärgerlich erscheinen mußten, förderten sie doch die verzweifelte Lage der um ihre Freiheit ringenden Bürger besonders eindrücklich zu Tage. Analysen des MfS belegen zwischen 1962 und 1973 immerhin 54 Fälle mit insgesamt 93 Personen, denen die Planung und Versuche von Luftpiraterie (Flugzeugentführungen) zur Last gelegt wurden.[21] In vier Fällen gelangen diese Verzweiflungstaten.[22] Als Beispiel für andere waghalsige Aktionen möge die in der Nacht zum 16. September 1979 gelungene Flucht der Thüringer Familien Strelzyk und Wetzel mit einem Heißluftballon über die deutsch-deutsche Grenze stehen. Sie löste weltweites Aufsehen aus und warf ein Schlaglicht auf die tatsächliche Menschenrechtslage im SED-Regime. Kein Wunder, daß die Sicherheitskräfte des Systems fortan alle Kräfte aufboten, um solche Unternehmen im Keime zu ersticken. Eine Bilanz des MfS aus dem Frühjahr 1987 gibt zu erkennen, daß man allen weiteren derartigen Fluchtversuchen rechtzeitig auf die Spur kam.[23] Zwischen Mitte September 1979 und Januar 1989 verhinderten die Sicherheitskräfte der DDR insgesamt 111 Aktionen, darunter 61 mit Heiß- und Gasluftballons, Fluggleitern u.ä. selbstgebauten Geräten. Betroffen waren 230 Bürger. In 21 Fällen hatten sie bereits Startversuche unternommen.[24] Mit Kraftfahrzeugen versuchten in dieser Zeitspanne 214 Personen die Grenze zu durchbrechen; 188 von ihnen gerieten hinter Gitter.[25]

Einem hohen Risiko waren auch diejenigen Flüchtlinge ausgesetzt, die sich der organisierten Fluchthilfe anvertrauten. Zwischen 1975 und 1988 scheiterten 60 von 100 Fällen.[26] Der Rückgang dieser Schleusungen von jährlich durchschnittlich 410 in der Zeit zwischen 1975 und 1980 auf 150 zwischen 1981 bis 1988[27] offenbart das eingegangene hohe Risiko. Außerdem drängten sich mehr und mehr neue Lösungen auf.

Das waren zunächst zunehmende Hoffnungen auf Westreisen, die sich mit Fluchtträumen verbanden. Wer darauf setzte, mußte allerdings angepaßtes politisches Verhalten vorspielen, da in der Regel nur diejenigen reisen durften, *„die eine positive oder zumindest loyale Einstellung zur DDR“* besaßen *„und bei denen feste ideelle, materielle und familiäre Bindungen vorhanden“* waren.[28] Die Chancen, auf diesem Wege der DDR zu entkommen, standen nicht schlecht. Zwischen 50 und 60 Prozent aller Flüchtlinge in den achtziger Jahren gingen auf dieses Konto. 1987 waren das immerhin über 3 000 und 1988 über 5 000 Personen.[29] Auch Botschaftsbesetzungen erschienen immer aussichtsreicher.

Schließlich konnte man auf eine Karte setzen, die immer mehr Bürger ausspielten: die Antragstellung auf dauerhafte Ausreise.

3. Die „rechtswidrigen Antragsteller“ auf Ausreise

3.1. Eskalationsstufe 1: Helsinki und UNO-Charta beim Wort genommen

Die eingeleitete deutsch-deutsche Vertragspolitik, viel stärker aber noch die von der SED eingegangenen Verpflichtungen im Rahmen des KSZE-Prozesses und der 1973 erfolgten Mitgliedschaft in der UNO ermutigten Mitte der siebziger Jahre immer mehr Bürger der DDR, für sich und ihre Familien die Ausreise in die Bundesrepublik und nach West-Berlin anzustreben. Wenn auch kein gesetzlicher Anspruch bestand, so hatte sich die auf geheimen Anweisungen beruhende und schon seit den sechziger Jahren betriebene Praxis herumgesprochen, wonach es möglich war, als Eheschließende/r (wenn das durch die DDR-Behörden genehmigt wurde) oder als Invalide, Rentner und Pflegebedürftiger über ein Antragsverfahren in den Westen zu gelangen. Wurden derartige Anträge angenommen und bearbeitet, so war dieser Vorgang sozusagen legalisiert. Erfolgte von vornherein oder infolge des ersten Überprüfungsergebnisses eine Ablehnung, so wurde der Betroffene als „rechtswidriger Antragsteller" abgestempelt,[30] sofern er weiterhin auf Ausreise bestand. Von vornherein abgelehnt wurden Antragsteller, deren Motive nicht durch die eng gefaßten internen Regelungen gedeckt waren, und diejenigen, die ihre Anträge auf die UNO-Charta und KSZE-Beschlüsse stützten. Außerdem sahen die geheimen Anweisungen generelle Ausschlüsse vor.

Mit der staatlichen Verweigerung des Ausreiseantrages einerseits und dem Beharren der Antragsteller[31] auf Ausreise andererseits war ein Konflikt vorprogrammiert, der sich zu einem Dauerbrenner mit hohem politischen Sprengstoff entwikkelte. In der Regel löste diese erste Stufe eine Eskalation sowohl des Einzelfalles als auch der Gesamtlage aus. Abgelehnte Anträge beantworteten die Antragsteller in der Regel mit einer Beschwerde bei der nächst höheren staatlichen Instanz. Diese Beschwerden, die laut geheimen Anweisungen nicht als Eingaben im Sinne des Eingabengesetzes behandelt werden durften[32] und damit ebenfalls als „rechtswidrige Ersuchen" galten,[33] wurden häufig nach der ersten Zurückweisung bis in höchste Stellen – einschließlich bis zu Parteichef Honecker – getrieben. Weitere Erfolglosigkeit führte nicht selten dazu, daß sich die Antragsteller hilfesuchend an westliche Einrichtungen und Persönlichkeiten wandten. Halfen auch diese vorwiegend „stillen" Mittel nicht weiter, so griffen immer mehr Antragsteller zu offensiveren Methoden. Sie drohten öffentlichkeitswirksame Auftritte an und/oder setzten sie in die Tat um. Die Zunahme des Bestandes an Antragstellern (Tabelle 2 am Ende dieses Beitrages) führte nahezu zwangsweise auch zum Zuwachs derartiger Aktionen.

Der erste sprunghafte Anstieg erfolgte nach Abschluß der KSZE-Konferenz in Helsinki. Von 1975 bis 1976 stieg die Zahl um 70 Prozent von rund 13 000 auf 20 000.[34] Entsprechend aktivierte sich die Szene. Das MfS *registrierte „Tendenzen des Zusammenschlusses [...] zur Planung und Durchführung feindlicher und anderer negativer Handlungen"* u.a. in den Bezirken Gera, Dresden und Berlin[35] und im *„zunehmenden Maße"* öffentlichkeitswirksame bzw. *„erpresserische"* Aktionen. Aufgezählt wurden im einzelnen: Suizidandrohungen bzw. -versuche, Hungerstreiks, Anketten in der Öffentlichkeit, Demonstrationen mit selbstgefertigten Transparenten und Plakaten, das Anbringen von Ausreisesymbolen an Wohnungsfenstern und Balkonen, das Festsetzen an Grenzübergangsstellen in Verbindung mit der demonstrativen Abgabe oder Vernichtung von Personaldokumenten, das Lösen von Arbeitsrechtsverhältnissen, die Verweigerung der Einschulung von Kindern[36] und schließlich Fluchtversuche, die *„teilweise"* mit der Absicht verbunden waren, *„sich inhaftieren zu lassen [...], um nach Verbüßung der Strafe bzw. eines geringen Teils der Strafe in das nichtsozialistische Ausland ausgewiesen zu werden."*[37]

Als politisch besonders wirksam erwiesen sich 1976 zwei Aktionen. Im Januar 1976 instrumentalisierten insgesamt 65 Ausreisewillige, darunter 15 Familien, westliche Medien, genauer, das „ZDF-Magazin", um die Weltöffentlichkeit auf ihr Schicksal aufmerksam zu machen.[38] Und im August des gleichen Jahres verfaßte der Riesaer Arzt Dr. Karl-Heinz Nitschke eine „Petition zur vollen Erlangung der Menschenrechte", der sich 26 ausreisewillige Familien und 12 weitere Personen aus den Kreisen Riesa und Meißen sowie aus Karl-Marx-Stadt anschlossen.[39] Die Petition, mit der die Antragsteller u.a. das Recht auf freie Wahl des Wohnsitzes und freien Reiseverkehr einforderten, wurde sowohl der UNO als auch westlichen Zeitungen zugespielt und löste ein reges Medienecho aus.[40] Diese Aktion hatte im Oktober 1973 einen – allerdings DDR-internen – Vorläufer. Im sächsischen Pirna solidarisierten sich 41 Bürger mit Ausreisewilligen: In einer Resolution, die dem Rat der Stadt Pirna und dem Staatsrat der DDR zugeleitet wurde, forderten sie das Recht auf Ausreise und protestierten in diesem Zusammenhang gegen die Entscheidung des Rates des Kreises Pirna, zwei Familien die Ausreise in die Bundesrepublik zu verwehren.[41]

Alle diese Ereignisse versetzten die SED und ihre Sicherheitsorgane in Alarmstimmung. Unter Verweis auf Antragsteller, die in den Abteilungen Innere Angelegenheiten *„äußerst provokatorisch und staatsverleumderisch auftreten"*, verlangte schon im September 1975 der Generalstaatsanwalt von Ost-Berlin vom Obersten Staatsanwalt der DDR, Josef Streit, klare Orientierungen, wie die *„Staatsfunktionäre gegen diese Angriffe mit den Mitteln des sozialistischen Rechts"* geschützt werden können.[42] Ein Jahr später stand das zwischen der Generalstaatsanwaltschaft mit dem MfS und der Abteilung Staats- und Rechtsfragen des ZK abgestimmte und schließlich von Erich Honecker abgesegnete Verfahren *„im Interesse einer einheitlichen Strafverfolgung und der einheitlichen Anwendung des Arbeitsrechts"* fest.[43] Hiernach waren Antragsteller strafrechtlich zu verfolgen, wenn sie ihre Ausreise „erpressen" wollten, staatliche Organe *„verunglimpften"*, demonstrative und provokatorische Aktionen in der Öffentlichkeit durchführten, andere Personen für ihre Pläne zu gewinnen versuchten, Verbindungen zu westlichen *„Feindorganisationen"* aufnahmen, demonstrativ Arbeit verweigerten *(„asoziales Verhalten")* und Erziehungspflichten (Schulpflicht der Kinder) verletzten.[44]

Sah man Möglichkeiten, den Antragsteller wegen eines kriminellen Delikts zu überführen, so sollte dem Vorrang eingeräumt werden.

Arbeitsrechtliche Konsequenzen wurden gegenüber solchen Antragstellern als *„notwendig"* erachtet, die Leitungsaufgaben zu erfüllen und mit Dienstgeheimnissen zu tun hatten, Erziehungsfunktionen wahrnahmen und an *„volkswirtschaftlich wichtigen Produktionsanlagen arbeiteten"*.[45]

Alle diese Maßnahmen wurden als hochgradig politisch eingestuft und entsprechende Entscheidungen an ein *„enges Zusammenwirken"* mit den Sicherheits- und Justizorganen und an *„konkrete Abstimmungen mit den Bezirks- und Kreisleitungen"* der SED geknüpft.[46] Mit einer Verfügung des Vorsitzenden des Ministerrates Anfang März 1977,[47] der auf einen Politbürobeschluß vom Februar 1977 zurückging und einen Befehl von Stasi-Chef Mielke auslöste,[48] sollte durch ein einheitlich abgestimmtes Verfahren der Großangriff gegen die Antragsteller gestartet werden. Das Hauptziel bestand darin, eine Wende herbeizuführen, das heißt, insgesamt einen absoluten Rückgang der Antragsteller und ihrer Aktivitäten zu erreichen. Vorrangig sollten durch politische Überzeugungsarbeit vor Ort, vor allem in Betrieben und in den Abteilungen Inneres, die Antragsteller „zurückgewonnen" und in diesem Zusammenhang aufgetauchte überwindbare Hindernisse (z.B. Wohnungsnöte) möglichst unbürokratisch und schnell gelöst werden, wenn dadurch die Rücknahme des

Ausreiseantrages gewährleistet war. „Hartnäckige“ Antragsteller versuchte man stillzuhalten, indem ihnen die völlige Aussichtslosigkeit weiterer Bemühungen und/oder strafrechtliche Konsequenzen prophezeit wurden, falls sie öffentlich aktiv in Erscheinung treten würden.

Doch trotz aller dieser Maßnahmen gelang die Trendwende nicht. Im Gegenteil: Die Zahl der Antragsteller stieg weiter und erreichte 1981 mit einem Zuwachs von rund 25 Prozent bei den Erstantragstellern einen neuen Höhepunkt. Und das, obwohl im zunehmenden Maße Ausreisen aus sogenannten sicherheitspolitischen bzw. politisch-operativen Gründen gewährt wurden. Es handelte sich um die Freigabe der Ausreise für Personen, die als äußerst renitent und unverbesserlich galten, denen man jederzeit öffentlichkeitswirksame Aktionen oder die Auslösung derselben zutraute und deren Gefahrenpotential für das SED-Regime letztlich nur durch die Ausreise *„abwendbar“* erschien.[49] Derartige Fälle sollten einer genauen Einzelfallprüfung unter Abwägung aller innen- und außenpolitischen Vor- und Nachteile unterzogen und in Form von Vorschlägen zentralen Entscheidungen zugeführt werden (Anhang, Nr. 1 und 2). Eigentlich waren sie als Ausnahmefälle gedacht. De facto wurde mit ihnen aber immer häufiger der Weg des geringsten Widerstandes beschritten. Mit solchen Ausbürgerungen konnten der Ausreiseszene kurzfristig Zündstoff entzogen und Erfolgsmeldungen über die Arbeit mit hartnäckigen Antragstellern produziert werden. Das Ergebnis war jedoch äußerst kontraproduktiv. Bereits 1980 erkannte das MfS, daß gerade von diesen Ausgebürgerten *„ein großer Teil feindlicher Aktivitäten zur Inspirierung und Intensivierung von Bürgern der DDR zu rechtswidrigen Übersiedlungversuchen“* ausging.[50] Zwei Jahre später mußte man einräumen, daß derart vermehrte Ausreisen *„nicht der Weg [sein könnten], um unsere Sorgen auf diesem Gebiet zu lösen“*, da ein *„leichtfertiges ‚auf die Liste setzen“‘* zwar *„für den Moment Ruhe“* bringe, diese Ruhe jedoch *„trügerisch“* sei, da sie *„wenig später in Gestalt von Rückverbindungen der verschiedensten Art zur stärkeren Unruhe“* auswachsen würde.[51]

Die „ständige Unruhe“ äußerte sich bis 1982 vielgestaltig. So beklagte man nicht nur den generellen Anstieg der Antragsteller, sondern auch den massiven Anstieg von Eingaben, gerichtet hauptsächlich an die zentralen Staatsorgane. Zwischen 1978 und 1982 wuchs die Zahl dieser Beschwerden von rund 6 000 auf 21 000 an.[52] Sie förderten die Erkenntnis zutage, daß sich der *„überwiegende Teil“* der Einsender auf die Schlußakte von Helsinki und UNO-Dokumente stützt und *„mehr als ein Viertel“* von ihnen *„offene Gegnerschaft zum Sozialismus und zum sozialistischen Staat“* bekundeten.[53] Zunehmend wagten die Antragsteller auch die direkte Verbindungsaufnahme zur UNO. Zwischen 1978 und 1982 wandten sich jährlich zwischen 200 bis 800 Ausreisewillige an die Weltorganisation.[54] Immer massiver kam es zu Kontakten von Antragstellern mit der Ständigen Vertretung der Bundesrepublik in Ost-Berlin. 1982 wurde mit knapp 6 000 Personen ein Höhepunkt erreicht. Demonstrativ äußerten sich Antragsteller, indem sie mit Plakaten auftraten, Flugblätter verbreiteten, Hungerstreiks durchführten, Suizide androhten, Personalausweise zurückgaben, aus gesellschaftlichen Organisationen austraten und den Antritt des Wehrdienstes verweigerten.[55]

Die strafrechtliche Bilanz des MfS gegenüber Antragstellern war bezeichnend. 1982 wurde der höchste Stand seit Jahren registriert, darunter 207 sogenannte staatsfeindliche Verbindungsaufnahmen und 11 Besetzungen der Ständigen Vertretung in Ost-Berlin, 65 demonstrative Auftritte, 100 „Beeinträchtigungen staatlicher Tätigkeit“ und über 300 Fluchtversuche.[56]

Der politische Stellenwert, der der Ausreise in dieser Zeitphase zukam, läßt sich einer Einschätzung des Stellvertreters von Mielke, Generalmajor Neiber, im Jahre 1982 entnehmen. Mit „*allem Nachdruck*“ wies er darauf hin, daß die Unterbindung und Bekämpfung von Antragstellungen auf Ausreise als „*eine bedeutsame Aufgabe zur Gewährleistung einer hohen Sicherheit und Ordnung im Innern der DDR*“ zu sehen sei.[57]

3.2. Eskalationsstufe 2 – Der Weg in die Sackgasse

Die Misere sollte vor allem durch zwei Maßnahmen überwunden werden: durch einen differenzierteren Umgang mit den Antragstellern und weniger Ausbürgerungen aus „politisch-operativen Gründen“.

Die verstärkte Differenzierung hoffte man hauptsächlich durch eine qualifiziertere Arbeit in den Betrieben und Einrichtungen vor Ort und in den Abteilungen Inneres zu erreichen. Durch Kontrolleinsätze des MfS wurde festgestellt, daß die Verantwortlichen öfter vor einer konsequenten und offensiven Arbeit mit Antragstellern zurückschreckten, die Verantwortung auf die untere Ebene delegierten und dort wiederum „*ein Zurückweichen vor politisch-ideologischen Auseinandersetzungen*“ stattfinde oder lediglich formale Reaktionen erfolgten.[58] Auch sollte der Zustand überwunden werden, daß sich Betriebe des Problems der Antragsteller in der Weise entledigten, daß sie diesen Personenkreis gar nicht erst einstellten[59] oder gegen ihn arbeitsrechtlich überspitzt vorgingen. Dadurch werde, so wurde kritisiert, die Position des Antragstellers nicht aufgeweicht, sondern verhärtet. Abhilfe versprach man sich vor allem durch persönliche Aussprachen, die mit den verantwortlichen Leitern auf zentraler und betrieblicher Ebene mit Vertretern des MfS, der Abteilungen Inneres und der Polizei geführt werden sollten. 1981 listete das MfS über 140 Betriebe auf, bei denen eine „*unzureichende Anleitung und Kontrolle durch die zentralen staatlichen und wirtschaftsleitenden Organe*“ festgestellt wurde.[60]

Mit der strengeren Auswahl von Ausreisen aus „*politisch-operativen Gründen*“ machte man 1982 ernst. Gegenüber 3 500 im Jahre 1981 sank die Zahl auf 1 500.[61] Auch 1983 hielt man sich noch an diese Marschroute, was zu einem Tiefpunkt bei den Ausreisen führte. Die Folge: Immer mehr Antragsteller wurden ungeduldiger und versuchten, sich wieder verstärkt in der Öffentlichkeit Luft zu verschaffen. Im Sommer 1983 kam es in mehreren Städten der DDR zu gemeinsamen Aktionen. In Dresden und Jena bildeten sich „Weiße Kreise“. Antragsteller fanden sich auf zentralen Plätzen zusammen und demonstrierten schweigend für ihre Ausreise, so beispielsweise Antragsteller in weißen Hemden oder Blusen allsonnabendlich in Jena, kreisförmig aneinandergereiht auf dem Platz der Kosmonauten.[62]

Moralische Unterstützung konnten die Antragsteller aus dem KSZE-Folgetreffen in Madrid schöpfen, das die Teilnehmerstaaten verpflichtete, die „*wirksame Ausübung der Menschenrechte und Grundfreiheiten [...] zu fördern und zu ermutigen, und ständige und spürbare Fortschritte [...] zu sichern.*“[63]

Vor diesem Hintergrund sah sich die DDR veranlaßt, erstmals eine gesetzliche Grundlage für Familienzusammenführungen zu schaffen.[64] Da sie über den bis dahin antragsberechtigten Personenkreis nicht hinausging und die Ausgangsposition im wesentlichen unverändert blieb, konnte eine Beruhigung der Lage nicht eintreten; im Gegenteil: Enttäuschte Hoffnungen mobilisierten die Antragsteller und begünstigten Verzweiflungstaten (vgl. Anhang, Nr. 3). Gegen Ende des Jahres 1983 wurde das MfS in Verbindung mit dem Tag der Menschenrechte am 10. Dezember abermals in Alarmstimmung versetzt. Mehrere öffentlichkeitswirksame Aktionen von Antragstellern in Jena, Hoyerswerda und Ost-Berlin lösten zentral gesteuerte Maßnahmen aus, die angefangen von Fahndungsmaßnahmen über Befragungen und Belehrungen bis hin zu Ermittlungsverfahren und zu „unverzüglichen Übersiedlungen" führten. In Ost-Berlin bildete sich in Anlehnung an die Jenaer Szene ebenfalls eine „Ausreisegemeinschaft".[65] Darüber hinaus wurden die auf internationale Reputation bedachten SED-Machthaber durch vermehrte Botschaftsbesetzungen an einer ihrer empfindlichsten Stellen getroffen. Zu Beginn des Jahres 1984 waren die Botschaft der USA und die Ständige Vertretung der Bundesrepublik in Ost-Berlin mit insgesamt 42 Besetzern konfrontiert, darunter 40 Antragsteller, deren vergebliche Bemühungen um eine Ausreise bis ins Jahr 1978 zurückreichten.[66]

So hatte sich ein explosives Gemisch aufgeladen: Ein neuer Höchststand von Antragstellern, begleitet von demonstrativen Aktionen bis hin zu spektakulären Botschaftsbesetzungen, vereinigte sich mit einer jungen Generation, die unter dem Symbol „Schwerter zu Pflugscharen" den aufrechten Gang gewagt hatte und durch repressive Reaktionen des SED-Staates wieder auf den Boden der Diktatur zurückgezwängt wurde.[67] Es war offensichtlich diese Symbiose, die die SED-Machthaber veranlaßte, gegen alle bis dahin gewonnenen Erkenntnisse zu handeln und plötzlich einer Ausreisewelle den Weg zu ebnen. Vom 21. Januar bis 28. April 1984 öffneten sich für über 21 000 angebliche „Feinde, kriminelle Elemente u.a. Unverbesserliche" die Tore in die Bundesrepublik und nach West-Berlin.[68]

3.3. Eskalationsstufe 3: Die Ausreisewelle und ihre Folgen

Der vermeintliche Befreiungsschlag erwies sich jedoch umgehend als kontraproduktiv. Die Zahl der Erstantragsteller explodierte förmlich und erreichte mit rund 57 000 fast das Vierfache des Vorjahres (vgl. Tabelle 2 am Ende dieses Beitrages). Damit war die weitere Eskalation des Konfliktes vorprogrammiert. Noch im Jahr der Ausreisewelle erklärte das MfS die *„Organisierung und Inspirierung Übersiedlungsersuchender* [gemeint waren die Antragsteller] *zu einer gegenwärtigen Hauptangriffsrichtung"* der *„Gegner"* der DDR. Befürchtet wurden vor allem weitere ultimative Botschaftsbesetzungen, öffentlichkeitswirksame Demonstrationen und andere *„erpresserische"* Methoden sowie Zusammenkünfte in Ostblockstaaten und auf der Transitstrecke.[69]

Trotz des Rückschlags hielten SED und MfS unverändert am Ziel fest, eine Trendwende herbeizuführen. Ein noch differenzierterer Umgang mit den Antragstellern und der Aufbau einer *„breiten gesellschaftlichen Front"*, geführt von der SED, sollten das bewerkstelligen.

Gegenüber den *„feindlich"* gesinnten und *„unverbesserlichen"* aktiven Antragstellern war unnachgiebige Härte angesagt. Sie wurde unmittelbar nach der Ausreisewelle durch eine Verhaftungswelle demonstriert. MfS und Polizei leiteten noch im ersten Halbjahr 1984 insgesamt 1 900 Ermittlungsverfahren gegen Antragsteller ein. Ihnen wurden hauptsächlich *„erpresserische Methoden"* angelastet.[70] Im einzelnen betraf das u.a. über 600 Fälle, die wegen „staatsfeindlicher Verbindungsaufnahme" (Bundesministerium für innerdeutsche Beziehungen, Ständige Vertretung Bonns in Ost-Berlin, westliche Massenmedien, Internationale Gesellschaft für Menschenrechte e.V. in Frankfurt a.M., Aktion „Hilferufe von drüben" u.a.), knapp 400, die wegen „provokatorisch demonstrativer Handlungen in der Öffentlichkeit" und 57, die wegen „Zusammenschlüsse zur Verfolgung gesetzwidriger Ziele" belangt wurden. Eingeschlossen in diese *„Tatbestände"* waren 250 versuchte Botschaftsbesetzungen (vollzogen wurden 1984 über 600[71]). 1984 leitete allein das MfS insgesamt 2 300 Ermittlungsverfahren gegen Antragsteller ein und markierte damit einen absoluten repressiven Höhepunkt.

Ausbürgerungen aus *„politisch operativen Gründen"* sollten *„ab sofort"* wieder strengsten Maßstäben unterworfen und auf ein Mindestmaß zurückgeführt werden.[72] Größter Wert wurde darauf gelegt, mit den Vorschlägen die *„strategische Linie"* der SED hinsichtlich der inneren Stabilität und des *„internationalen Ansehens der DDR"* zu unterstützen.[73] Die Devise lautete: Antragsteller, bei denen *„<u>nachweislich</u> ‚Hopfen und Malz' verloren ist, zum richtigen Zeitpunkt, d.h., ehe politischer und anderer Schaden entsteht, übersiedeln"!*[74] Zurückhaltend agierenden Antragstellern sollte zumindest solange mit Nachsicht begegnet werden, solange noch Chancen gesehen wurden, sie zum Rücktritt von ihrem Antrag zu bewegen.

Dieser Differenzierungsprozeß verlangte allerdings mehr denn je konspirative Zugänge zu den Antragstellern, um ihre wirklichen Motive, ihre Westverbindungen und künftigen Verhaltensweisen herauszufinden. Einen ersten Anflug von Ohnmacht und Resignation ließ in diesem Zusammenhang Stasi-Chef Mielke im November 1984 anklingen, als er feststellte: *„Einige Zigtausend beantragen die Ausreise. Einige treten zurück; das tun sie z.T. nicht einmal in ehrlicher Absicht. Es ist nicht abzusehen, wann diese Sache einmal zu Ende geht."*[75] Kein Wunder, daß Mielke forderte, den Arbeits- und Freizeitbereich von Antragstellern intensiver mit Spitzeln zu durchsetzen. Das traf auch auf die Arbeit der Kripo zu, die *„negative Aktivitäten"* von Antragstellern rechtzeitig aufzudecken, die *„tatsächlichen Gründe, Motive und Ursachen"* herauszufinden (Anhang, Nr. 4) und bei renitenten Fällen *„Personenkontrollen"* durchzuführen hatte.[76]

Der Aufbau einer „breiten gesellschaftlichen Front" sollte im wesentlichen zwei Ziele verfolgen. Zum einen galt es, die Orientierung der SED durchzusetzen, *„allen staatlichen und gesellschaftlichen Kräften"* die Ausreiseproblematik als *„äußerst bedeutsame innen-, außen- und sicherheitspolitische Frage"* und als einen komplizierten, komplexen und langwierigen Kampf bewußt zu machen.[77] Arbeitskonferenzen und Seminare unter der Regie des MfS und des Ministeriums des Innern, Arbeitsgruppen unter der Leitung der SED auf der Bezirks- und Kreisebene, vom MfS überprüfte Übersiedlungsbeauftragte, Betreuer und Paten vor Ort sowie die Implantationen von Offizieren im besonderen Einsatz (OibE) und Inoffiziellen Mitarbeitern des MfS in Schlüsselstellungen, die mit Antragstellern zu tun hatten, sollten diese Front aufbauen und abdichten helfen (vgl. Anhang, Nr. 5).

Zum zweiten wollte man erreichen, daß die Absicht zur Übersiedlung *„in allen Lebensbereichen"* als moralisch verwerfliche Handlung *„verurteilt wird."*[78] Dazu wurden alle Mittel der Propaganda aufgefahren. So startete beispielsweise die SED am 6. März 1985 eine Medienkampagne unter der Schlagzeile *„20 000 Ehemalige wollen zurück"*. Veröffentlichte Briefe Ausgereister an Regierungsstellen der DDR sollten den Eindruck vermitteln, daß ein Großteil der 1984 Ausgereisten Illusionen über den Westen aufgesessen sei und nun reuevoll in die DDR zurückkehren wolle. Wieviele es tatsächlich waren, darüber gibt eine Übersicht des MfS aus dem Jahre 1986 über „Rückkehrwünsche" Auskunft. Zwischen Januar 1984 und April 1986 registrierte das MfS lediglich 543 Personen, darunter 136, die das „Neue Deutschland" am 6.3.1985 veröffentlichte.[79]

3.4. Eskalationsstufe 4: Die Macht der Ohnmacht

1985 zeigten die Aktivitäten und die Zahl neuer Antragsteller im Vergleich zu 1984 zwar eine rückläufige Tendenz (vgl. Tabelle 2 am Ende dieses Beitrages).[81] Diese Beruhigung war jedoch nur von kurzer Dauer und beruhte im wesentlichen auf zwei Gründen: Zum einen wirkte offensichtlich die Ausreise- und Verhaftungswelle des Jahres 1984 nach; zum anderen wurde 1985 noch rege von Ausbürgerungen aus „politisch-operativen Gründen" Gebrauch (13 000 Personen) gemacht. Im Jahre 1986 kam es jedoch mit rund 50 000 neuen Antragstellern (vgl. Tabelle 2) zu einem abermaligen Schub, der wieder den Anschluß an das Jahr 1984 herstellte. Da gleichzeitig die Ausbürgerungen rückläufig waren, nahm der öffentliche Druck der Antragsteller wieder zu.

Registrierte das MfS bereits gegen Ende des Jahres 1986 ein *„zunehmend forderndes Auftreten"* sowie Gruppierungen von Antragstellern in Arnstadt, Schwerin und Jena, die es auf *„öffentlichkeitswirksame Provokationen"* anlegten, so sah man sich im Frühjahr 1987 einer Reihe größerer Demonstrationen ausgesetzt. Im Februar skandierten in Dresden 300 Antragsteller die Losung: „Erich gib den Schlüssel raus!" In Jena wurden die Sicherheitsorgane mit einem „Spaziergang" von etwa 100 Antragstellern konfrontiert und in Leipzig nutzten 300 überwiegend jugendliche Ausreisewillige die Frühjahrsmesse, um die Welt darauf aufmerksam zu machen, wie der SED-Staat mit Menschen umging, die ihre Grundrechte einforderten.

Und so kam es zur Jahreswende 1987/88 zu einer Situation, die der Vergrößerung einer Kopie der Lage des Jahres 1983 entsprach. Die Ausreisen im allgemeinen und aus „politisch-operativen Gründen" hatte man auf das niedrige Niveau des Jahres 1983 zurückgefahren. Die Rechtfertigung dieser Strategie war ebenso einleuchtend wie 1983. Das Ausreiseventil zu lockern, bedeutete mit Blick auf die Erfahrungen seit 1984, eine Sogwirkung zu erzeugen: *„Zwischen Übersiedlungen im größeren Umfang und dem sprunghaften Ansteigen der Erstersuchen um ein Vielfaches besteht ein kausaler Zusammenhang"*, resümierte das MfS im Oktober 1987.[82] Des weiteren, so hieß es, widerspreche das der Linie der Partei und gültigen Weisungen, die darauf orientierten, um jeden Antragsteller zu kämpfen. Allen Kräften, die sich dieser Aufgabe stellten, würde man in den Rücken fallen, ihr Engagement lähmen und Resignation verbreiten.[83] Hinzu kam, daß die SED-Führung auf die Ausgereisten und Antragsteller, die zumeist hochqualifizierte Facharbeiter (rund 70 Prozent) oder Hoch- und Fachschulkader (15 Prozent) waren, eigentlich gar nicht verzichten konnte. Sie wurden als *„unentbehrliches Kräftepotential"* bewertet,[84] was angesichts des ruinösen Wirtschafts-, Ökologie- und Sozialgefüges nur allzu verständlich erscheinen mußte. Außerdem wollte man sich nicht dem verstärkten Druck des Westens unter der Flagge der Menschenrechte und der Fragestellung aussetzen, „*wie es kommen kann, daß sich unmittelbar nach dem für die Entspannungspolitik so erfolgreichen Besuch des Generalsekretärs in der BRD [...] unsere Bürger durch massenhafte Übersiedlungen von der DDR abwenden.*“[84] Nicht zuletzt bedeuteten mehr Ausreisen „*massenhafte Kontakte und Rückverbindungen“, [...] aber auch neue Anlässe für Besuchsreisen, verstärkte Forderungen zur Durchführung von Reisen zu Übersiedelten, verstärkten Druck von der BRD zur Durchsetzung von Einreiseforderungen bis hin zu Rückkehrforderungen*“.[85]

Doch standen dieser Linie im Vergleich zur Jahreswende 1983/84 nicht mehr nur 30 000, sondern nunmehr 105 000 Antragsteller gegenüber.[86] Regionale Schwergewichte bildeten – bezogen auf die Einwohnerzahl – noch immer die Bezirke Dresden, Berlin, Karl-Marx-Stadt, Gera und Leipzig. Sie vereinigten knapp 70 Prozent aller Antragsteller.

Zeitgleich aktivierte sich die Ausreiseszene. Beschwerden an zentrale staatliche Stellen waren von 30 000 Ende 1983 auf 50 000 Ende 1987 hochgeschnellt. Antragsteller traten wieder „*zunehmend hartnäckiger, fordernder und zum Teil aggressiver*“ sowie vermehrt in Gruppen auf, „*denen bis zu 60 Personen angehörten*“, und zwar in den Bezirken Cottbus, Erfurt, Frankfurt/O., Gera, Halle, Karl-Marx-Stadt, Potsdam, Schwerin und Suhl (Anhang, Nr. 6). Verstärkt griffen Antragsteller auch wieder auf die Tradition „Weißer Kreise“ zurück und immer häufiger tauchten in der Öffentlichkeit ihre markantesten Symbole, Plaketten mit dem Buchstaben „A“ (für Ausreiser) und weiße Schleifen bzw. Bänder, auf.[87] Kontakte der Antragsteller zur Ständigen Vertretung Bonns in Ost-Berlin sowie Besetzungen der bundesdeutschen Vertretungen blieben zwar unter dem Stand von 1983, zeigten aber 1987 im Vergleich zum Vorjahr wieder ansteigende Tendenzen.[88] Unter dem Dach der Ost-Berliner Umweltbibliothek etablierte sich im September 1987 eine Arbeitsgruppe „Staatsbürgerschaftsrecht der DDR“, die einen legalisierten Rahmen als Interessenvertretung der Antragsteller schaffen wollte.[89] Auf ihrem dritten Treffen Mitte November wurde entschieden, anläßlich des Tages der Menschenrechte am 10. Dezember 1987 eine Erklärung zu verfassen und sie mit Unterschriften der DDR-Regierung zuzuleiten (Anhang, Nr. 7). 44 Mitglieder der Arbeitsgruppe unterschrieben diese Erklärung, der Staat aber schwieg. So wurde auf einem Treffen am 9. Januar 1988, zu dem Ausreisewillige aus acht Bezirken der DDR angereist waren, festgelegt, sich unter der Losung „Die Freiheit ist immer die Freiheit der Andersdenkenden“ an der offiziellen Demonstration anläßlich des 69. Jahrestages der Ermordung von Rosa Luxemburg und Karl Liebknecht am 17. Januar zu beteiligen. Eine im Rahmen dieses Treffens erfolgte Umfrage zu den Motiven der Antragsteller brachte ein einhelliges Ergebnis. In der Reihenfolge dominierten fehlende Reise- Informations- und Meinungsfreiheit sowie der „*inhumane Umgang mit kritischen Menschen*“.[90] Am 17. Januar fanden sich die meisten dieser Ausreisewilligen jedoch nicht mehr auf der Demonstration, sondern zunächst in Untersuchungshaftanstalten Ost-Berlins und wenige Tage später – die letzten am 4. Februar 1988 – im Westen wieder. Die ursprüngliche Gruppe war damit zwar nicht mehr existent, doch bildeten diese Ereignisse für alle anderen Antragsteller ein Lehrstück: Gruppenbildungen und öffentliche Aktionen erwiesen sich abermals erfolgversprechender als geduldiges Warten.

Entsprechend verlief die weitere Entwicklung. ZK-Sekretär Egon Krenz kam in einer an Staatschef Honecker gerichteten Information nicht umhin, eine Reihe bitterer Wahrheiten zu offenbaren. Er mußte einräumen, daß die im Januar anläßlich der *„im Zusammenhang mit den Ereignissen am 17. Januar 1988 erfolgten Übersiedlungen von Provokateuren [...] zu verstärkten Aktivitäten eines großen Teils der Übersiedlungsersuchenden geführt“* habe, eine sachliche Gesprächsbereitschaft bei diesen nicht mehr vorhanden und ihr Auftreten *„extrem aggressiv“* sei und schließlich anläßlich des 1. Mai weitere demonstrative Aktionen erwartet werden müßten.[91] Die Mehrzahl der Antragsteller sei *„hartnäckig“* und *„teilweise“* gebe es Auffassungen wie: *„Für diesen Staat keinen Handschlag“, „wir werden uns die Genehmigung zur Übersiedlung erkämpfen; jedes Mittel ist uns recht“* und *„durch die Ereignisse nach dem 17. Januar 1988 in Berlin wissen wir, wie wir unsere Übersiedlung erzwingen können.“*[92] Klage führt Krenz auch darüber, daß die Antragsteller *„oftmals zu mangelnder Arbeitsdisziplin und geringer Verantwortlichkeit in den jeweiligen Kollektiven“* beitrügen.“[93] Gleichzeitig läßt er durchblicken, daß die bisherigen Gegenstrategien nicht aufgingen, sie vielmehr die Lage eher verschärften. Vermehrte Reisemöglichkeiten und Ausreisen hätten keine Beruhigung, sondern Rückwirkungen ausgelöst, die zu neuen Anträgen führten; die *„Wirksamkeit“* der Abteilung Inneres ginge zurück, ihre Mitarbeiter würden *„einem ständigen Druck und zahlreichen Provokationen und Beleidigungen“* durch Antragsteller ausgesetzt und schließlich sei die geforderte *„breite gesellschaftliche Front noch nicht geschaffen worden“*.[94]

Eine solch miserable Bilanz hätte eigentlich Fragen nach den Ursachen und nach durchgreifenden Konsequenzen aufwerfen müssen, wie sie noch im März in einem Strategiepapier (mit unklarer Urheberschaft) angesprochen wurden.[95] Die Autoren dieses Papiers bewerteten eine *„Trendwende“* in der Ausreiseproblematik als *„unbedingt erforderlich“*, da sie *„neben außenpolitischen Wirkungen“* vor allem die *„Richtigkeit der Politik unserer Partei zu untergraben droht“* und damit letztlich die innere Stabilität der DDR gefährde.[96] Vorsichtige Fragestellungen, so u.a. danach, *„wie es andere sozialistische Länder mit der Freizügigkeit und Reiseverkehr halten“*, orientierten auf neue Lösungsansätze. Doch Krenz ging in seinen Schlußfolgerungen[97] mit keinem Wort darauf ein. Er setzte vielmehr auf eine politisch-agitatorische Offensive unter Führung der Partei, die sich mit *„besonderer Aufmerksamkeit [...] allen Fragen des täglichen Lebens der Menschen, wie u.a. der Versorgung mit Konsumgütern und Dienstleistungen“* zuwenden und dazu beitragen solle, daß die *„Bürger ehrlich und dauerhaft von ihrem Ersuchen Abstand nehmen“*. Staatschef Honecker gab dieser Linie seinen Segen[98] und negierte damit gleichermaßen die eigentliche politische Dimension, die die Mehrzahl der Antragsteller tagtäglich offenbarte: den Willen zur Selbstbestimmtheit, wie er hauptsächlich unter ausdrücklichem Verweis auf die UNO- und KSZE-Dokumente zu den Menschenrechten eingefordert wurde.

Die praktischen Lösungsversuche blieben so im alten Fahrwasser: Abermals wurden nicht die tatsächlichen Ursachen, sondern die Wirkungen bekämpft. Planungen des MfS sahen für das Jahr 1988 Ausreisen in einer Größenordnung von 12 000 vor.[99] Vor einer weiteren Öffnung wurde unter Verweis auf die Entwicklung des Jahres 1984 noch Anfang April 1988 entschieden gewarnt und auf die gravierenden Folgewirkungen hingewiesen.[100] Um öffentlichkeitswirksame Aktionen und entsprechende Nachahmungseffekte einzuschränken, wurde u.a. vorgeschlagen, besonders aufmüpfige Antragsteller von einer Übersiedlung auszuschließen und *„demonstrativ"* solche bevorzugt ausreisen zu lassen, die *„sich ruhig, diszipliniert und gesetzeskonform verhalten."*[101] Von diesen Vorstellungen blieb jedoch wenige Tage später nicht mehr viel übrig. Statt dessen griff man – wenn auch nuanciert verändert – auf das mißlungene Konzept des Jahres 1984 zurück: Erhöhte Ausreisen aus *„politisch-operativen Gründen"* und gleichzeitig verschärfte Repressionen gegen öffentlichkeitswirksame Antragsteller. Auf einer „außerordentlichen gemeinsamen Dienstberatung"[102] gab Oberst Winderlich, Stellvertreter des Ministers des Innern, am 15. April die als „Modifizierung" charakterisierte Linie gegen Antragsteller bekannt:

> „Das Wesen dieser Modifizierung besteht darin, durch die Erhöhung der Anzahl von Übersiedlungen, insbesondere von Personen, von denen erhebliche Gefahren und Störungen der öffentlichen Ordnung und Sicherheit ausgehen oder zu erwarten sind, Schaden für die DDR abzuwenden. Das ist eine Aufgabe, die darauf zielt, das Potential feindlich-negativer Kräfte unter Übersiedlungsersuchenden systematisch abzubauen und ihren vielgestaltigen negativen Einfluß zu unterbinden."[103]

Die Ausreisequote wurde auf das Zwei- bis Dreifache erhöht. Im Interesse einer weniger spektakulären Abwicklung – und diesbezüglich hatte man Lehren aus dem Jahre 1984 gezogen – wurde eine gleichmäßige monatliche Rate von 2 000-3 000 Ausbürgerungen unter Berücksichtigung regionaler Schwerpunkte festgelegt.[104] Die entsprechenden Vorschläge sollten durch die Abteilungen Inneres der Räte der Bezirke und die zuständige MfS-Diensteinheit jeweils mit dem 1. Sekretär der Bezirksleitung der SED abgestimmt werden.

Tatsächlich kam es 1988 dann auch mit rund 24 000 Ausreisefällen gegenüber dem Vorjahr zu einem Anstieg um nahezu das Vierfache. Ein sprunghafter Zuwachs neuer Antragsteller konnte zwar verhindert werden, da sich die Zahl jedoch mit über 40 000 auf dem hohen Niveau des Vorjahres hielt und die ausgereisten und „zurückgewonnen" Fälle weit überstieg, staute sich zur Jahreswende 1987 eine Größenordnung von 113 000 Antragstellern.

Das selbsterklärte Ziel des *„modifizierten Vorgehens"*, den *„Druck durch die Antragsteller"* abzubauen und *„die Lage wieder beherrschbar"* zu machen,[105] geriet in ein noch größeres Fiasko als 1984. Die Beschwerden der Antragsteller an zentrale Stellen erreichten 1988 mit rund 70 000, darunter mit 30 000 an Staatschef Honecker, einen neuen Rekordstand. Auf Straßen und Plätzen wurden „Schweigedemonstrationen" mit und ohne Symbolträger und andere öffentliche Bekenntnisse zur Alltagserscheinung. Zwischen April und August 1988 mußten sich die Sicherheitsorgane und die SED allein in Dresden mit 2 800 derart demonstrierenden Antragstellern auseinandersetzen[106] (Anhang, Nr. 8). Ihnen versuchte man mit abgestuften Verfahren beizukommen. Wer nur schweigend beteiligt war, wurde zunächst verwarnt; im Wiederholungsfall dann aber mit einer Ordnungsstrafe zwischen 100 und 1 000 Mark belegt; Symbolträger wurden sofort zur Kasse gebeten; sofern sie dazu einen PKW benutzten, konnte das bis zum Entzug des Fahrzeuges führen. Wer schließlich mit Plakattexten sein Ausreisebegehren öffentlich machte, mußte mit einem Ermittlungsverfahren wegen „Beeinträchtigung der staatlichen und gesellschaftlichen Tätigkeit" (§ 214 StGB) rechnen.

Noch größere Sorgen aber bereiteten Organisationsstrukturen, die sich sowohl innerhalb als auch außerhalb der Kirchen etablierten. Antragsteller fanden sich in Arbeitsgemeinschaften, Selbsthilfegruppen und Initiativen nach dem Vorbild der Ost-Berliner Gruppe „Staatsbürgerschaftsrecht" zusammen. „Friedensgebete" unter dem Dach der Kirchen, so vor allem in der Nikolaikirche in Leipzig, wurden zu Ausgangspunkten massiver demonstrativer Aktionen von Antragstellern. Ausreisewillige Ärzte organisierten sich überregional in einem „Arbeitskreis medizinisch-theologischer Grenzfragen".

Gleichzeitig vervielfachten sich gegenüber 1987 wieder die Kontakte zur Ständigen Vertretung Bonns in Ost-Berlin. Besetzungen von Botschaften bzw. der Ständigen Vertretung Bonns in Ost-Berlin erreichten mit 273 Personen nach 1984 ihren zweiten Höhepunkt.

Obwohl die Interessen der SED-Führung mehr denn je darauf ausgerichtet waren, Antragsteller zu kriminalisieren und politische Urteile gegen sie zu vermeiden, sah man sich infolge der immer massiveren öffentlichen Auftritte von Antragstellern veranlaßt, 1988 wieder an die repressive Hochphase des Jahres 1984 anzuknüpfen. Gegen Antragsteller leitete das MfS knapp 2 000 Ermittlungsverfahren ein, darunter über 900 wegen sogenannter *„provokativ-demonstrativer Handlungen in der Öffentlichkeit"*.[107] Der Wille der Antragsteller, sich öffentlich und demonstrativ zu Wort zu melden, konnte dennoch nicht gebrochen werden. Das vom MfS für das Jahr 1988 gezogene Fazit lautete: *„Stark zugenommene [...] feindlich-negative Aktivitäten zur Durchsetzung von Übersiedlungen"* und ein verstärkter *„Druck auf die staatlichen Organe der DDR insgesamt."*[108]

4. Der Anfang vom Ende – Die Entwicklung 1989

Vor diesem Hintergrund versuchte die SED, durch neue Verordnungen über den Reiseverkehr und Familienzusammenführungen, die im Januar 1989 in Kraft traten, Luft zu bekommen.[109] Das aber mußte mißlingen, da inzwischen die Maßstäbe der Wiener KSZE-Konferenz die Erwartungen bestimmten und beide Verordnungen weit unter diesen Vorgaben blieben. Zwar wurde erstmals ein generelles Antragsrecht auf Ausreise geschaffen, der Personenkreis sowohl für Ausreisegenehmigungen als auch für den privaten Reiseverkehr ausgedehnt und ein Widerspruchsverfahren eingeführt, am restriktiven Charakter änderte das nichts. Ein Großteil der Bürger wurde mangels Westverwandtschaft weiter ausgegrenzt. Außerdem hatte sich das SED-Regime in beiden Verordnungen eine Vielzahl von Klauseln und Hintertüren offengehalten, die es jederzeit zuließen, Reise- und Ausreiseansprüche einzuengen, zu blockieren und auszuschalten.[110]

Die unmittelbaren Reaktionen sprachen für sich: In den ersten drei Monaten des Jahres 1989 wurden rund 159 000 Anträge auf Privatreisen in den Westen von den staatlichen Behörden zurückgewiesen;[111] die Zahl derer, die ihre besuchsweise Westreise zur Flucht nutzten, zeigte *„von Monat zu Monat* [eine] *steigende Tendenz";*[112] einem unverändert hohen Zuwachs neuer Antragsteller standen lediglich

0,4 Prozent gegenüber, die man angeblich zurückgewonnen hatte, und obwohl zentral entschieden wurde, im *„Vorfeld gesellschaftlicher Höhepunkte"* (genannt wurden u.a. die Kommunalwahlen im Mai) den Antragstellern *„möglichst keine Ablehnungen"* auszusprechen[113] (und tatsächlich lag die Ablehnungsquote Ende April 1989 bei lediglich 1,9 Prozent[114]), schreckten sie vor nichts mehr zurück.

So stellte das MdI eine „deutliche Zunahme des aggressiven, fordernden, verleumderischen und zum Teil frechen Auftretens sowie eine sinkende Hemmschwelle zur Androhung und Durchführung von provokatorisch-demonstrativen Handlungen und Straftaten" fest.[115] Gleichzeitig nahmen die Besetzungen westlicher Vertretungen ein dramatisches Ausmaß an: Seit Beginn des Jahres 1989 mußten wöchentlich bis zu 100 Besetzer in Kauf genommen werden.[116] In den ersten drei Monaten waren das 800 Personen, darunter über 90 Prozent Antragsteller, was bedeutete, daß im ersten Quartal ein Drittel mehr Besetzer in Erscheinung traten als im gesamten Jahr 1984.[117] Auch die Gruppenbildung stieß in neue Dimensionen vor. Neben den Zusammenkünften im Rahmen der „Friedensgebete" und „Fürbittengottesdiensten" bildeten sich mehr und mehr KSZE-Arbeitskreise. Im ersten Halbjahr 1989 gingen beim Ministerium des Innern 33 Anträge ein, in denen die Antragsteller um die Genehmigung ersuchten, einen Verein bilden zu können,[118] darunter die Vereinigung „Pro Humanitas" mit Antragstellern aus den Bezirken Schwerin, Rostock, Halle, Leipzig und Berlin.[119]

Der abermals äußerst widersprüchliche und ausweglose Zickzackkurs der SED-Führung im Umgang mit den Antragstellern führte in Verbindung mit ihrem zahlenmäßigen Zuwachs zur weiteren Erosion der „breiten gesellschaftlichen Front". Der Offenbarungseid, daß *„trotz intensiver politisch-ideologischer Einflußnahme"* immer mehr Mitarbeiter der Bereiche Genehmigungsverfahren bei den Räten der Städte und Kreise ihr Arbeitsverhältnis aufkündigten, *„die Beherrschung der Lage auf dem Gebiet der Zurückdrängung von Antragstellern auf Ausreise kaum noch zu gewährleisten ist"* und *„die territorialen Möglichkeiten diesbezüglich ausgeschöpft sind",*[120] glich einer regelrechten Kapitulationserklärung.

Die allgemeine innen- und außenpolitische Situation, wie sie sich seit Mai 1989 abzeichnete, konnte diese Ohnmacht nur noch vertiefen. Einerseits mußten der offensichtliche Wahlbetrug der SED bei den im Mai durchgeführten Kommunalwahlen und die solidarische Verbundenheit der SED und der „Volkskammer" der DDR mit den chinesischen Kommunisten hinsichtlich der Anfang Juni mit brutaler Panzergewalt niedergewalzten Studentendemonstration auch noch den letzten Rest an Hoffnungen auf Reformansätze zerstören. Andererseits wurden an der ungarisch-österreichischen Grenze mit Drahtscheren erste Löcher in den Eisernen Vorhang geschnitten, die neue Auswege versprachen. Als im Juli die Information durchsikkerte, daß die ungarische Regierung nicht mehr bereit war, aufgegriffene flüchtende DDR-Bürger an die DDR auszuliefern, war die Symbiose zwischen der Ausreise- und der Fluchtbewegung schon im vollen Gange. Sie spiegelte sich vor allem in massiven Botschaftsbesetzungen wider. Die im Frühjahr 1989 vorgegebene Linie der SED, *„derartige Erpressungsversuche möglichst schnell und ohne Aufsehen zu lösen"*, um *„größeren politischen Schaden"* von der DDR abzuwenden,[121] bewirkte abermals eine Sogwirkung und schließlich den Anfang vom Ende der DDR.

Tabelle 1: Die Flucht- und Ausreisebewegung aus der SBZ/DDR in die Westzonen/Bundesrepublik Deutschland

	Bundesdeutsche Statistik[1]								MfS-Statistik[2]						
Erfassungszeitraum	**Gesamtzahl**	**Übersiedler, („legal“)**	%	**Flüchtlinge, („illegal“)**	%	**dav. Sperrbrecher**	**Sonstige[3]**	%	**Gesamtzahl**	**Übersiedler, („legal“)**	%	**Flüchtlinge, („illegal“)**	%	**Antragsteller auf Ausreise[4]**	**verhinderte Fluchtversuche[5]**
A. Kriegsende bis 1948	732.100														
B. 1949 bis zu den Sperrmaßnahmen															
1949	129.245			129.245											
1950	197.788			197.788											
1951	165.648			165.648											
1952	182.393			182.393											
1953	331.390			331.390					251.737			251.737			
1954	184.198			184.198					133.795			133.795			
1955	252.870			252.870					228.278			228.278			
1956	279.189			279.189					267.403			267.403			
1957	261.622			261.622					246.707			246.707			
1958	204.092			204.092					151.461			151.461			

1 Quellen: 1. Bundesverwaltungsamt; 2. Karl F. Schumann: Flucht und Ausreise aus der DDR insbesondere im Jahrzehnt ihres Untergangs, in: Materialien der Enquete-Kommission „Aufarbeitung von Geschichte und Folgen der SED-Diktatur in Deutschland“, Band V, 3, S. 2359–2405, hier S. 2399; 3. Hartmut Wendt: Die deutsch-deutschen Wanderungen – Bilanz einer 40jährigen Geschichte von Flucht und Ausreise, in: Deutschland-Archiv 24 (1991)-4, S. 386–395.

2 Quelle für 1961ff.: Vorlage für das Politbüro des ZK der SED (o.D.), Anlage 1: Information über die Entwicklung und Lage auf dem Gebiet des Reiseverkehrs, der ständigen Ausreisen und des ungesetzlichen Verlassens der DDR; BStU, ZA, ZAIG 7438, Bl. 87; für 1953–1959: BStU, MfS, Allgemeine Sachablage, 109/65, Bd. 5. Die Gesamtzahlen pro Jahr ergeben sich aus der Differenz zwischen Flüchtlingen und Rückkehrern.

3 Freigekaufte aufgrund der „besonderen Bemühungen“ der Bundesregierung; erst ab 1980 in dieser Statistik erfaßt, zuvor (seit 1963) unter Flüchtlinge gezählt. Angaben für frühere Jahre, die allerdings voneinander abweichen, vgl. T. Kleine-Brockhoff/O. Schröm, Das Kirchengeschäft B, in: Die Zeit 36/1992, S. 12, und Th. Ammer, Stichwort: Flucht aus der DDR, in: Deutschland-Archiv 22 (1989), S. 1206 - 1208; vgl. auch Ludwig A. Rehlinger, Freikauf, Die Geschichte der DDR mit politisch Verfolgten, 1963–1989, Berlin 1991; Ludwig Geissel, Unterhändler der Menschlichkeit, Erinnerungen, Stuttgart 1991.

4 Jeweils zum 31.12. des Jahres. Nach: BStU, Anatomie der Staatssicherheit. Geschichte, Struktur, Methoden (MfS-Handbuch). Die Zentrale Koordinierungsgruppe Bekämpfung von Flucht und Übersiedlung, Berlin 1995, S. 50.

5 Nach: BStU, Anatomie der Staatssicherheit, a.a.O., S. 49.

Erfassungs-zeitraum	Gesamtzahl	Übersiedler, („legal“)	%	Flüchtlinge, („illegal“)	%	dav. Sperr-brecher	Son-stige	%	Ge-samtzahl	Übersiedler, („legal“)	%	Flücht-linge, („illegal“)	%	Antrag-steller auf Ausreise	verhinder-te Flucht-versuche
1959	143.917			143.917					78.650			78.650			
1960	199.188			199.188											
1961 (bis 12.08.)	155.402			155.402											
Zwischensumme (B)	**2.686.942**			**2.686.942**											
Zwischensumme(A+B)	**3.419.042**														
C. Seit den Sperren bis Ende 1988															
1961 (13.08.-31.12.)	51.624			51.624		6.507			21.686	12.283	56,6	9.403	43,4		
1962	21.356	4.615	21,6	16.741	78,4	5.761			19.193	13.129	68,4	6.064	31,6		
1963	42.632	29.665	69,6	12.967	30,4	3.692			45.437	41.832	92,1	3.605	7,9		
1964	41.876	30.012	71,7	11.864	28,3	3.155			35.561	32.229	90,6	3.332	9,4		
1965	29.552	17.666	59,8	11.886	40,2	2.329			25.640	19.664	76,7	5.976	23,3		
1966	24.131	15.675	65,0	8.456	35,0	1.736			20.822	16.775	80,6	4.047	19,4		
1967	19.573	13.188	67,4	6.385	32,6	1.203			17.986	14.946	83,1	3.040	16,9		
1968	16.036	11.134	69,4	4.902	30,6	1.135			15.778	13.156	83,4	2.622	16,6		
1969	16.975	11.702	68,9	5.273	31,1	1.193			16.987	14.677	86,4	2.310	13,6		
1970	17.519	12.472	71,2	5.047	28,8	901			17.253	14.753	85,5	2.500	14,5		
1971	17.408	11.565	66,4	5.843	33,6	832			16.430	14.130	86,0	2.300	14,0		
1972	17.164	11.627	67,7	5.537	32,3	1.245			16.914	14.513	85,8	2.401	14,2		
1973	15.189	8.667	57,1	6.522	42,9	1.842			15.594	11.993	76,9	3.601	23,1		
1974	13.252	7.928	59,8	5.324	40,2	969			14.268	12.031	84,3	2.237	15,7		
1975	16.285	10.274	63,1	6.011	36,9	673			19.067	17.306	90,8	1.761	9,2		

Erfassungs-zeitraum	Gesamtzahl	Übersiedler, („legal")	%	Flüchtlinge, („illegal")	%	dav. Sperrbrecher	Sonstige	%	Gesamt-zahl	Übersiedler, („legal")	%	Flücht-linge, („il-legal")	%	Antrag-steller auf Ausreise	verhinderte Fluchtver-suche
1976	15.168	10.058	66,3	5.110	33,7	610			16.202	14.449	89,2	1.753	10,8		3.620
1977	12.078	8.041	66,6	4.037	33,4	721			13.276	11.569	87,1	1.707	12,9		3.601
1978	12.117	8.271	68,3	3.846	31,7	461			12.876	11.287	87,7	1.589	12,3		2.886
1979	12.515	9.003	71,9	3.512	28,1	463			13.882	12.278	88,4	1.604	11,6		2.856
1980	12.763	8.775	68,8	3.107	24,3	424	881	6,9	13.738	12.065	87,8	1.673	12,2	21.500	3.321
1981	15.433	11.093	71,9	2.900	18,8	298	1.440	9,3	17.108	15.757	92,1	1.351	7,9	23.500	2.912
1982	13.208	9.113	69,0	2.565	19,4	283	1.530	11,6	14.201	12.967	91,3	1.234	8,7	24.900	3.077
1983	11.343	7.729	68,2	2.487	21,9	228	1.127	9,9	12.263	11.039	90,0	1.224	10,0	30.400	2.910
1984	40.974	34.982	85,4	3.651	8,9	192	2.341	5,7	37.801	36.699	97,1	1.102	2,9	50.600	1.968
1985	24.912	18.752	75,3	3.484	14,0	160	2.676	10,7	25.250	24.119	95,5	1.131	4,5	53.000	1.509
1986	26.178	19.982	76,3	4.660	17,8	210	1.536	5,9	24.940	22.849	91,6	2.091	8,4	78.600	2.173
1987	18.958	11.459	60,4	6.252	33,0	288	1.247	6,6	19.145	14.910	77,9	4.235	22,1	105.100	3.006
1988	39.832	29.033	72,9	9.705	24,4	590	1.094	2,7	38.054	30.761	80,8	7.293	19,2	113.500	4.224
Zwischen-summe (C)	**616.051**	**382.481**	**62,1**	**219.698**	**35,6**	**38.101**	**13.872**	**2,2**	**577.352**	**494.166**	**85,6**	**83.186**	**14,4**		
D. 1989															
(01.01.-30.06.)									73.838	62.375	84,5	11.463	15,5	1.254.400	
(01.01.-07.09.)	343.854	101.947	29,6	241.907	70,4										
(01.01.-31.12.)															
Zwischen-summe (C+D)	**959.905**	**484.428**	**50,5**	**461.605**	**48,1**	**38.101**	**13.872**	**1,4**	**651.190**	**556.541**	**85,5**	**94.649**	**14,5**		
E. 1990 (01.01.-30.06.)	238.384														
F. Summe (B bis E)	**3.885.231**														
G. Summe (A bis E)	**4.617.331**														

Tabelle 2: Zahlenmäßige Entwicklung der Ausreiseanträge, 1977 bis 1989 (in Tausend)

Jahr	Bestand 31.12.	Erstanträge jährlich	Rücknahme jährlich	Zuwachs jährlich	Ausreisen jährlich	Freikauf jährlich
1977	–	8,4	0,4	8,0	2,5	1,5
1978	–	5,4	0,7	4,7	3,7	1,5
1979	–	7,7	4,3	3,4	4,5	0,9
1980	21,5	9,8	4,7	5,1	3,6	1,0
1981	23,0	12,3	5,0	7,3	7,6	1,6
1982	24,9	13,5	6,5	7,0	6,3	1,5
1983	30,3	14,8	5,6	9,2	5,6	1,1
1984	50,6	57,3	17,3	40,3	27,5	2,3
1985	53,0	27,3	11,3	16,0	14,7	2,7
1986	78,6	50,6	10,8	39,8	14,5	1,5
1987	105,1	43,2	12,8	30,4	6,3	1,2
1988	113,5	42,4	11,7	30,7	24,2	1,1
30.6.89	125,4	23,0	1,4	21,6	36,6	-

Quelle: Bernd Eisenfeld: Die Ausreisebewegung – eine Erscheinungsform widerständigen Verhaltens; in Ulrike Poppe u.a. (Hrsg.), Zwischen Selbstbehauptung und Anpassung, Berlin, 1995.

Anmerkungen:

1 *Hartmut Wendt,* 40 Jahre Flucht und Ausreise, in: Deutschland Archiv 24 (1991), S. 388.

2 Vgl. Statistiken 1953–1960 Allgemeine Sachablage (AS) des MfS; BStU-ZA, AS 1109/65 Bd. 1, Bl. 93.

3 Vgl. *Falko Werkentin,* Politische Strafjustiz in der Ära Ulbricht. Berlin 1995.

4 Höhepunkte: Monate März, April und Juni 1953 mit jeweils über 37 000 Flüchtlingen. Bericht des MfS über die Republikflucht vom 3.10.1961; BStU, ZA, Allgemeine Sachablage 109/65, Bd. 5, Bl. 95.

5 Höhepunkte: Monate April sowie September bis November 1956 mit Flüchtlingen zwischen rund 27 500 (April) und 33 700 Flüchtlingen; ebenda, Bl. 101.

6 Höhepunkte: Monate Juli mit rund 21 500 und August (bis zum Mauerbau am 13.8.) 47 000; ebenda, Bl. 85.

7 Aufgeführt werden in der Reihenfolge: 23% allgemeiner politischer Druck, 20% Furcht vor politischer Strafe, 10% mangelnde gesellschaftliche Aktivität, 2% mangelnde Tätigkeit in der SED, 6% politische Haft, 4% Agenten, 4% vom MfS angesprochene Personen und 3% inoffizielle Mitarbeiter des MfS. In: Einschätzung der Gründe der Republikfluchten und Maßnahmen zu ihrer Bekämpfung vom 7.1.1958; BStU, ZA, AS 109/65, Bd. 10, Bl. 8.

8 Entschließung des V. Parteitages der SED vom 15.7.1958, in: *Hermann Weber* (Hrsg.), Dokumente zur Geschichte der DDR. München 1986, S. 237.

9 OSL Held, OSL Geithner, Major Thieme, Obltn. Reicherdt: Forschungsergebnisse zum Thema: Kampftraditionen und Erfahrungen des MfS aus der politisch-operativen Tätigkeit gegen den staatsfeindlichen Menschenhandel, andere Formen des organisierten Verlassens der DDR und Schlußfolgerungen für die aktuelle und perspektivische Arbeit vom 30.4.1987; hier für die Zeitphase bis 1961; BStU, ZA, JHS 21994, Bl. 14f.

10 *Walter Ulbricht,* Referat auf der 33. Tagung des ZK im Oktober 1957, in: Zur Geschichte der deutschen Arbeiterbewegung. Aus Reden und Aufsätzen, Bd. VI 1956–1957, S. 696. Vgl. auch *Walter Ulbricht,* Grundfragen der ökonomischen und politischen Entwicklung in der Deutschen Demokratischen Republik, in: Neues Deutschland vom 20.10.1957.

11 Vgl. Gesetz zur Ergänzung des Strafgesetzbuches – Strafrechtsergänzungsgesetz – vom 11.12.1957 (GBl. Teil I, Nr. 78, S. 643–647) in Verbindung mit der Änderung des Paßgesetzes vom 11.12.1957 (ebenda, S. 650) sowie die Gemeinsame Direktive des Ministers der Ju-

stiz, des Generalstaatsanwaltes und des Ministers des Innern über die Anwendung des Paßgesetzes vom 15.12. 1958 (BStU, ZA, DSt. HA IX-1421, Bl. 49–57). Vgl. *Karl-Wilhelm Fricke*, Politik und Justiz in der DDR. Zur Geschichte der politischen Verfolgung 1945–1968. 2. Auflage, Köln 1990, S. 417ff.

12 OSL Held u.a., Forschungsergebnisse, ebenda, Bl. 60f.

13 Anweisung Nr. 1/60 des Ministers des MfS vom 4.5.1960; BStU, ZA, DSt 101427, S. 1.

14 Entwurf Maßnahmen und Vorschläge zur Bekämpfung der Republikflucht vom 2.3.1961; BStU, ZA, DSt. 101427, S. 1f.

15 Ebenda, S. 2f.

16 Erklärung des Staatsratsvorsitzenden der DDR vor der Volkskammer am 31.7.1963; BStU, ZA, HA IX-3083, Bl. 221f.

17 Vgl. Tabelle 1 und *Hartmut Wendt,* 40 Jahre Flucht und Ausreise, ebenda, S. 387. Eine „Analyse über begangene Republikfluchten" in den Jahren 1966 – 1970 besagt, daß sich unter den Geflüchteten rund 60% Rentner und 5% Dienstreisende befanden, also Bürger, die genehmigte Westreisen zur Flucht nutzten; BStU, ZA, HA IX-1911, Bl. 6f.

18 Nach bisherigen Erkenntnissen der „Arbeitsgemeinschaft 13.August" sind mit Stand August 1998 insgesamt 911 Menschen bei Fluchtversuchen aus der DDR umgekommen. Die Zahl der Verletzten geht auf eine Bilanz der Zentralen Ermittlungsstelle für Regierungs- und Vereinigungskriminalität in Berlin (ZERV) zurück (vgl. den Beitrag von *S. Hirtschulz und P. J. Lapp* im ersten Band dieser Reihe: Die SED-Herrschaft und ihr Zusammenbruch, Opladen 1996, S. 160). Zur Zahl der politischen Häftlinge vgl. *Johannes Raschka,* Zur Zahl der politischen Häftlinge während der Amtszeit Honecker. Berichte und Studien des Hannah-Arendt-Instituts für Totalitarismusforschung, Dresden 1997, S. 25, für den Zeitraum 1966–1988 (rund 68 000) sowie Statistiken des MfS für den Zeitraum 1961–1965 (rund 5 000).

19 Vgl. *Bernd Eisenfeld,* Die Zentrale Koordinierungsgruppe – Bekämpfung von Flucht und Ausreise; Anatomie der Staatssicherheit, MfS-Handbuch; BStU, Berlin 1995, S.49.

20 Hierzu: *Bernd Eisenfeld,* s.o. Anm. 19. Mit Mielke-Befehl 1/75 vom 15.12.1975 zur Vorbeugung, Aufklärung und Verhinderung des ungesetzlichen Verlassens der DDR und Bekämpfung des staatsfeindlichen Menschenhandels; BStU, ZA, DSt. 102092.

21 Einschätzung über geplante, versuchte und gelungene Anschläge auf den zivilen Luftverkehr unter Beteiligung von Bürgern der DDR bzw. unter Einbeziehung von Luftfahrzeugen sowie des Territoriums der DDR und der dabei verfolgten Zielsetzung sowie der angewandten Mittel und Methoden vom 12.2.1973 der HA VI des MfS; BStU, ZA, HA VI-1432, Bl. 190f.

22 Ebenda, Bl. 190.

23 Vgl. OSL Held u.a., Forschungsergebnisse vom 30.4.1987, Bl. 244.

24 Anlage zur Wochenübersicht der ZAIG vom 6.2.1989: Übersicht über spektakuläre Angriffe auf die Staatsgrenze 1979 bis Januar 1989; BStU, ZA, 4591, Bl. 18.

25 Ebenda, Bl. 18f.

26 Ermittelt aus den Jahresanalysen der ZKG.

27 Ebenda.

28 Vgl. Arbeitsmaterial Auszüge aus dem Referat des Leiters der ZKG und dem Schlußwort des Stellvertreters des Ministers, Generalmajor Neiber, auf der Dienstkonferenz der ZKG vom 25.3.1982; BStU, ZA, ZKG 206, Bl. 179. Bezogen auf die Gesamtzahl der Westreisenden lag der Anteil der „Nichtrückkehrer" allerdings unter 0,5 Prozent.

29 Vgl. Ergänzung zur Lageeinschätzung der ZKG vom Januar 1989; BStU, ZA, ZKG 2029, Bl. 894. Erstmals wurde 1988 mit insgesamt 10 787 die Grenze von 10 000 überschritten; ebenda.

30 Dieser Terminus wurde bis 1983 benutzt; danach sprach man bis Ende 1988 von „nicht berechtigten" Antragstellern.

31 Fortan wird der Terminus „Antragsteller" im Sinne der „rechtswidrigen" bzw. „nicht berechtigten" Antragsteller auf Ausreise gebraucht.

32 Bereits in der Verfügung Nr. 34/77 des Vorsitzenden des Ministerrates vom 8.3.1977 „zur Gewährleistung des einheitlichen, abgestimmten Vorgehens der staatlichen, wirtschaftslei-

tenden Organe, Betriebe, Kombinate und Einrichtungen in Zusammenarbeit mit den gesellschaftlichen Organisationen zur Unterbindung rechtswidriger Versuche von Bürgern der DDR, die Übersiedlung nach nichtsozialistischen Staaten und West-Berlin zu erreichen" heißt es: *„Schreiben, die den rechtswidrigen Versuch beinhalten, die Übersiedlung zu erreichen, sind nicht Eingaben im Sinne des Eingabengesetzes der Deutschen Demokratischen Republik."* BStU, ZA, DSt. 102331, Bl. 7 (MdI-Zählung).

33 Information über Zuschriften zur Übersiedlung, abgezeichnet von Staatschef Honecker am 9.12.1982; BStU, ZA, ZAIG 16162, Bl. 56.

34 Jahresanalyse der ZKG vom 24.1.1977; BStU, ZA, ZKG 2164, S. 25.

35 Jahresanalyse der ZKG für das Jahr 1976 vom 24.1.1977; BStU, ZA, ZKG 2164, S. 31.

36 Ebenda, S. 33.

37 Ebenda, S. 34.

38 ZAIG-Information vom 28.1.1976 über massive gegnerische Interventionen zur Erzwingung von Genehmigungen zur Übersiedlung von Bürgern der DDR nach nichtsozialistischen Staaten und West-Berlin; BStU, ZA, ZAIG-2477, Bl. 2–7.

39 Information der ZAIG vom 7.9.1976 über die bisherigen Ergebnisse der Untersuchungen zu einer feindlich negativen Konzentration von Bürgern der DDR, die im Zusammenhang mit ihrer Antragstellung auf Übersiedlung eine „Petition zur Erlangung der vollen Menschenrechte" unterzeichneten; BStU, ZA, ZAIG- 2557, Bl. 1–6.

40 Vgl. u.a. Rheinischer Merkur, Süddeutsche Zeitung, Berliner Morgenpost, FAZ; ebenda, Bl. 2.

41 Resolution zum Ausreisefall der Familien Hauptmann und Faust, dokumentiert in: *Siegmar Faust*, Ich will hier raus. Berlin 1983, S. 114f.

42 Schreiben des Generalstaatsanwaltes von Groß-Berlin an Generalstaatsanwalt Dr. Streit vom 11.9.1975; SAPMO Büro Generalstaatsanwaltschaft (GStA) P-3 I 1975–1981.

43 Hausmitteilung der Abteilung Staats- und Rechtsfragen des ZK der SED an Honecker vom 29.10.1976 über Durchführung von Maßnahmen zur Zurückweisung von Versuchen revanchistischer Kreise; BStU, ZA, HA IX 1983, Bl. 23–26.

44 Ebenda, Bl. 25.

45 Ebenda, Bl. 26.

46 Hausmitteilung 29.10.76; ebenda, Bl. 25.

47 Verfügung 34/77 des Vorsitzenden des Ministerrates vom 8.3.1977 zur Gewährleistung des einheitlichen abgestimmten Vorgehens der staatlichen und wirtschaftsleitenden Organe, Betriebe, Kombinate und Einrichtungen in Zusammenarbeit mit gesellschaftlichen Organisationen zur Unterbindung rechtswidriger Versuche von Bürgern der DDR, die Übersiedlung nach nichtsozialistischen Staaten und West-Berlin zu erreichen; BStU, ZA, Dst. 102331.

48 Befehl 6/77 vom 18.3.1977 zur Vorbeugung, Verhinderung und Bekämpfung feindlich-negativer Handlungen im Zusammenhang mit rechtswidrigen Versuchen von Bürgern der DDR, die Übersiedlung nach nichtsozialistischen Staaten und West-Berlin zu erreichen; BStU, ZA, DSt. 102331.

49 Befehl 6/77 des MfS vom 18.3.1977 zur Vorbeugung, Verhinderung und Bekämpfung feindlich-negativer Handlungen im Zusammenhang mit rechtswidrigen Versuchen von Bürgern der DDR, die Übersiedlung nach nichtsozialistischen Staaten und West-Berlin zu erreichen sowie zur Unterbindung dieser rechtswidrigen Versuche; BStU, ZA, DSt. 102331, Bl. 30f.

50 Jahresanalyse der ZKG für das Jahr 1980 vom 5.11.1980; BStU, ZA, ZKG 1978, S. 10.

51 Arbeitsmaterial Auszüge aus dem Referat des Leiters der ZKG und dem Schlußwort des Stellvertreters des Ministers, Generalmajor Neiber, auf der Dienstkonferenz der ZKG vom 25.3.1982; BStU, ZA, ZKG 2016, Bl. 202.

52 Ermittelt aus Jahresanalysen der ZKG für die Jahre 1978 und 1982. Von den Eingaben 1982 wurden allein 9 400 direkt an Staatschef Honecker gerichtet, in: Ergänzung zur Lageeinschätzung für die Jahresplanung 1983 der ZKG vom 31.1.1983; BStU, ZA, ZKG 1976, S. 35.

53 Information über Zuschriften zur Übersiedlung, abgezeichnet am 9.12.1982 durch Staatschef Honecker; BStU, ZA, ZAIG 16162, Bl. 56f.

54 Ermittelt aus Jahresanalysen der ZKG.
55 Vgl. Erscheinungsbild der im Jahre 1980 im Zusammenhang mit rechtswidrigen Übersiedlungsersuchen begangenen Straftaten; BStU, ZA, HA IX-421, Bl. 10f.
56 Ergänzung zur Lageeinschätzung vom 31.1.1983, ebenda, S. 32 und 34.
57 Arbeitsmaterial Auszüge aus dem Schlußwort des Stellvertreters des Ministers, Generalmajor Neiber, auf der Dienstkonferenz der ZKG vom 25.3.1982; BStU, ZA, ZKG 2016, Bl. 199.
58 Vgl. Jahresanalyse der ZKG vom 8.11.1979; BStU, ZA, ZKG 2167, Bl. 37.
59 Jahresanalyse der ZKG für das Jahr 1978 vom 25.1.1979; BStU, ZA, ZKG 2166, Bl. 53.
60 Schreiben Minister des MfS an die Leiter der BV vom 3.9.1981; BStU, ZA, DSt. 102331 S. 1f. und Anlagen.
61 Ergänzung zur Lageeinschätzung vom 31.1.1983; ebenda, S. 44.
62 Die Jenaer Krankheit in der DDR; Auszug aus Sonderdruck des „Tagesspiegel" vom 23.10.1983.
63 Aus dem abschließenden Schlußdokument vom 6.9.1983, in: Auswärtiges Amt: Menschenrechte in der Welt; Berichte und Dokumentationen, Bonn, 1988, S. 138.
64 Mit der Verordnung zur Regelung von Fragen der Familienzusammenführung und der Eheschließung zwischen Bürgern der Deutschen Demokratischen Republik und Ausländern vom 15.9.1983 (GBl. I, Nr. 26) wurde erstmals eine Rechtsgrundlage für die Familienzusammenführung, und zwar für Eheschließende (sofern die staatliche Genehmigung der DDR vorlag) sowie für Rentner und nichtarbeitsfähige Invaliden geschaffen.
65 Vgl. Major Reiner Walzel, Aktuelle Erfordernisse der zentralen Führung bedeutsamer politisch-operativer Prozesse; Diplomarbeit an der JHS; BStU, ZA, JHS 20410, Bl. 28f.
66 Hierzu Information des MfS vom 30.1.1984 über die Persönlichkeitsstruktur der Besetzer; BStU, ZA, ZAIG 3352, Bl. 2–5.
67 Vgl. *Bernd und Peter Eisenfeld*, Widerständiges Verhalten 1976–1982, in diesem Band.
68 Anlage 1 zur Wochenübersicht der ZAIG vom 28.5.1984, Hinweise zu einigen soziologischen Aspekten ...; BStU, ZA, ZAIG 4534, Bl. 95.
69 Thesen zur Dienstkonferenz des Leiters der BV (Bezirksverwaltung) Halle des MfS am 20.11.1984; BStU, ZA, ZKG, Bündel 588, S. 1.
70 Hinweise: Dienstbesprechung von Stasi-Chef Erich Mielke am 2.11.1984; BStU, ZA, BdL 164, Bl. 5.
71 Einschätzung der politisch-operativen Lage der ZKG vom April 1989; BStU, ZA, Arbeitsbereich Neiber, MfS-184, Bl. 13.
72 Ordnung der ZKG vom Januar 1984 zur Anwendung strenger Maßstäbe bei der Übersiedlung aus politisch-operativen Gründen sowie anderem staatlichen Interesse; BStU, ZA, ZKG 2097, S. 2ff.
73 Ebenda, S. 4f.
74 Rededisposition der ZKG zum Erfahrungsaustausch in den BV des MfS vom 30.10.1984; BStU, ZA, Bündel 588, S. 6.
75 Hinweise: Dienstbesprechung 2.11.1984, ebenda, Bl. 20.
76 Instruktion Nr. 0/44/85 vom 16.5.1985 über die Erhöhung der Wirksamkeit bei der offensiven Unterbindung und Zurückdrängung von Versuchen, die Übersiedlung nach nichtsozialistischen Staaten und West-Berlin zu erreichen; BStU, ZA, DSt. 201835, Bl. 1 Rückseite (RS) und Bl. 4 RS.
77 Studienmaterial der JHS des MfS vom April 1975; BStU, ZA, ZKG 1646, S. 4.
78 Ebenda, S. 71.
79 Übersicht der ZAIG zum Stand der Bearbeitung von Rückkehrwünschen ehemaliger DDR-Bürger; BStU, ZA, Wochenübersicht vom 5.5.1986; ZAIG 4558, Anlage 4, Bl. 26.
80 Die Zahl der Ermittlungsverfahren halbierte sich 1985 im Vergleich zu 1984.
81 Den „Ernst der Lage" beschreibend wird vom MfS u.a. resümiert: „*Vor allem mit der Übersiedlung von Hoch- und Fachschulkadern, hochqualifizierten Facharbeitern und Spezialisten, den damit verknüpften Verratshandlungen sowie ihren Rückverbindungen [würden] politische,*

materielle und ideelle sowie Schäden auf dem Gebiet der Landesverteidigung entstehen, die die Lösung der von der Partei gestellten Aufgaben in bestimmten Territorien, Einrichtungen und Industriezweigen nicht unerheblich beeinträchtigen". Anforderungen und Aufgaben in Auswertung der Dienstbesprechung des Genossen Minister vom 12.2.1987; BStU, ZA, DSt. 103385, S. 9.

82 Ebenda, Bl. 9.

83 Hinweis zu negativen Folgen, die mit erhöhten Übersiedlungen verbunden wären vom Oktober 1987; BStU, ZA, ZKG 105, Bl. 5.

84 Ebenda, Bl. 7.

85 Ebenda, Bl. 10.

86 Ergänzung zur Lageeinschätzung für die Jahresplanung 1988 der ZKG vom Januar 1988; BStU, ZA, ZAIG 7726, Bl. 74; zum Entwurf der Information über die Vorbeugung und Zurückdrängung von Übersiedlungsersuchenden vom 10.3.1988.

87 Lageeinschätzung für Jahresplan 1988 der ZKG vom Oktober 1987; BStU, ZA, ZKG 7726, Bl. 26f.

88 Die Kontakte verdoppelten sich von rund 600 auf 1.200 und die Botschaftsbesetzungen stiegen von 37 auf 48 Fälle. Ergänzung zur Lageeinschätzung der ZKG für die Jahresplanung 1988 vom Januar 1988; BStU, ZA, ZAIG 7726, Bl. 78f.

89 Vgl. *Günter Jeschoneck,* Ausreise – Das Dilemma des ersten deutschen Arbeiter- und-Bauerstaates; in: *Ferdinand Groh* (Hrsg.), Die Freiheit ist immer die Freiheit ... Die Andersdenkenden in der DDR. Frankfurt/M., Berlin 1988, S. 234–270.

90 Ebenda, S. 256.

91 Hausmitteilung Egon Krenz an Erich Honecker am 14.4.1988; SAPMO, ZPA, IV 2./2.038/308, S. 106 (handschriftlich).

92 Ebenda, S. 105.

93 Ebenda.

94 Ebenda, S. 108.

95 Standpunkt vom 10.3.1988 zu Hinweisen zum Entwurf der Abteilung Sicherheitsfragen des ZK zur Information über die Vorbeugung und Zurückdrängung von Übersiedlungsersuchen; SAPMO ZPA, IV 2./2039/308, S. 83–97 (handschriftliche Seitenangabe) Die Autoren dieses Papiers hielten eine *„Trendwende"* in der Ausreiseproblematik für *„unbedingt erforderlich"*, da ansonsten die innere und äußere Stabilität der DDR gefährdet sei.

96 Ebenda, S. 95.

97 Hausmitteilung Krenz vom 14.4.1988, ebenda, S. 108–110.

98 Ebenda, S. 101.

99 Vorschläge zu Übersiedlungsproblemen der ZKG vom 11.4.1988; BStU, ZA, ZKG 105, Bl. 67.

100 Ebenda, Bl. 76.

101 Ebenda, Bl. 74.

102 Dienstberatung am 15.4.1988. Ausführungen des Stellvertreters des Ministers Genossen Oberst Winderlich; BStU, ZA, ZKG 2203, Bl. 3–12.

103 Dienstberatung am 15.4.1988; BStU, ZA, ZKG 2203, Bl. 4.

104 Anhang: Grundsätze zum Schreiben von Generaloberst Mittig vom 16.4.1988, SAPMO, ZPA IV 2./2039.308, S. 113 (handschriftlich).

105 Ebenda, S. 111.

106 Schreiben vom 3.8.1988 der Bezirksverwaltung Dresden des MfS an SED-Bezirkschef Heinz Modrow: Information über die Lage; BStU, ZA, HA XX/ AKG 1484, Bl. 206–215.

107 Ergänzung zur Lageeinschätzung für die Jahresplanung 1989; ebenda, Bl. 883.

108 Ebenda.

109 Verordnung über Reisen von Bürgern der Deutschen Demokratischen Republik nach dem Ausland vom 30.11.1988; GBl. Teil I, Nr. 25 vom 13.12.1988, S. 271–274 und Verordnung zur Gewährung des ständigen Wohnsitzes für Ausländer in der Deutschen Demokratischen

Republik und zur Eheschließung von Bürgern der Deutschen Demokratischen Republik mit Ausländern vom 30.11.1988; GBl. Teil I, Nr. 25 vom 23.12.1988, S. 274–275.

110 Als Versagungsgründe wurden u.a. wiederum Klauseln verankert, wonach Genehmigungen versagt werden konnten, „*wenn das zum Schutz der öffentlichen Ordnung oder anderer staatlicher Interessen*" der DDR notwendig sei.

111 Das dürfte vor allem auch Ehepartner und Kinder betroffen haben, da die geheime Vorgabe bestand, die Mitreise von Ehepartnern und Kindern „*möglichst*" zu vermeiden bzw. „*konsequent zu unterbinden*". Auszug aus dem Manuskript des Referats von Minister Mielke auf der zentralen Dienstbesprechung des MfS am 28.4.1989; BStU, ZA, DSt. 103582, S. 75.

112 Ebenda.

113 Ebenda, S. 93.

114 Ebenda, S. 91.

115 Information des MdI über die Entwicklung der Zurückdrängung der Antragstellung vom Juli 1989 über die Zeit vom 1.1.–30.6.1989; SAPMO, ZPA IV 2./2.039.3099, S. 59 (handschriftlich).

116 Ebenda.

117 Einschätzung der politisch-operativen Lage durch die ZKG vom April 1989; BStU, ZA, Bestand Neiber, MfS-184, Bl. 13.

118 Information des MdI vom Juli 1989; ebenda, S. 60. Schon am 10.1.1989 wurde in einem Politbürobeschluß festgelegt, „*keine Legalisierung der ‚Helsinki-Gruppen' zuzulassen*" (BStU, ZA, HA IX, Bündel 856 ohne genauere Quellenangabe).

119 Einschätzung der politisch-operativen Lage der ZKG vom April 1989; ebenda, Bl. 18ff.

120 Information des MdI vom Juli 1989; ebenda, S. 66f.

121 Ebenda, S. 96.

Anhang

Nr. 1
Festgelegte „politisch-operative Gründe“ und Verfahrensweg

Aus einer Dienstanweisung des MfS, 1983

[...] Derartige politisch-operative Gründe liegen vor allem dann vor, wenn nachweisbar

- unmittelbare konkrete Gefahr für die staatliche Sicherheit besteht, die durch andere Maßnahmen nicht wirksam oder nicht dauerhaft abgewendet werden kann,
- Schaden von der DDR abgewendet werden kann (z.B. Verhinderung der Realisierung ernstzunehmender Absichten demonstrativer Selbsttötungen, die mit anderen Maßnahmen nicht zuverlässig verhindert werden können),
- bedeutsame Vorteile für die DDR erreicht werden können,
- nach Ausschöpfung aller Möglichkeiten der Einflußnahme keine Chance mehr besteht, Unverbesserliche, die aus ihrer feindlich-negativen Einstellung heraus hartnäckig ihre Übersiedlung erreichen wollen, zurückzugewinnen.

Sofern in diesen Fällen keine Versagungsgründe vorliegen und durch eine Übersiedlung keine bedeutsamen negativen Folgen für die DDR entstehen können, sind – soweit es sich nicht um Personen handelt, die als IM zum Einsatz gebracht werden sollen – Vorschläge gemäß der Rahmengliederung [...] zu erarbeiten und in den Bezirksverwaltungen den BKG zur Stellungnahme zu übergeben. Nach Bestätigung durch die Leiter der Bezirksverwaltungen sind diese der ZKG zu übersenden.

Vorschläge des Leiters der Hauptverwaltung A sowie der Leiter der Hauptabteilungen und selbständigen Abteilungen sind nach Abstimmung mit der territorial zuständigen Bezirksverwaltung direkt der ZKG zu übergeben.

Die ZKG hat diese Vorschläge nach gründlicher Prüfung aufzubereiten und mir in der festgelegten Form zur Entscheidung vorzulegen.

Es ist untersagt, daß bei Übersiedlungen, die aus politisch-operativen Gründen für erforderlich gehalten werden, die Bereiche Inneres bzw. die Abteilungen Paß- und Meldewesen der VPKÄ veranlaßt werden, entsprechende Vorschläge an das MdI einzureichen.

Quelle: Auszug aus Dienstanweisung 2/1983 des Ministers für Staatssicherheit zur Unterbindung und Zurückdrängung von Versuchen von Bürgern der DDR, die Übersiedlung nach nichtsozialistischen Staaten und Westberlin zu erreichen, sowie für die vorbeugenden Verhinderung, Aufklärung und wirksame Bekämpfung damit im Zusammenhang stehender feindlich-negativer Handlungen vom 13.10.1983; BStU, ZA, DSt. 102977, S. 34f.

Nr. 2
„... daß er niemals von seinen Übersiedlungsabsichten Abstand nehmen wird“

Fallbeispiel eines Ausreiseverfahrens aus „politisch-operativen Gründen“ 1975-1979

Rat des Kreises Auerbach
Abteilung Innere Angelegenheiten

Auerbach, den 8.3.1979

Vorschlag auf Übersiedlung

1. Name, Vorname	xxx
wohnhaft in	xxx xxx
Familienstand	verheiratet
Staatsbürgerschaft	DDR
erlernter Beruf	Lehrer
ausgeübte Tätigkeit	Sachbearbeiter
Arbeitsstelle	xxx
Geheimnisträger/ bewaffnete Organe	nein
Parteizugehörigkeit/ Organisationen:	nein
Vorstrafen:	nein
Rückkehrer/Erstzuzug	nein

2. Zu wem soll die Übersiedlung erfolgen:

Name, Vorname	xxx [Ehefrau]
geboren	xxx
wohnhaft	xxx Stuttgart xxx
Staatsbürgerschaft	DDR
ausgeübte Tätigkeit	

3. Sachverhalt
3.1.

xxx stellte am 9.11.1975 erstmals den Antrag auf Ausreise in die BRD, da seine Frau von einer Reise in dringenden familiären Angelegenheiten in die BRD nicht zurückkehrte.

Obwohl er als Dipl.-Pädagoge an der EOS zu diesem Zeitpunkt tätig war, teilte er den Standpunkt seiner Frau, die angeblich im starken Maße unter mancher Willkür zu leiden gehabt hätte. Dieser Standpunkt resultiert daraus, daß die Ehefrau aus bürgerlichen Verhältnissen stammt [...]

Herr xxx konnte auf Grund seines Umgangs mit bürgerlichen Kreisen und seiner bürgerlichen Weltanschauung es nicht mehr weiter mit seinem Standpunkt vereinbaren, als Lehrer in einer sozialistischen Bildungseinrichtung tätig zu sein. Daraufhin wurde zwischen der Abt. Volksbildung und ihm ein Aufhebungsvertrag abgeschlossen.

Bei den Vorsprachen trat er gegenüber Mitarbeitern des Staatsapparates fordernd und überheblich auf. Er brachte auch in Aussprachen mehrmals zum Ausdruck, daß er die Handlungsweise seiner Frau keinesfalls als ungesetzlich und illegal betrachtet haben möchte.

Außerdem betonte er, er sehe bei einer Übersiedlung seinerseits in der BRD keinen Widerspruch, da er als Lehrer auch dort seine Meinung vertreten könnte.

Im Freizeitbereich hat er weiterhin Kontakt zu Jugendlichen (ehemaligen Schülern), die bereits eine negative Grundhaltung zu unserem Staat besitzen.

Des weiteren sind seine persönlichen Beziehungen zu einzelnen Angehörigen der medizinischen Intelligenz ausgeprägt, deren politische Grundhaltung zur DDR nicht gefestigt ist.

Bei Gesprächen mit dem genannten Personenkreis verbreitet er Unwahrheiten über den gegenwärtigen Stand der Bearbeitung seines Antrages, daß er angeblich als Lehrer in der DDR Berufsverbot hätte und Schikanen ausgesetzt sei.

Im jetzigen Betrieb [...] erfüllt er als Sachbearbeiter die ihm übertragenen Aufgaben, versucht jedoch ständig sein Problem der Übersiedlung unter den Kollegen zu verbreiten.

xxx ist seit Mai 1978 aus dem FDGB ausgetreten, anderen Organisationen gehört er auch nicht mehr an.

Mit seinen Freunden der medizinischen Intelligenz fährt er des öfteren in das sozialistische Ausland, besonders in die CSSR, daß die Schlußfolgerung zuläßt, daß er dort mit Bürgern des westlichen Auslands Kontakte aufnimmt.

3.2. xxx begründet seinen Antrag damit, daß seine Frau von einer Reise in die BRD nicht zurückgekehrt sei, es nicht beabsichtigt ist, die Ehe zu trennen, er für die Handlungsweise seiner Frau Verständnis aufbringt und daher nur eine Übersiedlung in die BRD in Frage käme.

In seinen Schreiben beruft er sich auf die Verfassung der DDR, auf die Schlußakte von Helsinki sowie auf die Konvention der UNO über politische und zivile Rechte.

Er setzte uns auch des weiteren in Kenntnis, daß er über alle geführten Gespräche seine Rechtsanwälte ausführlich über alle Fakten informierte, daß er bei weiteren „Schikanen" (Entzug des Personalausweises) sich an die Kommission der Menschenrechte der UNO wenden wird.

In seinen Schreiben bringt er des öfteren zum Ausdruck, daß er gemaßregelt wurde und unter diesen erbärmlichen Verhältnissen nicht mehr existieren könne. Er versteht es auch nicht, daß die DDR, die sich auf dem Weg zum Kommunismus befindet, ihn noch in ihren Reihen behalten will, obwohl er praktisch von ihr ausgeschlossen wurde.

In der letzten Zeit häufen sich seine Schreiben an verschiedene staatliche Organe, worin er zum wiederholten Male fordert, seinen 1975 gestellten Antrag zu genehmigen und behauptet, daß er nie wieder die Möglichkeit hätte in seinem Beruf als Lehrer tätig zu sein, da er mit Berufsverbot belegt wäre.

Diese oben aufgeführten Argumente und Aktivitäten verbreitet er auch unter den Jugendlichen und seinen Bekannten im medizinischen Bereich, das dazu führen könnte, daß aus dem genannten Personenkreis weitere Bürger Übersiedlungsanträge stellen. [...]

3.3. xxx steht in ständig brieflicher und telefonischer Verbindung mit seiner Ehefrau. In Schreiben und Gesprächen bringt er zum Ausdruck, daß er niemals davon abgehen werde von seinen Übersiedlungsabsichten und eine Trennung von seiner Frau nicht diskutabel sei.

Seitens der Frau gibt es Aktivitäten, um über andere Organe in der BRD die Ausreise ihres Mannes zu erreichen.

3.4. Seine Absicht, in die BRD überzusiedeln, teilte er dem bereits genannten Personenkreis mit und versucht, unter Einschaltung von Rechtsanwälten sowie Organen der BRD sein Ziel zu erreichen.

Sein Kontakt zu anderen Antragstellern läßt vermuten, daß er auch über diese versucht, Verbindung mit anderen negativen Kreisen herzustellen.

3.5. Das Gesamtverhalten des xxx läßt erkennen, daß er auf Grund seiner Hartnäckigkeit niemals von seinen Übersiedlungsabsichten Abstand nehmen wird, die Aktivitäten im Falle einer Ablehnung zunehmen würden und der Kontakt zu Organisationen in der BRD nicht auszuschließen ist.

3.6. Auf Grund des in den Ziffern 3.1-3.5 dargelegten Sachverhaltes wird vorgeschlagen, die Genehmigung zur Übersiedlung in die BRD zu erteilen. Der Vorschlag wurde mit den Leitern der Sicherheitsorgane beraten. Der 1. Sekretär der SED-Kreisleitung hat seine Zustimmung erteilt.

(Unterschrift) Stellv. d. Vorsitzenden
für Inneres

Nach Abstimmung mit den zuständigen Organen des Bezirkes wird eine Übersiedlung nach der BRD befürwortet.

Karl-Marx-Stadt, 29.3.1979
(Unterschrift)
Stellvertreter des Vorsitzenden
für Inneres

Quelle: BStU, ZA, ZKG 70.

Nr. 3
„... zu einer Freiheitsstrafe verurteilt"

Eskalation eines Ausreiseverfahrens 1983/84

[1. Ausreiseantrag – Brief an Abteilung Inneres]

Rat des Stadtbezirks Treptow
Abt. Innere Angelegenheiten
1197 Berlin
Neue Krugallee 4
Berlin, den 21.11.1983

A u s r e i s e a n t r a g
Ich, xxx, beantrage hiermit für mich, meine Ehefrau xxx und meine Tochter xxx die Ausreise zu unseren Verwandten in die Bundesrepublik Deutschland.

Da wir beabsichtigen, die Staatsbürgerschaft der Bundesrepublik Deutschland anzunehmen, beantragen wir hiermit auch die Entlassung aus der Staatsbürgerschaft der DDR.

Die Gründe, die uns zu diesem Schritt bewegen, sind das Ergebnis jahrelanger Überlegungen und Erfahrungen und rein privater und persönlicher Natur.

Wir leiden unter einer geistigen und räumlichen Unfreiheit, die zu psychologischen Spannungen in unserer Familie führt. Wir, d.h. meine Frau und ich, sind Individualisten und können uns mit diesem Staat nicht mehr identifizieren.

Wir sind tief enttäuscht von der Entwicklung, die wir in diesem Staat nehmen konnten und sind fest entschlossen, unser Leben neu zu gestalten.

[Unterschriften und Adresse]

[2. Gespräch bei Abteilung Inneres Stadtbezirk Berlin-Treptow]

Bauakademie der DDR
Institut für Heizung, Lüftung
und Grundlagen der Bautechnik

Kaderleiter Berlin, 20.12.1983

Aktennotiz
über das am 19.12.1983 geführte Gespräch mit dem Koll. xxx und dessen Ehefrau xxx beim Rat des Stadtbezirkes Berlin-Treptow, Abteilung Innere Angelegenheiten

Teilnehmer:
Leiter der Abteilung Innere Angelegenheiten des Stadtbezirkes Berlin-Treptow,
Genosse xxx
Mitarbeiterin der Abt. Innere Angelegenheiten

WA-Leiter des IHLGB xxx
Kaderleiter des IHLGB
Mitarbeiterin der Abt. Kader des WBK Berlin
Ehepaar xxx

Anlaß des Gespräches, welches durch Genossen xxx geführt wurde, war der am 21.11.1983 vom Ehepaar xxx gestellte Ausreiseantrag in die BRD und die Entlassung aus der Staatsbürgerschaft der DDR.

Eingangs des Gespräches erläuterte Genosse xxx dem Ehepaar xxx, daß die Stellung eines solchen Antrages keine „reine private" Angelegenheit ist, da mit einer Antragstellung auch die Interessen unseres Staates und der sozialistischen Gesellschaft berührt werden. In Interpretation des Antrages erläuterte Gen. xxx die gegenwärtige politische Konstellation, insbesondere das Verhältnis der beiden deutschen Staaten und ging davon aus, daß im Zusammenhang mit der Raketenstationierung in der BRD die Verhältnisse zwischen ihnen stark belastet wurden.

Genosse xxx machte deutlich, daß im Sinne des Gesetzes vom September 1983 (Gesetzblatt Nr. 26, Teil 19), der Ausreiseantrag nicht als Familienzusammenführung gewertet werden kann, da nach dem Familienrecht der DDR zur Familie ausschließlich die Eheleute und minderjährige Kinder gezählt werden.

Die Eheleute xxx, nach ihrem Anlaß und Motiven für diesen Schritt befragt, antwortete Koll. xxx, sie leiden unter den in der DDR bestehenden Bedingungen, sie fühlen sich zu stark als Individualisten, denen insbesondere die für DDR-Bürger bestehenden Reisebeschränkungen starke Belastungen auferlegen. Wir fühlen uns hier eingesperrt. So bestehen für sie keine Möglichkeiten in die VR Polen und beschränkte Möglichkeiten in die VR Ungarn oder nach Bulgarien durch die komplizierten Durchreisebedingungen durch Rumänien durchzuführen. Darüber hinaus sieht er für sich keine Entwicklungsmöglichkeiten im beruflichen Leben mehr. Seine Perspektive betrachtet er als beendet, da ihm als Nichtmitglied der SED alle Wege zu einer gehobeneren Stellung verbaut sind. Hinsichtlich des mit der Familie erreichten Lebensstandards in der DDR äußerte er Zufriedenheit.

Aus diesem Grund ist er nach dem Studium des Staatsbürgerschaftsgesetzes der DDR, hier liegt auch der Schlüssel für die Rechtfertigung seines Schrittes, zu der Erkenntnis gelangt, daß sein Antrag auf Entlassung aus der Staatsbürgerschaft der DDR rechtens ist.

Frau xxx brachte zum Ausdruck, daß ihnen mindestens die gleichen Rechte zustehen, wie Künstlern der DDR, die auf Antrag ausnahmslos aus der Staatsbürgerschaft der DDR entlassen werden. Außerdem machte sie darauf aufmerksam, daß im Zusammenhang mit ihrem Antrag ihr seitens ihres Betriebes [...] eine Veränderung ihrer Arbeitssituation durch Versetzung in einen anderen Betriebsteil bei gleichzeitiger gehaltlicher Veränderung angekündigt wurde.

In Erwiderung der Argumente des Ehepaares xxx erklärte Genosse xxx, daß auch das Staatsbürgerschaftsgesetz der DDR keine entsprechende Rechtfertigung für den vorliegenden Antrag bietet. Die Bedingungen, wer aus der Staatsbürgerschaft der DDR entlassen wird, wird dort eindeutig definiert. Eine der Grundvoraussetzungen für die Entlassung aus der Staatsbürgerschaft der DDR ist der ständige Wohnsitz außerhalb der DDR.
Im Ergebnis der Aussprache stellte Gen. xxx fest:

- Der vorliegende Antrag des Ehepaars xxx wird zurückgewiesen.
- Einer Ausreise in die BRD und der damit verbundenen Entlassung aus der Staatsbürgerschaft der DDR wird nicht zugestimmt.
- Auf der Grundlage des eingangs erwähnten Gesetzes gehört das Ehepaar xxx zu dem nichtantragsberechtigten Personenkreis.

Kollege xxx erklärt sich mit den Darlegungen des Genossen xxx nicht einverstanden und betonte, daß er einen neuen Antrag stellen wird.

[Unterschrift]

[3. Reaktionen der Arbeitsstellen]

VEB [xxx] Berlin, 16.12.1983

Einschätzung des Kollektivs der Abteilung xxx

Die Abteilung xxx besteht aus zwei Kollektiven, die bereits mehrere Jahre um den Titel „Kollektiv der sozialistischen Arbeit" kämpfen und erfolgreich verteidigen.

Beide Kollektive haben sich so gefestigt, daß die Arbeitsaufgaben von den Mitarbeitern entsprechend ihrer Funktion erfüllt werden.

So ergeben sich zur Zeit weniger fachliche als vielmehr politisch-ideologische Probleme. Diese vor allem in dem Kollektiv Ökonomie.

Hier haben die negativen Einflüsse der Kollegin xxx bei einigen Mitarbeitern (xxx) entsprechenden Nährboden gefunden.

Am 14. Dezember 1983 wurde durch den Direktor für Versorgung und soziale Betreuung, Genossen xxx, das Kollektiv der Ökonomie über den Antrag der Kollegin xxx informiert.

Im Ergebnis der Aussprache mit den Mitarbeitern wurde von dem überwiegenden Teil der Anwesenden die Haltung der Kollegin xxx mißbilligt. Es wurde die Meinung vertreten, eine weitere Zusammenarbeit mit der Kollegin xxx abzulehnen und sie von der anleitenden Funktion zu entbinden. Das Vertrauen zu dieser Kollegin ist nicht mehr vorhanden.

Außerdem kam von den Mitarbeitern zum Ausdruck, daß Kollegin xxx auf Kosten des Staates studieren konnte und bisher alle Vorzüge unserer sozial-politischen Maßnahmen voll genutzt hat.

[Unterschrift: Kadergruppenleiter]

[3. Gespräch mit dem Institutsdirektor]

Bauakademie der DDR
Institut [xxx]

Kaderleiter Berlin, 22.12.1983

Aktennotiz
über ein Gespräch zwischen dem Direktor des Instituts und dem Koll. xxx zu dessen Ausreiseantrag vom 21.11.1983

Eingangs des am 21.12.1983 geführten Gesprächs erwähnte der Direktor, daß er seit geraumer Zeit über das Vorhaben des Kollegen xxx informiert ist. Das Bekanntwerden hat bei ihm Enttäuschung über die Haltung des Kollegen xxx ausgelöst. Eine solche Handlungsweise trifft seine tiefste Mißbilligung, da Kollege xxx in all den Jahren seiner Entwicklung in der DDR neben der Möglichkeit, ein Hochschulstudium zu absolvieren und der Gewährung einer außerplanmäßigen Aspirantur an der Humboldt-Universität stets die Möglichkeit hatte, sich allseitig und zielgerichtet zu entwickeln und für die sozialistische Gesellschaft entsprechende Leistungen zu vollbringen.

Aus diesem Grund kann er den Begründungen seines Antrages in keiner Weise zustimmen. Als Direktor obliegt es ihm, Überlegungen anzustellen, in welchem Maße eine Weiterbeschäftigung des Kollegen xxx im Institut möglich ist. Mit der von ihm gezeigten Geisteshaltung sei nicht zu erwarten, daß er, so wie wir es bei jedem Mitglied unserer Gesellschaft erstreben, seine ganze Kraft für die Erfüllung der uns übertragenen Aufgaben einzusetzen bereit ist. Des weiteren stellt Kollege xxx einen Unsicherheitsfaktor für die vertrauliche Behandlung von dienstlichen Aufgaben dar. Da ihm in seiner Tätigkeit die vielfältigsten Informationen sowohl im Institut als auch aus anderen Instituten der Bauakademie zugänglich sind, ist es zukünftig nicht zu verantworten, daß er in der Zentralen Bauforschung des Ministeriums für Bauwesen eine solche Tätigkeit ausüben kann.

Zum Abschluß seiner Darlegungen stellte der Direktor fest, daß er zunächst bereit ist, für Kollegen xxx „die Tür offen zu halten", wenn er von seinem unbedachten Schritt Abstand nimmt. Allerdings ist er nicht bereit, da sein Antrag ohnedies vom Rat des Stadtbezirkes Treptow abgewiesen wurde, auf eine Sinnesänderung des Kollegen xxx bis zu einem unbegrenzten Zeitpunkt zu warten.

Kollege xxx hat sich bis zum 15.01.1984 einen endgültigen Standpunkt zu erarbeiten und diesem am 16.01.1984 in einer weiteren Diskussion dem Direktor vorzutragen.

In Erwiderung der vom Direktor dargelegten Auffassung stellte Kollege xxx fest:

1. Sein gegenwärtiger Entschluß, die Deutsche Demokratische Republik zu verlassen, bleibt aufrecht erhalten. Vom Direktor wollte er die Frage beantwortet haben, ob seine Arbeit bisher als ordnungsgemäß eingeschätzt wird, und gleichzeitig verneinte er im Zusammenhang mit dieser Fragestellung, daß es nicht stimmen kann, daß er seine Tätigkeit in Zukunft nicht ordnungsgemäß ausführen würde.
2. Bisher habe er im Kollektiv niemanden von seinem beabsichtigten Schritt informiert. Seine Frage gehe dahin, wie er sich jetzt verhalten soll.

In Beantwortung der Fragestellungen stellte der Direktor fest, daß es bisher über die Arbeitsdurchführung des Koll. xxx keine Klagen gab und wiederholte aber seine Ausführungen, die er zu diesem Problem bereits getroffen hatte. Zur zweiten Fragestellung teilte der Direktor ihm mit, daß sein Abteilungsleiter, Koll. xxx, heute das Kollektiv über die Handlungsweise des Kollegen xxx informieren wird.

Abschließend erklärte der Kaderleiter dem Kollegen xxx, daß wir seine, unseren Staat und die sozialistische Gesellschaft diffamierenden und der Realität Lüge strafenden Bemerkung, daß nur Mitglieder der SED ein Vorwärtskommen in unserer Gesellschaft möglich wäre und die Bürger unter geistiger Unfreiheit leiden, entschieden zurückweisen.

[Unterschrift]

[4. Öffentlicher Protest und Verhaftung]

Hauptabteilung III/10 des MfS Berlin 27. Februar 1984
rie-wg

Demonstrativhandlung eines DDR-Bürgers

Am 26.2.1984 in der Zeit von 13.30 bis 13.40 Uhr wurde durch den Bürger der DDR xxx eine öffentlichkeitswirksame Demonstrativhandlung am Vorplatz des Haupteinganges des Pergamon-Museums 1020 Berlin begangen.

Zur Realisierung der Demonstrativhandlung benutzte der Täter xxx ein Transparent aus weißem Stoff (Bettlaken) in der Größe 65 cm x 120 cm und der Aufschrift in schwarzen Buchstaben:

„Familie xxx fordert die Ausreise nach Westdeutschland"

Der Demonstrativtäter hielt das selbstgefertigte Transparent vor der Brust und verhielt sich passiv am Ereignisort. Am Ereignisort wurde festgestellt, daß etwa 2 Personen die Handlung des Täters fotografiert haben. Die Personalien dieser Personen sind nicht bekannt.

Unmittelbar nach der Feststellung der Handlung des Demonstrativtäters erfolgte die vorläufige Festnahme des xxx durch den Betriebsschutz der Staatlichen Museen zu Berlin. Danach wurde der Täter dem Präsidium der Volkspolizei – Kriminalpolizei OFG 2 zugeführt.

Nach Durchführung der Erstüberprüfungsmaßnahmen und der Sicherstellung aller Beweismittel sowie eingeleiteten Sofortmaßnahmen durch die Kriminalpolizei wurde der Täter der Bezirksverwaltung Berlin/Abteilung IX zur weiteren Bearbeitung übergeben.

[5. Der Weg in den Westen]

Hauptabteilung III [des MfS] Berlin, Dezember 1984
Leiter

Stellvertreter des Ministers [MfS]
Genossen Generalleutnant Neiber

Information über den Abschluß des OV [Operativen Vorganges] „Plakat"

Der am 27.2.1984 wegen des dringenden bzw. begründeten Verdachts des Begehens von Straftaten gegen die staatliche Ordnung der DDR – gemäß § 214 StGB – zu den Personen xxx und xxx angelegte OV „Plakat" wurde abgeschlossen.

Im engen Zusammenwirken zwischen der HA III/10 und der HA IX/3 wurden die tatbestandsbezogenen Aufgaben gelöst und die Bearbeitungziele erreicht.

Der gesetzwidrige Antragsteller und Demonstrativtäter xxx wurde am 17.5. 1984 wegen ungesetzlicher Verbindungsaufnahme und Beeinträchtigung staatlicher Tätigkeit – Vergehen gemäß § 219, Abs. 2, Ziffer 1, 214 Abs. 1, 63 und 64 StGB – zu einer Freiheitsstrafe von 2 Jahren und 4 Monaten (rechtskräftig) verurteilt, und die gesetzwidrige Antragstellerin xxx wurde im Ergebnis eines ordentlichen Verfahrens durch den Rat des Stadtbezirks Berlin-Treptow, Abt. Innere Angelegenheiten, und in Übereinstimmung mit der ZKG/Abt. 1 (gemäß DA 2/83 des Genossen Minister) sowie der KD Treptow am 21.9.1984 aus der Staatsbürgerschaft der DDR entlassen und nach Westberlin ausgewiesen.

In Abstimmung zwischen der HA IX, ZKG, HA XVIII/1 und der HA III wurde der xxx am 20.9.1984 vorzeitig aus der Haft und aus der Staatsbürgerschaft der DDR entlassen sowie in die BRD ausgewiesen.

Die notwendigen Folgemaßnahmen gemäß DA 2/83 und Einreisesperren zu beiden Personen sind eingeleitet. [...]

Alle im Zusammenhang mit der Bearbeitung des OV „Plakat" angefallenen Verbindungen wurden aufgeklärt und die Informationen den zuständigen Fachabteilungen oder territorialen Diensteinheiten des MfS übergeben.

Mit der Ablage des OV „Plakat" in das Archiv der Abt. XII des MfS werden beide Personen auf dem Sicherungsvorgang der HA III/10 erfaßt. Die operative Kontrolle ist durch den Einsatz von inoffiziellen Kräften und spezifischen Mitteln/Methoden der HA III weiterhin gewährleistet.

[xxx Generalmajor]

Quelle: Auszüge aus dem OV „Plakat", MfS XV 1307/84; BStU, ZA, OV „Plakat" 4213/85, Bd. 1.

Nr. 4

Motive der Antragsteller

Aus einer Instruktion, Mai 1985

[...]
Erkenntnisse zu Motiven für Versuche zur Erreichung der Übersiedlung [...]

2. Erfahrungen zeigen, daß sich die wichtigsten, häufig kombiniert auftretenden, sich mehr oder weniger langfristig herausbildenden Motivinhalte von DDR-Bürgern zur Erreichung der Übersiedlung in das nichtsozialistische Ausland wie folgt gruppieren lassen:
a) Volle oder teilweise Ablehnung der gesellschaftlichen Verhältnisse in der DDR durch eine verfestigte feindlich-negative Lebens- und Verhaltensweise. In diesem Stadium zeigen sich insbesondere ungenügende oder völlig fehlende Bereitschaft zur Ein- oder Unterordnung unter sozialistische gesellschaftliche Normen, einschließlich juristischer und moralischer Anforderungen. Diese Motivhaltung widerspiegelt sich vorwiegend in dem

Bestreben, die sozialistische Lebensweise und die von der sozialistischen Gesellschaft gesetzten Normen zu negieren sowie sich jeglicher gesellschaftlicher Einflußnahme zu entziehen. Dabei ist zu beachten, daß ein Teil der Personen, die dieser Motivgruppe zugeordnet werden, sich im Widerspruch zu ihrem bisherigen Verhalten „zur Schaustellung" feindlich-negativer Haltungen größere Realisierungschancen zur Erreichung der Übersiedlung erhoffen, ohne daß tatsächlich eine verfestigte feindlich negative Einstellung vorliegt;
b) Illusionäre Vorstellungen über die kapitalistische Lebensweise, die sich im Laufe der Zeit verfestigt haben und die die verschiedensten Möglichkeiten und Perspektiven im Arbeits- und Freizeitbereich betreffen mit der daraus resultierenden Absicht, diese Wunschvorstellung zu realisieren (z.B. Konsumdenken, „Reisefreiheit", berufliche Karriere, Identifizierung mit bürgerlicher Massenkultur aller Schattierungen u.ä.).

[...]

Quelle: Auszug aus Instruktion Nr. 044/85 des Leiters der Hauptabteilung Kriminalpolizei vom 16. Mai 1985 über die Erhöhung der Wirksamkeit bei der offensiven Unterbindung und Zurückdrängung von Versuchen, die Übersiedlung nach nichtsozialistischen Staaten und Westberlin zu erreichen; BStU, ZA, Dst. 201835, Anlage 3, Bl. 11.

Nr. 5

Betriebe werden auf Vordermann gebracht

Information des Magistrats von Berlin (Ost), 8. Januar 1986

Muster für Führungskonzeption des Betriebsdiektors

1. Für die Zurückdrängung von Übersiedlungsersuchenden wird ein hauptamtlicher Beauftragter eingesetzt. [Verantwortlich]: Betriebsleiter/Direktor KB [Kader und Bildung]
2. Der Beauftragte informiert nach Erhalt der Information über eine erfolgte Antragstellung bzw. Ersuchen sofort folgenden Personenkreis: – Betriebsdirektor – PS [Parteisekretär]/ BGL-Vors../ FDJ-Sekr. – betreffenden staatl. Ltr.
3. Der Beauftragte ist für die konzeptionelle Vorbereitung und Führung des Rückgewinnungsprozesses verantwortlich.
4. Für jeden Mitarbeiter, der ein Ersuchen gestellt hat, ist ein Betreuer aus dem unmittelbaren Arbeitskollektiv zu benennen. Als Betreuer sind politisch zuverlässige Werktätige auszuwählen, die einen engen Kontakt zu den Ersuchenden haben. [Staatl. Ltr./Direktor/KB]
5. Zur langfristigen politisch-ideologischen Einflußnahme ist für jeden Ersuchenden eine Konzeption zu erarbeiten. Diese hat unter Berücksichtigung der Persönlichkeit und der vorhandenen Motive, konkrete Maßnahmen zu enthalten, die der Rückgewinnung des Ersuchens dienen. Die Konzeption ist ständig zu aktualisieren. Diese Konzeption ist an den Beauftragten des Direktors, die Abt. Genehmigungsverfahren der Räte der Stadtbezirke weiterzuleiten. Auf der Grundlage der Konzeption sind durch die Betreuer, staatl. Ltr. unter Einbeziehung des Kollektivs und den gesellschaftlichen Kräften gezielte Gespräche zu führen. [Staatl. Ltr./Direktor/KB]
6. Über die geführten Gespräche mit den Ersuchenden sind Protokolle bzw. Aktennotizen anzufertigen, die dem Beauftragten des Direktors zu übergeben sind. [Staatl. Ltr./Betreuer.]
7. Mit den Betreuern sind regelmäßige Betreuerschulungen durchzuführen, in denen die Ergebnisse des Rückgewinnungsrozesses auszuwerten sind. Durch den Beauftragten ist die ständige individuelle Anleitung der Betreuer zu gewährleisten. Zu den Betreuerschulungen sind die jeweiligen Staatl. Ltr. hinzuzuziehen. [Direktor/KB/Beauftragter]
8. Die erreichten Ergebnisse des Rückgewinnungsprozesses sind quartalsweise in der Betriebsleitung unter Hinzuziehung des PS, BGL.-Vors. und FDJ-Sekr. auszuwerten. [Betriebsdirektor.]

9. Zur Aktivierung des Rückgewinnungsprozesses ist die Zusammenarbeit mit dem Betrieb des Ehepartners des Ersuchenden zu organisieren und gemeinsame Maßnahmen einzuleiten. Möglichkeiten der Einflußnahme im Freizeitbereich des Ersuchenden sind zu prüfen (Sportgemeinschaft, Wohngebiet...) [Beauftragter des Direktors]
10. Änderungen im Arbeitsrechtsverhältnis sind nur dann vorzunehmen, wenn der Ersuchende: Leitungsaufgaben zu erfüllen hat und seinen pol. Auftrag nicht mehr gerecht wird, in seiner Tätigkeit VVS und GVS verpflichtet ist, in seiner Tätigkeit Verantwortung für Ausbildung und Erziehung zu tragen hat. [V KB/Betriebsdirektor]
11. Mit den Ersuchenden sind keine Aufhebungsverträge abzuschließen. Jede notwendige Veränderung ist vorher mit der für den Hauptwohnsitz zuständigen Abt. Innere Angelegenheiten der Räte der Stadtbezirke abzustimmen. [Direktor/ KB]
12. Bei Werktätigen, die von ihrem Ersuchen Abstand nehmen, sind Maßnahmen einzuleiten, die ihr Vertrauen zu unserem Staat sowie die Dauerhaftigkeit ihrer Abstandsnahme festigen. Das betrifft im einzelnen: – Einbeziehung in das gesellschl. Leben – weitere konkrete Hilfe bei der Lösung von Problemen – Qualifizierungsmaßnahmen [Staatl. Ltr./KB]
13. In den Arbeitskollektiven ist ein Klima zu entwickeln, das ermöglicht, Absichten von Werkt. auf Übersiedlung rechtzeitig zu erkennen. Bei Bekanntwerden einer Absicht auf Übersiedlung ist der Beauftragte d. Dir. sofort zu informieren. Mit dem betreffenden Werkt. ist vorbeugend und motivbezogen so zu arbeiten, daß die geäußerte Absicht nicht in die Tat umgesetzt wird. [Staatl. Ltr.]

Quelle: Information ÜSE [Übersiedlungsersuchende]. Grundsatzdokumente über ÜSE des Magistrats von Berlin; Magistrat von Berlin 2924, Band 7 1984-1989.

Nr. 6
„Dieser Staat [...] ist für uns nicht mehr akzeptabel"

Kollektiver Ausreiseantrag, Juli 1987

Teure Genossen
Bezugnehmend auf unser aller gestellten Anträge auf die ständige Ausreise aus der DDR in die Bundesrepublik Deutschland wollen wie Sie abermals darauf hinweisen, daß wir nicht länger bereit sind, uns den Repressalien und dieser diktatorischen Lebensweise des real existierenden Sozialismus auszusetzen. Daß dies nicht nur die Denkweise einiger weniger ist, zeigen die meisten Ereignisse an der Berliner Mauer.

Wir meinen, daß man hier in diesem System nicht nur von Frieden, Freiheit, Menschenwürde und Menschenrechten reden sollte (Zitat E. Honecker), sondern sich endlich ernsthaft mit den von uns gestellten Anträgen befassen müßte, damit wir alsbald in die Freiheit gelangen können. Alles andere ist Augenwischerei. Und eine Bearbeitungszeit von rund drei Jahren müßte auch den langsamsten Beamten hier genügen, um eine Bearbeitung durchführen zu können.

Wir greifen heute zu dieser Form der Antragstellung, um Ihnen, werte Genossen, die Arbeit zu erleichtern.

Wir beharren weiterhin auf unserem Recht uns unseren Wohnsitz frei wählen zu können, d.h. auch außerhalb der DDR. Etwas anderes kommt für keinen von uns in Frage. Dieser Staat, so wie er z.Z. existiert, ist für uns nicht mehr akzeptabel.

14 Unterschriften aus Sonneberg

Quelle: Aus: Berichterstattung zur DA 2/83 der Bezirksverwaltung (BV) Suhl des MfS vom 10. Juli 1987, BStU, Außenstelle Suhl, VS-Stelle der BKG der BV Suhl (unerschlossener Bestand).

Nr. 7
„... daß Menschenrechte verletzt werden“

Erklärung der Arbeitsgruppe „Staatsbürgerschaftsrecht“ der DDR zum Tag der Menschenrechte am 10. Dezember 1987

Anläßlich des Tages der Menschenrechte am 10. Dezember 1987 will die Arbeitsgruppe „Staatsbürgerschaftsrecht der DDR“ auf Menschenrechtsverletzungen in der DDR aufmerksam machen.

Im Gegensatz zu offiziellen Erklärungen von Repräsentanten der DDR-Regierung, wonach die Menschenrechte in ihrer Gesamtheit von zivilen, politischen, sozialen und kulturellen Rechten in der DDR ihre Verwirklichung finden, kommen wir zu dem Ergebnis, daß sowohl völkerrechtlich verbriefte Menschenrechte als auch innerstaatliches Recht verletzt werden.

Im besonderen meinen wir die von den staatlichen Organen angewandte Rechtspraxis hinsichtlich der Entlassung aus der Staatsbürgerschaft der DDR, der Familienzusammenführung und Eheschließung, der Reisefreiheit von DDR-Bürgern und Ausländern, sowie der Strafgesetze der DDR.

1.

Obwohl die Verfassung der DDR (Artikel 19/4) eindeutig festlegt, daß die Bedingung für den Erwerb und den Verlust der Staatsbürgerschaft der DDR durch Gesetz bestimmt werden, begründen die staatlichen Organe für Innere Angelegenheiten ihre Bearbeitungshinweise von Entlassungsanträgen aus der Staatsbürgerschaft der DDR entweder gar nicht oder mit nicht existenten innerstaatlichem Recht („Dienststellenrecht, Sondergenehmigungen, Sondergesetze“). Dies geschieht unter Mißachtung der Allgemeinen Erklärung der Menschenrechte (Artikel 13/2, 15/2), der Internationalen Konvention über zivile und politische Rechte (Artikel 2, 5, 12, 16, 18, 26), der Schlußakte von Helsinki und dem Abschließenden Dokument des Madrider KSZE-Folgetreffens, der Verfassung der DDR (Artikel 4,8,19,20/1, 89/3), sowie unter Mißachtung des Staatsbürgerschaftsgesetzes der DDR (Paragraphen 4/5 und 8/2).

Mit dieser Praxis verweisen die staatlichen Organe die gesetzlich berechtigten Antragsteller in einen gesetzlosen Raum und entziehen ihnen damit die legitime Rechtsfähigkeit wie auch den garantierten Rechtsschutz. Außerdem sprechen sie diesen Staatsbürgern das Recht zur Eingabe ab; erklären sich in diesen Angelegenheiten für allein zuständig und verweigern jedem Antragsteller das Mitspracherecht. Die Entscheidung in Staatsbürgerschaftsangelegenheiten wird zu einer allein staatsrechtlichen Angelegenheit erklärt, d.h., der Staatsbürger muß sich als Eigentum des Staates verstehen.

Vielfältige Diskriminierungen und Menschenrechtsverletzungen gegenüber den Antragstellern sind die Folge:

- Antragsteller müssen in der Regel jahrelang auf die Entscheidung der staatlichen Organe warten, ohne jemals konkrete Anhaltspunkte über den Stand der Bearbeitung ihres Anliegens zu erfahren.
- Objektive Kriterien für die Entscheidungsfindung werden ihnen nicht mitgeteilt; auch das erfolgt ohne Benennung gesetzlicher Grundlagen.
- Die Freizügigkeit innerhalb der DDR wird eingeschränkt; Reiseverbote ins Ausland werden ausgesprochen.
- Die wachsende Ausweglosigkeit, in die Antragsteller mit zunehmender Wartezeit gedrängt werden, macht die meisten physisch und physisch krank, provoziert Kurzschlußhandlungen und begünstigt Rechtsverletzungen.
- Gesellschaftliche Ausgrenzung und Isolation (z.B. berufliche Benachteiligungen bis hin zu Berufsverboten, Einschränkungen sozialer Leistungen, Nichtgewährung von Bildungsmöglichkeiten, zwangsweise Veräußerung von persönlichem Eigentum) verschärfen die Situation der Antragsteller.

2.
Die staatlichen Organe für Innere Angelegenheiten halten sich in der Regel nicht an die vorgesehenen Bearbeitungsfristen für Genehmigungserteilungen und Rechtsmittel, wie sie in der Verordnung zur Regelung von Fragen der Familienzusammenführung und der Eheschließung festgelegt sind. Damit behindern sie Familienzusammenführungen und Eheschließungen zwischen Bürgern der DDR und Ausländern. Das steht im Widerspruch zu den KSZE-Dokumenten von Helsinki und Madrid.

3.
Kein DDR-Bürger hat den gesetzlich rechtlichen Anspruch zur freien Aus- und Einreise.

Trotz der Erweiterung von Reisemöglichkeiten ist die Genehmigungspraxis weiterhin durch Privilegien, Treuebekenntnisse und Verwandtennachweise gekennzeichnet. Abgelehnte Reiseanträge werden nicht begründet; auch gibt es keine gesetzlichen Festlegungen, die eine unabhängige Prüfung der Entscheidung der staatlichen Organe ermöglichen.

4.
Aus der Staatsbürgerschaft der DDR entlassene Staatsbürger, die jetzt im Ausland leben, dürfen in der Regel nicht mehr in die DDR einreisen. Obwohl diese Praxis eindeutig im Widerspruch zu den Menschenrechtserklärungen und den KSZE-Dokumenten von Helsinki und Madrid steht, hebt die DDR-Regierung ihre ungerechtfertigten Einreiseverbote nicht auf.

5.
Folgende Strafgesetze der DDR, Paragraphen 99, 100, 106, 107, 214, 217, 218, 219 und 220, können so interpretiert werden, daß die Inanspruchnahme ziviler und politischer Menschenrechte weitgehend eingeschränkt wird. Deshalb ist es an der Zeit, die Legitimität dieser Strafgesetze unter dem Aspekt der in der DDR garantierten Verwirklichung aller Menschenrechte zu hinterfragen. Die Unterzeichner dieses Schreibens sind der Auffassung, daß die Menschenrechte, wie sie in der UNO-Menschenrechtserklärung vom 10. Dezember 1948 proklamiert wurden, zu den Grundrechten und Grundfreiheiten jedes Staatsbürgers zählen und für die Legitimität jeder Staatsordnung – einschließlich ihrer Gesetzgebung – unerläßlich sind. Die Anerkennung und Wahrung aller Menschenrechte ist die Voraussetzung für den Schutz der menschlichen Würde und Freiheit des einzelnen wie auch für das friedliche Zusammenleben der Völker. Wir appellieren daher an alle, die in diesem Land politische Verantwortung tragen, folgende Forderungen anzuerkennen und zu unterstützen:

- Enttabuisierung der Ausreiseproblematik durch öffentliche Diskussion, um ihre Ursachen zu analysieren und abzubauen.
- Präzisierung des Staatsbürgerschaftsgesetzes der DDR und der dazugehörigen Durchführungsverordnung in Übereinstimmung mit dem geltenden Völkerrecht (insbesondere mit der Internationalen Konvention über zivile und politische Rechte) und der Verfassung der DDR, um die rechtswidrige Anwendung dieses Gesetzes durch die staatlichen Organe auszuschließen.
- Einführung einer gesetzlichen Fristenregelung, die das Entlassungsverfahren aus der Staatsbürgerschaft der DDR für alle Antragsteller gleichberechtigt regelt.
- Aufhebung der restriktiven Anwendung des Begriffes „Familie“ in der Verordnung zur Regelung von Fragen der Familienzusammenführung und der Eheschließung in Übereinstimmung mit den KSZE-Dokumenten von Helsinki und Madrid. Einhaltung der in der Verordnung festgelegten Bearbeitungsfristen für Genehmigungserteilungen und Rechtsmittel.
- Die Gewährleistung gegenseitiger Kontakt- u. Besuchsmöglichkeiten von Angehörigen getrennter Familien, solange diese noch nicht zusammengeführt sind.
- Eine gesetzlich garantierte Reisefreiheit für alle DDR-Bürger unabhängig von Alter, beruflicher Stellung, familiären Verhältnissen einschließlich ihrer politischen und religiö-

sen Überzeugung. Reiseverbote müssen rechtskräftig begründet werden und gerichtlich einklagbar sein.

- Aufhebung ungerechtfertigter Einreiseverbote für ehemalige DDR-Bürger und andere Ausländer
- Die juristische Gleichrangigkeit aller Menschenrechte gebietet die Schaffung rechtsverbindlicher Garantien, damit der Staatsbürger seinen Anspruch auf alle Menschenrechte gegenüber staatlichen Organen durchsetzen kann. Das schließt einen für den Staatsbürger überschaubaren Mechanismus zur Entscheidung von Rechtsstreitigkeiten mit staatlichen Organen ein. Deshalb halten wir die Einführung unabhängiger Verwaltungsgerichte für dringend erforderlich.
- Die Verwirklichung der Menschenrechte kann nicht nur Angelegenheit des Staates sein. Unseres Erachtens gehören dazu die gleichberechtigte Mitwirkung aller Staatsbürger, das ungeschminkte Aufzeigen vorhandener Defizite, der offene Dialog mit Andersdenkenden und gesellschaftlicher Freiraum für die uneingeschränkte Arbeit unabhängiger Friedens- u. Menschenrechtsgruppen.

Berlin, den 10.12.1987

Arbeitsgruppe „Staatsbürgerschaftsrecht der DDR"
Die Seiten 4 – 5 – 6 enthalten 44 Unterschriften der Arbeitsgruppe „Staatsbürgerschaftsrecht der DDR"

Quelle: OPK „Recht"; BStU, AOPK 6116/88 Band 2, Bl. 16-18.

Nr. 8

„... hartnäckige feindlich-negative Kräfte"

MfS-Bericht über Aktionen von Antragstellern im Bezirk Dresden, August 1988

[...]
Weiterhin versuchen seit geraumer Zeit hartnäckige feindlich-negative Kräfte unter den Übersiedlungsersuchenden durch die Organisierung von Zusammenschlüssen sowie öffentlichkeitswirksame Aktivitäten auf sich aufmerksam zu machen und mit diesen Handlungen verstärkt Druck auf die staatlichen Organe zur Genehmigung ihrer Übersiedlung auszuüben.

Durch das Anbringen von Symbolen oder Erkennungszeichen, durch „stumme Proteste", „Schweigedemonstrationen und -spaziergänge" sowie die mißbräuchliche Nutzung kirchlicher Einrichtungen und Veranstaltungen wird gezielt versucht, öffentlichkeitswirksam in Erscheinung zu treten, dabei möglichst keine Ansatzpunkte für staatliche Sanktionen zu bieten.

So erfolgt die Organisierung von Personenansammlungen durch „Flüsterpropaganda", die als zufällige spontane Treffen oder als gemeinsame Freizeitgestaltung deklariert werden.

Die Bemühungen, sich zu organisieren, sich „auszutauschen" und das gemeinsame weitere Vorgehen abzustimmen werden mit Stammtischrunden, Geburtstagsfeiern sowie kulturellen und sportlichen Maßnahmen abgedeckt.

Dabei besteht im wesentlichen die Auffassung, daß sie mit geschlossenen Auftritten in der Öffentlichkeit die zuständigen staatlichen Organe zur ständigen Beschäftigung mit ihnen zwingen und auf diese Weise ihre Ausreisegenehmigungen durchsetzen können.

Wie bekannt, fanden diese Erscheinungen ihren Niederschlag insbesondere in den seit dem 3.4.1988 wöchentlich sonntags stattfindenden Ansammlungen von Übersiedlungsersuchenden im Bereich der Kreuzkirche bzw. anfangs auch im Bereich des Theaterplatzes Dresdens und in den geplanten Provokationen anläßlich des Kampftages der Arbeiterklasse am 1. Mai 1988.

[...]
Im Ergebnis von Feststellungen des Transportpolizeiamtes Dresden und der Bezirksverwaltung für Staatssicherheit kam es seit Juni 1988 mehrfach zu negativen, öffentlichkeitswirksamen Erscheinungen auf dem Personenbahnhof Dresden-Neustadt im Zusammenhang mit der genehmigten Ausreise von Übersiedlungsersuchenden nach der BRD.

Vor der Abfahrt des Schnellzuges D 450 (Warschau-Dresden-Frankfurt/Main, Abfahrt 22.09 Uhr) versammelten sich größere Personengruppen auf dem Bahnsteig 4, um ausreisende Personen zu verabschieden. Dabei kam es auch unter Alkoholeinfluß zu lautstarken negativen Äußerungen, wie

- „Gott sei Dank, ihr habt es geschafft!"
- „Bloß fort aus diesem Scheiß-Staat!"
- „Endlich in die Freiheit, wir kommen nach!"
- „Ein Wiedersehen in der Heimat!"

u.a. und zum Gegröle von Liedern, wie

- „Wir sehen uns wieder ..." oder
- „So wunderschön, so wunderschön wie heute ...".

Bei der verspäteten Abfahrt des Zuges wurde dies ebenfalls mit negativen Äußerungen kommentiert.

Die Anzahl der bei den „Verabschiedungen" festgelegten Personen schwankte in der Regel zwischen ca. 40-60 und hatte am 8.7.1988 mit ca. 200 Personen den bisherigen Höhepunkt.
[...]
Die Absicht der Übersiedlungsersuchenden, sich bemerkbar zu machen, um nicht „vergessen" zu werden, führte im Kreis Görlitz dazu, daß Übersiedlungsersuchende in zunehmenden Maße ihre Kraftfahrzeuge mit unterschiedlichsten „Symbolen", vornehmlich weißen Bändern und Schleifen an Antennen und Außenspiegeln versahen. Sie wollten damit auf sich aufmerksam machen und erwarteten, daß ihr Auftreten sofortige Reaktionen der zuständigen Organe im Hinblick auf ihre Entlassung aus der Staatsbürgerschaft der DDR auslösen würde.

Im Ergebnis der durch die Bezirksverwaltung und die DVP eingeleiteten Maßnahmen wurden 165 Fahrzeuge, die auf diese Weise gekennzeichnet waren, festgestellt. Durch die Einleitung von 20 Ordnungstrafverfahren und den Ausspruch von Ordnungsstrafen in Höhe von 19 x a 500,-- Mark und 1 x a. 1000,-- Mark sowie die Einbeziehung der Parteiorganisationen der Betriebe und Einrichtungen und anderer gesellschaftlicher Kräfte wurde erzielt, daß die Kennzeichnung an den Kraftfahrzeugen im Kreis Görlitz fast vollständig beseitigt wurde und keinen Schwerpunkt mehr bildet.

Quelle: Auszug aus Information der BV Dresden des MfS vom 3.8.1988 über die Lage unter feindlichen und politisch-negativen Personenkreisen, BStU, ZA, HA XX/AKG 1484, Bl. 208-210.

Demonstration Ausreisewilliger, Dresden, 13. Februar 1988

Wir
sind
umgezogen!
Nach
gegenüber

Ausreisegruppe bei Gottesdienst, Berlin (Bekenntniskirche), Juni 1988

Weimar, 19. November 1989

oben: Ausreisegruppe, Berlin, Bahnhof Friedrichstraße, Mai 1988

unten: Botschaft der Bundesrepublik Deutschland, Prag, Oktober 1989

VI. 1989: Von der Opposition zur Revolution

Ehrhart Neubert

Die Opposition im Jahr 1989 – ein Überblick[1]

Einleitung

Die Entmachtung der SED im Herbst 1989 im Zuge der „DDR-Revolution" war nicht das Ergebnis zufälliger Konstellationen. Zwar befand sich der SED-Staat in tiefen Krisen und war ökonomisch, ökologisch am Ende, hatte seine Legitimationsvorräte weithin verbraucht und konnte nicht mehr auf die Unterstützung der Sowjetunion bauen. Doch der Sturz der SED-Macht mußte in der DDR auch politisch gewollt und gestaltet werden. Die Demokratisierung brauchte politische Subjekte, die der SED die Möglichkeit nahmen, sich in einem lediglich nach ihren Vorstellungen reformierten Sozialismus wieder einzurichten. Den politischen Gegenpart konnten nur die oppositionellen Gruppen der achtziger Jahren übernehmen. Dieses Potential aus vorwiegend kirchlichen Gruppen hatte seit Jahren auf die Demokratisierung gedrängt, wenn auch die politischen Vorstellungen uneinheitlich und sehr stark mit theologischen und sozialethischen Komponenten versehen waren.

Aus diesen Gruppen heraus wuchsen die neuen oppositionellen Organisationen des Herbstes 1989. Wegen der Uneinheitlichkeit der Organisationsformen und der Vorgehensweisen kann mit einem gewissen Recht gefragt werden, ob es überhaupt angebracht ist, von „der Opposition" zu reden. Wenn aber bedacht wird, daß alle neue Parteien und Gruppierungen in den entscheidenden Wochen aufeinander angewiesen waren, stets die Kommunikation gepflegt haben und die wichtigsten Schritte auch gemeinsam unternommen wurden, läßt sich eine Gemeinsamkeit in dem von allen verfolgten Ziel, der politischen Entmachtung der SED, feststellen. In den Grundzügen wurden auch um dieses Zieles willen die gleichen politischen Verfahren gewählt. Eine Reihe von Unterschieden in der Vorgehensweise erklärt sich aus dem völligen Fehlen irgendwelcher rechtlicher und politischer Regularien in der SED-Diktatur. Darum mußten verschiedene Wege gesucht und ausprobiert werden. Insgesamt hat die Opposition des Herbstes zunächst gemeinsam die SED auf die Gewaltlosigkeit festlegen, den ungleichgewichtigen Dialog mit dem Ziel der Integration der Opposition in das politische System zurückweisen, den Runden Tisch als Übergangsverfahren zur Demokratie installieren und schließlich den Herrschaftsapparat lahmlegen müssen. Dies waren auch die eigentlichen politischen Akte der politischen Umwälzung, der Revolution, die etwa Anfang Dezember 1989 im Wesentlichen abgeschlossen war.

Über diese Verfahren hinaus gab es keine Einigkeit in zentralen politischen Fragen. Als die Macht der SED gebrochen war, setzte im oppositionellen Feld eine Differenzierung ein, die letztlich auf das Einordnen in das westdeutsche Parteienspektrum hinauslief. Der Akzent der folgenden Darstellung liegt auf dem Anteil der Opposition insgesamt an der Revolution vom September bis Dezember 1989.

Eine Überschätzung und Idealisierung der Opposition ist unangebracht, da es in ihr viele Brüche, politische Unschärfen, programmatische Ambivalenzen und auch Selbstblockaden gab. Es ist aber auch nicht sinnvoll, die DDR-Revolution als eine Art Volksbewegung zu sehen, die gleichsam automatisch zum Erfolg führte. Das aufbegehrende „Volk" hatte zunächst keine politische Stimme außerhalb der oppositionellen Organisationen. Wenigstens zeitweise konnte die Opposition die Interessen der Bevölkerung vertreten und diese in einen politischen Prozeß einbringen, der zum Machtverfall der SED und schließlich zur Einheit führte.

1. Auf der Suche nach dem Strukturwandel der Opposition im Sommer 1989

Die Gründung der oppositionellen Bewegungen und Parteien ab August 1989 bedeutete einen Strukturwandel der Oppositionsgruppen sowie deren Kommunikationsstrukturen und Netzwerke der achtziger Jahre. Einige hundert mehr oder weniger politisierte Friedens-, Umwelt- und Menschenrechtsgruppen, sowie Gruppen mit Anliegen der sozialen Emanzipation hatten bisher im Rechtsrahmen der Evangelischen Kirchen gehandelt. Die Kirchen stellten auch den wichtigsten Öffentlichkeitsraum dar, der nur gelegentlich, zunehmend seit 1987, überschritten werden konnte. Die SED, die Staatsorgane und vor allem das MfS versuchten, diese Opposition im kirchlichen Bereich zu halten und dort durch offene und konspirative Einflußnahme politisch zu neutralisieren. Dadurch kam es zu ununterbrochenen, innerkirchlichen Konflikten um die Oppositionsgruppen. Dies behinderte die Opposition erheblich und förderte schon seit Anfang der achtziger Jahre Verselbständigungstendenzen gegenüber den Kirchen. Nur wenige unabhängige Gruppen konnten sich behaupten. Sie waren, soweit sie nicht durch staatliche und kirchliche Repression aufgelöst wurden, aber stets auf die kirchliche Öffentlichkeit angewiesen. Am weitesten ging 1984 der Plan von Oppositionellen in Berlin, eine DDR-Sektion einer Grünen Partei zusammen mit westdeutschen Grünen zu bilden. Dies war aber fallengelassen worden, weil ein solcher Versuch zu dieser Zeit vollkommen illusorisch war.

Seit 1988 suchten immer mehr Oppositionelle nach Wegen, sich der kirchlichen Vormundschaft und den Entpolitisierungsstrategien zu entziehen. Dies bedeutete zugleich die Bereitschaft, den minimalen Rechtsschutz der Kirchen aufzugeben. Viele Überlegungen wurden aber noch nicht öffentlich. Martin Gutzeit und Markus Meckel planten 1988 eine politische Vereinigung. Auch Rainer Eppelmann hatte schon seit Ende 1988 über eine Parteigründung nachgedacht. Er wollte in Ost-Berlin die SPD neu gründen, die 1961 von der westdeutschen SPD aufgelöst worden war. Am weitesten kam 1988 die Gründung der „Demokratischen Initiative" in Leipzig mit Christian Dietrich. Sie beschränkte sich selbst auf eine kleine Gruppe und betrieb erst gar nicht den Aufbau einer größeren Organisation. Anfang 1989 gab es neue Impulse, die u.a. auch Hand in Hand mit neuen oppositionellen Strategien gingen. Schon seit dem Spätherbst 1988 hatten verschiedene Oppositionelle vorgeschlagen, für die kommende Kommunalwahl am 6.5.1989 eigene Kandidaten aufzustellen, die Wahlauszählung zu kontrollieren oder auch wegen der Nichteinhaltung des Wahlgesetzes der DDR zu boykottieren. Dies machte sichtbar, daß es den Oppositionellen nicht nur darauf ankam, die Legitimität der SED-Herrschaft zu bestreiten, wie dies etwa bei den sozialethischen Themen „Frieden", „Gerechtigkeit" oder „Umwelt" möglich war, sondern nun auch die Legalität der SED-Macht in Zweifel zu ziehen. Neben Eppelmann waren es Hans-Jochen Tschiche, Markus Meckel und Martin Gutzeit, die wieder die Initiative ergriffen. Tschiche, der schon 1982 die Gründung des Netzwerkes „Frieden konkret" angeregt hatte und seit etwa 1987 andeutete, eine Grüne Partei gründen zu wollen, unternahm einen Vorstoß während der Tagung des wichtigsten oppositionellen Netzwerkes „Frieden Konkret VII" vom 24.-26.2.1989 in Greifswald. Dort schlug er vor, eine „Vereinigung zur Erneuerung der Gesellschaft" zu gründen. Im Seminar fand sich allerdings keine Mehrheit. Seit Januar 1989 sprachen unabhängig davon auch Meckel und Gutzeit über den Plan, eine sozialdemokratische Partei zu gründen und konnten ebenfalls noch nicht auf Resonanz treffen. Die wichtige Oppositionsgruppe „Initiative Frieden und Menschenrechte" (IFM) um Ulrike und Gerd Poppe, Reinhard Weißhuhn und Werner Fischer veröffentlichte am 11.3.1989 eine Erklärung, in der sie ihre Gruppe landesweit öffnete. Alle diese Initiatoren hatten schon seit längerem bessere Rechtsstrukturen, etwa die demokratischen Freiheitsrechte, eine Verwaltungsgerichtsbarkeit oder Garantien für die Einhaltung von Menschenrechten gefordert.

Im Frühjahr 1989 war fast das gesamte oppositionelle Umfeld mit der „Ökumenischen Versammlung (ÖV) für Frieden, Gerechtigkeit und die Bewahrung der Schöpfung" im Rahmen des konziliaren Prozesses befaßt, die zwar wieder eine engere Bindung an die Kirchen brachte, aber in einem Text, der im April auf der 3. Vollversammlung beschlossen wurde, doch die Forderungen der Opposition zum Ausdruck brachte. Unter Berufung auf die Menschenrechtserklärung der Vereinten Nationen wurde gefordert: Ermöglichung eines „*freimütigen und ehrlichen Meinungsaustausches*", mehr „*Rechtssicherheit*" und eine ausgeweitete „*gerichtliche Nachprüfung von Verwaltungsentscheidungen*", eine „*klare Trennung der Kompetenzen von Staats- und Parteifunktionen*", eine Wahlrechtsreform, um „*geheim unter mehreren*" Kandidaten auswählen zu können, im Bildungswesen „*Freiheit und Selbstverantwortung der Lehrenden*" und „*gleiche Chancen für alle unabhängig von ideologischen Überzeugungen*", „*freie Entfaltung von Kunst und Kultur*", für „*mündige Bürger*" „*ungehinderte Möglichkeit sich zu versammeln und in selbständigen Vereinigungen*"[2] handeln zu können.

Kurz nach der ÖV in Dresden fand die Kommunalwahl am 7.5.1989 statt. Die Auszählungsüberwachungen durch die Opposition, an der sich schon Menschen beteiligten, die bisher kaum politisch aktiv waren, brachten einen durchschlagenden Erfolg. Es konnten Wahlfälschungen im größten Ausmaß nachgewiesen werden. Damit war der illegale Charakter der SED-Herrschaft nachgewiesen. Sofort nach diesen Wahlen begann nun die Neuformierung der Opposition. Es gab zunächst zahlreiche informelle Gespräche für die Möglichkeit einer Parteigründung, wie etwa am 6.5.1989 mit Ulrike Poppe, Ulrich Stockmann, Ehrhart Neubert und Rolf Henrich. Im „Grün-ökologischen Netzwerk Arche in der Berlin-Brandenburgischen Kirche“, einem Zusammenschluß von Umweltgruppen in der gesamten DDR, wurde im Zusammenhang mit den Wahlfälschungen über die Bildung Grüner Listen nachgedacht und im Sommer in einer Veranstaltung in Treptow öffentlich gemacht. Meckel und Gutzeit verfaßten im Juni 1989 einen „Aufruf zur Bildung einer Initiativgruppe mit dem Ziel, eine sozialdemokratische Partei in der DDR ins Leben zu rufen“, den sie aber zunächst nur wenigen in die Hand gaben. Am 12.8.1989 ließ die IFM in Berlin eine Einladung ausgehen, in der sie für den 28.10.1989 zu einem Treffen in Berlin aufrief, um über den Aufbau eines Kommunikationsnetzes auf der Grundlage ihres Aufrufes vom 11.3.1989 zu beraten. Am 13.8.1989 wurde durch Vertreter der „Initiative gegen Prinzip und Praxis der Abgrenzung (IAPPA)“ bei einer Veranstaltung in der Treptower Bekenntnisgemeinde zur Bildung einer landesweiten, politischen, oppositionellen Organisation aufgerufen. Ein Besprechungstermin wurde für den 12.9. verabredet. Nach vorherigen Absprachen im Juni während eines Kolloquiums zur Problematik der politisch engagierten Gruppen in den Kirchen in der Theologischen Studienabteilung beim Bund der Evangelischen Kirchen fand am 23. 8.1989 in Dresden ein konspiratives Vorbereitungstreffen für die Gründung des „Demokratischen Aufbruch“ statt, und ein landesweites Treffen am 1. 10. wurde vereinbart.[3]

Im Laufe des August sprachen verschiedene Akteure mit Bärbel Bohley, die dabei ankündigte, mit Henrich und Katja Havemann etwas organisieren zu wollen. Sie konnte sich nicht auf ein Zusammengehen mit den anderen Initiativen verstehen. Vor allem wollte sie nicht mit Schnur zusammenarbeiten, den sie verdächtigte, für das MfS zu arbeiten. Im übrigen gab es in Berlin zwischen den verschiedenen Initiativgruppen im August stets einen Gesprächszusammenhang. Übereinstimmend wurde geäußert, daß es an der Zeit sei, den Rechtsraum der Kirche zu verlassen. Obwohl alle Akteure noch meinten, es handele sich insgesamt um einen längerfristigen Prozeß, war ihnen doch klar, daß nicht mehr länger gewartet werden könne.

Die Ereignisse im September mit der dramatischen Zuspitzung der Massenflucht und der größeren Bereitschaft der Bevölkerung, besonders in Leipzig, zu öffentlichen Demonstrationen beschleunigten den Formierungsprozeß. Hier ist allerdings zu beachten, daß die Planungen zur Neuformierung der Opposition zeitlich vor den sich entfaltenden Demonstrationen lagen. Diese beeinflußten zwar das Gesamtgeschehen und beschleunigten auch die Organisationsprozesse, waren aber nicht die Voraussetzung für eine neue Qualität oppositionellen Handelns.[4]

2. Herausforderung der SED – Vielfalt als Suchbewegung der Opposition

Mit den Neugründungen war Anfang Oktober, spätestens am 7.10.1989 mit der Gründung der SDP, die Neuformierung der Opposition abgeschlossen. Zwar agierten in Berlin im Rahmen der Zusammenarbeit der Opposition bis in den Oktober hinein auch noch Gruppen des älteren Typs, wie verschiedene Friedenskreise. In der DDR-Provinz hielt dies mancherorts noch länger an. Doch diese verloren rasch an Bedeutung. Immerhin waren die meisten Oppositionsgruppen bis Anfang Oktober in den neuen Zusammenschlüssen mobilisiert und integriert und bekamen von zahlreichen Menschen aus den Kirchen und von kritischen Intellektuellen Verstärkung.

Es gab zugleich interne Gründe, die diesen Prozeß behinderten. Vor allem radikal basisdemokratisch orientierte Gruppen lehnten größere, durchstrukturierte und vermeintlich hierarchisierte Organisationen, wie den DA oder die SDP, ab. Die subversive Potenz der radikalen Basisdemokraten im SED-Staat war groß. Sie entwickelten im Frühstadium der Revolution auch eigenständige Aktivitäten mit einer großen Mobilisierungkraft. Die Umweltbibliothek in Berlin war bis in den November eine wichtige Nachrichtenbörse der Opposition. Dort hatte sich der konfrontative Ton in deren Samisdat der SED gegenüber immer mehr verschärft.

Die organisatorische Neuformierung der Opposition bedeutete eine außerordentliche Herausforderung der SED. Damit war die absolut tabuisierte Machtfrage gestellt. Die SED hat diese gezielte politische Herausforderung sofort verstanden. Sie reagierte zunächst noch neben offenen und verdeckten Repessionen mit den klassischen Mitteln, wie dem Versuch, die Kirche gegen die Opposition zu instrumentalisieren oder die Zersetzungsarbeit in der Opposition zu organisieren. Als beides, in hunderten Papieren des MfS dokumentiert, nicht griff und die Opposition schnell an Boden gewann, versuchte sie vorbeugend wenigstens in den eigenen Reihen eine gewisse Immunisierung gegen den neuen Sauerteig zu erreichen. Die Einschätzungen des MfS blieben unbekannt, wenn auch dessen Aktivitäten sichtbar und spürbar waren. Wohl aber zirkulierten verschiedene Agumentationspapiere für den Gebrauch in der SED, die auch schnell in der Opposition bekannt wurden. Wahrscheinlich haben Gesellschaftswissenschaftler noch im September das erste bekanntgewordene Papier „Einige Argumente zum Konzept eines illegalen sogenannten ‚Neuen Forums'" entwickelt, das zutreffend, wenn auch polemisch, die neue Konfliktlinie schilderte. Der Aufruf des NF wolle in der Massenflucht, „*verständlichen Sorgen*" und Mißständen „*Indizien für nicht funktionierende Beziehungen zwischen Staat und Gesellschaft*" erkennen. Er „*verdichtet jedoch wirkliche Sorgen und reale Widersprüche im Sozialismus zu einer Problemsicht, die eine Lösung der anstehenden Fragen gegen die bestehenden politischen Strukturen nahelegt und zugleich eine Legalisierung einer Opposition unter Berufung auf Verfassungsrechte einfordert.*" Eine Gefahr für die sozialistische Ordnung stelle schon die „*Sammlung von kritischen Bürgern, Andersdenkenden, Enttäuschten und – eine andere Sicht wäre Blauäugigkeit – offenen und verdeckten Gegnern*" dar. Deswegen solle versucht werden, mit den Bürgern zu einer „*neuartigen Konsensbildung*" zu kommen, während Angriffe auf „*die führende Rolle der SED nicht zugelassen*"[5] werden dürften. Nicht nur die Opposition hatte sich auf längere Zeiträume eingestellt, sondern auch die SED und das MfS. Dessen Maßnahmepläne gingen meist noch von der Annahme aus, die Bewegung könne wie in den Vorjahren mit langfristigen Maßnahmen eingedämmt werden.

In der zweiten Oktoberwoche wurden Papiere einer Arbeitsgruppe der Humboldt-Universität „Philosophische Fragen der Erarbeitung einer Konzeption des modernen Sozialismus" mit dem Titel „*Zur gegenwärtigen Lage der DDR und Konsequenzen für die Gestaltung der Politik der SED*" bekannt. Die Autoren wurden bald als „SED-Reformer“ gehandelt. Doch das Angebot der Reformer war enttäuschend. Zwar enthielt das Papier eine schonungslose Bestandsaufnahme der politischen Lage der DDR, war aber letztlich ein strategisch-taktisches Programm zur Machtsicherung der SED. Als Ausweg aus der Krise empfahlen die Reformer eine *„öffentliche Diskussion mit dem Ziel einer konsequenten, offenen und zugleich bedachtsamen, abgewogenen und ruhigen Neubestimmung der Gesellschaftsstrategie“*. *„Grundvoraussetzung einer erfolgreichen Erneuerung des Sozialismus“* wäre *„eine funktionsfähige Partei“* mit lernfähigen, demokratischen *„Formen der Auseinandersetzung und Strategiebildung“*. Sie sollte eine *„Große Aussprache“* über den aufgestauten Unmut einleiten. Die Öffentlichkeit müsse erweitert, Wissenschaft solle freigesetzt, die Ökologie solle ein *„Integrationsfeld“* für Lernprozesse unter *„sozialistischer Führung“* und das politische Leben demokratisiert und rechtlich gesichert werden. Der abgrundtiefe Unterschied zwischen der Sozialismus-Semantik der Opposition und dem Erneuerungsbestreben der SED-Reformer bestand in der Frage der Machterhaltung der Partei. Letzere wollten die Dynamik der Veränderung zugunsten der SED kanalisieren und waren dafür bereit, ein breites Spektrum gesellschaftlicher Kräfte zu integrieren, um einen neuen *„Konsens“* zwischen Volk und SED zu erreichen. Aber für die Opposition selbst war keine politische Funktion vorgesehen. Es sei kurzfristig *„zu verhindern, daß diese Artikulation die Form von neuen politischen Parteien mit Anspruch auf die Macht annimmt. Die Funktion der sog. ‚oppositionellen‘ Gruppen ist auf das Gebiet der öffentlichen Diskussion einzuschränken, damit organisiertes Handeln gegen den Sozialismus ausgeschlossen wird“*. Dies sei mit rechtlichen Mitteln *„legal festzulegen“*. Um Entwicklungen wie in *„Polen und Ungarn“* und den *„Einfluß der BRD“* zu verhindern, sollten Wahlen *„mit klarer Terminierung verschoben und die Bildung von oppositionellen politischen Organisationen mit unmittelbarem Anspruch auf Machtbeteiligung verhindert werden.“*[6]

Dieses Konzept konnte für die Opposition keine Grundlage einer Zusammenarbeit mit der SED werden. Es zeigte sich zudem, daß die Reformer unter dem Druck der Verhältnisse Schritt um Schritt weitere Zugeständnisse an die Opposition machen wollten. Immer aber stand bei ihnen die Verknüpfung der Sozialismuskonzeption mit dem Machterhalt der Partei, später dem Erhalt einer sozialistischen DDR, in engem Zusammenhang. Die Autoren, u.a. Michael Brie, Dieter Segert und Rainer Land, hatten sich teilweise auch beim MfS abgesichert und waren, im Gegensatz zur Opposition, keine Risiken eingegangen.

Für die Opposition kam es dagegen darauf an, eine Position zu gewinnen, die ihr auf legaler oder wenigstens auf geduldeter Grundlage Handlungsräume auch außerhalb der Kirchen eröffnete. Ein Einbau der Opposition in das politische System der SED war weder wünschenswert noch möglich. So mußte die Opposition erst einmal die Voraussetzungen ihres legalen und ersatzweise auch legitimen Handelns schaffen. In dieser ungeklärten Situation kamen zunächst im Lande Konzentrationstendenzen zum Zuge. Es wurde in oppositionellen Kreisen auf eine Vereinheitlichung und Zusammenführung gesetzt, um die Kräfte zu bündeln. So richteten viele von ihnen dringende Appelle an die Berliner. Eine Gruppe von 66 Weimarer Bürgern, die sich größtenteils auch vorher schon oppositionell betätigt hatten, faßten am 20.9. eine Entschließung, die lautete: *„Wir, die Unterzeichnenden, begrüßen* *die Bildung von Initiativen zur demokratischen Umgestaltung in der DDR. Wir hoffen aber zugleich, daß sie zu einem einheitlichen politischen Handeln kommen!"* Nur einer vermerkte: *„Bitte nicht einheitlich."*[7] Die „Initiative zur demokratischen Erneuerung (DI)" in Leipzig lud alle oppositionellen Bewegungen zum 24.9. zu einem Gespräch in die Markus-Gemeinde ein, um zu einer Abstimmung bzw. zu einer möglichst weitgehenden organisatorischen und inhaltlichen Zusammenarbeit zu gelangen. Die Vertreter der einzelnen Bewegungen ließen sich darauf aber nicht ein.

Selbst in Berlin lösten die raschen Fortschritte des NF eine Debatte aus, ob dieses nicht als Dach für andere Bewegungen fungieren sollte. Martin König schlug vor, Dj unter das Dach des NF zu stellen, was dort aber mehrheitlich abgelehnt wurde. Ebenso blieb die Rolle des DA zunächst unklar. Auch hier gab es integrative Vorstellungen. Selbst die SDP-Gründer erwogen anfangs, ihre Partei innerhalb des DA zu plazieren. Bisweilen gab es heftige Angriffe auf die anderen Gruppen, weil sie vermeintlich die Einheitlichkeit der Oppositionsbewegung verhinderten. Erst Anfang Oktober war die Eigenständigkeit der jeweiligen Initiativen weitgehend abgeklärt. Dies hinderte nicht, daß im Oktober im ganzen Land die gemeinsamen Vorstellungen der Oppositionsgruppen als eine über Monate aufrechterhaltene Arbeitsform aufkam. Diese Veranstaltungen fanden zumeist in kirchlichen Räumen statt, wie z.B. am 6.10. als „Werkstatt – Wohin DDR?" in der Erlöserkirche in Berlin, an der 2.000 Menschen teilnahmen.

Schon im September kamen in Berlin regelmäßig Vertreter der verschiedenen Gruppierungen zusammen. Aus diesen Treffen ging die im Oktober wichtig werdende Kontaktgruppe hervor. Eines ihrer ersten wichtigen Arbeitsergebnisse war die „Gemeinsame Erklärung" (Anhang, Nr. 1) vom 4.10., die von Vertretern von Dj, DA, Demokratische Sozialistinnen, IFM, SDP, NF und verschiedenen Friedenskreisen nach vorherigen Verabredungen formuliert wurde. Die Erklärung, die später als „Wahlplattform der Opposition" bezeichnet wurde, enthielt ein Bekenntnis zur Vielfalt der oppositionellen Bewegungen, forderte das Ende der Repressionen und benannte die Mindestanforderungen für eine freie und geheime Wahl, die unter UNO-Kontrolle stattfinden müsse. Sie endete mit dem Aufruf: *„Wir rufen alle Bürgerinnen und Bürger der DDR auf, an der demokratischen Erneuerung mitzuwirken."*[8] Auf lokaler und regionaler Ebene gab es fast immer eine Zusammenarbeit zwischen den Gruppen, die auch zu eigenwilligen Zusammenschlüssen führte. In Merseburg bildete sich eine Demokratische Initiative, die mehrere Gruppen zusammenschloß. In Dresden hielt das Ineinander von NF und DA bis in den November an. In Eisenach spielte der DA Anfangs die Rolle einer Massenbewegung, die an anderen Orten das NF übernommen hatte.

Im ganzen Land arbeiteten die verschiedensten Gruppen intensiv zusammen, da sie die ihnen zahlreich zuwachsenden Aufgaben anders nicht hätten bewältigen können. Aus der Zusammenarbeit erwuchs eine Vielzahl von politischen Initiativen, die teilweise größere Bedeutung bekamen. So gaben am 4.11. die Dresdner Oppositionsgruppen „Gruppe der Zwanzig", DA, Dj, Initiative Demokratische Erneuerung, NF, SDP, Ökumenische Friedenskreise, Ökologischer Friedensarbeitskreis der Dresdener Kirchenbezirke eine Resolution heraus, die u.a. den *„sofortigen Rücktritt der Regierung"*[9] forderte.

Doch die mehr oder weniger intensive Zusammenarbeit konnte das politische Problem der Installierung einer Opposition noch nicht lösen. Selbst als die Demonstranten die Zulassung des NF und anderer Oppositionsbewegungen forderten, erhöhte sich zwar der Druck auf die SED, ohne daß damit aber die politische Rolle die Opposition definiert war. Ausschlaggebend war gerade die Vielfalt der politischen Opposition und ihrer gewählten politischen Ansätze, was ein einheitliches strategisches Konzept der SED vereitelte. Diese Vielfalt war Ausdruck einer Suchbewegung, die politischen Möglichkeiten eines legalen Handelns auszuloten und engste Spielräume auszuweiten. Die unterschiedlichen Ansätze der neuen Organisationen spiegelten die unterschiedliche Gewichtung des Legitimitäts- und Legalitätsprinzipes wider. So waren die Sozialdemokraten am weitesten gegangen. Ihre Initiative verzichtete vollständig auf eine Legalisierung durch die SED. Sie mußten auf die Legitimität ihres Vorhabens setzen. Das NF versuchte dagegen am deutlichsten, den legalen Rahmen einzuhalten. Andere Initiativen lagen zwischen diesen Positionen. Für die SED bestand deswegen auch gegenüber dem NF nahezu ein Begründungsnotstand für ein eventuelles direktes Verbot. Sie konnte aber auch nicht einfach eine Gruppe verbieten und andere fördern. Die SED befand sich im Zugzwang, eine „*neuartige Konsensbildung*“ mit der Bevölkerung herzustellen. Damit hatte allein schon der Umstand der Neuformierung der Opposition die SED genötigt, eine politische Antwort zu geben.

3. Gewaltlosigkeit als politisches Verfahren im Aufstand

3.1. Ende der kirchlichen Vermittlungsdiplomatie

Mit der Gründung der oppositionellen Organisationen war die Frage der politischen Verfahren noch offen, die zu der von der Opposition gewollten Machtbegrenzung führen konnten. In der frühen Phase bestand zunächst noch die Gefahr, daß die SED ihre Repressionsorgane einsetzen würde. Die SED mußte veranlaßt werden, auf den Einsatz dieser Mittel zu verzichten und politische Formen der Auseinandersetzung zu wählen. Für die SED war an sich die Schwelle der Gewaltanwendung hoch, da sie ihre Delegitimierung scheute und bis in den Oktober hinein auf bewährte Konfliktminimierungsstrategien setzte. Zunächst lag es nahe, die Evangelische Kirche zu benutzen, um die öffentliche Wirkung oppositioneller Bestrebungen auf den Kirchenraum zu beschränken. Doch schon im September trat die Opposition als selbständige Größe auf und konnte nicht mehr ohne weiteres durch kirchliche Auflagen erreicht werden, zumal in den Kirchen nun selbst die Bereitschaft für ein politisches Engagement größer geworden war. Jetzt konnten die Kirchen lediglich noch eine Vermittlungsfunktion zwischen der Opposition und dem Staat übernehmen. Besonders deutlich wurde dies bei der Entwicklung der Demonstrationen in Leipzig, die zur Initialzündung der Revolution wurden.

Aus den Leipziger Friedensgebeten, die durchaus noch in den traditionellen, kirchlichen und oppositionellen Protestformen verliefen, entwickelte sich im September der Aufstand der Leipziger Gesellschaft. Am 4.9. beteiligten sich etwa 1.000 Personen am Friedensgebet, und anschließend kam es zu einer Demonstration von einigen hundert Menschen, die von den Forderungen der Ausreiseantragsteller geprägt war. An den folgenden Montagen, dem 11.9., 18.9. und 25.9. beteiligten sich so viele Menschen, daß die Nikolaikirche nicht mehr alle Besucher faßte und weitere Kirchen einbezogen wurden. Am 11. und 18.9. versuchten die Sicherheitsbehörden, mit brachialer Gewaltanwendung und zahlreichen Verhaftungen die Entfaltung von Demonstrationen zu verhindern. Außer den Besuchern der Friedensgebete beteiligten sich zunehmend auch Leipziger Bürger, die sich mit den Demonstranten solidarisierten und in die Auseinandersetzungen verwickelt wurden. Am 18.9. traten, u.a. bedingt durch die Öffnung der ungarischen Grenze, erstmals die Ausreiseantragsteller in den Hintergrund. Am 25.9. beteiligten sich schon bis zu 8.000 Menschen an der Demonstration nach dem Friedensgebet. Diese Zahl überforderte die Sicherheitsbehörden, die nun entschlossen waren, eine neue Demonstration am 2.10. zu verhindern. Eine der Maßnahmen war der Versuch, die Friedensgebete zu blockieren. Dazu wurden mehrere hundert zuverlässige Genossen, als sogenannte „gesellschaftliche Kräfte", in die Kirchen geschickt. Nach dem Friedensgebet konnten die Sicherheitskräfte die vorbereiteten Maßnahmen trotz harten Einschreitens aber wieder nicht umsetzen, da sich ein Demonstrationszug von ungefähr 25.000 Menschen formierte.

Die Unterdrückungsversuche der Sicherheitsorgane verlagerten den sich immer stärker artikulierenden gesellschaftlichen Konflikt auf die Auseinandersetzung auf der Straße. Die Friedensgebete rückten aus dem Zentrum der Auseinandersetzung und bekamen eine Katalysatorfunktion.

Die inhaltliche Gestaltung der Friedensgebete wurde nun durch die Auseinandersetzungen auf der Straße bestimmt und dadurch weiter politisiert. Zum alles beherrschenden Thema wurde nun die Gewaltfrage. Superintendent Friedrich Magirius hatte im Friedensgebet am 4.9. über Versöhnung gepredigt. Am 25.9. hielt eine Gruppe mit und unter Christoph Wonneberger das Friedensgebet, das sich explizit mit der Gewaltfrage befaßte. Wonneberger forderte die Kontrolle und Begrenzung staatlicher Gewalt. Außerdem gab die Gruppe *„Anregungen zum gewaltfreien Handeln"* für die anschließende Demonstration,[10] warnte vor Provokateuren in den eigenen Reihen und mahnte alles zu tun, um nicht den Sicherheitskräften Anlaß zur Gewaltanwendung zu geben. Der unentwegt bis Mitte Oktober skandierte und durch rituelle Symbolik, etwa durch Kerzen, gestützte Ruf der Demonstranten in der ganzen DDR „Keine Gewalt" zeigte, wie dieses Mittel zur Legitimation des Aufstandes angenommen wurde. Die der Absage an die strukturelle Gewalt des SED-Staates entsprechende politische Programmatik des Aufstandes drückte sich in dem auf der Straße skandierten Ruf „Freiheit, Gleichheit, Brüderlichkeit" aus. Damit wurde die mögliche Differenz zwischen der Zielstellung der Gebete und den Demonstranten überbrückt.

Die Verbindung von Friedensgebeten und Demonstrationen führte zu einem Versagen der jahrelang funktionierenden Konfliktminimierungsdiplomatie zwischen Staat und Kirche. Es gab eine ständige Begleitung der Friedensgebete durch Staat-Kirche-Gespräche auf allen Ebenen. Die vom Staat geforderte Absage und Entpolitisierung der Friedensgebete hätte die angestauten Probleme nicht gelöst, sondern sie noch unkontrollierbarer gemacht. Die kirchlichen Vertreter konnten die Erwartungen der Staatsorgane schon Anfang September nicht mehr erfüllen, obwohl einige bereit waren, zur Deeskalation beizutragen. Vor der Wiederaufnahme der Friedensgebete am 4.9. in der Leipziger Nikolaikirche hatten die staatlichen Behörden Anstrengungen unternommen, diese zu verhindern. Bei den Verhandlungen erklärte ein Mitglied des Kirchenvorstandes der Nikolaigemeinde, daß die Absage der Friedensgebete *„noch schlimmere Auswirkungen"*[11] hätte. Gefordert wurde dagegen ein Rückzug der Sicherheitskräfte. In den Verhandlungen der Pfarrer und Superintendenten mit staatlichen Organen im September wurde darauf verwiesen, daß die Friedensgebete nur deswegen diese Rolle spielten, weil der Staat den Dialog verweigere und mit Gewalt vorgehe. Am 5.10. erklärte Bischof Hempel den Staatsvertretern, daß die Absetzung der Friedensgebete nur möglich wäre, wenn er dies mit einer Erklärung verbinden könnte, die die tatsächliche Lage im Lande zur Sprache brächte und die sich auf tatsächliche *„Veränderungen"*[12] beziehen müßte. Die Staatsorgane gerieten in ein für sie nicht auflösbares Dilemma. Je mehr sie zur Gewalt griffen, desto schneller delegitimierten sie sich selbst. Sie mußten auf das Angebot für einen Minimalkonsens eingehen, der im Verzicht auf Gewalt bestand. Gingen sie aber auf dieses Verfahren ein, zog dies absehbar die Fortsetzung und Ausweitung der Demonstrationen nach sich. Andere Mittel versagten inzwischen.

Als das Ausreiseproblem durch die Öffnung der Grenzen in Ungarn am 11.9. zunächst entschärft war, nahm die Intensität der Demonstrationen dennoch weiter zu. Jetzt wurde die Parole „Wir wollen raus" durch den Sprechchor „Wir bleiben hier" überboten. Damit hatte die Straße den politischen Ruf nach Veränderung aufgenommen. Auch Desinformationen, die den Demonstranten Gewalttätigkeit unterstellten, wurden von der Bevölkerung nicht aufgenommen. Die in der Propaganda der SED immer schärfer werdenden Drohungen bremsten die Mobilisierung der Straße möglicherweise ab, verunsicherten aber zugleich diejenigen, die eine mögliche Gewaltanwendung hätten mittragen müssen. Die in die Friedensgebete und Demonstrationen eingeschleusten „gesellschaftlichen Kräfte" zur Verhinderung der Politisierung, schließlich mehrere tausend Personen, wurden ungewollt selbst Teil der gewaltlosen Konfliktregulierung. In den eingesetzten Sicherheitskräften, vor allem den Kampfgruppen, kam es zu Verweigerungen und einer Demotivation, an Gewaltmaßnahmen teilzunehmen. Ende September war dieser Prozeß so weit fortgeschritten, daß die zentralistische Machtstruktur auf Grenzen stieß. Obwohl Anordnungen des Politbüros und des MfS zur Vorbereitung energischer Maßnahmen ergingen, gelang es den nachgeordneten Behörden schon nicht mehr, mit der Entwicklung Schritt zu halten. Sie wollten deeskalieren und mußten daher die friedliche Auseinandersetzung akzeptieren.

Die Gewaltlosigkeit als Mittel der politischen Auseinandersetzung verband zugleich alle Beteiligten an den Friedensgebeten. Sie war für die entschlossenen Oppositionellen, wie Wonneberger, und die Mitglieder der Oppositionsgruppen das wichtigste strategische Instrument. Die Gewaltlosigkeit bündelte im Machtkampf die unterschiedlichsten Interessen, und kirchliche Entsolidarisierungsakte waren in dieser Situation kaum möglich. Sie hätten nur um den Preis der Akzeptanz offener Gewalt geschehen können. In Leipzig nahmen daher selbst kirchliche Loyalisten bis in die Reihen der CFK und Funktionäre im staatlichen Kulturbetrieb Partei für die Gewaltlosen.

Für die Opposition brachten die Demonstrationen wesentliche politische Vorteile. Einmal unterstützten die Demonstranten die zeitgleich in die Öffentlichkeit tretenden neuen Organisationen, die allein bis dahin politische Alternativen formuliert hatten. Seit dem 26.9. wurde in Leipzig „Neues Forum zulassen" skandiert. Zum anderen wurde die in der gesamten DDR nach den Verhaftungen am 11.9. anlaufende Solidaritätswelle für die Inhaftierten, die überall von Oppositionellen getragen wurde, zu einem seit 1987 erprobten und bewährten Medium der politischen Mobilisierung. In Leipzig selbst bildete sich eine Kontaktgruppe, die Mitteilungen über die Verhaftungen im ganzen Land verbreitete und tägliche Fürbittenandachten organisierte. Die Oppositionellen nutzten damit die Chance, dem sich entwickelnden Aufstand konkrete Inhalte zu geben. In den Friedensgebeten wurde für die Inhaftierten gebetet, auf der Straße ihre Freilassung gefordert. Die eskalierende Protestwelle in Leipzig hatte sich zu einem Aufstand verselbständigt, der nicht mehr durch die SED kanalisiert und kontrolliert werden konnte. Am 26.9. und noch deutlicher am 2.10. war der SED klar geworden, daß bloße polizeiliche Maßnahmen versagen mußten. Sie mußte eine Entscheidung für oder gegen den Einsatz letzter Gewalt treffen, die vielleicht noch ihren Machterhalt gesichert hätte.

Im Gegensatz zu Leipzig scheiterten Demonstrationsversuche in Berlin im September. Hier fehlte ein mit der Nikolaikirche vergleichbares Zentrum und vor allem ein den Leipziger Friedensgebeten entsprechender Vorlauf. Eine Demonstration gegen die Wahlfälschungen am 7.9. auf dem Alexanderplatz verhinderten Sicherheitskräfte, die den Platz weiträumig umstellt und die U-Bahnstationen besetzt hatten. Es kam zu einigen Verhaftungen, als Demonstranten Plakate entfalten wollten. Am 17.9. organisierte eine Kontaktgruppe aus Vertretern verschiedener Oppositionsgruppen, vor allem der Umweltbibliothek, in der Gethsemane-Kirche das erste der Fürbittengebete zur Solidarisierung mit den Leipzigern, aus denen bald darauf die dauernde Mahnwache hervorging. Am 26.9. entwickelte sich nach dem Fürbittengebet die erste kleinere Demonstration.

Die Atmosphäre Anfang Oktober in der DDR war derart gespannt, daß jederzeit mit einer gewalttätigen Eskalation gerechnet werden mußte. In Berlin wurde eine dauerhafte Mahnwache ab dem 2.10. für die Leipziger Inhaftierten und verhaftete Oppositionelle aus Berlin und Potsdam in der Gethsemanekirche eingerichtet. Jeden Tag fanden Informationsandachten statt. Eine Fastenaktion, wie sie auch in Leipzig-Gohlis in der Versöhnungsgemeinde seit dem 1.10. stattfand, verstand sich als „*konkretes Angebot zum gewaltfreien Widerstand*".[13] Die Mahnwachengruppe mit ihrer Sprecherin Angela Kunze suchte bewußt die Öffentlichkeit. Sie erstellte Kurzinformationen, die in der Stadt an Haltestellen und vor Geschäften verteilt wurden. Die Gethsemane-Kirche entwickelte sich in diesen Tagen zum Kommunikationszentrum der Opposition. Aber auch immer mehr Menschen, die sich bislang politischer Aktivitäten enthalten hatten, strömten in die Kirche, brachten Informationen und leisteten für die Mahnwache materielle Unterstützung. Die Kirche war jeden Abend mit Menschen gefüllt. Am 4.10. veröffentlichte die Berliner Initiativgruppe des NF einen Aufruf, in dem es hieß: *„Gewalt ist kein Mittel der politischen Auseinandersetzung! Laßt Euch nicht provozieren!"*[14]

Die Situation verschärfte sich schlagartig, als das Politbüro am 3.10. die Grenzen zur CSSR schließen ließ. In Dresden demonstrierten sofort Bürger, unter denen sich auch Menschen befanden, die an den Grenzen zurückgeschickt worden waren. Streiks in Eisenach und Ruhla flammten auf. Am 4. und 5.10. kam es in Dresden zu gewalttätigen Auseinandersetzungen, als die Züge mit Botschaftsflüchtlingen Dresden erreichten. Auf dem und um den Dresdener Hauptbahnhof lieferten sich 10.000 Demonstranten mit den Sicherheitskräften Straßenkämpfe. Am 6. und 7.10. spielten jedoch bei den Dresdener Demonstrationen die Antragsteller kaum noch eine Rolle. Die Demonstranten verzichteten trotz gewalttätiger Übergriffe der Polizei auf eine Gegenwehr und die Demonstrationen bekamen mit Kerzen und Liedern einen friedlichen Charakter.

3.2. Die Leipziger Entscheidung

So sehr die SED-Führung zögerte und offensichtlich verunsichert war, rüstete sie doch ideologisch und militärisch auf, um den Aufstand niederzuschlagen. Kampfgruppeneinheiten wurden durch das Land gefahren und die Gerüchte über die Vorbereitung der Kampfgruppen und der Polizei zum Einsatz gegen Demonstranten rissen nicht ab. Nun wurde im Namen der „Arbeiterklasse" massiv gedroht. Am 6.10. stellte die SED der Bevölkerung und der für diese sprechenden Opposition das letzte, berühmt gewordene Ultimatum in einem kurzem Artikel eines Kampfgruppenkommandeurs im Namen der Hundertschaft „Hans Geiffert". „*Bürger christlichen Glaubens*" sollten „*ihre Andacht und Gebete*" in der Nikolaikirche „*verrichten*". Gegen die „*gewissenlosen Elemente*", die kirchliche Veranstaltungen mißbrauchten, müßten aber die „*Werte und Errungenschaften des Sozialismus*" geschützt werden: „*Wenn es sein muß, mit der Waffe in der Hand*!"[15]

Honecker wollte den 7.10., den vierzigsten Jahrestag der DDR, mit einer groß inszenierten Zurschaustellung der Erfolge des SED-Staates feiern lassen. Die SED wußte aber, daß die Opposition und das Volk nicht mehr stillhalten würden. Honeckers Befehle zielten darauf, die Mittel so zu wählen, daß der Schein gewahrt blieb. Makaber waren denn auch die inszenierten Volksfeste, ein Fackelzug der FDJ am 6.10. und die Militärparade am 7.10. in Berlin. Auch in vielen anderen Städten gelang es der SED am Staatsfeiertag noch, die alte Fassade des Volksjubels aufzubauen. Niemand außer den Verantwortlichen in den Kommandozentralen wußte, wie weit die SED-Führung gehen würde. Trotz dieser Ängste kam es in mehreren Städten zu großen Demonstrationen, die von den Sicherheitsorganen gewaltsam aufgelöst wurden. Am 7.10. entwickelte sich im Berliner Stadtzentrum eine große Demonstration auf dem Alexanderplatz, deren Initialzündung Proteste gegen die Wahlfälschungen waren. Gleichzeitig entstand vor dem Palast der Republik, wo der offizielle Festakt zum 40. Jahrestag stattfand, ein weiterer Demonstrationskern. Hier ertönten die legendären Rufe „Gorbi, Gorbi, Hilf uns!" Die Demonstranten zogen zur Gethsemanekirche im Prenzlauer Berg. Auch am 8.10. kam es vorwiegend um die Gethsemanekirche zu größeren Demonstrationen. An beiden Tagen gingen die Sicherheitsorgane mit außerordentlicher Gewaltanwendung gegen die friedlichen Demonstranten vor. Über tausend Menschen wurden festgenommen. In den Zuführungspunkten kam es zu regelrechten Gewaltexzessen und Folterungen an Jugendlichen, Frauen und Männern. Die Ereignisse wurden in den DDR-Medien als vereinzelte Aktionen von Störern bezeichnet. Da unter den Mißhandelten auch prominente Berliner waren, wurden dadurch aber nur weitere Protestpotentiale mobilisiert.

Die im Stadtjugendpfarramt angesiedelte Kontakttelefongruppe, Mitglieder der Mahnwache und der Gethsemanegemeinde sammelten schon in der Nacht des 7.10. die ersten Mitteilungen über die Übergriffe und nahmen Namen von Verhafteten auf. Hunderte kamen in die Kirche, um etwas vom Verbleib ihrer Angehörigen zu erfahren. In den nächsten Tagen wurden erste Gedächtnisprotokolle in Flugschriften veröffentlicht. Die Kontakttelefongruppe mit Marianne Birthler und Werner Fischer begann nun, systematisch die Gedächtnisprotokolle zu sammeln und bereiteten ihre Veröffentlichung vor.

Am Abend des 8.10. hatte es in Dresden nach fünf Tagen harter Auseinandersetzungen eine erste Entspannung gegeben. Am Abend waren von den Sicherheitsorganen einige tausend Demonstranten in der Prager Straße eingekesselt worden. Im Kessel befanden sich die Kapläne Frank Richter und Andreas Leuschner, denen es gelang, Kontakte zu den Befehlsträgern aufzunehmen und Gespräche zu führen. Aus den auf der Straße Sitzenden wurden zwanzig Bürger ausgewählt, die unter Beifall der Menge beauftragt wurden, über Reisefreiheit, Pressefreiheit, Zulassung des NF, freie Wahlen, Freilassung der Gefangenen u.a. mit den Staatsorganen am 9.10. zu verhandeln. Die Gespräche sollten in der Kreuzkirche stattfinden. Superintendent Ziemer wurde zum wichtigsten Vermittler des in Dresden mit der „Gruppe der Zwanzig" eingeleiteten Dialogs. Dieser erste Erfolg kirchlicher Vermittlung, der zu einem Dialogangebot der SED führte, sprach sich zwar rasch im Lande herum. Noch war aber nicht absehbar, ob dies nur eine regionale Lösung war, weil in anderen Städten noch zugeschlagen wurde.

So kam am 9.10. die Spannung in der DDR zu einem Höhepunkt. Die Entschlossenheit der SED zum Zuschlagen war offensichtlich. Bei den Initiatoren der Opposition in Berlin liefen aus dem ganzen Land Meldungen über eine bevorstehende militärische Auseinandersetzung zusammen. Am Nachmittag strahlte der Deutschlandfunk einen Aufruf von Christa Wolf aus, in dem sie zur Gewaltlosigkeit und Geduld mahnte, den Dialog und einen Runden Tisch forderte. Die Aufmerksamkeit an diesem Tag richtete sich besonders auf Leipzig, wo am Abend das Friedensgebet stattfinden würde. In Leipzig hatte die SED in großer Zahl Polizei, NVA, MfS und Kampfgruppen bereitgestellt, die Bürger wurden aufgefordert, die Innenstadt zu meiden, Gerüchte über bereitgestellte Kankenhausplätze und Blutkonserven gingen um. Am Tage gab es intensive Verhandlungen zwischen den Staatsorganen und Bischof Hempel. Die staatliche Seite verlangte, daß der Bischof auf die Teilnehmer der Friedensgebete Einfluß nehmen sollte, daß sie auf eine Demonstration verzichteten. Erstmals setzte die staatliche Seite auf den Dialog nach dem Dresdener Vorbild, um die Demonstrationen zu verhindern. Hempel, von dem die Initiative ausging, machte darauf aufmerksam, daß die Bewegung auf der Straße sich schon verselbständigt habe und die Friedensgebete inzwischen zur Beruhigung beitrügen.

Die Friedensgebete fanden am 9.10. in vier Leipziger Kirchen statt. Wieder hatte die SED hunderte zuverlässige Genossen in die Kirchen geschickt. So kamen entschlossene Demonstranten oft gar nicht in die Kirchen, hinein und die Appelle, auf Demonstrationen zu verzichten, mußten sich nun die SED-Genossen anhören. Der Einfluß Hempels war tatsächlich minimal, da sich schon während der Friedensgebete die Demonstrationen entfalteten. Wichtig war allerdings, daß er einen gewaltlosen Dialog ankündigen konnte, der beide Seiten verpflichtete.

Etwa 70.000 Menschen aus Leipzig und vielen anderen Städten waren gekommen und formierten sich zu einem Marsch über den Leipziger Innenstadtring. Die Demonstranten rechneten damit, daß geschossen werden könnte. Die anspruchsvollen Losungen „Wir sind das Volk!“ und „Keine Gewalt!“ mahnten an, die Voraussetzungen für eine friedliche Auseinandersetzung zu schaffen. In dieser gespannten Situation der Konfrontation von Demonstranten und Sicherheitsorganen wurde ein Verfahren für den gewaltlosen Ablauf gefunden, wie es sich schon im September angebahnt hatte. Die Sekretäre der SED-Bezirksleitung Kurt Meyer, Jochen Pommert und Roland Wötzel hatten mit dem Dirigenten Kurt Masur, dem Theologen Peter Zimmermann und dem Kabarettisten Bernd-Lutz Lange am Nachmittag eine Erklärung verfaßt, die schon in den Friedensgebeten und ab 18.00 Uhr über Lautsprecher in der Stadt verbreitet wurde. Die „*gemeinsame Sorge*“ habe sie „*zusammengeführt*“, um eine „*Lösung*“ zu suchen, da alle den „*freien Meinungsaustausch über die Weiterführung des Sozialismus in unserem Land*“ brauchten. Die Autoren versprachen, sich „*dafür einzusetzen, daß dieser Dialog*“ auch „*mit unserer Regierung geführt wird.*“ Um des friedlichen Dialoges willen riefen die „Sechs“, wie die Gruppe später genannt wurde, die Bürger zur „*Besonnenheit*“[16] auf. Dieser Aufruf brachte noch während der Demonstration Entspannung. Er zielte zwar auf die Friedfertigkeit der Demonstranten und rannte damit offene Tore ein, bot aber zugleich der SED-Seite Gewaltlosigkeit als Verfahren an. Die staatliche Seite gestand ihrerseits den friedlichen Dialog zu, dessen politischer Charakter durch die Einbeziehung der Parteiebene gesichert erschien. Die „Sechs“ repräsentierten gleichsam auch die sich gegenüberstehenden Seiten. So kam es nicht zum Einsatz der bewaffneten Kräfte, die sich sichtbar zurückzogen.

Die Nachricht, daß die Demonstration in Leipzig friedlich verlaufen war, löste in der gesamten DDR eine kaum zu beschreibende Freude aus. Am 9.10. jubelte die Menge in der Gethsemanekirche in Berlin über die Nachricht. Dennoch handelte es sich zunächst um eine Leipziger Lösung. In den SED-Medien wurde weiter gedroht.

Am 11.10. kam erste Bewegung in das Politbüro. Es gab eine Erklärung heraus, die nun erstmals die Flucht von DDR-Bürgern bedauerte, aber zugleich die Schuld vollkommen dem „*Imperialismus der BRD*“ zuwies. Außerdem drohte die Erklärung massiv der Opposition und ihren „*konterrevolutionären Attacken*“ sowie den Demonstranten, die „*verantwortungslos Ruhe und Ordnung*“ störten. Aber es fand sich auch der Satz: „*Wir stellen uns der Diskussion.*“[17] Diese Erklärung brachte die Bewegung mehr in Schwung, als sie sie abbremsen konnte. Sie zeigte die Uneinsichtigkeit der Parteiführung, wie sie zugleich signalisierte, daß die SED in die Defensive geraten war. So brachte der SED auch die Ankündigung einer Entlassung fast aller inhaftierten Demonstranten keine Entlastung. Sprunghaft stieg die Zahl der Demonstrationen und der Demonstranten. Am 16.10. war die Leipziger Demonstration mit 150.000 Menschen noch machtvoller. Diesmal war Krenz vorher nach Leipzig gereist und hatte angeordnet, daß keine Gewalt angewendet werden sollte. Damit war erstmals die SED in ein friedliches Verfahren zur Konfliktbewältigung gezwungen worden.

Am 18.10. trat Honecker von seinen Ämtern zurück. Mit seinem Rückzug und der Nominierung von Krenz als Nachfolger wollte das Politbüro wieder handlungsfähig werden. Doch Opposition und Demonstranten sahen die ersten Ergebnisse des

Aufbegehrens. Der lange geforderte Dialog konnte beginnen. Für die Opposition war das ein erster Erfolg. Überall war sie federführend an der Gestaltung der Friedensgebete und der Entfaltung der Demonstrationen beteiligt oder hatte diesen eine Stimme verliehen. Meinungsfreiheit war faktisch durchgesetzt und die SED zum Dialog gezwungen. Noch war freilich offen, wie sich dieser Dialog gestalten würde.

4. Abwehr der Dialogpolitik

Wie das Dialogangebot des Politbürobeschlusses vom 11.10. gemeint war, zeigte sich rasch an den SED-Medien. Die Bevölkerung sollte mit einer Mischung aus halbherzigen Eingeständnissen, vorgetäuschtem Veränderungswillen und immer neuen Versprechungen befriedet werden. Damit wurde vor allem das Ziel verfolgt, die Menschen im Zuge einer inszenierten großen Aussprache von der Straße in die Kirchen und Säle zurückzudrängen. In der Rückbindungsstrategie war der Kirche eine wichtige Rolle zugedacht. Die Berlin-Brandenburgische Kirchenleitung hatte schon am 9.10.1989 einen entsprechenden Aufruf herausgegeben, der noch längere Zeit im Umlauf war. Die als „dringende Bitten“ (Anhang, Nr. 2) formulierte Erklärung hatten auch einige Oppositionelle unterschrieben. Er verfehlte seinen Zweck vollständig. Gleichzeitig sollte die Revolution in eine Kurskorrektur, eine „*Wende*“ der SED-Politik, umgemünzt werden. Aber der Dialog, der von Opposition und Demonstranten erzwungen worden war, verlief anders, als die SED plante. Weder die Versuche, über kirchliche Vertreter die Menschen von den Straßen fernzuhalten, noch die großzügige Bereitstellung von Sälen und Rathäusern konnte den Elan der Menschen bremsen.

Wie sehr die SED von der Nötigung zur Gewaltlosigkeit beeindruckt war, zeigte sich, als Krenz sich den friedlichen Verlauf der großen Demonstrationen, vor allem in Leipzig, anrechnen lassen wollte. Nutzlos war eine Flugblattaktion in Leipzig am 16.10., mit der einige Professoren der Universität die 120.000 Demonstranten bedachten: „*Nicht demonstrieren! Dialog, Besonnenheit, aufeinander zugehen – das ist der Weg!*“[18] Als Krenz am 18.10. zum Nachfolger Honeckers als Parteichef bestellt war, erneuerte er sofort das Dialogangebot, ließ aber auch keinen Zweifel daran, daß an der Machtfrage nicht gerüttelt werden dürfe.

Die SED gestand damit ein, daß sie auf die Demonstrationen politisch reagieren und die Opposition als politische Stimme ernst nehmen mußte. Da die Opposition das einzige politische Organ des Aufstandes war, sollte und mußte sie in irgendeiner Form einbezogen werden. Die Forderung nach einem offenen Dialog war zwar Bestandteil der oppositionellen Politik. Jetzt aber stand die Frage, zu welchen Bedingungen der Dialog geführt werden konnte. Noch hatte die SED die Macht und die Opposition war schwach. Politisch kam es nun darauf an, ein gewisses Gleichgewicht in der Öffentlichkeit herzustellen. Das gelang nicht überall. In Dresden wurden die gewalttätigen Auseinandersetzungen am 8.10. beendet, weil Christoph Ziemer die Kreuzkirche für ein Dialoggespräch angeboten hatte. Immerhin sperrte Ziemer aber schließlich die Kirche, um den öffentlichen Dialog zu ermöglichen. Auch in Leipzig kam es zu Dialoggesprächen mit Oppositionellen, die aber kaum Ergebnisse brachten. Von größter politischer Bedeutung war die Zurückweisung des Dialogangebotes nach den Bedingungen der SED durch die Berliner Initiativgruppen der Opposition. Es bestand die Gefahr, daß die Opposition in das politische System integriert und damit die Machtfrage ausgeblendet würde.

Nach den Demonstrationen am 7. und 8.10. versuchte der Staat über offizielle und MfS-Kontakte, die Kirche für eine Beruhigung, vor allem für eine Einstellung der Demonstrationen zu gewinnen. So bot in Berlin der Oberbürgermeister Krack ein „Bürgergespräch" an, an dem Oppositionelle teilnehmen sollten, allerdings nur als Privatpersonen. Vermittler sollte Generalsuperintendent Krusche sein, der Vertreter der Oppositionsgruppen zu sich einlud, um sie für das Gespräch zu gewinnen. Bei diesen Verhandlungen am 16.10. (Anhang, Nr. 3) erklärten die Oppositionellen, daß sie nur mit dem OB verhandeln würden, wenn sie als Vertreter ihrer politischen Organisationen anerkannt, wenn die Inhaftierten freigelassen sowie eine Untersuchung der Exzesse und eine Bestrafung der Schuldigen vorgenommen würden. Da es der SED-Seite nicht gelang, mit ihrer Privatisierungstaktik durchzukommen, mußte sich Krack mit einigen Kirchenleitungsmitgliedern begnügen, die am 23.10. bei ihm ohne Mandat erschienen.

In diesen Tagen hatte sich für die Opposition ein weiteres Problem ergeben. Der neue Parteichef Krenz sollte am 24.10. in der Volkskammer zum Staatsratsvorsitzenden gewählt werden. Die Opposition mußte verhindern, daß Krenz mit der Legitimation der Wende ausgestattet wurde. Gelegenheit dazu bot die sich bildende Untersuchungskommission zu den Gewaltexzessen der Sicherheitskräfte am 7. und 8.10. Unmittelbar nach den Ereignissen hatte das Stadtjugendpfarramt mit der Dokumentation einzelner Zeugenberichte begonnen. Dazu war auch ein Kontakttelefon eingerichtet worden, über das über Inhaftierte, Verschollene und Mißhandelte berichtet werden konnte. Vertreter des DA forderten am 15.10. in einem Offenen Brief an den Oberbürgermeister Krack die Einsetzung einer unabhängigen Untersuchungskommission, an der neben Juristen Vertreter der Opposition teilnehmen sollten. Andere Oppositionsgruppen schlossen sich dem Aufruf an. Inzwischen hatte bis zum 22.10. das Landesjugendpfarramt zahlreiche Fälle erfaßt und deren Zeugnisse vervielfältigt. Die Dokumentation sollte auf einer Pressekonferenz am 23.10. in einer Berliner Gemeinde übergeben werden. Der Kampf um den Untersuchungsausschuß blieb auch in den folgenden Wochen aktuell. (Anhang, Nr. 6)

Da Krenz als Wahlfälscher deklassiert, seine Wahl als politisches Signal halbherziger Reformen galt und er als Sicherheitsbeauftragter des Politbüros besonders für die Brutalitäten verantwortlich gemacht wurde, setzte die SED alles daran, seine Demontage zu verhindern. Zur Stabilisierung von Krenz wurden die Kirchen benutzt. Die SED hatte noch im September gegen die Kirchen heftige Angriffe wegen deren Forderungen nach Öffnung, besonders auf der Synode des Bundes der Evangelischen Kirchen in Eisenach vom 15. - 19.9.1989, gerichtet. Im Oktober versuchte sie die Kirchen zu instrumentalisieren, um über sie eine Beruhigung zu erreichen. Einzelne kirchliche Vertreter, wie die Bischöfe Leich und Stier, sprachen sich vorbehaltlos für das Recht der Opposition zur politischen Artikulation aus. Aber es gab der SED gegenüber auch kirchliches Entgegenkommen, u.a. von Kirchendiplomaten, die versuchten, an einer Deeskalation der Revolution mitzuwirken. Dies brachte aber letztlich keine Ergebnisse, da sich weder die Demonstranten noch die Opposition in dieser Zeit moderieren ließen.

Das wohl eindrücklichste Beispiel für die Kirchenpolitik dieser Phase war das Treffen zwischen Krenz und weiteren hohen Staatsfunktionären mit den Bischöfen Leich und Demke sowie mit Stolpe und Ziegler vom BEK am 19.10. im Jagdschloß Hubertusstock. Das Gespräch war ursprünglich mit Honecker terminiert worden und fand nach dessen Sturz einen Tag nach der Installierung von Krenz als SED-Chef statt. Am Nachmittag kam eine Pressemitteilung heraus, die zusammen mit Bildern des Besuches am nächsten Tag in großer Aufmachung im ND veröffentlicht wurde. Die Meldung reduzierte das Gespräch auf die Gratulation zur Wahl von Krenz, auf die Übereinstimmung, daß die DDR *„zu bewahren“* sei, das beiderseitige Einverständnis, *„Veränderungen in unserer Gesellschaft zu fördern“* sowie den beginnenden Dialog *„nicht durch unbedachte Handlungen“* zu stören und durch Weiterentwicklung der *„sozialistischen Demokratie“* und *„Gestaltung der Medienpolitik“ „das Vertrauen der Bürger in die Politik des Staates zu entwikkeln.“*[19] Die Signalwirkung des Gesprächs in die Öffentlichkeit war eindeutig und dem neuen Mann zu einer Stabilisierung, die er nötig brauchte. Die Opposition war über die Ignoranz der tatsächlichen politischen Konflikte schwer verärgert, ließ sich aber durch derlei Anbiederungen nicht mehr beeindrucken.

Das Politbüromitglied Schabowski versuchte – nach eigenen Angaben über Stolpe – die für den 23.10. geplante Pressekonferenz der Opposition zu verhindern, da die SED schon nicht mehr wagte, ein offenes Verbot auszusprechen. Stolpe lud Vertreter der Opposition und des Stadtjugendpfarramts unmittelbar vor der Pressekonferenz ein, und verlangte erst diplomatisch, dann energisch die Verschiebung der Pressekonferenz um 48 Stunden und schließlich um 36 Stunden, um diese wenigstens nach der Wahl von Krenz stattfinden zu lassen. Dies wurde von den Oppositionellen zurückgewiesen, da sie sich dieses politische Mittel gegen Krenz nicht aus der Hand nehmen lassen wollten.

Zur Pressekonferenz am 23.10. erschienen erstmalig auch DDR-Medien und ein Vertreter der Staatsanwaltschaft. Die Materialien wurden der Öffentlichkeit übergeben. Für die Opposition war das ein weiterer Erfolg, da sie ihre Eigenständigkeit öffentlich dokumentieren konnte, die kirchliche Vermittlung zu ihrer Neutralisierung zurückgewiesen hatte und der Kanalisierung der Revolution durch Krenz mit kirchlicher Unterstützung entgegentrat.

Bei einem neuerlichen Gespräch am 25.10. bei Generalsuperintendent Krusche unternahm dieser zusammen mit Stolpe erneut den Versuch, ein halbprivates Dialoggespräch zu organisieren. Während der Verhandlungen stand kurzfristig die Zurückweisung in Frage. Durch eine Intervention von Gutzeit gelang es aber wieder, diese Privatisierungstaktik zu unterlaufen. Damit war erneut und endgültig ein ungleichgewichtiger Dialog zurückgewiesen. Mit dem Scheitern der Dialogpolitik veränderte sich auch die politische Rolle der Kirchen grundlegend. Der kirchliche Öffentlichkeitsraum blieb für die Opposition und die Demonstrationen zwar unverzichtbar. Aber die Vermittlungsdiplomatie der Kirchen brach nun zusammen.

Nun hagelte es Erklärungen der einzelnen oppositionellen Organisationen gegen Krenz. Dj erklärte: „Die Wahl ohne Gegenkandidat und die Vereinigung der höchsten Staatsämter in der Hand des Generalsekretärs der SED legt den Schluß nahe, daß die Unterordnung des Staates unter die Politbürokratie der Partei in Form des Regimes der Parteinomenklatur weitergehen soll.“[20] Das traf die Empfindungen der Menschen, die nach der Wahl von Krenz erst recht auf die Straße gingen.

Die von der SED zum Zwecke ihres Dialoges einberufenen Massenversammlungen im ganzen Land in großen Sälen, bei denen sich die Politprominenz und hohe staatliche Funktionäre den Bürgern stellten, schlugen in vielen Orten in Rücktrittsforderungen um oder gaben Oppositionellen Gelegenheit, ihre Forderungen vorzutragen. Zu den großen Reinfällen zählte das Berliner Sonntagsgespräch am 29.10. mit Schabowski, zu dem 20.000 Menschen gekommen waren. Berühmt wurde die erste große Demonstration am 24.10. in Schwerin. Als das NF mit Martin Klähn, Thomas Balzer, Heiko Lietz u.a. für den 23.10. nach dem Friedensgebet im Dom zu einer Demonstration aufgerufen hatten, beschloß die Schweriner SED-Bezirksleitung mit ihrem Chef Heinz Ziegner im Rahmen der SED-Dialog-Politik eine Gegendemonstration auf dem gleichen Platz zur gleichen Stunde, die mit Krenz in Berlin abgesprochen wurde. Die SED wollte sich im Fernsehen die Akklamation des Volkes organisieren und dabei auch nachweisen, daß es Bereiche in der DDR gab, die sich nicht am Aufbegehren beteiligten. Doch als der SED-Redner seine Ansprache begann, marschierte die NF-Gruppe vom Platz. Ihr schlossen sich viele mit ihren Plakaten an, sogar ein Teil der präparierten SED-Leute. Schließlich verließen 40.000 Menschen den Platz zu einem Demonstrationszug durch die Stadt. Ende Oktober wurde allein schon das Wort Dialog in der DDR zum Gegenstand von Spott und Zorn. In einer der hunderten Erklärungen der Opposition hieß es Ende Oktober in Zeitz: *„Das Wort ‚Dialog‘ ist in aller Munde und schon zur bloßen Floskel geworden. Wir warnen vor Überbewertung dieser Versuche, dem gesellschaftlichen Druck auszuweichen. [...]“*[21] Aus Protest wurde zu einem Schweigemarsch aufgerufen.

5. Berliner Kontaktgruppe – das unbekannte Revolutionsorgan

5.1. Erste Schritte der Kontaktgruppe

Entscheidend für den Verlauf der Revolution im November wurde die Berliner Kontaktgruppe, die zwar selbst wenig öffentlich in Erscheinung trat, aber, gedeckt von den Oppositionsgruppen und -parteien, der SED schließlich ihre Vorstellungen aufzwingen konnte. Die zahlreichen informellen Kontakte der Berliner Initiativgruppen vom September wurden im Oktober nach einer Anregung von Stephan Bickhardt von Dj durch die Installierung einer Kontaktgruppe wesentlich verbessert. Nach einer schwierigen Anlaufzeit, weil sich das NF nur ungenügend einbrachte, wurde die Berliner Kontaktgruppe zum wichtigsten politischen Instrument der Revolution.

Alle Planungen, einschließlich der Überlegungen aus der Vorwendezeit, für einen geregelten Dialog mit der SED zielten auf die Machtbegrenzung der Partei. Als die SED mit ihrer Dialogpolitik im Oktober 1989 versuchte, die Lage wieder zu beruhigen, mußte die Opposition ein Verfahren suchen, das nicht nur die bisherige Gewaltfreiheit sicherstellte, sondern auch eine höchstmögliche Verbindlichkeit und die Unumkehrbarkeit im Demokratisierungsprozeß garantierte. Nun kam es darauf an, diese Konditionen selbst zu formulieren und durchzusetzen und dabei auch noch die strukturelle Schwäche der Opposition zu kompensieren. Die Idee eines Runden Tisches (RT) als Vermittlungsinstanz drängte sich auf und wurde intern in verschiedenen Gesprächszusammenhängen erörtert. Die größte öffentliche Resonanz hatte Dj, als die Initiatoren am 27.10. in der Gethsemanekirche während eines Forums die Forderung nach einer Volksabstimmung über die führende Rolle der SED erhoben und einen Runden Tisch anmahnten. Neben den schon bestehenden Gesprächen zwischen den Oppositionsgruppen kam es nach einer Vereinbarung zwischen Ullmann und Neubert am 30.10. zu einem Treffen der „Kontaktgruppe" mit Vertretern aller Gruppierungen, um das Thema zu erörtern. Aus der SDP und dem DA wurde nun seit Anfang November immer energischer die Einberufung des Runden Tisches öffentlich gefordert. Das Treffen der Kontaktgruppe am 3.11. befaßte sich allerdings nur mit der geplanten Großdemonstration am 4.11. und führte zur Verständigung, daß die Führungsrolle der SED beseitigt werden müsse. Dies wurde in einer gemeinsamen Erklärung vom 3.11. (Anhang, Nr. 4) festgelegt.

Die politische Lage der Opposition hatte sich Anfang November verbessert. Die SED rang um eine Konsolidierung der Lage und suchte vor allem die Stellung von Krenz zu festigen. Der neue SED-Chef wurde zum Synonym für den Versuch, die gesellschaftliche Bewegung auf die Mühlen der SED umzuleiten. Die SED hatte schon vor der gewaltigen Großdemonstration in Berlin am 4.11. ein Aktionsprogramm angekündigt, das sie wieder handlungsfähig machen sollte. Um Entlastung wegen der anhaltenden Massenflucht über die CSSR zu schaffen – auch die CSSR-Regierung drängte – ließ sie am 6.11. einen Entwurf eines Reisegesetzes veröffentlichen, der immer noch zahlreiche Reiseeinschränkungen enthielt. Dies löste auf den Demonstrationen im Land einen Entrüstungssturm aus. Proteste gegen die Mängel des Reisegesetzes kamen auch von Gregor Gysi, dem Parteichef der Berliner Rechtsanwälte. Auch die Opposition, u.a. die IFM, erteilte dem Gesetz eine Abfuhr.

Der Zerfall der SED-Macht wurde nicht abgebremst. Am 7.11. trat die Regierung Stoph zurück. Vom 8.-10.11. fand die 10. Tagung des ZK der SED statt. Während der ZK-Tagung demonstrierten tausende SED-Mitglieder am 8. und 9.11. und 150.000 am 10.11. Versuche der Krenz-Mannschaft, die Demonstrationen zur Stärkung des Apparates umzufunktionieren, scheiterten. Die Mitglieder bzw. die Meinungsführer der Parteiopponenten wollten einen Parteitag erzwingen, der zu einer umfassenden Neuformierung und Demokratisierung der SED führen sollte. Im Politbüro wurden aber lediglich einige allzu stark belastete Altfunktionäre entlassen.

Für die Opposition war wichtig, daß am 8.11. durch die SED die Zulassung des NF ausgesprochen worden war. Dies war auch durch den Druck seitens der Bundesregierung möglich geworden. Seit dem 6.11. hatte die DDR-Führung mit der Bundesregierung wegen großzügiger Kredite verhandelt. Bundeskanzler Kohl stellte jedoch am 7.11. die politische Bedingung, daß der Führungsanspruch der SED aufgegeben und die neuen Oppositionsgruppen zugelassen werden müßten.[22] Da zunächst nur das NF genannt wurde, befürchteten manche Oppositionelle, daß diese lockere Bewegung eine Sonderrolle spielen könnte, da sie weithin auch noch an ihrem dialogischen Konzept festhielt. Doch am 8.11. ergab sich schon die Möglichkeit, dies zu korrigieren. Christa Wolf trat an die Oppositionsgruppen heran und bat um die Unterschrift für einen Appell, der zum Bleiben in der DDR aufforderte. Oppositionspolitiker sagten dies unter der Bedingung zu, daß ihre Organisationen und Parteien im Appell ausdrücklich genannt würden. Am Abend des 8.11. wurde der Appell im DDR-Fernsehen ausgestrahlt und am 9.11. im ND abgedruckt. Dieser für die Fluchtwelle vollkommen unwirksame Appell lag zwar auch im Interesse der SED. Aber erstmals war mit ihm dokumentiert, daß die Opposition als eine gesellschaftliche und politische Kraft nicht mehr übergangen werden konnte.

Die von Demonstranten erzwungene Maueröffnung am 9.11. veränderte die Situation erneut, da der Druck auf Krenz und die SED noch einmal kräftig zunahm.

5.2. Forderung nach einem Runden Tisch

Die Opposition mußte nun reagieren und einen Weg für die politische Gestaltung der Krise aufzeigen. Am 10.11. kam es nach vielen Einzelgesprächen zu einem weiteren Treffen der Kontaktgruppe. Im Anschluß gaben Gerhard Bächer (GI Grüne Partei), Gutzeit und Hilsberg (SDP), Heinz Küchler (Dj), Klaus Ihlau (VL) und Neubert (DA) eine „Gemeinsame Erklärung“ heraus, in der es hieß: *„Angesichts der krisenhaften Situation in unserem Land, die mit den bisherigen Macht- und Verantwortungsstrukturen nicht mehr bewältigt werden kann, fordern wir, daß sich Vertreter der Bevölkerung der DDR zu Verhandlungen am Runden Tisch zusammensetzen, um Voraussetzungen für eine Verfassungsreform und für freie Wahlen zu schaffen.“* (Anhang, Nr. 5) Beteiligt werden sollten neben der Opposition die Kirche, Initiativen in einigen Großbetrieben und Künstler, die sich seit September für die Wende eingesetzt hatten. Das NF war bei diesem Treffen nicht vertreten. In der Initiativgruppe NF hatte u.a. Henrich darauf bestanden, die Führungsrolle der SED nicht in Frage zu stellen, weil die Opposition das Machtvakuum nicht ausfüllen könne. Diese Einschätzung Henrichs stellte kurzfristig die Strategie der Kontaktgruppe in Frage. Die Sitzung der Kontaktgruppe stand unter dem Eindruck der Maueröffnung. Poppe berichtete von seiner nächtlichen Wanderung durch West-Berlin, wo mit den Ost-Berlinern die Maueröffnung gefeiert wurde.

Das schon vor dem 4.11. avisierte Aktionsprogramm der SED, das auf der 10. Tagung des ZK vom 8.-10.11. ausgearbeitet wurde, erschien kurz nach der Maueröffnung. Doch kaum aus der Druckpresse gekommen, war es schon Makulatur. Inhaltlich war weithin das Oktoberkonzept der SED-Reformer übernommen worden und zeigte schon an seiner Sprache lediglich eine Neuauflage der alten Parolen. Trotz einer Reihe von Versprechungen zur Demokratisierung begrenzten sich die großspurig als *„radikale Reformen“* angekündigten Veränderungen schon durch die Festlegung auf die DDR-Verfassung, die noch den Führungsanspruch der SED enthielt. Statt Nationaler Front und Demokratischem Block, sollte nun eine *„Koalitionsregierung“* installiert werden und *„das Wirken neuer politischer Vereinigungen auf dem Boden der Verfassung“* in einem gesuchten *„Konsens“*[23] möglich sein. Selbst innerhalb der SED konnte damit die Unruhe nicht beherrscht werden. Am 13.11. gab das ZK der SED dem Druck der eigenen Mitglieder nach und kündigte einen Parteitag an.

Die sich schon im Oktober anbahnende Rücktrittswelle kam nun auf ihren Höhepunkt und wurde von der Bevölkerung sarkastisch quittiert. Allerdings zeigte sich auch, daß die Kader blieben, wenn sie nicht ins öffentliche Schußfeld kamen. Der dramatische Zerfall der SED-Strukturen im November mit erstmals massenweisen Parteiaustritten, Autoritätsverlusten der Parteigliederungen, ihrer Funktionäre und Führungspositionen im ganzen Land war allerdings weniger auf die rebellierende Parteibasis zurückzuführen, die zunächst nur verärgert über die Unzulänglichkeiten und mangelnden Initiativen ihrer Führung war, als auf den politischen und gesellschaftlichen Druck auf die gesamte SED. Sowohl die Demonstranten auf den Straßen als auch die Opposition ließen sich von keinem der taktischen Züge täuschen. In immer neuen Erklärungen haben die Oppositionsgruppen gegen die Krenz-Wende Stellung bezogen. Die SDP forderte zu weiteren Demonstrationen auf, da von Reformen erst gesprochen werden könne, *„wenn das Machtmonopol der SED aufgehoben“*[24] worden sei. Der DA und andere Gruppen forderten im November die Enteignung der SED und der Blockparteien. Schon am 10.11. forderte Konrad Weiß von Dj, daß Krenz abgelöst und Christa Wolf Staatsratsvorsitzende werden solle, die freilich darauf nicht einging. Nach der Sitzung der Kontaktgruppe gab es zwischen den Oppositionsgruppen zahlreiche weitere Zusammenkünfte und Absprachen. Am 15.11. organisierte das Aspen Institut eine Gesprächsrunde in Ost-Berlin, die die Gruppen zusammenführte und auch zu strategischen Überlegungen führte. Immer energischer forderten nun die Oppositionellen öffentlich einen Runden Tisch.

Die SED befand sich in der Defensive, da sich die Unumkehrbarkeit des Demokratisierungsprozesses abzeichnete. Nun reagierte sie mit einer Doppelstrategie. Zum einen blieb ihr nichts anderes übrig, als sich allmählich in das entstehende demokratische Parteiensystem einzuordnen. Dabei konnte auch die geschwächte Partei auf der Grundlage vergleichsweise bester Voraussetzungen handeln. Noch verfügte sie über ihren Apparat, einen hohen Informationsstand und große finanzielle und technische Ressourcen.

Zum anderen konnte die SED noch über den Staat und seine Organe verfügen. Trotz der sich abzeichnenden Trennung von Partei und Staat hatten ihre Funktionäre den entscheidenden Einfluß in den Verwaltungen. Am 13.11. wurde Hans Modrow von der Volkskammer als Ministerpräsident gewählt. Systematisch wurde der propagandistisch als „Premier“ betitelte Modrow aufgebaut. Dem „Hoffnungsträger“ wurde das Bild eines überparteilichen Staatschefs zugeschrieben, der mit der Legitimation der von ihm verwalteten, geordneten und gewaltfreien Überführung der Diktatur in die Demokratie ausgestattet war. Die einst von der SED ernannte Volkskammer verhielt sich jetzt wie ein gewähltes Parlament und versuchte, sich an die Spitze der Wende zu setzen. Sie wählte Modrow in geheimer Abstimmung. Mielke wurde in der Volkskammer ausgelacht. Kaum zu durchschauen war, daß Modrow dabei den Rückzug der SED so organisierte, daß deren Verantwortung kaschiert wurde. So ging er insgeheim noch am 21.11. einen neuen Pakt mit der MfS-Nachfolgeeinrichtung, dem Amt für Nationale Sicherheit (AfNS), ein und versicherte sich damit weiterhin dessen konspirativer Zersetzungserfahrung gegen die Opposition. Gleichzeitig versuchte er eine partielle Einbindung der Opposition in die Verantwortung zu organisieren und damit deren oppositionelle Energie zu kanalisieren.

5.3. Vorbereitung des Runden Tisches und SED-Verfall

Am 17.11. traf sich die Kontaktgruppe zur Vorbereitung des RT in der Wohnung Hilsbergs mit Ullmann, Kugler, Singelnstein, Fischer, Gutzeit, Neubert u.a. Dabei wurde vereinbart, daß außer den oppositionellen Organisationen doch nur die in der Volkskammer vertretenen Parteien teilnehmen sollten. Darin drückte sich das gestiegene Selbstbewußtsein der Opposition aus. Sie brauchte nun nicht mehr die zusätzliche Legitimation durch informelle Strukturen oder einzelne Persönlichkeiten, wie die kritischen Künstler. Außerdem sollten die zahlreichen SED-abhängigen Massenorganisationen ausgeschlossen sein.

Als Tagungsort wurde das Dietrich-Bonhoeffer-Haus in Berlin vorgeschlagen. Noch am 17.11. sprach auch Ullmann mit Bischof Forck über die moderierende Beteiligung der Kirchen. Am 21.11. wurde durch die Kirchen bekanntgegeben, daß sie den Vorschlag der Kontaktgruppe aufgegriffen hätten. Offenbar wurden die Absprachen der Kontaktgruppe aber von Zuträgern an die SED weitergeleitet. Am gleichen Tag überraschte das ND die Leser mit der Behauptung, daß die SED den RT angeregt habe. Die SED konnte sich gegen die Forderung nach einem Runden Tisch nicht mehr zu Wehr setzen und wollte nun nur noch den Eindruck erwecken, selbst die Initiative ergriffen zu haben. Sie verfügte auch in dieser Phase noch über Informationen über die Absichten und Vorgehensweisen der Opposition und spielte diesen Machtfaktor auch aus.

Innerhalb der Opposition gab es in dieser Zeit auch wieder Versuche, die Opposition im Sinne ihrer Erklärung vom 4.10. auf Dauer gemeinsam handeln zu lassen. Auf Einladung von Poppe fand am 23.11. ein erstes Gespräch für ein mögliches gemeinsames Wahlprogramm in seiner Wohnung statt. Diese Gemeinsamkeit wurde auch durch den Umstand gestützt, daß im Lande die Zusammenarbeit der personell schwachen Gruppen unabdingbar erschien. Der eigentliche politische Zusammenhalt basierte aber auf dem Willen aller Oppositionellen, auf keinen Fall mit den Machthabern einen Dialog zu deren Bedingungen zu führen. So kam es auch nicht zu einem gemeinsamen politischen Programm, zumal in mehreren oppositionellen Organisationen inhaltliche Differenzierungskämpfe im Gange waren.

Am 24.11. wurden die Kirchen von der Kontaktgruppe offiziell gebeten, die Einladung zum Runden Tisch auszusprechen, nachdem es nochmals Gespräche zwischen Kirchenvertretern der Berlin-Brandenburgischen Kirche und der Opposition in den Räumen der Sophiengemeinde gegeben hatte. (Anhang, Nr. 7) In der Sitzung der Kontaktgruppe am 1.12. (Anhang, Nr. 8) wurden letzte Einzelheiten festgelegt, die dann in den verschiedenen Oppositionsgruppen umgesetzt werden sollten. (Anhang, Nr. 9) Am 7.12. lud das Sekretariat des BEK in Abstimmung mit der Arbeitsgemeinschaft Christlicher Kirchen und dem Sekretariat der Berliner Bischofskonferenz zum ersten Rundtischgespräch in das Dietrich-Bonhoeffer-Haus in Berlin ein. Auf der letzten Sitzung des zerfallenden Blocks am 28.11. nahmen die Altparteien das Angebot auch an. Allerdings versuchten sie die paritätische Zusammensetzung des RT durch das Nachschieben von Massenorganisationen zu verhindern.[25]

In der letzten Woche vor der ersten Sitzung des RT spitzte sich die Krise der SED erneut zu. Am 1.12. strich die Volkskammer den Führungsanspruch der SED aus der Verfassung und gab detaillierte Informationen über die Korruption führender SED-Funktionäre bekannt. Die Demonstrationen nahmen nun immer aggressivere Formen an, die sich vor allem gegen die SED richteten. Das NF in Karl-Marx-Stadt forderte am 3.12. den Generalstreik. In verschiedenen Städten kam es zu Warnstreiks. Nun begann die Zeit der Stasibesetzungen. Die erste Besetzung fand am 4.12. in Erfurt statt. Die sich immer noch steigernde Kraft der Revolution führte schließlich am 3.12. zum Rücktritt der gesamten Parteiführung mit Krenz, des Politbüros und des ZK. Am 6.12. trat Krenz auch als Staatsratsvorsitzender zurück.

5.4. Der Runde Tisch: Regulierung der Revolution

Als auf der ersten Sitzung am 7.12. der RT sein *„Selbstverständnis“* formulierte, spiegelte dieses die veränderte Situation seit den ersten Planungen Ende Oktober wider. Inzwischen waren die SED-Strukturen weithin geschwächt und die administrative Macht ging von der Regierung Modrow aus. Es hieß:

> „Die Teilnehmer des Runden Tisches treffen sich aus tiefer Sorge um unser in eine Krise geratenes Land, seine Eigenständigkeit und seine dauerhafte Entwicklung. Sie fordern die Offenlegung der ökologischen, wirtschaftlichen und finanziellen Situation in unserem Land. Obwohl der Rundtisch keine parlamentarische oder Regierungsfunktion ausüben kann, will er sich mit Vorschlägen zur Überwindung der Krise an die Öffentlichkeit wenden. Er fordert von der Volkskammer und der Regierung, rechtzeitig vor wichtigen rechts-, wirtschafts- und finanzpolitischen Entscheidungen informiert und einbezogen zu werden. Er versteht sich als Bestandteil der öffentlichen Kontrolle in unserem Land. Geplant ist, seine Tätigkeit bis zur Durchführung freier, demokratischer und geheimer Wahlen fortzusetzen.“[26]

Mit dieser im Kompromiß mit den an der Regierung beteiligten Parteien ausgehandelten Erklärung war die Machtkontrolle durch die Opposition erstmals institutionalisiert. Auf der ersten Sitzung wurden zudem weitere wichtige Weichen gestellt. Eine neue Verfassung sollte ausgearbeitet werden, ein Wahl- und Parteiengesetz erarbeitet und die MfS-Nachfolgeeinrichtung AfNS unter ziviler Kontrolle aufgelöst werden. Als Wahltermin wurde der 6.5.1990 vereinbart.

Im Fortgang des RT unter der Moderation von Oberkirchenrat Martin Ziegler, Monsignore Ducke und Pfarrer Lange zeigte sich, daß dieser an diesen Vorhaben trotz aller Umwege weiterarbeitete. Er bot ein Verfahren, im Zustand des Mangels an rechtlichen Regelungen die DDR zu demokratisieren. Dabei vollzog sich allmählich ein Wechsel der politischen Schwerpunkte. Es schob sich auch für die Opposition als zweites Motiv die Notwendigkeit eines Krisenmanagements herein. Das Konfliktpotential zwischen Opposition und Regierungsvertretern nahm ständig ab, und schließlich wurde der RT mitsamt der Opposition zur Stütze der Regierung, an der sie schließlich formal als „Regierung der nationalen Verantwortung“ beteiligt war. Im Krisenmanagement hatten die Beteiligten unterschiedliche Motive. Der Opposition ging es um die Gestaltung der Unumkehrbarkeit des Demokratisierungsprozesses. Während die Regierung in der Endphase vor den Wahlen als Garant des demokratischen Wandels gestützt wurde, mußten andere Institutionen, vor allem die Volkskammer delegitimiert werden. Der Opposition ging es zeitgleich um die Zerschlagung der repressiven Strukturen. Zum eigentlichen Konfliktstoff wurde dabei der Kampf um die Auflösung des AfNS, der erst im Januar 1990 erfolgreich ausgestanden war. Die andere Seite, vor allem die SED, versuchte im Krisenmanagement die revolutionäre Energie sowohl der Opposition als auch des Volkes zu bremsen und zu kanalisieren. Freie Wahlen konnte sie nicht mehr verhindern. Aber sie wollte sich eine gute Ausgangsposition verschaffen, das Herauslösen ihrer Kader aus der Gesellschaft verhindern und schließlich den Rückzug sichern, um ein Mindestmaß an Ressourcen und Positionen behaupten zu können. Sie nutzte den Vorbehalt der Opposition gegen Fremdbestimmung und leitete ihn partiell erfolgreich gegen den immer stärker werdenden westdeutschen Einfluß und den Willen der Menschen zur Einheit um. Die lange Zeit von manchen Oppositionsgruppen versuchte Bewahrung der Selbständigkeit der DDR, konnte von den alten Kräften instrumentalisiert werden und sei es nur, um die Entfremdung der Bevölkerung von der Opposition zu fördern.

Zur Schwäche der Opposition am RT gehörte, daß sie nur über wenig ausgebildete Organisationsstrukturen verfügte, die gewaltigen Apparaten der anderen Parteien gegenüberstanden. Ebenso behindernd war, daß sich der inhaltlich-politische Klärungsprozeß innerhalb des oppositionellen Spektrums zu spät und in zu großer Hast vollzog und Kraft und Potentiale band. Außerdem verfügte die Opposition zu keiner Zeit über die Informationen, die für realistische Entscheidungen notwendig gewesen wären. Manche dieser Schwächen konnten erst nach der Wende teilweise aufgeklärt werden. Mit der nachträglichen Besetzung des RT durch eine Reihe alter und neuer Organisationen geriet das Gleichgewicht zwischen alten Machtträgern und der Opposition aus dem Gefüge. Vor allem aber wurde erst Jahre später deutlich, daß unter den Hauptakteuren des RT eine große Anzahl IM des MfS waren. Dazu gehörten auch eine Reihe der prominenten Vertreter der Opposition. Selbst wenn nicht mehr in jedem Fall eine direkte Anleitung durch das MfS erfolgte, hat die Korrumpierung der IM zum Verlauf und den Ergebnissen des RT beigetragen.

Eine der Aufgaben des RT, die Entflechtung von Gesellschaft und Staat von der SED und anderen Altkadern, ist von RT daher nicht geleistet worden. Hier konnten vielerorts die seit Dezember installierten regionalen Runden Tische mehr erreichen, aber auch dort kam es oft zu einer Stagnation des Prozesses. In den Regionen arbeiteten die Oppositionsgruppen weitgehend zusammen. Die ehemaligen Blockparteien CDU und LDPD versuchten, sich zunehmend bei der Entmachtung der SED zu profilieren und zugleich ihre Anteile am System zu kaschieren. Die Erneuerung kam mancherorts nur sehr langsam voran. Erst am 24.1.1990 beschloß etwa der RT Stadt und Kreis Fürstenwalde weitreichende Maßnahmen zur *„Durchsetzung der Trennung von Schule und Parteien/politischen Organisationen. D.h. Pionierorganisation, FDJ, GST, Jugendweiheausschüsse. [...]“*[27]

Da der RT nicht durch Wahlen legitimiert war, mußte er seine Legitimität aus der Bewegung schöpfen, die zu ihm geführt hatte. Dies kam zum Ausdruck, als die von ihm ausgehandelte Verfassung nicht mehr durch das kommunistische Hammer-und-Zirkel-Emblem der DDR-Fahne, sondern durch das Zeichen „Schwerter zu Pflugscharen“ der oppositionellen Friedensbewegung auf Schwarz-Rot-Gold symbolisch dargestellt wurde.

Trotz vieler Unzulänglichkeiten war durch die Einrichtung des RT durch die Kontaktgruppe das politische Verfahren zur Entmachtung der SED gefunden worden, dem sich die Träger der Macht nicht entziehen konnten. Die Kontaktgruppe und die hinter ihr stehenden politischen Kräfte der Opposition waren im November trotz ihrer strukturellen Schwäche die einzige wirklich handlungsfähige politische Größe in der DDR, die ihr Vorhaben auch durchsetzen konnte. Die „Sieger der Geschichte“ waren durch sie auf die Verliererstraße geführt worden.

6. Eigentümlichkeiten und Selbstblockaden der Opposition

6.1. Politik und Politikersatz

Zu den Eigentümlichkeiten der DDR-Opposition im Herbst 1989 gehörte die nur langsam und innerhalb der verschiedenen Oppositionsgruppen mit Ungleichzeitigkeiten zum Zuge gekommene Abkehr vom Politikansatz der Opposition der achtziger Jahre. In diesen Jahren stand die Opposition einem totalitären Regime gegenüber, und ihre rechtlich gesicherten Spielräume waren auf den Rechtsraum der Kirchen beschränkt und auch dort noch umstritten. Unter diesen Umständen mußte oppositionelle Politik ihr Gewicht auf eine hohe moralische Legitimation legen, um die Legitimität der SED-Herrschaft in Zweifel zu stellen. Sie thematisierte deswegen erfolgreich vorwiegend sozialethische Ansprüche, wie sie in den Begriffen Frieden, Gerechtigkeit und Bewahrung der Natur/Schöpfung zum Ausdruck kam. Freilich hatte es in der Opposition immer auch Forderungen nach einer Entideologisierung des Staates, Rechtsstaatlichkeit und demokratischer Partizipation gegeben. Doch waren diese grundlegenden Inhalte der Demokratisierungspolitik stets in einen moralisch-sozialethischen Rahmen eingebettet. Da die Aktivitäten zur Neuformierung der Opposition 1989 von langjährigen Oppositionellen ausgingen, kam dieser Ansatz sowohl in den Gründungsdokumenten, wie den meisten gewählten Organisationsformen zum Tragen. Eine gewisse Ausnahme stellten die Sozialdemokraten dar und später nach längeren Differenzierungskämpfen der Demokratische Aufbruch, wenn auch dort das Erbe der älteren Opposition unverkennbar war.

Die Stärke der Opposition der achtziger Jahre wurde nun in der sich öffnenden Gesellschaft zu ihrer Schwäche, da auch der ehemals unumgängliche Politikersatz teilweise beibehalten wurde. Das wurde zu einem hemmenden Faktor für eine konsequente Oppositionspolitik und führte zu vielen Selbstblockaden. Die anfängliche breite Zustimmung der Bevölkerung zur neuen Opposition beruhte auf dem Angebot einer politisch-programmatischen Alternative zur SED-Diktatur. Mit der anlaufenden Demokratisierung und der Grenzöffnung entstand ein enormer Orientierungsbedarf, der eine intensive programmatische Arbeit auslöste. Dafür schien es nötig, alternative Gesellschaftskonzeptionen zum SED-Sozialismus zu entwickeln. Der DA hatte noch Ende Oktober erklärt: *„Wir beteiligen uns im Streit um die Konzeption des Sozialismus. [...] Unser Ziel ist der demokratische Aufbruch in eine leistungsfähige Industriegesellschaft mit ökologischer und sozialer Grundrichtung.“*[28] Solche Grundsatzerklärungen halfen aber kaum, wenn es um tagespolitische Einzelentscheidungen ging. Die geistig-politische Mitgift langjähriger Oppositionsarbeit erreichte deswegen oft nicht den aktuellen Kontext. So trat das Phänomen einer Ungleichzeitigkeit der Emanzipation und Transformation von traditionellen Inhalten oppositioneller Politik ein. Die Opposition verstrickte sich in interne Orientierungskämpfe um globale gesellschaftliche Konzeptionen. Trotz gegenteiliger Erklärungen und früherer Ansätze wurde eine mangelnde Unterscheidung zwischen Staat und Gesellschaft sichtbar. Unklar blieb, was der Sozialismusbegriff abdeckte. Die Sozialismus-Vorstellungen der Opposition, abgesehen von einem harten Kern von Utopisten, reduzierten sich zwar faktisch auf eine anzustrebende soziale Sicherheit und eine ökologischen Orientierung mit asketischer Grundhaltung und waren ausdrücklich mit einer vernichtenden Systemanalyse der SED-Herrschaft verbunden. Aber Teile der Opposition gingen gegen die sozialistischen Illusionen der SED noch mit idealistischen Utopien vor. Vorstellungen eines demokratischer blieben unkonkret und unbestimmt. Die Bevölkerung wollte im November aber Antworten auf politische Tagesfragen haben und erwies sich dem sozialethischen Ansatz und späten sozialistischen Utopien gegenüber als unempfänglich.

Zu solchen Versuchen gehörte das Papier „*Zukunft durch Selbstorganisation*" einer unabhängigen Forschungsgruppe, das Anfang November entworfen und verändert Mitte November in Umlauf gesetzt wurde. Beteiligt waren Gerhard Gebhardt und Matthias Artzt von Dj. Es verstand sich als „*Modell einer neuen Gesellschaftsstruktur der DDR*". Diese originelle und die meisten Leser damals intellektuell überfordernde Studie wollte die „*Erneuerung der DDR*" als einen Entwicklungsprozeß „*aus der Erstarrung verwalteter Objekte im Subjektmonopolismus zur Selbstorganisation in Subjektpluralität*" aufzeigen. Es bestände nun die Notwendigkeit, bei autonomer Wahrung eigener Interessen eine „*Integration der DDR in das Globalsystem einer entstehenden Weltgesellschaft*" zu ermöglichen und dabei im Inneren die „*Autonomie an die pluralen Handlungssubjekte*" weiterzugeben. Dies sei durch eine Symbiose möglich: „*Die Vergesellschaftung der Produktionsmittel ist die singuläre welthistorische Leistung des Sozialismus und sollte auf eine höhere evolutionäre Integrationsebene unter neuen Modalitäten ... übernommen werden, aber dort verknüpft werden mit der ebenso singulären Leistung des Kapitalismus, die Produktivkraftentwicklung maximiert und die wissenschaftlich-technische Revolution entfesselt zu haben. Eliminiert werden sollten dabei die Negativmomente beider Varianten...*", die in „*Subjektmonopolisierung*" einerseits und „*Monopolisierung des Kapitalbesitzes*" andererseits bestünden. „*Die neue sozialistische Gesellschaft würde sich [...] einer postindustriellen, kapitalistischen Ökonomie ohne Eingriffsanmaßung in deren rational sich selbst bestimmende Teilprozesse bedienen: Ein kapitalistischer ‚Motor' in einem sozialistischen Fahrzeug.*" Die freigesetzte und sich selbstorganisierende Ökonomie stände aber einer von dieser „*entkoppelten*" „*gesellschaftlichen und politischen Struktur*" gegenüber, einer „*Solidargemeinschaft*", die „*autonom über Gewinnverwendung*" entscheiden würde. Zur Sicherung dieser Aufgaben müsse bei allem „*Wertepluralismus*" ein „*Wertekodex*" wirken, der Individualrechten und „*ökologischen Existenz- und Zukunftsvoraussetzungen*" gerecht würde. Eine Wir-Identität müßte unter diesen Voraussetzungen auf einem hohen Integrationsniveau aufbauen. Konsensfindung würde durch vielfältige „*demokratische Gesellschaftsstrukturen*"[29] erfolgen.

Die Studie spiegelte den breiten, wenn auch nicht vollständigen, Konsens in der Opposition im November 1989 zum Erhalt einer selbständigen DDR, wobei die Zukunftsfähigkeit des Landes unter bestimmten Bedingungen postuliert wurde.

Den Versuchen in der Opposition, noch im November politische und ökonomische Überlebenskonzepte für die DDR zu entwickeln, lagen ganz andere Motive als der Politik der SED und der SED-Reformer zugrunde. Aber der Wille, eine demokratisierte DDR zu erhalten, konnte von der SED instrumentalisiert werden. Für einen solchen mißglückten Versuch stand der Appell „Für unser Land“, der am 29.11. im ND abgedruckt wurde. Im Appell hieß es:

> „Entweder können wir auf der Eigenständigkeit der DDR bestehen und versuchen mit allen unseren Kräften und in Zusammenarbeit mit denjenigen Staaten und Interessengruppen, die dazu bereit sind, in unserem Land eine solidarische Gesellschaft zu entwickeln, in der Frieden und soziale Gerechtigkeit, Freiheit des einzelnen, Freizügigkeit aller und die Bewahrung der Umwelt gewährleistet sind. Oder wir müssen dulden, daß, veranlaßt durch starke Zwänge und durch unzumutbare Bedingungen, an die einflußreiche Kreise aus Wirtschaft und Politik in der Bundesrepublik ihre Hilfe für die DDR knüpfen, ein Ausverkauf unserer materiellen und moralischen Werte beginnt und über kurz oder lang die Deutsche Demokratische Republik durch die Bundesrepublik vereinnahmt wird.“[30]

Mit der Ausgabe des Appells wurde eine große Unterschriftensammlung organisiert. Zunächst hatten prominente Künstler, wie Christa Wolf, Stephan Heym, Kirchenleute wie Bischof Demke und einige Oppositionelle wie Friedrich Schorlemmer und Ulrike Poppe unterschrieben. Später folgte auch die SED-Spitze, voran Krenz. Der Appell erneuerte auch noch einmal die Gründungslegende der DDR und berührte das Problem der unaufgearbeiteten deutschen Schuld.

Der Appell führte zu einer Polarisierung in der Opposition. Nur ein Teil hatte sich zu der gleichsam metaphysischen Sendung der DDR bekannt. Einem größeren Teil war die Entmachtung der SED wichtiger als das Fortbestehen der DDR. Diese Frage sollte aber erst Ende November in den Oppositionsgruppen heftig diskutiert werden. Die Demokratisierungs- und Lebensfähigkeit der DDR wurde von vielen, nicht nur von den Utopisten in den Oppositionsgruppen, sondern auch von einer großen Zahl westlicher Politiker, überschätzt. Als der Bundeskanzler am 28. November 1989 im Bundestag sein 10-Punkte-Programm vorstellte, stieß er auf die überraschte Zustimmung der anderen Fraktionen und auf die zum Teil befremdete Überraschung westeuropäischer Politiker.

Für Außenstehende waren die tiefen emotionalen Erfahrungen unzähliger Menschen in der DDR – in der Opposition, in der Kirche, auf der Straße, mit und in der Befreiungsbewegung – kaum nachvollziehbar. Entgegen allen Prognosen und politischen Einschätzungen, entgegen allem, was die Politik in Ost und West ins Kalkül genommen hatte, war die Macht der SED ins Wanken geraten. Eine Utopie hatte sich realisiert. Dies hinterließ bei vielen, vornehmlich bei den Akteuren der Opposition, tiefste Spuren. Die abgelehnte, ignorierte und verfolgte Minderheit hatte einen politischen Prozeß gestaltet, der der DDR-Gesellschaft eine radikal veränderte Zukunft ermöglichte. Diese Zukunft konnte zunächst in der Vorstellung der Akteure nur in der Logik des Prozesses selbst gedacht werden. Aus der Euphorie der Befreiung und dem gewonnenen Selbstvertrauen wuchsen Vorstellungen und Ziele der sich verselbständigenden Revolution. Bischof Leich bezeichnete dies unmittelbar nach der Maueröffnung als eine sich abzeichnende *„neue Identität aus erlebter Volksbewegung“*.[31]

Doch dieser Mythos der DDR-Revolution mußte angesichts der realpolitischen Auseinandersetzungen zerfallen. In mehreren Organisationen der Opposition, vor allem im DA und im NF, setzten schwere Auseinandersetzungen um die Grundwerte der politischen Orientierung ein, die schließlich zu einer Differenzierung und zu einer Übernahme der westdeutschen Parteientradition führte. Dabei hatten es die Sozialdemokraten am leichtesten, da sie sich zeitig mit ihrer westdeutschen Schwesterpartei verbanden. Im DA, der sich zwar seit Dezember entschlossen gegen jede Sozialismuskonzeption wandte, scheiterte noch kurz vor der Begründung der „Allianz für Deutschland", die ein Zusammengehen mit der CDU brachte, der idealistische Ansatz, der alle politischen Flügel übergreifen wollte. Es war ein Positionspapier am 7.1.1990 von Nooke, Richter und Neubert formuliert worden, in dem sie erklärten, daß sich der DA „nicht in das bundesdeutsche Spektrum einordnen"[32] würde.

Der letzte Versuch, die unterschiedlichen Oppositionsparteien und –gruppierungen in einem gemeinsamen „Wahlbündnis 90" (Anhang, Nr. 10) zusammenzuführen, scheiterte am 3.1. 1990. Zunächst verabschiedete sich die SDP aus dem Bündnis, dann erklärte Schnur, im Auftrag des DA-Vorstandes, das Wahlbündnis als gescheitert.

6.2. Die Einheitsfrage

Mit dem Politikverständnis und mit Politikinhalten der Opposition der achtziger Jahre hing auch der Umgang mit der Frage nach der deutschen Einheit zusammen. In der Opposition gab es zu dieser Zeit die weitgehendsten deutschlandpolitischen Vorstellungen. Nur in verbaler Hinsicht gingen einige westdeutsche CDU-Politiker weiter. Schon seit Anfang der achtziger Jahre wurde von einigen die Idee eines blockfreien Deutschland vertreten. Dies war für die Opposition die einzige Möglichkeit, die Einheit Deutschlands im Rahmen einer europäischen Friedensordnung zu denken. Dazu wurden auch Möglichkeiten einer Konföderation der deutschen Staaten erörtert. Hinzu kam, daß seit Mitte der achtziger Jahre eine Reihe von Oppositionsgruppen gegen die Abgrenzungspolitik der SED vorging und auch die den Osten stabilisierende Entspannungspolitik scharf kritisierte. Da viele der führenden Köpfe der Opposition Theologen oder mit der evangelischen Kirche eng verbunden waren, mußten sie auch mit der Tatsache fertig werden, daß bei vielen Kirchenvertretern der Gedanke der Einheit durch die historische deutsche Schuld als moralisch disqualifiziert angesehen wurde.

Im Herbst 1989 kam dies in den Grundsatzpapieren der Opposition teilweise zum Zuge. In den thetischen Erläuterungen von Dj wurde von einer zu erringenden *„neuen Einheit des deutschen Volkes in der Hausgemeinschaft der europäischen Völker"* gesprochen. Die deutschen Staaten sollten *sich „um der Einheit willen aufeinander zu reformieren."*[33] Im Rundbrief des NF, das im Übrigen auch für völlige Freizügigkeit eintrat, vom 1.10. wurde noch – ganz auf die Legitimation des Dialogansatzes bedacht – erklärt: *„[...] wir wollen hier bleiben und arbeiten. [...] Für uns ist ‚Wiedervereinigung' kein Thema, da wir von der Zweistaatlichkeit Deutschlands ausgehen und kein kapitalistisches Gesellschaftssystem anstreben."*[34]

In seiner Rede am 7.10. beim Gründungsakt der SDP bezog Meckel in der deutschen Frage Stellung auf Grundlage seiner früheren Positionen: *„Wir anerken-*

nen die Zweistaatlichkeit Deutschlands als Folge der schuldhaften Vergangenheit unseres Volkes.“[35] Dies sollte offene Grenzen, Blockfreiheit, vollkommene Selbstbestimmung der Deutschen und Rückzug aller alliierten Truppen einschließen. In den DA hatte Richter ebenfalls frühere Positionen einer möglichen Konföderation der deutschen Staaten eingebracht, nach denen der Osten liberales und der Westen sozialistisches Gedankengut aufnehmen sollte. Noch am 29.10. hieß es in der Vorläufigen Grundsatzerklärung:

> „Die politischen Forderungen und Handlungsziele des DA sind eingebettet in die große Hoffnung auf Errichtung des gemeinsamen europäischen Hauses, einer europäischen Friedensordnung und einer gerechteren Welt. Das besondere Verhältnis zur Bundesrepublik Deutschland, begründet in der Einheit deutscher Geschichte und Kultur, wird durch den DA hoch bewertet. Auch stellt der DA die freundschaftliche und familiäre Bindung von Millionen von Bürgern über die Grenzen hinweg in Rechnung. Wir gehen von der deutschen Zweistaatlichkeit aus. Ein aktives Aufeinanderzugehen der beiden deutschen Staaten im Rahmen einer europäischen Friedensordnung unterstützen wir.“[36]

Mit solchen Erklärungen hielt die Opposition die deutsche Frage in der ersten Phase der Revolution in der Schwebe. Das Ziel der Demokratisierung und der Machtbegrenzung der SED war vorrangig und zudem wurde auf ein Mindestmaß an Legitimation einer Opposition in der DDR geachtet.

Tatsächlich hat die Bevölkerung zuerst auf den Straßen und nach der Maueröffnung immer nachdrücklicher die Einheit Deutschlands gefordert. In den Basisgruppen der Opposition wurde oft früher und schneller erkannt, daß dieses Verlangen in der Logik der Revolution lag. Die Mehrheit der politisch Verantwortlichen in der Opposition haben zu spät oder nur zögerlich eine klare Antwort finden können. Vor allem hat sie die Maueröffnung ebenso überrascht, wie alle anderen politisch Handelnden. Mit der Maueröffnung war die Zeit einer systemimmanenten Opposition vorbei. In manchen Äußerungen nach dem Mauerbau spielte daher auch das Gefühl der Enteignung des Handlungsvorteils von Oppositionellen eine Rolle.

Erst Ende November, besonders nach dem Appell „Für unser Land“, gab es deutlichere Bekenntnisse zur Einheit Deutschlands. Umstritten in den eigenen Reihen, aber doch eindeutig, bekannten sich am 2.12. der DA[37], am 3.12. die SDP[38] zur Einheit. Später folgte auch Dj, wenn auch hier der Vereinigungsprozeß noch als so zeitaufwendiges und umständliches Verfahren gedacht war, daß es schnellen Einheitsbefürwortern mehr als Verzögerung erscheinen mußte. Gleichzeitig entstanden, mit Schwerpunkt in Sachsen und Thüringen, neue politische Gruppierungen – wie die CSPD –, die das Ziel der deutschen Einheit in den Mittelpunkt ihrer Programme stellten. Die Erklärungen der Oppositionellen, die für die Einheit eintraten, wurde noch einmal gebrochen, als der RT mit ihrer Zustimmung in seiner Selbstverständniserklärung die Eigenständigkeit der DDR betonte. Am Umgang der Opposition mit der Einheitsfrage läßt sich ablesen, daß das Ende der DDR auch einen Funktionsverlust der DDR-Opposition und eine Differenzierung der jeweiligen Gruppen bedeutete. Ein gemeinsames Vorgehen war allerdings noch in Aktionen gegen die gesellschaftliche Macht der SED und vor allem gegen das MfS möglich. Die vollständige Auflösung des MfS von November 1989 bis Januar 1990 wurde nur von der Opposition betrieben und erreicht.

6.3. Gegenwehr der SED

Teils bewußt organisiert, teils dem Instinkt ihrer machterfahrenen Kader folgend, hat die SED Rückhalt in der von ihr jahrzehntelang korrumpierten Gesellschaft gesucht und auch teilweise gefunden. Auf allen ihr greifbaren Ebenen inszenierte sie wie eh und je die Zustimmung der Bevölkerung. Monatelang gab sie Ergebnisse von Meinungsumfragen über von ihr direkt oder indirekt noch beherrschte Medien heraus, die ihr durchweg günstige Daten bescherten. Am 12.12. verkündete etwa die „Berliner Zeitung" in der Ausgabe mit dem Programmvorschlag für den SED-Parteitag, daß *„fast 90 Prozent der Befragten für modernen Sozialismus*" votiert hätten und nur 9,8 Prozent für einen *„modernen Kapitalismus*" wie in der BRD. Außerdem stände in der *„Sympathie-Wertigkeitsliste*" der *„Ministerpräsident Modrow mit Abstand an erster Stelle"*.[39]

Zu den taktischen Mitteln der SED gehörte die Aktualisierung des alten Feindbildes Bundesrepublik. Diesmal setzte sie das Motiv des Sozialneides ein, um eine latente Mißstimmung gegen den Westen zu erzeugen. Die sozialen Errungenschaften gelte es zu verteidigen. Das „Neue Deutschland" veröffentlichte auch in den Wendemonaten pausenlos Horrormeldungen über Arbeitslosigkeit und Not im Westen. Die SED versuchte, in verschiedene Richtungen von den Ursachen der wirtschaftlichen Katastrophe abzulenken. Sie denunzierte ihren Devisen-Beschaffer Alexander Schalck-Golodkowski und warnte vor einem angeblichen bevorstehenden Ausverkauf der DDR. Außerdem instrumentalisierte sie die mentalen Differenzen zwischen Ost- und Westdeutschen. In großer Aufmachung wurde berichtet, daß Autos von DDR-Besuchern im Westen angezündet worden seien.

Und noch einmal versuchte sie den antifaschistischen Konsens zu inszenieren, um ihre schwer angeschlagene Legitimation aufzubessern. Jetzt klagte sie über das, was es in den Vorjahren angeblich in der DDR gar nicht gab, über neofaschistische Tendenzen und das Auftreten von Neonazis und Republikanern bei den Demonstrationen und in der Öffentlichkeit. Eine der letzten großen Versuche der SED-PDS, die antifaschistische Front zusammenzuschmieden und dabei gleich noch das MfS/AfNS zu retten, fand nach nationalistischen und antisowjetischen Beschmierungen des Treptower Ehrenmals für die gefallenen sowjetischen Soldaten am 28.12. statt. Die Urheber dieser Schmierereien wurden nicht gefunden, und viel spricht für die Vermutung, daß das MfS/AfNS hier selbst tätig geworden ist. Die SED-PDS trommelte am 3.1. eine große Demonstration zusammen, um die behauptete faschistische Gefahr zu bannen. Dabei wurde auch gefordert, einen Sicherheitsdienst zu belassen. Dieser und andere Versuche der SED zur Rückbindung der Opposition und der Bevölkerung wurden abgewehrt. Als Kehrseite dieser Strategie versuchte es die SED noch einmal mit dem Schüren von Ressentiments gegen Ausländer und vor allem gegen die Polen. Das ND zeigte Bilder von verhafteten Schiebern, und Polen mußten beim Einkauf ihre Ausweise zeigen. Doch die Opposition entzog sich auch dieser Strategie.

Der formale Rückzug der SED aus dem Staat ermöglichte es der Partei, den „Wandel" von der SED zur SED-PDS zu inszenieren. Auf dem Parteitag, der ab 8.12. in Berlin tagte, wurde Gysi zum Vorsitzenden gewählt. Er und seine Stellvertreter, Berghofer und Modrow, sollten – ohne daß die Partei sich auflöste, was auch einen Verlust ihrer Vermögenswerte bedeutet hätte – eine Demokratisierung der Partei symbolisieren und ihr damit das politische Überleben, Handlungsmöglichkeiten auch nach dem Sturz des alten Regimes und – in der weiteren Folge der Ereignisse –politische Präsenz auch im sich vereinigenden Deutschland ermöglichen.

Anmerkungen:

1 Vgl. hierzu auch: Ehrhart Neubert, Geschichte der Opposition in der DDR 1949–1989, Bonn 1997, S. 825ff.
2 Aktion Sühnezeichen/Friedensdienste (Hrsg.), Ökumenische Versammlung für Gerechtigkeit, Frieden und Bewahrung der Schöpfung, Dresden – Magdeburg – Dresden, Eine Dokumentation. Berlin 1990, S 72ff.
3 Näheres hierzu vgl. den Beitrag über den DA in diesem Band.
4 Zur Gründungsgeschichte der einzelnen neuen Organisationen vgl. die betreffenden Einzelbeiträge in diesem Band.
5 Internes Papier der SED, Einige Argumente zum Konzept eines illegalen sogenannten ‚Neuen Forums', September 1989, maschinenschriftlich, Kopie.
6 Forschungsprojekt „Philosophische Fragen der Erarbeitung einer Konzeption des modernen Sozialismus", Zur gegenwärtigen Lage der DDR und Konsequenzen für die Gestaltung der Politik der SED, Sektion Marxistisch-leninistische Philosophie an der Humboldt-Universität, Berlin 8.10.1989, maschinenschriftliches Manuskript, 16 Seiten, Kopie.
7 Weimarer Bürger, Entschließung, Weimar 20.9.1989, handschriftlich, 66 Unterschriften, Archiv Neubert.
8 *Angelika Barbe u.a.*, Gemeinsame Erklärung, Berlin 4.10.1989, Wachmatrizenabzug, 1 Seite, Archiv Neubert.
9 *Uwe Glosinski u.a.*, Resolution, Dresden 4.11.1989, Lichtpause, Archiv Neubert.
10 *Christian Dietrich, Uwe Schwabe* (Hrsgg.), Freunde und Feinde, Dokumente zu den Friedensgebeten in Leipzig zwischen 1981 und dem 9.Oktober 1989, mit einem Vorwort von Harald Wagner. Leipzig 1994, S. 422.
11 Christian Dietrich, Uwe Schwabe (Hrsgg.), 1994, S. 381.
12 Christian Dietrich, Uwe Schwabe (Hrsgg.), 1994, S. 449.
13 Die Mahnwache, Mahnwache für die politischen Gefangenen in der DDR, Information (Flugblatt) 4.10.1989, Wachsmatrizenabzug, Informations- und Dokumentationsstelle der EKD Berlin, Akte DDR-Demokratisierung.
14 Neues Forum, Aufruf des Neuen Forum. Berlin 4.10.1989, Flugblatt, Informations- und Dokumentationsstelle der EKD Berlin, Akte DDR-Demokratisierung.
15 Leipziger Volkszeitung 6.10. 1989.
16 *Reinhard Bohse, Grit Hartmann, Ulla Heise, Matthias Hoch (Bild), Josef Kurz, Ameli Möbius, Rolf Sprink* (Hrsgg.), Neues Forum Leipzig, Jetzt oder nie – Demokratie! Leipziger Herbst '89. Leipzig 1989, S. 82.
17 Politbüro des ZK der SED, Erklärung vom 11.10.1989, in: Neues Deutschland vom 12.10. 1989.
18 *D. Olthoff u.a.*, Nicht demonstrieren! (Flugblatt), Leipzig 16.10.1989, Informations- und Dokumentationsstelle der EKD Berlin, Akte DDR-Demokratisierung.
19 Sekretariat des BEK, Schnellinformation vom 19.10.1989 mit Anlage: Pressemitteilung, Sperrfrist 19.10.1989 - 17.00 Uhr.
20 Aus der Erklärung der Initiativgruppe Demokratie Jetzt vom 25.10.1989, maschinenschriftlich, Kopie, Archiv Neubert.
21 DA Ortsgruppe Zeitz, Aufruf: Nicht immer noch – nur reden – sondern handeln!, Flugblatt Ormikabzug, Archiv Neubert.

22 Vgl. *Hans Hermann Hertle,* Chronik des Mauerfalls, Die dramatischen Ereignisse um den 9. November 1989, Berlin 1997 (u.ö) , S. 107f., *ders.,* Der Fall der Mauer. Die unbeabsichtigte Selbstauflösung des SED-Staates, 2. Aufl. Opladen 1999.
23 ZK der SED, 10.Tagung 8.-10.11.1989, „Was tun?" Schritte zur Erneuerung, Aktionsprogramm der SED, Sonderdruck, 28 Seiten.
24 *Stephan Hilsberg, Angelika Barbe, Martin Gutzeit,* Erklärung der SDP, November 1989, Ormikabzug, Informations- und Dokumentationsstelle der EKD Berlin, Akte DDR-Demokratisierung.
25 Protokoll über die 3. Sitzung des Vorstandes des „Demokratischen Aufbruchs" am 2.12.1989 in der Geschäftsstelle Marienburger Str. 12/13, maschinenschriftlich, Durchschlag, Archiv Neubert.
26 Bund der Evangelischen Kirchen, Beschlüsse des Rundtischgespräches am 7./8.12.1989, Anlage 6 zu A 1011 – 4256/89, Informations-und Dokumentationsstelle der EKD Berlin, S. 2.
27 *J.Schreiter,* Themenbereich Bildungswesen/Beschlüsse, Protokoll Runder Tisch Stadt + Kreis Fürstenwalde 24.1.1990, maschinenschriftlich, Kopie, Informations- und Dokumentationsstelle der EKD Berlin, Akte DDR-Demokratisierung/Runder Tisch.
28 Demokratischer Aufbruch, Vorläufige Grundsatzerklärung vom 29.10.1989, Wachsmatrizenabzug, Archiv Neubert.
29 *Gerhart Gebhardt u.a.* (Unabhängige Forschergruppe zur Kritik neuer Gesellschaftsmodelle), Zukunft durch Selbstorganisation. Potsdam, Berlin 4.11.1989 mit Ergänzungen vom 16.11.1989, Computerausdruck, Archiv Neubert.
30 Appell „Für unser Land", Neues Deutschland, 29.11.1989.
31 *Gerhard Besier,* Der SED-Staat und die Kirche 1983-1991, Höhenflug und Absturz, Propyläen. Frankfurt/M., Berlin 1995, S. 455.
32 Demokratischer Aufbruch, Positionspapier 7.1. 1990, Archiv Neubert.
33 Demokratie jetzt, Aufruf zur Einmischung in eigener Sache. Berlin 12.9.1989, Wachsmatrizenabzug.
34 *Reinhard Schult u.a.,* Rundbrief und Problemkatalog. Berlin 1.10.1989, Wachsmatrizenabzug, 6 Seiten.
35 *Markus Meckel,* Programmatischer Vortrag zur Gründung der Sozialdemokratischen Partei in der DDR (SDP) in Schwante, Wachsmatrizenabzug, 10 Seiten, Informations- und Dokumentationsstelle der EKD Berlin, Akte Demokratisierung DDR.
36 Demokratischer Aufbruch, Vorläufige Grundsatzerklärung vom 29.10.1989, Wachsmatrizenabzug, Archiv Neubert.
37 Presseerklärung des DA zur Deutschlandfrage, Berlin, 3.12.1989, Archiv Neubert.
38 Erklärung der SDP zur deutschen Frage, Der Vorstand der SDP, Berlin, 3.12.1989, Archiv Neubert.
39 Berliner Zeitung, Meinungsumfrage – Fast 90 Prozent der Befragten für modernen Sozialismus, 12.12.1989, S.4.

Anhang[1]

Nr. 1
„Uns verbindet der Wille, Staat und Gesellschaft umzugestalten"

Gemeinsame Erklärung der Kontaktgruppe vom 4. Oktober 1989

Am 4. Oktober 1989 haben sich Vertreter
der Bürgerbewegung Demokratie jetzt,
des Demokratischen Aufbruchs,
der Gruppe Demokratischer SozialistInnen,
der Initiative Frieden und Menschenrechte,
der Initiativgruppe Sozialdemokratische Partei in der DDR,
des Neuen Forum
sowie Vertretern von Friedenskreisen
zusammengefunden, um Möglichkeiten gemeinsamen politischen Handelns zu besprechen.

Wir begrüßen die sich entwickelnde Vielfalt der Initiativen als Zeichen des Aufbruchs und des wachsenden Mutes, eigene politische Positionen öffentlich zu vertreten.

Uns verbindet der Wille, Staat und Gesellschaft demokratisch umzugestalten. Es kommt darauf an, einen Zustand zu beenden, in dem Bürgerinnen und Bürger dieser Gesellschaft nicht die Möglichkeit haben, ihre politischen Rechte so auszuüben, wie es die Menschenrechtskonventionen der Vereinten Nationen und die KSZE-Dokumente verlangen.

Wir erklären uns solidarisch mit allen, die wegen ihres Einsatzes für diese Ziele verfolgt werden. Wir setzen uns ein für die Freilassung der Inhaftierten, die Aufhebung ergangener Urteile und die Einstellung laufender Ermittlungsverfahren.

Wir halten es für vorrangig, in unserem Lande eine Diskussion darüber zu eröffnen, welche Mindestbedingungen für eine demokratische Wahl eingehalten werden müssen:

Sie muß unterschiedliche politische Entscheidungen ermöglichen. Sie muß geheim sein, d.h. die Wähler sind verpflichtet, eine Wahlkabine zu benutzen. Sie muß frei sein, d.h. niemand darf durch Druck zu einem bestimmten Wahlverhalten genötigt werden.

Die nächsten Wahlen sollten unter UNO-Kontrolle stattfinden.

Wir wollen zusammenarbeiten und prüfen, in welchem Umfang wir ein Wahlbündnis mit gemeinsamen eigenen Kandidaten verwirklichen können. Um unser Land politisch zu verändern, bedarf es der Beteiligung und der Kritik aller. Wir rufen alle Bürgerinnen und Bürger der DDR auf, an der demokratischen Erneuerung mitzuwirken.

Angelika Barbe (Initiativgruppe SDP); Marianne Birthler (Initiative Frieden und Menschenrechte); Ibrahim M. Böhme (Initiativgruppe SDP); Rainer Eppelmann (Demokratischer Aufbruch); Martin Gutzeit (Initiativgruppe SDP); Barbara Hähnchen (Friedenskreis Pankow); Heinz Küchler (Demokratie jetzt); Kathrin Menge (Neues Forum); Rudi Pahnke (Demokratischer Aufbruch); Sebastian Pflugbeil (Neues Forum); Gerd Poppe (Initiative Frieden und

Menschenrechte); Ulrike Poppe (Demokratie jetzt); Werner Schulz (Friedenskreis Pankow); Dr. Wolfgang Ullmann (Demokratie jetzt); und ein Vertreter der Gruppe Demokratischer SozialistInnen

1 Die folgenden Dokumente entstammen den Beständen von Ehrhart Neubert

Nr. 2
Fünf dringende Bitten

Erklärung kirchlicher Amtsträger zu den Demonstrationen, Berlin 9. Oktober 1989

1. Alle Bürgerinnen und Bürger bitten wir dringend, ab sofort angstfrei Meinungsfreiheit auszuüben, damit das Gespräch über unsere Zukunft in Gang kommt.
2. Die Staatsführung der DDR bitten wir dringend, umgehend deutliche und glaubhafte Schritte einzuleiten, damit eine breite Übereinstimmung für eine demokratische rechtsstaatliche sozialistische Perspektive der DDR gefunden wird.
3. Die Ordnungs- und Sicherungskräfte bitten wir dringend, der Ungeduld kritischer Bürger, die sich auf den Straßen zeigt, mit größtmöglicher Zurückhaltung zu begegnen, damit nicht wiedergutzumachender Schaden vermieden wird.
4. Die beunruhigten Menschen unseres Landes bitten wir dringend, jetzt von allen nicht genehmigten Demonstrationen auf den Straßen abzusehen, damit die politisch Verantwortlichen nicht sagen können, sie ließen sich im Blick auf anstehende Veränderungen nicht unter Druck setzen.

Gottfried Forck; Bernd Albani; Albrecht Barthel; Rosemarie Cynkiewicz; Rainer Eppelmann; Elisabeth Eschner; Hans-Otto Furian; Wolfram Hülsemann; Werner Krätschell; ; Gisbert Mangliers; Martin-Michael Passauer; Ingemar Pettelkau; Dieter Reiher; Ulrich Schröter; Manfred Stolpe; Werner Widrat

Nr. 3
„... daß vorher seitens der Vertreter des Staates Voraussetzungen geschaffen werden müssen“

Vermerk zu einem Treffen verschiedener Gruppierungen am 16.10.89 beim Generalsuperintendent Krusche zu den Ausschreitungen am 7.-9. Oktober 1989 in Berlin[1]

Auf Einladung von Krusche erschienen Vertreter von

Demokratie jetzt	Dr. Ullmann
Demokratischer Aufbruch	Herr G...
SDP	Stephan H.
IFM	G. Poppe
Friedrichsf. Kreis	W. Wolf
Arche	C. Jordan
VB	Schramm
VBK	Herr Butzmann
Neue Forum	Seb. Pflugbeil

Krusche machte Angebot zu vorbedingungslosem Dialog ohne Nennung von Gruppen, die Vertreter delegierten.

Demgegenüber bestand bei allen teilnehmenden Gruppen Konsens, daß vorher seitens der Vertreter des Staates Voraussetzungen geschaffen werden müssen. Nach 1 ¼ h sachlichen Gesprächs faßte Krusche das Ergebnis zusammen und erklärte, am heutigen Tage bei OB Krack zu erscheinen und folgende Punkte zu unterbreiten, die für die Vertreter der Gruppen die Voraussetzung zum Eintritt [in ein Gespräch] sind:

1. Freilassung aller zu Unrecht Inhaftierten
2. Untersuchung der Vorgänge, Bestrafung der Schuldigen
3. Anerkennung des Mandats der Vertreter der Gruppen sowie die Benennung dieses Mandats

Dazu ist zu sagen:

Zu 1.: Seitens der Gruppenvertreter wurde der Einwand erhoben, daß die Schuldfrage erst durch die Kommission untersucht werden muß. Es steht auch die Forderung nach Freilassung aller Gefangenen.

Zu 2.: In dieser Untersuchungskommission sollten unabhängige Gruppenvertreter sowie Rechtsanwälte wie z.B. Dr. Vogel, Gysi mitarbeiten. Andernfalls bliebe die Unabhängigkeit der Untersuchungskommission zweifelhaft und entstände keine Vertrauensbasis für die Betroffenen.
Zustimmung der Tagesordnung von seiten der Gruppen.

1 Der Vermerk von Stephan Hilsberg über ein Treffen bei Generalsuperintendent Krusche zu den Ausschreitungen am 7. – 9. Oktober 1989 in Berlin war bestimmt zur Information und Vorbereitung von Martin Gutzeit für das Treffen verschiedener Gruppierungen bei Generalsuperintendent Krusche am 25. Oktober 1989 sowie für den Vorstand.

Nr. 4
„Freie und geheime Wahlen"

Gemeinsame Erklärung der Kontaktgruppe vom 3. November 1989 mit Forderungen für die Demonstration am 4. November in Berlin

Für eine demokratische Umgestaltung von Staat und Gesellschaft in der DDR fordern wir:

- eine Verfassungsreform, die eine demokratische Willensbildung ohne festgeschriebene Führungsrolle der SED ermöglicht;
- freie und geheime Wahlen auf der Grundlage eines demokratischen Wahlrechtes;
- für alle demokratischen Kräfte fordern wir:
- Versammlungs- und Vereinigungsfreiheit;
- Pressefreiheit, einschließlich der Zulassung unabhängiger Zeitungen und gleichberechtigten Zugang zu den elektronischen Medien.

Wir bitten die Bürgerinnen und Bürger der DDR, diese Forderungen mit eigenen Beiträgen und Aktionen zu unterstützen.

Die Vertreter der Bürgerbewegung Demokratie jetzt; des Demokratischen Aufbruchs; des Grünen Netzwerkes Arche; der Initiative Frieden und Menschenrechte; der Initiativgruppe der Vereinigten Linken Berlins; des Neuen Forums; der SDP

(Unterschriften)

Nr. 5
Forderung Zur Einrichtung eines Runden Tisches

Gemeinsame Erklärung der Kontaktgruppe der Opposition vom 10. November 1989[1]

Angesichts der krisenhaften Situation in unserem Land, die mit den bisherigen Macht- und Verantwortungsstrukturen nicht mehr bewältigt werden kann, fordern wir, daß sich Vertreter der Bevölkerung der DDR zu Verhandlungen am Runden Tisch zusammensetzen, um Voraussetzungen für eine Verfassungsreform und für freie Wahlen zu schaffen.

Daran sollten teilnehmen:

- die in der Volkskammer vertretenen Parteien
- die neuentstandenen demokratischen Gruppierungen und Parteien
- unabhängige Vertreter der Werktätigen
- Vertreter der Kirchen
- Vertreter der Künstlerverbände

Wir werden die genannten Gruppierungen und Organisationen zu einem vorbereitenden Gespräch einladen.

Die Vertreter der Bürgerbewegung Demokratie jetzt; des Demokratischen Aufbruchs; der Gründungsinitiative Grüne Partei; der Initiative Frieden und Menschenrechte; der Initiativgruppe Vereinigte Linke; der SDP

Berlin, am 10. November 1989

Gerhard Bächer (GI Grüne Partei); Martin Gutzeit (SDP); Stephan Hilsberg (SDP); Heinz Küchler (Demokratie jetzt); Gerd Poppe (IFM) (hinzugefügt); Erhard Neubert (Demokratischer Aufbruch); Dr. Ullmann (Demokratie jetzt); Klaus Ihlau (Initiativgruppe Vereinigte Linke); Christoph Singelstein (Demokratie jetzt) (hinzugefügt)

1 Bei dem Treffen war kein Vertreter des Neuen Forum anwesend. Die Vertreter der Gründungsinitiative Grüne Partei (Gerhard Bächer) und Initiativgruppe Vereinigte Linke (Klaus Ihlau) konnten während des Treffens noch keine endgültige Zusage zur Unterstützung der beiden Erklärungen geben. Nachdem sie andere Vertreter ihrer Gruppierungen konsultiert hatten, wurde nach dem Treffen telefonisch Zustimmung signalisiert. Die Erklärungen wurden nach dem Treffen bei Heinz Küchler (Brüdergemeinde Bonhoeffer-Haus) geschrieben und vervielfältigt. Leider wurden auf den ersten vervielfältigten Exemplaren zwei Unterzeichner vergessen (Gerd Poppe, Christoph Singelstein), deren Namen aber später nachgetragen wurden.

Nr. 6
Zum Untersuchungsausschuß zu den Ereignissen vom 7 – 9. Oktober 1989 in Berlin

Gemeinsame Erklärung der Kontaktgruppe vom 10. November 1989

Am 3. Nov. 1989 wurde in unserer Gemeinsamen Erklärung die Einsetzung eines unabhängigen Untersuchungsausschusses der Vorkommnisse vom 7.-9. Oktober 1989 gefordert.

Am 9. Nov. 1989 ist es zur Zusammenlegung einer inzwischen gebildeten unabhängigen und einer städtischen Untersuchungskommission gekommen. Damit ist eine institutionelle Unabhängigkeit nicht mehr gewährleistet. Obwohl wir dies mit Bedauern zur Kenntnis nehmen, unterstützen wir die Arbeit, solange ihre freie Arbeitsweise und unabhängige Meinungsbildung mehrheitlich gesichert ist.

Die Vertreter der Bürgerbewegung Demokratie jetzt; des Demokratischen Aufbruchs; der Gründungsinitiative Grüne Partei; der Initiative Frieden und Menschenrechte; der Initiativgruppe Vereinigte Linke; der SDP

Berlin, am 10. November 1989

Gerhard Bächer (GI Grüne Partei); Martin Gutzeit (SDP); Stephan Hilsberg (SDP); Heinz Küchler (Demokratie jetzt); Klaus Ihlau (Initiativgruppe Vereinigte Linke); Gerd Poppe (IFM); Erhard Neubert (Demokratischer Aufbruch); Christoph Singelstein (Demokratie jetzt)

Nr. 7
Zur Einberufung des Runden Tisches

Schreiben der Kontaktgruppe der Opposition an das Sekretariat der Berliner Bischofskonferenz und das Sekretariat des Bundes der Ev. Kirchen in der DDR (24. November 1989)

Im Interesse des für den Demokratisierungsprozeß im Lande entscheidenden Runden Tisch zum Zweck der Vorbereitung freier Wahlen durch ein neues Wahlgesetz und einer Verfassungsreform wenden sich die unterzeichneten Gruppierungen und Parteien an Sie mit der Bitte, die zur Einberufung dieses Runden Tisches von uns ausgegangene Initiative an die in der Volkskammer vertretenen Parteien und die unterzeichneten Gruppierungen und Parteien zu übermitteln und die technische Durchführung zu gewährleisten.

Wir halten es für denkbar, daß diese Einladung durch die Bischöfe und einen Vertreter der Arbeitsgemeinschaft Christlicher Kirchen ausgesprochen wird.

Als Tagungsort erscheint der Kirchsaal der Brüdergemeinde im Bonhoeffer-Haus, Ziegelstraße 30, Berlin 1040, geeignet. Wir halten es für denkbar, daß die erste Sitzung um 7. Oktober 1989, 14.00 Uhr, dorthin einberufen wird. Es wird vorgeschlagen, daß folgende Gruppierungen

Demokratischer Aufbruch
Demokratie jetzt
Grüne Partei
Initiative Frieden und Menschenrechte
Neues Forum
Sozialdemokratische Partei in der DDR
Vereinigte Linke

durch je zwei, die fünf in der Volkskammer vertretenen Parteien ebenfalls durch insgesamt 14 Teilnehmer repräsentiert sind. Dazu kämen drei Vertreter der Kirchen.

Berlin, am 24. November 1989

für Demokratischen Aufbruch Rudi Pahnke; für Demokratie jetzt Hans-Jürgen Fischbeck; für Grüne Partei gez. Bächer; für Initiative Frieden und Menschenrechte Werner Fischer; für Neues Forum Christian Tietze; für Sozialdemokratische Partei in der DDR Martin Gutzeit

Nr. 8

Arbeitsvorbereitungen

Protokoll der Sitzung der Kontaktgruppe am 1. Dezember 1989[1]

Teilnehmer: Dshunussow, Aigali (IFM); Pahnke, Rudi (DA); Neubert, Ehrhart (DA); Tietze, Christian (NF); Fischer, Werner (IFM); Singelstein, Christoph (IFM); Böhme Ibrahim (SDP); Poppe, Gerd (IFM); Haase, Sieglinde (GP); Bächer, Gerhard (GP); Fischbeck, Hans-Jürgen (DJ); Klein, Thomas (VL); Ullmann, Wolfgang (DJ); Poppe, Ulrike (DJ); Rüdinger, Doris (VL); Gutzeit, Martin (SDP)

Beginn: 9 Uhr

1. Der Vertreter des Bundes der Ev. Kirchen in der DDR berichtet von der Übermittlung der Einladung zum Runden Tisch und benennt die Teilnehmer, die zum Zeitpunkt schon gemeldet sind. Auf dem Hintergrund des Sachverhaltes, daß entgegen dem Beschluß der Kontaktgruppe vom 24.11.89 von seiten des Bundes der Ev. Kirchen nur die Einladung für 10 Vertreter (je 2) der in der Volkskammer vertretenen Parteien übermittelt wurde, wird zur Wiederherstellung des Gleichgewichtes eine Veränderung der Zusammensetzung beschlossen:
   Die bisher in der Volkskammer vertretenen Parteien entsenden an den Runden Tisch je 3 Vertreter. Das neue Forum entsendet an den Runden Tisch einen zusätzlichen Vertreter, d.h. auch insgesamt 3 Vertreter.
2. Die bisher in der Kontaktgruppe vertretenen Parteien und Gruppierungen (7) entsenden in die Kontaktgruppe der Opposition je 2 Vertreter, wobei die Kontinuität der Arbeit gewährleistet werden sollte. Die Einladung zusätzlicher Teilnehmer bedarf der Entscheidung der Kontaktgruppe.
3. Zum Runden Tisch am 7.12.89:

   a) Zur Tagesordnung:
   1. Begrüßung
   2. Debatte über die Geschäftsordnung des Runden Tisches
   3. Die Grundforderungen der Opposition (5 Punkte)
   4. Zur Ausschußarbeit des Runden Tisches

   b) Die Begrüßung der Teilnehmer erfolgt durch die Einladenden, d.h. einen Vertreter der Kirchen.
   Die Gesprächsführung der Geschäftsordnungsdebatte erfolgt ebenfalls durch diesen Vertreter.
   Die Gesprächsführung wird nach der Geschäftsordnungsdebatte für je eine Sitzung abwechselnd von einem Vertreter der bisher in der Volkskammer vertretenen Parteien und einem Vertreter der neuen Parteien und Gruppierungen übernommen. Die Reihenfolge innerhalb der beiden Gruppen bestimmt sich nach der alphabetischen Ordnung der Parteien und Gruppierungen.
   Es wird vorgeschlagen: Die Gesprächsführung nach der Geschäftsordnungsdebatte übernimmt ein Vertreter der bisher in der Volkskammer vertretenen Parteien.

   c) Grundforderungen:
   1. Antrag an die Volkskammer, Artikel 1 und 3 der Verfassung außer Kraft zu setzen.
   2. Offenlegung der wirtschaftlichen und finanziellen Situation und beabsichtigter Schritte vor der Beschlußfassung, um öffentliche Kontrolle und Mitsprache zu ermöglichen.
   3. Rechtliche Regelung der Beziehung der beiden deutschen Staaten.
   4. Vorbereitung der Wahlen: Gesetze, Termine.

5. Bericht zum Untersuchungsausschuß zu den Ereignissen vom 7.-9. Oktober.

d) Vorschlag für die Bildung von Ausschüssen:
1. Verfassung und Wahlgesetz
2. Presse- und Mediengesetz, Versammlungs-, Vereinigungs- und Parteiengesetz
3. Rechtsstaatlichkeit (Justizreform, Strafrechtsreform, Strafprozeßordnung, Staatssicherheit, unabhängige Gerichte)
4. Wirtschaft und Finanzen
5. Bildung und Erziehung, Jugend und Kinder
6. Soziale Gerechtigkeit, Frauenpolitik, Minderheitenpolitik
7. Beziehung der beiden deutschen Staaten

Es soll die Möglichkeit für weitere Ausschüsse geben.

e) Die Gruppierungen und Parteien der Opposition werden nach jeder Sitzung des Runden Tisches eine gemeinsame Presseerklärung abgeben.
f) Die Parteien und Gruppierungen der Opposition sprechen die Erwartung aus, daß den Vertretern der Opposition von staatlicher Seite ein Büro mit geeigneten Arbeitsbedingungen zur Verfügung gestellt wird.
Aufgaben: Anlaufpunkt für die Öffentlichkeit, Pressearbeit.
g) Es wird gefordert, daß bis zur Zulassung unabhängiger Zeitungen eine gleichberechtigte und von der Opposition autorisierte Berichterstattung über die Standpunkte der Opposition in einem festzulegenden Umfang erfolgt.
h) Die Parteien und Gruppierungen werden aufgefordert, bis zur nächsten Sitzung der Kontaktgruppe Vorschläge für einen Pressesprecher der Opposition am Runden Tisch zu machen.
Für den 7.12.89 soll Bettina Röder angefragt werden.
i) Termin für ein Treffen zur Vorbereitung des Runden Tisches: 7.12.89 9.30 Uhr Bonhoeffer-Haus

1 Protokollant: Gutzeit

Nr. 9

„... Ständige Einrichtung zur demokratischen Kontrolle der Regierung bis zur Neuwahl"

Auszug aus dem Protokoll der 3. Sitzung des Vorstandes des „Demokratischen Aufbruchs", 2. Dezember 1989

4. Runder Tisch (Pahnke)
Termin: 7.12.89 14.00 Uhr Bonhoeffer-Haus
Teilnehmer: Je 2 Vertreter der neuen Gruppierungen: SDP, DJ, DA, Vereinte Linke, Grüne, Initiative Frieden Menschenrechte, 3 Sitze Neues Forum, je zwei Vertreter der Koalitionsparteien zuzüglich 5 Sitze für Organisationen der Volkskammer, 2 Sitze für Vertreter der Kirchenleitung.

Treffen der neuen Gruppierungen zur gemeinsamen Vorbereitung:
7.12.89 9.30 Uhr Bonhoeffersaal.
Runder Tisch wird zur ständigen Einrichtung zur demokratischen Kontrolle der Regierung bis zur Neuwahl.
Geschäftsordnung für 1. Treffen:
Begrüßung (Kirchenleitung)
Debatte zur Geschäftsordnung

Vorsitz alternierend, beginnend mit Regierungsparteien.
Vorgesehene Themen für Plenum:
Streichung Artikel 1 und 3 aus der Verfassung.
Offenlegung der wirtschaftlichen und finanziellen Situation und der beabsichtigten Schritte jeweils vor Beschlußfassung zur öffentlichen Kontrolle und Mitsprache.
Rechtliche Regelungen der Beziehungen beider deutscher Staaten.
Vorbereitungen zur Neuwahl, Vorbedingungen, Termine, Zulassung der neuen Gruppierungen.
Bericht Untersuchungsausschuß (4.-7.10.89).
Es sind zeitweilig arbeitende Ausschüsse vorgesehen.
Der DA muß für entspr. Vertreter sorgen.

Nr. 10

Beschluß zum Wahlbündnis 90

Erklärung der Opposition, Berlin, 3. Januar 1990[1]

Vertreterinnen und Vertreter der am Runden Tisch verhandelnden Parteien und Bürgerbewegungen DA, DJ, Initiative Frieden und Menschenrechte, SDP, VL erneuerten den am 4. Oktober 1989 gefaßten Beschluß zum Wahlbündnis 90. Sie bekräftigten den Willen, zu den Volkskammerwahlen am 6. Mai 1990 gemeinsam anzutreten, um die bisher regierenden politischen Kräfte abzulösen. Sie vereinbarten, den bestehenden Kontakt auszubauen und baldmöglichst den Wählerinnen und Wählern ihr gemeinsames Wahlprogramm und gemeinsame Kandidaten vorzustellen.

Thomas Sell, DA; Eberhard Seidel, NF; Konrad Weiß, DJ, SPD; Reinhard Weißhuhn, Initiative; Bernd Gehrke, VL
Berlin, 3. Januar 1990

1 Nach der Tagung des Runden Tisches am 3.1.1990 kam es zu einem Treffen der Kontaktgruppe. Teilnehmer waren Stephan Bickhardt (DJ), Konrad Weiß (DJ), Eberhard Seidel (NF), Reinhard Weißhuhn (IFM), Bernd Gehrke (VL), Martin Gutzeit (SDP) und eine Vertreterin des Unabhängigen Frauenverbandes. Stephan Bickhardt, der auf dieses Treffen gedrängt hatte, forderte die Festschreibung des am 4. Oktober 1998 „verabredeten" Wahlbündnisses ein (siehe Dokument Nr. 1). Er wurde dabei insbesondere von Konrad Weiß, Reinhard Weißhuhn und Eberhard Seidel lebhaft unterstützt. Es folgte eine längere Debatte über das Zustandekommen und die Bedeutung der gemeinsamen Erklärung der Opposition vom 4. Oktober 1989. Schließlich fixierte Stephan Bickhardt unter Zustimmung der anderen die vorliegende Erklärung. Thomas Sell, Konrad Weiß, Reinhard Weißhuhn, Eberhard Seidel und Bernd Behrke unterzeichneten. Martin Gutzeit weigerte sich, dieses Dokument zu unterzeichnen. Dabei hob er hervor, daß eine so weitreichende Entscheidung nur vom Vorstand der SDP getroffen werden könne. Das Treffen stand in Gefahr, mit einem Eklat zu enden. Plötzlich jedoch kam Ibrahim Böhme in die Versammlung. Konrad Weiß gab ihm den Text der Erklärung, Ibrahim Böhme las ihn, lächelte und unterzeichnete ohne vorherige Rücksprache mit Martin Gutzeit. Auf der Vorstandssitzung der SDP setzte Martin Gutzeit einen Beschluß zum Ausstieg aus dem Wahlbündnis durch, der auf der Delegiertenkonferenz der SDP am 13. Januar 1990 bestätigt wurde.

Karl Wilhelm Fricke

Die DDR-Kommunalwahlen '89 als Zäsur für das Umschlagen von Opposition in Revolution

1. „Das Politbüro beschließt die Kommunalwahlen"

Am 9. und 10. Juni 1988 trat in Ost-Berlin das Zentralkomitee der SED zur 6. Plenartagung seiner laufenden Wahlperiode zusammen. Kurt Hager, Mitglied des Politbüros und Sekretär des ZK, hatte den Bericht des Politbüros an das zu diesem Zeitpunkt 165 Mitglieder und gut 50 Kandidaten zählende, zwischen den Parteitagen formell höchste Beschlußgremium der SED zu erstatten. *„Genossinnen und Genossen"*, ließ er unter anderem verlauten, *„das Politbüro faßte einen Beschluß über die Vorbereitung und Durchführung der Wahlen zu den Kreistagen, Stadtverordnetenversammlungen, Stadtbezirksversammlungen und Gemeindevertretungen. In Übereinstimmung mit der Verfassung und dem Wahlgesetz der DDR schlägt das Politbüro der 6. Tagung des Zentralkomitees vor, dem Staatsrat zu empfehlen, die Kommunalwahlen für den 7. Mai 1989 auszuschreiben. Sie werden im Zeichen der weiteren erfolgreichen Verwirklichung der Beschlüsse des XI. Parteitages der SED stehen."*[1] Der Chef-Ideologe des Politbüros hätte nach den vorausgegangenen Erfahrungen aus vier Jahrzehnten auch eine Empfehlung für das Wahlergebnis beschließen können – es hätte der Realität durchaus entsprochen, denn wie bei vorhergehenden Wahlen gab es auch diesmal eine interne *„Zielstellung"* der Zentrale in Ost-Berlin. *„Die Wahlergebnisse 1989 sollten nicht schlechter ausfallen als die der vorangegangenen Wahlen."*[2] Nicht ahnen konnte Hager hingegen, daß er mit seiner Mitteilung die letzten Wahlen unter der Diktatur der SED überhaupt angekündigt hatte – ganz abgesehen davon, daß er den Begriff „Wahlen" irreführend gebraucht hatte.

Selbstverständlich entsprach der Staatsrat der Deutschen Demokratischen Republik der Empfehlung des Politbüros und faßte am 19. September 1988 den Beschluß über die Durchführung der Wahlen zu den Kreistagen, Stadtverordnetenversammlungen, Stadtbezirksversammlungen und Gemeindevertretungen im Jahre 1989 (GBl. I S. 233) und legte die Wahlen zu den genannten Vertretungskörperschaften auf den 7. Mai 1989 fest. Durch Beschluß des Staatsrates der DDR über die Bildung der Wahlkommission der Republik vom 12. Dezember 1988 (GBl. I S. 351) wurde deren personelle Zusammensetzung veröffentlicht. Vorsitzender der Wahlkommission der Republik wurde wie bei früheren Wahlen auch Egon Krenz, damals Mitglied des Politbüros und Sekretär des ZK der SED sowie inoffizieller

„Kronprinz" Erich Honeckers, dessen Nachfolger als Generalsekretär der SED sowie als Vorsitzender des Staatsrates und des Nationalen Verteidigungsrates der DDR er hernach denn auch für rund sieben Wochen werden sollte. Unter den 35 Mitgliedern waren Horst Dohlus, Mitglied des Politbüros und Sekretär des ZK, der für die *„Zielstellung"* die politische Verantwortung trug, sowie Dr. Klaus Sorgenicht, Leiter der Abteilung Staats- und Rechtsfragen des ZK der SED. Zum Sekretär der Wahlkommission wurde Dr. Hans-Joachim Semmler, Leiter der Abteilung Staats- und Rechtsfragen beim Staatsrat, berufen.

Durch einen weiteren Beschluß vom 12. Dezember 1988 zur Zusammensetzung der Kreistage, Stadtverordnetenversammlungen, Stadtbezirksversammlungen und Gemeindevertretungen und über die Bildung der Wahlkreise (GBl. I S. 353) wurden Rahmenfestlegungen über die Anzahl der Abgeordneten der neu zu wählenden Volksvertretungen getroffen. Der zuvor geltende Staatsratsbeschluß vom 12. Februar 1984 wurde aufgehoben.

Nach dem Willen der Herrschenden sollten die Kommunalwahlen '89 nach demselben Schema ablaufen, wie es die Wählerinnen und Wähler in vier Jahrzehnten DDR bis zum Überdruß erlebt hatten. Innerhalb des politischen Systems der DDR war den örtlichen Volksvertretungen durch Gesetz folgende Funktion zugewiesen:

> „Die örtlichen Volksvertretungen verwirklichen unter Führung der Sozialistischen Einheitspartei Deutschlands, im vertrauensvollen Zusammenwirken mit allen in der Nationalen Front vereinten Parteien und gesellschaftlichen Organisationen, die Politik der Arbeiter-und-Bauern-Macht zur weiteren Gestaltung der entwickelten sozialistischen Gesellschaft. Gemeinsam mit allen Kräften des Volkes ist es ihr Anliegen, die Deutsche Demokratische Republik allseitig zu stärken. Die örtlichen Volksvertretungen sind die von den Bürgern gewählten Organe der sozialistischen Staatsmacht in der Hauptstadt, den Bezirken, Kreisen, Städten, Stadtbezirken und Gemeinden der Deutschen Demokratischen Republik. Sie entscheiden gemäß der Verfassung, den Gesetzen und anderen Rechtsvorschriften in eigener Verantwortung über alle Angelegenheiten, die ihr Territorium und seine Bürger betreffen. Grundlage der Leitung und Planung ist der demokratische Zentralismus."[3]

Wie in Artikel 1 der DDR Verfassung, so war auch in § 1 des Gesetzes über die örtlichen Volksvertretungen in der Deutschen Demokratischen Republik vom 4. Juli 1985 (GBl. I S. 213) der Führungsanspruch der SED ausdrücklich niedergelegt und sanktioniert worden.

Wie gehabt seit Gründung der DDR, wurde dem Volk eine Wahl im Sinne von Auswahl, das heißt, eine alternative Entscheidung zwischen mehreren miteinander konkurrierenden Parteien nicht zugestanden. Zustimmungsfähig waren im Prinzip nur einheitliche Kandidatenlisten der Nationalen Front der DDR, jenes Zusammenschlusses, der in sich unter Führung der SED weitere vier Blockparteien und fünf Massenorganisationen vereinigte.[4] Die Verteilung der Mandate war auf allen Ebenen nach einem festgelegten Schlüssel schon vor dem Wahltag mit absoluter Mehrheitsgarantie für die SED beschlossen.

Zwar bestand theoretisch auch bei den Kommunalwahlen '89 die Möglichkeit, unter den Kandidaten der Einheitsliste insoweit eine Auswahl zu treffen, als auch die Namen der Nachfolgekandidaten auf dem Stimmzettel vermerkt waren und das

Wahlrecht die Bestimmung enthielt, daß derjenige Kandidat nicht gewählt war, dessen Name auf dem Stimmzettel von mehr als 50 Prozent der Wähler des betreffenden Wahlkreises gestrichen worden war. Diese Regelung war erstmals zu den Kommunalwahlen am 2. Juni 1965 in das Wahlrecht eingebracht worden. Praktisch aber fiel sie nicht ins Gewicht. Bei Bekanntgabe des endgültigen Wahlergebnisses hieß es: *„Alle aufgestellten 272 462 Kandidaten – bis auf 2 Kandidaten zu Gemeindevertretungen in den Bezirken Gera und Suhl – erhielten die im Wahlgesetz geforderte Mehrheit der Stimmen und wurden gewählt“.*[5] Zwei von Zweidreiviertel Millionen Kandidaten waren „durchgefallen“. Das war eine Größe, die politisch zu vernachlässigen war.

Allerdings wurde durch Gesetz vom 3. März 1989 (GBl. I S. 109) zur Ergänzung des Gesetzes über die Wahlen zu den Volksvertretungen der Deutschen Demokratischen Republik das Wahlgesetz der DDR vom 24. Juni 1976 in der Fassung des Gesetzes vom 28. Juni 1979 (GBl. I S. 139) in zwei Punkten ergänzt. Die Ergänzungen betrafen die Gewährung des aktiven und passiven Wahlrechts an Ausländer zu den Kreistagen, Stadtverordnetenversammlungen, Stadtbezirksversammlungen und Gemeindevertretungen, wenn sie am Wahltag das 18. Lebensjahr vollendet hatten, sich bereits länger als sechs Monate in der DDR aufhielten und in dem betreffenden Kreis, der Stadt, dem Stadtbezirk oder der Gemeinde ihren Wohnsitz hatten sowie eine Aufenthaltsgenehmigung besaßen oder aufgrund einer Aufenthaltserlaubnis ihren ständigen Wohnsitz in der DDR hatten. Die Änderungen traten bereits am 6. März 1989 in Kraft und wurden so bei den Kommunalwahlen am 7. Mai 1989 wirksam.

Im Prinzip aber hatte sich am Wahlmodus nichts geändert. Wie bei früheren Wahlen sollte die „Wahlbewegung“, eine umfassend organisierte Kampagne zur Politisierung und Mobilisierung der Massen, mehr Leistung am Arbeitsplatz stimulieren. *„Mit erfüllten und übererfüllten Plänen zur Wahl“* – lautete die Losung der Partei,[6] die im Zusammenwirken mit den Ausschüssen der Nationalen Front und den Wahlkommissionen die Wahlbewegung inszenierte.

Nach einem für die Öffentlichkeit nicht einsichtigen Verfahren wurden die Kandidaten für die Kommunalwahlen entsprechend der Kadernomenklatur der SED in Wahlvorschlägen der Parteien und Massenorganisationen den Wahlkommissionen unterbreitet, danach den Arbeitskollektiven der Kandidaten zur „Überprüfung“ vorgelegt, die sie daraufhin „vorschlagen“ konnten. In der nächsten Phase der Kampagne schloß sich in dem jeweiligen Wahlkreis eine „umfassende Volksaussprache“ an, in deren Verlauf Kandidaten, die bereits Träger eines Mandats waren, „Rechenschaft“ über ihre Arbeit abzulegen und „Wählerfragen“ zu beantworten hatten, während sich erstmals nominierte Kandidaten der „Diskussion“ mit den Wählerinnen und Wählern zu stellen hatten. Hierbei konnte auch die Absetzung eines Kandidaten beantragt werden, was allerdings selten geschah und noch seltener zum Erfolg führte. Nach dieser Mobilisierung der Massen bestätigten die Wahlkommissionen die Kandidatenlisten für jeden Wahlkreis. Danach stand der Stimmzettelabgabe nichts mehr im Wege.

In ihrer Mehrheit fügte sich die DDR-Bevölkerung auch im Frühjahr 1989 dem unglaubwürdigen Ritual, das mit der Öffnung von Sonderwahllokalen für am Wahltag verhinderte Bürgerinnen und Bürger bereits am 15. April begann, aber

Minderheiten, die größer geworden waren, nahmen die Prozedur nicht mehr widerspruchslos hin.

1.1. Die Forderung nach Zulassung unabhängiger Kandidaten

Manches kam anders bei den Kommunalwahlen '89. Schon im politischen Vorfeld artikulierte sich offene Kritik am Wahlmodus, ebenso traten Bürgerrechtler und Regimekritiker offen für das Recht ein, zu den Kommunalwahlen auch unabhängige Kandidaten aufzustellen – unabhängig von den Kandidaten der Nationalen Front. Oppositionelle, Regimekritiker, Bürgerrechtler und Vertreter autonomer Friedenskreise waren nicht länger gewillt, die würdelose Abstimmungsprozedur ohne Widerspruch hinzunehmen. Sie wandten sich gegen die SED mit deren eigenen Argumenten. *„Die Kommunalwahlen sind so vorzubereiten, daß jeder Bürger spürt: Seine Tat und sein Rat sind gefragt“,*[7] hatte Hager in seinem Bericht an das ZK postuliert. Andersdenkende nahmen ihn beim Wort. Wenn die Kommunalpolitik der SED ihren Sinn und Zweck dadurch erhielt, *„das Leben in Stadt und Land reichhaltiger zu entwickeln und die Verbindung der Bürger zu ihrer sozialistischen Heimat zu festigen“,* auch das hatte Hager versichert, wenn *„Bürgernähe und Bürgerinitiative zwei Seiten einer Medaille“*[8] sein sollten, so wollten auch sie sich zur Wahl stellen, freilich als unabhängige Kandidaten, als Alternative zu den Kandidaten der Einheitsliste. Auch auf Synoden evangelischer Landeskirchen wurde darüber diskutiert.

Nach den §§ 15 und 16 des Wahlgesetzes war spätestens 40 Tage vor dem Wahltag durch öffentliche Bekanntmachung der zuständigen Wahlkommission dazu aufzufordern, Wahlvorschläge einzureichen, die ihrerseits spätestens 30 Tage vor dem Wahltag eingereicht werden mußten. Prinzipiell war das Vorschlagsrecht auf die in der Nationalen Front zusammengeschlossenen Parteien und Massenorganisationen beschränkt. Allerdings wurde das Vorschlagsrecht bei den Kommunalwahlen '89 erstmals auf den Verband der Kleingärtner, Siedler und Kleintierzüchter, den Deutschen Turn- und Sportbund, die Kammer der Technik und die Freiwilligen Feuerwehren erweitert, aber dieses Vorschlagsrecht beschränkte sich darauf, daß besagte gesellschaftliche Organisationen „aktive Bürger“ aus ihren Reihen zwar nominieren, ihre Kandidatur aber nur im Rahmen der in der Nationalen Front zusammengeschlossenen Parteien und Massenorganisationen realisieren konnten. Dagegen führten Versuche einzelner, zum Teil im Umfeld der evangelischen Kirche angesiedelter Gruppen, unabhängige Kandidaten zu nominieren, in keinem Fall zum Erfolg. Da die Friedens-, Umwelt- und Bürgerrechtsgruppen nicht in die Nationale Front eingegliedert waren, wurden ihre Bewerbungen von den Wahlkommissionen erst gar nicht angenommen.

Die uneinsichtige Haltung der Politbürokratie war um so weniger klug, als die seinerzeitige Entwicklung des Wahlrechts in der Sowjetunion, in Polen und Ungarn alternative Wählerentscheidungen zuließ. Die Sowjetbürger konnten bei den Wahlen zum Kongreß der Volksdeputierten immerhin unter mehreren Kandidaten (aus-) wählen. Auch in Polen und Ungarn war die Opposition so weit legalisiert, daß sie eigene Kandidaten aufstellen durfte. Das mußte der Opposition auch in der DDR Auftrieb geben, insoweit sie sich auf deren Beispiele berufen konnte. Und so wurde die SED im Rückgriff auf ihre eigene Losung *„Von der Sowjetunion lernen heißt siegen lernen"* verhöhnt mit der Losung *„Von der Sowjetunion lernen heißt wählen lernen"*. Aber die Herrschenden in Ost-Berlin erwiesen sich als lernunfähig. Erwartungsgemäß ignorierten sie die Forderungen der Opposition. So viel Demokratie wollten sie nun doch nicht wagen.

1.2. Wahlverweigerung und Wahlboykott

Eine Konsequenz aus dieser negativen Erfahrung waren erstmals in der Geschichte der SED öffentliche Bekenntnisse zur Wahlverweigerung und Aufrufe zum Wahlboykott. Auch im Raum der evangelischen Kirche wurden kritische Stimmen laut – so etwa in der sächsischen Synode in Dresden, die am 9. April 1989 zu den Kommunalwahlen die Empfehlung aussprach, bei Wahlbeteiligung die Wahlkabine aufzusuchen oder der Wahl fernzubleiben.[9] Die Synodalen befürchteten schon zu diesem Zeitpunkt, daß es bei der Auszählung und Zusammenfassung der Wahlergebnisse zu „Fehlentscheidungen" kommen könnte.

Entschiedener noch waren oppositionelle, mehr oder minder verklausulierte Aufrufe zur Wahlverweigerung. Eine der ersten Erklärungen dieser Art verabschiedete der Arbeitskreis Solidarische Kirsche, Regionalgruppe Thüringen, am 16. März 1989 – also zu einer Zeit, da sich nicht nur die Herrschenden den Zusammenbruch des DDR-Sozialismus noch längst nicht vorstellen konnten. Das Papier, ein Zeitdokument eigener Art (vgl. Anhang, Nr. 1), trug die Unterschriften von 18 Bürgerinnen und Bürgern, die selbstverständlich taktische Rücksichten zu bedenken hatten, um der Staatssicherheit keine Handhabe zu strafrechtlichem Vorgehen gegen sie zu liefern. Ihrer Erklärung, sich nicht an den Kommunalwahlen am 7. Mai 1989 beteiligen zu wollen, folgte daher die Versicherung: *„Wir verstehen diesen Schritt nicht als Aufruf zu irgendeiner Art von Wahlboykott, sondern als unsere persönliche Entscheidung, zu der wir nach reiflicher Überlegung und Diskussion der möglichen Alternativen gelangt sind."* Das war eine politisch kluge, jedermann genauso verständliche Formulierung wie der Schlußgedanke der Erklärung, in dem die Hoffnung auf *„eine wachsende Mündigkeit der Bürger und Bürgerinnen"* geäußert wurde, *„die sich auch in einem neuen, demokratischen Wahlsystem ausdrückt."*

Die Erklärung aus Thüringen war die erste, aber nicht die einzige ihrer Art. So traten 48 Bürgerinnen und Bürger, die sich der Initiative Frieden und Menschenrechte verbunden wußten, am 15. April 1989 unter vollem Namen mit einer Erklärung (vgl. Anhang, Nr. 2) an die Öffentlichkeit, die auch Aufsehen in den bundesdeutschen Medien fand. Sie war in ihrer Artikulation wesentlich offensiver und selbstbewußter. *„Wahlen sind ein wesentlicher Ausdruck des Demokratieverständnisses einer Gesellschaft."* Und nachdem im einzelnen begründet worden war, warum das Wahlsystem der DDR als undemokratisch zu qualifizieren sei, folgte die Bekundung, *„daß wir an den Kommunalwahlen am 7. 5. 89 nicht teilnehmen werden."*

Da sich die Opposition öffentlich artikulierte, nahm sie auch bewußt in Kauf, daß sie von der Staatssicherheit unter Kontrolle gehalten wurde, zumal unter Einsatz Inoffizieller Mitarbeiter. In internen Analysen ist das entsprechend dokumentiert worden. Zum Beispiel konstatierte eine als „streng vertraulich" eingestufte Information des Leiters der Bezirksverwaltung Leipzig des MfS, Generalleutnant Manfred Hummitzsch, vom 14. April 1989, daß *„Aktivitäten feindlich-negativer Kräfte im Zusammenhang mit den Kommunalwahlen"* andauern würden, um *„das Wahlverhalten zu beeinflussen sowie die Wahlen zu ‚überwachen', um eine ‚Verletzung des Wahlrechts zu erkennen und zu dokumentieren."* Als *„Aktivitäten im Sinne der Beeinflussung des Wahlverhaltens"* wertete der Leipziger Stasi-Chef die Verbreitung von *„Hetzzetteln"* durch Unbekannt in drei Stadtbezirken am 5. April 1989 mit folgenden Texten: *„Stell dir vor, es ist Wahl und keiner geht hin"* und *„Freiheit ist immer die Freiheit des Andersdenkenden"*[10]

Gleichartige „Vorkommnisse" wurden auch in einer „Einschätzung" der politisch-operativen Lage im Bezirk Magdeburg vom 20. April 1989 registriert. Unter anderem wurde darin folgendes Fazit gezogen:

> „Exponenten der politischen Untergrundtätigkeit versuchen in Abstimmung und enger Verbindung mit Führungskräften der Untergrundszene in Berlin und Leipzig, sich öffentlichkeitswirksam als ‚innere Opposition' zu etablieren und zu den Kommunalwahlen ein gesellschaftliches Mitspracherecht sogenannter Andersdenkender durchzusetzen. Dazu gehören die im ZOV ‚Widerstand' der Abteilung XX bearbeiteten Führungskräfte des Friedenskreises Stendal (TV ‚Neurologe' – KD Stendal), des Friedensarbeitskreises der Martinsgemeinde Magdeburg (TV ‚Treffpunkt', OPK ‚Brücke' – Abteilung XX), des Kreises junger Erwachsener Leitzkau (TV ‚Reservist' – KD Zerbst)."[11]

Belege dieser Art ließen sich aus den Akten des MfS in großer Zahl zitieren. In einer *„Information über beachtenswerte Ergebnisse der Sicherung der Durchführung der Kommunalwahlen am 7. Mai 1989"*, von der Zentralen Auswertungs- und Informationsgruppe (ZAIG) des MfS am Tage nach der Wahl vorgelegt[12], wurden insgesamt 103 *„gegen die Kommunalwahlen gerichtete Vorkommnisse"* in Ost-Berlin sowie in den Bezirken Karl-Marx-Stadt, Dresden, Halle, Magdeburg und Leipzig registriert. Konkret handelte es sich um *„das öffentlichkeitswirksame Verbreiten von Hetzzetteln"* sowie *„Anbringen von Hetzlosungen"*, um *„das Beschädigen und Zerstören anlaßbezogener Sichtelemente"*, sprich: Transparente und Wahlplakate, ferner um *„das Versenden anonymer und pseudonymer Briefe und Karten"* sowie um *„das Führen anonymer und pseudonymer Telefonanrufe"*. Zusammenfassend folgerte die ZAIG:

> „Die Vorkommnisse der schriftlichen staatsfeindlichen Hetze enthielten im wesentlichen Angriffe gegen das Wahlsystem der DDR in seiner Gesamtheit bzw. gegen einzelne wahlrechtliche und -organisatorische Grundsätze, häufig verbunden mit Aufforderungen, die Wahlen zu boykottieren sowie Aktivitäten zu deren politischem Mißbrauch zu begehen."

Zur Rundung des Bildes sei nachstehend nur noch auf eine Rede Erich Mielkes verwiesen. Der Minister für Staatssicherheit hielt sie auf einer zentralen Dienstbesprechung im MfS am 28. April 1989, wobei er *„von vielfältigen Zusammenkünften feindlicher, oppositioneller Kräfte und Gruppierungen und entsprechenden kirchlichen Veranstaltungen"* sprach und unterstellte, *„die wahlrechtlichen Bestimmungen der DDR zu mißbrauchen, um im Rahmen der Wahlbewegung einen gegen die führende Rolle der Partei und ihre Politik gerichteten ‚Meinungspluralismus' zu entfa-*

chen. Es werden Forderungen erhoben, unsere Wahlgesetzgebung zu reformieren und sogenannten unabhängigen, nicht von der Nationalen Front vorgeschlagenen Kandidaten aus feindlichen, oppositionellen Personenkreisen zu ermöglichen, in die Volksvertretungen zu gelangen."[13]

Einen Tag vor dem Wahltermin legte auch das Ministerium des Innern in Ost-Berlin einen Bericht zur „*Gewährleistung der öffentlichen Ordnung und Sicherheit in Vorbereitung der Kommunalwahlen*" vor, in dem festgestellt wurde, daß es seit dem 19. Februar 1989 republikweit zu insgesamt 107 „*Vorkommnissen*" gekommen sei: „*Schwerpunkt sind Handlungen der öffentlichen Herabwürdigung sowie 17 Beschädigungen öffentlicher Bekanntmachungen, insbesondere von Wahlplakaten*", hieß es im hölzernen Polizeijargon. „*Charakteristische Merkmale von Handlungen öffentlicher Herabwürdigung sind das Anbringen von selbstgefertigten Handzetteln an öffentlichen Gebäuden und Einrichtungen, Haustüren und abgestellten PKW sowie das Einwerfen solcher Handzettel in Hausbriefkästen. Sie fordern überwiegend zum Boykott der Wahl auf bzw. stellen demagogische Forderungen nach Gewährung von Menschenrechten.*"[14]

Zu ähnlichen Feststellungen gelangte die Staatssicherheit auch in Stralsund. Zum Beispiel war zu „*ausgewählten Fragen der Volkswahlen*" in einer sogenannten Parteiinformation der dortigen Kreisdienststelle des MfS mit Datum vom 5. Mai 1989 wie folgt Stellung genommen:

> „Die Mehrheit der Bevölkerung wird von ihrem Wahlrecht Gebrauch machen und den Kandidaten ihr Vertrauen geben. Es ist jedoch nicht zu übersehen, daß einzelne negative und negativ-feindliche Personen sowie aus unterschiedlichen Anlässen unzufriedene Bürger
> - ihr Wahlrecht nicht wahrnehmen oder
> - gültige Gegenstimmen erzeugen
>
> werden.
> Nach vorliegenden gesicherten Hinweisen beabsichtigen 431 Personen aus dem Stadt- und Landkreis, nicht zur Wahl zu gehen bzw. gültige Gegenstimmen zu erzeugen. Das ist im Vergleich zu den Wahlvorbereitungen 1986 eine Steigerung auf 165 %".[15]

Im Gegensatz zu „Vorkommnissen" bei den Wahlen zur Volkskammer und zu den Bezirkstagen der DDR am 8. Juni 1986 waren Wahlverweigerung und Wahlboykott bei den Kommunalwahlen '89 nicht nur keine singuläre Erscheinung, sondern Aufrufe dazu wurden vielfach öffentlich bekannt gemacht. Eben dies war eine neue Qualität der Opposition – sie verließ erstmals in bemerkenswertem Umfang den Schutzraum der evangelischen Kirche, in dem sie bis dahin „Asyl" gefunden hatte, und suchte zielbewußt die Öffentlichkeit auf. Es war ein wichtiger Impuls für das Umschlagen der Opposition in Revolution.

Als in den Medien der DDR das endgültige Ergebnis der Kommunalwahlen vom 7. Mai 1989 bekanntgegeben wurde, wurde die Öffentlichkeit mit einer politischen Überraschung konfrontiert. Zum ersten Mal in der Geschichte der Wahlen in der DDR war die übliche Marke von 99-Prozent Ja-Stimmen nicht erreicht worden. Von den 12 324 351 abgegebenen gültigen Stimmen waren 12 182 050 für die Kandidaten der Einheitsliste abgegeben worden, denen laut offiziellem Wahlergebnis 142 301 Nein-Stimmen gegenüberstanden.[16] Somit entfielen „nur" 98,85 Prozent Ja-Stimmen auf die Einheitsliste – für DDR-Verhältnisse eine politische Sensation. Gleichwohl beruhte auch dieses durchaus ungewohnte Ergebnis auf massiven Wahlfälschungen wie bei allen anderen Wahlen in der DDR zuvor.

2. Exkurs: Die Forderung nach freien Wahlen in 40 Jahren DDR

Wahlfälschungen waren unter der Diktatur der SED ständige Übung gewesen, auch wenn sie in der DDR zuvor nicht zur Sprache hatten gebracht werden können. Strittig waren sie nie. Für die Politbürokratie der SED ergaben sie sich gleichsam als „politischer Notbehelf" angesichts der Erkenntnis, in freien Wahlen keine demokratische Mehrheit erringen zu können. Wahlfälschungen waren sozusagen die Konsequenz eines politischen Traumas, das die deutschen Kommunisten im Verein mit der sowjetischen Besatzungsmacht bereits in der ersten Nachkriegszeit erlitten hatten – bei den ersten Wahlen in der Sowjetischen Besatzungszone.

2.1. „Lehren" aus den Kommunal- und Landtagswahlen 1946

Die ersten Landtagswahlen fanden in den nach dem Zweiten Weltkrieg neu geschaffenen fünf Ländern der SBZ am 1. September 1946 in Sachsen, am 8. September 1946 in Thüringen und der (damals so genannten) Provinz Sachsen[17] sowie am 15. September 1946 in der Provinz Brandenburg und in Mecklenburg-Vorpommern statt. Wahlmodus waren damals noch die Grundsätze des Verhältniswahlrechts.[18]

Schon damals bediente sich die Besatzungsmacht freilich des Tricks, neben den Kandidaten der drei zu diesem Zeitpunkt existierenden Parteien SED, CDU und LDPD auch solche der Vereinigung der gegenseitigen Bauernhife und der Demokratischen Frauenausschüsse zur Wahl zuzulassen. Von einem Trick zu reden ist deshalb geboten, weil die Kandidaten der fortan so genannten Massenorganisationen vielfach eingeschriebene Mitglieder der SED waren.

Aus den Kommunalwahlen '46 ging die SED zwar als eindeutige Siegerin hervor, insoweit ihre Kandidaten nahezu doppelt so viel Stimmen wie die beiden „bürgerlichen" Parteien zusammen auf sich vereinigen konnten, aber gemessen an der unübersehbaren Unterstützung der SED durch die Besatzungsmacht, die sich negativ auch als bewußte Benachteiligung der CDU und der LDPD äußerte – zum Beispiel durch die nicht fristgerechte Registrierung der Kandidatenlisten dieser Parteien durch die zuständigen Kommandanturen der Roten Armee –, mußte der Sieg als Pyrrhus-Sieg angesehen werden.

Diese Einschätzung kommt der Sache um so näher, als die beiden „bürgerlichen" Parteien in einer Reihe von Städten der SBZ zusammen absolute Mehrheiten erzielt hatten – so in Dresden, Erfurt, Halle, Jena, Leipzig, Plauen und Zwickau. Umgekehrt waren die Erfolge der SED in ländlichen Gemeinden nicht zuletzt darauf zurückzuführen, daß dort meist allein Kandidaten der SED zugelassen worden waren, während die Zulassung von Kandidatenlisten der CDU und der LDPD von der sowjetischen Besatzungsmacht bewußt verzögert worden war.

Der Parteivorstand zeigte sich trotz der Stimmenmehrheit für die SED irritiert. Wörtlich hieß es in einem offiziellen Beschluß vom 18. September 1946 „über die Lehren der Gemeindewahlen":

> „Die Mehrheit des werktätigen Volkes hat sich durch ihre Stimmabgabe unzweideutig für eine antifaschistische demokratische und friedliche Politik entschieden.
> Der Wahlkampf hat aber auch gezeigt, daß reaktionäre und faschistische Elemente am Werk sind, sich im Rahmen der bürgerlich-demokratischen Parteien zu tarnen und an ihrer Peripherie zu sammeln. Unter dem Deckmantel bürgerlicher demokratischer Organisationen haben dunkle Elemente mit den niedrigsten Mitteln faschistischer Propaganda und Verleumdung versucht, Verwirrung in die Reihen der Wähler zu tragen. Diese faschistischen und reaktionären Tendenzen sind im Anfang des Wahlkampfes nicht offen erkennbar gewesen. Unter Aufrechterhaltung des Standpunktes über die notwendige Fortführung der Zusammenarbeit mit der LDP und CDU sind wir verpflichtet, die reaktionären Elemente zu enthüllen und in Gemeinschaft mit den demokratischen Kräften in den bürgerlichen Parteien dafür zu sorgen, daß aktive faschistische und reaktionäre Elemente entfernt werden."[19]

Es war der durchsichtige Versuch eines unfairen Gegners, die beiden „bürgerlichen" Parteien in ihrer Einstellung auf den unmittelbar folgenden Landtagswahlkampf einzuschüchtern, wobei der selbstverständlich völlig unbegründete Vorwurf „faschistischer Propaganda" in der damaligen Situation, ein Jahr nach dem Ende der nationalsozialistischen Diktatur, besonders diffamierender Natur war – im Grunde denunziatorisch mit allen sich daraus ergebenden Folgen.

Der Versuch erwies sich gleichwohl als untauglich. Die Landtagswahlen vom 20. Oktober 1946 in der SBZ fielen für die SED deutlich ungünstiger aus als die Gemeindewahlen.[20] Einem absoluten Stimmenverlust der SED von gut 430 000 im Vergleich zu dem Ergebnis der Gemeindewahlen stand ein absoluter Stimmengewinn von CDU und LDP von zusammen über 750 000 gegenüber. In den Ländern Brandenburg und Mecklenburg-Vorpommern büßte die SED sogar ihre in den Gemeindewahlen erzielte absolute Stimmenmehrheit ein.

Von den insgesamt 520 Mandaten in den fünf Landtagen der SBZ entfielen 249 auf die SED und 16 auf die von ihr gesteuerten Massenorganisationen gegenüber 133 für die CDU und 122 für die LDPD. Dabei hatten sich die Liberal-Demokraten in Sachsen-Anhalt sogar selber um ein Landtagsmandat gebracht. Für den Landtag der Provinz Sachsen waren 110 Sitze vorgesehen. Da aber die LDP nicht damit gerechnet hatte, daß ihr über die Provinzliste eine bedeutende Anzahl von Mandaten zufallen würde, hatte sie nur vier Kandidaten für die Provinzliste eingereicht. Es stellte sich aber heraus, daß sie fünf Mandate über die Provinzliste nach dem Wahlergebnis errungen hatte. Die Partei versuchte daraufhin, nachträglich das fünfte Mandat mit einem der Kandidaten aus den Wahlbezirken zu besetzen. Die SMA aber lehnte dies ab."[21] Der Sowjetischen Militäradministration war die bürgerliche Mehrheit im Landtag ohnehin ein Ärgernis. Wie sollte sie da entgegenkommend entscheiden?

Der Führung der SED versetzte das Ergebnis der Landtagswahlen einen Schock. Seine Wirkung steigerte sich noch dadurch, daß die gleichzeitig – also ebenfalls am 20. Oktober 1946 – in allen vier Sektoren von Berlin durchgeführten Wahlen zur Stadtverordnetenversammlung und zu den Bezirksverordnetenversammlungen der SED eine eklatante Niederlage bescherten.[22] Die Besonderheit der Wahlen in Berlin bestand darin, daß hier auf Grund des geltenden Vier-Mächte-Status nicht nur die SED in allen vier Sektoren zur Wahl zugelassen war, sondern umgekehrt auch die SPD, und zwar auch in Ost-Berlin, wo sie neben der SED legal existierte.

So erklärt sich, daß sich die 130 Mandate der Berliner Stadtverordnetenversammlung nach dem 20. Oktober 1946 wie folgt verteilten: SPD = 63, CDU = 29, SED = 26 und LDPD = 12. Die SED war mithin auf den dritten Platz verwiesen. Selbst im Ostsektor von Berlin, wo ihr die ungenierte Unterstützung durch die sowjetische Besatzungsmacht zuteil geworden war, wurde sie von der SPD überflügelt. Die SED galt gemeinhin als „Russenpartei", die sich „sowjetischer als die Sowjets" gab und daher wenig Ansehen in der Bevölkerung besaß, zumal in Berlin.

Es waren diese Erfahrungen in den Landtagswahlen vom 20. Oktober 1946, die der Politbürokratie der SED als „bleibende Lehre" die Überzeugung vermittelten, sie dürfe sich in ihrem Herrschaftsbereich niemals mehr dem Risiko einer freien Wahl aussetzen. Zudem ging sie dazu über, den politischen Druck auf CDU und LDPD in der SBZ derart zu verstärken, daß deren Eigenständigkeit in den parlamentarischen Körperschaften auf Landes-, Kreis- und Gemeindeebene durch stärkere Einbindung in den „Antifa-Block" mehr und mehr paralysiert wurde. Das Ende hieß Gleichschaltung der Block-Parteien und Säuberung von „reaktionären Elementen". Walter Ulbricht hat das taktische Vorgehen der SED damals auf einen simplen Hauptnenner gebracht: *„Das Wachsen der reaktionären Bestrebungen in der CDU und LDP erfordert die Stärkung der Sozialistischen Einheitspartei und ihre enge Zusammenarbeit mit diesen beiden Parteien, um die reaktionären Einflüsse auf die bürgerlich-demokratischen Kräfte zurückzuschlagen."*[23] Damit waren Strategie und Taktik der SED unzweideutig festgelegt.

Zugleich drang die SMAD darauf, daß sich in den nach den Landtagswahlen in der SBZ neu zu bildenden Landesregierungen alle Parteien beteiligten. Auf diese Weise blieb der trügerische Schein der „antifaschistisch-demokratischen Einheitsfront" gewahrt. Zugleich aber hatte die SED alle Schlüsselpositionen in den neuen Landesregierungen besetzt, ohne eine parlamentarische Opposition fürchten zu müssen. Mit (vorläufiger) Ausnahme von Sachsen-Anhalt, wo mit Erhard Hübener ein Liberal-Demokrat zum Ministerpräsidenten gewählt worden war – er trat am 10. August 1949 zurück und wurde durch einen der SED zugehörigen Ministerpräsidenten ersetzt –, stellte die SED sowohl die Ministerpräsidenten der Länder als auch die für Kontrolle der Personalpolitik in der Verwaltung und für die Leitung der Polizei verantwortlichen Innenminister sowie die Minister für Volksbildung. Es kam, wie Ulbricht seinerzeit wollte: Es sah demokratisch aus, aber die Kommunisten hatten alles, was zur Erringung und Sicherung der Macht wichtig war, in der Hand.

Nur in der Vier-Sektoren-Stadt Berlin nahmen die politischen Dinge einen anderen Lauf. Nachdem sich die große Mehrheit in der gewählten Stadtverordnetenversammlung in den ersten Septembertagen 1948 kommunistischen Störaktionen durch Wechsel ihrer Tagungsstätte in die Westsektoren entzogen hatte, zusammen mit dem rechtmäßigen Magistrat, trat am 30. November 1948 in Ost-Berlin eine „außerordentliche Stadtverordnetenversammlung" zusammen, deren Mitglieder ohne demokratische Legitimation berufen worden waren. Sie erklärte den gewählten Magistrat unter dem amtierenden Bürgermeister Ferdinand Friedensburg (CDU) für abgesetzt und „wählte" einen neuen Magistrat unter Oberbürgermeister Friedrich Ebert (SED). Damit war die politische Spaltung Berlins vollzogen.

Hintergrund der Aktion: Für den 5. Dezember 1948 waren Neuwahlen zur Stadtverordnetenversammlung in ganz Berlin beschlossen worden. Um der SED eine erneute Wahlniederlage zu ersparen, wurden sie von der sowjetischen Besatzungsmacht in Ost-Berlin verboten. Die Wahlen fanden nur in den drei West-Sektoren statt. Die SED hatte zu ihrem Boykott aufgerufen. Die SPD errang die absolute Mehrheit – Ernst Reuter wurde als Oberbürgermeister, später Regierender Bürgermeister von Berlin, gewählt.[24]

Dreizehn Jahre später – Stichtag 13. August 1961 – wurde die Spaltung Berlins durch Errichtung einer Mauer quer durch die alte Reichshauptstadt im buchstäblichen Sinne des Wortes betoniert und mit Stacheldraht befestigt.

In der SBZ wurde die „Revolution von oben" Schritt um Schritt durchgesetzt. Nach den umfangreichen Enteignungen im Zuge der „demokratischen Bodenreform" und nach der Enteignung der Banken und Versicherungen sowie der Schlüsselindustrie wurde 1948 ein erster Wirtschaftsplan beschlossen. Der Weg zur „sozialistischen Planwirtschaft", erzwungen von der Führung der SED im Verein mit der SMAD, war beschritten. Dementsprechend wurden die politischen Strukturen Zug um Zug den Erfordernissen des „demokratischen Zentralismus" angepaßt. Den Landesregierungen wurden mehr und mehr Kompetenzen entzogen und auf die in Ost-Berlin installierten Zentralverwaltungen bzw. auf die schon 1947 von der SMAD geschaffene Deutsche Wirtschaftskommission übertragen.

Die Landtage waren dieser Entwicklung gegenüber machtlos. Um den Einfluß von CDU und LDPD weiter zu eliminieren, initiierte die SED im Zusammenwirken mit der SMAD im Frühjahr 1948 die Gründung zweier neuer Parteien in Gestalt der National-Demokratischen Partei Deutschlands und der Demokratischen Bauernpartei Deutschlands, die beide gemeinsam am 16. Juni 1948 von der SMAD lizenziert wurden. Da sich die NDPD an ehemalige nominelle Mitglieder der NSDAP und ehemalige Soldaten und Offiziere der Wehrmacht, an Handwerker und Gewerbetreibende, die DBD an Klein- und Mittelbauern wandte, spekulierte die SED darauf, die Klientel der beiden „bürgerlichen" Parteien zu zernieren, indem bei künftigen Wahlen das Stimmenpotential des bürgerlichen Lagers aufgesplittert wurde.

Um freilich ganz sicher zu gehen, verfügte die SMAD durch Befehl vom 24. August 1948, die nach der Gemeindeordnung an sich fälligen Gemeindewahlen um ein Jahr zu verschieben, verbunden mit der vagen Aussicht, sie im Herbst 1949 zusammen mit den Wahlen zu den Landtagen durchzuführen.

Inzwischen hatten sich die Rahmenbedingungen, in denen sich politisches Leben im geteilten Deutschland entwickeln konnte, bereits tiefgreifend verändert. Nach den sozialökonomischen Strukturveränderungen und dem Übergang zur Planwirtschaft in der SBZ einerseits, separaten Währungsreformen in West und Ost andererseits sowie nach dem Verfall des Alliierten Kontrollrates verhängten die Sowjets eine Blockade aller Land- und Wasserwege zwischen West-Berlin und Westdeutschland ab 24. Juni 1948. Sie dauerte fast ein Jahr. Der so offen ausgebrochene Kalte Krieg führte zu politischen Verhärtungen in Ost und West.

2.2. Die Einheitswahl als politischer Testfall

Während einerseits die SED mit ihrer Politik der Machteroberung wesentlich dazu beitrug, daß die Spaltung Deutschlands vertieft wurde, entfachte sie andererseits eine „Volksbewegung für Einheit und gerechten Frieden", eine Variante kommunistischer Volksfrontpolitik, die gleichsam als nationales Alibi der SED gedacht war. Nachdem am 6./7. Dezember 1947 und am 17./18. März 1948 bereits zwei sogenannte Volkskongresse für Einheit und gerechten Frieden in der Regie der SED in Ost-Berlin als gesamtdeutsche Propagandaforen inszeniert worden waren, wurde der 3. Deutsche Volkskongreß für den 29./30 Mai 1949 nach Ost-Berlin einberufen.

Für die Geschichte der Wahlen in der SBZ war das Unternehmen insofern relevant, als den Delegierten zu diesem Volkskongreß erstmals durch allgemeine Wahlen zu politischer Schein-Legitimation verholfen werden sollte, ohne daß sich die SED dem Wagnis eines demokratischen Votums aussetzen mußte. Was einer Quadratur des Zirkels zu gleichen schien, löste die SED durch die erstmals durchgeführte Einheitslistenwahl.

Diese Wahlen wurden an zwei Tagen abgehalten, am 15. und 16. Mai 1949. Ihre von vornherein gegebene Fragwürdigkeit gründete darin, daß die Parteien sowie einige Massenorganisationen in der SBZ, nämlich der Freie Deutsche Gewerkschaftsbund, die Freie Deutsche Jugend und der Demokratische Frauenbund Deutschlands, ihre Kandidaten auf einer Einheitsliste aufzustellen hatten, so daß die Wählerinnen und Wähler mit ihren Stimmen auf die Zusammensetzung des Volkskongresses keinen Einfluß nehmen konnten. Sie konnten sich nur mit Ja oder Nein zur Einheitsliste aller Kandidaten entscheiden, deren Zusammensetzung vorausbestimmt und nicht mehr zu verändern war.

Darüber hinaus war die Stimmabgabe mit einer Art Plebiszit verbunden. Jeder Stimmzettel enthielt außer der Kandidatenliste das vorgedruckte Bekenntnis: *„Ich bin für die Einheit Deutschlands und einen gerechten Friedensvertrag. Ich stimme darum für die nachstehende Kandidatenliste zum Dritten Deutschen Volkskongreß“.*[25]

Es war eine Täuschung des Wahlvolkes, insofern der Boykott der Stimmabgabe mit einer Absage an die Einheit Deutschlands belastet schien. Trotz aller Manipulation und Pression fiel das Ergebnis der Volkskongreß-Wahlen für die SED nicht eben glanzvoll aus. Bei einer Wahlbeteiligung von 95,2 Prozent lauteten 7 943 949 = 66,1 Prozent der gültigen Stimmen auf Ja, 4 080 372 = 33,9 Prozent entfielen auf Nein. In Ost-Berlin wurden sogar nur 47,1 Prozent Ja-Stimmen abgegeben.[26] Mit der Einheitsliste hatte sich die SED zwar dem demokratischen Risiko einer Wahlniederlage entzogen, aber als politischen Erfolg konnte sie das Ergebnis der Volkskongreß-Wahlen nicht verbuchen.

2.3. Die „systembedingte“ Wahlfälschung

Der Sachverhalt wog um so schwerer, als das Ergebnis ohnehin nur infolge massiver Wahlfälschung zustande gekommen war. Als sich am späten Abend des ersten Wahltages erwies, daß ein großer Teil der Wählerschaft am 15. Mai nicht mit Ja gestimmt, sondern ungültige Stimmzettel abgegeben hatte, griff die Deutsche Verwaltung des Innern (DVdI) im Zusammenwirken mit den Innenministern der Länder in der SBZ in den Wahlverlauf ein. In gleichlautenden Fernschreiben an die Chefs der Landespolizeibehörden in Brandenburg, Mecklenburg, Sachsen, Sachsen-Anhalt und Thüringen zur Weiterleitung an die Innenminister der Länder traf Dr. Kurt Fischer, Chef der DVdI, folgende bezeichnende Anordnung: *„Es gibt Mitteilungen,* *nach denen die Wahlausschüsse in Ortschaften sich an die Instruktionen des RIAS und anderer feindlicher Sender gehalten haben und eine Auszählung der Stimmen vornehmen, die eine unverhältnismäßig hohe Anzahl von ungültigen Stimmzetteln ergibt. Sie werden ersucht, die Wahlausschlüsse besonders auf diesen Unfug aufmerksam zu machen und entsprechende Maßnahmen zu ergreifen.*"[27] Und so geschah es. Zum Beispiel veranlaßte der Innenminister von Sachsen-Anhalt, Robert Siewert, am 16. Mai 1949 durch Fernschreiben an alle Wahlausschüsse,[28] sämtliche Wahlergebnisse wegen einer „*unverhältnismäßig hohen Anzahl angeblich ungültiger Stimmen*" zu überprüfen. „Überprüfen" war im gegebenen Kontext das Synonym für „fälschen."

Im einzelnen ordnete Siewert an, Stimmzettel, die ohne Kennzeichnung in die Wahlurne geworfen wurden, als Ja-Stimmen zu werten. „ *Der Wähler gab mit der einfachen Abgabe des Stimmzettels ohne Kennzeichnung klar zu erkennen, daß er das großgedruckte ‚Ja' des Stimmzettels als den Ausdruck seines Willens betrachtet.*"

Zum anderen hatten Stimmzettel, die außerhalb der Kreise angekreuzt waren, ebenfalls als Ja-Stimmen zu gelten. „*Der Wähler gibt damit seine Zustimmung zur Kandidatenliste und zum ‚Ja' zu erkennen. Bei Ablehnung hätte er zweifelsohne das Zeichen der Verneinung in den ‚Nein-Kreis' eingezeichnet.*"

Drittens habe der Wähler „*das auf dem Stimmzettel aufgedruckte ‚Ja' als seine Willensäußerung bekräftigt, wenn er auf eine andere Art sein Zeichen auf den Stimmzettel angebracht*" habe, „*ohne den ‚Nein-Kreis' ausdrücklich anzuzeichnen.*"

Schließlich sollten alle Stimmzettel mit handschriftlichen Bemerkungen, „*z.B. ‚für die Heimat, für Einheit, für den gerechten Frieden, für Freiheit' usw.*" , als „*gültige Ja-Stimmen*" gewertet werden. Die Folge dieser Anordnung war, daß die nach dem ersten Wahltag bereits ausgezählten Stimmen „*auf derartige Fehler zu überprüfen und zu korrigieren*" waren. Im Machtbereich der SED war die erste umfassende Wahlfälschung Ereignis geworden. Denn entsprechende Anordnungen wie in Sachsen-Anhalt ergingen auch in den anderen Ländern der SBZ. So erhielt der Bürgermeister der Gemeinde Dittersbach (Kreis Löbau), Helmut Weltike, in seiner Funktion als Wahlleiter am 16. Mai 1949 nach Abschluß der Wahl folgende Mitteilung des Chefs der Landespolizeibehörde Sachsen: „*Laut Anordnung des Sekretariats des Deutschen Volksrates sind Blancostimmscheine, also nicht gekennzeichnete, auf denen weder ja noch nein gestimmt wurde, also leere Stimmscheine, mit Ja zu bewerten.*"[29] Bei einer „Überarbeitung" des Wahlergebnisses vom Vortage wurden die bereits ausgezählten und als ungültig bewerteten Stimmscheine in Ja-Stimmen „abgeändert". Gleichartige Vorkommnisse sind konkret auch aus dem Land Brandenburg bezeugt.[30] Wie sich das wie gesagt mit 66,1 Prozent Ja-Stimmen offiziell mitgeteilte Wahlergebnis zu dem tatsächlichen Resultat verhalten haben mochte, ist niemals geklärt worden.

Rückschlüsse erlaubte eine Rede Walter Ulbrichts. Obwohl nur stellvertretender Vorsitzender, sah jedermann in ihm schon damals den starken Mann der SED. Er lastete Verlauf und Ergebnis der Volkskongreß-Wahlen der CDU und der LDPD in der SBZ an. Auf einer Funktionärskonferenz der SED am 7. Juli 1949 überschüttete er sie mit Vorwürfen und Drohungen. „*Wir haben die Tatsache, daß verantwortliche Funktionäre der bürgerlichen Parteien aktiv gegen die Wahlen zum Volkskongreß aufgetreten sind*", leitete er seine Philippika ein. „*Man kann sagen, daß in den Orten, wo CDU und LDP die Mehrheit besitzen, die höchste Zahl von Nein-Stimmen zu verzeichnen ist, so in der Stadt Plauen 60,2 Prozent, in Plauen-Land 58,8 Prozent, im Landkreis Teltow 45,3 Prozent, im Stadtkreis Apolda 52,9 Prozent. Das sind nur einige Beispiele aus solchen Städten und Kreisen, wo eine CDU- und LDP-Mehrheit vorhanden ist und diese Parteien besonders starken Einfluß besitzen."* Vier Jahre nach dem Ende der ersten Diktatur in Deutschland hatten sich auch unter der zweiten Diktatur in Deutschland oppositionelle Kräfte zu behaupten versucht.

Gefährlich wurde es für die bürgerlichen Parteien, wenn Ulbricht folgende, im Grunde selbstentlarvende Feststellung hinzufügte: *„Es zeigt sich, daß nicht, wie manche annahmen und noch annehmen, die früheren Mitglieder der Nazipartei und die Umsiedler usw. die gegnerischen Kräfte sind, sondern daß sich die Hauptkräfte des Gegners in bestimmten Funktionen innerhalb der beiden bürgerlichen Parteien getarnt haben und teilweise sogar die Blockpolitik als Deckmantel für ihre Tätigkeit benutzen."*[31]

Am 29./30. Mai 1949 tagte in Ost-Berlin der 3. Deutsche Volkskongreß und wählte aus seiner Mitte einen Deutschen Volksrat, bestehend aus 330 Abgeordneten, von denen 120 von der SED und weitere 60 von den von ihr gesteuerten Massenorganisationen gestellt wurden; die übrigen 150 verteilten sich auf die vier Block-Parteien, und zwar je 45 auf die CDU und die LDPD sowie je 30 auf NDPD und DBD, so daß eine „bürgerliche" Mehrheit bereits grundsätzlich ausgeschlossen war. Die SED und ihre Satelliten-Organisationen konnten nicht mehr überstimmt werden. Das war deshalb ein politisch wichtiges Moment, weil sich der Deutsche Volksrat am 7. Oktober 1949 zur Provisorischen Volkskammer konstituierte, um im Einvernehmen mit Stalin und der SMAD die Gründung der Deutschen Demokratischen Republik durch Verabschiedung und Inkraftsetzung ihrer Verfassung zu vollziehen.

Das Selbstbewußtsein von CDU und LDPD in der SBZ/DDR war bereits so weit verkümmert, daß sie nicht mehr die politische Kraft fanden, sich dieser Entwicklung entgegenzusetzen. Dennoch sollten die in den Jahren 1945 bis 1949 in Wahlen gemachten Erfahrungen die SED so nachhaltig traumatisieren, daß sie Wahlen zur Volkskammer *„in allgemeiner, gleicher, unmittelbarer und geheimer Wahl nach den Grundsätzen des Verhältniswahlrechtes"*, wie sie Artikel 51 der (ersten) DDR-Verfassung zwingend vorschrieb, weder im Vorfeld der DDR-Gründung noch in den folgenden vierzig Jahren der SED-Diktatur zuließ.

1949 konnte die SED die beiden „bürgerlichen" Parteien noch mit dem Versprechen hinhalten, nach einem Jahr DDR Wahlen nach dem Verhältniswahlrecht abzuhalten. CDU und LDPD stimmten unter dieser Voraussetzung der Verschiebung sogar zu, aber die Zusage wurde nicht eingehalten. Als am 15. Oktober 1950 erstmals Wahlen zur Volkskammer durchgeführt wurden, zusammen mit Wahlen zu den Landtagen und zu den Kommunalvertretungen, wurde dem Wahlvolk eine Kandidaten-Einheitsliste der Nationalen Front zu alternativloser Zustimmung präsentiert.

Da die Mandate in den Volksvertretungen aller Ebenen auf die seit Gründung der DDR unter Führung der SED in der Nationalen Front zusammengeschlossenen Blockparteien und Massenorganisationen nach einem vor der Wahl festgelegten

Schlüssel verteilt wurden, besaßen die Wählerinnen und Wähler von Anfang an keinerlei Zugriff auf die Zusammensetzung der Volksvertretungen. „*Es war nicht, wie ein Vertreter der alten ostdeutschen DDR-Geschichtsschreibung in gewendeter Sichtweise meint, ‚die Konstituierung des politischen Systems der DDR', die die Demokratie ‚vernachlässigte', sondern die bewußte Mißachtung der Demokratie durch die SED-Führung, die zur Bedingung für die Konstituierung der DDR wurde.*"[32] Von vornherein hatte sich die SED zusammen mit ihren Massenorganisationen die absolute Mehrheit der Mandate gesichert. Die SED brauchte insoweit nie eine parlamentarische Opposition zu fürchten – weder in der Volkskammer noch in den Landtagen bzw. später, seit 1952, in den Bezirktagen, noch in den kommunalen Vertretungskörperschaften auf Kreis- und Gemeindeebene. Die SED hatte nicht nur real die Macht inne – sie besaß auch formal die Mehrheiten in den Parlamenten aller Ebenen, um ihre Politik „legal" durchsetzen zu können.

Ungeachtet des undemokratischen Wahlmodus' waren die Wahlergebnisse, die bei den ersten Volkskammerwahlen wie zum Hohn ein Ergebnis von über 99 Prozent Ja-Stimmen auswiesen, stets gefälscht – ein Sachverhalt, der speziell bei der politischen Einschätzung der neun Volkskammerwahlen, die unter der Diktatur der SED abgehalten wurden, vielfach unbeachtet blieb. Und bei den Kommunalwahlen, die in der DDR-Zeit ihrer Existenz ebenfalls neunmal durchgeführt wurden, verhielt sich die Sache nicht anders.[33] Im Blickpunkt war überwiegend das Wahlsystem selbst. Daß sich die SED selbst bei Schein-Wahlen zu Fälschungen veranlaßt sah, wurde weithin verdrängt. Als nach der friedlichen und demokratischen Revolution die Archive der DDR zugänglich wurden, trat alsbald auch die Rolle zutage, die dabei der Staatssicherheit zugefallen war. Jochen Laufer hat ihr Eingreifen bei den „Volkswahlen" vom 15. Oktober 1950 untersucht.[34] Sein Resümee: „*Die Wahlfälschungen waren ein Bestandteil der von der SED vorangetriebenen Revolution, die insofern auch mit dem Stimmzettel ‚gemacht' wurde.*"[35] Hier liegt letztlich auch die Erklärung dafür, warum sich in der DDR bis zur Endzeit der Diktatur der SED Wahlen in der Abgabe eines gefalteten Stimmzettels erschöpften. „Falten gehen" hieß die Prozedur im Volksmund. Der demokratische Geburtsmakel der DDR wirkte fort bis zum Sturz Erich Honeckers.

2.4. Früher Widerstand gegen Einheitswahlen

Es konnte nach aller politischen Logik nicht ausbleiben, daß sich frühzeitig Widerstand in der DDR gegen die Nötigung zur Einheitslistenwahl zu regen begann – Widerstand, den das Regime mit gnadenlosen Strafurteilen ahndete. Die Forderung nach freien Wahlen fand namentlich im Vorfeld der Volkskammer-Wahlen vom 15. Oktober 1950 ihren demonstrativen Ausdruck in „illegalen" Aktionen in zahlreichen Städten und Gemeinden dergestalt, daß nachts einschlägige Losungen auf Hauswände und Mauern gemalt oder Flugblätter, teils selbst gefertigt, teils aus West-Berlin beschafft, verteilt wurden. Wen Staatssicherheitsdienst oder Volkspolizei dabei faßten, der mußte harte Zuchthausurteile gewärtigen – oder gar ein Todesurteil, wie der 18jährige Oberschüler Hermann Joseph Flade.[36]

Flade hatte in seiner Heimatstadt Olbernhau/Erzgebirge in den Tagen vor der Wahl selbst Flugblätter verfaßt und verteilt. Zweimal, am 10. und am 14. Oktober, waren sie an Haustüren, Laternenmasten und Mauern angebracht worden im Schutze der Dunkelheit. Es waren einfache, mit Hilfe eines Schüler-Druckkastens hergestellte Flugblätter, Proteste gegen den „Wahlbetrug" am 15. Oktober.

Während bei der ersten Flugblattaktion in Olbernhau verborgen geblieben war, wer sie durchgeführt hatte, war der „Täter" am späten Abend des 14. Oktober 1950 einer Doppelstreife der Volkspolizei in die Arme gelaufen, die ihn zu stellen suchte. Dabei wehrte sich Flade, zückte ein Klappmesser und brachte in dem nun einsetzenden Handgemenge dem Volkspolizisten mehrere Stiche am linken Oberarm und im Rücken bei, ohne ihn allerdings lebensgefährlich zu verletzen. Tötungsabsicht bestand zu keiner Zeit. Zwar konnte sich Flade der Festnahme vorerst noch entziehen, aber am Nachmittag des 16. Oktober wurde er festgenommen.

Das Regime war unklug genug, den jungen Widerständler in einem Schauprozeß in Olbernhau anzuklagen. *„Den Anstoß meiner Arbeit der Flugblätter"*, so erklärte er laut Verhandlungsprotokoll, *„bildete die Wahl selber. Ich sagte mir, bei einer Wahl müßte auch eine andere Stimme gehört werden. Da ich das nicht offen machen konnte, weil ich von der Schule fliegen würde, mußte ich das nachts im Geheimen tun."*[37] Die 22. Strafkammer des Landgerichts Dresden verurteilte ihn am 10. Januar 1951 wegen „Boykotthetze" in Tateinheit mit militaristischer Propaganda, versuchten Mordes und Widerstands gegen Vollstreckungsbeamte zum Tode. Als sich die Empörung über dieses Urteil mit ungeheurer Vehemenz entlud, sah sich das Oberlandesgericht Dresden am 29. Januar 1951 veranlaßt, das Todesurteil im Revisionsverfahren in fünfzehn Jahre Zuchthaus umzuwandeln. Fast auf den Tag genau mußte Flade zehn Jahre davon in sächsischen Zuchthäusern verbüßen.

Ähnliche Strafprozesse wegen Widerstands gegen die „Volkswahlen" – oftmals genügte dazu ihre öffentliche Kritik – fanden 1950 und 1951 vor den Landgerichten in Eberswalde, Potsdam, Schwerin und Zwickau statt.

Das auf zehn Jahre Zuchthaus lautende Urteil des Landgerichts Eberswalde vom 23. Februar 1951 gegen den Bücherrevisor Hans Klette, der öffentlich die Auffassung vertreten hatte, *„daß die Wahl schon fertig ist und der 15. Oktober nur noch eine Farce bedeutet"*, begründete das Gericht wie zum Hohn unter anderem wie folgt:

> „Die Äußerungen des Angeklagten über die Wahl sind erfundene tendenziöse Gerüchte, da sie jeder Grundlage entbehren. Die Verbreitung dieser Gerüchte unterstützt die Hetzpropaganda des RIAS und damit die Hetze der Kriegstreiber, die eine Gefährdung des Friedens des deutschen Volkes und des Friedens der Welt ist. Die Wahlen am 15. Oktober bewiesen, daß es sich um eine Volkswahl im wahren Sinne des Wortes gehandelt hat. Der weitaus größte Teil der Wähler hat sich offen zu den Kandidaten bekannt. [...] Der Angeklagte treibt Boykotthetze gegen demokratische Einrichtungen, indem er gegen die Volkswahlen und gegen die Regierung der DDR agitiert. Obwohl sämtliche Blockparteien für die Aufstellung einer gemeinsamen Kandidatenliste eingetreten sind und damit dem Wunsche der Bevölkerung entsprachen, spricht der Angeklagte davon, daß es ja nur eine Farce ist und von einer freien Wahl nicht gesprochen werden kann. Die Wahl selbst hat bewiesen, daß es jedem Wähler möglich gewesen ist, die Kandidaten abzulehnen."[38]

Unter den gegebenen Voraussetzungen mußte die Forderung nach freien Wahlen geradezu zwangsläufig zur Hauptlosung der Aufständischen werden, die am 16.

und 17. Juni 1953 in Ost-Berlin und den wichtigsten Industriegebieten der DDR in den Streik traten und auf die Straße gingen, um zu demonstrieren. Bereits während der Kundgebung am Mittag des 16. Juni vor dem Haus der Ministerien in Ost-Berlin wurden „Freie Wahlen" verlangt. Als am späten Nachmittag eine Delegation von Ost-Berliner Bauarbeitern im Funkhaus des RIAS in West-Berlin erschien, um den Wortlaut einer hernach über den RIAS verbreiteten Resolution zu überbringen, zählte zu den vier Hauptforderungen auch diejenige nach *„freien und geheimen Wahlen"*[38] Während des Aufstands wurde die Losung „Freie Wahlen" auf Demonstrationszügen und Kundgebungen in Ost-Berlin, Dresden, Görlitz, Halle, Jena, Leipzig und Magdeburg skandiert oder auf eilends gefertigten Transparenten zur Schau getragen.[40] Und als die Zentrale Streikleitung in Bitterfeld am 17. Juni in einem Telegramm an die Regierung der DDR ihre Forderung formulierte, war unter Punkt 4 zu lesen: *„Freie, geheime, direkte Wahlen in vier Monaten"*[41] Die Beispiele, die keinerlei Anspruch auf Vollständigkeit erheben können, veranschaulichen gleichwohl, daß die Forderung nach freien Wahlen in der DDR zu den tragenden Ideen des Juni-Aufstandes gehört hat.

2.5. Die Forderung nach freien Wahlen in Oppositionsprogrammen

Soweit sich in der DDR der fünfziger, sechziger und siebziger Jahre politisches Andersdenken artikuliert hat, war auch die Forderung nach freien Wahlen stets unverzichtbarer Bestandteil ihrer programmatischen Bekundungen. Selbst in dem Entwurf einer *„Plattform für einen besonderen deutschen Weg zum Sozialismus"*, einem von der „konterrevolutionären Gruppe" um Wolfgang Harich und Walter Janka diskutierten nationalkommunistischen Papier, war zwar für eine Wahl nach Einheitslisten des demokratischen Blocks der Parteien und Massenorganisationen plädiert worden. *„Die Wahlordnung muß es aber den Wählern möglich machen, nicht nur – womöglich offen – ihre Stimme abzugeben, sondern eine wirkliche Wahl zu treffen. Aus diesem Grunde müssen auf der Einheitsliste des demokratischen Blocks jeweils mehr Kandidaten aufgeführt werden, als die jeweilige Volksvertretung Abgeordnete haben wird. Die geheime Stimmenabgabe muß garantiert sein."*[42] Dezidierter noch sprachen sich die Verfasser des *„Manifests des Bundes Demokratischer Kommunisten Deutschlands"*, eine Gruppe Gleichgesinnter um Hermann von Berg, 1977 *„für ein unabhängiges Parlament, das aus freier Entscheidung der Wähler hervorgeht"*[43] aus. Die Forderung nach freien Wahlen ist in der DDR nie verstummt. Sie spiegelt sich auch in zahlreichen politischen Strafurteilen. So kam das Oberste Gericht der DDR in einem zweitinstanzlichen Urteil vom 21. März 1958, mit dem eine erstinstanzlliche Entscheidung zur Herstellung und Verbreitung von Flugblättern bestätigt wurde, zu folgenden Feststellungen:

> „Besonders aktiv wurde der Angeklagte, wenn in der Deutschen Demokratischen Republik Wahlen bevorstanden. Unter lobender Hervorhebung des Wahlsystems in der Bundesrepublik, das freie demokratische Wahlen gewährleiste, bezeichnete er die Volkswahlen in der Deutschen Demokratischen Republik als ‚Schwindel', ‚Lug' und ‚Betrug'. [...] Der Angeklagte hat seit dem Jahre 1954 vorsätzlich eine Vielzahl von Hetzschriften verfaßt, deren Inhalt hauptsächlich darauf gerichtet war, Bürger der Deutschen Demo-

> kratischen Republik unter Benutzung von erlogenen staatsfeindlichen Argumenten zur Boykottierung der Volkswahlen aufzuwiegeln."[44]

Die Aktualisierung der Forderung nach Freien Wahlen in den achtziger Jahren stand mithin durchaus in der Kontinuität oppositioneller und widerständiger Bestrebungen in der DDR früherer Jahrzehnte, wie punktuell sie in der Hoch-Zeit der SED-Diktatur auch aufgetreten sein mögen.

3. Die Aufdeckung der Wahlfälschungen

Zu den Eigentümlichkeiten der Kommunalwahlen '89 zählten Erfahrungen, in denen sich die friedliche und demokratische Revolution der DDR wie ein Menetekel an der Wand ankündigte. Was vereinzelt schon bei den Volkskammerwahlen am 8. Juni 1986 versucht worden war, erfolglos allerdings, geschah nun organisiert: Die öffentliche Kontrolle der Stimmenauszählung durch Mitglieder kirchlicher Basisgruppen und unabhängiger Bürgerinitiativen in den Wahllokalen. Es geschah buchstäblich unter den Augen der Staatssicherheit, wie aus dem Treffbericht eines Führungsoffiziers hervorgeht: *„In der 19. POS trat bei Auszählung der Stimmen eine männliche Person auf, die sich Aufzeichnungen machte. Es kann vermutet werden, daß es sich hier um den Vertreter des politischen Untergrundes handelte"*[45]

Jahrzehntelang waren Wahlfälschungen vermutet, aber öffentlich nie nachgewiesen worden. Erstmals wurde die Problematik nun von der Opposition aufgegriffen. *„Und die Oppositionellen taten das, was die Staatssicherheit immer befürchtet hatte: Sie gingen erstmals in einer breiten Kampagne aus den Kirche heraus auf die Straße. Welche Gründe auch sonst eine Rolle gespielt haben mögen: Die Wahlfälschung war quer durch die DDR in aller Munde."*[46] Das Ergebnis war wie erwartet: In Ost-Berlin und republikweit wurden öffentlich massive Fälschungen des Wahlergebnisses und weitere Verstöße gegen das geltende Wahlgesetz aufgedeckt.

3.1. Die öffentliche Kontrolle der Stimmenauszählung

Nach § 37 Absatz 1 des zum Zeitpunkt der Kommunalwahlen '89 geltenden DDR-Wahlgesetzes hatte die Auszählung der Stimmen im Wahllokal zu erfolgen. *„Sie ist öffentlich und wird vom Wahlvorstand durchgeführt."* Unter Berufung auf diese Bestimmung fanden sich Bürgerinnen und Bürger in Ost-Berlin, aber auch in Dresden, Erfurt, Jena, Leipzig, Naumburg, Potsdam, Rostock und einer Reihe anderer Städte der DDR *„in Wahrnehmung ihrer staatsbürgerlichen Rechte"* ein, um die Stimmenauszählung zu kontrollieren. Willkommen waren sie mitnichten. Nur zum Teil wurde ihnen die Anwesenheit bei der Auszählung eingeräumt – vielfach blieben sie davon ausgeschlossen. In Sonderwahllokalen, die schon drei Wochen vor dem Wahltermin geöffnet waren und in denen die Stimmenauszählung bereits am Mittag des 7. Mai 1989 durchgeführt wurde, blieben Andersdenkende überhaupt chancenlos. Öffentlichkeit fand hier nicht statt. Im Sonderwahllokal Rostock-Stadt zum Beispiel wurde Mitgliedern des Arbeitskreises Solidarische Kirche der Zutritt zum Wahllokal kurz vor Beginn der Stimmenauszählung verweigert mit dem Argument, *„daß die*

Auszählung der Stimmzettel des Sonderwahllokals nicht öffentlich sei". Entsprechend einer Weisung vom 5. Mai 1989 sei die einschlägige Bestimmung im Wahlgesetz *„für ein Sonderwahllokal nicht verbindlich"* (vgl. dazu Anhang, Nr. 3).

Aus anderen Wahllokalen wie in einem Wahllokal in Berlin-Weißensee wurden Einschränkungen der Öffentlichkeit registriert. *„Nach der Auszählung der abgegebenen Stimmen (322) und Nennung der ungültigen Stimmen (1) sowie gültigen Stimmen (321) wurde die weitere Auszählung der gültigen Stimmen für bzw. gegen den Wahlvorschlag für nicht öffentlich erklärt."* (vgl. dazu Anhang, Nr. 4). Proteste dagegen blieben erfolglos.

Wo die öffentliche Kontrolle der Stimmenauszählung durchgesetzt werden konnte, ergaben Vergleiche der dabei festgestellten Zahlen starke Abweichungen vom offiziellen Wahlergebnis. Wie in der Dokumentation „Wahlfall 89" zum Beispiel aus Leipzig belegt wurde, bewegten sich die Abweichungen bei den festgestellten Nein-Stimmen zur Wahl der Stadtbezirksversammlung gegenüber dem offiziellen Wahlergebnis zwischen 9 und 11 Prozent.[47] Ähnliche Wahrnehmungen wurden in Dresden, Erfurt, Jena, Naumburg und Potsdam dokumentiert.

In Ost-Berlin verhielt es sich nicht anders.

> „Im Bezirk Mitte schwankte die Zahl der Nein-Stimmen zwischen 6,8 und 15,9 Prozent, amtlich ausgewiesen wurden 2,3 Prozent. Im Bezirk Friedrichshain, wo 79 von 89 Wahllokalen kontrolliert wurden, belief sich der Nein-Stimmenanteil auf 6,93 Prozent gegenüber 1,89 Prozent, die amtlich mitgeteilt wurden. Ähnlich im Bezirk Prenzlauer Berg, wo in 69 von 89 Wahllokalen im Schnitt 11,77 Prozent Nein-Stimmen gegenüber amtlich ausgewiesenen 1,86 Prozent dokumentiert wurden. Im Bezirk Weißensee schließlich betrug der Nein-Stimmenanteil in 65 von 67 Wahllokalen durchschnittlich 7,7 Prozent gegenüber den amtlich zugestandenen 2,35 Prozent."[48]

Das waren Differenzen, die politisch für sich selber sprachen und die unter Regimekritikern und Oppositionellen logischerweise zu dem Entschluß führen mußten, das offizielle Wahlergebnis als unglaubwürdig bloßzustellen. Zwar waren die Wahlergebnisse in der DDR niemals als demokratische Voten ernstzunehmen gewesen, jedermann wußte es, aber erstmals wurde ihre Fälschung bei den Kommunalwahlen '89 schwarz auf weiß bewiesen und öffentlich gemacht.

> „Die Ergebnisse wurden ausgetauscht, und jeder versuchte auf seine Weise, den festgestellten Wahlbetrug publik zu machen bzw. dagegen zu protestieren. Parallel dazu hatte die Demokratische Initiative in Leizig und Dresden mit Flugblättern zu Protestdemonstrationen auf dem Marktplatz aufgerufen. In Leipzig fand die Einladung trotz massiver Repressionen der Sicherheitsorgane große Resonanz. In Berlin wurde jeweils am 7. der folgenden Monate auf dem Alexanderplatz schweigend gegen den Wahlbetrug demonstriert."[49]

Der schweigende Protest auf dem Alexanderplatz wiederholte sich viermal – bis zum 7. September 1989.

3.2. Eingaben und Strafanzeigen wegen Wahlfälschung

Wo aufgrund öffentlich festgestellter Wahlfälschung Einspruch gegen die Wahl eingelegt wurde, sei es beim Rat des Kreises oder Stadtbezirks, sei es bei der

Staatsanwaltschaft, sei es beim Staatsrat oder beim Rechtsausschuß der Volkskammer, wurde er schroff zurückgewiesen. Immerhin hat es zahlreiche Bekundungen dieser Art gegeben. Selbst aus dem Raum der Kirche wurde offener Widerspruch laut. So legte die Erfurter Pfarrerschaft am 11. Mai 1989 Einspruch gegen die augenscheinlich gefälschte Wahlergebnis in Erfurt beim Nationalrat der Nationalen Front der DDR ein. *„Im Blick auf die Gesamtzahl der Wahllokale ist offenkundig, daß die Anzahl der abgegebenen Neinstimmen in Erfurt-Stadt ein Mehrfaches der in den 36 Wahllokalen bekanntgegebenen Zahlen beträgt."* (vgl. dazu Anhang, Nr. 5). Das war eine für die Herrschenden in der DDR neue Erfahrung. Sie wiesen die Einsprüche *„mit Entschiedenheit"* und nicht selten mit kaum verschleierten Drohungen zurück, indem sie etwa eine Eingabe als *„eine Beleidigung und Diskriminierung der Mitglieder der Wahlvorstände"*[50] verunglimpften. In anderen Fällen geschah die Zurückweisung mit nichtssagenden Floskeln, wie es der Rat des Stadtbezirks Berlin-Friedrichshain in einem Schreiben vom 23. Mai 1989 für zweckdienlich hielt.

> „Die Wahlkommission des Stadtbezirks Berlin-Friedrichshain hat anhand der von den Wahlvorständen gemäß § 39, Abs. 1 Wahlgesetz exakt gefertigten Wahlniederschriften die ordnungsgemäße Durchführung der Kommunalwahlen geprüft, das Wahlergebnis festgestellt und veröffentlicht. Dem ist nichts hinzuzufügen."[51]

Es war geradezu systemtypisch, daß dem hier wiedergegebenen Schreiben eine zentrale Sprachregelung zugrunde lag, die der Minister für Staatssicherheit verfügt hatte (vgl. dazu Anhang, Nr. 7).

Die aufgebrachten Bürgerinnen und Bürger sahen sich düpiert. Immerhin hatten sie nichts anderes getan, als die Rechte für sich in Anspruch zu nehmen, die ihnen das Wahlgesetz der DDR einräumte. Um die Wahlfälschungen ahnden zu lassen, erstatteten sie in Einzelfällen nunmehr Strafanzeige.

Eine juristische Handhabe zu Strafanzeigen wegen Wahlfälschung bot § 211 des DDR-Strafgesetzbuches. In diesem Paragraphen, für dessen Anwendung in der Strafjustiz der DDR es bis dahin keinen Präzedenzfall gegeben hatte, war mit Freiheitsstrafe bis zu drei Jahren bedroht, *„wer als Mitglied einer Wahlkommission oder als ein in ihrem Auftrag Handelnder das Ergebnis einer Wahl zur Volkskammer, zu den örtlichen Volksvertretungen, eines Volksentscheids oder einer Volksbefragung verfälscht."* Diese im Strafrecht der SED-Diktatur bis dahin eher dem schönen Schein geschuldete Bestimmung wandte sich erstmals nun gegen das Regime selbst. *„Der Verdacht der Verfälschung erstreckt sich auf die Anzahl der gültigen Stimmen gegen den Wahlvorschlag der Nationalen Front und die Anzahl der ungültigen Stimmen"*, lautete zum Beispiel die Begründung einer Anzeige an den Generalstaatsanwalt von Berlin vom 12. Mai 1989. *„Aus den Summen der ungültigen Stimmen und den Stimmen gegen den Wahlvorschlag ergaben sich erhebliche Differenzen zu den am 10. 5. 89 offiziell bekanntgegebenen Wahlergebnissen."* (Anhang, Nr. 6). Die Argumentation war eindeutig, aber ein Erfolg war den Strafanzeigen in keinem bekannten Fall beschieden. Vielmehr wurden die Bürgerinnen und Bürger, die sich zu diesem Schritt entschlossen und Strafanzeige wegen Verdachts auf Wahlfälschung erstattet hatten, von der „Volkspolizei" bzw. von der Staatsanwaltschaft abgewiesen, aber das geschah nicht unverzüglich, sondern unter Wahrung formaler Fristen. Den Anzeigenden sollte eine korrekte Bearbeitung der Anzeigen vorgetäuscht werden. Was sie nicht wissen konnten, war der bezeichnende Tatbestand, daß der Minister für Staatssicherheit auch dazu am 19. Mai 1989 eigens *„zentrale Festlegungen"* getroffen hatte, *„Maßnahmen zur Zurückweisung und Unterbindung von Aktivitäten feindlicher, oppositioneller und anderer negativer Kräfte zur Diskreditierung der Ergebnisse der Kommunalwahlen am 7. Mai 1989"*, auf die nachstehend einzugehen sein wird.

4. Das MfS und die Kommunalwahlen '89

Die Reaktionen der Herrschenden auf regimekritisches und oppositionelles Verhalten im Zusammenhang mit den Kommunalwahlen waren „systemgemäß". Schon lange vor dem Wahltermin hatte Mielke „politisch-operative Maßnahmen" veranlaßt, um die Stimmzettelabgabe gegen im Sinne des Regimes unliebsame Überraschungen abzuschirmen. Unter dem Datum des 6. März 1989 erließ der Minister für Staatssicherheit den Befehl Nr. 6/89. Er erhielt die umständlich formulierte Überschrift: *„Politisch-operative Sicherung der Vorbereitung und Durchführung der Wahlen zu den Kreistagen, Stadtverordnetenversammlungen, Stadtbezirksversammlungen und Gemeindevertretungen sowie von Veranstaltungen anläßlich des 1. und 8. Mai 1989"*[52] und erteilte im Detail konkrete Weisungen an die zuständigen Diensteinheiten des MfS *„zur Gewährleistung einer hohen staatlichen Sicherheit sowie öffentlichen Ordnung und Sicherheit"* im Vorfeld der Kommunalwahlen. Sie waren zu einer *„operativen Aktion"* zusammenzufassen, der er das Codewort *„Symbol 89"* gab – eine ungewollt treffende Bezeichnung, wenn man bedenkt, welche historische Bedeutung die letzten Kommunalwahlen unter der Diktatur der SED erlangen sollten.

Mit der Leitung der Aktion wurde Mielkes Stellvertreter, Generaloberst Rudi Mittig, betraut. *„Zur einheitlichen und straffen Führung der zu realisierenden politisch-operativen Aufgaben und Maßnahmen hat er eine Führungsgruppe zu bilden, der verantwortliche Offiziere der Hauptabteilung I, II, VII, XIII, XIX, XX, PS, KuSch sowie der ZKG, der ZAIG, des ZOS und der Bezirksverwaltung Berlin angehören."*[52] Somit waren alle wichtigen operativen Hauptabteilungen der „Abwehr", die Hauptabteilungen „Personenschutz", „Kader und Schulung" sowie die „Zentrale Koordinierungsgruppe" zur Bearbeitung von Ausreise- und Fluchtvorgängen eingebunden, ferner die „Zentrale Auswertungs- und Informationsgruppe" und der „Zentrale Operativ-Stab" eingebunden. Für alle Leiter der unmittelbar einbezogenen Diensteinheiten wurde eine 48stündige „volle Dienstbereitschaft" vom 6. Mai 8.00 Uhr bis zum 8. Mai 8.00 Uhr angeordnet. Analog der Führungsgruppe waren entsprechende „operative Einsatzstäbe" in den Bezirksverwaltungen des MfS zu bilden.

Die konkreten Aufgabenstellungen, die *„vorrangig zu realisieren"* waren, ließen die psychotische Realitätsferne der Staatssicherheit einerseits deutlich heraustreten, insoweit sie die Aufklärung der Pläne, Absichten und Maßnahmen, Mittel und Methoden feindlicher Stellen und Kräfte, *„insbesondere der imperialistischen Geheimdienste sowie der Zentren der politisch-ideologischen Diversion"*, die sich gegen die Kommunalwahlen richten sollten, postulierte. Andererseits war von *„feindlich-negativen Aktivitäten"* von Einzelpersonen und Personengruppen die Rede, deren *„Pro-*

vokationen" und „*Aktivitäten*" vom MfS „*vorbeugend verhindert*" oder „*konzentriert operativ bearbeitet*" werden sollten. Im einzelnen wurden sie wie folgt benannt:

> „Träger/Verbreiter der politisch-ideologischen Diversion und ideologische Stützpunkte des Gegners,
> Kräfte des politischen Untergrundes,
> sogenannte unabhängige Kandidaten, die unter Nutzung legaler Möglichkeiten vorgeschlagen werden,
> operativ zu beachtende Nichtwähler oder Personen, denen gemäß Wahlgesetz vom 24. 6. 1976 das Wahlrecht entzogen wurde bzw. bei denen das Wahlrecht ruht,
> die in der Vergangenheit mit provokatorisch-demonstrativen Handlungen oder anderen feindlich-negativen Aktivitäten in Erscheinung traten bzw. diese androhten,
> die hartnäckig versuchen, ihre ständige Ausreise aus der DDR nach nichtsozialistischen Staaten oder Westberlin zu erreichen,
> von denen Beeinträchtigungen der staatlichen Sicherheit sowie bedeutsame Störungen der öffentlichen Ordnung und Sicherheit ausgehen können."[54]

Im Grunde genommen spiegelte sich in dieser Auflistung die Skala möglichen oppositionellen und widerständigen Verhaltens wider, wie es in der DDR zu dieser Zeit aufgetreten sein muß, denn selbstverständlich dürfte der Befehl Nr. 6/89 auf der Auswertung politischer Erfahrungen durch das MfS beruht haben. Gewarnt wurde zudem vor Gewaltandrohungen gegen Personen und Wahllokale und vor tätlichen Auseinandersetzungen mit oder zwischen in der DDR lebenden Ausländern. Unter den „*spezifischen Aufgaben*", die einzelnen Hauptabteilungen und selbständigen Abteilungen des MfS zugewiesen wurden, waren auch die „*politisch-operative Sicherung des automatisierten Informationsverarbeitsprozesses im VEB Datenverarbeitungszentrum in Berlin (Wahlrechenzentrum) im Staatsrat der DDR und in den Bezirkswahlkommissionen Leipzig, Frankfurt/Oder und Karl-Marx-Stadt und (die) Gewährleistung der zuverlässigen und aktuellen Information der zentralen Wahlkommission*".[55]

In den Weisungen, die den Bezirksverwaltungen des MfS zugeschrieben waren, fand sich an erster Stelle die

> „Einleitung geeigneter politisch-operativer Maßnahmen zur konsequenten Verhinderung des Aufstellens und Bestätigens von feindlich-negativen bzw. politisch unzuverlässigen Personen als Wahlkandidaten und entsprechende Abstimmung mit den 1. Sekretären der Bezirksleitungen und Kreisleitungen der DDR sowie Einflußnahme auf ausreichenden Einsatz gesellschaftlicher Kräfte am Wahltag zur Verhinderung von Provokationen und anderen feindlich-negativen Handlungen sowie zur Sicherung eines störungsfreien Wahlablaufes (einschließlich Stimmenauszählung)"[56]

Der Passus machte einmal mehr das unmittelbare operative Zusammenwirken zwischen der Staatspartei und der Staatssicherheit augenfällig.

Es würde zu weit führen, hier den insgesamt neun engzeilig beschriftete Din-A-4-Seiten umfassenden Mielke-Befehl wiederzugeben und zu kommentieren, zumal Anspruch und Realität kaum kongruent gewesen sein dürften. Aufschlußreich ist gleichwohl, welche Maßnahmen das MfS erwogen hatte. Die Manie, alles zu organisieren und bürokratisch zu reglementieren, ging so weit, daß Mittig als Chef der Zentralen Einsatzgruppe Wahlen eigens eine „*Ordnung Nr. 5/89 vom 6. März 1989 über die operative Melde- und Berichtstätigkeit im Zusammenhang mit der operati-*

ven Aktion ‚Symbol 89' gemäß dem Befehl Nr. 6/89 des Genossen Minister / Informationsordnung"[57] erließ, in der genau festgelegt worden war, welche aktuellen Sofort- und Ergänzungsmeldungen aus den Bezirken an den Leiter des Zentralen Operativstabes zu übermitteln waren.

Wie ernst die Staatssicherheit die Situation am Wahltag einschätzte, hatte auch eine zentrale Dienstbesprechung am 28. April 1989 im MfS signalisiert, in der Mielke sich gegenüber Generälen und Obristen der Staatssicherheit ausgiebig über die Abschirmung der Kommunalwahlen '89 ausließ.[58] In seiner Rede zeigte er sich zweifellos gut informiert – auch über konkrete Aktionen, wie sie die Opposition geplant hatte. Besonders beunruhigte ihn offenbar die Absicht, *„am Wahltage allein bzw. organisiert in Gruppen in den Wahllokalen den Ablauf der Wahlhandlungen und die öffentliche Auszählung der abgegebenen Stimmen zu beobachten, um so angebliche Wahlmanipulationen nachweisen zu können."* Im einzelnen führte der Minister weiter aus:

> „So wollen beispielsweise Kräfte im sog. Weißenseer Friedenskreis eine ‚flächendeckende Kontrolle' der Wahllokale im Stadtbezirk Weißensee organisieren. Zu diesem Zweck werden vorgefertigte Formulare ausgegeben, die bei der Stimmenauszählung in den Wahllokalen durch feindlich-negative Kräfte ausgefüllt und unverzüglich den Organisatoren dieser ‚Kontrolle' übergeben werden sollen."[59]

Das Zitat deutete auf das schlechte Gewissen, das die Herrschenden wegen der von ihnen beabsichtigten Wahlmanipulationen und Fälschungen von vornherein gehabt haben müssen.

Anderen Orts wurde bereits dargelegt, wie die Wahlhandlung am 7. Mai 1989 von kirchlichen Basisgruppen und oppositionellen Wählerinitiativen unter Kontrolle genommen wurde und die öffentliche Stimmenauszählung in den Wahllokalen unter den Augen regimekritischer Beobachter vor sich ging. Hier bleibt nur noch zu ergänzen, wie die Staatssicherheit reagierte, als die Opposition, nachdem Wahlfälschungen offensichtlich geworden waren, öffentlichen Protest artikuliert und Strafanzeigen wegen Wahlfälschung im Sinne von § 211 StGB-DDR erstattet hatte: Mielke erließ eine *„dienstliche Weisung"* (Anhang, Nr. 7), in der er konkret festlegte, mit welchen Maßnahmen *„Aktivitäten feindlicher, oppositioneller und anderer negativer Kräfte zur Diskreditierung der Ergebnisse der Kommunalwahlen"* politisch und juristisch zu begegnen war. Die „Vertrauliche Verschlußsache" enthielt einen ganzen Katalog von Maßnahmen, der die Absicht des MfS erkennen ließ, differenziert vorzugehen und bei den Kritikern der Wahlen zwischen *„offen feindlich handelnden Personenkreisen"* und solchen Personen zu unterscheiden, die *„sachlich gehaltene Eingaben"* vorlegen.

Sofern dabei festgestellt wurde, daß Personen die Ergebnisse der Kommunalwahlen *„herabwürdigen"*, seien entsprechende Prüfungshandlungen einzuleiten, ohne sofort strafprozessuale Maßnahmen zu veranlassen. Sie seien vielmehr *„auf einen engen, offen feindlich handelnden Personenkreis zu beschränken."*

Mielkes „Festlegung" ging so weit, daß er nicht nur die Verfahrensweise *„zur wirksamen Zurückweisung bzw. Unterbindung der festgestellten bzw. beabsichtigten provokativen rechtswidrigen Handlungen"*, sondern sogar den Wortlaut vorschrieb, mit denen Eingaben oder Strafanzeigen wegen Wahlfälschung zurückgewiesen werden sollten. Bezeichnenderweise sollte dabei *„auf jeden Fall"* vermieden werden, *„daß zur Sache selbst oder zu den angeblichen Fakten argumentiert wird."* Intern war man sich folglich im MfS (und nicht nur hier) im Klaren darüber, daß es die gerügten Wahlfälschungen auch tatsächlich gab und die Strafanzeigen berechtigt waren. Anders ist dieser Passus in Mielkes Schreiben nicht zu verstehen.

5. Die Kommunalwahlen '89 und das Ende des DDR-Sozialismus

Die öffentliche Kritik am Ergebnis der Kommunalwahlen '89 und die politische Desavouierung des Regimes durch Erstattung von Strafanzeigen wegen Wahlfälschung – das war ein in der Geschichte der DDR bis dahin nie dagewesener Vorgang. Es war ein Wetterleuchten am politischen Horizont, in dem sich in der DDR der Gewittersturm der Herbstrevolution '89 ankündigte. Das offene Aufbegehren der Opposition gegen Modus und Verfälschung der Kommunalwahlen liest sich im Nachhinein wie ein Szenarium des Umbruchs.

Diese Einschätzung spiegelt sich auch in MfS-internen Analysen wider.

> „Mit dem Ziel der internationalen Diskriminierung der sozialistischen Errungenschaften im 40. Gründungsjahr der DDR, insbesondere der weiteren Ausgestaltung der sozialistischen Demokratie, sind die feindlichen Aktivitäten auf die Nachweisführung zur Existenz einer inneren Opposition sowie einer angeblich zunehmenden kritischen Haltung der Bevölkerung zur Partei- und Staatsführung ausgerichtet"

- hieß es zum Beispiel in einer vom Leiter der Bezirksverwaltung Magdeburg, Generalmajor Wilfried Müller, vorgelegten Analyse,[60] wobei die gestelzte, hölzerne Umschreibung oppositioneller Forderungen nach freien Wahlen zu unfreiwilliger Komik geriet, wenn sie wie folgt formuliert wurde:

> „Bestimmt ist das Vorgehen feindlich-negativer Kräfte durch Aktivitäten zur öffentlichkeitswirksamen Darstellung von Forderungen hinsichtlich einer breiteren Ausgestaltung und feindlichen Nutzung der Möglichkeiten der Einrichtungen und Institutionen der sozialistischen Demokratie sowie zur Änderung wahlrechtlicher und wahlorganisatorischer Bestimmungen und Verfahrensweisen."

Auf diese Weise war das Verlangen nach freien Wahlen vierzig Jahre lang politisch verdrängt worden.

Zu den wichtigsten gesetzgeberischen Entscheidungen der Volkskammer nach dem Sturz Erich Honeckers und dem Rücktritt von Egon Krenz gehörten daher das Gesetz zur Änderung der Verfassung der Deutschen Demokratischen Republik vom 1. Dezember 1989 (GBl. I S. 265), durch das der in Artikel 1 der DDR-Verfassung niedergelegte Führungsanspruch der SED getilgt wurde, sowie das Gesetz über die Wahlen zur Volkskammer der Deutschen Demokratischen Republik am 18. März 1990 vom 20. Februar 1990 (GBl. I S. 59), das die Voraussetzungen zu wirklich freien Wahlen in der DDR schuf. Als die Volkskammerwahlen am 18. März 1990 erst- und letztmalig im zweiten deutschen Staat als freie Wahlen möglich geworden waren, existierte die SED nominell schon nicht mehr. Sie war zur Partei des Demokratischen Sozialismus (PDS) mutiert. Kritische Beobachter haben in dem Wandel freilich den Beginn eines neuen Betrugs an Wählerinnen und Wählern erblickt. Als

Sozialistische Einheitspartei Deutschlands hatte die ehemalige Staatspartei der DDR in der Tat jeden politischen Kredit eingebüßt.

Es sollte nach der Implosion des DDR-Sozialismus auch nicht lange dauern, bis erneut Strafanzeigen wegen Wahlfälschung erstattet wurden – nun in der Erwartung, daß die Justiz korrekt verfahren würde. Am 27. April 1990 – immerhin gut fünf Monate vor dem Beitritt der DDR zum Geltungsbereich des Grundgesetzes der Bundesrepublik Deutschland – wurden strafrechtliche Ermittlungen wegen Wahlfälschung gegen den Dresdner Oberbürgermeister Wolfgang Berghofer und den früheren 1. Sekretär der SED-Stadtleitung Dresden, Werner Moke, eingeleitet.[61] Allerdings kam es zu DDR-Zeiten zu keinem abschließenden Gerichtsverfahren mehr. Es fehlte die Zeit dazu. Statt dessen blieb die Ahndung von Wahlfälschungsdelikten den Strafgerichten des wiedervereinigten Deutschland vorbehalten.

Das erste Urteil fällte das damals noch existierende Bezirksgericht Dresden am 7. Februar 1992 gegen Berghofer und Moke, die beide wegen Wahlfälschung in Tateinheit mit gemeinschaftlicher Anstiftung zur Wahlfälschung in mehreren Fällen zu Freiheitsstrafen von je einem Jahr verurteilt wurden. Der Vollzug wurde zur Bewährung ausgesetzt. Jenseits seiner juristischen Aspekte hatte das Urteil insoweit politische Bedeutung, als darin die Mechanik der Wahlmanipulation und Wahlfälschung bloßgelegt und juristisch bewiesen wurde.

Wie aus der Urteilsbegründung hervorging, hatte eine *„zentrale Vorgabe"* aus Ost-Berlin darauf orientiert, *„ein bestmögliches Wahlergebnis zu erzielen und nach Möglichkeit das Wahlergebnis der letzten Kommunalwahlen im Jahre 1984 wieder zu erreichen."* In einer Besprechung zwischen Berghofer und Moke zehn Tage vor der Wahl wurde jedoch *„eingeschätzt"*, daß in Dresden dafür keine Chance bestand. *„B., dem aufgrund zahlreicher Eingaben und durchgeführter Wahlveranstaltungen die z. T. kritische Stimmung in der Bevölkerung bekannt war, erklärte, daß er mit einer Wahlbeteiligung von etwa 91% und mit ca. 12% Gegenstimmen rechne."*[62] Einen Tag später, mithin am 28. April 1989, informierte Moke den Oberbürgermeister darüber, daß *„von übergeordneter Stelle"* das erwartete Wahlergebnis *„nicht akzeptiert"* werden würde. Daraufhin trat am 2. Mai die Dresdner Bezirksleitung der SED unter Vorsitz von Dr. Hans Modrow, damals 1. Sekretär der Bezirksleitung, zu einer Beratung zusammen.

> „Der 2. Sekretär der SED-Bezirksleitung Dresden, der für die innerparteiliche Arbeit zur Vorbereitung und Durchführung der Wahlen 1989 verantwortlich war, betonte, daß Horst D[63]. (Mitglied des Politbüros der SED und verantwortlich für die Beratungen mit den 2. Sekretären der Bezirksleitungen der SED in Vorbereitung der Kommunalwahlen) darauf hingewiesen habe, die Wahlergebnisse 1989 sollten nicht schlechter ausfallen als die der vorangegangenen Wahlen, und gab diese ‚Zielstellung' an die Anwesenden weiter."

Modrow erklärte danach kategorisch, daß die Parteiführung die Aufgabenstellung genannt habe, um deren Erfüllung zu kämpfen sei.

> „Er legte fest, daß die Vorbereitung der Wahl in politischer und organisatorischer Hinsicht getrennt zu laufen habe. Für die politische Vorbereitung sei die SED, für die organisatorische Vorbereitung die staatliche Seite verantwortlich. Es dürften keine Zahlen herausgegeben werden, die nicht zuvor über den Tisch des jeweiligen 1. Sekretärs der SED gelaufen seien."

Damit war klargestellt, wer die Fälschung der Wahlergebnisse vorzunehmen hatte. Und es wurde so verfahren, wie in dem zitierten Urteil detailliert ausgeführt worden ist. Schon am Vorabend des Wahltages, gegen 20.00 Uhr, erhielten die Stadtbezirksbürgermeister und die 1. Sekretäre der SED-Stadtbezirksleitungen in Dresden von den beiden Angeklagten *„konkrete Zahlen hinsichtlich der Wahlbeteiligung und der Anzahl der Gegen- bzw. Ja-Stimmen, die sie für den Wahltag abrechnen sollten."*

Das Fazit der Dresdner Richter lautete lakonisch:

> „Die Ergebnisse der Wahlen waren manipuliert. Allein eine Zusammenstellung der Ergebnisse aus den von den kirchlichen und anderen oppositionellen Gruppen kontrollierten Wahllokalen ergab einen Gegenstimmenanteil von 12 379 Stimmen, bezogen auf die Stadtverordnetenversammlung, und von 11 513 Gegenstimmen, bezogen auf die Stadtbezirksversammlungen."

Bezogen auf beide Wahlen, hat der Gegenstimmenanteil in Dresden mindestens 10 %, möglicherweise auch nahezu 12 % betragen. Die Wahlbeteiligung lag bei 90 %. Vorgehensweise und Ergebnisse dürften in anderen Städten der DDR ähnlich gewesen sein.

Nachzutragen bleibt, daß das Urteil gegen Berghofer und Moke im Revisionsverfahren vom Bundesgerichtshof durch Urteil am 26. November 1992 bestätigt wurde. Eine von den Verurteilten eingelegte Verfassungsbeschwerde wurde vom Bundesverfassungsgericht durch Beschluß vom 31. März 1993 zurückgewiesen, weil sie keine hinreichende Aussicht auf Erfolg hatte. So wurde das Urteil rechtskräftig.

Entsprechendes gilt für das gegen den früheren Oberbürgermeister von Ost-Berlin, Erhard Krack, am 8. September 1993 wegen Anstiftung zur Wahlfälschung ergangene Urteil des Landgerichts Berlin sowie für das gegen Modrow in seiner früheren Eigenschaft als 1. Sekretär der SED-Bezirksleitung Dresden und drei Mitangeklagte am 9. August 1995 in zweiter Instanz ergangene Urteil des Landgerichts Dresden wegen Wahlfälschung und Anstiftung zur Wahlfälschung. Auch in diesen Fällen wurden die Freiheitsstrafen zur Bewährung ausgesetzt.

Anmerkungen:

1 Aus dem Bericht des Politbüros an die 6. Tagung des ZK der SED, Berichterstatter: Kurt Hager, (Ost-)Berlin 1988, S. 57.

2 Urteil des Bezirksgerichts Dresden gegen Wolfgang Berghofer und Werner Moke wegen Wahlfälschung vom 7. Februar 1992, in: Neue Justiz Nr. 8/1992, S. 364ff.

3 § 1 Abs. 1 des Gesetzes über die örtlichen Volksvertretungen in der Deutschen Demokratischen Republik (GBl. I S. 213).

4 Im einzelnen waren dies die Christlich-Demokratische Union (Ost-)Deutschlands, die Liberal-Demokratische Partei Deutschlands (LDPD), die National-Demokratische Partei Deutschlands (NDPD) und die Demokratische Bauernpartei Deutschlands (DBD) sowie der Freie Deutsche Gewerkschaftsbund (FDGB), die Freie Deutsche Jugend (FDJ), der Demokratische Frauenbund Deutschlands (DFD), der Kulturbund der DDR (KB) und die Vereinigung der gegenseitigen Bauernhilfe (VdgB).

5 Neues Deutschland vom 10.Mai 1989.

6 Vgl. *Klaus Sorgenicht,* Für ein machtvolles Bekenntnis zur bewährten Politik der SED, in: Neuer Weg Nr. 2/1989,S.35ff.

7 Aus dem Bericht des Politbüros ... (s. o. Anmerkung 1), S. 57.

8 Ebenda.

9 Vgl. *Gerhard Rein,* Die protestantische Revolution 1987-1990. Ein deutsches Lesebuch, Berlin 1990, S. 135.

10 Zit.in: Stasi intern, Macht und Banalität. Herausgegeben vom Bürgerkomitee Leipzig, Leipzig 1991, S. 298.

11 Zit. bei *Roland Pechmann/Jürgen Vogel,* Abgesang der Stasi, Das Jahr 1989 in Presseartikeln und Stasi-Dokumenten, Braunschweig 1991, S. 106. – Zu den Abkürzungen: ZOV = Zentraler Operativer Vorgang; TV = Teil-Vorgang, OPK = Operative Personenkontrolle, KD = Kreisdienststelle des MfS.

12 MfS ZAIG Nr. 229/89, zit. bei *Armin Mitter/Stefan Wolle,* „Ich liebe euch doch alle". Befehle und Lageberichte des MfS Januar-November 1989, Berlin 1990, S. 38.

13 Ausführungen des Ministers für Staatssicherheit Erich Mielke auf der Zentralen Dienstbesprechung (28. April 1989), BStU-Dokumentenstelle Nr. 103582, Bl.73.

14 Zit. bei *Wolfgang Rüddenklau,* Störenfried, DDR-Opposition 1986 – 1989. Mit Texten aus den „Umweltblättern", Berlin 1992, S. 291.

15 Zit. bei *Thomas Ammer/Hans-Joachim Memmler,* Staatssicherheit in Rostock. Zielgruppen, Methoden, Auflösung, Edition Deutschland Archiv, Köln 1991, S. 76.

16 Neues Deutschland vom 10. Mai 1989.

17 Kraft Befehl Nr. 189 der SMAD vom 21. Juli 1947 erhielt die Provinz Sachsen den Namen „Land Sachsen-Anhalt", den es bis zur Neugliederung der DDR in vierzehn Bezirke durch Gesetz vom 23. Juli 1952 behielt. Fortan wurde Sachsen-Anhalt in die Bezirke Halle und Magdeburg aufgeteilt. Erst durch Gesetz vom 22. Juli 1990 entstand das Land Sachsen-Anhalt mit Wirkung zum 14. Oktober 1990 neu.

18 Vgl. dazu *Günter Braun,* Wahlen und Abstimmungen, in: *Martin Broszat/ Hermann Weber:* SBZ-Handbuch. Staatliche Verwaltungen, Parteien, gesellschaftliche Organisationen und ihre Führungskräfte in der Sowjetischen Besatzungszone Deutschlands 1945-1949, München 1990, S. 383ff.

19 Zit. in Dokumente der Sozialistischen Einheitspartei Deutschlands, Berlin 1948, Bd. I, S. 89.

20 Vgl. dazu *Günter Braun*, Wahlen und Abstimmungen (s. o. Anmerkung 18), S. 383ff.

21 *Mathias Tullner,* Zwischen Demokratie und Diktatur. Die Kommunalwahlen und die Wahlen zum Provinziallandtag in Sachsen-Anhalt im Jahre 1946, Magdeburg 1996, S. 62.

22 Vgl. dazu *Günter Braun*, Wahlen und Abstimmungen (s. o. Anmerkung 18), S. 388ff.

23 *Walter Ulbricht,* Zur Geschichte der deutschen Arbeiterbewegung, Berlin 1963, Bd. III, S. 73.

24 Vgl. dazu Berliner Schicksal 1945-1952. Amtliche Berichte und Dokumente. Zusammengestellt im Auftrage des Berliner Senats vom Büro für Gesamtberliner Fragen, Berlin 1952, S. 78ff.

25 Zit. bei *Karl Wilhelm Fricke,* Opposition und Widerstand in der DDR. Ein politischer Report, Köln 1984, S. 63.

26 Vgl. dazu *Günter Braun*, Wahlen und Abstimmungen (s. o. Anmerkung 18), S. 390ff.

27 Zit. in: Unrecht als System. Dokumente über planmäßige Rechtsverletzungen im sowjetischen Besatzungsgebiet. Herausgegeben vom Bundesministerium für gesamtdeutsche Fragen, Teil I, Bonn/Berlin 1952, Dok. Nr. 200 in S. 174.

28 Ebenda, Dok. 202, S. 175.

29 „Verhinderung allgemeiner, freier und geheimer Wahlen," (Kommentar), in: Unrecht als System, Teil I (s. o. Anmerkung 27), S. 171.

30 Ebenda, S. 172.

31 *Walter Ulbricht,* Die Organisationsarbeit der SED, zit. bei *Richard Lukas*, Zehn Jahre Sowjetische Besatzungszone, Düsseldorf 1955, S. 134f.

32 *Jochen Laufer,* Das Ministerium für Staatssicherheit und die Wahlfälschungen bei den ersten Wahlen in der DDR, in: Aus Politik und Zeitgeschichte Nr. 5/1993, S. 23.

33 Vgl. dazu *Karl Wilhelm Fricke,* Zur Geschichte der Kommunalwahlen in der DDR, in: Deutschland Archiv 12 (1995)/5, S. 454ff.; und *Peter Joachim Lapp,* Wahlen in der DDR, Berlin 1982.

34 Vgl. *Laufer* (s. o. Anmerkung 322), S. 17ff.
35 Ebenda, S. 27.
36 Vgl. dazu *Karl Wilhelm Fricke,* Politik und Justiz in der DDR. Zur Geschichte der politischen Verfolgung 1945-1968. Bericht und Dokumentation, Köln 1979. S. 245ff.
37 Protokoll des Olbernhauer Prozesses, zit. in: PZ-Archiv. Dokumente, Berichte, Kommentare zu gesamtdeutschen Fragen, Nr. 6/1951, S. 9.
38 Urteil des Landgerichts Eberswalde vom 23. Februar 1951, zit. bei *Fricke*, Politik und Justiz in der DDR (s. o. Anmerkung 36), S. 243.
39 Vgl. *Ilse Spittmann/Karl Wilhelm Fricke,* 17. Juni 1953. Arbeiteraufstand in der DDR, Edition Deutschland Archiv, 2. Auflage, Köln 1988, S. 12f.
40 Vgl. *Manfred Hagen,* DDR – Juni '53. Die erste Volkserhebung im Stalinismus, Stuttgart 1992, S. 59ff.
41 *Spittmann/Fricke,* 17. Juni 1953 (s. o. Anmerkung 39), S. 15.
42 Zit. bei *Wolfgang Harich,* Keine Schwierigkeiten mit der Wahrheit. Zur nationalkommunistischen Opposition 1956 in der DDR, Berlin 1993, S. 140.
43 Zit. nach *Dominik Geppert,* Störmanöver. Das ‚Manifest der Opposition' und die Schließung des Ost-Berliner ‚Spiegel'-Büros im Januar 1978, Berlin 1996, S. 167.
44 Zit. nach *Fricke*, Politik und Justiz in der DDR (s. o. Anmerkung 36), S. 408.
45 Zit. in: Stasi intern (s. o. Anmerkung 10), S. 293.
46 *Wolfgang Rüddenklau,* Störenfried. ddr-opposition 1986-1989, Berlin 1992, S. 288.
47 Vgl. Wahlfall 89. Eine Dokumentation der Berliner Koordinierungsgruppe Wahlen (hektographiert), o. J. (1989), S. 36f.
48 Zit. nach *Karl Wilhelm Fricke*, Zwischen Stagnation und Veränderung, Konfliktpotential und innere Situation der DDR, in: Beiträge zur Konfliktforschung, Nr. 3/1989, S. 12.
49 *Christian Dietrich,* „Der Protest formiert sich ...", in: *Bernd Lindner* (Hrsg.), Herbst '89. Für ein offenes Land mit freien Menschen, Leipzig 1994, S. 52.
50 Zit. bei *Rein,* Die protestantische Revolution (s. o. Anmerkung 9), S. 140f.
51 Schreiben des Rates des Stadtbezirks Friedrichshain vom 23. Mai 1998, zit. in: Wahlfall '89. Eine Dokumentation, herausgegeben von der Berliner Koordinierungsgruppe Wahlen, S. 27.
52 Befehl Nr. 6/89 vom 6. März 1989, BStU-Dokumentenstelle Nr. 103568, Bl. 1–9.
53 Ebenda, Ziff. 2.
54 Ebenda, Ziff. 5.
55 Ebenda, Ziff. 6.2.
56 Ebenda, Ziff. 6.9.
57 Ordnung Nr. 5/89 vom 6. März 1989, BStU-Dokumentenstelle Nr. 103568, Bl. 1–7 (mit Anlagen).
58 Vgl. Ausführungen des Ministers für Staatssicherheit, Erich Mielke, auf der Zentralen Dienstbesprechung (28. April 1989). (s. o. Anmerkung 13), Bl. 2ff.
59 Ebenda, Bl. 76.
60 Rückinformation des Leiters der Bezirksverwaltung Magdeburg vom 20. April 1989 zur „Einschätzung über die politisch-operative Lage im Bezirk Magdeburg und eingeleitete Maßnahmen in Vorbereitung der Sicherung der Kommunalwahlen sowie des 1. und 8.Mai 1989 in Durchsetzung des Befehls 6/89 des Genossen Minister", zit. bei: *Roland Pechmann/Jürgen Vogel* (Hg.), Abgesang der Stasi, a.a.O., S. 105.
61 Vgl. *Zeno* und *Sabine Zimmerling*, Neue Chronik der DDR, Berichte und Dokumente, 6. Folge, Berlin 1990, S. 109.
62 Urteil des Bezirksgerichts Dresden vom 7. Februar 1992 (s. o. Anmerkung 2), S. 364.
63 Gemeint war *Horst Dohlus* – K.W.F.

Anhang

Nr. 1
„Für ein neues, demokratisches Wahlrecht"

Erklärung des Arbeitskreises Solidarische Kirche (Regionalgruppe Thüringen), 16. März 1989

Wir, die Unterzeichner, erklären hiermit, daß wir uns nicht an den Kommunalwahlen der DDR am 7. Mai 1989 beteiligen werden.

Wir verstehen diesen Schritt nicht als Aufruf zu irgendeiner Art von Wahlboykott, sondern als unsere persönliche Entscheidung, zu der wir nach reiflicher Überlegung und Diskussion der möglichen Alternativen gelangt sind. Wir akzeptieren andere zum Verantwortungsbewußtsein für die Entwicklung unserer Gesellschaft getroffenen Entscheidungen.

Ausschlaggebend für unseren Entschluß sind aber folgende Überlegungen: Gemäß dem Wahlgesetz vom 24. Juni 1976 (Gbl. I, 22, 1976) und dem Gesetz über die örtlichen Volksvertretungen vom 4. 7. 1985 (Gbl. I, 18, 1985) ist es entscheidender Grundsatz der Wahlen in der DDR, daß nicht verschiedene sachliche oder/und politische Alternativen zur Wahl stehen, sondern lediglich entschieden werden soll über die Glaubwürdigkeit der vorgeschlagenen Kandidaten hinsichtlich einer bereits vorgegebenen Politik.

Auf diese Politik werden die gewählten Kandidaten verpflichtet (vgl. § 1, Abs. 1 und § 2, Abs. 2 des Gesetzes über die örtlichen Volksvertretungen). Diese von der SED als der führenden politischen Kraft verantwortete Politik wird in zahlreichen grundsätzlichen Punkten von uns in Frage gestellt. Daher ist es für uns nicht sinnvoll, uns an einer Entscheidung zu beteiligen, die die Anerkennung gerade dieser Politik zur Voraussetzung hat. Vielmehr würden wir uns Wahlen und Mitbestimmungsmöglichkeiten hinsichtlich politischer und sachlicher Alternativen wünschen.
Schwerpunkte dafür sehen wir in folgenden Bereichen:

- Innenpolitik	(Meinungspluralismus, Reisefreiheit, Versammlungsfreiheit, Vereinigungsfreiheit, Demonstrationsfreiheit, demokratisiertes Strafrecht, Informationsfreiheit)
- Ökologie	(Umweltschutz, Konsumorientierung, Ressourcenvergeudung)
- Ökonomie	(Unabhängige Interessenvertretung der Werktätigen, mangelnde Freisetzung und Nutzung der menschlichen Schöpferkraft)
- Bildungswesen	(einseitige Volks- und Hochschulbildung, Militarisierung, Ungleichbehandlung, Leistungsdruck).

Von einer sachlichen und gründlichen Diskussion dieser und anderer Probleme unserer Gesellschaft auch über die Wahlen hinaus erhoffen wir uns eine wachsende Mündigkeit der Bürger und Bürgerinnen und eine zunehmende Demokratisierung der Gesellschaft, die sich auch in einem neuen, demokratischen Wahlsystem ausdrückt, welches es allen Bürgern und Bürgerinnen ermöglicht, ihre politischen und sachlichen Überzeugungen in den gesamtgesellschaftlichen Entwicklungsprozeß einzubringen.

18 Unterschriften

Quelle: grenzfall Nr. 1-5/89. Herausgegeben von Mitgliedern der Initiative Frieden und Menschenrechte, S. 20.

Nr. 2

Wahlverweigerung öffentlich begründet

Erklärung zur Wahl, 15. April 1989

Wir wollen in einer Gesellschaft leben, die sich den innen- und außenpolitischen Herausforderungen stellt und den Bürgern Mitwirkung auf allen Ebenen gesellschaftlichen Lebens ermöglicht. Dazu gehört, daß unterschiedliche politische Haltungen geäußert, ausgehalten und politisch wirksam werden können.

Wahlen sind ein wesentlicher Ausdruck des Demokratieverständnisses einer Gesellschaft. Im Gegensatz zu o. g. Zielen stellen wir fest:

- Das Wahlgesetz der DDR sieht keine Entscheidungen zwischen Kandidaten mit unterschiedlichen politischen Konzeptionen vor. Dem Wähler ist einzig die Möglichkeit gegeben, den Kandidaten der Einheitsliste sein Vertrauen auszusprechen bzw. gegen sie zu stimmen. Selbst diese eingeschränkte Wahlmöglichkeit ist in der Praxis nicht vorgesehen: Weder die Stimmzettel sehen eine solche Möglichkeit vor, noch wird der Wähler über verschiedene Möglichkeiten seines Wahlverhaltens aufgeklärt. Die Benutzung der Wahlkabine ist nicht obligatorisch, so daß sich bei jedem Wähler, der sie benutzt, nahelegt, daß er gegen die Kandidaten stimmt. Dieses Wahlverfahren hat zur Folge, daß eine große Zahl von Bürgern ohne innere Überzeugung halbherzige Loyalitätserklärungen abgibt.
- Die Versuche vieler einzelner und Gruppen, sich aktiv in die Vorbereitung der Wahlen einzubringen, zeigen entmutigende Ergebnisse: Versuche von Gruppen, eigene Kandidaten aufzustellen oder zu unterstützen, wurden blockiert. Bemühungen, Anliegen auf öffentlichen Veranstaltungen einzubringen, behindert. Zahlreichen Bürgern wurde der Zutritt zu angeblich öffentlichen Veranstaltungen zur Wahl verwehrt. Wir wissen von vielen vergleichbaren Erfahrungen auch außerhalb von Wahlen: Bürger dieses Landes, die ihre kritischen Anfragen an politische Entscheidungen in der DDR offen stellen, werden verdächtigt, ausgegrenzt oder bedroht. Die Wahlen in der DDR sehen wir vor diesem Hintergrund nicht als die Ursache, sondern als ein Symptom politischer Mißstände.
- Die Ergebnisse der Wahlen in der DDR dienen dazu, die tatsächlichen Verhältnisse zu verschleiern und ein Einverständnis innerhalb der Bevölkerung mit der Politik der DDR-Regierung vorzutäuschen, das immer weniger gegeben ist. Die Offenlegung tatsächlich vorhandener Meinungs- und Mehrheitsverhältnisse bedeutet eine notwendige Voraussetzung für den breiten innergesellschaftlichen Dialog, den wir anstreben.

Aus diesen Gründen erklären wir, daß wir an den Kommunalwahlen am 7. 5. 89 nicht teilnehmen werden.

Uns ist bewußt, daß ein Bekanntmachen des beabsichtigten Wahlverhaltens vor den Wahlen nicht mit dem Prinzip geheimer und freier Wahlen vereinbar ist. Dadurch, daß von geheimen und freien Wahlen in der DDR nach unserer Auffassung keine Rede sein kann, fühlen wir uns an eine Zurückhaltung dieser Art nicht gebunden, und dies um so mehr, als die Zeitungen der DDR voll von öffentlichen Bekundungen des beabsichtigten Wahlverhaltens vieler Bürger sind.

48 Unterschriften*

Quelle: Gerhard Rein, Die protestantische Revolution 1987-1990. Ein deutsches Lesebuch, Berlin 1990, S. 136ff.

* Die Unterzeichner stammten aus Berlin und waren Mitglieder in: Arbeitskreis Solidarische Kirche, Umweltbibliothek Berlin, Initiative Frieden und Menschenrechte, Friedenskreis Weißensee, Freundeskreis WTV (= Wehrdiensttotalverweigerer), Friedenskreis Erlösergemeinde Berlin, Arche-Projekt Sozial-Ökologische Partnerschaft.

Nr. 3
„Stimmenmanipulation im Sonderwahllokal?"

Protestaufruf des Arbeitskreises Solidarische Kirche, Regionalgruppe Rostock, und der Initiative Frieden und Menschenrechte, Rostock, 7. Mai 1989

Die Mitglieder der Regionalgruppe Rostock des Arbeitskreises Solidarische Kirche, Christian Lochotzke und Peter Mansfeld, begaben sich kurz vor Schließung am 6. 5. 89 um 11.50 Uhr ins Sonderwahllokal Rostock-Stadt (Rathaus – Ernst-Thälmann-Platz).

Sie wollten von ihrem Recht Gebrauch machen und an der Stimmauszählung, die ab 12.OO Uhr erfolgen sollte, teilnehmen.

In Rostock-Stadt gibt es 175 Wahllokale und ein bereits viele Tage vorher geöffnetes Sonderwahllokal.

In letzter Zeit hatte sich aufgrund dieser Tatsache der Trend fortgesetzt und viele Wähler waren aus den unterschiedlichsten Motiven heraus bereits vorher zur Wahl gegangen.

Man kann also davon ausgehen, daß ein hoher Prozentsatz der insgesamt für die Stadt Rostock abgegebenen Stimmen auf das Sonderwahllokal fällt.

Der Leiter des Sonderwahllokals, Herr Neideck, hinderte die beiden Mitglieder der Regionalgruppe an ihrem Recht und teilte mit, daß entsprechend einer Weisung vom 5. 5. 89 die Auszählung der Stimmzettel des Sonderwahllokals nicht öffentlich sei.

Die gesetzliche Grundlage sei somit für ein Sonderwahllokal nicht verbindlich.

Entsprechend § 37 Abs. 1 des Wahlgesetzes hat jedoch nicht nur die Auszählung der Stimmzettel im Wahllokal, sondern auch öffentlich zu erfolgen!

Wir konstatieren einen gravierenden Rechtsbruch!

Der Grund für dieses Verhalten kann nur mit einer Stimmenmanipulation zusammenhängen.

Wenn es sich bei diesem Umstand um keinen Einzelfall in der DDR handelt, kann man davon ausgehen, daß mit dem Mittel der Sonderwahllokale Majoritäten de facto möglich erscheinen.

Wir zweifeln an der Richtigkeit der Wahl und verlangen von den gesellschaftlichen Gremien, daß sie sich von dieser Tatsache entschieden distanzieren und entsprechend § 43 des Wahlgesetzes zumindest für Rostock-Stadt eine Neuwahl anzuberaumen.

Wir fordern alle kirchlichen und nichtkirchlichen Gruppen in der DDR auf, sich diesem Protest anzuschließen!

Quelle: grenzfall Nr. 1-5/89. Herausgegeben von Mitgliedern der Initiative Frieden und Menschenrechte, S. 22.

Nr. 4

Stimmenauszählung nur begrenzt öffentlich

Eingabe von Bürgern aus dem Stadtbezirk Berlin-Weißensee an den Kreisausschuß der Nationalen Front, 11. Mai 1989

Im Anschluß an die Wahlhandlung anläßlich der Kommunalwahl am 7. Mai 1989 fand in den Wahllokalen der DDR die öffentliche Auszählung der Stimmen statt.

Auszug aus Wahlgesetz der DDR vom 24.6.1978:

§ 37, Abs. 1: „Die Auszählung der Stimmen erfolgt im Wahllokal. Sie ist öffentlich und wird vom Wahlvorstand durchgeführt.“

Aus diesem Grund haben sich Bürger in Wahrnehmung ihrer staatsbürgerlichen Rechte am 7. 5. 1989, 18.00 Uhr im Wahllokal 003 Gustav-Adolf-Straße 209, Berlin-Weißensee eingefunden.

Nach der Auszählung der abgegebenen Stimmen (322) und Nennung der ungültigen (1) sowie gültigen Stimmen (321) wurde die weitere Auszählung der gültigen Stimmen für bzw. gegen den Wahlvorschlag für nicht öffentlich erklärt. Der Vorwurf wegen Verletzung des Wahlgesetzes wurde nicht beantwortet.

Ich sehe die Verfahrensweise des Wahlvorstandes vom Wahllokal 003 als Verstoß gegen Wahlgesetz § 37, Abs. 1, und fordere Sie auf, diese Angelegenheit zu klären. Ich erwarte von Ihnen eine Antwort auf diese Eingabe sowie die Mitteilung der fehlenden Zahlen.

Unterschrift

Quelle: Wahlfall ‚89. Eine Dokumentation der Berliner Koordinierungsgruppe Wahlen, o. J. (1989), S. 16.

Nr. 5

Einspruch gegen gefälschtes Wahlergebnis

Schreiben von Erfurter Pfarrern an den Nationalrat der Nationalen Front, 11. Mai 1989

Wir Pastorinnen und Pfarrer des Evangelischen Ministeriums (Pfarrerschaft) in Erfurt erheben Einspruch gegen das offiziell veröffentlichte Ergebnis der Kommunalwahlen vom 7. Mai 1989, demzufolge es in Erfurt-Stadt 413 gültige Neinstimmen gegeben hat. Wir tun dies aus christlicher Mitverantwortung für Wahrhaftigkeit und Vertrauen im gesellschaftlichen Leben unseres Landes.

Christlich engagierte Bürger und Bürgerinnen nahmen in 36 Wahllokalen in Erfurt am Sonntagabend an der öffentlichen Auszählung teil. Nach den dort öffentlich bekanntgegebenen Wahlergebnissen gab es allein in diesen 36 Wahllokalen 638 gültige Neinstimmen bei der Wahl für die Stadtbezirksversammlungen. Wir fügen eine Zusammenstellung bei, die wir gegebenenfalls belegen können.

Im Blick auf die Gesamtzahl der Wahllokale ist offenkundig, daß die Anzahl der abgegebenen Neinstimmen in Erfurt-Stadt ein Mehrfaches der in den 36 Wahllokalen bekanntgegebenen Zahlen beträgt.

Wir richten diesen Einspruch mit gleichem Wortlaut an den Nationalrat der Nationalen Front der DDR und an den Stadtausschuß der Nationalen Front Erfurt. Wir fordern auf zu einer sofortigen Überprüfung des Wahlergebnisses in Erfurt-Stadt und gegebenenfalls zur Durchführung von Neuwahlen gemäß § 43 des Wahlgesetzes.

Quelle: Gerhard Rein, Die protestantische Revolution, a.a.O., S. 139f.

Nr. 6
„Hiermit erstatte ich Anzeige ...“

Strafanzeige gegen Unbekannt, Berlin, 12. Mai 1989

Hiermit erstatte ich Anzeige gemäß § 211 StGB wegen Verfälschung der Ergebnisse der Kommunalwahlen am 7.5.89 im Stadtbezirk Berlin-Weißensee.

Der Verdacht der Verfälschung erstreckt sich auf die Anzahl der gültigen Stimmen gegen den Wahlvorschlag der Nationalen Front und die Anzahl der ungültigen Stimmen.

Ich beteiligte mich an der Auszählung im Wahllokal 063c im Stadtbezirk Berlin-Weißensee und erhielt außerdem glaubhaft Kenntnis über die Ergebnisse der Auszählungen in weiteren 64 Wahllokalen dieses Stadtbezirkes.

Aus den Summen der ungültigen Stimmen und der Stimmen gegen den Wahlvorschlag ergaben sich erhebliche Differenzen zu den am 10.5.89 offiziell bekanntgegebenen Wahlergebnissen.

1. Die Anzahl der gültigen Stimmen gegen den Wahlvorschlag betrug laut Tagespresse 1.011. Dagegen wurden von den Wahlvorständen in insgesamt 65 von 67 Wahllokalen des Stadtbezirkes Weißensee 2.224 gültige Stimmen gegen den Wahlvorschlag bekanntgegeben.
2. Die Anzahl der ungültigen Stimmen im gleichen Stadtbezirk betrug laut Tagespresse 24, dagegen wurden von den Wahlvorständen in insgesamt 65 von 67 Wahllokalen des Stadtbezirkes 45 ungültige Stimmen bekanntgegeben.

Aus der Anlage sind die mitgeteilten Ergebnisse aus den einzelnen Wahllokalen ersichtlich. Sie sind nicht anzuzweifeln, denn in jedem Wahllokal nahmen mehrere, jedoch mindestens 2 Bürger unabhängig voneinander an der Auszählung teil.

Gegebenenfalls bin ich bereit, an der Beibringung von Beweismaterial mitzuwirken.

Unterschrift

Quelle: Wahlfall ’89. Eine Dokumentation der Berliner Koordinierungsgruppe Wahlen (hektographiert), o. J. (1989), S. 27.

Nr. 7
Erich Mielke unterbindet strafrechtliche Ahndung von Wahlfälschung

Dienstliche Weisung des Ministers für Staatssicherheit, 19. Mai 1989

Maßnahmen zur Zurückweisung und Unterbindung von Aktivitäten feindlicher, oppositioneller und anderer negativer Kräfte zur Diskreditierung der Ergebnisse der Kommunalwahlen am 7. Mai 1989

In Fortsetzung langfristig vorbereiteter und teilweise realisierter Störaktionen gegen die Vorbereitung und Durchführung der Kommunalwahlen am 7. Mai 1989 unternehmen gegenwärtig personelle Zusammenschlüsse, Gruppierungen und Gruppen, insbesondere in der Hauptstadt der DDR, Berlin, sowie auch in Leipzig, Dresden und Potsdam provokatorische Handlungen zur Diskreditierung der Ergebnisse der Kommunalwahlen.

Auf der Grundlage von am Wahltag durchgeführten sogenannten flächendeckenden „Kontrollen“ bzw. der „Überwachung“ der Wahlhandlung und der Stimmenauszählung in Wahllokalen beabsichtigen innere Feinde den „Nachweis“ einer angeblichen Fälschung von

Wahlergebnissen in ausgewählten Wahlbezirken zu führen. Dabei ist ein stabsmäßig organisiertes und koordiniertes Vorgehen feindlicher, oppositioneller Kräfte und ihr abgestimmtes Zusammenwirken mit den in Westberlin agierenden Feinden der DDR, JAHN und HIRSCH, sowie mit in der DDR akkreditierten Korrespondenten zu erkennen.

So konnten bereits folgende Aktivitäten festgestellt werden:

- Öffentliche Vorbereitung einer sogenannten „Öffentlichen Stellungnahme zu den Kommunalwahlen 1998", unterzeichnet von 18 sogenannten kirchlichen Basisgruppen überwiegend aus der Hauptstadt der DDR, Berlin, sowie eines „Einspruchs gegen die Gültigkeit der Kommunalwahlen 1989 in Berlin", gerichtet an den Nationalrat der Nationalen Front der DDR.
  Diese „Öffentliche Stellungnahme ...", initiiert durch solche hinlänglich bekannten Inspiratoren/Organisatoren politischer Untergrundtätigkeit und reaktionäre kirchliche Amtsträger wie Werner Fischer, Ulrike Poppe und Frank-Herbert Mißlitz sowie die Pfarrer Simon (Zionskirchengemeinde) und Schneider (Elisabethkirchengemeinde), soll an sogenannte kirchliche Basisgruppen in der DDR und an Vertreter westlicher Massenmedien sowie an staatliche Organe und gesellschaftliche Einrichtungen in der DDR übergeben werden.
- Vorsprachen von namentlich bekannten reaktionären kirchlichen Amtsträgern und anderen kirchlichen Kräften bei Oberbürgermeistern und Stellvertretern der Oberbürgermeister für Inneres bzw. Übersenden von an diese Funktionäre gerichteter Briefe durch den genannten Personenkreis.
- Postalischer Versand von durch Mitglieder sogenannter kirchlicher Basisgruppen verfaßten „Kontrollberichte" über angebliche Wahlmanipulationen in der Hauptstadt der DDR und in Potsdam an politisch negative Personen in der DDR.

Des weiteren ist beabsichtigt, vor allem durch den operativ bekannten Pfarrer Eppelmann und seinen Umgangskreis, durch Mitglieder der „Initiative Frieden und Menschenrechte" sowie der „Umweltbibliothek" und durch weitere feindliche, oppositionelle und andere negative Kräfte, Anzeigen beim Generalstaatsanwalt der DDR zu erstatten bzw. Eingaben an den Staatsrat der DDR sowie an den Nationalrat der Nationalen Front der DDR bzw. an örtliche Organe zu versenden.

Zur wirksamen Zurückweisung bzw. Unterbindung der festgestellten bzw. beabsichtigten provokativen rechtswidrigen Handlungen wurde zentral folgende Verfahrensweise festgelegt:

1. Wird festgestellt, daß Personen die Ergebnisse der Kommunalwahlen in der Öffentlichkeit herabwürdigen, sind entsprechende Prüfungshandlungen einzuleiten.
   Im Falle der Bestätigung einer Täterschaft ist in Abhängigkeit von der Persönlichkeit, den Beweggründen und der konkret verfolgten Zielstellung über das weitere Vorgehen zu entscheiden.
   Die Einleitung strafprozessualer Maßnahmen ist daher auf einen engen, offen feindlich handelnden Personenkreis zu beschränken, der in schwerwiegender Weise die strafrechtlichen Bestimmungen verletzt hat.
2. Sachlich gehaltene Eingaben, andere Schreiben oder Erklärungen zum Wahlergebnis an staatliche Organe sind den zuständigen örtlichen Wahlkommissionen zu übergeben.
   Die Sekretäre der Wahlkommissionen werden wie folgt antworten:
   „Die Wahlkommission hat anhand der von den Wahlvorständen entsprechend § 39 Absatz 1 des Wahlgesetzes exakt gefertigten Niederschriften die ordnungsgemäße Durchführung der Wahlen geprüft, das Wahlergebnis festgestellt und veröffentlicht.
   Dem ist nichts hinzuzufügen."
   Auf jeden Fall ist zu vermeiden, daß zur Sache selbst oder zu den angeblichen Fakten argumentiert wird.

Schreiben, die vorher den westlichen Medien übermittelt wurden, werden nicht bearbeitet.

2. Sachliche Anfragen von Bürgern, die sich auf das Wahlergebnis beziehen oder die Vorschläge für künftige Veränderungen des Wahlverfahrens unterbreiten, sind durch die zuständigen örtlichen Räte entgegenzunehmen und in individuellen Gesprächen direkt zu behandeln.
3. Anzeigen, die nach § 211 Strafgesetzbuch erstattet werden, sind ohne Kommentar entgegenzunehmen.
   Nach Ablauf der vorgesehenen Fristen für die Anzeigenbearbeitung ist von den jeweils zuständigen Organen zu antworten, daß keine Anhaltspunkte für den Verdacht einer Straftat vorliegen.
   Außerdem ist auf die offizielle Verlautbarung über die ordnungsgemäße Durchführung der Wahlen zu verweisen.
   Beschwerden gegen die getroffenen Entscheidungen sind gemäß § 91 StPO zu bearbeiten und abschlägig zu entscheiden.

Zur konsequenten Verwirklichung dieser zentralen Festlegungen sind folgende politisch-operativen Aufgaben zu lösen:

1. Die Leiter aller operativen Diensteinheiten haben zu sichern, daß die gründliche operative Durchdringung feindlicher, oppositioneller und anderer negativer Personenkreise vor allem mit dem Ziel erfolgt, weitere beabsichtigte Aktivitäten zur Diskreditierung der Ergebnisse der Kommunalwahlen rechtzeitig zu erkennen und vorbeugend zu verhindern.
   Bei Vorliegen der entsprechenden Voraussetzungen sind operative Personenkontrollen durchzuführen bzw. diese Personen in Operativen Vorgängen zu bearbeiten.
   Im politisch-operativen Zusammenwirken mit den anderen staatlichen Organen und Einrichtungen ist darauf Einfluß zu nehmen, daß
   - die Verwirklichung der zentral getroffenen Festlegung alle sachlich gehaltenen Eingaben, anderen Schreiben oder Erklärungen zum Wahlergebnis an die Sekretäre der Wahlkommissionen bzw. an die örtlichen Räte übergeben werden,
   - den zuständigen Diensteinheiten des MfS alle Informationen zu Personen und Sachverhalten übermittelt werden, die im Zusammenhang mit der Realisierung der zentralen Festlegungen bekannt werden und von sicherheitspolitischer Bedeutung sind.
2. Bei Feststellung von Personen gemäß Ziffer 1 der zentralen Festlegungen sind durch die Leiter der zuständigen Diensteinheiten Vorschläge zur weiteren Bearbeitung mit der Hauptabteilung XX und der Hauptabteilung IX abzustimmen.
   Sofern die Einleitung eines Ermittlungsverfahrens geprüft wird, ist durch die Hauptabteilung IX bzw. die Abteilung IX der zuständigen Bezirksverwaltung eine gründliche strafrechtliche Einschätzung des vorliegenden Materials vorzunehmen.
   Die Einleitung eines Ermittlungsverfahrens hat nur nach Zustimmung des Leiters der Hauptabteilung zu erfolgen.
3. Der Leiter der Hauptabteilung XX bzw. die Leiter der zuständigen operativen Diensteinheiten haben darauf Einfluß zu nehmen, daß durch den Staatssekretär für Kirchenfragen bzw. durch die Stellvertreter der Vorsitzenden der Räte der Bezirke und Kreise für Inneres und die Kirchenreferenten der örtlichen Räte provokative Aktivitäten kirchenleitender Amtsträger bzw. im kirchlichen Bereich tätiger Personen zu den Ergebnissen der Kommunalwahlen in geeigneter Form zurückgewiesen werden. Dabei ist zu vermeiden, daß zur Sache selbst oder zu den angegebenen Fakten argumentiert wird.
   Eine Diskreditierung der Ergebnisse der Kommunalwahlen ist in den Gesprächen nicht zuzulassen.
   Es ist darauf hinzuwirken, daß die in diesem Zusammenhang erforderlichen Auseinandersetzungen nicht zur Belastung des Staat-Kirche-Verhältnisses führen. Sachlich ge-

haltene Eingaben, Schreiben oder Erklärungen sind ebenfalls an die Sekretäre der Wahlkommissionen bzw. an die örtlichen Räte zu übergeben.

4. Durch zweckmäßige politisch-operative Maßnahmen ist der Versand von Materialien, die geeignet sind, die Ergebnisse der Kommunalwahlen zu diskreditieren, zu unterbinden.
   Dazu sind durch die Leiter der zuständigen Diensteinheiten Entscheidungen über die Einbehaltung bzw. die differenzierte Weiterleitung zu treffen.
   Geeignete politisch-operative Maßnahmen sind einzuleiten zur Unterbindung der Aus- bzw. Einschleusung derartiger Materialien.
5. Die Leiter aller operativen Diensteinheiten haben zu sichern, daß über bekanntwerdende Pläne, Absichten und Maßnahmen zur Diskreditierung der Ergebnisse der Kommunalwahlen sowie über die eingeleiteten politisch-operativen Maßnahmen zur vorbeugenden Verhinderung derartiger Aktivitäten die Hauptabteilung XX unverzüglich informiert wird.
   Informationen über operativ besonders bedeutsame derartige Pläne, Absichten und Maßnahmen sind mir sofort zu übermitteln.
6. Die Leiter der zuständigen Hauptabteilungen/selbständigen Abteilungen sowie der Bezirksverwaltungen haben zu sichern, daß die Leiter der staatlichen Organe und Einrichtungen in geeigneter Weise über die von ihnen bei der Durchsetzung der zentral getroffenen Festlegungen zu lösenden Aufgaben mündlich informiert werden.
7. Die Leiter der Bezirksverwaltungen und Kreisdienststellen haben die 1. Sekretäre der Bezirksleitungen bzw. Kreisleitungen der SED über den wesentlichen Inhalt der zentral getroffenen Festlegungen zu informieren.

Zur Gewährleistung eines einheitlichen Vorgehens bei der Verwirklichung der zentral getroffenen Festlegungen werden auch durch den Generalstaatsanwalt der DDR sowie den Minister des Innern und Chef der DVP Orientierungen bzw. innerdienstliche Weisungen für ihre Verantwortungsbereiche herausgegeben bzw. erlassen.

(gez.) Mielke
Armeegeneral

Quelle: BStU-Dokumentenstelle Nr. 103590, Bl. 1-5 (VVS o008 Mfs-Nr. 38/89).

Nr. 8

„... Die ordnungsgemäße Durchführung festgestellt"

Mitteilung eines Stadtbezirksrats, Berlin 24. Mai 1989

In meiner Eigenschaft als Sekretär der Wahlkommission in Vorbereitung und Durchführung der Kommunalwahlen am 7. Mai 1989 möchte ich Ihnen auf Ihr Schreiben vom 8. 5. 89 folgendes mitteilen:

Die Wahlkommission des Stadtbezirks Berlin-Friedrichshain hat anhand der von den Wahlvorständen gemäß § 39 Abs. 1 Wahlgesetz exakt gefertigten Wahlniederschriften die ordnungsgemäße Durchführung der Kommunalwahlen geprüft, das Wahlergebnis festgestellt und veröffentlicht.

Dem ist nichts hinzuzufügen.

Unterschrift

Quelle: Wahlfall '89. Eine Dokumentation der Berliner Koordinierungsgruppe Wahlen, o.J. (1989), S. 27

Kommunalwahl Mai 1989

links: offizielles Werbeplakat

unten: Karikatur von Dirk Moldt

Kommunalwahl Mai 1989

oben: Bürgerrechtler bei Erklärung im Wahllokal

unten: Schaufensterdekoration eines Buchhändlers

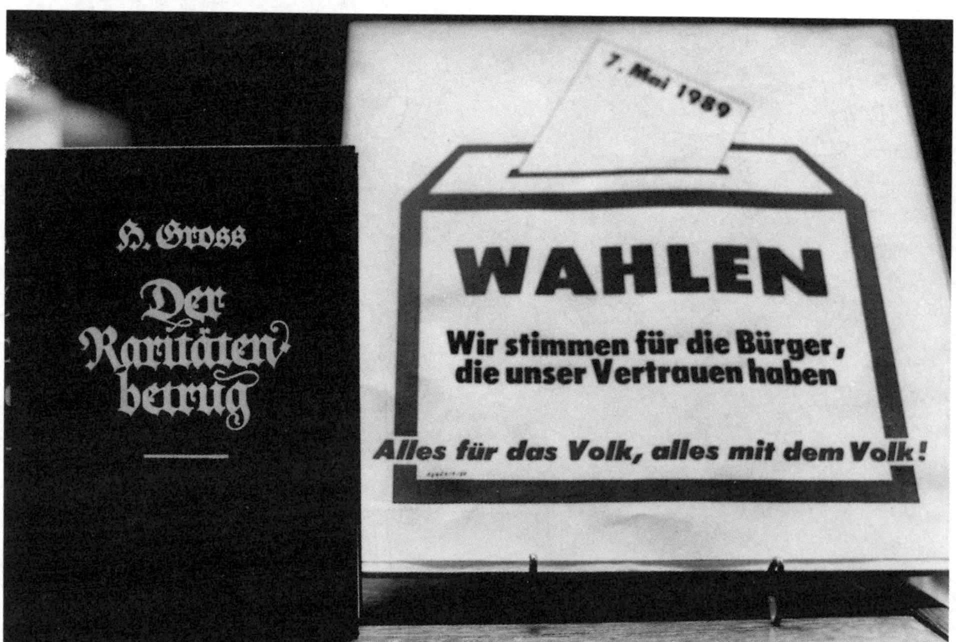

oben: Demonstration des „Weißenseer Friedenskreises“ gegen Wahlbetrug, Berlin, 7. Juni 1989

unten: Evangelischer Kirchentag, Leipzig, Juli 1989

Sebastian Pflugbeil

Das Neue Forum

Obwohl es inzwischen eine Vielzahl von Veröffentlichungen über das Neue Forum gibt, fehlt bisher ein DDR-weiter Überblick über die farbigen und schnellen Bewegungen im Herbst 1989. Die vorhandenen Materialien sind noch lange nicht vollständig zusammengetragen oder gar ausgewertet. Entscheidende Vorgänge und Hintergründe sind nie aufgeschrieben worden, Protokolle wesentlicher Treffen sind fast unbrauchbar. Eine umfassende Darstellung und Bewertung der Erfolge und der Fehler des Neuen Forum erscheinen unter den gegebenen Voraussetzungen noch nicht möglich.

Der vorliegende Abriß verbindet deshalb wichtige Daten der Geschichte des Neuen Forum mit persönlichen Erfahrungen des Verfassers, um die Erinnerung an die Atmosphäre dieser Zeit zu evozieren.

Erste konkrete Überlegungen zur Gründung einer politischen Vereinigung, eines Vereins, einer Plattform zur Überwindung der bekanntermaßen unhaltbaren Zustände in der DDR entstanden um Ostern 1989 bei einem Treffen von Bärbel Bohley, Rolf Henrich und Katja Havemann in Grünheide. Zunächst wurde auf lange Sicht gedacht, erst nach dem 40. Jahrestag der DDR planten die drei erste konkrete Schritte, um nicht unnötig zu provozieren. Die sich überstürzenden Ereignisse des Sommers 1989, die eskalierenden Ausreisezahlen erzwangen einen strafferen Zeitplan. So wurde für das Wochenende am 9./10. September 1989 ein Treffen von gleichermaßen vertrauenswürdigen, in unterschiedlichen Bereichen kompetenten und sozial wie auch geographisch halbwegs repräsentativen Freunden nach Grünheide in das Haus der Familie Havemann einberufen, um gemeinsam darüber zu beraten, was in der verfahrenen Situation der DDR getan werden könnte. Über den Sommer wurden 30-40 Freunde einzeln angesprochen und persönlich eingeladen. Diese bewußt vorgenommene Auswahl der Gründer hatte Anteil an Erfolgen wie Schwierigkeiten des NEUEN FORUM, die zu diesem Zeitpunkt noch nicht im Blick waren.

Es zeichnete sich schon seit einiger Zeit ab, daß die kritischen Gruppierungen in der DDR Grüppchen blieben, die die Bevölkerung oder gar politischen Einfluß nicht gut genug erreichten. Das Dach der Kirche bildete für einen Teil engagierter Gruppen zwar einen gewissen Schutz vor staatlichem Zugriff, aber zur gleichen

Zeit eine Art goldenen Käfig, der dafür sorgte, daß diese Gruppen nicht allzuviel Unruhe im Lande verursachen konnten. Ohne das nach und nach gewachsene kritische Potential innerhalb der Kirchen wären jedoch der Herbst 89 und das grundsätzlich friedfertige Vorgehen der Bürger kaum vorstellbar. Einige andere kleinere linke Gruppierungen hatten vorwiegend in den 70er Jahren versucht, konspirativ politisch zu arbeiten – sie wurden zerschlagen, bevor ihre Überlegungen die Bevölkerung erreichen konnten.

So bestand neben der Entscheidung, dazubleiben, dem Streben nach einer realistischen Analyse und einer spürbaren Veränderung der Verhältnisse in der DDR von Anfang Übereinstimmung darüber, den neuen Schritt außerhalb des kirchlichen Rahmens und so öffentlich wie möglich zu gehen, eine wesentlich breitere „Basis" zu schaffen, als sie die bisher vorhandenen kritischen Gruppen aufweisen konnten.

Aus den heute bekannten Unterlagen geht hervor, daß das MfS von dem geplanten Treffen am 9./10. September 1989 wußte – minutiös wurde registriert und auf Video aufgezeichnet, wer wann Havemanns Grundstück betrat. Nicht bekannt war dem MfS aber, weshalb das Treffen eigentlich stattfand, das MfS vermutete, daß es inhaltlich um Robert Havemann ginge. Die Diskussionen selbst konnten anscheinend nicht abgehört werden. Nach dem erforderlichen gegenseitigen Abklopfen der Teilnehmer des Treffens und einer groben Verständigung über das weitere Vorgehen einigten wir uns darauf, ein Papier zu verfassen, das unser Vorhaben umreißen sollte und uns helfen würde, möglichst genau zu verstehen, wo wir stehen und was wir gemeinsam erreichen wollten. Jens Reich beschreibt treffend den Kurs:

> "– Kurz! Eine Seite! – Keine hundertunderste Politschrift mit linken Fremdwörtern! – Verfasser nicht nur Berliner! – Nicht nur Männer! – Nicht nur Pastoren! Wir wollten aus der Umarmung der Kirche heraus. Nicht gegen sie, aber endlich aus dem Ghetto heraus! – Nicht nur Intellektuelle! – Nicht nur die Szene (junge Aussteiger, berufs- oder stellungslos, außerhalb der „reputierlichen Gesellschaft")! –Nicht die Ehrlichen in der SED in die Wagenburg treiben, sondern sie für Reformen gewinnen! – Im Geist der Reformbewegung in den östlichen Ländern, aber mit eigener Sprache und eigenem Konzept, nicht im Schlepptau! – Natürlich mit Gorbi! – Natürlich ist er unser Freund, aber wir wollen unsere Befreiung nicht gleich mit Kotau beginnen!"[1]

Wir verzichteten bewußt auf den Versuch, so etwas wie ein Parteiprogramm zu entwerfen. Wir hatten es

> „einfach satt, hinter farbigen Fahnen herzulaufen. Das haben unsere Eltern schon gemacht, und wir haben es vierzig Jahre mitgemacht und mitangesehen oder nicht verhindert. Wir haben es satt, auf diese Weise geführt zu werden, von wem auch immer. Wir möchten jetzt nicht den Fehler machen, daß wir selbst die Fahnen schwingen und versuchen, andere Leute zu führen, wo wir ganz genau wissen, daß wir die Lösungen nicht haben oder nur eine Scheinlösung anbieten können."[2]

Wir wollten nicht provozieren – so gab es in unserem ersten Text keinen direkten Angriff auf die SED. Wohl aber zielten und trafen wir auf den Nerv mit unserem scheinbar harmlosen Aufruf zu einem *„demokratischen Dialog über die Aufgaben des Rechtsstaates, der Wirtschaft und der Kultur"* (vgl. Anhang, Nr. 1), der natürlich öffentlich stattfinden sollte. *„Wir bilden deshalb gemeinsam eine politische Plattform für die ganze DDR, die es den Menschen aus allen Berufen, Lebenskrei-*

sen, Parteien und Gruppen möglich macht, sich an der Diskussion und Bearbeitung lebenswichtiger Gesellschaftsprobleme in diesem Land zu beteiligen.“ Es stand für uns außer Frage, daß in einem offenen und freien Dialog, in dem Bürger sich dazu entschließen, die Wahrheit zu sagen, die verhaßten, verachteten und vor allem verlogenen Strukturen von ganz alleine in sich zusammenfallen würden. Mit den für uns so wichtigen *Begriffen „Gerechtigkeit, Demokratie, Frieden sowie Schutz und Bewahrung der Natur“* bezogen wir die groß angelegten Diskussionen in den Kirchen im Rahmen der Ökumenischen Versammlungen, an denen sich viele der Aktiven des Herbstes 1989 schon beteiligt hatten, mit in unsere Überlegungen ein.

Wir diskutierten einige Zeit darüber, wie wir es mit dem Sozialismus halten wollten, mit der sozialistischen Demokratie, dem demokratischen Sozialismus, dem Eurokommunismus, dem Maoismus, mit Pol Pot in Kambodscha, mit Willy Brandt, mit Stalin, mit Ulbricht oder mit Gorbatschow. Wir haben uns nicht einmal untereinander darauf einigen können, was wir unter Sozialismus verstehen wollen. Einig wurden wir uns darin, daß dieser Begriff eine recht leere Begriffshülse sei, deren Gebrauch wir besser meiden sollten. Daß wir das Wort Sozialismus nicht gebrauchten, nahmen uns die Genossen sehr übel. Dabei dachten wir bei unserem Entwurf überhaupt nicht daran, das System der Bundesrepublik zu übernehmen und gingen wie selbstverständlich davon aus, einen langen Weg der Reformen des sozialistischen Systems zu beginnen.

Von Rolf Henrich stammte die Idee, unseren Vorstoß nachdrücklich auf die geltende Verfassung der DDR zu stützen, in der den Bürgern der DDR im Artikel 29 das Recht garantiert war, *„durch gemeinsames Handeln in [...]Vereinigungen ihre Interessen [...] zu verwirklichen“*. Dazu gab es eine Verordnung, die regelte, wie dabei vorzugehen war.[3] Dieses Vorgehen war nicht nur trocken-juristisch, nicht nur ein kurioses Beispiel deutscher *„Vereinsmeierei“, „Revolutionäre, die eine Bahnsteigkarte lösen,“* sondern auch auf eine Weise schlitzohrig und frech, die vielen wachen Bürgern bestens aus anderen Zusammenhängen vertraut war. Es war fast ein Sport geworden, das Politbüro zu ärgern, indem man hohle Phrasen der DDR-Führung wie unterzeichnete Verträge oder Gesetze wörtlich und in allem Ernst für ganz andere Interessen in Anspruch nahm, als das den Urhebern in der DDR-Führung vorstellbar erschien. Die Berufung auf die Verfassung und auch die Erkennbarkeit der Unterzeichner (Name, Beruf, Ort) gaben vielen andern gerade erst aufwachenden, ängstlichen Bürgern Gewißheit, daß sie sich hier auf eine seriöse Angelegenheit einließen.

Es wurde vereinbart, den *„Aufbruch 89 – Neues Forum“* (Anhang, Nr. 1) sofort an die DDR-Medien zu geben, dann erst in den Westen. Wir empfanden es gerade bei diesem Papier als ungünstig, wenn es zuerst im Westen erscheinen würde. Wir verabschiedeten uns dann in Grünheide mit der Absicht, uns Anfang Dezember wiederzusehen, u.a. um festzustellen, ob es Inhaftierungen gegeben habe. Die Stasi notierte die Abreise jedes einzelnen Besuchers. Unter den 30 Erstunterzeichnern wurden vor dem Treffen in Grünheide (nach heutigen Erkenntnissen) schon 16 als „Operative Vorgänge“ bearbeitet, zwei standen unter „Operativer Personenkontrolle“. Nur einer stand als IM im Dienste des MfS (vgl. Anhang, Nr. 2).

Unser Text wurde zunächst in keinem Medium der DDR veröffentlicht. Die Stasi bekam den „Aufbruch 89“ von ADN. Gedruckt wurde er erst am 13.9.1989 in der Frankfurter Rundschau und in der taz – ohne die Unterschriften. Zu diesem Zeitpunkt glimmten jedoch schon zahlreiche Zündschnüre. Bis heute ist unbegreiflich, wie schnell dieser kurze Text sich über das ganze Land verbreiten konnte. Wir hatten damals nicht einmal alle ein Telephon, nur einige eine Schreibmaschine. Faxgeräte, Kopierer oder Internet standen uns nicht zur Verfügung. Der Text wurde wieder und wieder mit Durchschlägen abgeschrieben, auf Computern in Betrieben und wissenschaftlichen Einrichtungen oder auf einer der kirchlichen Spiritus- oder Wachsmatrizenmaschinen vervielfältigt und dann an Freunde, Kollegen, Nachbarn verteilt. Diese Informationsverbreitung funktionierte ohne wesentliche Anstrengungen der Erstunterzeichner fast von alleine. Es dürfte schwer sein, einen Text zu finden, der in einer vergleichbar wirksamen Kettenreaktion die Bevölkerung erreicht hat und von der Bevölkerung verstanden und unterstützt wurde. Von Mitte September 89 an standen die Telephone der Erstunterzeichner nicht mehr still. Ständig wurden wir befragt, wie man Mitglied werden könne, es wurden abends Bündel mit Unterschriftenlisten für unseren Aufruf 89 in den Briefkasten gesteckt, unsere Wohnungen waren fast an jedem Abend voller wildfremder Menschen, die in vielen Fällen das erstemal in ihrem Leben vor Fremden nahezu ohne Angst politisch diskutierten. Am Tag gingen wir ganz normal zur Arbeit – um auch dort mit den Kollegen zu reden und Texte zu vervielfältigen. Eine wichtige Unterstützung kam von Unterhaltungskünstlern, die sich am 18. September 1989 im Maxim-Gorki-Club in Berlin-Weißensee trafen, um die Situation zu besprechen – sie verfaßten eine Resolution, in der sie sich mit dem NEUEN FORUM solidarisierten und verlasen diese Resolution oder den Aufruf des NEUEN FORUM vor vielen tausend jungen und begeisterten Zuhörern in ihren Veranstaltungen.[4] Der Verband bildender Künstler/Resolution von Mitgliedern des VBK im Bezirk Berlin vom 2.10.1989, 337 Unterzeichner/schloß sich an. Ebenso wirksame Unterstützung kam aus dem Bereich der Evangelischen Kirche.[5] Sehr beunruhigt war das MfS, daß die Sympathiebekundungen für das Neue Forum sich bis in die Belegschaft von Radio und Fernsehen erstreckte, die das MfS aus naheliegenden Gründen besonders sorgfältig verlesen hatte.

Schon eine Woche nach dem Treffen in Grünheide wurden zwischen dem 18. und 20. September in den Bezirken Cottbus, Dresden, Frankfurt/Oder, Halle, Karl-Marx-Stadt, Leipzig, Potsdam, Rostock und Schwerin, in Berlin und zentral beim MdI die formellen Anträge zur Anmeldung des Neuen Forum gestellt. Bärbel Bohley und Jutta Seidel übernahmen die zentrale Anmeldung beim MdI, Jens Reich und ich die Anmeldung in Berlin, dem MfS lag am 22.9.89 die Liste der Antragsteller aus 7 Bezirken und Berlin vor. Wir nahmen an, frühestens nach den Jubelfeiern zum 40. Jahrestag der DDR irgendeine lapidare Reaktion zu bekommen. Die Antwort kam jedoch schneller als erwartet und verschlug uns für einen Moment den Atem: Am 21. September ging um 18.42 Uhr eine Mitteilung des Ministers des Innern über die ADN-Ticker, nach der ein Antrag zur Bildung einer Vereinigung „Neues Forum" eingegangen ist, geprüft und abgelehnt worden sei. *„Ziele und Anliegen der beantragten Vereinigung widersprechen der Verfassung der Deutschen Demokratischen Republik und stellen eine staatsfeindliche Plattform dar."* (Anhang, Nr. 3) Noch am gleichen Abend ging die Nachricht über das 1. Fernsehprogramm der DDR; am nächsten Morgen stand der 10-Zeiler im Neuen Deutschland.

Wir alle hatten die einschlägigen Gummiparagraphen des politischen Strafrechts im Kopf – sie hatten uns also die Instrumente ihrer Folterkammer gezeigt, es ging immerhin um mehrere Jahre Knast (§ 99 Landesverräterische Nachrichtenübermittlung: 2-12 Jahre, § 106 Staatsfeindliche Hetze: 1-8 Jahre, § 107 Verfassungsfeindlicher Zusammenschluß: 2-8 Jahre.[6] Meine Frau und ich waren beunruhigt und besuchten noch in der Nacht Familie Reich, wir gingen durch das „Wäldchen“ in Pankow, um ohne Wanzen reden zu können und spielten die verschiedenen möglichen Abläufe der nächsten Tage und fällige Vorsichtsmaßnahmen durch. Ich lernte den Begriff „versenken“ für sicheres Verstecken von belastenden Unterlagen, Büchern usw. Zu Hause setzten wir uns zusammen und schrieben Vollmachten für verschiedene Freunde und Verwandte für die Betreuung unserer Kinder, falls wir verhaftet würden und „versenkten“ die wichtigsten verbotenen Bücher und Unterlagen in einem Panzerschrank der Sophienkirche.

Zur gleichen Zeit hatte das MfS zu tun: Es stellte „Informationen“ zu der politischen Vergangenheit der Erstunterzeichner zusammen[7] und entwickelte „Vorschläge zur gesellschaftlichen Einflußnahme und Auseinandersetzung“:[8] Belehrung durch das Untersuchungsorgan des MfS, Ordnungsstrafverfahren, Übergabe einer Information an Parteileitungen und Arbeitsstellen *„als Voraussetzung für eine offensive Fortsetzung der Auseinandersetzungen“* und weitere operative Kontrolle wurden vorgeschlagen. Noch am gleichen Tag erfolgte in meinem Fall die Umsetzung: Ich wurde zu meinem Direktor zitiert und sah mich unvorbereitet drei Professoren der Akademie der Wissenschaften, (darunter der Justitiar der AdW), der Kaderleiterin, dem Parteisekretär und meinem Abteilungsleiter gegenüber. Es ging nicht nur um das Neue Forum, die Leitung versuchte – wie auch schon zu früheren Anlässen – arbeitsrechtlich relevante Druckpunkte zu finden und zu nutzen. Ich sollte mich schriftlich zu den Vorwürfen äußern, weitere Aktivitäten wurden untersagt, und alle Mitarbeiter in meiner Abteilung wurden mit schikanösen Auflagen versehen, um deren Solidarität zu brechen. Vergleichbare Gespräche erfolgten in diesen Tagen vielerorts – auch mit Jens Reich.

Die Nachbarn machten uns auf zwei Autos vor unserer Tür aufmerksam, die immer mit uns zusammen ankamen und abfuhren. In einer Wohnung auf der anderen Straßenseite waren Tag und Nacht die optischen Gläser des MfS zu erkennen. Auf den Leipziger Straßen wurde am 25.9.89 auf der ersten Montagsdemonstration die Zulassung des Neuen Forum gefordert, diese Forderung war für einige Wochen typisch für alle großen Demonstrationen und Veranstaltungen. Um den 26.9.89 wurde allen Antragstellern zur Anmeldung des Neuen Forum auf Weisung des Ministers des Innern[9] mündlich und wortgleich mitgeteilt, daß dem Antrag auf Bestätigung der Anmeldung nicht entsprochen werde, da für die beabsichtigte Gründung keine gesellschaftliche Notwendigkeit bestehe. Am 29.9.89 zitierte ADN Armeegeneral Mielke: *„Gegner der DDR werden scheitern“*. Mielke unterstrich nachdrücklich die Aspekte Verfassungswidrigkeit und Staatsfeindlichkeit.[10] Die Rechtsabteilung des MfS hatte eine strafrechtliche Einschätzung unseres ersten Textes vorgenommen und kam zu dem Ergebnis, es handle *„sich bei dem vorliegenden Text um eine Schrift im Sinne staatsfeindlicher Hetze gemäß § 106 Abs. 1, Ziff.2 StGB, die objektiv geeignet ist, die verfassungsmäßigen Grundlagen der sozialistischen Staats- und Gesellschaftsordnung der DDR anzugreifen und gegen sie auf-*

zuwiegeln. Eine mit diesem Vorsatz vorgenommene Herstellung oder Verbreitung dieser Schrift begründet strafrechtliche Verantwortlichkeit auf der vorgenannten Rechtsgrundlage."[11]

Am 1. Oktober 1989 trafen sich mehrere Erstunterzeichner in unserer Wohnung, Tausende von Unterzeichnern und Sympathisanten warteten auf eine Antwort und auf Vorschläge für das weitere Vorgehen. Während wir unser zweites Papier (Anhang, Nr. 6) entwarfen, fuhren vor dem Haus Mannschaftswagen mit Grünuniformierten vor, die Haustür wurde abgesperrt, und wir hatten einen Moment das ungute Gefühl, am Ende des Neuen Forum angekommen zu sein. Möglicherweise hing die Demonstration von Macht vor unserer Tür damit zusammen, daß zu dieser Zeit an verschiedenen Stellen in Berlin die Gründung des Demokratischen Aufbruch betrieben wurde. Unsere Kinder amüsierten sich bald damit, über die Wechselsprechanlage unbemerkt die Gespräche der Polizisten vor der Haustür abzuhören. Die Nervosität ließ nach, als M. Beleites von den Wachen vor der Haustür abgewiesen wurde, durch den Hintereingang aber hereinkam und wenig später lächelnd an den verblüfften Polizisten vorbei durch den Vordereingang davonging. Wir schlugen vor, in den Wohngebieten zunächst über Kontaktadressen Verbindung zu halten, regionale Zentren einzurichten und einen Sprecherrat aus Vertretern der einzelnen Regionen zu bilden. Überregional wollten wir Arbeitsgruppen zu den relevanten Themen einrichten. Wir unterzeichneten mit unseren vollen Adressen, um die Verständigung zu erleichtern. Der am selben Tage entworfene „Offene Problemkatalog" stellt einen ersten Versuch dar, durch gezielte Fragen zu den Gebieten Wirtschaft und Ökologie, Kultur, Bildung, Wissenschaft sowie Rechts- und Staatswesen den bereits sprudelnden Dialog möglichst konstruktiv und nutzbar zu gestalten. Schon am nächsten Abend wurde er in der Paulskirche in Schwerin von rund 1 000 Freunden des Neuen Forum diskutiert.

Auf sehr unterschiedliche Weise entstanden in mehr und mehr Städten Gruppen des Neuen Forum,[12] selbst die großen Kirchen reichten für die Versammlungen nicht mehr aus.

Am 4.10.89 trafen sich zum erstenmal Vertreter der neu entstandenen Bewegungen und von Friedenskreisen in Berlin, um abzuklopfen, wieweit ein Wahlbündnis bei den nächsten Wahlen verwirklicht werden könnte. Hier könnte der Beginn von Opposition im Herbst 89 im engeren Sinne angesetzt werden.[13]

Am 6.10.1989 – einen Tag vor den Feierlichkeiten zum 40. Jahrestag - war ich zu einer Veranstaltung in die Schweriner Paulskirche eingeladen, um über das Neue Forum zu informieren. Mein Institutsdirektor kündigte früh eine Gespräch an und ließ mich dann bis nach Dienstschluß zappeln – er wußte von der Veranstaltung in Schwerin und verbot mir, dort aufzutreten. Dann fuhr ich (ständig zu schnell) nach Schwerin – vor und hinter mir ein Stasiauto. Die große Paulskirche war überfüllt, es herrschte eine knisternde Spannung, weil unter den mehr als 1000 Zuhörern ein Block von Genossen im Einsatz war, die die Veranstaltung sabotieren sollten. Die Emotionen gingen hoch, es gelang uns, davon völlig überraschte Genossen ans Mikrophon zu bekommen, wir begannen, miteinander zu reden. Später erfuhren wir, daß die Genossen bewaffnet waren und rings um die Kirche Polizeifahrzeuge und Wasserwerfer aufgefahren waren. Die Veranstaltung konnte friedlich beendet werden.[14] Am nächsten Morgen ging es mit der Stasi-Eskorte wieder zurück nach Berlin. Am 7. und 8.10. kam es zu den schwersten Ausschreitungen der Staatsmacht gegen friedliche Demonstranten in Berlin. G. Schabowski berichtet Honecker am 8.10., daß 568 Personen zugeführt worden seien.[15] Viele wurden über die Verfassungsfeindlichkeit des Neuen Forum belehrt und mit strafrechtlicher Verfolgung bedroht, falls sie sich mit den Ideen des Neuen Forum identifizieren oder sie gar weiter verbreiten würden.[16] Am 9.10.89 wurde ich nach einem kurzen Besuch bei B. Bohley unmittelbar vor meiner Haustür von einem Stasiauto an den Straßenrand gedrängt und erstmalig „zugeführt". In dem Polizeirevier in der Immanuelkirchstraße in Berlin warteten schon viele Leute, die z.T. auch vorher bei B. Bohley die jüngsten Texte abgeholt hatten. Redeverbot, sportliche Stasibewacher, am späten Abend endlich die Vernehmung. Wir dachten alle daran, was wohl an diesem Abend bei der Montagsdemonstration in Leipzig geschehen würde. Aus dem Fenster konnte man die Fenster der anderen Straßenseite gut sehen – in jedem Fenster standen Kerzen, wir waren nicht allein. Als ich um Mitternacht nach Hause kam, hatten mehrere mir unbekannte Leute, die vor mir verhört worden waren, meine Familie schon informiert. Am gleichen Abend demonstrierten in Leipzig 70 000 Menschen, *„Keine Gewalt", „Neues Forum zulassen!", „Wir sind das Volk!"*, K. Masur verständigte sich mit den Mächtigen der Stadt, die Panzer wurden nicht eingesetzt.

Das erste landesweite Treffen der „Kontaktadressen" des Neuen Forum wurde für den 14.Oktober 1989 in die Berliner Sophienkirche einberufen. Im Vorfeld erpreßte die Stasi von mehreren auswärtigen Freunden das Versprechen, am 14.10. nicht in die Sophienkirche nach Berlin zu fahren. Die Stasi wartete gemeinsam mit dem Westfernsehen vergeblich vor der Sophien-Kirche, der Tagungsort war kurz vorher verändert worden, um uns ungestört treffen zu können, und keiner mußte sein Versprechen brechen. (vgl. Anhang, Nr. 7) Diese erste grobe Bilanz nur einen Monat nach der Gründung war ermutigend. Niemand hatte geplant oder gehofft, daß sich das Neue Forum so schnell ausbreiten und auf soviel Sympathie in der Bevölkerung stoßen würde. Sie war auch ernüchternd - wir bemerkten überdeutlich, welch komplizierte Aufgaben jetzt sofort gelöst werden müßten. Wir spürten wohl auch das erste Mal, daß wir zwar einigermaßen einig waren, was die Beurteilung der Mißstände in der DDR anging, daß wir aber durchaus nicht die gleichen Vorstellungen über die Zukunft hatten. Diese zunächst gewollte politische Inhomogenität im Neuen Forum hat keine vergleichbare Entsprechung in den anderen Bewegungen des Herbst 89. Rolf Henrich entwarf eine Struktur, die nun „an der Basis" diskutiert werden mußte. Die Redaktion der Zeitung „neues forum" wurde vorgestellt. Inzwischen lag irgendeine fünfstellige Mitgliederzahl vor. Das nächste Treffen wurde (augenzwinkernd) für den 11.11.89, 11.00 Uhr vereinbart. Am folgenden Montag (16.10.89) demonstrierten in Leipzig mehr als 120 000 Menschen. Am selben Tag fand in Potsdam ein Gespräch auf Einladung des 1. Sekretärs der SED-Kreisleitung statt, zu dem neben Kirchenvertretern, Vertretern der Parteien und Massenorganisationen zwei Erstunterzeichner und weitere Befürworter des Neuen Forum eingeladen wurden. Es wurde erreicht, daß das Neue Forum in Potsdam offiziell toleriert wurde und die Bemühungen um eine Legalisierung fortgesetzt wurden.[17]

Wenige Tage später erhielt B. Bohley einen Brief aus dem Büro des Neuen Forum in Magdeburg:

"Alle Offiziere sind darüber informiert worden, daß in Berlin eine Konterrevolution geplant ist, bei der die Mauer gestürmt wird. Deswegen sofortige Urlaubs- und Ausgangssperre, erhöhte Bereitschaft. Es wurde scharfe Munition ausgegeben. Falls sich Demonstranten in Nähe der Mauer bewegen, erhalten die Angehörigen der NVA Schießbefehl."[18]

Im Brandenburger Dom fand am 21.Oktober 1989 eine Veranstaltung des Neuen Forum statt, die in drei Durchgängen durchgeführt werden mußte, weil die große Kirche die etwa 2 700 Zuhörer nicht auf einmal fassen konnte.[19] Die sich überstürzenden und widersprüchlichen Ereignisse machten es schwer, die Lage richtig einzuschätzen.

Ende Oktober 89 entstanden die „Ansätze zur Basisdemokratie" nach einer Anregung, an die ich mich nicht mehr erinnere. Wir hatten täglich Schwierigkeiten mit der effektiven Gestaltung von Diskussionen unter Gesprächspartnern, die nur selten die Gelegenheit gehabt hatten, kontroverse Diskussionen zu führen oder sich an Abstimmungen zu beteiligen. Die „Ansätze" versuchten, Hilfestellung beim systematischen Aufbau elementarer Kommunikationsstrukturen zu leisten und typische Ursachen für verfahrene Diskussionen zu analysieren. So gerne das Wort „Basisdemokratie" verwendet wurde, so groß waren die Schwierigkeiten der praktischen Umsetzung. Ich erinnere mich an viele außerordentlich starrsinnig und intolerant geführte harte Diskussionen um gar nicht so wichtige Dinge. Nur zum Teil kann der notorische Zeitdruck dafür herhalten, mit welcher Begeisterung Diskussionen durch brutale Abstimmungen beendet wurden. Die Vorgeschichte des Neuen Forum hat vielleicht eine Art Auslese zugunsten besonders harter, durch andere Meinungen schwer zu beeinflussender Menschen bewirkt. Was zu DDR-Zeiten immun gegen Propaganda machte, erschwerte nun die Verwirklichung von Demokratie im weitesten Sinn. Vielleicht gehört dazu auch der überdurchschnittliche Widerwillen des Neuen Forum gegen Kompromisse jeder Art. Daß wir zur gleichen Zeit gerne von Konsens redeten, wird eines der ungelösten Rätsel des Neuen Forum bleiben.

Die größte Demonstration des Herbst 89 am 4. November war für viele Berliner ein unvergeßliches Erlebnis – für das Berliner Neue Forum war sie in mehrfacher Hinsicht symptomatisch. Während in Leipzig die Montagsdemos Geschichte schrieben und in immer mehr Städten Menschen auf die Straße gingen, befand sich Berlin bis zum 4.11.89 diesbezüglich fast in einem Winterschlaf, träumte von einer gewaltigen Demonstration, aber es ging nicht los. Das Neue Forum scheute sich, den ersten Impuls zu geben, so beließen wir es dabei, die von den Kulturschaffenden vorbereitete Demo durch unseren Aufruf zu unterstützen. Diese Demonstration hätte ein Paukenschlag werden können – sie wurde ein Happening. Was konnte man auf dieser Demonstration von Rednern wie dem Ex-Spionagechef Markus Wolf oder dem gefürchteten SED-Chef von Berlin Günther Schabowski eigentlich erwarten?

Nach dem Rücktritt der Regierung unter Willi Stoph am 7. November wurde endlich am 8. November 89 die Anmeldung des Neuen Forum durch das Innenministerium bestätigt. (Anhang, Nr. 4) Wir erfuhren davon einen Tag später, die Journalisten bestürmten Bärbel Bohley in ihrem kleinen Hinterhofgärtchen, nicht ahnend, daß wenige Stunden später die Mauer fallen würde. Ich würde den Zenit des Neuen Forum an dieser Stelle sehen.

Ich kam am 9. November spät abends von einer Veranstaltung nach Hause und wurde nach Mitternacht von einem Journalisten aus Israel angerufen, was ich vom Fall der Mauer hielte. Im Bruchteil einer Sekunde war klar, was das bedeutete. So sehr ich die Mauer gehaßt hatte, die auch durch meine Familie hindurchging, mir wurde bei der Nachricht über den Fall der Mauer genauso flau im Magen wie am 13. August 1961, als wir vom Bau der Mauer erfuhren. Am nächsten Abend hatte ich meinen ersten Auftritt im West-Fernsehen und brachte die Moderatoren zur Verzweiflung, weil ich nicht jubelte, sondern den (vergeblichen) Versuch machte, die Konsequenzen dieser unvorbereiteten Maueröffnung zu skizzieren. Ähnlich ging es Bärbel Bohley, sie beschimpfte Regierung und Volk sinngemäß als verrückt und besoffen und erntete einen Aufschrei der Empörung von den gleichen Leuten, die wenige Tage zuvor noch gerufen hatten: „Neues Forum zulassen" und „Wir sind das Volk", viele erklärten daraufhin ihren Austritt aus dem Neuen Forum. Wenn auch die Wirklichkeit unsere damals geäußerten Befürchtungen weit übertroffen hat, so haben wir parteitaktisch verheerend reagiert. Die wenige Tage später von Jens Reich formulierte Erklärung zum Mauerfall konnte B. Bohleys ehrlichen Ausbruch nicht zurückholen. Es ist kaum bestreitbar, daß durch den Fall der Mauer in der Nacht des 9. November der unglaubliche Enthusiasmus des Herbst 89, der Aufbruch mündiger Bürger zur Gestaltung einer Gesellschaft nach ihren Vorstellungen zerbrach – das war natürlich bitter vor allem für Leute, die den Aufbruch zum Ausbruch gebracht hatten.

Am 11. November traf sich der Republiksprecherrat des Neuen Forum in Berlin, um nach der bestätigten Anmeldung nun die „Gründungshandlungen" voranzutreiben. Jetzt wurde es ernst mit einer Kontroverse, die das Neue Forum von Anfang an blockiert hat – sind wir eine Bürgerbewegung oder begeben wir uns auf das schlüpfrige Feld der großen Politik und werden eine Partei. Wir verachteten natürlich „die Partei", hielten aber auch von allen anderen Parteien, ihrer Denk- und Handlungsweise nicht viel. Andererseits wollten wir natürlich gestaltend die nächsten Schritte direkt mitbestimmen, das schien allein „von unten" nicht hinreichend möglich. So wurde auch das Modell einer „Wahlpartei" neben der Bürgerbewegung erwogen, die nur den Zweck hat, Kandidaten für Wahlen aufstellen zu können. Ein neues Wahlgesetz war in Arbeit – noch war nicht klar, welche Möglichkeiten darin für die Bürgerbewegung eingeräumt werden würden.

Neben den sich überstürzenden Fragen der aktuellen politischen Lage gab es schon im Frühherbst ein breites Spektrum von Arbeitsgruppen, die versuchten, die Situation auf einem bestimmten Gebiet zu analysieren und Vorschläge für die Zukunft zu entwickeln. In Fachforen wurde der Versuch gemacht, Arbeitsgruppen zu einem Thema aus unterschiedlichen Regionen miteinander in Kontakt zu bringen. Allein in Berlin gab es Ende November mindestens 80 Themengruppen und 26 territoriale Gruppen, die über gewählte Sprecher in den Sprecherräten der Stadtbezirke und schließlich im Berliner Sprecherrat repräsentiert waren.[20] In einigen Fällen wurden die Arbeitsgruppen durch den Alltag überrollt, es gab jedoch auch erstaunliche Ergebnisse. So gelang es dem Fachforum Wirtschaft (Sprecher: Dr. Pavel Strohner) im November 89 (auf dem Gelände der Akademie der Wissenschaften in Berlin-Buch) und wenige Monate später im Februar 1990 großangelegte Fachtagungen zur Wirtschaftssituation der DDR und zu möglichen nächsten Schritten durchzuführen. Bemerkenswert waren das hohe fachliche Niveau, auf dem verhandelt wurde, und die Teilnemerzusammensetzung: hochkarätige Wirtschaftsfachleute und Politiker aus der Bundesrepublik und anderen westeuropäischen Staaten trafen auf hochrangige Vertreter der DDR-Wirtschaft – dazwischen die Fachleute aus dem Neuen Forum. Die Ergebnisse der Diskussionen zu Währung und Konvertibilität, Arbeitsmarkt und Mitbestimmung, Betrieb und internationaler Arbeitsteilung, Ökonomie und Ökologie und Strukturpolitik wurden am 2. Februar 1990 dem Zentralen Runden Tisch vorgelegt. Auf ähnliche Weise kam es wenig später zu zwei großen Tagungen über die Energiepolitik der DDR im Februar und im Mai 1990 [21] Der Sprecherrat des Neuen Forum im Bezirk Karl-Marx-Stadt rief am 1.Dezember für den 6.Dezember 1989 zum Generalstreik auf. Einen Tag später tagten im Französischen Dom in Berlin die Führungsgremien des Neuen Forum, sie trugen den Generalstreiksaufruf nicht mit. Es kam auch zu keiner Einigung über eine Entscheidung zwischen Bürgerbewegung und Partei. Zur Wiedervereinigung gab es ein breites Spektrum von Meinungen. Während der wenig ergiebigen Diskussionen in Berlin wurde vom Rostocker Neuen Forum eine Lagerhalle in Kavelsdorf besetzt, über die die IMES GmbH Waffenhandel mit Afrika, Lateinamerika und dem Nahen Osten abwickelte. Es wurden Handfeuerwaffen, Munition und Lastwagen sichergestellt.

Am Sonntag, dem 3.Dezember 1989 trafen wir uns zum zweitenmal in Grünheide, Wolf Biermann und Jürgen Fuchs kamen erstmals nach ihrer unfreiwilligen Ausbürgerung zu Havemanns. Sie kamen mit der Nachricht aus Berlin, daß dort in der Zentrale des FDGB vermutlich Akten verbrannt würden. Über die Nachrichten erfuhren wir vom Rücktritt des Politbüros und des ZK der SED und von der Flucht des damals noch wenig bekannten Staatssekretärs Schalck-Golodkowski, der nun wegen illegalen Waffenhandels über die Firma IMES gesucht wurde. Wir brachen unser Treffen ab und fuhren zurück nach Berlin. Matthias Büchner (Erfurt) setzte sich sofort ans Telephon und gab wieder und wieder mündlich unseren Aufruf an die Kontaktpersonen des Neuen Forum in allen Bezirken durch (Anhang, Nr. 9). Es war so gut wie sicher, daß die Leipziger Montagsdemo am kommenden Abend nicht mehr an der Leipziger Stasizentrale vorbeiziehen würde, wir waren besorgt, daß es zu Gewalt kommen würde und schätzten ein, daß Hans Modrow oder Gregor Gysi dahin wirken könnten, daß die Stasizentrale friedlich übergeben würde. Bärbel Bohley und Klaus Wolfram versuchten vergeblich noch spät in der Nacht, einen der beiden zu finden. Sie fanden nur Markus Wolf, den B. Bohley nicht einbeziehen wollte, den sie aber bat, Kontakt zu G. Gysi herzustellen. Gysi rief früh gegen 3.00 Uhr bei B. Bohley an. Inwieweit G. Gysi dann tatsächlich den friedlichen Ablauf der Besetzung der Stasizentralen in Leipzig und vielen anderen Städten am 4.Dezember und den folgenden Tagen beeinflußt hat, ist ungewiß. Sicher ist jedoch, daß das Neue Forum in der ihm eigenen Mischung aus koordiniertem Vorgehen und eigener Initiative maßgeblich die Besetzung der wichtigsten Stasizentralen der DDR angeführt hat. Die Besetzungen verliefen zum Teil so aufregend, wie man sich das vorstellt, in anderen Fällen unbegreiflich glatt und einfach. So übernahm Michael Beleites als Vertreter des Neuen Forum gemeinsam mit nur 4 Mitgliedern eines Bürgerkomitees am 6.Januar 1990 die Bezirksverwaltung des MfS in Gera, der Stellvertreter des Nasi/Stasi-Bezirkschefs drückte ihm Kaffee, Kaffeemaschine und Tassen in die Hand. Zwei Tage später wurden ebenfalls in Gera Bürgerkomitee und Stasimitarbeiter in der Waffenkammer der Stasi vor offenen Waffenkisten von der Information überrascht, daß das Geraer Bezirksamt für Nationale Sicherheit zum bewaffneten Putsch gegen die „reaktionären Kräfte“ aufgerufen hatte. M. Beleites versuchte sofort, den Hintergrund festzustellen: Die Information wurde gerade am Zentralen Runden Tisch vorgetragen und live über das zweite Programm des DDR-Fernsehens gesendet. Der Putschaufruf war authentisch – aber schon vier Wochen alt. Beleites schildert später, wie er versucht hat, die hochexplosive Situation zu entspannen: „*Was ich jetzt erlebte, hätte ich mir wenige Monate vorher nicht einmal im Traum vorstellen können: Zusammen mit Jörn Mothes und Roland Geipel saß ich im Dienstzimmer des Stasi-Bezirkschefs, wir formulierten gemeinsam an einer offiziellen Presseerklärung des Geheimdienstes und nebenbei sahen wir, wie Sebastian Pflugbeil, Carlo Jordan und Markus Meckel im DDR-Fernsehen ihre politischen Forderungen vortrugen. Das Undenkbare wurde zum Alltag.*“[22] (Anhang, Nr. 10). Die Besetzungen der Stasi-Zentralen zogen sich bis in den Januar 1990 hin, in der Normannenstraße in Berlin hatten die „Tschekisten“ Zeit bis zum 15. Januar 1990, sich auf die Übergabe an ein Bürgerkomitee vorzubereiten (vgl. Anhang, Nr. 13). Unsere Unsicherheit bei der Einschätzung der tatsächlich noch bestehenden Gefahr wurde sicher auch durch die schrecklichen aktuellen Nachrichten über die Massenmorde der Securitate in Rumänien verstärkt. Glücklicherweise wußten wir damals noch nichts Genaues über die Isolierungslager der Stasi, die präzise vorbereitet hatte, was z.B. mit „OV“ und „OPK“ in Krisensituationen zu geschehen hatte.[23] Niemand kann heute sagen, wieviele fanatische Funktionäre der SED oder Offiziere der Stasi gefehlt haben, um die Rumänische Variante in Gang zu setzen.

Für den Abend des 4. Dezember 1989 hatte der Regierende West-Berliner Bürgermeister Walter Momper B. Bohley und R. Schult zu einem politischen Gespräch nach West-Berlin eingeladen. Im Rathaus Schöneberg warteten bereits Ibrahim Böhme, damals Vorsitzender der SDP, und Rainer Eppelmann vom Demokratischen Aufbruch. Momper empfahl überraschenderweise die sofortige Übernahme der Regierung durch die Opposition. Die Vertreter des Neuen Forum lehnten angesichts der in frage stehenden Regierungskollegen dankend ab. Immerhin wurde dann im Neuen Forum für wenige Tage ernsthaft diskutiert, ob mit der Eröffnung des Runden Tisches nicht doch der Rücktritt der Regierung Modrow gefordert werden sollte. Es bestand seit Oktober Streikbereitschaft in den großen Berliner Betrieben, ein solche Rücktrittsforderung wäre wahrscheinlich unterstützt worden. Klaus Wolfram deutet an, welch traumhafte Schritte dann möglich gewesen wären, er unterläßt es jedoch, die voraussehbaren gravierenden Schwierigkeiten einer solchen Oppositionsregierung zu analysieren.[24] Das Neue Forum ergriff nicht die Macht, es beschränkte sich am Runden Tisch auf die Forderung, mit der Wiederholung der Kommunalwahlen die Demokratisierung der staatlichen Ordnung von unten nach oben zu beginnen. Dieser Vorschlag war plausibel – auf der Kommunalebene wären in der damaligen Situation Persönlichkeiten gewählt worden, deren Integrität man zu beurteilen gelernt hatte, die Parteienzugehörigkeit hätte eine nachgeordnete Rolle gespielt, Wahlkampfaufwand wäre kaum erforderlich gewesen, Seilschaften hätten es schwer gehabt, die Chancen des Neuen Forum wären beträchtlich gewesen. So schlüssig der Vorschlag für das Neue Forum war, so gefährlich wirkte er für die Altparteien und auch für die anderen neuen Gruppierungen, deren Verbreitung außerhalb weniger Großstädte zu vernachlässigen war – er wurde mit großer Mehrheit abgelehnt.

Die Geschichte des Runden Tisches sowie eine Bewertung seiner Arbeit liegen bisher nur in Bruchstücken vor. Die zunächst vorherrschende Begeisterung über das Modell der Runden Tische ist insbesondere bezüglich des Zentralen Runden Tisches bald gedämpft worden. Die Besetzung des Runden Tisches war auf Parität zwischen alten und neuen politischen Kräften ausgerichtet. Auch wenn wir bis heute nichts darüber wissen, ob die Mitarbeiter des MfS auf der oppositionellen Seite des Runden Tisches noch für das MfS aktiv waren, so ist rückblickend fast verwunderlich, daß überhaupt irgend etwas beschlossen werden konnte. Bis heute unverständlich ist die Reaktion auf die Forderung von Martin Gutzeit (SPD) in der zweiten Sitzung des Zentralen Runden Tisches, die Stasispitzel bekanntzugeben, die in den Reihen der Opposition im Einsatz waren. Die Vertreter des Neuen Forum (I. Köppe und R. Schult) lachten, R. Schult lehnte den Antrag ab.[25] Für den so naheliegenden Antrag von M. Gutzeit stimmten dann nur er selbst und Ibrahim Böhme, der wenig später als IM enttarnt werden konnte. Sicher war es spannend und befreiend, auf gleicher Höhe mit Vertretern der alten Macht streiten zu können. Es war uns bei den ersten Sitzungen des Runden Tisches noch nicht klar, wie weit die „alte Macht" zu diesem Zeitpunkt schon zerfallen war. Es fehlten den neuen Bewegungen, auch dem Neuen Forum, in vielen Fällen die Möglichkeiten, die Umsetzung der Beschlüsse des Runden Tisches durchzudrücken oder die Umsetzung zu kontrollieren. Ingrid Köppe und Reinhard Schult formulierten die scharfen Anträge bezüglich der Staatssicherheit, was uns noch lange danach – zu Unrecht – den Ruf eintrug, daß die Stasi das einzige Thema sei, das für das Neue Forum wichtig sei (Anhang, Nr. 11). Niemand kann jedoch bestreiten, daß die harte Position des Neuen Forum in der Stasifrage auch am Zentralen Runden Tisch für die Auflösung des MfS und den Verzicht auf das AfNS entscheidend war. Sicher wäre die Auseinandersetzung um die Stasi in den folgenden Jahren anders verlaufen, wenn sich der Runde Tisch auch der Forderung des Neuen Forum vom 15. Januar 1990 angeschlossen hätte, die Stasi zu einer verfassungsfeindlichen Organisation zu erklären (Anhang, Nr. 12).

Der Druck auf die Regierung hatte sich in der ersten Januarhäfte derart zugespitzt, daß der Ministerpräsident Modrow in der 7. Sitzung des Zentralen Runden Tisches am turbulenten 15. Januar 1990 der Opposition Regierungsbeteiligung anbot. Dieses Angebot zwang das Neue Forum erneut, sich mit der Machtfrage ganz konkret zu befassen. Niemand hatte Lust, mit der SED/PDS zusammen zu regieren, wir wollten aber auch nicht der SED die Verantwortung für den Trümmerhaufen abnehmen. Nahezu unvermeidlich schien für den Fall einer großen Koalition der Mißbrauch der Opposition zur moralischen Legitimierung der Modrow-Regierung. Entscheidend war für das Neue Forum das starke Gefühl einer zunehmenden Instabilität der DDR-Regierung und der Gefahr von Kurzschlußhandlungen aus dem Bereich der Staatssicherheit und der Armee. Am 24. Januar 1990 begannen konkrete Verhandlungen über die Bedingungen einer Regierungsbeteiligung der Opposition, die zu diesem Zeitpunkt schon aus Partnern mit sehr verschiedenen Visionen bestand. SPD und Allianz für Deutschland wurden bereits massiv von ihren westdeutschen Partnerparteien beraten und konnten auf handfeste materielle und politische Unterstützung setzen – sie bewegten sich zielstrebig auf die Vereinigung der beiden deutschen Staaten zu und rechneten sich gute Chancen bei den nächsten Wahlen aus. Das Neue Forum und die übrigen Teile der Opposition hatten Schwierigkeiten mit einer schnellen Übernahme der DDR durch die Bundesrepublik und waren materiell auf sich gestellt. Eine ernsthafte Regierungsbeteiligung mit einer derart gespaltenen Opposition schien dem Neuen Forum völlig sinnlos. So kam es zu dem Kompromiß in Form einer Entsendung von Ministern ohne Geschäftsbereich in eine „Regierung der Nationalen Verantwortung", deren wesentliches Ziel in einer sorgfältigen und ruhigen Vorbereitung auf die Vereinigung bestand. Das Neue Forum schickte mich trotz erheblicher Bedenken gegen Regierungsbeteiligung überhaupt und besonders gegen diese Beteiligung als Minister in die Regierung, weil ich einen konkreten Plan verfolgte. Ich hatte vor, als Minister die Situation im Kernkraftwerk bei Greifswald zu erkunden, Fachleute offiziell anzusprechen und möglichst viele Unterlagen zu beschaffen mit dem Ziel, auf die Stillegung des KKW gut begründeten Druck ausüben zu können. Das gelang sehr weitgehend, ermöglichte mit dem Mandat des Zentralen Runden Tisches ein fundiertes Expertengutachten über das KKW Greifswald und hat dazu beigetragen, daß die Sicherheitsprobleme öffentlich diskutiert werden konnten. Deshalb sah ich den kurzen Ministereinsatz als sinnvolles Spiel an, auch wenn es außerhalb meines ganz speziellen Arbeitsgebietes kaum möglich war, hinter die Karten der „richtigen“ Minister und ihrer Ministerien zu schauen oder sie gar zu „kontrollieren".

Zeitgleich mit den unmittelbar zu entscheidenden Fragen der Regierungsbeteiligung mußten die Vorbereitungen zur Gründungskonferenz des Neuen Forum getroffen werden. Jens Reich gab den Rechenschaftsbericht – wir hatten ja wirklich viel erreicht, etliches funktionierte noch nicht, manches sollte nie funktionieren. „Dafür, daß wir als Nichtschwimmer ins kalte Wasser gesprungen sind, sind wir tadellos zurechtgekommen."[26] Tatsächlich dürfte es nicht viele Parteien geben, die schon vor ihrer Gründung so tiefe Spuren hinterlassen haben, wie das Neue Forum.

Nach der offiziellen Gründung des Neuen Forum am 27. Januar 1990 wurde im Frühjahr eine DDR-weite Abschätzung der Mitgliederzahlen durchgeführt. Es stellte sich heraus, daß die Mitgliederzahl sich im Vergleich zur Blütezeit vor dem 9. November 1989 auf etwa 1/10 reduziert hatte. Berücksichtigt man zusätzlich die notorischen grundsätzlichen Auseinandersetzungen um die Frage der Beteiligung an Wahlen, das Fehlen eines großen Parteibruders im Westen und die ausgeprägte Abscheu vor Wahlkämpfen jeder Art, so ist es durchaus beachtlich, daß im ersten Jahr nach der offiziellen Gründungsversammlung bei den Volkskammerwahlen am 18.März 1990 sieben Mitglieder des Neuen Forum, bei den Kommunalwahlen am 6.Mai1990 350 Kreistagsabgeordnete und 1 150 örtliche Abgeordnete aus dem Neuen Forum, bei den Landtagswahlen am 14.Oktober1990 zwölf und bei den Abgeordnetenhauswahlen in Berlin am 2.Dezember 1990 drei Mitglieder des Neuen Forum gewählt wurden.[27]

Anmerkungen:

1 *Jens Reich,* Rückkehr nach Europa, Bericht zur neuen Lage der deutschen Nation. München, Wien 1991, S.135.
2 *Sebastian Pflugbeil,* Wir müssen die Revolution mit den Genossen machen, Interview vom 26.10.89, in: *Gerhard Rein* (Hrsg.), Die Opposition in der DDR; Entwürfe für einen neuen Sozialismus. Berlin 1989, S. 21ff.
3 VO vom 6.11.1975 über die „Gründung und Tätigkeit von Vereinigungen", Gbl. I Nr. 44 S. 723.
4 *Gerhard Schöne, Frank Schöbel, Tamara Danz, Kurt Demmler, Norbert Bischoff u.a.*, «Resolution" vom 18.9.1989.
5 z.B. *Thomas Küttner*, Erklärung vom 23.9.1989 an den Ministerrat der DDR.
6 Strafgesetzbuch sowie angrenzende Gesetze und Bestimmungen, Staatsverlag der DDR, Berlin 1981, S. 52f.
7 Z.B. HA XX/1: Information vom 21.9.1989, Berlin, ZMA 10049/Personen.
8 Z.B. /HA XX/1: Vorschlag vom 22.9.1989, ZMA 10049, Personen.
9 Z.B. Fernschreiben vom Chef der Volkspolizei des Bezirks Potsdam, Generalleutnant Griebsch, an die Leiter der Volkspolizeikreisämter 1-15 vom 22.9.89.
10 ADN/BZ: Armeegeneral Erich Mielke auf einem Meeting: Gegner der DDR werden scheitern, Berliner Zeitung, Berlin 29. September 1989.
11 Oberst Lemme: Brief der Rechtsstelle des MfS an den Genossen Minister, Berlin 29.9.1989.
12 zum Beispiel Rostock s. *Lothar Probst*, Ostdeutsche Bürgerbewegungen und Perspektiven der Demokratie. Köln 1993, S. 82ff.
13 Gcmcinsamc Erklärung, 4. Oktober 1989.
14 Der Landesbeauftragte für Mecklenburg/Vorpommern für die Unterlagen des Staatssicherheitsdienstes der ehemaligen DDR (Hrsg.), Aufbruch '89, Über den Beginn der Wende in Schwerin, Dokumentation. Schwerin 1994.
15 und diese verdammte ohnmacht, Report der Untersuchungskommission zu den Ereignissen am 7. und 8. Oktober 1989 in Berlin. Berlin 1991.
16 *H. Zwahr*, Ende einer Selbstzerstörung, Leipzig und die Revolution in der DDR. Göttingen 1993.
17 *Reinhard Meinel*, Pressemitteilung, Potsdam 16.10.1989.
18 N.N.: Brief an B. Bohley v. 19.10.1989.
19 *Reinhard Meinel, Thomas Wernicke* (Hrsgg.), Mit Tschekistischem Gru•, Berichte der Bezirksverwaltung f•r Staatssicherheit/Potsam •89. Potsdam 1990.
20 *Marianne Schulz*, Neues Forum, Von der illegalen Opposition zur legalen Marginalität. in: *Helmut ü•ller-Enbergs, Marianne Schulz, Jan Wielgohs* (Hrsgg.), Von der Illegalität ins Parlament. Berlin 1992.
21 Vgl. *Christoph Bals, Joachim Listing* (Red.), Energie in der DDR – woher und wohin? München, Berlin 1991.
22 *Michael Beleites*, Untergrund, Ein Konflikt mit der Stasi in der Uranprovinz. Berlin 1992.
23 Sächsischer Landtag: Minderheitenvotum des Abgeordneten Arnold zu DS 1/4773, 1. Wahlperiode, 1994.
24 *Klaus Wolfram*, Das Neue Forum und die Machtfrage, in: DIE ANDERE, Berlin 2. Oktober 1991, S.1,3,8.
25 Vgl. Video-Aufzeichnungen von Klaus Freymuth vom Zentralen Runden Tisch, Archiv der Robert-Havemann-Gesellschaft, Berlin.
26 *Jens Reich,* Gründungskonferenz Rechenschaftsbericht, Berlin 27. Januar 1990.
27 *Helmut Müller-Enbergs, Marianne Schulz, Jan Wielgohs* (Hrsgg.), Von der Illegalität ins Parlament, Werdegang und Konzepte der neuen Bürgerbewegungen. Anhang II, Berlin 1992

Anhang

Nr. 1

Aufbruch 89 – NEUES FORUM

Aufruf vom 10. September 1989

In unserem Lande ist die Kommunikation zwischen Staat und Gesellschaft offensichtlich gestört. Belege dafür sind die weitverbreitete Verdrossenheit bis hin zum Rückzug in die private Nische oder zur massenhaften Auswanderung. Fluchtbewegungen diesen Ausmaßes sind anderswo durch Not, Hunger und Gewalt verursacht. Davon kann bei uns keine Rede sein.

Die gestörte Beziehung zwischen Staat und Gesellschaft lähmt die schöpferischen Potenzen unserer Gesellschaft und behindert die Lösung der anstehenden lokalen und globalen Aufgaben. Wir verzetteln uns in übelgelaunter Passivität und hätten doch wichtigeres zu tun für unser Leben, unser Land und die Menschheit.

In Staat und Wirtschaft funktioniert der Interessenausgleich zwischen den Gruppen und Schichten nur mangelhaft. Auch die Kommunikation über die Situation und die Interessenlage ist gehemmt. Im privaten Kreis sagt jeder leichthin, wie seine Diagnose lautet und nennt die ihm wichtigsten Maßnahmen. Aber die Wünsche und Bestrebungen sind sehr verschieden und werden nicht rational gegeneinander gewichtet und auf Durchführbarkeit untersucht. Auf der einen Seite wünschen wir uns eine Erweiterung des Warenangebots und bessere Versorgung, andererseits sehen wir deren soziale und ökologische Kosten und plädieren für die Abkehr von ungehemmtem Wachstum. Wir wollen Spielraum für wissenschaftliche Initiative, aber keine Entartung in eine Ellenbogengesellschaft. Wir wollen das Bewährte erhalten und doch Platz für Erneuerung schaffen, um sparsamer und weniger naturfeindlich zu leben. Wir wollen geordnete Verhältnisse, aber keine Bevormundung. Wir wollen freie, selbstbewußte Menschen, die doch gemeinschaftsbewußt handeln. Wir wollen vor Gewalt geschützt sein und dabei nicht einen Staat von Bütteln und Spitzeln ertragen müssen. Faulpelze und Maulhelden sollen aus ihren Druckposten vertrieben werden, aber wir wollen dabei keine Nachteile für sozial Schwache und Wehrlose. Wir wollen ein wirksames Gesundheitswesen für jeden; aber niemand soll auf Kosten anderer krank feiern. Wir wollen am Export und Welthandel teilhaben, aber weder zum Schuldner und Diener der führenden Industriestaaten noch zum Ausbeuter und Gläubiger der wirtschaftlich schwachen Länder werden.

Um all diese Widersprüche zu erkennen, Meinungen und Argumente dazu anzuhören und zu bewerten, allgemeine von Sonderinteressen zu unterscheiden, bedarf es eines demokratischen Dialoges über die Aufgaben des Rechtsstaates der Wirtschaft und der Kultur. Über diese Fragen müssen wir in aller Öffentlichkeit, gemeinsam im ganzen Land, nachdenken und miteinander sprechen. Von der Bereitschaft und dem Wollen dazu wird es abhängen, ob wir in absehbarer Zeit Wege aus der gegenwärtigen krisenhaften Situation finden. Es kommt in der jetzigen gesellschaftlichen Entwicklung darauf an, daß

– eine größere Zahl von Menschen am gesellschaftlichen Reformprozeß mitwirkt,
– die vielfältigen Einzel- und Gruppenaktivitäten zu einem Gesamthandeln finden.

Wir bilden deshalb gemeinsam eine politische Plattform für die ganze DDR, die es Menschen aus allen Berufen, Lebenskreisen, Parteien und Gruppen möglich macht, sich an der Diskussion und Bearbeitung lebenswichtiger Gesellschaftsprobleme in diesem Land zu beteiligen.

Für eine solche übergreifende Initiative wählen wir den Namen NEUES FORUM.

Die Tätigkeit des NEUEN FORUM werden wir auf gesetzliche Grundlagen stellen. Wir berufen uns hierbei auf das in Art. 29 der Verfassung der DDR geregelte Grundrecht, durch gemeinsames Handeln in einer Vereinigung unserer politisches Interesse zu verwirklichen. Wir werden die Gründung der Vereinigung bei den zuständigen Organen der DDR entsprechend der VO vom 6.11.1975 über die „Gründung und Tätigkeit von Vereinigungen" (GBl. I Nr. 44 S. 723) anmelden.

Allen Bestrebungen, denen das NEUE FORUM Ausdruck und Stimme verleihen will, liegt der Wunsch nach Gerechtigkeit, Demokratie, Frieden sowie Schutz und Bewahrung der Natur zugrunde. Es ist dieser Impuls, den wir bei der kommenden Umgestaltung der Gesellschaft in allen Bereichen lebensvoll erfüllt wissen wollen.

Wir rufen alle Bürger und Bürgerinnen der DDR, die an einer Umgestaltung unserer Gesellschaft mitwirken wollen, auf, Mitglieder des NEUEN FORUM zu werden.

Die Zeit ist reif.

Die Erstunterzeichner:

Michael Arnold, Student, Leipzig; Bärbel Bohley, Malerin, Berlin; Katrin Bohley, Studentin, Berlin; Dr. Martin Böttger, Physiker, Cainsdorf; Dr. Erika Dress, Ärztin, Stendal; Katrin Eigenfeld, Bibliothekar, Halle; Dr. Frank Eigenfeld, Geologe, Halle; Hagen Erkrath, Student, Berlin; Olaf Freund, Fotolaborant, Dresden; Katja Havemann, Heimerzieherin, Grünheide; Alfred Hempel, Pfarrer, Großschönau; Rolf Heinrich, Jurist, Eisenhüttenstadt; Jan Hermann, Krankenpfleger, Brandenburg; Martin Klähn, Bauingenieur, Schwerin; Kathrin Menge, Hochbauingenieur, Berlin; Dr. Reinhard Meinel, Physiker, Potsdam; Otmar Nickel, Drechsler, Dresden; Dr. Christine Pflugbeil, Ärztin, Berlin; Sebastian Pflugbeil, Physiker, Berlin; Reinhardt Pumb, Krankenpfleger, Berlin; Dr. Eva Reich, Ärztin, Berlin; Prof. Jens Reich, Arzt und Molekularbiologe, Berlin; Hanno Schmidt, Pfarrer, Coswig; Reinhard Schult, Betonfacharbeiter, Berlin; Jutta Seidel, Zahnärztin, Berlin; Dr. Eberhard Seidel, Arzt, Berlin; Lutz Strophal, Musikerzieher, Berlin; Dr. Rudolf Tschäpe, Physiker, Potsdam; Hans-Jochen Tschiche, Pfarrer, Samswegen; Catrin Ulbricht, Dresden.

Quelle: Das NEUE FORUM - Selbstportrait einer Bürgerbewegung, in: Demokratiebewegung in der DDR, Heft 3, Materialien zur gewerkschaftlichen Bildungsarbeit, DGB-Bundesvorstand, Abt. Gewerkschaftliche Bildung, S. 4

Nr. 2

Die Unterzeichner

Liste der Unterzeichner des Gründungsaufrufes und ihre Erfassung durch das MfS

Arnold M.	OV „Leben"	Leipzig
Bohley B.	OV „Bohle"	Berlin
Bohley K.		Berlin
Böttger M.	OV „Trapenz I"	Cainsdorf
Drees E.	OV „Neurologe"	Stendal
Eigenfeld F.	OV „Eleve"	Halle

Eigenfeld K.	OV „Scholle“		Halle
Erkrath H.			Berlin
Freund O.			Dresden
Havemann K.	OV „Leitz II“		Grünheide
Hempel A.			Großschönau
Heinrich R.	OV „Psyche“		Eisenhüttenstadt
Hermann J.	OPK „Nova“		Brandenburg
Klähn M.	OV „Gastgeber“		Schwerin
Meinel R.	OV „Knecht“		Potsdam
Menge K.			Berlin
Nickel O.			Dresden
Pflugbeil Ch.			Berlin
Pflugbeil S.	OV „Reaktor“ OV „Nuklear“		Berlin
Pumb R.		IM-Vorgang „Paule“	Berlin
Reich E.			Berlin
Reich J.	OPK „Arm“		Berlin
Schmidt H.			Coswig
Schult R.	OV „Pazifist“		Berlin
Seidel E.	OV „Kreuzfahrer“		Berlin
Seidel J.	OV „Kreuzfahrer“ OV „Balken“		Berlin
Strophal L.			Berlin
Tschäpe R.	OV „Panzer“ OV „Spaten“ OV „Grün“		Potsdam
Tschiche H.-J.	OV „Spitze“		Samswegen
Ulbricht C.			Dresden

Abkürzungen:
OV Operativer Vorgang
OPK Operative Personenkontrolle
IM Inoffizieller Mitarbeiter des Ministeriums für Staatssicherheit

Quelle: Archiv der Robert-Havemann-Gesellschaft, Auskünfte aufgrund eigener Akteneinsicht, Archiv Pflugbeil

Nr. 3

Die Anmeldung

Schreiben an den Minister des Innern, Berlin 19. September 1989

Jutta Seidel [Adresse]
Bärbel Bohley [Adresse
An den Minister des Innern

Sehr geehrter Herr,
hiermit teilen wir Ihnen mit, daß wir gemäß § 3 der VO vom 6.11.75 die Tätigkeit des Neuen Forum anmelden.

Was den Charakter und die Zielstellung des Neuen Forum anbelangt, so verweisen wir auf den in der Anlage beigefügten Text.
gez. (Namen)

Quelle: Archiv der Robert-Havemann-Gesellschaft

Nr. 4

„Staatsfeindliche Plattform"

ADN-Meldung, Berlin 21. September 1989, 18.42 Uhr

Mitteilung des Ministers des Innern
Berlin (ADN). Der Minister des Innern der DDR teilt mit, daß ein von zwei Personen unterzeichneter Antrag zur Bildung einer Vereinigung „Neues Forum" eingegangen ist, geprüft und abgelehnt wurde. Ziele und Anliegen der beantragten Vereinigung widersprechen der Verfassung der Deutschen Demokratischen Republik und stellen eine staatsfeindliche Plattform dar. Die Unterschriftensammlung zur Unterstützung der Gründung der Vereinigung war nicht genehmigt und folglich illegal. Sie ist ein Versuch, Bürger der Deutschen Demokratischen Republik über die wahren Absichten der Verfasser zu täuschen.

Quelle: Archiv Pflugbeil

Nr. 5

„Anmeldung wird bestätigt"

Schreiben des Ministeriums des Innern, Berlin 9. November 1989

Frau
Bärbel Bohley
[Adresse]

Werte Frau Bohley!
Die von Ihnen eingereichte Anmeldung zur Gründung einer Vereinigung „Neues Forum" wird gemäß § 3 der Verordnung vom 6. November 1975 über die Gründung und Tätigkeit von Vereinigungen mit Wirkung vom 8. November 1989 bestätigt.

Als Anlage wird Ihnen der gemäß § 6 der o. g. Verordnung geforderte formgebundene Antrag auf staatliche Anerkennung einer Vereinigung übersandt.

Im Auftrag
gez. [Name]

Quelle: Archiv der Robert-Havemann-Gesellschaft

Nr. 6

„Ihrem Antrag entsprochen"

Schreiben des Präsidenten der Volkskammer, Berlin 5. März1990

Neues Forum ?
Büro Berlin, E. Seidel
[Adresse]

Sehr geehrter Herr Dr. Seidel!
Im Auftrag des Präsidenten der Volkskammer teilen wir mit, daß Ihrem Antrag auf Registrierung des

Neuen Forums

im Parteienregister des Präsidenten der Volkskammer am 26. Februar 1990 gemäß §§ 1 und 2, Absatz 4, des Parteiengesetzes der DDR entsprochen wurde.

Die Eintragung erfolgte unter der Registernummer 16/90.

Hochachtungsvoll
gez. [Name]

Quelle: Archiv der Robert-Havemann-Gesellschaft

Nr. 7

„Den dringend notwendigen gesellschaftlichen Dialog in Gang setzen“

Der zweite Text des Neuen Forum, 1. Oktober 1989

Liebe Freundinnen und Freunde des „Neuen Forum“!
Wir möchten Euch für Euer großes Interesse am „Neuen Forum“ danken. Aus allen gesellschaftlichen Schichten und Berufen sind Menschen bereit, sich konsequent für Veränderungen und Reformen in unserem Land einzusetzen. wir hoffen, daß der von uns allen gewünschte gesellschaftliche Dialog stattfinden wird.

Jede/r von uns hat Wissen auf seinem Arbeitsgebiet und in seinem Lebensbereich, Mut und Änderungswillen. Deshalb glauben wir, daß es möglich ist, die anstehenden Probleme konstruktiv zu diskutieren und zu ihrer Lösung beizutragen. Nur so werden wir wieder gern in diesem Land leben.

Wir werden allerdings viel mehr Zeit, Toleranz und Geduld brauchen, als wir es aus den uns vertrauten kleinen Diskussionsgruppen Gleichgesinnter gewohnt sind, ehe in einem demokratischen Entscheidungsprozeß neue Orientierungen gefunden werden, die wir gemeinsam vertreten können.

Wir engagieren uns im „Neuen Forum“, weil wir uns Sorgen um die DDR machen - wir wollen hier bleiben und arbeiten. Wir bitten jene, die sich anders entscheiden, unsere Bemühungen nicht mit dem Ziel einer schnellen Ausreise zu mißbrauchen.

Für uns ist die „Wiedervereinigung“ kein Thema, da wir von der Zweistaatlichkeit Deutschlands ausgehen und kein kapitalistisches Gesellschaftssystem anstreben. Wir wollen Veränderungen hier in der DDR.

Viele wollen von uns wissen, wie es weitergehen soll. Wir geben zu, daß wir mit diesem Ansturm von Menschen nicht gerechnet hatten. Es existieren weder Organisationsstrukturen noch hauptamtliche Mitarbeiter oder Büros.

Das Reformkonzept für unser Land wollen und können wir nicht vorgeben, sondern in einem übergreifenden Diskussionsprozeß erst entwickeln. Wir brauchen das solidarische Gespräch, das die Übereinstimmung sucht, ohne unterschiedliche Meinungen unter den Tisch zu wischen.

Da inzwischen auch andere Vereinigungen im Entstehen sind, werden wir oft nach unserem Verhältnis zu ihnen gefragt. Unser Ziel ist, eine legale politische Plattform zu bilden, um den dringend notwendigen gesellschaftlichen Dialog in Gang zu setzen. Dabei soll niemand ausgegrenzt werden, ob er/sie nun SED-Mitglied ist oder einer anderen Vereinigung angehört.

Unsere weiteren Pläne:

Am 19.9.89 haben wir das „Neue Forum“ bei den zuständigen staatlichen Stellen angemeldet. In den DDR-Zeitungen wurden wir darauf hin als „staatsfeindliche Plattform“, „5. Kolonne“ usw. angegriffen. Der mündliche offizielle Bescheid des MdI dagegen lautete: keine gesellschafliche Notwendigkeit für eine solche Vereinigung!

Wir werden von unserem Recht der Beschwerde Gebrauch machen und alle rechtlichen Möglichkeiten nutzen. Das Verfassungsrecht (Art. 29) auf Bildung von Vereinigungen darf durch die „Verordnung über die Gründung und Tätigkeit von Vereinigungen“ nicht eingeschränkt werden. Wir wollen uns weder in die Illegalität noch ausschließlich in den kirchlichen Raum abdrängen lassen.

Als nächsten Schritt planen wir, die Lizenz für eine Zeitung zu beantragen. Bis zur Genehmigung werden wir ein Informationsblatt herausgeben, in dem über die Arbeit des „Neuen Forum“ und andere politische Vorgänge berichtet sowie Arbeitsergebnisse und Vorschläge veröffentlicht werden.

Als vorläufige Organisationsstruktur schlagen wir vor:

I. Ebene
1. Organisation im Wohngebiet über Kontaktadressen,
2. Schaffen von regionalen Zentren,
3. Wahl eines Sprecherrates, der sich aus Vertretern der einzelnen Regionen zusammensetzt.

II. Ebene
Überregionale theoretische Arbeitsgruppen, an denen sich alle beteiligen können, die ein bestimmtes Interesse am jeweiligen Thema oder über wichtige Erfahrungen und Kenntnisse verfügen.

Beide Formen halten wir für wichtig. In der ersten Ebene müssen wir uns kennenlernen und sehen, wer z.B. im Wohngebiet zu uns gehört. Ergebnisse aus den Themengruppen können dann von allen diskutiert werden; sie sollen nicht alleinige Sache von Experten sein.

Beginnen wir mit der Arbeit!

Wir schicken Euch Adressen, über die wir uns vorerst verständigen wollen.

Bitte bestätigt dort mit einer Karte, daß Ihr diesen Brief erhalten habt.

Für das „Neue Forum“*:

Reinhard Schult
Matthias Büchner
Jutta Seidel,
Dr. Eva Reich,
Andreas Schönfelder
Lothar Imme
Reinhard Meinel
Heidemarie Wüst
Dr. E. Seidel
Prof. Dr. J. Reich
Sebastian Pflugbeil
Rolf Henrich
Dr. Christian Tietze
Rudolf Tschäpe
Hans-Jochen Tschiche
Bärbel Bohley
Hagen Eckrath

Offener Probekatalog

Wirtschaft und Ökologie
Wir sind unzufrieden darüber, daß unsere Wirtschaft an vielen Stellen schlecht funktioniert. Deshalb drohen unser beruflicher Einsatz und unser Interesse an gesellschaftlichen Belangen mehr und mehr zu erlahmen. Natürlich verstärken sich diese beiden Aspekte gegenseitig.

Noch scheint unsere Wirtschaftssituation im Vergleich zu anderen sozialistischen Ländern günstiger – dank äußerer Umstände und vielleicht geringeren Ausmaßen an Mißwirtschaft; trotzdem stimmen der im Vergleich zu hochentwickelten Industriestaaten vorhandene Rückstand in der Arbeitsproduktivität, die charakteristische Überalterung der Produktionsmittel, der Mangel an Waren des Grundbedarfs und die Schwierigkeiten der DDR, auf dem Weltmarkt Schritt zu halten, bedenklich. Grundsätzliche Änderungen in der Wirtschaftsführung, die im einzelnen zweifellos umstritten sind und eine vernünftige Abwägung erfordern, können nur von Regierung, Fachleuten und der Bevölkerung gemeinsam herbeigeführt werden. Zur Diskussion stehen unter anderem die folgenden Fragen:

- Welche Ziele wollen wir mit unserer Wirtschaft verfolgen und welche Werte sind dabei wichtig?
- Welche Schwerpunkte für die Entwicklung unseres Wirtschaftspotentials leiten sich daraus ab?

- Wie kann eine breitere gesellschaftliche Beteiligung an Grundsatzbeschlüssen (z.B. Energiepolitik, Großinvestitionen) und lokalen Entscheidungen (z.B. Bau von Kläranlagen) verwirklicht werden?

Wir brauchen neue Bewertungsmaßstäbe, mit deren Hilfe wir den erwarteten Nutzen einer Entscheidung gegen ihre sozialen Auswirkungen (etwa Schichtarbeit), ökologischen Folgen (z.B. Waldsterben) und Risiken (z.B. KKW-Unfälle) abwägen können.

- Welche Strukturen des gesellschaftlichen Eigentums können die persönliche Initiative und das Verantwortungsbewußtsein wirkungsvoller anregen?
- Ist die Beteiligung der Werktätigen an der Lenkung der Wirtschaft genügend gewährleistet? (z.B. Funktion der Gewerkschaft, Streikrecht)
- Wie können Reformen der Preis- und Subventionspolitik so gestaltet werden, daß die Lenkung der Wirtschaft verbessert und Verschwendung reduziert wird, ohne jedoch soziale Härten zu erzeugen?

Wie kann die Geldwertstabilität gewährleistet und ein wachsendes Mißverhältnis zwischen Preis und Leistung vermieden werden?

- Wie kann überflüssige und hinderliche Bürokratie im Produktions- und Verteilungsprozeß abgebaut werden?
- Welche wirtschaftlichen und sozialen Möglichkeiten eröffnen die Fortschritte der Abrüstungs- und Entspannungspolitik?
- Die Umweltbelastung (Luft-, Wasser- und Bodenverschmutzung) hat bedrohliche Formen angenommen. Wie können wir erreichen, daß ihre Verringerung eine Hauptaufgabe der kommenden Jahrzehnte wird?
- Wie können wir die Bevölkerung über den Umfang und die Folgen der verschiedenen Umweltbelastungen sachlich informieren? Wie weit sind wir bereit, Einschränkungen unserer Konsumgewohnheiten zugunsten der Lebensqualität der kommenden Generationen und einer intakten Umwelt mitzutragen?
- Welche Wege in der Energiepolitik können zu einer dramatischen Senkung des Energieverbrauchs führen? Wie können wir erreichen, daß ernsthaft nach Alternativen zu der problemreichen Kombination Braunkohle/Kernenergie gesucht wird?

Können wir umweltfreundlichere Tierzucht- und Abbauverfahren sowie Betriebsgrößen in der Landwirtschaft einführen?

- Wie kann die Leistungsfähigkeit und Attraktivität des Güter- und Personenverkehrs verbessert werden?
- Welche Lehren können wir aus den Schwierigkeiten ziehen, in die einseitige Ausrichtung auf das Auto im In- und Ausland unübersehbar bereitet?

Kultur, Bildung, Wissenschaft

Notwendig ist der Übergang zu Unabhängigkeit und Selbständigkeit in Kultur- und Geistesleben, in Wissenschaft, Presse und Publikationswesen, sowie der Aufbruch der Volksbildung aus Disziplin und Langeweile. Diese Bereiche gehen jeden Bürger unmittelbar an und sollten einer öffentlichen und kritischen Diskussion zugänglich sein. Voraussetzungen dafür sind

- Abschaffung der Zensur (Genehmigungswesen von Publikationen)
- Freie Druck- und Vervielfältigungsmöglichkeiten
- Öffentliche Kontrolle von Rundfunk und Fernsehen
- Veränderung der Zulassungs- und Auswahlprinzipien in Erziehung, Wissenschaft und Kultur
- Selbständige kulturelle Einrichtungen (Theater, Studios, Galerien, Versammlungsräume)
- Rettung der organisch gewachsenen städtischen und dörflichen Strukturen und Erhaltung denkmalgeschützter und kulturhistorisch wertvoller Bauten.

Darüber hinaus haben wir folgende Fragen und Forderungen:

- Wie können wir dazu beitragen, daß weiße Flecken und Entstellungen in der Geschichtsschreibung der vergangenen Jahrzehnte aufgearbeitet und korrigiert werden?
- Wie vermitteln wir die neuen Erkenntnisse Jugendlichen und Erwachsenen?
- Wie kann sich eine neue Kultur des Umgangs miteinander herausbilden?
- Wissenschaft und Kultur brauchen internationalen Austausch, der nicht durch Vorschriften und Anordnungen gedrosselt werden darf.
- Kein Export von Kulturgütern - Kein Import von Müll!

Rechts- und Staatswesen

Der Staat ist um der Menschen willen da! Er darf nicht mehr sein als ein Zusammenschluß von Menschen unter Rechtsgesetzen.

Gesetze sollen die allgemeinverbindlichen Formen der demokratischen Übereinkünfte zwischen mündigen Bürgern sein.

Rechtens ist, was sich auf dem Boden solcher Gesetze vollzieht.

Damit aus dem vormundschaftlichen Staat ein Rechtsstaat werden kann, müssen wir einen Wandel im Rechts- und Staatsleben der DDR herbeiführen. Das beinhaltet die Einrichtung der Gewaltenteilung und die wirksame öffentliche Kontrolle aller Schutz- und Sicherheitsorgane durch die Volksvertretungen.

Damit die Menschen diesen Wandel auf demokratischem Wege herbeiführen können, bedarf es zunächst einer Reform des Wahlrechts und die uneingeschränkte Gewährleistung der Grundrechte.

Wir sind uns bewußt, daß der demokratische Wandel in der DDR sich von unten her entwickeln muß und nicht allein von oben her verordnet werden kann. Auf dem Weg zu diesem Ziel unterstützen wir jede Rechtsänderung,

- die darauf gerichtet ist, Benachteiligungen für Bürger und Gruppen zu verhindern, die nach den Grundsätzen der Verfassung von ihrem Recht der Meinungs-, Versammlungs- und Vereinigungsfreiheit Gebrauch machen;
- welche die Unabhängigkeit der Richter, der Mitglieder der gesellschaftlichen Gerichte und der Rechtsanwälte stärken sowie die Einflußnahme der politischen Parteien auf die Auswahl und berufliche Beförderung der entsprechenden Personen unterbinden will.

Damit oppositionelles Handeln nicht mehr kriminalisiert werden kann, sind kurzfristig die entsprechenden Tatbestände des politischen Strafrechts, insbesondere die sogenannten Staatsverbrechen

- Hochverrat (96 StGB)
- Landesverrat (97 - 100 StGB)
- Staatsfeindliche Hetze (106 StGB)
- Verfassungsfeindlicher Zusammenschluß (107 StGB)
- Widerstand gegen staatliche Maßnahmen (212 StGB)
- Beeinträchtigung staatlicher oder gesellschaftlicher Tätigkeit (217 StGB)
- Zusammenrottung (217 StGB)

zu überarbeiten und zu fassen.

Damit der Grundsatz der Gesetzlichkeit in der Verwaltung der DDR gestärkt wird, müssen sämtliche Verwaltungsakte gerichtlich überprüfbar sein.

Anstelle enggefaßter Reiseregelungen fordern wir uneingeschränkte Freizügigkeit einschließlich des Rechts für jeden Bürger, die DDR zu verlassen und zurückzukehren.

NEUES FORUM

* Im Original sind den Namen die Adressen beigefügt

Quelle: Das NEUE FORUM – Selbstportrait einer Bürgerbewegung, in: Demokratiebewegung in der DDR, Heft 3, Materialien zur gewerkschaftlichen Bildungsarbeit, DGB-Bundesvorstand, Abt. Gewerkschaftliche Bildung, S. 4

Nr. 8

Stand und Planung der Organisation

Protokoll des Treffens der Kontaktadressen der Bezirke, Berlin 14.Oktober 1989

1. Eröffnung, R. Henrich - Tagesordnung vorgestellt
Gesprächsleitung hat Heiko Lietz

2. *Situation in den Bezirken*

Dresden
- in Bautzen, Löbau, Zittau begannen aktive Vorbereitungen
- Sprechergruppe in Dresden arbeitet aktiv mit Stadtbehörden
- Görlitz – 250 neue Unterschriften
- Neustadt – Kontaktadressen für Pirna, Bischofswerda

Karl-Marx-Stadt
- regionale Zentren sind Freiberg, Zwickau, Werdau, Crimmitschau
- konkrete Forderungen (freie Presse, Räumlichkeiten ...) an Oberbürgermeister aufgestellt – Angebote vom OB bis 27.10. erwartet

Gera
- viele kleine Gruppen in Kreisstädten gebildet
- Großveranstaltung am 15.10.
- Veranstaltungen in Kirchen
- jeden Mittwoch Veranstaltung
- Treffs in katholischen Kirchen
- Kirchenkonvent gibt Unterstützung
- Unterschriften in Bibliothek der Kirche
- Gruppen in Kreisstädten nehmen Kontakt zur Stadt auf

Rudolstadt
- am 6.10. Veranstaltung in Saalfelder Kirche (1000 Teilnehmer)
- 19.10. Veranstaltung in Rudolstädter Stadtkirche

Suhl
- 5.10., 19.30 Uhr Koordinierungstreffen in Suhler Stadtkirche

Erfurt
- Weimar: 4. und 5.10. Gemeindeabende mit 2500 Teilnehmern, Schreiben an OB mit über 2000 Unterschriften
- 8.11. Gemeindeabend
- Geldsammlung für diejenigen, die zu Ordnungsstrafen verurteilt wurden

Nordhausen
- Aushang des NEUEN FORUM im Kreiskrankenhaus
- Verlesung des Aufrufs auf Kreisgewerkschaftsversammlung Arnstadt:
- brutales Vorgehen der Behörden am 7.10.

Erfurt:
- organisatorisches Chaos
- 2 Vollversammlungen mit je 2000 Teilnehmern
- mehrere Gottesdienste
- 11 Arbeitsgruppen gebildet
- 20.10. ist 3. Vollversammlung

Halle
- im Bezirk sind 30 Kontaktadressen, davon 19 in der Stadt
- keine Dialogbereitschaft der Stadtbehörden
- 15.10. erste Vollversammlung in Stadtkirche (Einladung an OB)

- am 9.10. gewaltsame Auflösung einer Demo, 1500 Teilnehmer

Schweigeprotest

Leipzig
- 1500 eingeschriebene Mitglieder (hohe 'Dunkelziffer')
- 19 Kontaktpersonen
- Sprecherkreis von 7 Personen
- Struktur ausgearbeitet
- Kontakt zu Redaktionen der Zeitungen

Cottbus
- kleine, noch relativ isolierte Gruppen
- Hoyerswerda, Spremberg, Kahlau, Weißwasser
- Versammlung auf Sportplatz (800 Teilnehmer) ohne Konflikt mit Behörden
- Kontakte zu Blockparteien
- Demos z. Z. im Bezirk Leipzig ungünstig

Magdeburg
- öffentl. Büro: Hegelstr. 18 tägl. bis 19 Uhr geöffnet
- Montagsgebet im Magdeburger Dom (5000-6000 Teilnehmer)
- Angebot einer Informationsveranstaltung durch OB am 16.10. wurde durch Behörden zurückgezogen
- Forderung: Freilassung aller Gefangenen, Öffentlichkeit
- Veranstaltung in Halberstädter Martinikirche mit 3000-4000 Teilnehmern
- öffentliche Volksvertreter aus den Kreises beteiligten sich mit Unterschrift für NEUES FORUM
- Demos am 5. und 7.10. mit brutalem Polizeieinsatz
- Einsatz der Freiwilligen Feuerwehr in Wernigerode am 12.10. gegen das NEUE FORUM kam nicht zustande, da 40 % der Beteiligten dagegen waren

Potsdam
- Veranstaltung am 18.10. in Friedrichskirche/Babelsberg
- 30 Kontaktadressen
- 16.10. Gespräch beim OB mit SED-Kreisleitung, Kirche und NEUEM FORUM
- 20.10. erste Vollversammlung in Brandenburg
- 31.10. Brandenburger Dom gemietet
- Demos in Lindow, gewaltsame Auflösung, 17 Verhaftete

Frankfurt/Oder
- am 4.10. erste Versammlung
- 17.10. in Schwedt erste Versammlung

Eberswalde - Sprecherrat gebildet
- jeden Freitag Veranstaltung in der evangelischen Kirche

Stendal: – Bestrebungen, außerhalb der Kirchen aktiv zu sein

Neubrandenburg

Anklam: – Theatergruppe organisiert
- melden alle Aktivitäten an VP weiter

Schwerin
- Paulskirche für Veranstaltung gemietet
- regional strukturiert
- in der Stadt 15 aktive Arbeitsgruppen
- Koordinierungsgruppe bis Dezember gebildet, dann Wahl eines Sprecherrates
- 6.10. Info-Veranstaltung über NEUES FORUM und SDP (1200 Teilnehmer, darunter ca. 100 Störenfriede)
- Vervielfältigungstechnik in Betr. unter Verschluß

- „Initiative zur Bewahrung der Errungenschaften des Sozialismus“ verteilt Drohungen auf Handzetteln
- Vorschlag (R. Henrich): Anzeige erstatten
- in PMS (Großbetrieb): Gewerkschaft beschloß Resolution
- „Medium Nordwest“ auf Basis der Initiative des NEUEN FORUM angemeldet, wurde abgelehnt
- in Güstrow am 27.10. Veranstaltung im Haus der Kirche

Rostock
- vorläufiger Sprecherkreis, aktiv in Wismar, Bad Doberan, Kühlungsborn, Rostock
- Schürung von Spannungen zwischen den Bezirken (Sachsen, Nordbezirke)
- 11.10. in Michaeliskirche (Rostock) Veranstaltung (3000 Teilnehmer)
- jeden Mittwoch 14 bis 19 Uhr Info-Dienst in Michaeliskirche
- regelmäßige Treffen in Greifswald

Wismar: - 9.10. Gründung einer Gruppe
- Aktivitäten in Grevesmühlen, Gardebusch
- nächste Veranstaltung am 18.10.

Stralsund: – wollen Verbindung mit Greifswald aufnehmen
weitere Ziele: Vernetzung in Mecklenburg
- Kontaktadressen auf Rügen bestehen

Berlin
- B. Bohley Information zur Eingabe von Gysi
- Netzwerk Arche (M Voigt) erwartet gegenseitige Unterstützung – fast alle Mitglieder der Arche haben unterschrieben
- Ilona Weber (Leipzig) verantwortlich für Kontakte zwischen den Bezirken Ilona Weber, 7010 Leipzig, Kreuzstr. 1a
- Vorschlag über Formular zu Repressionen

3. *Vorschlag zur Struktur (R. Henrich)*
- Territorialsprecher
- zunächst provisorische Struktur bis zur ‚DDR-Delegiertenkonferenz'
- auf Bezirksebene Sprecherrat schaffen (größere Bezirke 6 Sprecher, kleinere Bezirke 3 Sprecher)
- diese bilden den republikweiten Sprecherrat
- außerdem im ‚Sprecherrat der Republik'
- je ein Sprecher aus fachlichen Foren, 1 Mitarbeiter der Zeitung, 1 Mitarbeiter des Solidaritätsfonds (wenn dieser gebildet wird) usw.
- Vorbereitung einer republikweiten Delegiertenkonferenz
- zentrale Versammlungen koppeln mit Diskussion des Themenkatalogs

Vorschlag wird in den Bezirken diskutiert und beim nächsten Treffen ausgewertet

4. *Zeitungsgründung*
- in Berlin Redaktion mit 7 Personen gegründet
- technisch möglich ist das Erscheinen vorerst monatlich, 10 Seiten, 5000 Exemplare
- zur Diskussion: theoretische Zeitschrift zu den Fachforen
- Redaktion wurde namentlich vorgestellt
- Diskussion über republikweite Zeitung oder regionale Zeitung

5. *Finanzen*
- zum nächsten Treffen wird Finanzierungsmodell vorgestellt
- Finanzen werden auf Bezirksebene getragen (Beschluß mit Mehrheit gefaßt)

6. Rechtliche Situation des NEUEN FORUM

- R. Henrich: Hinweis auf ND vom 12.10. (Erklärung des Politbüros)
  politische Entwicklung im Land entscheidet über Legalität des Neuen Forum
- Diskussion über führende Rolle der SED, ideologische Fragen usw. wurde mit Mehrheitsbeschluß abgebrochen
- kurze Info zu Verhaftungen und anderen Repressionen (R. Henrich)

Nächstes Treffen ist am 11.11.89, 11 Uhr in Berlin
Protokoll geführt von: Michael Göbel

Teilnehmer:
Hempel, Großschönau; St. Raetsch, Schwerin; Dr. Gantenbein, Gera; R. Pastrach, Gera; T. Fontanu, Freiberg; S. Trill, Eberswalde; H.-G. Sehmsdorf, Eberswalde; A. Steinbrucker, Rudolstadt; Chr. Hering, Bad Klosterlausnitz; H. Grünewald, Cottbus; S. Bürger, Cottbus; U. Grünhagen, Cottbus; K. Wolfram, Berlin; T. Pilz, Mittelherwigsdorf; A. Schönfelder, Großhennersdorf; M. Hammlott, Schwedt; P. Mau, Zechin; D. Wolf, R. Weiß, Halle; U. Keller, Bautzen; L. Engel, Anklam; H. + M. Sorge, Spremberg; H. Havenstein, Daubitz; R. Cäsor, Dessau; T. Schmidt, Dessau; I. Zimdahl, Dresden; R. Brückner, Dresden; B. Hradsky, Dresden; M. Böttger, Cainsdorf; R. Frenzel, Zwickau; D. Müller, Berlin; T. Messerschmidt, Schwerin; P. Köster, Schwerin; B. Richter, Berlin; U. Zacharias, Nordhausen; M. Voigt, Berlin; C. Reich, Berlin; R. Henrich, Frankfurt/Oder; P. Oberthür, Dorndorf; M. Göbel, Berlin; J. Seifert, Frauenprießnitz; A. Passauer, Berlin; C. Rook, Berlin; H. Marke, Weimar; S. Roth, Berlin; T. Kuhnt, Alt Ruppin; L. Schatz, Weitenhagen; H. G. Volkmann, Berlin; R. Meinel, Potsdam; J. Herrmann, Brandenburg; U. Schramm, Berlin; E. + J. Reich, Berlin; R. Schult, Berlin; J. + E. Seidel, Berlin; M. Gaber, Berlin; Dr. Mayer, Weimar; J. Brothuhn, Magdeburg; T. Havenstein, Görlitz; G. Schulz, Berlin; K. Waligura, Magdeburg; H. Lietz, Güstrow; K. Marsiske, Greifswald; J. Bruhns, Berlin; T. Mühling, Dresden; P. Meinung, Dresden; R. + A. Dieckmann, Berlin; S. Jenssen, Berlin; D. Reinfried, Dresden; M. Mohns, Tarnow; B. Haupt, Suhl; K. Wolf, Neubrandenburg; L. Stropahl, Berlin; H. Erkrath, Berlin; S. Möller, Stralsund; K. Menge, Berlin; R. Pumb, Berlin; E. Drees, Stendal; G. Erdmann, Wismar; F. N. Kröger, Wismar; M. Kosowski, Ilmenau; R. Gündol, Neustadt; C. Lorenz, Schwerin; H. Klähn, Schwerin; M. Schönbeck, Berlin; H. Oertel, Dresden; C. + O. Ulbricht, Dresden; R. Schlegel, Magdeburg; U. Bäcker, Wismar; F. Krauße, Magdeburg; T. Weligura, Rostock; Zink, Stralsund; Franke, Dresden; Piazentini, Bad Doberan; Weber, Radicke, Lux, Leipzig; Grötzsch, Leipzig; Vesterling, Schieke; Fingleb, Ilsenburg; A. Nevoigt, Altdöbern; J. Nevoigt, D. Linke, Altdöbern; J. Hamburger, Berlin; U. Rudolph, Gardebusch; K. Bohley, B. Bohley, Berlin; S. Pflugbeil, Berlin; H. Juddorf, Arnstadt; M. Büchner, Erfurt; D. Ritter, Frienstedt; C. Kollmer, Arnstadt; M. Musslein, Erfurt; M. Börner, Erfurt; K.-D. Ehmke, Berlin; S. Steinbacher, Berlin;
Ende des Protokolls

Nr. 9

„Absetzbewegungen und Verschleierungsversuche müssen verhindert werden“

Flugblatt , 3. Dezember 1989

Das NEUE FORUM wendet sich an alle Bürgerinnen und Bürger der DDR!
Wir haben erfahren, daß angesichts der Staatskrise

- wichtige Finanzwerte und Sachwerte ins Ausland verbracht werden
- wesentliche Akten vernichtet werden
- verantwortliche Personen sich ins Ausland Absetzen

Diese Absetzbewegungen und Verschleierungsversuche müssen verhindert werden!
Bürgerinnen und Bürger!

Ihr wißt, in welchen Betrieben, Banken und Institutionen die Möglichkeiten für solche Praktiken gegeben sind.

Ruft Belegschaftsversammlungen zusammen, die Kontrollgruppen für die Verhinderung solcher Machenschaften einsetzen!

Verständigt Euch mit anderen Betrieben und mit Bürgerbewegungen Eures Vertrauens!

Beschließt, wenn nötig, gemeinsame Kontrollmaßnahmen und sorgt für dessen Öffentlichkeit!

Wir fordern die Regierung Modrow auf, Eure Bürgerkontrolle in Wirtschaft und Staatsapparat zu unterstützen und Fluchtversuche belasteter oder verdächtiger Funktionäre zu unterbinden.

Nach wie vor gilt: Keine Gewalt!!!

Für den Beschluß des Landessprecherrates:

Bärbel Bohley, Berlin
Erika Press, Stendal
Reinhard Meinel, Potsdam
Hans Jochen Tschiche, Magdeburg
Matthias Büchner, Erfurt
Ingrid Köppe, Berlin
Jochen Lessig, Leipzig

Quelle: Archiv Büchner

Nr. 10

15. Januar 1990

Bericht über die Öffnung der Stasi-Zentrale

Vom 12. bis 14. Januar hatten wir uns zum zweiten zentralen Treffen der Bürgerkomitees in Berlin getroffen. Am Montag, dem 15. Januar, fuhr morgens ein Teil der Bürgerkomiteevertreter nach Pankow-Niederschönhausen und bemühte sich darum, einen Sitz für das Bürgerkomitee am Runden Tisch zu erhalten. Die anderen fuhren nach Lichtenberg, um sich Zugang zur Stasi-Zentrale zu verschaffen. Beides gelang erst nach schwierigen Verhandlungen. Sebastian Pflugbeil hatte mich gebeten, während der Stasi-Diskussion als „Berater“ des Neuen Forums an der Sitzung des Runden Tisches teilzunehmen. Als Berater saß ich in der zweiten Reihe, hinter Sebastian Pflugbeil, Ingrid Köppe und Reinhardt Schult, die das Neue Forum vertraten. Die zweite Reihe der Tische stand allerdings so weit hinter der ersten Reihe, daß es während der Sitzungen praktisch unmöglich war, mit den vorn Sitzenden zu sprechen oder ihnen auch nur einen Zettel auf den Tisch zu legen. Im Verlauf der langwierigen Stasi-Debatte einigte man sich darauf, die Auftraggeber der Stasi zu einer Befragung an den Runden Tisch zu holen. Der frühere Sicherheits-Abteilungsleiter des ZK der SED, Wolfgang Herger, und der ehemalige ZK-Sekretär für Sicherheitsfragen, Egon Krenz, wurden für den darauffolgenden Montag vor den Runden Tisch geladen. Als am frühen Nachmittag die Stasi-Debatte beendet war, fuhr ich zur Normannenstraße. 17.00 Uhr sollte die Demonstration vor den Stasi-Gebäuden beginnen, zu der das Neue Forum aufgerufen hatte. In der Stasi-Zentrale diskutierten die Vertreter der Bürgerkomitees darüber, ob eine Auflösung dieses gigantischen Ministeriums überhaupt kontrollierbar ist. Ein Berliner Bürgerkomitee gab es noch nicht. Die ersten Bürgervertreter, die in die Berliner Stasi-Zentrale vorgedrungen waren, kamen aus den Bezirksstädten. Beim Anblick des Lichtenberger Stasi-Komplexes – mit seinen über 400 Neubaublöcken, in denen die 30 000 Berliner Stasi-Mitarbeiter Platz hatten – und der sich mit Tausenden Demonstranten füllenden Normannenstraße, wurde mir klar, daß die augenblickliche Situation völlig unberechenbar war. Ich hatte keine Lust, hier länger dabeizusein. 20 Minuten vor Beginn der „Aktionskundgebung“ verließ ich die Stasi-Festung und ging zu Pflugbeils.

Als ich dort ankam, fragten mich die Kinder, wann Sebastian nach Hause käme. Das wußte ich nicht. Daraufhin schalteten sie den Fernseher ein, um nachzusehen, ob ihr Vater noch am Runden Tisch saß. Ein ungewöhnliches Spiel, doch es wirkte ganz normal in dieser ungewöhnliche Zeit. Plötzlich wurde die Sitzung abgebrochen, und wenig später verlas Konrad Weiß einen Aufruf zur Gewaltlosigkeit. In Lichtenberg hatten Stasi-Leute die Tore des Ministeriums für Staatssicherheit von innen geöffnet, und die Demonstranten stürmten in einige Gebäude der Stasi-Zentrale.

Quelle: Michael Beleites: Untergrund, ein Konflikt mit der Stasi in der Uranprovinz, Berlin 1992, S. 263

Nr. 11

„Vorlage einer vollständigen Liste"

Vorlage Nr. 9/7 für den Zentralen Runden Tisch, Berlin 22. Januar 1990

Antrag an den Runden Tisch
Im Auftrag der am 18.1.1990 gebildeten operativen Arbeitsgruppe des Berliner Runden Tisches werden die folgenden Forderungen an die Regierung dem Großen Runden Tisch mit der Bitte um Unterstützung übermittelt:

1. Vorlage einer *vollständigen* Liste aller Rechenzentren des MfS
2. Vorlage einer *vollständigen* Liste der Objekte des ehemaligen MfS auf dem Territorium von Berlin
3. Vorlage einer *vollständigen* Listc aller Kommunikationsmittel des MfS
4. Vorlage einer *vollständigen* Liste der Telefonüberwachungsanlagen und ihres Funktionszustandes
5. Vorlage einer *vollständigen* Liste aller verwanzten Räume (z.B. in Privatwohnungen, öffentlichen Einrichtungen, Hotels)

Falls diese Angaben dem Berliner Runden Tisch am 25.1.1990 nicht vorgelegt werden, wird die operative Arbeitsgruppe über den Vorschlag, einen zweistündigen Warnstreik am 29.1.1990 in Berlin durchzuführen, befinden.

Neues Forum
im Auftrag der operativen Arbeitsgruppe des Berliner Runden Tisches

Quelle: Archiv Pflugbeil

Nr. 12

„... zu einer verfassungsfeindlichen Organisation zu erklären"

Antrag an den Zentralen Runden Tisch , Berlin 22.Januar 1990

Wir fordern die Regierung der DDR auf

1. die Staatssicherheitsorgane zu einer verfassungsfeindlichen Organisation zu erklären,
2. Die Befehlsstrukturen der Staatssicherheit und die Vernetzung der staatlichen Organe, insbesondere der Rechts- und Sicherheitsorgane mit dem ehemaligen MfS und dem SED-Apparat sind unverzüglich offenzulegen.
3. Alle von der SED-PDS und den Einheiten des ehemaligen MfS benutzten Sonderkommunikationsmittel, wie z.B. Sondertelefon-, Fernschreib- und Richtfunkverbindungen

sind sofort stillzulegen und zu demontieren. Die Zahl und die Art der Telefonanschlüsse des ehemaligen MfS sowie des SED-Apparates muß offengelegt werden.

4. Die Archive und Akten der SED(-PDS) und ihrer Abteilungen bzw. Sekretariate Sicherheit auf allen Leitungsebenen sowie die Archive und Akten des Nationalen Verteidigungsrates und der Bezirks- und Kreisleitungen sind offenzulegen und sicherzustellen.
5. Ermittlungsverfahren gegen die für die Einsätze der Staatssicherheitsorgane verantwortlichen Personen auf allen Leitungsebenen einzuleiten (Nationaler Verteidigungsrat – 1. Sekretär des ZK der SED, Bezirkseinsatzleitung – 1. Sekretär der SED-Bezirksleitung, Kreiseinsatzleitung – 1. Sekretär der SED-Kreisleitung usw.).
6. unverzüglich sämtliche Einrichtungen der Staatssicherheit und aller ihrer Nachfolgeorganisationen zu schließen und allen ehemaligen Mitarbeitern Hausverbot zu erteilen.
7. Das Wachregiment vollständig zu entwaffnen und aufzulösen.
8. Ermittlungsverfahren wegen Vernichtung von Beweismitteln gegen alle Personen einzuleiten, die für die Vernichtung der Akten der Staatssicherheit verantwortlich sind.
9. Die Zentrale des ehemaligen MfS in Berlin ist sofort zu schließen. Alle Akten und Materialien müssen unverzüglich sichergestellt werden.
10. Schweigeverpflichtungen und andere Abhängigkeiten sind aufzuheben, damit ungehinderte Ermittlungen möglich werden. Rechtsfolgen für Falschaussagen gegenüber den an Ermittlungen beteiligten Personen müssen unverzüglich definiert und in Kraft gesetzt werden.
11. Die gegenwärtige Befehlslage der noch tätigen Mitarbeiter des ehemaligen MfS, im Besonderen der auf dem Gebiet der Aufklärung tätigen, ist offenzulegen.
12. Von der Regierung muß veranlaßt werden, daß die Verbindungen des ehemaligen MfS bzw. AfNS zu den inoffiziellen Mitarbeitern sofort beendet werden. Die Weiterführung der Verbindungen zu den inoffiziellen Mitarbeitern und die Neuanwerbung von inoffiziellen Mitarbeitern ist öffentlich als unzulässig zu erklären. Bis zu einer endgültigen Klärung muß die Liste der inoffiziellen Mitarbeiter erhalten bleiben.
13. Alle Überwachungsmethoden der operativen Abteilungen sowie die Methoden der Untersuchungsorgane des ehemaligen MfS sind offenzulegen.
14. Die Finanzen einschließlich der Finanzierungsarten des ehemaligen MfS/AfNS müssen offengelegt werden. Welche Zahlungen sind ab November 1989 bis heute aus dem Staatshaushalt an das ehemalige MfS bzw. AfNS getätigt worden? Es muß eine zentrale und bezirkliche Finanzrevision zur Kontrolle bzw. Aufdeckung der finanziellen Machenschaften des ehemaligen MfS/AfNS (Ausgleichszahlungen, Prämien, Zahlungen an inoffizielle Mitarbeiter) eingesetzt werden.

Für die verfassungswidrige Tätigkeit des MfS trägt die SED Verantwortung. Eine Namensänderung und der Austausch von Funktionären kann sie hiervon nicht entbinden.

Damit ergibt sich die Notwendigkeit, gegen die SED-PDS wegen des Verdachtes verfassungswidriger Aktivitäten zu ermitteln. Hiervon leiten wir ab, daß die immer noch bestehenden Machtstrukturen der SED- PDS aufgelöst werden müssen.

Quelle: Das NEUE FORUM – Selbstportrait einer Bürgerbewegung, in: Demokratiebewegung in der DDR, Heft 3, Materialien zur gewerkschaftlichen Bildungsarbeit, DGB-Bundesvorstand, Abt. Gewerkschaftliche Bildung, S. 4

Nr. 13

Mit Fantasie gegen Stasi und Nasi

Aufruf zur Demonstration, Berlin 15. Januar 1990

Das Neue Forum Berlin ruft für den 15. Januar 1990 um 17.00 Uhr zur Aktionskundgebung vor dem Stasi-Gebäude Ruschestraße auf.

Wir fordern:

Sofortige Schließung aller Stasi-Einrichtungen
Hausverbot für alle Stasi-Mitarbeiter
Einleitung von Ermittlungsverfahren gegen das MfS
Offenlegung der Befehlsstrukturen zwischen SED und Stasi
Stasi in die Volkswirtschaft
Keine Sonderzahlungen und Privilegien für ehemalige Stasi-Mitarbeiter
Keine Bildung von neuen Geheimdiensten
Schreibt Eure Forderungen an die Mauern der Normannenstraße!
Bringt Farbe und Spraydosen mit!
Wir schließen die Tore der Stasi!
Bringt Kalk und Mauersteine mit!

Mit Fantasie und ohne Gewalt

Quelle: Archiv Pflugbeil

Ehrhart Neubert

Der „Demokratische Aufbruch“

1. Die informelle Formierungsphase des Demokratischen Aufbruch (DA), August und September 1989

Am 23.8.1989 trafen sich wie im Juni verabredet in der Dresdener Wohnung des Sozialdiakons Rolf Schmidt am 23.8.1989 die Theologen Rainer Eppelmann, Ehrhart Neubert, Rudi Pahnke, Edelbert Richter sowie Harald Wagner und Friedrich Schorlemmer, der als Anwalt vieler Oppositioneller bekannte Wolfgang Schnur und die Mitglieder des Samariterfriedenskreises Thomas Sell und Thomas Welz. Nach einer längeren Grundsatzdiskussion zur politischen Lage der DDR und den Möglichkeiten einer effektiven oppositionellen Struktur wurde die Bildung einer politischen Vereinigung „Demokratischer Aufbruch – sozial, ökologisch (DA)“ verabredet. Der Zusatz sozialistisch wurde abgelehnt. Überlegungen, eine sozialdemokratische Partei zu gründen, fanden keine Mehrheit. Welz brachte den früheren Plan Eppelmanns ein, die sozialdemokratische Partei in Berlin neu zu eröffnen. Dies wurde jedoch abgelehnt, da in diesem Fall die westdeutsche SPD hätte befragt werden müssen. Auch der Anschluß an die Initiative von Gutzeit und Meckel zu Neugründung einer sozialdemokratischen Partei wurde abgelehnt. Der Mehrheit schien zunächst eine politische Mitgliedervereinigung ohne Parteienstatus angemessen. Vereinbart wurde, daß Richter einen Programmentwurf schreiben sollte, der sich an frühere Veröffentlichungen von ihm anlehnen sollte. Es wurde ein landesweites Treffen am 1.10.1989 in Berlin verabredet, wobei der Treffort möglichst lange geheim gehalten werden sollte. Jeder sollte etwa 10 weitere Personen einladen. Außerdem sollten zu anderen Oppositionellen im Lande Kontakte geknüpft werden.

Erste öffentliche Nachrichten über den Demokratischen Aufbruch kamen über die Westmedien von Richter, der nach Rücksprache mit Neubert entgegen der ursprünglichen Absicht bei einem Besuch in der Bundesrepublik Mitte September die beabsichtigte Gründung des DA bekanntgab, als er von der Initiierung des NF gehört hatte. Nach gegenseitiger Abstimmung bekannten sich auch die anderen Initiatoren zu dem Vorhaben. Neubert und Welz trafen organisatorische Vorbereitungen für das Treffen am 1. Oktober. Noch im September trat der Initiativkreis in Berlin in Erscheinung, betrieb Öffentlichkeitsarbeit und organisierte verschiedene Treffen und Zusammenkünfte, auf denen inhaltlich gearbeitet wurde. Eppelmann und Pahnke brachten ihre großen Freundeskreise ein. Aber schon bildeten sich erste Gruppen des DA ohne genaue inhaltliche Vorgaben. Da der von Richter angekündigte Programmentwurf zunächst ausblieb, erarbeitete Neubert verschiedene Programmentwürfe mit stark sozialethischem Charakter und einen „Entwurf einer programmatischen Erklärung" (Anhang, Nr. 2), die er an Richters frühere Arbeiten anlehnte und mit der notgedrungen bis Ende Oktober gearbeitet wurde. Schon Ende September hatte Neubert das „Flugblatt für die Demokratie" herausgegeben, um den Anspruch des DA als „Teil der politischen Opposition" (Anhang, Nr. 1) in der Öffentlichkeit anzumelden.

2. Der DA innerhalb der neuen Opposition

Da alle Planungen der Oppositionellen zur Neuformierung in großer Eile vorangetrieben werden mußten, waren die verschiedenen Projekte nicht ausdiskutiert und noch weniger koordiniert. Zwar fand eine Vielzahl von Gesprächen während des gesamten Septembers zwischen Oppositionellen – die sich zumeist persönlich gut kannten – der unterschiedlichsten Initiativen statt, doch konnte keine Einigung über das strategische Vorgehen, die zu wählenden Organisationsformen und die politischen Ziele erreicht werden. So gingen die verschiedenen Initiativen unabhängig voneinander in die Öffentlichkeit.

Gemeinsam waren allen Initiativen die bisherigen Demokratisierungsforderungen, wie sie sich in den letzten Jahren in aller Verschiedenheit im oppositionellen Spektrum ausgeformt hatten. Fast durchweg spielten daher Rechts- und Menschenrechtsfragen, Ökologie sowie politische Themen, die sich aus der Friedensproblematik ableiteten, eine entscheidende Rolle. Theologische Begründungen, wie sie jahrelang in zahlreichen Oppositionspapieren üblich waren, fehlten erstmals in allen Erklärungen.

Im September ergaben sich aber schon gravierende Unterschiede in der Wahl der Mittel. Alle Initiativen wollten Mobilisierungseffekte erzielen, um aus der Minderheitssituation herauszukommen. Sie mußten dabei, wie in den Vorjahren, ein hohes Maß an Legitimation anbieten, um die breite Unzufriedenheit in eine politische Aktionsform gegenüber der SED umzuformen und zugleich die Risiken bei einer Beteiligung kalkulierbar zu halten. Entsprechend breit war die Spannweite zwischen solchen Projekten, die lediglich einen öffentlichen politischen Dialog ermöglichen wollten, und denen, die eine programmatisch definierte Interessenvertretung auch organisatorisch anstrebten. In den Grundsatzpapieren und Gründungsaufrufen unterbreiteten alle das Angebot, die gesellschaftliche Kommunikation unter Einschluß der SED wieder in Gang zu bringen und auf eine demokratische Grundlage zu stellen und damit ein Verfahren zu finden, das aus einer Situation herausführte, die die SED immer mehr zur Gewaltanwendung trieb.

Alle Initiativen gingen von Berlinern aus, die mehr oder weniger andere Oppositionelle aus dem Lande hinzuzogen. Dies rührte aus der relativ hohen Kommunikationsdichte in Berlin her. Die Beteiligung an den ersten Initiativen war von vielen Zufallsfaktoren abhängig. Auch spielten bei der Zusammensetzung der Initiativgruppen persönliche Spannungen eine Rolle. Bärbel Bohley lehnte die Zusammenarbeit mit Schnur ab, weil sie ihn für einen MfS-Spitzel hielt, und wollte auch nicht mit Eppelmann arbeiten, weil dieser einen entsprechenden – wie sich erst später herausstellte berechtigten – Verdacht gegenüber einem anderen Oppositionellen nicht ernst genommen hatte. Alle Initiatoren mußten im September noch unter schwierigsten Bedingungen und ohne irgendeine materielle Sicherung arbeiten. Dazu gehörten zahlreiche Behinderungen und Störungen in der Kommunikation, Telefonsperren, Hausarrest, Abriegelungen von Wohnungen, Sabotageakte an Fahrzeugen u.ä. Auch kam es im Lande zu zahlreichen Zuführungen und Verhören. Das MfS konnte auf zahlreiche IM in der Oppositionsszene zurückgreifen, deren Einfluß auf die inhaltliche Arbeit, auf die interne Polarisierung oder die Behinderung von Arbeitsprozessen damals nicht erkannt wurde. Das MfS hat versucht, seine IM in Führungspositionen der Opposition einzuschleusen. Aber sowohl Schnur als auch Ibrahim Böhme – beide spielten wichtige Rollen in der Opposition und waren Top-Agenten des MfS – sind ausdrücklich um Mitarbeit im DA und der SDP gebeten worden.

Die Kommunikation zwischen den Berliner Initiatoren und Aktivisten in anderen Städten war bis in den Oktober so schlecht, daß im Lande viel improvisiert werden mußte. Auf dringende Bitten um Orientierung in politischen Einzelfragen konnte oft nicht reagiert werden. Die sicherste Kommunikation wurde durch unzählige, aber zeitaufwendige gegenseitige Besuche aufrechterhalten. Für die Öffentlichkeitsarbeit konnte die Opposition zunächst nur auf ihren Samisdat zurückgreifen, der sich zwar seit dem September rasch ausweitete, aber angesichts der schnellen politischen Abläufe zu träge und zu auflagenschwach war. Die älteren Oppositionsorgane versuchten, sich neu zu strukturieren. Die Umweltblätter nannten sich nun „telegraph“. Die Vielzahl der neuen Blätter wie der „Merseburger telegraph“ entsprach in Form und Auflage noch dem Samisdat der achtziger Jahre. Eine wahre Explosion gab es aber in der Herstellung und Verbreitung von Flugblättern. Vor allem die Texte der Gründungsinitiativen wurden zu Tausenden verbreitet und immer neu abgeschrieben. Die größte öffentliche Wirkung erzielte die neue Opposition über die Westmedien, die allerdings oft andere Schwerpunkte setzten.

Die westdeutsche Politik wurde von den Revolutionsereignissen völlig überrascht. Es wirkte sich aus, daß die Opposition bis 1989 nicht verstanden und nicht eingeordnet worden war. Die westdeutschen Parteien, vor allem die Sozialdemokraten, brauchten lange, um die neue Opposition zu akzeptieren. Es waren zunächst die langjährigen Unterstützer, die bereit waren, Kontakte aufzunehmen, die aber massiv vom MfS gestört wurden. Am 18. September warteten in Pankow Misselwitz, Neubert, Pflugbeil, Poppe, Gutzeit u.a. auf Duwe und Weißkirchen von der SPD, die an der Grenze aber zurückgewiesen wurden. Bei dieser Zusammenkunft wurde auch über die mögliche Rolle des DA debattiert. Am 29. September sollte es zu einem Treffen zwischen Oppositionellen der verschiedenen Gruppen mit Vertretern der AL aus West-Berlin in der Wohnung von Poppe kommen, wobei nur zwei durchkamen, während die anderen an der Grenze zurückgewiesen wurden. Außerdem versuchte das MfS, den Zutritt zur Wohnung von Poppe abzusperren.

Es gab zugleich interne Gründe, die den Formierungsprozeß behinderten. Vor allem radikal basisdemokratisch orientierte Gruppen lehnten größere, durchstrukturierte Organisationen ab. In mehreren Initiativgruppen hatten die protestantischen Pfarrer ein Übergewicht, was dazu führte, daß die basisdemokratisch-anarchistisch Gesinnten den DA und die Sozialdemokraten als „Pfaffenparteien“ qualifizierten und auch manchen anderen Spott trieben. So wurde ein „Positionspapier zur Bildung einer transradikalen linken Föderative" von den „Fröhlichen Friedrichshainer Friedensfreunden"[3] verteilt. Die basisdemokratisch orientierte Umweltbibliothek in Berlin war bis in den November eine wichtige Nachrichtenbörse der Opposition. Das basisdemokratische Lager blieb entsprechend seinen Theorien auf Distanz zu den sich entwickelnden Organisationen, wenn auch der konfrontative Ton in deren Samisdat der SED gegenüber immer schärfer wurde und Mitglieder der Umweltbibliothek entscheidend an der Organisation von Mahnwachen in Berlin beteiligt waren. Bis September waren praktisch alle oppositionellen Gruppen im Lande mobilisiert, die von zahlreichen Menschen aus den Kirchen und kritischen Intellektuellen Verstärkung bekamen.

3. Zwei Gründungen: 1.Oktober 1989 und 29./30.Oktober 1989 in Berlin

Seit Anfang Oktober nahmen die Strukturen der neuen Opposition deutlicher Gestalt an. Dies zeigte sich etwa am Treffen des NF am 1. Oktober in der von Sicherheitsorganen und Volkspolizei umstellten Wohnung von Pflugbeil in Berlin, auf dem ein Rundbrief und ein „Problemkatalog" erarbeitet wurden, die dem Umstand des Ansturms von Menschen auf das NF Rechnung trugen und das Konzept eines bloßen Dialogforums verließen. Auch die Initiatoren der SDP organisierten nun eine offizielle Gründungshandlung, die am 7.Oktober in Schwante bei Berlin stattfand, wobei ein Statut angenommen und politische Grundsätze der SDP formuliert wurden.

In diesem Zusammenhang ist auch die für den 1. Oktober geplante Gründungsversammlung des DA zu sehen. An diesem Tag kamen etwa achtzig Oppositionelle aus dem ganzen Land nach Berlin, um den DA zu gründen. Als Treffort war die Samaritergemeinde angegeben worden. Ein großes Polizeiaufgebot verhinderte wie erwartet den Zugang zu den Räumen. Eppelmann konnte aber den tatsächlichen, bis dahin konspirierten Treffort, die Wohnung von Neubert in der Wilhelm-Pieck-Straße, auf kleinen Zetteln mitteilen. Sofort entwickelte sich ein Wettlauf mit den Sicherheitsorganen, die die Verfolgung der Abfahrenden aufnahmen. Insgesamt siebzehn Delegierte erreichten noch die Wohnung, bis das MfS den weiteren Zugang absperrte und bis in die Nachtstunden die Zugänge mit Bewaffneten besetzte. Die übrigen wichen in die Gemeinderäume der Altpankower Gemeinde aus, wo ebenfalls das MfS die Zugänge bald besetzte und die Arbeit verhinderte. Die Gruppe in der Wohnung Neubert mit Karl-Rudi Pahnke, Heino Falcke, Günter Nooke, Matthias Schubert, den Schriftstellerinnen Daniela Dahn, Margot Friedrich und Rosemarie Zeplin arbeitete an den vorbereiteten Texten. Ein von Pahnke entworfener Aufruf zur Bildung des DA wurde umgearbeitet, die Programmatische Erklärung wurde nur redaktionell bearbeitet. Das MfS hob die Sperrung des Telefons zeitweise auf, um Schnur die Gelegenheit zu geben, die Versammlung zum Abbruch der Arbeit aufzufordern, was aber abgelehnt wurde. Am Abend kam plötzlich, zur Überraschung der Anwesenden, Schnur durch die Sperren des MfS. Eigenartigerweise wurde dadurch niemand mißtrauisch. Schnur hatte einen Entwurf für ein Statut mitgebracht und bat noch einmal erfolglos, die Versammlung abzubrechen.

Inzwischen wurde durch ein Telefonat bekannt, daß Richter in Weimar durch das MfS, das in ihm einen geistigen Kopf des DA sah, festgesetzt war. Sein Programmentwurf kam verspätet und nur unvollständig über Kuriere an. Verabredet wurde ein weiteres, landesweites Treffen, das am 30. Oktober in Berlin stattfinden sollte. In der Nacht gelang es Pahnke und Neubert noch, zu Eppelmann zu fahren, wo einige westdeutsche Journalisten warteten. Diesen wurden die Texte übergeben und erklärt, daß nun der DA gegründet sei. Dies entsprach zwar nicht den Tatsachen, wurde aber von Pahnke und Neubert lanciert, um in der Öffentlichkeit die Arbeitsfähigkeit des DA zu demonstrieren.

Die politische Stellung des DA im Verhältnis zu den anderen Oppositionsgruppen klärte sich im Oktober zunächst nur langsam. Der ursprüngliche Plan, eine politische Mitgliedervereinigung zu gründen, wurde aber nun umgesetzt. Möglicherweise trug dazu das MfS bei, da die angereisten Sozialdemokraten, wie Meckel und Böhme, nicht durchkamen, die im DA eher ein Dach für alle anderen Oppositionsgruppen sehen wollten. Nach dem Treffen vom 1.Oktober ergab es sich fast von selbst, daß sich im DA all diejenigen formierten, die nicht in die SDP wollten und im Unterschied zum NF und Dj eine höhere Verbindlichkeit anstrebten.

Der DA mußte während des Oktobers noch mit provisorischen Strukturen auskommen. In zahlreichen Orten hatten sich spontan Gruppen gebildet, die auf der Grundlage der ersten Papiere arbeiteten oder sich selbst mit programmatischen Entwürfen halfen. Fast alle Papiere des DA hielten im Oktober noch am demokratischen Sozialismus fest, wenn sie auch den Aufbau demokratischer, pluralistischer und rechtsstaatlicher Strukturen forderten. Die Sozialismusvorstellung war von sozialethischen Elementen geprägt.

Dem DA gelang es erst mit einem landesweiten Treffen am 29. Oktober bis in die Morgenstunden des 30. Oktober im evangelischen Königin-Elisabeth-Krankenhaus in Berlin, die bisherigen informellen Strukturen durch eine ordentliche Kommunikations- und Leitungsstruktur zu ersetzen, die in dem überarbeiteten Statut vorgegeben wurde. Eine Programmkommission wurde eingesetzt. Es zeigte sich, daß inzwischen im Lande viele arbeitsfähige Gruppen entstanden waren. Das Treffen galt hinfort als der eigentliche Gründungsakt des DA. Von den etwa 160 Vertretern aus allen DDR-Bezirken wurde auf Antrag der Jenaer Delegierten beschlossen, daß sich der DA bis zum 1. Mai 1990 als Partei gründen sollte, wenn nicht vorher schon die politische Notwendigkeit bestünde. Damit war der Weg zu einem entschlossenen, pragmatischen Politikverständnis frei, und zugleich kündigten sich die kommenden Differenzierungskämpfe an. Von einzelnen Delegierten wurde gefordert, daß die sozialistische Orientierung beibehalten werden sollte. Eine Aussage zur Einheitsfrage, die über die Grundsatzerklärung hinausging, wurde abgelehnt.

Zum Vorsitzenden wurde Schnur, in den Vorstand wurden Eppelmann, Neubert, Nooke, Pahnke, Richter, Fred Ebeling, Britta Kögler, Herbert Wirzewski und Christiane Ziller gewählt. Der Vorstand wurde verpflichtet, Beauftragte und Arbeitsgruppen für verschiedene Politikfelder zu benennen bzw. einzurichten. Auf dem Treffen wurden mehrere Papiere verabschiedet. Die „Vorläufige Grundsatzerklärung“ (Anhang, Nr. 3) war eine redaktionelle Überarbeitung der Erklärung vom 1. Oktober Sie stellte einen Kompromiß zwischen den noch eindeutig am demokratischen Sozialismus orientierten und den liberalen Tendenzen dar und enthielt deutlich die politische Konflikttheorie Edelbert Richters. In einer „Resolution" wurden eine sofortige *„Überarbeitung der Verfassung"*, eine Diskussion über die *„Grundwerte und Ziele"* eines demokratischen Sozialismus, die *„strikte Trennung von Legislative, Exekutive und Gerichtsbarkeit"*, die *„Reduzierung und Kontrolle des Sicherheitsapparates"* und die *„Offenlegung aller politischen, wirtschaftlichen und ökologischen Daten"*[4] gefordert. Außerdem wurden ein „Brief an die Jugend" sowie, nach einem Entwurf von Margot Friedrich, ein „Brief an die Kinder" (Anhang, Nr. 4) in Anlehnung an einen Text der Ökumenischen Versammlung (Dresden April 1989) herausgegeben. Erstmals konnte der DA sich ohne direkte Repression versammeln, wenn auch die Sicherheitskräfte noch aktiv waren.[5] Eppelmann gab eine Presseerklärung u.a. an die „Berliner Zeitung", die nicht abgedruckt, sondern von dort an das MfS weitergeleitet wurde.

Am 4. November tagte, nach der großen Berliner Demonstration, auf der Schorlemmer sprach, erstmals der Vorstand des DA (Anhang, Nr. 5); im Lande setzte sich rasch der Formierungsprozeß fort. Wieder entstanden zahlreiche neue Ortsgruppen, wenn nach wie vor auch der Mangel an Arbeitsmaterial elementar war. Schon im Oktober stießen auch Menschen zum DA, die sich ursprünglich in die Listen des Neuen Forum eingeschrieben hatten, weil ihnen dort die Arbeit nicht verbindlich genug war. Vielerorts vertraten auch Einzelne den DA. Besonders starke Gruppen gab es in Berlin, Dresden, Leipzig, Wittenberg, Naumburg, Jena, Erfurt, Weimar, Eisenach, Nordhausen, Pößneck und in der gesamten Thüringer Region.

Im Oktober und auch noch im November war die Zugehörigkeit zu den jeweiligen neuen Oppositionsbewegungen noch von vielen Zufallsfaktoren abhängig. Politisierte schlossen sich der am Ort gerade vorhandenen Bewegung an. Da sich der DA neben dem demokratischen ein soziales und ökologisches Profil gab, war das Spektrum auch noch sehr breit, zumal zunächst die Machtbegrenzung der SED im Mittelpunkt aller Aktivitäten stand. Wenn auch die Zusammenarbeit zwischen den verschiedenen Gruppen insgesamt unproblematisch war, kam es zu kleineren Reibereien. So sprach sich der DA Anfang November noch gegen die Gründung der Grünen Partei aus, weil er die ökologisch Interessierten an sich zu binden hoffte. Die neue Parteigründung führte tatsächlich auch zum Verlust von Mitgliedern, die sich der Grünen Partei anschlossen.

Das Herzstück der oppositionellen Aktivitäten, die Öffentlichkeitsarbeit, war bis in den Dezember hinein sehr dürftig. Zwar haben viele westdeutsche Journalisten der jungen Opposition geholfen, doch konnte damit kaum eine interne Kommunikation aufgebaut werden. Der DA, wie auch andere Oppositionsorganisationen, mußte mit den bescheidenen Mitteln der alten DDR-Opposition arbeiten. Verschiedene lokale Verbände gaben Informationsblätter im Wachsmatrizenverfahren heraus, so z.B. die Ortsgruppe Prenzlauer Berg mit Karl-Heinz Heymann eine zweiseitige Zeitung im A4-Format. Damit war allerdings kaum gegen die SED-Presse aufzukommen. Immer wieder wurden die Leser falsch und unvollständig über die Opposition, vor allem über den DA informiert. In der kleinen DA-Zeitung stand in der Nr. 3/89: *„Die Verstümmelungen (siehe BZ vom 8. Dezember) haben Methode"*. Erst Anfang Dezember konnten vereinzelte Texte gedruckt werden, so ein größeres Informationsblatt durch die Uniondruckerei mit einem Einleitungstext von Schnur, den Neubert geschrieben hatte. Ende November gelang es dem DA, in Berlin ein kleines Büro, allerdings ohne Telefon, in der Marienburger Straße zu erhalten. Der erste Geschäftsführer des DA war Burkhard Finning.

Die Rekrutierungspotentiale des DA waren zunächst die langjährigen Oppositionsgruppen gewesen. Dazu kam noch im September eine Reihe von kritischen Künstlern. Diese Minderheit bekam allmählich Verstärkung. Ende Oktober, vor allem aber im November, weitete sich die Mitgliedschaft auch auf bisher politisch inaktive Kreise aus. Dies schlug sich auch rasch in den Vertretungen der Ortsgruppen nieder. Unter ihnen befanden sich zahlreiche Menschen, die kompromißlos gegen die SED kämpfen wollten. Fast unvermeidbar war, daß sich auch etliche zweifelhafte Persönlichkeiten Zugang verschafften. Die Ausweitung der Anhängerschaft veranlaßte auch zu der im November häufig verwendeten euphemistischen Bezeichnung des DA als „Volkspartei".

4. Teilnahme an der Revolution

Die enorme Inanspruchnahme und die erheblichen Belastungen der Leitungspersonen bis in die Mitgliedschaft des DA hinein waren vor allem durch die schnellen politischen Entwicklungen bedingt. Es mußte sowohl rasch der Aufbau der Organisation betrieben werden, wie auch die Teilnahme an der politischen Revolution unabdingbar war. Es galt für viele Laien, Reden und Auftritte auf Demonstrationen und Bürgerversammlungen zu halten und sich an schwierigen Verhandlungen zu beteiligen. In Berlin und anderen Orten bildeten sich Untersuchungskommissionen, die beschickt werden mußten.

Die eigentliche politische Arbeit zur Machtbegrenzung und schließlich zur Entmachtung der SED konnte aber nur in Zusammenarbeit mit den anderen Oppositionsbewegungen und -parteien geleistet werden. Der DA nahm intensiv an allen Koordinierungsgesprächen der Opposition teil. Die zahlreichen informellen Kontakte der Berliner Initiativgruppen vom September wurden im Oktober, nach einer Anregung von Stephan Bickhardt von Dj, durch die Installierung einer Kontaktgruppe wesentlich verbessert. Nach einer schwierigen Anlaufzeit, weil sich das NF nur ungenügend einbrachte, wurde die Berliner Kontaktgruppe zum wichtigsten politischen Instrument der Revolution. Nach einer gemeinsamen Erklärung der Opposition vom 3. November in Berlin zur demokratischen Umgestaltung der DDR wurde die Kontaktgruppe zum Träger der Vorbereitung des Runden Tisches. In den wöchentlichen Sitzungen wurden in der Gruppe Bedingungen und Modalitäten des Runden Tisches ausgehandelt und der SED und deren Blockparteien aufgezwungen.

Im ganzen Land arbeiteten die verschiedensten Gruppen auch an anderen revolutionären Projekten intensiv zusammen, da sie die ihnen zahlreich zuwachsenden Aufgaben anders nicht hätten bewältigen können. Aus der Zusammenarbeit erwuchs eine Vielzahl von politischen Initiativen. So gaben am 4. November die Dresdner Oppositionsgruppen „Gruppe der Zwanzig" – DA, Dj, Initiative Demokratische Erneuerung, NF, SDP, Ökumenische Friedenskreise, Ökologischer Friedensarbeitskreis der Dresdener Kirchenbezirke – eine Resolution heraus, die u.a.

den *„sofortigen Rücktritt der Regierung“*[6] forderte. Die hohe Dichte solcher Initiativen im ganzen Land signalisierte den revolutionären Elan. Das inhaltliche Ineinander verschiedenster Strömungen innerhalb der Oppositionsgruppen blieb während des gesamten Oktobers erhalten. Der DA, sich auch als ökologische Interessenvertretung verstehend, arbeitete durch die Vermittlung von Matthias Voigt mit traditionellen Umweltgruppen zusammen. Am 7. November gab er mit der Umweltbibliothek, dem Netzwerk Arche und der Müllgruppe BRD-DDR eine Protesterklärung gegen die anhaltenden Giftmüllimporte aus dem Westen in die DDR heraus. Noch am 11. Dezember rief der DA mit verschiedenen grünen Initiativen zum „Aktionstag für Umwelt und Gesundheit“ auf.

Oft mußte schnell auf aktuelle Vorgänge und akute Notsituationen reagiert werden. Als sich die medizinische Versorgung verschlechterte, forderte der DA am 26. November nach der Tagung einer Arbeitsgruppe in der Samaritergemeinde mit Vertretern von DA, NF, Dj, LDPD und FDP die Einrichtung eines „Valuta-Gesundheitsfonds“ und einer „Stiftung Gesundheit“.

In der offenen Situation im Oktober und November gab es auch Kontakte mit den Reformergruppen in der SED, die von sich aus die Verbindung zu Oppositionsgruppen suchten und ihre Programme propagierten. Rainer Land, der von Gruppe zu Gruppe eilte, sprach mit DA-Vertretern am 10. November in der Wohnung von Christiane Ziller. Anfang November erging an Eppelmann eine Einladung des SED-Chefideologen Otto Reinhold für ein Gespräch zwischen DA-Vertretern und dem ZK-Institut für Gesellschaftswissenschaften, das am 16. November auch zustande kam. Solche Gespräche erbrachten letztlich keine Ergebnisse, da die SED-Vertreter die Dynamik der Revolution auf dem jeweilig erreichten und erkämpften Stand einzufrieren suchten.

Anfang Dezember begannen die Besetzungen der MfS-Zentralen, und DA-Vertreter waren an der MfS-Auflösung beteiligt. Dabei handelten einige ohne Absprache mit dem Vorstand und vertraten dabei auch nicht die Interessen des DA, sondern eher des MfS bzw. des Versuches von Modrow, einen Verfassungsschutz als Nachfolgeorganisation einzurichten. Ein Problem des DA war hier, wie auch in anderen Oppositionsorganisationen, daß eine wirksame Kontrolle solcher Agenten nicht möglich war und deren Absichten im Unklaren blieben. Ähnlich anderen Oppositionsparteien forderte am 14.1.1990 die Vorstandserklärung mit Schnur *„So geht das nicht weiter!“*[7] die totale Auflösung des MfS und Selbstauflösung der SED-PDS.

Seit dem 7. Dezember war der DA regelmäßig am Zentralen Runden Tisch, fast immer durch Schnur, vertreten. Auch die Runden Tische auf Bezirks-, Kreis- und Ortsebene waren mit Vertretern des DA besetzt.[8] Dazu kamen zahlreiche zentrale und regionale Arbeitsgruppen, deren Besetzung oft die personellen Möglichkeiten des DA überforderte.

5. Entwicklung der programmatischen Ausrichtung

Die Theologen unter den Initiatoren prägten über Monate den DA, zumal sie anfangs auch wichtige politische Funktionen hatten. Sie brachten unterschiedliche Erfahrungen aus der Opposition der achtziger Jahre mit, waren durch das sozialethische Engagement geprägt, wie sie auch unter Inkaufnahme von Konflikten im DA streitbar ihre Positionen vertraten. So haben Pahnke und vor allem Schorlemmer, der besonders durch sein Festhalten an dezidiert linken Positionen für Auseinandersetzungen sorgte, stark polarisierend gewirkt. Bis in den Dezember 1989 hinein hat Edelbert Richter die inhaltlich-programmatischen Aussagen des DA wesentlich beeinflußt. Er gehörte jahrelang zu den wenigen theoretisch arbeitenden Oppositionellen.[9]

Sein Ansatz in „Perspektiven für unser Land“ – einem Text, der nicht nur in Berlin, sondern im Oktober auch in Thüringen und anderen Regionen Verbreitung fand, fußte auf einer Konflikttheorie, die das gesellschaftliche Zusammenleben auf einen *„offenen Dialog und die Wahrheit“* gründen sollte: *„Der dialogischen Struktur entsprechend müssen dabei an die Stelle von trügerischen Einheiten jeweils Zweiheiten treten.“* So sollten die Differenzen zwischen *„Partei und Staat“*, zwischen *„politischem Wollen und der Fähigkeit zu selbständiger Willensbildung“*, *„zwischen Staat und Gesellschaft“*, *„zwischen Plan und Markt“*, *„zwischen ökonomischer Effektivität und sozialer Gerechtigkeit“* und *zwischen „ökonomischer Effektivität und Umweltschutz“* anerkannt und politisch gestaltet werden. Eine der Kernthesen Richters, die er schon seit Jahren vertrat, bezog sich auf die deutsche Frage. Er schrieb:

> „Indem wir Differenzen innerhalb der DDR-Gesellschaft betonen, suchen wir sie aus ihrer Provinzialität und äußeren Isolierung herauszuholen und zu öffnen für die Einheit Deutschlands, Europas und der Welt. Gegenüber den neuerlich wiederbelebten Versuchen der SED, eine nationale Identidät der DDR zu erfinden [...], halten wir an unserer Verantwortung als Deutsche fest. Wir sehen die deutsche Identität zunächst in einem zwischen West und Ost vermittelnden, freiheitlichen Sozialismus. Wenn wir in der DDR Demokratie verwirklichen, so öffnen wir uns bewußt den liberalen Grundwerten der Bundesrepublik und erwarten von deren Bürgern, daß sie sich umgekehrt wieder sozialistischen Werten öffnen [...] Unsere gemeinsame Identität liegt sodann darin, daß wir unsere traditionelle Distanz zur modernen Zivilisation, die sich in zwei Weltkriegen so destruktiv ausgewirkt hat, durch einen Umbau unserer Industriegesellschaften und die Entwicklung alternativer Technik endlich konstruktiv werden lassen.“

Deutschlands „Neuvereinigung“ sollte danach unter den Bedingungen *„freiheitlicher Sozialismus und alternative Produktionsweise“*[10] ermöglicht werden.

In diesen Aussagen waren wichtige Leitideen der Opposition in der DDR enthalten, wie der Versuch der Verbindung von Freiheit und Sozialismus, die protestantische Zivilisationskritik und die Idee eines blockfreien Deutschland. Diese Vorstellungen hatten während der SED-Diktatur eine politische Relevanz, weil sie das politische System in Frage stellten und es ermöglichten, die deutsche Einheit zu denken. Damit bestritten sie die Legitimationsgrundlage der DDR und ordneten sie in einen Prozeß ein, die sie in einer europäischen Neuordnung überflüssig machen würde. Mit einer solchen alternativen Gesellschaftskonzeption konnte in der ersten Phase der DDR-Revolution noch ein Gegengewicht zum totalitären SED-Sozialismus mit seinen Ansprüchen geschaffen werden. Der DA hatte noch Ende Oktober in seiner „Vorläufigen Grundsatzerklärung“, die stark an Richters Konzept angelehnt war, erklärt: *„Wir beteiligen uns im Streit um die Konzeption des Sozialismus. [...]*

Unser Ziel ist der demokratische Aufbruch in eine leistungsfähige Industriegesellschaft mit ökologischer und sozialer Grundrichtung." (Anhang, Nr. 3).

Aus solchen Bekundungen waren aber kaum Entscheidungen für die Tagespolitik abzuleiten. Die geistig-politische Mitgift langjähriger Oppositionsarbeit erreichte deswegen nach der Öffnung der Mauer und dem Zerfall der SED-Macht kaum noch den aktuellen Kontext, wenn es über die Auseinandersetzung um grundsätzliche Machtfragen hinausging. So trat das Phänomen einer Ungleichzeitigkeit der Emanzipation und Transformation von traditionellen Inhalten oppositioneller Politik ein. Unklar blieb, was der Sozialismusbegriff abdeckte. Obwohl dieser Sozialismusbegriff ausdrücklich auf eine vernichtende Systemanalyse der SED-Herrschaft bezogen wurde und alle oppositionellen Konzeptionen gegen die SED gerichtet waren, war dieser sozialethische Ansatz politisch in die Bevölkerung kaum vermittelbar. Während Teile der Opposition, wie auch maßgebliche im DA, gegen die sozialistischen Illusionen der SED noch mit idealistischen Utopien kämpften, wollte die Bevölkerung Antworten auf politische Tagesfragen haben, was sich u.a. in der Abkehr vom Sozialismus in jeder Form äußerte. Enthielt noch das „Flugblatt für die Demokratie" von Ende September die Wendung, daß der DA eine *„sozialistische Gesellschaftsordnung auf demokratischer Basis"* wolle, wurde diese Passage im November gestrichen. Zwar war ein wesentlicher Faktor der Formierung der Opposition und der anfänglichen Zustimmung der Bevölkerung die politisch-programmatische Alternative zur SED-Diktatur gewesen. Aber mit der anlaufenden Demokratisierung und der Grenzöffnung entstand ein enormer Orientierungsbedarf auch innerhalb des DA, der eine intensive programmatische Arbeit auslöste.

Bei der Gründungsversammlung am 29. Oktober war eine Programmkommission von 21 Mitgliedern eingesetzt worden, der zahlreiche Entwürfe zugestellt wurden.[11] Inzwischen begannen einzelne Oppositionelle und auch DA-Gruppen, an Programmentwürfen zu arbeiten. Solche Entwürfe kamen u.a. von einer Erfurter Gruppe mit Schneider und Schnauß, die noch eine enge Verbindung zu Richter hatten. Auf eine Anregung von Schnur hin entwarf der Karl-Marx-Städter Studentenpfarrer Hans-Jochen Vogel, der seit Jahren zum äußersten linken Flügel der Opposition zählte, ein Programm für eine Volkspartei. Aus Magdeburg kamen von Gerhard Löttel *„Programmatische Überlegungen"* und *„Beiträge zum Programm des Demokratischen Aufbruch"*. In Gera entwickelten Harald Horn, in Karl-Marx-Stadt Andreas Noschka Programmentwürfe. Die Programmkommission erhielt viele weitere Zuschriften zu einzelnen Themenkomplexen und zum Statut. Wichtig wurde die Leipziger Arbeitsgruppe. Am 23. November wurde ein erster Entwurf eines „Leipziger Programms" von Christoph Kähler veröffentlicht. Er fand Eingang in den Entwurf des *„Leipziger Programms"*, das auf dem Parteitag am 16./17. Dezember in veränderter Form verabschiedet wurde. Vorher hatte noch am 9. Dezember die gesamte Programmkommission in Leipzig getagt. Alle diese Entwürfe waren sehr stark von den traditionellen Inhalten und der sozialethischen, oppositionellen Politik der späten achtziger Jahre geprägt. Nur einzelne Entwürfe versuchten, sich vorsichtig aus diesen Orientierungen zu lösen.

Im November vollzog sich eine deutliche Abkehr von allen Sozialismusvorstellungen. War im DA noch im Oktober im Sinne der früheren DDR-Opposition fast unbestritten, daß dem realen Sozialismus ein demokratischer entgegengestellt werden müsse, verabschiedeten sich immer mehr handelnde Akteure von dieser Alternative. In den schriftlich fixierten Programmentwürfen fand sich kaum noch ein Bezug auf einen zukünftigen Sozialismus, und auch in zahlreichen regionalen DA-Verbänden wurde die Aversion gegen jegliche Affinität zum Sozialismus vehement geäußert. Das Wort ging um: *„Wir sind doch keine Versuchskaninchen!“* Damit ging die kurze Periode der Politik als Streit um Gesellschaftsmodelle und -konzeptionen zu Ende. Nun wurde im DA der Trend zur pragmatischen Politik immer stärker.

Zu den zahlreichen Beispielen gehören Papiere zu Wirtschaftsfragen. Auf Vorschlag von Ebeling wurde vom Vorstand am 10. Dezember die Forderung nach einem Wirtschaftsausschuß unter Einschluß der neuen Parteien gefordert. Später folgten weitere Erklärungen zu diesem Thema. Manche DA-Gruppen, wie der „Obervogtländische Regionalverband des DA“, beteiligten sich am Aufbau von unabhängigen Gewerkschaftsgruppen. Zugleich kamen aus der Bundesrepublik viele Ratschläge und Vorschläge, unter denen sowohl ernst zu nehmende Beiträge waren wie auch viele Texte, die die nachholenden Träumereien ihrer Verfasser spiegelten. Zum zentralen inhaltlichen Thema wurde im Laufe des November die Einheitsfrage.

Da der DA trotz aller internen Auseinandersetzungen in der Bevölkerung schon im November als antisozialistische und pragmatisch auftretende Gruppierung angesehen wurde, erklärten sich Gruppen und einzelne Bürger, die sich von den sozialistischen Experimenten verabschieden wollten, für den DA. So kam es auch zu Kontakten mit einer Gruppe Gewerkschaftler, die im Berliner „VEB Bergmann-Borsig“ schon seit September demokratische Reformen gefordert hatten (Anhang, Nr. 6).

6. Zerreißprobe: Einheitsfrage

Nach der Öffnung der Mauer am 9. November mußte vom DA eine politische Antwort auf die deutsche Frage gefunden werden. Dieser Prozeß führte zu einer internen Zerreißprobe – wie in fast allen neuen oppositionellen Organisationen –, die auch die weitere Entwicklung des DA maßgeblich beeinflußte. Nachdem schon im November der Druck vieler Ortsverbände auf den Vorstand und andere Meinungsführer im DA immer stärker geworden war, sich deutlich für eine rasche Vereinigung der deutschen Staaten auszusprechen, wurde die zunächst nur in Berlin tagende Programmkommission Anfang Dezember zum wichtigsten Motor in der deutschen Frage. Sie tagte vormittags am 2. Dezember in den Räumen der Evangelischen Akademie in Berlin. In der Kommission wurden zwei Presseerklärungen formuliert, die sich beide mit der Einheitsfrage beschäftigten.

In der „Presseerklärung des DA zum Appell ‚Für unser Land‘“ reagierte die Kommission auf den Versuch von Einheitsgegnern zur Rettung der Eigenstaatlichkeit der DDR. Er war sowohl von einigen Oppositionellen unterschrieben, wie ihn auch die politisch schwer angeschlagene SED nutzen wollte, weil in ihm die Schrecken eines Ausverkaufs der DDR beschworen wurden. In der DA-Erklärung hieß es: *„Anstatt uns den Standort zu benennen, sind wir vor einen Scheideweg zwischen Traum und Furcht, Vision und Realität gestellt worden. Aber wir haben die Verantwortung und noch die Freiheit, unseren Beitrag zu leisten für eine sich einigende Nation.“*[12]

Die Kommission gab außerdem die „Presseerklärung des DA zur Deutschlandfrage“ heraus, in der der Zehn-Punkte-Plan von Kohl begrüßt wurde. Erstmals hieß es nun deutlich: *„Wir gehen von einer einheitlichen deutschen Nation aus“* (Anhang, Nr. 7). Um dies zu erreichen, sollte sofort eine „Deutsche Nationalversammlung“ einberufen werden. Damit war der DA die einzige Oppositionsgruppe, die dem Kohlplan zustimmte.

Am Nachmittag des 2. Dezember tagte der Vorstand (Anhang, Nr. 8). Neubert brachte die beiden Erklärungen ein und stellte den Antrag, daß der Vorstand sich die Erklärungen zu eigen machen sollte. Die Erklärung zum „Appell ‚Für unser Land‘“ wurde mehrheitlich angenommen, wobei im Bezug auf den Einigungsprozeß abschwächend „in Zukunft“ eingefügt wurde.

Bei der Diskussion um die Erklärung zur Deutschlandfrage kam es zu schweren Auseinandersetzungen im Vorstand, wobei Pahnke am entschlossensten Stellung gegen die Erklärung bezog. Infolge der heftigen Auseinandersetzungen konnte überhaupt kein Text verabschiedet werden. Am Tage darauf erschien in der (Ost-) CDU-Zeitung „Neue Zeit“ die Erklärung der Programmkommission. In dieser Fassung wurde auch noch als Unterzeichner der Vorstand angegeben. Dies fachte die Diskussion im gesamten DA erst richtig an. Pahnke nahm sogar am 5. Dezember in der „Aktuellen Kamera“ gegen die Erklärung Stellung. Die noch ganz von der SED beherrschten Medien nutzten den inneren Streit aus und berichteten darüber. Heftiger Widerspruch regte sich in den Berliner Ortsgruppen. Die Gruppe im Prenzlauer Berg protestierte, weil der Eindruck erweckt worden sei, daß der Vorstand die Erklärung trage. Auch die Ortsgruppe Friedrichshain, die sich wesentlich aus dem Friedenskreis von Eppelmann rekrutierte, druckte Flugblätter gegen die Erklärung und monierte, daß damit die Basis des DA in der „Vorläufigen Grundsatzerklärung“ vom Oktober verlassen sei.

In der Vorstandssitzung am 7. Dezember wurde eine neue Fassung der Erklärung entworfen, der nur noch als „Appell zur Einberufung einer Nationalversammlung“ formuliert worden war. Aber in der Sitzung kam selbst dieser Text nicht durch, so daß nun die Befürworter einer Einigungspolitik und deren Gegner auf den kommenden Parteitag am 16. Dezember setzten. Am 10. Dezember verbreitete Pahnke inzwischen ein eigenes Papier „Zum Verhältnis der beiden deutschen Staaten“, in dem auch die Motive der Gegner einer forcierten Einigungspolitik zum Ausdruck kamen. Er operierte mit einer berechtigten Angst vor einem Nationalismus und nahm *„Befürchtungen der einstmals von der Vernichtung durch Deutschland bedrohten Völker und Staaten“*[13] an. Eine Einigung könne nur durch die Einbindung in eine europäische Lösung vollzogen werden. Die Befürchtungen Pahnkes spiegelten die Haltung vieler Intellektueller und auch zahlreicher Protestanten. Hier mischte sich ein protestantisches Schuldbewußtsein mit der weithin verinnerlichten Vorstellung von der DDR als der anderen deutschen Nachkriegsrepublik. Viele waren an sich keine strikten Einheitsgegner, suchten aber eine entlastende Rückversicherung.

Der erbitterte Streit im DA und auch in seinem Vorstand war daher die Spiegelung und Folge einer in der DDR, und auch in der DDR-Opposition, nicht erfolgten geistigen Bewältigung der deutschen Schuld. Nach der Vorstandssitzung am 2. Dezember äußerte sich Fred Ebeling, einer der wenigen Nichttheologen, entnervt über den „Theologenstreit“. Er habe keine weltanschauliche Bindung, das erspare ihm viel Ideologie. Er habe nur die alten Strukturen noch im Kopf. Anfang Dezember kamen zahlreiche Zuschriften wegen der Einheitsfrage an den Vorstand. Befürworter der schnellen Einheit oder einer aktiven Einheitspolitik drängten energisch. Andererseits häuften sich auch die Austritte der Einheitsgegner. Die Polarisierung wurde durch die unentschlossene Haltung des Vorstandes nicht abgemildert. Vermittlungspositionen hatten kaum eine Chance. Seit dem 3. Dezember verbreitete Neubert den Text „Perspektiven ohne SED“ in den Regionen, in dem für die Einheit, gegen „linke Träumereien“ und zugleich gegen „rechte Ideologien“ polemisiert wurde. Im Text wurde an das Gemeinsame appelliert, die Entmachtung der SED, die das Land ruiniert habe. Politisches Handeln dürfe die Krise der DDR nicht mit Visionen überspielen. *„Die Rufe des Volkes nach Aufhebung des Sozialismus und nach Errichtung der deutschen Einheit sind von daher auch richtig und bedürfen keiner weiteren Legitimation“* (Anhang, Nr. 9). Der Text wurde jedoch nur in den DA-Gruppen rezipiert, die sich nun entschlossen von allen Sozialismusvorstellungen verabschiedeten und sich die Einheitsforderung zu eigen gemacht hatten.

Wie im DA waren auch andere Oppositionsgruppen, wie das „Neue Forum“, einer Zerreißprobe ausgesetzt. Diese Vorgänge sind auch auf dem Hintergrund des sich verstärkenden Drucks aus der Bevölkerung zu sehen. Seit Anfang Dezember gingen beim DA, vor allem bei Eppelmann, zahlreiche Unterschriftslisten aus Betrieben der DDR ein, die den DA baten, sich energisch für die Einheit, bisweilen noch vor anstehenden Wahlen einzusetzen. Die intellektuellen Einheitsgegner ließen sich von diesem Verlangen nicht beeindrucken.

7. Der Parteitag am 16./17. Dezember 1989 in Leipzig

Der Parteitag am 16./17.12.1989 in Leipzig war zwar aufopferungsvoll unter schwierigsten Bedingungen vom Leipziger DA vorbereitet worden. Er stand aber unter ungünstigen Vorzeichen, da im DA gerade der innere Kampf um die Einheitsfrage im Gang war. Eine Polarisierung zeichnete sich schon im Vorhinein ab. Vor dem Parteitag waren Eppelmann und Schnur bei einem Besuch in Bonn mit Bundeskanzler Helmut Kohl zusammengetroffen. Der Besuch war nicht mit dem Vorstand abgestimmt worden. Sie vertraten in Bonn zwar keine Positionen, die gegen bisherige Aussagen des DA standen, hatten aber ein politisches Signal gesetzt, das die Linken im DA aufbrachte. Eppelmann war wegen seiner intensiven Öffentlichkeitsarbeit, an die kein anderer Vertreter des DA heranreichte, schon vorher angegriffen worden.

Schnur hatte noch am Tag vor dem Parteitag der Bild-Zeitung ein Interview gegeben und in fünf Punkten den Weg zur Einheit Deutschlands beschrieben. Die Polarisierung unter den gut 200 Delegierten entlud sich gleich zu Beginn des Parteitags, als sich Schnur wegen seiner deutschlandpolitischen Erklärung rechtfertigen mußte. Er überstand einen Mißtrauensantrag. Die emotional aufgeheizte Atmosphäre wurde durch das starke Gewicht von Gästen der westdeutschen Parteien der Regierungskoalition, die von Schnur eingeladen worden waren, noch aufgeladen. So sprachen Hans-Dietrich Genscher für die FDP, Rita Süßmuth und Norbert Blüm für die CDU. Kurt Biedenkopf war ebenfalls zeitweise anwesend, kam aber nicht zu Wort. Für die CSU sprach Erwin Huber. Als von den Grünen Tobias Pflüger sprach, der sich zwar zustimmend auf Aussagen des Programmentwurfs bezog, aber CDU- und SPD-Politiker angriff, wurde er ausgepfiffen. Für die SDP sprachen Hertha Däubler-Gmelin und Gerd Weißkirchen. Auch sie trafen bei einer Mehrheit nur auf verhaltene Zustimmung. Von den Ostsozialdemokraten sprach Markus Meckel, der den DA aufforderte, zu den Sozialdemokraten zu gehen.

In den Debatten wurden so vehement die unterschiedlichen Positionen vertreten, daß es zu manchen sprachlichen Entgleisungen kam, die nur auf dem Hintergrund der ideologisierten, akuten Streitfragen und der Zusammensetzung des Parteitages mit politisch unerfahrenen Menschen erklärbar sind. Andreas Apelt schrieb kurz darauf: *„Eine Mitte gab es nicht, wer es versuchte, wurde beschuldigt, Sympathisant der einen oder der anderen Richtung zu sein.“*[14]

Die Polarisierung wurde auch bei den turbulenten, in den Verfahren bisweilen unklaren Wahlen spürbar. Als Vorsitzender wurde Schnur im zweiten Wahlgang bestätigt, gegen Sonja Schroeter und Neubert, die dann zu seinen Stellvertretern gewählt wurden. Eppelmann unterlag sehr knapp Ziller als Pressesprecher. In den Vorstand kamen außerdem Michael Göllner, Bernd Julian, Fred Ebeling, Bernd Findeiß, Rainer Eppelmann, Christian Finger, Brigitta Kögler, Karl Launike, Steffen Metzger, Harald Wagner, Edelbert Richter, Renate Winkler und Stefan Zinnow als Jugendvertreter. Mit dieser Besetzung waren Vertreter aller Orientierungen auch im Vorstand.

Ein Streitpunkt auf dem Parteitag war auch die Haltung des DA gegenüber der Modrow-Regierung. Während Neubert und andere die Meinung vertraten, daß sehr wohl nun auch die Machtübernahme durch die Opposition zur Debatte stände, warnte Schorlemmer vor der Destabilisierung der Regierung.

Die eigentliche Leistung des Parteitages war die Verabschiedung des „Leipziger Programms“, das nach Beratung in Arbeitsgruppen angenommen wurde. In vielen Einzelpunkten, die sowohl alte Ziele der DDR-Opposition der achtziger Jahre enthielten, wie sie auch auf die Krisenlage der DDR eingingen, waren sehr stark ökologische und soziale Gesichtspunkte berücksichtigt und wurde die Liberalisierung der Wirtschaft befürwortet. Hart umstritten war die Passage zur Einheitsfrage, die an sich schon einen Kompromiß darstellte, weil sie die Einigung als Teil einer europäischen Friedensordnung sehen wollte und mit der alten Idee von der Blockfreiheit verband. Diesmal aber setzte sich die Forderung nach der staatlichen Einigung durch: *„Der Weg führt von vertraglicher Bindung zwischen den deutschen Staaten über einen Staatenbund zu einem Bundesstaat.“*[15]

Eine von Pahnke eingebrachte „Erklärung zur deutschen Frage“, die betonte, daß „keine Gebietsforderungen“ gestellt würden, hatte die Einheitsfrage faktisch umgangen. In der Erklärung verwahrte sich der Parteitag gegen die Polemik der SED-Medien und der Modrow-Regierung gegen Ausländer – besonders die Polen –, die beschuldigt wurden, die wirtschaftlichen Schwierigkeiten in der DDR zu verschärfen. Der Parteitag nahm außerdem ein Strategiepapier (Anhang, Nr. 10) an, an dem Schorlemmer mitgearbeitet hatte. Das Papier machte keine Aussagen zur deutschen Einheit.

Der Parteitag brachte keine Konsolidierung des DA, sondern verschärfte die Differenzierungskämpfe. Einige der bekannten Theologen in der Opposition verließen den DA schon auf dem Parteitag. Pahnke zog sich zurück, und Heino Falcke brach endgültig mit dem DA. Noch wurde von einigen das idealistische Konzept eines inneren Pluralismus vertreten. Als auf dem Parteitag des DA im Dezember die Flügel- und Richtungskämpfe im Gang waren, sagte in einer Verschnaufpause Richter zu Neubert, die beide noch um den ideellen Kompromiß rangen: *„Wir haben die Tradition unterschätzt!“* Richter meinte schon die westdeutsche Parteientradition, in die sich einzuordnen nun unausweichlich geworden war. Mit dieser ungeklärten Stellung des DA verlor die junge Partei auch strategisch an Boden gegenüber den alten Kräften. Die PDS-SED hatte sich gerade auf ihrem zeitgleich stattfindenden Parteitag konsolidiert, und die Ost-CDU leitete ihre Wende ein.

8. Parteiaufbau und endgültiger Abschied vom Sozialismus

Nach dem Parteitag spitzte sich die innere Auseinandersetzung um die parteipolitische Orientierung des DA an den westdeutschen Parteien zu. Dabei verstanden sich die Gegner einer Nähe zur CDU/CSU als „Linke“. Während die Differenzierungskämpfe immer heftiger wurden, ging gleichzeitig der Parteiaufbau weiter. Zunächst hielten sich Gewinne und Verluste durch die Polarisierung noch die Waage. Später wanderten wesentlich mehr Mitglieder und Funktionsträger ab, als der DA gewinnen konnte. Allein schon der Umstand, daß der DA eine Partei geworden war, veranlaßte einige Sympathisanten zur Abkehr. Die Partei konnte das breite Spektrum einer Bürgerbewegung nicht mehr halten. Die Schriftstellerin Dahn trat aus, weil sie sich nicht entschließen konnte, die SED zu verlassen.

Trotz der Schwächung wurden noch beachtliche organisatorische Leistungen erbracht. Zunächst konnten noch Landes- und Bezirksverbände aufgebaut werden. Besonders gut kamen die Thüringer voran. Zugleich waren diese Prozesse mit schweren innerparteilichen Auseinandersetzungen verbunden. Am 3. Dezember bildete sich der Bezirksverband Berlin. Auf der Versammlung setzte sich der Kandidat der Einheitsbefürworter Andreas Apelt gegen den deutlich links orientierten Hans Schneider durch. Auch zum Aufbau einer kleinen Jugendorganisation kam es. Bei den „Jungen Demokraten“ agierten besonders Andreas Wolf und Michael Hahn. Inhaltlich konnte fast nur noch an Themen gearbeitet werden, die die Einheitsfrage nicht berührten, wie an einem Programm für die Landwirtschaft, das für eine Regelung und Neuordnung der Eigentumsverhältnisse und der Betriebsformen einschließlich privater eintrat. Maßgeblich beteiligt war hier Sven Syschatz. Erhalten blieb allerdings weithin die einheitliche, konfrontative Haltung gegenüber der SED/PDS. Als diese nach Beschmierungen des sowjetischen Ehrenmals in Berlin-Treptow Ende Dezember die rechte Gefahr hochstilisierte und ihre antifaschistische Legitimation aufpolieren wollte, reagierte der DA am 6. Januar mit einem Papier, in dem erklärt wurde, daß die SED die Gefahr beschwöre, um *„sich als Retter der Nation“*[16] ausgeben zu können. Doch solche Entlastungen konnten den Differenzierungsprozeß nicht aufhalten. Als es im Januar der SED/PDS gelang, sich einigermaßen zu konsolidieren, und sie immer stärker versuchte, ihre bisher noch fast unangefochtene Stellung im Staatsapparat, in den Medien und anderen gesellschaftlichen Bereichen auszuspielen, kam es in der gesamten DDR zu einer neuen Demonstrationswelle, Streikaufrufen und anderen Aktionen zur Entmachtung der SED. Die Bevölkerung forderte nun noch entschlossener die schnelle Einheit. Auch im DA gewannen die Einheitsbefürworter an Boden. Die internen Auseinandersetzungen nahmen immer heftigere Formen an.

Selbst der Vorstand war durch die inneren Kämpfe gelähmt und äußerte sich wochenlang kaum. Dies löste in der Partei Verwirrung aus, und Beschwerden von DA-Mitgliedern und Verbänden aus dem Lande häuften sich. Anfang Januar versuchten Vorstandsmitglieder, die Lähmung zu überwinden. Nach einem Entwurf von Neubert, der nicht durchkam, wurde ein Positionspapier am 7.1.1990 von Nooke, Richter und Neubert formuliert (Anhang, Nr. 11). Es war der letzte Versuch, die Flügel beieinander zu halten. Sie erklärten, daß sich der DA *„nicht in das bundesdeutsche Spektrum einordnen"* würde. Und in Abwehr des Links-Rechts-Schemas: *„Der DA steht für eine rationale Politik"*.

Aber auch die Leipziger Gruppe um die neue stellvertretende Vorsitzende Sonja Schröter kam nicht zur Ruhe. Zu tief waren die Verletzungen, die die Auseinandersetzungen auf dem Parteitag hinterlassen hatten. Die Leipziger Koordinierungsgruppe wollte noch vermitteln und forderte ein Gespräch mit Schnur und Neubert. Doch erst zur Vorstandssitzung am 14. Januar, an der erstmals seit dem Parteitag die Leipziger Vorstandsmitglieder teilnahmen, wurde der Streit ausgetragen. In Abwesenheit von Schnur stellten die Leipziger ein Mißtrauensantrag gegen ihn. Als es zu einem Vertrauensvotum für Schnur kam, erklärten die Leipziger ihren Austritt. In Leipzig brach daraufhin die DA-Gruppe fast ganz zusammen.

Die Gründe für die Polarisierung lagen aber nur zum kleineren Teil in den Politikinhalten. Am Programm und anderen Grundsatzpapieren hatten die „Linken" wesentlich mitgearbeitet und hatten sie mitgetragen. Es ging um eine symbolische, damit auch um eine nicht rational begründete Option innerhalb des westdeutschen Parteienspektrums. Zur Polarisierung trug wesentlich Schorlemmer bei. Er repräsentierte im besonderen Maße die Richtung eines sozialethisch und zivilisationskritisch orientierten, oppositionellen Protestantismus. Dessen Vertreter waren zwar heftige Kritiker der SED gewesen, konnten sich aber zu keiner Zeit mit den westlichen, „kapitalistischen" Verhältnissen bzw. dem, was sie sich darunter vorstellten, abfinden. Sie hatten eine Gerechtigkeitsvision, der auch der Westen nicht standhalten konnte. Schorlemmer hatte zwar schon in seiner Rede auf der großen Demonstration in Berlin am 4.11.1989 konkrete Schritte zur Demokratisierung gefordert, aber gleichzeitig zum Ärger vieler DA-Leute auch indirekt vor einer Demontage von Krenz gewarnt. Ende November unterschrieb er den „Aufruf ‚Für unser Land'", der die DDR retten sollte. Von der Programmkommission zur Rede gestellt, erklärte er, daß er einen anderen Text unterschrieben habe als den veröffentlichten. Aber er zog seine Unterschrift auch nicht zurück. Schorlemmer hatte keine höheren Parteifunktionen, aber sein hohes öffentliches Gewicht, inzwischen auch in der SED-Presse, und seine Polemik gegen den DA nach dem Parteitag bewirkten im Januar eine Austrittswelle. Am 17.1.1990 erschien in der Berliner Zeitung seine Absage an den DA. Der DA wolle zu schnell die Einheit, Kohls Zehn-Punkte-Programm *sei „die größte Katastrophe nach Öffnung der Grenzen"*.[17] Aussagen, daß der DA die Marktwirtschaft nicht ökologisch und sozial einbinden wollte, waren aus der Luft gegriffen. Zutreffender war die Erklärung, daß Schorlemmer nicht bereit sei, sich die sozialdemokratischen und sozialistischen Ideen nehmen zu lassen. Der Vorstand erhielt danach seine Austrittserklärung vom 15.1.1990. Darin konzidierte er, daß eine *„Klärung der Parteienlandschaft“*[18] nötig sei. Auch liberal-konservativ müsse es geben, aber ohne ihn. Er beschwerte sich über die Auftritte von CDU- und CSU-Politikern auf dem Parteitag, sprach sich erneut gegen die Ablösung der Modrow-Regierung aus und kündigte seinen Übertritt zur SPD an. Es störte ihn nicht, daß auch die SPD seit dem 3. Dezember für die deutsche Einheit optiert hatte. Er trug zur Auflösung der Wittenberger DA-Gruppe bei und vereinigte sie mit der SPD. Wie stark sich viele der jahrelang aktiven Oppositionellen einem linken Milieu verpflichtet sahen, kam auch in einer Äußerung Pahnkes zum Ausdruck, der in den Auseinandersetzungen erklärte, daß er seine linken Freunde im Westen nicht verlieren wollte.

Trotz dieser Orientierungskämpfe nahm der DA auch im Januar an allen wichtigen Aktionen der gesamten Opposition teil. Sowohl am Runden Tisch, als auch bei der endgültigen Auflösung des MfS waren seine Vertreter beteiligt. Schwieriger für den DA war die Frage einer möglichen Regierungsbeteiligung zu entscheiden. Überlegungen zur Regierungsbildung und Ablösung von Modrow hatte es schon im Dezember gegeben. Schnur hatte schon eine Kabinettsliste zusammengestellt. Er schlug u.a. als Innenminister Ullmann und Stolpe als Finanzminister vor. Im Januar 1990 stand die Frage, ob sich die Opposition an der Modrow-Regierung beteiligen würde. Zunächst lehnten alle Oppositionsgruppen und -parteien eine solche Beteiligung ab. Bei den Verhandlungen mit anderen Oppositionsgruppen wurden Bedingungen formuliert, die faktisch eine Machtübernahme durch die Opposition bedeutet hätten. Durch eine geschickte Diplomatie erreichte aber Modrow eine Regierungsbeteiligung Ende Januar. Im DA wurde noch gezögert. Der Vorstand entzog sich aber schließlich nicht dem allgemeinen Trend. So wurde Eppelmann nach Abstimmung im Vorstand für den DA als Minister ohne Geschäftsbereich in der zweiten Modrow-Regierung nominiert.

Mitte Januar konnte der DA im „Haus der Demokratie“ in der Friedrichstraße in Berlin Büroräume beziehen. Trotzdem herrschten auch in den ersten Wochen dort in organisatorischer Hinsicht nahezu chaotische Verhältnisse. Die Partei verfügte immer noch nicht über eine gute Infrastruktur, und der Vorstand hatte nur wenig Kontakt zu den Gruppen im Lande, Kompetenzen waren unklar, Geld fehlte, einige unfähige Leute behinderten die Arbeit. Durch die Austritte der Linken gab es eine hohe personelle Fluktuation. Immer wieder kamen Beschwerden von der Parteibasis. So wurde von einer Gruppe gefragt: *„Gibt es trotz eines inhaltlich sehr guten Programms überhaupt noch den DA als Partei, oder gibt es nur noch den mit sich selbst beschäftigten Vorstand nebst einiger regionaler Interessengruppen?“*[19] Viele Gruppen sahen sich genötigt, auf eigene Faust zu handeln. Politische Entwürfe für Handlungsoptionen in der MfS-Frage, für wirtschafts- und finanzpolitische u.a. Fragen entwickelte der Magdeburger Verband um Gerhard Löttel, die aber kaum im Gesamt-DA aufgenommen wurden. Löttel verließ bald darauf den DA. Schmerzlich war auch der Parteiaustritt von Christoph Kähler in Leipzig, der u.a. wegen der mangelhaften Strukturen kritisierte, daß der *DA „nur zum Wahlverein für wenige Prominente“*[20] würde.

Mit den Veränderungen im Januar hatte sich der DA endgültig von den sozialistischen Orientierungen gelöst. Dieser Prozeß war in den regionalen Verbänden oft schneller verlaufen als in Berlin. Dort, vor allem im Vorstand, hatten maßgebliche Intellektuelle die Veränderungen an der Basis oft nicht oder zu spät wahrgenommen. Die Parteibasis hatte sich schrittweise schon seit November vom Sozialismus verabschiedet und dies immer vehementer gefordert. Die Richtungsentscheidungen des Januar 1990 machten den Weg frei in das Wahlbündnis „Allianz für Deutschland".

Exkurs: Der Fall Wolfgang Schnur – IM „Torsten"

Die Geschichte des DA war eng mit Wolfgang Schnur, dem IM „Torsten" des MfS, verbunden, der als Rechtsanwalt und Verteidiger einen guten Namen unter Oppositionellen und in kirchlichen Kreisen hatte. Schnur hatte ein enges und, wie etwa zu Eppelmann, auch ein freundschaftliches Verhältnis zu vielen Oppositionellen. Er verstand es, gerade im kirchlichen Umfeld ein Vertrauensverhältnis aufzubauen, da er sich als Christ gab und glaubwürdig eine religiöse Praxis inszenierte. Zudem hatten zahlreiche Mandanten den Eindruck, daß er sie engagiert verteidigt habe. Das Ausmaß der Durchdringung und Instrumentalisierung des gesamten justiziellen Bereiches, auch der Rechtsanwälte, der DDR war damals nicht überschaubar. Vor dem Herbst 1989 gab es nur vereinzelte Stasivorwürfe, wie etwa von Bärbel Bohley, die allerdings in dieser Sache nicht ernst genommen wurde. Die sozialpsychologischen Faktoren seiner Bindung an das MfS und seine eigenen Identitätsprobleme – er bezeichnete sich selbst gegenüber seinen Führungsoffizieren als „Kirchenanwalt" – sind bisher weithin offene Fragen.

Überschaubar ist Schnurs Wirkung auf den DA. Das MfS war im September 1989 von der Energie der neuen oppositionellen Formationen überrascht worden und reagierte mit den Mitteln, die es jahrelang in der Bekämpfung der Opposition angewendet hatte. So wurde angeordnet:

> „Es sind die Voraussetzungen dafür zu schaffen, ausreichend inoffiziell präsent zu sein, wenn es trotz Verboten und Sanktionen zur Bildung oppositioneller Sammlungsbewegungen kommt. Dabei sind vor allem solche IMS [IM mit Sicherungsaufgaben, E.N.] zu schaffen, die in Führungsgremien der feindlich-negativen Kräfte eingeschleust werden können, ohne selbst zu Inspiratoren/Organisatoren feindlich-negativer Aktivitäten zu werden. Diese IM müssen vielmehr in der Lage sein, Formierungsbestrebungen oppositioneller Kräfte von innen heraus zu stören, insbesondere den Versuch zur Herbeiführung einer einheitlichen Organisationsstruktur bzw. ‚Dachorganisation' zu verhindern, einzelne Mitglieder bzw. Sympathisanten derartiger Sammlungsbewegungen zu verunsichern, Rivalitäten zwischen Führungspersonen zu schüren, Angst vor Sanktionen hervorzurufen und Ansatzpunkte für eine disziplinierende Einflußnahme herauszuarbeiten."[21]

Diesen Absichten hat auch Schnurs Tätigkeit, neben der vieler anderer IM, zunächst entsprochen. Schnur hat sich etwa entgegen den Absprachen und Vereinbarungen nicht um den Aufbau des DA in Rostock und Schwerin gekümmert. Noch im Oktober kamen Mitteilungen, daß Schnur bei Auftritten der Opposition in Kirchen und anderen Versammlungen weniger politische Aussagen machte, als er fromme Weisheiten verkündigte.

Über das Treffen der Initiatoren in Dresden am 23. August 1989, das streng konspirativ abgesprochen war, berichtete er umgehend. Noch in der Nacht des Gründungstreffens am 29. Oktober berichtete, wie auch andere IM, der neu gewählte Vorsitzende Schnur über Verlauf und Ergebnisse seinen Führungsoffizieren beim MfS. Als im Dezember der Auflösungsprozeß des MfS begann, war Schnur beteiligt, z.B. maßgeblich bei der Besetzung der MfS-Bezirksbehörde in Leipzig. Inwieweit er hier Sicherungsaufgaben für das MfS übernahm, ist noch nicht geklärt.

Nach dem Ende des MfS versuchte er sich offenbar freizuschwimmen. Von ihm kamen nun scharfe Erklärungen gegen Modrow und die „SED/PDS-Blockregierung“ und auch gegen das MfS. Als er sich politisch in Richtung der CDU begab, betrachteten offenbar einige Stasi-Offiziere ihn als Überläufer. Nun begann ein Kampf gegen Schnur, der sein Ansehen zerrütten sollte. In einer Kampagne in den SED-Zeitungen wurde er wegen einer angeblichen Wohnungsschieberei angegriffen. Am Tag des Beginns des Leipziger Parteitages gab es eine Flugblatt- und Plakataktion wegen dieser Wohnungsangelegenheit. Weitere Vorwürfe privater Natur folgten. Im Dezember wurden auch erneute Stasivorwürfe erhoben. Im Vorstand des DA wurde ihm am 28.12.89 das Vertrauen ausgesprochen, da nach den Erfahrungen der Opposition solche Vorwürfe zur Verunsicherung vom MfS selbst in die Welt gesetzt wurden. Tatsächlich stellte sich später heraus, daß die Kampagnen von MfS-Offizieren mitorganisiert worden waren. Schnur legte auch kurzfristig am Runden Tisch sein Mandat nieder.

Selbst als Schnur diese ersten Attacken überstanden hatte, war er nie frei und häufig verunsichert. Im Januar litt er mehrfach an Angstzuständen. Offenbar hat er mit seiner Enttarnung gerechnet. Schließlich kam es zur Enttarnung, als Bürgerkomitees im März 1990 seine Akten in Rostock fanden. Eppelmann hielt zunächst noch zu Schnur, da er ihm entgegen den Akten noch vertraute. Auch gab es Erklärungen einiger seiner ehemaligen Mandanten, die nicht glauben konnten, daß Schnur für das MfS gearbeitet hatte. Schnur brach gesundheitlich zusammen und trat im Krankenhaus am 14. März 1990 vom Vorsitz des DA zurück. Auf seinen Wunsch besuchte ihn Modrow im Krankenhaus. Zweifellos hat Schnur der gesamten Opposition jahrelang schwer geschadet und im Herbst 1989 dem DA besonders. Schnur war Vorsitzender des DA geworden, weil er auf einen fast unerschöpflichen Vorrat an Vertrauen zurückgreifen konnte. Erst nach seiner Enttarnung wurden sich viele seiner vermeintlichen Freunde bewußt, daß er nie einen eigenständigen substantiellen Beitrag zur DDR-Revolution, weder intellektuell, noch politisch, geleistet hatte.

Anmerkungen:

1 *Martin Gutzeit, Markus Meckel, Arndt Noack, Ibrahim Böhme,* Zum Aufruf der Initiativgruppe „Sozialdemokratische Partei in der DDR“. Wachsmatrizenabzug, 1 Seite, August 1989, Archiv Neubert.

2 *Angelika Barbe u.a.,* Gemeinsame Erklärung, Berlin 4.10.1989, Wachsmatrizenabzug, 1 Seite, Archiv Neubert.

3 *Ulrike Bresch* (Redaktion), Oktober 1989, Texte (Dokumentation), in: Temperamente, Blätter für junge Literatur 1/1990 Berlin, S.34 f.

4 Demokratischer Aufbruch, Resolution des Demokratischen Aufbruch, Berlin 29.10.1989, Computerausdruck, Archiv Neubert.

5 Der Druck der Sicherheitsorgane, möglicherweise auch von kommunistischen Einzelaktivisten war noch lange spürbar. Dazu gehörte auch ein Buttersäureattentat auf die Büroräume des DA im Januar.

6 *Uwe Glosinski u.a.*, Resolution, Dresden 4.11.1989, Lichtpause, Archiv Neubert.

7 Vorstandserklärung, „So geht das nicht weiter!“, Berlin 14.1.1990, Archiv Neubert.

8 Vgl. *Margot Friedrich,* Eine Revolution nach Feierabend, Eisenacher Tagebuch der Revolution, im Anhang die vollständigen Protokolle des Runden Tisches in Eisenach, hrsg. von der Redaktion der Eisenacher Presse, EP-Report. Marburg 1991. Dem Verfasser liegen Aufzeichnungen und Materialien von DA-Vertretern der Runden Tische in Nordhausen, Fürstenwalde und Pößneck vor.

9 Einer der letzten und in der Opposition verbreiteten Texte war: *Edelbert Richter,* Demokratische Umgestaltung – Ein Versuch sie zu buchstabieren, in: Kirche im Sozialismus (KiS) 1989/2 S. 60-69. Dieser Text spielte auch auf dem Treffen der DA-Initiatoren am 23. August in Dresden eine Rolle.

10 *Edelbert Richter*, Perspektiven für unser Land, programmatischer Entwurf, Erfurt Ende September 1990, Ormikabzug, Archiv Neubert.

11 Ebenso gingen beim Vorstand verschiedene Entwürfe und Verbesserungsvorschläge für das Statut ein. Archiv Neubert.

12 Presseerklärung des DA zum Appell „Für unser Land“, Berlin 3. 12. 1989, Originaltyposkript, Archiv Neubert.

13 *Rudi Pahnke*, Zum Verhältnis der beiden deutschen Staaten, 10. 12. 1989, Typoskript vervielfältigt, Archiv Neubert.

14 *Andreas Apelt*, Brief an Neubert, Berlin 19. 12. 1989.

15 Leipziger Programm, 17. 12. 1989, Gedruckte (Jenaer) Ausgabe, S. 15.

16 Erklärung des Vorstandes des DA vom 6. Januar „Mit großer Besorgnis [...]“, Computerausdruck, Kopie, Archiv Neubert.

17 Interview mit Friedrich Schorlemmer, Berliner Zeitung 17. 1. 1990.

18 Brief von Friedrich Schorlemmer an den Vorstand des DA, Wittenberg 15. 1. 1990, eingegangen beim Vorstand etwa 20. 1. 1990.

19 Brief von Matthias Schubert, Markgrafpieske 18. 1. 1990, an den Vorstand des DA über Ehrhart Neubert, Archiv Neubert.

20 Brief von Christoph Kähler, Leipzig, 17. 1. 1990 an den Vorstand des DA, Archiv Neubert.

21 BV Bezirksverwaltung des MfS Erfurt, Leiter, Erfurt 27. 9. 1989, Tgb.-Nr.: 563/89, Ex. 001, S. 24, gezeichnet Schwarz, Generalmajor, ohne Kennzeichnung des BstU; Bestand Neubert, Akte DA.-MfS

Anhang*

Nr. 1

„Für die Umgestaltung untragbare Zustände"

Flugblatt für die Demokratie **Berlin, Ende September 1989**

Der „Demokratische Aufbruch" (DA) ist ein Teil der politischen Opposition in der DDR. Er tritt für eine sozialistische Gesellschaftsordnung auf demokratischer Basis ein.

Wir fordern die Verwirklichung aller in der Verfassung garantierten und international vereinbarten Menschenrechte!

Dazu gehören

- das Recht auf Reisefreiheit einschließlich des Rechtes auf Rückkehr in das eigene Land;
- das Recht auf freie Wahl des Wohnsitzes;
- das Recht auf Meinungs-, Presse- und Versammlungsfreiheit einschließlich des Rechtes auf ungehinderte politische Willensbildung in Parteien und Vereinen (außer wenn damit faschistisches, chauvinistisches und militaristisches Gedankengut propagiert wird);
- das Recht auf freie und geheime Wahl zwischen unterschiedlichen Programmen und Personen.

Wir fordern Reformen im Bildungswesen, die eine freie Persönlichkeitsentwicklung ohne ideologische Bevormundung ermöglichen.

Wir fordern Reformen im Strafrecht und im Strafvollzugsrecht, die die Rechte des Bürgers gegenüber dem Staat stärken.

Wir fordern politische Reformen, die den bisher praktizierten, staatlichen Zentralismus der SED beseitigen. Dazu gehört die Errichtung einer Verwaltungs- und Verfassungsgerichtsbarkeit.

Wir fordern eine Wirtschaftspolitik, die die Qualität der Umwelt verbessert, nicht die natürlichen Ressourcen vergeudet und keinen Raubbau betreibt, die die schleichende Inflation bekämpft, die Leistung und Verantwortungsbereitschaft fördert.

Dazu gehören

- Abschaffung von Privilegien und Bevorzugungen für nicht erbrachte Leistungen;
- Änderung einer restriktiven Steuer- und Zulassungspolitik für Handwerksbetriebe;
- Abbau unsinniger Subventionen zugunsten einer gezielten Unterstützung der sozial Schwachen;
- eine vordringlich durchzuführende umfassende Rentenreform;
- die Unabhängigkeit der Gewerkschaften und Betriebsräte von staatlicher und parteipolitischer Bevormundung;

* Die Dokumente entstammen, soweit nichts anderes angegeben ist, dem Privatarchiv Ehrhart Neuberts.

- Einsparung im Militär- und Sicherheitswesen zur Freisetzung materieller und personeller Reserven.

Der Demokratische Aufbruch hält die gegenwärtigen vorhandenen politischen Strukturen nicht für ausreichend, den notwendigen Demokratisierungsprozeß zu gewährleisten. Darum hat er sich als politische Vereinigung außerhalb der Nationalen Front formiert. Seine Mitglieder wehren sich gegen die Unterstellung, die DDR in kapitalistische Verhältnisse zurückreformieren zu wollen. Sie stehen ein für die Umgestaltung untragbarer Zustände, um eine neue Glaubwürdigkeit der Politik herzustellen. Sie stehen ein für eine Umgestaltung untragbarer Zustände, um die zukünftige Existenz der DDR als Friedensfaktor in Europa zu ermöglichen.

Nr. 2

„nur eine schnelle demokratische Reform ..."

Entwurf einer Programmatischen Erklärung Ende September 1989

Die Gesellschaft der DDR befindet sich in einer sozialen und politischen Krise. Das Ansehen unseres Landes hat erheblich gelitten. Die Glaubwürdigkeit des Sozialismus im Inneren ist erschüttert.

Die Symptome dieser Entwicklung lassen sich nicht mehr verdrängen.

Der Bürger wird entmündigt. Seine Willensbildung und Kritikfähigkeit wird nicht respektiert. Die Regierung mißtraut ihrer Bevölkerung und versucht sie von der Meinungsbildung auszuschließen („Sputnik"-Verbot). Die veröffentlichte Meinung steht im sichtbaren Widerspruch zur erlebten Wirklichkeit.

Die „Einheit von Partei, Staat und Volk" konnte in ihrem Absolutheitsanspruch nur noch durch eine Verfälschung des Wahlergebnisses vom 7. Mai 1989 aufrechterhalten werden.

In dieser Situation verlassen DDR-Bürger massenweise ihr Land. Jedoch gibt es bisher kein Zeichen für eine Verständigung der SED-Führung mit der Bevölkerung.

So wird die Dringlichkeit zu Reform und Erneuerung des sozialistischen Systems in der DDR unausweichlich.

Nur eine schnelle demokratische Reform kann die inneren und außenpolitischen Probleme lösen.

Dazu muß die Reform „von oben" mit einer „Reform von unten" verbunden werden.

Eine erneuerte demokratische Republik erfordert:

1. Trennung von Staat und Partei(en)

Der Staat stützt sich auf im öffentlichen Dialog ermittelte Werte und gründet sich nicht auf ein Wahrheitsmonopol einer Gruppe oder Partei. Staatliche Organisationen, Institutionen, das Bildungswesen, Verwaltungseinheiten, Staatsorgane und Körperschaften öffentlichen Rechts unterliegen der öffentlichen Kontrolle und sind keiner Ideologie gegenüber verpflichtet.

2. Die Entwicklung einer freien Öffentlichkeit und der ungehinderte Zugang zur Öffentlichkeit

Die Öffentlichkeit ist ein soziales und moralisches Instrument der gesellschaftlichen Selbstkontrolle und Selbstbewertung. Ihre Einrichtungen arbeiten nach demokratischen Verfassungsgrundsätzen.

3. Die freie Willensbildung und der öffentliche Ausdruck des Willens mit politischen Mitteln

Vorhandene oder neu gegründete Parteien entwickeln eigene Programmprofile, damit die Wahl der Bürger zwischen konkreten, nicht nur personellen, sondern konzeptionellen Alternativen möglich ist.

Gesellschaftliche Organisationen und Massenorganisationen verfolgen ihre Ziele. Sie können ihre Mitglieder nicht mit staatlichen Mitteln an Ideologien binden oder zu Handlungen nötigen.

4. Die Trennung von Staat und Gesellschaft und die gesellschaftliche Kontrolle des Staates

Die ausführenden Organe und die sie kontrollierenden, gesetzgebenden Organe sind getrennt.

Die unabhängige Verwaltungs- und Verfassungsgerichtsbarkeit schützen die Grundrechte der Bürger gegenüber der Staatsmacht. Alle individuellen Rechte und Entfaltungsmöglichkeiten kommen zum Zuge (vgl. Vereinbarungen der KSZE). Das Recht auf Freizügigkeit, der ungehinderten Ein- und Ausreise ist garantiert.

5. Die Vergesellschaftung des Eigentums an Produktionsmitteln

Die Fiktion des Volkseigentums, durch die reale Verfügungsgewalt Weniger über die Produktionsmittel eher verschleiert und der verantwortungslose Umgang Vieler mit den Produktionsmitteln befördert, ist aufgegeben. Um den Effekt der sozialen Interessiertheit zu erreichen, gibt es entsprechend der Pluralisierung der Eigentumsformen differenzierte Modelle für Mitbestimmung und Selbstverwaltung der Wirtschaftseinheiten.

6. Das Zusammenspiel von Plan und Markt

Die Planung der Wirtschaft sichert die ökonomische Rationalität, steckt einen allgemeinen Rahmen für wirtschaftliches Handeln ab und sorgt für den Abbau künstlicher Hindernisse. Insbesondere sind Produkt- und Verfahrensinnovation in einem freien gesellschaftlichen Klima durch Abbau von leistungshemmenden Faktoren befördert. Arbeitsmotivation und Risikobereitschaft beruhen auf der Begünstigung von Eigenverantwortung in der Wirtschaft.

7. Die Gesellschaft als Solidargemeinschaft

Die Solidargemeinschaft der Gesellschaft äußert sich in der gleichberechtigten öffentlichen Anmeldung und Wahrnehmung von Bedürfnissen durch freie Interessenvertretungen. Die „Einheit von Wirtschafts- und Sozialpolitik" beruht auf der sozialen Selbstorganisation der Gesellschaft. Damit sind einerseits Leistung und andererseits Bedürfnisse Gegenstand gesamtgesellschaftlicher Auseinandersetzung und Vereinbarung.

8. Den ökologischen Umbau der Industriegesellschaft

Ökologische Faktoren gehen zunehmend in die Kostenrechnungen der produzierenden Einheiten ein. Durch ökologische Strukturveränderungen ergeben sich günstige ökologische Effekte. Die Dringlichkeit der ökologischen Umgestaltung löst zahlreiche individuelle und kollektive Initiativen aus. Der Prozeß wird durch demokratische Kontrolle begleitet, die immer neu die tragbaren Risiken aushandelt.

Nr. 3

Vorläufige Grundsatzerklärung

Demokratischer Aufbruch – sozial, ökologisch – Berlin 29.10.1989*

Die Gesellschaft der DDR befindet sich in einer moralischen, sozialen, ökonomischen, ökologischen und politischen Krise.

Die Symptome dieser Entwicklung lassen sich nicht mehr verdrängen.

Der Bürger wird immer noch entmündigt.

Es existieren keine ausreichenden politischen Strukturen für die öffentliche Willensbildung der Bürger.

Da zum Dialog gleichberechtigte Partner gehören, kann unsere Gesellschaft erst demokratisch werden, wenn sich neben der Einheitspartei andere politische Größen konstituieren.

Wir verstehen unsere Initiative als einen Versuch dazu.

Die kritische Haltung des DA zum real-existierenden Sozialismus bedeutet keine Absage an die Vision einer sozialistischen Gesellschaftsordnung. Wir beteiligen uns am Streit um die Konzeption des Sozialismus.

Der DA ist eine politische Vereinigung, die sich zur Partei entwickeln will.

Er bewegt sich im Rahmen demokratischer Verfassungsgrundsätze.

Unser Ziel ist der demokratische Aufbruch in eine leistungsfähige Industriegesellschaft mit ökologischer und sozialer Grundrichtung.

Eine erneuerte demokratische Republik erfordert:

1. Die Trennung von Staat und Parteien
Der Staat stützt sich auf eine demokratische Verfassung und auf in öffentlicher Auseinandersetzung ermittelte Werte. Er gründet sich nicht auf den Wahrheitsanspruch einer Partei. Staatliche Institutionen unterliegen der öffentlichen Kontrolle und sind weltanschaulich neutral.

2. Die Entwicklung einer freien Öffentlichkeit und den ungehinderten Zugang zu ihr
Die Gesellschaft kontrolliert und bewertet die Tendenzen ihrer Entwicklung in der ständigen öffentlichen Auseinandersetzung. Hier werden Widersprüche der Gesellschaft aufgezeigt. Das erfordert die Auflösung des staatlichen Informations- und Medienmonopols. Wir sind für freie und jedem zugängliche Medien. Der Bürger hat das Recht, Informationen über alle staatlichen und gesellschaftlichen Aktivitäten des Staates einzufordern.

3. Die freie Willensbildung und der öffentliche Ausdruck des Willens mit politischen Mitteln
Wir sind für ein Mehrparteiensystem auf der Basis inhaltlicher Alternativen. Jede zugelassene Partei kann entsprechend den Mehrheitsverhältnissen Regierungsverantwortung übernehmen. Wir streben an, daß die Massenorganisationen keinen Sitz im Parlament haben.

4. Die Trennung von Staat und Gesellschaft und die gesellschaftliche Kontrolle des Staates
Die ausführenden Organe und die sie kontrollierenden, gesetzgebenden Organe sind getrennt. Die unabhängige Verwaltungs- und Verfassungsgerichtsbarkeit schützen die Grundrechte der Bürger gegenüber der Staatsmacht.

5. Die Vergesellschaftung des Eigentums an Produktionsmitteln
Das Volkseigentum ist ein irreführender Begriff für das in der DDR bestehende Staatseigentum, der aufgegeben werden soll. Das Staatseigentum beschränkt sich auf die Großindustrie, steht unter öffentlicher Kontrolle und ist mit betrieblichen Mitbestimmungen bzw. Selbstverwaltungen verbunden. Kleinindustrie und Dienstleistungen können genossenschaftlich oder privat organisiert sein.

Monopolisierte Eigentumsformen werden abgelehnt.

6. Die Beschränkung des Planes auf Grundtendenzen der wirtschaftlichen Entwicklung und die Rolle des Marktes
Der Plan steckt einen allgemeinen Rahmen für wirtschaftliches Handeln ab. Marktwirtschaftliche Prinzipien werden zur Förderung der Eigenverantwortlichkeit aller wirksam. Der Staat ist verpflichtet, sozial Schwache zu schützen und die Gefährdung der Umwelt abzubauen.

7. Die wirtschaftliche Effektivität und soziale Gerechtigkeit
Der Ausgleich zwischen dem Anliegen wirtschaftlicher Effektivität und sozialer Gerechtigkeit wird durch die Gesellschaft selbst herbeigeführt. Deshalb fordern wir freie und unabhängige

Gewerkschaften und andere Interessenvertretungen. Es muß ein effektiver Schutz von Minderheiten durch gesetzliche Regelungen und die Einrichtung variabler Fonds gesichert werden.

8. Der ökologische Umbau der Industriegesellschaft
Ökologische Faktoren müssen zunehmend in die Kostenrechnungen der Betriebe eingehen. Durch Besteuerung und gesetzliche Regelungen wird langfristig angestrebt, daß die jeweils umweltverträglichste Variante der Produktion auch die wirtschaftlichste ist.

Die Entwicklung und Nutzung regenerierbarer Energiequellen wird in einem breit angelegten Wettbewerb forciert, der sich besonders der Kräfte des Marktes bedient. Die durch die Dringlichkeit der ökologischen Umgestaltung vermutlich entstehenden Kollektive und Einzelinitiativen sind entscheidender Motor dieser Entwicklung. Entsprechend dem Prinzip der öffentlichen Willensbildung sind sie zugleich Mitinitiatoren für die Veränderung von Bedürfnisstrukturen.

9. Außenpolitische Orientierung
Die politischen Forderungen und Handlungsziele des DA sind eingebettet in die große Hoffnung auf Errichtung des gemeinsamen europäischen Hauses, einer europäischen Friedensordnung und einer gerechteren Welt. Das besondere Verhältnis zur Bundesrepublik Deutschland, begründet in der Einheit deutscher Geschichte und Kultur, wird durch den DA hoch bewertet. Auch stellt der DA die freundschaftliche und familiäre Bindung von Millionen von Bürgern über die Grenzen hinweg in Rechnung. Wir gehen von der deutschen Zweistaatlichkeit aus.

Ein aktives Aufeinanderzugehen der beiden deutschen Staaten im Rahmen einer europäischen Friedensordnung unterstützen wir.

* Am 29. 10. 1989 überarbeitete Fassung des Entwurfs der Programmatischen Erklärung vom 1. Oktober.

Nr. 4

„Wir alle haben das Recht, zu sagen, was wir denken"

Brief an die Kinder, Berlin, 29.10.1989

Liebe Kinder!
Wir leben in einer aufregenden Zeit. Auch Ihr merkt das jeden Tag. In der Schule ist ein Platz neben Euch leer. Ihr habt Freundinnen oder Freunde verloren, weil sie die DDR verlassen haben. Das tut weh. Auch deswegen sind viele Menschen in vielen Orten auf die Straße gegangen. Sie demonstrieren. Das ist gar nicht wie am 1. Mai. Und immer wieder rufen die Menschen „Demokratie". Was ist Demokratie? Man kann das ganz einfach erklären: Wir alle, Kinder und Erwachsene haben das Recht zu sagen, was wir denken. (Zu lange haben wir das versäumt.)

Ihr Kinder könntet eine große Hilfe sein. Fragt in der Schule, wenn Ihr etwas nicht versteht. Sprecht über die Ausreise. Fragt auch, warum es so wenig Bananen gibt, auch wenn sie nicht wichtig sind.

Aufrichtigkeit und Freundlichkeit brauchen wir dringender!

Verzeiht uns, den Erwachsenen, daß wir so lange gewartet und geschwiegen haben.

Jetzt wollen wir vieles verändern. Dazu gehört Mut. Diesen Mut braucht Ihr auch in Eurer Klasse, Eurer Kindergruppe.

Glaubt uns, daß wir alles tun wollen, damit unser Leben in unserem Land wieder Spaß macht.

Demokratischer Aufbruch

Nr. 5

Erste Sitzung des Vorstandes des DA

Protokoll, Berlin, 4.11.1989

(Wohnung Neubert, Wilhelm–Pieck–Straße 43) 16.00 – 23.30 Uhr
Anwesend: Schnur, Kögler, Pahnke, Dr. Ebeling, Nooke, Ziller, Eppelmann (bis 21.00 Uhr), Neubert, Wirzewski, Dr. Schneider.
Entschuldigt: Richter

Der Vorsitzende Wolfgang Schnur eröffnet die Sitzung, stellt die Anwesenheit fest und gibt die Tagesordnung bekannt. Die Tagesordnung wird von anderen Vorstandsmitgliedern ergänzt.

Der Vorstand stellt fest, daß grundsätzlich die Mitglieder des Vorstandes nicht durch Nichtvorstandsmitglieder in Vorstandssitzungen vertreten werden können. Da Richter zwecks besserer Information Dr.Schneider mit seiner Vertretung beauftragt hat, soll bei der ersten Sitzung eine Ausnahme gemacht werden. Dr.Schneider soll ohne Stimmrecht an der Sitzung teilnehmen.

TOP 1: Auswertung der Demonstration vom 4.11.1989 und der Rede von E.Krenz am 3.11.89.
Die Vorstandsmitglieder berichten über ihre Eindrücke auf der Demonstration und teilen die Ansicht, daß die Bestreitung des Führungsanspruches der SED ein wesentlicher Inhalt der Demonstration war. Die Demonstration und auch die Rede von E.Krenz am Vortag werden vom Vorstand als Symptome der Unumkehrbarkeit der Entwicklung bewertet.

TOP 2: Geschäftsverteilung
Der Vorstand klärt in einer Gesprächsrunde die Inhalte der Vorstandsfunktionen ab. Für die Wahl der Ämter im Vorstand wird geheime Wahl verabredet. Die Beratung ergibt schließlich eine Konstellation, die eine Wahl erübrigt. Einstimmig (neun Stimmberechtigte) wird festgelegt:

Stellvertreter des Vorsitzenden: Kögler und Neubert
Pressesprecher: Eppelmann
Schatzmeister: Ziller

Nach ausführlicher Diskussion werden die Beauftragten für Sachbereiche aus dem Vorstand benannt:

Bürger- und Menschenrechte: Kögler
Umweltschutz: Nooke
Probleme der 2/3Welt: Eppelmann / Schnur
Öffentlichkeits- und Medienarbeit, Herausgabe einer Zeitung: Eppelmann
Abrüstungs-, Friedens- und Wehrdienstfragen: Schnur
Rechts- und Gesetzgebungspolitik: Kögler
Frauen-, Familien-, Kinderpolitik: Ziller
Jugendpolitik: Pahnke
Arbeits- und Gewerkschaftspolitik: Ebeling/Wirzewski
Sozial- und Gesundheitspolitik: Nooke
Finanz-, Preis- und Wirtschaftspolitik: Ebeling
Zusammenarbeit mit Bürgerinitiativen anderer politischer Bewegungen und Parteien: Pahnke
Kultur und Bildung: Ziller
Wissenschaft und Technik: Ebeling
Internationale Zusammenarbeit und Außenpolitik: Eppelmann/ Schnur

Organisation und Leitung der Partei: Ziller
Programmkommission: Richter / Neubert

Im Rahmen der Geschäftsverteilung werden weitere Probleme erörtert:

Personalfragen: Der Vorstand sieht die Notwendigkeit, ab 7.11.1989 Thomas Wels und Christiane Ziller hauptamtlich anzustellen. Ein Verdienst von ca 650,- M netto ist in beiden Fällen erforderlich.

Im Falle von Thomas Wels wird durch den Vorsitzenden eine besondere Lösung durch Anbindung an das Rechtsanwaltsbüro geschaffen.

Finanzen: Der hohe Finanzbedarf des DA soll zunächst mit einer Spendenaktion gedeckt werden. Einen Spendenaufruf formulieren Wels und Ziller. Konten werden durch Schnur und Ziller eingerichtet.

Büroräume: Schnur berichtet von der Einrichtung eines Büros in der Invalidenstraße. Dieses könnte auch vom DA genutzt werden.
Das Angebot Böhme (4-Zimmerwohnung) wird von Wels und Ziller geprüft.
Das Angebot Bindemann (Räume in Hohenschönhausen) wird von Neubert weiterverfolgt.

TOP 3: Einsetzung der Programmkommission
Die schnelle Erarbeitung eines Programms, das zur Delegiertenversammlung am 16./17.12. 1989 vorgelegt werden kann, wird als vordringliche Aufgabe eingeschätzt.

Dr. Schneider berichtet über die Arbeiten am Programm in Erfurt. Der dortige Textentwurf soll so bald als möglich dem Vorstand und dem Programmausschuß zugestellt werden (50 Exemplare).

Weiterhin wird vereinbart:

Neubert setzt sich umgehend mit Richter in Verbindung und vereinbart einen Termin. Dazu sollen die Interessenten an der Programmarbeit (siehe Liste vom 29.10.1989) eingeladen werden. Zielstellung ist, einen Rohentwurf des Programms bis zum 26.11.1989 zu erstellen. Pahnke verweist darauf, daß die Texte sprachlich von Fachleuten überarbeitet werden müssen.

Im Zusammenhang mit der Programmarbeit soll die Begegnung mit Dr. Landt am 10.11.1989 stehen (siehe Termine).

TOP 4: Delegiertenvollversammlung 16.12.1989 in Leipzig
Der Vorstand beschließt, daß die Delegiertenvollversammlung des DA in einen Gründungsparteitag des „Demokratischen Aufbruch – sozial, ökologisch" umgewandelt werden soll. Der Beschluß fällt einstimmig (8 anwesende Stimmberechtigte). Der Parteitag soll am 16. und 17.12. 1989 stattfinden. Im Rahmen des Parteitages soll eine Großveranstaltung des DA in Leipzig stattfinden. In dieser Großveranstaltung sollen Künstler auftreten, die den DA unterstützen.

Als Gäste des Parteitages sollen Vertreter der SDP und Dj für die gesamte Dauer eingeladen werden. Andere Parteien und Initiativen werden zur Großveranstaltung eingeladen. Die Einladungsmodalitäten werden in der Vorstandssitzung am 26. November festgelegt.

Schnur nimmt Kontakt mit Leipzig auf, um die Formalitäten abzuklären.

Eine Quotenregelung für Delegierungen wird festgelegt: Pro Bezirk 30 Delegierte.

TOP 5: Kontakte zu anderen demokratischen Initiativen
- Der Vorstand stellt fest, daß eine Zusammenarbeit mit Künstlern und ihren Verbänden unter sachlichen Gesichtspunkten und für die Öffentlichkeitsarbeit wünschenswert ist. Vorhandene Kontakte sollen ausgebaut und der Vorsitzende nach Möglichkeit einbezogen werden.
- Die Kriterien für die Zusammenarbeit mit anderen demokratischen Vereinigungen und Parteien sind vor allem Gewaltlosigkeit und Nichtanerkennung der verfassungsmäßig festgeschriebenen Führungsrolle der Partei(en).

- Neubert bekommt das Mandat des Vorstandes für die Arbeit in einer Untersuchungskommission zur Klärung der gewalttätigen Vorkommnisse am 7. und 8.Oktober in Berlin. Der Vorstand wurde über den Stand der Vorbereitung der Kommission unterrichtet.
- Die gemeinsame Erklärung von verschiedenen Umweltgruppen zur Parteienbildung (Vorlage Matthias Voigt) wird vom DA mitgetragen und vom Vorsitzenden oder einem Stellvertreter unterzeichnet. Die Erklärung verschiedener Umweltgruppen zum Sondermüllnotstand wird vom DA nach Vorstandsbeschluß mitgetragen (Vorlage Matthias Voigt).
- Die gemeinsame Erklärung für eine demokratische Umgestaltung von Staat und Gesellschaft in der DDR von Vertretern der Gruppen Dj, DA, Grünes Netzwerk A, IFM, Vereinigte L., NF, SDP vom 3.11.1989 wird vom DA mitgetragen. Pahnke wird das Mandat erteilt, weitere Verhandlungen zu führen. Eppelmann weist darauf hin, daß solche Verhandlungen nach Konstituierung des Vorstandes der vorherigen Information bedürfen.

Nächster Termin: 10.11., 9.30 Uhr, Gespräch bei Dr. Ullmann.

TOP 6: Internationale Arbeit
Schnur spricht die Notwendigkeit an, daß Klarheit und Übersicht des Vorstandes über vorhandene Kontakte nötig ist. Kontakte sollen deswegen informell an die Beauftragten für internationale Zusammenarbeit gemeldet werden.

Das Solidaritätsschreiben wegen der Verhaftungen von Bürgern und Menschenrechtlern in Prag (28. Oktober) soll nach Redaktion abgeschickt werden (Ziller).

Pahnke berichtet von einer Einladung der SPD an alle oppositionelle Gruppierungen, der SED und den Blockparteien zu einem öffentlichen Gespräch mit dem Thema: „Die gegenwärtige DDR im europäischen Kontext". Diese Veranstaltung soll im Dezember stattfinden.

Der Vorstand nominiert: Pahnke, Wirzewski, Kögler.

TOP 7: Öffentlichkeits- und Medienarbeit
Schnur weist auf die Dringlichkeit einer konzentrierten und qualitätsvollen Öffentlichkeitsarbeit hin.

Folgende erste Vereinbarungen werden getroffen:
- Pressekonferenz des Vorstandes am 10. November, 16.00 Uhr Schnur fragt Hospiz an. Ort ist bei Neubert nachzufragen.
- Eppelmann soll eine Vorlage für die Videoangelegenheit machen.
- Eppelmann soll so schnell wie möglich ein Konzept für das Zeitungsprojekt vorlegen. In diesem Zusammenhang berichtet Ziller über ein geplantes Info-Blatt der Ortsgruppe Prenzlauer Berg.

TOP 8: Mitgliederwerbung und Kontaktadressen
Der Vorstand betont, daß ein effektives System der Mitgliederwerbung organisiert werden muß.
Dazu sind zunächst vorgesehen:
- Materialbereitstellung zur Information. Möglichkeiten des Druckens sollen erkundet werden.
- Auflistung von Kontaktadressen
- Besuche von Vorstandsmitgliedern

TOP 9: Verschiedenes
9.1. Jugenddelegierte
Der Vorstand beschließt, zu jeder Vorstandssitzung zwei Jugenddelegierte ohne Stimmrecht einzuladen. Gedacht ist zunächst an Dominik und Stefan, die über Ziller eingeladen werden sollen.

9.2. Einladung Reinhold/ZK
Eppelmann berichtet über ein Gespräch mit Otto Reinhold in Angelegenheiten der Samaritergemeinde. Dabei hat Reinhold ein Zusammentreffen von Vertretern des DA und des ZK angeregt, das dem Gespräch über Sozialismuskonzeptionen dienen soll. Zu einem vorbereitendem Gespräch werden Schnur, Eppelmann und Neubert am 16.11.1989 mit Reinhold zusammentreffen.

9.3. Einladung des US-Botschafters
Eppelmann versucht, die Einladung des US-Botschafters am 6. November auf einen anderen Termin schieben zu lassen, da kein anderes Vorstandsmitglied den Termin wahrnehmen kann.

9.4. Termine
- 9. November Vertreter verschiedenster gesellschaftlicher Gruppen aus Frankreich werden am 9. November ab 20.00 Uhr in der Wohnung Neubert sein. Vom Vorstand nimmt teil: Ziller, Ebeling, Neubert. Weitere Vertreter werden von Neubert angesprochen.
- 10. November 9.30 Uhr bei Dr. Ullmann, Dj; Tieckstraße 17, Delegiertentreffen für gemeinsame Wahlplattform.
- 10. November 16.00 Uhr Pressekonferenz des Vorstandes des DA (siehe TOP 7)
- 10. November 19.00 Uhr DA-Vorstellung in Lübben (Nooke)
- 10. November 19.00 Uhr bei Ziller, Gespräch über Gesellschaftskonzepte mit Dr.Landt. Teilnehmer: Schnur, Neubert, Wirzewski, Ziller. Eingeladen werden Schubert, Schönherr, Jürgen?, Richter, D.Dahn u.a.
- 10. November 20.00 Uhr Wohnung Sell, Treffen mit Demokratischem Forum Ungarn.
- 13. November 19.30 Uhr Vorstellung von demokratischen und Blockparteien in Gethsemane, 5 min Ansprache zur Vorstellung des Profils. Neubert übernimmt.
- 15. November 20.00 Uhr Zionskirche, Treffen zu Umweltfragen, Schönherr und Voigt geht für DA, Ziller für DA-Vorstand.

9.5. Nicht bearbeitet wurde die Frage nach einem Symbol für den DA.

Nr. 6
„Schaffung der Grundlagen für einen demokratischen Rechtsstaat“

Erklärung von Gewerkschaftern des „VEB Bergmann-Borsig“, November 1989

Im September dieses Jahres, als sich die politische Krise der DDR zuspitzte, haben Gewerkschaftsmitglieder des VEB Bergmann-Borsig in Wahrnehmung ihrer staatsbürgerlichen Verantwortung einen offenen Brief an ihren damaligen Vorsitzenden Harry Tisch gerichtet mit der Forderung, sich unverzüglich für Reformen und die Herstellung demokratischer Verhältnisse einzusetzen. [...]

Diese Gewerkschaftsmitglieder haben sich jetzt erneut zu Wort gemeldet mit einem Forderungskatalog, der der Volkskammer übergeben wurde. Sie verlangen vor allem die Schaffung der Grundlagen für einen demokratischen Rechtsstaat durch Gleichstellung aller Parteien und die Durchführung freier und geheimer Wahlen. Darüber hinaus beziehen sich ihre Forderungen auf alle Bereiche der Politik, Wirtschaft und Gesellschaft von der Sicherung der Demokratie im Staat über erforderliche Schritte zur Umgestaltung der Wirtschaft bis zur Reformierung der sozialen Verhältnisse und Lebensbedingungen. [...]

Eine vergleichende Analyse der programmatischen Erklärungen der etablierten Parteien und der neuen Gruppierungen hat ergeben, daß sowohl das Aktionsprogramm der SED und die Regierungserklärung als auch die Positionspapiere der Blockparteien nur wenig Ansätze zur Umsetzung dieser Forderungen erkennen lassen. Die Bürgerbewegungen und neuen

Parteien haben teilweise noch erhebliche Unklarheiten und Lücken in ihren Programmen. Von diesen zeigt der „Demokratische Aufbruch" in seinen grundsätzlichen Positionen zu Staat, Gesellschaft und Wirtschaft eine geeignete Basis zur Wahrnehmung dieses gewerkschaftlichen Auftrages. Es wäre deshalb zu wünschen, daß der DA im Hinblick auf die Wahlen zur Volkskammer das Vertrauen einer großen Wählerschaft erringt.

(Unterschrift)

Nr. 7

Einberufung einer Deutschen Nationalversammlung

Presseerklärung des DA (Programmkommission) zur Deutschlandfrage, Berlin 2. Dezember 1989

Was in eine ferne Zukunft gerückt schien, ist auf die Tagesordnung gesetzt: Die Einigung der Deutschen Nation. Mit einem Zehn-Punkte-Plan hat der Kanzler der Bundesrepublik Deutschland Helmut Kohl eine Konzeption zur Realisierung dieses Zieles vorgelegt. Der DA sieht in diesem Plan einen beachtlichen Beitrag zur Verwirklichung auch seiner deutschlandpolitischen Vorstellungen.

Wir gehen von einer einheitlichen deutschen Nation aus. Für uns ist die Zweistaatlichkeit historisch bedingt und kann deshalb nicht von Dauer sein. Die Deutschen sind aufgefordert, ihr Selbstbestimmungsrecht wahrzunehmen. Der demokratische Selbstfindungsprozeß in der DDR gibt uns die historische Chance dazu. Laßt uns diese Chance verantwortungsvoll wahrnehmen.

Der Ernst der Stunde gebietet, sofort Formen und Wege einer gesamtnationalen Verständigung zu finden. Deshalb schlagen wir die Einberufung einer Deutschen Nationalversammlung vor. Wir verfolgen damit nicht den alten Traum von deutscher Größe und Stärke, sondern wir wollen beitragen zu einem friedlichen geeinten Europa.

Nr. 8

Dritte Sitzung des Vorstandes des DA

Protokoll, Berlin 2. 12. 1989

(Geschäftsstelle Marienburgerstr. 12/13)
Anwesend: Schnur, Eppelmann, Nooke, Pahnke, Neubert, Richter, Dr. Ebeling, Vertreter der Jugend des DA: Zinnow
Zeitdauer 14.00 bis 22.00 Uhr

Tagesordnung:
1. Meinungsaustausch zu aktuellen Fragen

Auf Grund ungenügender Kommunikationsmöglichkeiten zwischen den Mitgliedern des Vorstandes und deren persönlicher Beanspruchung sind Mißverständnisse und Fehldeutungen bei Äußerungen und Verhaltensweisen einzelner Vorstandsmitglieder aufgetreten. Diesen das unbedingt notwendige Vertrauensverhältnis schädigenden Problemen muß durch die Verbesserung in der Arbeitsorganisation des Vorstandes entgegengewirkt werden.
Festlegungen:

Bei jeder ordentlichen Vorstandssitzung ist von allen Vorstandsmitgliedern Rechenschaft über ihre Aktivitäten abzulegen, soweit hierzu aufgefordert wird.

Das betrifft insbesondere Presseerklärungen und Finanzfragen.

2. Vorbereitung des Parteitages in Leipzig am 16./17.12.89
Der von Thiemig (Leipzig) erstattete Bericht zum organisatorischen Vorbereitungsstand wurde entgegengenommen und als hervorragende Leistung des Leipziger Vorbereitungskomitees gewürdigt.

Die Tagesordnung wurde beraten, festgelegt und das Vorbereitungskomitee mit der schriftlichen Abfassung sowie Verteilung an die Bezirke beauftragt.

- Der Vorstand tritt am 16. Dezember um 10.00 Uhr in Leipzig im Predigerseminar zur aktuellen Abstimmung zusammen.
- Beginn des PT/DA am 16.12.89 um 13.00 Uhr.
- Für die Tagungsleitung sind vorgeschlagen: Kögler, Eppelmann (Vorstandsmitglieder), 2 Parteifreunde aus Leipzig.
- Anschrift für die Anmeldung zum PT: Harald Wagner, [Adresse].
- An diese Adresse ist auch die Anmeldung von Regionalberichten (TOP 2) zu richten.
- Festlegung zur weiteren Vorbereitung:

Gründungsurkunde – Schnur
Einladung an Medienvertreter – Eppelmann
Einladung an Gäste – Schnur, Neubert
Geschäfts- und Wahlordnung – Schnur
Pressekonferenz – Eppelmann

3. Presseerklärungen
Vorliegende Fassungen:

- Presseerklärung des DA zum Appell „Für unser Land“

Diese Erklärung noch einfügen: „in Zukunft“ einigenden Nation mit 6 Zustimmungen bei einer Enthaltung verabschiedet.

- Presseerklärung des DA zur Deutschlandfrage

Diese Erklärung wurde wegen inhaltlicher Bedenken (Formulierungen) bis zum 7.12.89 (nächste außerordentliche Vorstandsberatung) zurückgestellt.

Die Mitglieder des Vorstandes sind aufgefordert, bis zu diesem Termin Vorschläge für diese Erklärung zu erarbeiten.

- Erklärung zum Aufruf „Generalstreik“ „Neues Forum“

Eppelmann wurde ermächtigt, eine solche Erklärung, die auf die berechtigten Bedenken des DA-Vorstandes hinweist, abzugeben.

Schnur soll am 4. Dezember in Leipzig einen entsprechenden Beitrag bei der Demonstration vortragen.

4. Runder Tisch (Pahnke)
Termin: 7.12.89 14.00 Uhr Bonhoefferhaus
Teilnehmer: Je 2 Vertreter der neuen Gruppierungen: SDP, DJ, DA, Vereinigte Linke, Grüne, Initiative Frieden und Menschenrechte, 3 Sitze Neues Forum, je zwei Vertreter der Koalitionsparteien zuzüglich 5 Sitze für Organisationen der Volkskammer, 2 Sitze für Vertreter der Kirchenleitung.

Treffen der neuen Gruppierungen zur gemeinsamen Vorbereitung:
7.12.89 9.30 Uhr Bonhoeffersaal.
Runder Tisch wird zur ständigen Einrichtung zur demokratischen Kontrolle der Regierung bis zur Neuwahl.
Geschäftsordnung für 1. Treffen:
Begrüßung (Kirchenleitung)
Debatte zur Geschäftsordnung
Vorsitz alternierend, beginnend mit Regierungsparteien.
Vorgesehene Themen für Plenum:

Streichung Artikel 1 und 3 aus der Verfassung.
Offenlegung der wirtschaftlichen und finanziellen Situation und der beabsichtigten Schritte jeweils vor Beschlußfassung zur öffentlichen Kontrolle und Mitsprache.
Rechtliche Regelungen der Beziehungen beider deutscher Staaten.
Vorbereitungen zur Neuwahl, Vorbedingungen, Termine, Zulassung der neuen Gruppierungen.
Bericht Untersuchungsausschuß (4. – 7.10.89).
Es sind zeitweilig arbeitende Ausschüsse vorgesehen.
Der DA muß für entsprechende qualifizierte Vertreter sorgen.

5. Termine
Vorstand: 7.12.89 7.00 Uhr R. Eppelmann
10.12.89 17.00 Uhr Geschäftsstelle
Weitere Termine zu Aktivitäten wurden bekanntgegeben und Teilnahme verabredet.

Vorstand des DA
i.A. Dr. Ebeling

Nr. 9

„Die Rufe des Volkes bedürfen keiner weiteren Legitimation"

Papier zur politischen Arbeit der DA-Gruppen, von E. Neubert, Berlin 3.12.1989

Die Demokratisierung in der DDR überspringt Hürde um Hürde. Anfang Dezember wird das Ausmaß des Volksbetrugs immer deutlicher. Die Forderungen der Demonstranten werden radikaler. Das Volk ruft nach der Einheit der Nation. Das Volk schreit jeden nieder, der das Wort Sozialismus gebraucht. Irrt sich diesmal das Volk? Hat es nicht in den letzten Wochen und Monaten mit sicherem Gefühl für die nächsten Schritte gewaltlos und mit Zurückhaltung den Kampf auf den Straßen geführt? [...]

Soll man dieses Volk nun als politisch dummen und von bösen Triebkräften des Unterbewußtseins erfaßten Mob verurteilen? Gewiß, das Volk hat ebenso nicht immer recht, wie eine Partei nicht immer recht hat. Aber diese Entwicklung liegt in der Folgerichtigkeit des Aufeinandertreffens von Umständen und Bedingungen. Die Rufe des Volkes nach Aufhebung des Sozialismus und nach Errichtung der deutschen Einheit sind von daher auch richtig und bedürfen keiner weiteren Legitimation. Sie bedürfen allenfalls noch einer Erklärung, warum es so kommen mußte. [...]

Die SED ist eine postfaschistische Politstruktur, die ihre Existenz stalinistischen Gewaltakten zu verdanken hat. Zwar waren in ihr auch Antifaschisten organisiert und politisch wirksam. [...] Antifaschismus rechtfertigt aber nicht faschistoides Verhalten. Honecker saß im KZ. Aber Havemann auch, der dann zum Opfer Honeckers wurde. Der Mangel an Bewältigung und Aufarbeitung des Faschismus in der DDR bessert das Defizit in entsprechender Hinsicht in der Bundesrepublik nicht auf. Es zersetzt aber die Staatsdoktrin vom Antifaschismus, der die Existenz der DDR angeblich historisch ermöglichte. [...]

So gibt es nur einen folgerichtigen politischen Schritt: die vollständige Auflösung der SED, ihre Enteignung und Überführung ihres Besitzes zugunsten von Staat und Gesellschaft. Für einen solchen Schritt gibt es außerdem noch einen dringenden Handlungsbedarf, der über die Anrechnung der moralischen Verfehlungen der SED und ihrer Führer hinausgeht. Das ist der schwere Schaden, den die SED allen linken Kräften und Traditionen zugefügt hat. [...] Der europäischen Idee einer sozialistischen Vision und ihrer deutschen Traditionslinie ist ein für viele Jahrzehnte wirkender Abbruch widerfahren. Stets werden sich mit dem Begriff „Sozialismus" Unterdrückung, Betrug des Volkes, Gewaltherrschaft und Unfreiheit verbinden. [...]

Die sozialistische DDR wird bei vielen als große Enttäuschung in Erinnerung bleiben. Mancher mag sich zu positiven Aussagen hergeben können, da DDR-Geschichte auch mit Hoffnungen und Leistungen in den Biographien verbunden ist. Natürlich gab es in der DDR jeden Tag auch das, wofür es sich gut und gern leben läßt. [...]

Die DDR-Bürger haben nämlich vieles mitzubringen. Zum Beispiel die schöne und leider seit Jahren von der bald aufgelösten SED verbotene Nationalhymne: Auferstanden aus Ruinen und der Zukunft zugewandt. Laßt uns dir zum Guten dienen, Deutschland einig Vaterland!

Nr. 10
„Wir brauchen eine neue Kultur"

Strategiepapier des DA 1990 Leipzig, 16. 12. 1989*

Der Demokratische Aufbruch ist eine ökologisch-soziale Partei der Zukunft. Zur Sicherung eines stabilen Übergangs in die angestrebte demokratische Gesellschaft fordert er eine Wirtschaftskonferenz, in der:

1. eine Bilanz der Wirtschaft vorgenommen wird
2. Alternativen diskutiert und
3. Entscheidungen getroffen und durchgesetzt werden.

Wir bringen in die Entscheidungsfindung dieser Konferenz folgende Vorschläge:

- sofortiges Inkrafttreten eines Investitionsschutzabkommens für ausländisches Kapital
- sofortige Einführung der Gewerbefreiheit in allen Eigentumsformen
- betriebliche Mitbestimmung über Betriebsräte, d.h. sofortige Installierung von Betriebsverfassungsgesetzen, die eindeutig Rechte und Pflichten der Leitung und Mitarbeiter eines Unternehmens beschreiben.

Der Demokratische Aufbruch sieht daher in den sofort und neu zu gründenden Gewerkschaftsverbänden die Interessenvertretung aller Werktätigen. Schwerpunkte sind:

- sofortige Sozialpläne und Bildung von Sozialfonds
- Bildung von Eigentum der Werktätigen an Produktions- und Grundmitteln.

Der DA fordert die sofortige Festlegung von Rahmenbedingungen, um den unkontrollierten Ausverkauf von Boden und Grundwerten zu verhindern. Dies sind die ersten Schritte auf dem Weg zu einer sozialen Marktwirtschaft, die die besonderen Ausgangsbedingungen unseres Landes berücksichtigen. Sie muß die ökologischen sozialen Kriterien kurz-, mittel- und langfristig berücksichtigen.

Bis zu den freien und geheimen Wahlen haben der Runde Tisch und die Bürgerkommitees kontrollierende, beratende und vorschlagende Funktionen wirksam wahrzunehmen.

In einer verfassunggebenden Versammlung nach den freien und geheimen Wahlen zum Parlament sieht der DA die entscheidende Voraussetzung zur Ausarbeitung einer neuen, demokratischen Verfassung.

Ein wichtiges Anliegen der verfassunggebenden Versammlung muß die Harmonisierung von Verfassung und Grundgesetz sein. Eine gemeinsame deutsche Nationalversammlung muß dieses Anliegen verwirklichen.

Außerdem ist das europäische Vertragswerk auf KSZE-Ebene einzubeziehen und auf Grund der neuen Bedingungen und Erfordernissen schon 1990 weiter zu entwickeln. Der DA setzt sich für die konkrete Weiterentwicklung einer politisch-militärischen und ökonomisch-ökologischen Sicherheitspartnerschaft ein.

Für den DA ist dabei die völkerrechtliche Anerkennung der bestehenden Grenzen, insbesondere der polnischen Westgrenze, Voraussetzung. Der DA setzt sich für Verständigung mit allen Völkern ein. Er wendet sich gegen jedwede Form von Ausländerfeindlichkeit und fördert die Integration der Ausländer in die Gesellschaft.

Der DA will die Entwicklung von Strukturen einer globalen Solidarität, die die Bedürfnisse der armen und armgemachten Länder berücksichtigen.

Der DA ist für eine grundlegende Verwaltungsreform, die auch Länderstrukturen auf dem Territorium der DDR wiederherstellt, wie sie bis 1952 bestanden haben.

Einer weiteren langwierigen Integration bedürfen die Opfer der gesellschaftlichen Deformation. Auch die, die im Zuge der polit-bürokratischen Herrschaft nutzlose oder destruktive Aufgaben erfüllten und so an den Menschen schuldig wurden. Integrieren wir sie in die Wirtschaft und Gesellschaft.

Der DA setzt entschieden seine gewaltfreie Strategie bei der Lösung der gesellschaftlichen Umbauprozesse und Konflikte fort.

Unser Land erlebt eine dramatische Krise!

Wir brauchen eine neue Kultur!

Rettet den Boden, rettet die Luft, rettet den Wald, rettet die Flüsse, rettet die Städte, rettet die Menschen!

* Das Strategiepapier wurde auf dem Leipziger Parteitag angenommen.

Nr. 11

„Der DA steht für eine rationale Politik ein“

Positionspapier des Vorstandes, 7.1.1990*

1. Das Machtmonopol der SED ist nicht gebrochen. Um unsere demokratische Revolution zu vollenden, wendet sich der DA an Menschen aus *allen* sozialen Schichten und mit *unterschiedlichen* weltanschaulichen Positionen. Daher sind die Auseinandersetzungen in unserer Partei ganz natürlich, können uns aber nicht vom gemeinsamen Ziel abbringen.

2. Unsere Probleme sind andere als die der Bundesrepublik. Bei uns ist weder Rechtsstaatlichkeit durchgesetzt, noch freie Interessenvertretung möglich. Wollen wir eine unseren Problemen angemessene Politik machen, so dürfen wir uns nicht in das bundesdeutsche Parteienspektrum einordnen lassen. Wir sind deswegen weder CDU noch SPD noch liberal noch grün.

3. In der Politik gibt es Rechte und Linke. „Rechts“ bedeutet im Allgemeinen konservativ, machtorientiert, autoritätsgläubig. „Links“ bedeutet progressiv, idealistisch, emanzipatorisch. Steht die SED wirklich links??? Wir halten diese Unterscheidung für einen Mythos, für ideologischen Schein. Der DA steht für eine rationale Politik, die die Realitäten ernst nimmt.

4. Parteipolitik ist sehr stark durch Traditionen und Personen bestimmt. Die SDP hat es insofern leichter als der DA. Unsere Stärke liegt aber darin, daß wir das völlig Neue des demokratischen Aufbruchs in der DDR repräsentieren. Ausgehend von dieser besonderen Situation stellen wir uns ausdrücklich den ökologischen und sozialen Problemen der Zukunft. Dafür sind nicht nur populäre Personen nötig, sondern tragfähige Konzeptionen.

5. In der DDR ist unternehmerische Initiative ebenso notwendig wie die Arbeit freier Gewerkschaften. Es ist sinnlos, eines gegen das andere auszuspielen. Der DA möchte den Konflikt zwischen beiden politisch so gestalten, daß er für die Gesellschaft fruchtbar wird.

6. Sowohl die Wirtschaftspolitik als auch die Umweltpolitik der SED-Diktatur haben versagt. Ideen konnten nicht effektiv umgesetzt werden, Energie und Ressourcen wurden verschwendet. Um der Umweltverträglichkeit der Produktion willen muß effektiver gewirtschaftet werden. Umgekehrt kann wirkliche Effektivität nur bei umweltverträglicher Produktion erreicht werden. Der DA braucht deshalb die Härte der Ökonomen wie die Sanftheit der Ökologen.

7. Die deutsche Frage steht auf der Tagesordnung. Der DA hat sich zum Ziel einer staatlichen Einheit Deutschlands bekannt. Damit betreiben wir jedoch nicht den sofortigen Anschluß an die Bundesrepublik. Denn wir verbinden mit diesem Ziel die Forderung nach weitestgehender Abrüstung in beiden deutschen Staaten und nach gleichzeitiger Einigung Europas. Indem wir das Ziel klar benennen, können wir den Weg dorthin gemeinsam gestalten.

* Der Entwurf von Neubert, Nooke und Richter wurde vom Vorstand unverändert angenommen.

Ludwig Mehlhorn

„Demokratie jetzt"

1. Zur Vorgeschichte: Die Auseinandersetzung mit der Friedensfrage, der Abgrenzungspolitik der SED und dem Problem der europäischen Blockspaltung

1.1. Die Suche nach einem politischen Friedensbegriff

Wie wohl alle Bürgerrechts- und Oppositionsgruppen, die in der Endzeit der DDR öffentlich in Erscheinung traten, geht auch die Gruppe, die am 12. September 1989 zur Bildung der Bürgerbewegung „Demokratie jetzt" aufrief, auf einen seit den späten siebziger Jahren bestehenden Freundeskreis zurück. Diese Tatsache erklärt sich aus dem Umstand, daß in Diktaturen, die schon eigenständiges Denken mit Repression bedrohen, politische Arbeitszusammenhänge nur auf der Basis unbedingten gegenseitigen Vertrauens und persönlicher Nähe aufgebaut werden können, wenn sie nicht sofort zerschlagen werden sollen.

Eine der Wurzeln für die DDR-Opposition, die sich während der achtziger Jahre herausbildete, liegt in der „Friedensbewegung" zu Beginn des Jahrzehnts. In unserem Falle handelt es sich um ein Milieu von damals 25- bis 35-jährigen Menschen mit starken kirchlichen Bindungen, die sich mit der Friedensbewegung entweder identifizierten oder dieser in kritischer Sympathie gegenüberstanden. Das friedensethische und friedenspolitische Nachdenken spielte in diesen Jahren auch innerhalb des offiziellen kirchlichen Lebens in der DDR eine große Rolle, so daß sich immer wieder Gelegenheiten ergaben, sich kritisch mit den vom Kirchenbund vertretenen Positionen auseinanderzusetzen. Diese Ebene war uns wichtiger als ein kritischer oder konfrontativer „Dialog" mit dem Staat, der ohnehin nicht möglich gewesen wäre. Einerseits waren also die kirchlichen Verlautbarungen zu friedens- und gesellschaftspolitischen Fragen die einzigen in der DDR, die einen gewissen offiziellen Charakter hatten, in eine begrenzte Öffentlichkeit wirkten und zugleich ernst zu nehmen waren. Andererseits entdeckten wir darin – etwa in den von der Studienabteilung des Bundes der Evangelischen Kirchen herausgegebenen Schriften – erhebliche politische Defizite. Das Nachdenken über Friedensverantwortung schien uns zu stark einem obrigkeitsstaatlichen Stabilitätsbegriff verhaftet. Die europäische Blockspaltung wurde als konstitutives Faktum betrachtet, das man mit den Methoden der Entspannungspolitik beherrschen und kontrollieren müsse. Gesellschaftliche Entwicklungen im „Ostblock", wie wir sie etwa in Polen zu Beginn der achtziger Jahre erlebt hatten, blieben außerhalb des Blickfelds, wurden in ihrer Dynamik nicht ernst genommen oder sogar als gefährliche destabilisierende Faktoren betrachtet (als Beispiel für diese Auseinandersetzungen vgl. Anhang, Nr. 1).

Damit einhergehende stillschweigende Konzessionen an die Positionen der DDR schienen uns manchmal so weitgehend, daß sie eine wirklichkeitsgerechte Analyse unserer Situation eher erschwerten. Wir haben damals versucht, den im Raum der Kirche benutzten Friedensbegriff, der neben einem religiös-moralischen Kern wegen seiner Nähe zur Sprache der DDR-Friedenspropaganda nicht selten auch eine legitimatorische Funktion hatte, zu einem politischen Begriff zu erweitern, der es uns erlaubte, die gesamte Wirklichkeit des Lebens in einem kommunistischen Regime zu erfassen. So stießen wir zwangsläufig auf die mit der deutschen Teilung und der europäischen Blockspaltung verbundenen Fragen, die von der Kirche nur noch im Kontext der individuellen Seelsorge und der gelegentlichen Einzelfallhilfe, aber nicht mehr als Teil des Öffentlichkeitsauftrages behandelt wurden.

1.2. Briefwechsel der Berliner Bischöfe zum Jahrestag des Mauerbaus

Anläßlich des 25. Jahrestages des Mauerbaus veröffentlichten die beiden evangelischen Berliner Bischöfe Martin Kruse und Gottfried Forck einen Briefwechsel.[1] Kruse erbittet den Rat von Forck zur Frage: *„Was hat die Kirche zum 13. August 1986 zu sagen?“* und nennt aus seiner West-Berliner Perspektive einige Orientierungspunkte: *„Diese Grenze ist eine Hinterlassenschaft des Krieges, den Hitler angezettelt und den große Teile unseres Volkes in nationalistischem Wahn geführt haben. Wir tragen an dieser Schuld und an ihren Folgen. Zu viele vergessen das.“* Kruse stellt weiter fest, alle Versuche, den Status quo zu ändern, hätten stets *„zu bedrohlichen Spannungen geführt und das Risiko eines neuen Krieges heraufbeschworen“*. Die Trennungen seien einerseits *„empfindlicher, schmerzlicher“* als früher, andererseits sei es durch die Entspannung möglich geworden, *„den relativen Frieden in Mitteleuropa zu stabilisieren, Formen der Kommunikation und der Zusammenarbeit über die Grenze hin zu entwickeln“*. Im Blick auf den seelsorgerlichen Dienst der Kirche heißt es: *„Unser Gebet, unser Nachdenken und Tun ist [...] auf eine Zukunft gerichtet, in der eine Mauer nicht mehr sein wird.“* Dann listet er auf, was an kleinen Schritten zu einer *„vernünftigen Nachbarschaft“* schon erreicht ist. Beispielsweise: *„Seinerzeit gab es beim Passieren der Grenze nur eisiges Schweigen, eine stumme Berührungsangst von beiden Seiten; heute geht es in der Regel gelassener, menschlicher zu.“* Zum Schluß stellt er die Frage: *„Was können wir* (im Westen, L.M.) *tun, daß Menschen in der DDR mit freiem Gewissen bleiben?“*

Die Antwort von Bischof Forck fällt im Grunde ähnlich aus, was die Beurteilung der Lage angeht. Auch er sieht die Mauer *„als Folge deutscher Schuld“*, *„nicht etwa als ein unverschuldetes Verhängnis“*. Zur Aufgabe der *„Christen in einer sozialistischen Gesellschaft“* heißt es, daß es *„nicht die der billigen Anpassung an die gegebenen Verhältnisse“* sei, *„aber auch nicht die des grundsätzlichen Widerspruchs, sondern die der kritischen Mitverantwortung für alles, was bei uns geschieht und in Angriff genommen wird“*. Vor einer weiteren Frage Kruses kapituliert Forck: *„Was Sie und die EKD tun können, daß Menschen mit freiem Gewissen in der DDR bleiben, kann ich Ihnen leider nicht sagen.“*

1.3. Die Suche nach alternativen Positionen

Die Vorgeschichte der im Jahre 1989 entstandenen Bürgerrechtsgruppe „Demokratie jetzt" läßt sich auf die kritische Auseinandersetzung einiger späterer Mitglieder der Gruppe – zunächst individuell (vgl. Anhang, Nr. 2), bald aber im Rahmen eines Freundeskreises,[2] der im Laufe der Zeit verschiedene oppositionelle Diskussions- und Arbeitszusammenhänge aufgebaut hat – mit der in diesem Briefwechsel zum Ausdruck kommenden politischen Philosophie und dem dahinterstehenden Geschichtsdeterminismus zurückführen. Diese Überzeugungen waren damals so weit verbreitet, daß man sie als einen Faktor des Zeitgeistes ansehen muß. Im Laufe der Zeit entwickelten wir unsere eigenen Positionen, die sich wie folgt zusammenfassen lassen:

1. Es ist zwar richtig, daß es die Mauer ohne den Krieg und damit die „Einladung" der Alliierten bis an die Elbe nicht gegeben hätte. Die Spaltung samt Blockkonfrontation ist aber nicht das Ergebnis des Hitlerkrieges, sondern ein Resultat der Konferenzen von Jalta und Potsdam, des Auseinanderbrechens der Anti-Hitler-Koalition und des Kalten Krieges. Die Frage der deutschen Schuld darf nicht benutzt werden, um diesen Zustand akzeptierend oder gar rechtfertigend in Kauf zu nehmen. Wir können zwar kurzfristig die Überwindung dieses Zustands realpolitisch nicht erwarten, dürfen aber dennoch die Perspektive der Einheit (Berlins, Deutschlands, Europas) als Friedensstruktur nicht aus den Augen verlieren, wobei die deutsche Einheit nicht notwendig im nationalstaatlichen Sinne verstanden werden muß.
2. Die Orientierung der Kirche in den sechziger Jahren, die Teilung als Realität anzunehmen, war zwar damals richtig, weil man den Menschen in Ost und West einen Weg in die Zukunft jenseits von Verbitterung und Illusionen zeigen mußte. Inzwischen ist aber eine andere Generation herangewachsen, die nichts anderes als Teilung und Abgrenzung kennt. Die Entspannungspolitik der siebziger Jahre hat die akute Kriegsgefahr und die Teilungsfolgen gemildert. Das ändert aber nichts daran, daß die Gewöhnung an den Status quo selbst zu einer Quelle von gegenwärtigen und zukünftigen Spannungen geworden ist. Diesen Status quo der Teilung können wir prinzipiell als Modell der europäischen Zukunft nicht anerkennen. Im Westen hat man sich de facto billigend, im Osten resignativ mit der Teilung abgefunden. Es bedarf deshalb einer umfassenden Perspektive zur Überwindung der europäischen Blockspaltung.
3. Die Folgen des Mauerbaus liegen nicht nur in der politischen Zementierung der Teilung Europas, sondern ermöglichen den kommunistischen Regimen des Ostblocks die Aufrechterhaltung ihrer Parteidiktaturen, die den einzelnen Menschen seiner Freiheits- und Mitwirkungsrechte berauben. Längerfristig muß dies zu katastrophalen Folgen in Wirtschaft, Umwelt, Kultur, Erziehung, Wissenschaft führen. Friedenspolitik in einem umfassenden Sinne darf darum die Veränderung dieses Zustandes zumindest nicht erschweren. Demokratischer Wandel in den kommunistischen Ländern und die Überwindung der Blockstruktur erweisen sich somit als zwei Seiten ein- und derselben Medaille.

2. Die Gruppe im Jahr 1989 bis zur Gründung von „Demokratie jetzt"

Zu Beginn des Jahres 1989 war die spätere Gruppe von „Demokratie jetzt" bereits eine arbeitsfähige, aufeinander eingespielte Gruppe. Zu einem seit 1986 bestehenden Kern um Stephan Bickhardt, Hans-Jürgen Fischbeck, Reinhard Lampe und den Autor stießen Michael Bartoszek, Martin Böttger, Dorothea Höck, Martin König, Ulrike Poppe, Wolfgang Ullmann, Gerhard Weigt, Konrad Weiß. In konkreten Einzelaktivitäten – z.B. Samisdat-Publikationen, Lesungen von Autoren mit Publikationsverbot in Privatwohnungen, Präsenz bei Kirchentagen usw. – arbeiteten viele andere Menschen mit dem Kreis zusammen. Die einzelnen Mitglieder vertraten keineswegs in allen politisch relevanten Fragen einheitliche Auffassungen. Zum inneren Kern wurden allerdings nur Personen zugelassen, zu denen ein hohes Maß an menschlichem und politischem Vertrauen bestand. Diese Sorgfalt bei der Auswahl der Personen hat sich in der Phase des Auf- und Umbruchs 1989/90 bewährt. „Demokratie jetzt" mußte sich nicht – wie viele andere Oppositionsgruppen – mit Stasi-Enthüllungen in den eigenen Reihen auseinandersetzen, und auch in den Jahren nach dem Ende der DDR, als sich der politische Arbeitszusammenhang aufgelöst hatte, ist das gegenseitige Vertrauen nicht enttäuscht worden.

Zu den Aktivitäten in der ersten Hälfte des Jahres 1989, die an dieser Stelle exemplarisch hervorgehoben werden sollen, gehören der „Offene Brief an Erich Honekker" vom 23. Januar 1989 (Anhang, Nr. 3) und eine Stellungnahme zur offensichtlich gefälschten Kommunalwahl vom 7. Mai 1989 (Anhang, Nr. 4). An diesen wie auch an anderen Texten läßt sich erkennen, daß die Gruppe im Grunde nichts anderes sagte als viele andere Menschen auch – die dies aber weder öffentlich unter eigenem Namen noch in Verbindung mit anderen taten, was erfahrungsgemäß jederzeit als „Zusammenrottung zu staatsfeindlichen Handlungen" interpretiert werden konnte.

Diese Texte enthalten zwischen den Zeilen immer auch eine politisch-taktische Komponente. Uns ging es vor allem darum, einerseits deutlich und unverblümt Mißstände beim Namen zu nennen, andererseits aber das Repressionsrisiko gering zu halten – zu diesem Zeitpunkt schon weniger aus Angst um die persönliche Existenz als in der Sorge, die Möglichkeiten für eine Verbreiterung der immer noch äußerst schwachen gesellschaftlichen Basis der demokratischen Opposition zu verbauen, weil jede Repressionsmaßnahme auf zögernde und abwartende Menschen abschreckend wirkte. Wir haben deshalb die Machtstrukturen in der DDR immer nur punktuell und gerade nicht frontal angegriffen. Das polnische Beispiel hatte bewiesen, daß nur in einer freien Öffentlichkeit die Bedingungen dafür entstehen konnten, daß sich die Gesellschaft als politisches Subjekt begreift, und davon war die DDR im Frühjahr 1989 noch weit entfernt. Ferner haben wir versucht – auch dies ein taktisches Moment –, als eine zunächst „kirchliche", aber nicht kirchenoffizielle Gruppe die Kirchenleitungen zu deutlicherem Agieren in der politischen Öffentlichkeit zu veranlassen. So erklärt sich die heute kaum noch nachvollziehbare „Regelverletzung", den innerkirchlichen Raum zu verlassen, indem wir neben den „Christen" ausdrücklich die „Nichtchristen" ansprachen. Die näherliegende Formulierung „An die Bürgerinnen und Bürger der DDR" hätte diesem taktischen Ziel nicht Rechnung getragen.

3. „Demokratie jetzt" – ein neuer Versuch gesellschaftlicher Selbstorganisation

3.1. Sonntagsgespräch der Bekenntnis-Gemeinde Berlin-Treptow am 13. August 1989

Die Gruppe wurde immer häufiger – auch außerhalb Berlins – zu Vortrags- und Diskussionsveranstaltungen eingeladen, die in der Regel in kirchlichen Räumen stattfanden. Zum 28. Jahrestag des Mauerbaus lud die Bekenntnis-Gemeinde in Treptow ein, und etwa 400 Menschen kamen, darunter eine größere Anzahl ausreisewilliger Personen. Für die Gruppe referierten einleitend Michael Bartoszek, Hans-Jürgen Fischbeck (Anhang, Nr. 5) und Gerhard Weigt (Anhang, Nr. 6). Unter dem Eindruck des anschwellenden Ausreisestroms – in diesen Tagen flüchteten immer mehr Menschen in die westlichen Botschaften oder versuchten, via Ungarn die DDR zu verlassen – entschlossen sie sich, zu einer *„oppositionellen Sammlungsbewegung"* aufzurufen, die den Schutzraum der Kirche ausdrücklich verließ.

Uns war es in den vergangenen Jahren nicht in erster Linie darum gegangen, den Staat DDR durch Massenausreise aus den Angeln zu heben, sondern um das Eröffnen von Chancen für die Gestaltung der Zukunft, in der die Freiheit des einzelnen vom Staat geschützt und seine demokratischen Rechte garantiert sein würden. Dies war nicht durch Weggehen zu erreichen. (Ein jeder aus unserer Gruppe hätte seit einigen Jahren diese individuelle Lösung für sich wählen können, denn die DDR-Behörden hätten kritisches Potential gern auf diese Weise „entsorgt", wie andere Fälle deutlich gezeigt hatten.) Nun aber drohte die Situation umzukippen, denn das Regime geriet über die Ausreisewelle viel stärker unter Druck und internationalen Rechtfertigungszwang als durch die Aktivitäten der politischen Opposition. Obwohl diese über keinerlei organisatorische Basis verfügte, mußte in dieser Lage ein Angebot an diejenigen Menschen gemacht werden, die alle Hoffnungen auf einen demokratischen Wandel aufgegeben hatten und nur noch im Weggehen eine Perspektive für sich selbst entdecken konnten. Insbesondere die ausdrückliche Unterstützung der SED für die chinesische Parteiführung, die wenige Wochen zuvor durch ein Massenverbrechen mit der inneren Opposition auf dem „Platz des Himmlischen Friedens" abgerechnet hatte, erstickte bei vielen Menschen den letzten Funken Hoffnung, das DDR-System könnte sich vielleicht doch noch als reform- und wandlungsfähig erweisen.

So zeigte sich bei dieser Veranstaltung deutlich, daß auch die Opposition der Entwicklung hinterherlief und den günstigsten Zeitpunkt zum Handeln möglicherweise schon verpaßt hatte. Der strategische Ansatz, der sich über die Jahre hin etwa in Polen als effektiv erwiesen hatte – nämlich in der Öffentlichkeit Räume zu öffnen, in denen sich die Gesellschaft organisieren und als politisches Subjekt gegenüber der herrschenden SED-Nomenklatur auftreten konnte, um dieser sodann Reformen abzutrotzen, wurde von vielen Menschen nicht oder nicht mehr verstanden. Der kleinen und schwachen Oppositionsbewegung drohte die Gefahr der Marginalisierung, noch bevor sie zum Handeln im politischen Raum kam. Dennoch blieb keine andere Wahl, als an diesem Konzept festzuhalten, denn im Blick auf die Pekinger Ereignisse mußten gleichzeitig unberechenbare Reaktionen der SED befürchtet werden. Nach unserer – vermutlich auch aus heutiger Sicht noch richtigen – Einschätzung war die Gefahr eines gewaltsamen Einschreitens desto geringer, je stärker der Einfluß der Opposition auf die Gesellschaft war. Es kam also auch darauf an, den sich verstärkenden „Volkszorn" zu kanalisieren und in Bahnen konstruktiven Handelns zu lenken. Diesem Ziel diente die Ankündigung, eine „oppositionelle Sammlungsbewegung" ins Leben zu rufen.

Am 15. August machte die TAZ mit der Schlagzeile auf *„Opposition in der DDR formiert sich /Flüchtlingswelle rollt weiter"* und brachte außerdem unter der Überschrift *„Die DDR-Opposition geht an den Start"* einen redaktionellen Artikel über die Veranstaltung. Am 16. August berichteten weitere westliche Zeitungen, darunter die „Welt"; sie brachte auch ein Porträt von Hans-Jürgen Fischbeck, der unter Berufung auf die Entwicklungen in den Nachbarländern betonte, daß sich *„auch für uns die Rahmenbedingungen"* geändert hätten. Diese Veröffentlichungen wurden von der SED offensichtlich als Drohgebärde interpretiert. Bartoszek, Fischbeck und Weigt – damals Mitarbeiter der Akademie der Wissenschaften und anderer wissenschaftlicher Einrichtungen – wurden zu „Aussprachen" mit ihren jeweiligen staatlichen Leitern vorgeladen. Diese abermaligen und notwendigerweise erfolglosen Disziplinierungsversuche waren ganz offensichtlich ein Ergebnis der zunehmenden Nervosität und Ratlosigkeit in der Führung der SED.

3.2. Der Gründungsaufruf zur Bürgerbewegung „Demokratie jetzt"

Am 12. September 1989 wurde dann der „Aufruf zur Einmischung in eigener Sache"[3] verabschiedet. Er war von 12 Personen unterzeichnet und wurde gemeinsam mit den Privatadressen und größtenteils mit den Telefonnummern an die Öffentlichkeit gegeben. Der Begriff „Sammlungsbewegung" wurde bewußt fallengelassen und durch „Bürgerbewegung" ersetzt. Für Januar/Februar 1990 wurde ein „Vertretertreffen" angekündigt, das *„ein Grundsatzprogramm beschließen sowie Sprecherinnen und Sprecher wählen"* sollte. Den Ansatz gesellschaftlicher Selbstorganisation vor Augen, hat „Demokratie jetzt" weder – wie etwa das zeitgleich entstandene „Neue Forum" – die Registrierung als Vereinigung beantragt noch eine politische Partei werden wollen – wie etwa die Sozialdemokratische Partei (SDP). Angesichts der *„Not unseres Landes"* verstand sich „Demokratie jetzt" als ein Angebot an die Gesellschaft, außerhalb der staatlichen Institutionen das für einen gesamtgesellschaftlichen Dialog notwendige Minimum an Organisationsstrukturen zu schaffen. Einer unterdrückten und atomisierten Bevölkerung effektive Möglichkeiten zu politischer Willensbildung anzubieten, schien uns der erste wichtige Schritt auf dem langen Weg des angestrebten umfassenden Demokratisierungsprozesses.

Gemeinsam mit dem Aufruf hat die Gründungsgruppe „Thesen für eine demokratische Umgestaltung der DDR"[4] diskutiert und veröffentlicht. Innerhalb der Gruppe war damals umstritten, ob eine positive Berufung auf den „Sozialismus" – in welcher Form auch immer – als Ansatz für gesellschaftspolitische Reformen in Richtung Demokratie überhaupt noch Chancen habe, in der Bevölkerung gehört zu werden. Einer positiven Bewertung des „Sozialismus" als einer geschichtlichen Bewegung, die *„soziale Gerechtigkeit und solidarische Gesellschaftlichkeit"* angestrebt habe und die nun eine *„demokratische Gestalt"* finden müsse, stand die scharfe Ablehnung des *„Staatssozialismus"* gegenüber, dessen Kennzeichen *„das Machtmonopol einer zentralistischen Staatspartei, die staatliche Verfügung über die Produktionsmittel, die staatliche Durchdringung und Uniformierung der Gesellschaft und die Entmündigung der Bürgerinnen und Bürger"* waren. Ohne den Begriff der „parlamentarischen Demokratie" ausdrücklich zu benutzen, wurden in den Thesen alle Strukturmerkmale dieses politischen Systems vorgeschlagen – *„strikte Trennung von Legislative (Volksvertretungen) und Exekutive (Räte)"*; Reformierung des Wahlrechts mit dem Ziel der Gewährleistung von *„Wahlfreiheit und Wahlgeheimnis"* und der Möglichkeit, *„über verschiedene politische Programme"* und Personen zu entscheiden; Rückzug des Staates aus Funktionen, die *„Sache der Gesellschaft sind"* (Medien, Schulen und Hochschulen, Parteien, Gewerkschaften, Institutionen von Kultur, Kunst und Wissenschaft); *„Unabhängigkeit von Richtern und Verteidigern"*; in der Wirtschaft Beschränkung der staatlichen Einflußmöglichkeiten auf *„Rahmenplanung"* und Sicherung der *„Umwelt- und Sozialverträglichkeit"*.

3.3. Die Entwicklung bis zur Öffnung der Mauer

Im Gegensatz zu früheren Organisationsversuchen wurde der Aufruf vom September 1989 – ähnlich wie die Initiativen des „Neuen Forums", des „Demokratischen Aufbruchs" und der „Sozialdemokratischen Partei" – in einer breiten Öffentlichkeit zur Kenntnis genommen. Die Unterzeichner wurden mit Briefen, Anrufen und Einladungen zu Veranstaltungen überhäuft. Mehr und mehr verloren die Menschen die Angst. Am 4. Oktober kam es in Dresden, am 7. und 8. Oktober in Berlin und am 9. Oktober in Leipzig zu Massendemonstrationen, die die SED in die Defensive brachten.

„Demokratie jetzt" versuchte in dieser Situation des zunehmenden Drucks der Öffentlichkeit auf das Regime zweierlei. Zum einen mußte innerhalb dieser Bewegung die Kommunikation über politische Ziele und Inhalte beginnen, denn Einigkeit konnte nur im Blick auf die Vergangenheit vorausgesetzt werden. Als demokratische Opposition in der SED-Diktatur hatten wir zwar eine Strategie des „langen Atems", aber keinerlei Konzept für den „Tag X", an dem eine Massenbewegung in Erscheinung trat. Auf diese Situation – ebenso wie auf die Öffnung der Mauer – war niemand inhaltlich vorbereitet. Ebenso stand uns keinerlei materielle und finanzielle Infrastruktur zur Verfügung, abgesehen von einem einzigen Gerät zum Abziehen von Wachsmatrizen, das an einem geheim gehaltenen Ort stand. Nur zwei Personen hatten davon Kenntnis, denn die Grundgesetze der Konspiration mußten immer noch eingehalten werden. Die Gesellschaft begann, sich selbstbewußt zu verhalten – in dieser Hinsicht lebten wir schon nach dem 40. Jahrestag am 7. Oktober in einer „anderen DDR", und nicht erst nach dem 9. November oder dem 18. März 1990, dem Tag der ersten und letzten freien Wahlen –, doch das Repressionspotential des Staates blieb in vollem Umfang erhalten. Um den Qualitätssprung von der kleinen, auch gesellschaftlich isolierten Oppositionsgruppe zur Bürgerbewegung zum Ausdruck zu bringen, nannten wir unsere Veröffentlichungen fortan „Zeitung der Bürgerbewegung", so auch den Anspruch auf ein unabhängiges Medium signalisierend (exemplarisch für die bis Dezember 1989 erschienenen 11 Nummern vgl. Anhang, Nr. 7).

Zum zweiten zielte „Demokratie jetzt“ in dieser Phase darauf ab, den auch nach dem Machtwechsel von Honecker zu Krenz nicht in Frage gestellten Machtanspruch der SED weiter zu delegitimieren und letztlich zu brechen. Krenz versuchte, seine Machtübernahme als die eigentliche „Wende“ zu verkaufen und mit einer leicht liberalisierten „Reiseverordnung“ Vertrauen zurückzugewinnen. Es mußte verhindert werden, daß dieses durchsichtige Manöver irgendwo in der Bevölkerung Anklang fand und die Aufbruchsstimmung wieder erlahmte. Wir haben deshalb in einer Erklärung deutlich gemacht, daß derartige kosmetische Korrekturen an den grundsätzlichen Problemen nichts änderten (vgl. Anhang, Nr. 8).

Am 27. Oktober stellte sich der Initiativkreis in der Berliner Gethsemanekirche vor. Ulrike Poppe, Hans-Jürgen Fischbeck und Wolfgang Ullmann hielten kurze Vorträge über anstehende Reformen in Staat, Wirtschaft und Recht. In der Diskussion wurden wirtschaftliche Reformen „sofort“ und die Weiterführung der Demonstrationen gefordert, aber auch eine Entschuldigung der DDR-Regierung beim Volk der Tschechen und Slowaken für den Einmarsch von Truppen der Nationalen Volksarmee (NVA) im August 1968. Auch das Thema „deutsche Frage“ kam auf den Tisch – eine für den Initiativkreis damals offene und diskussionswürdige, aber gegenüber dem Demokratie-Defizit zweitrangige Frage. „Demokratie jetzt“ bedeutete für uns eine sachliche und zeitliche Priorität gegenüber allen anderen Fragen. Damit war zugleich gesagt, daß über „Einheit später“ gesprochen werden sollte, wie uns überhaupt schien, daß die außenpolitischen Probleme nur von einer demokratisch reformierten DDR aus zu bewältigen sein würden. Unser Initiativkreis war in dieser Hinsicht deutlich „europäisch“ ausgerichtet und hat die nationale Dynamik, die in den folgenden Wochen sichtbar werden sollte, zunächst unterschätzt.

Im Mittelpunkt der Veranstaltung stand deshalb ein weiterer Versuch, mit demokratischen Mitteln das Machtmonopol der SED zu beseitigen – „Demokratie jetzt“ rief zu einem entsprechenden Volksentscheid 1990 auf (Anhang, Nr. 9). Von „Demokratie jetzt“ stammt auch die Idee, die Übergangszeit bis zu freien Wahlen mit Hilfe eines Runden Tisches zu bewältigen. Diesen Vorschlag stellte Wolfgang Ullmann namens der Initiativgruppe bei der gleichen Veranstaltung erstmals in der Öffentlichkeit vor (Anhang, Nr. 10).

3.4. „Demokratie jetzt“ als Teil einer gesellschaftlichen Massenbewegung im Herbst 1989

Die Öffnung der Mauer in Berlin war einerseits der Höhepunkt des Herbstes 1989. Obwohl von der SED ins Werk gesetzt, belegte er deren unaufhaltsamen Machtverfall und kündigte das bevorstehende Ende der auf Jalta und Potsdam beruhenden europäischen Nachkriegsordnung an. Doch andererseits mußten wir die Maueröffnung als Versuch deuten, den politischen Druck auf die morschen Machtstrukturen zu verringern, die Bevölkerung vom Demokratiedefizit abzulenken und eine Atempause zu gewinnen, um gegebenenfalls später die alte Machtbasis auf neuer Grundlage zurückzuerobern.

Für uns hatte jedoch auch nach dem Fall der Mauer die Demokratiefrage Vorrang gegenüber der nationalen Frage, die sich immer deutlicher in den Vordergrund schob. Wir versuchten deshalb, den Druck auf das Regime aufrecht zu erhalten.

Nach teilweise langjährigen, aber relativ erfolglosen Aktivitäten in der demokratischen Opposition waren im Herbst 1989 plötzlich immer mehr Menschen bereit, ihr eigenes Schicksal in die Hand zu nehmen und gegen das bestehende System zu handeln. Überall im Land hatten sich Gruppen gegründet, die im lokalen Einflußbereich ihre politischen Vorstellungen artikulierten und die Bürgerbewegung vor Ort zu strukturieren versuchten (eines von vielen Beispielen ist die „Demokratie-jetzt"-Gruppe in Senftenberg, vgl. Anhang, Nr. 11). Wir versuchten, solche Organisationsansätze auf der kommunalen Ebene nach Kräften zu fördern, denn die von der Aufbruchstimmung freigesetzte gesellschaftliche Energie durfte nicht wieder erlahmen. Der Anspruch, mit in jeder Hinsicht unzureichenden organisatorischen Mitteln und inmitten einer sich mit ungeheurer Dynamik entfaltenden Entwicklung eine politische Bewegung zu steuern, hat uns aber auch überfordert.

4. Politische Programmdiskussion und Vorbereitung einer Vertreterkonferenz

Neben der Vorbereitung der für den 7. Dezember anberaumten ersten Sitzung des Runden Tisches – für „Demokratie jetzt" nahmen dort Ulrike Poppe und Wolfgang Ullmann Platz – hat sich die Gründungsgruppe in der zweiten Novemberhälfte und im Dezember deshalb vor allem darauf konzentriert, die für Januar 1990 angekündigte Vertreterkonferenz inhaltlich und organisatorisch vorzubereiten. Eine Satzung wurde geschrieben und Programmaussagen (vgl. Anhang, Nr. 12) formuliert. Im politischen Teil (Anhang, Nr. 12.1) strebten wir – über die für eine parlamentarische Demokratie üblichen konstitutiven Elemente hinaus – ein politisches System an, das eine stärkere direkte Beteiligung der Bürger durch Bürgerbewegungen und -initiativen ermöglichen sollte, ohne allerdings einer bloßen „Basisdemokratie" das Wort zu reden. Gedacht war hier vor allem an institutionalisierte Formen der Anhörung und die Möglichkeit des Volksentscheids. Es war ja gerade die Erfahrung des Herbstes 1989, daß der demokratische Wandel durch das freie und selbstbewußte Handeln unorganisierter Menschen ermöglicht wurde.

Die Programmaussagen traten ein *„für die Gliederung der Republik in die fünf Länder Mecklenburg-Vorpommern, Brandenburg, Sachsen-Anhalt, Thüringen und Sachsen mit eigener Verfassung, eigenem Parlament und eigener Regierung"* sowie *„für die Selbstverwaltung der Kommunen, Kreise und Länder"*.

Im wirtschaftspolitischen Teil sprachen wir *uns „für eine soziale und ökologische Marktwirtschaft"* aus, die „vom Gemeinsinn der Beteiligten getragen und durch den demokratischen Rechtsstaat dem Gemeinwohl verpflichtet werden" mußte. Es war uns bewußt, daß die Wirtschaftsreform *„durch schwere Hypotheken belastet"* war. Ohne die bislang von der SED geheimgehaltenen Wirtschaftsdaten zu kennen, wurden u.a. genannt: veraltete Anlagen, hohe Reparaturkosten, hoher Material- und Energieverbrauch, mangelhafte Infrastruktur, verfallene Bausubstanz, sinkende Exportrentabilität, hohe Auslandsverschuldung, irreales Preis- und Lohnsystem, verfehlte „Kaderpolitk", Abwanderung von Fachkräften. Als strategische Methode der Reformen wurde ein *„baldiger Wirtschafts- und Währungsverbund mit der Bundesrepublik im Rahmen der europäischen Integration"* empfohlen, denn nur durch hohe wirtschaftliche Chancenerwartung könne *„der Kollaps durch Ausbluten vermieden werden"*.

Die Programmaussagen traten konsequent für eine *„Ökologisierung der Ökonomie"* ein, was u.a. durch entsprechende Gesetzgebung im Steuerrecht, die Festlegung und Kontrolle strenger Grenzwerte für Schadstoffemissionen und die Einführung einer Umwelthaftpflicht erreicht werden sollte. In der Landwirtschaft müßten *„biologisch begründete Methoden im Anbau und in der Schädlingsbekämpfung"* stärker als bisher Berücksichtigung finden.

Ein Schwerpunkt der Programmaussagen war die *„deutschlandpolitische Orientierung"* (vgl. Anhang, Nr. 12.2.). Am 14. Dezember 1989 wurde auf einer Pressekonferenz der Öffentlichkeit ein *„Dreistufenplan der nationalen Einigung"*[5] vorgelegt. Er ging von der Überzeugung aus, daß nur eine politisch demokratisierte und wirtschaftlich konsolidierte DDR überhaupt fähig sein würde, sich mit der Bundesrepublik zu vereinigen. Als erste Stufe war deshalb u.a. vorgesehen: freie Wahlen; die Erarbeitung einer neuen Verfassung, in der die *„Einheit der Nation"* und das *„Ziel der staatlichen Einheit"* festgeschrieben sein sollten; die Wiederherstellung der Länder und die Einberufung einer Deutschen Nationalversammlung, in der sich *„Annäherung und demokratische Willensbildung in der nationalen Frage"* vollziehen könnten. Als zweite Stufe wurden u.a. der *„Ausbau des Grundlagenvertrags"* zwischen beiden deutschen Staaten zu einem *„Nationalvertrag"* und den *„Zusammenschluß zu einem Staatenbund"*, die *„ruhende Mitgliedschaft"* in den Militärbündnissen, *„Beteiligung der europäischen Völker"* im Rahmen der KSZE, Schritte zur *„wirtschafts-, steuer- und finanzpolitischen Einheit"* sowie die *„Vorbereitung eines deutsch-deutschen Volksentscheids"* gefordert. Mit der dritten Stufe sollte dann die deutsche Einigung vollzogen werden – durch *„Entmilitarisierung"* und *„Rückzug der Alliierten Mächte"*, den Abschluß eines *„Europäischen Friedensvertrages"* als KSZE-Vertragswerk, einen *„Volksentscheid über die politische Einheit in einem Bund Deutscher Länder"* sowie die *„Schaffung einer einheitlichen deutschen Staatsbürgerschaft"*.

Diese deutschlandpolitischen Vorstellungen wurden in eine *„außenpolitische Orientierung"*, die sich vor allem *„für ein gemeinsames Europa"* einsetzte, eingebettet (vgl. Anhang, Nr. 12.3). Wir gingen damals davon aus, daß bis zum Erreichen der „Vereinigungsfähigkeit" sowohl für die notwendigen inneren Reformen der DDR als auch die Schaffung der außenpolitischen Voraussetzungen ein Zeitrahmen von vier bis fünf Jahren erforderlich sei und in dieser Übergangszeit die DDR als ein deutscher Staat ihrer europäischen Verantwortung gerecht werden müsse.

5. „Demokratie jetzt" und Ostmitteleuropa

Die in diesen Programmaussagen zum Ausdruck kommende Affinität von „Demokratie jetzt" zum gesamteuropäischen Einigungsprozeß und insbesondere zu den östlichen Nachbarn in Mitteleuropa erklärt sich aus den teilweise jahrzehntelangen Kontakten einer Reihe von Gründungsmitgliedern zu diesen Ländern. Diese der Verständigung dienenden Aktivitäten wurden auch in der angespannten Zeit des

Jahres 1989 nicht unterbrochen. Dieser Bereich kommt in den Darstellungen über die DDR-Opposition normalerweise nicht zur Sprache. Dennoch scheint er mir für das Verständnis der Grundpositionen von „Demokratie jetzt" unentbehrlich. Deshalb soll wenigstens eine Aktivität im Jahr des politischen Aufbruchs in Mittel- und Osteuropa erwähnt werden.

Am 3. und 4. Juni 1989 fand in Breslau die erste Konferenz einer internationalen Bürgerinitiative statt, an der auch drei spätere Gründungsmitglieder von „Demokratie jetzt"[6] mitwirkten (vgl. Anhang, Nr. 13). Die Konferenz – am Tage der ersten, aufgrund der Vereinbarungen am Runden Tisch teilweise freien Wahl in Polen, die einige Wochen später zur Bildung der ersten nichtkommunistischen Regierung im sowjetischen Machtbereich unter Tadeusz Mazowiecki führte – war der erste Schritt einer im Ansatz gesamteuropäischen Unternehmung, die ein Jahr später in die Gründung der „Stiftung Kreisau für Europäische Verständigung" mündete.

Dieses Vorhaben – der Wiederaufbau des ehemaligen Moltkeschen Gutshofes zu einem europäischen Begegnungs- und Tagungszentrum – ist ein Kind des geistigen Aufbruchs in Ostmitteleuropa am Ende der achtziger Jahre. Es handelt sich dabei um das einzige Projekt dieser Größenordnung, in dem das gemeinsame mitteleuropäische Ethos dieser Zeit bis heute sichtbar bleibt. Das neue Kreisau steht nicht nur für die Anerkennung, die dem deutschen Widerstand gegen den Nationalsozialismus in Polen inzwischen entgegengebracht wird. Es ist zugleich ein Ausdruck des Bestrebens, die Folgen der vierzigjährigen Nachkriegszeit zu überwinden. Von dort sollen – anknüpfend an den Geist des zu Beginn der vierziger Jahre wirkenden Kreisauer Kreises – Impulse für eine gemeinsame europäische Zukunft jenseits nationalistischer Verengung ausgehen. Dies wurde möglich, weil am Ende der achtziger Jahre Menschen aus der demokratischen Opposition Polens im Widerstand der Kreisauer gegen Hitler ein Paradigma für die eigene existentielle und politische Situation im kommunistischen Staat sahen.

Mit der Erwähnung dieses damals begonnenen Projektes ist selbstverständlich nicht behauptet, daß das „neue" Kreisau unserer Gruppe seine Existenz verdankt. Gleichwohl ist es ein Beleg dafür, daß der Blick über die deutschen Grenzen hinaus für „Demokratie jetzt" konstitutiv war.

6. Kritische Wertung

Was bleibt nach mehr als sieben Jahren? Ich habe schon darauf hingewiesen, daß es bei der Formulierung von öffentlichen Äußerungen der DDR-Opposition neben inhaltlichen auch taktische Fragen zu lösen galt. Eine der wichtigsten lautete: Wie kann man bei der Wahrheit bleiben und trotzdem drastische Abwehrreaktionen der Adressaten – in der Regel nicht der Staat, sondern die Gesellschaft – vermeiden? Man kann deshalb an vielen unserer Texte heute ein grundsätzliches Problem behandeln, nämlich das der Kommunikationsmechanismen in unfreien Gesellschaften. Auch in unseren Texten gibt es Kompromißformeln. Die verheerende Wirkung von Zensur und Selbstzensur besteht ja nicht nur in der Unterdrückung von Information. Deshalb war es ein Irrtum, sich vom Westfernsehen „informiert" zu fühlen

– es ist etwas anderes, ob ich selbst öffentlich spreche oder andere für mich sprechen lasse. Mit der Macht über die Sprache können ursprüngliche Begriffe ihren Sinn verlieren und unbrauchbar werden – so ging es in der DDR zum Beispiel Worten wie Frieden und Solidarität –, ganze Sphären der Wirklichkeit manipuliert, sogar zum Verschwinden gebracht werden.

Wollten wir uns verständlich machen, mußten wir also zunächst einen Paradigmenwechsel der politischen Sprache erreichen und bestimmten mißbrauchten Worten ihren ursprünglichen Sinn zurückgeben. Wir mußten dem Staat die Definitionsmacht über die Begriffe entziehen und herauskommen aus der Sprach-Welt der kommunistischen Ideologie, die bis in die Kirche hinein unmerklich Fuß gefaßt hatte, etwa in dem weithin zu beobachtenden Phänomen der gedankenlosen Gleichsetzung von Staat und Gesellschaft. Einen deutlicheren Hinweis auf die Entmündigung der Gesellschaft durch den Staat konnte es gar nicht geben. Wollte man der Gesellschaft größere Autonomie gegenüber dem Staat verschaffen, dann mußte man strikt unterscheiden. Dennoch haben wir das Problem der manipulierten Sprache zwar erkannt, aber nur halb gelöst. Unsere Begriffe entstammten oft der ethischen Sphäre und blieben angesichts der Dynamik des Jahres 1989 politisch zu vage.

In vielen Texten muß man einen Mangel an politischer Vorstellungskraft feststellen. Es wäre allerdings Koketterie, dies als Selbstkritik zu formulieren, denn dieses Defizit teilen wir mit fast allen Politikern, Wissenschaftlern und Publizisten, zumal im Westen. Niemand vermochte sich den Zusammenbruch des Kommunismus so vorzustellen, wie er dann tatsächlich eintrat. Die Erosion der geistigen Ausstrahlung des Marxismus-Leninismus war überdeutlich, der wirtschaftliche Niedergang nahm seinen Lauf, und die Umweltkatastrophe war sichtbar genug. Eine Epoche war in ihr Endstadium getreten. Aber die beinahe kampflose Preisgabe des Machtmonopols der SED lag außerhalb unseres Vorstellungsvermögens, weil wir uns nicht vorstellen konnten, daß die Sowjetunion – auch unter Gorbatschow – ihre Hegemonie über Ost- und Mitteleuropa ohne Krieg beenden würde. Daraus folgt, daß wir konzeptionslos ins Jahr 1990 gingen. Wir wollten durch Reformen zwar nicht mehr das System der DDR retten, betrachteten aber für eine längere Übergangszeit die Existenz des Staates DDR als notwendigen Faktor für die europäische Stabilität, nämlich bis die europäische Einigung auch politisch verwirklicht werden könnte. Wir konnten uns die DDR – ähnlich Österreich – als demokratischen und sozialen Rechtsstaat neben der Bundesrepublik Deutschland denken. Als Option kann man das auch heute noch verteidigen. Andere Entwicklungsszenarien nicht in Betracht gezogen zu haben, offenbart gleichwohl, daß wir die Dynamik der nationalen Frage sträflich unterschätzten.

Innerhalb der DDR-Opposition kommt „Demokratie jetzt" eher eine vermittelnde als eine polarisierende Rolle zu. Wir haben schon im Oktober 1989 auf ein Wahlbündnis aller neu entstandenen politischen Gruppierungen hingewirkt, als diese noch an ihre „Eigenständigkeit" glaubten. „Demokratie jetzt" ist die Initiative zum Runden Tisch zu verdanken, der freilich auch zweifelhafte Ergebnisse hervorbrachte. Schließlich war 1990 „Demokratie jetzt" als erste der 1989 neu entstandenen politischen Gruppierung bereit, auf seinen Rechtstitel zugunsten des „Bündnis 90" zu verzichten. Trotz der erwähnten Irrtümer blieb die Gruppe auch in den dramatischen Entwicklungen des Jahres 1989 ihren Grundüberzeugungen treu – nämlich den in der DDR diskreditierten Friedensbegriff mit einem neuen, auf Gesamteuropa bezogenen politischen Inhalt zu füllen und die europäische Blockspaltung zu überwinden, deren augenfälligstes Symbol die Berliner Mauer war.

Anmerkungen

1 Vgl. epd-dokumentation 33a/86.

2 Die Gruppe richtete einen Antrag an die Synode der Evangelischen Kirche Berlin-Brandenburg und die Synode des Bundes der Evangelischen Kirchen in der DDR und veröffentlichte im unzensierten Selbstverlag die Publikation „Aufrisse“, die als erste Untergrundpublikation im Westen vollständig nachgedruckt wurde; vgl. *Stephan Bickhardt* (Hrsg.), Recht ströme wie Wasser. Christen in der DDR für Absage an Praxis und Prinzip der Abgrenzung. Berlin 1987.

3 Dieses Dokument gilt heute im allgemeinen als „Gründungspapier“ der Bürgerbewegung „Demokratie jetzt“. Auf eine Wiedergabe wird hier verzichtet – es ist des öfteren nachgedruckt worden, z.B. in: *Gerhard Rein* (Hrsg.), Die Opposition in der DDR. Berlin 1989, S. 59ff.

4 A.a.O., Seite 62ff.

5 Der Entwurf stammt im wesentlichen von Konrad Weiß.

6 Es handelt sich um Michael Bartoszek, Wolfgang Ullmann und den Autor.

Anhang*

Nr. 1
„Der Ansatz gliedert die Völker als Subjekte aus der Politik aus“

Aus einem Kommentar von Stephan Bickhardt und Ludwig Mehlhorn

Der folgende Kommentar bezieht sich auf die Studie *„Sicherheitspartnerschaft und Frieden in Europa – Aufgaben der deutschen Staaten – Verantwortung der deutschen Kirchen“*, herausgegeben von der Theologischen Studienabteilung beim Bund der Evangelischen Kirchen in der DDR, August 1983.[1]

[...] Zunächst heißt es zwar, mit Stabilität meine man nicht *„Einfrieren oder Stillstand der gesellschaftlichen Entwicklung“* (S. 16), aber die politischen Vorschläge im einzelnen beweisen im Grunde das Gegenteil. Stabilität bedeutet für die Verfasser der Studie einc Gewähr für die jeweiligen Machteliten des Ostens und Westens, daß sich am Status quo nichts ändert. Es bleibt unberücksichtigt, daß die Ursachen für Kriege und Rüstung nicht primär in zwischenstaatlichen Konflikten bestehen, sondern in innergesellschaftlichen Verhältnissen, deren Konfliktpotential nach außen gewendet wird. Das ist schon in Kants Friedenschrift der rote Faden. Und nicht zuletzt die deutsche Geschichte hält für diesen Sachverhalt genügend Beispiele bereit.

Die Studie spricht von einer *„polnischen Krise“*, ohne zu sagen, was damit gemeint ist. Erst später merkt man, daß darunter die partielle Funktionsunfähigkeit des kommunistischen Machtapparates in Polen verstanden wird und davon ausgegangen wird, durch wirtschaftliche Stärkung diesen Zustand überwinden zu können. Damit ist das Wesen der *„polnischen Krise“* verkannt. Denn diese hat nur die latente Destabilität des sowjetischen Systems offenbart, und es wurde der Versuch gemacht, gewaltfreie Methoden und Wege zur Überwindung dieser destabilen Situation aufzuzeigen – nämlich in Richtung eines umfassenden Demokratisierungsprozesses, der dann gewaltsam gestoppt worden ist. Es ist ein u.U. folgenschwerer Irrtum, die Wirtschaftskrise als Kern der Probleme Polens zu sehen. Vielmehr hat der Gang der Ereignisse gezeigt, daß in Polen wirtschaftliche und soziale Fragen mit solchen der innenpolitischen Entwicklung, der Rechtsstaatlichkeit u.a. unlösbar zusammenhängen; und da letztere im Rahmen des existierenden Status quo offenbar nicht lösbar sind, ist zu vermuten, daß der Kern der polnischen Krise die nationale Frage ist (d.h. das Problem der nationalen Souveränität, L.M.). Wenn also für Sicherheitspartnerschaft in Europa die *„Überwindung der Krise der polnischen Wirtschaft und die Herstellung der für die Überwindung notwendigen politischen Voraussetzungen“* (S. 23) unabdingbar sind, bestehen im Augenblick und wohl auch in der nächsten Zukunft keine allzu großen Möglichkeiten, mit Hilfe dieses Konzepts die militärische Konfrontation in Europa abzubauen.

* Die Dokumente befinden sich als teilweise hektographierte Manuskripte im Besitz des Autors.

[...] Zusammenfassend möchten wir sagen, daß die entscheidende Schwäche der Studie in einer Unterschätzung gesellschaftlicher Entwicklungen besteht, sofern diese Entwicklungen von emanzipatorischen, d.h. an den existierenden Machtverhältnissen nicht partizipierenden Bewegungen angestrebt und verwirklicht werden. Indem wir mit den Verfassern darin übereinstimmen, daß das Konzept der Abschreckung durch das Konzept der Sicherheitspartnerschaft abgelöst werden muß, möchten wir zugleich unterstreichen, daß uns der technokratische Ansatz der Studie nicht ausreichend erscheint bzw. verfehlt ist (Polen!). Er gliedert die Völker als Subjekte aus der Politik aus. Sicher genießt angesichts der atomaren Bedrohung die Überlebensfrage Vorrang gegenüber allen notwendigen inner- und zwischenstaatlichen Entwicklungen, Es darf aber für die Lösung der Überlebensfrage kein Ansatz gewählt werden, der innerstaatliche Repression oder zwischenstaatlichen Antagonismus prinzipiell unangetastet läßt oder ständig neu reproduziert, denn nirgendwo anders liegt der Antrieb für eskalierende Rüstung und Kriegsgefahr. [...] Mit der „*Vision einer europäischen Friedensordnung*", die Europa beschreibt als „*Lebensgemeinschaft seiner verschiedenen Völker, Kulturen, sozialen und politischen Systeme und Bündnisse*" (S. 37) sind wir darum nur bedingt einverstanden. Gewiß sind politische Systeme als Rahmen einer Lebensgemeinschaft der Völker nötig. Aber an einem Punkt, „*wo sich Schuld für Auschwitz und die Möglichkeit der nuklearen Katastrophe kreuzen*" (S. 38), ist es für uns eine direkte Konsequenz aus Auschwitz, daß soziale und politische Systeme und Bündnisse nicht den gleichen Anspruch auf Rettung haben wie die Völker und ihre Kulturen.

1 Die Verweise beziehen sich auf den von der Aktion Sühnezeichen im Jahr 1983 herausgegebenen Text.

Nr. 2

„Abgrenzung, an deren Folgen unser gesellschaftliches Leben schwer erkrankt ist"

Aus einem Brief von Ludwig Mehlhorn an die Bischöfe Dr. Gottfried Forck und Dr. Martin Kruse, 27.8.1986

[...] Doch nun zu dem Problem, um das es mir hauptsächlich geht. Es handelt sich nicht um die Frage, warum die Mauer gebaut wurde, auch nicht darum, wie sie wieder abgeschafft werden kann. Mich beschäftigt die Frage nach den Folgen des Mauerbaus – vor allem den Folgen nach innen.

In Ihren Briefen lese ich von einer „allmählichen Normalisierung des Verhältnisses beider deutscher Staaten zueinander", von der Stabilisierung eines „relativen Friedens in Mitteleuropa", der Entwicklung von „Formen der Zusammenarbeit und der Kommunikation über die Grenze hin", von „Reiseerleichterungen seit dem Februar 1986". Ich stimme zu: niemand wird auch nur den kleinsten positiven Schritt auf allen diesen Gebieten geringachten. Aber es muß auch von anderen Entwicklungen gesprochen werden.

Welche Folgen der Mauerbau für den Westen hatte, kann ich schwer einschätzen. Nach meinem möglicherweise sehr oberflächlichen Eindruck ist die Mauer für viele Menschen im Westen trotz gegenteiligen Bekundens nie ein wirkliches Problem gewesen. [...] Für die DDR waren und sind die Folgen gänzlich anderer Art. Vordergründig ist wohl die angestrebte wirtschaftliche Konsolidierung erreicht worden – auch wenn es nichts wurde mit dem „Überholen ohne einzuholen". Doch ist es dabei nicht geblieben. Im Schutz und im Schatten der Mauer ließ sich trefflich eine Politik der Abgrenzung und Abschottung realisieren, an deren Folgen unser gesamtes gesellschaftliches Leben schwer – und viele, die weggehen, meinen: tödlich – erkrankt ist. Grenzen und Mauern sind geradezu eine Grunderfahrung für meine Generation geworden. Nahezu jedes Schlüsselerlebnis ist mit den Phänomenen Grenze und Abgrenzung verbunden. [...]

In den vergangenen Jahren haben sich unsere Synoden wiederholt gegen „Geist und Logik der Abschreckung" ausgesprochen. Damit wurde eindeutig Stellung bezogen gegen alle Versuche, irgendwelche Probleme durch Aufrüstung und Kriegsdrohung lösen zu wollen. [...] Zum 13. August 1986 hätte sie (die Kirche, L.M.) nicht nur die *„billige Anpassung an die gegebenen Verhältnisse"* [...] zu verwerfen. Und sie dürfte die *„kritische Mitverantwortung für alles, was bei uns geschieht"*, nicht nur postulieren. Sie müßte diese Mitverantwortung auch ganz konkret wahrnehmen, indem sie sich eindeutig und unmißverständlich gegen Geist und Logik der Abgrenzung öffentlich ausspricht. [...]

Nr. 3

„Unser Land braucht eine Stabilität durch Gerechtigkeit"

Offener Brief an den Staatsratsvorsitzenden Erich Honecker, 23.1.1989

Sehr geehrter Herr Staatsratsvorsitzender!
Zu Ihrer Äußerung über die Berliner Mauer bei der Tagung des Thomas-Müntzer-Komitees am 19.1.1989 (ND vom 21.1.1989) können wir nicht schweigen. Wir verkennen nicht, daß es 1961 Gründe für den Bau der Mauer gegeben hat. Wir bezweifeln auch nicht, daß Sie an der Politik innerer und äußerer Abgrenzung festhalten, weil Sie davon überzeugt sind, daß dies im wohlverstandenen Interesse der Bevölkerung der DDR liegt.

Wir als Bürger dieses Landes sind jedoch anderer Meinung. Mit unserer Initiative *„Absage an Praxis und Prinzip der Abgrenzung"* setzen wir uns aus christlicher Verantwortung für eine Überwindung dieser Politik ein, weil wir wissen, daß sehr viele Menschen unseres Landes darunter leiden. Wir sind in der DDR aufgewachsen und wissen, wovon wir reden. Wir haben die tiefgreifenden Schäden, die die innere und äußere Abgrenzung unserer Gesellschaft zugefügt hat, benannt und in einem von uns getragenen Zeugnis der Betroffenheit in der Ökumenischen Versammlung der Kirchen der DDR zur Sprache gebracht. Das breite zustimmende Echo, das wir damit gefunden haben, bestärkt uns in der Berechtigung unseres Anliegens.

Jeder weiß, daß die Mauer nicht gegen irgendwelche Räuber nach außen, sondern vor allem nach innen gerichtet ist. Unser Land braucht eine Stabilität durch Gerechtigkeit und nicht eine Stabilität der Angst, die durch innere und äußere Abgrenzungen gesichert werden muß. Unser Land braucht wirkliche Stabilität, die sich nur auf einen gesellschaftlichen Grundkonsens gründen kann. Damit er sich zeigen und wachsen kann, fordern wir mit der Ökumenischen Versammlung die Ermöglichung und Eröffnung eines freien ehrlichen und öffentlichen Dialogs aller Gruppen und Kräfte unserer Gesellschaft (Glasnost). Das wäre der erste und wichtigste Schritt zur Beseitigung der heute noch wirkenden Gründe für den Fortbestand der Mauer. Mit Edward Schewardnadse (Außenministertreffen der KSZE in Wien) halten wir ihre Überprüfung für dringend erforderlich. Es sind vorwiegend innere Gründe, nicht äußere. Es liegt an Ihnen, Schritte zu ihrer Überwindung einzuleiten und zu ermöglichen. Wir und unsere Kinder wollen nicht noch fünfzig Jahre warten.

Nr. 4
„Gesellschaftliche Fragen gehen alle an“

Offener Brief an Christen und Nichtchristen in der DDR anläßlich der Fälschung der Kommunalwahlen, 1. Juli 1989

[...] Das Leben in der DDR ist nach wie vor geprägt durch die Bevormundung der Bürger auf allen gesellschaftlichen Ebenen. Die Reiseverordnung vom 30.11.88 mit ihrer Durchführungsbestimmung vom 1.4.89 bleibt weit zurück hinter den Wiener KSZE-Vereinbarungen, denen auch die DDR zugestimmt hat. Nach wie vor teilt sie die Bevölkerung ein in die, die zu streng beschränkten Familienanlässen in den Westen reisen können, und die, die entweder keine genügend engen Verwandten dort haben oder gezwungen wurden, sich von ihnen „abzugrenzen“. Die Kreativität junger Menschen wird fortdauernd durch massive Gängelei erstickt oder als gesellschaftsfeindlich diffamiert.

Trotz alledem fanden mehr Bürger als je zuvor den Mut, bei den Kommunalwahlen gegen die Kandidaten auf den Einheitslisten der Nationalen Front zu stimmen oder den Wahlen fernzubleiben. Es waren weit über 10 % der Wahlberechtigten in vielen Städten der DDR, wie unabhängige Kontrollen bei der Auszählung bewiesen haben. [...]

Die sogenannte politisch-moralische Einheit, die uns durch das gefälschte Wahlergebnis vorgetäuscht werden soll, ist mehr denn je eine Fiktion. Diejenigen, die eine Gegenstimme abgegeben haben oder der Wahl ferngeblieben sind, haben mit ihrem Votum ein Signal gegeben, daß endlich gesellschaftliche Fragen zu einer öffentlichen Angelegenheit werden. Wir brauchen eine Stabilität, die sich auf den Ausgleich der vorhandenen Meinungen und Interessen gründet, auf die Zivilcourage und das Verantwortungsbewußtsein der einzelnen in ihrer Vielfalt. Durch die bestehende Stabilität der Angst wird die Wunde der Spaltung unserer Gesellschaft nur vertieft, statt sie zu heilen.

Dringend notwendig ist eine Reform des Wahlrechts, die das Wahlgeheimnis garantiert und dem Bürger die Möglichkeit gibt, wirklichen Einfluß auf die Zusammensetzung der Volksvertretungen zu nehmen. Dies setzt die Zulassung unabhängiger Interessengemeinschaften entsprechend der verfassungsrechtlich garantierten Vereinigungsfreiheit voraus. Es muß endlich Schluß sein mit der fortwährenden Abgrenzung der Regierenden gegen die Kritik durch die Bürger. Gesellschaftliche Fragen gehen alle an und müssen durch offene Aussprachen geklärt werden. Das gesicherte Recht des Bürgers, seine Meinung frei und öffentlich zu äußern, fördert das Verantwortungsbewußtsein des einzelnen und schafft damit die Grundlage für die notwendige Demokratisierung unserer Gesellschaft.

Nr. 5
„...daß man den Dialog in der Gesellschaft eröffnet“

Aus einem Vortrag von Dr. Hans-Jürgen Fischbeck am 13. August 1989

„*Die Partei stärkt unablässig den Staat*“, so heißt es in den Thesen des ZK zum 70. Jahrestag der Gründung der KPD. Sie hat es weit gebracht damit. Der Staat durchdringt alles und reicht überall hin bis in die Privatsphäre des Bürgers namentlich durch die Erfassung von Daten in der geheimen Personaldatei, durch gelegentliche Eingriffe in das Post- und Fernmeldegeheimnis und andere Überwachungsmaßnahmen. Nahezu alle gesellschaftlichen Aktivitäten sind staatlich institutionalisiert und werden staatlich administriert und kontrolliert. Am wichtigsten ist dabei die lückenlose Abgrenzung der Öffentlichkeit gegen alle eigenständigen, nicht staatlich kontrollierten Regungen aus der Gesellschaft. [...] Man kann von einer Verstaatlichung der Gesellschaft sprechen. Erst wurden die Produktionsmittel verstaatlicht und dann die ganze Gesellschaft. [...]

Eine weitere wesentliche Struktur der Abgrenzung ist die institutionalisierte Geheimhaltung. Von oben nach unten wirkende Informationsfilter verbergen den eigentlichen Prozeß der politischen und ökonomischen Willens- und Entscheidungsbildung. Das, was alle angeht und betrifft, bleibt geheim, ist keine öffentliche Angelegenheit, ist keine *Res Publica.* So gesehen ist die DDR keine Republik. Mit besonderer Sorgfalt wird die sozialistische Staatsöffentlichkeit abgeschirmt gegen alle unliebsamen Meinungsäußerungen aus der Gesellschaft, sei es in den Medien, sei es in Veranstaltungen, sei es auf der Straße. Dafür gibt es ein ausgeklügeltes Zensursystem staatlicher Genehmigungsverfahren und auf der Straße nicht nur die Polizei. [...]

Integrierender Bestandteil der „Stabilität der Angst" ist die Mauer: Jeder weiß, daß es lebensgefährlich ist, sich ihr zu nähern. Sie ist ein Fossil des Stalinismus. Ihr Anachronismus ist in diesen Tagen durch den Abbau der ungarischen Grenzsperren erneut weltöffentlich geworden. Damit wurde auch deutlich, daß die äußere Öffnung Ungarns die logische Konsequenz der inneren Öffnung ist. Die innere Öffnung auch in der DDR ist der einzige Weg zum Abbau der Mauer. [...]

Das staatssozialistische System steckt in einer tiefen Krise, aus der es nur durch einen tiefgreifenden Wandel herauskommen kann. In der Sowjetunion, Ungarn und Polen wird deshalb ein Weg einschneidender, einen neuen Grund legender Reformen beschritten, die die Stabilität der Angst überwinden und eine neue Stabilität herbeiführen sollen. Die Notwendigkeit von Reformen auch in der DDR kann nicht länger mit der lächerlichen Behauptung beiseite geschoben werden, man hätte solche Reformen schon immer gemacht und alles andere sei unverschämte Einrede des Klassenfeindes, der den Sozialismus beseitigen wolle. Die politische Krise des Staatssozialismus in der DDR verschärfte sich erst in jüngster Zeit durch den Zwang zur Wahlfälschung und die anschwellende Ausrcisebewegung über Ungarn. Die Wahlfälschung erschütterte die Vertrauensbasis jeden Dialogs mit der Staatsführung und zeigte, daß Reformen von oben nicht zu erwarten sind. Deshalb kommt es darauf an, daß man den Dialog in der Gesellschaft und mit den Betroffenen und nicht länger über ihre Köpfe hinweg eröffnet. Es wird höchste Zeit, daß auch in der DDR die Suche nach einer neuen Stabilität durch eine demokratische Erneuerung des Sozialismus beginnt. Auf friedliche Weise kann dies nur in einem breiten, offenen und öffentlichen Dialog geschehen. Viele Menschen wollen das, aber es gibt in unserem Land keine gesellschaftliche Kraft, die diesen Wunsch vertritt. Die Nationale Front tut es nicht. Deshalb ist es an der Zeit, eine oppositionelle Sammlungsbewegung zur demokratischen Erneuerung ins Leben zu rufen.

Nr. 6

„Oppositionelle Sammlungsbewegung"

Aus einem Vortrag von Dr. Gerhard Weigt am 13. August 1989

Es entspricht den Grundsätzen unserer Verfassung, daß „jeder Verantwortung für das Ganze trägt" (Artikel 3,2) und „jeder ... seine Kraft aus freiem Entschluß zum Wohle der Gesellschaft ... ungehindert entfalten (kann)" (19,3). Wir beziehen noch die von der DDR unterzeichneten KSZE-Beschlüsse und -Verpflichtungen zur Einhaltung der Menschenrechte mit ein. Wir wollen diese Grundsätze und Verpflichtungen wörtlich nehmen – allerdings illusionslos, denn „die Souveränität des werktätigen Volkes" ist verfassungsmäßig „verwirklicht auf der Grundlage des demokratischen Zentralismus" (47,2). [...] Durch Administration der Siegermacht auf unserem Territorium wurden in bezug auf diese Verfassung (von 1949, L.M.) verfassungswidrige Verhältnisse geschaffen. Die Verfassung aus dem Jahre 1949 galt formal bis 1968, war gesamtdeutsch, parteienneutral, demokratisch und rechtsstaatlich orientiert. Sie gewährte dem Bürger neben dem unschätzbaren sozialen Recht auf Arbeit in der Tat heute so utopisch klingende Rechte wie die auf Auswanderung, Streik, Vereinigung und Volksbegehren. Gegen Maßnahmen, die der Verfassungsmäßigkeit widersprachen, hatte jedermann „das Recht und die Pflicht zum Widerstand". Das Geschehen um den 17. Juni 1953 und der Bau der Mauer heute vor achtundzwanzig Jahren müssen auch in diesem Lichte gesehen werden. Ich möchte noch hinzufügen, daß in dieser Verfassung auch „das Recht der Religionsgemeinschaften, zu Lebensfragen des Volkes von ihrem Standpunkt aus Stellung zu nehmen, unbestritten" blieb. [...]

Die politischen Randbedingungen, unter denen wir heute leben, sind vor allem durch die Reformbewegungen in der Sowjetunion, in Polen und Ungarn andere geworden, auch wenn das bei uns heute noch vorwiegend „gegenreformatorische" Kräfte des Staates wachruft. Die *„Breshnew-Doktrin"* hat ihre Gültigkeit verloren. Auch die DDR hat damit ein Stück mehr Souveränität gewonnen, was zugleich auch mehr Souveränität für ihre Bürger bedeutet. Wir dürfen unsere Hoffnungen nicht ausschließlich außerhalb unseres Landes suchen, nicht durch Kopieren fremder Gesellschaftsmodelle und ebensowenig durch resignierende Aufgabe unseres hiesigen Existenz- und Heimatrechts, d.h. durch Ausreise. Wir lernen allerdings von den Ländern, in denen das allgemeine Versagen staatssozialistischer Regierungsformen bereits katastrophale Ausmaße angenommen hat, daß auch eine „sozialistische Gesellschaft" nicht ohne eine qualifizierte Opposition auskommen kann, die über alternative Wirtschafts- und Gesellschaftspolitik nachdenkt und Fach- und Sachverstand gegebenenfalls konstruktiv einbringen kann. Ohne sie ist eine Gesellschaft gleich einem Torso, an Haupt und Gliedern amputiert, und sie kann ohne fremde Hilfe ihre eigenen Probleme nicht lösen. [...]

Mit der Forderung einer DDR-weiten Sammlungsbewegung, die natürlich den bisherigen kirchlichen Rahmen sprengen könnte, ginge auch eine Personalisierung und Strukturierung dieser Bewegung einher. In kompetenten Themengruppen könnten demokratische Erneuerungskonzepte unserer Gesellschaft diskutiert und entwickelt werden. Diese oppositionelle Sammlungsbewegung, die durchaus nicht den Status einer Partei haben müßte, aber den starken Willen zum gesamtgesellschaftlichen Konsens, könnte einen öffentlichen und breiten Dialog in Gang setzen. Sie wäre demokratisch legitimiert, neben den Kirchen Partner für den notwendigen großen Dialog mit dem Staat, der in Öffentlichkeit und gegenseitigem Vertrauen aufrichtig und verantwortungsvoll nach neuen Wegen suchen soll, ohne aufs Spiel zu setzen, was in unserer Gesellschaft an sozialer Gerechtigkeit verwirklicht worden ist. Wenn die staatliche Seite zudem bereit sein könnte, uns zuzugestehen, daß es uns allen Ernstes um das Wohl unserer Gesellschaft geht, wäre damit ein Stück unfruchtbaren Freund-Feind-Denkens und ein Stück Abgrenzung überwunden. Damit wären auch Hoffnungen und Zukunftserwartungen geweckt, die die Entwicklung unserer Gesellschaft stimulieren würden.

Ich könnte mir auch vorstellen, daß der durch die stalinistische Politik früherer Jahre monolithisch zusammengefügte *„Demokratische Block"* unserer Parteien wieder zu einer konkurrierenden Gruppe unabhängiger Parteien wird. Damals zwangsweise ausgegrenztes liberales, sozialdemokratisches und christliches Gedankengut müßte wieder aufgenommen werden.

Nr. 7

„Wirkliche Selbstbestimmung erfordert das Besinnen auf die eigene Kraft“

Aus einem Beitrag von Ulrike Poppe in „Demokratie jetzt – Zeitung der Bürgerbewegung“, Nr. 4 (November 1989)

Die Bürgerbewegung „Demokratie jetzt“ setzt sich für eine demokratische Erneuerung ein. Demokratie *jetzt* heißt: die grundlegende Demokratisierung ist unaufschiebbar. Die Krise in unserem Land ist offen zutage getreten – lange genug wurde versucht, durch Verhinderung von Öffentlichkeit, Medienzensur und Wahlbetrug das Ausmaß von Frust und Unmut totzuschweigen, die Ursachen der Fehlentwicklungen zu verleugnen. Nun scheint es, als habe die Aufbruchstimmung fast das ganze Volk erfaßt. Aus der Losung *„Wir sind das Volk“* spricht ein neues Selbstbewußtsein. Denen, die vorgaben, zum Wohle des Volkes zu regieren, tritt das Volk jetzt mit eigener Stimme entgegen. Die Krise ist allmählich gereift, und die Ursachen reichen weit zurück. Der Unmut aber und der Erneuerungswillen der Menschen artikulieren sich plötzlich mit ungewohnter Heftigkeit. Die Situation erfordert schnelles Handeln, das der Regierung nicht allein überlassen werden kann. Wirkliche Selbstbestimmung erfordert das Besinnen auf die eigene Kraft. [...] Von regierungsamtlicher Seite ist zu hören, Demonstrationen würden den Dialog gefährden, den Staat unter Druck setzen usw. Dem halten wir entgegen, daß Demonstrationen nicht gegen die Politik des Dialogs gerichtet, sondern als öffentliche Willensbekundung ein Teil von ihr sind, um diese unumkehrbar zu machen. Wenn Herr Krenz von Demokratie spricht, sei er darauf hingewiesen, daß Demonstrationsfreiheit ein Grundrecht ist. Wer dieses in Frage stellt, weckt Zweifel an der Ernsthaftigkeit eines Neubeginns. Wird das Dialogangebot mit Drohungen unterlegt, die sich auf die Demonstrationen beziehen, wird es schon wieder zum Gnadenakt, dessen sich das Volk durch sogenannte Ruhe und Ordnung würdig erweisen soll. Die körperlichen und seelischen Wunden des Terrors durch die Polizei- und Sicherheitskräfte am 7./8. Oktober sind noch nicht verheilt, die Verantwortlichen dafür noch nicht zur Rechenschaft gezogen. Zunächst ist es wohl Sache der Regierung, ihre Glaubwürdigkeit als Dialogpartner unter Beweis zu stellen. [...]

Wir gehen davon aus, daß es für die SED weiterhin eine Existenzberechtigung in der DDR-Gesellschaft gibt – allerdings als gleichberechtigte Partei neben anderen. Die selbständige Profilierung einer jeden Partei trägt der Pluralität unserer Gesellschaft Rechnung. Die Bürgerbewegung „Demokratie jetzt“ will [...] Reformideen entwerfen, die in der ganzen Gesellschaft diskutiert werden können. Demokratische Rechte müssen eingeklagt werden. Eine entscheidende Methode ist aber auch einfach die Wahrnehmung dieser Rechte, obwohl sie uns zur Zeit noch nicht zugestanden sind. Wir reden frei, wir versammeln uns und organisieren uns, wir demonstrieren und veröffentlichen Druckschriften. Die Gesellschaft ist auf dem Wege, daß diese Rechte zur selbstverständlichen Praxis werden. „Demokratie jetzt“ ist keine Partei und keine Vereinigung mit festen Mitgliedschaften. „Demokratie jetzt“ will mit Aktionen, Aufrufen und zur Diskussion gestellten Reformvorschlägen die öffentliche Willensbildung und die Selbstorganisation gesellschaftlicher Kräfte anregen und fördern.

Nr. 8
„Unterordnung des Staates unter die Politbürokratie"

Erklärung zur Wahl von Egon Krenz zum Vorsitzenden des Staatsrates, 25. Oktober 1989

Die Initiativgruppe der Bürgerbewegung „Demokratie jetzt" bedauert die Wahl des Generalsekretärs der SED Egon Krenz zum Vorsitzenden des Staatsrates und zum Vorsitzenden des Nationalen Verteidigungsrates.

Als Vorsitzender der Zentralen Wahlkommission ist Egon Krenz verantwortlich für die Fälschung der Kommunalwahl am 7.5.1989. In seiner Zuständigkeit für Sicherheitsfragen im Politbüro muß er als einer der Hauptverantwortlichen für den gesetzwidrigen Terror der „Schutz- und Sicherheitsorgane" gegen meist friedliche Demonstranten in den Tagen um den 7. Oktober angesehen werden.

Er ist somit in hohem Maße mitverantwortlich für die andauernde Staatskrise der DDR. Dazu kommt, daß er die blutige Niederschlagung der Demokratiebewegung in China wiederholt und zuletzt bei seiner Chinareise im September begrüßt und gutgeheißen hat. Es muß bezweifelt werden, daß er als Vorsitzender des Staatsrates das Vertrauen der Mehrheit der Bevölkerung der DDR genießt.

Die Wahl ohne Gegenkandidat und die Vereinigung der höchsten Staatsämter in der Hand des Generalsekretärs der SED legt den Schluß nahe, daß die Unterordnung des Staates unter die Politbürokratie der Partei in Form des Regimes der Parteinomenklatur weitergehen soll. Dies ist aber nach unserer Einsicht der wesentliche Grund für die gegenwärtige Krise.

Nr. 9
„Ohne festgeschriebene Führungsrolle der SED"

Aufruf zum Volksentscheid, 27. Oktober 1989 in der Berliner Gethsemanekirche

Die Zeit drängt. Das Volk soll entscheiden. Wir brauchen Demokratie für unser Land jetzt.

Wir fragen: Gibt es für den Führungsanspruch der SED, auf den Egon Krenz schon wenige Minuten nach seiner Wahl zum Staatsratsvorsitzenden der DDR verwies, einen klaren Auftrag der Bürgerinnen und Bürger unseres Landes? [...]

Wir fordern: Demokratische Willensbildung ohne festgeschriebene Führungsrolle der SED. Dazu rufen wir zu einem Volksentscheid 1990 auf. Ich unterstütze mit meiner Unterschrift diesen Aufruf.

Nr. 10
„...könnte ein runder Tisch eingesetzt werden"

Vorschlag zur Vorbereitung einer Verfassungsreform, 27. Oktober 1989

Pure Heuchelei und eine Verschleierung der Tatsachen wäre es, wenn von uns behauptet würde, die Wahlrechtsreform sei ohne eine Verfassungsreform durchführbar, die jene Artikel unserer Verfassung abändert, die unser Land in die tiefe Vertrauenskrise geführt haben: die Artikel, die den Führungsanspruch der SED und das Blockparteiensystem zum Verfassungsprinzip erhoben. Wir schlagen daher vor, gemäß Artikel 21.2 und 53 der Verfassung zu einem Volksbegehren für einen Volksentscheid über eine Verfassungsreform aufzurufen, die eine demokratische Willensbildung ohne festgeschriebene Führungsrolle der SED ermöglicht. Während der Diskussion über den Volksentscheid beziehungsweise dessen Vorbereitung könnte ein Runder Tisch zur Arbeit an einer neuen Verfassung eingesetzt werden. Er könnte bestehen aus: Vertretern aus Parlament und Regierung; Arbeitervertretern, die durch Urabstimmung in den Betrieben gewählt sind; Vertretern der Kirchen; Vertretern von Gruppen der außerparlamentarischen Opposition; Vertretern der technischen, wissenschaftlichen und künstlerischen Intelligenz, bestimmt aufgrund ihres bisherigen Engagements für eine demokratische Umgestaltung der DDR. [...]

Unser Konzept einer Wahlrechts- und Verfassungsreform geht davon aus, daß sie gemeinsam mit Volkskammer und Regierung ins Werk gesetzt werden kann. Wenn das nicht möglich sein sollte, ist die einzige denkbare Alternative, daß „Demokratie jetzt" zusammen mit anderen Gruppen, mit allen für eine Umgestaltung der DDR eintretenden Bürgerinnen und Bürgern zu Demonstrationen aufruft. Sie würden das tun aufgrund und im Einklang mit Artikel 20 und 21.1 der Allgemeinen Erklärung der Menschenrechte, die Versammlungsfreiheit und das Recht auf politische Willensäußerung durch gleiche, geheime und freie Wahlen zu diesen Rechten zählen.

Nr. 11

„Nicht etwas Demokratie hier und da, sondern Demokratie schlechthin"

Aus der Rede von Bernd Winkler, Senftenberg,18. November 1989

Die Führung wendet sich – nicht freiwillig, sondern unter dem Druck anhaltender Demonstrationen und Proteste, ausgelöst letztlich dadurch, daß ein Witz Bertolt Brechts in merkwürdiger Umkehrung wirklich zu werden drohte. Brecht äußerte 1953, als die DDR-Regierung ihr undankbares, schlechtes Volk schalt, sie solle es doch auflösen und sich ein neues wählen. Im Herbst dieses Jahres begann sich das Volk selbst aufzulösen, außer Landes zu gehen und die Regierung allein zurückzulassen. Nicht zuletzt übt die wirtschaftliche Misere Druck aus. So in die Defensive gedrängt, produziert die Führung weiter in alter Manier Schlagwörter. Sie will ihre Wende unumkehrbar machen – das hat aber den schalen Geschmack ihrer bekannten Ewigkeitsfloskeln: unverbrüchlich, unverrückbar, unerschütterlich. Es liegt in der Natur einer Wende, umkehrbar zu sein. Wir geben uns nicht zufrieden mit ihren Wendemanövern, nicht damit, daß sie jetzt Sündenböcke schlachtet – so etwas geschieht nicht zum ersten Mal. [...]

Am 9. November durchlöcherte die DDR-Führung den Eisernen Vorhang entlang der DDR-Grenzen, überraschend, über Nacht. Seither verfolgen uns bewegende Bilder – Jubel, ausgelassene Freude, vor allem bei den ganz Jungen, aber auch das vorsichtige, zögernde Tasten beim Grenzübergang, als glaube man es noch nicht. So verhalten sich Menschen, die jahrzehntelang in Haft gehalten wurden, sie werden gezeichnet sein noch für lange Zeit. [...]

Solange der Mauerbau nicht als Verbrechen gegen die Menschlichkeit verurteilt ist, solange die Staatsführung – ihr Sprecher Krenz – darauf besteht, daß es ihr souveränes Recht sei, das Volk einzumauern oder ihm die Bewegungsfreiheit zu gestatten, je nach Situation und Gutdünken, solange steht die Mauer noch! Ein Herrschaftssystem ist in seiner Krise, es hat das Land, das Volk, die Wirtschaft an den Rand des Ruins gebracht. Es ist die Herrschaft einer von einer Machtzentrale gesteuerten totalitären Bürokratie, die das gesamte gesellschaftliche Leben unter ihre Kontrolle gebracht hat.[...]

Eine günstige äußere Konstellation, ein Anlaß – und der Mantel des Schweigens und der Angst zerriß. Überraschend – wohl für alle – wie viele spontan ihre Kraft zu einer großen Bewegung verbanden. Wir sind aufgestanden für die Demokratisierung der Gesellschaft – nicht für etwas Demokratie hier und da, sondern für Demokratie schlechthin. Der Prozeß ist eingeleitet, durch den Druck des Volkes, und unser Druck wird weiterhin nötig sein, damit nichts ins Stocken gerät. [...] Wer jetzt immer noch mißtrauisch ist, wer wachsam bleibt auch angesichts der geöffneten Grenzen, der ist nicht blind, und böswillig nur in den Augen derer, die die alte Macht auf neue Weise aufleben lassen wollen. [...]

Nr. 12
„Demokratie wird der zentrale Begriff"

Aus den Programmaussagen der Bürgerbewegung „Demokratie jetzt", Dezember 1989

12.1.
1. Für eine solidarische Gesellschaft und ihren demokratischen Rechtsstaat
1.1. Situation
Der Strukturwandel in unserem Lande verlangt eine Neubewertung gesellschaftsrelevanter Begriffe und Zusammenhänge sowie eine Hoffnung erzeugende Zukunftsorientierung. Demokratie wird der zentrale Begriff, der das Verhältnis von Gesellschaft und Staat bestimmt. [...]

1.2. Demokratischer Rechtsstaat
In einem demokratischen Gemeinwesen ist Staatsgewalt so organisiert, daß sie sich stets vom Willen des Volkes herleitet oder auf ihn zurückgeführt werden kann. Der einzelne Bürger, aber auch die gesamte Gesellschaft sind nicht Objekte, sondern Subjekte politischen Handelns. In einem demokratischen Rechtsstaat wird die Macht zum Wohle der Menschen rechenschaftspflichtig, zeitlich begrenzt und in mehrheitlichem Auftrag ausgeübt. Der Auftrag wird Volksvertretern in Wahlen erteilt. Diese indirekte (mittelbare oder repräsentative) Demokratie, auch „Zuschauerdemokratie" genannt, begrenzt die Beteiligung der Bürger auf die Stimmabgabe.

In einer reinen Parteiendemokratie ist darüber hinaus die politische Willensbildung weitgehend auf politische Parteien eingeschränkt. Der Bürger ist von konkreten Sachentscheidungen ausgeschlossen. Freiheit und Gleichheit des einzelnen stehen dazu in einem beträchtlichen Spannungsverhältnis.

Mehr Demokratie wird möglich durch Bürgerbewegungen, in denen jeder mitarbeiten kann, ohne Mitglied einer Partei sein zu müssen. Bürgerbewegungen können parlamentarisch und außerparlamentarisch arbeiten. Sie bieten Möglichkeiten direkter Demokratie. Sie erlauben die Ablösung der Zuschauer- durch eine Mitwirkungsdemokratie. Das beinhaltet eine stärkere Basisorientierung, z.B. öffentliche Entscheidungsvorbereitung mit möglicher Einflußnahme der Bürger, Befähigungsnachweise der Repräsentanten, Anhörung von Bürgerinitiativen sowie regionale oder landesweite Volksentscheide mit änderndem oder auch nur aufschiebendem Charakter. Zu denken ist auch an Mitbestimmung in den Betrieben und Mitbeteiligung der Betriebsangehörigen an denselben.

1.3. Ziele
Unser Ziel ist ein demokratischer Rechtsstaat, der nicht nur in die üblichen drei Gewalten – Gesetzgebung, Regierung und Rechtsprechung – geteilt ist, sondern durch eine vierte Gewalt – die demokratische Öffentlichkeit – kontrolliert und kritisch begleitet wird. Dieser Staat wird dem Schutz der Menschenrechte verpflichtet sein und auf der Grundlage einer zu erarbeitenden Verfassung durch eine zu bildende Verfassungsgerichtsbarkeit rechtsstaatlich kontrolliert werden. Öffentlichkeit, Bildung, Wissenschaft und Kultur sind als wesentliche Lebensäußerungen der

Gesellschaft durch den Staat zu ermöglichen und zu fördern, werden aber von ihm nicht beeinflußt.

12.2.
Mit dem Ende des Kalten Krieges haben wir die Einheit des deutschen Volkes auf elementare Weise neu erfahren. Wir wollen gemeinsam mit allen reformwilligen Kräften in beiden deutschen Staaten eine neue politische Einheit gestalten, gegründet auf eine solidarische Gesellschaft. Diese neue Einheit sollte das Ergebnis eines Prozesses der gegenseitigen Annäherung und der politischen und sozialen Reformen in beiden deutschen Staaten sein. Ein solcher Prozeß soll sich gewaltfrei, unter Respektierung bestehender Vertragswerke und internationaler Verpflichtungen, im Einvernehmen mit den alliierten Mächten und unter Mitwirkung aller europäischen Nachbarn vollziehen. Im Bewußtsein deutscher Schuld und in Verantwortung vor der Geschichte erklären wir unseren europäischen Nachbarn, daß für uns die Grenzen um Deutschland, wie sie nach dem Zweiten Weltkrieg festgelegt wurden, unantastbar sind.

Wir sind der Überzeugung, daß die deutsche Frage nur mit der Unterstützung der europäischen Nachbarn und im Rahmen des KSZE-Prozesses gelöst werden kann. In besonderem Maße wollen wir uns dabei für ein Reformbündnis mit den osteuropäischen Staaten einsetzen. Wir wollen, daß der Prozeß der deutschen Einigung mit deutlichen Abrüstungsschritten in beiden deutschen Staaten verbunden ist.

12.3.
Aus der europäischen Mittellage und der Last unserer Geschichte ergibt sich eine besondere Friedensverantwortung der Deutschen, die das außenpolitische Handeln bestimmen muß. Die Lösung unserer nationalen Frage ist mit der Überwindung der Teilung Europas eng verbunden.

Der Widerstand der osteuropäischen Völker gegen den ihnen aufgezwungenen Stalinismus hat die kommunistischen Despotien weitgehend entmachtet. Dieser Widerstand hat die Völker große Opfer gekostet. Deshalb ist der Wandel in unseren Ländern in seinem Kern ein Befreiungs- und Emanzipationsprozeß. Die Demokratisierung der Gesellschaften im Innern verlangt nach einer außenpolitischen Entsprechung. Die Neuordnung der Beziehungen zwischen den Staaten muß die Neugestaltung der Beziehungen zwischen den Völkern und Gesellschaften zum Ziel haben. Der KSZE-Prozeß ist das wirksamste Instrument zur Förderung von Stabilität und Kooperation in Europa.

Der Prozeß der Demokratisierung in Osteuropa hat die Konfrontation politisch und militärisch weitgehend aufgehoben. Das wirtschaftliche Ungleichgewicht zwischen Ost und West kann aber zu einer neuen Destabilisierung in Europa führen. Ein Scheitern der Reformpolitik in Osteuropa würde also nicht nur die Völker Osteuropas in eine aussichtslose Lage bringen, mit allen Unberechenbarkeiten, sondern auch die wirtschaftliche, soziale und demokratische Entwicklung in Ost- und Westeuropa hemmen. Die Idee eines gemeinsamen Europas der Völker wäre für lange Zeit verloren, die ökologischen Probleme und der Nord-Süd-Konflikt würden verstärkt auf Europa und die ganze Welt zurückwirken.

Nr. 13
„Zusammenhang von Recht und Frieden"

Aus dem Vortrag von Wolfgang Ullmann, 1. Kreisau-Konferenz am 3./4. Juni 1989 in Breslau

Ein für die Nachkriegszeit geschriebenes Regierungs- und Reformprogramm gibt es, in dem ein Bewußtsein für die Aufgaben der Neubegründung des Rechtes lebendig ist: das des Kreisauer Kreises vom 9. August 1943. Hier heißt es am Anfang eines Kataloges von neun Forderungen: „*Das zertretene Recht muß wieder aufgerichtet und zur Herrschaft über alle Ordnungen des menschlichen Lebens gebracht werden.*"[1] [...] Was das Kreisauer Programm nun [...] herausragen läßt, ist [...] die Art und Weise, wie das Christentum hier zur Geltung gebracht wird. Es handelt sich nicht um eine religiöse Legitimation des bestehenden Herrschaftszustandes, sondern umgekehrt darum, eine Erneuerung auf die Bahn zu bringen, in der bestimmte ethische und politische Normen überhaupt erst verwirklicht und durchgesetzt werden müssen: die volle Glaubens- und Gewissensfreiheit samt der Beseitigung all dessen, was gegen sie verstößt (Grundsatz 2); die Brechung jeder Form totalitären Gewissenszwangs und die Anerkennung der unverletzlichen Würde der menschlichen Person als Grundlage der zu erstrebenden Rechts- und Friedensordnung; die wirksame Mitverantwortung aller in Industrie, Ökonomie und Politik; die Sicherung ethnischer Kulturautonomie, auch um den Preis der Einschränkung einzelstaatlicher Souveränitätsrechte.

[...] Hier sehen wir einen Zusammenhang wahrgenommen, der für unser Leben nach den Weltkriegen elementare Bedeutung erlangt hat, den von Recht und Frieden. Denn wir haben erkannt, daß Frieden etwas anderes ist als bloßer Waffenstillstand, ein Zwischenzustand zwischen im übrigen unvermeidbaren Kriegen, die man irgendwie zu überleben versuchen muß. Nein – Frieden, das ist die prinzipielle Überwindung des Krieges durch die Kommunikation. Und wie anders soll es zu Kommunikation zwischen Streitenden kommen, wenn nicht auf dem Weg und durch die Mittel der Sprache des Rechtes? [...]

Am weitesten in die Zukunft aber weist das Kreisauer Programm der Rechtserneuerung durch die Art und Weise, wie es über die einzelstaatliche Souveränität hinausdenkt, so, daß zu den Grundsätzen für eine Wiederaufrichtung der Staatsautorität in Deutschland ein Memorandum über das europäische Verfassungsproblem notwendig hinzugehört. [...] Konzipiert wird keiner der herkömmlichen Staatenbünde (wie die Heilige Allianz von 1815) oder einer der bekannten Bundesstaaten, sondern – so lautet die entscheidende Formulierung – eine genossenschaftliche Verwaltung der Souveränitätsrechte. [...] Wer es begrüßt, daß das politische Gespräch über das gemeinsame Haus Europa begonnen hat, sollte es den Kreisauern danken, daß sie Europa denken als eine Form der Völkerkommunikation, d.h. nicht als eine schon bestehende Einheit, die es nur einzurichten gelte, sondern vielmehr als eine erst

1 Zitiert nach *W.E. Winterhager* (Hrsg.), Der Kreißauer Kreis, Ausstellungskatalog, Berlin 1985.

Mahnwache für die politischen Gefangenen, Berlin (Gethsemane-Kirche), 24. Oktober 1989

oben: MfS-Observation der Mahnwache Gethsemanekirche

unten: MfS-Observationsfoto

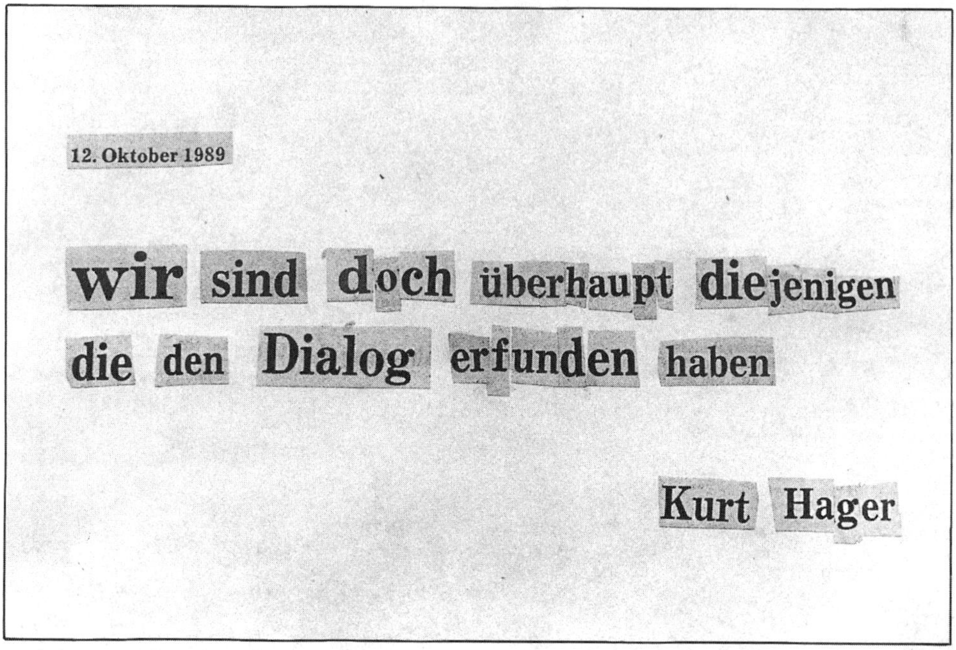

unten: Politbüromitglied Krenz bei der Begrüßung durch Ministerpräsident Li Peng, Peking, 30 September 1989

oben: Gedenken an die Opfer der Gewalt in China, Berlin (Erlöserkirche), Juni 1989

unten: Vorstellung neuer oder entstehender Parteien und Bürgerrechtsgruppen, Berlin (Erlöserkirche), 6. Oktober 1989. (U.a. von rechts nach links Ibrahim Böhme, SDP; Hans-Jürgen Fischbeck, Demokratie Jetzt; Ehrhart Neubert, Demokratischer Aufbruch; Rainer Eppelmann, DA; Wolfram Hülsemann, DA; Ulrike Poppe, DJ; Werner Fischer, Initiative Frieden und Menschenrechte)

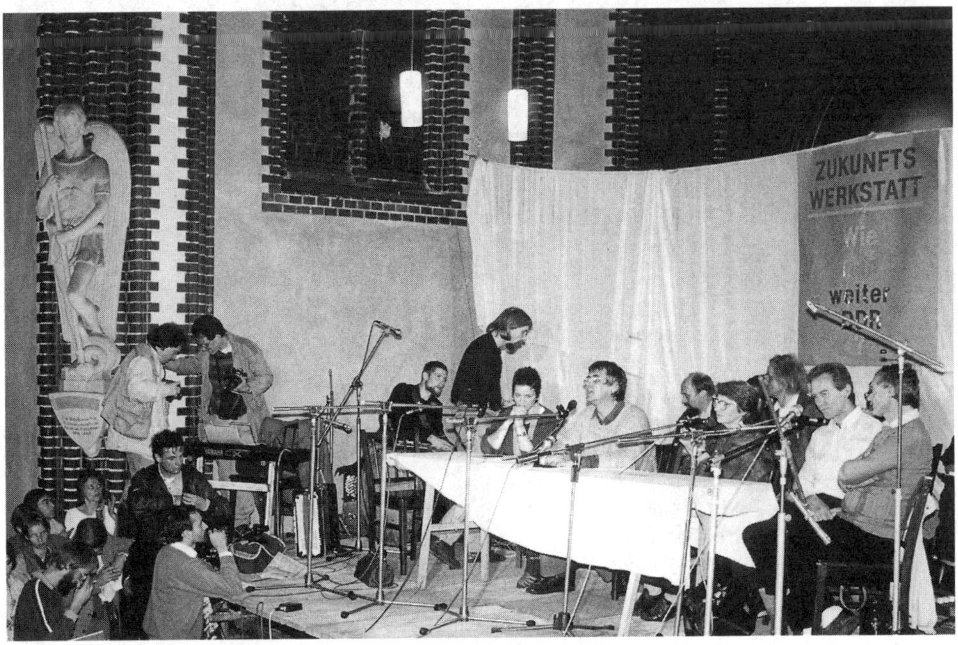

Bärbel Bohley, Mitbegründerin des „Neuen Forums“, Interview vor ihrem Haus, September 1989

Demonstration Berlin, 7. Oktober 1989

oben: „Blüte“ aus dem Herbst 1989

unten: Demonstrationen fanden nicht nur in den großen Städten statt

SDP
Zulassen!

Für feste Einheit und Geschlossenheit der
Länder der sozialistischen Gemeinschaft !
Nikolaikirche
offen für alle

oben: Berlin, 24. Oktober 1989

unten: Diskussionsveranstaltung mit Gründern des „Neuen Forums", Berlin, 27. Oktober 1989

Martin Gutzeit, Stephan Hilsberg

Die SDP/SPD im Herbst 1989

1. Vorbemerkung[1]

Für die Initiatoren war die Gründung der Sozialdemokratischen Partei in der DDR (SDP) eine Reaktion auf die politische Situation im Jahre 1988/89 – mit deutlichem und bewußtem Bezug auf die Geschichte seit 1945/46, insbesondere auf die Zwangsvereinigung von SPD und KPD. Die Entstehung dieser Initiative sowie die Entwicklung der Partei bis zur Berliner Delegiertenkonferenz im Januar 1990 soll in den folgenden Kapitel beschrieben werden.

Die vermuteten wie die tatsächlichen Handlungsspielräume der Geschichte wie der Politik ergeben sich nicht zuletzt aus der Perspektive der betrachtenden Zeitgenossen, mithin der potentiellen politischen Akteure. Wenn das zutrifft und in dem Maße wie dies zutrifft, ist es nicht nur gerechtfertigt, sondern erforderlich, über die insoweit berücksichtigenswerte persönliche (Vor-)Geschichte von Markus Meckel und Martin Gutzeit zu berichten. Ex post ergibt sich daraus zugleich eine Möglichkeit zur selbstkritischen Überprüfung ihrer damaligen Wahrnehmung von Wirklichkeit.

Die geschichtliche und politische Bewertung der Gründung und der Art und Weise der Etablierung der Sozialdemokratischen Partei in der DDR ist bis heute nicht unumstritten. War die Gründung einer Partei der Verrat an der basisorientierten Bürgerbewegung? Bedeutete die Gründung einer sozialdemokratischen Partei in einer Phase von Glasnost und Perestrojka nicht die Ausgrenzung von reformwilligen und reformbereiten Kräften der SED und damit die Verhinderung einer breiten und starken linken politischen Kraft? Wurde hiermit nicht ein ganz anderer, alternativer Weg der Politik in Deutschland unmöglich gemacht? Überhaupt: war die Gründung einer solchen Partei als Kopfgeburt einiger Pfarrer nicht eigentlich ein illegitimer Akt, der diese Parteigründung von vornherein diskreditierte? Vielleicht können die folgenden Ausführungen zur Beantwortung dieser Fragen beitragen.[2]

2. Die gedankliche Vorbereitung zur Gründung der Sozialdemokratischen Partei in der DDR

Sozialdemokratie und Revolution werden nicht unbedingt in einen nahen Zusammenhang gebracht. Von der Idee der Gründung einer sozialdemokratischen Partei in der DDR gilt dies in mehrfacher Hinsicht nicht. Sie entstand mit dem bewußten Ziel der Überwindung der SED-Herrschaft und der Umwälzung der gesellschaftlichen und politischen Verhältnisse in der DDR, einem grundsätzlichen politischen Paradigmenwechsel, auch wenn in den öffentlichen Erklärungen von „Reformen" und nicht von „Revolution" geredet wurde.[3] Die Zwangsvereinigung von SPD und KPD im Jahre 1946 war ein nur ein scheinbar ‚revolutionärer' Akt der sowjetischen und deutschen Kommunisten, der die Vernichtung der Sozialdemokratie auf dem Gebiet der Sowjetischen Besatzungszone (SBZ) nicht nur in machtpolitischer, sondern auch in ‚geschichtsmetaphysischer' Absicht zum Zweck hatte und mit dem gravierende Auswirkungen hinsichtlich der Etablierung der Spaltung Deutschlands verbunden waren. Die Wiedergründung einer sozialdemokratischen Partei in der DDR bezweckte das Rückgängigmachen dieses auf eine Diktatur zielenden reaktionären Aktes, d.h. eine Revolution in emanzipatorischer Absicht und auf eine Revision der Geschichte in Richtung auf die Etablierung einer Demokratie westlichen Zuschnitts im Gebiet der DDR. Nicht zuletzt war sie die praktische Zurückweisung eines (angeblichen) philosophischen Konzepts und – um es vorsichtig zu formulieren – die Ermöglichung anderer Konzepte, deren historische Verunmöglichung Ziel der vorhandenen Ideologie war.

Dies alles blieb aber nicht nur Absicht.[4] Die Existenz einer sozialdemokratischen Partei in der DDR mußte eine revolutionäre und systemsprengende Bedeutung erlangen. Sie war in das bestehende System auf keine Weise integrierbar[5]. Sie stellte allein durch ihre Existenz die SED und damit letztlich die DDR in Frage.[6]

Sowohl der Entstehungszusammenhang der Idee wie auch der Verlauf der Vorphase der Initiative zur Gründung einer Sozialdemokratischen Partei in der DDR ist in verschiedener Hinsicht ungewöhnlich, insbesondere, wenn man sie ins Verhältnis zur Tradition der Partei setzt, die gegründet werden sollte. Die Idee schien zunächst Ausfluß und Ergebnis einer „Kopfgeburt" einiger weniger zu sein. Als wir sie in der oppositionellen Szene zur Diskussion stellten, traf sie überwiegend auf Ablehnung und Skepsis. Die Idee der Gründung einer Sozialdemokratischen Partei erwies sich im Verlauf des Herbstes 1989 jedoch als tragfähig, denn sie knüpfte in der Breite der Bevölkerung an vorhandene Werte, Vorbilder und Vorstellungen von Politik an, die selbst 40 Jahre SED-Herrschaft nicht hatten beseitigen können.

So unbescheiden dies auf den ersten Blick klingen mag: Die Idee zur Gründung einer politischen Partei entstand im August 1988 im Zusammenhang meiner damaligen philosophischen Studien, meiner Analyse der allgemeinen politischen Situation und langjährigen entsprechenden Auseinandersetzungen mit dem SED-Regime. Zu diesem Zeitpunkt war ich Assistent für Philosophie am Sprachenkonvikt Berlin, einer staatlich nicht anerkannten evangelischen kirchlichen Hochschule, und schrieb an einer Arbeit zu Hegels Religionsphilosophie und Logik. Ein zentraler Gegenstand der Studien zu dieser Arbeit, deren vorläufiger Arbeitstitel „Logik der Versöhnung" lautete, war die Struktur der Hegelschen Logik (Sein, Wesen und Begriff) und insbesondere die Form und der Verlauf der Übergänge innerhalb und zwischen den jeweiligen Ebenen der Logik. Im Verlauf dieser Studien gelangte ich zu Schlüssen über die Logik von Macht und Freiheit, die mich im August 1988 zu einer Umformulierung meines ursprünglichen Arbeitstitels veranlaßten. Meine theoretischen Folgerungen hatten praktische Konsequenzen. Die totalitäre Bestimmtheit der mich umgebenden geistigen, gesellschaftlichen und staatlichen Wirklichkeit durch die Gründung einer politischen Partei aufzubrechen, schien mir aufgrund dieser Einsichten nicht nur nachdringlich geboten, sondern auch möglich.[7] Ich verhehle nicht, daß mich eine euphorische Stimmung erfaßte, als ich glaubte, eine Gegenlogik[8] gegen die scheinbar unüberwindlichen Machtverhältnisse gefunden zu haben, denen ich mich bis dahin ziemlich ohnmächtig ausgeliefert fühlte.

Die Studien standen für mich im Kontext eines geistigen Klärungs- und Kommunikationsprozesses, der für Markus Meckel und mich schon mit dem gemeinsamen Studium in den 70er Jahren begonnen hatte. In dieser Zeit haben wir recht kontinuierlich Lektürekreise, Seminare und gemeinsame private Studien zu unterschiedlichsten philosophischen Fragen organisiert. Wir studierten Plato und Aristoteles, Thomas von Aquin und Nikolaus von Kues, Kant, Fichte und Hegel, Marx und. Vielleicht könnte man diese Studien unter den Titel „Metaphysik und Politik"[9] stellen. Ende der 70er Jahre hatten diese Bemühungen schon zu einer Reihe von Klärungen geführt, die für uns nicht mehr zur Diskussion standen, wie z.B. die Bewertung von Recht, Staat, bürgerlicher Gesellschaft[10] und der Dimension von Freiheit. Auch nach Beendigung unserer theologischen Ausbildung haben wir diese philosophischen Seminare fortgesetzt. Besonders fruchtbar waren für uns von 1980 bis 1989 regelmäßige Treffen mit Studenten und Assistenten aus dem Umkreis des Lehrstuhls von Michael Theunissen (FU Berlin). Seit 1984 trafen wir uns dann auch mehrmals im Jahr in einem philosophisch-theologischen Studienkreis, der bei Peter Hilsberg[11]stattfand. Dazu gehörten u. a. auch Arndt Noack, Wolfgang Templin und Richard Schröder. Aber auch Ibrahim Böhme, der dem MfS über diese Treffen berichtete, war dabei. Das Menschenrechtsseminar Ende August 1989, auf dem wir dann den Aufruf zur Gründung einer Sozialdemokratischen Partei das erste Mal öffentlich vorstellten, wurde von diesem Kreis organisiert.

Neben diesem geistigen Kontext für die Entstehung der Idee zur Gründung der Sozialdemokratischen Partei spielten persönliche und praktische Erfahrungen in den Auseinandersetzungen mit dem SED-Regime offensichtlich eine maßgebliche Rolle. Markus Meckel und ich wuchsen in protestantischen Pfarrhäusern auf und erlebten in diesem Kontext von Jugend an den Konflikt mit dem SED-Staat. Aufgrund seiner Weigerung, eine zustimmende Erklärung zur Niederwalzung des Prager Frühlings zu unterzeichnen, mußte Markus Meckel die Erweiterte Oberschule verlassen. Ich habe als Elektromonteurlehrling entsprechende Erfahrungen gemacht: Da man mir unterstellte, ich hätte als „Rädelsführer" einige meiner Mitlehrlinge veranlaßt, bei einem der vormilitärischen Ertüchtigung gewidmeten Lauf den erwarteten Eifer zu verweigern, machte man es mir für drei Monate unmöglich, am Unterricht des Abiturkurses teilzunehmen, den ich an der Volkshochschule neben meiner Berufsausbildung besuchte. Beide verweigerten wir den Wehrdienst total, blieben aber von der damit dem Gesetz nach verbundenen Gefängnisstrafe verschont. Schon seit der zweiten Hälfte der 70er Jahre rezipierten wir nicht nur regimekritische Literatur, sondern kopierten sie illegal und verbreiteten sie. Nach Abschluß unseres Studiums engagierten wir uns in den 80er Jahren aktiv in der kirchlichen Friedensbewegung. Im Jahr 1982 gründete Markus Meckel in seiner Gemeinde Vipperow (Mecklenburg) einen Friedenskreis, in dem ich mitarbeitete. Seit 1982 organisierten Markus Meckel und ich gemeinsam mit einem Vorbereitungskreis jährlich im Sommer stattfindende Friedenswanderungen für Teilnehmer aus der gesamten DDR. Markus Meckel wirkte maßgeblich in überregionalen Aktivitäten mit, z.B. in der AG Frieden der Mecklenburgischen Landeskirche seit 1982 und den Treffen von „Frieden konkret" seit Anfang 1983. Thematisch befaßten wir uns nicht nur Friedens- und Sicherheitsfragen. Neben Umweltproblemen und Problemen der Dritten Welt beschäftigte uns die Bedrohung im innenpolitischen Bereich: Diskriminierung und Repression in der DDR. Markus Meckel befaßte sich 1983 explizit in einem Aufsatz mit dem Titel *„Friedensarbeit im Widerspruch. Zur Friedensarbeit in der DDR, September 1983"*[12] mit Schwierigkeiten, die sich für uns bei dieser Arbeit ergaben. Die vielfältigen Erfahrungen ließen bei uns schon 1984 die Erkenntnis reifen, daß die Arbeit dieser Gruppen, so wichtig sie war, den politischen Herausforderungen nicht gerecht wurde – weder dem Selbstverständnis nach, noch in der Zielstellung, noch in der Organisationsform der Arbeit. In den Jahren 1984/85 luden wir Mitglieder der oppositionellen Szene zu drei Treffen ein, die, wie wir heut wissen, vom MfS als Vipperower Konzeptionskreis bezeichnet wurden. Wenn auch schon damals das Wort „Revolution" fiel, so konnte man sich doch auf kein entschiedenes, politisches Handeln verständigen. Es wurde weiter auf das Arbeiten in Gruppen und eine Vernetzung der Arbeit gesetzt.[13]

Zu einer einschneidenden Zäsur wurden für uns die Ereignisse im Zusammenhang der Rosa-Luxemburg-Demonstration im Januar 1988. Noch am Vorabend der Demonstration hatte ich am Rande eines Treffens des philosophisch-theologischen Studienkreises ein Gespräch mit Wolfgang Templin, Mitglied der Initiative „Frieden und Menschenrechte" (IFM), über die Notwendigkeit veränderter politischer Handlungsformen und Ziele. Als Defizite der IFM benannte ich einerseits die programmatische Unbestimmtheit, das Fehlen der Festlegung klarer politischer Ziele und andererseits Mangel an verbindlichen organisatorischen Strukturen. Templin wies auf die Notwendigkeit von gesellschaftlichem Diskurs, Konsens und Basisdemokratie hin. Schon damals schien mir dies nicht zuletzt angesichts des der Situation geschuldeten Handlungsdrucks, aber auch angesichts der Verfaßtheit und der spezifischen Machttechnik des SED-Regimes ungeeignet, grundlegende Veränderungen herbeizuführen. Für mich spielten hier die Erfahrungen mit den Zersetzungsmethoden des MfS eine Rolle. Im Verlauf der 80er Jahre hatten wir das zweifelhafte Vergnügen, diesen Methoden ausgesetzt zu sein. So sah ich mich im Verlaufe eines dem Thema „Menschenrechte" gewidmeten Friedensseminars in Schwarz, meiner damaligen Mecklenburger Pfarrstelle, veranlaßt, einem aus der Bundesrepublik angereisten Teilnehmer zu erklären, *„daß die Verantwortung für das Nichtzustandekommen einer ordentlichen Arbeit bei den vom MfS eingesetzten Mitteln bzw. Leuten liege"*[14]. Abgesehen von anderen, grundsätzlicheren theoretischen Überlegungen, auf die ich noch eingehe, veranlaßten mich gerade diese politischen Erfahrungen zu einer kritischen Bewertung unserer oppositionellen Bemühungen. Die sich anschließenden Erfahrungen im Zusammenhang mit der Rosa-

Luxemburg-Demonstration bestärkten meine Skepsis gegenüber „herrschaftsfreien Diskursen". Den Ausgang der Ereignisse um diese Demonstration empfand ich als schwere, ja katastrophale Niederlage der oppositionellen Szene. Diese Beurteilung der Situation wurde noch durch westliche Kommentare verstärkt, die von Aktionen *„unruhiger junger Leute"* sprachen. Ohne politisches und taktisches Konzept, ohne Absicherung und Vorbereitung auf unserer Seite konnten SED und MfS großenteils ihre üblen Spiele treiben, obwohl auch in diesem Zusammenhang Solidaritätsaktionen stattfanden, die Mut machten.[15] Diese Ereignisse waren mir eine Lehre, daß zukünftig alles uns Mögliche zu tun sei, daß uns dieses nicht noch einmal passierte. Es mußten dringend neue politische Konzepte und Organisationsformen für Opposition gefunden werden.

In den folgenden Monaten traf ich mich mit Markus Meckel,[16] und wir erarbeiteten ein Konzept für einen *„Verein zur Förderung der Mitarbeit am gesellschaftlichen und politischen Leben in der DDR"*.[17]

Unter dem Namen „Bürgerbeteiligung" sollte sich der Verein mit „Innenpolitik, Wirtschaftspolitik, Bildungspolitik, Kulturpolitik, Rechtspolitik, Außenpolitik" befassen und dabei „nicht eine(r) Alternative, sondern (der) Entfaltung von Vielfalt politischer Lösungen" verpflichtet sein. Im Gegensatz zur SED sollte der Verein „kein(en) Alleinvertretungsanspruch für Vertretung der Interessen der Bürger dieses Staates" beanspruchen, sondern vielmehr der „Förderung der Vertretung der Interessen in der Form einer institutionellen Vertretung dieser Interessen" dienen. Zentrales Ziel waren deshalb die „Herstellung einer demokratischen Öffentlichkeit" sowie der „Aufbau von gesellschaftlichen und staatlichen Institutionen, die Bürger- und Menschenrechte in den Bereichen (politischer, sozialer, kultureller Rechte) in der DDR sichern". Zu diesem Zweck sollte der Verein *„grundlegende politische Richtungen demokratischen Denkens Europas als mögliche Interpreten der Interessen unserer Gesellschaft wieder lebendig [...] machen"*. Dieses Ziel sollte durch die „Gründung von Parteien und Bürgerinitiativen" erreicht werden. Für die Organisationsform des Vereins war uns auf dem Hintergrund der Erfahrungen in der Friedensarbeit der 80er Jahre wichtig, daß der Verein *„ein Statut (rechtl. Verfassung)"* besitzen sollte, daß die *„Rechte und Pflichten der Mitglieder"* sowie *„Beschlüsse [...] nach Willensbildung durch Mehrheiten gefaßt und [...] verbindlich"* sein und „Sprecher [...] auf Zeit gewählt" werden sollten. Es war an den *„Aufbau einer DDR-weiten Struktur"* mit Sprechern und Vertretern gedacht. *„Prinzipien"* des Vereins *sollten „Gewaltfreiheit (und) Orientierung an Bürger- und Menschenrechten"* sein. Ausgangs- und Orientierungspunkt dieses Konzepts waren also die Traditionen und Modelle westlicher Demokratie.

Im Verlauf des Sommers 1988 regten sich bei Markus Meckel und mir Zweifel hinsichtlich der Schlüssigkeit des Vereinskonzeptes. Mir fiel im Zusammenhang meiner Hegelstudien auf, daß es sich bei unserem Konzept um einen das Ganze beanspruchenden Ansatz handelte, der nicht nur nicht gelingen würde, sondern auch Momente totalitärer Ideologien enthielt. Sollte dieser Verein vielleicht eine demokratische nationale Front sein? Mir wurde klar, daß die Gründung einer politischen Partei das geeignete Mittel zur Überwindung der totalitären Herrschaft der SED war. Die Selbstdefinition von oppositionellen Kräften als politische Partei im Sinn von „pars" enthielt zugleich eine neue Rollenzuschreibung für SED in Hinblick auf deren totalitären Anspruch, zu der sie sich gegenüber einer in der beschriebenen Weise definierenden Partei offen und öffentlich verhalten mußte. Die Gründung einer demokratischen politischen Partei würde nicht nur die Machtfrage stellen. Sie sollte von vornherein zugleich zu einem Paradigmenwechsel – vom totalitären zum pluralistischen und damit demokratischen System – führen. Eine solche Gründung hatte nach meiner Ansicht zugleich die positive Seite, aus der Allgemeinheit und Unbestimmtheit des vornehmlich internen oppositionellen Diskurses hinauszuführen und durch programmatische, handlungsorientierte Bestimmtheit sowie strukturell geordnete Verantwortlichkeit den beschriebenen Zersetzungsbemühungen des MfS entgegenzuwirken. Das Eindringen von Spitzeln des MfS – selbst in der Vorbereitungs- und Aufbauphase – war kaum zu verhindern. War aber die antitotalitäre, parlamentarisch-demokratische und rechtsstaatliche Ausrichtung einer Partei erst einmal fixiert – so die grundsätzliche taktische und strategische Einschätzung –, mußte es schwerer werden, diese Programmatik und entsprechendes Handeln in unendlichen Diskursen zu zersetzen. Damit ist nicht behauptet, daß dieses Konzept später durchgängig erfolgreich war.

Die Entscheidung, die Gründung einer Partei vorzubereiten, stellte uns vor eine Reihe weiterer grundsätzlicher und strategischer Fragen.[18] Zuerst stellte sich die Frage der politischen Ausrichtung der Partei. Es bestand theoretisch die Möglichkeit, etwas eigenständig Neues zu beginnen oder eine Tradition der demokratischen deutschen Parteiengeschichte aufzunehmen. Für die Anknüpfung an geschichtlich Reales sprach nicht zuletzt, daß es sich von vornherein auf politische Einstellungen und Präferenzen bezog, von denen ich annahm, daß sie in der Bevölkerung der DDR vorhanden waren. Ein Ansatz ohne geschichtlichen und realen Bezug – als dritter oder völlig neuer Weg – erschien aus vielerlei Gründen nicht sinnvoll. Wer die Macht der SED überwinden wollte, mußte einen Ansatz wählen, der zumindest eine gewisse Breite der Zustimmung finden konnte. Die Gründung einer Partei, die an die Tradition einer realen „Volkspartei" anknüpfte, durchbrach das Ghetto politischer Zirkel und ermöglichte die Identifikation breiterer Schichten, denn sie nahm Bezug auf etwas, was ihnen durch westliche Medien sehr wohl vertraut war. Aufgrund meiner Präferenz für die politischen Ideen von Freiheit, Demokratie und sozialer Gerechtigkeit kam ich sehr bald zu der Überzeugung, daß die Gründung einer Sozialdemokratischen Partei versucht werden sollte. Dafür sprachen nicht zuletzt weitere grundsätzliche und strategische Gründe. Ging man davon aus, daß der totalitäre Macht- und Wahrheitsanspruch der SED geschichtsmetaphysisch begründet wurde, so forderte dies geradezu heraus, nicht nur den Machtanspruch zu bestreiten, sondern auch die historische Legitimität in Frage zu stellen. In diesem Zusammenhang habe ich mich dann mit der Geschichte der SPD nach 1945 befaßt. Dabei stieß ich im Dezember 1988 auf einen Aufsatz von Werner Müller,[19] in dem u. a. die Bedeutung und die Folgen der Gründung der SED dargelegt werden und der mit folgendem Satz endet: *„Um endlich ihren Führungs- und Gestaltungsanspruch realisieren zu können, waren zwei historisch einmalige und unwiederholbare Fakten vonnöten: die Anwesenheit der sowjetischen Besatzungsmacht und die Beseitigung auch nur der bloßen Existenz einer sozialdemokratischen Partei."*[20] Müllers Ausführungen bestätigten mich in meiner Auffassung von der explosiven Bedeutung der Gründung einer sozialdemokratischen Partei in der DDR. Die sowjetischen Besatzungstruppen befanden sich noch in der DDR, jedoch hatte sich nach meiner damaligen Einschätzung die Situation durch Gorbatschows öffentliche Verabschiedung von der Breschnew-Doktrin grundsätzlich geändert.[21] Was fehlte, war die Gründung einer Sozialdemokratischen Partei. Daß damit früher oder später die deutsche Frage auf die Tagesordnung kommen mußte, war im historischen Kontext deutlich. War die SED-Gründung und damit die Beseitigung der Sozialdemokratie *„der erste große Schritt zur Spaltung Deutschlands“*,[22] so war klar, daß die Wiedergründung einer sozialdemokratischen Partei zumindest die Frage erneut aufwerfen würde. Wir haben über diese Zusammenhänge nicht laut gesprochen, denn es gab gute Gründe, sie so gut wie möglich zu verbergen, um mögliche Angriffsflächen gering zu halten.

Die Aufnahme der sozialdemokratischen Tradition hatte neben meiner grundsätzlichen Übereinstimmung mit ihr noch weitere strategische Vorteile. Die SED hatte zwar in ihrer Geschichte beständig *„das Gespenst des ‚Sozialdemokratismus‘, des ‚Opportunismus‘ oder ‚Reformismus‘“*[23] bekämpft, es sprach aber einiges dafür, von der Annahme auszugehen, daß die SED auf dem Hintergrund der Entspannungspolitik und ihrer Dialogpolitik mit der SPD ihr Gesicht verlieren mußte, wenn sie gegen die Gründung einer Sozialdemokratischen Partei mit ihren alten repressiven Methoden vorgehen würde. Zudem konnten wir uns nicht nur auf die Tradition der deutschen Sozialdemokratie, sondern auch auf die der Sozialistischen Internationale (SI) und damit solcher Länder wie Schweden berufen

3. Vom Beginn der gemeinsamen Initiative bis zur öffentlichen Vorstellung des Aufrufs am 26. August 1989

Anfang Januar 1989 ermöglichte ein Treffen mit Markus Meckel in Berlin im Zusammenhang der schon erwähnten regelmäßigen Zusammenkünfte mit Freunden aus dem Fachbereich Philosophie der FU Berlin ein erstes Gespräch. Hinsichtlich der Initiative zur Gründung einer Sozialdemokratischen Partei waren wir uns sehr schnell einig, zumal auch Markus Meckel das Vereinskonzept als ungeeignet verworfen hatte. Damit wurde aus den eher theoretischen Vorüberlegungen unsere gemeinsame Initiative. Da uns am Rande des Seminars nur wenig Zeit blieb, trafen wir uns Ende Januar bei mir in Marwitz, um das Projekt gründlicher durchzusprechen. Gegenstand des Gesprächs war u.a. ein Text, den ich nachträglich mit dem Titel *„Situationsanalyse und Problemlösungen“* (Anhang, Nr. 1) überschrieben habe. Einige Teile stammen aus dem Sommer 1988 und gehören in den Zusammenhang des Vereinsprojektes, das wir damals im Auge hatten. Zu diesem Zeitpunkt war für uns die Frage Verein oder Partei schon entschieden. Die Analyse galt aber nach wie vor:

„[...] Bei unseren östlichen und südlichen Nachbarn ist gesellschaftlich, politisch einiges in Bewegung geraten: Gorbatschow und seine Reformen, Veränderungen in Ungarn, Aufbruch in Polen. Bei uns hingegen nur Erstarrung.“ Wir fühlten uns unter Handlungsdruck und betrachteten das Fehlen einer handlungsfähigen Opposition in der DDR als beschämend. Insofern galt natürlich auch noch die Schlußfolgerung aus der Analyse: *„Was angesichts dieser Situation not tut ist, daß*

wir lernen, selbstbewußt und selbstverständlich die politischen Rechte und Pflichten (Verantwortung) eines Bürgers in Anspruch zu nehmen, nicht nur als Einzelne und als ‚Gruppen', sondern in einer Form, die schon die rechtliche und demokratische Verfassung eines vernünftigen und freien Staatswesens strukturell (in den Handlungsformen) antizipiert."

In unserem Gespräch ging es des weiteren um die Frage des Namens der Partei sowie um erste grundlegende Überlegungen zur Programmatik und zum weiteren Vorgehen. In diesem Zusammenhang reflektierten wir auch die von mir in den Monaten zuvor beschaffte Literatur zu Geschichte und Programmatik der Sozialdemokratie. Vorerst vereinbarten wir, daß ich auf dem Hintergrund unseres Gesprächs einen Entwurf für einen Aufruf erarbeiten sollte. Diesen ersten Entwurf habe ich bis Anfang April 1989 erstellt.

In dieser Zeit fanden erste Gespräche in der oppositionellen Szene über unser Projekt statt. Während des Treffens „Frieden konkret" in Greifswald im Februar – zur den Teilnehmern gehörten auch Gerd Poppe und Heiko Lietz – stellte Markus Meckel in einer Auseinandersetzung mit Hans-Jochen Tschiche, der „Frieden konkret" zu einem festeren Oppositionsverband machen wollte, erste öffentliche Überlegungen zur geplanten Gründung einer Sozialdemokratischen Partei in der DDR an. Unterstützung fand er für sein Projekt nicht. Auf einer Kreisjugendmitarbeiterkonferenz der Kirchenprovinz Sachsen in Gnadau sprach Markus Meckel vor ca. 50 kirchlichen Mitarbeitern über die geplante Parteigründung. Auch Hans-Jochen Tschiche war wieder anwesend. Während der Ökumenischen Versammlung in Dresden Ende April informierte Markus Meckel die späteren Mitinitiatoren des Demokratischen Aufbruch Rudi Pahnke und Friedrich Schorlemmer über den Plan zur Gründung einer Sozialdemokratischen Partei. Ich selbst habe über Christa Sengespeick bei Irena Kukutz und Bärbel Bohley vorfühlen lassen, was beide von solch einem Projekt halten. Das bedeutet, die oppositionelle „Szene" war von unseren Plänen informiert, bevor die Initiativen für die neuen Gruppierungen des Herbstes 1989 konkretere Gestalt gewannen. Die weit verbreitete Auffassung, daß es zuerst eine breite Bürgerbewegung gab, für die als Symbol das Neue Forum steht, und danach die Gründung von Parteien folgte, trifft so nicht zu, zumindest muß man von parallelen Entwicklungen reden.

Am 3./4. Mai 1989 ergab sich die Gelegenheit für ein erstes Arbeitsgespräch über den Entwurf des Aufrufs zur Gründung einer Sozialdemokratischen Partei, den ich mittlerweile erstellt hatte. Auf dem Hintergrund dieses Gesprächs überarbeitete ich den Text in der folgenden Zeit. Eine nächste Überarbeitung erfolgte nach einem weiteren Treffen Anfang Juni. Schließlich trafen wir uns vom 22. bis 24. Juli in Niederndodeleben, dem damaligen Wohnsitz von Markus Meckel, um den Aufruf fertigzustellen (Anhang, Nr. 2).[24]

Bezogen auf die insbesondere durch westliche Medien und Politik genährte Erwartung von Reformen, wie sie mit dem Namen Gorbatschow verbunden waren, heißt es in dem Text aus dem Mai 1989:

„Wer nur wartet und hofft, daß die herrschende Partei sich verändert, erklärt sich selbst als unmündig und macht sich letztlich zum willfährigen Untertan. Es kommt heute darauf an, sich dieser Entmündigung entschlossen entgegenzustellen, und d.h. etwas zu tun, um die Ursachen dieser Entwicklung zu beseitigen." Um

„die Ursachen der Entwicklung" – wie es vorsichtig unbestimmt und harmlos heißt – beseitigen zu können, müßten überhaupt erst einmal „die Voraussetzungen, Bedingungen" dafür geschaffen werden. *„Die notwendigen Voraussetzungen"* werden als *„1) geistiger, 2) programmatischer und personeller und 3) organisatorischer Natur"* bezeichnet.

Diese Abfolge mag auf den ersten Blick verwundern. War etwa nach unserer damaligen Ansicht die Frage von Veränderungen in der DDR zuallererst ein geistiges Problem? In der Tat war ich der Ansicht, daß ohne grundsätzliche Überwindung der ideologischen und politischen Paradigmen der SED und ihrer totalitären Geltungsansprüche eine wirklich demokratische Veränderung in der DDR nicht möglich war. Deshalb formulierten wir:

> „Wir leben unter Bedingungen des angemaßten, geschichtsmetaphysisch begründeten Macht- und Wahrheitsanspruchs einer Partei, die diesen Anspruch institutionell in Staat und Gesellschaft zementiert hat und sich durch ihre Ideologie legitimiert glaubt, alle ihr möglichen Mittel einzusetzen, um diese Situation zu perpetuieren, obgleich sie ideologisch, politisch, wirtschaftlich und ökologisch in weiten Bereichen abgewirtschaftet hat. Ohne ausdrückliche Bestreitung ihres Macht- und Wahrheitsanspruchs und seiner Begründungen, d.h. der geistigen Grundlagen des Stalinismus, hat eine demokratische Reform keine Aussicht auf Erfolg."

Wenn hier von *„demokratische(r) Reform"* gesprochen wurde, so war das ein Euphemismus, denn worum es hier ging, war, die von der SED als historisch ein für alle Male als entschieden behauptete Machtfrage erneut zu stellen. Der „revolutionären" Bedeutung der Entscheidung in dieser Frage waren wir uns bewußt.

Anknüpfend an die erwähnte Ausarbeitung *„Situationsanalyse und Problemlösungen"* wird in dem im Mai 1989 formulierten Entwurf folgende Begründung für die Gründung einer Partei formuliert:

> „Politische Existenz und politische Mündigkeit von Einzelnen (im Sinne von Vereinzelten) angesichts eines totalitären Machtsystems ist so gut wie unmöglich und widerspricht eigentlich auch der Dimension des Politischen. Politische Existenz und politisches Handeln bedarf der Gemeinschaft und d.h. einer demokratischen Organisationsform, die den demokratischen Willen der in ihr Verbundenen zum Ausdruck und zur Geltung bringt. Wir brauchen also eine demokratische Partei, die in ihrer Organisationsform und Meinungsbildung die Ordnung der gesellschaftlichen und politischen Strukturen antizipiert, die wir anstreben."

Diese Passage gab bei unserem Treffen Anfang Juni berechtigten Anlaß zur Diskussion. Sollte unser Ziel Demokratie in Staat und Gesellschaft sein, so bedurfte es mehr als einer *„demokratische(n) Partei"*. Daher formulierten wir in dem folgenden Entwurf aus dem Juni 1989 die Passage neu:

> „Dafür gibt es verschiedene Möglichkeiten: Vereine, Bürgerinitiativen, demokratische Bewegungen, Parteien. Ohne derartige Organisationen ist ein demokratisches Gemeinwesen nicht möglich. Aufgrund der Tatsache, daß die politischen Parteien in unserem Land diese Aufgabe zur Zeit nicht erfüllen, ist es daher notwendig, daß es zur Neugründung von Parteien kommt. Wir machen daher den Vorschlag für eine Initiative zur Gründung einer Sozialdemokratischen Partei. Diese Partei soll in ihrer Organisationsform und Meinungsbildung die demokratischen Strukturen antizipieren, die wir anstreben".

Diese Aussagen spiegeln auch unser Selbstverständnis wider, von dem her wir in der Folgezeit der Entstehung der verschiedenen neuen Gruppierungen begegneten wie auch den eigenen Parteiaufbau in Gang setzten.

Das Ziel der zu gründenden Sozialdemokratischen Partei wird unmißverständlich als *„ökologisch orientierte soziale Demokratie"* bestimmt. Nicht zuletzt deshalb muß deutlich hervorgehoben werden, daß diejenigen, die immer wieder behaupten, die DDR-Opposition wollte nur einen besseren DDR-Sozialismus, schlicht und einfach nicht die Vielfalt an Strömungen ausreichend wahrgenommen haben. Als *„das Grundprinzip der demokratischen Erneuerung"* wird schon in der Textfassung aus dem Mai die *„Entmonopolisierung und Demokratisierung der Macht in Staat und Gesellschaft"* benannt, d.h. die Beseitigung des Machtmonopols der SED und der Aufbau demokratisch-rechtsstaatlicher Strukturen: *„Rechtsstaat und Gewaltenteilung"*, *„parlamentarische Demokratie und Parteienpluralismus"*, *„Sozialstaat mit ökologischer Orientierung"*, *„Relative Selbständigkeit der Regionen (Länder), Kreise, Städte und Kommunen (finanziell, wirtschaftlich, kulturell) und deren institutionalisierte Interessenvertretung auf der Ebene des Gesamtstaates"*, d.h. Föderalismus und kommunale Selbstverwaltung. Es muß unterstrichen werden, daß wir somit die ersten waren, die die Wiedererrichtung von Ländern forderten. Selbstverständlich gehörten zu den Forderungen die nach den grundlegenden Freiheitsrechten von Religions- und Gewissensfreiheit, Pressefreiheit, Vereinigungs- und Versammlungsfreiheit, Freiheit von Gewerkschaften und Streikrecht, aber auch die Forderung nach *„Gleichberechtigung und Förderung von Frauen"* und *„Gewährung von Asyl für politische Flüchtlinge"*. Nicht selbstverständlich war, daß von Anfang an von uns eine soziale Marktwirtschaft gefordert und damit die sozialökonomischen Grundlagen der DDR in Frage gestellt wurden. Dies wird auch dadurch nicht wesentlich eingeschränkt, daß wir die *„Förderung von Gemeinwirtschaft und Genossenschaften (mit freiwilliger Zugehörigkeit und gleichberechtigter Privatwirtschaft)"* hervorhoben.

In den Bestimmungen zur Ordnung von Staat und Gesellschaft gab es im Prozeß der Erarbeitung des Aufrufs gewisse Veränderungen, die als Konzentration auf das Wesentliche und Unstrittige zu verstehen sind, um im Zusammenhang der Gründung Diskussionen zu vermeiden, die uns von den vorrangigen Zielen abhielten. Enthielt der Entwurf aus dem Juni noch die Forderung nach *„Schaffung von Ökofonds, die als wichtiger Faktor in der Sphäre der Ökonomie die Aufgabe der Erhaltung der natürlichen Umwelt (Reproduktion) und der Sicherung von Ressourcen und Lebensmöglichkeiten für Generationen haben"*, so fiel diese Forderung in der Endfassung ersatzlos weg. Wurde anfangs die Forderung nach *„demokratischer Struktur des Wirtschaftslebens durch betriebliche Mitbestimmung"* durch die Forderung nach *„Miteigentum der Arbeitnehmer"*[25] ergänzt, so haben wir diese explizite Forderung in der Endfassung wiederum fallengelassen. Man kann es auch so formulieren: Wir wollten den Eindruck vermeiden, wir hätten bessere Lösungen für die Probleme moderner westlicher Gesellschaften oder wir könnten überholen ohne einzuholen. Das sagt nichts darüber, daß wir die westlichen Gesellschaften nicht für reformbedürftig hielten. Nur die Illusion, wir wären klüger und hätten von vornherein bessere Konzepte, hatten wir nicht.

In den Entwürfen des Aufrufes vor der Schlußfassung taucht der Begriff „Sozialismus" nicht auf, vielmehr ist durchgängig von einer ökologisch orientierten sozialen Demokratie die Rede. In unseren Diskussionen vom 22.–24. Juli in Niederndodeleben zeigte sich, daß wir dem mit dem Begriff „Sozialismus" gegebenen Problem nicht gänzlich ausweichen konnten. Für mich war der Begriff derart diskreditiert, daß ich ihn nicht mehr gebrauchte. Daher meinte ich, unsere programmatischen Ziele unter Verzicht dieses Begriffs beschreiben zu sollen. Wir wollten aber eine Sozialdemokratische Partei gründen, die bewußt Bezug nahm auf die Traditionen der Sozialistischen Internationale, in denen aber der Begriff „Sozialismus" sehr wohl positiv besetzt war, ohne die totalitären Konnotationen östlicher Prägung zu haben. Auf diesem Hintergrund meinte Markus Meckel, auf die Wendung von der *„Vision des Sozialismus"* nicht verzichten zu können. Ergebnis der Diskussion ist eine Formulierung in der Schlußfassung, die versucht, beiden Gesichtspunkten Rechnung zu tragen:

> „Die Erarbeitung einer politischen Alternative für unser Land, die an politische Traditionen anknüpft, die an Demokratie und sozialer Gerechtigkeit orientiert ist. Zu diesen Traditionen gehört an wichtiger Stelle die des Sozialismus. Dieser ist durch die Geschichte der letzten Jahrzehnte weitgehend diskreditiert worden. Angesichts der heutigen Situation im sozialistischen Lager ist es einfach nicht mehr angebbar, welche ökonomischen und politischen Strukturen der Vision des Sozialismus entsprechen können. Um hier nach neuen Wegen zu suchen, bedarf es der schonungslos kritischen Bestandsaufnahme der geistigen, politischen, wirtschaftlichen und ökologischen Situation unseres Landes."

Aus dieser Formulierung jedoch zu schließen, wir hätten nur eine Verbesserung des DDR-Sozialismus angestrebt, wäre ein Mißverständnis.[26]

Die Entwürfe vor der Schlußfassung hatten ein weiteres Problemfeld nicht umfaßt, das der Außen- und Deutschlandpolitik. Diesem äußerst sensiblen Thema widmeten wir uns ausdrücklich erst im Juli, die abschließende Formulierung entstand erst während des Menschenrechtsseminars Ende August. Bei der Bewertung der Formulierungen ist es angeraten, sich aus der heutigen Perspektive der wiedererrungenen Einheit Deutschlands in die Situation des Sommers 1989 zurückzuversetzen. Die DDR war westlicher Vorposten des von der Sowjetunion beherrschten Militärblocks. Auf dem Gebiet der DDR befanden sich rd. 380.000 sowjetische Soldaten. Völkerrechtlich besaßen die ehemals alliierten Siegermächte ein Vorbehaltsrecht hinsichtlich der deutschen Frage, d.h., ohne ihre Zustimmung war die deutsche Frage nicht zu lösen. In der Propaganda der SED firmierte das Berühren der deutschen Frage bekanntlich unter dem Titel „Revanchismus". Was die Tabuisierung der deutschen Frage betrifft, hatte die SED nicht nur die Unterstützung der Sowjetunion, sondern fand dafür auch mehr oder weniger Sympathie in westlichen Ländern, wie dann auch der Weg zur deutschen Einheit zeigte. Wer also die deutsche Wiedervereinigung prioritär zum Thema machte, hatte nicht nur die SED, sondern vorrangig die Sowjetunion zum Handlungsgegner. Zudem vertraten wir schon seit den Diskussionen in der Friedensbewegung Anfang der 80er Jahre die Auffassung, daß eine Lösung der deutschen Frage aus verschiedenen Gründen nicht in einem neutralen, vielleicht entmilitarisierten Deutschland zwischen den Blöcken bestehen könnte und sollte,[27] d.h., die Lösung der deutschen Frage war für uns von der Bewältigung der Blockproblematik nicht abkoppelbar. Auf diesem Hintergrund formulierten wir im Juli die deutschlandpolitische Programmatik noch übervorsichtig:

„Anerkennung der Zweistaatlichkeit Deutschlands als Folge der schuldhaften Vergangenheit [...] besondere Beziehungen zur Bundesrepublik Deutschland aufgrund der gemeinsamen Nation, Geschichte und der sich daraus ergebenden Verantwortung“. Als wir uns Ende August auf dem Menschenrechtsseminar mit Arndt Noack zusammensetzten, machte er uns darauf aufmerksam, daß es wohl nicht unsere Auffassung wäre, die Zweistaatlichkeit Deutschlands festschreiben zu wollen, womit er recht hatte. Wir fügten also folgende Formulierung ein: *„Mögliche Veränderungen im Rahmen einer europäischen Friedensordnung sollen damit nicht ausgeschlossen sein.“* Die deutsche Frage war für uns in der Tat offen, aber solche *„künftigen Optione(n)“* – wie Markus Meckel in seiner programmatischen Rede in Schwante erklärte – waren damals für uns *„nicht handlungsorientierte politische Ziele“*.[28] Prioritäres Handlungsziel war für uns die Entmachtung der SED, und nicht zuletzt zu diesem Zweck sollte die Gründung einer Sozialdemokratischen Partei erfolgen. Wir gingen davon aus, daß sich danach die deutsche Frage von selbst stellen würde, wenn das Volk die Möglichkeit der Selbstbestimmung bekäme. Wollte aber jemand zu diesem Zeitpunkt angeben, wie die Lösung der Frage im Rahmen einer europäischen Friedensordnung politisch gestaltet werden sollte, so hätte er wohl ein Hellseher sein müssen. Er hätte vorhersehen müssen, wie innerhalb weniger Monate die kommunistischen Machthaber des Ostens stürzen würden. Dazu waren nicht einmal die scharfsinnigen Analytiker des Westens in der Lage, obwohl sie über viel mehr Informationen verfügten als wir.

Auf dem Treffen in Niederndodeleben wurde neben der Erarbeitung des Aufrufes auch die weitere Vorgehensweise besprochen. Verabredet wurde, daß auf der Grundlage des Aufrufs Gespräche in der oppositionellen Szene geführt werden sollten, um mit einem Initiativkreis von etwa 10–15 Personen dann mit dem Aufruf in die Öffentlichkeit zu gehen. Mit der Überschrift *„Vorlage zur Bildung einer Initiativgruppe mit dem Ziel, eine sozialdemokratische Partei in der DDR ins Leben zu rufen“*, hatten wir dem Aufruf den Charakter eines Diskussionsentwurfs gegeben, um dadurch den Eindruck für Anzusprechende zurückzudrängen, sie würden mit einem Text und einem Projekt überrascht, das inhaltlich schon fixiert sei. Während des Menschenrechtsseminars Ende August, an dem Mitglieder von Friedens-, Umwelt- und Menschenrechtsgruppen aus der gesamten DDR teilnahmen, zeigte sich, daß diese Planungen überholt waren. In Gesprächen im Verlaufe des 25. August machte Arndt Noack uns darauf aufmerksam, daß die allgemeine politische Situation sich derart entwickelt hatte, daß wir nicht mehr warten, sondern das Menschenrechtsseminar nutzen sollten, um mit unserem Aufruf in die Öffentlichkeit zu gehen. Im Verlauf des 26. August hatten neben Arndt Noack auch Helmut Becker, Pfarrer in Halle, und Ibrahim Böhme ihre Mitarbeit an der Initiative erklärt. Während des Abschlußplenums des Seminars stellte Markus Meckel auszugsweise den Aufruf vor und lud zur Mitarbeit ein. Der Aufruf schlug ein *„wie eine Bombe“*.[29] Dennoch erweiterte sich an diesem Tage der Unterstützerkreis nicht über die genannten Personen hinaus. Nach Abschluß des Seminars trafen Markus Meckel, Arndt Noack, Ibrahim Böhme und ich zusammen,[30] um das weitere Vorgehen abzustimmen. Wir verabredeten, mit dem Text des Aufrufs erst vom 3. September an in die Öffentlichkeit zu gehen. Gleich nach der öffentlichen Vorstellung des Aufrufs war Werner Fischer, Mitglied der Initiative Frieden und Menschenrechte, mit dem

Vorschlag an uns herangetreten, den Aufruf in westlichen Medien zu veröffentlichen und ein Fernsehinterview zu machen. Wir haben dies nach interner Diskussion abgelehnt. Ob diese Ablehnung klug war, ist heute zu Recht umstritten. Hintergrund der Entscheidung war die Rücksichtnahme auf Befindlichkeiten in der oppositionellen Szene. Wir wollten den Aufruf erst selbst in entsprechender Anzahl in der DDR verbreiten, bevor wir ihn an westliche Medien gaben. Jedoch war diese Option innerhalb von zwei Tagen obsolet. Am 28. August 1989 meldete dpa *„Initiative zur SPD-Gründung in der DDR ins Leben gerufen“*. Werner Fischer, der durch seinem halbjährigen Zwangsaufenthalt in der Bundesrepublik vielfältige Pressekontakte besaß, hatte entgegen unserer Abspache den Text des Aufrufs an einen dpa-Mitarbeiter mit dem Vorbehalt weitergegeben, die Namen nicht mitzuveröffentlichen. Im nachhinein können wir ihm dafür dankbar sein.[31]

Die Reaktionen der SPD auf unseren Aufruf kann man nicht unbedingt als positiv bezeichnen. Der stellvertretende Fraktionsvorsitzende und deutschlandpolitische Sprecher der SPD im Abgeordnetenhaus von Berlin, Gerd Löffler, erklärte am 28.8.1989:

„Unter den gegebenen politischen Rahmenbedingungen sieht die SPD keinen Anlaß für eine Wiederbelebung oder für die Unterstützung einer Neugründung einer Sozialdemokratischen Partei im Ostteil Berlins.“[32] Zwei Tage später antwortete Walter Momper in einem taz-Interview auf die Frage *„In Ost-Berlin soll eine SPD gegründet werden. Begrüßen Sie das oder ist es schädlich?“:*

> „Mit Parteigründungen durch kleine Gruppen kann in der DDR jetzt gar nichts bewegt werden. Wichtig ist, daß sich der Reformdruck in der Bevölkerung der DDR und in Teilen der SED endlich in der Spitze der Staatspartei durchsetzt. Denn die SED hat in der DDR tatsächlich die Macht, und sie wird sie in absehbarer Zeit behalten. Änderungen gehen nur über diesen Weg.“[33]

Diese Reaktionen hatten für uns eine ambivalente Bedeutung. Zum einen wußten wir jetzt, daß wir nicht auf Unterstützung aus dem Westen rechnen konnten. Zum anderen konnten wir uns mit guten Argumenten gegen den Vorwurf verteidigen, wir seien ein Ableger der SPD und somit Produkt politisch-ideologischer Diversion.

Während eines Treffens am Abend des 26. August, an dem Markus Meckel, Arndt Noack, Ibrahim Böhme und ich teilnahmen, gab es weitere Absprachen. Die Unterzeichner sollten sich um weitere Mitglieder einer Initiativgruppe bemühen. Als nächster Termin wurde der 18. September in Aussicht genommen. Auch ein Gründungsdatum war schon in der Diskussion, und zwar der 7. Oktober 1989. Unklar war noch, ob an diesem Tage erst die Initiativgruppe oder schon die Partei gegründet werden sollte. Das hing vom Erfolg des Werbens für unser Projekt ab. Was den Gründungsort betraf, so sollte er nach unserer Auffassung außerhalb Berlins liegen, um deutlich zu machen, daß es hier nicht um eine Berliner, sondern eine die ganze DDR betreffende Gründung ging. Für uns Pfarrer war noch folgende Klärung unseres Selbstverständnisses in dieser Initiative wichtig:[34] Wir vereinbarten, unseren kirchlichen Vorgesetzten gegenüber zu erklären, daß wir in der Initiative als Bürger handelten, dies mit unserem Amt nichts zu tun hätte und wir im Konfliktfall von der Kirche keine andere Solidarität erwarteten, als sie die Kirche jedem anderen Bürger zuteil werden ließe.[35]

4. Exkurs: Das MfS und die Initiative zur Gründung einer Sozialdemokratischen Partei in der DDR

Seit Ende März 1990 öffentlich bekannt wurde, daß Ibrahim Böhme als inoffizieller Mitarbeiter für das MfS gearbeitet hat, steht die Frage im Raum, in welcher Weise das MfS bei der Gründung der SDP die Finger im Spiel hatte. Aus den bisherigen Ausführungen dürfte deutlich geworden sein, daß das MfS auf die Vorbereitung der Initiative wenig Einfluß nehmen konnte. Aus der Erfahrung von Zersetzungsstrategien haben Markus Meckel und ich diese Vorbereitungen konspirativ betrieben. Wie schon bei anderen Aktivitäten der 80er Jahre hatten wir das Projekt unter uns inhaltlich vorbereitet, bevor wir mit ihm an andere herantraten. Frühestens seit dem Februar 1989 konnte das MfS Kenntnis von unserem Vorhaben erlangen. Mitte Juni sprach Markus Meckel mit Ibrahim Böhme über unsere Initiative. Auf der Sitzung des Fortsetzungsausschusses von „Frieden konkret“ am 30. Juni und 1. Juli diskutierte er mit Mitgliedern des Ausschusses, u.a. Ulrike Poppe (später „Demokratie Jetzt“), Heiko Lietz und Hans Misselwitz, aber auch mit Wolfgang Schnur, der das MfS darüber informierte[36], über unsere Absichten. Die erste mir bisher vorliegende MfS-Unterlage, in der Markus Meckel und ich namentlich mit Bezug auf unseren Aufruf vom 24. Juli 1989 erwähnt werden,[37] ist der IM-Bericht des IMB „Maximilian“ alias Ibrahim Böhme vom 2. August 1989, eine Tonbandabschrift seines Treffens mit Oberst Reuter von der Hauptabteilung XX/9 vom 1. August 1989.[38] Aus dem Inhalt dieser MfS-Information ergibt sich, daß Böhme zu diesem Zeitpunkt noch gegen diese Initiative argumentierte.[39] Häufig wird gefragt: Haben wir etwas davon geahnt? Wie konnte ein inoffizieller Mitarbeiter an die Spitze der Partei gelangen? Warum hat das MfS die Gründung nicht verhindert, wenn es davon wußte?

Schon im Herbst 1984, d.h. zu Beginn unserer Bekanntschaft mit Ibrahim Böhme, haben Markus Meckel und ich darüber diskutiert, ob Ibrahim Böhme für das MfS arbeitete. Die Art seines Auftretens hatte uns mißtrauisch gemacht. Nur beweisen konnten wir es nicht.[40] In den Jahren 1988/89 verflüchtigte sich für Markus Meckel dieser Verdacht. Im Zusammenhang der Vorbereitung der Initiative im Frühjahr und Sommer 1989 diskutierten wir darüber. Als mir Markus Meckel im Juli 1989 berichtete, er habe im Juni Böhme von unserer Initiative erzählt, habe ich Einwände geltend gemacht und erklärt, daß ich der Auffassung sei, daß Böhme für die andere Seite arbeite und daher m. E. nicht zu denen gehören sollte, die für eine Initiativgruppe angesprochen werden sollten. Als während des Menschenrechtsseminars Ende August deutlich wurde, daß uns die Initiative nicht auszureden war und wir an die Öffentlichkeit gehen würden, hat sich Böhme beteiligt. Übrigens war das für mich schon ein Problem. Was sollte ich tun?[41] Die öffentliche Aufforderung, sich zu beteiligen, war ausgesprochen. Ich hatte nichts in der Hand. Die Diskussion über den Verdacht hätte eine Konstellation von Mißtrauen erzeugt, die uns gelähmt hätte. Unser Bemühen richtete sich daher darauf, es dem MfS so schwer wie möglich zu machen, die Gründung einer Sozialdemokratischen Partei zu verhindern. Daß das MfS Kenntnis von unseren Vorhaben erlangte, war nicht zu verhindern, zumal die Herstellung von Öffentlichkeit unser Ziel war. Zur Absicherung unseres Projektes verständigten wir uns schon im Juli darauf, eine zweite Ebene von Personen aufzubauen, deren Beziehung zu unserer Initiative schwer erkennbar war und die in Aktion treten könnte, falls uns etwas passierte. Das heißt, wenn man uns verhaftet hätte, nachdem Böhme Anfang August das MfS über unser Vorhaben informiert hatte, wäre z. B. Susanne Seils in Aktion getreten und hätte den Aufruf innerhalb und außerhalb der DDR verbreitet.[42]

Was das MfS bis zum Menschenrechtsseminar Ende August geplant und getan hat, nachdem es durch Ibrahim Böhme Kenntnis von unserem Vorhaben hatte, dazu liegen bisher keine Unterlagen vor. Jedoch gibt das Dokument vom 3. August einen Hinweis auf eine der konspirativen Vorgehensweise geschuldete Handlungsgrenze des MfS: *„Bei der Auswertung der Information ist zu beachten, daß bisher nur die drei genannten Personen und der IM Kenntnis von der ‚Vorlage' haben und höchste Quellengefährdung besteht."*[43] Das MfS besaß zwar ein konspirativ erworbenes Wissen und sogar eines der drei damals existierenden Exemplare der Vorlage, konnte damit aber offiziell nicht gegen uns vorgehen, ohne ihren IM zu dekonspirieren. Zugleich konnte das MfS nicht sicher sein, alle an der Vorbereitung der Initiative Beteiligten zu kennen. So spielte das Problem der *„Offizialisierung"* des konspirativ erworbenen Wissens auch in den ersten Maßnahmeplänen nach dem Menschenrechtsseminar Ende August eine wichtige Rolle. Über die öffentlichen Vorgänge auf dem Seminar besaß das MfS eine ganze Reihe von Berichten. Über die internen Vorgänge und die Absprachen verfügte das MfS über den Bericht des Ibrahim Böhme alias IMB „Maximilian". Punkt 1 der einzuleitenden Maßnahmen lautet dementsprechend:

> „Die inoffiziell erarbeiteten Hinweise zur Bildung einer ‚Initiativgruppe', die das Ziel verfolgt, eine sozialdemokratische Partei in der DDR zu gründen, sind zu offizialisieren. Dazu ist erforderlich, die ca. 55 Teilnehmer zu identifizieren, aufzulisten und Personen auszuwählen, die durch den entsprechend ihres Wohnsitzes zuständigen Stellvertreter des Vorsitzenden des Rates des Bezirkes/Kreises/Stadtbezirkes für Inneres vorgeladen [handschr.: ‚werden'] und es wird zum vorliegenden Sachverhalt ein Gespräch geführt."[44]

Abweichend von der Planung, die den 30. August vorsah, wurde der unter Punkt 2 zur Vorladung vorgeschlagene Pfarrer Peter Hilsberg am 1. September 1989 zur Abteilung Inneres in Berlin-Mitte einbestellt und entsprechend dem Maßnahmeplan befragt. Zur Aushändigung des Aufrufs war er nicht bereit.[45] Die Offizialisierung des Textes gelang ausweislich der MfS-Unterlagen erst über den Oberkonsistorialrat Stolpe.[46] Laut Punkt 3 des Maßnahmeplanes sollte nun, veranlaßt durch den Staatssekretär Löffler, der Stellvertreter des Vorsitzenden des Rates des Bezirkes Magdeburg für Inneres ein Disziplinierungsgespräch führen, in dem er Markus Meckel *„unmißverständlich deutlich macht, jeglichen politischen Mißbrauch der Religion und der Amtsausführung als Pfarrer zu unterlassen. Insbesondere Aktivitäten, die auf die Bildung ungesetzlicher Personenzusammenschlüsse abzielen. Dabei soll Pfarrer Meckel keine Möglichkeit eingeräumt werden, seine programmatischen Vorstellungen darzulegen."*[47] Abgesehen davon, daß das Gespräch mit Pfarrer Hilsberg nicht termingemäß zustande kam, wurde die Maßnahme wie geplant durchgeführt[48], hatte aber nicht die erhoffte Wirkung. Interessant in der Gesprächskonzeption für den Vorsitzenden des Rates des Bezirkes ist die Maßgabe, sich nicht auf inhaltliche politische Diskussionen einzulassen. Hier wird das Dilemma deutlich, in dem SED und MfS steckten. Sie hätten sich politisch mit uns als Sozialdemokraten auseinandersetzen müssen. Die Leitung der HA XX des MfS sah das Problem und machte wenige Tage später auch entsprechende Vorschläge für eine öffentliche politische Auseinandersetzung.[49] Die Führung der SED sah sich augenscheinlich nicht dazu in der Lage und ist diesen Vorschlägen nicht gefolgt. Vierzehn Tage später, nachdem nun auch das Neue Forum, Demokratie jetzt und Initiatoren des Demokratischen Aufbruch sich zu Wort gemeldet hatten, kann man Äußerungen von Oberst Wiegand, Leiter der HA XX/4 des MfS, auf einer Beratung der HA XX/4 entnehmen, daß man sich im MfS klar war, daß hier die politische Führung der SED gefordert war:

> „Voranstellend wurde eingeschätzt, daß sich oppositionelle Bestrebungen so entwickelt haben, daß sie nicht mehr ohne weiteres liquidiert werden können. Operative Maßnahmen des MfS mit repressivem Charakter sind aufgrund der Lageentwicklung nicht möglich. Demzufolge ist die politische Einflußnahme/Führung entscheidend."[50]

Der Verzicht auf *„Repressivmaßnahmen"* gegenüber den Exponenten der neuen Gruppierungen entsprang dem Kalkül, Märtyrer zu vermeiden.[51] Auch die unter Punkt 4 des genannten Maßnahmeplanes beabsichtigte Initiierung einer innerkirchlichen Disziplinierung[52] verfehlte ihre Wirkung. Bischof Demke akzeptierte unsere Initiative und versuchte erst gar nicht, Markus Meckel das Vorhaben auszureden.[53] Er wußte bereits, daß wir dies auf eigenes Risiko taten. Daß wir danach unter ständiger „operativer Kontrolle" des MfS standen, versteht sich von selbst. Dazu gehörte auch der verstärkte Einsatz inoffizieller Mitarbeiter.

Welche Aufgaben und Funktionen hatten die inoffiziellen Mitarbeiter in den neu entstehenden Parteien und Gruppierungen? Diese Frage ist auch in Hinblick auf Verschwörungstheorien von Interesse, die von der historischen Tatsache ihren Ausgangspunkt nehmen, daß inoffizielle Mitarbeiter des MfS in hochrangigen Positionen alter und neuer politischer Parteien und Vereinigungen im Herbst 1989 zu finden waren. Beantworten ließe sich die Frage leicht, stünden uns die Unterlagen des MfS aus dieser Zeit komplett zur Verfügung. Die vorhandene Unterlagen jedoch geben einen Einblick zumindest für die Einsatzkonzeptionen der IM im September 1989. Auf einer Dienstkonferenz beim Stellvertreter des Ministers für Staatssicherheit, Generaloberst Mittig, beschreibt der Leiter der für die Bekämpfung der Opposition zuständigen HA XX, General Kienberg, die drei einzusetzenden Kategorien von IM folgendermaßen:

> „1. Hauptkategorie sind IM, die in äußerster Konspiration leben und Spitzeninformationen erarbeiten, selbst aber nicht führend tätig sind (am Beispiel Leipzig: Wir wissen rechtzeitig über bestimmte geplante Aktivitäten Bescheid, reagieren aber nicht ausreichend vorbeugend und verhindernd). 2. IM zur Zersetzung, Verunsicherung, Desorientierung usw. 3. IM für Breitenarbeit im Rahmen der Überwachung und Arbeit in der Öffentlichkeit."[54]

Bei Ibrahim Böhme, aber auch Wolfgang Schnur handelte es sich augenscheinlich um IM der ersten Kategorie. Bei IM dieser Kategorie ergab sich aber ein grundsätzliches, dem konspirativen Vorgehen geschuldetes Problem. Wie sollten sie in der Gründungsphase Spitzeninformationen in Führungspositionen erarbeiten, ohne zu Aktivisten zu werden?

Welchen Stellenwert das MfS unserer Initiative beimaß und wie das MfS diese Initiative einordnete, zeigt der Titel der schon zitierten ZAIG-Information Nr. 386/89 vom 4. September 1989 an das Politbüro der SED *„Information über sicherheitspolitisch zu beachtende aktuelle Aspekte des Zusammenwirkens von Führungskräften der SPD mit Vertretern der evangelischen Kirchen und personelle Zusammenschlüsse in der DDR“,*[55] die mit dem Satz beginnt:

> „Nach dem MfS vorliegenden streng internen Hinweisen verfolgen Führungskräfte der SPD gegenüber der DDR das strategische Ziel, langfristig innenpolitische ‚Wandlungsprozesse‘ analog entsprechender Vorgänge [sic] in einigen anderen sozialistischen Staaten in Gang zu setzen, um die sozialistische Staats- und Gesellschaftsordnung durch Formen und Prinzipien der bürgerlichen Demokratie entsprechend ihrer Konzeption vom ‚demokratischen Sozialismus‘ zu verändern.“

Dabei glaubte das MfS, unterschiedliche taktische Vorgehensweisen identifizieren zu können. Auf der einen Seite ständen Politiker wie Brandt, Vogel und Bahr, die

> „für eine gewisse Zurückhaltung der SPD bei der Unterstützung sogenannter oppositioneller Gruppierungen in der DDR ein(treten). Ihrer Auffassung nach müsse es der SPD darum gehen, in Umsetzung des gemeinsamen Dokumentes SED-SPD ihre Kontakte zu den evangelischen Kirchen in der DDR und zu ‚politisch Andersdenkenden‘ auszubauen, um auf diese Weise als Vermittler zwischen ihnen und der SED zu wirken und damit gegenüber der SED den Nachweis der Dialogfähigkeit mit solchen Personenkreisen zu erbringen. Ihrer Meinung nach gehe es nicht darum, Konfrontation zu unterstützen, sondern die ‚Akzeptanz kritisch-oppositioneller Kreise‘ als Bestandteil der Gesellschaft in der DDR zu erreichen.“

Auf der anderen Seite

> „setzten sich solche maßgeblichen SPD-Politiker wie Ehmke, Voigt, Glotz und Stobbe für eine konfrontative Politik gegenüber der DDR ein. Sie begründen diese Haltung mit dem Legitimationszwang der Politik gegenüber der Öffentlichkeit in der BRD und mit der Notwendigkeit, das ‚kritische Potential‘ in der DDR weiter zu mobilisieren.“

Einen besonderen Stellenwert nähmen dabei Kontakte im Bereich der evangelischen Kirche ein, um

> „die evangelischen Kirchen in der DDR als politisches Potential für innenpolitische Veränderungen in der DDR im Sinne sozialdemokratischer Gesellschaftskonzeptionen nutzbar zu machen.“

Nach *„streng internen Hinweisen“* seien diese Kontakte

> „hauptsächlich darauf ausgerichtet, [...] unter Nutzung kirchlicher Kräfte und Möglichkeiten sozialdemokratisches Gedankengut in die DDR-Bevölkerung hineinzutragen, [...] bestimmte kirchliche Kreise in deren Bestrebungen zu bestärken, sich als eigenständige politische Kraft in der Gesellschaft zu profilieren und damit den Politisierungsprozeß in den evangelischen Kirchen in der DDR voranzutreiben“,

sowie

> „die Kirchen und Christen in der DDR dahingehend zu beeinflussen, sich für die ‚Bewahrung der Einheit der deutschen Nation‘ einzusetzen.“

Weiterhin wird die Bedeutsamkeit von *„intern bekannt gewordene(n) Hinweisen“* hervorgehoben,

> „wonach in sozialdemokratischen Führungskreisen, insbesondere seitens Mitglieder des Kurt-Schumacher-Kreises, Aktivitäten unternommen werden, um feindliche, oppositionelle Gruppierungen und Kräfte zu inspirieren, in der DDR eine sozialdemokratische Partei zu gründen, die möglichst alle ‚alternativen‘ Kräfte, das gesamte kritische Potential in einer Art gemeinsamer Oppositionspartei vereinen und als politischer Faktor in der Öffentlichkeit wirksam werden soll.“

Genannt werden

> „der stellvertretende Landesvorsitzende der SPD Bayerns, Stiegler (MdB), und der SPD-Bundestagsabgeordnete Niggemeier, die beide öffentlich die Wiederzulassung der SPD in der DDR forderten“.

Die ablehnenden Äußerungen zu einer Neugründung seitens des SPD-Vorsitzenden Vogel sowie von Walter Momper und Kurt Löffler seien *„offenkundig politisches Zweckverhalten“.*

Der Bericht über die Vorstellung unseres Aufrufes während des Menschenrechtsseminars am 26. August wird durch folgende Passage eingeleitet und politisch eingeordnet:

> „Im Ergebnis der gezielten gegnerischen ideologischen Einflußnahme und mit Blick auf die Neugründung und das Wirksamwerden einer sozialdemokratischen Partei in der Ungarischen Volksrepublik entwickeln nach vorliegenden Hinweisen hinlänglich bekannte feindliche, oppositionelle Kräfte, hauptsächlich tätig im kirchlichen Bereich, entsprechende Aktivitäten zur Bildung einer sozialdemokratischen Partei in der DDR. Einige der Initiatoren sind bereits aus dem Stadium interner Überlegungen und Absprachen hinaus und mit Duldung bzw. Unterstützung kirchenleitender Personen und westlicher Massenmedien an die Öffentlichkeit getreten.“

Auch wenn unsere Initiative auf keine Weise durch Einflußnahme seitens der SPD zustande kam, war sie durch diese Einordnung des MfS nicht mehr nur eine innenpolitische Angelegenheit, sondern als Folge dieser verzerrten Wahrnehmung (äußere Einmischung in die inneren Angelegenheiten der DDR seitens der SPD) ein „außenpolitisches“ Problem geworden. Für die Handlungsoptionen der SED gegenüber der SDP-Initiative dürfte diese Fehlsicht in der Folgezeit von entscheidender Bedeutung gewesen sein. Es ging nicht mehr nur um ein paar ‚durchgebrannte‘ Pastoren in der DDR, sondern um die Substanz der Entspannungspolitik. Die Vorschläge *„zur vorbeugenden Verhinderung derartiger geplanter Vorhaben“*, die einerseits die Fortsetzung entsprechender Disziplinierungsgespräche, andererseits das Ausschöpfen *„alle(r) bestehenden rechtlichen Möglichkeiten zur Verhinderung des Wirksamwerdens derartiger Personen [...], insbesondere die Bestimmungen der Verordnung über die Gründung und Tätigkeit von Vereinigungen sowie der Verordnung über die Durchführung von Veranstaltungen“*[56] vorsehen, sind jedenfalls eher als ein vorsichtiges Vorgehen zu deuten, wenn man bedenkt, wie die SED in anderen Fällen mit Opponenten umgesprungen ist. Das heißt, die falsche Wahrnehmung der Gründungsinitiative als ein von außen, d.h. von Kräften der bundesdeutschen SPD, zumindest unterstützter Akt, erwies sich für uns als ein gewisser Schutz.

5. Die Bildung und Arbeit der Initiativgruppe und die Gründung der SDP am 7. Oktober 1989 in Schwante

Nach dem 26. August fuhren die Unterzeichner des Aufrufs in ihre Heimatorte zurück: Markus Meckel nach Niederndodeleben, Arndt Noack nach Greifswald, ich selbst nach Marwitz. Ibrahim Böhme wohnte als einziger in Berlin. Erste Aufgaben für die vier Unterzeichner des Aufrufs nach dem 26. August waren dessen Verbreitung, die Gewinnung weiterer Personen für die Initiative, d.h. die Vorbereitung der Initiativgruppe, sowie für die drei Pfarrer die schon erwähnten Gespräche mit den kirchlichen Vorgesetzten. Es folgten die schon im ersten Maßnahmeplan enthaltenen Disziplinierungsgespräche: am 31. August mit Markus Meckel in Magdeburg, am 5. September mit Arndt Noack in Greifswald, am 14. September mit Ibrahim Böhme in Berlin-Prenzlauer Berg und am 20. September mit mir in Berlin-Mitte.[57] Unser weiteres Vorgehen haben sie nicht aufgehalten.

Die technischen Voraussetzungen für die Vervielfältigung des Aufrufs waren unterschiedlich. Markus Meckel hatte entsprechende Möglichkeiten, mir fehlten sie. Am 31. August besuchte ich daher Rainer Eppelmann, Pfarrer an der Berliner Samaritergemeinde, mit der Bitte um Vervielfältigung des Aufrufs. Am nächsten Tag war ich im Besitz von 100 Exemplaren. Zugleich lud Rainer Eppelmann Markus Meckel und mich zu der für den 1. Oktober geplanten Gründung des Demokratischen Aufbruch ein. Am 1. September besuchte ich Bärbel Bohley, um sie über unsere Initiative zu informieren und ihr den Aufruf zu geben. Um Informationen über unsere Initiative weiterzugeben, traf Markus Meckel am 2. September Erika Drees (später Mitinitiatorin des Neuen Forum) in Halle und Friedrich Schorlemmer, Mitinitiator des Demokratischen Aufbruch, in Wittenberg, der ihm Ende August eine Postkarte gesandt hatte, in der er ihn zur Gründung des DA am 1. Oktober einlud. Mit Friedrich Schorlemmer, der den Aufruf seit Anfang August kannte, gab es eine längere Diskussion. Da er sich nicht zu einer Einigung auf eine gemeinsame sozialdemokratische Initiative bereit fand, traf man schließlich die Absprache, daß beide Initiativen eng zusammenarbeiten sollten. Am 5. September fuhr Markus Meckel zu Rudi Pahnke, ebenfalls einem Mitinitiator des Demokratischen Aufbruch. Sie vereinbarten eine gemeinsame Gründung des Demokratischen Aufbruch, wobei wir uns als Sozialdemokraten beteiligen würden.

Tags darauf traf Markus Meckel – erstmals nach dem 26. August – erst mit mir und dann mit Ibrahim Böhme zusammen. Markus Meckel machte den Vorschlag, den Text der Vorlage an zwei Stellen zu ändern, und zwar im Titel das Wort *„Vorlage"* durch *„Aufruf"* auszutauschen sowie den Satz *„Wir wissen, daß dies zur Zeit legal nicht möglich ist."* zu streichen. In dieser Fassung wurde der Aufruf in der Folgezeit verbreitet. Ebenfalls wurde die Beteiligung an der Gründung des Demokratischen Aufbruch besprochen.[58] Man vereinbarte ebenfalls, die Zurückhaltung gegenüber den Medien aufzugeben, nachdem der Aufruf in den westlichen Medien schon erschienen war. Die Reaktion in den Medien, die Gespräche mit Initiatoren des Demokratischen Aufbruch, aber auch Interessenten, die mitarbeiten wollten, machten deutlich, daß ein dringender Abstimmungsbedarf der vier Unterzeichner bestand.[59] Da Arndt Noack aufgrund anderer Verpflichtungen nicht zur Verfügung stand, die Zeit aber drängte[60], vereinbarten wir ein Treffen der übrigen drei Unterzeichner für den 11./12. September in Niederndodeleben, die Zustimmung zu möglichen Beschlüssen sollte danach eingeholt werden.

Das Treffen diente erst einmal dem Informationsaustausch über die politische Situation in der DDR, z. B in Leipzig, die Reaktion auf unsere Initiative bei kirchlichen und staatlichen Stellen sowie im Westen, über andere Initiativen, aber auch der Verständigung über Bündnisfragen. Über unsere Beteiligung an der Gründung des Demokratischen Aufbruch hatten wir uns schon verständigt. Entsprechende Gespräche sollten weitergeführt werden. So vereinbarten wir, daß ich Kontakt zu Rudi Pahnke aufnehmen sollte. Zwei Tage zuvor war auch in Grünheide der Aufruf „Aufbruch 89 – Neues Forum" fertiggestellt und von den Initiatoren öffentlich gemacht worden. Ibrahim Böhme berichtete auch noch von der „Vereinigten Linken", einer „Bewegung für einen demokratischen Sozialismus" sowie der „Demokratischen Initiative", die am 20.9.89 in Leipzig gegründet werden sollte.[61] In dieser Situation schien es uns wichtig, breiter mit unserem Aufruf in die Öffentlichkeit und die Medien zu gehen und den neu entstandenen Initiativen ein Bündnisangebot zu machen. Zu diesem Zweck erarbeiteten wir eine einseitige Kurzfassung mit den wesentlichen Aussagen und dem Titel *„Zum Aufruf der Initiativgruppe ‚Sozialdemokratische Partei in der DDR'"* (Anhang, Nr. 3).[62]

In diesem Papier fanden zwei wichtige Sachentscheidungen in Hinblick auf unser weiteres Vorgehen ihren Niederschlag. Es stellte sich erstens das Problem, in welcher Weise die Partei aufgebaut werden sollte. Zwei Optionen boten sich an: eine zentralistische Option und eine Option, die davon ausging, daß sich die Partei nach der Vorgabe der wesentlichen programmatischen Grundsätze durch selbständige Aktivitäten von unten aufbauen sollte. Wir entschieden uns für die zweite Option. Eine demokratische Volkspartei konnte nicht das Produkt einer kleinen Elite sein, sondern mußte ihr Fundament im Volk haben. Was wir leisten konnten, war nur eine Antizipation dessen, was von unten her aufgebaut und getragen werden mußte. Der Parteiaufbau nach der Gründung entsprach diesen Prinzipien. So wurden mit dem sukzessiven Aufbau der Strukturen von unten diese Strukturen in die Willensbildung auf der Vorstandsebene mit einbezogen. Ab Ende November waren Vertreter der langsam entstehenden Bezirksverbände als Gäste bei den Vorstandssitzungen anwesend und brachten ihre Meinung ein. Auf der Berliner Delegiertenkonferenz wurden Vertreter der Bezirksverbände in den Vorstand hinzugewählt.

Es sprachen aber auch taktische Gründe für diese Vorgehensweise. Zu diesem Zeitpunkt fühlten wir uns noch recht unsicher, was die Bedrohung durch SED und MfS betraf. Auch wenn wir eine zweite Ebene aufgebaut hatten, konnte das ganze Projekt durch die Verhaftung von wenigen Leuten stark beeinträchtigt werden. Wir gaben also auch aus diesen Gründen die Aufforderung zur Eigeninitiative weiter, auch wenn diese Vorgehensweise mit erheblichen Unwägbarkeiten verbunden war. Sollte man uns dann verhaften, konnten die Gründung und der Aufbau der Partei unabhängig von uns erfolgen. Entsprechend formulierten wir in dem einseitigen Aufruf: *„Wir fordern alle, die den nachfolgenden unverzichtbaren programmatischen Orientierungen zustimmen, auf, sich vor Ort zusammenzuschließen."*[63]

Was damit gemeint ist, läßt sich einer Diskussion entnehmen, die Markus Meckel mit Arndt Noack führte, als er telefonisch dessen Zustimmung zu dem Text einholte. Die zitierte Formulierung provozierte bei Arndt Noack den Eindurck: *„Da klingt es natürlich ein bißchen, als sollten auf lokaler Ebene gleich Parteien gegründet werden."* Markus Meckel entgegnete: *„Es ist insofern richtig, was du sagtest. Es soll vor Ort, Gruppen die das sagen, nicht Parteigründung, aber sich zu Gruppen zusammenschließen. Unabhängig von irgendwelchen Gründungsaufrufen und versuchen in dieser Stelle selbständig aktiv zu werden. Genau!"* Berechtigterweise fragte Arndt Noack daraufhin: *„Geht dies aus dem [...] Papier hervor, daß es um, daß es also um die Initiative zur Gründung einer Partei geht –."* Markus Mekkel bestätigte ihn und differenzierte:

> „Ja! Das heißt, wir halten für den künftigen Weg unserer Gesellschaft die Gründung einer Sozialdemokratischen Partei für wichtig. Oben drüber heißt es ‚Zum Aufruf der Initiativgruppe Sozialdemokratische Partei in der DDR'. Und damit ist klar, es ist noch nicht gegründet. Es ist aber in Perspektive und es soll nicht so sein, daß irgend ein paar Leute gründen, sondern es soll so sein, daß sozusagen auf unterer Ebene gleichzeitig vor Ort, wo auch immer man sich zusammenfindet. Die Kontaktaufnahme ist eine spätere Sache dann.

Arndt Noack meldete darauf weiteren Gesprächsbedarf an und verwies auf das Problem, bei einem Wachsen von unten dennoch eine Partei aufzubauen: *„[...] Dieses Zentralisieren ist ja auch eine Schwierigkeit, dies dann wieder zusammenzubinden, aber – Ich sehe Gutzeit (Martin) Donnerstag."*[64]

Zweitens veranlaßte uns die sich andeutende Vielfalt unterschiedlicher Initiativen, öffentlich unser Verhältnis zu ihnen zu verdeutlichen. Zum einen wollten wir klarstellen, daß wir im Horizont einer erstrebten pluralistischen Demokratie uns zur Partikularität unserer Perspektive und zum Prinzip demokratischer Konkurrenz bekannten, d.h. die anderen nicht unbedingt vereinnahmen wollten, indem wir formulierten: *„Wer sich mit uns nicht in Übereinstimmung sieht, erkläre sich und bestimme seine eigene demokratische Perspektive."* Unser Ziel war die Gründung einer Partei und nicht irgendeiner Sammelbewegung. Zum anderen haben wir als erste öffentlich das Angebot zu einem breiten Bündnis zur Überwindung der SED-Herrschaft gemacht: *„Wir suchen ein Bündnis mit allen, die an einer grundlegenden Demokratisierung unseres Landes mitarbeiten wollen."*

Ein weiteres Thema des Treffens war die Erweiterung des Kreises der Initiatoren.[65] Eine ganze Reihe von Leuten aus der oppositionellen Szene war im Gespräch. Es zeigte sich jedoch bald, daß sie nicht bereit waren, sich an unserer Initiative zu beteiligen und andere Optionen vorzogen. Die Gründung einer Partei, insbesondere einer Sozialdemokratischen Partei, lag für die meisten außerhalb ihres Horizontes.

Das nächste wichtige Treffen zur Vorbereitung der Gründung fand im Verlauf des 18. September[66] in meinem Zimmer im Sprachenkonvikt statt. Beteiligt waren neben den vier Unterzeichnern des Aufrufs weitere Personen, unter ihnen Konrad Elmer, Reiner Rühle, Steffen Reiche, Rainer Hartmann und Jochen Görtz.[67] Im Verlauf dieses Treffens wurden eine Reihe wichtiger Entscheidungen in Hinblick auf die Gründung der Partei getroffen. Die wichtigste Entscheidung führte Arndt Noack in seinem Ergebnisprotokoll unter Punkt 1. an: *„Zukünftiger Name: Sozialdemokratische Partei in der DDR(.) Abkürzung: S D P".* Dieser Entscheidung waren einige Diskussionen vorausgegangen. So wurden auf der einen Seite z.B. Vorschläge gemacht, in Abgrenzung zur SPD die zu gründende Partei ÖSDP oder

USDP zu nennen. Auf der anderen Seite wurde diskutiert, ob es nicht sinnvoll wäre, in Berlin einfach die SPD wiederzubeleben, die 1961 nur ihre Arbeit eingestellt hatte.[68] Dagegen sprach, daß wir eine Sozialdemokratische Partei für die ganze DDR gründen wollten und nicht nur eine Berliner Regionalpartei. Zudem hatten wir das negative Echo aus West-Berliner SPD-Kreisen noch im Ohr. Sollten wir uns in einen Rechtsstreit mit der SPD verwickeln? So kam es zu der genannten Entscheidung, die einerseits eine formale Unterscheidung von der SPD bot und uns andererseits in die Tradition der Sozialdemokratie stellte.

Des weiteren gab es erste Diskussionen zur Programmatik[69] und Strategie,[70] die aber nicht über einige grundsätzliche Fragen hinausführten. Es wurden die nächsten Termine festgelegt. Für Sitzungen der Initiativgruppe wurden der 26. September und 1. Oktober vereinbart. Die Gründung der Partei sollte am 7. Oktober außerhalb von Berlin, wenn möglich in einem nichtkirchlichen Raum, erfolgen.[71] Dies war die erste von uns ins Auge gefaßte Variante. Als Gegenstrategie gegen Versuche der Verhinderung der Gründung planten wir zwei Ausweichvarianten. Wenn der Gründungsakt unterbunden werden sollte, wollte man sich in einem Ersatzraum in Berlin treffen, z.B. in den Räumen der Evangelischen Studentengemeinde. Falls auch dies verhindert werden sollte, war geplant, sich dezentral in verschiedenen Wohnungen zu treffen. In der Fortschreibung der bisherigen Absicherungstaktik kam man überein, daß *„bis zum Gründungstermin [...] die öffentlichen Ansprechpartner der Initiativgruppe nur die vier Unterzeichner des Aufrufs (sind). Bei ihrem Wegfall treten die anderen Anwesenden und Susanne Seils für sie ein.“*[72] Es wurde weiter vereinbart, daß Markus Meckel auf der Gründungsversammlung eine programmatische Rede halten sollte. Dazu heißt es im Protokoll: *„Es wird um schriftliche Vorlagen für Markus Rede am 7.10.89 bis zum 26.9.89 gebeten.“* Dieser Aufforderung ist in der Folge keiner nachgekommen. Weiter wird ausgeführt: *„Bis zum 26.9. übernehmen 2 Personen den Entwurf einer Geschäftsordnung.“* Bei den beiden Personen handelte es sich um Rainer Rühle und Konrad Elmer. Ich selbst kündigte an, mich auch darum zu kümmern,[73] insbesondere um eine programmatische Erklärung, die dem Organisationsstatut vorgeordnet werden sollte.

Ein weiterer Gegenstand der Beratung war das Zugehen auf die anderen neuen Gruppierungen, um Formen gemeinsamen politischen Handelns zu finden. Die bisherige Strategie gegenüber den Initiatoren des Demokratischen Aufbruch wurde bestätigt. Alle Mitglieder der Gruppe sollten sich an der Gründung des DA am 1. Oktober beteiligen. Falls es zu keiner Einigung zwischen den Initiatoren des Demokratischen Aufbruch und des Neuen Forum käme, sollte jeder, der es für sinnvoll ansah, auch im Neuen Forum mitarbeiten und auf eine gemeinsame Handlungsplattform drängen.[74] Das taktische Motiv dieser Beteiligung bestand darin, daß wir hier eine Möglichkeit sahen, unsere eigene Initiative ins Gespräch zu bringen und personelle Ressourcen für uns zu erschließen.

Nach Beendigung der Sitzung ergab sich die erste Möglichkeit zu einem Interview mit einem holländischen Fernsehteam, am nächsten Tag folgte auf einem Berliner Hinterhof ein zweites Interview, das dann auch bald im deutschen Fernsehen gesendet wurde. Am Abend des 18. September fand das schon erwähnte Treffen von Mitgliedern verschiedener Gruppierungen im Pfarrgarten der Gemeinde Alt-Pankow statt. Von unserer Seite nahmen Markus Meckel und ich daran teil.

Man verabredete, wiederum zusammenzukommen, um mit den Initiatoren des DA und des Neuen Forum über eine gemeinsame Plattform zu reden.[75]

Am 26. September fand die 2. Sitzung der Initiativgruppe wiederum in meinen Arbeitsräumen im Sprachenkonvikt statt.[76] Auf dieser Sitzung wurde beschlossen, die Beschränkung öffentlichen Auftretens auf die vier Unterzeichner des Aufrufs aufzuheben, um auf den verschiedensten Foren *„im Sinne der SDP aufzutreten und Sympathisanten zu gewinnen“*[77]. Damit verließ die Initiativgruppe die Sphäre strenger Konspiration und trat öffentlich in Erscheinung.

Erster Tagesordnungspunkt war der Informationsaustausch über das, was in der Zwischenzeit geschehen war, z.B. im Zusammenhang der Montagsdemonstration am 25. September in Leipzig. Ich selbst war am 24. September zum Treffen von Mitgliedern unterschiedlicher Initiativen in Leipzig, hatte auch Gelegenheit, mir einen Eindruck über die Situation und Stimmung in Leipzig zu verschaffen und traf dort u. a. auch mit Bärbel Bohley und Edelbert Richter,[78] Mitinitiator des Demokratischen Aufbruch, zusammen. Auf dem Treffen konnte ich, wie auch die anderen Initiatoren, unsere Initiative zur Gründung einer Sozialdemokratischen Partei vorstellen. Gegenüber dem Neuen Forum stellte ich die Frage, *„wer die ‚Konkursmasse DDR‘ nach dem möglichen Abdanken der Herrschenden übernehmen soll“*.[79] Zu einer Vereinbarung, das Neue Forum zur Plattform für alle neuen Initiativen zu machen, kam es entgegen einer Meldung der taz vom 25. September nicht. Vielmehr sprach sich Bärbel Bohley dagegen aus.[80] Meine Versuche, Edelbert Richter von unserer Initiative zu überzeugen, hatten keinen Erfolg, vielmehr übergab er mir seinen Entwurf einer programmatischen Erklärung für die Gründung des Demokratischen Aufbruch, die ich zu Ehrhart Neubert nach Berlin transportierte.[81] Über diese Vorgänge berichtete ich auf der Sitzung.[82]

Ein weiterer Gesprächsgegenstand war unsere Beteiligung an der Gründung des Demokratischen Aufbruch. Ich selbst hatte am 25. September an der Sitzung der Initiativgruppe des Demokratischen Aufbruch in der Wohnung von Ehrhart Neubert teilgenommen und danach auch an dem dort sich anschließenden Treffen von Vertretern der verschiedenen Initiativen zwecks Klärung ihrer Beziehungen untereinander. Selbstverständlich brachte ich bei beiden Treffen unsere Sicht der Dinge ein. Nachdem das Neue Forum den Formationstypus „Sammlungsbewegung“ repräsentierte und wir als Initiative zur Gründung einer Sozialdemokratischen Partei auf dem Plan waren, war zu klären, welche organisatorische und programmatische Ausrichtung der Demokratische Aufbruch anstrebte. Die programmatische Breite von grün, sozialistisch über liberal bis christlich veranlaßte mich zu der Bemerkung, daß dies aussähe wie eine neue Nationale Front. Aus unserer Sicht konnte der DA quasi als Versammlung Demokratischer Initiativen nur ein Übergangsphänomen sein, und so sagte ich unsere Beteiligung an der Gründung des Demokratischen Aufbruchs zu. Dies galt natürlich nur unter der Voraussetzung, daß Fraktionsbildung erwünscht wäre.[83] Auf dem anschließenden Treffen der Vertreter aus den verschiedenen Initiativen zeigte sich jedoch, daß das Ziel, den DA zur Versammlung demokratischer Initiativen zu machen, nicht zu erreichen war. Bärbel Bohley erklärte klipp und klar, daß sie mit Wolfgang Schnur und Rainer Eppelmann nicht zusammenarbeiten würde. Somit war auch ausgeschlossen, daß das Neue Forum jene Plattform darstellen könnte. Als Kompromiß wurde vereinbart, daß man sich am 4. Oktober erneut treffen sollte, um die Verhältnisse zueinander zu klären. Aus jeder Gruppierung sollten je eine weibliche und eine männliche Person teilnehmen. Dementsprechend beschloß die Initiativgruppe der SDP, Angelika Barbe und mich zu entsenden. Da nach der Planung der Initiatoren des DA aus Sicherheitsgründen nur namentlich benannte Personen teilnehmen sollten, vereinbarten wir weiterhin, daß Markus Meckel, Steffen Reiche, Ibrahim Böhme, Jochen Görtz und ich daran teilnehmen sollten. Die Sitzung der Initiativgruppe der SDP am 1. Oktober verschoben wir auf 19 Uhr.[84]

Hauptgegenstand der Beratungen war selbstverständlich die Vorbereitung der Gründungsversammlung am 7. Oktober. Auch wenn die Vorbereitungen noch nicht so weit gediehen waren, wie wir uns das wünschten – die Entwürfe für das Organisationsstatut, die Konrad Elmer vorlegte, erwiesen sich als ungeeignet, Vorlagen für die programmatische Rede von Markus Meckel hatte keiner mitgebracht und auch sonst fehlte noch einiges –, blieben wir bei unserem Beschluß, daß wir den Anwesenden am 7. Oktober vorschlagen sollten, nicht erst eine Initiativgruppe, sondern die Sozialdemokratische Partei selbst zu gründen.[85] Gemäß Protokoll wurden *„die drei Verfahrensvarianten, am 18.9.1989 beraten, [...] bestätigt“*, und beschlossen, daß *„Ort und Zeit sowie abschließender Einladungsmodus* [...] *am 1.10.1989 festgelegt und vereinbart (werden).“*[86] Für den Verteilungsschlüssel der Teilnehmer an der Gründungsversammlung stellten wir drei Prioritätskriterien auf. Wenn möglich, sollten erstens die Regionen der DDR flächendeckend vertreten sein, zweitens die Teilnehmer den Berufs- und Tätigkeitsdurchschnitt der Bevölkerung darstellen und drittens ein ausreichender Anteil von Frauen angestrebt werden.

Auch über den Status der Gründungshandlung wurde noch einmal diskutiert. Wir stellten fest, daß *„für Parteien keine Gesetzgebung bei uns“*[87] vorlag, etwa ein dem Parteiengesetz der Bundesrepublik vergleichbares Gesetz. Eine Gründung der Sozialdemokratischen Partei für Berlin wäre *„nur [eine] Reaktivierung mit neuem Namen“*, d.h. rechtlich kein Problem. Eine Gründung *„für [die] DDR“* war die *„Rekonstruktion“* einer Partei, die die Kommunisten 1946 durch die Zwangsvereinigung vernichtet hatte. Was dies für Folgen haben konnte, wußten wir. Deshalb planten wir eine *„Bitte um Unterstützung [an die] Soz.[ialistische] Internationale“*. Aber auch über den Status der Gründung in Hinblick auf die oppositionelle Szene der 80er Jahre wurde reflektiert. Es wurde eine *„Stagnation [der] Friedens-, Menschenrechts- und Ökologiebewegung in den letzten 3 Jahren“* konstatiert. Wir stellten fest, daß sie *„den politischen Strukturen nichts entgegenzusetzen“* hatte. Mit der Gründung der SDP sollte etwas in seiner politischen Bedeutung Neues geschehen: *„Die Initiatoren laden zu einer Gründungsversammlung ein“*, d.h., die Gründung sollte bewußt als *„formeller Rechtsakt“* verstanden werden, mit allen Konsequenzen. Eine Bitte um Genehmigung und damit ein äußerlich ‚verfassungskonformes‘ Vorgehen[88], wie es das Neue Forum getan hatte, lehnten wir ab. Es wäre auch unsinnig gewesen. Mit der laut Protokoll geplanten *„Anmeldung bei MdI mit Information an ADN“*[89] war nur die Mitteilung beabsichtigt, daß wir mit der Gründung unsere Tätigkeit aufnehmen. Daß wir damit gegen Artikel 1 der Verfassung verstießen, war uns klar.[90]

Blieb noch, die bis zur Gründung zu leistenden Aufgaben aufzulisten und zu verteilen. Es wurde noch einmal aufgefordert, für die programmatische Rede, die

Markus Meckel halten sollte, Zuarbeit zu leisten. Im einzelnen wurden laut Protokoll folgende Themenkomplexe genannt: Soziale Marktwirtschaft, deutsche Frage, Recht, Staat, Gesellschaft, Selbstverständnis als Partei, innerparteiliche Demokratie, Parteienpluralismus, Sozial- und Gesundheitswesen, Ökologie und Wirtschaft, Kultur, Volksbildung und Verantwortung für die Dritte Welt. Die Rede sollte am 8. Oktober öffentlich verbreitet werden. Schon am 7. Oktober sollte eine Presseerklärung zur Gründung an die Medien gehen.[91] Das Organisationsstatut mußte fertiggestellt und ein Antrag auf Mitgliedschaft in der Sozialistischen Internationale verfaßt werden. Schließlich vermerkt der Protokollant Böhme, daß ein *„offener Brief an [die] Regierung der DDR“* formuliert werden sollte mit der *„Aufforderung, die Gesprächsangebote als letzte Möglichkeit des Dialogs anzunehmen, um weitere landesweite Destabilisierung zu verhindern“.*[92]

Im Nachgang zu der Sitzung machte ich mich auf die Suche nach einem Gründungsort. Die Gründung in einem nichtkirchlichen Raum zu veranstalten, erwies sich als nicht realisierbar. Parallel zu meinen Bemühungen suchte Markus Meckel im Raum Magdeburg eine öffentliche Gaststätte, in der – in Absprache mit dem Wirt und getarnt als Geburtstagsfeier – die Gründungsversammlung stattfinden konnte. Er hatte auch keinen Erfolg. Am 30. September fuhr ich zu Joachim Kähler ins Pfarrhaus von Schwante.[93] Auf meine Nachfrage nach einem geeigneten Ort bot er mir sein Pfarrhaus an. Es gab dort einen Gemeinderaum, der etwa 40 bis 50 Personen Platz bot. Das Grundstück war so gelegen, daß es von der Straße keinen Einblick bot. Zudem gab es nach hinten hinaus Fluchtmöglichkeiten über den Friedhof und das Kirchengelände. Als positiv sah ich damals an, daß am 7. Oktober vier Kilometer entfernt ein Sandbahnrennen stattfand, zu dem viele auswärtige Besucher zu erwarten waren.

Die Ereignisse bei der versuchten Gründung des Demokratischen Aufbruch (DA)[94] am 1. Oktober zeigten uns, daß es nicht sicher war, ob unsere für den 7. Oktober geplante Gründung gelingen würde. In einer letzten Sitzung der Initiativgruppe vor der Gründung am Abend des 2. Oktober[95] erörterten wir die Frage, was wir tun könnten, um angesichts eines auch gegen uns zu erwartenden Polizeieinsatzes die Gründung der SDP möglich zu machen. Eine der Maßnahmen, die wir verabredeten, bestand darin, daß wir in der Szene verbreiten wollten, daß der Gründungsakt erst am 15. Oktober stattfinden sollte.[96] Zudem fertigten wir eine Gründungsurkunde in zwei Exemplaren, die von den elf anwesenden Mitgliedern der Initiativgruppe unterzeichnet wurde (Anhang, Nr. 4).[97] Falls der Gründungsakt am 7. Oktober durch Polizeikräfte verhindert werden würde, sollte dennoch die Gründung der SDP bekanntgegeben werden können. Dazu sollten vertrauenswürdige Personen beauftragt werden, im Fall der Verhinderung der Gründungsversammlung oder der Verhaftung der Initiatoren, westliche Medien von der Gründung der SDP zu informieren und die Gründungsurkunde sowie das Statut zugänglich zu machen. Zu diesem Zweck behielt ich ein Exemplar. Dem Ansinnen Ibrahim Böhmes, das zweite Exemplar zu verwahren, begegnete ich mit dem Hinweis, er selbst sei zu gefährdet, und übergab das Exemplar an Jochen Görtz, Pfarrer in der Berliner Bartholomäusgemeinde. Damit bestand zwar noch die Möglichkeit, die Gründungsversammlung in Schwante zu unterbinden, die Gründung selbst war nicht mehr zu verhindern. Wenn man uns in jener Nacht verhaftet hätte, wäre die Öffentlichkeit dennoch von der vollzogenen Gründung informiert worden.

Über den Gründungsort wurde nicht gesprochen, sondern wir verständigten uns schriftlich. Das Angebot Steffen Reiches, als Gründungsort sein Pfarrhaus in Christinendorf bei Zossen zu wählen, wurde mit dem Argument nicht angenommen, er sei öffentlich schon als Mitglied der Initiativgruppe aufgetreten. Meinen Vorschlag „Schwante", der akzeptiert wurde, konnte ich schriftlich so plazieren, daß Ibrahim Böhme ihn nicht lesen konnte.[98] Da wir verabredet hatten, uns am 6. Oktober auf der „DDR-Zukunftswerkstatt" in der Berliner Erlöserkirche zu treffen, sagte ich ihm, ich würde ihm den Ort bei dieser Gelegenheit mitteilen. Weiterhin vereinbarten wir, daß die Mitglieder der Initiativgruppe mindestens einen Tag vor dem 7. Oktober sich nicht mehr in ihrer Wohnung aufhalten und auf keinen Fall zu Hause übernachten sollten, um eine Blockierung oder Verhaftung zumindest zu erschweren.

Ein weiterer Gesprächsgegenstand war die Planung des Ablaufs der Gründungsversammlung.[99] Nach einer Begrüßung durch Ibrahim Böhme sollte Konrad Elmer als Versammlungsleiter vorgeschlagen werden, der auch eine Geschäftsordnung erarbeiten wollte, die zu Beginn zur Abstimmung vorgelegt werden sollte. Im Anschluß an die darauf folgende programmatische Rede und die Vorstellung des Statuts war eine Aussprache und Abstimmung geplant. Danach sollte die Unterzeichnung der Gründungsurkunde in vier Exemplaren erfolgen. Weiterhin war dann die Verabschiedung des Antrags auf Aufnahme in die Sozialistische Internationale, einer Botschaft an die Bevölkerung der DDR und einer Presseerklärung vogesehen. Als nächster Tagesordnungspunkt wurde der Wahlakt festgelegt, beginnend mit der Bestimmung einer Wahlkommission, danach Wahl eines Vorstandes aus 15 Mitgliedern und weiterer Gremien. An der Spitze des Vorstandes sollten ein 1. Sprecher, zwei Stellvertreter, ein Geschäftsführer und ein Schatzmeister stehen. Wir benannten die Spitzenposition bewußt nicht mit der Bezeichnung Vorsitzender, sondern 1. Sprecher, da uns dies aufgrund der Wahl durch eine kleine Gründungsversammlung anmaßend erschienen wäre.

Als Vorlagen für das Statut lagen der Initiativgruppe der überarbeitete Entwurf von Konrad Elmer sowie mein Entwurf für die geplanten programmatischen Grundsätze als Eingangsteil des Statuts vor.[100] Mein Entwurf der Grundsätze wurde im großen und ganzen mit einzelnen Änderungen akzeptiert. Vereinbart wurde, ihn formal der Statutenform anzupassen sowie die *„Stichworte zum Programm"* in *„Grundpositionen zur Erarbeitung des Parteiprogramms"* umzubenennen und an den Schluß zu stellen. Der Vorschlag von Angelika Barbe, die Rechte der Kinder in die Aufzählung aufzunehmen, fand Zustimmung. Die Angabe eines Sitzes der Partei, für den ich Berlin benannt hatte, wurde gestrichen, da sich der Vorstand zum Zeitpunkt der Gründung schwerlich als Repräsentant gerieren konnte. Dies sollte auf dem ersten Parteitag nachgeholt werden.

Schwieriger war die Diskussion zum Organisationsstatut. Konrad Elmer sprach in seinem Entwurf von einem *„basisdemokratischen Strukturaufbau"*, das bedeutete *„Organisation in gesprächsfähigen Gruppen auf allen Ebenen (10–20 Personen)"*. Gemäß seinem Entwurf erfolgte die Delegierung *„von der Basis stufenweise zu den zusammenfassenden Gremien"*.[101] Nach diesem Modell sollten wohnsitzorientierte Basisgruppen mit etwa 15 Mitgliedern jeweils zwei Vertreter, möglichst eine Frau und einen Mann, zur nächsten zusammenfassenden Gruppe delegieren, die dann etwa 14 Personen umfassen würde und so fort. Daraus würden sich die Kreis-, Bezirks- und je nach Mitgliederzahl notwendigen Zwischenebenen ergeben. Dieser Vorschlag traf auf heftigsten Widerspruch. Es wurden insbesondere von Markus Meckel, aber auch von mir gravierende demokratietheoretische wie politisch-praktische Bedenken geäußert.[102] Schließlich wurde vereinbart, daß, orientiert am Statut der SPD und bezogen auf unsere Bedürfnisse, das Ganze überarbeitet werden sollte.[103] Dafür wurde ein Treffen für den 5. Oktober in der Wohnung von Konrad Elmer verabredet.

Am folgenden Tag informierte ich Joachim Kähler davon, daß wir sein Angebot annähmen und die Gründungsversammlung in Schwante durchführen würden. Dann nahm ich gleich Kontakt zu Bekannten auf, von denen ich wußte, daß sie nicht die Absicht hatten, sich an der SDP-Gründung zu beteiligen, um sie zu bitten, die Sache öffentlich zu machen, falls die Gründungsversammlung in Schwante scheitern sollte und wir verhaftet würden. Zuerst fuhr ich zu Bernd Albani, der gerade als Pfarrer an der Gethsemanekirche in Berlin begonnen hatte. Danach traf ich mit Hans Misselwitz zusammen, von dem ich hörte, daß er und seine Frau in den nächsten Tagen nach Westdeutschland fahren würden, und bat ihn, die SPD von unserem Vorhaben zu informieren und unser Interesse an einer Aufnahme in die Sozialistische Internationale zu bekunden.[104] Den Gedanken, daß Hans Misselwitz eine unterzeichnete Gründungsurkunde gleich mitnehmen könnte, verwarfen wir, da die Gefahr eines Verlustes zu groß war. Am 3. Oktober fuhr[105] ich zu Elgyn Heym,[106] um sie zu bitten, ebenfalls für unsere Absicherung zu sorgen. Ich nannte ihr einen Ort, an dem sie die unterzeichnete Gründungsurkunde und das Statut finden konnte. Im Fall unserer Verhaftung sollte sie dafür Sorge tragen, daß die Dokumente westlichen Medien zugänglich gemacht würden. Damit waren wir zumindest von meiner Seite dreifach abgesichert.

Das MfS, über den Gründungstag, den Gründungsort und *„mögliche Ausweichobjekte"* informiert, stand unter Handlungsdruck. Am 4. Oktober legte die Hauptabteilung XX einen *„Maßnahmeplan zur Zurückdrängung/Unterbindung und operativen Kontrolle einer für den 07. Oktober 1989 geplanten Zusammenkunft von feindlich-oppositionellen Kräften zur Schaffung der DDR-weiten Sammlungsbewegung/Vereinigung ‚Sozialdemokratische Partei' (SDP)"*[107] vor. Schon der Titel dieses Maßnahmeplans indiziert verschiedene Optionen, die das MfS im Blick hatte, d.h., es setzte auf ein differenziertes und die Prinzipien des Quellenschutzes beachtendes Vorgehen. Die erste Option bestand in der *„Zurückdrängung"* der geplanten Gründungsversammlung. Dieser Option widmeten sich Punkt 1 und 2 des Maßnahmeplanes. Punkt 1 lautet:

> „Auf der Grundlage einer offiziell auswertbaren Information erfolgen durch die zuständigen Stellvertreter Inneres der örtlichen Räte erneut Gespräche mit den als Kontaktadressen angegebenen Personen Pfarrer Meckel/Niederndodeleben, Bez. Magdeburg [...] Pfarrer Gutzeit/Marwitz, Bez. Potsdam [...] Pfarrer Becker/Halle [...] Pfarrer Noack/Greifswald, Bez. Rostock [...] Historiker Böhme/Berlin".[108]

Interessant ist, daß sich das MfS bei dieser Maßnahme auf eine Information bezog, die ihm zu diesem Zeitpunkt schon über vier Wochen bekannt war,[109] obwohl ihm ausweislich der vorliegenden MfS-Überlieferung eine Vielzahl weiterer Informationen vorlagen, die Ansätze zu weiteren Handlungsoptionen gegeben hätten. Bei diesem Vorgehen scheinen die Konspiration und der Quellenschutz die erste Priorität gehabt zu haben. Was sich das MfS von den Disziplinierungsgesprächen versprach, mit denen man uns den Gründungsakt untersagen wollte, ist mir angesichts der fehlenden Wirkung der ersten Gespräche unklar. Sie haben, was Markus Meckel, Arndt Noack, Ibrahim Böhme und mich betrifft, auch nicht stattgefunden, da wir ‚offiziell' nicht erreichbar waren. Eine auf der Grundlage ‚inoffizieller' Informationen durchgeführte polizeiliche Zuführung war augenscheinlich nicht vorgesehen.

Nach Punkt 2 des Maßnahmeplanes sollten die Bezirksverwaltungen des MfS über den Sachverhalt der geplanten Gründung informiert werden, *„aus deren Verantwortungsbereich mit Teilnehmern zu rechnen ist"*, und ihnen eine Anlage mit der Liste der 40 bekannten Namen übersandt werden.[110] Weiter sollte differenziert festgelegt werden, *„mit welchen kirchlichen Vorgesetzten staatlicherseits sofort ein Gespräch zu führen ist, wobei die Forderung erhoben wird, daß kirchlicherseits eine Unterbindung der Teilnahme für das Treffen am 7. Oktober 1989 veranlaßt wird."* Den Bezirksverwaltungen wurde der Auftrag erteilt, zu *„den übermittelten möglichen Teilnehmern* [...] *ab 6.10.1989 differenziert Maßnahmen der Beobachtung bzw. der Verhinderung der Anreise festzulegen."* Dazu wurden ihnen *„konkrete Auflagen"* übermittelt, *„welche Personen zu beobachten bzw. zu blockieren sind."* Bei Verlassen des Bezirkes sollte die HA XX/4 informiert werden. Ein entsprechendes Fernschreiben des Stellvertreters des Ministers, Generaloberst Mittig, wurde am 5. Oktober an die Leiter der Bezirksverwaltungen des MfS in Rostock, Schwerin, Erfurt, Gera, Halle, Leipzig, Magdeburg, Neubrandenburg und Potsdam versandt.

Die geplanten Maßnahmen führten nicht zu einer beachtenswerten Behinderung der Gründungsveranstaltung. Die angestrebte kirchliche Disziplinierung konnte sich nur auf kirchliche Mitarbeiter beziehen. Zudem stand für deren Realisierung nur der 6. Oktober zur Verfügung. Die neun kirchlichen Mitarbeiter der Initiativgruppe waren an diesem Tag nicht mehr offiziell erreichbar[111], wenn sie sich an die Absprache hielten. Inwiefern die Beobachtung im einzelnen gelang, kann ich nicht beurteilen, da bisher keine Unterlagen zur Verfügung stehen.[112] Die geplante Blockierung gelang in einem Fall. Wie erwähnt, war verabredet, daß Siegbert Schefke, der in den 80er Jahren schon mehrmals Videoaufnahmen für Roland Jahn gefertigt hatte und die entsprechende Technik besaß, die Gründung in Schwante aufnehmen sollte. Das MfS blockierte das Haus im Prenzlauer Berg, in dem er wohnte, so daß er nicht nach Schwante kommen konnte. Es gelang ihm aber, seinen Mitstreiter Aram Radomski zu beauftragen, der dann die entsprechenden Aufnahmen machte.[113] In einem zweiten Fall konnte eine Beobachtungaktion des MfS festgestellt werden. Das Auto von Konrad Elmer, der entgegen der Absprache die Nacht vom 6. zum 7. Oktober zu Hause verbracht hatte, wurde auf dem Weg nach Schwante offenkundig durch ein Fahrzeug des MfS verfolgt. Durch die Hilfe des Superintendenten von Oranienburg gelang es jedoch, das MfS abzuschütteln und dann unbehindert Schwante zu erreichen. Somit wurde zumindest kein Mitglied der Initiativgruppe an der Teilnahme in Schwante gehindert. Damit war die Option der *„Zurückdrängung"* der Gründung, was das Vorfeld betrifft, gescheitert.

Das MfS wollte sich aber auch die Option der Unterbindung der Gründungsversammlung offenhalten. In Punkt 3 des Maßnahmeplanes wird daher der jeweiligen Abteilung XX der Bezirksverwaltungen Potsdam und Berlin der Auftrag erteilt, in Zusammenwirken mit der DVP *„in der Nähe der vorgenannten bekannten Trefforte operative Stützpunkte zu schaffen, um den unverzüglichen Einsatz bereitstehender Kräfte der DVP zu gewährleisten.“*[114] Aus Schwante wissen wir, daß sich das MfS am 6. Oktober im Rat der Gemeinde einquartiert hatte. Es hatte also die Möglichkeit, mit Polizeikräften einzugreifen.

Zur ‚operativen‘ Kontrolle der Gründungsversammlung leitete das MfS eine Reihe von Maßnahmen ein. An erster Stelle stand der Einsatz inoffizieller Mitarbeiter *„zur Erarbeitung weiterer Hinweise über Pläne und Absichten sowie zum Verlauf des Treffens [...] entsprechend den gegebenen Voraussetzungen“*. Die Entscheidung, welche IM sich mit welcher Aufgabe an dem Treffen beteiligen sollten, behielt sich der Leiter der Hauptabteilung XX, Generalleutnant Kienberg, selbst vor. Neben dem Ziel der Gewährleistung eines *„Informationsfluss(es) über Pläne und Absichten und Hinweise zum Verlauf“* plante das MfS den Einsatz von inoffiziellen Mitarbeitern zu dem Zweck, die Gründungsversammlung zu stören, wenn möglich scheitern zu lassen. Das heißt, sie sollten sich beteiligen, *„um [...] während des Treffens Gegenpositionen zu beziehen, Zweifel zu erzeugen, zu debattieren, Sachverhalte zu zerreden und Mißtrauen aufkommen zu lassen und gegebenenfalls durch öffentliches Auftreten sich von den politischen Plattformen zu distanzieren und die Organisatoren zu entlarven.“*[115]

Weitere Maßnahmen zur operativen Kontrolle waren Aufträge zum Abhören von Telefonen (Maßnahme -A-) an die Abteilung 26 und zur Kontrolle von Journalisten an die Hauptabteilung II. Man vermutete sogar die Einreise von Personen aus der *„Personenkategorie – Politische Prominenz –“*, d.h. vermutlich führende Sozialdemokraten der Bundesrepublik oder der Sozialistischen Internationale, und erteilte daher an die Hauptabteilung VI den Auftrag, *„im Interesse der Unterbindung einer Teilnahme spezifische Filtrierungsmaßnahmen an der Staatsgrenze [...] einzuleiten.“* Eine Entscheidung in diesem Zusammenhang behielt sich vermutlich der Minister Erich Mielke selbst vor: *„Bei Bekanntwerden von Einreiseabsichten ist eine zentrale Entscheidung vor der Erteilung einer Einreisegenehmigung herbeizuführen.“* Das Ganze wurde generalstabsmäßig organisiert und *„zur Koordinierung der politisch-operativen Maßnahmen [...] durch die Hauptabteilung XX/4 eine Einsatzgruppe gebildet.“* Bei Vorkommnissen sollte der Leiter der Hauptabteilung XX, Generalleutnant Kienberg, sofort informiert werden.

Am Abend des 4. Oktober 1989 trafen sich, wie verabredet, in der Parterrewohnung des Graphikers Reiner Weidauer, eines Bekannten von Rainer Eppelmann, etwa 16 Vertreter verschiedener oppositioneller Gruppierungen, um ihre Beziehungen untereinander in Hinblick auf eine gemeinsame Beteiligung an Wahlen zu klären, ohne daß diese Zusammenkunft durch die Sicherheitsorgane gestört wurde, wie es noch bei dem Versuch der Gründung des Demokratischen Aufbruch am 1. Oktober 1989 der Fall gewesen war. Dabei dürfte der SED und den Sicherheitsorganen die Bedeutung dieses Treffens nicht verborgen gewesen sein. Schon am 30. September warnte Ibrahim Böhme, IMB „Maximilian“ der Hauptabteilung XX/9, in einem Bericht über ein Treffen von oppositionellen Gruppierungen mit

Vertretern der Alternativen Liste in West-Berlin: *„Ganz sicher sehe ich die Situation etwas ‚überzogen' gefährlich. Kommt es nach dem 4.10.1989 zu einer Medienerklärung der gemeinsamen Wahlplattform der Oppositionellen, so sind die Folgen bei dem in der DDR bestehenden allgemeinen Frust nicht mehr abzusehen. Bitte entschuldigen Sie mir die Akzentuierung meiner Bedenken."*[116] Auf dieser Zusammenkunft kam es tatsächlich zur Verabschiedung einer gemeinsamen Erklärung zu einem Wahlbündnis, die dann am 6. Oktober auf einer großen Veranstaltung in der Berliner Erlöserkirche verlesen wurde, auf der Vertreter der verschiedenen oppositionellen Gruppierungen ihre politischen Vorstellungen öffentlich in Anwesenheit von westlichen Journalisten und Fernsehteams vortrugen.

Die Bedeutung dieses Treffens darf m. E. keinesfalls unterschätzt werden. Hier konstituierte sich die Kontaktgruppe der Opposition, quasi die zentrale Koordinierungsgruppe der verschiedenen oppositionellen Gruppierungen. Sie initiierte im November/Dezember 1989 maßgeblich den Zentralen Runden Tisch in Berlin. Die „Gemeinsame Erklärung" wurde unterschrieben von Vertretern der Bürgerbewegung Demokratie Jetzt, des Demokratischen Aufbruchs, der Gruppe Demokratischer SozialistInnen, der Initiative Frieden und Menschenrechte, der Initiativgruppe Sozialdemokratische Partei in der DDR, des Neuen Forums und Vertretern von Friedenskreisen. Der anwesende Vertreter des Netzwerkes Arche sah sich zunächst nicht dazu legitimiert zu unterzeichnen, tat dies aber später gleichwohl. Übrigens zeigt sich hier überhaupt das Problem des organisatorischen Status der einzelnen Gruppierungen sowie das Problem der Legitimation der Vertreter der jeweiligen Gruppierungen, das angesichts des Standes der Formierung, aber auch angesichts des Selbstverständnisses der unterschiedlichen Gruppierungen noch kaum zu klären war.

Am 5. Oktober fand in der Wohnung von Konrad Elmer das geplante Treffen zur Fertigstellung des Statuts der SDP statt. Anwesend waren anfangs Konrad Elmer, Dieter Kaiser, Generalsekretär der Evangelischen Studentengemeinden in der DDR, und ich selbst, später kamen Angelika Barbe und Christian Richter, Töpfermeister in Berlin-Pankow, hinzu. Konrad Elmer hatte meine programmatischen Grundsätze in seinen Entwurf eingearbeitet und das Organisationsstatut überarbeitet. Anlaß zur Diskussion gab u. a. meine Verwendung des Totalitarismus-Begriffs. Ich hatte in meinen Grundsätzen formuliert:[117]

> „In tiefer Ablehnung jeglichen Totalitarismus politischen Denkens und Handelns bemüht sich die SDP in Zusammenarbeit und gleichberechtigtem Wettstreit mit anderen demokratischen Kräften um die Entmonopolisierung und grundlegende Demokratisierung der Macht in Staat und Gesellschaft mit dem Ziel des Aufbaus einer ökologisch orientierten sozialen Demokratie."

Die von Konrad Elmer vorgelegte Fassung des Statuts sprach aber nur von einer tiefen *„Ablehnung eines zentralistischen politischen Denkens und Handelns"*. Schließlich einigten wir uns darauf, von *„entschiedener Ablehnung allen totalitären politischen Denkens und Handelns"* zu reden. Wichtig war mir, unseren klaren antitotalitären Ansatz im Statut festzuschreiben und angesichts der positiven Bezugnahme auf die *„Traditionen des demokratischen Sozialismus der europäischen Sozialisten und Sozialdemokraten"* (§ 2 des Statuts) Mißverständnissen vorzubeugen.

Auch der Umgang mit der deutschen Frage geriet in die Diskussion. Konrad Elmer hatte unter den außenpolitischen Programmpunkten formuliert, daß *„später [...] dann im Rahmen einer europäischen Friedensordnung eine Konföderation der beiden deutschen Staaten denkbar“* ist. Aus den von mir schon angeführten grundsätzlichen wie taktischen Gründen einigten wir uns schließlich auf die im ersten Aufruf festgeschriebene Formulierung. Längere Debatten ergaben sich wiederum über *das „basisdemokratisch“* ausgerichtete Organisationsstatut. Leider gelang es mir nicht, die auf der Initiativgruppensitzung am 1./2. Oktober angesprochene Anpassung an das Statut der SPD durchzusetzen.

Der 6. Oktober war für mich gefüllt mit einer Reihe praktischer und logistischer Vorbereitungen, z.B. Bereitstellung meines Computers und Druckers und Beschaffung der Verpflegung für die erwarteten 40–50 Teilnehmer der Gründungsversammlung.[118] Am Abend trafen wir uns, wie verabredet, auf der „DDR-Zukunftswerkstatt“ in der Berliner Erlöserkirche, die für Vertreter der verschiedenen Gruppierungen Gelegenheit bot, ihre Konzepte vorzustellen. Für die SDP-Initiative trat Ibrahim Böhme auf. Am Rande wies ich insbesondere anwesende Initiatoren des Demokratischen Aufbruch darauf hin, daß für sie jetzt die letzte Chance bestehe, bei unserer Gründung mitzumachen. Nach der Veranstaltung traf ich mich mit Markus Meckel um Mitternacht in Berlin auf der Warschauer Brücke, um von dort mit dem Auto nach Schwante zu fahren, wo wir übernachteten. Das gab die Möglichkeit, die bis dahin erarbeiteten Vorlagen sowie das weitere Vorgehen zu besprechen. Sehr früh am 7. Oktober fuhr ich von Schwante aus zum südlich von Berlin gelegenen S-Bahnhof Berlin-Schönefeld, um Angelika Barbe und Ibrahim Böhme abzuholen. Unbehindert konnte ich nach Schwante zurückkehren. Etwas verspätetet gegen 10.30 Uhr begann die Gründungsversammlung der etwa 46 Teilnehmer mit der Begrüßung durch Ibrahim Böhme.[119] Konrad Elmer übernahm die Tagungsleitung. Nach der Diskussion und Abstimmung über die Geschäfts- und die Tagesordnung sowie der Bildung einer Redaktionskommission hielt Markus Meckel die programmatische Rede.[120] Aufgrund der Gefahr, daß die Gründungsversammlung doch noch durch Polizei oder MfS gestört werden konnte, wurde die Diskussion über die Rede durch Änderung der Tagesordnung hinter den Gründungsakt verschoben.

Im Zusammenhang der Diskussion und Abstimmung über die ersten zehn Paragraphen des Statuts (Anhang, Nr. 5), d.h. die programmatischen Grundsätze der SDP, kam es zu einigen inhaltlichen Kontroversen. So wurde der Antrag zur Streichung des ganzen Schlußsatzes von § 2, der die Aussage enthält, daß *„die SDP [...] den Traditionen des demokratischen Sozialismus der europäischen Sozialisten und Sozialdemokraten nahe(steht)“*, nach dem Hinweis, welche Bedeutung für uns die Aufnahme in die Sozialistische Internationale besäße, mit 39 von 42 Stimmen abgelehnt.[121] Eine längere Diskussion entwickelte sich um den Begriff *„Volkspartei“*. Der Antrag auf Streichung des Begriffs scheiterte jedoch bei 26 Gegenstimmen und 6 Stimmenthaltungen. In der Vorlage hatten wir eine Quotierung von Parteifunktionen für Männer und Frauen vorgeschlagen. Der Antrag auf Streichung, der auch durch anwesende Frauen unterstützt wurde, erhielt 25 Ja-Stimmen bei 4 Enthaltungen.[122] Es wurde beschlossen, die Formulierung *„gleichberechtigte Beteiligung von Männern und Frauen“* durch *„gleichberechtigte repräsentative Beteiligung von Frauen und Männern“* zu ersetzen (28 Ja-Stimmen, 3 Enthaltungen).[123] Widerspruch erregte unser Vorschlag, das Ziel der SDP mit dem Aufbau einer *„ökologisch orientierten sozialen Demokratie“* zu umschreiben. Mit der Begründung, in der Formulierung stärker den Bezug zur Sozialdemokratie deutlich zu machen, wurde der Antrag gestellt, von *„soziale(r) Demokratie mit ökologischer Orientierung“* zu reden, der eine Mehrheit von 35 Stimmen bei 4 Enthaltungen und 3 Gegenstimmen fand. Schließlich wurden der erste Teil (§ 1–10) zur Abstimmung gestellt und einstimmig angenommen.[124] Ebenfalls angenommen wurde der Antrag auf Mitgliedschaft in die Sozialistische Internationale.[125]

Nach Abschluß der Beratung der programmatischen Grundsätze stellte Markus Meckel mit Hinweis auf die besondere Situation im Land, die eine Verzögerung durch lange Strukturdebatten nicht erlaube, den Antrag, die Diskussion über das Organisationsstatut nicht aufzunehmen, d.h. die Beratung des Statuts abzubrechen. Dieser Antrag rief heftigen Widerspruch von Konrad Elmer hervor, der gern seine basis- oder rätedemokratische Parteistruktur zur Diskussion gestellt und durchgesetzt hätte.[126] Nach kurzer kontroverser Diskussion wurde der Antrag von Markus Meckel angenommen und zur Gründungshandlung übergegangen. Nach Verlesung und Verabschiedung des Textes wurde die Gründungsurkunde in vier Exemplaren unterzeichnet.[127]

Bei den sich anschließenden Wahlen wurde ohne große Debatten ein 15köpfiger Vorstand gewählt. Zum 1. Sprecher wurde Stephan Hilsberg bestimmt, 2. Sprecher wurden Markus Meckel und Angelika Barbe.[128] Ibrahim Böhme wurde mit der Funktion eines Geschäftsführers beauftragt. Zum Schatzmeister wurde Gerd Döhling gewählt. Danach erfolgte die Wahl der weiteren Vorstandsmitglieder sowie von zwei Vertretern für die Sozialistische Internationale.[129] Es schloß sich eine Debatte über die Finanzierung der Partei an. Jedes Mitglied sollte 1% seines Nettoeinkommens in der Basis als Beitrag bezahlen. 10% des Aufkommens sollte an die nächsthöhere Ebene weitergeleitet werden. Ebenfalls beschlossen wurde, daß ein Antrag auf Aufnahme in die Sozialistische Internationale gestellt werden sollte. Dem Ministerium des Innern (MdI) sollte in einem Schreiben mitgeteilt werden, daß am 7.10.1989 die Gründung der SDP vollzogen wurde. Für den 20.–22. Oktober wurde ein Treffen des Vorstandes mit den Kontaktpersonen (Kontaktadressentreffen) in Niederndodeleben in Aussicht genommen.[130] Im Anschluß an die Gründungsversammlung fand eine erste konstituierende Vorstandssitzung des gerade gewählten Vorstandes statt, die aber aus Zeitgründen nur sehr kurz ausfiel. Es kam weder zu der geplanten Textfeststellung des Statuts noch zu der Fertigstellung des Briefes an das Volk der DDR. Der Termin für die nächste Vorstandssitzung wurde für den 13. Oktober festgelegt. Die Teilnehmer der Gründungsversammlung kehrten unbehindert in ihre Heimatorte zurück. Thomas Krüger, der in Berlin wohnte und Kontakte zu westlichen Journalisten besaß, hatte es übernommen, die Medien zu informieren. Nach einem telofonischen Kontakt zu einem Vertreter von dpa in der Nacht traf er sich am Morgen des 8. Oktober mit westlichen Journalisten und übergab unsere Unterlagen. Am 8. Oktober meldete dpa lapidar:

> „In der DDR ist eine sozialdemokratische Partei gegründet worden. Die Gründungsurkunde der ‚Sozialdemokratischen Partei in der DDR‘ (SDP rpt SDP) wurde von mehreren Personen, darunter einigen Pfarrern aus der DDR-Provinz [sic!] unterzeichnet [...] Mehrere Dutzend Gründungsmitglieder waren zu dem Treffen in Schwante (DDR-Kreis

Oranicnburg) erschienen. Dabei wurde ein 15köpfiger Vorstand eingesetzt. Der Geschäftsführer der Partei ist der Berliner Historiker Ibrahim Böhme."[131]

Am 8. Oktober befaßte sich auch das SPD-Präsidum mit der Gründung der SDP. In einer Presseerklärung wurde festgestellt:

> „Angesichts der Gründung einer ‚sozialdemokratischen Partei in der DDR (SDP)' begrüßen wir, daß in der DDR immer mehr Menschen ihre Stimme erheben, die sich ausdrücklich zur Friedenssicherung und den übrigen Prinzipien des demokratischen Sozialismus bekennen und dafür eintreten, diese Prinzipien in der DDR zu verwirklichen. Sie haben das aus eigenem Entschluß getan. Wir erklären uns mit ihnen solidarisch und ermutigen sie – ganz gleich in welchen Gruppen oder Formen sie sich zusammenfinden oder organisieren. Die volle Entfaltung der Demokratie und des Pluralismus ist jedenfalls ohne eine starke Sozialdemokratie nicht denkbar."

Daß einige noch gar nicht richtig glauben konnten, was geschehen war, zeigt die Anwort Egon Bahrs auf die Frage der Münchener Abendzeitung vom 9. Oktober *„Welche Chance geben Sie der SDP?"*:

> „Ich sehe, daß das keine Partei ist, sondern daß das Gruppen sind, die sich unter dem Gesichtspunkt von Sozialdemokraten oder demokratischem Sozialismus zusammentun wollen. Und wie weit sie Chancen haben, liegt daran, was sie selbst wollen auf der einen Seite und was die DDR ihnen auf der anderen Seite gestattet."

Dennoch – wir hatten es geschafft. Die Sozialdemokratische Partei in der DDR (SDP) war gegründet, ein Statut mit programmatischen Grundsätzen verabschiedet und ein Vorstand gewählt. Damit war uns etwas gelungen, was vor uns in der DDR keinem gelungen war. Nicht zu unrecht wird in der Anlage zu einer Vorlage für die Sitzung des Politbüros des ZK der SED am 24. Oktober 1989, die eine *„Information über antisozialistische Bewegungen in der DDR"* beinhaltet, festgestellt: *„Die SDP ist im Vergleich zu den antisozialistischen Sammlungsbewegungen in bezug auf Inhalte, Organisation und Arbeitsweise am weitesten."*[132]

6. Von der SDP zur SPD

In den vier Monaten zwischen der Gründung der SDP und dem ersten Höhepunkt ihres öffentlichen Wirkens, der Delegiertenkonferenz vom 12. bis 14. Januar 1990 in der Berliner Kongreßhalle, auf der sie sich in SPD umbenannte, vollzog sich die friedliche Revolution in der DDR. Hier wurden die Weichen für die Demokratisierung der DDR, die Entmachtung der SED, die Deutsche Einheit und das Ende der Blockkonfrontation gestellt. Auf diesen Prozeß nahm die SDP nicht unerheblichen Einfluß. Gleichzeitig baute sie flächendeckend ihre Parteistrukturen auf, was selbst ein Teil ihrer Einflußnahme war.

Die Hauptziele der SDP, wie sie in ihren Grundlagendokumenten (Anhang, Nr. 1, 5 und 6) festgelegt waren, lauteten: Selbstbestimmung, Ermöglichung von Wahrnehmung politischer Verantwortung für die Menschen in der DDR, Bestreitung des Macht- und Wahrheitsanspruchs der SED, Aufbau einer parlamentarischen und sozialen Demokratie und ökologisch orientierten sozialen Marktwirtschaft.

Die 45 Teilnehmer an der Gründungsveranstaltung der SDP in Schwante,[133] unter ihnen neun Frauen, waren aus allen Teilen der DDR zusammengekommen und sahen sich hier z.T. das erste Mal. Nur ca. 12 von ihnen hatten die Gründung der SDP in der Initiativgruppe mitvorbereitet. Viele hatten ihre ersten politischen Erfahrungen innerhalb der kleinen oppositionellen Gruppierungen in der DDR gesammelt. Sie gehörten hauptsächlich der Generation der 30- bis 40jährigen an. Alle gesellschaftlichen Schichten waren vertreten, wenn auch Akademiker und insbesondere Mitarbeiter der evangelischen Kirche die zahlenmäßig stärkste Gruppe unter ihnen darstellten. Die oben angerissenen „großen“ Ziele der SDP kann man auch mit dem Begriff Demokratisierung der DDR umschreiben. Sie bedingten die Abschaffung der von der SED geschaffenen totalitären Strukturen in Staat und Gesellschaft. Sie schlossen freie und geheime Wahlen, Unabhängigkeit der Justiz, Reisefreiheit, Wiederherstellung der alten Länder, Entmachtung der SED und des verhaßten MfS sowie die Ermöglichung privaten unternehmerischen Kapitals u.v.a. mit ein, ohne es expressiv verbis zu benennen. Die Anziehungskraft, die von der Programmatik der SDP ausging, resultierte aus einem in sich stimmigen, trag- und handlungsfähigen Gesamtkonzept, der bewußten Hinwendung zu einer politischen Tradition, welche sowohl in der Vergangenheit als auch in der alten Bundesrepublik große Erfolge vorweisen konnte, die für Frieden, Freiheit und Solidarität stand und der man die Lösung der sozialen und ökologischen Probleme moderner Industriegesellschaften zutrauen konnte. Die SDP bot all jenen Bürgern, die sich mit ihr identifizieren konnten, einen politischen Handlungsraum. Gleichzeitig war die Realisierung dieses Konzepts auf die existentielle Unterstützung von Menschen in der DDR angewiesen. Deshalb war in der Folgezeit die Entwicklung der Organisationsstrukturen der SDP eines der zentralen Ziele der Partei. Wenn auch anfangs manche innere (persönliche) Hemmschwelle überwunden werden mußte, war die Idee der SDP von Anfang an so populär, daß man in den Folgemonaten gelegentlich den Eindruck haben konnte, die Entwicklung der Partei erfolgte nach dem Schneeballprinzip.

6.1. Aufbau von Strukturen: Demokratisches Organisationsprinzip

Entscheidend für den Parteiaufbau war das demokratische Organisationsprinzip, beschrieben im § 4 des Statuts der SDP vom 7. Oktober 1989 (Anhang, Nr. 5): *„Die SDP versteht sich als demokratische Volkspartei, die für alle Schichten der Bevölkerung offen ist. Die gleichberechtigte Beteiligung von Männern und Frauen auf allen Ebenen ist zu gewährleisten. Die Parteiarbeit beruht auf der von der Basis ausgehenden und alle Ebenen von dort her bestimmenden innerparteilichen Demokratie.“* Im programmatischen Vortrag von Markus Meckel[134] wird dazu ausgeführt: *„Je überzeugender, demokratischer, durchdachter und mutiger die Arbeit vor Ort läuft, desto mehr wird sie die Chance haben, ihre Ziele umzusetzen.“* An anderer Stelle heißt es dort: *„Politische Macht muß durch Mehrheitsfindung zustande kommen, der Öffentlichkeit durchsichtig sein, gesellschaftlich kontrolliert werden und abwählbar sein.“* Dieses Prinzip galt mit dem Moment der Gründung und mußte gelten, weil es sonst die Glaubwürdigkeit des ganzen Unternehmens in Frage gestellt hätte. Also wurde selbstverständlich bereits in Schwante jede Position, die zu besetzen war, demokratisch gewählt. Das gilt insbesondere für den in Schwante gewählten Vorstand. Es gab hier keinen Versuch der Präjudizierung einzelner Positionen durch die Initiativgruppe. Im Gegenteil, der Umstand, daß in die Position des 1. Sprechers der SDP jemand gewählt wurde, der bis dato keinerlei Kontakt zur Initiativgruppe hatte, belegt, wie sehr man sich in Schwante an das demokratische Organisationsprinzip hielt. Insofern kann man die Initiativgruppe mit einem Bogenschützen vergleichen, der hier seinen Pfeil abschoß und nunmehr vergleichsweise Zuschauer seines Fluges war.

Dieses demokratische Organisationsprinzip, das jedem gleiche Chancen zuwies, mußte einen verbindlichen Charakter haben. Dies erforderte ein gewisses Grundvertrauen in die gewählten Personen, mit denen man vorher für ein gesichertes Urteil kaum genügend Erfahrungen haben konnte. Aus diesem Grunde wurden in der Anfangszeit die Parteistrukturen als provisorisch aufgefaßt und z.T. auch so genannt. Dies war einer der Gründe dafür, daß in Schwante die Vorsitzenden Sprecher hießen. Dieser provisorische Charakter änderte aber nichts an der Zuständigkeit der gewählten Vertreter und an der Verbindlichkeit der innerparteilichen Organisations- und Entscheidungsstrukturen. Diese Verbindlichkeit legte die gewählten Vertreter auf programmatische und andere Parteibeschlüsse fest, ohne ihnen den notwendigen Handlungsspielraum zu nehmen. Das war ein ausschlaggebender Vorteil der SDP gegenüber den häufig eher diffusen Entscheidungsstrukturen der Bürgerbewegungen. Auf diese Weise konnte auch das Problem der Unterwanderung durch das MfS, d.h. dessen spezifische Form konspirativer Machtausübung halbwegs entschärft werden. Übrigens hatte die Initiativgruppe bereits in ihrem Aufruf vom 12. September 1989 (Anhang, Nr. 3) zur Bildung von örtlichen *„Zusammenschlüssen“* einer sozialdemokratische Partei in der DDR aufgefordert, sofern man sich den programmatischen Grundsätzen anschließen könne. Dies führte dann interessanterweise ebenfalls am 7. Oktober 1989 im Landkreis Sangerhausen zur Gründung einer sozialdemokratischen Partei, welche damit der erste Ortsverein der SDP wurde.[135]

In Schwante konkretisierte Markus Meckel in seinem programmatischen Vortrag in Form allgemeiner Handlungsanleitungen die Aufgaben und den Aufbau der Ortsverbände folgendermaßen:

> „Die örtlichen Gruppen (der SDP), die sich bilden, haben vorerst folgende Aufgaben:
> - der Aufbau einer eigenen verbindlichen Struktur (Wahl etc.),
> - Öffentlichmachen unserer Ziele und Einladung zur Beteiligung,
> - Beteiligung an der programmatischen Arbeit je nach eigener Schwerpunktsetzung,
> - eigene regionale und örtliche Schwerpunkte für die Arbeit vor Ort bestimmen. Bündnisse und Aktionsgemeinschaften mit anderen Gruppierungen vor Ort werden für die eigene Arbeit wichtig sein.
> - politische Bildungsarbeit anbieten und nutzen. Gemeinsame Grundkategorien demokratischen Verhaltens lernen und einüben.“[136]

Die SDP war von Anfang an für jeden offen, der sich ihren programmatischen Vorstellungen anschließen konnte. Sie wollte eine Volkspartei ohne Schranken sein. In seinem programmatischen Vortrag schloß Markus Meckel darin auch ausdrücklich SED-Mitglieder ein. *„Wir laden alle SED-Mitglieder ein zu prüfen, ob diese Partei für sie zu einem Ort demokratischer Mitarbeit für dieses Ziel werden kann.“*[137] In dieser stürmischen Anfangs- und Gründungszeit war diese Einladung zur Mitarbeit für die SDP selbstverständlich. Sie räumte den SED-Mitgliedern keine Vorrangstellung ein, benachteiligte sie aber auch nicht. Ein besonderer Ansturm ehemaliger SED-Mitglieder war damals unter den halbkonspirativen Bedingungen, unter denen die SDP sich aufbauen mußte, nicht zu spüren.[138] Dies änderte sich erst mit der Delegiertenkonferenz vom 12.–14. Januar 1990 und liegt damit außerhalb des hier zu referierenden Zeitraums.[139] Während eines Kontaktadressentreffens am 21. Oktober 1989 in Niederndodeleben wurde die statuarische Regelung bekräftigt, der zufolge jedes Mitglied mit seiner Unterschrift das Statut der SDP anerkennen und bereit sein sollte, ein Prozent seines Einkommens als Mitgliedsbeitrag zu entrichten. Als Kontaktadressen galten, ähnlich ihrem Anwendungsprinzip beim Neuen Forum, all jene SDP-Mitglieder, die bereit waren, ihren Namen und ihre Anschrift öffentlich zu machen. Folgerichtig waren sie die Nahtstelle zur Öffentlichkeit. Hier konnten sich alle melden, die über die SDP Informationen erhalten oder die aufgenommen werden wollten. Die besondere Bedeutung der Kontaktadressen ergab sich aus ihrer Funktion, Neumitglieder aufnehmen zu können. Dies mußten sie tun, solange keine Ortsvereine existierten. Sie waren die einzige Kontrollmöglichkeit gegenüber ‚erschlichenen' Aufnahmen, d.h. solchen, die nur vorgaben, aufgenommen zu sein. Gleichzeitig waren die Kontaktadressen häufig die Kristallisationspunkte künftiger Ortsvereine.

Kann man von der Gründungsversammlung der SDP noch behaupten, sie setzte sich fast ausschließlich aus Mitgliedern oppositioneller Gruppen zusammen, so gilt das für die Kontaktadressen nicht mehr. Hier finden sich viele Ingenieure neben Facharbeitern, Selbständigen und Akademikern. Die Angehörigen der oppositionellen Gruppen stellten wohl noch viele Aktivisten, aber keinesfalls die Mehrheit. Auch die Entwicklung der SDP in der Fläche läßt sich über die Kontaktadressen gut verfolgen. In Schwante waren Ibrahim Böhme und Konrad Elmer mit der Führung der Kontaktadressenlisten beauftragt worden. Mitte Oktober übernahm Martin Gutzeit diese Aufgabe. Zu jeder Vorstandssitzung wurden neue Kontaktadressen aufgenommen und die Kontaktadressenliste aktualisiert, so daß der Vorstand auf diese Weise einen recht guten Überblick über den Organisationsstand hatte. So enthält z.B. die Kontaktadressenliste der Vorstandssitzung vom 3. Dezember 1989 ca. 250 Einzeladressen z.T. bereits mit Parteifunktionen, die die Existenz einer landesweiten Struktur verdeutlichen, nachdem sie in Schwante ‚nur' ca. 30 Anschriften enthielt. Ca. 130 Kontaktadressen enthielt die Liste am 12. November.[140] Anfangs aber, d.h. in den unmittelbaren Wochen nach Gründung der Partei, entwickelte sich die SDP eher bedächtig. Die Zahl der Neueintritte war noch verhältnismäßig gering. Im Gegensatz zum Neuen Forum, das damals Hochkonjunktur hatte, überlegten sich die Leute sehr genau einen Parteieintritt. Denn hier kamen verbindliche Strukturen und die Anfrage nach etwaiger persönlicher Verantwortungsübernahme in demokratischen Strukturen auf sie zu. Außerdem waren die Ortsvereinsgründungen, insbesondere in den großen Städten keine spontane Angelegenheit, sondern wurden sorgfältig vorbereitet. Beispiele für solch eine Vorbereitung sind Schwerin, Berlin und Magdeburg.[141] Als erster großer Ortsverband gründete sich am 5. November der Bezirksverband Berlin mit einer großen Veranstaltung in der Berliner Sophienkirche,[142] am 7. November ebenfalls in einer großen Veranstaltung der Leipziger

Ortsverband. Mit dem gleichen Datum meldete sich die Basisgruppe aus Gera als gegründet. Zwei Tage später trat der Ortsverband Jena auf den Plan, übrigens am gleichen Tag, an dem sich auch der Rostocker Verband gründete. Wiederum einen Tag später bildete sich der Ortsverband der erzgebirgischen Arbeiterstadt Schwarzenberg, um nur einige Namen zu nennen.[143]

Aus diesen Daten wird deutlich, daß in den Regionen unmittelbar nach der Gründung der SDP am 7. Oktober, d.h. in der Regel anfangs noch unter konspirativen Bedingungen, die Ortsvereinsarbeit in Angriff genommen wurde. Das Kontaktadressentreffen vom 21. Oktober 1989 in Niederndodeleben hatte sich dafür ausgesprochen, die Flächenstruktur der SDP an die Territorialstruktur der DDR mit ihren 15 Bezirken, die in Kreise aufgeteilt waren, anzupassen. Obwohl die SDP ja die Wiederherstellung der alten Länder forderte, wäre es unvernünftig gewesen, die Länder bereits in den eigenen Strukturen vorwegzunehmen.[144] Die SDP-Strukturen sollten dreistufig sein. Ortsverbände mit ihren Basisgruppen bildeten das Fundament. Darüber sollten sich als Zwischenstufe zum Republikvorstand Regionalverbände bilden, die sich später in Kreis- bzw. Bezirksverbände ausdifferenzieren würden. Faktisch hat aber die Regionalentwicklung der SDP die Zwischenstufe der vorgesehenen Regionalverbände fast überall übersprungen.[145] Die Ortsverbände in den Bezirkshauptstädten der DDR verstanden sich gleichzeitig als Bezirksverbände, resp. für den jeweiligen Bezirk mitverantwortlich. Berlin hatte zur Zeit seiner Gründung bereits auch in seinen Stadtbezirken Basisgruppen, was selbstverständlich der großstädtischen Kommunikation zu verdanken war. In den meisten anderen Bezirken folgten dann die Gründungen in den Kreisstädten nach und wurden durch den jeweiligen Bezirksverband begleitet oder gar initiiert. Deshalb waren die Gründungen der SDP in den Bezirkshauptstädten der wichtigste Schritt zum Aufbau der flächendeckenden Strukturen der SDP. Die einzelnen Gliederungen entfalteten sofort ein reges Parteileben, indem sie vor Ort für die SDP sprachen, Delegierte zu den Runden Tischen oder Vertreter in die Bürgerkomitees zur Auflösung des MfS entsandten, Öffentlichkeitsarbeit betrieben, Kontakt zu Partnern der West-SPD aufnahmen und pflegten, sich intensive Gedanken über die programmatische Arbeit und die weitere Entwicklung ihrer Region machten und vielfach Stellungnahmen an den Vorstand schickten oder ihn auch z.T. heftig kritisierten. Es wurden thematische Arbeitsgruppen gebildet, wobei die Themen wie Deutsche Einheit, sozialdemokratische Grundwerte, Wirtschaft und Bildung das größte Interesse fanden. Mit dieser Konstituierung flächendeckender Strukturen über die Bezirksverbände der SDP gelang es der am 7. Oktober gegründeten Partei mit ihrem Anspruch, die DDR zu demokratisieren, eine Brücke zu breiten Bevölkerungsschichten in der DDR zu schlagen, die sich mit ihrem Namen für ein pluralistisches und parlamentarisches System in der DDR und die soziale Marktwirtschaft entschieden.

Die Mitgliederentwicklung läßt sich nur schwer rekonstruieren. Zum einen wurden diese Mitgliederzahlen im Vorstand nicht erfaßt, zum anderen waren sie ständig im Fluß. So lassen sie sich nur grob schätzen. Man liegt wohl nicht ganz falsch, wenn man für Mitte November von einer Mitgliederzahl von maximal 2.000 ausgeht.[146] Alle diese Mitglieder und die Regionalstrukturen wurden von dem Schwante-Vorstand repräsentiert, der von ‚nur' 45 Leuten gewählt war. Deshalb wurden von Anfang an die Vorstandssitzungen offen gestaltet, d.h. anwesende Gäste wurden in die Vorstandssitzungen einbezogen und Ortsvereine erhielten Antragsrecht für den Vorstand.[147] Mit der Konstituierung von Bezirksverbänden wurde diese Regelung modifiziert. Nun wählten die Bezirksverbände ihre jeweiligen Regionalvertreter mit beratender Stimme in den SDP-Vorstand.[148]

Der Aufbau der Strukturen gehörte zu den wichtigsten Aufgaben der neu gegründeten SDP. Zugleich mußte der Vorstand aber für seine eigene Arbeitsfähigkeit sorgen und seine politischen Funktionen wahrnehmen. Dazu gehörten die Installierung der Grundsatzkommission und der Arbeitsgruppen, die Aktivierung der Öffentlichkeitsarbeit, die politische Analyse der politischen Situation, insbesondere der Versuche der SED/PDS, das Rad der Geschichte anzuhalten.

Bereits einzelne dieser komplexen Aufgabenstellungen hätten einen Parteivorstand zur Genüge beschäftigt. Ibrahim Böhme erwies sich angesichts des Arbeitsaufwandes sehr schnell als Geschäftsführer überfordert, zumal er so gut wie nicht greifbar war. Um die überbordende Arbeit bewältigen zu können, wurde Martin Gutzeit bereits im Oktober als 2. Geschäftsführer in den geschäftsführenden Ausschuß der SDP kooptiert. Den Tagesordnungen der Vorstandssitzungen sieht man den Arbeitsaufwand noch heute an. In den ersten Monaten tagte der Vorstand jeden zweiten Freitagabend bis weit nach Mitternacht meist in den Räumen der evangelischen Studentengemeinde in der Berliner Invalidenstraße. Als einzige technische Unterstützung stand anfangs nur ein kleiner Euro-PC von Martin Gutzeit zur Verfügung. Das erste Büro existierte Ende November: ein kleines Zimmer (2 mal 3,5 m) in der Wohnung von Pfarrer Hilsberg in der Tieckstraße 17. Es verfügte immerhin über ein eigenes Telefon, aber mit derselben Amtsleitung wie der Dienstapparat des Pfarrers. Die innerparteiliche Kommunikation erfolgte mit der Verteilung schriftlicher Erklärungen, die im Vorstand verabschiedet wurden und den Mitgliedern bzw. Regionalvertretern nach Hause zum Verteilen und Vervielfältigen mitgegeben wurden. Wo es ging, wurde persönlicher Kontakt aufgenommen (Angelika Barbe hatte Telefon). Bis Anfang Dezember standen in Berlin, dem Hauptort des politischen Geschehens, rund um die Uhr nur Martin Gutzeit, Rainer Rühle, Stephan Hilsberg, später auch Stefan Finger und Gerd Döhling für die Vorstandsarbeit zur Verfügung. Im Januar 1990 wurde der SDP im stillgelegten Kindergarten eines Regierungsgebäudes[149] sechs Räume zur Benutzung übergeben. Immerhin gab es hier schon vier Telefonanschlüsse, und mit Ulla Vollert stand dem Vorstand eine ‚erfahrene' Sekretärin zur Seite.[150]

Eine eigene starke Öffentlichkeitsarbeit war anfangs kaum leistbar, wurde aber von den Ortsvereinen zu recht angemahnt. Anfangs verfolgte der Vorstand noch das ehrgeizige Ziel, eine eigene Zeitung, die „Depesche", herauszugeben, um in einer der SDP feindlich gesinnten DDR-Medienlandschaft das Informationsdefizit der eigenen Partei abzubauen. Eigens dafür wurde Peter Grimm in den Vorstand kooptiert.[151] Die „Depesche" erschien trotz aufwendiger Nachtarbeit Anfang November nur in einer einzigen Ausgabe (Auflage 5.000). Ihre Konzeption, die an Untergrundzeitungen der oppositionellen Gruppen der Vorwendezeit angelehnt war, erwies sich für eine offensive Öffentlichkeitsarbeit als völlig ungeeignet. Ab November nahm der Kontakt zu den Journalisten, insbesondere aus Westdeutschland, kontinuierlich zu, so daß die SDP selbst im Fernsehen präsent war. Dies galt für die DDR-Medienlandschaft nicht in gleichem Maße; hier wurden die Medienkontakte erst in den Wahlkampfwochen etwas besser. Dennoch konnten sich die Bürger der DDR zunehmend ein besseres Bild über die SDP machen.

6.2. Politische Tätigkeit

Die vielen Veranstaltungen in den Kirchen, auf denen Vertreter der oppositionellen Gruppierungen geradezu genötigt wurden, ihre Initiativen vorzustellen, gaben auch Mitgliedern der SDP Gelegenheit zur Darstellung ihrer politischen Ziele und Vorstellungen. Info-Material fand reißenden Absatz. In Berlin gab es bereits Mitte Oktober mehrere große Info-Veranstaltungen mit z.T. über tausend Besuchern. Und die Menschen waren begierig, etwas Schriftliches von den demokratischen Initiativen in der Hand zu haben.[152]

Eine entscheidende Aufgabe für den Vorstand der SDP wie auch für die anderen neuen Gruppierungen bestand am Anfang darin, die öffentliche politische Anerkennung ihres Geltungsanspruchs als legaler politischer Organisation durchzusetzen und zuwiderlaufende Entwicklungen zu hemmen. Die Krise des SED-Staates war im Zusammenhang der Ereignisse vom 7.–9. Oktober 1989 derart offenkundig geworden, daß sich ihre Vertreter zu Formen des Dialogs genötigt sahen. Ansprechpartner war hier vor allem die Kirche. So traf am 12. Oktober 1989 der Ost-Berliner Oberbürgermeister Erhard Krack mit Bischof Gottfried Forck, Oberkonsistorialrat Manfred Stolpe und dem Ost-Berliner Generalsuperintendenten Günter Krusche zusammen. Nach dem Gespräch sagte Krusche gegenüber der BBC, es *„seien ‚einige weitreichende Versprechungen gemacht' worden, ‚nämlich ausgeweitete Reisemöglichkeiten, eine neue Medienpolitik und mehr Mitsprache der Bürger bei gesellschaftspolitischen Entwicklungen'.“*[153] Das in diesen Gesprächen zum Ausdruck kommende Selbstverständnis der evangelischen Kirchenführung als Anwalt und Fürsprecher der Bürger gegenüber dem SED-Staat war nicht nur für die SDP mittlerweile zum Problem geworden. Die SDP war der Meinung, daß *„politische Veränderungen in der DDR nur durch die Bürger selbst erfolgen können.“*[154] Folgerichtig schrieb der erste Sprecher am 13. Oktober einen Brief an die Kirchenleitung der evangelischen Kirche von Berlin-Brandenburg:

> „Ich bitte Sie daher eindringlich, in Ihren Gesprächen [mit Vertretern des Staates] immer wieder darauf hinzuweisen, die Vertreter der Gruppen [...] mit einzubeziehen. Die humanitäre Legitimation der Kirche steht außer Frage [...] Trotzdem ist die Kirche von der Bevölkerung nicht autorisiert, politische Anliegen zu verhandeln. Ich denke, Sie dürfen diese auch nicht zur Diskussion stellen, bis Vertreter der oppositionellen Gruppen an den Gesprächen teilnehmen können.“[155]

Wenn auch die Kirche anfangs nicht daran dachte, diese Forderung zu erfüllen,[156] war hier doch ein Anspruch angemeldet, der nicht mehr ohne weiteres zu ignorieren war.

Ebenfalls in die ersten zwei Wochen der Existenz der SDP fällt die Gründung der ersten unabhängigen Gewerkschaft „Reform“ in der DDR. Die SDP hatte von Anfang an die Bildung freier und unabhängiger Gewerkschaften und das Streikrecht zu ihren politischen Zielen erklärt (vgl. Anhang, Nr. 2 und 3). Deshalb war es kein Zufall, daß Ralf Börger, der im Begriff war, eine freie und unabhängige Gewerkschaft in seinem Betrieb, dem Geräte- und Reglerwerk Teltow (GRW-Teltow) zu bilden, Mitte Oktober Kontakt zur SDP aufnahm.[157] Für die SDP war die Gründung einer unabhängigen Gewerkschaft – zwei Wochen nach ihrer eigenen Gründung – ein so wichtiges politisches Zeichen, daß sie Ralf Börger entsprechend ihren Möglichkeiten ihre Unterstützung anbot, zumal Ralf Börger seine Gewerkschaft ganz bewußt als Teil der Demokratiebewegung des Herbstes 1989 sah und hiermit auch die Demokratiebewegung unterstützen wollte. So halfen Martin Gutzeit und Stephan Hilsberg u.a. bei der Erarbeitung des Arbeitsstatuts und Programms für die Gewerkschaft. Peter Grimm vermittelte einen Kontakt zur BBC. Am Tag der Gründung, dem 23. Oktober 1989, gab die SDP eine Solidaritäts- und Unterstützungserklärung ab[158] und verbreitete das Arbeitsstatut und das Programm auf ihren Informationskanälen. Nicht zuletzt dadurch, daß die SED dem Initiator, Ralf Börger, einen „Zwangsaufenthalt" im sozialistischen Ausland vermittelte, hat die Gewerkschaft „Reform" im weiteren Verlauf der Wende keine Rolle mehr spielen können. Dennoch war ihre Gründung ein weiteres Zeichen für den Machtverlust der SED.

Die Ablösung Erich Honeckers als Antwort auf die Krise des Oktober 1989 sollte die politische Situation entspannen, doch die Wahl seines Nachfolgers, Egon Krenz, zum Generalsekretär der SED und wenige Tage später zum Staatsratsvorsitzenden und Vorsitzenden des Nationalen Verteidigungsrates taugte in der politischen Situation schon lange nicht mehr zu einem Signal der „Wende". Dieses von Egon Krenz selbst kreierte Wort verselbständigte sich zwar relativ schnell, verharmlost aber den eigentlich revolutionären Umbruch des Herbstes 1989. Eine echte Chance, die Macht der SED durch sein Wendemanöver aufrechtzuerhalten, hatte Egon Krenz nicht, dennoch glaubte er wohl daran. Für die SDP war die beabsichtigte Wahl von Egon Krenz zum Vorsitzenden des Staatsrats ein Zeichen dafür, daß die SED weiter daran festhielt, den Staat als ihr Eigentum zu betrachten. Diskussions- und Dialogveranstaltungen wie z.B. in Leipzig unter Leitung von Kurt Masur wurden als unglaubwürdig angesehen. Am 22. Oktober 1989 bewerteten Stephan Hilsberg, Angelika Barbe und Martin Gutzeit diese Aktionen folgendermaßen:

> „Die SED-Führung versucht eine ‚Wende' glaubhaft zu machen. Trotzdem gehen täglich DDR-weit Zehntausende auf die Straße. Gegenwärtig versucht die SED-Führung, auch für sich das Eintreten für Reformen und Demokratisierung zu reklamieren, obwohl sie 40 Jahre lang jegliche Reformen verhindert hat. Erstaunt sehen die Demonstranten, wie sich Falken scheinbar in Reformtauben verwandeln wollen. Diejenigen, die jetzt für ‚friedlichen Dialog' unter Wahrung ihres Herrschaftsanspruchs eintreten, zeichnen politisch für Wahlbetrug, Gewaltexzesse gegen Demonstranten und Grenzschließungen verantwortlich. Durch die bis jetzt nur verbal stattfindenden ‚Reformen' versucht die Führung, die fehlende Legitimität ihrer Herrschaft zu verschleiern. Anläßlich der ‚Wahl' von Egon Krenz zum Staatsratsvorsitzenden durch die Volkskammer wird dies besonders deutlich [...] Von wirklichen Reformen kann nur gesprochen werden, wenn durch sie das Machtmonopol der SED aufgehoben wird."[159]

Die Demonstrationen im Oktober/November 1989 nahmen den Charakter einer Volkserhebung an. Einer ihrer großen Höhepunkte war die Berliner Demonstration vom 4. November. Allein mit ihrer Größe (500.000 Teilnehmer) übertraf sie alles bisher Dagewesene. Sie war von Berliner Künstlern federführend zwei Wochen lang sorgfältig vorbereitet und von der Polizei genehmigt worden. Die Inhalte dieser Demonstration ließen zwar Rückschlüsse auf Wünsche nach einem dritten Weg zu, doch machten sie noch viel mehr deutlich, daß die Menschen die SED für abgewirtschaftet hielten. Es wurde Zeit für die kommunistische Partei, anderen Platz zu machen. Drei Tage später, am 7. November, trat die DDR-Regierung unter ihrem Ministerpräsidenten Willi Stoph zurück. In einer Erklärung der SDP zu diesem Schritt wird neben einem Bekenntnis der SED zu ihrer Verantwortung für die Zustände in der DDR ein runder Tisch gefordert (Anhang, Nr. 7). Am 8. November legte dann der geschäftsführende Ausschuß seine Vorstellungen für die nächsten *„Schritte auf dem Weg zur Demokratie"*[160] vor, die am 12. November vom Vorstand gebilligt wurden.

Darin heißt es unter „1. Sofortforderungen: Außerkraftsetzung von Artikel 1,1 und Artikel 3 der Verfassung; Außerkraftsetzung des politischen Strafrechts; Öffentliche Rehabilitierung und Entschädigung der Opfer des Stalinismus; Offenlegung der wirtschaftlichen Situation". Daran anschließend präzisiert die SDP ihre Vorstellungen des Runden Tisches, an welchem die „Organisationen der Nationalen Front und der neu entstandenen demokratischen Vereinigungen und Parteien" Platz nehmen und folgende Arbeiten bewältigen sollen: „Absprachen zur Wahl einer verfassungsgebenden Versammlung; [...] Einsetzung von Kommissionen zur öffentlichen Kontrolle der Erwirtschaftung und Verwendung von Devisen, insbesondere auch der Kreditaufnahme". Als weitere Schritte waren vorgesehen: *„Wahl zu einer verfassungsgebenden Versammlung im September 1990; [...] Parlamentswahlen im Frühjahr 1991. Bis dahin trägt eine von allen in der Volkskammer vertretenen Parteien getragene Regierung die Verantwortung."*

Diese Schritte auf dem Weg zur Demokratie waren nur z.T. strategisch bestimmt. Die Öffnung des Staates in Richtung auf eine pluralistische parlamentarische Demokratie war ohne die Streichung der führenden Rolle der SED aus der DDR-Verfassung gar nicht denkbar. Mit der Außerkraftsetzung des politischen Strafrechts wurde von der SED die Aufgabe ihres juristischen Instrumentariums zur Kriminalisierung Andersdenkender verlangt. Die Forderung nach Rehabilitierung der Opfer des Stalinismus ist gleichbedeutend mit der Forderung nach einem Schuldbekenntnis des totalitären Staates.[161] Die Hinwendung zu den zu Unrecht Verurteilten ist nicht nur ein Akt der Rehabilitierung dieser Menschen, sondern auch einer des Staates. Denn auch die Demokratie braucht staatliche Institutionen und Vertrauen in sie. Dieser hier zu vernehmende Ton der Forderung nach Vergangenheitsaufarbeitung durchzieht die SDP-Geschichte. Die Forderung nach Offenlegung der wirtschaftlichen Situation verlangte von der SED, endlich den Bürgern der DDR mitzuteilen, in welchen Bankrott sie ihren Staat getrieben hatte. Weitergehende Forderungen nach wirtschaftlichen Reformen hatten einen Kassensturz zur Voraussetzung.[162]

Die zentrale Aufgabe jedoch für den Runden Tisch sollte darin bestehen, die ersten freien und geheimen Wahlen in der DDR zu ermöglichen, um die Machtfrage in die Hände der Wähler zu legen. Es wäre vermessen und falsch für die Demokratieentwicklung in der DDR gewesen, von der SED sofort die Abgabe der Macht zu fordern. Wie hätte sich eine Nachfolgeregierung legitimieren sollen? Deshalb die Forderung der SDP nach einer Allparteienregierung aller in der Volkskammer vertretenen Parteien.[163] Außerdem gab es ein praktisches Problem von erheblicher Tragweite. Die Personalsituation der demokratischen Gruppen und Parteien ließ es nicht zu, auch nur im Traum bereits jetzt an Machtübernahme zu denken. Diese Personalsituation, die sich für die SDP nur durch den weiteren zügigen Aufbau der eigenen Parteistrukturen verbessern ließ, bedingte auch die umstrittene Idee, zuerst eine verfassungsgebende Versammlung zu wählen. Sie war eher taktischer Natur. Diese Vorstellungen hielten ca. drei Wochen. Auf seiner Sitzung am 3. Dezember 1989 bekannte sich der SDP-Vorstand zur Deutschen Einheit und forderte Wahlen zur Volkskammer am 6. Mai 1990 (vgl. Anhang, Nr. 8 und 9).

Die SDP arbeitete von Anfang an in der Kontaktgruppe der Opposition mit, von der im November 1989 die Initiative zur Einrichtung eines Runden Tisches ausging. Bereits vor der SDP-Gründung hatten Angelika Barbe und Martin Gutzeit für die Initiativgruppe der SDP an dem Treffen der oppositionellen Gruppen am 4. Oktober 1989 teilgenommen, auf dem eine Erklärung verabschiedet wurde, in der sich die Teilnehmer für die Durchführung demokratischer Wahlen in der DDR ausgesprochen und ein Wahlbündnis in Aussicht genommen hatten. Das nächste Treffen fand erst am 3. November 1989 zur Vorbereitung der Demonstration vom 4. November statt. Für die SDP nahmen an dieser und den folgenden Sitzungen der Kontaktgruppe Martin Gutzeit und Stephan Hilsberg teil.[164] Die Erklärungen der Kontaktgruppe, die durch gewählte Vertreter der neuen Gruppierungen und Parteien beschickt wurde, zeigen die Fähigkeit der Opposition zu sachlicher Zusammenarbeit mit konkreten Arbeitsergebnissen im Interesse der Demokratisierung der DDR, ohne ein weitergehendes gemeinsames Bündnis einzugehen.

6.3. Umorientierung und Beschleunigung

Die Wochen nach der Maueröffnung vom 9. November beschleunigten den Machtverfall der SED ganz erheblich. Die Menschen konnten sich nun ein Bild von der gesellschaftlichen, insbesondere der wirtschaftlichen und sozialen Wirklichkeit der Bundesrepublik verschaffen. In diesen Wochen spürten Millionen von Ostdeutschen, was ihnen durch die Mauer vorenthalten worden war. Dies hatte natürlich auch erhebliche politische Bedeutung. Die Kraft einer sozialistischen Vision, etwa als Sozialismus mit menschlichem Antlitz,[165] erlosch und mit ihm die Perspektive des Staates DDR. Nun lag die Macht, wie August Bebel es einmal formuliert hatte, buchstäblich auf der Straße. Es mußte und konnte gehandelt werden.

Die SDP reagierte auf diese neue politische Situation auf verschiedene Weise. Zum einen arbeitete sie in der Kontaktgruppe gemeinsam mit den anderen demokratischen Gruppen und Parteien an der Schaffung des Runden Tisches, welcher den nun möglichen Systemwechsel von einer totalitären Diktatur hin zu einer repräsentativen Demokratie über das Instrument der freien Wahlen in der DDR vorbereiten sollte. Zum anderen handelte sie selbständig und begann sich jetzt deutlicher von den anderen Gruppen und Parteien der Demokratiebewegung in der DDR abzusetzen. Jetzt entfaltete sich das in der sozialdemokratischen Tradition liegende politische Potential und gewann an Kraft.

6.4. Umbenennung von SDP in SPD

Eine Schlüsselbedeutung für diesen Prozeß hatte die Frage der Umbenennung. Der Name SDP (Sozialdemokratische Partei in der DDR) hatte etwas Offenes. Er knüpfte an die sozialdemokratische Tradition *in der* DDR an, nicht *der* DDR. Dies war richtig in einer Zeit, in der das Thematisieren der deutschen Frage noch mit Tabus besetzt war. Dies begann sich im November zu ändern, und es gab intern die ersten ernstzunehmenden Diskussionen über eine mögliche Namensänderung der Partei. Ein solcher Wunsch existierte sowohl innerhalb des Vorstands, wurde aber auch von einigen Gliederungen an ihn herangetragen. Die Überlegungen hinsichtlich der Namensänderung wurden durch Gerüchte einer angeblich bevorstehenden Umbenennung der SED in SPD („Sozialistische Partei Deutschlands") erheblich befördert. Der Vorstand ist aber keineswegs mit fliegenden Fahnen auf die Idee der Umbenennung zugegangen, weil er sich selbst dazu nicht legitimiert glaubte und die politischen Folgen eines solchen Schrittes im Verhältnis zu den organisatorischen Möglichkeiten der erst sehr schwach entwickelten eigenen Partei gesehen werden mußten.

Vor diesem Hintergrund fand am 30. November in den Räumen des Evangelischen Kunstdienstes in der Berliner Auguststraße ein Treffen statt, welches von Thomas Krüger organisiert war und an dem Martin Gutzeit, Stephan Hilsberg sowie Thomas Krüger für die SDP und von der SPD Gert Weißkirchen (MdB), Hartmut Soell (MdB) sowie Robert Kredig teilnahmen. Hier sollte die Vorentscheidung fallen. Insbesondere Gert Weißkirchen sprach sich für die Namensänderung aus. Für ihn galt es, den Namen SPD in Ostdeutschland zu besetzen. Solange die SDP darauf keinen Anspruch erhob, gab es für die SED als ganze oder einen Teil von ihr die Möglichkeit, sich den Namen SPD anzueignen und seine geschichtliche Symbolkraft zu vereinnahmen. Die Reaktionen bei den SDP-Vertretern waren noch gemischt. Insbesondere Martin Gutzeit gab zu bedenken, daß die Konsequenzen eines solchen Schrittes in einer erheblichen Beschleunigung der Wendedynamik bestehen würde. Für die SDP entstünde eine Situation, in der sie in der DDR auf sich alleine gestellt sein würde und sich im Wahlkampf gegen alle anderen politischen Kräfte profilieren müßte. Es würde ein Absetzen von den anderen demokratischen Gruppen bedeuten, auf deren Zusammenarbeit man aber beim gegenwärtigen Kampf gegen die SED angewiesen sei.

Auch die deutschlandpolitischen Implikationen der Umbenennung von SDP in SPD sollten bedacht werden. Die Umbenennung wäre zu recht bei der bekannten nationalen Tradition der SPD endgültig als ein Zeichen für eine Politik gedeutet worden, die die Auflösung der DDR und die Deutsche Einheit zum Ziel hatte. Dies konnte für die Vertreter der Bürgerbewegungen nicht akzeptabel sein, die ganz bewußt nicht nur den DDR-Sozialismus überwinden wollten, sondern auch eine Alternative zum westdeutschen Parteienstaat anstrebten. Der SDP kam mit der West-SPD als Schwesterpartei ein Partner zu, den die anderen Parteien und Gruppen bis dato nicht hatten und nicht haben wollten. Angesichts der Stimmung im Lande stiegen also mit der Umbenennung bei einem anstehenden Wahlkampf die Chancen für die SDP. Dies alles mußte den anderen demokratischen Gruppen und Parteien bedrohlich erscheinen. Doch auch die West-SPD, die dem 10-Punkte-Plan von Helmut Kohl bis dahin keine Alternative entgegengesetzt hatte, kam durch diese Umbenennung in eine vorteilhafte Position. Martin Gutzeit argumentierte nicht gegen die Umbenennung, sondern versuchte nur ihre Konsequenzen anzudeuten.[166] Insbesondere mahnte er die dann fällige und notwendige Unterstützung der West-SPD für die SDP an, die verschwommen zugesagt wurde. Daraufhin einigten sich die Teilnehmer auf die Umbenennung. Faktisch hätte sich die SDP ihr nicht entziehen können. Auch die Unterstützung durch die West-SPD lag in der Logik der Ereignisse. Die besondere Bedeutung dieses Gesprächs lag in der Verständigung, die über die Namensänderung von den Vertretern der SPD und der SDP erzielt wurde.

Angesichts der begründeten Befürchtung, daß sich die SED auf ihrem Parteitag in „Sozialistische Partei Deutschlands" umbenennen würde, beschloß der Geschäftsführende Vorstand am 7. Dezember, eine Meldung herauszugeben, die seine Überlegungen einer Umbenennung öffentlich machte und Diskussionen in der SDP zu dieser Frage noch vor dem SED-Parteitag initiierte, um seitens des SDP-Vorstands den Anspruch auf den Namen „SPD" anzumelden. Der Vorstand der SDP entschied sich dann auf seiner Sitzung am 12. Dezember 1989 zu einer Mitgliederbefragung über die Umbenennung und die Einberufung einer Delegiertenkonferenz (vgl. Anhang, Nr. 10), welche die rechtskräftige Entscheidung zu fällen hatte.

6.5. Deutsche Einheit und rasche Wahlen

Auf der Vorstandssitzung am 3. Dezember 1989 sprach sich die SDP für die Deutsche Einheit und am 12.Dezember für das Vorziehen der ersten freien Wahlen in der DDR aus. In der entsprechenden *„Erklärung zur Deutschen Frage"* (Anhang, Nr. 8) des Vorstandes hieß es: *„Die Sozialdemokraten in der DDR bekennen sich zur Einheit der Deutschen Nation. Diese Einheit muß von den beiden deutschen Staaten gestaltet werden."* Die SDP wollte die DDR als gleichberechtigten Partner dieses Prozesses sehen. Dies setzte voraus, daß die DDR sich vorher zu einer parlamentarischen Demokratie als Ausdruck der nach 40 Jahren Diktatur mit eigenen Kräften errungenen Selbstbestimmung wandelte. Deshalb erklärte sie: *„Eine schnelle Wiedervereinigung im Sinne eines Anschlusses an die BRD würde genau dies gefährden."* Sie sah die Gefahr, daß die DDR-Bürger in einer überstürzten Vereinigung ohne staatliche Interessenvertretung *„unverantwortbare soziale und politische Lasten zu tragen"* hätten. Auch außenpolitische Rücksichtnahme war geboten: *„Die Gestaltung der deutschen Einheit ist nicht allein unsere Sache. Sie muß so geschehen, daß der Aufbau einer europäischen Friedensordnung nicht gefährdet, sondern gefördert wird."* Hier dachte die SDP sowohl an die östlichen Nachbarstaaten, als auch an die ehemaligen Siegermächte, von denen es abhing, ob Deutschland die volle Souveränität wiedererlangen würde.

Es lag in der Logik einer Politik, die bei dem anstehenden Prozeß der Deutschen Einheit den Ostdeutschen die Möglichkeit einer gleichberechtigten Gestaltung dieser Deutschen Einheit einräumen wollte, nun den Demokratisierungsprozeß zu beschleunigen. Dafür sprachen auch die Zersetzungserscheinungen in der SED und den staatlichen Strukturen. In einer weiteren Erklärung *„Die SDP zur Wahl"* (Anhang, Nr. 9) stellte die SDP fest:

> „Ihre [gemeint sind DDR-Regierung und Volkskammer] gesamte Politik, wie sie jetzt vor aller Augen und Ohren zutage tritt, verschlimmert die ökonomische und politische Situation und veranlaßt täglich mehr Menschen, unser Land zu verlassen. [...] Die für die gesamte demokratische Entwicklung jetzt zu treffenden Entscheidungen hinsichtlich Ökonomie, Finanzwesen, Politik, Ökologie, vor allem zur Deutschlandfrage, müssen von einem demokratisch gewählten Parlament entschieden werden, das die Interessen der Bevölkerung vertreten kann, weil die Bevölkerung zu ihm Vertrauen hat. [...] Aus der Verantwortung für unser Land und seine Menschen fordern wir alle politischen Kräfte auf, sich am ‚Runden Tisch' für demokratische, geheime und freie Wahlen zur höchsten Volksvertretung am 6. Mai 1990 zu erklären."

Sowohl mit ihrem Bekenntnis zur Deutschen Einheit als auch für frühzeitige freie Wahlen stellte sich die SDP an die Spitze der demokratischen Parteien in der DDR. Komplettiert wurde dies mit der Einberufung der Delegiertenkonferenz, welche faktisch der erste Parteitag der SDP werden sollte.

6.6. Kontakte mit der Sozialistischen Internationale und der West-SPD

Die sehr umfangreichen Kontakte zu Vertretern der europäischen Sozialdemokratie und der Sozialistischen Internationale (SI) können hier nur sehr kurz erwähnt werden. Zu nennen sind aber der Besuch einer Delegation der sozialistischen Fraktion des Europaparlaments am 9. November 1989 im Berliner „Palast der Republik", der offizielle Besuch und die offizielle Einladung durch einen Vertreter der schwedischen Sozialdemokratie nach Genf, wo Ende November 1989 die Ratstagung der SI stattfand, und diese Tagung selbst, welche der SDP in der DDR eine große Medienöffentlichkeit eintrug.

Die Initiativgruppe hatte keine Kontakte zur West-SPD. Im Vorfeld der SDP-Gründung baten Martin Gutzeit und Markus Meckel ihren Freund Hans Misselwitz, anläßlich einer Westreise, die er im Oktober 1989 machen durfte, in ihrem Auftrag Kontakt zur West-SPD aufzunehmen. Hans Misselwitz nutzte dafür den Besuch bei Freimuth Duve (MdB), den er am 8.Oktober 1989 in Hamburg traf.[167]

Die Reaktionen der West-SPD über das Vorhaben, eine sozialdemokratische Partei in der DDR ins Leben zu rufen, waren bekanntermaßen gemischt. Insbesondere Walter Momper, damals Regierender Bürgermeister von Berlin, und Gerd Löffler, deutschlandpolitischer Sprecher seiner sozialdemokratischen Fraktion im Abgeordnetenhaus von Berlin, gaben einer sozialdemokratischen Partei in der DDR Ende August 1989 keine Chance. Nach der tatsächlich erfolgten Gründung der SDP traten aber die Ressentiments der West-SPD sehr bald in den Hintergrund. Die Wende in der DDR, die großen Demonstrationen der Menschen auf den Straßen, der Machtverlust der SED und die Stellung der SDP im Spektrum der demokratischen Gruppen und Parteien in der DDR bewirkten sehr schnell eine Neuorientierung der West-SPD. Die SDP wurde bereits im Oktober 1989 ernstgenommen und als eigenständige sozialdemokratische politische Kraft in der DDR akzeptiert. Dafür spielte anfangs der Aufnahmeantrag der SDP in die Sozialistische Internationale eine positive Rolle, weil die Signale aus der SI, die sehr schnell kamen und der SDP bereits wenige Tage nach ihrer Parteigründung eine Mitgliedschaft in Aussicht stellten, faktisch die Anerkennung der SDP darstellten.[168]

Das erste Vorstandsmitglied aus der SDP, das (inoffiziell und ohne Legitimation und Auftrag seitens des Vorstands) persönlichen Kontakt zu den Führungsgremien der West-SPD suchte, war Steffen Reiche. Er hatte den Geburtstag seiner Großmutter in der Bundesrepublik zum Anlaß genommen, Kontakt zur Baracke (SPD-Parteivorstand in Bonn) aufzunehmen und umfangreiche Medienkontakte zu pflegen. So konnte Steffen Reiche, vom SPD-Parteivorsitzenden Hans-Jochen Vogel eingeladen, an einer SPD-Präsidiumssitzung teilnehmen, immerhin das höchste Beschlußgremium dieser Partei. Steffen Reiche verbuchte für die SDP einen politischen Erfolg. In seinem Beisein bekannte sich die West-SPD erstmalig zur Unterstützung für die SDP, ohne finanzielle oder logistische Hilfe in Aussicht zu stellen. Allerdings hatten einige seiner politischen Aussagen bis heute nachwirkende negative Folgen und führten im SDP-Vorstand zu einer sehr heftigen kritischen Diskussion mit ihm.[169]

Am 24. Oktober besuchte mit Norbert Gansel, Mitglied der SPD-Bundestagsfraktion und damals SPD-Parteiratsvorsitzender, ein Mitglied der Führung der West-SPD die SDP. Gemeinsam mit Gert Weißkirchen, ebenfalls MdB, hat er in der Folgezeit häufiger Kontakt zur SDP gesucht. Die offenen Grenzen seit dem 9. November ermöglichten dann die Kontakte der SDP mit der West-SPD auf allen Ebenen. Bereits am 11. November kam es im Berliner Hospiz in der Albrechtstraße zu einem denkwürdigen Treffen mit Willy Brandt[170] und Hans-Jochen Vogel, an dem seitens der SDP Ibrahim Böhme, Martin Gutzeit, und Steffen Reiche teilgenommen haben. Auf der Vorstandssitzung am 12. November wurde der Vorstand von der Führungscrew der NRW-SPD unter Leitung von Johannes Rau besucht, welcher in Leipzig am Abend vorher eine Ausstellung über NRW eröffnet hatte. Weiter in Schwung kam dieser Kontakt, als einige SDP-Vorstandsmitglieder auf einigen Landes- und Bezirksparteitagen[171] der West-SPD gesprochen hatten und sich die Delegierten ein Bild von der ‚Echtheit' der Sozialdemokraten in der DDR machen konnten. Im November wurden auch die ersten Kontakte auf der Arbeitsebene aufgenommen.[172] Das Eis war gebrochen und binnen kurzem hatte wohl jeder Ortsverein der SDP Kontakte zur West-SPD. Am 17. Dezember 1989 beschloß die West-SPD, auch formell ihre Kontakte zur SED abzubrechen und erklärte die SDP zu ihrem Partner in der DDR (vgl. Anhang, Nr. 11). Auf einem großen Treffen Mitte Dezember im Berliner Hospiz in der Albrechtstraße wurde eine Gemeinsame Kommission zwischen West-SPD und SDP verabredet.[173] Der Berliner Parteitag der West-SPD im Dezember gestaltete sich zu einer Manifestation des guten Verhältnisses beider sozialdemokratischen Parteien in Deutschland. Die SDP war mit einer starken Delegation vertreten. Markus Meckel und Ibrahim Böhme stellten in zwei sehr unterschiedlichen Beiträgen[174] auf dem Parteitag die politische Intention und das Selbstverständnis der SDP dar.

6.7. Die Delegiertenkonferenz

Am 7. Oktober 1989 war sich die Gründungsversammlung einig, so bald als möglich einen Parteitag durchzuführen. Ein Zeitpunkt wurde nicht genannt, aber der Parteitag sollte ordentlich und damit öffentlich sein. Die Voraussetzung dafür aber wäre das Ende der SED-Diktatur gewesen, weshalb am 7. Oktober, als die SDP-

Gründung illegal erfolgte, das Vorhaben eines ordentlichen Parteitages noch eher einer Vision als einem konkretem politischen Ziel glich. Im Zusammenhang mit der Umbenennung der Partei aber beschloß der SDP-Vorstand auf seiner zweiten Dezembertagung, die Entscheidung über den Parteinamen einer Delegiertenkonferenz zu übertragen. Sie fand vom 12. bis 14. Januar in der Berliner Kongreßhalle statt und war damit faktisch der erste und gleichzeitig letzte Parteitag der SDP.[175] Diese Delegiertenkonferenz war ein tiefer Einschnitt der Wendegeschichte.

In der Berliner Kongreßhalle erschienen die Delegierten einer politischen Kraft, deren Existenz von den Kommunisten in der SBZ/DDR seit Kriegsende auf das schärfste bekämpft worden war. Die Delegiertenkonferenz war der Beweis für den Aufbau flächendeckender Strukturen einer sozialdemokratischen Partei, die sich dem mündigen Bürger, dem Selbstbestimmungsrecht, der Demokratie nach westlichem Vorbild, einer sozialen marktwirtschaftlichen Ordnung und, inzwischen auch, der Deutschen Einheit verschrieben hatte. Ihr stand mit der West-SPD ein hilfsbereiter Partner zur Seite, der demokratie- und regierungserfahren war. Gleichzeitig war die Partnerschaft der beiden deutschen sozialdemokratischen Parteien geradezu ein Symbol der Deutschen Einheit. Damit bot die SDP einer Mehrheit der Ostdeutschen eine wählbare Alternative zur SED. Hier artikulierte sich eine antitotalitäre politische und demokratische Kraft, die – allein durch ihre Existenz – für die weitere Entwicklung der DDR Weichen stellte. Für eine irgendwie modernisierte und reformierte kommunistische DDR war nun ebenso keine Gelegenheit mehr wie für Experimente eines dritten Weges.

Der wichtigste Tagesordnungspunkt der Delegiertenkonferenz war die anstehende Umbenennung. An einer großen Mehrheit für diese Entscheidung war in den Wochen davor schon nicht mehr zu zweifeln. Gleichwohl artikulierten sich auch andere Meinungen, und die Diskussionen waren leidenschaftlich. Die Mehrheit der Delegierten mochten wohl Verständnis für auftretende Ressentiments gegenüber einer Umbenennung haben, zur Disposition stellten sie den neuen (alten) Parteinamen nicht. So verständlich aber der Rückgriff auf die alte SPD war, so wenig konnte sich in ihm der Wunsch nach unmittelbarem Anknüpfen an die alte ostdeutsche SPD und das Überspringen der 40jährigen leidvoll erfahrenen Teilung Deutschlands und der vorenthaltenen Erfahrung von Demokratie erfüllen.

In zwei Erklärungen, die von der Delegiertenkonferenz verabschiedet wurden, zeigte sich sowohl der entschlossene Willen der Delegierten, eine repräsentative Demokratie nach westlichem Vorbild anzustreben, als auch der ganz eindeutige Willen zur Deutschen Einheit (vgl. Anhang, Nr. 13). Die Delegiertenkonferenz machte das Aufstellen eigener Kandidaten und ein eigenes Wahlprogramm zur Voraussetzung für Verhandlungen über mögliche Bündnisse (vgl. Anhang, Nr. 12). Damit wurde die Option einiger oppositioneller Gruppen auf das gemeinsame Auftreten aller oppositioneller Gruppierungen und Parteien in einer quasi einzigen Opposition ausgeschlossen.

In der Berliner Kongreßhalle war eine tiefe Identifikation mit der West-SPD spürbar. Diese Ost-SPD war wohl das politisch gewollte Ergebnis der SDP-Gründung und ihrer Gründer, in Berlin aber auch sichtbar in einer eigenen Entwicklung begriffen. Viele Gesichter tauchten in Berlin neu auf, die heute Minister und Ministerpräsidenten sind. Und viele der Delegierten von damals stellen bei allen Veränderungen, die seitdem zu beobachten waren, noch heute das Rückgrat der SPD in Ostdeutschland dar.

Die Delegiertenkonferenz läutete den Wahlkampf ein. Vierzehn Tage später gab Modrow auf.[176] Nun war nicht mehr die zur SED/PDS mutierte alte SED der Hauptgegner der anderen politischen Kräfte, sondern die neue demokratische SPD. Das Wahlergebnis der ersten freien Wahl in der DDR fiel für die Ost-SPD angesichts der Erwartungen auf der Delegiertenkonferenz möglicherweise enttäuschend aus, ist aber vor dem Hintergrund des Alters der Ost-SPD – ein halbes Jahr seit ihrer Gründung war erst vergangen – sowie ihrer organisatorischen Unterlegenheit gegenüber den Blockparteien und der SED/PDS nicht unverständlich. Gemessen an den Zielen der SDP-Gründung vom 7. Oktober 1989 konnte sich die Ost-SPD dann ein Jahr nach ihrer Gründung ohne weiteres sehen lassen.

Anmerkungen:

1 In dem folgenden Beitrag wurden die Kapitel 2 bis 5 von Martin Gutzeit, das Kapitel 6 von Stephan Hilsberg in je eigener Verantwortung verfaßt.

2 Weitere Literatur zur SDP/SPD: *Wolfgang Herzberg, Patrik von zur Mühlen* (Hrsgg.), Auf den Anfang kommt es an. Sozialdemokratischer Neubeginn in der DDR 1989. Interviews und Analysen, Bonn 1993; *Markus Meckel, Martin Gutzeit*, Opposition in der DDR. Zehn Jahre kirchliche Friedensarbeit – kommentierte Quellentexte, Köln 1994; *Gero Neugebauer; Bernd Niedbalski*, Die SDP/SPD in der DDR 1989 - 1990: aus der Bürgerbewegung in die gesamtdeutsche Sozialdemokratie – Text, Chronik und Dokumentation, Berlin 1992 (Berliner Arbeitshefte und Berichte zur sozialwissenschaftlichen Forschung, Nr. 74); *Bianca von der Weiden*, Das Profil der Sozialdemokratischen Partei in der DDR – von ihrer Gründung bis zum ersten Parteitag (1989/90), Hausarbeit zur Erlangung des Akademischen Grades eines Magister Artium, Fachbereich 12 der Johannes-Gutenberg-Universität Mainz, Bingen 1995; *Petra Schuh, Bianca M. von der Weiden,* Die deutsche Sozialdemokratie 1989/90. SDP und SPD im Einigungsprozeß, München 1997; *Konrad Elmer*, Auf den Anfang kommt es an! Persönliche Bemerkungen zur Gründung der SDP am 7. Oktober 1989, in: Die Neue Gesellschaft/ Frankfurter Hefte 2/1991, S. 136–140; *Markus Meckel*, Konsequenzen aus den Erfahrungen der Oppositionszeit. Partei oder soziale Bewegung? in: *Dieter Dowe* (Hg.), Von der Bürgerbewegung zur Partei. Die Gründung der Sozialdemokratie in der DDR, Bonn 1993, (Gesprächskreis Geschichte Heft 3), S. 53–66; *Steffen Reiche*, Motivationen der Gründergeneration, in: *Dieter Dowe* (Hg.), a.a.O., S. 21–28; *Wolfgang Gröf*, „In der frischen Tradition des Herbstes 1989". Die SDP/SPD in der DDR: Von der Gründung über die Volkskammerarbeit zur deutschen Einheit, Bonn 1996 (Beiträge aus dem Archiv der Sozialen Demokratie).
Die Quellenlage ist von der Sache her für die einzelnen Phasen der Entwicklung unterschiedlich. Neben schriftlichen Quellen unterschiedlicher Provenienz, die von Martin Gutzeit zu einer SDP-Dokumentation zusammengetragen wurden und sich seit Ende 1992 neben anderen wichtigen Überlieferungen im Archiv der Sozialen Demokratie befinden, kann auf Erinnerungen von Zeitzeugen, zu denen auch die beiden Autoren gehören, nicht verzichtet werden.

3 Bei der Analyse von politischen Aktionen und Verlautbarungen der Opposition im Jahr 1989/90 muß deren taktisches Verhalten mit ins Kalkül gezogen werden. Dabei spielt der Erfahrungs- und Kommunikationshorizont des Aufwachsens und Lebens in einer Diktatur eine nicht unwichtige Rolle. Zum anderen sollte man bedenken, daß der offene und ausdrückliche Aufruf zur „Revolution" die SED geradezu dazu aufgefordert hätte, unsere Aktivitäten ent-

sprechend ihrer marxistisch-leninistischen Interpretation der Wirklichkeit als Konterrevolution zu behandeln. Zugleich enthielt der Revolutionsbegriff gemeinhin bis dato die Konnotation von Gewalttätigkeit, die von uns nicht beabsichtigt war.

4 Damit wird nicht behauptet, wir hätten den Gang der Geschichte klar vorausgesehen. Vieles war erst nur Absicht oder Vermutung, und wir wußten nicht, wie es sich gestalten würde. Und sicher gab es auch viele Unsicherheiten, Fehleinschätzungen und Begrenzungen der Perspektive.

5 Vgl. die Ausführungen des 1. Sekretärs der Bezirksleitung Potsdam der SED auf der Tagung des Sekretariats des ZK der SED mit den 1. Sekretären der Bezirksleitungen der SED am 27. Oktober 1989 (BArch DY30 IV 2/2A/3252 vom 31.10.1989): *„Genosse Jahn stellte 3 Fragen: 1. Wie verhalten wir uns zum ‚Neuen Forum'? 2. Wie verhalten wir uns zur Gründung der SDP? 3. Wie verhalten wir uns zur Gründung der unabhängigen Gewerkschaft ‚Forum' ? [...] Das ‚Neue Forum' sollten wir als Dialogpartner anerkennen und in der Nationalen Front eingliedern, aber keine Strukturen zulassen. Sie gehen jetzt auf unsere Forderungen ein, um damit endgültig anerkannt zu werden. Wir brauchen jetzt eine einheitliche Linie, damit nicht jeder Bezirk macht was er will. Die Anerkennung der SDP ist nicht akzeptabel. Alle Erscheinungen zur Bildung der unabhängigen Gewerkschaft ‚Forum' sollten im Keime erstickt werden."*

6 Einen interessanten Beleg für diese These bieten Äußerungen von Hans Modrow anläßlich der Einführung von General Schwanitz als Leiter des Amtes für Nationale Sicherheit am 21. November 1989, in denen es um Strategien im Umgang mit den neuen Gruppierungen geht: *„Worüber ich bisher überhaupt keine Vorstellung habe und hier ist es nötig, daß ihr euch auch vom Amt her einen Kopf mit machen müßt, das ist der Umgang mit dieser SDP. Denn das ist ja die Frage der Spaltung der Arbeiterklasse. Was ist denn das für eine Partei. Es baut sich also neben der kommunistischen Partei dann die sozialdemokratische auf. Damit stehen wir im Moment sozusagen auf ganz wackligen Füßen. Zu dem anderen baut sich ein Konzept auf, beginnen sich auch bei mir Vorstellungen zu entwickeln, ich habe versucht euch das anzudeuten, aber das andere bleibt ein Problem."* (BStU, ZA, ZAIG 4886, Dienstbesprechung am 21.11.89 anläßlich der Einführung des Gen. Generalleutnant Schwanitz als Leiter des Amtes für Nationale Sicherheit durch den Vorsitzenden des Ministerrates der DDR, Gen. Hans Modrow [Tonbandabschrift] S. 21).

7 Ich bin mir bewußt, daß es sich hier um eine spezifisch deutsche Art des Herangehens handelt. Vgl. *Ferdinand Lassalle*, Die Philosophie Fichte's und die Bedeutung des Deutschen Volksgeistes. Festrede gehalten bei der am 19. Mai 1862 von der Philosophischen Gesellschaft und dem Wissenschaftlichen Kunstverein im Arnimschen Saale veranstalteten Fichtefeier von F. Lassalle. Berlin 1862, S. 21f.

8 Eine interessante Passage zum Thema „List der Vernunft" aus Hegels Vorlesungsmanuskript zur Philosophie der Natur und des Geistes von 1805–1806 diente mir dabei als Anregung. Vgl. *Hegel*, Gesammelte Werke Bd.8, Frankfurt/M. 1970, S. 207. Für die totalitätstheoretische „Gegenlogik" ist hier nicht der Ort.

9 So der Titel eines Sammelbandes zur praktischen Philosophie: *Joachim Ritter*, Metaphysik und Politik. Studien zu Aristoteles und Hegel, Frankfurt a. M. 1969.

10 Wir rezipierten z. B. *Joachim Ritter*, Hegel und die französische Revolution, Frankfurt 1965 oder *Manfred Riedel*, Die Rezeption der Nationalökonomie, in: *ders.*, Studien zu Hegels Rechtsphilosophie, Frankfurt/M. 1969, S. 75–99, und waren uns der grundlegenden Bedeutung der Unterscheidung von Staat und bürgerlicher Gesellschaft sicher, d.h. Welterlösungsphantasien, die diesen Unterschied aufzuheben trachteten, lehnten wir aus grundsätzlichen Erwägungen als Rückschritt in die Vormoderne ab. Dieser geistige Hintergrund ist wohl dafür verantwortlich, daß sich an unserem späteren Konzept eine „liberale Grundtönung" feststellen ließ; vgl. die Information des Bundesministeriums für Innerdeutsche Beziehungen (Parl. Staatssekretär Hennig) an den Innerdeutschen Ausschuß des Deutschen Bundestages vom 27.9.1989 (verfaßt von Marlies Jansen), in der es u. a. heißt: *„Ihr Aufruf zeichnet sich*

vor allen anderen durch klaren Oppositionswillen gegen den ‚absoluten Macht- und Wahrheitsanspruch' der SED sowie durch das Niveau ihrer Einsichten in die grundlegenden Mißstände des SED-Staates aus. Gefordert wird eine ‚ökologisch-orientierte soziale Demokratie' liberaler Grundtönung: klare Unterscheidung von Staat und Gesellschaft; Gliederung des Staates in selbständige und selbstverantwortliche Substrukturen; demokratische politische Organisationen zur Ermöglichung von politischer Willensbildung. Aufgabe des Staates soll sein der Schutz der sozialen, kulturellen und sozialen Grundrechte der Bürger sowie der Schutz der Umwelt. Den fünf Unterzeichnern, darunter der Berliner Historiker Böhme, ist bewußt, was der Opposition in der DDR vor allem fehlt, nämlich Kompetenz. Dies lasten sie der Kaderpolitik der SED an, deren Ziel es seit je gewesen sei, ‚geistige und politische Kompetenz außerhalb des Personenkreises derer, die zu Loyalitätserklärungen bereit waren, zu verhindern'. Die SPD in der Bundesrepublik hat sich durch ihren Vorsitzenden Vogel gegen die Gründung einer sozialdemokratischen Partei in der DDR zum jetzigen Zeitpunkt ausgesprochen." Übrigens hat der hier als Historiker bezeichnete Ibrahim Böhme mit dem Entstehen dieses Konzeptes nichts zu tun.

11 Damals Pfarrer an der Berliner Golgathagemeinde, Vater von Stephan Hilsberg, dem späteren 1. Sprecher der SDP.

12 Abgedruckt in: *Meckel/Gutzeit*, Opposition ... (s. o. Anmerkung 2), S. 133–152.

13 Vgl. a.a.O., Dokument 16, S. 163f., 168.

14 BStU BV Neubrandenburg, AOPK 1202/86, Bd. 2, S. 203; vgl. auch *Meckel/ Gutzeit*, Opposition ... (s. o. Anmerkung 2), S. 56 Anm. 30.

15 Vgl. a.a.O., Dokument 47, Martin Gutzeit: Tagebucheintrag vom 3.2.88, S. 353f.

16 Es muß auf unsere organisatorischen und logistischen Schwierigkeiten hingewiesen werden, denn sie sind zum Verständnis für den Ablauf der Ereignisse nicht unwichtig. In den Jahren 1988/89 wohnte Markus Meckel in Niederndodeleben, 10 Kilometer westlich von Magdeburg, und ich in Marwitz nördlich von Berlin. Eine Kommunikation über politische Projekte auf telephonischem oder brieflichem Wege war in der Vorbereitungsphase angesichts der Überwachung durch das MfS ausgeschlossen. Zudem war Markus Meckel telephonisch nur über seinen Nachbarn zu erreichen. Das bedeutete, wir sahen uns zu Absprachen nur in langen und unregelmäßigen Abständen und hatten zwischendurch keine Kommunikation.

17 *Meckel/Gutzeit*, Opposition ... (s. o. Anmerkung 2), Dokument 48, S. 355f.; die folgenden Zitate ebenda.

18 Leider hat sich für Markus Meckel und mich im Spätsommer und Herbst 1988 keine Gesprächsmöglichkeit ergeben. Einige Gespräche führte ich mit Christa Sengespeick, die in den 80er Jahren Pastorin in der Auferstehungsgemeinde in Berlin-Friedrichshain war und in deren Kirche Veranstaltungen der „Frauen für den Frieden" stattfanden. Vgl. *Christa Sengespeick-Roos*, Das ganz Normale tun. Widerstandsräume in der DDR-Kirche, Berlin 1997, S.143, die über ein Gespräch mit Manfred Stolpe am 21.4.1992 berichtet: *„[...] Ich setzte zu einem neuen Gesprächsgang an. [...] In Abendgesprächen mit Martin Gutzeit reflektierten wir die Situation der ‚unabhängigen Opposition', der Initiative Frieden und Menschenrechte, sowie auch das, was wir von der Allgegenwart der Staatssicherheit spürten. Im Herbst '88 dann kam es in diesen Gesprächen zu der Idee, eine Partei zu gründen. Diese Gespräche führten wir nur noch bei Waldspaziergängen oder in der Weinstube. Ich frage Stolpe: ‚Stellen Sie sich vor, ich hätte damals soviel Vertrauen zu Ihnen gehabt, und hätte Ihnen davon erzählt. Was hätten Sie getan, im Herbst '88?' Stolpe: ‚Ich hätte es Ihnen ausgeredet, Eppelmann kam mal zu mir, schrieb mir so einen ähnlichen Vorschlag auf einen Zettel. Ich schrieb zurück: ‚Es hat keinen Sinn.'"*

19 *Werner Müller*, Sozialdemokratische Politik unter sowjetischer Militärverwaltung. Chancen und Grenzen der SPD in der sowjetischen Besatzungszone zwischen Kriegsende und SED-Gründung. In: Internationale Wissenschaftliche Korrespondenz zur Geschichte der deutschen Arbeiterbewegung 23/2, 1987, S. 170–206.

20 A.a.O., S. 206.

21 Übrigens haben wir schon frühzeitig mit Markus Meckel über die durch Gorbatschows Politik veränderten Handlungsbedingungen geredet und waren uns in unserem Urteil einig. Insofern muß der Feststellung Ibrahim Böhmes (IMB „Maximilian“ der HA XX/9) in einer Information vom 11.3.1987 widersprochen werden, daß sich die Haltung Markus Meckels in den Jahren 1986/87 „gemäßigt“ habe, wenn er dies auch aus seiner Erfahrung einschränkt. Vgl. BStU, BV Neubrandenburg Abt. XX/4, OV „Wanderer“, Bd. 7 S. 195: *„Vor einiger Zeit weilte Markus Meckel in Berlin und stattete mir einen Krankenbesuch ab. Vor allem interessierte ihn, so konnte ich schon bald feststellen, meine Einschätzung über den ‚Reformkurs‘ Gorbatschows. Im Gespräch zu diesem Gegenstand mußte ich erneut festellen, daß Markus Meckel seine Haltung in den letzten zwei Jahren etwas gewandelt, zumindest aber gemäßigt hat. Während Personen wie Martin Gutszeit, Christa Sengespeick und andere ‚Morgenluft aus dem Osten‘ wittern, also zu der Strategie neigen, im sogenannten Reformkurs eine Schwäche der Marxisten zu sehen, die es zu eigenem Nutzen umzumünzen gilt (wobei Gutszeit dabei einen fast boshaften Stil fährt), sieht Meckel (so wörtlich von ihm) in einem solchen Reformkurs ‚die tatsächliche Möglichkeit, Christentum im Sozialismus zu realisieren‘. Ich möchte allerdings aus Erfahrung auch hier vorsichtig sein, denn ob sich aus dem Lamm nicht der Wolf entwickelt, wenn er eine Möglichkeit sieht, ein paar Schafe reißen zu können, würde erst die Möglichkeit zeigen.“*

22 *Müller* (s. o. Anmerkung 20).

23 *Müller* (s. o. Anmerkung 20), S. 171.

24 Die drei Fassungen des Aufrufs finden sich in der SDP-Dokumentation, die Fassung vom 24. Juli 1989 mit den Änderungen vom 26. August ist Nr. 2 im Anhang. – In der Nacht vom 23. zum 24. Juli wurde es sehr spät. Wir brachen schließlich die Reinschrift des Aufrufes ab und ich verließ Niederndodeleben am Morgen ohne die Schlußfassung. Markus Meckel fertigte 3 Exemplare des Aufrufes. Ein Exemplar behielt er selbst. Ein zweites hinterlegte er verabredungsgemäß zur Absicherung für den Fall unserer Verhaftung bei Susanne Seils, damals juristische Mitarbeiterin im Magdeburger Konsistorium, später stellvertretende parlamentarische Geschäftsführerin der SPD in der Volkskammer. Am 3. August hatte Markus Meckel ein längeres Gespräch mit Friedrich Schorlemmer über unsere Initiative und sagte zu, ihm ein Exemplar unserer Vorlage zukommen zu lassen. Er sollte es am 21. August bei dem Treffen der Initiatoren des Demokratischen Aufbruch zur Diskussion stellen, was er jedoch nicht tat. Dieses Exemplar gelangte dann nach Anweisung von Markus Meckel in der ersten Hälfte des August zu Friedrich Schorlemmer in Wittenberg. Das dritte Exemplar übergab Markus Meckel am 28. Juli an Ibrahim Böhme und über ihn gelangte es am 3. August zum MfS. Ich selbst gelangte in den Besitz einer Kopie erst während des Menschenrechtsseminars.

25 In der Fassung vom Mai: *„Miteigentum der Arbeitnehmer auf Betriebsebenen, der Ebene von Regionen und des Landes, verpflichtend für Großunternehmen“.*

26 Vgl. unsere Diskussion mit den Herausgebern in: *Wolfgang Herzberg*; *Patrik von zur Mühlen*, S. 277ff.

27 Vgl. unsere Ausführungen in einer Anhörung der Enquete-Kommission: Materialien der Enquete-Kommission „Aufarbeitung von Geschichte und Folgen der SED-Diktatur in Deutschland“, Bd. V/1, Baden-Baden 1995, S. 836–842.

28 *Meckel/Gutzeit*, Opposition ... (s. o. Anmerkung 2), Dokument 53, S. 395. Wie unsere Position zum Thema „Sozialismus“ und zur deutschen Frage aufgenommen werden konnte, zeigt die im folgenden von Michael Beleites beschriebene Begegnung mit Susanne Seils, die jedoch nicht vor dem 24. Juli stattgefunden haben kann, da die Vorlage, die dabei zur Diskussion stand, vor diesem Termin nicht zur Verfügung stand (*Michael Beleites*, Untergrund. Ein Konflikt mit der Stasi in der Uranpovinz. Berlin 1991, S. 228f.): *„[...] fuhr ich am 12. Juli 1989 zu dem Juristen des Magdeburger Konsistoriums, Detlef Hammer [...] Anschließend besuchte ich Susanne Seils, die ich seit 1981 vom Landesjugendkonvent her kannte und nun ebenfalls als Jurist am evangelischen Konsistorium arbeitete. Sie erzählte mir von den*

Plänen Markus Meckels und Martin Gutzeits, eine sozialdemokratische Partei in der DDR zu gründen, und daß sie sich daran beteiligen wollte. Zur Vorstellung der sozial-demokratischen Inititiative zeigte sie mir ein Positionspapier, mit dessen inhaltlichen Aussagen wir uns jedoch nur teilweise identifizieren konnten. Wir waren uns beide darüber einig, daß es unsinnig ist, sich von vornherein auf Sozialismus und Zweistaatlichkeit Deutschlands festzulegen – und staunten über uns, weil keiner dem anderen so viel Radikalität zugetraut hatte. Doch es war letztlich sekundär, ob im ersten Papier Sozialismus stand oder nicht. Das Entscheidende war: Jetzt bewegte sich etwas in unserem Land. Die sozialdemokratische Initiative war in meinen Augen ein ganz entscheidender Auslöser für die politischen Veränderungen in der DDR. Das, was hier entstehen sollte, war genau das, was fehlte: eine alternative politische Partei, die den zu eng gewordenen Rahmen der kirchlichen Basisgruppen sprengte [...].“

29 So berichtet jedenfalls ein anwesender IM; vgl. BStU, BV Berlin: Information zum Ablauf des sog. Menschenrechtsseminars vom 25.08.89 bis 26.08.89 in der „Golgathakirche“ Berlin, 27.8.89: *„[...] Diese Veröffentlichungen soll nach Aussage des IM bei den nicht eingeweihten Teilnehmern der Veranstaltung wie eine ‚Bombe eingeschlagen haben‘. [...] Die Aussagen einiger Anwesender waren: ‚Das ist ein historisches Datum, an dem wir hier teilnehmen durften.‘“*

30 Helmut Becker war schon abgereist. Da er an den Absprachen nicht teilnehmen konnte und wir mit ihm daher auch nicht über die Risiken reden konnten, haben wir seinen Namen aus Gründen des Schutzes nicht veröffentlicht.

31 In der Fassung von Ibrahim Böhme alias IMB „Maximilian“ klingt die Episode folgendermaßen: *„Bekannt ist, daß Werner Fischer ohne Kenntnis und Zustimmung der Intitiativgruppe am 28.8.1989 etwa gegen 14.00 Uhr in seiner Wohnung, Fehrbelliner Str. 55, Vertreter von dpa und anderen, uns noch nicht bekannten westlichen Massenmedien empfangen hat und eine Erklärung dazu abgegeben hat, welche ohne Namensnennung am Nachmittag und Abend des 28.8.1989 über die Sender, zumindest der Berliner Rundfunkzentralen gegangen ist. Am Abend des 28.8.1989 hat Fischer bei Böhme einen Zettel deponiert, auf dem handgeschrieben wörtlich steht: ‚Lieber Ibrahim. Melde dich bitte bei Marianne oder bei mir telefonisch, es ist eine Panne passiert. Seit Nachmittag geht eure Initiative über die Sender. – Gruß Werner‘“.* (BStU HA XX, ZMA 2108, S. 133, IMB „Maximilian“ der HA XX/9: Bericht zu einer Initiative zur Gründung einer Sozialdemokratischen Partei“, Berlin, 29.8.1989).

32 Presseerklärung des stellv. Fraktionsvorsitzenden und deutschlandpolitischen Sprechers der SPD im Abgeordnetenhaus von Berlin, Gerd Löffler (29.8.1989).

33 Die Tageszeitung vom 30.8.1989.

34 Ibrahim Böhme darüber in seinem IM-Bericht (ebenda S. 131f.): *„Nach dem 18.9.1989 soll mit dieser Initiative zur Gründung einer Sozialdemokratischen Partei so öffentlich wie nur möglich umgegangen werden. Dabei bedienen sich Gutzeit und Meckel vor allem folgender Strategie: [...] Pastoren werden mit größter Wahrscheinlichkeit nicht inhaftiert, da der Staatsapparat eine Konfrontation mit der Kirchenleitung befürchtet; [...] Andererseits erklären Meckel und Gutzeit und Noack eindeutig, daß es ihre Initiative und nicht die Initiative einer kirchlichen Einrichtung ist, also in keiner Weise im Zusammenhang steht mit ihrem kirchlichen Amt, das sie ausüben. [...] So viel Öffentlichkeit wie nur möglich zu finden, als Schutzwirkung, um den Sicherheitsorganen den Zugriff und die Verhinderung der konstituierenden Veranstaltung am 7.10.1989 so stark als möglich zu erschweren.“*

35 Das war sozusagen eine antizipierende Entschärfung eines vorauszusehenden Konfliktes. Als Beispiel siehe den „Orginalbericht des Stellv. Oberbürgermeisters für Innere Angelegenheiten, Gen. Dr. Udo Schulz“ vom 3.9.1989 (BStU KD Greifswald OV „Pathe, S. 92“): *„Am 3.9. suchte mich OKR Dr. S. Plath nach vorherigem Anruf um 17.10 Uhr in meiner Wohnung auf und teilte mir folgendes mit: In der Woche zuvor informierte ihn der Studentenpfarrer Noack während der Geburtstagsfeier von Frau [...] darüber, daß er einem In-*

itiativkomitee für die Gründung einer sozialdemokratischen Partei in der DDR angehöre. Das habe mit seinem Amt als Studentenpfarrer nichts zu tun, er handle nur in seinem eigenen Namen. P. fragte ihn, ob er das trennen könne und distanziert sich von einem so ‚unsinnigen und aussichtslosen' Vorhaben. [...] Ein ausführlicheres Gespräch ließ die Feier nicht zu. N. wies noch darauf hin, daß die Information bis zum 4.9. vertraulich behandelt werden soll."

36 BVfS Rostock, Abt. XX/4, Quelle IMB „R. Schirmer", Bericht Nr. 4 vom 3.7.1989: *„Marcus Meckel bat darum, daß er eine Übersicht darüber bekommt, welche Möglichkeiten es in der DDR gibt, eine Partei zu gründen. Er teilte konkret mit, daß er gegenwärtig persönlich mit anderen Personen innerhalb der DDR, ohne jedoch konkrete Namen zu nennen, darüber nachdenkt, eine Initiativgruppe zur Gründung einer sozialdemokratischen Partei zu bilden. Voraussichtlich wird diese Initiativgruppe in den Sommermonaten sich bilden, um dann möglicherweise Voraussetzungen dafür zu schaffen, daß tatsächlich eine eigenständige Partei gegenüber den anderen entstehen kann."* Ausweislich einer Notiz zum Treffberichts erfolgte eine Information an den Leiter der HA XX/4 über über diesen Bericht.

37 Die folgenden Informationen des MfS von Anfang Juli 1989 könnten sich auf uns beziehen: *„Mit der weiteren Profilierung und inhaltlichen Ausgestaltung dieser Zusammenschlüsse sollen Gegenpole zur Partei geschaffen werden, bei denen Gedankengänge einer Wiederbelebung der SPD bereits feststellbar sind und eine Abkehr von der ökonomischen Strategie der Partei gefordert wird."* (Informationen über aktuelle Erkenntnisse und Tendenzen des Wirksamwerdens innerer feindlich-oppositioneller Kräfte, insbesondere in personellen Zusammenschlüssen im Bezirk Potsdam, BV Potsdam des MfS, 3.7.1989, in: Mit tschekistischem Gruß. Berichte der Bezirksverwaltung für Staatssicherheit Potsdam 1989. Hrg.v. *Reinhard Meinel* und *Thomas Wernicke*, Potsdam 1990, S. 102).

38 Vgl. HA XX/9, Tonbandabschrift, Quelle: IMB „Maximilian", entgegengenommen: Oberst Reuter, 1.8.1989, Information zur Bildung einer Initiative mit dem Ziel, ‚eine sozialdemokratische Partei in der DDR ins Leben zu rufen', Berlin, 2. August 1989, BStU, vornichtetes Material aus: Karton 393; (1) 1 / 2 (Tippfehler im Orginal). Die HA XX/9 fertigte am Folgetag ein Information (BStU HA XX, ZMA 2108, S. 145f.: HA XX/9: Information über feindliche Aktivitäten mit dem Ziel der Schaffung einer sozialdemokratischen Partei in der DDR, Berlin, 3.8.1989), in der es heißt: *„Im Verlauf der sogenannten Sommerakademie alternativer Gruppen vom 23. bis 29.7.1989 in Stuer-Winkel, Kr. Röbel, erhielt ein zuverlässiger und überprüfter IM der HA XX/9 am 28.7.1989 von dem operativ bekannten Pfarrer [...] Meckel, Markus [...] Niederndodeleben, Kr. Womirstedt [...] Leiter der ökomenischen Werkstatt der [...] Kirchenprovinz Magdeburg [...] ein 5 Schreibmaschinenseiten umfassendes Material mit der Überschrift ‚Vorlage zur Bildung einer Initiativgruppe mit dem Ziel, eine sozialdemokratische Partei in der DDR ins Leben zu rufen' mit der Bitte um Begutachtung und Stellungnahme übergeben. (siehe Anlage)".* In dem IM-Bericht vom 1.8.1989 gibt Böhme selbst eine Bewertung des Papiers: *„[...] In dem Spektrum der zunehmenden Bemühungen, neue Parteien oder Plattformen zu bilden, erscheint mir vorliegendes Papier als eines der qualifizierten."*

39 Vgl. ebenda: *„[...] Es ergab sich zwischen den 3 [*Markus Meckel, Ibrahim Böhme, Martin König*] bereits nachmittags eine Diskussion, inder Martin König diese Initiative mit Vorbehalten billigte und bat, ihn als Sympathisant anzusehen, während Böhme vor voreiligen Schritten warnte und behauptete, daß jetzt dafür nicht die Zeit sei. Vor allem beklagte Böhme die elitaristischen Vorstellungen wie S. 3 [*des Aufrufs – MG]. *‚Wir brauchen Bürger, die willens und in der Lage sind – in der Lage sind, so meint Böhem, würde wieder neue Ausschließlichkeiten setzen".* Der Führungsoffizier faßt dies folgendermaßen zusammen (BStU HA XX, ZMA 2108, S. 145f.): *„[...] der IM (äußerte) erhebliche Vorbehalte gegen Inhalt und Form der ‚Vorlage' und erklärte diese für nicht zeitgemäß."* Zur Entstehung der Initiative teilt Böhme im IM-Bericht mit: *„Es besteht keine Kenntnis darüber, wer außer Martin Gutzeit oder Markus Meckel an dem genannten konkreten Papier noch mitarbeitete, die*

Vermutung liegt nahe, daß tatsächlich die beiden das wieder am Schreibtisch ausgearbeitet habe, weil seit langen Jahren ihr Umgang mit solchen Dingen darin besteht, daß sie zuerst selbst Entwürfe fertigen und sie dann einem kleinen Kreis zur Diskussion vorstellen.“

40 Nach vorliegenden Unterlagen hatte das MfS schon im Februar 1984 den ersten, wenn auch mißlungenen Versuch unternommen, Böhme an Markus Meckel heranzuschleusen. Zum Friedensseminar im Sommer 1984 klappte es dann aber problemlos.

41 Ich will den Problemhorizont anhand einer Episode während der 2. Sitzung des Runden Tisches am 18. Dezember 1989 verdeutlichen. In der Annahme, daß Ibrahim Böhme, der mit mir für die SDP am Tisch saß, für das MfS gearbeitet hatte, stellte ich folgenden Antrag: *„Der Runde Tisch beauftragt die unabhängige Kontrollkommission zur Auflösung des Amtes für Nationale Sicherheit mit der sofortigen Offenlegung der gegen Friedens-, Umwelt- und Menschenrechtsgruppen angewandten Vorgehensweisen sowie der Benennung der in diese Gruppen eingeschleusten Personen.“* Im Ergebnis stimmten allein Ibrahim Böhme und ich für diesen Antrag, 10 Teilnehmer des Runden Tisches enthielten sich, der Rest stimmte dagegen.

42 Ob die Schlüssigkeit dieser Strategie eher Wunsch als Wirklichkeit war, mag ich nicht entscheiden. Spätestens nachdem wir am 18. September auf der Initiativgruppensitzung von der Strategie gesprochen hatten, konnt das MfS Kenntnis von der Funktion von Susanne Seils erlangt haben. In einem Fernschreiben der BV Magdeburg vom 30.9.1989 (BStU, HA XX, ZMA 2108, S. 188–191), das mögliche Teilnehmer an der Gründungsversammlung auflistet, wird sie mit aufgeführt.

43 BStU HA XX, ZMA 2108, S. 145. Bei den drei Personen handelt es sich um Markus Meckel, Martin Gutzeit und Martin König. Der IM und das MfS irrten, als sie die Kenntnis der Vorlage auf diesen Personenkreis einschränkten. Markus Meckel sprach während des von Wolfram Tschiche und Ullrich Stockmann, Studentenpfarrer in Naumburg, heute für die SPD im Europäischen Parlament, organisierten III. Sommerseminars des Arbeitskreises Solidarische Kirche (AKSK) in Stuer-Winkel (Mecklenburg) u. a. auch mit Gerd Poppe (IFM) und Ulrike Poppe (Mitinitiatorin von Demokratie jetzt) und Harald Wagner (Mitinitiator des Demokratischen Aufbruchs).

44 BStU HA XX, ZMA 2108, S. 122. Es handelt sich bei dieser Unterlage um ein nicht formgebundenes Dokument ohne Datumsangabe mit mit der Überschrift: *„Operative Hinweise über die Absicht, eine Initiativgruppe zu bilden zur Gründung einer sozialdemokratischen Partei in der DDR“*. Die Terminierung von Punkt 1 der einzuleitenden Maßnahmen auf den 29.08.1989 setzt aber voraus, daß das Dokument vor diesem Termin verfaßt wurde.

45 Vgl. die „Information zu einem Gespräch mit Pfarrer Hilsberg von der Evang. Golgatha-Gemeinde am 1. September 1989 beim Stellvertreter des Stadtbezirksbürgermeisters für Inneres, Genossen J..., Rat des Stadtbezirkes Berlin-Mitte“: *„[...] Nachdem er eingangs zur Aushändigung unter der Bedingung bereit war, die Namen der Unterzeichner abzuschneiden, bat er zum Gesprächsende, dazu die Zustimmung des Konsistorialpräsidenten [Manfred Stolpe] einzuholen, der sei von ihm mit dem Material vertraut gemacht worden. Außerdem könne er sich nicht vorstellen, daß die staatlichen Organe dieses Material nicht haben.“* Eine kleine Episode soll in diesem Zusammenhang nicht unerwähnt bleiben. Als Pfarrer Hilsberg nach dem Menschenrechtsseminar pflichtgemäß dem Oberkonsistorialrat Stolpe über das Geschehene berichtete und den Aufruf übergab, lachte dieser und sagte: *„Wer sich am meisten darüber ärgern wird, ist Rainer Eppelmann. Dem habe ich die Sache ausgeredet.“*

46 BStU BV Berlin, SDP-Konvolut: Aktenvermerk über eine Beratung in der HA XX beim Gen. Oberst Wiegand am 7.9.89, Berlin 11.9.1989: *„Von dem Gespräch des Staatsapparates in Berlin mit Hilsberg informierte dieser Konsistorialpräsident Stolpe. Auf die Mitteilung, daß der Staatsapparat unbedingt den 5 Seiten-Aufruf haben wollte, reagierte Stolpe damit, daß er Hilsberg mitteilte, er solle es nicht machen. Stolpe selbst übergab den Aufruf von sich aus dem Staatssekretär Löffler. Er machte damit den Aufruf offiziell.“* In diesem Aktenvermerk wird überhaupt als Aufgabe festgelegt, *„[...] alle Aktivitäten der Initiative zu offizialisieren“*.

47 BStU HA XX, ZMA 2108, S. 122.

48 BStU ZAIG, Nr. 386/89 vom 4. September 1989: *„Entsprechend zentraler Festlegungen führte der Stellvertreter des Vorsitzenden des Rates des Bezirkes Magdeburg für Inneres am 30. August 1989 ein Gespräch mit Pfarrer Meckel, in dem dieser aufgefordert wurde, alle Aktivitäten zur Bildung einer sog. Initiativgruppe einschließlich der Propagierung diesbezüglicher Aufrufe u.ä. unverzüglich einzustellen. Meckel negierte diese Forderung u.a. mit dem Hinweis darauf, daß sein Handeln nicht nur von seinem Amt als Pfarrer her, sondern auch aus der Sicht des Bürgers bewertet werden müßte."*

49 Siehe BStU HA XX, ZMA 2108, S. 140 (Information 552/89 der HA XX vom 6.09.1989): *„Es wird vorgeschlagen: [...] Eine öffentliche Auseinandersetzung und Zurückweisung der bereits bekannten offiziell auswertbaren Fakten zur Bildung einer sozialdemokratischen Partei in der DDR in geeigneten Massenmedien der DDR zu führen"* sowie *„eine zentrale Parteiinformation für alle Grundorganisationen der SED zum Zwecke einer einheitlichen und offensiven Gegenargumentation zu erarbeiten."* Wie alarmierend das MfS die Situation einschätzt, zeigt die Tatsache, daß in dieser Information auch u. a. über die bevorstehende Gründung des Demokratischen Aufbruch und des Neuen Forum berichtet, zugleich aber auch mitgeteilt wird, daß westliche Medien davon Kenntnis haben und *„daß bekannte feindlich-negative Kräfte bis zum 7.10.1989 die Bildung politischer Vereinigungen beabsichtigen, die in eine einheitliche politische Organisationsform münden soll."*

50 BVfS Neubrandenburg Abt. XX/4, Beratung der HA XX/4 am 21.9.1989, Neubrandenburg, 22.9.1989, BStU, Ast Neubrandenburg, Abt. XX 663 o. Pag., 4 S.

51 Vgl. Gedächtnisprotokoll über die Beratung des Genossen Generaloberst Mittig am 26.09.1989 mit den Stellvertretern Operativ und Leitern der Abteilung XX (BStU, Pdm, AKG 617, S. 190): *„Repressivmaßnahmen sollen wir uns sehr wohl überlegen, um [k ?]eine Märtyrer zu schaffen."*

52 BStU HA XX, ZMA 2108, S. 122.: *„Der Stellvertreter des Vorsitzenden des Rates des Bezirkes Magdeburg für Inneres informiert sofort Bischof Demke vom Sachverhalt zur Person Meckel und fordert von Bischof Demke, seinen Einfluß geltend zu machen, daß Meckel's Aktivitäten einen politischen Mißbrauch darstellen und zukünftig ausgeschlossen werden."*

53 Insofern gibt die ZAIG-Information den Sachverhalt nicht ganz richtig wieder, vgl. BStU ZAIG, Nr. 386/89 vom 4. September 1989: *„In einem am gleichen Tage mit Bischof Demke/Magdeburg geführten Gespräch sicherte dieser zwar eine Einflußnahme auf Pfarrer Mekkel zu, schwächte diese Zusage jedoch mit der Bemerkung ab, wenn einer das persönliche Risiko wolle, sehe er (Demke) seine Möglichkeiten zur wirksamen Einflußnahme als gering an. Seine indifferente Haltung gegenüber den Aktivitäten Pfarrer Meckels widerspiegelte sich auch in der Äußerung Bischof Demkes, wonach er aus dem kirchlichen Selbstverständnis, daß Pfarrer auch Bürger der DDR sind, Gedanken über eine Parteigründung ohne Benennung von Inhalt und Zielen nicht abwegig bewerte."* Vgl. auch BStU, ZAIG, Nr. 402/89 vom 7.9.1989, in der über die 126. Tagung der Konferenz der Evangelischen Kirchenleitungen in der DDR (KKL), die vom 2. bis 3. September 1989 in Berlin stattfand und auf der auch unsere Initiative Gegenstand der Debatte war, berichtet wird: *„[...] Bischof Demke informierte über ein mit ihm geführtes Gespräch durch den Stellvertreter des Vorsitzenden des Rates des Bezirkes Magdeburg für Inneres [...] Demke bewertete diese Aktivitäten Meckels und seiner Freunde als einen politisch falschen und dummen Schritt. Er habe mit dieser Initiative nur Gesprächsstoff für die Westpresse geliefert. Demke lehne derartige Aktivitäten ab, da es nicht Anliegen der Kirche sein könne, politische Parteien zu gründen. Man solle gegenüber dem Staat fairer sein und nicht tricksen. Es sei jetzt der Zeitpunkt gekommen, an dem ‚alternative' Gruppen, die bisher unter dem Dach der Kirche wirkten, in die Öffentlichkeit treten und sich als politische Partei organisieren wollen. In der dazu geführten Diskussion wurde festgestellt, daß die Kirche keine Möglichkeit habe, derartige Initiativen zu unterbinden. Sie dürfe jedoch dafür keine Hilfe und Unterstützung gewähren. Oberkirchenrat Kirchner unterstrich, solche Personen wie Pfarrer Meckel sollten sich der CDU anschließen,*

um die vorhandenen politischen Möglichkeiten besser zu nutzen. Seiner Meinung nach könnte man aus der CDU eine Partei machen, welche ‚die längst fälligen Reformen' in der DDR durchsetzt." Der Thüringische Oberkirchenrat Martin Kirchner war Mitunterzeichner des Briefes aus Weimar vom 10. September 1989, später als Generalsekretär der CDU am Zustandekommen der Allianz für Deutschland beteiligt. Zwei Tage vor der Volkskammerwahl am 18. März 1990 wurden erste Informationen bekannt, daß er als IM für das MfS gearbeitet habe. Am 15. August 1990 wurde er von seinem Amt als Generalsekretär entbunden.

54 BStU Pdm, AKG 617, Bl. 177: BV Potsdam, Stellvertreter Operativ, Protokoll aus der persönlichen Mitschrift anläßlich der Dienstkonferenz beim Generaloberst Mittig zu Zielen und Aufgaben zur konsequenten Unterbindung der Formierung feindlich-oppositioneller Kräfte in Sammlungsbewegungen/Vereinigungen, Potsdam, 26.9.1989. Schon am 21.9.1989 kategorisiert Oberst Wiegand die Einsatzrichtung von IM in drei Gruppen (BV Neubrandenburg Abt. XX/4, Beratung der HA XX/4 am 21.9.1989, Neubrandenburg, 22.9.1989, BStU, Ast Neubrandenburg, Abt. XX 663 o. Pag., 4 S.): *„a. IM, die Führungspositionen besetzen, ohne zu Aktivisten zu werden; b. IM zur Informierung über Bewegungsabläufe/ Hintergründe; c. IM, die Zweifel anmelden, nörgeln, debattieren, theologisieren, Mißtrauen anmelden/ auch gesellschaftliche Kräfte einbeziehen."*

55 BStU ZAIG, Z 3756, S. 82–94; auch BArch DY IV 2/2.035/81 (Büro Axen), abgedruckt in Markus Meckel, Opposition ... (s. o. Anmerkung 2), S. 369–375; die folgenden Zitate ebenda. Ich kann hier weder der Frage nachgehen, auf welchem Wege das MfS zu den folgenden Informationen und Einschätzungen gelangt ist, noch die Informationen jeweils auf ihre Richtigkeit überprüfen. Die ZAIG-Information spiegelt die Sichtweise des MfS wieder und darauf kommt es in diesem Zusammenhang an. Für weitere Fragestellungen müßten selbstverständlich andere Überlieferungen hinzugezogen werden. Vgl. auch die von Hermann Axen und Gunter Rettner für die Sitzung des Politbüros am 12.9.1989 erarbeitete Vorlage vom 8.9.1989 mit dem Titel „ Information und erste Schußfolgerungen zu aktuellen Entwicklungen in der SPD im Zusammenhang mit der gegenwärtigen Anti-DDR-Kampagne" (BArch DY IV 2/2A/3239 vom 12.9.1989), die aber laut Protokoll auf der erwähnten Sitzung zurückgestellt wurde (BArch DY IV 2/2/2345 vom 12.9.1989).

56 Die Rechtsstelle des MfS hat mit Datum vom 5. September 1989 eine entsprechende Stellungnahme unter der Überschrift *„Zu rechtlichen Problemen der Bildung einer ‚Initiativgruppe'"* (BStU, BV Berlin, SDP-Konvolut) erarbeitet.

57 Zum Ablauf siehe BStU BV Berlin, SDP-Konvolut, Information zu einem Gespräch mit Pfarrer Gutzeit, Assistent am Sprachenkonvikt der Ev. Kirche, am 20.9.1989 beim Stellvertreter des Stadtbezirksbürgermeisters für Inneres, Genossen Jugl, im Rat des Stadtbezirks Berlin-Mitte: *„[...] Pfarrer Gutzeit wurde unter Bezug auf diese Aktivität der staatliche Standpunkt dazu dargelegt. Genosse Jugl verwies auf die Verletzung der Rechtsvorschriften (Veranstaltungs-Verordnung und Verfassung) und den Mißbrauch der kirchlichen Veranstaltung für politische Ziele. Unter bezug auf die Verfassung der DDR wurde die Belastung des Staat-Kirche-Verhältnisses durch derart gesetzeswidrige Tätigkeit eines Amtsträgers der Kirche festgestellt. Diese Praxis wurde zurückgewiesen und zum Ausdruck gebracht, daß er weitere Aktivitäten unter Mißbrauch der Kirche und ihrer Veranstaltungen zu unterlassen habe. Eine Diskussion zum Inhalt der Erklärung wurde nicht zugelassen. Pfarrer Gutzeit erwiderte nur, daß er dazu eine andere Auffassung hat, aber den dargelegten Standpunkt zur Kenntnis nimmt."*

58 Da sich diese Details in einer Infomation des MfS befinden (vgl. BStU HA XX, ZMA 2108, S. 156f., MfS HA XX/9, Information über weitere Aktivitäten zur Gründung einer Sozialdemokratischen Partei, Berlin, 8.9.1989), muß Ibrahim Böhme den Inhalt seines Vier-Augen-Gesprächs an das MfS weitergegeben haben, z. B. auch folgende Information: *„Meckel ist der Meinung, und so habe sich auch Martin Gutzeit mit Pfarrer Eppelmann verständigt, daß es eine Zusammenführung der oppositionellen Kräfte geben muß. So sei mit Eppelmann der Termin 1.10.1989 entstanden."*

59 Der erste Interessent, der sich bei mir meldete und seine Mitarbeit anbot, war Steffen Reiche, der damals gerade seine erste Pfarrstelle in Christinendorf bei Zossen übernommen hatte. Den zweiten Interessenten fand ich in Konrad Elmer, damals evangelischer Studentenpfarrer in Berlin, später Volkskammer- und Bundestagsabgeordneter, dessen Ehefrau als Ephora am Sprachenkonvikt tätig war.

60 Vgl. meine Äußerungen in einem vom MfS abgehörten Telefongespräch vom 8. September zu Terminproblemen von Arndt Noack (BStU KD Greifswald, OV „Pathe", Abt. 26, Informationsbericht vom 09.09.1989): *„Martin legte dann dar, daß die Zeit der Endlichkeit schneller ist [...] die Geschichte nee, die wartet nicht."*

61 Vgl. Martin Gutzeit, Notizen zum Treffen der SDP-Initiatoren am 12. September 1989, SDP-Dokumentation.

62 Vgl. auch HA XX, Information über weitere Aktivitäten zur Bildung legaler oppositioneller Bewegungen in der DDR vom 14.9.1989 (BStU, HA XX, ZMA 2108, S. 158): *„Im Interesse einer höheren Wirksamkeit wurde bei dieser Zusammenkunft aus den 5 Seiten umfassenden o. g. Aufruf ein Handzettel (1 Seite A 4) mit der Überschrift ‚Zum Aufruf der Initiativgruppe Sozialdemokratische Partei in der DDR' erstellt, auf Matrize geschrieben und mittels Ormig-Verfahren in ca. 150 Exemplaren vervielfältigt. Diese Handzettel sollen durch die operativ bekannten Initiatoren verteilt werden. Die Herstellung weiterer Handzettel ist vorgesehen."*

63 Für unverzichtbar hielten wir folgende programmatische Aussagen: Rechtsstaat und strikte Gewaltenteilung, parlamentarische Demokratie und Parteienpluralität, relative Selbständigkeit der Regionen (Länder), Kreise, Städte und Kommunen (finanziell, wirtschaftlich, kulturell), soziale Marktwirtschaft mit striktem Monopolverbot zur Verhinderung undemokratischer Konzentration ökonomischer Macht, Demokratisierung der Strukturen des Wirtschaftslebens, Freiheit der Gewerkschaften und Streikrecht.

64 Die Zitate entstammen dem Informationsbericht des MfS über ein am 13. September 1989 geführtes Telefongespräch (BStU, KD Greifswald, OV „Pathe", Abt. 26, Informationsbericht vom 13.09.1989).

65 In der Überlieferung des MfS klingt dies folgendermaßen (BStU HA XX ZMA 2108 S. 158, MfS HA XX, Information über weitere Aktivitäten zur Bildung legaler oppositioneller Bewegungen in der DDR, Berlin, 14.9.1989): *„Weiter ist geplant, mehrere operativ bekannte Personen aus Berlin und dem Bezirk Magdeburg in die Arbeit der ‚Initiativgruppe' einzubeziehen, um die bisher bekannten 4 Initiatoren besser vor Zugriffen des Staatsapparates zu schützen."*

66 Mit ausschlaggebend für diesen Termin war die Tatsache, daß für den Abend des 18. September ein Treffen von unterschiedlichen oppositionellen Gruppierungen mit den SPD-Bundestagsabgeordneten Freimut Duwe und Gert Weisskirchen im Pfarrgarten der ev. Kirchgemeinde Berlin-Altpankow geplant war. Den beiden Bundestagsabgeordneten wurde die Einreise verweigert. Das Treffen fand ohne sie statt und gab erste Gelegenheit, die Beziehungen zwischen den verschiedenen Initiativen zu erörtern.

67 Die Überlieferung zu diesem Treffen ist sehr gut. Neben dem Protokoll von Arndt Noack, das den Titel „Ergebnisprotokoll der Initiativgruppe SDP vom 18.9.1989" trägt, existieren seine handschriftlichen Notizen, meine Notizen von und nach dem Treffen (die drei Dokumente finden sich in der SDP-Dokumentation) sowie von der HA XX/9 des MfS eine „Information über weitere Aktivitäten zur Gründung einer sozialdemokratischen Partei in der DDR" mit dem Datum 20.9.1989 (BStU HA XX ZMA 2108 S. 159). Die genannte MfS-Information enthält Fehler, die eigentlich nicht zu erklären sind. Als Tagungsort werden zwar die *„Arbeitsräume von Pfarrer Gutzeit"* angegeben, diese befanden sich aber im Sprachenkonvikt, 104 Berlin, Borsigstr. 5, und nicht *„in der Stephanusstiftung, 1120 Berlin, Albertinenstr."*, wie in der Information angegeben. Bei der Aufzählung der Anwesenden fehlen Steffen Reiche sowie Konrad Elmer.

68 Zum Thema „SPD" vgl. in der MfS-Überlieferung auch schon HA XX/9, Information über weitere Aktivitäten der Initiative zur Gründung einer sozialdemokratischen Partei in der DDR vom 31.8.1989 (BStU, HA XX, ZMA 2108, S.125): *„[...] Die Zielstellung der Initiatoren*

besteht nach wie vor darin, unter allen Umständen bis zum 7. Oktober 1989 die Gründung der SPD [sic!] in Angriff zu nehmen. Nach Aussagen von Meckel soll Schorlemmer gegenüber dem operativ bekannten Schefke, Siegbert geäußert haben: ,Im Grunde genommen gibt es gar keine Möglichkeit, juristische Schritte gegen die Initiatoren einer sozialdemokratischen Partei zu ergreifen, weil die SPD ja in der DDR nie verboten worden ist, sondern die noch existierenden Ostbüros in Ostberlin wurden 1961 auf Grund der Mauer nur aufgelöst durch die Westberliner SPD.'"

69 In den Notizen von Arndt Noack finden sich z. B. folgende Stichworte: „Soziale Marktwirtschaft *am 26. 1/2 Stunde vornehmen. [...] Monopolverbot --> auch Entflechtung hier. [...] Verhältnis Produzent – Konsument [...] betriebliche Mitbestimmung: eigenfinanziert [...] Ökonomisierung der Ökonomie [...] Markt leistet nicht – Frage soz. Gerechtigkeit [...] – ökologischen Rahmen [...] Eigentumsformen fast egal [...] Richtung Investition: demokratisch [...] Eigentümerverhältnis, das Arbeitgebern + Arbeitnehmern Mitbestimmung und Verantwortung auferlegt."* (Hervorhebung im Original)

70 In den Notizen von Arndt Noack findet sich folgendes:
„Strategie: – Erbstreit [mit der SED]; – Enteignungsprozeß der SED [Hinsichtlich Tradition der Sozialdemokratie]; – forciert SED eigene Ge[schichte]. aufrollen, provozieren; – Ausschließlichkeit von Gesprächspartner SPD-SED [anfragen]."

71 Die schon erwähnte MfS-Information berichtet (BStU HA XX, ZMA 2108, S. 159): *„Meckel informierte, daß gegenwärtig ca. 500 sich der Initiativgruppe angeschlossen bzw. ihr Interesse an einer der Kontaktadressen übermittelt haben. Für Meckel sei es ein Signal, die Gründung der ,SDP' zu beschleunigen und sogar die Gründung der Initiativgruppe zu überspringen, da er den versammelten Personenkreis schon als Initiativgruppe ansieht. Bei der nächsten Zusammenkunft am 26.9.1989 wiederum bei Gutzeit beabsichtigt Meckel, die Initiativgruppenbildung als abgeschlossen zu betrachten. Von Meckel wurde orientiert, bis zum 26.9.1989 eine geeignete Räumlichkeit zur Gründung der ,SDP' für den 7.10.1989 zu suchen, wo bis 100 Personen Platz finden. [...] Meckel zieht in Betracht, diese Gründung in Potsdam durchzuführen."* Wie das MfS auf die genannten 500 Interessenten kam, ist nicht ersichtlich. Möglich ist, daß das MfS viele Briefe abgefangen hat.

72 Protokoll der Sitzung der Initiativgruppe vom 26. September 1989 (SDP-Dokumentation).

73 Vgl. BStU HA XX, ZMA 2108, S. 159: *„Gutzeit beschäftigt sich gegenwärtig mit der Erarbeitung einer ,Geschäftsordnung' für die ,SDP'."* Über den Auftrag an Rainer Rühle und Konrad Elmer berichtet das MfS nichts.

74 Notizen von Arndt Noack zur Sitzung: *„Demokratischem Aufbruch beitreten. [...] Neuem Forum auch, wenn keine Einigung. [...] So Basiserklärung nicht im Widerspruch steht, sollte jeder mitarbeiten können und auf Einheit drängen."*

75 Vgl. zu dem Treffen *Michael Beleites*, Untergrund. Ein Konflikt mit der Stasi in der Uranprovinz. Berlin 1991, S. 229f.: *„[...] Zu den etwa 15 Teilnehmern gehörten u.a. Ulrike Poppe, Hans Misselwitz, Martin Gutzeit, Markus Meckel, Ehrhart Neubert, Hans-Jürgen Fischbeck, Christian Matthes, Joachim Krause und Sebastian Pflugbeil. Auf die westdeutschen SPD-Vertreter warteten wir vergebens. Sie waren offensichtlich an der Grenze zurückgeschickt worden – und vielleicht war es gut, daß sie nicht kamen. So haben wir, statt des Gesprächs mit den Westdeutschen, erst einmal unter uns beraten, wie wir die parallel entstandenen Demokratisierungsinitiativen sinnvoll koordinieren könnten. Die sozialdemokratische Initiative, die Bürgerbewegung ,Demokratie jetzt', das ,Neue Forum' und die Initiative zur Gründung des ,Demokratischen Aufbruchs' stellten sich in Pankow vor. Wir waren uns darüber einig, daß es nützlich ist, für alle Demokratiebewegungen eine ,Plattform' bzw. eine ,Dachorganisation' zu schaffen. Doch das Neue Forum und der Demokratische Aufbruch traten beide mit dem Anspruch an, ,Plattform' für alle zu werden. Erhard Neubert kündigte die Gründung des Demokratischen Aufbruchs für den 1. Oktober an und lud uns alle dazu ein. Am 18. September gingen wir in der Hoffnung auseinander, daß es am 1. Oktober zu einer Einigung zwischen Neuem Forum und Demokratischen Aufbruch kommt."*

76 Auch über diese Sitzung gibt es neben dem Protokoll, das Ibrahim Böhme führte, und handschriftlichen Notizen von Arndt Noack (SDP-Dokumentation) auch eine „Information über weitere Aktivitäten der Initiativgruppe zur Gründung einer sogenannten sozialdemokratischen Partei in der DDR", Berlin, 27. Sept. 1989 (BStU, HA XX/9–1535, S. 38–41), in der es heißt: *„Am 26.9.1989 fand in der Zeit von 16.30–23.00 Uhr in den Arbeitsräumen von Gutzeit Martin im Sprachenkonvikt eine Zusammenkunft o. G. Initiativgruppe statt."* Als Teilnehmer werden Marcus Meckel, Martin Gutzeit, Steffen Reiche, Rainer Hartmann, Manfred Böhme, Konrad Elmer, Jochen Görtz und Angelika Barbe angegeben.

77 Protokoll der Sitzung der Initiativgruppe vom 26. September 1989 (SDP-Dokumentation).

78 Edelbert Richter war später SPD-Volkskammerabgeordneter, heute SPD-Bundestagsabgeordneter und Mitglied der Grundwertekommission der SPD.

79 Nach *Christian Dietrich*, Fallstudie Leipzig 1987-1989, in: Materialien der Enquete-Kommission „Aufarbeitung von Geschichte und Folgen der SED-Diktatur in Deutschland" Bd. VII/2, Baden-Baden 1995, S. 635, der bei dem Treffen anwesend war.

80 Vgl. auch Gedächtnisprotokoll über die Beratung des Genossen Generaloberst Mittig am 26.09.1989 mit den Stellvertretern Operativ und Leitern der Abteilung XX (BStU, Pdm, AKG 617, S. 1183): *„[...] fand am 24.09.1989 in Leipzig in der Markus-Kirche ein Vertretertreffen oppositioneller Gruppen (Bohley) statt. Hier wurden Vorstellungen entwickelt und über die Westmedien verbreitet, eine Dachorganisation zu bilden. Bohley sagt hierzu nein, es sollten einzelne Gruppen selbständig bestehen bleiben. Diese Widersprüche sind oprativ zu nutzen. Deswegen bleibt die Bohley ein Feind."*

81 Vgl. *Edelbert Richter*, Erlangte Einheit – verfehlte Identität. Auf der Suche nach den Grundlagen für eine neue deutsche Politik, Berlin 1991, S. 21: *„Am 24.9. fuhr ich zu einem Treffen von Vertretern der oppositionellen Gruppen in Leipzig, das der wechselseitigen Verständigung dienen sollte. Es kam aber zu keiner Verständigung. Die Organisationskonzepte und letztlich die Demokratiebegriffe wichen zu stark voneinander ab: Das Neue Forum wollte lediglich Dialogplattform bzw. basisdemokratische Bewegung sein und wehrte sich gegen jede Struktur; die SDP dagegen betonte ihren Parteicharakter und das Ziel der repräsentativen Demokratie; zwischen beiden standen ‚Demokratie Jetzt' und Demokratischer Aufbruch und schienen mir damals noch am ehesten vereinbar. Auch die Gespräche mit Bärbel Bohley und Martin Gutzeit führten nicht weiter: Bärbel wollte von Programmatik nichts wissen, sondern alles der Spontaneität der Basis überlassen, und das hieß für mich: ihrer eigenen Spontaneität. Martin Gutzeit gab sich wie immer sehr siegessicher, so als wüßte er etwas, was sonst niemand weiß. Für ihn schien die ganze Umwälzung nur ein strategisches Spiel zu sein. Immerhin konnte ich ihm meinen Programmentwurf mitgeben, so daß er sicher und schnell zu den Freunden nach Berlin gelangte."* Hinzuweisen ist in diesem Zusammenhang auf den westlichen Kontext. Als Edelbert Richter um den 12. September 1989 in Bonn mit Karsten Voigt zusammentraf und fragte, was er von der Gründung einer Sozialdemokratischen Partei in der DDR halte, antwortete er: *„Eine Sozialdemokratische Partei kann unter illegalen Bedingungen nicht arbeiten."* Erhard Eppler, den er ebenfalls traf, antwortete: *„Eine Partei wäre eine zu große Brüskierung der SED. Macht doch zuerst eine politische Vereinigung mit sozialdemokratischen Inhalten."*

82 Vgl. die „Information über weitere Aktivitäten der Initiativgruppe zur Gründung einer sogenannten sozialdemokratischen Partei in der DDR", Berlin, 27. Sept. 1989 (BStU, HA XX/9 – 1535, S. 38): *„Von Gutzeit, Martin wurde eine Schilderung der Ereignisse aus Leipzig vom 24.9.1989 gegeben, in dessen Ergebnis eine Solidaritätserklärung erstellt wurde, die an ADN und westliche Korrespondenten in der DDR versendet werden soll [...] Zur Versendung liegen derzeit keine Hinweise vor."* Ibrahim Böhme hatte sich dazu bereit erklärt; ob er es tatsächlich tat, weiß ich nicht.

83 Vgl. die Notizen von Arndt Noack zur Sitzung vom 26. September (SDP-Dokumentation):
„1. Oktober Versammlung Demokratischer Initiativen
Ehrhart Neubert/Eppelmann/Edelbert [Richter]: Demokratischen Aufbruch gründen dort Fraktionsbildung erwünscht.

Wir [für] anderen Termin für Plattform [aufgrund des Konflikts zwischen Bärbel Bohley und Rainer Eppelmann].
Bärbel Bohley – Eppelmann, Schnur [können nicht miteinander]
Bärbel Bohley: Sie wollen nicht Plattform *sein* *(wir die größte Initiative)*
Wen vertreten Sie (nur ihr Papier) *(Forum Selbstverständnis ganz breit und*
Sie wollen keine Struktur, muß wachsen *dezentral, schwer Aufbruch unterordnen)*
Aufbruch gründen + Zusammenkommen nicht an einem Abend
für 4.[10.] Termin *ausgemacht, Herrn Weidauer, Benschstr.*
Sinnvoll: *Forum als Arbeits + Informationsforum*
So eine Plattform brauchen wir.
Gemeinsames Objekt: Bezirkstags- + Volkskammerwahlen."
(Hervorhebungen im Original)

84 Vgl. die MfS-Information (BStU, HA XX/9–1535, S. 38f.): *„Durch Meckel und Gutzeit wurde bekanntgegeben, wer in Abstimmung mit Eppelmann, Rainer am 1.10.1989 um 14.00 Uhr Teilnehmer der sog. Gründungsveranstaltung des ‚Demokratischen Aufbruch' ist. [...] Meckel betonte ausdrücklich, daß nur geladene und mit Eppelmann abgestimmte Personen teilnehmen sollen, was jedoch nicht ausschließt, kurzfristig bestimmten Personen eine Teilnahme zu ermöglichen. [...] Die Vertreter der Initiativgruppe verbleiben bis ca. 18.00 Uhr bei Eppelmann und beabsichtigen, ab 19.00 Uhr sich zu einer Beratung bei Gutzeit im Sprachenkonvikt zu treffen. Festgelegt wurde, daß ein Vertreter der Initiativgruppe bis zur Beendigung der Veranstaltung bei Eppelmann verbleibt."*

85 Vgl. Protokoll der Sitzung der Initiativgruppe vom 26. September 1989 (SDP-Dokumentation): *„Initiativgruppe zur Gründung einer ‚SDP in der DDR' schlägt dem dortigen Plenum vor, bereits eine SDP zu gründen."* Die MfS-Information berichtet dazu: *„Meckel und Gutzeit halten fest an der Absicht, die Parteigründung am 7.10.1989 zu vollziehen. Entsprechend der Hinweise von Meckel sind noch nicht alle Vorbereitungen dazu abgeschlossen, jedoch würden die Aktivitäten von ‚Neuen Forum' und ‚Demokratischer Aufbruch' dazu zwingen. Man soll, so Meckel, die Gründung vollziehen und konkrete Fragen zum Statut, Mitgliedschaft und Mitgliederkarte später ausdikutieren."* (BStU, HA XX/9 – 1535, S. 39).

86 Protokoll der Sitzung der Initiativgruppe vom 26. September 1989 (SDP-Dokumentation).

87 Die folgenden Zitate stammen aus Arndt Noacks Notizen zur Sitzung der Initiativgruppe am 26. September 1989 (SDP-Dokumentation).

88 Vgl. z. B. das Schreiben von Rechtsanwalt Dr. jur. Gregor Gysi an das Ministerium des Innern, Leiter Hauptabteilung innere Angelegenheiten, vom 3.10.1989 betreffs der beabsichtigten Gründung einer Vereinigung unter dem Namen „Neues Forum" (BArch DY IV 2/2A/3252 vom 31.10.1989): *„Meine Mandantinnen [sc. Bärbel Bohley und Jutta Seidel] lassen noch einmal ausdrücklich erklären, daß sie keine staatsfeindlichen Ziele verfolgen und ein gesellschaftliches Wirken in Übereinstimmung mit der Verfassung der DDR anstreben."*

89 Protokoll zur Sitzung der Initiativgruppe am 26. September 1989 (SDP-Dokumentation). Vgl. auch die MfS-Information zur Sitzung (BStU, HA XX/9–1535, S. 40): *„Von Meckel ist beabsichtigt, am 8.10.1989 eine Anmeldung der ‚Sozialdemokratischen Partei in der DDR' beim MdI vorzunehmen."*

90 Mit Datum vom 28. September fertigte das MfS eine „Strafrechtliche Einschätzung" der Kurzfassung unseres Aufrufs (BStU, Rechtsstelle–880, S. 30f.), in der es heißt: *„[...] In mehreren Textpassagen werden verfassungsmäßig verankerte politische und sozialökonomische Grundlagen der sozialistischen Staats- und Gesellschaftsordnung der DDR angegriffen. So wird die führende Rolle der marxistisch-leninistischen Partei diskriminiert, indem behauptet wird, daß eine ‚notwendige Demokratisierung' die ‚Bestreitung des Wahrheits- und Machtmonopols der herrschenden Partei' voraussetze. [...] Darüber hinaus erfolgt mit der Aufforderung nach einem Zusammenschluß ‚vor Ort' entsprechend den ‚programmatischen*

Orientierungen' sowie den Forderungen zur ‚strikten Gewaltenteilung', zum Parteienpluralismus, zur ‚sozialen Marktwirtschaft' und zur ‚Freiheit der Gewerkschaften und Streikrecht' der Aufruf zur Veränderung der verfassungsmäßigen Grundlagen der DDR, insbesondere des Prinzips der Volkssouveränität und des demokratischen Zentralismus. Davon ausgehend ist einzuschätzen, daß der vorliegende Text aufgrund der darin enthaltenen Diskriminierungen grundlegender gesellschaftlicher Verhältnisse in der DDR und der Aufforderung zu ihrer Veränderung die verfassungsmäßigen Grundlagen der sozialistischen Staats- und Gesellschaftsordnung in der DDR angreift sowie gegen diese aufwiegelt und somit objektiv eine Schrift im Sinne des § 106 Abs. 1 Ziff. 2 StGB darstellt." Der § 106 bestimmt den Tatbestand der staatsfeindlichen Hetze, die mit bis zu 8 Jahren Freiheitsentzug bestraft werden konnte.

91 Vgl. die MfS-Information zur Sitzung (BStU, HA XX/9–1535, S. 38): *„Meckel bereitet eine Pressemitteilung an die NSW-Medien vor und hat bereits Schefke, Siegbert gebeten, über die Gründungsveranstaltung ein Video anzufertigen."*

92 Protokoll der Sitzung der Initiativgruppe vom 26. September 1989 (SDP-Dokumentation).

93 Schwante liegt nördlich von Berlin, 8 Kilometer von Marwitz entfernt, und gehört zum selben Kirchenkreis wie Marwitz, wo meine Frau als Pastorin tätig war. Um es dem MfS nicht allzu leicht zu machen, fuhr ich auf meinen Touren im September und Oktober häufig auf Feld- und Waldwegen, auf denen eine unerkannte Verfolgung nicht möglich war.

94 Vgl. hierzu den Beitrag von Ehrhart Neubert und Rainer Eppelmann in diesem Band.

95 Auch zu dieser Sitzung gibt es ein Protokoll, gefertigt von Ibrahim Böhme, handschriftliche Notizen von Arndt Noack (SDP-Dokumentation) sowie eine Information über weitere Aktivitäten zur Gründung einer „Sozialdemokratischen Partei" (SPD) [handschriftlich geändert in „SDP"] der HA XX/9 vom 2. Oktober 1989 (BStU, HA XX/9–1535, S. 94f.), in der gemeldet wird: *„Am 1.10.1989 fand in der Zeit von 19.30–2.00 Uhr in den Arbeitsräumen von Gutzeit, Martin im Sprachenkonvikt ein Treffen der Initiativgruppe der ‚SPD') [handschriftlich geändert in ‚SDP'] statt."*

96 Vgl. die MfS-Information (BStU, HA XX/9–1535, S. 94): *„Da die Initiativgruppe zur beabsichtigten Gründung der (SDP)* [handschriftlich geändert in SDP] *am 7.10.1989 mit den gleichen Blockierungsmaßnahmen der VP rechnet, wird als ‚neues' Gründungsdatum der 15.10.1989 ‚verbreitet'."*

97 Kopien der beiden Exemplare der Gründungsurkunde finden sich in der SDP-Dokumentation. Unterzeichnet haben Markus Meckel, Ibrahim Böhme, Steffen Reiche, Dankwart Brinksmeier, Angelika Barbe, Rainer Hartmann, Jochen Görtz, Arndt Noack, Konrad Elmer, Gotthard Lemke und Martin Gutzeit. In der MfS-Information werden nur zehn Personen aufgeführt. Zur Gründungsurkunde heißt es (ebenda): *„Die als Anlage beigefügte Gründungsurkunde wurde erstellt und diskutiert. Elmer soll eine Überarbeitung vornehmen."* Die MfS-Information erwähnt nicht, daß eine Gründungsurkunde unterzeichnet wurde. Bei der erwähnten Anlage, die sich auch in anderer MfS-Überlieferung wiederfindet (MfS ZAIG Nr. 451/89, abgedruckt bei *Mitter/Wolle*, „Ich liebe euch doch alle [...]", Berlin 1990 S. 212), handelt es sich nicht um die unterzeichnete Gründungsurkunde, sondern um den Entwurf, den Ibrahim Böhme auf der Schreibmaschine angefertigt hatte. Da wir Veränderungsbedarf sahen, wurde eine korrigierte Fassung auf meinem Computer erstellt und zwei Exemplare ausgedruckt.

98 Das mag, muß aber nicht Erklärung dafür sein, daß die MfS-Information am 2. Oktober nur meldete (BStU, HA XX/9–1535, S. 94): *„Der Gründungsort am 7.10.1989 soll sich in der Nähe von Oranienburg befinden. Konkrete Hinweise wurden dazu nicht bekannt. Als Ausweichobjekt steht der Ev. Studentengemeinde in der Elisabethkirchstr. zur Verfügung."* Erst in einem Nachtrag heißt es: *„Am 3.10.89 wurde durch Meckel, Marcus bekannt, daß die o. g. Gründungsveranstaltung am 7.10.89 um 9.30 Uhr in 1421 Schwante, Pfarrhaus, stattfinden soll."*

99 Als Quellen stehen hierfür auch das Protokoll der Sitzung und Arndt Noacks Notizen zur Verfügung (SDP-Dokumentation). Die MfS-Information geht darauf nur mit zwei Sätzen ein

(BStU, HA XX/9–1535, S. 94): *„Nach der Gründung soll ein Vorstand gewählt werden, der aus ca. 15–20 Personen besteht. Die Eröffnungsrede hält Meckel, Marcus.“*

100 Siehe SDP-Dokumentation.

101 Ebenda.

102 Vgl. dazu Konrad Elmers Beschreibung der Auseinandersetzung, in der wir nichts anderes getan hatten, als zu fordern, daß das Organisationsstatut der SPD zur Vorlage genommen wird.: *„In der nächsten konspirativen Sitzung entbrannte zwischen Markus Meckel und mir ein Streit über derart basisdemokratische Elemente. Er wünschte sich eher eine straffe Parteistruktur. Sein Denken war mehr von Hegel bestimmt. Auch Martin Gutzeit schien dem Weltgeist öfter über die Schulter zu blicken und frohlockte, daß die SED jetzt gar nicht anders könne, als uns die Macht zu überlassen. Ich blieb bei Rosa Luxenburgs Spontanitätstheorie und ließ mir meine basisdemokratischen Elemente im Statut nicht wieder ausreden.“* (*Konrad Elmer*, Auf den Anfang kommt es an!, s. o. Anmerkung 2, S. 137f.)

103 Vgl. die MfS-Information (BStU, HA XX/9–1535, S. 94): *„Am 5.10.1989 erfolgt in der Wohnung von Elmer die Endfassung des Statuts bzw. der Rede.“* Die Endfassung der programmatischen Rede sollte bei dieser Zusammenkunft nicht erfolgen.

104 Markus Meckel, der nach dem 1. Oktober bis zur Gründung untertauchte und an der programmatischen Rede schrieb, hat nach mir auch noch mit Hans Misselwitz in ähnlicher Weise gesprochen. In einer vertraulichen Notiz an Willy Brandt, Hans-Jochen Vogel, Hans Koschnick, Horst Ehmke und Egon Bahr schreibt Freimut Duve, den Hans Misselwitz gemäß unserer Absprache informiert hatte: *„Am Wochenende haben mich in Hamburg Herr und Frau Misselwitz aufgesucht. Beide sind Pfarrer in Pankow und hatten für Gert Weisskirchen und mich vor drei Wochen jenes Treffen mit vorbereitet, zu dem wir dann nicht in die DDR durften. [...] Sie teilten mir mit, daß die Gründungsgruppe der SDP an Kontakten zur SPD natürlich sehr interessiert sei, aber sich in gar keiner Weise als ‚Kind‘ der SPD empfinden könne und wolle. Ihre Mitglieder wollten auch in der Öffentlichkeit sehr deutlich machen, daß sie eine eigene, aus der Geschichte der DDR entstandene politische Organisation bilden möchten. Ihr organisatorisches Interesse an internationalen Kontakten gelte daher auch in erster Linie der SI. Es sei in dieser Phase wichtig, diese DDR-Eigenständigkeit der Neugründung zu betonen. [...] Ich habe Willy Brandt darüber informiert. [...] Wir sollten versuchen, in unseren Äußerungen und den Formen der Begegnung diesem dortigen Selbstverständnis zu entsprechen. Über geplante weitere Kontakte werde ich Euch unterrichten.“* (SDP-Dokumentation).

105 Ich benutzte in diesen Tagen in Berlin häufig das Fahrrad, da man mit ihm z. B. sehr gut Einbahnstraßen in verkehrter Richtung benutzen konnte, d.h. nicht so leicht verfolgbar war.

106 Schwiegertochter des Schriftstellers Stephan Heym. Sie studierte am Sprachenkonvikt.

107 BStU, BV Berlin, SDP-Konvolut. Es wird mitgeteilt: *„Vertraulich ist dem MfS bekannt, daß feindlich-oppositionelle Kräfte unter maßgeblicher Verantwortung von Pfarrer Mekkel/Niederndodeleben (Bezirk Magdeburg) am 7. Oktober 1989 die Durchführung einer Zusammenkunft zur Bildung der DDR-weiten Vereinigung ‚Sozialdemokratische Partei‘ (SDP) planen. Dazu wurden von den Organisatoren mündliche Einladungen an Sympathisanten ausgesprochen. Pfarrer Meckel rechnet mit einer Teilnahme von ca. 40 Personen. Zum Veranstaltungsort bzw. zu möglichen Ausweichobjekten liegen folgende streng vertrauliche Hinweise vor [...]“*. Dann werden der Gründungsort Schwante und als Ausweichobjekte das Pfarrhaus in Christinendorf, der Sitz der Berliner Studentengemeinde (St. Elisabethkirchgemeinde) und die Geschäftsstelle der Evangelischen Studentengemeinden in der DDR aufgeführt. Christinendorf war für uns übrigens keine Ausweichoption. Weiter wird korrekt gemeldet: *„Der genaue Zusammenkunftsort wird kurzfristig den eingeladenen Teilnehmern mitgeteilt, da durch die Organisatoren mit administrativen Maßnahmen durch Kräfte der DVP gerechnet wird.“*

108 Ebenda. Es wird weiter ausgeführt: *„In diesen Gesprächen ist mitzuteilen, daß es sich bei der für den 7. Oktober 1989 geplanten Zusammenkunft nicht um eine Veranstaltung mit aus-*

schließlich religiösem Charakter handelt. Der Charakter der geplanten Zusammenkunft stellt einen politischen Mißbrauch einer kirchlichen Veranstaltung bzw. kirchlicher Räume dar. Staatlicherseits wird deshalb gefordert, daß die geplante Zusammenkunft durch die Organisatoren abgesetzt wird."

109 Vgl. Anm. 44. Daß es sich bei der erwähnten *„offiziell auswertbaren Information"* um den vom Oberkonsistorialrat Stolpe übergebenen fünfseitigen Aufruf handelt, ist daran abzulesen, daß im Maßnahmeplan der Pfarrer Helmut Becker erwähnt wird. Sein Name erscheint auf keinem der verbreiteten Aufrufe, sondern nur auf den wenigen am 26. August gefertigten Kopien.

110 Unter den aufgeführten Namen finden sich z. B. auch Bernd Albani und Hans Misselwitz, obwohl sie nicht nach Schwante kommen wollten. Es könnte sein, daß meine Kontaktaufnahme zu ihnen entdeckt wurde.

111 Am 8. Oktober wurde von der Hauptabteilung XX eine „Operativinformation über weitere Aktivitäten zu Bestrebungen zur Formierung einer legalen politischen Opposition in der DDR" (BStU, HA XX, ZMA 2108, S. 62–65) erstellt und damit die als letzter Punkt des Maßnahmeplanes genannte Berichtspflicht erfüllt. Zwar heißt es: *„Zur politisch-operativen Zurückdrängung und operativen Kontrolle wurden durch das MfS die zentral angewiesenen Maßnahmen mit den verantwortlichen Bezirksverwaltungen durchgesetzt."* Übrigens ist in dieser Formulierung von „Verhinderung" nicht mehr die Rede. Weiter wird berichtet: *„Die am 5.10.1989 an die Bezirksverwaltungen erteilten Auflagen mit den als Kontaktadressen bekannten Personen Pfarrer Meckel, Niederndodeleben, Bez. Madgeburg [...] Pfarrer Gutzeit, Marwitz, Bez. Potsdam [...] Pfarrer Becker, Halle [...] Pfarrer Noack, Greifswald, Bez. Rostock [...] Historiker Böhme, Berlin [...] staatlicherseits Gespräche zu führen und zu veranlassen, einer für den 7.10.1989 geplanten Zusammenkunft kirchlicher Amtsträger zur Schaffung einer ‚Sozialdemokratischen Partei in der DDR' fernzubleiben, wurden realisiert mit Pfarrer Becker, Halle [...] Rektor [...], Berlin [...] (Vorgesetzter von Pfarrer Gutzeit, da dieser sich nicht in Berlin aufhält). Die Personen Meckel, Noack und Böhme wurden nicht erreicht. Pfarrer Becker sagte zu, nicht an der Veranstaltung teilzunehmen. [...] Rektor [...] erklärte die geplante Aktivität von Gutzeit als nicht im Sinne des Evangelischen Sprachenkonvikts liegend und versprach, den Pfarrer Gutzeit am 9.10.1989 bei Dienstbeginn zur Rede zu stellen."* Der Rektor des Sprachenkonvikts hat mich nach dem 7. Oktober zwar informiert, aber nicht „zur Rede gestellt". Nach dem MfS vorliegenden Unterlagen hat er in dem Gespräch mit den staatlichen Vertretern eine Disziplinierung auch nicht zugesagt.

112 In der Operativinformation vom 8. Oktober wird berichtet (BStU, HA XX, ZMA 2108, S. 63): *„Von den ab 6.10.1989 unter Beobachtung durch die Bezirksverwaltungen, Abt. VIII, zu nehmenden Personen standen insgesamt 12 Personen unter operativer Kontrolle. Weitere 12 Personen konnten wegen Abwesenheit nicht unter Beobachtung genommen werden [...]."*

113 Vgl. BStU, BV Berlin, KD Mitte, Auszug aus dem Treffbericht vom 7. Oktober 1989 IMB „Reinhard Schumann", Berlin, 7. Oktober 1989: *„Durch die operativ-bekannte Person Schefke, Siegfried [...] BV Berlin, Abt. XX/9 [...] wurde dem IMB streng intern bekannt, daß am Sonnabend, 7. Oktober, in einer nicht näher bekannten Privatwohnung die ‚Gründung' der ‚Sozialdemokratischen Partei' vollzogen wurde. Schefke teilte dem IMB mit, daß diese Gründungsveranstaltung auf Videofilm aufgezeichnet wurde. Diese Arbeit wurde nach Aussagen von Schefke durch die operativ-bekannte Person [...] Radomski, Aram [...] BV Berlin, Abt. XX [...] durchgeführt, da Schefke selbst in diesem Zeitraum die Staatssicherheit abgelenkt hat. Weiterhin teilte Schefke mit, daß er diese Videokassette auf der ‚Mahnwache' in der Gethsemanegemeinde bereits übergeben hat und diese noch am 7. Oktober 1989 in den Westen gelangt ist. Welche Personen an der Gründung beteiligt waren und welche Personen für den ‚Transport' in den Westen sorgten, ist dem IM nicht bekannt."*

114 BStU, BV Berlin, SDP-Konvolut, Maßnahmeplan zur SDP-Gründung. Es heißt dort weiter: *„In diesen Stützpunkten wird ein Mitarbeiter der Hauptabteilung XX/4 mit zum Einsatz gebracht."*

115 Ebenda. Generaloberst Mittig führt auf der erwähnten Dienstkonferenz am 26. September 1989 *„Möglichkeiten der Zerschlagung, Differenzierung, Zersetzung von Gruppierungen"* an: *„Durch Einsatz von Agenturen Gruppierungen aufsplittern. [...] Die Politisierung von Protestgruppen stoppen (z. B. durch Hineintragen von Diskussionen zu Or.[ganisations]- und Strukturfragen), durch Verunsicherung im Zusammenhang mit Diskussionen zu strafrechtlichen Konsequenzen, Diskussionen um Führungspositionen und ähnlichem."* (BStU Pdm, AKG 617, S. 174) In der Parallelüberlieferung, Gedächtnisprotokoll über die Beratung des Genossen Generaloberst Mittig am 26.09.1989 mit den Stellvertretern Operativ und Leitern der Abteilung XX (BStU Pdm, AKG 617, S. 191), heißt es: *„Mittels IM müssen wir Widersprüche in die Gruppen tragen, Debatten dort kontrovers aktivieren und die Diskussionen mehr auf Strukturfragen lenken. Dabei sind solche Widersprüche herauszuarbeiten und zu nutzen, wie es sich derzeitig zum Beispiel bei der Bohley zeigt. Diese ist einerseits gegen den Sozialismus und für seine Abschaffung, andererseits aktzeptiert die B. das NF und damit die Verfassung der DDR."*

116 BStU, HA XX/9, OV „Zirkel", Bd. 29, S. 207.

117 Die zitierten Dokumente finden sich in der SDP-Dokumentation.

118 Die Ablenkungsmanöver sollen nicht unerwähnt bleiben. Ich fuhr also erst einmal über Feldwege, um schließlich nach Berlin zu gelangen.

119 Vgl. dazu die Operativinformation des MfS (BStU, HA XX, ZMA 2108, S. 63): *„An der Zusammenkunft zur Bildung der DDR-weiten Sammlungsbewegung ‚Sozialdemokratische Partei in der DDR' nahmen in der Zeit von 10.30 Uhr bis ca. 20.00 Uhr ca. 45 Personen teil [...] Durch den hinlänglich bekannten Böhme, Berlin, wurde die Zusammenkunft mit dem Hinweis, daß die Bildung der SDP zur demokratischen Parteienvielfalt beitragen solle, eröffnet."* Es gibt ein Beschlußprotokoll, das leider fehlerhaft ist. Vom ersten Teil der Gründungsversammlung existiert auch eine Videoaufzeichnung. Die Zahlenangaben schwanken. Das MfS konnte sich bei seinem Bemühen, alle Teilnehmer zu *„personifizieren"* auf eine Anschriftenliste stützen, die Ibrahim Böhme versehen mit der Überschrift *„Konstituierungserklärung der SDP"* ausgelegt hatte und die 42 Namen enthielt (BStU, HA XX, ZMA 2108, S. 79f.). An der Abstimmung über Anträge zum Statut beteiligten sich ebenfalls 42 Teilnehmer. Von den beiden vorliegenden Gründungsurkunden (SDP-Dokumentation) enthält eine 37 und die andere 38 Unterschriften. Nach meiner Zählung waren bei der Gründungsversammlung 47 Personen anwesend, von denen einige die Versammlung früher verließen.

120 *Meckel/Gutzeit*, Opposition ... (s. o. Anmerkung 2), Dokument 53. Was dem MfS an der Rede wichtig war, berichtet die Operativinformation (ebda S. 63f.): *„Pfarrer Meckel, Niederndodeleben, erläuterte in einer ‚programmatischen Rede' die Notwendigkeit zur Bildung einer SDP in der DDR. Dabei begründete er dies wie folgt: [...] schlechte Wirtschaftssituation in der DDR [...] der absolute Wahrheits- und Führungsanspruch der SED zeige keine Reformfähigkeit(,) [...] der Begriff ‚Sozialismus' sei für die Massen wertlos geworden(,) [...] eine sozialdemokratische Orientierung in Staat und Gesellschaft sei erforderlich und ebenso [...] die Ablehnung totalitärer Strukturen. [...] Für die weitere Herausbildung der Sozialdemokratischen Partei würden sich als nächste Schritte ergeben [...] landesweite und regionale Strukturen in Form von Orts- und Kreisgruppen(,) [...] die Durchführung von Öffentlichkeitsarbeit(,) [...] die Bildung von thematischen Schwerpunkten innerhalb der regionalen Strukturen, wie z. B. zur Ökologie, Ökonomie, Kultur, Politik und zum sozialen Bereich sowie [...] die Bildung von Arbeitsgruppen zu Fragen des Rechts, der Wirtschaft, der Bildung und zur ‚deutschen Frage'."*

121 Laut Beschlußprotokoll der Gründungsversammlung (SDP-Dokumentation), das von Carola Gabler verfaßt wurde. Dem Vorstand lag dieses Protokoll im Herbst 1989 nicht vor.

122 Vgl. Beschlußprotokoll. Von den 38 Unterzeichnern der Gründungsurkunde waren nur 8 Frauen. Angesichts der persönlichen Gefährdung durch die Teilnahme an der Gründungsversammlung waren aus Familien z. T. nur die Männer angereist.

123 An dieser Stelle ist das Beschlußprotokoll fehlerhaft, in dem es die Formulierung *„repräsentative Gleichberechtigung"* als beschlossen protokolliert.

124 Siehe Beschlußprotokoll. Eigenartig ist, daß Wolfgang Gröf die programmatischen Grundsätze der ersten 10 Paragraphen nicht zu den Dokumenten rechnet, die für die Entwicklung des Programms der SDP stehen, obwohl dies der einzige programmatische Text ist, der in Schwante beschlossen wurde (vgl. *Wolfgang Gröf*, s. o. Anmerkung 2, S. 14).

125 Der Antrag wurde von Ibrahim Böhme an den Vorsitzenden der Internationale, Willy Brandt, versandt. In der ZAIG-Information Nr. 471/89 vom 23.10.1989 meldet das MfS: *„Wie weiter bekannt wurde, traf am 11. Oktober 1989 beim Vorsitzenden der Sozialistischen Internationale, W. Brandt, der Aufnahmeantrag der ‚Sozialdemokratischen Partei in der DDR' ein. Der Rat der Sozialistischen Internationale beabsichtigt, auf seiner Sitzung am 23./24. November in Genf über diesen Aufnahmeantrag zu beraten."*

126 Das Beschlußprotokoll vermerkt an späterer Stelle: *„Die sich in die Mitgliedsliste eingetragenen Personen akzeptieren den bereits diskutierten 1. Teil des Statuts als gültig und verabschiedet. [...] Der noch nicht diskutierte Teil wird in der nächsten Zeit diskutiert und ist noch nicht gültig."* Konrad Elmer versuchte in Folgezeit diese Beschlußlage zu unterlaufen. In der ersten von ihm verbreiteten Fassung des Statuts unterließ er es entgegen unserer Absprache, ausdrücklich auf diese Beschlußlage hinzuweisen. Erst nach Intervention von Markus Meckel konnte er sich dazu bereitfinden. Auf der Gründungsversammlung des Berliner Bezirksverbandes am 5. November 1989 versuchte er es zumindest für Berlin in Kraft zu setzten. Ausweislich des Tonbandprotokolls kam es jedoch zu keinem entsprechenden Beschluß.

127 Ich selbst befand mich dabei im Obergeschoß des Pfarrhauses, um die entsprechenden Exemplare mit meinem Computer auszudrucken, als unten plötzlich das Gerücht aufkam, die „Stasi" sei im Anrücken. Das veranlaßte mich, schnell eines der unterzeichneten Exemplare in einem Bildband zu verstecken, der sich dort in einem Bücherregal befand. Wiedergefunden haben wir es erst einige Jahre später.

128 Mittlerweile waren nur noch 28 Teilnehmer anwesend. Stephan Hilsberg und Markus Meckel wurden mit 27 Ja-Stimmen bei einer Enthaltung gewählt. Angelika Barbe erhielt 19 Ja-Stimmen. Angaben zu Ibrahim Böhme fehlen im Beschlußprotokoll.

129 Frank Bogisch, Konrad Elmer, Stefan Finger, Martin Gutzeit, Rainer Hartmann, Joachim Hoffmann, Sabine Leger, Simone Manz, Arndt Noack, Steffen Reiche und Rainer Rühle für den Vorstand und Ursula Kaden und Stefan Finger für die SI.

130 Die Formulierung in der Operativinformation des MfS ist in diesem Falle unrichtig (BStU, HA XX, ZMA 3108, S.79f.): *„Mit dem Hinweis von Pfarrer Meckel, daß in der Zeit zwischen dem 24. bis 26. Oktober 1989 bei ihm in Niederndodeleben der vorgenannte Vorstand zu einer sogenannten Schulung zusammenkommen werde, wurde die Zusammenkunft beendet."*

131 Interessant ist, daß der *„Berliner Historiker Ibrahim Böhme"* das einzige Mitglied des Vorstandes ist, das in der dpa-Meldung genannt wird.

132 Erich Mielke, Friedrich Dickel, Wolfgang Herger, Klaus Sorgenicht: Vorlage für das Politbüro betreffs Maßnahmen zur Verhinderung der weiteren Formierung und zur Zurückdrängung antisozialistischer Sammlungsbewegungen, 23.10.1989, BArch DY30 IV 2/2A/3250. Vgl. aber auch dazu die Information des Bundesministeriums für Innerdeutsche Beziehungen vom 27.9.1989, Anm. 10 in diesem Beitrag.

133 An der Gründungsversammlung nahmen teil: Barbe, Angelika; Behrend, Arno; Bogisch, Frank; Böhme, Ibr. M.; Bordasch, Ingo; Brinksmeier, Dankward; Döhling, Gerd; Eilert, Frank; Elmer, Konrad; Finger, Stefan; Frackmann, Andrea; Gabler, Carola; Götz, Rainer; Grimm, Peter; Gutzeit, Martin; Hartmann, Rainer; Hilsberg, Stephan; Hilse, Torsten; Hoffmann, Joachim; Hofmann, Herbert; Kaden, Ursula; Kahle, Gerhard; Kähler, Joachim; Kleinert, Karin; Kleinert, Waldemar; Kostial, Dieter; Kostial, Roswitha; Krüger, Thomas; Kwaschik, Johannes; Leger, Sabine; Lemke, Gotthard; Manz, Simone; Meckel, Markus; Müller, Annemarie; Müller, Matthias; Noack, Arndt; Reiche, Steffen; Richter, Johannes; Richter, Oliver; Rühle, Reiner; Sacher, Andreas; Seidel, Harald; Winter, Friedericke; Winter, Jo.

134 *Meckel/Gutzeit*, Opposition ... (s. o. Anmerkung 2), Dokument 53.

135 Vgl. SDP-Dokumentation.

136 *Meckel/Gutzeit*, Opposition ... (s. o. Anmerkung 2), Dokument 53.

137 Ebenda.

138 Im Vorstandsprotokoll der Sitzung vom 21.12.1989 (SDP-Dokumentation) heißt es: *„Zur Aufnahme ehemaliger SED-Mitglieder in die SDP[...] es gibt keine Zugangsbeschränkung [...] Offenlegen der polit. Vergangenheit."* Es hat also im Dezember erste Diskussionen über die Aufnahme von SED-Mitgliedern gegeben, die aber in keiner Weise zu einer Änderung der Aufnahmepraxis führten.

139 Nach dem politischen Signal, das von der Delegiertenkonferenz im Januar ausgegangen war, häuften sich dann aber Erscheinungen, die auf Unterwanderungsversuche hindeuteten und zu entsprechendem Problembewußtsein vor allem an der Basis der Ost-SPD führten. Deshalb ließ sich die bisherige Aufnahmepraxis gegenüber ehemaligen SED-Mitgliedern nicht aufrechterhalten. Ende Januar 1990 verstärkte sich der Druck aus den Ortsvereinen, die SDP zeitweilig SED-Mitgliedern ganz zu verschließen. So erklärte der SPD-Kreisvorstand Leipzig am 19. Januar 1990 in einer Pressemitteilung (SDP-Dokumentation): *„Pressemitteilungen der vergangenen Tage lassen eine unmittelbar bevorstehende Selbstauflösung der SED-PDS erwarten. Ehemalige Mitglieder der SED sind zum Teil seit der Gründungszeit im Oktober 1989 in der SPD zu finden und haben durch ihren Einsatz ihre sozialdemokratische Gesinnung bewiesen. Dies ist von SED-Mitgliedern, die erst jetzt aus der im Zerfall befindlichen Partei austreten und bei uns um Aufnahme bitten, nicht zu erwarten. Im Gegenteil, eine Unterwanderung mit SED-Gedankengut scheint geplant. Deshalb fordern wir alle SED-PDS-Mitglieder auf, die nach dem 1.1.1990 ihre Partei verlassen haben, für mindestens ein Jahr keine Anträge auf Mitgliedschaft in der SPD zu stellen. Die Orts- und Kreisverbände der SPD bitten wir, diesen Personenkreis bis zur endgültigen Klärung auf dem DDR-weiten Landesparteitag nicht aufzunehmen."* Dies wurde vom Vorstand zuerst abgewehrt, da er keine Lex SED schaffen wollte und den Ortsvereinen weiterhin die Kraft und Fähigkeit zur Einzelfallprüfung zumaß, Ende Januar dann aber aufgenommen. Der Leipziger Parteitag beschloß dann Ende Februar 1990 mit überwältigender Mehrheit einen generellen Aufnahmestop, der bis zu seiner Aufhebung auf dem Parteitag in Halle im Juni 1990 galt. Bei diesem Aufnahmestop ging es nicht darum, die Aufnahme des sozialdemokratisch gesinnten Teils der SED zu verhindern. Ein solcher existierte nicht. Gleichwohl konnte die SDP ehemaligen SED-Mitgliedern keine ideologische Sonderstellung einräumen. Was die Auswirkung dieses Aufnahmestops angeht, so ist auch im nachhinein nicht belegbar, daß es ohne ihn einen nennenswerten Schub an Neumitgliedern gegeben hätte.

140 Im Vergleich zu den massenhaften Unterschriften für das Neue Forum sind das natürlich nur „kleine Fische". Deshalb ist es wichtig, sich hier vor Augen zu halten, daß sich diese Kontaktadressen zur verbindlichen Parteiarbeit bereit fanden. Viele von jenen damaligen Aktivisten sind heute Oberbürgermeister, Bundes- und Landtagsabgeordnete, manche gar Minister geworden.

141 Ein besonders gutes Beispiel für penible Vorbereitung ist Schwerin. Hier existierte ausweislich eines Schreibens vom 24. Oktober an die Aktuelle Kamera eine SDP-Initiative, die sich bereits vorher an der Organisation von Kundgebungen beteiligte, schon am 31. Oktober 1989 in einem Flugblatt um Mitglieder warb, die Gründung des Verbandes in der Öffentlichkeit ordentlich ankündigte, welche dann am 28. November 1989 vollzogen wurde. Interessant ist, daß die Kenntnisnahme der Gründung zu diesem Zeitpunkt schon durch den Oberbürgermeister mit Siegel bestätigt wurde (siehe die Gründungsurkunde in der SDP-Dokumentation).

142 Diese Veranstaltung ist vollständig auf Video dokumentiert, nachträglich ist daraus ein Wortprotokoll erstellt worden (siehe SDP-Dokumentation).

143 In der SDP-Dokumentation finden sich dazu z. B. folgende Gründungsdokumente: Protokoll der konstituierenden Sitzung der Basisgruppe Gera (8.11.1989), Erklärung des Ortsverbandes Jena der SDP (10.11.1989), Schreiben des Gründungsausschusses der Sozialdemokratischen Partei für den Kreisverband Schwarzenberg an den Geschäftsführenden Ausschuß (11.11.1989), Ortsverband Rostock: Kurzprotokoll der SDP-Versammlung am 10.11.1989.

144 Das hinderte die thüringischen Bezirke Suhl, Gera und Jena nicht, sich als Thüringer Landesverband zu gründen, mit der Folge, daß es erst zu einer späten Gründung der Bezirksverbände kam, nachdem das Wahlgesetz zur Volkskammerwahl dies erforderlich machte.

145 Von seiten des Vorstandes trieben vor allem Konrad Elmer in Berlin und Markus Meckel in Magdeburg sehr gründlich und sorgfältig den Aufbau der örtlichen Regionalstrukturen voran. Von den Gründungsmitgliedern der SDP in Schwante engagierten sich darüber hinaus besonders Johannes Kwaschik in Schwerin, Arno Behrend in Neubrandenburg, Sabine Leger, Thomas Krüger und Stefan Finger in Berlin.

146 In den Notizen von Martin Gutzeit über das Kontaktadressentreffen Nord am 25.November 1989 (SDP-Dokumentation) findet sich ein Hinweis, demzufolge die drei Nordbezirke Neubrandenburg, Rostock und Schwerin ihre eigene Mitgliederzahl mit 350 angaben. Darauf beruht die Schätzung für die Gesamtmitgliedszahl.

147 Beschluß des Vorstands laut Protokoll der Vorstandssitzung am 13.10.1989 (SDP-Dokumentation).

148 Auf besonders wichtigen Sitzungen erhielten die Regionalvertreter auch Stimmrecht. Dies war auf der Sitzung am 3. Dezember 1989 der Fall, auf welcher über eine Erklärung zur Deutschen Einheit und das Vorziehen des Termins für die ersten freien Volkskammerwahlen entschieden wurde. Schließlich wurde der Vorstand auf der Delegiertenkonferenz Mitte Januar 1990 um Regionalvertreter erweitert, die Rede- und Stimmrecht im Vorstand besaßen. Erst der Parteitag im Februar wählte den Vorstand vollkommen neu.

149 Die Adresse dieses Büros war ein makabrer Scherz seitens der SED. Es befand sich in der Grotewohlstraße (sic !) im ehemaligen Reichspropagandaministerium, welches bekanntlich von Goebbels geleitet wurde.

150 Ulla Vollert arbeitete vorher im PV der SPD in Bonn. Einige Jahre später stellte sich heraus, daß sie dort lange Jahre für das MfS tätig war. Inwieweit dies ihre Bereitschaft zu einer Abordnung in das Vorstandsbüro der SDP förderte und inwieweit sie hier weitere Kontakte zur Firma unterhielt, kann angesichts fehlender Unterlagen nicht erörtert werden.

151 Peter Grimm engagierte sich allerdings gleichzeitig und weiterhin in der Initiave Frieden und Menschenrechte.

152 Ich selbst habe damals häufig erlebt, daß Statut und programmatischer Vortrag auf Info-Tischen von Leuten ausgelegt waren, die mit der SDP gar nichts zu tun hatten bzw. haben wollten,. In den Gemeinden liefen die wenigen Vervielfältigungsapparate heiß. Die Umweltbibliothek arbeitete Tag und Nacht, um Info-Nachschub heranzuschaffen.

153 *Hartwig Bögeholz*, Der Umbruch. Zur Chronologie der Ereignisse in der DDR. In: *Hubertus Knabe* (Hg.), Aufbruch in eine andere DDR, Reinbek bei Hamburg 1990, S. 307.

154 In „Brief an die Bürger der DDR" vom 13. Oktober 1989 (SDP-Dokumentation).

155 SDP-Dokumentation. Daß diese Linie nicht auf einhellige Zustimmung stieß, zeigt die Überlieferung des MfS zu diese Sitzung (HA XX/9, Information über eine Zusammenkunft des Vorstandes der ‚SDP' am 13.10.89, Bln, 14.10.89, BStU, vorvernichtetes Material aus: Karton 393 (1) 1 / 2): *"[...] Größere Diskussionen löste das Verlesn eines Briefes von Pfarrer [!] Hilsberg, Stephan an Bischof Forck aus, wo u. a. die Forderung erhoben wird, daß – die tauglichsten und profiliertesten Vertreter für Gespräche mit dem Staat die Vertreter opp. Gruppen seinen und nicht die Kirche, – die Kirche nachdrücklichere Forderungen zur Freilassung aller Inhaftierten fordern soll. Dieser Brief wurde abgelehnt, im Namen des Vorstandes der ‚SDP' zu versenden, und wird als Privatangelegenheit von Hilsberg betrachtet."*

156 Sie ist bis heute ihrem Stellvertretersyndorm treu geblieben und versteht sich als politischer Anwalt von Menschen, denen sie offenbar nicht zutraut, für sich selber zu handeln.

157 Der Kontakt wurde über die Lebensgefährtin von Ralf Börger, Frau Altmann, an Stephan Hilsberg vermittelt, dessen Arbeitskollegin im Institut für medizinische Physik und Biophysik der Berliner Charité sie war.

158 In der am 21. Oktober 1989, d.h. vor Gründung, mit Sperrfrist vom geschäftsführenden Ausschuß der SDP verabschiedeten Erklärung heißt es (SDP-Dokumentation): *„Am 23. Ok-*

tober hat sich die erste unabhängige Betriebsgewerkschaft in der DDR gegründet. Damit wurde ein Prozeß der eigenen Organisation der Werktätigen zur Vertretung ihrer wirtschaftlichen und sozialen Interessen eingeleitet. In Zeiten sich verschärfender wirtschaftlicher Schwierigkeiten, verursacht durch die verfehlte Wirtschaftspolitik der SED, ist die Existenz unabhängiger Gewerkschaften für die Arbeiter als ihre legitime Interessenvertretung besonders wichtig. Wir erklären uns mit der neu gegründeten Gewerkschaft ‚Reform', wie auch mit folgenden ähnlichen Initiativen, solidarisch. Wir werden die unabhängigen Gewerkschaften bei der konkreten politischen Arbeit in den Bereichen Wirtschafts- und Sozialpolitik unbedingt als Partner benötigen. Allerdings darf es uns nicht um deren Vereinnahmung gehen, sondern wir müssen den Grundsatz, daß den Parteien die direkte Einmischung in die Belange der Betriebe verwehrt werden muß, unterstützen."

159 SDP-Dokumentation, siehe auch Dok. Nr. 6 im Anhang dieses Beitrags.

160 Ebd.

161 Das Unrecht, das im Gewande des Rechts daherkommt, ist das größte Unrecht. (Plato).

162 Einen solchen Kassensturz hat keine der kommunistischen DDR-Regierungen vorgenommen, auch nicht die Regierung Modrow.

163 Das wäre immerhin schon eine Veränderung gewesen. Denn die DDR kannte bis dato keine Koalitionsregierungen. Eine solche hätte den Vorzug gehabt, daß alle politischen Kräfte der Nationalen Front die Suppe hätten auslöffeln müssen, die sie gekocht hatten.

164 Gewählt auf der Vorstandssitzung am 28.10.1989.

165 So de Maizière, der im November für den Parteivorsitz der Ost-CDU nominiert wurde.

166 Im Rückblick erscheint es so, als seien diese Konsequenzen bei dem damaligen Gespräch nicht klar gewesen.

167 Vermerk von F. Duve an H.J. Vogel über diesen Besuch siehe SDP-Dokumentation.

168 Bereits auf der ersten Vorstandssitzung nach der SDP-Gründung berichtet I. Böhme über einen Emissär, der direkt von Willy Brandt geschickt worden war und die Aufnahme in die SI ankündigte.

169 Für die SDP war der Besuch Steffen Reiches eine der ersten Erfahrungen mit den Methoden persönlicher Profilierung in der Mediengesellschaft auf dem Rücken der Partei. Allerdings hat sich auch Ibrahim Böhme ganz ähnlich verhalten, wenn auch geschickter.

170 Willy Brandt kündigte damals einen Besuch in Rostock an, der Ende des Monats stattfand und sich zu einer großen SPD-Kundgebung gestaltete. Die Rostocker Sozialdemokraten beschlossen an diesem Abend, sich sofort in SPD umzubenennen.

171 So besuchten im November 1989 Thomas Krüger die Landtagsfraktion von Niedersachsen, Stephan Hilsberg den Landesparteitag der NRW-SPD, Konrad Elmer einen Bezirksparteitag in Hessen usw.

172 So fand in der Friedrich-Ebert-Stiftung (Berlin) eine hochrangige Wirtschaftstagung von SDP und SPD statt; Anke Brunn, Ministerin aus NRW besuchte den Arbeitskreis Wissenschaft der SDP; etc.

173 Diese Kommission tagte erst nach der Delegiertenkonferenz bis zu den freien Wahlen am 18. März 1990.

174 Die Rede von Markus Meckel in *Meckel/Gutzeit*, Opposition ... (s. o. Anmerkung 2), Dokument 55.

175 Der Name Delegiertenkonferenz wurde gewählt, weil der Vorstand den Zeitpunkt einer Neuwahl des Vorstandes und der Verabschiedung eines Wahlprogramms noch nicht gekommen sah. Dafür schienen ihm die Parteistrukturen im Dezember noch nicht ausreichend entwickelt.

176 Modrow gab auf, indem er die bisherige Koalitionsregierung für gescheitert erklärte und sich bemühte, die neuen demokratischen Gruppen und Parteien in seine Regierung zu holen. Nachdem die SPD diesen Handel nicht mitmachte, wurde der Wahltermin auf den 18. März 1990 festgesetzt und eine Übergangsregierung gebildet, an der die SPD mit Walter Romberg beteiligt war.

Anhang*

Nr. 1
Situationsanalyse und Problemlösungen

Denkschrift von Martin Gutzeit, Januar 1989[1]

Wir in der DDR sind in einer zwiespältigen Situation, gespannt zwischen Hoffnung und Depression. Auch wenn etliches noch widersprüchlich ist und Gegenkräfte sich stark machen – bei unseren östlichen und südlichen Nachbarn ist gesellschaftlich, politisch einiges in Bewegung geraten: Gorbatschow und seine Reformen, Veränderungen in Ungarn, Aufbruch in Polen. Bei uns hingegen nur Erstarrung. Die überalterte und verbrauchte Führungsschicht der SED setzt – wie schon seit Jahrzehnten – alle Mittel ein, um Veränderungen zu verhindern und in bezug auf alles, was ihren Vorstellungen zuwider läuft, die Machtfrage, wie sie sie versteht, zu „klären". Das Deprimierende an der politischen Situation in der DDR aber ist, daß sie leider zur Zeit einer wirklich in inneren ‚politischen' Kräften begründeten politischen Perspektive entbehrt.

Der Führungskreis der SED hat über Jahrzehnte alle Kräfte darauf verwandt, durch systematische Unterdrückung und Diskriminierung die Entstehung und die Existenz eines Potentials gesellschaftlicher, politischer und wirtschaftlicher Erneuerung zu beseitigen, ja die Existenz des Politischen in der Gesellschaft überhaupt zu verunmöglichen. Nun erscheint sie als einzige politische Macht, die innen und außen Stabilität zu versprechen vermag, wenngleich dies auch nur ein Zeichen der Stagnation, der Versteinerung, des Einfrierens der produktiven und kreativen Kräfte dieser Gesellschaft ist. Diese Stabilität beruht auf der Angst der Bürger, die dadurch erzeugt wird, daß die SED alle über das Wohl und Wehe der Bürger entscheidenden Positionen in Staat und Gesellschaft beherrscht, so daß ein Gefühl des Ausgeliefertseins und der Ohnmacht entstanden ist. Zudem wurde durch eine rigorose Kaderpolitik versucht, das Entstehen eines unbotmäßigen politischen und intellektuellen Potentials zu verhindern: Lehrer, Richter, Polizisten, Staatsanwälte, Professoren, leitende Angestellte in der Wirtschaft, überhaupt Mitarbeiter des Staatsapparates, aber auch gesellschaftlicher Institutionen wie Gewerkschaften werden nur solche Bürger, die ihre unbedingte Treue zu der von der SED vertretenen Politik bewiesen haben. Woher soll angesichts dieser Situation das politische und intellektuelle Potential kommen, das den Abwärtstrend in der Entwicklung von Staat und Gesellschaft aufhalten kann? Dabei darf man nicht übersehen, daß die Behandlung der Bürger zum großen Teil in die Selbsteinschätzung der Bürger übernommen wurde und in einer passiven Untertanenmentalität, aber auch in einer passiven Erwartungshaltung ihren Niederschlag gefunden hat. „Wir können nichts tun, also müßt ihr für uns sorgen." Somit beruht die Alternativlosigkeit auf der in die Selbsteinschätzung der Bürger übergegangenen Absprechung politischer und ökonomischer Kompetenz und damit auf der Vertreibung des Politischen als einer Grundbestimmung des Bürgers aus der Gesellschaft. Jede Veränderung und jeder Versuch der Erarbeitung von Al-

---

* Sämtliche Dokumente aus dem Privatarchiv Martin Gutzeit, zugleich SDP-Dokumentation im Archiv der Sozialen Demokratie.

ternativen für diesen Staat und diese Gesellschaft muß bei der Wiedergewinnung dieser Dimension ansetzen, denn die legitime Macht eines vernünftigen, gerechten und demokratischen Staates gründet auf dem politischen Willen seiner Bürger.

Das politische System der DDR widerspricht diesen Prinzipien fundamental. Was angesichts dieser Situation not tut ist, daß wir lernen, selbstbewußt und selbstverständlich die politischen Rechte und Pflichten (Verantwortung) eines Bürgers in Anspruch zu nehmen, nicht nur als Einzelne und als ‚Gruppen‘, sondern in einer Form, die schon die rechtliche und demokratische Verfassung eines vernünftigen und freien Staatswesens strukturell (in den Handlungsformen) antizipiert.

Zwei Alternativen tun sich auf:

Bürgerbeteiligung

Verein zur Förderung der Mitarbeit am gesellschaftlichen und politischen Leben in der DDR oder: Initiative zur Gründung einer Sozialdemokratischen Partei in der DDR.

1 Einige Teile dieses Textes stammen aus dem Sommer 1988 und gehören in den Zusammenhang des in der Darstellung erwähnten Vereinsprojektes, das wir damals im Auge hatten.

Nr. 2

„Notwendig, daß es zu Neugründungen kommt“

Vorlage zur Bildung einer Initiativgruppe mit dem Ziel, eine Sozialdemokratische Partei in der DDR ins Leben zu rufen

Niederndodelebcn, 24. Juli 1989; neugefaßt 26. August 1989

1.

In Osteuropa ist einiges in Bewegung geraten und viele Menschen bei uns empfinden dafür eine große Sympathie. Hoffnungen und Erwartungen beginnen auch in der DDR zu wachsen. Viele Bürger haben an Selbstbewußtsein gewonnen. Dennoch muß man feststellen, daß die Situation immer noch insgesamt von einem lähmenden Ohnmachtsgefühl beherrscht wird. Dies zeigt sich u.a. darin, daß man zwar Veränderungen wünscht und erhofft, zugleich aber glaubt, selbst nichts tun zu können.

So warten viele darauf, daß die herrschende Partei sich ändert, oder man wartet auf einen Mann wie Gorbatschow. Eine solche Haltung bleibt im Passiven und spricht sich letztlich eine Zuständigkeit und Verantwortlichkeit für diese unsere Wirklichkeit ab. Doch auch und gerade wenn die Partei sich verändert, braucht es Bürger, die selbständig ihre Verantwortung für unsere Wirklichkeit erkennen und bereit sind, sie wahrzunehmen.

Die Zeit drängt. Und nicht nur, weil die Ungeduld wächst. Solange nichts Grundlegendes gegen die Widersprüche und Negativentwicklungen in unserem Land getan wird, geht mehr und mehr Unwiederbringliches verloren. Die Zehntausende, die enttäuscht das Land verlassen, können hier nichts mehr tun und verstärken die Resignation der Zurückbleibenden. Was an natürlichen Lebensbedingungen und Ressourcen aufgebraucht oder zerstört ist, läßt sich nicht ohne weiteres wiederherstellen.Wir leben von der Substanz und damit auf Kosten unserer Kinder. Wir verlieren mehr und mehr den Reichtum unseres geschichtlichen Erbes und damit unsere Identität. Strukturen organisierter Verantwortungslosigkeit zerstören die moralischen Grundlagen und die Bereitschaft, Risiken für selbstverantwortetes Handeln in Gesellschaft und Staat auf sich zu nehmen.

Es bedarf heute grundlegender Bemühungen vieler, um die Voraussetzungen und Bedingungen zu schaffen, die für einen Demokratisierungsprozeß erforderlich sind.

2.

Unsere Gesellschaft wird durch den absoluten Wahrheits- und Machtanspruch der SED bestimmt, auf den hin alle Verhältnisse in Staat und Gesellschaft geordnet sind.

Die Kluft zwischen ideologischem Anspruch und Wirklichkeit tritt jedoch immer klarer hervor.

Die notwendige Demokratisierung unseres Landes hat die grundsätzliche Bestreitung eines solchen absoluten Wahrheits- und Machtanspruchs zur Voraussetzung. Dazu gehört eine offene geistige Auseinandersetzung mit den Grundlagen des Stalinismus und seiner Ausprägung in Geschichte und Gegenwart der DDR.

3.
Die Demokratisierung unserer Gesellschaft bedarf grundlegender programmatischer Bemühungen und solcher Bürger, die dafür notwendige Kompetenz mitbringen bzw. gewinnen. Hier ergibt sich ein besonders schwieriges Problem, denn das Ziel jahrzehntelanger Kaderpolitik der SED war es, geistige und politische Kompetenz außerhalb des Personenkreises derer, die zu Loyalitätserklärungen bereit waren, zu verhindern.

Angesichts dieser Lage halten wir folgende Bemühungen für notwendig:

a) Die Erarbeitung einer politischen Alternative für unser Land, die an politische Traditionen anknüpft, die an Demokratie und sozialer Gerechtigkeit orientiert sind. Zu diesen Traditionen gehört an wichtiger Stelle die des Sozialismus. Dieser ist durch die Geschichte der letzten Jahrzehnte weitgehend diskreditiert worden. Angesichts der heutigen Situation im sozialistischen Lager ist es einfach nicht mehr angebbar, welche ökonomischen und politischen Strukturen der Vision des Sozialismus entsprechen können. Um hier nach neuen Wegen zu suchen, bedarf es der schonungslos kritischen Bestandsaufnahme der geistigen, politischen, wirtschaftlichen und ökologischen Situation unseres Landes.
b) Die Herstellung und Entfaltung einer politischen Öffentlichkeit, in der über geistige, wirtschaftliche, soziale und politische Ziele und Wege in unserem Land gestritten werden kann. Eine wichtige Aufgabe ist es, das Gefühl von Verantwortung und Zuständigkeit der Bürger über Verhältnisse in unserm Land zu stärken und zu wecken und dazu zu ermuntern, sich Kompetenz zu erwerben, die gesellschaftliche Wirklichkeit aktiv mitzugestalten. Wir brauchen Bürger, die willens und in der Lage sind, in einem demokratischen Gemeinwesen politische Macht zu kontrollieren und auch auszuüben und die in der Sphäre der Gesellschaft ihr Leben selbstverantwortlich gestalten.

4.
Politische Existenz und politisches Handeln bedarf der Gemeinschaft, d.h. demokratischer Organisationsformen, in denen die Interessen und der politische Wille der in ihr Verbundenen sich entfalten und zur Geltung bringen kann. Dafür gibt es verschiedene Möglichkeiten: Vereine, Bürgerinitiativen, demokratische Bewegungen, Parteien, Gewerkschaften etc. Ohne derartige politische Organisationen ist ein demokratisches Gemeinwesen nicht möglich.

Aufgrund der Tatsache, daß die politischen Parteien und Organisationen in unserem Land diese Aufgabe zur Zeit nicht erfüllen, ist es notwendig, daß es zur Entfaltung dieser Möglichkeiten und zu Neugründungen kommt.

5.
Wir wissen, daß dies zur Zeit legal nicht möglich ist.

Deshalb machen wir den Vorschlag, eine Initiativgruppe zu bilden, die für die Voraussetzungen einer legalen Parteigründung und ihre Vorbereitung arbeitet.

6.
Ziel: Eine ökologisch orientierte soziale Demokratie

Das Grundprinzip demokratischer Erneuerung heißt Entmonopolisierung und Demokratisierung der Macht in Staat und Gesellschaft. Das bedeutet nicht die Aufhebung des Staates und seines Gewaltmonopols, sondern demokratische Kontrolle der einzelnen, mit klar begrenzten Kompetenzen ausgestatteten, staatlichen Institutionen.

Das erfordert eine möglichst klare Unterscheidung von Staat und Gesellschaft und entsprechende Strukturen im Aufbau des Staates, d.h. eine Gliederung des Staates in selbständige und selbstverantwortliche Substrukturen.

Aufgabe des Staates ist es,

- die sozialen, kulturellen und politischen Grundrechte der Bürger und die ihnen entsprechende Wahrnahme von Verantwortung zu ermöglichen, zu stärken und zu schützen;
- den Schutz der natürlichen Umwelt und die Sicherung von Ressourcen und Lebensmöglichkeiten für kommende Generationen zu gewährleisten.

Allen Monopolisierungen in Staat und Gesellschaft ist entgegenzutreten, insofern sie die sozialen und politischen Rechte der Bürger beeinträchtigen und verkehren. Für die Wirtschaft bedeutet dies u.a. strikte Antimonopolkontrolle (auch im Hinblick auf den staatlichen Sektor). Unvermeidbare Monopole bedürfen strengster demokratischer Kontrolle und der Überprüfung ökonomischer Effizienz.

7. Stichworte zum Programm

A) Zur Ordnung von Staat und Gesellschaft

- Rechtsstaat und strikte Gewaltenteilung
- parlamentarische Demokratie und Parteienpluralismus
- Sozialstaat mit ökologischer Orientierung
- relative Selbständigkeit der Regionen (Länder), Kreise, Städte und Kommunen (finanziell, wirtschaftlich, kulturell)
- soziale Marktwirtschaft mit striktem Monopolverbot zur Verhinderung undemokratischer Konzentration ökonomischer Macht
- Demokratisierung der Struktur des Wirtschaftslebens u.a. durch betriebliche Mitbestimmung
- Förderung von Gemeinwirtschaft und Genossenschaften (mit freiwilliger Zugehörigkeit und gleichberechtigter Privatwirtschaft)
- Freiheit der Gewerkschaften und Streikrecht
- strikte Religions- und Gewissensfreiheit
- Gleichberechtigung und Förderung von Frauen
- Vereinigungs- und Versammlungsfreiheit für alle demokratischen Organisationen
- freie Presse und Zugang zu den elektronischen Medien für alle demokratischen Organisationen
- Gewährung von Asyl für politische Flüchtlinge

B) Zur Außenpolitik

- Anerkennung der Zweistaatlichkeit Deutschlands als Folge der schuldhaften Vergangenheit. Mögliche Veränderungen im Rahmen einer europäischen Friedensordnung sollen damit nicht ausgeschlossen sein.
- besondere Beziehungen zur Bundesrepublik Deutschland aufgrund der gemeinsamen Nation, Geschichte und der sich daraus ergebenden Verantwortung
- Entmilitarisierung der Gesellschaft und des Gebietes der DDR
- Schaffung einer europäischen Friedensordnung, in der Warschauer Vertrag und NATO überflüssig sind
- erweiterter und gerechter Handel mit am wenigsten entwickelten Ländern, orientiert an deren Bedürfnissen
- Solidarität mit entrechteten und unterdrückten Völkern und nationalen Minderheiten

Martin Gutzeit*
Arndt Noack
Pastor Helmut Becker

Markus Meckel
Ibrahim Böhme

* Den Namen der Unterzeichner sind im Original die Adressen beigefügt.

Nr. 3
„Wir suchen solidarische und verbindliche Organisationsformen"

Zum Aufruf der Initiativgruppe „Sozialdemokratische Partei in der DDR" 12. September 1989

So kann es nicht weitergehen!
Viele warten darauf, daß sich etwas ändert.
Das aber reicht nicht aus!
Wir wollen das unsere tun.
Die notwendige Demokratisierung der DDR hat die grundsätzliche Bestreitung des Wahrheits- und Machtanspruchs der herrschenden Partei zur Voraussetzung. Wir brauchen eine offene geistige Auseinandersetzung über den Zustand unseres Landes und seines künftigen Weges. Es bedarf programmatischer Bemühungen und solcher Bürger, die die dafür notwendige Kompetenz mitbringen bzw. gewinnen wollen. Wir, die Unterzeichnenden, halten für den künftigen Weg unserer Gesellschaft die Bildung einer *sozialdemokratischen Partei* für wichtig.

Unser Ziel:
eine ökologisch orientierte soziale Demokratie
erfordert die klare Trennung von Staat und Gesellschaft und

- die sozialen, kulturellen und politischen Grundrechte der Bürger und die ihnen entsprechende Wahrnahme von Verantwortung zu ermöglichen, zu stärken und zu schützen;
- den Schutz der natürlichen Umwelt und die Sicherung von Ressourcen und Lebensmöglichkeiten für kommende Generationen zu gewährleisten.

Wir fordern alle, die den nachfolgenden unverzichtbaren programmatischen Orientierungen zustimmen, auf, sich vor Ort zusammenzuschließen.

- Rechtsstaat und strikte Gewaltenteilung
- parlamentarische Demokratie und Parteienpluralität
- relative Selbständigkeit der Regionen (Länder), Kreise, Städte und Kommunen (finanziell, wirtschaftlich, kulturell)
- soziale Marktwirtschaft mit striktem Monopolverbot zur Verhinderung undemokratischer Konzentration ökonomischer Macht
- Demokratisierung der Strukturen des Wirtschaftslebens
- Freiheit der Gewerkschaften und Streikrecht

Wir suchen mit allen, die sich zu diesen Grundprinzipien zusammenfinden, solidarische und verbindliche Organisationsformen. Wer sich mit uns nicht in Übereinstimmung sieht, erkläre sich und bestimme seine eigene demokratische Perspektive. Wir suchen ein Bündnis mit allen, die an einer grundlegenden Demokratisierung unseres Landes mitarbeiten wollen.

Martin Gutzeit[1]
Arndt Noack
Markus Meckel
Ibrahim Böhme

1 Hervorhebungen im Original. Den Namen der Unterzeichner sind im Original die Adresssen beigefügt.

Nr. 4

‚Vorläufige' Gründungsurkunde der SDP vom 2. Oktober 1989 [Faksimile]

Gründungsurkunde
der
Sozialdemokratischen Partei (SDP)
in der DDR

Mit dem heutigen Tag gründeten die Unterzeichner die Sozialdemokratische Partei in der Deutschen Demokratischen Republik. Sie erklären sich in voller Übereinstimmung mit dem von der Initiativgruppe zur Bildung einer SDP in der DDR erklärten Grundsatz, auf eine ökologisch orientierte soziale Demokratie hinzuwirken. Die Mitglieder der SDP in der DDR suchen die Zusammenarbeit mit allen demokratischen Initiativen, Gruppen und Personen in unserem Lande, ungeachtet ihrer Struktur, ihrer weltanschaulichen und sozialen Bindung.

Angesichts der außen- und innenpolitischen Situation der DDR halten es die Mitglieder der SDP jetzt für erforderlich, sich mit einer Partei mit demokratischer Zielsetzung für eine konsequente Demokratisierung von Staat und Gesellschaft einzusetzen. Seit dem 26. August 1989 wurde der Aufruf der Initiatoren zur Gründung einer sozialdemokratischen Partei in der DDR verbreitet. Die Diskussionen über die erklärten Grundsätze verdeutlichten die Notwendigkeit, mit inhaltlichen und strukturellen Verbindlichkeiten sich jetzt gegen die zunehmende Destabilisierung unseres Landes zu verhalten und in dieser Weise an einer demokratische Entwicklung mitzuwirken.

Berlin, den 2.10.1989

Nr. 5
Statut der Sozialdemokratischen Partei in der DDR – SDP

Verabschiedete Fassung – Schwante, 7. Oktober 1989

§ 1 Die Partei führt den Namen Sozialdemokratische Partei in der DDR (SDP). Ihr Tätigkeitsbereich erstreckt sich auf das Gebiet der Deutschen Demokratischen Republik.

Grundsätze:

§ 2 Die Sozialdemokratische Partei in der DDR vereinigt Menschen verschiedener Grundüberzeugungen und Glaubenshaltungen, die sich den Traditionen von Demokratie, sozialer Gerechtigkeit sowie der Verantwortung für die Bewahrung der natürlichen Umwelt verpflichtet fühlen. Die SDP steht den Traditionen des *demokratischen* Sozialismus der europäischen Sozialisten und Sozialdemokraten nahe.

§ 3 Der Einsatz für die Wahrung der Menschen- und Bürgerrechte, wie sie in der Allgemeinen Erklärung der Menschenrechte und den beiden Menschenrechtskonventionen (1966) niedergelegt sind, gehört zu den vornehmsten Aufgaben und unaufgebbaren Prinzipien jedes Mitgliedes und der Partei als ganzer.

§ 4 Die SDP versteht sich als demokratische Volkspartei, die für alle Schichten der Bevölkerung offen ist. Die gleichberechtigte repräsentative Beteiligung von Frauen und Männern auf allen Ebenen ist zu gewährleisten. Die Parteiarbeit beruht auf der von der Basis ausgehenden und alle Ebenen von dort her bestimmenden innerparteilichen Demokratie.

§ 5 In entschiedener Ablehnung allen totalitären politischen Denkens und Handelns bemüht sich die SDP in Zusammenarbeit und gleichberechtigtem Wettstreit mit anderen demokratischen Kräften um die Entmonopolisierung, Demokratisierung und Teilung der Macht in Staat und Gesellschaft mit dem Ziel des Aufbaus einer sozialen Demokratie mit ökologischer Orientierung. Eine solche Demokratie erfordert die möglichst klare Unterscheidung von Staat und Gesellschaft, das heißt u.a. eine Trennung von Staat und Parteien sowie Staat und Kirchen. Daher versteht sich die SDP bewußt als *ein Teil* der Gesellschaft und beansprucht nur insofern Gesellschaft und Staat nach ihren politischen Vorstellungen und Prinzipien gestalten zu können, als sie im demokratischen Wettstreit die Mehrheit der Bürgerinnen und Bürger dafür gewinnt, bzw. in freien Koalitionen mit anderen diese Vorstellungen zum Zuge bringen kann. Aus diesem Selbstverständnis heraus tritt sie ein für eine parlamentarische Demokratie mit Parteienpluralität. Die SDP bekennt sich zur Gewaltlosigkeit.

§ 6 Die Achtung der Würde, Eigenverantwortlichkeit und Freiheit des Menschen sowie seine politische, wirtschaftliche, soziale und kulturelle Teilhabe in Staat und Gesellschaft sind die Grundbestimmungen der von uns angestrebten sozialen Demokratie.

§ 7 Der demokratische Rechtsstaat mit strikter Gewaltenteilung beruht auf den gleichen Rechten und Pflichten seiner Bürgerinnen und Bürger. Auf dieser Grundlage ist es Aufgabe des Staates,

a) die persönlichen, sozialen, kulturellen und politischen Grundrechte der Bürger und die ihnen entsprechende Wahrnahme von Verantwortung zu ermöglichen, zu stärken und zu schützen;
b) Institutionen der gewaltfreien Konfliktregelung und -begrenzung in der Gesellschaft zu schaffen (Rechtswege);
c) den Schutz der natürlichen Umwelt und die Sicherung von Ressourcen und Lebensmöglichkeiten für kommende Generationen zu gewährleisten;
d) sich mit allen Kräften für ein friedliches und gerechtes Miteinander der Völker, die Entmilitarisierung staatlichen Verhaltens nach innen und außen und den Aufbau einer europäischen- und Weltfriedensordnung einzusetzen.

§ 8 Aller Monopolisierung und Zentralisierung in Staat und Gesellschaft ist entgegenzutreten, wenn sie die sozialen und politischen Rechte der Bürger beeinträchtigt. Für die Wirtschaft besonders auch im Hinblick auf den staatlichen Sektor bedeutet dies, bei unvermeidbaren Monopolen eine demokratische Kontrolle sowie Überprüfung der ökonomischen Effizienz und Umweltverträglichkeit.

§ 9 Es wird eine ökologisch orientierte soziale Marktwirtschaft mit gemischter Wirtschaftsstruktur und unterschiedlichen Eigentumsformen angestrebt. Zielbestimmungen sind:
a) Undemokratische und unsoziale Auswirkungen und Konzentration wirtschaftlicher Macht sind zu verhindern.
b) Die natürliche Umwelt ist durch das Einbeziehen der ökologischen Kosten in das Marktgeschehen zu bewahren.
c) Diejenigen, welche die Werte schaffen, sind an den Entscheidungen auf verschiedenen Ebenen (Mitbestimmung), dem Produktivvermögen (Miteigentum) und den Gewinnen zu beteiligen.
d) Die Rechte der Konsumenten sind zu stärken.

§ 10 Der Einsatz für unabhängige demokratische Gewerkschaften, Vereine und andere Organisationen (Ausländer-, Behinderte-, Frauen-, Jugend-, Kinderschutz-, Rentner-, Umwelt u.a.) sowie deren Rechte ist der SDP ein grundlegendes Anliegen.

Die §§ 1-10 des Statuts der SDP treten mit Beschluß vom 7.10.89 in Kraft und gelten bis zum 1. Parteitag. Die §§ 11-28 sind ein Vorschlag zur Strukturierung der Parteiarbeit.

Nr. 6

„... wenn das Machtmonopol der SED aufgehoben wird“

SDP-Erklärung zur Wende der SED-Führung und zu den Demonstrationen, Berlin, 22. Oktober 1989

Die SED-Führung versucht eine „Wende“ glaubhaft zu machen. Trotzdem gehen täglich DDR-weit Zehntausende auf die Straße. Gegenwärtig versucht die SED-Führung auch für sich das Eintreten für Reformen und Demokratisierung zu reklamieren, obwohl sie 40 Jahre lang jegliche Reformen verhindert hat. Erstaunt sehen die Demonstranten wie sich Falken scheinbar in Reformtauben verwandeln wollen. Diejenigen, die jetzt für „friedlichen Dialog“ unter Wahrung ihres Herrschaftsanspruchs eintreten, zeichnen politisch für Wahlbetrug, Gewaltexzesse gegen Demonstranten und Grenzschließungen verantwortlich. Durch die bis jetzt nur verbal stattfindenden „Reformen“ versucht die Führung die fehlende Legitimität ihrer Herrschaft zu verschleiern. Anläßlich der „Wahl“ von Egon Krenz zum Staatsratsvorsitzenden durch die Volkskammer wird dies besonders deutlich.

Wir können diejenigen, die Demonstrationen gerade jetzt für ein politisch legitimes Mittel halten, um Schritte wirklicher Demokratisierung durchzusetzen, nur unterstützen. Von wirklichen Reformen kann nur gesprochen werden, wenn durch sie das Machtmonopol der SED aufgehoben wird. Deshalb fordern wir zu dieser Stunde:

- Zulassung aller unabhängigen, oppositionellen Gruppen,
- Zulassung und Nichtbehinderung der sich jetzt konstituierenden unabhängigen Gewerkschaften,
- Erarbeitung eines neuen demokratischen Wahlverfahrens in enger Zusammenarbeit mit allen engagierten Bürgern unseres Landes,
- Erarbeitung einer demokratischen Verfassung,
- Zulassung neuer unabhängiger Zeitungen und Aufhebung der Zensur in allen Bereichen des gesellschaftlichen Lebens,

- Beenden der Reisebeschränkungen zum jetzigen Zeitpunkt,
- Versammlungs- und Vereinigungsfreiheit für alle sozialen Schichten und Ebenen.

Jedes Staatswesen muß sich an der praktischen Garantie der allgemeinen Menschen- und Bürgerrechte messen lassen.

Wir unterstützen jene Forderungen, die Punkte wie

1. Freilassung aller zu unrecht Inhaftierten
2. Untersuchung der Vorgänge vom 7./8. Oktober und Bestrafung der Schuldigen
3. Anerkennung des Mandats der Vertreter der Gruppen sowie die öffentliche Benennung dieses Mandats

zu Voraussetzungen für einen offenen und gleichberechtigten Dialog machen.

Wir wollen die DDR nicht destabilisieren. Deshalb dürfen wir um keinen Preis den Herrschaftsanspruch jener stützen wollen, die die innenpolitische Krise der DDR verschuldet haben.

Stephan Hilsberg Angelika Barbe Martin Gutzeit
1. Sprecher 2. Sprecher Mitglied des Vorstands

Nr. 7

„... eine tatsächliche demokratische Wende einzuleiten"

Erklärung zum Rücktritt der Regierung Stoph, Berlin, 8. November 1989

Am 7.11. trat die Regierung der DDR geschlossen zurück, ohne die Gründe, die zu diesem Schritt führten, öffentlich zu benennen.

Wir erwarten angesichts der Bedeutung dieses Schrittes ein klares Bekenntnis von der Regierung der DDR zu ihrer politischen Verantwortung sowie von der SED, die die Richtlinien dieser Politik bestimmte.

Die großen Mängel in der Politik der DDR liegen in der Struktur und dem System der politischen Verhältnisse begründet. Sie können durch einen personellen Austausch der politisch Verantwortlichen nicht beseitigt werden.

Die SDP fordert deshalb Gespräche mit allen politischen Parteien und den sich auf demokratischer Grundlage entwickelnden Parteien und Gruppen am runden Tisch, um eine tatsächlich demokratische Wende in der DDR einzuleiten, sowie ein demokratisches Wahlrecht und den Rahmen für eine künftige verfassungsgebende Versammlung zu bestimmen.

1. Sprecher
Stephan Hilsberg

Nr. 8

Erklärung der SDP zur deutschen Frage

Vom Vorstand verabschiedete Fassung, Berlin, 3. Dezember 1989

Die Sozialdemokraten in der DDR bekennen sich zur Einheit der Deutschen Nation.

Diese Einheit muß von den beiden deutschen Staaten gestaltet werden.

Dafür eröffnet sich jetzt die Chance, da wir nach 40 Jahren Diktatur die Möglichkeit der Selbstbestimmung erringen. Wir sind dabei, gleichberechtigte Partner bei dieser Gestaltung zu werden.

Eine schnelle Wiedervereinigung im Sinne eines Anschlusses an die BRD würde genau dies gefährden.

Die Bevölkerung dieses Landes hätte unverantwortbare soziale und politische Lasten zu tragen.

Durch die derzeitige Uneffektivität unserer Wirtschaft und Infrastruktur würde ein großer Teil unserer Bevölkerung in die unteren sozialen Schichten der Wohlstandsgesellschaft absinken. Kinderreiche Familien, Alleinerziehende, Rentner, Behinderte und Kranke hätten nicht absehbare Folgen zu tragen.

Die Gestaltung der deutschen Einheit ist nicht allein unsere Sache. Sie muß so geschehen, daß der Aufbau einer europäischen Friedensordnung nicht gefährdet, sondern gefördert wird.

Wir dürfen die Interessen unserer osteuropäischen Nachbarn nicht übergehen, die wie wir den Weg der Selbstbestimmung beschreiten. Sie sollen der endgültigen Anerkennung ihrer Grenzen und unserer Solidarität gewiß sein.

Wir wollen mit der Bundesrepublik Deutschland auf die ehemaligen Siegermächte zugehen, um einen Friedensvertrag auszuhandeln, der uns volle Souveränität gibt.

Wir denken, daß eine Konföderation der beiden deutschen Staaten eine schon bald mögliche Form ist, die Einheit der deutschen Nation zu gestalten.

Die notwendige wirtschaftliche Sanierung unseres Landes erfordert nicht eine schnelle Angliederung an die Bundesrepublik, wie viele glauben, sondern bedarf schnell der Einsetzung einer demokratisch gewählten Regierung. Diese kann dann – weil sie als legitim anerkannt wird – unsere Interessen bei Verhandlungen über wirtschaftliche Kooperation und Hilfe kraftvoll vertreten.

Deshalb sind baldige Wahlen zur höchsten Volksvertretung dringend erforderlich.

Nr. 9

SDP zur Wahl

Positionspapier des SDP-Vorstandes, Berlin, 3. Dezember 1989

Die Volkskammertagung vom 2.12.1989 zeigt der Bevölkerung der DDR eindeutig, daß die nicht legitimierte oberste Volksvertretung und die von ihr eingesetzte Regierung nicht mehr in der Lage sind, ordentliche Regierungsgeschäfte abzuwickeln. Ihre gesamte Politik, wie sie jetzt vor aller Augen und Ohren zutage tritt, verschlimmert die ökonomische und politische Situation und veranlaßt täglich mehr Menschen, unser Land zu verlassen.

Die derzeitig sich für das ganze Volk Verantwortung Anmaßenden betreiben bereits Verträge und Abkommen, treffen Aussagen internationaler Bedeutung, die sich in dieser krisenhaften Situation der öffentlichen Kontrolle entziehen.

Die für die gesamte demokratische Entwicklung jetzt zu treffenden Entscheidungen hinsichtlich Ökonomie, Finanzwesen, Politik, Ökologie, vor allem zur Deutschlandfrage, müssen von einem demokratisch gewählten Parlament entschieden werden, das die Interessen der Bevölkerung vertreten kann, weil die Bevölkerung zu ihm Vertrauen hat.

Unser Land muß wieder regierbar werden !

Die SDP hat sich in ihrer Aussage vom 12.11.1989 für einen späten Wahltermin davon leiten lassen, daß eine Übergangsregierung in der Lage sei, die politische und wirtschaftliche Stabilität für ein Jahr zu sichern.

Aber die politische Lage ändert sich von Tag zu Tag zum Negativen. Die Entwicklung der Krise vollzieht sich in einer galoppierenden Geschwindigkeit.

Aus der Verantwortung für unser Land und seine Menschen fordern wir alle politischen Kräfte auf, sich am „Runden Tisch" für demokratische, geheime und freie Wahlen zur höchsten Volksvertretung

am 6. Mai 1990

zu erklären.

Nr. 10
Zur Umbenennung der Partei

Erklärung des Vorstands der SDP, Berlin, 12. Dezember 1989

Der geschäftsführende Ausschuß der Sozialdemokratischen Partei in der DDR hat der Parteibasis am 7. Dezember den Vorschlag gemacht, den Namen der Sozialdemokratischen Partei in der DDR beim 1. Parteitag in SPD umzuändern.

Hintergrund war die Information über Absichten in der SED, beim Außerordentlichen Parteitag den Namen SED in „Sozialistische Partei Deutschlands“ (SPD) zu ändern. Das aber wäre nach der Zwangsvereinigung von KPD und SPD im Jahre 1946 und der folgenden Unterdrückung sozialdemokratischer Prinzipien von Politik und der Kriminalisierung von Sozialdemokraten auch noch der Diebstahl der Abkürzung des Namens der Sozialdemokratischen Partei Deutschlands. Wenn eine Partei in der DDR das Recht hat, diese Abkürzung zu benutzen, dann diejenige, die erklärtermaßen in dieser Tradition steht.

Der Vorstand der SDP in der DDR stellt in seiner Sitzung vom 12.12.1989 fest: Der Name der Partei bleibt bis zur Delegiertenkonferenz am Beginn des kommenden Jahres bestehen.

Der Vorstand bittet die Basisgruppen und Kreisverbände die Entscheidung über eine Namensänderung der Konferenz zu überlassen. Die Delegierten auf dieser Konferenz sollen die bis zu diesem Zeitpunkt in ihren Gruppen zustandegekommenen Ergebnisse der Urabstimmung vertreten.

Die Ortsgruppen, die sich schon umbenannt haben, tragen ihre Parteibezeichnung bis zu dieser Konferenz und werden schon jetzt gebeten, sich der Entscheidung der Gesamtpartei auf der Konferenz anzuschließen.

Vorstand der SDP (erweitert durch Vertreter aus den Bezirken)

Nr. 11
Bestimmung des Verhältnisses zur SPD – SDP

Erklärung des SPD-Vorstands, Bonn, 17. Dezember 1989

Die SDP steht als einzige Partei in der DDR in der Tradition der deutschen Sozialdemokratie. Sie ist unsere Schwesterpartei. Mit ihr vereinbaren wir förmliche Partnerschaften. Wir werden sie nach besten Kräften unterstützen. Wir sind sicher, in der DDR wird es wieder eine starke Sozialdemokratie geben.

Unsere Kontakte zu anderen Reformgruppen in der DDR sind Teil unserer Politik, den Prozeß der Demokratisierung und die wirtschaftliche Entwicklung in der DDR zu fördern. Diesen Zielen dienen auch unsere Kontakte zu staatlichen und kommunalen Stellen der DDR. Von besonderer Bedeutung sind Kontakte im Rahmen kommunaler und regionaler Partnerschaften, Begegnungen mit kirchlichen Gruppen und Studienreisen.

Unsere früheren Kontakte und Gespräche mit der bisherigen Staatspartei SED haben Erleichterungen für die Menschen im geteilten Deutschland erreicht, den Abrüstungsprozeß in Europa vorangebracht, die tiefgreifenden, prinzipiellen Meinungsverschiedenheiten in den politischen Wert- und Zielvorstellungen deutlich gemacht und in der DDR zu kritischer Diskussion innerhalb und mit der SED geführt. Unsere Politik hat daher geholfen, den Umbruch in der DDR vorzubereiten. Niemand kann heute absehen, was von der bisher allmächtigen Staatspartei übrig bleibt, und was aus ihr wird.

Nr. 12

Bündnisfragen

Beschluß der Delegiertenkonferenz, Berlin, 13. Januar 1990

Wir bekräftigen unsere Absicht, gemeinsam mit der demokratischen Opposition im Wahlkampf dafür einzutreten, daß die SED durch den Willen des Wählers entmachtet wird.

Wir wollen mit den anderen oppositionellen Gruppen und Organisationen in engem Kontakt bleiben und gegen sie keinen Wahlkampf führen. Das ist auch wichtig für die Arbeit am Runden Tisch.

Eine klare Bündnisaussage kann erst durch den ersten Parteitag oder nach ihm erfolgen.

Voraussetzungen dafür sind für alle Beteiligten:
1. eine von Delegierten verabschiedete eigene Programmatik
2. gewählte Mandatsträger und Kandidaten
3. mögliche Ergebnisse von Verhandlungen über ein Bündnisprogramm müssen mindestens von den jeweiligen Vorständen, möglichst aber von einer Delegiertenversammlung verabschiedet werden.

Eine gemeinsame Liste kommt für uns nicht in Frage !

Wir erklären unsere grundsätzliche Bereitschaft, glaubwürdige und von uns anerkannte Personen uns nahestehender Organisationen, die nicht selbst zur Wahl antreten, Plätze auf unserer Liste anzubieten.

Als Koalitionsaussage ist jetzt definitiv nur eine möglich: keine Koalition mit der SED/PDS sowie rechts- und linksextremen Gruppierungen.

Nr. 13

Zur deutschen Frage

Erklärung der Delegiertenkonferenz, Berlin, 14. Januar 1990*

Wir Sozialdemokraten bekennen uns zur Einheit der deutschen Nation. Ziel unserer Politik ist ein geeintes Deutschland. Eine sozialdemokratisch geführte Regierung der DDR wird die notwendigen Schritte auf dem Weg zur deutschen Einheit in Abstimmung mit der Regierung der Bundesrepublik gehen. Was sofort möglich ist, soll sofort geschehen. Eine sozialdemokratische Regierung wird einen Wirtschafts- und Währungsverbund als vorrangige Aufgabe in Angriff nehmen. Alle Schritte des deutschen Einigungsprozesses müssen in den gesamteuropäischen Einigungsprozeß eingeordnet sein. Denn wir wollen die deutsche Einheit nur mit der Zustimmung aller unserer Nachbarn. Ihre Grenzen sind für uns unantastbar. Wir erstreben eine europäische Sicherheits- und Friedensordnung. Wir sehen dabei für uns die besondere Verantwortung, den Demokratisierungsprozeß und die wirtschaftliche Erneuerung in Osteuropa zu fördern.

* Die Vorlage des Vorstands wurde erarbeitet von Jörg Milbradt, Richard Schröder und Manfred Becker, Mitglieder der Grundsatzkommission.

Leipzig, Oktober 1989

Leipzig, Oktober 1989

Rostock, 29. Oktober 1989

Berlin, 4. November 1989

Berlin (Alexanderplatz), 4. November 1989

oben: Halle, 16. Oktober 1989

unten: Dresden (Hofkirche), Information über „Rathausgespräche“, Oktober 1989

Teterow (Mecklenburg-Vorpommern), Ende 1989

Menschenkette, 3. Dezember 1989

oben: bei Saßnitz

unten: in Dresden

Rainer Eckert

Die Aktivitäten kleinerer oppositioneller Gruppen

Einführung

Nicht nur die bekannten, aus dem Spektrum der oppositionellen Bürgerbewegung des Spätsommers und Herbstes 1989 hervorgegangenen Parteien und Bewegungen wie das Neue Forum, die SDP, der Demokratische Aufbruch und Demokratie Jetzt prägten die Revolution in der DDR 1989/1990, sondern auch zahlreiche regionale Gruppierungen und weniger bekannte Parteien.[1] Gerade das Spektrum dieser Gruppen und anderer kaum bekannter Zusammenschlüsse komplettiert aber erst das Bild der Massenbewegung und des Aufbegehrens auch in mittleren und Kleinstädten, die letztlich den Sturz der Herrschaft der SED unumkehrbar machten.[2] Die Darstellung von Geschichte und Programmatik der „kleinen Gruppen" stellt jedoch bis heute ein besonderes Forschungsdesiderat dar. Dazu gehören Fragen nach ihrer Motivation, ihrer Zielsetzung, ihrer Legitimation und nach ihrem Verbleib. Bisher ist auch nur eine grobe Klassifizierung dieser Gruppen in grün-ökologisch orientierte, gewerkschaftlich bzw. feministisch ausgerichtete und verschiedene Facetten des „linken Spektrums" widerspiegelnde Zusammenschlüsse möglich. Einen Sonderfall stellen dabei die „Reformer" in der Staatspartei SED dar.

Alle diese Gruppierungen gehörten zum Herbst 1989, auch wenn die Gründe für ihr schließliches Scheitern: zunehmende Isolation von der Masse der Bevölkerung, innere Zerstrittenheit, zu langes Festhalten am Modell eines reformierbaren Sozialismus sowie an der Zweistaatlichkeit und Programme voller Unkenntnis ökonomischer Grundstrukturen und außenpolitischer Prozesse, heute leicht zu erkennen sind. Trotzdem ist weiterhin – und angesichts von Krisensymptomen wie Wahlenthaltung und mangelndem gesellschaftlichem Engagement in der heutigen Bundesrepublik verstärkt – zu fragen, ob in ihrem Handeln und in ihren Vorstellungen nicht doch das eine oder andere Element war, das für die weitere Ausgestaltung eines demokratischen Deutschland von Belang sein könnte.

1. Grüne Partei/Grüne Liga

Der Beginn einer unabhängigen Ökologiebewegung in der DDR ist eng mit der entstehenden Friedensbewegung der 70er Jahre verknüpft.[3] Besonders in dieser Entstehungsphase betrachteten die Aktivisten beider Strömungen Umwelt- und Menschenrechtsprobleme als eine Einheit, und erst Mitte der 80er Jahre erlangte die Umweltproblematik verstärkte Eigenständigkeit. Dagegen gab es schon seit Anfang des Jahrzehnts Baumpflanzaktionen, Vortragsabende, gemeinnützige Arbeitseinsätze und auch die ersten überregionalen Treffen, wobei das evangelische Forschungsheim in Wittenberg eine Rolle als Vermittler und Koordinator spielte. Ein überregionaler Dachverband der Umweltgruppen entstand vorerst jedoch nicht, und auch die partielle Zusammenarbeit mit der staatlichen Gesellschaft für Natur und Umwelt (GNU) blieb höchst umstritten. In dieser Situation entwickelte sich die im September 1986 gegründete erste Umweltbibliothek in der Ost-Berliner Zionskirche mit der Zeitschrift „Umweltblätter", der bis 1988 ca. 15 weitere Umweltbibliotheken folgten, schnell zu einem Kommunikationszentrum der oppositionellen Gruppen. Allerdings mag Berlin zwar der zentrale Ort geistiger Auseinandersetzungen gewesen sein, doch lagen die Wurzeln einer ökologisch orientierten Oppositionsbewegung vorrangig in den anhaltinischen und sächsischen Krisengebieten.[4]

Einen kräftigen Schub für die Entwicklung einer oppositionellen Bürgerbewegung bedeutete die Solidaritätswelle nach dem Stasi-Überfall auf die Umweltbibliothek im November 1987. Jetzt rückte die Organisationsfrage verstärkt auf die Tagesordnung. So diskutierte das 3. Berliner Ökologiesemimar die Möglichkeit eines ökologischen Netzwerkes, und im Januar 1988 konnte schließlich der Grün-ökologische Bund ARCHE mit Schwerpunkten in Berlin-Brandenburg, Halle, Thüringen und in der Lausitz gegründet werden.[5] Die Konflikte um Organisationsfragen führten jedoch im Frühjahr des Jahres zur Spaltung des Friedens- und Umweltkreises der Berliner Umweltbibliothek und zur Gründung der Zeitschrift „Arche Nova".[6] Thematisch waren für die Ökologiebewegung Luftreinhaltung, Waldsterben, Stadtbauökologie, Müllbeseitigung und die Grundwasserproblematik entscheidend. So entstand u.a. ein Video-Film über die Situation im Bitterfelder Raum, den das Fernsehen in der Bundesrepublik ausstrahlte. Das Jahr 1988 war auch dadurch gekennzeichnet, daß die regionale und überregionale Vernetzung voranschritt, der Anfang 1989 ein Politisierungsschub folgte. So kam aus dem Netzwerk Arche heraus die Forderung nach grünen Listen für die Kommunalwahl im Mai 1989, und hier wurde auch das Projekt der Wahlkontrolle angeregt.[7]

Anläßlich des Menschenrechtsseminars in der Berliner Golgatha-Gemeinde vom 24. bis 28. August konnten Aktivisten des Netzwerkes ARCHE und der GNU eine „Grüne Liste" innerhalb des Neuen Forums gründen.[8] Da gleichzeitig die Bedeutung „grüner Themen" im Herbst 1989 unterzugehen schien, versuchte eine Gründungsinitiative von Anfang Oktober mit einem Gründungsaufruf vom 5. November eine Grüne Partei zu konstituieren. Deren Gründung erfolgte schließlich durch Vertreter des Grünen Netzwerkes Arche, der Gesellschaft für Natur und Umwelt und verschiedener Ökologiegruppen am 24. November auf dem 6. Ökologie-Seminar in Berlin.[9] Die Mehrheit der Ökologieaktivisten entschied sich jedoch für einen unabhängigen Umweltbund und rief am 26. November 1989 die Grüne

Liga ins Leben. Grüne Liga und Grüne Partei forderten gleichermaßen eine konförderative Lösung der deutschen Frage, die Wahrung des gesellschaftlichen Eigentums an Grund und Boden, die Auflösung des Ministeriums für Staatssicherheit und ein Einfuhrverbot von Mülltransporten aus der Bundesrepublik und aus West-Berlin. Nach der Gründung regionaler Strukturen kam es Anfang Februar 1990 zur offiziellen Gründung der Grünen Liga, und am 9. bis 11. Februar tagte der erste Parteitag der Grünen Partei in Halle, der das Hallenser Programm beschloß, Namen, Sprecher und Satzung der Partei festlegte. Eine mögliche einheitliche Ökologiebewegung war an der Frage: Institutionalisierung als Partei oder basisnahe Bürgerbewegung zerbrochen.[10]

Die Erklärung der Gründungsinitiative für eine Grüne Partei in der DDR vom 5. November 1989 war davon ausgegangen, daß für die „*Erneuerung unserer Gesellschaft*“ die „*Umgestaltung unserer zerstörten Umwelt entscheidende Bedeutung*“ habe.[11] Nach der Kritik der vorherrschenden Wachstumsideologie folgte die der Auffassung, daß Leistung kein zentraler Maßstab für die Bewertung menschlicher Existenz sein könne. Davon ausgehend forderten die „Grünen“ für die DDR einen konsequenten ökologischen Umbau, allgemeine und vollständige Abrüstung, einen konsequenten Antifaschismus und die Gleichberechtigung von Mann und Frau auf allen Ebenen. Warnend hieß es weiter: „*Wir wollen vor allem verhindern, daß die gegenwärtige Erneuerungsbewegung in unserem Land unter dem Druck unvernünftigen, kurzsichtigen, materiellen Nachfolgebedarfs eine Gesellschaft der Ellbogenfreiheit, der Verschwendung und Wegwerfmentalität entstehen läßt.*“[12] In einer Erklärung zur deutschen Frage vom 8. Dezember 1989 forderte die Grüne Partei den „*Aufbau einer konförderativen Struktur bei voller innerer Souveränität beider deutscher Staaten*“.[13]

Das Hallenser Programm der „Grünen Partei“ vom Februar 1990 setzte auf veränderte Lebens- und Wertvorstellungen sowie solidarische Verhaltensweisen gegenüber allen Menschen, Gruppen und Völkern.[14] Das industriegesellschaftliche System wurde aus einer globalen Perspektive kritisiert, und die Wirtschaft hatte sich an der Forderung nach der Bewahrung der Lebensgrundlagen kommender Generationen zu orientieren. Marktwirtschaft sollte mit Planung verbunden werden, Ökonomie mit Ökologie, und die Mitbestimmung der Belegschaften in den Unternehmen war zu garantieren. Ähnlich wie andere Gruppen konnten sich die „Grünen“ eine Vereinigung beider deutscher Staaten weiterhin nur als Teil der gesamteuropäischen Einheit mit Auflösung der Militärblöcke und vollständiger Entmilitarisierung im Rahmen des KSZE-Prozesses vorstellen.[15] Das Problem bestand für sie allerdings darin, den Brückenschlag von ihren visionären Vorstellungen vom Umbau der Gesellschaft zur Lösung aktueller Probleme zu finden.[16]

In der gemeinsam mit dem Unabhängigen Frauenverband veröffentlichten Wahlkampfplattform für die Volkskammerwahl wies die Grüne Partei schließlich darauf hin, daß der bei einem Anschluß an die Bundesrepublik notwendige tiefgreifende Strukturwandel auch Verlierer haben würde.[17] Deshalb lehnten „Grüne“ und UFV „*einen raschen unkontrollierten Zusammenschluß beider deutscher Staaten*“[18] ab und meinten, daß die Vereinigung in einem längeren Prozeß mit Verringerung der Umweltzerstörung, Ausbau der sozialen Netze, Demokratisierung der Gesellschaft, Entmilitarisierung von DDR bzw. Bundesrepublik und Förderung alternativer Lebensweisen verbunden sein müsse. Das grundlegende Menschenrecht auf Arbeit sollte Verfassungsrecht bleiben, die sozialen Netze ausgebaut und das Selbstbestimmungsrecht beim Schwangerschaftsabbruch gewahrt werden. Bei den Wahlen selbst erreichten die „Grünen" gemeinsam mit dem Unabhängigen Frauenverband 226 932 Stimmen und damit acht Mandate, die sie ausschließlich mit ihren eigenen Kandidaten besetzten.[19] Bei der folgenden Kommunalwahl am 6. Mai 1990 und den Landtagswahlen vom 14. Oktober 1990 gingen Grüne Liga und Grüne Partei verschiedene Listenverbindungen ein. So erreichten sie in Sachsen-Anhalt gemeinsam mit Demokratie Jetzt, der Initiative Frieden und Menschenrechte, dem Neuen Forum und dem Unabhängigen Frauenverband 5,99 Prozent der Stimmen.[20] Bei den Bundestagswahlen Ende 1990 gelangten das Wahlbündnis Die Grünen/Bündnis 90-BürgerInnenbewegung mit acht Kandidaten in den Bundestag und fusionierten später mit den „Grünen" der alten Bundesländer zur Partei Bündnis 90/ Die Grünen.

(Dokumente zur Grünen Partei/Grünen Liga siehe Anhang, Nr. 1–4.)

2. Unabhängiger Frauenverband (UFV)

Der UFV hat seine Ursprünge in den Frauenfriedensgruppen, in verschiedenen kirchlichen Gruppen, in der Lesbenbewegung, in Gruppen von Alleinerziehenden und im Engagement von Wissenschaftlerinnen wie Ina Merkel.[21] Am 11.Oktober 1989 wurde die lila offensive (LILO) mit der Forderung der Aufhebung der sozialen Ungleichheit der Frauen auf der „*Basis sozialistischer Produktionsverhältnisse*" gegründet, dazu kamen Gruppierungen wie die Sozialistische Frauen-Initiative (SOFI) an der Berliner Hochschule für Ökonomie und der Erste weibliche Aufbruch (EWA).[22] Frauengruppen entstanden im Herbst 1989 auch innerhalb des Neuen Forums, in Parteien wie der SDP mit der Arbeitsgemeinschaft sozialdemokratischer Frauen (ASF), in Thüringen arbeitete ab September die Gruppe Frauen für Veränderung, und in Mecklenburg existierten verschiedene Landfrauengruppen. Nach einem Aufruf des Initiativkomitees zur Gründung eines autonomen Frauenverbandes der DDR vom 26. November 1989 beschlossen am 3. Dezember 1 200 Frauen aus 60 Gruppen in der Berliner Volksbühne die Gründung des UFV als alternativer Frauenbewegung. Hauptziel des Verbandes war es, Öffentlichkeit für die Situation der Frauen herzustellen, die verschiedenen Frauengruppen zu koordinieren und den Eintritt von Frauen in die Politik zu organisieren. Beeinflußt von den im Frühjahr bevorstehenden Volkskammerwahlen folgte am 17. Februar 1990 der offizielle Gründungskongreß des UFV, auf dem er sich Programm und Statut gab. Der Frauenverband war in der zweiten Regierung Modrow vertreten, erkämpfte sich Zugang zum Runden Tisch und brachte dort die Initiative für eine „Sozialcharta" ein, die die Volkskammer am 7. März annahm. Einfluß nahm er auch auf die Ausarbeitung eines Verfassungsentwurfes für die noch bestehende DDR, der einen Paragraphen gegen Diskriminierung enthielt. Der UFV selbst erhob den Anspruch, Dachverband für Frauen aus allen gesellschaftlichen Bereichen zu sein und deren Interessen über Parteigrenzen hinweg wahrzunehmen, konnte diesen aber nicht durchsetzen. So blieb er schließlich ein temporärer Zusammenschluß verschiedener Frauen, autonomer Frauengruppen und von Vertreterinnen verschiedener Projekte sowie Initiativen.

Die Kritik des Unabhängigen Frauenverbandes richtete sich gegen den „realen Sozialismus“, weil hier patriarchale Machtverhältnisse nicht überwunden worden waren.[23] Trotzdem hoffte die Mehrzahl seiner Vertreterinnen – trotz der Skepsis bezüglich seiner Überlebensfähigkeit[24] – auf die grundsätzliche Reformierbarkeit des „Sozialismus“ in einer selbständigen DDR und lehnte deshalb die Vereinigung mit der Bundesrepublik ab. Eine Rolle spielte hierbei die Befürchtung, daß nach der Wiedervereinigung Frauen wieder an den Herd gebannt sein würden und „soziale Errungenschaften“ der DDR, wie das Recht auf Arbeit, die Kindergärten und die Schulspeisung gefährdet seien.[25] Die Lösung der deutschen Frage sollte durch eine Annäherung zweier souveräner Staaten erreicht werden, die eine Entmilitarisierung, die Abschaffung des Wehrdienstes und die Auflösung von NATO und Warschauer Vertrag als militärische Organisationen voraussetzte. In ihrem Selbstverständnis verstanden sich die Mitglieder des Frauenverbandes auch nicht als Oppositionelle gegen die DDR. War man sich in der Forderung nach einer multikulturellen Gesellschaft und alternativen Lebensweisen weitgehend einig, so fehlten realisierbare Vorstellungen über die Lösung der ökonomischen Probleme. Die Forderungen nach einer demokratischen Wirtschaftsverfassung, dem Mitbestimmungsrecht in der gesellschaftlichen Produktion, dem Grundsatz „Gleiches Geld für gleiche Arbeit“, Verkürzung der Arbeitszeit und dem Recht auf Arbeit hatten mit der wirtschaftlichen Realität der untergehenden DDR kaum etwas zu tun. Und auch die von Ina Merkel geforderte „*ökologische Reorganisation der Gesellschaft*“[26] war in der wirtschaftlich zerrütteten DDR nicht zu realisieren. Das hier deutlich werdende Defizit hat wohl auch damit zu tun, daß die Frauen des UFV in der Regel über keine wirtschaftlichen Kenntnisse verfügten und deshalb auch die desolate Lage der DDR nicht richtig einschätzen konnten.[27] Ihre Reformabsichten verknüpften sie mit der Absicht, „*Geschlechterverhältnisse als Rang- und Machtverhältnisse aufzuheben*“[28] und eine wirkliche Gleichstellung der Geschlechter in einer „*modernen Kulturgesellschaft*“ zu erreichen, die für jedes ihrer Mitglieder die Möglichkeit der Entfaltung einer individuellen Lebensweise garantieren sollte.

Quotierung, ein bedarfsdeckendes Netz an Kinderbetreuungseinrichtungen, Mieterschutz, kostenloses Gesundheitswesen und die Akzeptierung aller Formen menschlichen Zusammenlebens gehörten zu den spezifischen Forderungen des UFV. Allerdings fehlte ihm die politische Kraft, diese auch durchzusetzen, und auch das Recht auf einen kostenlosen selbstentschiedenen Schwangerschaftsabbruch bis zur 12. Woche der Schwangerschaft fiel nach der deutschen Vereinigung. Die Annahme, daß mit einer Quotierung wirklich zu einer „*neuen Qualität von Politik*“[29] zu gelangen ist, harrt auch im vereinten Deutschland noch auf den Beweis. Während Ina Merkel in ihrer großen Rede auf dem Gründungskongreß des UFV noch „*einen modernen Sozialismus auf deutschem Boden*“[30] gefordert hatte, betonte sein Programm vom 17. Februar 1990 individuelle Entwicklungsrechte besonders für Frauen, Demokratisierung, multikulturelle Gesellschaft und Quotierung als Vorausetzungen „*einer friedlichen, sozialen, ökologisch orientierten, solidarischen Völkergemeinschaft*“.[31] Der Einigungsprozeß der Nation sollte im Rahmen eines wechselseitigen Reformprozesses bei Achtung der jeweiligen staatlichen Souveräntität erfolgen.[32] Marktwirtschaft war mit staatlicher Rahmenplanung, Volkseigentum und dem Schutz vor Privatisierung zu verbinden.

Bei der Volkskammerwahl am 18. März 1990 trat der Unabhängige Frauenverband gemeinsam mit den Grünen an, errang in diesem Verbund 226 932 Stimmen, erhielt jedoch kein Volkskammermandat, da die „Grünen“ alle für sich beanspruchten.[33] Die Basisgruppe des UFV in Rostock, die ohne Listenverbindung zur Kommunalwahl am 6. Mai 1990 kandidierte, erhielt in der Ostseestadt mit 1,09 Prozent der Stimmen ein Mandat in der Stadtverordnetenversammlung.[34] In den folgenden Jahren spielte der UFV politisch keine Rolle mehr. In der aktuellen Tagespolitik orientierten sich die wenigen verbliebenen Aktivistinnen immer weniger auf Reformen, sondern verstärkt auf die Sicherung solcher „Errungenschaften“ der DDR wie der betrieblichen Einrichtungen zur Kinderbetreuung, der freien Entscheidung über den Schwangerschaftsabbruch und der Sicherung der Arbeitsplätze für Mütter.

(Dokumente zum Unabhängigen Frauenverband siehe Anhang, Nr. 5 und 6.)

3. Vereinigte Linke (VL)

Die Vereinigte Linke entstand außerhalb des Schutzraums der evangelischen Kirche im September 1989 als „linkes“ Aktionsbündnis und Opposition zum spätstalinistischen System in der DDR.[35] Ihre Wurzeln lassen sich in erster Linie auf illegale marxistische Zirkel an der Akademie der Wissenschaften der DDR und an verschiedenen Universitäten zurückverfolgen, die sich bis 1989 in weitgehender Selbstisolation befunden hatten.[36] Zu den Initiatoren gehörten auch Mitglieder der „Gruppe Gegenstimmen“, die sich in Vorbereitung des Menschenrechtsseminars am 22. und 23. November 1986 in Berlin-Friedrichsfelde zusammengefunden hatten. Dazu stießen im Herbst 1989 autonome Studentengruppen, Vertreter der „Kirche von unten“, Autonome, Anhänger von Antifa-Gruppen und Frauen der Lila-Offensive.

Hauptkritikpunkt der Vereinigten Linken an der Entwicklung in der DDR war, daß diese mit marxistischen Grundthesen nicht in Übereinklang stehen und daß hier Menschenrechte nicht mit sozialen Rechten als Grundrechten verbunden seien.[37] Zuvor hatte es mit dem Auftreten Gorbatschows ab 1985 bei den späteren Aktivisten der VL Hoffnungen auf eine Reformierung und Demokratisierung des Realsozialismus gegeben, den aber gleichzeitig einige von ihnen für eine Vorform der Sklaverei hielten. Verschiedene Teilnehmer eines Treffens in Böhlen,[38] das de facto die Vereinigte Linke begründete, gingen in einer Erklärung davon aus, daß den Herrschenden der SED nur noch die *„stumpfe Waffe der Phrase oder die Überzeugungskraft des Knüppels“* bleibe, die Bevölkerung in der DDR dagegen den endlich beginnenden Aufbau des Sozialismus fordern würde.[39] So hieß es weiter: *„Nicht irgendwann, sondern heute gilt es, den Sozialismus überhaupt zu ermöglichen, indem wir unsere Angelegenheiten selbst in die Hand nehmen und der bisherigen verhängnisvollen politischen Stagnation ein Ende setzen!“*[40] Mit dem Ziel einer freiheitlichen sozialistischen Entwicklung sollte sich eine weitgehend imaginäre „Linke“ auf der Basis des gesellschaftlichen Eigentums an Produktionsmitteln zusammenfinden, um so durch die Selbstbestimmung der Produzenten soziale Sicherheit, Gerechtigkeit, Demokratie, Rechtsstaatlichkeit und ungeteilte Menschenrechte sowie den ökologischen Umbau der Industriegesellschaft zu verwirklichen.[41] Anders als in der repräsentativen Demokratie der Bundesrepublik setzte die Vereinigte Linke auf betriebliche Selbstverwaltung mit Arbeiterräten und auf Basisdemokratie, die sich auf öffentliches Eigentum an den „Hauptproduktionsmitteln", das Recht auf Arbeit und die *„kollektive Kontrolle der Arbeitenden über den Produktionsprozeß"* stützen sollte. So hielt es die Vereinigte Linke auch angesichts einer befürchteten Bedrohung „sozialer Errungenschaften" wie der Beseitigung der Arbeitslosigkeit, der kostenlosen medizinischen Betreuung aller Bürger, der sozialen Sicherheit und der gleichen Bildungschancen für Arbeiterkinder für dringend geboten, den DDR-Sozialismus in reformierter Form zu erhalten.[42]

Der Versuch der VL, mit Hilfe der vereinzelt entstandenen Betriebsräte die Betriebe in das „Eigentum der Arbeitnehmer" zu überführen, scheiterte, da die Mehrheit der Ostdeutschen das als attraktiver erwiesene bundesdeutsche System ohne Änderungen übernehmen wollte. Weiter forderte die Vereinigte Linke den sofortigen Rückritt der Regierung der DDR und des Politbüros und radikale Reformmaßnahmen wie die Demokratisierung der Presse, die Legalisierung des Neuen Forums, die Veröffentlichung aller Daten über den tatsächlichen Zustand von Wirtschaft und Gesellschaft, die Erteilung von Reisegenehmigungen für jeden Bewohner der DDR für 30 Tage und mit 500 DM, ein Rückkehrangebot an alle Ausgereisten sowie die radikale Verfassungs- und Gesellschaftsreform *„im Geiste sozialistischer Demokratie und Freiheit"*.[43]

Neben der grundsätzlichen Anerkennung der Existenz von zwei deutschen Staaten mit unterschiedlicher Gesellschaftsordnung setzte sich die Gruppierung für eine *„Existenzgarantie für die freie und unabhängige Entwicklung von Berlin (West) auf der Grundlage des Vier-Mächte-Abkommens und Abschluß einer vertraglichen Regelung zwischen der DDR, der BRD und West-Berlin zur Ausschaltung von Statusproblemen"*[44] ein und folgte damit letztlich der Drei-Staaten-Theorie. Das Ziel der parlamentarischen Demokratie lehnte sie dagegen ab, meinte jedoch, daß das Volk seine Souveränität durch freie Wahlen wiederherstellen müsse.[45] Spezifisch für die VL war darüber hinaus, daß die Untersuchung stalinistischer Verbrechen, die Rehabilitierung und Entschädigung der Opfer und eine Verurteilung bzw. Entschuldigung für die Aggression gegen die ČSSR 1968 erwartet wurden.[46]

In Vorbereitung des als Gründungskonferenz geplanten Treffens der Vereinigten Linken am 25. und 26. November in Berlin wurde am 2. Oktober eine Koordinierungsgruppe in der Umwelt-Bibliothek gegründet, und am 5. November entstand ein vorläufiger Sprecherkreis. Den teilweise chaotische Formen annehmenden Kongreß im Haus der „Jungen Talente" prägten die Unfähigkeit einzelner Gruppen, sich programmatisch zu einigen, der Streit um die Organisationstruktur und die Versuche westeuropäischer linksradikaler Gruppen, Einfluß zu gewinnen. Ein zentrales Kommunikations-, Koordinierungs- und Vertretungsorgan kam unter diesen Bedingungen nicht zustande, stattdessen wurden die Arbeitsgruppen „Runder Tisch", Wirtschafts-, Betriebs- und Gewerkschaftsarbeit sowie Außen- und Sicherheitspolitik gegründet.[47]

Symptomatisch für die Schwierigkeiten, ein akzeptables politisches Programm zu erarbeiten, ist wohl die Ablehnung sowohl der Privatisierung der Wirtschaft, des Falles der Mauer, des Leistungsprinzips, der Konvertierbarkeit der DDR-Währung als auch der Privatisierung der Landwirtschaft durch eine „13. Autonome Gruppe“.[48] Stattdessen sollten unter der Selbstverwaltung der Betriebe Löhne und Urlaub erhöht, die Arbeitszeit verringert und die Quotierung eingeführt werden. Das System des DDR-Sozialismus sahen die Autonomen als nicht reformierbar an und forderten eine Selbstverwaltung als Rätesystem. Dazu sollte das Recht auf soziale Sicherheit, Antifaschismus, Zugang aller Gruppierungen auf dem Boden der Verfassung zu den Massenmedien, Abschaffung der Zensur und Abrüstungsschritte kommen. Auch an dieser Mischung utopischer Ziele und auf der Tagesordnung stehender politischer Forderungen wurde die letztliche Politikunfähigkeit solcher Gruppen deutlich. Entscheidend war jedoch, daß ihre Vorstellungen immer weniger denen der Menschen in der DDR entsprachen.

Die Gründung der VL als politische Organisation von sozialistischen, marxistisch-leninistischen und links-christlichen Kräften mit einem zentralen Sprecherrat und zentralem Geschäftsausschuß folgte schließlich auf der 1. DDR-Delegiertenkonferenz am 27. und 28. Januar 1990 in Leipzig. Die 2. Delegiertenkonferenz am 24. und 25. Februar 1990 in Berlin verabschiedete ein Wahlprogramm für die Volkskammerwahl vom 18. März 1990. In diesem Programm bekannte sich die VL noch einmal dezidiert zu einer souveränen DDR und meinte, deren Souveränität sei gegen die „*Unterwerfung unter das politische und wirtschaftliche System des Kapitalismus*“ zu verteidigen, um so die Möglichkeit „*eigenverantwortlicher Gestaltung unserer Zukunft*“[49] zu erhalten. Bei gegenseitiger staatsrechtlicher Anerkennung sollten die Beziehungen zur Bundesrepublik entsprechend dem Grundsatz „Zwei Staaten – eine Nation“ ausgestaltet werden. Dabei wurde nicht irgendein „dritter Weg“ angestrebt, sondern die VL forderte das Volk der DDR auf, seine Souveränität „*mit der Entfaltung basisdemokratischer Initiativen [zu] verteidigen*“.

Die Vereinigte Linke schuf sich mit dem „Linken Dokumentationszentrum“ ein eigenes Archiv, arbeitete am Zentralen Runden Tisch mit, lehnte es jedoch ab, in der zweiten Regierung Modrow ein Ministeramt zu übernehmen. Gemeinsam mit der Partei „Die Nelken“ errang sie im „Aktionsbündnis Vereinigte Linke“ bei der Volkskammerwahl am 18. März 1990 20 342 Stimmen und damit ein Mandat.[50] Das zweite DDR-weite Arbeitstreffen im Juni 1990 in Dresden prägte allgemeine Depression, Mitgliederschwund, die Auflösung der Basisgruppen und das Stagnieren der thematischen Arbeit.[51] Das Versinken in die politische Bedeutungslosigkeit konnte schließlich auch nicht verhindern, daß sich angesichts der Länderbildung am 9. September 1990 Landesverbände der VL konstituierten. Entscheidend hierfür waren zum einen die Diskreditierung sozialistischer Politik durch die Herrschaft der SED und zum anderen, daß SPD, PDS und Bündnis 90/Die Grünen einen großen Teil des linken Potentials in Ostdeutschland an sich binden konnten.[52] Dazu kam der elitäre Anspruch der Vereinigten Linken, stellvertretend für das Volk zu handeln, die Geringachtung der nationalen Frage und die mangelnde Fähigkeit, ein realistisches Reformprogramm zu erarbeiten.

(Dokumente zur Vereinigten Linken siehe Anhang, Nr. 7–9.)

4. Initiative für Unabhängige Gewerkschaften (IfUG oder IUG)

Die Initiative für Unabhängige Gewerkschaften trat am 4. November 1989 in die Öffentlichkeit, als der Dramatiker Heiner Müller Teile ihres Gründungsaufrufes auf der großen Berliner Kundgebung für Presse- und Versammlungsfreiheit auf dem Alexanderplatz verlas.[53] Die Reaktion der Zuhörer war geteilt: Zustimmung bei der Kritik am FDGB, der Einheitsgewerkschaft der DDR, wegen seines fehlenden Engagements für die Interessen der Arbeiter, Ablehnung bei der Schilderung einer bevorstehenden düsteren Zukunft, die freie Gewerkschaften nötig machen würde. Schon hier deuteten sich die späteren Akzeptanzschwierigkeiten der Initiative bei den Arbeitern und in den Betrieben an, und ihre Isolation unter den Oppositionsgruppierungen[54] machte auch deutlich, daß sie in deren Kontaktgruppe genauso wenig wie seit dem 7. Dezember 1989 am „Runden Tisch" vertreten war. Entscheidend war allerdings zum einen, daß die übergroße Mehrheit der Beschäftigten dem FDGB Anhänglichkeit wegen der hier zu vergebenden Ferienreisen und Prämien wahrte, andererseits die Initiative die zentrale Frage nach der Rechtmäßgkeit des Eigentums des FDGB nicht stellte. Dazu kam, daß nur wenige der Initiatoren selbst in Betrieben arbeiteten und sie nicht selbst eine unabhängige Gewerkschaft gründen, sondern deren Entstehen nur anregen wollten. So setzten die marxistischen intellektuellen Anreger einer freien Gewerkschaftsbewegung auf die betriebliche und überbetriebliche Selbstorganisation der Arbeitnehmer.

Programmatisch ging die Initiative von der Kritik am FDGB aus, der die Interessen seiner Mitglieder in Normenfragen, bei Lohn- und Gehaltsfragen, bei Verringerung der Arbeitszeit und der Ausdehnung der Länge des Urlaubs nicht vertreten habe.[55] Letztlich wurde der Einheitsgewerkschaft vorgeworfen, daß sie nicht bereit gewesen sei, ein Gegengewicht zu SED und Staat zu bilden. Deshalb forderte die IfUG mit der Begründung, daß nur so ein erhebliches Absinken des Lebensstandards zu verhindern wäre, unabhängige Gewerkschaften. Diese Gewerkschaften sollten Kompetenzen erhalten, die weit über gewerkschaftliche Interessenvertretung hinaus gegangen wären. Dazu gehörte die Wahl der staatlichen Leiter durch die Beschäftigten und eine öffentliche Kontrolle aller betrieblichen Angelegenheiten.[56]

Solche weder mit dem Wirtschaftssystem der DDR noch mit der Marktwirtschaft kompatiblen Vorstellungen der Initiative für Unabhängige Gewerkschaften haben dazu beigetragen, daß sie bis zum Ende des Jahres 1989 ihre Isolation nicht durchbrechen konnte. Es gelang jedoch, ein Kontaktbüro zu organisieren, eine Adressenkartei aufzubauen und DDR-weite Kommunikationsverbindungen zu schaffen, ohne allerdings das einseitige Organisationsübergewicht in Ost-Berlin zu beenden. Die Situation verschlechterte sich dadurch, daß entgegen der Absicht zur Bildung betrieblicher Arbeiteraktive nur wenige Menschen gewonnen wurden, die in Unternehmen im Sinne der IfGU arbeiteten. So bildeten sich letztlich keine unabhängigen Gewerkschaften heraus, sondern innerbetriebliche Interessenvertretungen, die Arbeiterinteressen unmittelbar wahrnehmen konnten.

Die IfUG begann ab Ende Dezember 1989 an einem Programm und einer Satzung einer unabhängigen Gewerkschaft zu arbeiten, die ein Gründungskongreß beschließen sollten. An dieser Konferenz nahmen am 3. Februar 1990 schließlich 80 Kollegen aus der DDR und einige Gäste teil. Allerdings kam es zu keiner Gründung einer freien Gewerkschaft, sondern nur zu einem Beschluß über die Bildung eines Gründungsausschusses einer solchen Gewerkschaft, der aber am 24. Februar nur ein einziges Mal tagte. Uneins war man sich in erster Linie über die Schaffung verbindlicher organisatorischer Strukturen, die Rolle der Betriebsräte und über die Beziehungen zum FDGB. Bereits im Vorfeld der ersten freien Volkskammerwahlen vom 18. März 1990 wurde deutlich, daß die Organisation einer unabhängigen Gewerkschaftsbewegung gescheitert war und daß es in Zukunft um die kritische Begleitung des Aufbaus der Strukturen des Deutschen Gewerkschaftsbundes in Ostdeutschland gehen würde. Dem verschrieb sich die aus Teilen der IfUG hervorgehende Initiative für kritische Gewerkschaftsarbeit (INI für kritische Gewerkschaftsarbeit oder IKG) als Sammelbecken für Menschen oder Gruppen, die inner- oder außerhalb von Gewerkschaften kritische Betriebs- oder Gewerkschaftsarbeit leisten wollten. Insgesamt vereinte die IKG anfangs zwölf Initiativen, die sich über die gesamte Bundesrepublik vernetzen wollten und sich inhaltlich darauf einigten, die Sozialpartnerschaft abzulehnen und Basisarbeit zu unterstützen.[57] Das Erbe des immer schneller zerfallenden FDGB übernahm deshalb weder die IfUG noch die IKG, sondern im nunmehr vereinten Deutschland der Deutsche Gewerkschaftsbund.

(Dokumente zur Initiative für Unabhängige Gewerkschaften siehe Anhang, Nr. 10 und 11.)

5. SED-Reformer

Die Gruppierungen der vorsichtigen SED-Reformer gehörten nicht zum Spektrum der DDR-Opposition bzw. der Bürgerbewegung, wohl aber zu denen, die im revolutionären Herbst 1989 versuchten, Einfluß auf die politische Entwicklung zu nehmen. Ihre Wurzeln hatten sie in verschiedenen theoretischen Projekten, von denen besonders das Sozialismus-Projekt und die Arbeitsgruppe Friedensforschung an der Berliner Humboldt-Universität Erwähnung verdienen, die sich mit Namen wie Dieter Klein, Rainer Land, André und Michael Brie, Dieter Segert und Rosemarie Will verbinden.[58] Eine zumindest partielle Zusammenarbeit bzw. Kontaktaufnahme zur Opposition vermieden die SED-internen Kritiker ängstlich und sorgfältig, da es ihnen auf den Machterhalt ihrer Partei mit einer modernisierten Konzeption ankam. Dabei setzten sie zynisch und halbherzig auf das Ausscheiden wichtiger Personen aus der bisherigen SED-Führung aus physischen Gründen (intern auch „biologische Lösung" genannt), die durch intellektuelle Reformer ersetzt werden sollten.

Bei der Realisierung dieser Zielsetzung schreckten die SED-Reformer auch nicht vor der Kontaktaufnahme zu einer an Gorbatschow orientierten Gruppierung innerhalb der Staatssicherheit zurück. Dazu gehörte der DDR-Spionagechef Markus Wolf, der sich wohl selbst in der SED in der Rolle des „Königmachers" sah[59] und bereits 1985 begriffen hatte, daß die DDR durch ihre Abkopplung vom Reformprozeß in der UdSSR zunehmend in die Isolation geriet. Allerdings scheint er aber erst im Herbst 1989 auf die „Denkmodelle für einen modernen Sozialismus" aufmerksam geworden zu sein. Die Zusammenarbeit mit Wissenschaftlern der Humboldt-Universität bzw. der Akademie der Wissenschaften der DDR konnte jetzt keine politische Bedeutung mehr erlangen.[60] Neben Wolf setzte auch Günter Schabowski ab

November 1989 auf die von diesen Wissenschaftlern stammenden Vorstellungen und Analysen und meinte: „*Hier befand sich ein bislang ungenützter Quell frischer Ideen. Er könnte uns helfen, die Scholastik hinter uns zu lassen, die eine zum Formelkatalog erstarrte Weltanschauung zur gültigen Realität erhob und die Wirklichkeit als Quantité négligeable abtat.*“[61]

Jetzt schien den SED-Reformern kurzfristig ihre Stunde gekommen zu sein – die Beziehung zu Teilen ihrer Parteiführung war hergestellt. Aber das Volk entschied anders. Die einzige Chance der Reformer, die politische Entwicklung maßgeblich mitzubestimmen, wäre die Auflösung der SED und die Neugründung einer links-sozialistischen Partei gewesen, die einen wirklichen Neuanfang glaubhaft hätte machen können. Diese minimale Chance wurde vertan, da der den Reformern nahestehende Ministerpräsident Modrow einen modifizierten Staatssicherheitsdienst nicht aufgeben wollte und der neue Parteiführer Gregor Gysi ihn darin in einer peinlichen und erschreckenden Veranstaltung vor dem sowjetischen Ehrenmal im Berliner Treptower Park im Januar 1990 zu unterstützen suchte.

Letzlich war die Gruppe der parteiinternen Zweifler und Kritiker daran gescheitert, daß sie es nicht vermochten, die Diktatur als solche in Frage zu stellen, und sie weder den Weg in die Öffentlichkeit noch zu den Oppositionsgruppen fanden. Ihre SED-internen Reformbemühungen blieben auch deshalb erfolglos, weil sich keiner dieser Reformer in einer entscheidenden staatlichen oder Parteiposition befand.[62] Bis zuletzt waren sie dagegen auf die Reform des Nichtreformierbaren fixiert und brachten sich damit selbst um jede Möglichkeit der politischen Einflußnahme.

Programmatisch konnten sich die SED-Reformer – und hier gibt es eine Parallele zu den Gruppen und Parteien der Opposition – bis zum Ende des Jahres 1989 und teilweise auch darüber hinaus, nicht von der Illusion einer reformierbaren DDR trennen. Ihr Ziel war es, über Reformen im Sinne Gorbatschows die DDR effektiver, effizienter und erträglicher zu machen. So meinte Rainer Land noch nach dem Mauerfall im November 1989, daß durch den „*Zerfall der administrativ-bürokratischen Leitungsstrukturen der DDR*“ ein kurzfristig offener Raum „*für die Neugestaltung der gesellschaftlichen, politischen, wirtschaftlichen und kulturellen Subsysteme der DDR*“[63] entstanden sei. Er führte weiter aus, daß die Mehrheit der Bevölkerung keine Wiedervereinigung wolle und daß die DDR der Bundesrepublik „*Konditionen abringen*“ könne, „*die beiden helfen, die beiden Entwicklungsmöglichkeiten einräumen, aber ebendeshalb auch keinen subordinieren und auch uns gestatten, eine eigene sozialistische und staatliche Identität und Souveränität zu wahren.*“[64] An diesen Ausführungen wird die Isolierung der „SED-Reformer“ genauso deutlich wie ihre Unfähigkeit, die in der Gesellschaft real verlaufenden Prozesse adäquat zu erfassen.

Gleichzeitig isolierten sich die in ihrem elitären Selbstbewußtsein an die neomarxistischen Diskussionszirkel der 60er und 70er Jahre anknüpfenden SED-Reformer dadurch, daß sie sich dem Politbüro als diejenige Gruppe andienten, die den wachsenden Einfluß der Bürgerbewegung würde eindämmen können. So forderten Rainer Land, Rosemarie Will und Dieter Segert am 22. Oktober 1989 „*kleine Gruppierungen mit extremen, verfassungsfeindlichen Zielstellungen zu isolieren und ihren Einfluß zu mindern*“[65] und gleichzeitig mit dem Neuen Forum zu sprechen, wenn dieses auf dem Boden der Verfassung stehen würde. Gleichzeitig wurde dem SED-Staat die grundsätzliche Berechtigung zuerkannt, Bürgerrechts- und Oppositionsgruppen „*zu kontrollieren, zu kanalisieren und gegebenenfalls auch zu verbieten*".[66] Aus der Perspektive des Jahres 1996 interpretierte Rainer Land dies als den Versuch, die Zulassung der Opposition zu erreichen, da es dem „Sozialismusprojekt" darum gegangen sei, dem Politbüro rechtsstaatliche Verfahrensweisen abzutrotzen.[67] Neben der Arroganz der „Sozialismus-Reformer" wird hier auch ihre Unfähigkeit deutlich, sich in einer zusammenbrechenden DDR zurechtzufinden. Sie waren durch ihre Biographie mit dem SED-Staat zu eng verwachsen, um einen radikalen Schnitt vollziehen zu können. So hofften sie lange, daß es der SED gelingen könnte, „*ihre führende Rolle auf konzeptionellem und strategischem Gebiet im politischen Diskurs*" zurückzugewinnen und sich an die Spitze der „*Erneuerung des Sozialismus*" zu stellen.[68] So sollte die Partei ein Gesellschaftssystem verwirklichen, das der Bundesrepublik auf den Feldern Demokratie, Solidarität und Ökologie überlegen sei, um damit dem Expansionswillen „*imperialistischer Kreise*"[69] entgegenzuwirken.

Zunächst schienen die SED-Reformer ab Ende 1989 keine politische Rolle mehr zu spielen. Inzwischen haben jedoch einige von ihnen als Vordenker und Exponenten des „Reform-Flügels" der PDS erneut Einfluß gewonnen. Eine kritische Sicht dieser PDS-Politiker auf ihre Haltung im Herbst 1989 blieb mit wenigen Ausnahmen bis heute aus. Allein André Brie meinte, daß ihre damalige Haltung „*inkonsequent*" und „*beschönigend*" und gegenüber der DDR-Opposition „*unentschuldbar*" gewesen sei.[70]

(Dokumente zu SED-Reformern siehe Anhang, Nr. 12 und 13.)

Anmerkungen

1 Dazu: *Carola Wuttke und Berndt Musiolek* (Hrsgg.), Parteien und politische Bewegungen im letzten Jahr der DDR. Berlin 1991; *Helmut Müller-Enbergs, Marianne Schulz und Jan Wielgohs* (Hrsgg.), Von der Illegalität ins Parlament. Werdegang und Konzept der neuen Bürgerbewegungen. Berlin 1991; *Stephan Bickhardt,* Die Entwicklung der DDR-Opposition in den achtziger Jahren, in: Materialien der Enquête-Kommission „Aufarbeitung von Geschichte und Folgen der SED-Diktatur in Deutschland", VII/ 1-2, Möglichkeiten und Formen abweichenden und widerständigen Verhaltens und oppositionellen Handelns, die friedliche Revolution im Herbst 1989, die Wiedervereinigung Deutschlands und Fortwirken von Strukturen und Mechanismen der Diktatur, Baden-Baden 1995 (künftig zitiert als „Materialien"), S. 450–503; *Rainer Eckert,* Die revolutionäre Krise am Ende der achtziger Jahre und die Formierung der Opposition, in: ebenda, S. 667–757; *Eckhard Jesse,* Artikulationsformen und Zielsetzungen von widerständigem Verhalten in der Deutschen Demokratischen Republik, in: ebenda, S. 987–1030; *Ilko-Sascha Kowalczuk,* Artikulationsformen und Zielsetzungen von widerständigem Verhalten in verschiedenen Bereichen der Gesellschaft, in: ebenda, S. 1203–1284.

2 Als Beispiel vgl. *Josef Lütke Aldenhövel, Heinz Mestrup und Dietmar Remy* (Hrsgg.), Mühlhausen 1989/1990. Die Wende in einer thüringischen Kleinstadt. 2. Aufl., Münster 1993.

3 *Wolfgang Kühnel und Carola Sallmon-Metzner,* Grüne Partei und Grüne Liga, in: *Müller-Enbergs/Schulz/Wielgohs* (s. o. Anmerkung 1), S. 166–220; vgl. *Wuttke, Musiolek* (s.o. Anmerkung 1), S. 45–46; *Carlo Jordan und Hans Michael Kloth,* Arche Nova. Opposition in

der DDR. Das „Grün-ökologische Netzwerk Arche 1988–1990". Berlin 1995; *Wolfgang Rüddenklau,* Störenfried: ddr-opposition 1986–1989. Mit Texten aus den „Umweltblättern". Berlin 1992; *Michael Beleites,* Untergrund. Ein Konflikt mit der Stasi in der Uran-Provinz. Berlin 1991.

4 *Christian Dietrich,* Fallstudie Leipzig 1987–1989. Die politisch-alternativen Gruppen in Leipzig vor der Revolution, in: Materialien VII 1, S. 625–669.

5 Erklärung vom 10. Januar 1988 in: *Gerda Haufe und Karl Bruckmeier* (Hrsgg.), Die Bürgerbewegungen in der DDR und in den ostdeutschen Ländern. Opladen 1993, S. 264; Kreisdienststelle Prenzlauer Berg des MfS: Operativinformation Nr. 7/88 zur beabsichtigten Gründung eines ökologischen Bundes vom 13. Januar 1988, in: *Jordan/Kloth* (s. o. Anmerkung 3), S. 33–35.

6 Zur Verfolgung der „Arche": MfS Berlin, Abteilung XX: Stellungnahme zum Entwurf des Vorschlages der HA XX/4 zur Durchführung von Maßnahmen gegen die Zeitschrift „Arche Nova", in: *Jordan/Kloth* (s. o. Anmerkung 3), S. 93–95.

7 Hauptabteilung XX/9 des MfS: Information zum Vorhaben von Personen des politischen Untergrundes zu den Kommunalwahlen am 7. Mai 1989 im Stadtbezirk Berlin-Weißensee vom 13. April 1989, in: ebenda, S. 112.

8 Zu den Bestrebungen, die ARCHE zu einer parteiähnlichen Vereinigung zu entwickeln: Bericht der Hauptabteilung XX/9 des MfS über das Sprechertreffen vom 21. bis 22. Juli 1989 in Glöwen, in: ebenda, S. 128–132.

9 Vgl. *Wuttke/Musiolek* (s. o. Anmerkung 1), S. 45.

10 Vgl. *Ulrike Franke,* Geschichte der politisch alternativen Gruppen in der DDR, in: *Detlef Pollack, Hagen Findeis und Manuel Schilling* (Hrsgg.), Die Entzauberung des Politischen: Was ist aus den politisch alternativen Gruppen der DDR geworden? Leipzig 1994, S. 33–34.

11 *Haufe/Bruckmeier* (s. o. Anmerkung 5), S. 293.

12 Ebenda.

13 *Martin Jander,* Formierung und Krise der DDR-Opposition. Die „Initiative für unabhängige Gewerkschaften" – Dissidenten zwischen Demokratie und Romantik. Berlin 1996, S. 98.

14 Vgl. *Helmut Müller-Enbergs* (Hrsg.), Was will die Bürgerbewegung? Augsburg 1992, S. 107.

15 Vgl. Ebenda, S. 114.

16 Vgl. *Kühnel/Sallmon-Metzner* (s. o. Anmerkung 3), S. 200.

17 Vgl. *Müller-Enbergs* (s. o. Anmerkung 14), S. 164.

18 Ebenda.

19 Vgl. *Wuttke/Musiolek* (s. o. Anmerkung 1), S. 46.

20 Vgl. Grüne Liste/Neues Forum Sachsen-Anhalt: Aussagen zur Landtagswahl, in: *Müller-Enbergs* (s. o. Anmerkung 14), S. 334–354.

21 Vgl. auch *Anne Hampele,* Der Unabhängige Frauenverband, in: *Müller-Enbergs/Schulz/Wielgohs* (s. o. Anmerkung 1), S. 221–282; *Daphne Hornig,* Ohne Frauen ist kein Staat zu machen. Kleine Geschichte der DDR-Frauenbewegung, in: *Jannette Albrecht u.a.* (Hrsgg.), Stattbuch Ost. Berlin 1991; *Müller-Enbergs* (s. o. Anmerkung 14), S. 130; *Wuttke/Musiolek* (s. o. Anmerkung 1), S. 62. Symptomatisch für die Geschlechterforschung in der DDR ist allerdings, daß erst im Herbst 1989 an der Berliner Humboldt-Universität ein „Zentrum für interdisziplinäre Frauenforschung" gebildet werden konnte.

22 Vgl. *Hampele* (s. o. Anmerkung 21), S. 233–236.

23 Unabhängiger Frauenverband, Programm, in: *Müller-Enbergs* (s. o. Anmerkung 14), S. 13.

24 Vgl. *Ina Merkel,* Ohne Frauen ist kein Staat zu machen, in: *Haufe/Bruckmeier* (s. o. Anmerkung 5), S. 297.

25 Ebenda, S. 299–300.

26 Ebenda, S. 301.

27 Vgl. *Hornig* (s. o. Anmerkung 21), S. 29–30.

28 Unabhängiger Frauenverband, Programm, S. 132.

29 *Merkel* (s. o. Anmerkung 24), S. 304.
30 Ebenda, S. 307.
31 *Müller-Enbergs* (s. o. Anmerkung 14), S. 132–133.
32 Vgl. *Hampele* (s. o. Anmerkung 21), S. 246.
33 Vgl. *Wuttke/Musiolek* (s. o. Anmerkung 1), S. 62.
34 Vgl. *Müller-Enbergs* (s. o. Anmerkung 14), S. 256.
35 Zur Vereinigten Linken: *Jan Wielgohs,* Die Vereinigte Linke, in: *Müller-Enbergs/Schulz/Wielgohs* (s. o. Anmerkung 1), S. 283–306; *Wuttke/ Musiolek* (s. o. Anmerkung 1), S. 63.
36 *Wielgohs* (s. o. Anmerkung 35), S. 284.
37 Zur programmatischen Vorbereitung: *Thomas Klein,* Ist die DDR reif für eine Reform ihres gesellschaftlichen Systems? [Juli 1989], in: *Gerhard Rein* (Hrsg.), Die Opposition in der DDR: Entwürfe für einen anderen Sozialismus. Berlin 1989, S. 112–118.
38 Zum Gründungstreffen Anfang September 1989 in Böhlen vgl. Mitteilung über ein Treffen von Vertretern verschiedener sozialistischer Tendenzen, in: ebenda, S. 105–106; *Charles Schüddekopf* (Hrsg.), „Wir sind das Volk!". Flugschriften, Aufrufe und Texte einer deutschen Revolution. Reinbek bei Hamburg 1990, S. 18–26; Für eine vereinigte Linke in der DDR!, in: *Rein* (s. o. Anmerkung 37), S. 106–109; *Müller-Enbergs* (s. o. Anmerkung 14), S. 27–30; Mindestanforderungen für die Gestaltung einer freien sozialistischen Gesellschaft in der DDR: Vorschlag für einen Minimalkonsens einer breiten unabhängigen sozialistischen Opposition, in: *Rein* (s. o. Anmerkung 37), S. 109–111.
39 Erklärung von Teilnehmern am Treffen der „Vereinigten Linken" in Böhlen bei Leipzig vom 13. Oktober 1989, in: *Schüddekopf* (s. o. Anmerkung 38), S. 125–126.
40 Ebenda, S. 126.
41 Vgl. Böhlener Plattform, in: *Haufe/Bruckmeier* (s. o. Anmerkung 5), S. 270–276.
42 Vgl. Erklärung vom 13. Oktober 1989, in: *Schüddekopf* (s. o. Anmerkung 38), S. 127.
43 Sofortmaßnahmen zur Vorbereitung des Landes für einen Weg der sozialistischen Demokratie und Freiheit, in: *Schüddekopf* (s. o. Anmerkung 38), S. 131–133.
44 Ebenda, S. 134.
45 Vgl. *Martin Gutzeit,* Der Weg in die Opposition. Über das Selbstverständnis und die Rolle der „Opposition" im Herbst 1989 in der ehemaligen DDR, in: *Walter Euchner* (Hrsg.), Politische Opposition in Deutschland und im internationalen Vergleich. Göttingen 1993, S. 103.
46 Ebenda, S. 134–135.
47 Vgl. *Wielgohs* (s. o. Anmerkung 35), S. 288.
48 Beitrag der 13. Autonomen Gruppe zum Kongreß der Vereinigten Linken am 25. und 26. November in Berlin, in: *Schüddekopf* (s. o. Anmerkung 38), S. 230, 239.
49 *Müller-Enbergs* (s. o. Anmerkung 14), S. 143.
50 Vgl. *Wuttke/Musiolek* (s. o. Anmerkung 1), S. 63.
51 Vgl. *Wielgohs* (s. o. Anmerkung 35), S. 300f.
52 Vgl. ebenda, S. 301.
53 Grundlegend zur IfGU: *Leonore Ansorg und Renate Hürtgen,* „Aber jetzt gibt es initiative Leute und die müßte man eigentlich alle an einen Tisch bringen". Die „Initiative für Unabhängige Gewerkschaften" (IUG) 1989–1990. Darstellung und Dokumente. Berlin 1992, *Jander,* Formierung und Krise politischer Opposition in der DDR. Die „Initiative für unabhängige Gewerkschaften", in: *Ulrike Poppe, Rainer Eckert und Ilko-Sascha Kowalczuk* (Hrsgg.), Zwischen Selbstbehauptung und Anpassung. Formen des Widerstandes und der Opposition in der DDR. Berlin 1995, S. 284–300.
54 Jander meint zu Recht, daß die größte Nähe noch zu sozialrevolutionären Oppositionsgruppen und auch zur Vereinigten Linken bestanden habe.
55 Aufruf der „Initiative für unabhängige Gewerkschaften" vom 4. November 1989, in: *Schüddekopf* (s. o. Anmerkung 38), S. 203–204.
56 Vgl. Flugschrift: „Für eine unabhängige Interessenvertretung der Werktätigen" vom 15. November 1989, in: ebenda, S. 224–225.

57 Vgl. *Albrecht* (s. o. Anmerkung 21), S. 408.

58 Zu den theoretischen Vorstellungen: *Michael Brie u.a.*, Studien zur Gesellschaftsstrategie. Berlin 1989; *Harald Bluhm u.a.*, Texte zu Politik, Staat, Recht (Sozialismus in der Diskussion, 2). Berlin 1990.

59 Vgl. *Günter Schabowski,* Der Absturz. Reinbek bei Hamburg 1991, S. 284.

60 Dazu: *Markus Wolf,* In eigenem Auftrag. Bekenntnisse und Einsichten. München 1991, S. 78, 214, 291f.

61 *Schabowski* (s. o. Anmerkung 59), S. 319.

62 Vgl. *Timothy Garton Ash,* Im Namen Europas. Deutschland und der geteilte Kontinent. München, Wien 1993, S. 497.

63 *Rainer Land,* Die Wirtschaftsreform der DDR im Lichte der entstandenen neuen Lage: offene Grenze zur BRD, in: *ders., Michael Brie u.a.*, Studie zur Gesellschaftsstrategie (Sozialismus in der Diskussion, 1), Berlin 1989, S. 107.

64 Ebenda, S. 113.

65 *Rainer Land, Rosemarie Will und Dieter Segert,* Wie wollen wir mit den entstandenen informellen politischen Gruppen und Bewegungen umgehen, und wie könnte mit dem Prozeß des Umbaus des politischen Systems sowie des Staates und des Rechts begonnen werden?, in: *Harald Bluhm u.a.* (s.o. Anmerkung 58), S. 63. Zu einer romantischen Sicht auf die SED-Reformer: *Wilfriede Otto,* Visionen zwischen Hoffnung und Täuschung, in: *Thomas Klein, Wilfriede Otto und Peter Grieder* (Hrsgg.), Visionen. Repression und Opposition in der SED (1949–1989). Frankfurt/Oder 1996, Teil 2, S. 464–488.

66 *Land/Will/Segert* (s. o. Anmerkung 65), S. 63.

67 *Rainer Land,* Das Projekt „Moderner Sozialismus", in: Unaufgefordert, 8 (1996) 18, S.17–18; zur Kritik: *Rainer Eckert,* Verfehlte Reformhoffnungen und mißlungene Aufklärung, in: ebenda, 17, S. 15–16.

68 *Land/Will/Segert* (s. o. Anmerkung 65), S. 68–69.

69 *André Brie, Michael Brie und Wilfried Ettl,* Zur gegenwärtigen Lage der DDR und Konsequenzen für die Gestaltung der Politik der SED (8. Oktober 1989), in: *Bluhm* (s. o. Anmerkung 58), S. 85.

70 *André Brie,* Ich tauche nicht ab. Selbstzeugnissse und Reflexionen. Berlin 1996, S. 117–118.

Anhang

Nr. 1

„Zusammenarbeit und Vernetzung“

Erklärung zur Gründung der „ARCHE – Grün-ökologischer Bund“, 10. Januar 1988

Die Arche erstrebt die Zusammenarbeit mit allen Menschen, kirchlichen und weltlichen Organisationen und Verbänden die an der Bewahrung der Schöpfung interessiert und dafür engagiert sind. Die bedrohliche Umweltsituation erfordert auch in der DDR ernsthafte Anstrengungen zum ökologischen Umbau unseres gesamten gesellschaftlichen und persönlichen Lebens. [...]

Die ARCHE – der Grün-ökologische Bund vernetzt Aktivitäten von alternativen protestantischen Gruppen der Evang. Kirche. Zugleich wird die Zusammenarbeit und Vernetzung mit Umweltaktiven unabhängig ihrer Weltanschauungen gesucht.

Quelle: Gerda Haufe und Karl Bruckmeier (Hrsgg.), Die Bürgerbewegungen in der DDR und in den ostdeutschen Ländern. Opladen 1993, S. 264.

Nr. 2

„Für Demokratie und Freiheit durch tiefgreifende Reformen“

Gründungsinitiative für eine Grüne Partei in der DDR, 5. November 1989

Für eine Erneuerung unserer Gesellschaft hat die Umgestaltung unserer zerstörten Umwelt entscheidende Bedeutung. Aber nicht nur unsere Umwelt ist bereits verseucht, sondern in noch viel größerem Maße unser Bewußtsein, nämlich durch die Utopie, daß ständig wachsender Wohlstand und [...] permanentes wirtschaftliches Wachstum zum Ziel der gesellschaftlichen Entwicklung gemacht werden kann. [...] Damit verbunden ist die Vorstellung, daß Leistung und ihre Belohnung zentraler Maßstab der Bewertung menschlichen Seins wären. Diese Annahme in ihrer Arroganz, verdrängt die Schwachen an den Rand ihrer möglichen Existenz. Ja, sie kippt sie zunehmend über diesen Rand ab. [...]

Die GRÜNE PARTEI in der DDR stellt sich auf die Seite aller Kräfte, die sich für Demokratie und Freiheit durch tiefgreifende Reformen in unserem Land einsetzen. Sie ist ökologisch, feministisch und gewaltfrei.

Die besonderen Ziele der Grünen Partei sind:

Der konsequente ökologische Umbau unserer Landes in radikaler Absage an umweltzerstörendes, rohstoffvergeudendes Wachstum und den stalinistisch geprägten Umgang mit Menschen, Wirtschaft und Umwelt. [...]

Die endgültige Sicherung des Friedens durch allgemeine und vollständige Abrüstung. [...]

Wir lehnen Gewalt, Nationalen Chauvinisimus und Rassismus ab und bekennen uns zum konsequenten Antifaschismus. [...]

Quelle: Gerda Haufe und Karl Bruckmeier (Hrsgg.), Die Bürgerbewegungen in der DDR und in den ostdeutschen Ländern. Opladen 1993, S. 293.

Nr. 3
„Politik weitsichtiger ökologischer und sozialer Verantwortung"

Hallenser Programm der Grünen Partei, 9./11. Februar 1990

Die Menschheit hat nur dann eine Zukunft, wenn sie ihre Lebensgrundlagen behütet, wenn sie Wasser, Luft und Boden als unersetzlich begreift. Die heutige Industriegesellschaft zerstört unsere Existenz durch kurzsichtiges Macht- und Gewinnstreben. [...]

Die Grüne Partei setzt sich dafür ein, die gegenwärtige verhängnisvolle technische, wirtschaftliche und gesellschaftliche Entwicklung umzukehren. [...] Unser Ziel ist eine Politik weitsichtiger ökologischer und sozialer Verantwortung. Sie orientiert sich nicht am materiellen Wohlstand eines kleinen Teils der Erdbevölkerung, sondern an der Lösung drängender globaler Probleme.

Wir treten für veränderte Lebens- und Wertvorstellungen und solidarische Verhaltensweisen gegenüber allen Menschen, Gruppen und Völkern ein.[...]

Die Grüne Partei geht von einer ganzheitlichen Betrachtung des gesamten Wirtschaftssystems aus. [...] Wir setzen uns für marktwirtschaftliche Regelmechanismen ein, die in einen Rahmenplan eingebettet sind. Dabei sind verschiedene Eigentumsformen bei gesicherter Entwicklung des Gemeineigentums zu gewährleisten. [...]

Alle Wirtschaftseinheiten, insbesondere notwendige Kapitalkonzentrationen, müssen einer demokratischen Kontrolle unterliegen. [...] Auf dieser Grundlage sind alle Betroffenen in die Entscheidungsprozesse einzubeziehen. [...]

Die Grundrechte auf Arbeit, Bildung, medizinische Betreuung, menschenwürdigen Wohnraum und Freizeitgestaltung müssen staatlich abgesichert sein [...].

Quelle: Helmut Müller-Enbergs (Hrsg.), Was will die Bürgerbewegung? Augsburg 1992, S. 107-109, 115.

Nr. 4
„Für eine ökologisch und sozial orientierte Strukturpolitik"

Grüne Partei/Unabhängiger Frauenverband: Wahlkampfplattform, 14. Februar 1990

Unser Land befindet sich in einer tiefen Krise. Sie ist nicht nur ökonomischer und politischer Natur, sie ist gleichfalls eine ökologische und soziale. Auch bei einem Anschluß an die BRD bleibt die Tatsache: Der notwendige tiefgreifende Strukturwandel wird nicht nur Gewinner, sondern auch Verlierer haben: Daher wenden wir uns gegen einen raschen unkontrollierten Zusammenschluß beider deutscher Staaten. Ihr Wirtschafts-, Lohn- und Konsumgefälle kann nur in einem längeren Prozeß abgebaut werden. [...]

Wir treten ein für eine ökologisch und sozial orientierte Strukturpolitik, die Marktwirtschaft mit Ökologie, Demokratie und progressiver Sozialpolitik verbindet. [...]

Quelle: Helmut Müller-Enbergs (Hrsg.), Was will die Bürgerbewegung? Augsburg 1992, S. 164-165.

Nr. 5
„Ohne Frauen ist kein Staat zu machen“

Einige Frauen-Fragen an ein alternatives Gesellschaftskonzept oder: Manifest für eine autonome Frauenbewegung

(von Ina Merkel), 3. Dezember 1989

Wir Frauen müssen heute konstatieren: Der Umbruch der DDR-Gesellschaft wurde von den Massen auf der Straße eingeleitet. Frauen waren [...] überall dabei. Aber bei der Ausarbeitung zukünftiger Gesellschaftsstrategien zur Erneuerung der sozialistischen Gesellschaft bleiben Frauen schon wieder außen vor. [...]

Dieses Land muß zu einer Gesellschaft entwickelbar werden, in der die Entwicklungsmöglichkeiten der Individuen das eigentliche Ziel sind, oder es wird dieses Land nicht mehr geben. Eine Gesellschaft, in der Arbeit und Konsum, Politik und Lebensumwelt gestaltbar werden, gestaltbar durch sich selbst bestimmende und selbstverwaltende Subjekte. [...]

Wiedervereinigung hieße in der Frauenfrage drei Schritte zurück – es hieße überspitzt gesagt: Frauen zurück an den Herd. Es hieße: wieder kämpfen um das Recht auf Arbeit, kämpfen um einen Platz für den Kindergarten, um die Schulspeisung. Es hieße, vieles mühsam Errungene aufzugeben, statt es auf eine neue qualitative Stufe zu heben. [...]

Wir Frauen sollten uns deshalb für ein Wirtschaftskonzept einsetzen, das in der ökologischen Reorganisation der Gesellschaft, d.h. der Wirtschafts- und der Lebensweise, den entscheidenden Ansatz für die Bewältigung der Krise sieht. [...]

Das kann nur gut gehen, wenn es uns gelingt, überzeugende kulturelle Alternativen zu bisherigen Formen der Konsumtion, Ernährung und Bedürfnisbefriedigung zu entwickeln. [...]

In der Quotierung liegt die große Chance, zu wirklichen Strukturveränderungen und zu einer neuen Qualität von Politik zu gelangen, zu frauenfreundlichen Politikformen, geprägt von Rationalität, Zeitsinn und praktischer Vernunft. [...]

Deshalb brauchen wir eine eigene politische Organisation, eine Sammlungsbewegung, die dafür sorgt, daß Frauenfragen Öffentlichkeit gewinnen und so politikfähig werden. [...]

Ich schlage vor einzutreten:

1. für einen modernen Sozialismus auf deutschem Boden in einem gemeinsamen europäischen Haus,
2. für eine ökologische Reorganisation der Wirtschaft,
3. für Demokratie, Selbstverwaltung und Öffentlichkeit,
4. für eine multikulturelle Gesellschaft,
5. für ein solidarisches Miteinander aller sozialen Gruppen.

Quelle: Gerda Haufe und Karl Bruckmeier (Hrsgg.), Die Bürgerbewegungen in der DDR und in den ostdeutschen Ländern. Opladen 1993, S. 297, 299-301, 304-305, 307.

Nr. 6
„Frauen finden solidarisch zueinander"

Programm des Unabhängigen Frauenverbands, 17. Februar 1990

Im Unabhängigen Frauenverband haben sich Frauen über weltanschauliche, politische, soziale, altersmäßige, sexuelle, nationale, religiöse Schranken hinweg, Frauen aus allen Bereichen des gesellschaftlichen Lebens, zusammengeschlossen. Frauen finden solidarisch zueinander in der gemeinsamen Erfahrung struktureller Benachteiligung und Diskriminierung als Geschlecht; sie mußten erkennen: Nach 40 Jahren real existierendem Sozialismus sind Frauen nach wie vor weitgehend von gesellschaftlichen Gestaltungsprozessen ausgeschlossen.[...]

Der Unabhängige Frauenverband setzt sich ein für eine Gesellschaft, in der die individuellen Entwicklungsmöglichkeiten für Frauen, Männer und Kinder das eigentliche Ziel sind. Es geht um eine moderne Kulturgesellschaft, in der jede Frau und jeder Mann die ihr/ihm entsprechende eigene Lebensweise ausprägen kann – ohne Ausgrenzung und Benachteiligung auf Grund des Geschlechts, der Herkunft, der Nationalität, der geschlechtlichen Orientierung. [...]

Der Unabhängige Frauenverband ist für eine Lösung der deutschen Frage, vor der sich die Europäer nicht fürchten müssen. Der Verband steht für:

- die Einigung der deutschen Nation in einem wechselseitigen Reformprozeß, der die innere Souveränität beider deutscher Staaten achtet;
- eine deutsch-deutsche Entmilitarisierung;
- die Umwandlung der militärischen Blöcke in politische Allianzen;
- die Abschaffung des Wehrdienstes;
- eine Marktwirtschaft, die bei staatlicher Rahmenplanung Ökologie, Demokratie und progressive Sozialpolitik verbindet;
- die Förderung einer eigenständigen Entwicklung der sogenannten Dritten Welt und das Recht ihrer Völker auf Selbstbestimmung. Unser solidarisches Handeln gilt dabei besonders den Frauen und Kinder dieser Länder;
- eine umfassende Demokratisierung in Politik, Wirtschaft und gesellschaftlicher Öffentlichkeit bei Wahrung der neuen Formen von BürgerInnendemokratie;
- wir treten ein für eine multikulturelle Gesellschaft, in der Rassismus, Sexismus, faschistisches Gedankengut sowie Ausländerfeindlichkeit keinen Platz finden.

Quelle: Helmut Müller-Enbergs (Hrsg.), Was will die Bürgerbewegung? Augsburg 1992, S. 130, 132–133.

Nr. 7
Böhlener Plattform

Mitteilung über ein Treffen von Vertretern verschiedener sozialistischer Tendenzen, September 1989

Anfang September 1989 fand in Böhlen ein Treffen von Vertretern verschiedener sozialistischer Tendenzen, darunter Christen und Marxisten, statt. Auch Mitglieder der Sozialistischen Einheitspartei waren anwesend. Die Teilnehmer des Treffens berieten angesichts der wirtschaftlichen Stagnation und der sich entwickelnden politischen Krise in der DDR über die Notwendigkeit einer tiefgreifenden politischen, wirtschaftlichen und kulturellen Umgestaltung [...] aller auf den Positionen des Sozialismus stehenden weltanschaulichen und politischen Kräfte in der DDR und die Notwendigkeit der Erarbeitung einer linken sozialistischen Alternative im Geiste sozialistischer Demokratie und Freiheit.[...]

Die Teilnehmer des Treffens rufen alle unabhängigen sozialistischen Gruppen und Vertreter selbständigen linken Denkens auf: [...]

Vertretet offensiv die Positionen sozialistischer Demokratie und Freiheit!

Erarbeitet eigenständige alternative Konzepte und Programmatik im Geiste einer demokratischen, freiheitlichen sozialistischen Entwicklung in der DDR! [...]

1. Verwirklichung der sozialistischen Demokratie als Ausdruck der Volkssouveränität durch die Volksmacht, das heißt der Selbstbestimmung und Selbstverwaltung des werktätigen Volkes. Dem dient die Realisierung folgender Grundsätze: [...]
   d) Starke basisdemokratische Verankerung der staatlichen Gewaltmittel. Volksabstimmung sowie politische Rechte für Betriebsräte und Wohnbezirksräte [...]
   i) Recht von Gesetzesinitiativen und geregelte Vetorechte für demokratische Massenorganisationen [...]
2. Wirtschaftliche und soziale Grundlagen
   a) Öffentliches Eigentum an den Hauptproduktionsmitteln in demokratischer Selbstbestimmung und Selbstverwaltung durch die Arbeitenden [...]
   d) Recht auf Arbeit
   e) Kollektive Kontrolle der Arbeitenden über den Produktionsprozeß in Betrieb und Gesellschaft [...]
   g) Verbot der Ausbeutung des Menschen durch den Menschen [...] insbesondere Verbot [...] kapitalistischer Lohnarbeit [...]
3. Ziele der Verfassungs- und Gesellschaftsreform
   a) Freie Entfaltung jedes einzelnen als Grundlage für die Entwicklung aller
   b) Überwindung der Ungleichheit der Klassen zugunsten der Verschiedenheit der Individuen
   c) Kontrolle der Arbeit und ihrer Produkte durch die Arbeitenden
   d) Emanzipation der Frau
   e) Schrittweise Zurückdrängung aller knechtenden und unterordnenden Verhältnisse und Tätigkeiten [...]
   h) Verteidigung des Charakters der DDR als Gesellschaft sozialistischer Freiheit [...].

Quelle: Gerda Haufe und Karl Bruckmeier (Hrsgg.), Die Bürgerbewegungen in der DDR und in den ostdeutschen Ländern. Opladen 1993, S. 270, 274–276.

Nr. 8

„Für ein großangelegtes Experiment"

Beitrag der 13. Autonomen Gruppe zum Kongreß der Vereinigten Linken, Berlin, 25./26. November 1989

Wir sind gegen die Entwicklung zum Billiglohnland der westeuropäischen Gemeinschaft. [...]

Wir sind gegen das Leistungsprinzip, das vom kapitalistischen System kopiert ist [...]

Wir sind für ein großangelegtes, zunächst zeitlich befristetes Experiment mit allen Formen des Eigentums an Produktionsmitteln [...],

Wir sind für eine vorläufige Aufrechterhaltung des Status der Besatzungsmächte für die DDR und die BRD. [...]

Bei Anerkennung der gemeinsamen deutschen Geschichte bis in die fünfziger Jahre und Anerkennung einer gemeinsamen kulturellen Tradition sind wir strikt gegen eine Wiedervereinigung der beiden deutschen Staaten. [...]

Wir sind für eine kontrolliert durchlässige Mauer, aber gegen deren Abriß.

Quelle: Charles Schüddekopf (Hrsg.), „Wir sind das Volk!". Flugschriften, Aufrufe und Texte einer deutschen Revolution. Reinbek bei Hamburg 1990, S. 230, 239.

Nr. 9

„Gegen die Preisgabe der DDR"

Vorläufiges Programm der Vereinigten Linken, 24./25. Februar 1990

Die „Vereinigte Linke" ist das Aktionsbündnis linker Organisationen, Gruppen und Einzelmitglieder in der DDR. Hier haben sich Sozialisten zusammengeschlossen, die in den Jahren des Machtmißbrauchs und der Korruption als Teil der Bürgerbewegung, aber vor allem als Linke in entschiedener Opposition zur stalinistischen Führung unseres Landes standen. [...]

Wenn wir für die entschiedene Wahrung der Werktätigeninteressen eintreten, so tun wir das auch und gerade mit der Verteidigung der Souveränität unseres Landes. Eine „Vereinigte Linke" muß das Bündnis mit allen suchen, die sich gegen die Preisgabe der DDR und ihrer Bürger wenden.

Quelle: Helmut Müller-Enbergs (Hrsg.), Was will die Bürgerbewegung? Augsburg 1992, S. 142.

Nr. 10

„40 Jahre ohne eigene Interessenvertretung sind genug!"

Aufruf der „Initiative für unabhängige Gewerkschaften", 4. November 1989

Kolleginnen und Kollegen!

Was hat der FDGB in 40 Jahren für uns getan?

Hat er die Frage der Arbeitszeitverkürzung als ständige Forderung an die Betriebsleitung gerichtet? Warum hat er nicht die 40-Stunden-Woche mit uns erkämpft?

Hat er dafür gesorgt, daß unsere Löhne der schleichenden Inflation angepaßt werden? Warum sind nicht ständige Tarifverhandlungen über Lohnerhöhungen geführt worden?

Wo stehen die Funktionäre des FDGB, wenn in unserem Betrieb neue Normen eingeführt werden? [...]

Wie kann der FDGB als unser angeblicher Interessenvertreter es zulassen, daß wir im Durchschnitt 10 Tage weniger Urlaub haben als unsere Kollegen im Westen?

Hat der FDGB sich für die Herabsetzung des Rentenalters stark gemacht? [...]

Haben wir überhaupt schon mal erlebt, daß die Gewerkschaft etwas gegen den Staat und die Partei für uns durchsetzt?

40 Jahre ohne eigene Interessenvertretung sind genug! [...]

Wenn der Lebensstandard für die meisten von uns nicht erheblich sinken soll, brauchen wir eigene Interessenvertretungen. [...]

Gründet unabhängige Gewerkschaften!

Quelle: Charles Schüddekopf (Hrsg.), „Wir sind das Volk!". Flugschriften, Aufrufe und Texte einer deutschen Revolution. Reinbek bei Hamburg 1990, S. 203–204.

Nr. 11

Für eine unabhängige Interessenvertretung der Werktätigen

Flugschrift, 15. November 1989

Wollen wir [...] aber auch nicht generell und von vornherein ausschließen, [...] daß eine Neuorganisation der Gewerkschaft von unten stattfindet. Um welche Inhalte soll es dabei gehen?

- um eine Arbeitsvertretung, die unabhängig von Partei, Staat und Betriebsleitung ein Mitsprache- und Entscheidungsrecht bei allen betrieblichen Angelegenheiten wie Einstellungen, Kündigungen, Urlaubsansprüchen, Arbeitsorganisation, Arbeits- und Lebensbedingungen, Gesundheits- und Arbeitsschutz, vor allem auch bei der Verteilung der betrieblichen Fonds, einschließlich der Bildung und Verwendung der Gewinnabführung der Betriebe, hat,
- um eine öffentliche Kontrolle über alle wirtschaftlichen und technischen Angelegenheiten des Betriebs, der staatlichen Leitungstätigkeit und der Gewerkschaft,
- um eine direkte und geheime Wahl der staatlichen Leiter aller Ebenen unter mehreren Kandidaten [...],
- um ein Recht auf Versammlungsfreiheit in den Betrieben,
- um die sofortige Ausweisung der hauptamtlichen Funktionäre von SED, FDJ und DSF aus den Betrieben [...],
- um die sofortige Abschaffung von Privilegien aller Leitungskader,
- um die Ausarbeitung eines Streikrechts,
- um die Einführung der 40-Stunden-Woche,
- um die Erhöhung der Mindestrenten und die Herabsetzung des Rentenalters [...].

Quelle: Charles Schüddekopf (Hrsg.), „Wir sind das Volk!“. Flugschriften, Aufrufe und Texte einer deutschen Revolution. Reinbek bei Hamburg 1990, S. 225.

Nr. 12

Zur gegenwärtigen Lage der DDR und Konsequenzen für die Gestaltung der Politik der SED

(von André Brie, Michael Brie und Wilfried Ettl), 8. Oktober 1989

Die vorliegenden Thesen haben das Ziel, [...] Anregungen für die Ausarbeitung einer fundierten und realistischen Einschätzung der gegenwärtigen Lage der DDR und daraus zu ziehende mögliche Konsequenzen für die Gestaltung der Politik der SED zu geben. Nur wenn unsere Partei sich an die Spitze der unaufschiebbar gewordenen Erneuerung stellt, können der sozialistische Charakter unserer gesellschaftlichen Entwicklung gewahrt und ausgebaut sowie das Erreichte gesichert werden. Die Vorlage der Thesen geschieht aus der Verantwortung heraus, die die Gesellschaftswissenschaften im Auftrag der SED auch für die Politikberatung besitzen.

1. Hauptthesen

These 1
Die grundlegenden und komplizierten, teilweise offen krisenhaften Reformprozesse in einer Reihe europäischer sozialistischer Länder [...] werden gegenwärtig von den imperialistischen Staaten, insbesondere von den USA und der BRD, für eine aggressive, die internationale Situation destabilisierende Strategie der „Öffnung“ der sozialistischen Länder für kapitalistische Orientierungen genutzt.[...]

These 2
Diese Erneuerung des sozialistischen Entwicklungsweges schließt [...] die konsequente Durchsetzung und weitere Festigung solcher grundlegenden Entwicklungsbewegungen wie führende Rolle der Partei, sozialistisches ausbeutungsfreies Volkseigentum, staatliche Planung und eine auf die Durchsetzung von Gerechtigkeit und Fähigkeitsentwicklung orientierte Sozialpolitik u.a. ein.[...]

These 10
Es ist zu prüfen, wie oppositionellen Kräften in der Öffentlichkeit ein begrenzter legaler Raum eingeräumt wird, da ihre repressive Unterdrückung unmöglich ist und außerdem den Veränderungsprozeß grundlegend diskreditieren könnte. Dabei ist die Sicherung dieser Begrenzung mit größter Verantwortung zu gewährleisten, damit der Inhalt der Opposition auf die Entscheidung für unterschiedliche Varianten des Sozialismus reduziert wird. Opposition gegen den Sozialismus ist nicht zuzulassen. Hier bedarf es verfassungsgemäßer Verfahren, die der gerichtlichen Nachprüfung unterliegen.

These 11
Die Erfahrungen des Jahres 1989 in Polen und Ungarn zeigen, daß Wahlen zu den zentralen Staatsorganen unter der Bedingung einer Vertrauenskrise zwischen Parteiführung und Volk unmittelbare Gefahren für die sozialistische Orientierung der Politik heraufbeschwören. Dies würde durch den Einfluß der BRD auf „Oppositionskräfte" in der DDR noch verstärkt werden. Wahlen sollten deshalb mit klarer neuer Terminierung verschoben und die Bildung von oppositionellen politischen Organisationen mit unmittelbarem Anspruch auf Machtbeteiligung verhindert werden.

Quelle: Harald Bluhm (u.a.), Texte zu Politik, Staat, Recht. Berlin 1990, S. 79-80, 86, 98.

Nr. 13

„Wie wollen wir mit den entstandenen informellen politischen Gruppen und Bewegungen umgehen, und wie könnte mit dem Prozeß des Umbaus des politischen Systems sowie des Staates und des Rechts begonnen werden?"

(von Rainer Land, Rosemarie Will und Dieter Segert), 22. Oktober 1989

Dabei sind unserer Meinung nach desto eher Stabilität und sozialistische Orientierung zu bewahren, je besser es gelingt, solche Bewegungen und Gruppen über Diskurs, öffentliche Diskussion und Einbindung, auch verantwortliche Einbindung, in den gesellschaftlichen und staatlichen Willensbildungs- und Entscheidungsprozeß zu integrieren. Gelingt dies, so besteht auch die Chance, kleine Gruppierungen mit extremen, verfassungsfeindlichen Zielstellungen zu isolieren und ihren Einfluß zu mindern [...].

Wir sind dafür, einen breiten öffentlichen Diskurs in mannigfaltigen Formen und mit breitestem Inhalt zwischen den bestehenden politischen Organisationen und den neu entstandenen, vor allem mit dem Neuen Forum, zu beginnen, sofern sie auf dem Boden der Verfassung der DDR stehen und deren Veränderung nicht mit unrechtmäßigen Mitteln anstreben [...].

Unseres Erachtens ist es nötig, klar zu sagen, bis wohin der Spielraum solcher Initiativen reicht und ab wann der Staat berechtigt und verpflichtet ist, die Arbeit informeller Gruppen zu kontrollieren, zu kanalisieren oder gegebenenfalls auch zu verbieten.

Quelle: Harald Bluhm (u.a.), Texte zu Politik, Staat, Recht. Berlin 1990, S. 63.

Uwe Schwabe

Der Herbst '89 in Zahlen – Demonstrationen und Kundgebungen vom August 1989 bis zum April 1990

1. Vorbemerkung

Die Wahrnehmungen über die Ereignisse im Herbst '89 in der DDR wurden im In- und Ausland vor allem durch die Ereignisse in Berlin, Leipzig und Dresden geprägt. Von den Aktivitäten in anderen Städten und Gemeinden ist bis heute vergleichsweise wenig bekannt.

Auf den folgenden Seiten wird versucht, für den Zeitraum von August 1989 bis April 1990 die bisherigen, eher spekulativen Zahlenangaben auf „sichere Füße" zu stellen. Dabei soll aufgezeigt werden, in welcher Quantität sich die Bevölkerung der DDR über die bestehenden Verhältnisse hinwegsetzte, das heißt, wieviele Menschen sich an den Demonstrationen und Kundgebungen beteiligten und wie sich die Teilnehmerzahl entwickelte.

Gleichzeitig wird versucht, die Themen und die Organisatoren der Demonstrationen und Kundgebungen aufzuzeigen; dabei ist auch festzustellen, inwieweit die Kirchen in diesen Prozeß integriert waren.

Das Hauptaugenmerk richtet sich vor allem auf die Quellen, in denen jede Regung im Herbst 1989 diensteifrig registriert wurde. Dank der Sammelwut des Sicherheitskartells und eines Fernschreibens von Erich Honecker an die 1. Sekretäre der Bezirksleitungen der SED vom 22. September 1989: „*...daß die feindlichen Aktionen im Keime erstickt werden müssen*"[1], ist heute ein fast lückenloses Bild über die Aktivitäten aus dieser Zeit rekonstruierbar.

Von den regionalen Dienststellen der Sicherheitsorgane gingen ab September 1989 jeden Tag „Einschätzungen zur Lage" an die höchsten Stellen des Staatsapparates.

Als wichtigste Quellen sind zu nennen:

- Unterlagen des Ministeriums des Inneren, „Stab Operativer Diensthabender" und „operative Führungsgruppe"[2],
- Bezirksbehörden der Deutschen Volkspolizei Berlin[3], Leipzig[4], Dresden[5],
- Polizeipräsidium, Hauptabteilung Kriminalpolizei Berlin[6]
- Unterlagen des Ministeriums für Staatssicherheit[7],
- Ministerium des Inneren und Nachrichtenabteilung beim Ministerrat der DDR[8],
- Amt für Nationale Sicherheit[9].

Der Informationsgehalt dieser Quellen ist weitgehend identisch, da sich das Sicherheitskartell untereinander genau unterrichtete. Unterschiede sind allerdings regional auszumachen, denn nicht jede Dienststelle der Polizei, der Inneren Verwaltung oder des MfS, informierte mit der gleichen Zielstrebigkeit und Genauigkeit.

Deshalb war es wichtig, auch andere Quellen mit einzubeziehen. Das sind u. a. unveröffentlichte Chroniken wie die von *Georg Meusel* „Die Ereignisse in Werdau“ oder Minderheitsvoten des Untersuchungsausschusses für Amtsmißbrauch im Sächsischen Landtag. Weitere Quellen sind die Regionalzeitungen: Lausitzer Rundschau, Freie Presse, Freie Erde, Mitteldeutsche Zeitung, Volksstimme, Neuer Tag, Liberal Demokratische Zeitung, Leipziger Volkszeitung, Sächsisches Tageblatt und Altmarkzeitung,[10] auch wenn diese erst ab Mitte Oktober über die Demonstrationen berichteten. Heranzuziehen waren außerdem bereits veröffentlichte Chroniken[11] und Analysen über die Aktivitäten im Herbst ‘89, die allerdings größtenteils nicht auf neuen Quellen, sondern auf bereits veröffentlichten Informationen fußten. Ebenso waren die vielfältigen lokalen Veröffentlichungen heranzuziehen, die über Aktivitäten in einzelnen Städten berichten und meist nur über örtliche Verlage beziehbar sind.[12]

2. Gesamtübersicht

Insgesamt wurden bis jetzt für den Zeitraum August 1989 bis April 1990 3.115 öffentlichkeitswirksame politische Aktivitäten[13] in 522 Gemeinden und Städten der DDR registriert. Die Palette dieser Aktivitäten reichte von Demonstrationen, Kundgebungen, Mahnwachen, Besetzungen bis hin zu Warnstreiks.

Die meisten öffentlichkeitswirksamen Aktionen, 546 in 80 verschiedenen Gemeinden und Städten, waren in diesem Zeitraum im Bezirk Karl-Marx-Stadt zu registrieren. Der Abstand zu den anderen Bezirken wird besonders deutlich, wenn man den Bezirk Erfurt, der an zweiter Stelle steht, betrachtet. Hier waren es „nur“ 347 Aktivitäten in 58 verschiedenen Gemeinden und Städten. Die Bewohner der Bezirke Frankfurt/Oder und Schwerin ließen sich am wenigsten „aus der Reserve locken“. Im Bezirk Frankfurt/Oder wurden nur 91 Aktivitäten in 18 verschiedenen Gemeinden und Städten registriert, im Bezirk Schwerin 115 Aktivitäten in 25 verschiedenen Orten. Der Bezirk Leipzig befindet sich nach dieser Statistik mit 191 Aktivitäten in 31 verschiedenen Orten in der Mitte.

Es muß dabei aber beachtet werden, daß seit dem Oktober 1989 eine Art „Demonstrationstourismus“ stattgefunden hat. Im Lageplan[14] der Führungsgruppe des Chefs der Bezirksbehörde der Deutschen Volkspolizei (BDVP) Leipzig wird über die Demonstrationen in Leipzig am 16.10.1989 berichtet: *„[...] 17.00 Uhr – 17.15 Uhr ca. 600 Personen aus den Hauptrichtungen Magdeburg, Zwickau und Karl-Marx-Stadt angereist [...]“*

Im Lageplan vom 23.10.1989:
„[...] 21.00 Uhr OSL [Oberstleutnant] Kloppe TPA [Transportpolizeiamt] – ca. 8.700 Personen in der Abreise Richtung

– Zwickau	1.200
– Karl–Marx–Stadt	360
– Riesa	960
– Erfurt/Weißenfels	550
– Cottbus	200
– Halle	720
– Bitterfeld	1.000
– Grimma	250
– Borna	900..."

Entsprechendes wurde auch in anderen Städten registriert. In einer Information der Hauptabteilung IX des MfS[15] vom 19.10.1989 heißt es u. a.:

> „[...]Am 18.10.1989 wurde von 17.00 -18.00 Uhr im Dom St. Nikolai/Greifswald ein ‚Friedensgottesdienst' durchgeführt, an dem sich ca. 1.000 Personen, darunter auch aus den Bezirken Dresden, Potsdam, Halle, Neubrandenburg, Gera, Leipzig, Erfurt, Cottbus und aus Berlin beteiligten [...] Anschließend formierte sich ein Demonstrationszug von ca. 8.000 Personen [...]" oder vom 20.10.1989 über eine Demonstration am 19.10.1989 in Rostock: „[...] Hier formierte sich unter maßgeblicher Initiierung einer männlichen Person aus Berlin sowie Personen aus Leipzig und Karl-Marx-Stadt ein Demonstrationszug von ca. 2.000 Personen [...]".

Eigene Aktivitäten in kleineren Orten oder in den Gemeinden waren am Anfang nur schwer auf die Beine zu stellen. Im Bezirk Leipzig fanden z. B. in Altenburg und Döbeln jeweils 13 Demonstrationen oder Kundgebungen statt, in Altenburg erstmals am 25.10.1989, in Döbeln erstmals am 6.11.1989.

Ein Überblick über die einzelnen Aktivitäten, dargestellt nach heutigen Bundesländern und nach damaligen DDR-Bezirken, ergibt sich aus den Tabellen 1 und 2.

Tabelle 1:
Anzahl der Arbeitsniederlegungen, Demonstrationen, Kundgebungen, Mahnwachen, kirchlichen Veranstaltungen in der DDR vom August 1989 bis April 1990, dargestellt nach den heutigen Bundesländern

	Demonstrationen	Kundgebungen[16]	davon Wahlkundgebungen[17]	Demonstrationen mit Kundgebungen[18]	Streiks[19]	Besetzungen[20]	anderes[21]	**insgesamt**	davon: Kirchliche Veranstaltungen[22]	Anzahl der verschiedenen Orte
Berlin	72	22	3	6	9			**109**	4	4[23]
Brandenburg	262	46	13	50	26	2		**386**	41	78
Mecklenburg	330	41	8	64	17	2		**454**	114	79
Sachsen–Anhalt	298	50	12	46	16	3	2	**415**	115	71
Sachsen	650	86	26	194	32	2	1	**965**	183	151
Thüringen	517	61	11	99	106	3		**786**	186	139
insgesamt	2.129	306	73	459	206	12	3	**3.155**	643	522

Tabelle 2:
Anzahl der Arbeitsniederlegungen, Demonstrationen, Kundgebungen, Mahnwachen, kirchlichen Veranstaltungen in der DDR vom August 1989 bis April 1990, dargestellt nach damaligen Bezirken

Bezirke	Demonstrationen	Kundgebungen	davon Wahlkundgebungen	Demonstrationen mit Kundgebungen	Streiks	Besetzungen	anderes	**insg.**	davon: Kirchliche Veranstaltungen	Anzahl der versch. Orte
Berlin	72	22	3	6	9			**109**	4	4
Cottbus	86	31	9	27	10			**154**	21	29
Dresden	156	23	6	40	6	2	1	**228**	26	40
Erfurt	229	28	6	63	26	1		**348**	79	58
Frankfurt	72	6	4	8	4	1		**91**	3	18
Gera	168	27	5	21	41			**257**	72	40
Halle	149	27	7	35	9	1	1	**222**	63	31
Karl–Marx–Stadt	360	44	13	126	16			**546**	101	80
Leipzig	134	19	7	28	10			**191**	56	31
Magdeburg	149	23	5	11	7	2	1	**193**	52	40
Neubrandenburg	107	14	5	23	6	1		**151**	43	26
Potsdam	104	9		15	12	1		**141**	17	31
Rostock	136	20	3	25	6	1		**188**	50	28
Schwerin	87	7		16	5			**115**	21	25
Suhl	120	6		15	39	1		**181**	35	41
insgesamt	2.129	306	73	459	206	12	3	**3.115**	643	522

3. Aktivitäten in kleineren Orten oder Städten der DDR

Die Aktivitäten in kleineren Orten und Städten sind in der Öffentlichkeit kaum wahrgenommen worden. Da diese „Revolution" aber nur durch die flächendeckenden Proteste im ganzen Land erfolgreich sein konnte, soll hier näher darauf eingegangen werden.

Ein Beispiel hierfür sind die spontanen Demonstrationen in der Stadt Lindow im Bezirk Potsdam.

> „In den frühen Morgenstunden des 8. Oktober 1989 werden 20 Jugendliche, die sich am Abend vorher vor dem Rathaus in Lindow versammelten und laut den Namen des sowjetischen Hoffnungsträgers Gorbatschow riefen, abgeholt und zum Verhör ins Lindower Rathaus gebracht. ...
> Am Nachmittag findet auf dem Lindower Sportplatz ein Fußballspiel statt. Vom Spielfeld weg wird ein Spieler verhaftet. Voller Protest solidarisieren sich Zuschauer und Mannschaft mit dem Verhafteten. Am Abend dieses Sonntags ziehen sie protestierend durch Lindow. „Wir bleiben hier! Reformen wollen wir!" – so hört man es laut. Inzwischen hat sich die Staatsmacht darauf eingestellt. Die Polizei erwartet die Demonstranten im Rathaus und nimmt sie in Gewahrsam.

Daraufhin versammeln sich weitere Lindower Bürger vor dem Rathaus, um die Verhafteten freizubekommen. In Lindow spricht es sich schnell herum, was geschehen ist. Die Bürgeransammlung wächst beträchtlich. Die Lage ist gespannt. Gegen 21 Uhr werden die etwa 15 verhafteten Sportler verladen und nach Neuruppin gebracht. Weitere herantransportierte Ordnungshüter verstärken inzwischen die anwesende Polizei. Man versucht mit vereinten Kräften, die Ordnung wiederherzustellen. Immer mehr Lindower kommen zusammen. Sie bauen schließlich aus Gemüsekisten u.ä. auf der Straße des Friedens eine Barrikade quer über dieselbe. So versucht man, weitere Polizeiverstärkung fernzuhalten. Mit Gewalt droht die Polizei, dies alles zu verhindern und die Menge zu zerstreuen. Dann wird mit Gummiknüppeln auf etliche Bürger eingeschlagen. Die Leute sind aufgebracht. Erregt fragt ein Jugendlicher einen Polizisten: „Ihr würdet wohl sogar auf uns schießen?" Dies wurde klar bejaht ...
Pfarrer Schubach schlägt am nächsten Tag vor, sich noch am gleichen Abend in der Lindower Kirche zu versammeln zur Fürbitte und Information der Bevölkerung ...
Am Abend ist die Lindower Kirche so voll, wie sonst nur Weihnachten. Etwa 500 bis 600 Menschen sind gekommen[24] [...]
Als die Leute das „schützende Dach" der Kirche verlassen, kommen ihnen die ersten Verhafteten entgegen. Sie werden freudig begrüßt. Mit Kerzen in der Hand setzt sich schweigend ein kleiner Zug zum Rathaus die Hauptstraße entlang in Bewegung. Vor dem Rathaus werden die Kerzen abgestellt ..."[25]

Auch eine Übersicht über die Demonstrationen und Kundgebungen am 4. November 1989 zeigt, daß es falsch wäre, neben den von der Öffentlichkeit vor allem beachteten Großveranstaltungen – an diesem Tag war es die genehmigte Großdemonstration auf dem Berliner Alexanderplatz – die vielfältigen und im Ergebnis nicht weniger wichtigen lokalen Ereignisse zu übersehen:

- *Altenburg/Bezirk Leipzig:* Kundgebung auf dem Theaterplatz für freies Reisen und freie Wahlen und anschließender Demonstration mit 10.000–12.000 („Freie Erde") Teilnehmern nach einem Aufruf des Neuen Forum;
- *Angermünde/Bezirk Frankfurt (Oder):* Menschenkette vor dem KA des MfS mit 15 (MfS) Teilnehmern;
- *Annaberg/Bezirk Karl-Marx-Stadt:* Demonstration mit 10.000 (MdI; MfS: 6.000[26]) Teilnehmern nach einem Fürbittgottesdienst in der Ev.-Methodistischen Kirche, an der KD (Kreisdienststelle) des MfS werden Kerzen aufgestellt;
- *Arnstadt/ Erfurt*: Demonstration für freie Wahlen und die Zulassung des Neuen Forums mit 5.000 (MdI) Teilnehmern;
- *Bad Muskau/Cottbus*: Demonstration mit 120 (MfS) Teilnehmern, anschließend Bürgeraussprache;
- *Coswig/Dresden:* Kundgebung auf dem Schulhof der Ostrowski-Oberschule, wegen Dauerregens wird die Kundgebung in die ev. Kirche verlegt;
- *Crimmitschau/ Karl-Marx-Stadt:* Erstes Friedensgebet in der Johanneskirche und anschließender Demonstration und 2.000 (MfS; MdI: 5.000) Teilnehmern;
- *Dahme/Cottbus*: Demonstration mit 1.500 (Lausitzer Rundschau; MdI: 4.000) Teilnehmern und anschließender Kundgebung vor dem „Haus des Volkes";
- *Dresden*: Demonstration vom Fucikplatz zum Kulturpalast mit 15.000 (MdI) Teilnehmern mit den Forderungen „SED–ade" und „Stasi in die Volkswirtschaft";
- *Eisleben/Halle*: Demonstration mit 700 (MfS) Teilnehmern zur KD des MfS für die Legalisierung der SDP und freie Wahlen;

- *Freiberg/Karl-Marx-Stadt:* nach einem Aufruf des Neuen Forums Kundgebung für freie Wahlen und die Zulassung des Neuen Forums vor dem Rathaus mit anschließender Demonstration durch die Innenstadt zurück zum Rathaus mit 5.000 (Freie Presse, MdI: 2.500) Teilnehmern;
- *Gadebusch/Schwerin:* Demonstration für freie Demokratie und geheime Wahlen mit 1.600 (MdI) Teilnehmern nach einem Aufruf des Neuen Forums;
- *Genthin/Magdeburg*: Demonstration mit 2.000 (MfS) Teilnehmern, u. a. wurde die Ablösung von Mielke gefordert;
- *Greiz/Gera:* Demonstration gegen die Alleinherrschaft der SED und für das Neue Forum mit 2.500 (MfS) Teilnehmern;
- *Heringsdorf/Rostock:* Demonstration mit 4.000 (MdI) Teilnehmern zum Ferienheim des MfS „Fritz Schmenkel", dessen Freigabe gefordert wurde;
- *Jena/Gera:* nach einem Einwohnerforum Demonstration zum Stadtzentrum mit 8.000 (MdI; MfS: 40.000) Teilnehmern;
- *Lauscha/Suhl*: Demonstration mit 3.500 (Wir sind das Volk; Lausitzer Rundschau: 1.700) Teilnehmern;
- *Lengenfeld/Karl-Marx-Stadt:* Demonstration für freie Wahlen und die Zulassung des Neuen Forums mit 3.000 (MfS) Teilnehmern nach einem Gottesdienst in der ev. Kirche;
- *Lichtenstein/Karl-Marx-Stadt:* Demonstration vom Karl-Marx-Platz durch das Stadtzentrum zum Platz der DSF und anschließender Kundgebung mit 1.000 (MfS) Teilnehmern nach einem Aufruf der Bürgerinitiative „Suchet der Stadt Bestes";
- *Ludwigslust/Schwerin:* Demonstration für freie Demokratie und geheime Wahlen mit 4.000 (MdI) Teilnehmern nach einem Aufruf des Neuen Forums;
- *Magdeburg*: Kundgebung der Kunstschaffenden auf dem Domplatz mit 40.000 (Wir sind das Volk, MdI: 7.000) Teilnehmern, anschließend Demonstration zum Haus der Lehrer;
- *Marienberg/Karl-Marx-Stadt:* Demonstration für die Zulassung des Neuen Forums und die Abschaffung des MfS und der SED mit 4.000 (MdI; MfS: 1.000) Teilnehmern;
- *Mühlhausen/Erfurt:* nach einer Informationsveranstaltung in der Marienkirche Demonstration zum Untermarkt mit 3.000 (MdI) Teilnehmern nach einem Aufruf der Initativgruppe „Veränderung jetzt";
- *Naumburg/Halle:* Demonstration durch die Innenstadt mit 12.000 (MfS) Teilnehmern nach einem Aufruf oppositioneller Kräfte;
- *Parchim/Schwerin:* Demonstration für freie Demokratie und geheime Wahlen mit 3.500 (MdI) Teilnehmern nach einem Aufruf des Neuen Forums;
- *Plauen*: Demonstration vom Rathaus, nach kurzer Ansprache von Superintendent Küttler, durch die Innenstadt zum Rathaus und anschließender Kundgebung mit 25.000 (Freie Presse, MdI: 30.000) Teilnehmern, es wird der Rücktritt der Regierung gefordert;
- *Potsdam:* Kundgebung für freie Wahlen und „Stasi in die Produktion" mit anschließender Demonstration zur Bezirksverwaltung des MfS mit 30.000 (MdI; MfS: 20.000) Teilnehmern nach einem Aufruf des Neuen Forums;
- *Röbel/Neubrandenburg:* Demonstration für demokratische Erneuerung mit 3.500 (Freie Erde; MdI: 2.000) Teilnehmern;

- *Rostock:* Kundgebung für „freie Wahlen und politische Reformen" vor dem Rathaus und anschließende Demonstration zur Bezirksverwaltung des MfS mit 30.000 („Der Norden wacht auf", MdI: 20.000) Teilnehmern;
- *Rudolstadt/Gera:* nach einem Fürbittgottesdienst in der Stadtkirche Demonstration zur Lutherkirche am Markt mit 3.500 (MdI) Teilnehmern mit den Forderungen: „Demokratie jetzt, Wir sind das Volk, Stasi in die Volkswirtschaft";
- *Salzwedel/Magdeburg:* Demonstration für die Beseitigung der Diktatur der SED mit 3.000 (MfS) Teilnehmern nach einem Aufruf des Neuen Forums;
- *Schönheide/Karl-Marx-Stadt*: Kundgebung mit 200 (MfS) Teilnehmern vor dem Rathaus;
- *Schwedt:* Demonstration durch die Innenstadt mit 15.000 (MdI, MfS: 4.500) Teilnehmern, an der KD des MfS werden Kerzen aufgestellt;
- *Sebnitz/Dresden*: Demonstration mit 2.000 (MfS) Teilnehmern nach einem Bürgerforum;
- *Spremberg/Cottbus*: Kundgebung vor dem Kreiskulturhaus mit 1.000 (Lausitzer Rundschau; MdI: 200) Teilnehmern;
- *Stollberg/Karl-Marx-Stadt:* Friedensmarsch mit 8.000 (MdI) Teilnehmern durch die Innenstadt, im Anschluß Gemeindeabend in der St.Jakobi-Kirche;
- *Stralsund/Rostock*: Demonstration und Kundgebung der Theaterschaffenden vor dem Theater am Olof-Palme-Platz für Medien- und Demonstrationsfreiheit;
- *Suhl:* nach einem Friedensgebet „Für unser Land" Demonstration für mehr Demokratie, freie Wahlen und die Einführung eines Sozialen Friedensdienstes mit 20.000 (Wir sind das Volk; MdI: 12.000, Dokumentation Thüringen 1989/90: 35.000) Teilnehmern, anschließend Kundgebung vor der Stadthalle nach Aufruf durch das Neue Forum;
- *Templin/Neubrandenburg*: Demonstration vor dem KA des MfS mit 200 (MfS) Teilnehmern;
- *Wernigerode/Magdeburg:* Demonstration mit 5.000 (MdI) Teilnehmern nach einem Aufruf des Neuen Forum, an der Kreisdienststelle des MfS wurden Kerzen aufgestellt;
- *Wittenberge/Halle:* Demonstration und anschließende Kundgebung für freie Wahlen und die Zulassung der neuen Gruppierungen mit 5.000 (MfS) Teilnehmern nach einem Aufruf von „Demokratie Jetzt";
- *Zittau/Dresden*: Rathausgespräch mit anschließender Kundgebung und 3.000 (MfS) Teilnehmern.

Demonstrationen und Kundgebungen fanden auch statt in:

Ribnitz-Damgarten/Rostock: 2.000 (MdI) Teilnehmer, Kühlungsborn/ Rostock: 500 (MdI) Teilnehmer, Egeln/Magdeburg: 200 (MdI) Teilnehmer, Arenshausen/Erfurt: 100 (MdI) Teilnehmer, Triptis/Gera: 500 (MdI) Teilnehmer, Heiligenstadt/Erfurt: 2.000 (MdI) Teilnehmer.

Weitere kleine Städte, in denen mehr als 10 Demonstrationen und Kundgebungen stattgefunden haben, sind der Tabelle 3 zu entnehmen.

Tabelle 3:
Anzahl der Demonstrationen und Kundgebungen mit Teilnehmerzahlen am Beispiel von sieben kleineren Städten in der DDR

Städte	Bezirk	Einwohner	Demonstration mit Kundgebungen	erste Demonstration	Teilnehmerzahl	letzte Demonstration	Teilnehmerzahl	Demonstration mit den meisten Teilnehmern
Adorf	Karl-Marx-Stadt	6.742	11	26.10.1989	1.000	08.02.1990	100	11.01.1990 2.500
Bad Doberan	Rostock	12.303	17	25.10.1989	3.000	21.02.1990	150	08.11.1989 5.000
Eisenberg	Gera	12.840	15	25.10.1989	1.800	21.02.1990	250	14.02.1990 5.000
Gotha	Erfurt	56.715	33	20.10.1989	6.000	20.04.1990	150	27.01.1990 120.000[27]
Halberstadt	Magdeburg	46.851	13	25.10.1989	10.000	21.02.1990	1.000	08.11.1989 18.000
Markneukirchen	Karl-Marx-Stadt	6.964	16	18.10.1989	2.000	07.02.1990	2.000	08.11.1990 6.000
Sebnitz	Dresden	11.120	18	28.10.1989	200	19.02.1990	800	29.01.1990 4.000

Bei den Aktivitäten muß zwischen denen im Herbst 1989 und im Frühjahr 1990 unterschieden werden. War die Beteiligung im Herbst 1989 noch mit einigen Gefahren verbunden, so galt es im Frühjahr 1990 lediglich, die eigene Trägheit zu überwinden. Die Annahme, daß die Zahl der Demonstrationen nach der Maueröffnung massiv zurückgegangen sei, wird durch die folgende Übersicht widerlegt:

Tabelle 4:
Anzahl der Demonstrationen und Kundgebungen in den Monaten Oktober bis Dezember 1989, dargestellt nach Bezirken

	Anzahl der Demonstrationen und Kundgebungen			Anzahl der verschiedenen Orte		
Bezirke	Oktober	November	Dezember	Oktober	November	Dezember
Berlin	11	16	21		2	3
Cottbus	12	43	23	9	20	14
Dresden	34	76	42	14	26	15
Erfurt	39	89	64	16	37	28
Frankfurt	2	25	9	2	12	8
Gera	21	69	34	15	25	16
Halle	28	79	32	13	24	18
Karl–Marx–Stadt	69	141	75	38	51	32
Leipzig	21	73	23	12	24	12
Magdeburg	14	62	23	7	27	14
Neubrandenburg	25	38	26	16	13	13
Potsdam	13	35	27	5	16	15
Rostock	16	49	41	6	14	15
Schwerin	13	30	21	11	11	11
Suhl	12	46	33	7	23	19
Insgesamt	**330**	**871**	**494**	**171**	**334**	**233**

Es läßt sich also festellen, daß ab November in fast allen Bezirken ein Anstieg der Aktivitäten zu verzeichnen ist. Auch die Anzahl der Orte, in denen Demonstrationen und Kundgebungen stattfanden, stieg in allen Bezirken an.

Nimmt man die Maueröffnung am 9. November 1989 als Schnittpunkt, so ergeben sich für den November die folgenden Zahlen:

Aktivitäten insgesamt	871
bis zum 09.11.	321
danach bis zum 30.11.	550.

Nach dem 9. November 1989 fanden also mehr Demonstrationen und Kundgebungen statt als im Monat Oktober. Im Dezember ist ein starker Rückgang bei der Anzahl der Aktivitäten und der Orte zu verzeichnen.

4. Kirchliche Ausgangspunkte der Demonstrationen und Kundgebungen

Vor allem die oppositionellen Gruppen im Umfeld der Kirche forderten schon lange vor dem Herbst 1989 das Recht auf Demonstrationsfreiheit, auch gegen den Willen einzelner Vertreter der Kirchenleitung,[28] ein. Hier muß aber in Betracht gezogen werden, daß im Herbst 1989 Aktionen über kirchliche Kommunikationsstrukturen wie z. B. Schaukästen, Informationstafeln, Telefone und Sonntagsgottesdienste bekannt gemacht wurden.

Außerdem fanden erste Dialogveranstaltungen und Vorstellungsrunden der neuen Parteien in den Kirchen statt.

Sehr wichtig waren hierbei auch die Vervielfältigungsmöglichkeiten, die in Kirchenräumen vorhanden waren. Erste Flugblätter und Erklärungen wurden in der Anfangszeit zum größten Teil dort gedruckt. Weiterhin hatten die oppositionellen Gruppen im Umfeld der Kirchen über Jahre hinweg ein eigenes Informationsnetzwerk aufgebaut, das für die Gründung der neuen Initiativen, Vereine und Parteien von großer Bedeutung war. Viele Gruppenmitglieder und Pfarrer traten im Herbst 1989 deshalb auch als Mitbegründer in Erscheinung.

Von den bisher registrierten 2.894 Demonstrationen und Kundgebungen hatten 643 kirchliche Veranstaltungen[29] als Ursprung. Dabei ist auch ein Gefälle zwischen den lutherischen und unierten Landeskirchen zu verzeichnen. Waren es in Thüringen 186, in Sachsen 183 und in Mecklenburg 115, so registrierte man in Brandenburg 41.

In Sachsen steht der Bezirk Karl-Marx-Stadt mit 101 Veranstaltungen, in Thüringen der Bezirk Erfurt mit 79 an der Spitze.

Ein großer Unterschied bestand auch zwischen Herbst 1989 und Frühjahr 1990. Waren es vom September bis Dezember 547 kirchliche Veranstaltungen, so sind es vom Januar bis April 1990 nur noch 96. Der Monat November steht mit 287 an der Spitze, im Dezember waren es nur noch 76. Das ist damit zu begründen, daß Ende 1989 der Aufbau der neuen Initiativen und Parteien so weit vorangeschritten war, daß diese direkt, ohne Umweg über die Kirche, Demonstrationen und Kundgebungen organisieren und durchführen konnten. Auch mußte in dieser Zeit nicht mehr die alte Technik der kirchlichen Einrichtungen genutzt werden. Jetzt wurden Aufrufe und Statements selber gedruckt oder in Zeitungen veröffentlicht. Die meisten Aktivitäten entwickelte hier das Neue Forum.

5. Die Staatsmacht

Schon 1988 befürchteten die Mitarbeiter des Ministeriums für Staatssicherheit, daß von der Bevölkerung im Bezirk Karl-Marx-Stadt die meisten Aktivitäten ausgehen würden. Für den Bezirk waren deshalb, laut „Internierungsliste", insgesamt 4.319 Personen für die Isolierung vorgesehen (im Vergleich zu 890 im Bezirk Dresden und 664 im Bezirk Leipzig[30]).

Erich Honecker, der den Vorsitz des Nationalen Verteidigungsrates innehatte und dem die Bezirkseinsatzleitungen unterstanden, umriß die Aufgabe der Bezirkseinsatzleitungen so: „... *In Anbetracht der verstärkten Angriffe der Feinde des Sozialismus auf die politische Stabilität und Ausstrahlungskraft unserer Republik sollte es zunehmend Anliegen der Einsatzleitung sein, allen Provokationen und Verleumdungskampagnen durch koordiniertes und umsichtiges Handeln entschieden entgegenzutreten ....*"[31]

Die Bezirkseinsatzleitungen (BEL) setzten sich wie folgt zusammen:

1. der 1. Sekretär der Bezirksleitung der SED als Vorsitzender der BEL,
2. der 2. Sekretär der Bezirksleitung der SED als Stellvertreter des Vorsitzenden im Amt,
3. der Chef des Wehrbezirkskommandos der NVA als Stellvertreter des Vorsitzenden,
4. der Leiter der Bezirksverwaltung für Staatssicherheit,
5. der Chef der Bezirksbehörde der Deutschen Volkspolizei,
6. der Vorsitzende des Rates des Bezirkes als Mitglied und
7. der Abteilungsleiter für Sicherheitsfragen der Bezirksleitung der SED als Sekretär der Bezirkseinsatzleitung.

Ihre Aufgabe bestand darin, zu Friedens- und Krisenzeiten den Machterhalt der SED zu sichern.

Eine Form der zur Verfügung stehenden Maßnahmen war die Internierung. Zuständig für die Internierung war entsprechend der Beschlußvorlage des Nationalen Verteidigungsrates das Ministerium des Innern.[32] Seit 1969 wurden Listen aller „*gefährlichen*" bzw. „*unzuverlässigen*" Personen geführt, die im Spannungsfall sofort zu internieren waren. Diese Listen wurden ständig aktualisiert. Vor allem in den 80er Jahren verlagerten sich die Orientierungen der Bezirkseinsatzleitungen verstärkt auf die „*Überwindung innerer Spannungsperioden*".[33] Alle Diensteinheiten der Bezirksverwaltung erhielten den Auftrag, im April 1989 sowie im August 1989 die spezifisch-operativen Maßnahmen zu aktualisieren. Dies bedeutete „*[...] monatlich bis zum 25. die Vervollkommnung und Aktualisierung der Erfassung aller feindlich-negativen Personen [...]*".[34] Die Unterbringung sollte in Internierungslagern erfolgen. Der Bezirk Karl-Marx-Stadt spielte aber auch in anderer Hinsicht eine Rolle. Im 2. Halbjahr 1988 registrierte die BEL:

„[...] daß vom Potential der feindlich-negativen Kräfte im Bezirk erkennbar stärkere Aktivitäten zur Organisierung und Koordinierung öffentlichkeitswirksamer antisozialistischer Handlungen bis hin zur Konfrontation mit staatlichen Stellen der DDR und zur Unterwanderung der sozialistischen Gesellschaft unternommen wurden. Die bekannten Kräfte des politischen Untergrundes im Bezirk Karl-Marx-Stadt verstärken im Zusammenhang mit analogen Kräften aus anderen Bezirken ihre Anstrengungen zur Zusammenführung oppositioneller Personen und zur Schaffung entsprechender antisozialistischer Zentren. Als Schwerpunkt im Verantwortungsbereich bildet sich die Stadt Zwickau heraus [...]"[35]

Die Aktivitäten im Bezirk Karl-Marx-Stadt verdeutlicht die folgende Übersicht:

Tabelle 5:
Städte, Orte und Gemeinden des Bezirks Karl-Marx-Stadt, in denen vom August 1989 bis April 1990 Streiks, Demonstrationen und Kundgebungen stattfanden

Städte, Orte und Gemeinden	Einwohnerzahl	Ereignisse insgesamt[36]	Demonstrationen	Kundgebungen	Demonstrationen mit Kundgebungen	Demonstration mit den meisten Teilnehmern[37]	
Adorf	6.742	11	10		1	11.01.90	2.500
Annaberg	25.404	14	10		4	04.11.89	10. 000
Aue	25.435	18	17		1	06.11.89	20.000
Auerbach	22.148	15	1	1	13	02.02.90	25.000
Bad Elster	3.794	13	12			09.11.90	3.300
Bärenstein	3.076	1	1			06.11.89	300
Bernsbach	4.360	1	1			keine Angaben[38]	
Blauenthal	316	1	1			28.01.90	500
Brand Erbisdorf	9.887	3	2		1	23.01.90	2.000
Burgstädt	12.968	1	1			keine Angaben	
Burkhardtsdorf	3.995	1	1			keine Angaben	
Crimmitschau	23.455	9	6	2	1	04.11.89	5.000
Crottendorf	4.707	2	2			04.12.89	200
Deutscheinsiedel	500	1	1			21.04.90	2.500[39]
Dorfchemnitz	1.575	1	1			27.10.89	25
Ehrenfriedersdorf	6.381	2	2			13.11.89	1.000
Eibenstock	6.439	2	2			29.11.89	400
Eppendorf	3.910	4	3		1	19.01.90	3.000
Erlbach	1.865	1	1			06.11.89	500
Falkenstein	10.335	1	1			13.01.90	80
Flöha	13.216	6	4		2	31.01.90	2.000
Frankenberg	15.023	1	1			23.02.90	300
Frauenstein	1.392	1			1	12.11.89	400
Freiberg	46.840	17	10	2	5	04.11.89	5.000
Gehringswalde	902	2	2			15.11.89	250
Gelenau	5.844	1	1			30.01.90	2.000
Geyer	4.718	3	3			25.01.90	1.500
Glauchau	25.566	5	4		1	06.11.89	2.500
Hainichen	8.871	3	3			06.11.89	1.000
Hartenstein	2.782	4	3	1		03.02.90	1.000
Hartmannsdorf	4.965	1	1			keine Angaben	
Hohenstein-Ernstthal	16.707	12	9	2	1	13.11.89	4.000
Jahnsdorf	2.826	2	2			18.01.90	2.000
Jöhstadt	1.646	1		1		16.04.90	1.000

Johanngeorgen-stadt	9.397	2	2			03.11.89	600
Karl–Marx–Stadt	301.918	59	23	13	17	15.01.90	210.000
Kirchberg	9.071	4	3		1	29.10.89	400
Klingenthal	12.489	18	11	2	4	03.11.89	8.000
Lauter	5.880	1	1			13.03.90	2.500
Lengenfeld	6.811	10	8		2	04.11.89	3.000
Leuckersdorf	2.369	1	1			14.11.89	100
Lichtenstein	12.261	4	3		1	16.12.89	2.500
Limbach–Ober-frohna	22.526	18	8	2	8	10.01.90	30.000[40]
Lugau	9.930	1				Warnstreik	
Lunzenau	3.789	2	2			21.01.90	800
Marienberg	11.486	10	9		1	04.11.89	4.000
Markneukirchen	6.964	16	9	2	5	08.11.89	6.000
Meerane	21.420	6	4		2	06.11.89	2.000
Mittweida	17.633	1	1			21.11.89	700
Neuhausen	2.611	2	2			25.10.89	100
Neukirchen	1.539	1		1		22.04.90	750
Oberwiesenthal	3.978	2	1		1	12.11.89	1.000
Oederan	6.749	3	2		1	08.12.89	700
Oelsnitz	13.365	16	14	1	1	06.11.89	6.500
Olbernhau	11.882	15	11	1	3	03.11.89	10.000
Penig	7.629	10	9	1		13.01.90	1.500
Plauen	73.971	35	9	4	21	21.10.89	50.000
Pockau	3.575	2	2			06.11.89	300
Reichenbach	25.663	21	19		1	01.11.89	4.000
Reumtengrün	853	2	2			keine Angaben	
Rochlitz	7.705	1	1			14.11.89	350
Schneeberg	21.074	4	4			24.02.90	1.200
Schönberg	936	1	1			28.10.89	500
Schöneck	3.506	8	7		1	10.01.90	4.000[41]
Schönheide	6.463	3	2		1	11.11.89	800
Schwarzenberg	20.669	13	10		3	01.11.89	8.000
Sohl	657	1	1			13.12.89	150
Sosa	2.468	1	1			21.01.90	800
Stollberg	12.836	7	5		1	04.11.89	8.000
Tannenberg	1.260	1	1			10.02.90	200
Thalheim	9.284	2	2			24.11.89	1.500
Treuen	7.334	3	2		1	05.11.89	2.500
Waldenburg	4.253	1	1			06.11.89	400
Werdau	20.352	26	16	1	8	22.01.90	20.000
Wilkau–Haßlau	10.144	1			1	01.02.90	5.000
Wolfgangsmaßen		1	1			06.01.90	7.000[42]
Zschopau	12.947	6	5		1	12.12.89	5.000
Zschorlau	4.185	2	1	1		20.01.90	1.000
Zwickau	118.914	31	19	4	5	22.01.90	20.000
Zwönitz	10.386	9	5	1	3	16.01.90	5.000

6. Vergleich der Einwohnerzahlen mit der Zahl der Demonstrationsteilnehmer/innen

Es ist sehr schwer, ein zutreffendes Bild von der Beteiligung der Bevölkerung an den Demonstrationen und Kundgebungen zu erhalten. Die vorhandenen Schätzungen liegen meist weit auseinander.[43] Bei einem Vergleich der Schätzungen konnten aber keine signifikanten Regelmäßigkeiten festgestellt werden. Es war z. B. nicht so, daß etwa das MfS immer die niedrigsten Angaben machte und die Schätzungen von Teilnehmern immer höher lagen; in vielen Fällen war es gerade umgekehrt.

Für die nachfolgende Tabelle konnten nur Demonstrationen und Kundgebungen berücksichtigt werden, von denen Teilnehmerzahlen vorliegen. Es wurde immer die höchste Schätzung verwandt.

Tabelle 6:
Anzahl der Demonstrationen und Beteiligung der Bevölkerung daran (in %) vom August 1989 bis April 1990 in den Bezirksstädten[44]

Bezirksstadt	Demonstrationen und Kundgebungen	Teilnehmerzahl in % der Einwohnerzahl
Berlin	86	ca. 1,3%
Cottbus	28	7%
Dresden	52	7%
Erfurt	35	9%
Frankfurt	23	5%
Gera	28	5%
Halle	41	7%
Karl-Marx-Stadt	44	13%
Leipzig	50	14%
Magdeburg	40	4%
Neubrandenburg	23	11%
Potsdam	22	2%
Rostock	36	5%
Schwerin	27	7%
Suhl	17	7%

Die Beteiligung der Bevölkerung in kleineren Orten ist im Vergleich zur Gesamtbevölkerung oft größer als in den Zentren:

Tabelle 7:
Anzahl der Demonstrationen und Beteiligung der Bevölkerung daran (in %) vom August 1989 bis April 1990 am Beispiel von sieben kleineren Städten in der DDR[45]

Stadt	Bezirk	Demonstrationen und Kundgebungen	Teilnehmerzahl in % der Einwohnerzahl
Adorf	Karl-Marx-Stadt	11	15 %
Bad Doberan	Rostock	17	13 %
Eisenberg	Gera	15	12 %
Gotha	Erfurt	33	16 %
Halberstadt	Magdeburg	13	15 %
Markneukirchen	Karl-Marx-Stadt	16	44 %
Sebnitz	Dresden	18	10 %

7. Die Forderungen der Demonstranten

Waren die Proteste der Bevölkerung in der Anfangszeit von ihrem Willen zur Veränderung der bestehenden Verhältnisse geprägt, so trat später der Wunsch nach schneller Wiedervereinigung beider deutscher Staaten in den Vordergrund. Nach der Maueröffnung am 9.11.1989 kam es in den Grenzgebieten zur BRD in den Bezirken Karl-Marx-Stadt, Erfurt, Magdeburg und Gera zu Demonstrationen, bei denen die Öffnung der Grenze und der Abbau der Grenzsicherungsanlagen gefordert wurde.

Die Einwohner lösten das Problem der Wiedervereinigung mit phantasievollen Aktionen auf ihre Weise:

> „Ministerium des Innern
> Information vom 01.12.1989
> Betreff: Gewährleistung der öffentlichen Ordnung und Sicherheit
> Im Grenzabschnitt der Ortslage Großensee/Eisenach/Erfurt demonstrierten in der Zeit von 18.00 Uhr bis 19.45 Uhr ca. 100 Personen, unter Teilnahme des Bürgermeisters sowie einer Blaskapelle. Sie forderten die Eröffnung einer neuen Grenzübergangsstelle. Gegen 19.10 Uhr wurde das Tor des Grenzsicherungszaunes aufgedrückt, dabei Plasteteile des Zaunes auf einer Breite von ca. 30 m angezündet und der Marsch bis zum Kolonnenweg fortgesetzt. Den Aufforderungen von Angehörigen der Grenztruppen der DDR zum Verlassen des Kolonnenweges wurde Folge geleistet. Im gleichen Zeitraum befanden sich auf dem gegenüberliegenden Territorium der BRD ca. 80 Personen, darunter Rundfunk- und Fernsehreporter. Von diesem Personenkreis wurde mitgeteilt, daß die Ereignisse aufgenommen wurden und vom Bayerischen Rundfunk am 1.12.1989, gegen 06.15 Uhr übertragen werden."[46]

In Bischhagen/Erfurt forderten 1.000 Teilnehmer am 10.12.1989 mit einem ökumenischen Gottesdienst an der Grenze, den Signalzaun zu öffnen. Tatsächlich wurde dieser bis zum späten Abend geöffnet. Die Leute nutzten die Gelegenheit, der Nachbargemeinde einen Besuch abzustatten. Am späten Abend wurde der Zaun „vorschriftsmäßig" wieder verschlossen. Diese Entwicklung befürchtete die Staatsmacht bereits am 3. November 1989. Sechs Tage vor der Maueröffnung in Berlin hieß es in einem Befehl des Vorsitzenden des Nationalen Verteidigungsrates der DDR, Egon Krenz, an die Vorsitzenden der Bezirkseinsatzleitungen[47] u. a.:

> „[...] 6. Durch die Bezirkseinsatzleitungen der Grenzbezirke sind die erforderlichen Maßnahmen einzuleiten, damit Demonstranten nicht in Grenzgebiete eindringen. Im Fall eines Eindringens sind die Demonstranten durch körperliche Gewalt und geeignete Mittel daran zu hindern, daß es zu Grenzdurchbrüchen kommt. In besonders gefährdeten Abschnitten, sind zusätzlich zu den Grenzposten Diensthundeführer einzusetzen".

Im Januar 1990 wurden die verzögerte Auflösung des Ministeriums für Staatssicherheit und die Zahlung von Überbrückungsgeldern an ehemalige MfS-Angehörige bei den Demonstrationen und Kundgebungen ein zentrales Thema. Verstärkt wurde auch gegen das noch vorhandene Machtmonopol der SED-PDS protestiert und deren Auflösung gefordert.

Im Frühjahr 1990 wuchs die Angst vor sozialen Verlusten, es wurden vor allem Lohnerhöhungen gefordert, später spielte das Umtauschverhältnis 1:1 eine zentrale Rolle. Ab Februar 1990 kamen dann die neuen und alten Parteien auf den Plan, die jetzt stattfindenden Kundgebungen waren verstärkt vom Wahlkampf geprägt.

Anmerkungen:

1 Nach: Spiegel Nr. 17/1990.
2 BStU MfS-Arbeitsbereich Mittig 26, Bundesarchiv Berlin-DO1 MdI Stab 52445, 52449.
3 Bundesarchiv Berlin DO1 MdI Stab 52449.
4 Ebenda, Archiv Polizeipräsidium Leipzig-VPKA 11449, 12388, 12389, 12390, 12405.
5 Archiv Polizeipräsidium Dresden I/357, I/3186, I/3187, I/3626.
6 Bundesarchiv Berlin DO1 MdI Stab 52445.
7 Bundesbeauftragter für die Unterlagen des Staatsicherheitsdienstes der ehemaligen DDR: ZAIG MfS 3812, 3813, 3748, 8266, MfS–HA XX/4 1475, 1685, 1686, 1836, MfS-HA IX 2260, 3202, 3203, 3203, 3204, 3205, MfS-AGM 1654, MfS–HA–XX/AKG 1335, MfS– Arbeitsbereich Neiber 439, 615, 616, 687, 782, MfS-Arbeitsbereich Mittig 26, MfS HA XX/AKG/II 157, 161, MfS-Sekr. des Ministers 2336.
8 BStU: MfS-Arbeitsbereich Mittig 26.
9 Unter der Regierung Modrow wurde am 17.11.1989 das Ministerium für Staatssicherheit aufgelöst und durch das Amt für Nationale Sicherheit ersetzt, Leiter Dr. Wolfgang Schwanitz, BStU: MfS-HA XX/4 2464, MfS-Sekr. des Ministers 2336, MfS-Arbeitsbereich Mittig 26, Bundesarchiv Berlin DO1 MdI Stab 52449.
10 Die oben genannten Zeitungen wurden für den Zeitraum August 1989 bis April 1990 ausgewertet.
11 Deutschland Archiv, Chronik der Ereignisse in der DDR. Köln 1990; *Wolfgang Schneider*, Demontagebuch. Leipzig 1990; *Zeno und Sabine Zimmerling*, Chronik DDR. Berlin 1991; *Hannes Bahrmann* und *Christoph Links,* Chronik der Wende. Berlin 1989/1994; *Bernd Lindner* unter Mitarbeit von Manfred Leyh, Katrin Teichmann, Anett Stuth, Uwe Schwabe, Zum Herbst '89 – Demokratische Bewegungen in der DDR. Leipzig 1994 u. a.
12 Für die vorliegende Übersicht wurden folgende Veröffentlichungen verwendet: *Matthias Schneider,* „Und plötzlich ging alles so schnell" – Wende und Wandel in Görlitz. Wiesbaden 1991; *Ulrike Rönnecke,* Aufbruch '89 – Kreis Neuruppin. Kreisverwaltung Neuruppin 1993; Eine Hoffnung lernt gehen, hrsg. vom Regierunspräsidum Halberstadt, Halberstadt 1990; *Alfred Radeloff,* Die Revolution im Herbst 1989 und im ersten Halbjahr 1990 in der Stadt Dessau. Dessau 1990; *Winfried Völlger und Rainer Butzke,* Halle im Herbst. Halle 1990; *Redaktion „Das andere Blatt",* „Keine Überraschung zulassen!". Berichte und Praktiken der Staatssicherheit in Halle. Halle 1990; *Detlef Wehnert und Andreas Graf,* Stürmischer Herbst 1989. Dresden 1994; *Fridolf Heydenreich,* Die Geschichte unserer friedlichen Revolution, Herbst 1989 – Frühjahr 1990, eine Chronologie der Ereignisse in Neubrandenburg. Neubrandenburg 1993; Anstiftung zur Gewaltlosigkeit – Herbst ,89 in Magdeburg, Magdeburg 1991; *Jürgen Vogel,* Magdeburg Kroatenweg – Chronik des Bürgerkomitees. Magdeburg 1991; Aufbruch '89 – Über den Beginn der Wende in Schwerin, hrsg. vom Landesbeauftragten für die Stasi-Unterlagen, Schwerin 1994. *Reinhard Glöckner,* Die Wende in Greifswald aus meinem Erleben und in meiner Sicht. 1993 (Selbstverlag); *Karl-Hermann Kandler,* Die Rolle der Ev.-Luth. Kirche in Freiberg während der Wende 1989/90. Freiberg 1996; *Heinz Mestrup und Dietmar Remy,* Mühlhausen 1989/1990 – Die Wende in einer thüringischen Kreisstadt. Münster 1993; Aufbruch '89 – Kleine Chronik der Herbstereignisse 1989 in der Bezirksstadt Suhl September bis Dezember 1989, hrsg. vom Bürgerkomitee des Landes Thüringen e. V.; *Andreas Dornheim und Stephan Schnitzler,* Thüringen 1989/90 – Akteure des Umbruchs berichten. Landeszentrale für politische Bildung Thüringen 1995; *Hans-Georg Adler,* „Wir sprengen unsere Ketten" – Die friedliche Revolution im Eichsfeld. Leipzig 1990; *Margot Friedrich,* Eine Revolution nach Feierabend. Eisenacher Tagebuch der Revolution. Marburg 1991; *Christoph Victor,* Oktoberfrühling – Wende in Weimar. Weimar 1992; Meißener Chronik 1989-1996, hrsg. von der Kreissparkasse Meißen. Meißen 1996; *Thomas Wernicke,* „Mit tschekistischem Gruß ...", Berichte der Bezirksverwaltung für Staatssicherheit Potsdam ,89. Potsdam 1990; *Klaus Bergmann,* Weimar-Demos 1989/90 in

Bildern. Weimar o. J.; *Helmut Schröer,* „Ohne Städte ist kein Staat zu machen", Trier 1992; Vom Sicherheitseinsatz 40. Jahrestag (Oktober 1989) zur verordneten Polizei-Demonstration (Januar 1990), hrsg. vom Landesbeauftragten für die Stasi-Unterlagen, Erfurt 1995; *Ulfert Herlyn* und *Lothar Bertels,* Stadt im Umbruch: Gotha – Wende und Wandel in Ostdeutschland. Opladen 1997; Nordhausen, Historie-Heimat-Humor, 1992; *Friedrich Schorlemmer,* Die Wende in Wittenberg, 1997; Die Grenze im Eichsfeld, Göttingen 1991; *Kai Langer,* Vorgeschichte und Geschichte der Wende in den drei Nordbezirken der DDR, in: Aufarbeitung und Versöhnung, Bd. IX., Enquete-Kommission im Landtag Mecklenburg-Vorpommern, Schwerin 1997. *Sven Abrokat,* Politischer Umbruch und Neubeginn in Wismar 1989 bis 1990, Hamburg 1997. Hansestadt Stralsund 1990 – 1994 – Vier Jahre einer Stadt, Stralsund 1994; „Der aufrechte Gang" – Malchiner Dokumente der Wendezeit, Itzehoe 1990; Dokumentation über die Wende in Waren-Müritz, im Auftrag des Schulverwaltungsamtes Landkreis Müritz, (unveröffentlicht); *Anselm Wolter*, Chronik der Bürgerbewegung in der Wendezeit vom August 1989 bis zum Sommer 1990 für die Stadt Teterow, Teterow 1994; *Jens Henkel*, Rudolstädter Chronik Oktober 1989-Oktober 1990, Heidecksburg; *Petra del Pino* und *Käte Meinel,* Die Wende im Kreis Auerbach, Versuch einer Chronik der Jahre 1989/1990, Auerbach. *Käthe Lindemann,* Wendegeschichten aus Coswig, Coswig/Anhalt 1997.

13 Hier handelt es sich nur um Aktivitäten die öffentlichkeitswirksam waren. Ende September und Anfang Oktober fanden in zahlreichen Städten Friedensgebete, Fürbittandachten und Mahnwachen statt, die *aber „...ohne Vorkommnisse und Öffentlichkeitswirksamkeit verliefen..."* (MfS). Diese Aktivitäten wurden in der Übersicht nicht berücksichtigt, waren aber für die weitere Entwicklung von großer Bedeutung, da die Demonstrationen am Anfang meist von diesen Veranstaltungen ausgingen. Auch gab es viele Zusammenkünfte in privaten Wohnungen, wo über die Gründung von neuen Organisationen diskutiert wurde. In einer Information des Ministeriums des Inneren (Bundesarchiv Berlin: MdI, Stab 52449) vom 08.10.1989 wurden z.B. auch folgende Vorkommnisse registriert: *„Seit dem 01.09.1989 sind dem MdI insgesamt 906 Vorkommnisse gemeldet worden, die sich gegen die staatliche Ordnung richteten. Im wesentlichen handelte es sich um: 577 öffentliche Herabwürdigungen, 68 provokatorische-demonstrative Handlungen, 80 Androhungen von Gewaltakten sowie 18 Widerstandshandlungen gegen stattliche Maßnahmen [...]".*

14 Archiv des Polizeipräsidiums Leipzig-VPKA 11449.

15 BStU Berlin-MfS-HA IX 3203.

16 Demonstrationen und Kundgebungen, die in den vorhandenen Quellen dokumentiert wurden. Bei den Demonstrationen fanden weder im Vorfeld noch danach Kundgebungen oder Versammlungen im Freien statt. Die Kundgebungen wurden nur als Kundgebungen registriert. Bei einigen fanden aber vorher oder hinterher Versammlungen in Kirchen statt.

17 Kundgebungen, die in den Quellen als Wahlkundgebung bezeichnet wurden. Sie sind auch in der vorherigen Spalte mit eingerechnet.

18 Aktivitäten, bei denen Demonstrationen und Kundgebungen gemeinsam stattfanden. Diese Aktivitäten werden separat aufgeführt, müssen also zum Feld eins und zwei dazu gezählt werden.

19 Berücksichtigt wurden nur Arbeitsniederlegungen bis zum Monat Februar 1990. Die Forderungen der Streikenden bezogen sich nicht nur auf höhere Löhne, mehr Urlaub oder bessere Arbeitsbedingungen, sondern richteten sich auch gegen die Ausgleichszahlungen an ehemalige Stasi-Mitarbeiter, bei Schulstreiks gegen den Russischunterricht oder gegen die Restaurierung alter Machtverhältnisse.

20 Besetzung der Stasi-Kreisdienststellen oder Besetzung einer Mülldeponie.

21 Verzeichnis wichtiger Veranstaltungen, Aktionen die für die weiteren Ereignisse in dem jeweiligen Ort wichtig waren, die aber in keinem der anderen Felder berücksichtigt werden konnten (z. B. Vernichtung von 1.500 Maschinenpistolen auf Beschluß des Runden Tisches in Dessau usw.).

22 Friedensgebete, Friedensandacht, Fürbittandacht, Bittgottesdienst, Informationsveranstaltung, kirchliche Veranstaltung, Gottesdienst, „Erneuerungsgebet", „Gebet für unser Land", Friedensgottesdienst, Fürbittgebet, „Gebet um Erneuerung" und „Gebet um gesellschaftliche Erneuerung". Diese verschiedenen Formen werden zur Vereinfachung bei der Auswertung als kirchliche Veranstaltungen bezeichnet.

23 Mit Randbezirken.

24 Bei 2.585 Einwohnern.

25 Auszug aus: *Ulrike Rönnecke,* Aufbruch ,89 Kreis Neuruppin. Neuruppin 1993.

26 Wenn zwei Teilnehmerzahlen angegeben werden, waren in den Quellen verschiedene Schätzungen vorhanden. Es wurde dann immer die höchste und die niedrigste Schätzung angegeben.

27 Kundgebung mit Willy Brandt. (Bundesarchiv Potsdam D01 MdI Stab 52445).

28 Zwei Vertreter der Leipziger Kirchenleitung lehnten Anfang 1989 *„[...] politische Demonstrationen als geeignete Form des Zeugnisses der Kirche [...]"* ab (vgl. *Christian Dietrich und Uwe Schwabe,* Dokumente zu den Friedensgebeten zwischen 1981 und dem 9. Oktober 1989, Leipzig 1994, Seite 266).

29 Gemeint sind „Fürbittgebete", „Friedensgebete" usw.

30 Vgl. Minderheitenvotum des Abgeordneten Michael Arnold und der Fraktion Bündnis 90/Grüne im Sächsischen Landtag zum Thema: „Schlußbericht des Sonderausschusses zur Untersuchung von Amts–und Machtmißbrauch infolge der SED–Herrschaft".

31 Protokoll der 78. Sitzung des Nationalen Verteidigungsrates vom 16. Juni 1989 (Bundesarchiv Freiburg, VA 01/39539).

32 Minderheitenvotum Arnold: Beschluß Nr. 12/79.

33 Ebenda.

34 Ebenda.

35 Beschlußvorlage für die Bezirksleitung Karl-Marx-Stadt über die Einschätzung der Lage im 2. Halbjahr 1988 vom Leiter der BV des MfS (Bundesarchiv Freiburg VA 03/24210).

36 Hier wurden alle Aktivitäten berücksichtigt auch Streiks, Mahnwachen usw.

37 wenn gleiche Teilnehmerzahlen vorhanden waren, wurde die früheste Demonstration verwendet.

38 In keiner der Quellen konnten Angaben zur Teilnehmerzahl gefunden werden.

39 Menschenkette auf Seite der CSSR und der DDR gegen das Waldsterben im Erzgebirge.

40 Freie Presse/Karl-Marx-Stadt vom 11. 01. 1989.

41 Angabe MdI (Bundesarchiv Berlin–D01 MdI Stab 52445).

42 Sternmarsch aus vielen Orten zum NVA-Objekt mit der Forderung, es in ein Erholungsheim umzuwandeln.

43 So gibt es z. B. bei der Demonstration am 26. Oktober 1989 in Erfurt vier verschiedene Angaben: 15.000 bei Andreas Dornheim „Politischer Umbruch"; 30.000 in der Dokumentation „100 Tage, die die DDR erschütterten"; 10.000 in der Dokumentation „Chronik der Ereignisse" (Köln 1990) und beim Ministerium des Innern; 8.000 in den Angaben des MfS.

44 Berechnung der Teilnehmerzahlen: Prozentuale Beteiligung der Bevölkerung an den Demonstrationen in ihrer Stadt auf der Basis des Mittelwertes aller Teilnehmer aller Demonstrationen (bei denen uns Zahlen vorlagen) verglichen mit der Einwohnerzahl des jeweiligen Ortes zum Zeitpunkt des Jahres 1989.

45 Es wurden nur Orte mit mehr als 10 Demonstrationen oder Kundgebungen berücksichtigt.

46 Bundesarchiv Berlin–MdI Stab 52449.

47 Bundesarchiv Freiburg–VA 03/24211.

Christian Dietrich/Martin Jander

Die Ausweitung zum Massenprotest in Sachsen und Thüringen

1. Einführung[1]

Der Erfolg, so sagt man, hat viele Väter. So erstaunt es nicht, daß darüber, wem die „Ehre" gebührt das Ende der DDR letztendlich herbeigeführt zu haben, heftig gerungen wird. Insbesondere die Begriffe „Revolution", „Zusammenbruch", „Wende" oder „Implosion" sind heftig umstritten, denn die Wahl der Begriffe impliziert Aussagen über den Beitrag den DDR-Oppositionelle, die Bundesregierung, die Bürger beider deutscher Staaten, die Sowjetunion, die Oppositionsbewegungen in Polen, Ungarn und der Tschechoslowakei u.v.a. Akteure im Herbst 1989 zur Überwindung der totalitären SED-Herrschaft geleistet haben.[2] Die Behauptung, vor allem im „Süden" der DDR sei die totalitäre Herrschaft zerbrochen worden, ist Teil dieser Auseinandersetzung.

Daß dem „Süden" der DDR eine besondere Rolle für das Ende der SED-Herrschaft zukam, wurde mit den Ergebnissen der Volkskammerwahlen vom 18.3.90 unübersehbar. Die Wahl erbrachte insgesamt einen überraschend klaren Vorsprung der „Allianz für Deutschland" (CDU, DA, DSU). Das Wahlbündnis „Allianz" hatte eine schnelle Vereinigung beider deutscher Staaten zum wichtigsten Ziel seines Wahlkampfes erklärt. In Brandenburg und Mecklenburg-Vorpommern erhielt die „Allianz" lediglich ein Drittel der Stimmen. In Sachsen und Sachsen-Anhalt waren es jeweils mehr als 40% und in Thüringen waren es sogar über 50% der Stimmen.[3] Die vor allem von großen Teilen der Sozialdemokraten (Ost und West), der Grünen (Ost und West), des Bündnis 90 (Ost) und der SED/PDS (Ost) favorisierte langsame Vereinigung wurde von der Bevölkerung der DDR mehrheitlich abgelehnt. Insbesondere in Sachsen, Sachsen-Anhalt und Thüringen war die DDR abgewählt worden.

Früh schon war in Darstellungen zum Ende der DDR und zur Geschichte der DDR-Opposition auf die Besonderheit des „Südens" aufmerksam gemacht worden.[4] Nicht nur Charakter und Eigenheiten der damals wiederentstehenden Länder, sondern auch Handlungsformen und Ziele der Opposition wie der Bevölkerung schienen eine Besonderheit darzustellen.[5] Erst kürzlich schrieb Michael Richter, Mitarbeiter im Hannah-Arendt-Institut für Totalitarismusforschung an der TU-Dresden:

> „Erstmals trugen am 13. November Leipziger Bürger ein Spruchband mit dem Rautenwappen und der Aufschrift: Schwarz-rot-gold. Sachsen Freistaat, Freies Europa! Seitdem wurden Sachsen-Transparente auf allen wichtigen Demonstrationen mitgeführt. Sachsen wurde zum Vorreiter bei der Einführung föderativer Strukturen.“[6]

Neben Handlungsformen und Zielen von Opposition und Bevölkerung ist es aber auch die Durchsetzungsfähigkeit oppositioneller Kräfte im Süden der DDR, die nicht selten als Besonderheit hervorgehoben wird. So etwa bemerkt ebenfalls Michael Richter:

> „Der Koordinator des Runden Tischs des Bezirkes Dresden, Erich Iltgen, wurde Landtagspräsident [im Freistaat Sachsen – C.D./M.J.] [...] Anders als in anderen Regionen der untergegangenen DDR besetzten die aus der Bürgerbewegung hervorgegangenen politischen Kräfte auch in der Folgezeit wichtige Positionen im Freistaat Sachsen. Wie während der friedlichen Revolution blieben sie Sprecher einer Bevölkerungsmehrheit und erhielten sich so ihren Einfluß auf die politischen Geschicke Sachsens.“[7]

Mittlerweile hat sich in Forschung und öffentlicher Debatte – in einer Abwandlung der anfänglichen Gegenüberstellung „Süden“ und „Norden“ – die Unterscheidung von „Zentrum“ und „Peripherie“ eingebürgert. So z.B. schrieb Walter Süß, Mitarbeiter in der Forschungsabteilung der Gauck-Behörde, 1996:

> „Die Initiative zum Umbruch kam aus den Bezirken der DDR. Die Radikalisierung der Bewegung bis zum völligen Bruch mit dem alten Regime wurde ebenfalls auf regionaler Ebene schärfer forciert als in der DDR-Hauptstadt. Der Umwälzungs- und Auflösungsprozeß in Berlin kann deshalb nur verstanden werden, wenn er in der Dialektik von Zentrum und Peripherie gesehen wird.“[8]

Wir versuchen, mit der Auswertung bereits vorhandener Darstellungen und eigenständig recherchierter Zusammenhänge der Frage nachzugehen, welche Eigenheiten der Übergang von der Opposition zur Revolution in Thüringen und Sachsen zeigte. Unser Anspruch war vor allem, das vorhandene Schriftgut über lokale Umbrüche in Sachsen und Thüringen so breit als möglich zusammenzutragen. In der Aufbereitung dieser Darstellungen wird darüber hinaus der Frage nachgegangen, ob der Umbruch im Süden der DDR eher als „Revolution“ zu fassen ist, ein Prozeß, in dem von einer revoltierenden Gesellschaft eine alte Ordnung zerbrochen und eine neue konstituiert wurde, oder eher als Zusammenbruch eines totalitären Regimes, dessen Ende durch den Beitritt zur Bundesrepublik und die mehrheitlich gewollte Übertragung ihrer Institutionen und Strukturen besiegelt wurde. Auch dem Charakter der Opposition wird nachgegangen, setzte sie eher auf Reform der DDR oder auf ihre Abschaffung? Außerdem wird gefragt, ob die „runden Tische“, „Bürgerkomitees“ lediglich das Ende der DDR beschleunigten oder konstitutiven Charakter für eine ganz andere Republik hätten haben können. Ein wirklich umfassender Überblick und in diesem Sinne befriedigende Antworten können noch nicht gegeben werden. Die bislang vorliegenden Forschungsergebnisse reichen dazu noch nicht aus.[9]

2. Landeskirchliche Differenzen und der politische Widerstand

Das Ende der SED-Herrschaft und der DDR läßt sich in Etappen unterteilen, die zugleich eine gewisse Differenzierung zwischen Berlin und Peripherie bzw. Süden nahelegen. In der „Inkubationsphase" der Opposition bis Mitte 1987[10] war aus einer Jugendbewegung am Rande der evangelischen Kirche und einzelnen Hauskreisen eine politisch-alternative Szene gewachsen. Sie bedienten sich der Infrastruktur der Kirchen, denen die SED eine gewisse Selbständigkeit zugestanden hatte. Mitte der 80er Jahre waren die führenden Vertreter und Medien dieser politisch-alternativen Gruppen vor allem in Berlin zu Hause.

Im Winter 1987/88 versuchte die SED-Führung, die sich herausbildenden oppositionelle Strukturen durch Inhaftierungen zu zerstören. Daraufhin artikulierte sich erstmals in der ganzen DDR eine breite Solidaritätsbewegung. Sie stärkte insbesondere das Selbstbewußtsein der Gruppen „in der Provinz". Anlaß für die Inhaftierungen bzw. Ausweisungen war die gemeinsame Demonstration von Ausreisewilligen und Vertretern der informellen Opposition. Die Ausweisung der Ausreisewilligen weckte bei vielen Ausreiseantragstellern die Hoffnung, durch eine Beteiligung an Aktionen der kirchlichen Gruppen, die DDR schneller verlassen zu können. Dagegen unterstellten Berliner Oppositionelle, daß gerade eine Kooperation mit Ausreiseantragstellern ihre politische Arbeit unterminieren würde.[11] Nun setzte sich vor allem in Berliner Gruppen eine Ausgrenzung der Ausreisebewegung durch. Sie reichte von einer gezielten Ablenkung von „öffentlichkeitswirksamen Aktionen"[12] bis zur linksradikalen Diffamierung als „Schlaraffenlandbewegung".[13]

Obwohl die Konferenz der evangelischen Kirchenleitungen in der DDR im Frühjahr 1988 beschloß, keine *„besonderen Gruppen für Ausreisewillige zu bilden"*,[14] entstanden in einigen Städten solche Gruppen. Sie wurden in den Landeskirchen unterschiedlich behandelt. Besonders stark war die Ausreisebewegung in Sachsen,[15] so daß sich Vertreter des Sächsischen Landeskirchenamtes für eine Öffnung der Kirchen für die Ausreiseantragsteller einsetzten.[16] Daneben gab es auch in der Kirchenprovinz Sachsen (Raum Halle/ Magdeburg, Erfurt und Suhl) einige Pfarrer, die spezielle Veranstaltungen organisierten. Während in Thüringen Ausreisekreise keine landeskirchliche Unterstützung fanden, engagierte sich dort für die Ausreisebewegung der Arbeitskreis „Solidarische Kirche".[17] Diese regionalen Unterschiede lassen sich auch bei der Entwicklung der Opposition vor dem Sommer 1989 finden.

Die Selbstorganisation des Widerstandes hatte im sogenannten „Süden der DDR" (heute Thüringen, Sachsen und Teile von Sachsen-Anhalt) eine über 15 Jahre alte Tradition. Obwohl eine unabhängige Organisation durch Staatssicherheit und Strafrecht bedroht war, gab es Anfang 1989 in Sachsen und Thüringen nach einer Studie des MfS ca. 100 (DDR: 160) als „feindlich" eingestufte Gruppen,[18] zu denen sich weniger als 0,1% der Bevölkerung zählte. Sie waren nicht nur in den größeren Städten zu Hause, sondern bildeten in Sachsen – anders als die Dissidentengruppen in Ungarn oder der CSSR – ein verhältnismäßig dichtes Netz.[19] Ihre Kontakte untereinander geschahen über persönliche Beziehungen und kirchliche Kommunikationsstrukturen. In den größeren Städten Sachsens und in Erfurt gab es dafür sogar spezielle Koordinationsgremien.

Seit den 70er Jahren hatten sich regionale Kooperationen entwickelt. Es gab verschiedene Friedensseminare und landeskirchliche Gremien der Jugendarbeit. Ende der 80er Jahre kamen die monatliche Treffen der „Arbeitsgruppe zur Situation der Menschenrechte in der DDR“ in Leipzig und mehrere Regionalgruppen des Arbeitskreises „Solidarische Kirche“ hinzu.[20] Diese ersten Versuche einer Selbstorganisationen geschahen nahezu ausschließlich „unter dem Dach“ bzw. „Vordach“ der Kirche.

Die evangelischen Kirchen, die sich Ende der 80er Jahre immer deutlicher als Interessenvertreter der Bevölkerung gegenüber dem Staat profilierten, verstanden sich jedoch als Moderatoren eines politischen Wandels und nicht zugleich als politische Institution.[21] Die politische Selbstorganisationen mußte deshalb außerhalb der Kirche geschehen. Erste Ansätze dazu gab es vor 1989 in Berlin, Dresden, Jena und Leipzig.[22] Doch auch diese blieben noch lange auf kirchliche Infrastrukturen angewiesen und reichten vor dem Sommer 1989 selten über das verhältnismäßig kleine[23] protestantischen Milieu hinaus. Hinzu kamen verschiedene – oft nur kurzlebige – Ausreisekreise.

Die größte ostdeutsche Landeskirche ist die sächsische. Sie versuchte kirchenpolitisch immer wieder, ihre Eigenständigkeit gegenüber den zentralen kirchlichen Stellen zu behaupten.[24] Im Herbst 1989 engagierten sich sächsische Kirchenvertreter eher „überparteilich“. Sie setzten sich häufig für eine Verselbständigung und damit Formalisierung der Gruppen als Opposition ein. Nur wenige Pfarrer beteiligten sich persönlich an einer der neuen politischen Gruppierung.[25]

Auch wenn die verbreitete Grundhaltung innerhalb der Thüringer Landeskirche ähnlich war, gab es hier – zum Teil vom Landeskirchenrat getragen – den Versuch, anstelle der neuen Gruppierungen die CDU zu einer Reform- bzw. Oppositionspartei zu machen.[26] Die Thüringer Kirche war insbesondere in den 60er Jahren sehr staatsnahe. Dieses Spezifikum galt noch in den 80er Jahren für viele Thüringer Gemeinden. Nur an wenigen Orten bildeten sich oppositionelle Gruppierungen. Ihre kirchliche Integration war auch weitaus schwächer als in Sachsen.[27]

Im Gegensatz zu diesen beiden lutherischen Kirchen war die Zahl der Pfarrer, die sich persönlich an der Gründung von Oppositionsparteien beteiligten, innerhalb der Evangelischen Kirchen der Kirchenprovinz Sachsen (Bischofssitz Magdeburg) deutlich höher. Der damalige Erfurter Pfarrer und Dozent Edelbert Richter verfaßte im September den Programmentwurf des Demokratischen Aufbruchs (DA). E. Richter gehörte seit den 70er Jahre zu den führenden Vertretern der informellen Opposition und hatte sich schon früh für die deutsche Einheit eingesetzt. Er begann im September 1989 in verschiedenen Orten Thüringens mit dem Aufbau des DA.[28] Dabei verwendete er nicht das am 1. Oktober beschlossene Programm des DA, sondern seinen – in der Frage der Deutschen Einheit klareren – Programmentwurf.[29]

Trotz der landeskirchlichen Unterschiede gab es in der gesamten untersuchten Region spezielle Gottesdienste, die entweder schon seit Jahren stattfanden oder im Spätsommer/Herbst 1989 eingeführt wurden und zu zentralen Kommunikationsorten wurden. Hier wurden die Ziele der neuen politischen Gruppierungen vorgestellt und oft waren sie auch Ausgangspunkt der ersten Demonstrationen. Außerdem wurde nach der Öffnung des Eisernen Vorhangs im Mai 1989 in den Kirchen immer deutlicher Wahlrecht und die Ausreisebewegung thematisiert.[30]

Wenn es in verschiedenen Städten keine kirchlichen Gruppen gab, die im September 1989 die Bildung politischer Organisationen betrieben, so fanden sich in vielen Orten Einzelpersonen, die durch öffentliche Erklärungen insbesondere das Neue Forum unterstützten, Materialien des Neuen Forums für ihre Heimatorte besorgten und erste Strukturen schufen. Alle diese Bemühungen wurden durch die DDR-Sicherheitsorgane extrem behindert (Beschlagnahmungen, kurzzeitige Inhaftierungen) und hatten erst Erfolg, als der Massenprotest die SED-Gewaltherrschaft begrenzte.[31]

Bevor die ersten größeren Demonstration stattfanden, trafen sich die neuen politischen Gruppierungen am 24. September auf Einladung der Leipziger „Initiative zur demokratischen Erneuerung" und versuchten, ihre Aktivitäten abzustimmen. Für einen Zusammenschluß waren die strategischen Differenzen zu groß. Die Vertreter des „Neuen Forums" setzten auf „Dialog" und behielten sich konkretere Interessenartikulation für einen späteren Zeitpunkt vor. Der Vertreter der sich gründenden sozialdemokratischen Partei dagegen sah die Aufgabe der Opposition in der Vorbereitung auf die Übernahme der „Konkursmasse DDR". Für ihn hatte die oppositionelle Selbstorganisation Priorität. Anders als in den benachbarten Ostblockstaaten begann sie jedoch erst. So geschahen Revolte, Formierung der Opposition und Zerfall der SED-Herrschaft fast gleichzeitig.

3. Thüringen

Das Territorium des heutigen Thüringen gliederte sich vor dem Umbruch in die Bezirke Erfurt, Gera und Suhl sowie in die Kreise Artern, Altenburg und Schölln 8die im Juli 1990 infolge von Bürger- bzw. Kreistagsentscheidungen hinzukamen). Damit entspricht der heutige Freistaat Thüringen in seiner Ausdehnung ungefähr dem Land Thüringen nach 1944. Durch einen nationalsozialistischen Verwaltungsentscheid waren damals Teile der ehemaligen preußischen Provinz Sachsen zu Thüringen gekommen. Außer dem im Nordwesten gelegenen Teil des volkskirchlichen Eichsfelds (Kurmainzer Enklave) ist Thüringen evangelisch (Evangelisch-Lutherische Kirche in Thüringen und Teile der Kirchenprovinz Sachsen). Das Eichsfeld war ein geschlossen katholisches Gebiet, in dem sich ein gewisses Heimatbewußtsein erhalten konnte.[32] Ein Teil des Eichsfelds gehört zu Niedersachsen, weshalb es 1990 im östlichen Teil Bestrebungen gab, sich dem Land Niedersachsen anzuschließen oder gar ein autonomes Bundesland Eichsfeld zu schaffen.[33]

Obwohl Thüringen bis in dieses Jahrhundert nur ein Landschaftsbegriff war und seine Grenzen wechselten, identifizierten sich seine Bürger 1990 mit diesem Land stärker als in den anderen östlichen Ländern.[34] Die politische Rekonstruktion des „Freistaates" geschah jedoch eher *„im Nachtrab zu der Entwicklung"* in den anderen Ländern.[35] Sie begann faktisch erst im Mai 1990, als der DDR-Ministerpräsident Bevollmächtigte in den Bezirken einsetzte. Der Erfurter Bevollmächtigte, Josef Duchac, war ab Ende August 1990 „Sprecher für ganz Thüringen" und wurde im November 1990 Ministerpräsident Thüringens.[36] Als ehemaliger FDJ- und CDU-Funktionär wurde er zum Symbol für eine mangelnde Erneuerung – insbesondere der CDU – in Thüringen.[37]

Mehrere hundert Kilometer Mauer, d.h. Sperrgebiet und gestaffeltes „Grenzregime“, prägten den Süden und Westen Thüringens.[38] Ende 1989 kam es in Thüringen mehrmals zu Demonstrationen gegen Sperrgebiet und Mauer direkt an der Grenze.[39] Großstädtische Metropolen finden sich in der Region nicht. Mit 217.000 Einwohnern bildete Erfurt die einwohnerreichste Stadt. Wichtige Städte sind weiterhin Gera, Jena, Suhl, Weimar, Altenburg, Gotha, Eisenach, Nordhausen und Mühlhausen. *„Das Fehlen einer Großstadt mit intensiverem Kontakt zum Westen (wie es Berlin und die Messestadt Leipzig waren) hat sich auf die Formierung der Demokratisierungsbewegung nicht förderlich ausgewirkt.“*[40] Im Zuge der Entwicklung des „kleinen Grenzverkehrs“ entwickelten sich jedoch verschiedene Kooperationen über die Mauer hinweg.[41] Zu größeren Demonstrationen kam es in Thüringen *„erst, als Leipzig, Dresden, Berlin und andere Städte beispielgebend gewirkt hatten.“*[42] Auch wenn keine der neuen Parteien in Thüringen gegründet wurde, ist die Geschichte des DA und der DSU eng mit Thüringen verknüpft.

3.1. Arnstadt

Die erste größere Thüringer Demonstration des Herbstes 1989 kam es in Arnstadt.[43] Hier gab es keine informelle Oppositionsgruppe. Auch gab es keine kirchliche Veranstaltungsreihe, bei der sich Proteste artikulieren ließen. So verbreitete ein junger Mann seit dem 20. September ein Flugblatt, mit dem er zu einer „friedlichen Kundgebung“ für den 30. September aufrief.[44] Darin hieß es:

> „AN ALLE BÜRGER VON ARNSTADT!!!! KOMMT ALLE AM 30.09.1989 um 14.00 UHR ZUR FRIEDLICHEN KUNDGEBUNG GEGEN DIE WILLKÜRLICHE POLITIK DER SED!!! TREFFPUNKT HOLZMARKT
> Was für ein Leben? was für ein leben? wo die wahrheit zur lüge wird, wo der falsche das zepter führt. was für ein leben? wo die freiheit tot geboren, wo schon scheint alles verloren. was für ein leben? wo alte männer regieren, wo noch menschen an grenzen krepieren. was für ein leben? wo man seinem nachbarn nicht mehr traut, wo man nicht mehr aufeinander baut. was für ein leben? wo man nicht sein kann, der man ist, wo man so schnell vergißt. was für ein leben? wo träume sterben, wo es nichts mehr gibt zum vererben, außer scherben. was für ein leben? wo es für wenige alles gibt, wo der kleine keinen ausweg sieht. was für ein leben? wo liebe nicht existiert, wo man langsam erfriert. WAS FÜR EIN LEBEN FÜHREN WIR ??? ABER LEBEN MUß MAN DOCH UND ZWAR HIER!!
> wir fordern: MEINUNGSFREIHEIT REFORMEN POLITISCH SOWIE WIRTSCHAFTLICH SCHLUß MIT der SCHLUDERWIRTSCHAFT ÜBERALL REISEFREIHEIT FÜR ALLE
> LAßT EUCH NICHT MEHR EINSCHÜCHTERN, SAGT EUERE MEINUNG!!!!“

An dem Sonnabend versammelten sich dann ca. 200 Menschen auf dem Arnstädter Holzmarkt. Es kam zu vereinzelten Rufen und zu erhitzten Debatten. Die in großer Zahl anwesenden Sicherheitskräfte lösten die Versammlung nicht auf. Die Teilnehmer verabredeten für den folgenden Sonnabend eine Wiederholung. Zugleich beschloß die Superintendentur an diesem 7. Oktober einen Informationsgottesdienst für eine demokratische Erneuerung in der Bachkirche durchzuführen. Diesmal nahmen an der Demonstration über 500 Bürger teil. Sie wurde brutal aufgelöst. Über

30 Teilnehmer wurden inhaftiert, darunter auch Mitorganisatoren des Friedensgebetes.[45]

Nach der ersten Demonstration begannen einzelne Teilnehmer, das Neue Forum in Arnstadt aufzubauen. Einer der Initiatoren ging am 13. Oktober ins Rathaus, um weitere Gewalt gegen Demonstrationen zu verhindern. Und wenige Tage später konstituierte sich in einer Kirche am Rande der Stadt das Neue Forum Arnstadt. Jeden Samstag demonstrierten nun mehrere hundert Menschen auf dem Markt, und fordern u.a. am 21. Oktober den Bürgermeister zum „Gespräch". Im November stiegen die Teilnehmerzahlen kurzfristig auf über 10.000 (am 11.11.), doch eine mit Plauen z.B. vergleichbare Massenmobilisierung blieb aus.[46]

3.2. Gotha

Ähnlich wie in vielen anderen Städten artikulierte sich der Widerstand gegen das SED-Regime in Gotha zuerst in kleinen kirchlichen Gruppen und in wöchentlichen Friedensgebeten. Zu einer Demonstration kam es erst am 27. Oktober. Zuvor hatte sich schon der Kreistag aufgrund einer Intervention eines Pfarrers, der CDU-Mitglied war, mit der Gewalt gegen Demonstranten in anderen Städten beschäftigen müssen.[47] Ausgangspunkt der ersten Gothaer Demonstration wurde das wöchentliche Friedensgebete in der Augustinerkirche. Vor dem Rat des Kreises forderten die Demonstranten von den Funktionären, daß sie sich den Anfragen der Bevölkerung stellen. Dazu kamen zwei Tage später ca. 20.000 Bürger auf den Hauptmarkt. Geleitet wurde dieser „Dialog" von dem damaligen Mitarbeiter des Rates des Kreises Josef Duchac und dem Superintendenten Eckardt Hoffmann.[48] In der folgenden Woche fand eine erneute Demonstration mit „Dialog" statt, bei der sich die kirchlichen Initiatoren schützend vor die Funktionäre stellten, da es sonst wohl zu größeren körperlichen Auseinandersetzungen gekommen wäre.

Die Positionen des DA, der SDP und des Neuen Forums wurden in Gotha erst am 7. November in einer öffentlichen Veranstaltung vorgestellt. Zwei Wochen später konstituierte sich das Gothaer Bürgerkomitee, in dem sowohl die neuen politischen Gruppierungen, als auch verschiedene Arbeitsgruppen und Kirchgemeinden vertreten waren. Dieses Bürgerkomitee organisierte am 4. Dezember innerhalb weniger Stunden eine Besetzung der Kreisdienststelle der Staatssicherheit und schützte die Stasi-Mitarbeiter vor einer aufgebrachten Menge, die sich vor dem Haus versammelt hatte. Am darauffolgenden Tag trat der Rat der Stadt (u.a. J. Duchac) zurück. Auf einer außerordentlichen Stadtverordnetenversammlung wurde dem Bürgermeister jedoch das Vertrauen ausgesprochen. Erst einen Monat trat auch dieser zurück. Die Mitglieder des Bürgerkomitees erhielten vom Vorsitzenden des Rates des Kreises Dienstausweise und ihre Arbeitgeber wurden angewiesen, Freistellungen bei Lohnfortzahlung zu gewähren. Das Bürgerkomitee hätte – zumindest „indirekt" – lokale Regierungsfunktionen übernehmen können. Zu radikalen Säuberungen in Verwaltungen und Administration kam es in Gotha in den folgenden Wochen jedoch nicht. Ein Bürgerkomitee-Mitglied wurde sogar wegen entsprechender Forderungen ausgeschlossen.

Für den 13. Dezember berief Superintendent Hoffmann den Runden Tisch Gotha ein, der die kommunale Verwaltung, den Rat des Kreises Gotha und die Polizei kontrollieren wollte. Im größeren Ausmaß begann der Aufbau der kommunalen Selbstverwaltung aber erst nach den Kommunalwahlen am 6. Mai 1990. Nachdem eine „Freie Wählergemeinschaft Gotha“ mit 8% der Stimmen ins Stadtparlament eingezogen war, löste sich das Bürgerkomitee auf.

3.3. Erfurt

Oppositionelle Aktivitäten haben in der Stadt Erfurt eine lange Vorgeschichte.[50] Die längste unmittelbare Vorgeschichte oppositioneller Aktivitäten geht zurück auf das *„Erfurter Friedensgebet, das noch einige Jahre älter als das Leipziger“*[51] war. Seit 1978, als in den Schulen der DDR das Fach Wehrkunde eingeführt wurde, gab es einmal wöchentlich, jeweils am Donnerstag, einen kurzen ökumenischen Gottesdienst mit Friedensgebet.

Seit April 1988 gab es außerdem regelmäßig einen „Mittwochsgottesdienst“, bei dem sich Frauen und Männer trafen, die in die Bundesrepublik ausreisen wollten. Diese Ausreisewilligen wurden allerdings, so Andreas Dornheim, *„von vielen Oppositionellen mit kritischen Augen betrachtet, da man befürchtete, diese wollten lediglich mit spektakulären Aktionen auf sich aufmerksam machen, um so ihrem Antrag den nötigen Druck zu verleihen.“*[52] Hier versammelten sich regelmäßig bis zu 200 Menschen.

Am Friedensgebet dagegen beteiligten sich oft lediglich zwischen 12 und 30 Menschen und wurde auch nach 1989 weitergeführt.[53] Dieses Friedensgebet war am 19. Oktober 1989 Ausgangspunkt der ersten – noch zaghaften – Erfurter „Donnerstagsdemonstration“.[54] Am 26. Oktober demonstrierten 10.000 Menschen und die „Donnerstagsdemonstration“ wurde zur festen Einrichtung.

Den Beginn des „Umbruchs“ datiert man in Erfurt aber bereits auf den 26. September des Jahres.[55] In der Kirche des Augustinerklosters waren 1.000 Menschen zusammengekommen, um die Vorstellung der sich neu konstituierenden Gruppen „Neues Forum“ und „Demokratischer Aufbruch“ zu erleben.[56] Vorausgegangen war dieser öffentlichen Vorstellung der Gruppen eine von Edelbert Richter am 20. September organisierte Zusammenkunft von 100 Mitgliedern von Basisgruppen aus dem ganzen Thüringer Raum. Eine Mehrzahl von Teilnehmern hatte sich hier für einen Beitritt zum „Neuen Forum“ ausgesprochen. Am 7. Oktober organisierten dann oppositionelle Kräfte in der Kaufmannskirche eine Gegenveranstaltung zu den offiziellen Feierlichkeiten des 40. Jahrestages der DDR. Die Veranstaltung mußte wegen der hohen Teilnehmerzahl – jeweils 800 Personen – zweimal durchgeführt werden.

Zwar konnten die Sicherheitskräfte am 7. Oktober eine vom im Sommer gegründeten Demokratischen Forum geplanten Demonstrationen noch verhindern,[57] insgesamt erreichte sie aber auch in Erfurt nur einen Aufschub. Einen ersten sichtbaren Erfolg errangen die oppositionellen Kräfte im Bezirk Erfurt mit dem Rücktritt des 1. Sekretärs der SED Gerhard Müller am 3. November und der Oberbürgermeisterin am 10. November.[58] Am 20. November hatte sich als Vorläufer des Runden Tischs, allerdings ausgehend von den alten Kräften, eine „Paritätische Kommission“ konstituiert. Sie sollte sich mit den Wahlfälschungen beschäftigen. Diese Kommission und der Runde Tisch auf der Stadtebene, erlangten jedoch in Erfurt keine besondere Bedeutung.

Dies hing mit der DDRweit ersten Besetzung einer Bezirksdienstelle der Staatssicherheit in Erfurt am 4. Dezember[59] zusammen. Matthias Büchner, einer der Initiatoren des Neuen Forums in der Stadt, schildert die Besetzung folgendermaßen:

> „Am Morgen des 4. Dezember 1989 waren es zunächst Mitglieder der Bürgerinitiative ‚Frauen für Veränderung', die die Handlung bestimmten. Ich selbst kam erst am Morgen zurück nach Erfurt. Drei Tage hatte ich ohne Schlaf auskommen müssen. Meine Frau begrüßte mich kurz mit den Worten, daß sie morgens mit der Frauengruppe Blokkaden in der Andreasstraße (Sitz der Staatssicherheit – d. Verf.) organisiert habe und nun mit der Ärztin Kerstin Schön ins Rathaus wolle, um mit dem Oberbürgermeister Hirschfeld zu verhandeln. Die Frauen waren absolut couragiert an die Sache gegangen, hatten Busfahrer angehalten und über den Busfunk, aber auch in Kaufhallen Unterstützung geholt. Die sind zu einer Baustelle und haben den Arbeitern gesagt: ‚Los, laßt den Hammer fallen! Ihr seid jetzt gefragt. Denkt an 1953!' (...) Obwohl wir dazu aufgerufen hatten, hatte das Neue Forum nicht konkretes vorbereitet oder koordiniert. Tatsächlich war es eine spontane Handlung. Und ohne die Frauen, also konkret gesagt Kerstin Schön, Almut Falcke, Barbara Weißhuhn, Elisabeth Kaufhold, Gabi Kachhold, Petra Büchner, Sabine Fabian und Claudia Bogenhardt, wäre es nicht so schnell gelaufen."[60]

Nach dieser Besetzung bildete sich am folgenden Tag in Erfurt ein „Bürgerkomitee" (Neues Forum, Demokratischer Aufbruch, SDP, Grüne Partei, Frauen für Veränderung, Offene Arbeit, CDU, DBD, LDPD, NDPD) mit einem Exekutivorgan, dem „Bürgerrat", heraus.[61] Ursprünglich für alle Fragen im Zusammenhang der Auflösung der Staatssicherheit zuständig, trat das Bürgerkomitee noch im Dezember an die Stadtverordnetenversammlung heran und forderte die Kooptation von 70 Vertretern der 6 neuen Parteien und Gruppen. Außerdem empfahl man der Versammlung, sich als nicht demokratisch legitimiert zu erklären, jedoch die Amtsgeschäfte bis zur Neuwahl weiter zu führen. Nach Vorgesprächen zwischen den Parteien und der Aufkündigung der Koalition mit der SED/PDS durch die CDU, löste sich die Stadtverordnetenversammlung Erfurts am 7. Februar 1990. Am 21. Februar konstituierte sich dann ein „Interimsparlament".

Anders als die Runden Tische hatte dieses Stadtparlament klare Befugnisse und erübrigte damit den städtischen Runden Tisch. Aber auch das Interimsparlament stellte seine Sitzungen im April 1990 wieder ein. Die Parteien CDU, DA, DSU, SPD und BFD hatten unter Hinweis auf die Ergebnisse der Volkskammerwahlen des 18. März in Erfurt erklärt, daß sie nunmehr 76% der Erfurter Bürger verträten, und blockierten weitere Beschlüsse bis zur Neuwahl der Stadtverordnetenversammlung am 6. Mai.[62]

3.4. Mühlhausen

Die Publikationen zum Umbruch in der Stadt Mühlhausen zeigen keinen so radikalen Verlauf.[63] Auch gab es vor 1989 hier keine nennenswerte Opposition, sogar die Konstitution eines Stadtverbandes des Neuen Forums scheiterte.

Dieter Remy datiert den Beginn der Wende in Mühlhausen auf den 2. Oktober. Im Bezirksfachkrankenhaus Pfafferode – vor den Toren der Stadt – trafen sich 56 Beschäftigte.[64] Nach einer ausführlichen Diskussion wurden die Parteien und Massenorganisationen der Stadt zum „Dialog" aufgefordert.[65] Die Beteiligten beharrten trotz massiver Repressionsandrohung auf ihrer Forderung und am 12. Oktober mußten sich die Lokalpolitiker den Mitarbeitern des Gesundheitswesens zur Diskussion stellen.

Einen Tag zuvor hatte der Gemeindekirchenrat einstimmig beschlossen, am 20. Oktober ein „Gebet für unser Land“ in der Martinikirche durchzuführen. Zu einer ersten unorganisierten Versammlung kam es aber bereits am 16. Oktober in der Georgikirche. Sie wurde zum Ausgangspunkt einer breiten Mobilisierung in der Stadt. Der Gottesdienst am 20. und eine Informationsveranstaltung am 22. sprachen sich in Mühlhausen rasch herum. Am „Gebet für unser Land“ nahmen dann über 2.000 Menschen teil. Nach dem Gottesdienst fand die erste Demonstration in Mühlhausen statt. Mit Kerzen in der Hand passierten die Demonstranten das Kreisgericht, die SED-Kreisleitung und die Kreisdienststelle der Staatssicherheit.

Zwei Tage später kamen 1.000 Menschen zur Informationsveranstaltung der neuen Gruppen.[66] Einer Aufforderung des Bürgermeisters zum Gespräch, eigentlich nur an die Initiatoren der Veranstaltung gerichtet, folgte die ganze Versammlung und dem Bürgermeister wurde die Zusage zu einem Gespräch abgerungen. Heidrun Senz beschreibt die Szene aus ihrer Erinnerung folgendermaßen:

> „Ich war mit meinem Mann bis etwa 10 Meter vor die Rathaustür gekommen. Die Menschen standen dicht beieinander und Platz und Straße vor dem Rathaus faßten gar nicht alle. [...] Bürgermeister Neukirch stand vor der Tür und sprach mit den Nächststehenden. [...] Es ging um seine Reaktion auf die geradezu knisternde Spannung, die in der Luft lag, und um die Pfiffe, die ja signalisierten, nun sagt ihr aus dem Rathaus mal was zu eurer Einladung! Vielleicht war es Frau Heise, die einen Ortswechsel zur Marien-Kirche vorschlug. Die Idee wurde jedenfalls von den Umstehenden aufgegriffen und weitergesagt. Der Bürgermeister lehnte ab mit der Begründung, die Marien-Kirche liege nicht in seiner Kompetenz, sondern gehöre zu der Gedenkstätte ‚Deutscher Bauernkrieg'. Niemand nahm diesen Einwand ernst. Ein Zwischenruf formulierte es deutlich: ‚Ihr könnt doch sonst immer alles!' Schließlich wurde der Bürgermeister gedrängt, von der Rathaustür weg an ein oberes Fenster zu gehen, um wenigstens besser seh- und hörbar zu werden. Auf diese Weise kam es zu einem merkwürdigen Dialog. Forderungen und Fragen aus der Menge wurden zu ihm hinaufgerufen, und Antworten und Beteuerungen kamen vom Fenster herunter. Beharrlich wurde ein öffentliches Treffen in der Marienkirche als größte und zentrale Versammlungsmöglichkeit gefordert. Das Zugeständnis des Bürgermeisters Neukirch zog gleich eine Terminbestimmung und die Forderung einer Pressemitteilung nach sich.“[67]

Als die örtlichen Funktionäre am 28. Oktober in die Martinikirche einzogen, erschallte ein ohrenbetäubendes Pfeifkonzert. Stundenlang brachten die Bürger ihre Sorgen und Kritiken vor. Ihre Redebeiträge wurden beklatscht, die Antworten der Funktionäre ausgebuht. Nach drei Stunden vertagte sich die Versammlung. Geschockt über ihren Verlauf weigerten sich die Funktionäre, zur zweiten Dialogveranstaltung einzuladen. Da in Mühlhausen keine oppositionelle Gruppe existierte, die zu dieser Veranstaltung einladen konnte, formierten sich Engagierte zur Gruppe „Veränderung jetzt“. Sie bestand aus 25 Personen und gestaltete die lokale Wende maßgeblich.

Ein „Runder Tisch“ wurde in Mühlhausen am 12. Dezember auf Initiative von SDP und LDPD ins Leben gerufen.[68] Moderiert wurde er vom evangelischen Superintendenten und dem katholischen Stadtdechanten. Er wurde zu keiner „Nebenregierung“. Die Gruppe „Veränderung jetzt“ beschloß, sich nicht zur Partei zu formieren, so daß sich Anfang 1990 die neugebildeten oder reformierten Parteien etablierten. [69]

3.5. Weimar

Zur Geschichte und Vorgeschichte des Umbruchs in Weimar liegt eine plastische Darstellung von dem Pfarrer Christoph Victor vor.[70] Traditionen oppositioneller Tätigkeit in der Stadt und ihrer Umgebung werden in der vorliegenden Darstellung nur spärlich dargestellt, lediglich die Friedensgebete, die seit dem Anfang der 80er Jahre regelmäßig Mittwochs stattfanden. Ein kurzer Hinweis findet sich auch auf die sogenannte „Offene Arbeit“ der evangelischen Kirche. Daß die Friedensgebete in Weimar nicht, wie in anderen Städten, zum Ausgangspunkt der späteren Demonstrationen wurden, erklärt C. Victor mit ihrer zunehmenden Attraktivität für Ausreisewillige. Die *„gesellschaftskritischeren Gemeindeglieder und Mitarbeiter der Kirche fühlten sich in diesem Kreis nicht sonderlich zu Hause.“*[71]

Ausführlich wird die Verhaftung von fünf Kirchenbesetzern am 4. Dezember 1988 dargestellt. Superintendent Hans Reder hatte die Besetzer, die ihre Ausreise aus der DDR erzwingen wollten, dem polizeilichen Zugriff in der Herderkirche preisgeben.[72] Er war auch für die Blockade innerkirchlicher Oppositionsaktivitäten verantwortlich.

Eine ähnliche Bedeutung wie für andere Städte hatten für Weimar die Kommunalwahlen 1989. Schon die Nominierung eines heftig umstrittenen Kandidaten, erst Recht die Verweigerung der Beobachtung der Auszählung in den Sonderwahllokalen stießen auf Kritik. Als dann noch die Ergebnisse der Wahllokale, bei denen eine Wahlbeobachtung möglich war, erheblich von den offiziell verkündeten abwichen, formierte sich Protest.[73] In diesem Kontext entstand auch der spätere „Weimarer Brief“, der ab 10. September an die CDU-Mitglieder gesandt wurde.[74]

Den Beginn des Umbruchs in Weimar wird auf Mitte September datiert. Am 20. September wurden bei einem Gemeindeabend zum ersten Mal die sich bildenden neuen Gruppen vorgestellt.[75] Seit Anfang des Monats kursierten ihre Aufrufe in der Stadt. Eine Wiederholung der Gruppenvorstellung wurde für den 4. Oktober verabredet. An dieser Veranstaltung wollten so viele Menschen teilnehmen, daß sie am nächsten Tag wiederholt werden mußte. In beiden Veranstaltungen wurde ein „Offener Brief“ an den Rat des Bezirkes verabschiedet und unterschrieben, in dem vor allem ein gesellschaftlicher Dialog gefordert wurde. Zu Demonstrationen kam es noch nicht, wohl aber zur Bildung von einer großen Anzahl von Arbeitsgruppen.

Die erste Demonstration wurde in Weimar durch bewußt verbreitete Gerüchte ausgelöst. Die Gerüchte besagten, daß am 24. Oktober, am „Platz der Demokratie“ eine Demonstration stattfinden solle. Inoffiziell angekündigt, fand sie dann auch tatsächlich statt und wurde zum Ausgangspunkt der Weimarer „Dienstagsdemonstrationen“. Zwei Tage später diskutierten auf Einladung des Oberbürgermeisters 2.000 Weimarer mit Vertretern der Stadt. Sie forderten den Rücktritt des Oberbürgermeisters. Die Demonstrationen wurden vom einem „vorläufigen Sprecherrat des Neuen Forum“[76] geleitet und in Abstimmung mit anderen Gruppen durchgeführt. Schritt für Schritt wurde man mutiger. Die Route, die am 5. Dezember vor das Stasi-Gebäude und schließlich zu seiner Besetzung führen sollte, verabredete man Anfang Dezember mit der Polizei. Am 31. Oktober demonstrierten 15.000 Menschen und erhielten vom Oberbürgermeister die Zusage für ein erstes „Rathausgespräch".

Ein Runder Tisch tagte seit dem 12. Dezember bis zu den Volkskammerwahlen im März 1990 sechs Male.[77] Welchen Einfluß seine Arbeit auf die Entwicklung der Stadt nahm und wer an ihm saß, geht aus der vorliegenden Darstellung nicht hervor. Lediglich die Arbeit des außerparlamentarischen Untersuchungsausschusses zur Aufdeckung von Amtsmißbrauch und Korruption wird eingehender geschildert.[78] Er war, obwohl von der Stadtverordnetenversammlung anerkannt, auf Hinweise aus der Bevölkerung angewiesen. Akten standen ihm nicht zur Verfügung. Insgesamt scheint bis in die Blockparteien hinein die Stadt von einer Lähmung ergriffen worden zu sein. Als der Oberbürgermeister in die Regierung Modrow berufen wurde, fanden weder die demonstrierenden Oppositionellen noch die Blockpartei CDU einen geeigneten Ersatzkandidaten. Der Posten des Oberbürgermeisters wurde deshalb öffentlich ausgeschrieben.[79]

Mit der Öffnung der Mauer wurden deutliche Differenzen zwischen Demonstrationssprechern und Weimarer Bürgern erkennbar. Immer wieder kritisierten Sprecher die abwartende und zögernde Haltung vieler Bürger. Ohne Eigenaktivität lasse sich nichts verändern. So formulierte der Weimarer Schriftsteller Wulf Kirsten am 19. November:

> „Innerhalb weniger Wochen ist der Poststalinismus wie ein Kartenhaus in sich zusammengebrochen. [...] Wie viele stehen Zögernd, mißtrauisch oder gar gleichgültig beiseite und verlassen sich darauf, daß es der Nebenmann schon machen werde, was die Stunde gebietet, aber jederzeit bereit, die Früchte der Revolution zu ernten. Bei allem Optimismus, bei allem Vertrauen in die Umdrehungszahl, die besagtes Rad der Geschichte jetzt schon erreicht hat, beherrschen mich in diesen kurzweiligen Tagen widerstreitende Gefühle. In die Hoffnung auf neue Lebensmöglichkeiten und -qualitäten mischt sich immer wieder Skepsis. Es fehlt mir an Glaubwürdigkeit im Revier. Der Wettlauf zwischen Hase und Igel wird wieder einmal vom Igel gewonnen, der sich an die Demonstrationsspitze stellt und ruft: Ich bin schon da!"[80]

Aber auch die Demonstrationen selbst veränderten sich. Die letzten „Dienstagsdemonstrationen" im Jahr 1989 fanden am 12. und 19. Dezember statt und waren bereits ganz auf die Wiedervereinigung beider deutscher Staaten ausgerichtet. Notfalls, so wurde inzwischen bei der Weimarer CDU argumentiert, werde sich das Land Thüringen eben als eigenständiges Bundesland nach Artikel 23 (Grundgesetz) der Bundesrepublik anschließen.[81] Die Rangeleien über das Pro und Contra zur deutschen Vereinigung führten dann auch zum Abbruch der Demonstrationen nach dem 6. Februar 1990. Hinfort gab es nur noch Wahlkampfveranstaltungen mit bundesdeutschen Politikern.

Welche hohe Popularität die demonstrierenden Oppositionellen bis hinein in die Arbeiterschaft genossen, wurde jedoch erkennbar, als am 9. Januar 1990 Diakon Hans-Jürgen Olbrecht, Mitorganisator des Neuen Forums, bei einer der letzten Dienstagsdemos die Aufforderung zum Warnstreik aller Betriebe der Stadt gegen die SED-Herrschaft aussprach. Sowohl im Zusammenhang der Besetzung der Weimarer Stasi-Zentrale als auch im Zusammenhang der Auflösung polizeilicher Strukturen, war in Weimar deutlich geworden, wie weit SED und Stasi noch

Machtpositionen einnahmen. Die Demonstranten am 9. Januar bedachten die Forderung mit großem Applaus, zwei Tage später streikten zwischen 13 und 15 Uhr fast alle Betriebe in Weimar und seiner näheren Umgebung.[82] Dies war um so erstaunlicher, da sich selbst Oppositionskreise von diesem Streikaufruf distanziert hatten. SED und FDGB waren selbstverständlich auch dagegen. Zum Schluß blieb allein das Neue Forum standhaft bei der Forderung und hatte Erfolg.[83] In den Ergebnissen der Volkskammerwahlen schlug sich diese Popularität freilich nicht nieder. [84]

3.6. Eichsfeld

Auch die Entwicklung im Eichsfeld kann noch nicht im Detail nachvollzogen werden. Eine Publikation von Hans Gerd Adler und verstreute Berichte geben zeigen jedoch deutliche einige Eigenheiten der regionalen Entwicklung.[85] Dabei spielte die katholische Kirche eine hervorragende Rolle. Die SED hatte denn den kirchlichen Einfluß hier nie völlig brechen können.[86]

Als unmittelbare Wendevorgeschichte im Eichsfeld – dem Kreis Heiligenstadt und dem Kreis Worbis – wird eine Unterschriftensammlung für das Neue Forum im September und Oktober 1989 erwähnt. Über dreitausend Unterschriften sollen gesammelt worden sein. In der katholischen Pfarrgemeinde Leinefelde gab es aber bereits seit dem Herbst 1977 eine „Donnerstag-Abendmesse", in der kritische Anfragen an die herrschende Politik der SED gerichtet wurden. Zehn Jahre später suchte auch eine Gruppe von „Antragstellern" den Kontakt zu dieser Gemeinde und am 40. Jahrestag der DDR brannten hier in vielen Fenstern „Kerzen als Zeichen der Hoffnung."[87]

Den Beginn des Umbruchs im Eichsfeld datiert H.G. Adler auf den 15. Oktober.[88] In der Kirche St. Ägidien in Heiligenstadt wurde während einer Andacht aus den Aufrufen des Neuen Forums und der Gruppe „Demokratie Jetzt" vorgelesen. Anschließend wurden Fürbitten vorgetragen, in denen „Dialog" gefordert wurde. Einen Tag später trafen sich im Pfarrgemeinderaum der Kirche St. Gerhard „*siebenundzwanzig gleichgesinnte und zuverlässige Männer und Frauen aus Heiligenstadt und Lutter.*"[89] Sie verabredeten die Aufnahme von Verbindungen zu gleichgesinnten Initiativgruppen. Als „*Zeichen der Verbundenheit mit allen, die für eine Erneuerung unserer Gesellschaft eintreten*",[90] beschloß man, jeweils am Montag Kerzen in die Fenster zu stellen.

Ausgehend von dieser Gruppe, die sich ursprünglich „Heiligenstädter ökumenischer Dialog – Bürgerinitiative im Neuen Forum", später nur noch „Demokratische Initiative Heiligenstadt" nannte, wurden Gruppen in Lutter, Uder und Krombach gegründet. Eigenständige Bürgerinitiativen entstanden in Leinefelde („Christliche Verantwortung Leinefelde"), Dingelstädt („Christliches Zentrum Dingelstädt") und Worbis („Demokratische Erneuerung Worbis"). Sie bestimmten maßgeblich den Verlauf des Umbruchs im Eichsfeld und orientierten sich später vorwiegend an der Blockpartei CDU, die schon wenige Tage nach dem Mauerfall begann, Kontakte zur CDU in Niedersachsen zu knüpfen.[91] „*Durch die Aufnahme neuer Mitglieder aus den Reihen der Initiativgruppen*" wurde die CDU Anfang 1990 „*grundlegend erneuert*".[92] Zur ersten unangemeldeten Schweigemarsch kam es im Eichsfeld am

23. Oktober in Heiligenstadt. Ein paar hundert Menschen zogen mit Kerzen zum Friedensplatz und sangen vor dem Rat des Kreises das Eichsfeldlied.[93] Am 30. Oktober kam es schließlich zu ersten großen Demonstration im Eichsfeld. Tausende zogen im Anschluß an ein Friedensgebet in der St.-Gerhard-Kirche zum Friedensplatz in Heiligenstadt. Es wurden Forderungen an den Rat des Kreises vorgetragen und übergeben. Die Kritik am Führungsanspruch der SED, die Forderung nach freien Wahlen, einem zivilen Ersatzdienst etc. wurden hier wie überall anderswo auch vorgetragen. Zusätzlich aber hieß es: *„Wir haben in unserer Stadt eine spezifisch christliche Bevölkerungsstruktur. Dem entspricht nicht die Teilnahme der Bevölkerung an Leitungsaufgaben."*[94]

Auch bei den Demonstrationen im Eichsfeld wurde „Wir sind das Volk" und andere kurze Parolen gerufen und gesungen. Doch die „Massenaktionen waren hier weniger politische Demonstrationen als Manifestationen einer starken, religiös fundierten Gemeinschaft, die aus dem Kirchenraum heraustrat, und sie wurden als Volksfeste fortgesetzt".[95] So erfreute sich besonderer Beliebtheit das lange Zeit tabuisierte Eichsfeldlied:[96]

> „Bist du gewandert durch die Welt, auf jedem Weg und Pfade, schlugst auf in Nord und Süd dein Zelt, an Alp und Meergestade. Hast Du mein Eichsfeld nicht gesehn mit seinen burggekrönten Höhn und kreuzfidelen Sassen, dein Rühmen magst du lassen.
> Dort wo die junge Leine fließt, die Unstrut wallt zu Tale, der Hülfensberg die Werra grüßt, der Ohmberg seine Hahle, die Wipper flutet durch die Au: landauf, landab welch feine Schau auf Tal und Hügelketten und schmucke Siedelstätten!
> Beut auch die Scholle ihren Sold oft karg der Müh dem Schweiße, nur frischer durch die Adern rollt das Blut bei frohem Fleiße! Und ist die Welt nicht breit und lang? Hinaus mit Reff und Arbeitsdrang! Es zollt auch fremde Erde, das Gut dem heimschen Herde.
> Dem Herd, an dem in frommer Zucht die treue Gattin waltet und Kindern, gleich des Ölbaums Frucht, die Hände betend faltet; dem Haus, wo noch der Herrgott gilt und nicht nur, was den Magen stillt, wo felsenfester Glaube die Blicke hebt vom Staube.
> Eichsfelder mit Frohwanderblut und liederreicher Kehle, heim, heim steht all dein Herz und Mut, dein Sinn und deine Seele, heim, wo das Kreuz vom Hügel ragt und dir von Gottes Liebe sagt! Schlägt deine letzte Stunde, es sei auf Eichsfelds Grunde!"

Wie genau die Entmachtung der SED im Eichsfeld vor sich ging ist aus der Dokumentation Adlers nicht zu erkennen. Er schreibt zusammenfassend: *„Bis zur Einsetzung der erstmals durch freie Wahlen nominierten Volksvertreter gab es in vielen Orten des Eichsfeldes den Runden Tisch. [...] Gegenüber anderen Gebieten der DDR kam es im Eichsfeld sehr schnell zur Ablösung der Kader, die im Interesse der SED die Macht in diesem Gebiet ausübten."*[97]

Die besondere Radikalität des Eichsfeldes in der Ablehnung der SED Herrschaft wurde am Sonntag, dem 21. Januar 1990 sichtbar. Aus Protest gegen den weiteren Einfluß der SED/PDS probten 60.000 bis 80.000 Menschen des Eichsfelds eine Massenflucht in das Eichsfeld auf der anderen Seite der Mauer. Heute käme man noch einmal wieder, sollte die Botschaft sein. Wenn die SED ihre Macht nach den Wahlen weiter behalten sollte, würde man nicht wieder zurückkehren. Die Befürchtungen der Demonstranten aber zeigten sich als unbegründet. Bei den Volkskammerwahlen am 18. März 1990 erreichte die CDU im Eichsfeld über 70% der abgegebenen Stimmen.

3.7. Suhl

Zur „Wende“ in der Stadt Suhl gibt es einige spezielle Darstellungen, die der ergänzenden Forschung dringend bedürfen.[98] Die Staatssicherheit ging Mitte 1989 davon aus, daß es im südwestlichen Grenzgebiet der DDR, dem Bezirk Suhl, sechs Zusammenschlüsse kirchlicher Basisgruppen gab, *„von denen kontinuierlich bzw. anlaßbezogen feindlich-negative bzw. anderweitige, gegen die sozialistische Staats- und Gesellschaftsordnung gerichtete Handlungen“*[99] ausgingen. In der Stadt Suhl waren dies ein „Ökumenischer Arbeitskreis für Umweltfragen“, der seit 1983 existierte und ein außerkirchlich angesiedelter „Hausfriedenskreis“, den es seit dem Ende des Jahres 1984 gab. Lange vor dem Umbruch hatte sich in Stadt und Bezirk einiges bewegt: der ökumenische Arbeitskreis hatte bereits im April 1989 eine Zusammenkunft kirchlicher Basisgruppen im Bezirk ausgerichtet, auf der gemeinsames Handeln (Kommunalwahlen, weitere Treffen, gemeinsame Veranstaltungen) beraten und koordiniert wurde.[100] Auch westlich des Thüringer Waldes nahm im Sommer 1989 die Zahl der Ausreiseantragstellern sprunghaft zu.[101] Wie überall, so versuchte die Staatssicherheit auch hier, die kirchliche Unterstützung von Ausreisewilligen zu unterbinden. Da die evangelischen Gemeinden in Suhl zur Kirchenprovinz Sachsen und nicht zur Thüringer Landeskirche gehörten, viel der Stasi dies schwerer.[102]

Als erstes Datum des Umbruchs in Suhl wird der 13. September 1989 genannt, als sich die Arbeitsgruppe „Gesellschaftliche Erneuerung“ auf dem Pfarrkonvent „Henneberger Land“ konstituierte.[103] In Verbindung zu kirchlichen Basisgruppen aus dem ganzen Thüringer Raum[104] plante man Gottesdienste, die aktuelle Ereignisse zur Sprache bringen und der Verbreitung des Aufrufs des Neuen Forums dienen sollten. Ein ursprünglich für den 8. Oktober geplanter Gottesdienst unter dem Thema „40 Jahre DDR – Verantwortung von Christen“, wurde – auch aus Rücksichtnahme auf die Nervosität staatlicher Organe – auf Sonntag den 15. Oktober verschoben.[105] Dieser Gottesdienst, zu dem rund 2.000 Menschen zusammenkamen und eine drei Tage später stattfindende Zusammenkunft des Neuen Forums, zu der erneut 1.000 Menschen zusammenströmten, bildete dann den Ausgangspunkt des Massenprotestes in der Stadt Suhl.[106] Im Bericht des Bezirkschefs der Staatssicherheit über diesen Gottesdienst an die SED-Bezirksleitung hieß es:

> „Der Gottesdienst fand in der Zeit von 19.30 Uhr bis 21.45 Uhr wie vorgesehen [...] statt. Er war von ca. 1.800 Personen besucht, davon etwa 50% im Alter von 15 bis 25 Jahren und 50% zwischen 25 bis 40 Jahre. Der überwiegende Teil beider Altersgruppen waren Frauen und Mädchen. Hauptinhalte des Gottesdienstes, der unter dem Thema: ‚40 Jahre DDR – Verantwortung von Christen‘ stand, waren:
> Die Hervorhebung, daß die Kirche dazu gezwungen worden sei, eine Stellvertreterrolle wegen des Nichtfunktionierens des Staates zu übernehmen. Die Verlesung aller feindlichen Konzeptionen (‚Neues Forum‘, Demokratischer Aufbruch, Gründungsdokument der SDP, Vereinigte Linke, Hirtenbrief des Landesbischofs Leich und des Bischofs Demke) in Auszügen. Die Aufforderung aller Teilnehmer nach diesen Maximen zu handeln und eine Veränderung der Lage in der DDR herbeizuführen. Die Forderung nach Medienfreiheit, freien Wahlen, Reisefreiheit und nach Reformen in allen gesellschaftlichen Bereichen. Für die gesamte Veranstaltung war kennzeichnend, daß fast alle Zitate aus o.g. Pamphleten mit lautstarkem Beifall quittiert wurden und die Stimmung der

> Gottesdienstbesucher spürbar aufgeheizt wurde. Der Gottesdienst war in seiner Gesamtheit dazu mißbraucht, die Besucher mit den Grundlagen und Forderungen oppositioneller Sammlungsbewegungen in der DDR vertraut zu machen, die ‚politische Funktion der Kirche' zu begründen und zur weiteren Verständigung über das sogenannte ‚Neue Forum' u.a. Sammlungsbewegungen am 18.10.1989 in Suhl einzuladen."[107]

Bevor es am Sonnabend den 4. November in Suhl zu einer angemeldeten Großdemonstration mit 40.000 Teilnehmern aus der Stadt und umliegenden Ortschaften kam, hatten bereits seit dem 24. Oktober vorwiegend in den Kreisstädten Ilmenau, Meinigen, Sonneberg und Bad Salzungen des Bezirks Suhl Demonstrationen und Schweigemärsche mit jeweils bis zu 8.000 Teilnehmern stattgefunden: *„Die Mehrzahl der Demonstrationen stand im Zusammenhang mit politischen Veranstaltungen in Kirchen sowie mit von gesellschaftlichen Kräften organisierten Dialogveranstaltungen. Sie wurden durch Bekanntgabe in Veranstaltungen, durch Aushänge und Flugblätter in Kirchen sowie durch ‚Flüsterpropaganda' bekannt gemacht.*"[108] Seit dem 24. Oktober wirkten sowohl der Rat der Stadt, des Kreises und des Bezirks Suhl auf Kirchenvertreter und Oppositionelle ein, jegliche „Provokationen" zu unterlassen. Die von ihnen aufgestellten Forderungen – Anerkennung des Neuen Forums, Zurücknahme aller Repressalien gegen seine Vertreter, öffentlicher Dialog auch über den Führungsanspruch der SED und das „Wie des Sozialismus" u.a. – wurden zurückgewiesen.[109] Am 2. November trat jedoch der SED-Bezirkschef und Hardliner Albrecht zurück. Eine Entspannung der Lage deutete sich an. Mit dem Lied „We shall overcome" feierten die Demonstranten am 4. November in Suhl ihren ersten großen Sieg.

Nach der Öffnung der Mauer ändert sich die Situation in Suhl wie überall grundlegend. Innerhalb des Neuen Forums, kam es zu schwerwiegenden Differenzen über die Frage der Wiedervereinigung. Eine Gruppe, die sich später als DSU organisiert, spaltete sich ab.[110] Ein Demonstrationsaufruf zum 18. November unter der Überschrift „Reisen ist nicht alles" fand nur geringen Zuspruch, denn „die meisten Menschen [waren] auf Reisen."[111] In den Augen der Bevölkerung schienen die Bürgerrechtsgruppen ihre Rolle ausgespielt zu haben.

Da platzte am 4. Dezember in eine Veranstaltung des Neuen Forums in Suhl die Nachricht, in der Bezirksverwaltung der Staatssicherheit Suhl würden Akten vernichtet.[112] Trotz mäßigender Appelle der Veranstaltungsorganisatoren ließen es sich die ca. 4.000 Teilnehmer nicht nehmen, sofort zur Bezirksverwaltung aufzubrechen und – trotz massivem Widerstand der Staatssicherheit – eine Besichtigung des Gebäudes sowie seine anschließende Versiegelung durchzusetzen.[113] Als in den frühen Morgenstunden des 5. Dezember Busfahrer den Abtransport von Akten aus dem Gebäude beobachteten, blockierten sie mit ihren Fahrzeugen die Zugänge und mobilisierten die Bürgerrechtler. Denen gelang es endlich gegen 23 Uhr das Gelände vollständig unter die Kontrolle eines „Bürgerkomitees" zu bringen und gemeinsam mit Staatsanwaltschaft und Polizei Vereinbarungen über die vollständige Auflösung des MfS in Suhl zu treffen. Die Mitarbeiter des MfS wurden sofort beurlaubt und nach Kontrolle ihrer Taschen und Autos nach Hause geschickt.[114]

Der sich anschließende Prozeß der Konstitution Runder Tische in der Stadt und im Bezirk[115] ist noch nicht im einzelnen dokumentiert. Es bleibt unverständlich warum – im Unterschied zur Erfurt – die Besetzung der Stasi-Zentrale nicht den

Versuch einer weitgehenden Entmachtung der SED hervorbringt. Zwar demonstriert das Neue Forum in Suhl am 10. Dezember für die „totale Entmachtung der Stasi und der SED“, aber die Volkspolizei „stellte die Lautsprecheranlage und trug z.T. Ordnungsbänder mit der Aufschrift Neues Forum“.[116] Die eindringlichen Ermahnungen des Bezirkstaatsanwaltes an die Superintendenten „das Land vor dem Chaos zu bewahren“,[117] schienen Früchte zu tragen. Die deutliche Zurückhaltung der Bürgerrechtler kam auch bei der Formel über Rolle und Funktion des Runden Tisches im Bezirk zum Ausdruck: *„Der Runde Tisch ist eine außerparlamentarische Gruppe mit beratendem Charakter, der die Entscheidungen des Rates des Bezirkes mit vorbereitet und mit trägt“.*[118,119]

4. Sachsen

Sachsen ist durch einen hohen Verstädterungsgrad gekennzeichnet. Am Ende der DDR gab es hier mehrere ökologische Krisenregionen (u.a. Uran- und Erzbergbau, Braunkohlenchemie) und wohl die stärkste Fluchtbewegung nach Westdeutschland.

Am Ende der DDR gliederte sich das heutige Sachsen in die Bezirke Dresden, Leipzig (mit Ausnahme der Kreise Altenburg und Schmölln), und Karl-Marx-Stadt und die Kreise Hoyerswerda und Weißwasser des Bezirkes Cottbus. Die Grenzen der Evangelisch-Lutherischen Landeskirche Sachsens sind nicht mit den Grenzen des Freistaates identisch. So gehören die im Osten eingegliederten ehemals schlesischen Gebiete zur Görlitzer Kirche[120] und der Nordwesten (Eilenburg-Torgau) zur Kirchenprovinz Sachsen. Im Osten des Landes Sachsen leben ca. 60.000 Sorben und im Kernland der Herrnhuter Brüdergemeine in Ostsachsen gibt es Orte mit einem verhältnismäßig geschlossenen protestantischen Milieu.[121]

Eine Neugründung der Länder wurde zuerst in Sachsen gefordert. Schon wenige Tage nach der Maueröffnung wurden in Leipzig Transparente u.a. mit der Aufschrift „Freistaat Sachsen“ getragen und in Dresden die Bildung eines Landes Sachsen anstelle der *„mit der SED-Diktatur“ „verbundenen zentralistischen Verwaltungsstruktur*“ gefordert.[122] Schon im Januar 1990 entwickelte sich dafür eine Kooperation der Runden Tische in Dresden, Leipzig und Karl-Marx-Stadt. Von nun an beeinflußte in starkem Maße der Runde Tisch im Bezirk Dresden die Landesgründung. Nur in Sachsen wurde – über den Vorparlamentarischen Ausschuß und dem Sächsischen Forum – *„weitgehend unabhängig von den Räten der Bezirke, die Vorbereitung der Landesbildung von der Basis her vollzogen*“.[123] Vor allem Oppositionelle, die später in die CDU eintraten, verbanden dabei die Rekonstruktion des Freistaates Sachsen mit einem radikalen Elitewechsel. Dies glückte ihnen nicht unwesentlich mit Hilfe verschiedener westdeutscher CDU-Politiker, so daß es in Sachsen zu einem deutlicheren Elitenwechsel kam als z.B. in Thüringen, wo es beispielsweise keine Überprüfung der Landtagsabgeordneten gab.[124]

4.1. Dresden

Über den Umbruch in der Stadt Dresden liegen einige interessante Darstellungen vor, die eine Beschreibung im Umriß ermöglichen.[125] Die Traditionslinien oppositioneller Aktivitäten mit unmittelbarer Auswirkung auf den Umbruch in der Stadt wird hier zurück bis in die 60er Jahre verfolgt. So soll es eine *„Bewegung innerhalb der evangelischen Studentengemeinden“*[126] gegeben haben, die auf eine Veränderung der Blockpartei CDU orientierte. Im Ergebnis dieser Bemühungen soll die frühe Liberalisierung bei der Dresdner CDU-Zeitung „Union“ gewesen sein, in der auch der „Brief von Weimar“ seine erste Würdigung erfuhr.[127] Hinzu kommen die Bemühungen um einen „Sozialen Friedensdienstes“ (SoFD) seit Ende der 70er Jahre.[128] Weiterhin wird auf den ökologischen Arbeitskreis innerhalb der Kirche verwiesen,[129] der für die spätere Qualifizierung der Arbeit der „Gruppe der 20“ eine große Rolle spielte. Verwiesen wird auch auf die besondere Bedeutung des Gedenkens an die Bombardierung der Stadt am 13. Februar 1945[130] und den „Stadtökumenekreis“, von dem wesentliche Impulse für die „Ökumenische Versammlung“[131] ausgingen. Zu verweisen ist außerdem auf die Gruppe „Wolfspelz“, die sich außerhalb der evangelischen Kirche bewegte.[132] Besondere Bedeutung kommt weiterhin der Wahlbeobachtung der Kommunalwahlen am 6. Mai 1989 zu, da sie im unmittelbaren Zusammenhang eines lokalen Konflikts um die Errichtung eines Reinstsiliziumwerkes stand.[133] Eigenständige Initiativen von Ausreisewilligen werden in der Literatur nicht erwähnt.

Den Beginn des Umbruchs in der Stadt wird meist auf die Nacht vom 30. September zum 1. Oktober 1989 gelegt.[134] Sechs Züge aus Prag in Richtung Bundesrepublik mit Botschaftsflüchtlingen passierten in dieser Nacht den Bahnhof. Einigen Menschen gelang es, auf die Züge zu springen. Am 3. Oktober wurden weitere Züge aus Prag erwartet. Ausreisewillige aus der ganzen DDR kamen zum Dresdner Hauptbahnhof. Zwei Nächte lang eskalieren dort die Auseinandersetzungen mit der Polizei. Vorübergehend besetzten einige Ausreisewillige auch Kirchen der Stadt. Am Bahnhof trafen sich in diesen Tagen aber nicht nur Ausreisewilligen. Bemühungen der Kirche um ein Gespräch mit den Verantwortlichen schlugen fehl. Am 7. Oktober schließlich formiert sich ein Teil der am Bahnhof versammelten Menschen zu einer Demonstration durch die Stadt. Sie riefen: „Wir bleiben hier“ und „Keine Gewalt“ und setzten sich damit von den vorangegangenen Ereignissen ab.

Am 8. Oktober blockierte die SED eine vom Neuen Forum angekündigte Kundgebung auf dem Theaterplatz. Es bildete sich trotzdem ein Demonstrationszug, der jedoch von der Polizei gewaltsam aufgelöst wurde. Aus Protest gegen die Verhaftungen während dieser Demonstration, entstand in den Abendstunden ein weiterer Protestzug. Er wurde auf der Prager Straße eingekesselt. Die Demonstranten setzten sich auf den Boden und begannen zu singen. In dieser spannungsgeladenen Situation forderten zwei Kapläne ein Gespräch mit den für den Polizeieinsatz Verantwortlichen. Sie wurden aufgefordert eine Verhandlungsgruppe zusammenzustellen. So entstand die berühmte „Gruppe der 20“.[135] Parallel zu dieser Entwicklung hatte Superintendent Ziemer Erfolg mit seinem Drängen nach einem Gespräch bei Bürgermeister Berghofer.[136] Die „Gruppe der 20“ wurde für den nächsten Tag zum Gespräch eingeladen. Mit der Zusage, daß am nächsten Tag über das Rathausgespräch in den großen Kirchen der Stadt berichtet würde, wurden die Demonstranten nach Hause geschickt.

Noch in der Nacht zum 9. Oktober verfaßte die Gruppe ein Selbstverständnispapier, in dem es neben den zentralen Forderungen – Reisefreiheit, Demonstrationsfreiheit, freie Wahlen, gewaltfreier Dialog, Versammlungsfreiheit, Redefreiheit, Zulassung des Neuen Forums, Freilassung der Verhafteten – hieß: „*Wir verstehen uns nicht als neue Partei und lehnen den Begriff Opposition ab*".[137] Im ersten Rathausgespräch wurde die Gruppe von Berghofer als Vertretung der Bürger Dresdens nicht anerkannt. Bei vielen ihrer Forderungen (z.B. „Freie Wahlen") erklärte er sich für nicht zuständig. Pfarrer Andreas Horn, als Berater zum 1. Rathausgespräch hinzugezogen, beschreibt die Situation folgendermaßen:[138]

> „Ich denke das erste Gespräch war eigentlich mehr ein Abtasten. Es wurden die Forderungen artikuliert, die eigentlich schon auf der Prager Straße aufgestellt worden waren, und schließlich Schritt für Schritt durchgegangen. Die wesentlichen Forderungen waren: wahrheitsgemäße Darstellung der Ereignisse; keine Gewaltaktionen mehr seitens der Polizei wie auch der Demonstranten; Freilassung der Inhaftierten, die unschuldig sind; Änderung der Medienpolitik; öffentliche Information und Diskussion über die Anliegen des Neuen Forums; Reisefreiheit; Demonstrations- und Versammlungsfreiheit; Aufklärung der Wahlvorkommnisse; Einführung eines Wehrersatzdienstes; Fortsetzung des Dialogs. Später kamen noch die Forderungen nach Wirtschaftsreformen hinzu. Das alles kam in etwa auf den Tisch des Rathauses. Wurde dort erst einmal genannt. Der Bürgermeister konnte aus seiner Sicht natürlich kaum Ja sagen. Er hatte im Grunde dort nur zur Kenntnis genommen. Der einzige Erfolg bestand in der Fortsetzung der Gespräche in einer Atmosphäre der Gewaltlosigkeit. Das war der Punkt: die Tendenz der Gewaltlosigkeit. Berghofer hatte zunächst einmal gesagt: Ich hab nicht den Spielraum. Ich bin Oberbürgermeister. Ich geh mit meinem Risiko schon weit – so weit wie ihre Forderungen sind, kann ich nicht gehen."

Um eine Anerkennung der Gruppe kam Berghofer im zweiten (16. Oktober) und dritten Rathausgespräch (30. Oktober) jedoch nicht mehr herum. Ein Mitglied der Gruppe, der ehemalige SED-Genosse Friedrich Boltz, hatte einen Aufruf verteilt, in dem er aufforderte, die „Gruppe der 20" mit Spenden (jeweils 1 Mark) zu unterstützen. Es kamen 100.000 Mark zusammen.[139] Im dritten und vierten Rathausgespräch (20. November) wurde schließlich über die Konstituierung von Arbeitsgruppen verhandelt, die paritätisch aus Mitgliedern der Stadtverordnetenversammlung und benannten Experten der „Gruppe der 20" bestand. Letztere kamen aus den unterschiedlichsten oppositionellen Gruppen, die lange vor dem Umbruch entstanden waren. Am 18. Januar 1990 wurden schließlich 30 Abgeordnete der „Gruppe der 20", als „Basisdemokratische Fraktion" in die Stadtverordnetenversammlung kooptiert.[140] Das Abstimmungsrecht wurde ihnen zwar angetragen, sie lehnten aber ab.[141]

Wie die Anerkennung der Gruppe, so mußte auch die Legalisierung von Demonstrationen dem Bürgermeister abgerungen werden. Schritt für Schritt wurden erst die Bedingungen geschaffen, die politisches Arbeiten ermöglichten. Die Gruppe schaffte dies in Zusammenarbeit mit einigen kirchlichen Beratern, durch Unterstützung der CDU-Zeitung „Union" und durch ihr eigenes Arbeitsprinzip, das auf die Herstellung von Öffentlichkeit gerichtet war. Eine nicht unerhebliche Rolle spielte jedoch auch Bürgermeister Berghofer.

Unmittelbar nach dem ersten Rathausgespräch (9. Oktober) informierten die Teilnehmer in überfüllten Dresdner Kirchen über die Ergebnisse. So hielten sie es auch nach den weiteren Rathausgesprächen. Am Montag, den 6. November demonstrierten schließlich erstmals 70.000 Dresdner legal. Die wöchentlichen Montagsdemonstrationen fanden nun noch bis zum 19. Februar 1990 statt.

Zum Katalysator der Auseinandersetzung um die deutsche Einheit wurde am 19. Dezember 1989 der Besuch von Helmut Kohl in Dresden. 20.000 Dresdner empfingen ihn mit schwarz-rot-goldenen Fahnen. Deutschlandfahnen und sächsische Fahnen bestimmten im Dezember 1989 und Januar 1990 immer deutlicher das Bild der Demonstrationen. Die Frage eines einheitlichen deutschen Nationalstaates führte jedoch innerhalb der „Basisdemokratischen Fraktion" zu schwerwiegenden Zerwürfnissen.[142] Der CDU-Eintritt von Herbert Wagner, Frank Neubert und Arnold Vaatz führte zu einer *„schweren Vertrauenskrise innerhalb der Basisdemokratischen Fraktion"*.[143] Ein gemeinsamer Wahlkampf war den Gruppen nicht mehr möglich.[144]

4.2. Leipzig

Es gibt eine Fülle von Dokumentationen, Erinnerungsbänden und Darstellungen zum Massenprotest in Leipzig. Sie gleichen oft Illustrationen des Titels „Heldenstadt", den die sächsische Metropole auf der Berliner Demonstration am 4. November erhielt.[145] Gerade im Vergleich mit dieser größten Berliner Demonstration läßt sich die besondere Entwicklung des Massenprotestes in Leipzig herausstellen.[146] Aber schon bei der Entwicklung der informellen Opposition lassen sich Leipziger Spezifika ausmachen. So gab es bei den Leipziger Kunstzeitschriften keine *„scharfe Trennung zwischen Literatur und Politik"* und innerhalb der inoffiziellen Opposition gab es einen einflußreichen Flügel, der auf Selbstbefreiung setzte.[147] Diese Vertreter der informellen Opposition bemühten sich schon vor dem Herbst 1989 darum, Einfluß auf das politische Geschehen zu bekommen. *„Phantasievolle Aktionen"* waren ihr Mittel, *„um nicht das Heft aus der Hand gerissen zu bekommen"*, wie einer ihrer Vertreter im Februar 1989 gegenüber Berliner Oppositionellen erklärte.[148] Zudem überlebten in der Stadt trotz massiver Bedrängung bürgerliche Inseln, die vor allem bei den beiden Großkirchen beheimatet waren.

Leipzig erlangte Bedeutung für die Entmachtung der SED durch die „Montagsdemonstrationen". Sie hatten eine längere Vorgeschichte und entstanden durch die Kooperation von Ausreisewilligen und Gruppenmitgliedern, die „aus der Kirche auszogen".[149] Seit 1988 nutzen sie nach den montäglichen Friedensgebeten den Platz vor der Nikolaikirche als politisches Forum (Speakers Corner, Transparente, Flugblätter, Kerzen, Demonstrationen). Eine Behinderung dieser Meetings durch den DDR-Sicherheitsapparat war kaum möglich, denn der Zugang mußte im Interesse „freier Religionsausübung" gewährt werden. Daneben gab es immer wieder oppositionelle Demonstrationen, wie z.B. die Demonstration von ca. 500 Personen am 15. Januar 1989 auf dem Leipziger Marktplatz. Für den 7. Mai 1989, an dem die DDR-"Kommunalwahlen" stattfanden, hatte eine „Initiative zur demokratischen Erneuerung" per Flugblätter zu einer Demonstration im Sinne eines Volksbegehrens aufgerufen. Gegen sie ging der Sicherheitsapparat massiv vor. Nun mußte die SED befürchten, daß nach dem Friedensgebet am folgenden Tag ein Anti-Wahl-Demonstration versucht würde. So riegelten Polizisten nach dem Ende des Friedensgebetes am 8. Mai 1989 den Raum um die Nikolaikirche ab und nahmen einzelne Personen fest. Da es in Leipzig einen größeren Kreis „Demonstrationswilliger" gab, rechnete die SED nun jeden Montag mit der Durchführung von Demonstrationen und ließ bis auf eine Ausnahme von da ab jeden Montag Polizeiketten aufziehen. Währenddessen suchten Leipziger Gruppen andere Orte, um ihren Freiheitswillen und ihren Protest gegen die destruktive SED-Herrschaft zu demonstrieren („Pleiße-Marsch" und „Straßenmusikfestival" im Juni 1989, Demonstration am Schluß des Leipziger Kirchentages im Juli 1989).

Anfang September 1989 war in Leipzig „Herbstmesse", zu der westliche Journalisten in die Stadt durften. Damit ließ sich gerade in diesen Tage leicht eine große Öffentlichkeit herstellen. So versuchten mehrere Hundert Menschen, nach dem Friedensgebet am 4. September zu demonstrieren. Nach dem Willen einiger Oppositioneller sollte auf dieser Demonstration nicht nur die Forderungen der Ausreisewilligen artikuliert werden. Ihre Forderungen (z.B.: *„Für ein offenes Land mit freien Menschen"* *„Reisefreiheit statt Massenflucht"*, *„Versammlungs- und Vereinigungsfreiheit"*) waren am Abend per TV in den Wohnstuben zu sehen, obwohl zivile Schutzkräfte die Transparente nach wenigen Sekunden herunterrissen. Danach forderten Ausreisewilligen vor den Fernsehkameras *„Freiheit"*. Gemeinsam zogen sie später zum Hauptbahnhof. Diese medienwirksamen Demonstrationen wertete das MfS als *„Signal für* [den] *Generalangriff auf* [die] *sozialistische*[n] *Verhältnisse in der DDR"*,[150] und wie die folgenden Montage zeigte, traf dies zu. Trotz oder richtiger wegen der staatlichen Gewalt begann sich der Protest nun massenhaft zu artikulieren. Die Nikolaikirche war zum Pilgerort für SED-Gegner geworden. In den Fenstern der Kirche wurden Blumen gesteckt, als Zeichen der Solidarität mit den Inhaftieren, und in der Kirche gab es eine Informationstafel u.a. mit dem Gründungsaufruf des Neuen Forums und der Leipziger Kontaktadressen.

Währenddessen begann das Neue Forum in Leipzig einen Orts- und schon Ende September Ortsteilverbände aufzubauen. Zugleich bemühten sich Gruppenmitglieder um die Dokumentation und mediale Verbreitung der Protestereignisse. Sie arbeiteten für westliche Journalisten, die nicht nach Leipzig kommen durften und drehten zusammen mit Berliner Oppositionellen TV-Filme über den Verfall der Stadt und von der entscheidenden Montagsdemonstration am 9. Oktober.

Am 25. September gestaltete Christoph Wonneberger, einer der führenden Köpfe der DDR-Opposition seit den 70er Jahren, das Friedensgebet. Es war eine Vorbereitung auf die danach zu erwartende staatliche Gewalt und endete mit dem Gesang der weit über 2.000 Besucher. Sie sangen die Hymne der amerikanischen Bürgerrechtsbewegung „We shall overcome" als sie die Kirche verließen, und bildeten draußen – zusammen mit denen, die dort warteten – einen Zug von ca. 4.000 Demonstranten. Er wurde von den Polizeiketten nicht mehr aufgehalten. Hier erschallte erstmals in den Straßen Leipzigs: *„Neu-es Fo-rum zu-las-sen!"*. Doch noch hatte das Neue Forum Leipzig erst rd. 100 eingeschriebene Unterstützer.[151]

Am 2. Oktober gingen schon ca. 20.000 Menschen den halben Leipziger Innenstadtring ab und einige skandierten: *„Jetzt oder nie*!" und *„Frei-heit!"*. Gegen solche Massen kamen die örtlichen Polizeitruppen nicht mehr an, doch auch in den sächsischen Nachbarbezirken verlangten die Sicherheitskräfte Verstärkung. Und am 40. Jahrestag der DDR-Gründung reichten die „Zuführungspunkte" für inhaftierte Demonstranten nicht mehr aus. Dennoch sollten laut Befehl Honeckers, *„Krawalle* [...] *von vornherein unterbunden"* werden. Eine Erklärung eines Kampfgruppenkommandeurs in der Zeitung, ließ keinen Zweifel: notfalls auch mit Waffengewalt.

Auch außerhalb Leipzigs erwartete man für den 9. Oktober weitreichende Entscheidungen. Doch ca. 100.000 Menschen ließen sich nicht abschrecken, und zeigten damit, wie ernst es ihnen mit ihrer Ablehnung des SED-Regime war. Dagegen waren die Sicherheitskräfte machtlos und der Chef der Bezirkseinsatzleitung erteilte keinen Schießbefehl.[152]

In den folgenden Tagen kam es zu „Dialogen" der SED-Führung mit Kirchenvertretern und einzelnen Bürgern, durch die sie eine Minimierung der Demonstrationen erreichen wollte. Noch meinte die SED-Führung, die Proteste eindämmen zu können. Doch am 16. Oktober demonstrierten noch mehr Menschen in Leipzig. Die Sprechchöre (z.B. *„SED, das tut weh!"*) und Transparente (z.B. *„Visafrei überall!"*) wurden Vorbild für die Demonstrantionen im ganzen Land, die innerhalb von sechs weiteren Demozyklen, das SED-Regime entmachteten.

Die Opposition formierte sich nicht im gleichen Maße. Erst am 23. Oktober, und immer noch lange vor den Ortsverbänden in anderen ostdeutschen Städten, bezog das Leipziger Neue Forum ein „Bürohaus". Am gleichen Tag hielten Vertreter des Neuen Forum auch das erste Mal Reden vor den Montagsdemonstranten.

Anfang November, am 3. November war der Oberbürgermeister zurückgetreten, drängten die Demonstranten die Oppositionsgruppen zur Machtübernahme, doch da mußte einer ihrer Sprecher bemerken: *„Eine Organisation, die zwei Monate alt ist, kann dieser Forderung leider nicht so schnell nachkommen"*. Nur ein *„Mitregieren"* käme in Frage.[153] Dies wurde während dessen durch Vertreter des „Neuen Forums", des „Demokratischen Aufbruchs" und von „Demokratie Jetzt" durch die Etablierung eines Runden Tisches versucht.[154] Er tagte (noch für Stadt und Bezirk gemeinsam) das erstemal am 1. Dezember.

Am 4. Dezember erklärte ein Vertreter des Neuen Forums auf der Montagsdemonstration, daß die SED „ihre Existenzberechtigung in einer neuen demokratischen Gesellschaft" verwirkt habe.[155] Nur wenige Stunden zuvor hatte die Besetzung der Leipziger Stasi-Zentrale begonnen. Nachdem der ehemalige Oberbürgermeister wegen Wahlfälschung inhaftiert wurde löste sich am 26. Januar die Stadtverordnetenversammlung als nicht legitimiert auf. Nun wurde der Runde Tisch (der Stadt) „Interimsparlament" und besetzte im zähen Kampf mit dem Rat der Stadt und der Stadtverwaltung auch exekutive Posten. Zugleich befreite sich Leipzig von den zentralistischen DDR-Strukturen und konstituierte noch vor der entsprechenden „Legalisierung" die kommunale Selbstverwaltung.[156, 157]

4.3. Plauen

Plauen ist das Zentrum des Vogtlands. Anfang dieses Jahrhunderts lebten in Plauen über 120.000 Menschen, 1989 waren es unter 75.000. Knapp 20 km von der Stadt entfernt verlief die innerdeutsche Grenze. Noch in den 80er Jahren gab es viele persönliche Beziehungen zum benachbarten Oberfranken.

Zur Befreiung von der SED-Herrschaft im Raum Plauen gibt es einige Berichte von Beteiligten.[158] Die informelle Opposition war in der Stadt verhältnismäßig stark.[159] Eine eher kirchliche Gruppe beobachteten in 40 der 99 Wahllokalen die Stimmenauszählung und veröffentlichte danach die Differenzen zum offiziellen Wahlergebnis.[160] Im September formierte sich – ähnlich wie in verschiedenen anderen sächsischen

Städten – eine kleine oppositionelle Gruppe unter dem Namen „Initiative zur demokratischen Umgestaltung".[161] Einige Plauener nahmen im September auch an den Leipziger Demonstrationen teil.[162]

Kurz bevor die Züge mit den Prager Botschaftsflüchtlingen in Hof eintrafen, fuhren sie zwischen dem 2. und 4. Oktober durch Plauen. Da sich ihre Fahrt immer wieder verzögerte, warteten in Plauen zuletzt mehrere Hundert auf die Züge. Die ersten wurden hier mit weißen Tüchern begrüßt bzw. verabschiedet. Es wurde sogar ein Transparent gezeigt, auf dem zu lesen war: „*Vogtland grüßt den Zug der Freiheit*".[163] Die Oppositionellen, die sich für eine „demokratische Umgestaltung" einsetzten, verteilten während dessen unter den „Bahnhofsdemonstranten" und an verschiedenen Orten in der Stadt Flugblätter, mit denen sie zu einer Demonstration am 7. Oktober aufriefen. Bevor die letzten Züge durch Plauen fuhren, räumte die Polizei in einem brutalen Einsatz den Bahnhof. Für den nächsten Abend war in der Markuskirche eine Andacht geplant. Über 2.000 Menschen wollten an ihr teilnehmen. Da die Kirche überfüllt war, warteten viele auf der Straße, bis die Veranstaltung wiederholt wurde. Die ursprünglich für diesen Abend geplante Gründung des Neuen Forums Plauen wurde unterlassen, da am Morgen dem Superintendenten mit dem Strafgesetzbuch gedroht wurde und am Abend die Sicherheitskräfte in der Stadt postiert wurden.

Am 7. Oktober versuchte der Sicherheitsapparat durch Hubschraubertiefflüge über der Stadt und durch bewaffnete Bereitschaftspolizisten die Bürger von einer Demonstration abzuhalten. Dennoch versammelten sich ca. 10.000 Menschen und ließen sich auch von Wasserwerfern nicht vertreiben.[164] Sie begannen einen Demonstrationszug durch die Stadt und zogen vor das Rathaus, das fast gestürmt wurde. Da sich keiner der Funktionäre herauswagte, ging Superintendent Thomas Küttler hinein und erreichte dort den Abzug des Hubschraubers und der bewaffneten Sicherheitskräfte. Dann hielt der Superintendent eine kurze Rede zu den Demonstranten in der er mitteilte, daß er sich für ein Bürgergespräch mit dem Bürgermeister einsetzten wird. Zum Schluß skandierten die Demonstranten „*Wir kommen wie-der!*".

In einer in der Superintendentur ausgelegten Liste trugen sich in den folgenden Tagen Hunderte für diese Bürgerinitiative ein. Superintendenten Küttler wählte 25 Bürger daraus aus, die sich am 12. Oktober am ersten „Rathausgespräch" beteiligten. Sie nannte sich entsprechend des Dresdner Vorbildes „Gruppe der 20". Am folgenden Sonnabend demonstrierten ungefähr 20.000 Vogtländer in der Stadt. Bis zu den Volkskammerwahlen zogen jeden Sonnabend am Rathaus, an der Stasi-Zentrale und an der SED-Zentrale mehrere Tausend Menschen vorbei. Anfang November waren es ca. 50.000.

Da Plauen auch unweit der Grenze nach Böhmen liegt, erlebte die Plauener Bevölkerung besonders deutlich, wie es nach der Öffnung der Grenze zur CSSR am 1. November zu erneuten Flüchtlingsströmen kam. Sogar die ersten Spritztouren in „den Westen" machten Plauener noch vor den Berlinern.[165] Es nimmt nicht Wunder, daß gerade in Plauen der Ruf nach der staatlichen Einheit Deutschlands besonders laut wurde. Hier wurden Unterschriften „*Für die Menschen in unserem Land*" statt „*für unser Land*" und für das 10-Punkte-Programm von Helmut Kohl gesammelt, „*weil es die einzige Chance ist aus dem wirtschaftlichen Chaos*".[166] Der Massenprotest – und davon kann man hier wie bei kaum einer anderen Stadt sprechen – hatte in Plauen schnell Erfolg. Am 23. November trat der Bürgermeister zurück und im Dezember wurde aus den Rathausgesprächen der Plauener Runde Tisch, der stets von der „Gruppe der 20“ geleitet wurde und faktisch die Stadtleitung innehatte. Im Februar 1990 löste sich sogar der Kreisverband der SED-PDS auf und mußte erst von einer Initiativgruppe wieder neu gegründet werden.

Bei den Volkskammerwahlen im März erreichte die „Allianz für Deutschland“ in Plauen 55,8%, die SPD 18,3%, die SED/PDS 11,9% und Bündnis 90 zusammen mit den Grünen nur 4,5%.[167]

4.4. Chemnitz

Für die Entwicklung in Karl-Marx-Stadt, der heutigen Stadt Chemnitz, liegt eine umfangreiche Chronologie und Dokumentation von Monika Reum und Steffen Geißler vor.[168] An ihr läßt sich der Ablauf des Umbruchs in Chemnitz gut erkennen. Nicht zuletzt die Rückbenennung der Stadt in „Chemnitz“ durch eine Urabstimmung ihrer Bürger am 23. April 1990 ist das Produkt der Wende.

Die Traditionslinie oppositioneller Aktivitäten vor dem Umbruch verfolgen die Autoren bis zurück zur „offenen Arbeit“ der protestantischen Kirche in den 60er Jahren. In den 70er und 80er Jahren hatte sich diese Arbeit differenziert, Themenbereiche wie Ökologie, 3. Welt etc. waren hinzugekommen. Durchgängig hatten die „Gruppen“ ein christliches Selbstverständnis, als „Opposition“ verstand man sich nicht. Seit 1984 gab es jedoch eine solche Vielfalt kirchlicher Gruppen, daß man einen „Friedenskern“ geschaffen hatte, der ihre Arbeit koordinierte. Bereits zu den Kommunalwahlen im Mai 1989 wurde im Umkreis dieser Gruppen die Forderung nach einer „*gesamtstaatlichen Konsultativkonferenz*“, einer neuen Verfassung und die Einführung eines freiwilligen Sozialdienstes erhoben. Von eigenständigen Aktivitäten Ausreisewilliger erfährt man in der Chronologie nichts. Die Zahl der tatsächlich Ausgereisten soll im ganzen Bezirk Karl-Marx-Stadt 20.660 betragen haben, in Chemnitz selbst 4.500.[169]

Verschiedene Ereignisse markieren den Beginn des Umbruchs in Karl-Marx-Stadt. In einem Fürbittgottesdienst für Demonstranten, die am 11. September 1989 in Leipzig inhaftiert wurden, wurden gleichzeitig die Aufrufe neugegründeter Gruppen verlesen. Am 3. Oktober gab Martin Böttger in einer Veranstaltung der Johanniskirche, an der 4-500 Besucher teilnahmen, die Ablehnung des Zulassungsantrags des Neuen Forum im Bezirk Karl-Marx-Stadt bekannt. Am Tag darauf kam es am Hauptbahnhof zur Konfrontation zwischen Polizei und jugendlichen Demonstranten, die auf die Züge aus Prag warteten, die auch Karl-Marx-Stadt passieren sollten. Die Polizei riegelte den Bahnhof vollständig ab. Am 7. Oktober schließlich führte das Verbot einer Veranstaltung von Theaterangestellten, auf der die Aufrufe oppositioneller Gruppen verlesen werden sollten, zur ersten Demonstration. 700 Menschen liefen durch die Innenstadt, die Demonstration wurde gewaltsam aufgelöst.

Superintendent Christoph Magirius erbat daraufhin ein Gespräch beim Oberbürgermeister. Dieses wurde für den 13. Oktober anberaumt. Aus den Reihen der Opposition sollten 25 Menschen, die am 12. Oktober in der Johanniskirche von 200 Anwesenden gewählt wurden, an dem Gespräch teilnehmen. Von diesem Gespräch beim Bürgermeister Langer berichteten die Teilnehmer in großen kirchlichen Veranstaltungen (5–6.000 Teilnehmer) noch am gleichen Tag. Außerdem wurde die Eröffnung eines Kontaktbüros der Bürgerinitiativen bekannt gegeben. Mit seiner Eröffnung am 16. des Monats, ließ *„sich das Wirken der Basisgruppen als eigenständige Einheiten nicht mehr nachweisen“*.[170] Jetzt hatten die neu gegründeten Organisationen (Neues Forum, SDP, Demokratischer Aufbruch, Vereinigte Linke, Grüne Partei) wesentlichen Anteil an der Koordination der Aktivitäten in Chemnitz.

Am Freitag den 20. Oktober demonstrierten 8.000 Menschen. Hiermit begannen in der Stadt die auch andernorts regelmäßigen Demonstrationen.[171] Sie wurden ab dem 30. Oktober in Anlehnung an die Leipziger und Dresdner Demonstrationen auf den Montag verlegt. Beim 2. Rathausgespräch am 27. Oktober legten die 25 Bürgervertreter dem Bürgermeister einen umfangreichen Themen- und Forderungskatalog vor. Sowohl an diesem Tag wie auch parallel zum 3. Rathausgespräch am 3.11. demonstrierten jeweils mehr als 10.000 Menschen zur Unterstützung der Forderungen. Mit einer ersten öffentlichen Diskussion zwischen SED-Funktionären und Oppositionellen am 29. Oktober und der ersten polizeilich angemeldeten und genehmigten Montagsdemonstration, hat die SED die Opposition in Karl-Marx-Stadt anerkannt. Am 6. November wurden Nutzungsverträge für eigene Räume oppositioneller Gruppen abgeschlossen.[172]

Mit der Einrichtung einer unabhängigen Untersuchungskommission des Bezirkes Karl-Marx-Stadt am 7. November kam die SED den Oppositionellen ein Stück entgegen und versuchte sie gleichzeitig über ständige Aufforderungen zur Gewaltlosigkeit in die Verantwortung einzubeziehen. Soweit an der Chronologie erkennbar, versuchte keine der oppositionellen Gruppen sich diesen Vorgaben zu entziehen. So distanzierte sich zum Beispiel das Neue Forum der Stadt umgehend von dem Vorschlag seines Mitgliedes am 6. Dezember einen Generalstreik auszurufen. Er hatte erklärt:

> „Wenn die SED folgende Forderungen nicht erfüllt, kommt es am 6. Dezember in der Zeit von 13.00 bis 15.00 Uhr zu einem Generalstreik, ausgenommen in den Bereichen Gesundheits- und Verkehrswesen sowie in der Energieversorgung:
> 1. Massive Reduzierung des Parteiapparates
> 2. Abschaffung der Kampfgruppen und drastische Reduzierung des Inlandteils des Amtes für Nationale Sicherheit sowie Rückgabe der entsprechenden Objekte
> 3. Einleitung sofortiger konkreter Schritte für die Einführung der sozialen Marktwirtschaft
> 4. Herauslösung aller Parteien aus den Betrieben
> 5. Trennung von Partei und Regierung
> 6. Offenlegung des Parteivermögens, auch an Immobilien, durch alle Parteien und Rückgabe an das Volk
> 7. Anklage und Bestrafung wegen Korruption und Amtsmißbrauch auf allen Ebenen.“[173]

Den ersten Vorstoß zu einem Runden Tisch übernahm in Karl-Marx-Stadt am 23. November die LDPD. Parallel zu seiner Einrichtung am 3. Januar 1990[174] veränderten sich jedoch die Forderungen der Demonstranten. Bereits am 25. November 1989 gründete sich eine Initiative zur Rückbenennung der Stadt in „Chemnitz“.[175] Auf der Montagsdemonstration am 4. Dezember waren zum ersten Mal schwarz-rot-goldene Fahnen ohne DDR-Emblem zu sehen, die sächsischen Farben schmückten zum ersten Mal die 7. Montagsdemonstration am 11. Dezember.[176] Auf der größten Montagsdemonstration in Chemnitz am 8. Januar 1990, mehr als 150.000 Menschen demonstrierten, wurden Plakate gesichtet mit Aufschriften wie: „Deutschland – Sachsen – Chemnitz".

Während die SED die oppositionellen Gruppen immer weiter in die Verantwortung für die Stadt einbezog, 8 Mitglieder wurden am 5. März gar noch von der Stadtverordnetenversammlung in den Rat der Stadt kooptiert, wurden die Montagsdemonstrationen immer „nationaler". Am 15. Januar 1990 demonstrierten 150.000 Bürger der Stadt nicht mehr für einen reformierten Sozialismus, sondern für ein geeintes Deutschland.[177] Der Wahlkampf für den 18. März 1990 machte sich bemerkbar. So entschied der Zusammenschluß der oppositionellen Gruppen in Karl-Marx-Stadt DOP (Demokratisch Oppositionelle Plattform)[178] am 16. Februar die Demonstrationen zu beenden. Größer als alle vorherigen Demonstrationen fiel in Karl-Marx-Stadt die Kundgebung mit Helmut Kohl am 1. März 1990 aus: 200.000 Menschen kamen.[179]

Mit den Wahlen zur Volkskammer[180], der Rückbenennung der Stadt in Chemnitz[181] und den Kommunalwahlen im Mai 1990, drückte sich diese Tendenz auch deutlich in Wahlergebnissen aus.[182] So resümieren die Autoren der Chronologie etwas resigniert:

> „Daß der Einfluß der Gruppen auf die Gestaltung der Politik in der ehemaligen DDR wiederum sehr begrenzt war, ist erkennbar am Verlauf des Vereinigungsprozesses der DDR mit der BRD. Die meisten aktiven Mitglieder kirchlicher Gruppen empfanden diesen Prozeß als überstürzt und erkannten frühzeitig die daraus für unsere Gesellschaft entstehenden Probleme. Die von breiten Volksschichten vertretene Forderung ‚Keine sozialistischen Experimente mehr!' stand im Gegensatz zu dem, was die kirchlichen Gruppen wollten. Die erstrebenswerte Alternative war, eine Gemeinschaft zu organisieren und zu gestalten, deren Mitglieder in freier Selbstbestimmung ihre Entscheidungen treffen, solidarisch und verantwortungsvoll."[183]

Die Allianz für Deutschland erreichte bei den Volkskammerwahlen 47,4%, die SPD 18,8%, die SED/PDS 17,5%, das Bündnis 90 3,2%.[184]

4.5. Werdau

Werdau ist die kleinste Stadt, der wir ein Kapitel widmen. Werdau liegt nordwestlich von Zwickau an der Pleiße. Hier bzw. im kleineren Nachbarort Königswalde fand seit 1973 das Christliche Friedensseminar Königswalde, das eine wichtige Funktion bei der Herausbildung der informellen Opposition hatte, statt.[185] Der Vorbereitungskreis des Seminars orientierte sich an der christlichen Bürgerrechtsbewegung in Nordamerika und hatte vielfältige internationale Kontakte und etwas Einfluß auf die Sächsische Landessynode. Der Teilnehmerkreis der Seminare umfaßte ca. 1.000 DDR-Bürger. Georg Meusel, ein führendes Mitglied des Vorbereitungskreises der Friedensseminare, hat einen Bericht über den politischen Umbruch in seiner Heimatstadt geschrieben,[186] der das Verhältnis zwischen den kirchlichen Gruppen, dem Massenprotest und dem politischen Umbruch thematisiert und im folgenden referiert wird.

In Werdau gab es im Mai 1989, wie in den meisten anderen Orten, in denen es eine informellen Opposition gab, eine Wahlkontrolle, die „Unstimmigkeiten" herausstellte. Eine außerkirchliche Öffentlichkeit wurde jedoch noch nicht erreicht. Unweit der Stadt fuhren am 4. Oktober die Flüchtlingszüge durch und die Sicherheitsorgane setzten Schlagstöcke und Hunde gegen ca. 150 Wartende ein. Am Wochenende 7./8. Oktober fand ein Friedensseminar statt, bei dem sich auch verschiedene Initiatoren der Oppositionsgruppierungen (Neues Forum, SDP) trafen und sich über die Lage im Lande austauschten. An der Empore der Kirche hing währenddessen ein Transparent mit den Worten: „*Heute Abend brennende Kerzen im Fenster – als Zeichen der Hoffnung für dieses Land*".

Am 26. Oktober 1989 wurde dem Hauptinitiator des Friedensseminars, Hansjörg Weigel, aus Königswalde und dem Mitbegründer des Neuen Forums, Martin Böttger, aus dem südlich von Zwickau gelegenen Cainsdorf in den Rat des Bezirkes Karl-Marx-Stadt geladen. Dort wurden sie gebeten, „*die Leute von der Straße*" zu bringen. Bis dahin hatte es im Kreis Werdau noch keine Demonstration gegeben. Viele Werdauer fuhren nach Leipzig, Zwickau, Glauchau oder Greiz.[187] In Zwickau hatte es am Vortage schon eine Demonstration gegeben, zu der der Kreisausschuß der Nationalen Front aufgerufen hatte. Am 27. Oktober kam es dann auch in Werdau zu einer Kundgebung. Zu ihr wurde mit anonymen Flugblättern aufgerufen. Dort versuchten Funktionäre, mit den etwa 500 Demonstranten ins Gespräch zu kommen und boten eine Diskussionsveranstaltung für den folgenden Tag an.

Das erste Friedensgebet fand am 3. November in der Werdauer Marienkirche statt. Es sollte „*Mut machen*" „*in unserer Stadt etwas aufzubauen*". Auch zu ihr wurde mit Flugblättern geladen. Angesichts der weit über Tausend Besucher eröffnete ein Mitglied der Friedenskreise die Veranstaltung, die mit den Worten: „*Ich kann nur sagen: Werdau lebt*". Nach zwei Stunden „Besinnung, Information und Musik" zogen die Besucher zur ersten großen Demonstration durch die Stadt.[188] Am Tag darauf meldete sich das Neue Forum im Kreis Werdau an und bildete am 8. November acht Arbeitsgruppen.

Der Runde Tisch Werdau konstituierte sich am 1. Dezember. Das Christliche Friedensseminar verstand sich als Gastgeber und Moderator. Mit je zwei Vertretern saßen am Runden Tisch: die Blockparteien, die katholische und die evangelische Kirche, das Neue Forum, das Friedensseminar und nach seiner Konstituierung in Werdau auch der Demokratische Aufbruch. Auf der dritten Sitzung, am 17. Januar 1990, erklärte ein Arzt, sich nicht mehr weiter am Runden Tisch zu beteiligen, da er „*lediglich zur Demonstration einer in Wirklichkeit nicht vorhandenen Demokratie*" diene. Der Runde Tisch tagte jedoch noch bis zu den Kommunalwahlen.

Am 5. Dezember versiegelten Werdauer Bürger, ähnlich wie zuvor schon in Erfurt oder Suhl, einige Räume der Stasi-Kreisdienststelle Werdau und kontrollierten wenige Tage später die Waffenübergabe an die Polizei. Eine Bürgerkomitee wurde nicht gebildet, aber auf einer Veranstaltung am 18. Januar 1990 ein „Bürgerrat" „gewählt". Dieser „Bürgerrat" beteiligte sich an den Kommunalwahlen und errang ein Mandat in der Stadtverordnetenversammlung. Bei den Volkskammerwahlen erhielt die „Allianz für Deutschland" 62,4% der Stimmen, die SPD 17,5%, die SED/PDS 9,4% und Bündnis 90 zusammen mit den Grünen nur 3% der Stimmen im Ort.[189]

5. Die Landschaften der Lüge lösen sich aus

5.1. Die regionale Dynamik des Massenprotestes

Die Frage nach der lokalen Qualität des Massenprotestes ist seit 1989 emotional hoch besetzt. Eine chronologische Topographie des Massenprotestes liegt bis heute nicht vor, so daß wir uns auf die statistischen Daten der DDR-Sicherheitsorgane und auf verschiedene veröffentlichte Berichte stützen müssen.[190]

Die großen Fluchtwelle im Sommer 1989 ermöglichte den „Zurückgebliebenen“ mit der Drohung „Sonst gehen wir auch!“ bzw. der Forderung nach Belohnung für das Bleiben, die DDR-Führung unter Druck zu setzten. Scheinbar unabhängig von der internationalen Konstellation entwickelte sich so das Gefühl, Protest lohnt sich. Obwohl die Flüchtlinge vor allem aus dem Süden und aus dem Raum Berlin kamen,[191] lassen sich bei den Einzelprotesten im September 1989 kaum regionale Unterschiede ausmachen.[192]

Etablieren konnten sich Orte des Massenprotestes bis zu diesem Zeitpunkt nur in den beiden größten Städten der DDR. Die Leipziger und Berliner Demonstrationen fanden regelmäßig montags bzw. am 7. eines Monats statt. In Berlin wurden die Demonstrationen jedes mal neu von oppositionellen Gruppen organisiert und von den Sicherheitsorganen brutal unterdrückt. In Leipzig wurden sie dagegen spätestens im September 1989 zu einer eigenständigen Institution mit Massencharakter, gegen die die SED kein Mittel mehr fand.

Die Dynamik des Massenprotestes in der ersten Oktoberwoche wurde jedoch nicht nur von den Protesten in den Großstädten bestimmt,[193] sondern auch von den „Peace-Trains“, die durch die DDR fuhren. Nachdem Ungarn den Eisernen Vorhang geöffnet hatte, war insbesondere der Grenzübergang im sächsischen Bad Schandau ein Nadelöhr in die Freiheit geworden. Tausende verließen hier und über weitere Grenzübergänge die DDR, bis sie am 3. Oktober geschlossen wurden. Schon im September hinderten die Sicherheitsorgane einzelne Reisende an der Ausreise. Die Männer wurden meist inhaftiert und die Frauen und Kinder in die Heimatorte zurückgeschickt. Doch oft fuhren sie nur bis Dresden zurück, um einen erneuten Versuch zu starten. Sprunghaft stiegen die Zahlen der im Elbetal auf eine Ausreise wartenden an, als am 3. Oktober die Grenzen völlig geschlossen wurden. Daraufhin wurde für den Militärbezirk III, d.h. dem Süden der DDR, „erhöhte Gefechtsbereitschaft“ ausgelöst. Als dann der deutsche Außenminister den Prager Botschaftsflüchtlingen mitteilte, daß sie frei seien und die ersten Züge mit den Flüchtlingen über Sachsen nach Bayern fuhren, eskalierte die Proteste. Panikartig versuchten in Dresden Tausende den Bahnhof zu stürmen, um noch in die Züge zu kommen. Und auch in Freital, Freiberg, Karl-Marx-Stadt (Chemnitz) Steinpleis/Ruppertsgrün und Plauen kam es in Erwartung der Züge zu Menschenansammlungen, die meist brutal aufgelöst wurden. Allein im Bezirk Dresden wurden in diesen Tagen und während der daraufhin stattfindenden Demonstrationen über 1.000 Menschen festgenommen.[194]

Insbesondere die staatliche Gewalt führte an den folgenden Tagen zu großen Demonstrationen in den Städten Dresden, Plauen und Karl-Marx-Stadt.[195] Am Abend des 40. Jahrestages der DDR-Gründung erfolgte in Plauen (Bezirk Karl-

Marx-Stadt) erstmals ein Rückzug der Sicherheitskräfte. In den folgenden beiden Tagen wiederholte sich dies in den Zentren der anderen beiden sächsischen Bezirke Dresden und Leipzig. Damit begann der Zusammenbruch des SED-Regimes, der jedoch regionale Phasenverschiebungen aufwies. Während am 9. Oktober in Leipzig Hunderttausende ungehindert demonstrierten, wurden im benachbarten Halle noch jeder Zehnte Demonstranten inhaftiert[196] und in Berlin Demonstrationen behindert. Die Administration des Sicherheitsapparates lag in diesen Tagen bei den Ersten Sekretären der SED-Bezirksleitungen, und die Entmachtung erfolgte im Domino-Prinzip von der Peripherie hin zum Zentrum. Zuerst mußte die SED-Führung in den sächsischen Bezirken nachgeben, da hier die Demonstranten nicht mehr mit „polizeilichen Mitteln" von der Straße zu bekommen waren. Zugleich gab es eine Süd-Nord-Dynamik, da im Norden die großen Demonstrationen erst 14 Tage später begannen und die Forderung nach der Einheit Deutschlands wohl nie so deutlich ausfielen.[197]

In den folgenden Wochen artikulierten sich in der ganzen DDR Massenproteste und begann die Rekonstruktion der Demokratie. Die Massenproteste artikulierten sich vor allem durch Demonstrationen. Dem „Leipziger Modell" der wöchentlichen Demonstrationen folgten bis Ende Oktober über 65 Kommunen.[198] Oft waren ihnen „Friedensgebete" vorausgegangen, die im Spätsommer oder Herbst eingeführt worden waren. Wurden die Zahl der Demonstranten bei den Demonstrationen in der Woche nach dem 8. Oktober auf ungefähr 150.000 geschätzt, so waren es bis zum Mauerfall in der jeweiligen folgenden Woche mehr als doppelt so viele. Was die Zahl der Demonstranten betrifft, war dabei Leipzig, was die Zahl der Demonstrationen betrifft, waren der Südwesten Sachsens und Nordthüringen „Spitzenreiter".[199]

5.2. Die Traditionen der Demonstrationen

Die Demonstrationen wurden – wie die Verlaufsmuster aller Demonstrationen bis Anfang Oktober zeigen – gegen massive Gewalt ertrotzt, und hatten deshalb einen radikalen Impetus. Den Leipziger Demonstrationen bescheinigten die DDR-Zeitungen schon Anfang September eine gegen Mauer und Kommunisten gerichtete Pointe.[200] So ist die spätere Bezeichnung der Demonstranten als „*Demonteure*" treffend.[201]

Die Oppositionellen, die die Demonstrationen organisierten, wandten sich vor allem gegen die gesellschaftliche Selbstzerstörung. So erklärte ein Mitglied des Leipziger Kontaktbüros in einem Gottesdienst am 3. Oktober 1989:[202] „*In der DDR verrottet so viel. Die Häuser verrotten, die Industrieanlagen verrotten, die Menschen verrotten. Keinen kümmert das. Alles verrottet langsam vor sich hin. Aber es darf nur für sich allein verrotten, denn wenn es zusammen verrottet, ist es eine Zusammenrottung und kann laut Gesetz bestraft werden.*" Die ersten Demonstranten waren „patriotisch". Sie trauerten über den Weggang eines innovativen Teils der Bevölkerung und befürchteten, daß damit der Osten Deutschlands der SED und einer weiteren Verwahrlosung überlassen werde.[203] Symbolisch stehen dafür das „*Wir bleiben hier!*" vom September und der Ruf „*Wir sind das Volk!*" gegenüber der schwerbewaffneten „Volks"polizei am 9. Oktober.

Später verwandelten sich oft „Dialogveranstaltungen" zu Demonstrationen. Dazu trugen nicht nur die meist unerwartet großen Menschenmengen bei, sondern auch die wachsende Zahl derer, die die politischen Veränderungen nicht mit sondern gegen die Machthaber vollziehen wollten.

Für die auf die Destruktion des SED-Systems orientierten Demonstrationen lassen sich verschiedene Traditionen ausmachen: Kirchliche Gruppen versuchten erste „Schritt in die Öffentlichkeit" in den späten 70er und in den 80er Jahren u.a. am Rande kirchlicher Massenveranstaltungen (Abschlußveranstaltungen von Kirchentagen) oder durch „Schweigemärche", „Prozessionen" und „Kreuzwege". Dieses „Herausgehen" aus den Kirchen wurde vom Staat streng reglementiert, bekam jedoch an manchen Orten eine unaufhaltsame Eigendynamik. So begann der politische Umbruch im Eichsfeld mit einer Prozession zum im Sperrgebiet liegenden Zentrum des Eichsfelds, und der „Pleiße-Pilgerweg" 1989 in Leipzig fand statt, obwohl er verboten wurde.[204] Daneben profilierte sich seit Anfang der 80er Jahre die „eigenständige Friedensbewegung" u.a. durch die Teilnahme an offiziellen Demonstrationen mit eigenen Transparenten.[205] Die staatlichen Repressionen verhinderten jedoch in den folgenden Jahren – mit einer Ausnahme – solche „Neben"-Demonstrationen.[206] Außerdem versuchten verschiedene Gruppen Demonstrationen selbst zu organisieren. Dabei setzten sie vor allem auf eine milieuinterne Mobilisierung. Hierzu gehören auch die „Spaziergänge" von Ausreisekreisen. Diesc Aktionen wurden stets massiv behindert und Organisatoren wurden noch im Sommer 1989 deshalb inhaftiert.[207] Bedeutung gewannen diese Demonstrationen erst durch Berichte in den Westmedien. In der DDR-Geschichte kam es jedoch immer wieder zu spontanen Massenprotesten. So trafen sich 1987 Jugendlichen in Berlin, um Musik zu hören, und riefen dann „Die Mauer muß weg". Einen ähnlich spontanen Charakter hatten Manifestationen von Fußballfans.[208]

Die ersten Demonstrationen im Jahre 1989 (Leipzig) wurden von Ausreisewilligen geprägt, die laut ihren Freiheitswillen herausschrien. Dagegen machten Demonstranten aus den kirchliche Gruppen eher mit Liedern (und Kerzen) auf sich aufmerksam.[209] Die Melodien, mit denen die Forderungen auf den großen Demonstrationen ab Mitte Oktober 1989 gesungen wurden, kamen jedoch meist nicht aus den Kirchen. Sie waren zuvor eher in Fußballstadien gesungen worden. Ähnliches läßt sich zum Skandieren kurzer Sätze feststellen. Diese Zusammenhänge wurden von der Forschung jedoch noch nicht aufgeklärt. In einer soziologischen Studie heißt es lediglich, man fuhr zur „*Montagsdemo nach Leipzig wie zu einem großen Fußballspiel*".[210] Bekannt ist, daß es unter Hooligans und in den Fanblocks immer wieder zu Protestmanifestationen kam, die sich auch in (vorpolitischen?) gewaltsamen Auseinandersetzungen mit den Sicherheitskräften artikulierten. Ähnliches geschah auch auf der Leipziger Montagsdemonstration am 2. Oktober 1989 und bei spontanen Protesten an anderen Orten.[211] Auch die „Deutschland"-Rufe waren für Fußballfans nichts neues und die Forderung nach der deutschen Einheit und das Hissen der schwarz-rot-goldenen Fahne lassen sich schon für Anfang Oktober belegen.[212]

Spätestens nach dem Mauerfall kam es dann innerhalb der Demonstranten zu Auseinandersetzungen über die Orientierung dieser Massenbewegungen (Reform oder Abschaffung der DDR), die sich oft nur noch lokalpatriotisch überbrücken ließen[212] und Anfang 1990 in einigen Orten zu Abbrüchen der Demo-Serien führte.

5.3. Das Ende der Simulation und des Lokalpatriotismus

Bei den Lokaldarstellungen des politischen Umbruch ist festzustellen, daß sich die Rufe „Wir wollen raus!" und „Wir bleiben hier!" sich sozusagen in die Geschichtsschreibung hinein verlängern. jedenfalls dort, wo sie von den Akteuren selbst betrieben wird. In der wissenschaftlichen Betrachtung gibt es bislang kaum einen rechten Zugang zu dem Thema. Günther Heydemann und Thomas Schaarschmidt haben in diesem Zusammenhang auf eine nicht unbedeutende Schwachstelle sozialwissenschaftlicher Betrachtung und Analyse des Umbruchs aufmerksam gemacht.[214] Bislang ist die subjektiv erfahrene Befreiung der Menschen in der Beteiligung an den Demonstrationen und bei der Formulierung der Forderungen nur selten angemessen berücksichtigt worden. Als Beispiel zitieren die Autoren den Erlebnisbericht einer Hausfrau. Sie erinnert sich an die Leipziger Demonstrationen folgendermaßen:[215]

> „Für mich persönlich war der größte Moment der, als ich ganz allein, ganz für mich in die Menge gelaufen bin und erst leise und dann immer lauter gerufen habe: Wir sind das Volk! Wir sind das Volk! Ich weiß noch, das war in der Nähe vom Bahnhof. Ich habe Polizei gesehen, aber keine Angst gehabt. Ich habe mich stark gefühlt und die Arme hochgerissen und mir die Seele aus dem Leib geschrien."

Es sind jedoch vor allem die Chronisten aus den Bürgerrechtsgruppen, die das Erlebnis individueller und kollektiver Befreiung in den Vordergrund ihrer Darstellungen rücken. Bernd Winkelmann, einer der wesentlichen Inspiratoren des Neuen Forums im Bezirk Suhl, meint, daß eben jener Befreiungsprozeß von Westdeutschen überhaupt nicht verstanden werde:[216]

> „Wenn im Westen von der ‚Wende' gesprochen wird, ist meist nur der ‚Fall der Mauer' am 9. November 1989 und der Anschluß der DDR an Westdeutschland gemeint. Diese Sicht zeigt eine erschreckende Unfähigkeit, Geschichte in ihrer tieferen Dimension wahrzunehmen – konkret hier, das wahrzunehmen was die wirkliche Wende war, nämlich das Aufwachen und Aufstehen der DDR-Bevölkerung aus einer jahrzehntelangen Depression und Deformation – ein Aufwachen zu einer erstaunlichen Reife, Hellsichtigkeit und Tatkraft."

Ob es vorwiegend der westdeutsche Betrachter ist, dem das Thema fremd ist, sei dahingestellt. Der Kritik an der fehlenden Beschreibung und Analyse des Umbruchs in der DDR als individuelles und kollektives Befreiungshandeln und -erleben, als Ausbruch aus dem verordneten Universum totalitärer Sprachregelungen und der erzwungenen Unterwerfungsrituale, und der individuellen und kollektiven Selbstdefinition als Widerpart zu Partei und Staatsmacht sind jedoch zuzustimmen. Sie sind originäre Themen einer Oppositions- und Widerstandsforschung. Nicht umsonst fehlt Vaclav Havels Diktum „In der Wahrheit leben"[217] in kaum einer Veröffentlichung über Opposition und Widerstand in der DDR. Für die Deutung der Spezifik des Umbruchsprozesses im Süden der DDR sind sie bislang jedoch nur in Ansätzen berücksichtigt worden. Die von ausländischen Betrachtern ganz selbstverständlich formulierte Aussage, daß Kommunikation in einer Gesellschaft, die totalitären Machthabern unterworfen ist, notwendigerweise über den Rückgriff auf Symbole und Zeichen erfolgt, die ihre Bedeutung durch kollektiv erinnerte Geschichte, Persönlichkeiten oder Ereignisse erhalten, scheint in der Bundesrepublik noch nicht angekommen zu sein.[218]

Nicht erst für die Forschung sondern bereits für die Bürgerrechtler und die Bevölkerung der DDR war dies ein schwieriges Thema, das mitten in die Streitfrage des Vergleichs beider deutscher Staaten und ihres jeweiligen nachnationalsozialistischen Selbstanspruchs führte. So ganz unerheblich war es auch damals nicht, ob das „Deutschlandlied“, die „Internationale“, „We shall overcome“ oder eine Lokalhymne gesungen wurde.

Gerade die von uns vorgestellten Umbruchsgeschichten in Thüringen und Sachsen haben dabei auffällige Besonderheiten. Das Volksbegehren zur Rückbenennung der Stadt Karl-Marx-Stadt in Chemnitz, das Eichsfeldlied oder die Vogtlandlieder,[219] die sächsischen Fahnen und der Entwurf einer sächsischen Landesverfassung[220] sind Hinweise auf die Bedeutung lokaler und regionaler Befreiungs- und Identitätsbildungsprozesse, die ohne verschütteter und doch nicht verschwundener Traditionen nicht erklärbar sind. Im Medium des Lokalpatriotismus wurde die zentralstaatlich verfaßte totalitäre Diktatur zurückgewiesen und zugleich die Demokratie rekonstruiert. Diese Selbstbefreiung wurde meist zuerst als „Wiedererwachen“ der Heimatstadt bzw. -Region begriffen oder als Heimischwerden erlebt.[221] Gerade in Thüringen und Sachsen war bei Politikern die *„Prioritätensetzung zugunsten der Region“* weit verbreitet, wie Ute Schmidt in ihrer Analyse der Ost-CDU feststellte. Dabei konnte an Entwicklungen in den kommunalen Verwaltungen angeknüpft werden, die schon vor dem Ende der SED-Herrschaft mit *„traditional-lokalistische(n) Wir-Gefühlen“* fehlende Legitimation kompensierten.[222]

Da die deutsche Teilung mit der kommunistischen Okkupation zusammenfiel, war DDR-Patriotismus und Sozialismus eng verknüpft. Indem Teile der Bürgerbewegung an regionale Traditionen anknüpften, entledigten sie sich zugleich der Orientierung auf DDR oder Sozialismus. Dies geschah jedoch in der „Hauptstadt der DDR“, d.h. insbesondere am Zentralen Runden Tisch, in den Parteileitungen und in der Ende März 1990 gebildeten DDR-Regierung, nicht gleichermaßen. Hier wurde immer wieder für die „DDR“ gedacht und gehandelt, was andernorts als gegen „die Menschen“, um das Plauener Volksbegehren zu zitieren, empfunden wurde. Der Ruf nach „Deutschland“ hatte als Pendant die „Wiederentdeckung“ und „Aneignung“ der regionalen Heimat. In diesem Sinne wurde die DDR gerade dort abgewählt, wo es starke Regionaltraditionen und Reste lokaler bürgerlicher Milieus gab.

Anmerkungen:

1 Das Manuskript wurde im wesentlichen 1997 bearbeitet; jüngere Literatur wurde punktuell ergänzt.

2 Siehe aus der Fülle der Literatur u.a.: *Gerhard Wettig*, Niedergang, Krise und Zusammenbruch der DDR – Ursachen und Vorgänge, in: *Eberhard Kuhrt* u.a. (Hrsgg.), Die SED-Herrschaft und ihr Zusammenbruch. Opladen 1996 und *Hartmut Zwahr*, Die Revolution in der DDR 1989/90 – eine Zwischenbilanz, in: *Fischer/Heydemann* (s.u. Anm. 8), S. 205–252.

3 Siehe eine regionale Aufschlüsselung der Wahlergebnisse vom 18.3.1990 in: Forschungsgruppe Wahlen e.V. Mannheim, Wahl in der DDR. Mannheim 1990.

4 Siehe z.B.: *Gerhard Rein* (Hrsg.), Die Opposition in der DDR. Berlin 1989 und *ders.,* Die protestantische Revolution. Berlin 1990.

5 *Uwe Thaysen*, Wege des politischen Umbruchs in der DDR – Der Berliner und der Dresdener Pfad der Demokratiefindung, in: *Karl Eckart* und *Manfred Wilke* (Hrsgg.) Berlin, Schriftenreihe der Gesellschaft für Deutschlandforschung Bd. 59, Berlin 1998, S. 69–90

6 *Michael Richter*, Räte, „Volksvertretungen", Runde Tische, in: *Fischer/ Heydemann* (s.u. Anm. 8), S. 171.

7 Ebenda, S. 187f.

8 Vorwort von *Walter Süß* in: *Hans Peter Löhn*, „Unsere Nerven lagen allmählich blank" – MfS und SED im Bezirk Halle. Berlin 1996, S. 3. Zur generellen Begründung der Perspektive, die zwischen Peripherie und Zentrum unterscheidet, siehe *Walter Süß*, Entmachtung und Verfall der Staatssicherheit, Berlin 1994 und *Hartmut Zwahr*, Die Revolution in der DDR im Demonstrationsvergleich, in: *ders.*, Revolution in Sachsen, Weimar 1996, S. 438 – 455. Nur in Berlin erhielt die „Allianz für Deutschland" nicht die Mehrheit der Stimmen, sondern lag sogar hinter SPD und PDS.

9 Neben der Gesamtdarstellung von *Ehrhart Neubert*, Geschichte der Opposition der DDR, Berlin 1997, sind als die bislang breitesten Darstellungen für Sachsen und Thüringen zu nennen: *Alexander Fischer/Günther Heydemann* (Hrsgg.), Die politische Wende 1989 in Sachsen. Weimar 1995 und *Andreas Dornheim/Stephan Schnitzler* (hrsg. für die Landeszentrale für politische Bildung Thüringen), Thüringen 1989/90 – Akteure des Umbruchs berichten. Erfurt 1995. Vgl. auch Detlev Linzel, einhundertneunzig Tage. Der Runde Tisch des Bezirkes Halle 1989–1990, hrsg. von *Hermann-Josef Rupieper*.

10 Vgl. *Günther Heydemann* und *Thomas Schaarschmidt*, Innnenpolitische Voraussetzungen und Etappen der ‚Wende', in: *Fischer/Heydemann* (s.o. Anm. 8), S. 45–70, hier S. 58f.

11 Dazu trug bei, daß das kirchliche Büro, welches für die Koordination der Solidaritätsbewegung genutzt wurde, für wenige Tage in ein Seelsorgebüro für Ausreisewillige umfunktioniert wurde. Da sich dort hunderte von Ausreisewilligen trafen, konnte die informelle Opposition dieses Büro faktisch nicht mehr nutzen (vgl. epd Dokumentation 9/1988, S. 78, und Kirche im Sozialismus 14 (1988), S. 75).

12 Vgl. *Carlo Jordan*, Akteure und Aktionen der Arche, in: *ders./Hans Michael Kloth* (Hrsgg.), Arche Nova. Berlin 1995, S. 52f. und *Werner Hilse*, in: Materialien der Enquete-Kommission „Aufarbeitung von Geschichte und Folgen der SED-Diktatur in Deutschland" (12. Wahlperiode des Deutschen Bundestages), hrsg. vom Deutschen Bundestag, Bd. VII, Frankfurt/Main 1995, S. 390–397.

13 Vgl. r.l. [für *Wolfgang Rüddenklau*], Die Schlaraffenland-Bewegung, in: Umweltblätter 12.02.1988 und *Reinhard Schult*, Gewogen und für zu leicht befunden, in: Friedrichsfelder Extrablatt, April 1988, Nachdruck in: *W. Rüddenklau*, Störenfried. Berlin 1993, S. 234–236 bzw. S. 223–232.

14 Rundbrief des Thüringer Landesbischofs Werner Leich, der zugleich Vorsitzender des Bundes der Evangelischen Kirchen in der DDR war, vom 01.06.1988 (Sammlung C.D.).

15 Überdurchschnittlich viele Übersiedler kamen aus den Bezirken Dresden, Karl-Marx-Stadt, Leipzig und aus Berlin (vgl. *Richard Hilmer*, Übersiedler aus der DDR, in: Enquete-Kommission (s.o. Anm. 11), Bd. VII, S. 430–449). Allein im Bezirk Dresden gab es Ende 1988 29 000 Ausreiseantragsteller (*Bernd Eisenfeld*, Die Ausreisebewegung – eine Erscheinungsform widerständigen Verhaltens, in: *Ulrike Poppe, Rainer Eckert und Ilko-Sascha Kowalczuk* (Hrsgg.), Zwischen Selbstbehauptung und Anpassung (Forschungen zur DDR-Geschichte Bd. 6). Berlin 1995, S. 192–223, dort S. 202, vgl. auch seinen entsprechenden Beitrag in diesem Band).

16 Z.B. Positionspapier des damaligen Präsidenten des Landeskirchenamtes Dresden, Kurt Domsch, vom 17.02.1988, in dem es u.a. hieß: *„Wir treten ein für das Menschenrecht, daß jedem die freie Entscheidung über die Wahl seines Wohnsitzes zusteht."* (Sammlung Christian Führer) Wenig später schied Domsch jedoch aus gesundheitlichen Gründen aus dem LKA aus. Bischof Hempel erklärte im März 1988 vor der Synode: *„Die Ausreise-Probleme beschäftigen uns mengenmäßig bis an den Rand des Möglichen und innerlich nicht nur bei Tag, sondern auch des Nachts."* (ebenda).

17 Vgl. *Thomas A. Seidel*, Der Arbeitskreis Solidarische Kirche und das Ende der DDR, in: *Dornheim/Schnitzler* (s.o. Anm. 8), S. 149 – 159; *Christian Dietrich* und *Uwe Schwabe* (Hrsgg.), Freunde und Feinde. Dokumente zu den Friedensgebeten in Leipzig zwischen 1981 und dem 9. Oktober 1989. Leipzig 1984, S. 165ff. und *Walter Süß*, Die Durchdringung der Gesellschaft mittels des MfS – Fallbeispiel: Jena im Jahre 1989, in: *Kuhrt* (s.o. Anm. 1), S. 115–137.

18 MfS-Information ZAIG 150/89 über beachtenswerte Aspekte des aktuellen Wirksamwerdens innerer feindlicher, oppositioneller und anderer negativer Kräfte in personellen Zusammenschlüssen (Archiv Bürgerbewegung Leipzig [bei späteren Erwähnungen: ABL]). Für Sachsen werden Hoyerswerda (mit 2 Gruppen), Görlitz, Zittau, Dresden (mit 11 Gruppen), Pirna (mit 2 Gruppen), Meißen, Freiberg (mit 3 Gruppen), Roßwein, Zwickau (mit 5 Gruppen), Marienberg, Neuhausen, Annaberg-Buchholz (Leiter hatte Ausreiseantrag), Penig, Königswalde/Werdau, Frauenstein, Bad Brambach/Tirpersdorf, Auerbach, Schönborn, Karl-Marx-Stadt (mit 10 Gruppen), Leipzig (mit 13 Gruppen), Torgau, Rötha, und Taucha genannt. Für den Süden Sachsen-Anhalts wurden Naumburg (mit 3 Gruppen), Merseburg, Weißenfels (mit 3 Gruppen), Bitterfeld, Halle (mit 6 Gruppen) und Zeitz genannt. Für Thüringen wurde, Altenburg (mit 2 Gruppen) (mit Ausreisewilligen), Knau/Dittersdorf, Hermsdorf, Jena (mit 3 Gruppen), Weimar (mit 3 Gruppen), Erfurt (mit 3 Gruppen), Eisenach (mit 2 Gruppen), Suhl (mit 2 Gruppen), Schmalkalden, Ilmenau, Meiningen und zwei überregionale Gruppen (AKSK Thüringen und Gewaltlos Leben) aufgelistet.

19 Vgl. die Auswertung der MfS-Auflistung bei *Hubertus Knabe*, Sprachrohr oder Außenseiter?, in: Aus Politik und Zeitgeschichte 20/96, S. 23–36.

20 Vgl. *Stephan Bickhardt* in diesem Band.

21 Vgl. *Detlef Pollack*, Kirche in der Organisationsgesellschaft. Stuttgart, Berlin, Köln 1994, S. 356ff. und *Ulrike Franke* u.a., Der Pfarrer im Spannungsfeld von Kirche und Gesellschaft, in: *Wolf-Jürgen Grabner u.a.* (Hrsgg.), Leipzig im Oktober. Berlin 1990, S. 47–62.

22 Diese Jenaer Gruppen wurden Anfang der 80er Jahre zerschlagen und vertrieben (vgl. Protokoll der 67. Sitzung der Enquete-Kommission in: dies. (s.o. Anm. 11), Bd. VII, S. 128–178; *Walter Jahn*, „Du bist wie Gift" (Der Landesbeauftragte des Freistaates Thüringen für die Unterlagen des Staatssicheitsdienstes der ehemaligen DDR informiert). Erfurt 1996; Mathias-Domaschk-Archiv (Hrsg.), Opposition in Jena. Chronologie 1988–1989. Jena 1995; *Dirk Moldt*, Nicht für eine Zeittafel gelebt, in: Horch und Guck, Heft 18 (1996), S. 83–86; *Udo Scheer*, Opposition in den 70er Jahren hat auch Spaß gemacht, in: Gerbergasse 18 (Heft 2/1996), S. 5–8). Zum politischen Umbruch in Jena siehe *Dirk Meisel*, Kommunale Selbstverwaltung im Umbruch (Kommunalpolitik in Stadt und Land, Bd. 5). Erlangen 1995. Die Dresdner Gruppe „Wolfspelz" in Dresden erklärte sich als „nichtkirchliche" Gruppe, war aber dennoch auf eine enge Kooperation mit kirchlichen Stellen angewiesen. Zu Leipzig vgl. *Christian Dietrich*, Fallstudie Leipzig 1987–89. Die politisch-alternativen Gruppen in Leipzig vor der Revolution, in: Enquete-Kommission (s.o. Anm. 11), Bd. VII, S. 558–666, hier S. 612ff. und *Fred Kowasch* in diesem Band.

23 Es gibt wohl evangelische „Hochburgen" im Südwesten Thüringens und im Süden Sachsens, doch die evangelische Bevölkerung umfaßte infolge einer massiven Entkirchlichung kaum mehr als ein Drittel der Bevölkerung (*Pollack*, s.o. Anm. 20, S. 402–405).

24 Vgl. *Kurt Nowak*, Zum historischen Ort der Kirchen in der DDR, in: *C. Vollnhals* (Hrsg.), Die Kirchenpolitik von SED und Staatssicherheit (Wissenschaftliche Reihe des Bundesbeauftragten; 7). Berlin 1996, S. 9–28, hier S. 12.

25 1990 übernahmen 42 Prozent der Pastoren der Pommerschen Evangelischen Kirche ein politisches Mandat (vgl. *Bernd Alsmeier*, Wegbereiter der Wende. Pfaffenweiler 1994, S. 61). In Sachsen waren es deutlich weniger (vgl. *Karl-Hermann Kandler*, Die Rolle der ev.-luth. Kirche in Freiberg während der ‚Wende' 1989/90. Freiberg 1996, S. 52f.). Einige sächsische Superintendenten und Oberkirchenräte richteten am 23.09.1989 an den Ministerrat einen Brief, in dem sie sich für die Zulassung des Neuen Forums einsetzten (vgl. *Thomas Küttler*

und *Jean Curt Röder* (Hrsgg.), Es war das Volk. Die Wende in Plauen. Plauen (5. Auflage) 1993, S. 31). Einer dieser Superintendenten wandte sich jedoch zugleich dagegen, in der Kirche zur Gründung eines regionalen Neue Forums aufzurufen (*Kandler*, S. 48).

26 Vgl. *Christoph Victor*, Oktoberfrühling. Weimar 1992, S. 46ff. und BStU ZAIG 3735, S. 64.

27 Vgl. *Thomas A. Seidel* (s.o. Anm. 16), S. 150 und *Walter Schilling*, Die „Bearbeitung" der Landeskirche Thüringen durch das MfS, in: *Vollnhals* (s.o. Anm. 23), S. 211–266.

28 Vgl. *Edelbert Richter*, Erlangte Einheit – verfehlte Identität. Berlin 1991, S. 15–49.

29 Vgl. Programmentwurf, in: *Edelbert Richter*, Christentum und Demokratie in Deutschland. Leipzig und Weimar 1991, S. 278–284, und *ders,* Die neue Partei konnte nur eine sozialdemokratische sein, in: *Dornheim/Schnitzler* (s.o. Anm. 8), S. 42–49.

30 Vgl. *Karl-Hermann Kandler*, Situationsbezogene Verkündigung. Leipzig 1996 und *Theo Lehmann*, Mord und Totschlag in der Kinderstube. Neukirchen-Vluyn 1991, S. 34f.

31 Z.B. wurde oppositionelles Schriftgut „im Rahmen einer KfZ-Kontrolle" am 30.09.1989 in Weimar beschlagnahmt; vgl. *Andrea Herz/Bernhard Lißner*, Vom „Sicherheitseinsatz 40. Jahrestag" (Oktober 1989) zur verordneten Polizei-Demonstration (Januar 1990), hrsg. vom Landesbeauftragten des Freistaates Thüringen für die Unterlagen des Staatssicherheitsdientes der ehemaligen DDR und dem Thüringischen Hauptarchiv Weimar. Erfurt 1995, S. 19.

32 Ygl. *Karl Schmitt*, Thüringen: Umbrüche einer politischen Landschaft, in: *Wolfgang Jäger u.a.* (Hrsgg.), Republik und Dritte Welt (Studien zur Politik Bd. 27). Paderborn, München, Wien, Zürich 1994, S. 383–392, hier S. 392 und *Ute Schmidt*, Von der Blockpartei zur Volkspartei? Die Ost-CDU im Umbruch 1989–1994. Opladen 1997, 251ff.

33 So Demonstration am 21.01.1990 und ein Interview von Werner Henning im März 1990; vgl. auch Geographisches Institut der Universität Göttingen (Hrsg.), *Friederike Schroeder*, Neue Länder braucht das Land. Göttingen 1991; *Peter Joachim Lapp*, Die DDR geht – die Länder kommen (Forum Deutsche Einheit Nr. 1). Bonn-Bad Godesberg 1990 und *Schmitt* (s.o. Anm. 31), S. 89f.

34 *Andreas Dornheim* und *Stephan Schnitzler*, Einleitung, in: *dies.* (s.o. Anm. 8), S. 25

35 *Lapp* (s.o. Anm. 32), S. 48.

36 Vgl. *Stephan Schnitzler*, Der Umbruch in der DDR auf kommunalpolitischer Ebene. Eine empirische Studie zum Demokratisierungsprozeß von 1989/90 in der Stadt Erfurt. Göttingen 1996, S. 264.

37 Vgl. *Christian von Ditfurth*, Blockflöten. Wie die CDU ihre realsozialistische Vergangenheit verdrängt. Köln 1991, S. 183–205, aber auch *Schmitt* (s.o. Anm. 31), S. 265ff.

38 S. z.B. zu Hildburghausen bei *Hanspeter Wulff-Woesten*, Große Zeit in kleiner Stadt. Hildburghausen 1993, S. 122–125.

39 Am 31.10. wurde auf einer Kundgebung in Lobenstein/Saale die Aufhebung des Sperrgebietes gefordert. Am 6.11. gab es einen Sternmarsch zur Sperrgebietskontrollstelle Geismar (zwischen Leinefelde und Eschwege) an der über 1 500 Menschen teilnahmen. Wenig später hatten die Demonstrationen die Öffnung bzw. Eröffnung von Grenzübergänge zum Ziel (u.a. am 13.11. bei Geisa bzw. Buttlar am Rande der Rhön und am 15.11. bei Ifta, bei Treffurt und bei Dankmarshausen). Auf der Autobahn gab es inzwischen dauernd Staus.

40 *Dornheim/Schnitzler* (s.o. Anm. 8), S. 11.

41 Vgl. *Margot Friedrich*, Eine Revolution nach Feierabend. Eisenacher Tagebuch der Revolution. Marburg 1991, S. 5.

42 *Dornheim/Schnitzler* (s.o. Anm. 8), S. 12.

43 Eine erste Darstellung zu den Arnstädter Ereignissen findet sich Begleitbuch zur Ausstellung „Zum Herbst ‚89" des im Aufbau befindlichen Leipziger „Zentrums zur Deutschen Einheit": *Manfred Leyh*, Arnstadt im Herbst 1989, in: *Bernd Lindner* (Hrsg.), Für ein offenes Land mit freien Menschen. Leipzig 1994, S. 94–103. Der Beitrag konzentriert sich auf die Frage, wie es zu der Demonstration und zur Bildung des Neuen Forums kam.

44 Vgl. Faksimile ebenda.

45 Vgl. *Uwe Siemen-Netto*, Luther als Wegbereiter Hitlers? Gütersloh 1993, S. 20f. Der damalige OKR und spätere Generalsekretär der CDU-DDR Martin Kirchner verhinderte eine Thematisierung dieser Inhaftierung im Landeskirchenrat Eisenach.

46 Zum Wahlergebnis in Arnstadt bei der freien Volkskammerwahl siehe Forschungsgruppe Wahlen (s.o. Anm. 2), Anhang B 12.

47 Vgl. *Christian v. Ditfurth* (s.o. Anm. 44).

48 In Gotha gab es zwischen 1990 und 1994 mehrere Projekte, die u.a. von der Deutschen Forschungsgemeinschaft finanziert wurden und den Umbruchsprozeß in Gotha analysierten. Ein Ergebnisse dieser Untersuchungen ist ein Band mit dem Titel „Stadt im Umbruch: Gotha". Hier gibt es auch eine auf Erinnerungen basierende Darstellung des Herbstes 1989 und eine Analyse der Transformation kommunaler Institutionen, vgl. *Peter Franz*, Von der Wende zur Vereinigung, in: *Ulfert Herlyn und Lothar Bertels* (Hrsgg.), Stadt im Umbruch: Gotha. Opladen 1994, S. 67–98 und *ders.*, Zum Wandel politischer Institutionen, ebenda, S. 99–139.

49 Zum örtlichen Wahlergebnis siehe Forschungsgruppe Wahlen (s.o. Anm. 2), Anhang B 14.

50 Literatur zu Erfurt: Bürgerkomitee Erfurt (Hrsg.), Geheimdienste – Nein Danke! Erfurt 1990; *Eberhard Stein*, Agonie und Auflösung des MfS – Streiflichter aus einem Thüringer Bezirk (Der Landesbeauftragte des Freistaates Thüringen für die Unterlagen des Staatssicherheitsdienstes der ehemaligen DDR informiert). Erfurt o.J.; *Andreas Dornheim*, Politischer Umbruch in Erfurt 1989/90. Weimar 1995; *Schnitzler* (s.o. Anm. 35). Andreas Dornheim beschreibt Spuren sozialdemokratischer Opposition aus den 50er Jahren (s.o., S. 32ff.) und Einflüsse aus der Zeit seit 1968 (ebd., S. 30ff). Auf letzteres verweist auch Walter Schilling, in: *ders.*, Die 68er Insel im „Roten Meer" – Braunsdorf, in: *Dornheim/Schnitzler* (s.o. Anm. 8), S. 193ff.

51 *Dornheim* (s.o. Anm. 49), S. 52.

52 Ebenda; vgl. auch *Schnitzler* (s.o. Anm. 35), S. 54f.

53 Ebenda.

54 Ebenda, S. 51.

55 Vgl. *Edelbert Richter* (s.o. Anm. 35), S. 21ff. und *Schnitzler* (s.o. Anm. 35), S. 67f.

56 *Dornheim* (s.o. Anm. 49), S. 53.

57 *Dornheim* (s.o. Anm. 49), S. 61ff; *Schnitzler* (s.o. Anm. 35), S. 87–89, *Herz/Lißner* (s.o. Anm. 30), S. 30f.

58 *Dornheim* (s.o. Anm. 49), S. 15ff; *Schnitzler* (s.o. Anm. 35) 128ff.

59 Vgl. auch *Kerstin Schön*, „... und jetzt warten wir auf die nächste Wende", in: *Dornheim/Schnitzler* (s.o. Anm. 8), S. 99ff; siehe auch: Amt für Nationale Sicherheit, Parteiinformation 519/89, 5.12.89 (BStU ZAIG 3815).

60 *Matthias Büchner*, „Es war wie im Hase-und-Igel-Spiel", in: *Dornheim/ Schnitzler* (s.o. Anm. 8), S. 294.

61 Vgl. *Dornheim* (s.o. Anm. 49), S. 293ff. und *Schnitzler* (s.o. Anm. 35), S. 167–171 und S. 231–261.

62 Vgl. *Dornheim* (s.o. Anm. 49), S. 81.

63 *Josef Lütke, Heinz Mestrup* und *Dietmar Remy* (Hrsgg.), Mühlhausen 1989/1990. Münster 1993; Der Landesbeauftragte des Freistaates Thüringen (Hrsg), *Heinz Mestrup*, Stadt, Kreis und Kreisparteiorganisation der SED in Mühlhausen während des politischen Umbruches im Herbst 1989 Erfurt 1996; *ders.* (Hrsg.), *Dietmar Remy*, Die Formierung der Opposition in Mühlhausen/Thür. im Herbst 1989. Erfurt 1995.

64 *Falk Walther*, Opposition im Bezirkskrankenhaus Pfafferode – Beginn der Dialog, in: *Lütke/Mestrup/Remy* (s.o. Anm. 62), S. 24ff.

65 *Dietmar Remy*, Über den Beginn der Wende in einer thüringischen Kreisstadt, in: *Lütke/Mestrup/Remy* (s.o. Anm. 62), S. 345.

66 *Heidrun Senz*, Die Informationsveranstaltung in der Martinikirche am 22. Oktober 1989, in: *Lütke/Mestrup/Remy* (s.o. Anm. 62), S. 92ff.

67 Ebenda, S. 96.

68 *Johannes Liesenberg*, Die Arbeit des Runden Tisches, in: *Lütke/Mestrup/ Remy* (s.o. Anm. 62), S. 58ff.

69 Zum örtlichen Wahlergebnis siehe Forschungsgruppe Wahlen (s.o. Anm. 2), Anhang B 14.

70 *Victor* (s.o. Anm. 25). Das Buch läßt einige Fragen offen. Insbesondere die Entstehung und Entwicklung des Runden Tischs in der Stadt wird nur am Rande sichtbar.

71 Ebenda, S. 39.

72 Ebenda, S. 11ff.; vgl. auch *Rein*, Revolution (s.o. Anm. 3), S. 124f. und *Gerhard Besier*, Der SED-Staat und die Kirche 1983–1991. Berlin, Frankfurt/Main 1995, S. 369–372.

73 *Victor* (s.o. Anm. 25), S. 27ff.

74 Leider wird die Vorgeschichte des „Brief aus Weimar“, in dem Mitglieder der CDU-Blockpartei angesichts der offenbaren Wahlfälschungen ihre Partei zu einer vorsichtigen Reformpolitik auffordern, nicht ausgeleuchtet. Ebenda, S. 46f.; vgl. dazu *Christine Lieberknecht*, Der Weimarer Brief und die Erneuerung der Ost-CDU, in: *Dornheim/Schnitzler* (s.o. Anm. 8), S. 267ff und *Schmidt* (s.o. Anm. 31), S. 49–55.

75 Victor legt das Datum auf den 15.09.1989 (s.o. Anm. 25, S. 49ff). Es war jedoch eher der 20.09.1989 (vgl. *Edelbert Richter* (s.o. Anm. 35), S. 21f.

76 *Victor* (s.o. Anm. 25), S. 64.

77 Vgl. ebenda, S. 158ff.

78 Vgl. ebenda, S. 97ff.

79 Vgl. ebenda, S. 157.

80 Ebenda, S. 70f.

81 Vgl. ebenda, S. 89.

82 Vgl. ebenda, S. 85.

83 In Weimar kam es im Januar 1990 erneut zu Streiks, als bekannt wurde, daß die Regierung entlassenen MfS-Mitarbeitern großzügig sogenannte Überbrückungsgeldern auszahlte (*Michael Richter*, Die Staatssicherheit im letzten Jahr der DDR. Weimar 1996, S. 147).

84 *Victor* (s.o. Anm. 25), S. 94.

85 *Hans Gerd Adler*, Wir sprengen unsere Ketten. Leipzig 1990. Siehe auch *Eduard Fiedler*, Gebet und Demo zwischen St. Gerhard und Friedensplatz, in: *Dornheim/Schnitzler* (s.o. Anm. 8), S. 229ff, und *Klaus Schulze* (ebd.), S. 317ff.

86 Vgl. *Paul J. Kockelmann*, Zwischen Kanzel und Pfarrsaal – Systemdistanz im Eichsfeld, in: *Jürgen Israel* (Hrsg.), Zur Freiheit berufen. Berlin 1991, S. 238–242 und *Ute Schmidt* (s.o. Anm. 31), S. 251ff, 246f. und 251–254.

87 *Adler* (s.o. Anm. 84), S. 20.

88 Ebenda, S. 20ff.; siehe auch *Fiedler* (s.o. Anm. 84), S. 229. Am 08.10.1989 fand schon eine Prozession mit ca. 3 000 Teilnehmern zum „heiligen“ Hülfensberg im tabuisierten Grenzgebiet statt. (*Schmidt* (s.o. Anm. 31), S. 87, Anm. 62).

89 *Adler* (s.o. Anm. 84), S. 21.

90 Ebenda, S. 25.

91 *Schmidt* (s.o. Anm. 31), S. 262f.

92 *Adler* (s.o. Anm. 84), S. 30.

93 *Fiedler* (s.o. Anm. 84), S. 230.

94 *Adler* (s.o. Anm. 84), S. 45.

95 So *Schmidt* (s.o. Anm. 31), S. 254f.

96 Verfasser *Hermann Iseke*, abgedruckt bei *Adler* (s.o. Anm. 84), S. 8.

97 Ebenda, S. 140f.

98 Bürgerkomitee des Landes Thüringen e.V. (Hrsg.), Aufbruch ,89 – Kleine Chronik der Herbstereignisse in der Bezirksstadt Suhl. Suhl 1990; siehe auch *Bernd Winkelmann*, Politische Spiritualität in der Wendezeit der DDR – erlebt im Bezirk Suhl, in: *Dornheim/Schnitzler* (s.o. Anm. 8), S. 161ff. Die Suhler Autoren stellen den Umbruch bewußt nur von September bis Dezember 1989, denn hier *„machten wir die stärksten Erfahrungen der Befreiung und einer großen*

neuartigen Demokratiebewegung des ganzen Volkes." (Bürgerkomitee des Landes Thüringen, S. 2.). Auch auf eine Darstellung der Traditionen oppositioneller Tätigkeit in der Stadt und im Bezirk Suhl verzichteten sie.

99 Vgl. MfS, BV Suhl, Parteiinformation 99/89, 22.6.89, S. 3 (BStU ASt Suhl, Parteiinformationen).

100 Vgl. MfS, BV Suhl, Parteiinformation 99/89, 22.6.89, Anlage S. 15 (ebenda).

101 Vgl. MfS, BV Suhl, Parteiinformation 130/89, 29.8.89, S. 1 (ebenda).

102 Vgl. MfS, BV Suhl, Parteiinformation 35/89, 10.3.89, S. 1ff (ebenda).

103 Vgl. Bürgerkomitee des Landes Thüringen (s.o. Anm. 97), S. 4.

104 Ein Thüringer Basisgruppen-Treffen fand am 29./30. September in Weimar statt (ebenda, S. 5ff und MfS, BV Suhl, Parteiinformation 146/89, 2.10.89, S. 1–6).

105 Vgl. MfS, BV Suhl, Parteiinformation 156/89, 9.10.89, S. 2.

106 Bürgerkomitee des Landes Thüringen (s.o. Anm. 97), S. 9ff.

107 Vgl. MfS, BV Suhl, Parteiinformation 163/89, 15.10.89, S. 1f.

108 Vgl. MfS, BV Suhl, Parteiinformation 184/89, 3.11.89, S. 14.

109 Bürgerkomitee des Landes Thüringen (s.o. Anm. 97), S. 13.

110 Ebenda, S. 19; vgl. auch *Paul Latussek*, Die Gründung der Forum-Partei Thüringen und der DSU, in: *Dornheim/Schnitzler* (s.o. Anm. 8), S. 89ff.

111 Bürgerkomitee des Landes Thüringen (s.o. Anm. 97), S. 22.

112 Vgl. *Michael Richter* (s.o. Anm. 90), S. 80, Fußnote 144.

113 Vgl. Bürgerkomitee des Landes Thüringen (s.o. Anm. 97), S. 23f.; vgl. auch *Siegfried Geißler*, Die unvollendete 9. Sinfonie – ein Komponist beim Neuen Forum und als Besetzer der Suhler MfS-Burg, in: *Dornheim/Schnitzler* (s.o. Anm. 8), S. 29ff.

114 Vgl. *Michael Richter* (s.o. Anm. 90), S. 92, Fußnote 201.

115 Bürgerkomitee des Landes Thüringen (s.o. Anm. 97), S. 24, S. 27 und S. 29.

116 Vgl. Ebenda, S. 28.

117 Ebenda.

118 Ebenda, S. 30.

119 Zum Wahlergebnis in Suhl siehe Forschungsgruppe Wahlen (s.o. Anm. 2), Anlage B 58.

120 Vgl. *Roland Brauckmann/Christoph Bunzel*, Rückblick. Die evangelische Kirche des Görlitzer Kirchengebietes 1970–1994. Görlitz 1995.

121 Die Vorgänge in der schlesischen Oberlausitz, die einer gesonderten Betrachtung bedürfen, haben wir hier aus Raumgründen nicht untersucht. Vereinzelte Erlebnisberichte und erste Darstellungen sind zu finden in: *Matthias Schneider*, „Und plötzlich ging alles so schnell!" Wende und Wandel in Görlitz. Wiesbaden-Erbenheim 1991. Vgl. auch *Jörg Swoboda* (Hrsg.), Die Revolution der Kerzen. Christen in den Umwälzungen der DDR. Wuppertal und Kassel 1990.

122 *Michael Richter* (s.o. Anm. 5), S. 157.

123 Ebenda, S. 185.

124 Vgl. *Markus Lesch*, Die CDU-Reformer in Sachsen, in: Die Politische Meinung, Heft 229 (1994), S. 37–43 und *Schmidt* (s.o. Anm. 31), S. 159–172. Im ersten Landeskabinett waren fünf der zehn Minister Mitbegründer oppositioneller Gruppierungen im Herbst 1989 bzw. ehemalige Mitarbeiter der inoffiziellen Opposition.

125 *Eckhard Bahr*, Sieben Tage im Oktober. Aufbruch in Dresden. Leipzig 1990; *Helmut Flach*, Der Demokratisierungsprozeß in der DDR als Gegenstand der politischen Bildung – Eine Fallstudie zur „Gruppe der 20" in Dresden (Wissenschaftliche Hausarbeit, TU Dresden). Dresden 1995; *Hans Kromer*, Dresden – Die friedliche Revolution: Oktober 1989 bis März 1990. Böblingen 1990; *Karin Urich*, Der Umbruch in Dresden – Herbst 1989 bis Frühjahr 1990 (Magisterarbeit, Universität Mannheim). Mannheim 1995.

126 *Urich* (s.o. Anm. 124), S. 82.

127 Vgl. ebenda, S. 5; vgl. hierzu *Christine Lieberknecht* (s.o. Anm. 73), S. 267ff. und *Schmidt* (s.o. Anm. 31), S. 157.

128 *Stephan Bickhardt* u.a. (Hrsgg.), SPUREN – Zur Geschichte der Friedensbewegung in der DDR. Berlin 1988 (ABL).
129 *Urich* (s.o. Anm. 124), S. 7f.
130 Ebenda, S. 8; vgl. auch *Klaus Ehring* und *Martin Dallwitz*, Schwerter zu Pflugscharen. Hamburg 1982, S. 68ff.
131 *Urich* (s.o. Anm. 124), S. 8; vgl. auch *Martin Jander/Thomas Voß*, Die besondere Rolle des politischen Selbstverständnisses bei der Herausbildung einer politischen Opposition in der DDR außerhalb der SED und ihrer Massenorganisationen seit den siebziger Jahren, in: Enquete-Kommission (s.o. Anm. 11), Band VII, S. 922ff.
132 Vgl. *Wolfgang Rüddenklau*, Schafe im Wolfspelz, in: telegraph, 4,5,7/1992.
133 *Urich* (s.o. Anm. 124), S. 10ff.
134 Ebenda, S. 14. Eine gute Chronologie findet sich bei *Helmut Flach* (s.o. Anm. 124), Anlage 4.
135 *Urich* (s.o. Anm. 124), S. 20ff.; siehe auch *Flach* (s.o. Anm. 124), S. 33ff.
136 *Urich* (s.o. Anm. 124), S. 23.
137 Ebenda, S. 24.
138 *Flach* (s.o. Anm. 124), S. 43.
139 *Urich* (s.o. Anm. 124), S. 27.
140 Einen Runden Tisch gab es in Dresden nur auf der Ebene des Bezirks.
141 *Urich* (s.o. Anm. 124), S. 47.
142 Ebenda, S. 85ff.
143 Ebenda, S. 51.
144 Zum Dresdener Wahlergebnis bei der freien Volkskammerwahl siehe Forschungsgruppe Wahlen (s.o. Anm. 2), Anlage B 12.
145 Vgl. u.a. Neues Forum Leipzig (Hrsg.), Jetzt oder nie — Demokratie! Leipzig 1989, *Wolfgang Schneider* (Hrsg.), Leipziger Demontagebuch. Leipzig und Weimar 1990; *Grabner* u.a. (s.o. Anm. 28); *D.J. Elzinga*, Een kleine flat in Leipzig. Amsterdam 1991; *Ekkehard Kuhn*, Der Tag der Entscheidung. Berlin 1992; *Bernd Lindner/Ralph Grüneberger* (Hrsgg.), Demonteure. Bielefeld 1992; *Karl-Dieter Opp/Peter Voß*, Die volkseigene Revolution. Stuttgart 1993; *Hartmut Zwahr*, Ende einer Selbszerstörung. Göttingen 1994; *Dieter Rink*, Das Leipziger Alternativmilieu, in: *Michael Vester* et al. (Hrsgg.), Soziale Milieus in Ostdeutschland. Köln 1995, S. 193–229; *Herbert Riehl-Heyse*, Helden für einen Herbst, in: Merian 3/49 (1996), S. 81–87; *Tobias Hollitzer*, ... steht nun die Machtfrage auf der Tagesordnung. Die Entwicklung der friedlichen Revolution, in: Forum Verlag Leipzig (Hrsg.), Zu Fuß durch Leipzig. Leipzig 1996, S. 111–125.
146 Vgl. *Zwahr* (s.o. Anm. 7).
147 Vgl. zur Kultur-Szene *Jacques Poumet*, Die Leipziger Untergrundzeitschriften aus der Sicht der Staatssicherheit, in: Deutschland Archiv 29 (1996), S. 67–85 und *Uta Grundmann/Susanne Seufert* (Hrsgg.), Die Einübung in die Außenspur. Die andere Kultur in Leipzig 1971–1990. Leipzig 1996; zu den politischen Gruppen vgl. *Christian Dietrich* (s.o. Anm. 21).
148 Eine Leipziger Reaktion auf einen Artikel in den Berliner Umweltblättern zur Demonstration am 15. Januar 1989 in Leipzig, die dort nicht abgedruckt wurde (Sammlung C.D.).
149 Vgl. der Beitrag von *Fred Kowasch* in diesem Band und *Dietrich/Schwabe* (s.o. Anm. 16).
150 BStU ASt. Leipzig, Arbeitsbuch 744.
151 *Peter Unterberg*, „Wir sind erwachsen, Vater Staat!". Vorgeschichte, Entstehung und Wirkung des Neuen Forum in Leipzig (MS). Bochum 1991, S. 86.
152 Es gibt in der Literatur mehrfach die Behauptung, daß zwischen Demonstranten und der SED vor dem 9. Oktober „Gewaltfreiheit" vereinbart worden sei (vgl. *Wettig* (s.o. Anm. 1), S. 410f.). Ein Nachweis wird jedoch nie erbracht. Die älteste Quelle dieser Behauptung ist vermutlich ein Interview mit dem Leipziger Bürgerrechtler Thomas Rudolph im Sächsischen Tageblatt vom 20.02.1990. Er sprach dort von zwei Gesprächen am 5. und 8. Oktober 1989. Eigene Recherchen konnten diese Angaben jedoch nicht bestätigen. Tobias Hollitzer geht davon aus, daß die Befehle bis nach dem Beginn der Demonstration unverändert auf „Härte"

orientierten. Er verweist darauf, daß sogar Maschingewehrnester zum Schutz der BDVP eingerichtet waren. (*ders.*, Der friedliche Verlauf des 9. Oktober in Leipzig – Kapitulation oder Reformbereitschaft? Vortrag am 30.10.1996 in Leipzig (MS), S. 7f.).

153 Jochen Läßig auf der Demonstration des Neuen Forums am 18.11.1989 (Jetzt oder nie – Demokratie! (s.o. Anm. 144), S. 264).

154 Vgl. *Unterberg* (s.o. Anm. 150), S. 102.

155 Zitiert u.a. in: *Hollitzer* (s.o. Anm. 144), S. 121.

156 Vgl. *Cornelia Liebold*, Zwischen zentralistischer Abhängigkeit und demokratischem Neubeginn. Leipziger Kommunalpolitik in der Wende 1989/90, in: *Fischer/Heydemann* (s.o. Anm. 8), S. 71–116.

157 Zum Wahlergebnis am 18. März 1990 vgl. Forschungsgruppe Wahlen (s.o. Anm. 2), Anhang B 36.

158 Hervorzuheben sind dabei die Darstellungen des Plauener Superintendenten Thomas Küttler; vgl. *Küttler/Röder* (s.o. Anm. 24); *Thomas Küttler*, Die Wende in Plauen, in: *Fischer/Heydemann* (s.o. Anm. 8), S. 147–155 und *Bernd Lindner*, Plauen: Widerborstige Stadt mit Bürgerstolz und Freiheitssinn, in: *ders.* (s.o. Anm. 42), S. 123–138 mit einigen Zeitzeugenberichten. Außerdem gibt es eine sorgfältige „Chronik" des politischen Umbruchs im damaligen Nachbarkreis Auerbach: *Petra del Pino* und *Käte Meinel* (Redaktion), Die Wende im Kreis Auerbach. Auerbach 1992.

159 Von keiner Kreisdienststelle Sachsens wurden so viele Bürger für eine Festnahme bzw. „Isolierung" vorgesehen, wie von der Zwickauer und der Plauener (vgl. *Michael Arnold*, Minderheitenvotum zum Schlußbericht des Sonderausschusses zur Untersuchung von Amts und Machtmißbrauch infolge der SED-Herrschaft des Sächsischen Landtages vom 20.06.1994, S. 103). Siehe auch *Claus Stedinger* (Hrsg.), OPK „Donner"/OV „Blitz". Das Gewitter. Plauen 1994.

160 Auszählungsliste und verschiedene Eingaben (ABL, IFM-Ordner Wahl) und *Küttler/Röder* (s.o. Anm. 24), S. 13f. und S. 25–28.

161 Zur „Initiative zur demokratischen Umgestaltung" siehe *Steffen Kretschmar*, Zeitzeugenbericht, in: *Lindner* (s.o. Anm. 157), S. 129–134.

162 T. Jäckel an C. Dietrich vom 22.09.1989 (Sammlung C.D.).

163 *Hans-Hermann Hertle*, Chronik des Mauerfalls. Berlin 1996, S. 74f.

164 Die Zahlenangaben schwanken. In einer Schweizer Publikation war sogar von 45 000 Demonstranten die Rede (*Christian Bernhart*, Plauen, die erste Stadt der DDR, in: Diagonal 8/89, S. 6).

165 Vgl. *W. Aufgebauer*, So erlebte ich den 9. November 1989, in: *Küttler/Röder* (s.o. Anm. 24), S. 125–127.

166 Aufruf der Initiative zur demokratischen Umgestaltung „Für die Menschen in unserem Land" (Reproduktion in: *Lindner* (s.o. Anm. 157), S. 132). Thomas Küttler, der seine Schul- und Studienzeit in Westdeutschland verbrachte und erst 1965 in die DDR kam, war einer der prononciertesten lutherischen Theologen, die sich für eine positive Bewertung der deutschen Nation einsetzten (vgl. *ders.*, Nation – was sagt die Bibel dazu? Idea-Dokumentation 19/1993, Wetzlar 1993).

167 Zum Wahlergebnis in Plauen vgl. Forschungsgruppe Wahlen (s.o. Anm. 2), Anhang B 34.

168 *Monika Reum/Steffen Geißler*, Auferstanden aus Ruinen ... und wie weiter? Chronik der Wende in Karl-Marx-Stadt/Chemnitz 1989/90. Chemnitz 1991.

169 Vgl. ebenda, S. 12, S. 16ff., S. 83 und S. 123.

170 Ebenda, S. 63.

171 Am vorhergehenden Freitag hatten sich schon ca. 5 000 Menschen auf den Straßen versammelt, da sie aufgrund der Überfüllung nicht mehr an den Veranstaltungen in den Kirchen teilnehmen konnten.

172 *Reum/Geißler* (s.o. Anm. 167), S. 80f. und S. 88.

173 Ebenda, S. 114.

174 Vgl. ebenda, S. 130. Am Runden Tisch der Stadt Chemnitz sitzen: LDPD, NDPD, CDU, DBD, SED, DFD, FDJ, Kulturbund, VdGB, FDGB, DA, VL, GP, SDP, NF, Frauen im Aufbruch.

175 Vgl. ebenda, S. 110.

176 Vgl. ebenda, S. 117 und S. 121.

177 Vgl. ebenda, S. 144.

178 Vgl. ebenda, S. 98f. In der DOP waren zusammengeschlossen: Neues Forum, SDP, Demokratischer Aufbruch, Vereinigte Linke, Grüne Partei und viele thematische Arbeitsgruppen, die sich in der Stadt während des Umbruchs bildeten.

179 Vgl. ebenda, S. 190.

180 Ebenda, S. 208ff. Die CDU erreicht 28,26%, die DSU 17,91%, die SPD 18,80%, die PDS 17,54% und das Bündnis 90 nur 3,23%.

181 Ebenda, S. 222. 76% der Wahlbeteiligten sprachen sich für die Rückbenennung der Stadt in „Chemnitz" aus.

182 Ebenda, S. 228. Die CDU gewann von 80 Mandaten 29, die SPD 14 und die PDS 13. Das Neue Forum und die Grüne Liste liegen mit jeweils 4 Mandaten hinter der DSU mit 5.

183 Ebenda, S. 12.

184 Zum Chemnitzer Wahlergebnis am 18. März 1990 vgl. Forschungsgruppe Wahlen (s.o. Anm. 2), Anlage B 34.

185 Vgl. *Rüddenklau* (s.o. Anm. 12), S. 29; *Georg Meusel*, Königswalde und die Arbeit christlicher Friedensseminare, in: Spuren (s.o. Anm. 127), S. 61–66 und *ders.*, in: Enquete-Kommission (s.o. Anm. 11), Bd. VII, S. 220–225, S. 227f.

186 *Geoerg Meusel*, Wunde Punkte – Wendepunkte im Kreis Werdau 1989. Dresden 1997.

187 In Greiz und Glauchau fanden am 23.10. kirchliche Veranstaltungen statt, nach denen es zu Demonstrationen kam. Die Veranstaltung in Greiz war zugleich eine Vorstellung des Neuen Forums und der SDP, u.a. mit Manfred (Ibrahim) Böhme.

188 Das nächste Friedensgebet mit anschließender Demonstration fand am 13.11.1989 statt.

189 Zum öffentlichen Wahlergebnis vgl. Forschungsgruppe Wahlen (s.o. Anm. 2), Anhang B 32.

190 Vgl. den Beitrag von Uwe Schwabe in diesemBand, dessen Zahlenangaben auch hier zugrunde gelegt werden; vgl. auch *Herz/Lißner* (s.o. Anm. 30).

191 Vgl. *Siegfried Grundmann*, Saldo der Ost-West-/West-Ost-Migration in Promille zur Wohnbevölkerung im Jahre 1989, in: *Klaus Freitag* et al. (Hrsgg.), Regionale Bevölkerungsentwicklung in den neuen Bundesländern (Graue Reihe 94–05). Berlin 1994, S. 93 und *Bernd Eisenfeld* (s.o. Anm. 14), S. 202.

192 Vgl. Wochenübersichten der ZAIG von August und September 1989 (BStU ZA ZAIG 4597 und 4598).

193 So z.B. *Konrad H. Jarausch*, Die unverhoffte Einheit 1989–1990. Frankfurt/Main 1995, 76f., vgl. auch den Beitrag von Uwe Schwabe in diesem Band.

194 *Arnold* (s.o. Anm. 158), S. 162. DDR-weit wurden in den ersten 8 Tagen des Oktobers 3 318 Menschen im Zusammenhang mit Demonstrationen und Protesten festgenommen (*Hollitzer*, s.o. Anm. 151).

195 In folgenden Städten fanden am 7. Oktober ebenfalls Demonstrationen statt, bzw. wurden versucht: Berlin, Potsdam, Arnstadt, Magdeburg (dort auch schon am 5.10.), Halle, Lindow, Erfurt, Dippoldiswalde, Jena, Roßlau, Dessau, Suhl, Guben, Aschersleben, Hainichen (Sachsen) und Ilmenau. Außer in Berlin, waren jedoch weniger, meist deutlich weniger, als Tausend Demonstranten beteiligt. *Kandler* (s.o. Anm. 24), S. 41, schreibt: *„Mit den Ereignissen vom 4. Oktober 1989 war eine revolutionäre Situation auch in Freiberg entstanden. Die Ereignisse führten unmittelbar dazu, daß auch in Freiberg die Ev.-Luth. Kirche aktiv wurde".*

196 Vgl. *Winfried Völlger* und *Rainer Butzke*, Halle im Herbst. Halle 1990, S. 13ff. und *Löhn* (s.o. Anm. 7), S. 11–13. Am 10.10.1989 wurde auch in Wernigerode (Harz, Bezirk Magdeburg) gewaltsam gegen Demonstranten vorgegangen. Dagegen kam es am 9. Oktober in Lindow (Bezirk Potsdam) bei einer Demonstration von ca. 500 Menschen zu keinem Einsatz der Sicherheitskräfte (*Ulrike Rönnecke*, Aufbruch ‚89 im Kreis Neuruppin. Neuruppin 1993).

197 Die ersten Demonstrationen in Mecklenburg-Vorpommern fanden am 18.10. in Greifswald und Neubrandenburg und am 21.10. in Rostock statt. Im Dezember stellte das ZDF fest, daß in Plauen sich fast alle und in Neubrandenburg fast niemand für eine Vereinigung aussprachen (Neues Deutschland, 21.12.1989). Zum Nord-Süd-Gefälle siehe auch *Laurence H. McFalls*, Communism's Collapse, Democracy's Demise?. Hampshire und London 1995, S. 129ff.

198 Schon vor dem 9.10 begannen die „Revolutionsrythmen" in Arnstadt und Plauen. Weitere Demonstrationszyklen begannen am 9.10. in Halle und Dresden, am 13.10. in Klingenthal und Karl-Marx-Stadt (entstanden, da ca. 5 000 Menschen nicht mehr in die Kirchen kamen), am 16.10. in Zwickau, am 18.10. in Greifswald, Neubrandenburg, Markneukirchen (Vogtland), am 19.10. in Zeulenroda (Thüringen), Erfurt, Rostock, Stendal, Friedrichsroda (Thüringen), Leinefelde (Eichsfeld), am 20.10. in Dessau, Mühlhausen (Thüringen), Olbernhau (Sachsen), Gotha (Thüringen), am 23.10. in Magdeburg, Stralsund, Schwerin, Merseburg, Forst/Oder, Eisenach, Waren/ Müritz, Lindow (Brandenburg), Templin, Pößneck (Thüringen), Heiligenstadt (Eichsfeld), am 24.10. in Meißen, Weimar, Meiningen (Thüringen), Nordhausen, am 25.10. in Jena, Halberstadt, Genthin, Reichenbach (Vogtland), Limbach-Oberfrohna (Sachsen), Neustrelitz, Wittstock (Brandenburg), Senftenberg, Coswig, Schwarzenberg (Sachsen), Neuhausen (Sachsen), Weißenfels (Sachsen-Anhalt), Sondershausen (Thüringen), am 26.10. in Gera, Neustadt (Orla), am 27.10. in Saalfeld (Thüringen), Güstrow, Görlitz, am 28.10. in Greiz (Vogtland), Sebnitz (Sachsen), am 29.10. in Freiberg (Sachsen), am 30.10. in Cottbus, Hoyerswerda, Hennigsdorf (bei Berlin), Malchin, Dingelstädt (Thüringen), Leisnig (Sachsen), Grimma (Sachsen) und am 31.10. in Geithain (Sachsen), Naumburg/Saale und Bad Salzungen (Thüringen).

199 Vgl. den Beitrag von *Uwe Schwabe* (s.o. Anm. 189).

200 Vgl. Junge Welt am 7.9.1989.

201 Vgl. *Lindner/Grüneberger* (s.o. Anm. 144).

202 Zusammenrottung, in: *Hans-Jürgen Sievers*, Stundenbuch einer deutschen Revolution. Zolikon und Göttingen 1990, S. 48.

203 Vgl. die Leipziger Notizen vom September 1988, in: *Dietrich/Schwabe* (s.o. Anm. 16), S. 231f.; *Gesine Oltmanns*, Interview, in: Die andere Zeitung 1/1990, S. 12 und *Uwe Schwabe*, „Für ein offenes Land mit freien Menschen", in: *Lindner* (s.o. Anm. 42), Leipzig 1994, S. 9f. oder das Interview-Zitat in: *Peter Franz* (s.o. Anm. 54), S. 70.

204 Vgl. *Dietrich* (s.o. Anm. 21); vgl. auch die Umweltumzüge im Braunkohlenchemie-Gebiet südlich von Leipzig und die Schweigemärsche am Gedenktag der Bombardierung Dresdens.

205 Z.B. in Naumburg am 1.5.1982, in Jena am 19.05.1983, in Zittau am 29.10.1983.

206 Zum Palme-Marsch im September 1987 vgl. *Rüddenklau* (s.o. Anm. 12), S. 109–112, S. 146–149 und *Dietrich* (s.o. Anm. 21), S. 600f., hier weitere Literatur.

207 „Spaziergänge" von Ausreisekreisen gab es Mitte der 80er Jahre u.a. in Jena und Leipzig. In Leipzig wurde z.B. zum Berliner Brandenburger Tor eingeladen. Im November 1988 hatten zwei Familien per Handzetteln zu einem „Schaufensterbummel" in Leipzig eingeladen. Die Initiatoren wurden daraufhin bis Oktober 1989 inhaftiert. Weitere selbstorganisierte Demonstrationen waren u.a.: Beat-Demonstration am Reformationstag 1965 in Leipzig, Demonstrationen der Jenaer Friedensgemeinschaft 1982/83 und Leipziger Jugendlicher November 1983, der „Weiße Kreis" Jenaer Ausreisewilliger 1983/84, eine Fahrrad-Demonstrationen 1983 in Berlin, die Aktionen „Mobil ohne Auto", Mitte der 80er Jahre in verschiedenen Städten, die Protestdemonstration des Naumburger Friedenskreises am 02.02.1988 und der Pleißemarsch 1988 in Leipzig.

208 So kam es z.B. bei einem Fußballspiel am 26.10.1988 in Leipzig zu einem Pfeifkonzert von mehreren 10 000 gegen die SED-Führung (vgl. *Siegfried Suckut*, Widerspruch und abweichendes Verhalten in der LDP(D), in: Enquete-Kommission (s.o. Anm. 11), Bd. VII, S. 1558).

209 Vgl. Dok. 43 in: *Dietrich/Schwabe* (s.o. Anm. 16), S. 142f. und Filmaufnahmen von den Leipziger Demonstrationen vom 13.03. und 04.09.1989 (ABL).

210 *Opp/Voß* (s.o. Anm. 144), S. 47. Eine Analyse der Fußballfan-Bewegung in der DDR gibt es noch nicht. Bei Untersuchungen zum Rechtsextremismus in der DDR wird auf diese Szene nicht eingegangen (vgl. *Frank Neubacher*, Jugend und Rechtsextremismus in Ostdeutschland. Bonn 1994). Der Vater eines der originellsten Demonstrationsorganisatoren Anfang der 80er Jahre hatte viele Jahre den Fanblock des FC Carl-Zeiss-Jena betreut, so daß Roland Jahn schon als Kind positive Massenerfahrung machte.

211 Anonymer Bericht an „Ex-Leipziger" vom 2. Oktober 1989 (Sammlung C.D.). In Dresden gab es am 3. und 4. Oktober und in Berlin am 7. Oktober „Straßenschlachten" mit den Sicherheitskräften. In Hainichen (Sachsen) hatte die Polizei am Nachmittag des 7.10. einen kleine Demonstration Jugendlicher durch brutale „Zuführungen" aufgelöst. Am Abend besuchten diese Jugendlichen eine Disco, bei der es – u.a. von anderen Jugendlichen – zu Rufen wie „Deutschland" und „Freiheit, Gleichheit, Brüderlichkeit" kam und aus der heraus sich ein zweiter Demonstrationszug bildete. Diesen Zug versuchte die Polizei mit äußerster Härte aufzulösen, wobei einer der Demonstranten einen Blitzknaller in die Polizeikette warf (Sammlung des Untersuchungsausschusses zu den Polizeiübergriffen in Hainichen von Sebastian Fleischhack im ABL).

212 Z.B. Flugblatt der „deutschen Volkspartei (DVP)" vom 5.10.1989 (Sammlung Christian Führer, Kopie Haus der Geschichte, Projektgruppe Leipzig). Zum Hissen der deutschen Flagge vgl. *Küttler* (s.o. Anm. 157), S. 150 und *del Pino/Meinel* (s.o. Anm. 157), S. 165. In einer gewagten Interpolation kommen Opp und Voß zu dem Ergebnis, daß schon Anfang Oktober in Leipzig mehr als die Hälfte der Demonstranten die deutsche Einheit als Ziel hatten. (*dies.* [s.o. Anm. 144], S. 104).

213 So hieß es im Friedensgebet in Görlitz nach dem Mauerfall: *„Jeder muß jetzt in Ruhe seine Position überdenken. Man muß versuchen, diese Ruhe zu finden in diesen hektischen Tagen. Das ist nicht leicht. Vielleicht sollten wir die Dimensionen ein wenig zurückdrehen und nicht nur über unseren Platz in dieser aufbrechenden Gesamtgesellschaft nachdenken, sondern uns unserer engeren Heimat bewußt werden, unserem Zuhause!"* Daraufhin zitierte der Redner ein Görlitzer Heimatgedicht. (*Schneider* (s.o. Anm. 120), S. 30).

214 *Heydemann/Schaarschmidt* (s.o. Anm. 9), S. 45ff.

215 *Eva Günther*, „Wir haben doch gesagt, lieber Kohl essen als gar kein Gemüse", in: *Lindner/Grüneberger* (s.o. Anm. 144), S. 51; vgl. ähnliche Äußerungen bei *Peter Franz* (s.o. Anm. 54), S. 74.

216 *Bernd Winkelmann*, Politische Spiritualität in der Wendezeit der DDR – erlebt im Bezirk Suhl, in: *Dornheim/Schnitzler* (s.o. Anm. 8), S. 161.

217 *Vaclav Havel*, Versuch, in der Wahrheit zu leben. Hamburg 1989.

218 Siehe z.B. *Christian Joppke*, East German Dissidents and the Revolution of 1989. New York 1995.

219 Die Vogtland-Hymne vom Dezember 1989 ist abgedruckt in: *del Pino/Meinel* (s.o. Anm. 157), S. 78 das vogtländische Demo-Lied ist abgedruckt in: *Küttler/Röder* (s.o. Anm. 24), S. 87.

220 *Urich* (s.o. Anm. 124), S. 82.

221 Siehe oben unter Punkt 5.5 oder z.B. *Bettina Krause*, Augenblicke, in: Landkreis Weißenfels (Hrsg.), Die Wende in Weißenfels. Weißenfels 1994, S. 45–47.

222 Vgl. *Schmidt* (s.o. Anm. 31), S. 267 und *Martin Nagelschmidt*, Auf halbem Wege: Der Institutionenwandel der ostdeutschen Städte, Kreise und Gemeinden, in: *Andreas Eisen* und *Hellmut Wollmann* (Hrsgg.), Institutionenbildung in Ostdeutschland (KSPW: Transformationsprozesse, Bd. 14). Opladen 1996, S. 211–225, hier S. 215.

Auflösung des AfNS in Cottbus, 17. Januar 1990

Besetzung der MfS-Bezirksleitung Leipzig, 4. Dezember 1989

oben: Vor dem MfS-Gebäude, Rostock, 20. Oktober 1989

unten: Auslagerung der MfS-Kreisdienststelle Hildburghausen nach Suhl, 12. Dezember 1989

Räumung einer AfNS-Waffenkammer, Berlin, 11. Januar 1990

oben: Besetzung des Ministeriums für Staatssicherheit, Berlin, 15. Januar 1990

unten: Die Moderatoren des ZENTRALEM RUNDEN TISCHES, Berlin

oben: Nach der Grenzöffnung: Auf der Autobahn Magdeburg-Marienborn, November 1989

unten: Ilmenau, Tag der Menschenrechte, 10. Dezember 1989

Potsdam, 18. Dezember 1989

VII. Resümee

Erfolge und Schwächen der Opposition von den 70er Jahren bis zum Ende der SED-Herrschaft – ein Rückblick im Rundtischgespräch

1. Einleitung

Das Gespräch von Mitautoren dieses Bandes[1] stellte einen Versuch dar, in einer Zusammenstellung von Rückblicken und Erkenntnissen aus verschiedenen, individuellen Gesichtswinkeln Beiträge zu einer Bilanz der DDR-Opposition zu geben und dabei Übereinstimmungen und Unterschiede in Sichtweisen und Urteilen in konzentrierter Form sichtbar werden zu lassen.

Zur Erörterung standen zwei Themenkomplexe:

Zunächst war die Frage nach der Begrifflichkeit und damit nach der Definition von „Opposition" in der DDR nochmals zu erörtern. Hierzu lagen in den schriftlichen Beiträgen verschiedene Ansätze vor. Ilko-Sascha Kowalczuk geht von einer Definition aus, wonach unter Opposition oder Widerstand in der DDR Verhaltensformen verstanden werden, *„die den umfassenden Herrschaftsanspruch in Frage stellten, begrenzten oder eindämmten"*, und differenziert im Rahmen dieser Definition eine Reihe von Unterkategorien: gesellschaftliche Verweigerung, sozialen Protest, politische Dissidenz und Massenprotest. Ehrhart Neubert grenzt innerhalb verschiedener Möglichkeiten politischer Gegnerschaft die Opposition von Widerstand dadurch ab, daß er „Opposition" in der DDR durch das Streben nicht nach Legalität – die war nicht möglich – , aber nach *Legitimität* gekennzeichnet sieht; dem bloßen „Widerspruch" weist er, je nach Situation, eine auch stabilisierende Wirkung für das politische System zu.

Gerd Poppe definiert Opposition in der DDR als den *„öffentlich bekundeten, politisch begründeten und mit der Mobilisierung Gleichgesinnter verbundenen Versuch, sich der totalitären Macht zu widersetzen."*

Bei der Abgrenzung der verschiedenen Kategorien war auch der Tatsache Rechnung zu tragen, daß es Verhaltensweisen gab, die vom Staat als „oppositionell" eingestuft wurden und die es nach der Tragweite der Forderungen vielfach tat-

---

1 Berlin, Bundesministerium des Innern, Juli 1997. Teilnehmer waren Christian Dietrich, Dr. Rainer Eckert, Bernd Eisenfeld, Martin Gutzeit, Stephan Hilsberg MdB, Dr. Hubertus Knabe, Ilko-Sascha Kowalczuk, Ludwig Mehlhorn, Sebastian Pflugbeil, Gerd Poppe MdB, Dr. Michael Richter, Wolfgang Templin, Reinhard Weißhuhn.
Die Beiträge wurden in redaktioneller Bearbeitung zusammengefaßt.
Redaktion: Eberhard Kuhrt

sächlich auch waren, ohne daß die Akteure subjektiv ihr Handeln als „oppositionell“ verstanden hätten. Dabei war die „herrschende“ Auffassung darüber, was noch zulässig war und was bereits als gegnerisch eingestuft wurde, auch in den verschiedenen Phasen der DDR-Geschichte unterschiedlich; hieraus folgt die Notwendigkeit auch einer zeitlichen Differenzierung.

Als zweiter zentraler Themenkomplex war die Frage zu erörtern, worin die Stärken und Schwächen, die Erfolge und Fehlschläge der DDR-Opposition bestanden. Dabei war davon auszugehen, daß als erster Teilerfolg bereits die Selbstbehauptung und die Intensivierung der Tätigkeiten in den 70er und 80er Jahren gelten kann und daß die Auslösung der revolutionären Ereignisse im Herbst ’89 und damit der Sturz der Diktatur – einschließlich der Errichtung und Tätigkeit des Runden Tisches – wesentlich Ergebnis ihres Wirkens waren. Der Ausgang der freien Volkskammerwahl weist mindestens teilweise auf die Grenzen des Erfolgs hin. Die Frage nach dem Verhältnis der oppositionellen Gruppen und Organisationen zur Bevölkerung insgesamt stellt sich aber nicht nur für diese Schlußphase der DDR-Geschichte, sondern auch für die Jahre zuvor: Inwieweit oder zu welchen Zeitpunkten repräsentierte die Oppositionsbewegung breite Tendenzen in der Bevölkerung?

2. Was war Opposition in der DDR?

Als Vorüberlegung (*Knabe*) ist einzubeziehen, daß die Definition eines Oppositionsbegriffs von jeweiligen Voraussetzungen ausgeht – so legt das Verständnis der DDR als totalitäres System grundsätzlich einen weiten Oppositionsbegriff nahe, weil dort schon der gegen das System steht, der sich ihm zu entziehen versucht (*Kowalczuk*) – und daß sie Folgen für die Beurteilung von persönlichem und politischem Handeln gegenüber dem System hat. Ein weiter Begriff von „Opposition“ führt zu dem Ergebnis, daß sich große Teile der DDR-Bevölkerung in Opposition zum Regime bewegt haben; damit wird zugleich dessen demokratische Illegitimität unterstrichen. Ein enges Oppositionsverständnis dagegen legt das Ergebnis nahe, daß es wenig oder keine nennenswerte Opposition gegeben habe – mit der Folge einer „Entlastungsfunktion“ für diejenigen, die sich nicht im politischen Widerspruch betätigt haben. Angemessen dürfte ein Oppositionsbegriff von mittlerer Reichweite sein, der dem empirischen Befund entspricht, daß Opposition möglich, aber schwierig und unter Umständen opferreich war (*Knabe*).

„Opposition“ in der DDR ist auf einer breiten Skala von Einstellungs- und Verhaltensmöglichkeiten gegenüber dem System einzuordnen, auf der es nicht nur die Pole der uneingeschränkten Bejahung und der fundamentalen Ablehnung – mit der Konsequenz politischer Verfolgung –, sondern eine Vielzahl von Abstufungen gab (*Eisenfeld*). Die Zahl derer, die uneingeschränkt hinter dem System standen und auf die sich das System auch in freien Wahlen hätte stützen können, war immer eine Minderheit unter 30, wahrscheinlich zwischen 15 und 25 Prozent (*Eisenfeld, Hilsberg, Eckert*). Die große Mehrheit lebte im Widerspruch zum System, verhielt sich aber nicht oppositionell, sondern arrangierte sich oder nutzte Möglichkeiten, sich zu entziehen. Der Rückzug in die private Nische bedeutete keine Identifikation mit dem System (*Eisenfeld*); es erscheint problematisch, solche Verhaltensweise, die aus den Gegebenheiten resultierte, mit dem negativen Etikett „Anpassung" zu belegen (*Hilsberg*). Auch bei der Minderheit, die dieses Sich-Arrangieren verweigerte, gab es eine Vielzahl von abgestuften Verhaltensmöglichkeiten (*Weißhuhn, Eisenfeld, Knabe u.a.*) Von „Opposition" kann noch nicht da gesprochen werden, wo im privaten Bereich abweichende Meinungen geäußert wurden, sondern erst da, wo der Schritt in die Öffentlichkeit getan wurde (*Poppe, Hilsberg, Eisenfeld u.a.).*

In der Frage, wieweit Opposition in der DDR in einem engeren Sinn politisch verstanden werden solle, bleiben die Auffassungen unterschiedlich. *Poppes* Definition (Oppositionelle in der DDR waren durch die drei Kriterien konstituiert, daß sie den Versuch machten, sich dem totalen Verfügungsanspruch der Macht bewußt zu widersetzen, daß sie dies öffentlich artikulierten und daß sie für ihr Anliegen die Organisation in der Gruppe suchten) findet mehrheitlich Zustimmung. Andererseits wird darauf hingewiesen, daß es in der gesellschaftlichen Wirklichkeit auch Formen bewußten Sich-Entziehens gab – z.B. in bestimmten kulturellen Milieus –, aus denen sich oppositionelles Handeln entwickelte, und daß, wie Havel richtig feststellt, die Trennlinie zwischen Anpassung und Selbstbehauptung durch jeden Menschen hindurchging und jeder – sogar jeder Widerständler – gewisse Anpassungsstrategien brauchte; dies spricht für einen umfassenden Oppositionsbegriff mit starker Binnendifferenzierung (*Kowalczuk, Mehlhorn*).

Was waren die Inhalte und Ziele oppositionellen Verhaltens? Oppositionell in der DDR – so schlägt *Hilsberg* vor – waren Menschen, die politische Ziele hatten, von denen sie wußten, daß sie innerhalb des Systems nicht zu verwirklichen waren; deshalb war „Opposition" in der DDR gleichbedeutend mit Fundamentalopposition. Für einen dezidiert politischen Oppositionsbegriff plädiert auch *Gutzeit*: Opposition schließt den Anspruch ein, selbst politisch gestalten zu wollen, also die – aus der Sicht der SED gesprochen – „Machtfrage" zu stellen. Solche Ansprüche entwikkelten sich in der DDR erst allmählich, entscheidend dabei waren die 80er Jahre.

Diese Definition wird vielfach als zu eng angesehen (*Eckert u.a.)*, insbesondere wird auf die Notwendigkeit stärkerer chronologischer Differenzierung hingewiesen: Die Machtfrage aufzuwerfen, war erst sinnvoll zu einer Zeit, wo die Erosion des Imperiums erkennbar wurde (*Poppe*), vorher mußte man sich darauf konzentrieren, in einer ihrer Artikulationsfähigkeit beraubten Gesellschaft authentische Äußerungsmöglichkeiten wiederherzustellen (*Mehlhorn*). Der Anspruch auf Öffentlichkeit und Machtpartizipation ließ sich in den 60er und 70er Jahren nicht so formulieren wie am Ende der 80er Jahre (*Dietrich*); gleichwohl war Opposition auch in den früheren Jahren und Jahrzehnten durchaus politisch: In den 50er Jahren wurde Pfarrer Schmutzler für seine Hauskreisarbeit – Friedenspädagogik, die er als Freiheitpädagogik verstand – zu Haft verurteilt; die Friedensbewegung der frühen 80er Jahre war politisch, ohne die Machtfrage formulieren zu können, einer ihrer stärksten Impulse war die Gewinnung von Öffentlichkeit (*Dietrich*). Auch das Umweltengagement von Oppositionsgruppen in den 80er Jahren wurde von ihnen selbst wie vom MfS als durchaus politisch verstanden. Man konnte die Machtfrage aufwerfen, ohne sie explizit zu formulieren (*Kowalczuk*).

Daher wäre es anachronistisch, zu jedem Zeitpunkt der DDR-Geschichte die ausdrückliche Fundamentalgegnerschaft zum System als Oppositionskriterium aufzustellen; die Abschaffung des Systems zu fordern, hatte zu nichts anderem führen können als zur Inhaftierung und dem Ende jeder Artikulationsmöglichkeit und war bis zum Ende der 80er Jahre ohne realistische Grundlage (*Poppe*). Allerdings hat die IFM seit 1987 bewußt auf den Begriff des „demokratischen Sozialismus" verzichtet und immer deutlicher die Forderung nach Menschenrechten, Gewaltenteilung und Rechtsstaatlichkeit , also systemsprengende Forderungen, erhoben.

Als entscheidend für Opposition ist somit anzusehen, daß sie den unfassenden Machtanspruch der SED durch praktisches Handeln bestritt (*Hilsberg).* Sie erhob auch systemsprengende Forderungen, ohne daß deren Konsequenz von den Akteuren immer in ihrer vollen Tragweite gesehen wurde (*Hilsberg*), daher ist die Unterscheidung von subjektiv intendierter und objektiv erreichter Oppositionswirkung hilfreich (*Weißhuhn*). Zur Opposition muß man somit auch diejenigen zählen, die zwar nicht den Anspruch erhoben, sich dem Machtanspruch zu widersetzen, die es aber in Wirklichkeit taten. Neu in den 80er Jahren war dabei, daß die Gruppen nicht mehr konspirativ oder punktuell, sondern offen und permanent arbeiteten. Anfang der 80er Jahre ging es für sie um die Absicherung von Handlungsspielräumen; erst 1987/88 ging man dazu über, über die Form der Machtausübung zu sprechen (*Knabe*).

Programmatisch lassen sich bei der DDR-Opposition Entwicklungen erkennen. In den 40er und 50er Jahren gab es eine Fundamentalopposition, die die Forderung nach Demokratie und deutscher Einheit erhob; nach dem Mauerbau setzten mentale Veränderungen ein (*Kowalczuk*). Die Artikulation von Fundamentalgegnerschaft ging insbesondere nach der staatlichen Anerkennung der DDR durch die Bundesrepublik zurück; die MfS-Akten geben allerdings weiterhin Hinweise auf fundamentaloppositionelle Aktivitäten von Einzelpersonen (*Knabe*).
1975/76 gab es in der Oppositionsbewegung explizit die Forderung nach Menschenrechten, z.B. in der Riesaer Petition, im Signal von Pfarrer Brüsewitz, das sich in dieser Richtung deuten läßt, und in den Vorstellungen von „Frieden konkret", die sich im Fahrwasser der UNO-Menschenrechtskonventionen und der KSZE-Schlußakte bewegten. Die einsetzenden Repressionen des Staates bewirkten dann aber bei den oppositionellen Kräften einen Rückzug; die politische Brisanz der Menschenrechtsfrage erschien zu groß; daher versuchte man, sein Selbstverständnis in der staatsunabhängigen Friedensbewegung deutlich zu machen. Als auch das zu „heiß" wurde und die Friedensbewegung durch staatliche Repression verfolgt wurde, wandte man sich dem Umweltthema zu. 1985 kehrte man zum Menschenrechtsthema zurück, vor allem im Gefolge der Ausreisewelle von 1984; „dem Ruf ‚Wir wollen raus!' folgte faktisch schon damals der Ruf ‚Wir bleiben hier!'" (*Eisenfeld*).

Die Situationsgebundenheit der jeweils vertretenen politischen Forderungen hebt auch *Poppe* hervor: Ziele und Programme, die man vertrat, wurden nicht frei gewählt, sondern durch die örtlich und zeitlich verschiedenen Handlungsmöglichkeiten bestimmt, die man vorfand; das Vorgehen war daher meist eher pragmatisch, auch bei der IFM. Man glaubte nicht mehr an die Reformfähigkeit des Systems und auch nicht, wie Bahro, an eine neue kommunistische Elite, also machte man sich selbständig und versuchte, mit kleinen pragmatischen Schritten die Öffentlichkeit zu erreichen. Wenn man dabei vom Westen wahrgenommen wurde, war dies ein Schutz, weil der Staat sich bemühte, nach außen weniger repressiv zu erscheinen.

3. Wie weit gab es eine gesamtdeutsche Dimension?

Richter wirft die Frage auf, ob die Opposition gegen das SED-Regime zutreffend beschrieben werden kann, wenn dabei nicht die gesamtdeutsche Bühne in den Blick genommen wird. Für die 40er und 50er Jahre ist dieser Zusammenhang festzustellen; vielfach setzten Gegner der SED-Herrschaft, die in den westlichen Teil des Landes ausweichen mußten, von dort ihre Tätigkeit fort, einige an prominenter Stelle. Kontrovers bleibt, wie weit ein derartiger Zusammenhang auch für die 70er und 80er Jahre von Bedeutung ist. *Gutzeit* weist darauf hin, daß die direkten Rückwirkungen von Geflüchteten und Ausgereisten auf die Opposition geringfügig blieben und die politischen Impulse, die aus der Bundesrepublik kamen, auf eine ganz andere politisch-gesellschaftliche Wirklichkeit bezogen und für die DDR kaum übernehmbar waren . Auch *Mehlhorn* veranschlagt die Rückwirkung Ausgereister als vergleichsweise gering und weist auf die aus der NS-Forschung geläufige Unterscheidung zwischen Widerstand und Emigration hin.

Dem steht andererseits die Bedeutung der Flüchtlinge und Übersiedler für die deutschlandpolitische und gesellschaftliche Meinungsbildung in der Bundesrepublik (*Eisenfeld*) und ihre Rückwirkung in die DDR über die Westmedien (z.B. über den Deutschlandfunk) (*Dietrich*) gegenüber.

4. Was waren Erfolge und Fehlschläge, Stärken und Schwächen der DDR-Opposition?

Die Frage ist vor dem Hintergrund der Rahmenbedingungen oppositionellen Handelns zu sehen: Politische Rahmenbedingungen waren ein System mit totalitärem Machtanspruch, in dem es nur die evangelischen Kirchen als Lücke gab, mit dem Bezug zur Bundesrepublik, der ambivalente Wirkungen hatte, und den schwindenden Erfolgsaussichten fundamentaler Opposition. Eine gesellschaftliche Rahmenbedingung war, daß klassische Resistenzmilieus – Arbeiter, Studenten, Intellektuelle – ausgefallen waren und das protestantische Milieu als einziges übrig blieb. Und es gab die biographischen Bedingungsfaktoren: Oppositionelle Positionen ergriff man i.a. im Zuge einer Entwicklung. „Es scheint das ‚Beruhigende' an Diktaturen zu sein, daß sie sich immer so verhalten, daß es eigentlich unmöglich ist, sich mit ihnen zu arrangieren und sie irgendwann einen Punkt im Menschen treffen, der ihn zum Aufbegehren bringt." (*Knabe*)

Vor diesem Hintergrund „kann der Erfolg der DDR-Opposition nicht hoch genug veranschlagt werden" (Hilsberg), insgesamt und zum Teil auch für die einzelnen Organisationen und ihre Rpräsentanten (*Hilsberg, Gutzeit*). Der entscheidende Erfolg war die Demokratisierung der DDR, die Tatsache, daß die grundsätzlichen Forderungen der Opposition – Freiheit, Demokratie, Rechtsstaatlichkeit – verwirklicht worden sind und sie sich damit überflüssig gemacht hat (*Kowalczuk*).

Unterschiedlich wird die Frage nach der „Massenbasis", dem Bezug der Oppositionsbewegung zur breiten Öffentlichkeit gesehen: Während die Mehrheit hier eine Schwäche der DDR-Opposition sieht, verweist *Hilsberg* auf den starken Zulauf, den SDP, auch DA und NF gehabt haben.

Konsens herrscht darüber, daß die Stärken und Schwächen der DDR-Opposition untrennbar miteinander verbunden waren: „Eine Stärke der Opposition lag in ihrem Verhalten gegenüber der repressiven Macht; die dazugehörige Schwäche war der fehlende eigene Machtanspruch. Eine Stärke lag in der Haltung des Individuums und sehr kleiner Gruppen; die dazugehörige Schwäche war die verspätete Fähigkeit, Gruppen miteinander zu koordinieren oder zu vernetzen“ – Versuche dazu gab es immer wieder, annähernd gelungen ist es 1989, aber auch da blieb es, angesichts vorhandener Ambitionen, nur kurze Zeit bei geschlossenem Handeln. „Die dritte Stärke lag im Pragmatismus und der Improvisationsfähigkeit, dem entsprach eine programmatische Schwäche in dem Zeitraum, wo programmatisches Denken notwendig gewesen wäre.“ (Poppe)

Die programmatische Schwäche, der Mangel an einem hinreichenden intellektuellen und politischen Diskurs über die Situation in der DDR (*Gutzeit*) ergab sich vor allem aus dem Abfluß von intellektuellem und oppositionellem Potential nach Westen (*Gutzeit, Weißhuhn*), in Verbindung mit den Rekrutierungsmechanismen bei den akademischen Ausbildungen und Berufen in der DDR (*Kowalczuk*). Dies führte dazu, daß sich eine oppositionelle Kontinuität, wie sie in vergleichbaren mitteleuropäischen Ländern bestand, nicht entwickeln konnte. Diese Tatsache, zusammen mit einer gewissen „Linkslastigkeit“ der DDR-Opposition, hatte einen subjektiven und objektiven Strategiemangel zur Folge. Hinzu kam, daß sich oppositionelle Motivation stark auf ein Milieu konzentrierte, in dem es mehr um individuelle Selbstverwirklichung als um das Denken in klassischen politischen Dimensionen ging und das zur Bevölkerungsmehrheit nur schwer Verbindung finden konnte. Beides führte dazu, daß diese DDR-Opposition die Bevölkerung nicht repräsentierte, der Abstand sich in den 80er Jahren noch vergrößerte und schließlich die Wiedervereinigungsforderung die Opposition mehr oder weniger geschlossen überraschte (*Weißhuhn;* zur Milieugebundenheit auch *Gutzeit*).

Die Nicht-Repräsentanz für die Bevölkerungsmehrheit wird allerdings nicht durchweg als Mangel gesehen; auch die Anti-NS-Widerständler haben nicht die Mehrheit der damaligen Deutschen repräsentiert (*Mehlhorn*). Die Festlegung auf „Demokratie jetzt“ schloß die Aussage ein „Einheit später“, jedoch nicht die Aussage „Einheit nie“. Diese Prioritätensetzung hatte aber nichts mit dem Suchen nach einem „Dritten Weg“ zu tun, das der Opposition oft als zentrales Anliegen unterstellt wird, sondern mit den damaligen außenpolitischen Gegebenheiten, unter denen es nicht vorstellbar war, daß die Einheit auf friedlichem Wege erreichbar war; das Streben nach Einheit als oberste Priorität wäre daher unverantwortlich gewesen (*Mehlhorn*).

Ein weiterer ambivalenter Faktor bei der DDR-Opposition wird in ihrer Ansiedlung unter dem Dach der Kirche gesehen (*Eisenfeld*): Nur hier fand die Opposition einen Raum, sich offen zu artikulieren; gleichzeitig aber hatte sie hier i.A. nur dann eine Artikulationsmöglichkeit, wenn sie nicht offen die Grenze zur Fundamentalopposition überschritt. Wer weitergehen wollte, mußte aus dem Schutzdach der Kirche heraustreten und stand der Repression des Systems schutzlos gegenüber. Auch die Stellung zur deutschen Frage hatte, nach dieser Auffassung, einen Bezug zur der Anbindung an die Kirche – der antikapitalistische Grundkonsens vieler Oppositioneller war auch in den Kirchen verbreitet (*Eisenfeld*). Bei der Bedeutung der

Kirchen für die Opposition muß allerdings sorgfältig und im Detail differenziert werden zwischen evangelischer und katholischer Kirche, einzelnen Landeskirchen, Gemeinden und Pfarrern und auch zwischen verschiedenen Hierarchieebenen (*Ekkert, Weißhuhn*).

Zur historischen Wirkung der DDR-Opposition gehört, daß aus ihren Schwächen durchaus positive Wirkungen resultierten:

Die Selbstbeschränkung auf bestimmte Handlungsformen und Programmorientierungen war die Voraussetzung dafür, daß die Opposition sich überhaupt etablieren und in diesem System erhalten konnte. Am Ende war der totalitäre Machtanspruch der SED – an dem sie bis zum Schluß festhielt – so erodiert, daß der Widerstand einzelner sich an organisierten Strukturen anlagern konnte (*Knabe*).

Noch stärker unterstreicht *Templin* eine letztlich positive Wirkung der diagnostizierten Schwächen: Der Hinweis auf fehlendes intellektuelles Potential der Opposition für die Analyse der Situation in der DDR und für die Formulierung realistischer Strategien, ebenso auf das Fehlen einer Massenbasis ist richtig, doch waren die Voraussetzungen für solche Faktoren tatsächlich nicht gegeben. „Bei klarer und realistischer Einsicht in die wirklichen Gegebenheiten hätte man feststellen müssen, wie wenig innere Entwicklungsmöglichkeiten die DDR noch hatte, wie abgewirtschaftet sie war, wie wenig stabile Bindungskräfte noch vorhanden waren und daß sie dennoch auf unabsehbare Zeit von außen zusammenhielt. Wie hätte man mit solchem Realismus noch ein positives Programm formulieren sollen? Das einzige, was ein solcher Realismus übrig gelassen hätte, wäre eine Konsequenz gewesen, die jede innere Opposition überflüssig gemacht hätte, nämlich zu sagen: Packt die Koffer und geht weg, es hat keinen Zweck mehr. Das Zurückschrecken vor der letzten Klarheit hat denen, die bleiben wollten und den Anspruch hatten, vor Ort zu einer Verbesserung beizutragen, tatsächlich geholfen, ein Maß von Utopie, Illusion und Selbstüberschätzung zu behalten, das dann Teile des scheinbar Unmöglichen wiederum möglich gemacht hat."

Anhang

Biographische Notizen

Zusammengestellt von Günther Buch

Wie in Band 1 und 2 werden zu wichtigen Personen, die in diesem Band genannt werden, kurze biographische Erläuterungen gegeben. Dabei wird, von wenigen Ausnahmen abgesehen, auf wiederholte Nennungen (von Personen, deren Kurzbiographien schon in Band 1 oder 2 genannt sind) verzichtet. Angesichts der Vielzahl der in diesem Band genannten Akteure der Herbstrevolution ist es nicht möglich, an dieser Stelle ein vollständiges Verzeichnis biographischer Notizen zu geben, vielmehr war eine Auswahl erforderlich. Dabei wurde u.a. auf Angaben zu den Personen verzichtet, die entweder im Verzeichnis der Autoren dieses Bandes genannt sind oder zu denen die erforderlichen Informationen aus den Darstellungen selbst hinreichend hervorgehen.

Für ergänzende Auskünfte wird verwiesen auf Bernd-Rainer Barth, Christoph Links, Helmut Müller-Enbergs, Jan Wielgohs (Hrsgg.), Wer war wer in der DDR – ein biographisches Handbuch, Frankfurt/M. (Fischer Verlag) 1996.

Rudolf Albrecht
Geb. 13.7.1942 in Wellerswalde/Sa.
1948–56 Grundschule. 1957–60 Kirchl. Proseminar. 1960–65 Theologiestudium. 1965/66 9 Monate Praktikum i. e. LPG. 1966/67 Bausoldat.1968–1980 Pfarrer i. Ziegenhain/Sa. 1980–96 Pfarrer i. Dresden. 1992–96 Vorstand d. Versöhnungsbundes d. Pfarrer. 1996 Pfarrstellenwechsel n. Westdeutschland. 1975–89 Initiator, Gründer u. Träger d. Meißner Friedensseminars. Weitere Aktivitäten: Beratung v. Wehrpflichtigen u. Durchführung v. Gemeindeabenden z. Thema Zivilcourage. Teilnehmer a.d. Zentralen Treffen d. Bausoldaten u. Treffen „Frieden konkret". Mitautor d. Ton-Dia-Serie „Ohne kleine Leute keine großen Kriege".

Thomas Auerbach
Geb. 26.7.1947 in Leipzig.
Elektriker, Diakon, Religionslehrer, Diplom-Sozialpädagoge. 1970–76 Stadtjugendleiter d. Ev. Kirche i. Jena. 1976 Inhaftierung durch d. MfS u. Zwangsausbürgerung aus d. DDR. 1978–92 Tätigkeit als Jugendleiter, Religionslehrer u. Referent f. politische Erwachsenenbildung a. Gesamtdeutschen Institut i. West-Berlin. Derzeit wiss. Mitarbeiter d. Abt. B/F beim BStU.

Rudolf Bahro
18.11.1935–05.12.1997 (geb. in Flinsberg/Isergebirge).
1954 SED. 1954–59 Studium d. Philosophie an der HU in Ost-Berlin. 1959 Dorfredakteur in der MTS-Station Sachsendorf/Oderbruch. 1960–62 Redakteur der Uni-Zeitung Greifswald. 1962–65

Referent d. Vorsitzenden d. Gewerkschaft Wissenschaft in Berlin. 1965–66 stellvertr. Chefred. der Studentenzeitung „Forum". 1967–77 Abtltr. f. wiss. Arbeitsorg. im VEB Berliner Gummikombinat. 23.8.77 wegen seiner Systemkritik in Haft. 30.6.1978 vom Ostberliner Stadtgericht wegen Sammlung u. Übermittlung von Nachrichten an eine ausländische Macht und Geheimnisverrats zu 8 Jahren Haft verurteilt. Strafverbüßung in Bautzen. 1979 entlassen. Übersiedlung in die Bundesrepublik. 1979–85 Mitglied der Grünen. 1980 Promotion. 1983 Habil. in Hannover. Zeitweise freier Publizist in Niederstadtfeld/Eifel. Dez. 1989 Rückkehr i.d. DDR. Ao. Prof. f. Sozialk. a.d. HU Berlin.

Angelika Barbe

Geb. 26.11.1951 in Brandenburg als Tochter eines Gartenbaumeisters.

1970 Abitur mit Berufsausbildung als Betriebsschlosser. 1970–74 Studium der Biologie an der HU. 1974 Diplom. 1974–75 Pflanzenschutzbeauftragte in Neufahrland. 1975–79 Biologin bei der Hygiene-Insp. Berlin. Danach Hausfrau. 1987 Gründerin des Johannisthaler Frauenarbeitskrs. Okt. 1989 Mitbegründerin der SDP in Schwante. 2. Sprecherin. Jan. 1990 stellv. SPD-Vors. in der DDR. März-Okt. 1990 MdV. 1990–94 MdB. Zeitweise Mitgl. des Präs. der SPD. Vors. des Ausschusses f. Frauen und Familie des Bundestages. Seit 1994 Ass. des Ärztl. Ltr. des Krankenhauses Berlin-Prenzlauer Berg. Dez. 1996 Übertritt zur CDU.

Jurek Becker

30.9.1937–14.3.1997 (geb. in Lodz als Sohn e. Angestellten; aufgewachsen im Ghetto u. in den KZ Ravensbrück u. Sachsenhausen).

1957 SED-Eintritt. 1957–60 Philosophiestudium a.d. HU Berlin, anschl. freischaffender Schriftsteller. Vom MfS von 1959–89 operativ bearbeitet. 1977 Austritt a.d. SED u. Übersiedlung nach West-Berlin. Veröff. u. a. „Jakob der Lügner, 1968. „Der Boxer", 1976. „Amanda Herzlos", 1992.

Hermann von Berg

Geb. 29.3.1933 in Mupperg, Kreis Sonneberg.

1950 SED. FDJ-Funktionär, u.a. 1. Sekr. der FDJ-KL Eisenach. Seit 1954 Studium der Geschichte, Ökonomie und Philosphie KMU Leipzig. 1959 Diplom-Lehrer. Danach Hauptreferent im Staatssekr. f. Hoch- und Fachschulwesen. Seit 1962 Ltr. der Abt. Internat. Verbindungen im Presseamt des Min.Präs. der DDR. Studium am IfG, Promotion und Habil. 1973 o. Prof. f. Imperialismusforschung der HU. 1978 in U-Haft. Behinderung seiner wiss. Arbeit durch das MfS. 1985 Ausreiseantrag. Mai 1986 Ausbürgerung und Ausreise in die BR. 1987–90 Tätigkeit an der Uni. Würzburg. 1990 Rückkehr nach Berlin. Erneute Lehrtätigkeit an der HU.

Wolf Biermann

Geb. 15.1.1936 in Hamburg als Sohn eines Schlossers u. Maschinenbauers (1942 im KZ Auschwitz verstorben).

Gymnasium. 1953 Übersiedlung in die DDR. Abitur. 1955–57 u. 1959–63 Studium d. Philosophie u. Mathematik a.d. HU Ost-Berlin. 1957–59 Regieassistent beim „Berliner Ensemble". Liedermacher. Seit 1963 freischaffend tätig. Auftrittsverbote wegen seiner regimekritischen Lieder u. Gedichte. Nach Auftritt in Köln am 13.11.1976 aus der DDR ausgebürgert. Seitdem in Hamburg ansässig.

Marianne Birthler

Geb. 22.1.1948 in Berlin als Tochter eines Einzelhändlers.

1954–66 Besuch der Grund- und Oberschule. 1966 Abitur. 1967–71 Exportbearbeiterin Kamera- und ORWO-Film Export GmbH. 1967–71 Fernstudium an der FS f. Außenhandel. Außenhandelsökonom. 1972–83 Hausfrau. Ausbildung zur Katechetin der Evang. Kirche. Ab 1987 Jugendreferentin im Stadtjugendpfarramt. Kontakte zur Initiative f. Frieden und Menschenrechte. Ab

Dez. 1989 Mitarbeit in einer AG am Zentralen Runden Tisch. März–Okt. 1990 MdV. Fraktion Bündnis 90/Grüne. Sprecherin der Fraktion. Okt.–Dez. 1990 MdB. Okt. 1990 MdL Brandenburg. Okt. 1990–Okt. 92 Minister f. Bildung, Jugend und Sport im Land Brandenburg. Versch. Funktionen beim Bündnis 90/Grüne. Zeitweise Bundessprecherin.

Ibrahim Böhme (eiglt. Manfred)
18.11.1944–22.11.1999 (Geb. i. Bad. Dürrenberg).
Aufgewachsen in einem Kinderheim i. Leipzig. Abitur an der Abendschule. Fernstudium d. Geschichte und Germanistik. Maurer i.d. Leuna-Werken. 1967–78 SED. 1971 i. U-Haft. Kreissekretär d. KB i. Greiz. 1977/78 erneut in U-Haft. Danach Gastdramaturg am Theater i. Neustrelitz. Anschließend Koch, Kellner, Bibliothekar i. kirchl. Einrichtungen. Mitbegründer d. SDP/SPD i.d. DDR. Dez. 1989 Geschäftsführer d. SDP/SPD. Jan. 1990–April 90 Vors. d. SPD i.d. DDR. Wegen IM-Tätigkeit abgelöst. März 1990–Okt. 90 Abg. d. VK. Mitgl. d. PV d. SPD. Schiedsverfahren u. Ausschluß aus der SPD.

Martin Böttger
Geb. 14.5.1947 in Frankenhain, Kr. Geithain.
1965–70 Studium d. Physik i. Dresden. 1970–72 Bausoldat. Ab 1972 Teilnahme a.d. kirchl. Friedensarbeit, u. a. im Friedensseminar Königswalde. 1982 externe Prom. a.d. TU Dresden zum Dr.-Ing. 1983–85 Hausmann, beteiligt sich a. Demonstrationen zum 1. Mai. 1985 Mitbegründer d. Initiative Frieden und Menschenrechte (IFM). Ltr. d. Arbeitsgruppe „Menschenrechte und Justiz", dort Beschäftigung m. Strafrechtsreform u. prakt. Rechtsberatung f. Opposit., denen Strafverfolgung droht. Mitherausgeber d. Samisdat-Zeitschrift „Kontext" u. Teilnahme a. Vertrieb weiterer oppositioneller Blätter u.a. „Grenzfall". Sept. 1989 Mitbegr. d. Neuen Forum, anschl. dessen Koordinator i. Bez. Karl-Marx-Stadt. Dez. Wahl i.d. Bez.sprecherrat. 18.3.1990 Wahl i.d. Volkskammer f. Bündnis 90 u. sofortige Weitergabe d. Mandats a. Werner Schulz. Apr.–Aug. Mitarbeit i.d. Arbeitsgruppe „Landesverfassung für Sachsen".

Bärbel Bohley
Geb. 24.5.1945 in Berlin.
1969 Aufnahme des Studiums an der Kunsthochschule Berlin-Weißensee. Seit 1974 freischaffende Malerin. 1982 Initiatorin von „Frauen für den Frieden". 1983 sechs Wochen U-Haft (gemeinsam mit Ulrike Poppe) wegen „Verdachts auf landesverräterische Nachrichtenübermittlung". 1985/86 Mitbegründerin der „Initiative Frieden und Menschenrechte". Jan. 1988 kurzfristige Verhaftung im Zusammenhang mit den Protestaktionen bei der offiziellen Liebknecht-Luxemburg-Demonstration und anschließende Abschiebung nach England. Aug. 1988 Rückkehr in die DDR. Sept. 1989 Initiatorin der Gründungsversammlung des „Neuen Forums" in Grünheide. Derzeit Vorsitzende des „Bürgerbüros" e.V., das Opfer der SED-Diktatur betreut, sowie im Auftrag der EU-Administration in Bosnien bei der Durchführung humanitärer Hilfsmaßnahmen beteiligt.

Volker Braun
Geb. 7.5.1939 in Dresden.
Nach dem Abitur 1957 Druckereifacharb. in Dresden, Tiefbauarb. im Komb. Schwarze Pumpe in Hoyerswerda und Maschinist im Tagebau Burghammer. 1960–64 Studium der Philosophie KMU Leipzig. 1965–66 und seit 1977 Dramaturg Berliner Ensemble. 1972–77 Dramaturg am Deutschen Theater in Ost-Berlin. Seit Nov. 1973 Mitgl. des Vorst. des Schriftstellerverbandes der DDR. Juni 1983 o. Mitgl. der AdK. Schriftstellerische Betätigung.

Bertolt Brecht
10.2.1898–14.8.1956 (geb. in Augsburg als Sohn eines Fabrikbesitzers).
Gymnasium. Studium der Medizin und Naturwiss. in München. Teilnehmer am 1.Weltkrieg. 1918 Mitgl. des Soldatenrates in Augsburg. Nach dem Krieg Fortsetzung des Studiums, dann Dramaturg und Regisseur in München. 1924 Übersiedlung nach Berlin. Dramaturg am Deutschen Theater (Max Reinhardt). 1933 Emigration über Österreich, Schweiz, Frankreich, Dänemark, Schweden, Finnland in die USA. 1947 Rückkehr nach Europa. 1948–56 als Schriftsteller in Ost-Berlin ansässig. Mitbegründer des „Berliner Ensembles". Verheiratet mit Helene Weigel. Mitgl. d. DAK und Präs. d. PEN-Zentrums Ost und West. Zahlr. Veröff. Siehe: Große kommentierte Berliner u. Frankfurter Ausgabe (hg. v. Werner Hecht u.a.), 1988ff.

Harald Bretschneider
Geb. 30.7.1942 in Dresden.
1960–65 Theologiestudium a.d. KMU Leipzig, anschl. Hilfsarbeiter. 1966/67 Bausoldat i.d. NVA. 1969 Predigerseminar i. Leipzig, anschl. bis 1979 Vikar u. Pfarrer i. Wittgendorf. 1979–91 Landesjugendpfarrer f. Sachsen i. Dresden. Initiator mehrerer kirchl. Friedensgruppen. Im Herbst 1980 Schöpfer der Symbole „Schwerter zu Pflugscharen" u. „Frieden schaffen ohne Waffen". Berater f. Wehrdienstverweigerer, politische Häftlinge u. Ausreisewillige. 1985 Konflikte m. d. Kirchenleitung n. d. Thematisierung d. Machtfrage. 1987 Mitarbeit a.d. Konzipierung e. Zivildienstes. Im Herbst 1989 Verbindungsmann zwischen Bürgerrechtsgruppen i. Leipzig u. Dresden u. Betreuung inhaftierter Demonstranten. Mitarbeit i.d. „Gruppe der 20" i. Dresden. 1991 Ltr. d. Stadtmission Dresden.

Michael Brie
Geb. 24.3.1954 in Schwerin als Sohn des späteren Botschafters Horst Brie.
Aufgewachsen in China und Nordkorea. 1972 Abitur. 1972–74 NVA. 1974 SED. 1974–76 Studium der Philos. in Leningrad. 1976–80 Fortsetzung des Studiums HU Berlin. 1980 Promotion A. 1985 Promotion B. 1985–89 Wiss. MA des Min. f. Hoch- und Fachschulwesen. 1977–89 IM des MfS. Sept. 1990 o. Prof. f. Sozialphil. der HU. Entlassung wegen seiner MfS-Kontakte. 1994 Auflösungsvertrag.

Dankwart Brinksmeier
Geb. 11.12.1956 i. Naumburg als Sohn eines Theologen.
1962–76 Besuch d. POS u. EOS i. Dresden. 1976–83 Besuch d. Kirchl. HS Leipzig. Jugendseelsorge. 1983–89 Kreisjugendpfarrer i. Aschersleben. Okt. 1989 Mitbegründer d. SDP i. Schwante. Studentenpfarrer i. Berlin. März-Okt. 1990 MdV. Vors. d. Innenausschusses. Febr.–März 1990 Regierungsbevollmächtigter f. d. Kontrolle d. Auflösung d. MfS. Danach arbeitslos. Aug. 1992–96 Stadtrat i. Berlin-Mitte. Dort zeitweise Vors. d. KV d. SPD. Seit Juni 1996 2. Beigeordneter d. Stadt Strausberg. Vors. d. Bernstein-Kautsky-Kreises.

Oskar Brüsewitz
30.5.1929–22.8.1976 (geb. in Willskischken, Kr. Tilsit-Ragnit).
1945–47 Schuhmacherlehre i. Burgstädt (Sachsen), anschl. Umzug n. Westfalen. 1951 Meisterprüfung i. Osnabrück. 1954 Übersiedlung i.d. DDR. Selbständiger Handwerksmeister bis 1963. 1964–69 Predigerschule i. Erfurt. Seit 1970 Pfarrer i. Rippicha (Kr. Zeitz). Aufgrund seiner massiven Kritik u. spektakulären Protestaktionen gegen d. Jugendpolitik d. SED betrieben staatl. Stellen zusammen m. d. Kirchenleitung seine Versetzung. Dies veranlaßte ihn am 18.8.1976 z. öffentl. Selbstverbrennung v. d. Michaeliskirche i. Zeitz.

Günter de Bruyn
Geb. 1.11.1926 in Berlin als Sohn eines Handlungsgehilfen.
Luftwaffenhelfer, RAD und Soldat. Nach 1945 Neulehrer in einem havelländischen Dorf. 1949–53 Bibliothekarsschüler und MA Berliner Volksbüchereien. Bis 1961 wiss. MA im Zentralinst. f. Bibliothekswesen. Seitdem freischaffender Schriftsteller in Berlin. 1969–78 Mitgl. des Vorstandes des Schriftstellerverb. 1972–82 Mitgl. des Präs. d. PEN-Zentrums der DDR. Seit 1991 Vizepräs. d. Dtsch. Akademie f. Sprache und Dichtung Darmstadt. Zahlr. Veröff.

Hans Carlsohn
Geb. 2.12.1928 in Leipzig als Sohn eines Arbeiters.
Volksschule. Lehre als Kupferschmied (ohne Abschluß). Ab 1946 Heizungshilfsmonteur. 1946 SED. Seit 1948 Angehöriger der VP in Großenhain, Küstrin und Potsdam. Seit 1951 MfS. Seit 1953 pers. MA von Mielke. Ltr. des Sekr. des Ministers. Seit 1985 Generalmajor.

Christoph Demke
Geb. 3.5.1935 in Bunzlau/OS als Sohn eines Pfarrers.
Abitur in Schulpforta. 1953–58 Studium der evang. Theol. an der HU. Promotion. 1963 Ordination in Görlitz. Kurze Tätigkeit als Pfarrer. Seit 1964 theol. Doz. am Berliner Sprachenkonvikt. Seit 1975 nba, seit 1977 hauptamtlich im Sekr. des Bundes Evang. Kirchen der DDR tätig. Stellv. Ltr. des Sekr. Okt. 1981–Sept. 83 Ltr. des Sekr. Nachf. von Manfred Stolpe. Sept. 1983–Juli 97 Bischof der Kirchenprovinz Sachsen als Nachf. von Werner Krusche. Seit Febr. 1986 stellv. Vors. d. Konf. Evang. Kirchenltg. in der DDR. 1990 Vors. Nachf. Werner Leich.

Otto Dibelius
15.5.1880–31.1.1967 (geb. in Berlin als Sohn eines Beamten).
1899–1904 Studium der evang. Theologie in Berlin. Promotion zum Dr. phil. und lic. theol. 1906 ordiniert. 1907–25 Pfarrer in Crossen/O., Danzig, Lauenburg, Berlin. Ab 1921 Mitgl. des Evang. Oberkirchenrates. Mitgl. d. DNVP. 1925–33 Generalsuperintendent der Kurmark. 21.3.1933 Festpredigt am „Tag von Potsdam". Danach beurlaubt und Okt. 1933 in den Ruhestand versetzt. Seit 1934 Mitarbeit im Bruderrat der Bekennenden Kirche. Wiederholt Redeverbot und Inhaftierung. 1945–66 erster Evang. Bischof von Berlin-Brandenburg. 1957 Einreiseverbot in die DDR, dadurch Tätigkeit auf West-Berlin beschränkt. 1949–61 Vors. des Rates d. EKD. 1966 Ruhestand. Mitgl. der West-CDU.

Matthias Domaschk
12.6.1957–12.4.1981 (geb. in Görlitz als Sohn eines Zeiss-Angestellten).
Ab 1974 Berufsausbildung zum Feinmechaniker mit Abitur bei Zeiss in Jena. Mitgl. der Jungen Gemeinde. Beteiligt an zahlreichen Protestaktionen, u. a. gegen die Ausweisung Biermanns. Exmatrikulation vom Abiturkurs. Arbeit als Feinmechaniker. 1979 NVA. Danach Maschinist im Zentralinst. f. Mikrobiol. und exp. Therapie in Jena. Mitarbeit in der unabhängigen Friedensbewegung. 10.4.1981 im Zug nach Berlin verhaftet, am 12.4.1981 nach zweitägigem Verhör unter ungeklärten Umständen verstorben.

Angelica Domröse
Geb. 4.4.1941 in Berlin-Weißensee.
Mitgl. einer Laienspielgruppe der FDJ während der Schulzeit. Mit 17 Jahren Stenotypistin bei DIA Invest-Export. 1958–61 Studium an der Film-HS Potsdam-Babelsberg. Danach Schauspielerin bei Film und Bühne (Berliner Ensemble, Volksbühne). Mitwirkung in zahlreichen Filmen („Papas neue Freundin", „Effi Briest", 1970, „Legende von Paul und Paula" u. a.). 1976 Mitunterzeichnerin der Protestresolution gegen die Ausweisung W. Biermanns. Seit 1980 in der BR Deutschland tätig, u. a. am Schiller-Theater in West-Berlin.

Erika Drees
Geb. 15.9.1935 i. Breslau.
1954 Abitur i. Bremen. 1954–59 Studium d. Medizin i. Kiel, Berlin (West) u. Göttingen. 1958 verhaftet. ¾ Jahr U-Haft i. Halle. 1961 Heirat i.d. DDR. Psychiaterin i. Bernburg u. Dresden. Seit 1974 i. Stendal. Seit 1996 im Ruhestand. Führende Mitarbeit i. Anti-Atombewegung i.d. DDR u. „Frauen für den Frieden".

Josef Duchac
Geb. 19.2.1938 in Bad Schlag/Sudetenland.
Heimatvertriebener in Thüringen. 1964 Chemieing. der Ingenieur-Schule Fürstenwalde. 1973 Dipl.-Ing. oec. der TH Merseburg. 1964–86 Schichtingenieur, AL, Auftragsltr. Investvorhaben Zentraler Rohrbetrieb Waltershausen, Produktionsltr. Gummiwerke Waltershausen. 1986–89 Kreisrat beim RdK Gotha. Okt. 1989 Vors. d. CDU in Gotha. 1990 Betriebsdir. Gummiwerke Waltershausen. 1990–Febr. 1992 Ministerpräs. des Landes Thüringen. Repräsentant d. Konrad-Adenauer-Stiftung i. Portugal.

Hans-Wilhelm Ebeling
Geb. 15.1.1934 i. Parchim als Sohn eines Berufsoffiziers.
OS Forst. 1952 Abitur. 1952–54 Schlosserlehre i. RAW Cottbus. 1954 Gesellenprüfung. 1954–57 Studium d. Maschinenbaus TU Dresden. 1957–62 Studium d. evang. Theologie KMU Leipzig. 1962–64 Vikar i. Vetschau. 1964–76 Pfarrer i. Lieberose. Seit 1976 Pfarrer a.d. Leipziger Thomaskirche. Dez. 1989 Vors. d. CSDP u. vom 20.1.1990 bis Juli 90 Vors. d. DSU. März 1990–Okt. 90 Abg. d. VK. April 1990–Okt. 90 Minister f. Wirtschaftl. Zusammenarbeit d. DDR.

Klaus Eichler
Geb. 11.10.1939 i. Halle/Saale als Sohn eines Technikers.
Chemiefacharbeiterlehre. 1954 Mitgl. d. FDJ. 1962 SED. Bis 1964 Studium, Chemie-Ing. Hauptamtl. FDJ-Funktionär. 1962–65 1. Sekr. d. FDJ-KL d. Leuna-Werke „Walter Ulbricht". 1965–74 1. Sekr. d. FDJ-BL Frankfurt/O. 1971 Studium a.d. PHSch. Okt. 1974–Mai 84 Dir. d. Jugendreisebüros „Jugendtourist". 1965–67 u. seit 1974 Mitgl. d. Büros d. ZR d. FDJ. Mai 1984–88 1. Vizepräs. d. DTSB (1. Vizepräs.). Nov. 1986–90 persönliches Mitgl. d. NOK d. DDR. Nov. 1988–Dez. 89 Präsident d. DTSB. 1990 Geschäftsführer i.d. Reisebürobranche.

Dr. Frank Eigenfeld
Geb. 18.8.1943 in Frankfurt/Oder.
1961 Abitur. 1963–68 Geologiestudium a.d. Martin-Luther-Univeristät. 1968–70 Grundwehrdienst. 1970–82 Assistent a.d. Martin-Luther-Universität Halle, Bereich Geologische Wissenschaften. 1982 Verweigerung d. Teilnahme a.d. Zivilverteidigung m. Folge Berufsverbot. 1983 Kurzzeitige Verhaftung seiner damaligen Frau, Katrin Eigenfeld. 1982–90 Hausmeister i. e. Ev. Gemeinde i. Halle. 1989/90 Mitbegründer d. Neuen Forum i. Halle/Sa.; geschäftsführende Tätigkeit. 1990 berufliche Rehabilitierung u. Wiedereinstellung a.d. Martin-Luther-Universität Halle a. Institut f. Geologische Wissenschaften.

Katrin Eigenfeld
Geb. 13.11.1946 in Halle als Tochter eines Pfarrers.
Bis 1967 Ausbildung z. Präparatorin, anschl. Qualifizierung z. Bibliotheksfacharbeiterin. 1980 Mitglied d. Ltg. d. ev. Kirchengemeinde Halle-Neustadt u. verschiedene Aktivitäten innerhalb kirchl. Friedensgruppen. 1982 Unterschriftensammlung f. d. „Berliner Appell" Rainer Eppelmanns u. Robert Havemanns. Herbst 1983 drei Monate U-Haft b. MfS wegen Vorbereitung e. Gottesdienstes z. Weltfriedenstag. Später u. a. Mitarbeit i.d. Gruppen „Frauen für den Frieden" u. „Initiative Frieden und Menschenrechte" sowie b. verschiedenen Samisdat-Publikationen. Teil-

nahme a.d. illegalen Gründungsveranstaltung d. „Neuen Forums“ 1989 i. Grünheide. Zusammen m. Frank Eigenfeld Gründerin des NF i. Halle.

Elke Erb
Geb. 18.2.1938 in Scherbach (Eifel).
1949 Übersiedlung i.d. DDR. In d. Jahren 1957–63 Studium (Pädagogik, Geschichte, Germanistik, Slavistik), anschl. Volontärin b. Mitteldeutschen Verlag Halle. Seit 1966 freiberufliche Schriftstellerin. Seit Anfang der achtziger Jahre Kontakte z. Friedensbewegung u. Mitarbeit a. inoffiziellen Literaturzeitschriften. Veröff. u. a. „Gutachten, Poesie und Prosa“, 1975. „Kastanienallee. Texte und Kommentare“, 1987.

Günther Erbach
Geb. 22.1.1928 i. Klampin, Krs. Saatzig.
1942–45 Besuch einer Lehrerbildungsanstalt. 1945 Landarbeiter. Danach Junglehrer im Krs. Stralsund. 1946–49 Pädagogik-Studium a.d. Ernst-Moritz-Arndt-Uni. Greifswald. 1949–53 wiss. Aspirant a.d. Uni. Greifswald, Berlin u. Leipzig (DHfK). 1953–55 Ltr. d. Zentralen Sportschule i. Strausberg b. Berlin. 1956 Ltr. d. Abt. Wissenschaft i. Staatl. Komitee f. Körperkultur u. Sport. 1956 Dr. paed. Seit 1956 Doz. bzw. Prof. (seit 1960) a.d. Dtsch. HS f. Körperkultur i. Leipzig. 1956–63 Rektor d. DHfK. 1965–74 stellv. Vors. d. Staatl. Komitees f. Körperkultur u. Sport bzw. stellv. Staatssekr. i. Staatssekr. f. Körperkultur u. Sport. 1974–89 Staatssekr. f. Körperkultur u. Sport. Nachf. v. Roland Weißig. Seit 4.2.1983–90 zusätzlich Präsident d. Dtsch. Fußballverbandes d. DDR. Nachf. v. Günter Schneider. 1989–90 1. stellv. Staatssekr. i. Amt f. Jugend u. Sport d. DDR.

Arno Esch
6.2.1928–24.7.1951 (geb. i. Memel als Sohn eines Spediteurs).
Oberschule. 1944 Angehöriger d. Marineflak. 1945 Heimatvertriebener i. Schöneberg/Meckl. 1946 Oberschule i. Grevesmühlen. Abitur. März 1946 Immatrikulation a.d. Uni. Rostock. Studium d. Rechtswiss. Juni 1946 Mitgl. d. LDP. Landesjugendreferent d. LDP (Jugendvertreter i. geschäftsführ. Landesvorstand). Führ. Mitgl. d. LDP-Hochschulgruppe i. Rostock. Widerstandsarbeit. Okt. 1949 verhaftet. Von einem SMT zum Tode verurteilt („wegen Verschwörung gegen die Staatsgewalt“). 24.7.1951 i. Moskau hingerichtet.

Manfred Ewald
Geb. 17.5.1926 i. Podejuch/Po. als Sohn eines Schneiders.
1940–43 Verwaltungslehre i. Stettin. Verwaltungsangest. i. Podejuch/Po. 1944 NSDAP. 1945 Mitgl. d. KPD. Kreissekr. d. FDJ i. Greifswald. Seit 1948 Sportfunktionär. Sekr. d. Dtsch. Sportausschusses. 1951 Ltr. d. Abt. Internat. Arbeit i. Dtsch. Sportausschuß. 1952–60 Vors. d. Staatl. Komitees f. Körperkultur u. Sport (Staatssekr.). 1957–58 Besuch d. PHSch. d. SED. Seit 1957 Mitgl. d. Bundesvorstandes d. DTSB. 1960–61 Vizepräs. (amtierender Präs.), 1961–88 Präs. d. DTSB. Nachf. v. R. Reichert. 1963–89 (VI. Parteitag) Mitgl. d. ZK d. SED. 1963–89 Abg. d. VK. Seit 1971 1. stellv. Vors. d. Jugendausschusses d. VK. 1973–90 Präs. d. NOK d. DDR. Nachf. v. H. Schöbel.

Heino Falcke
Geb. 12.5.1929 in Riesenburg/Westpr. als Sohn eines Oberstudienrates.
In Westpreußen und Königsberg aufgewachsen. Dort Besuch des Gymnasiums. 1945 Übersiedlung in die Altmark. 1946 Abitur in Seehausen. Studium der evang. Theologie in Göttingen und Basel. 1950 Hilfsass. bei Karl Barth. Rückkehr in die DDR. Zeitweise Mitglied der Synode der BEK. Vikar im Predigerseminar in Wittenberg. Zwei Jahre Ass. an der Uni Rostock. 1958 Promotion zum Dr. theol. 1961 Habil. 1958–63 Gemeindepfarrer in Wegeleben und 1963–73 Rektor des EKU-Predigerseminars Gnadau. 1973–94 Propst des provinzialsächsischen Sprengels Erfurt.

1975–85 Ltr. des Ausschusses f. Kirche und Ges. des DDR-Kirchenbundes. 1989–90 in der Bürgerrechtsbewegung tätig. Vors. des Runden Tisches im Bezirk Erfurt. Seit 1994 im Ruhestand.

Siegmar Faust
Geb. 12.12.1944 in Dohna (Sachsen).
1964 Kandidat d. SED. 1965/66 Studium (Kunsterziehung u. Geschichte) a.d. KMU Leipzig. „Bewährung" i.d. Produktion, anschl. Studium a. Literaturinstitut „Johannes R. Becher". 1968 erneute Relegation a. politischen Gründen. 1971 U-Haft b. MfS wegen „staatsfeindlicher Hetze". Verurteilung zu viereinhalb Jahren Freiheitsentzug. 1976 aufgrund internationaler Interventionen vorzeitige Entlassung u. Übersiedlung i.d. Bundesrepublik. 1996–1999 Landesbeauftragter f. d. Stasi-Unterlagen i. Sachsen. Veröff. u. a. „In welchem Land lebt Mephisto?", 1979. „Ich will hier raus", 1983.

Hans-Jürgen Fischbeck
Geb. 18.12.1938 in Ostafrika.
1944 Rückkehr von einer Bethel-Mission in Ostafrika nach Dtschl. 1956 Abitur. 1956–61 Studium der Physik HU Berlin. 1962–91 wiss. MA am Zentralinst. f. Elektronenphysik AdW. 1966 Promotion, 1969 Habil. Seit 1977 Mitgl. der Synode der Evang. Kirche Berlin-Brandenburg. Sept. 1989 Mitbegründer von „Demokratie Jetzt". Mai 1990 Mitgl. der Fraktion Bündnis 90/Grüne d. StVV Berlin. Zeitweise auch MdA. Seit 1992 Studienltr. der Evang. Akademie Mülheim/Ruhr.

Werner Fischer
Geb. 29.3.1950 in Caputh als Sohn eines Angestellten.
POS. 1964–67 Ausbildung als Rohrleitungsmonteur. Ab 1968 Wehrdienst bei den Grenztruppen. Seit 1972 Bühnenarbeiter, Werbeorganisator Berliner Metropoltheater. Aktive Betätigung in der unabhängigen Friedensbewegung. 1986 Berufsverbot. Jan. 1988 Verhaftung im Zusammenhang mit der Liebknecht-Luxemburg-Demonstration. Abschiebung nach England. Aug. 1988 Rückkehr. Nov. 1989 IFM-Vertreter beim Zentralen Runden Tisch. 1990 Beauftragter der Regierung Modrow bzw. des Berliner Magistrats zur Auflösung des MfS. 1991/92 Ltr. der Projektgruppe zur Auflösung des MfS im Berliner Senat. Seit Sept. 1992 Pressesprecher der Fraktion Bündnis 90/Grüne.

Gottfried Forck
6.10.1923-24.12.1996 (geb. in Ilmenau/Thür. als Sohn eines Pfarrers).
Besuch der Internatsschule der Brüdergemeinde in Niesky. 1942 Eintritt in die Kriegsmarine. 1944 Ltn. z. See. Amerik. Gefangenschaft. Ab 1947 Studium d. evang. Theologie in Bethel, Heidelberg u. a. Kirchl. HS in West-Berlin. 1952 1. und 1954 2. theolog. Examen. 1952 Ass. an der Kirchl. HS. 1954 Besuch des Predigerseminars Brandenburg. 1954–59 Studentenpfarrer an der HU. 1959–63 Pfarrer im Lautawerk/NL. 1963–72 Dir. des Predigerseminars Brandenburg. 1956 Dr. theol. an der Uni. Heidelberg. Jan. 1972–Sept. 81 Generalsuperintendent d. Sprengels Cottbus. Nachf. von Günter Jacob. Am 25.4.1981 als Nachf. von Albrecht Schönherr zum Bischof der Evang. Kirche Berlin-Brandenburg gewählt. Amtsantritt am 1.10.1981. Juli 1984–April 87 Vors. des Rates d. EKU. Seit 1991 Ruhestand.

Hans-Joachim Fränkel
31.8.1909–21.12.1996 (Geb. in Liegnitz als Sohn eines Studienrats).
Ab 1928 Studium der evang. Theologie in Bethel, Breslau und Tübingen. 1936 Ordination. Mitgl. der Pfarrernotbundes und der Bekennenden Kirche. Pfarrer in Breslau. Mehrmals verhaftet. 1940 Kriegsdienst. 1942 schwer verwundet und aus der Wehrmacht entlassen. Erneut Pfarrer in Breslau. 1946 Konsistorialrat und Mitgl. der schles. Kirchenltg. Aus Polen ausgewiesen. 1947 Konsistorialrat in Görlitz. 1949 Oberkonsistorialrat. 1964–79 Bischof der Evang. Kirchenprovinz Görlitz. 1972–73 Vors. des Rates d. EKU. 1979 Übersiedlung nach Marburg.

Jürgen Fuchs
19.12.1950–9.5.1999 (geb. in Reichenbach als Sohn eines Elektrikers).
1969 Abitur und Facharbeiterabschluß b. d. Rb. 1969–71 NVA. 1971–75 Studium der Sozialpsychologie FSU Jena. 1973 SED, 1975 Ausschluß. Exmatrikulation in Jena. Publikationsverbot. Transportarbeiter, Pfleger. 1976 öff. Protest gegen die Ausbürgerung Biermanns. 9 Monate U-Haft in Berlin. Veröff. d. „Gedächtnisprotokolle" in Westdtschl. Aug. 1977 Ausbürgerung aus der DDR. Seitdem freischaffender Schriftsteller in Berlin. 1992–94 wiss. Mitarbeiter beim Bundesbeauftragten f. die Unterlagen des ehemaligen Staatssicherheitsdienstes. 1994 Psychologe in einem Beratungszentrum in Berlin. Veröff.: „Ende einer Feigheit", 1988 u. a.

Franz Fühmann
15.1.1922–8.7.1984 (geb. in Rochlitz a.d. Iser als Sohn eines Apothekers).
Besuch der VS, dann von 1932–36 des Jesuitenkonvikts Kalksburg bei Wien und des Gymnasiums in Reichenberg sowie des Reformrealgymnasiums Hohenelbe. 1941 Abitur. RAD. 1941–45 Luftwaffen-Angehöriger. 1945–49 sowj. Kriegsgefangenschaft. Besuch der Antifa-Zentralschule in der SU. 1949 Rückkehr nach Dtschl. Mitgl. der NDP. Zeitweise Mitgl. d. HA bzw. des PV der NDP. NDP-Funktionär. 1958 Ausschluß. Seit 1958 freiberufl. Schriftsteller. 1972 Austritt aus der NDP. 1976 Mitunterzeichner der Protestresolution gegen die Ausweisung W. Biermanns. Zeitweilig Mitgl. des Päsidialrates d. KB und des Vorstandes d. DSV. 1977 Mitarbeit eingestellt. Veröff.: „Die Nelke Nikos". „Die Fahrt nach Stalingrad", 1953. „Das Nibelungenlied", neu erzählt, 1972 u. a.

Christian Führer
Geb. 5.3.1943 als Sohn eines Pfarrers.
1961–66 Theologiestudium a.d. KMU Leipzig. Seit 1980 Pfarrer a.d. Leipziger Nikolaikirche u. Organisator v. Veranstaltungen i. Rahmen d. ersten Friedensdekade. Mitbegründer d. seit d. 13.9.1982 jeden Montag i.d. Nikolaikirche stattfindenden Friedensgebete (vgl. Interview mit Ch. Wonneberger i.d. Bd.). 1987 organisierte er e. eigenständigen Pilgerweg i. Rahmen d. Olof-Palme-Friedensmarsches. Im Herbst 1989 wurden seine stark besuchten Friedensgebete z. Ausgangspunkt d. Leipziger Montagsdemonstrationen.

Joachim Garstecki
Geb. 28.2.1942 in Magdeburg.
1960 Abitur an der Humboldt-OS Magdeburg. 1960–65 Studium der kathol. Theologie in Erfurt. 1965–70 Referent f. Jugendseelsorge im Erzbischöfl. Kommissariat Magdeburg. 1966–69 wiss. Studienkurs f. kirchl. Erziehungs- und Bildungsarbeit mit Diplom-Abschluß. 1971–90 Mitgl. und Sprecher des „Aktionskreises Halle" der kathol. Kirche. 1971–90 als kathol. Gastarbeiter Studienreferent f. Friedensfragen in der Theol. Studienabt. beim Bund der Evang. Kirchen der DDR. 1981–89 Berater des Netzwerkes „Konkret für den Frieden". Seit Jan. 1991 Generalsekr. d. dtsch. Sektion der Internat. Kathol. Friedensbewegung Pax Christi mit Sitz in Bad Vilbel bei Frankfurt a. M.

Michael Gartenschläger
13.1.1944–30.4.1976 (geb. i. Strausberg)
Dreher u. Autoschlosser. Oppositionelle Betätigung i.d. DDR. 19.8.1961 verhaftet u. am 15.9. 1961 vom BG Frankfurt/Oder wegen „Diversion in einem schweren Fall u. staatsfeindl. Propaganda" zu lebenslanger Haft verurteilt. Häftling i. Torgau u. Brandenburg-Görden. 1971 Freikauf. Wurde am 30.4.1976 bei Bröthen bei der Demontage einer Selbstschußanlage von einem MfS-Kommando getötet.

Bernd Gehrcke
Geb. 11.6.1950 in Berlin.
1969–73 Studium d. Ökonomie a.d. KMU Leipzig. 1970 SED. 1975/76 wiss. Oberassistent a. ZI f. Wirtschaftswissenschaften d. AdW. 1976 Mitunterzeichner e. Solidaritätsschreibens a. Wolf Biermann. Jan. 1978 SED-Ausschluß. Sept. 1989 Mitautor d. Gründungsaufrufs d. Vereinigten Linken (VL). Dez. 1989 - April 1990 Vertreter d. VL a. Zentralen Runden Tisch. 1991 Mitarbeiter d. Gruppe Neues Forum / Bürgerbewegung i. Abgeordnetenhaus v. Berlin.

Horst Gienke
Geb. 18.4.1930 in Schwerin als Sohn eines Beamten.
1949–54 Studium der evang. Theologie in Rostock. 1954 Ordination. Pfarrer in Blankenhagen und Rostock. 1964–71 Rektor des Predigerseminars in Schwerin. 1971 Landessuperintendent f. den Kirchenkreis Schwerin. März 1972–Nov. 89 Bischof der Evang. Landeskirche Greifswald. Nachf. von Fr. W. Krummacher. Mitgl. der Konf. der Kirchentlg. der DDR und der Kirchenltg. d. VELK in der DDR. Juni 1973–Juli 76 und 1987–89 Vors. des Rates d. EKU in der DDR. 1980–85 Vors. des Nationalkomitees des Luth. Weltbundes in der DDR. Sept. 1981–Febr. 86 stellv. Vors. der Konf. Evang. Kirchenltg. in der DDR. Vors. des Bibelwerkes in der DDR. Seit 1990 im Ruhestand. Als IM „Orion“ beim MfS geführt.

Gregor Gysi
Geb. 16.1.1948 in Berlin als Sohn des nachmaligen Ministers u. Staatssekretärs Klaus G.
1955–66 Oberschule. Abitur mit Ausbildung zum Facharbeiter f. Rinderzucht. 1966–70 Studium d. Rechtswiss. an der HU Ost-Berlin. 1967 SED. Seit 1971 RA in Berlin. 1976 Dr. jur. 1988–89 Vors. d. Rates d. Kollegien d. Rechtsanw. in der DDR u. Vorsitzender d. Berliner Kollegiums. Dez. 1989–Dez. 92 Vorsitzender der SED/PDS. März 1990–Okt. 1990 Abg. der VK. Seit Okt. 1990 MdB, Vors. d. Gruppe bzw. d. Fraktion d. PDS.

Kurt Hager
24.7.1912–18.9.1998 (geb. in Bietigheim/Enz).
Real- u. Oberrealschule. 1931 Abitur. 1929 KJV. 1930 KPD. Journalistische Betätigung. Nach 1933 vorübergehend inhaftiert. Emigration. 1937–39 Teilnehmer am span. Bürgerkrieg. Direktor v. Radio Madrid. Anschließend in Frankreich u. England. Journalist. Zeitweise interniert. Nach 1945 Leiter der Abt. Parteischulung, ab 1949 Leiter der Abt. Prop., ab 1952 Leiter der Abt. Wiss. u. Hochschulen im Parteivorstand bzw. ZK d. SED. Seit 1949 Prof. mit Lehrstuhl f. Phil. an der HU. Ost-Berlin. 1950–54 Kand., 1954–89 Mitglied d. ZK d. SED. 1955–89 Sekr. f. Wissensch. u. Kultur d. ZK der SED. 1958–63 Kand., 1963–Nov. 89 Mitglied d. Politbüros. 1958–Nov. 89 Abg. d. VK. Vors. d. Ausschusses f. Volksbildung. Seit 1966 Mitgl. d. Präs. des Forschungsrates. 1976–Nov. 89 Mitgl. d. Staatsrates. Jan. 1990 aus der SED/PDS ausgeschlossen. 13.11.1995 wegen d. Tötungen a.d. Grenze angeklagt (27. Große Strafkammer LG Berlin).

Karl Hamann
4.3.1903–16.6.1973 (geb. i. Hildesheim).
Gymnasium. Studium a.d. Landw. HS i. München u. Hohenheim. Dipl.-Landwirt. Dr. phil. Ab 1926 Betätigung als Arbeitsamtltr. i. Schwerte, Hörde u. Dortmund. 1931 Ltr. einer Siedlungsgenossenschaft. Während d. NS-Zeit selbständiger Landwirt i. Thüringen. 1945 Ltr. d. Landwirtschaftsamtes Hildburghausen. 1945 LDP. Mitgl. d. Beratenden Landesvers. Thüringen. Herbst 1948 geschäftsführ. Vorstandsmitgl. d. LDP i.d. SBZ. Febr. 1949–Dez.52 Mitvors. d. LDP (mit Kastner, dann Loch zusammen). Okt. 1949–Dez. 52 Min. f. Handel u. Versorgung d. DDR. 9.12.1952 Amtsenthebung. 14.12.1952 Enthebung von dem Amt als Mitvors. d. LDP, Ausschluß aus d. LDP u. Aberkennung d. VK-Mandats. 15.12.1952 verhaftet u. i. Juli 1954 v. OG zu 10 Jahren Zuchthaus verurteilt („planmäßige Versorgung d. Bevölkerung sabotiert, verbrecherische

Beziehungen zu imperial. Agenturen unterhalten“ usw.). Okt. 1956 begnadigt. Juni 1957 Übersiedlung i.d. Bundesrepublik.

Katja Havemann
Geb. 30.11.1947 i. Neubarnim/Oderbruch als Tochter eines Landwirts.
Oberschule. Abitur. Ausbildung zur Heimerzieherin an einer FS i. Hohenprießnitz bei Eilenburg. Danach als Heimerzieherin tätig. Seit 1974 mit Robert H. verheiratet u. vielfältigen Repressionen von staatl. Seite unterworfen. Gegenwärtig Betreuerin von Jugendlichen.

Robert Havemann
11.3.1910–9.4.1982 (geb. in München als Sohn eines Lehrers).
Realgymnasium u. Oberrealschule. 1929–33 Studium d. Chemie a.d. Univ. München u. Berlin. 1932 KPD. 1932 Mitarbeiter im Kaiser-Wilhelm-Inst. für physikalische Chemie u. Elektrochemie. Stipendiat. 1935 Dr. phil. 1937–43 wiss. Ass. am Pharmakol. Inst. d. Univers. Berlin. 1943 Habil. Mitbegründer der Widerstandsgruppe „Europäische Union“. Verhaftung, 16.12.1943 v. VGH zum Tode verurteilt, zweimaliger Vollstreckungsaufschub. Kriegswichtige Forschungsaufgaben im Zuchthaus Brandenburg. 1945 v.d. Roten Armee befreit. 1945–50 Mitarbeiter bzw. Leiter des Kaiser-Wilhelm-Inst. in Berlin-Dahlem. 1946–64 Lehrtätigkeit als Prof. mit Lehrstuhl f. phys. Chemie an der HU Berlin. 1946 SED. 1950–64 Direktor d. Physikalisch-Chemischen Instituts. 1949 Mitglied d. Präsidiums d. Deutsch. Friedensrates. 1950–63 Abgeordneter VK. Zeitweise Vors. d. Berliner Friedensrates. März 1964 aus d. SED u. d. Lehrkörper d. HU Berlin wegen fortgesetzten parteischädigenden Verhaltens ausgeschlossen. 1964–65 Leiter der Arbeitsstelle für Fotochemie in Berlin-Adlershof. Dez. 1965 wegen seiner regimekritischen Einstellung fristlos entlassen. 1.4.1966 aus der DAW ausgeschlossen. Lebte seitdem von seiner OdF-Rente in Berlin-Grünau und war dort wegen seiner politischen Aktivitäten viefältigen Repressalien ausgesetzt.

Christoph Hein
Geb. 8.4.1944 in Heinzendorf/Schlesien als Sohn eines Pfarrers.
In Bad Düben bei Leipzig aufgewachsen. Schulbesuch in West-Berlin. 1960 bei den Eltern in Ost-Berlin. Sechs Jahre in verschiedenen Berufen tätig. Kellner, Buchhändler, Journalist, Montagearb. 1963 Regieass. bei Benno Besson an der Volksbühne. 1964 Abitur an einer Abendschule. 1967–71 Studium der Philosophie in Leipzig. 1971–79 Dramaturg bei Besson. Hausautor der Volksbühne. Seit 1979 freiberuflich tätig. Veröff.: „Der fremde Freund“, Aufbau-Verlag, 1983. „Drachenblut“, Novelle, Luchterhand-Verlag, 1985.

Steffen Heitmann
Geb. 8.9.1944 i. Dresden.
1963 Abitur. 1964–69 Studium d. ev. Theologie u. Altphilologie a.d. KMU Leipzig. 1969 theol. Staatsexamen. 1971–73 Pfarrvikar u. Pfarrer. Kirchenjur. Ausbildung. 1980 1. jur. Examen, 1981 2. jur. Examen. Seit 1982 Ltr. d. Bezirkskirchenamtes Dresden. Seit 1989 jur. Berater d. „Gruppe 20“ i. Dresden. 1989/90 Mitgl. d. Basisdemokr. Fraktion d. StVV Dresden. Seit Nov. 1990 Staatsminister d. Justiz d. Freistaates Sachsen. Seit Dez. 1991 Mitgl. d. CDU. Seit Okt. 1994 MdL Sachsen. Zeitweilig von d. CDU als Kandidat f. das Amt des Bundespräs. vorgesehen.

Rudolf Hellmann
Geb. 26.2.1926 i. Chemnitz als Sohn eines Drehers.
1940–43 Lehre als Maschinenschlosser. Kriegsdienst. Torpedo-Mechaniker. Brit. Kriegsgefangenschaft. 1947–50 Schlosser b. d. Reichsbahn i. Chemnitz. Landesltr. d. SV Lokomotive i. Sachsen. 1952 Sektorenltr. Agitprop. i.d. Zentralen Ltg. SV Lokomotive. 1952–53 Sektorenltr. i. ZV d. GST. 1954 Instrukteur f. Jugend u. Sport SED-BL Halle. Seit Mitte d. 50er Jahre MA, 1960-89 Ltr. d. Arbeitsgruppe bzw. Abt. Körperkultur u. Sport b. ZK d. SED. Seit 1961 Mitgl. d. BV d. DTSB.

Johannes Hempel
Geb. 23.3.1929 in Zittau/S.
1947 Abitur. 1947–50 Studium der evang. Theologie in Tübingen, Berlin, Heidelberg und Leipzig. 1955–57 Gemeindepfarrer im Krs. Karl-Marx-Stadt. 1960 Promotion z. Dr. theol. 1957–63 Studieninspektor. 1967–71 Studiendir. des Leipziger Predigerkollegs St. Pauli. 1963–67 Studentenpfarrer in Leipzig. 1971–94 Landesbischof der Evang.-Luth. Landeskirche Sachsen. Nachf. von Gottfried Noth. Okt. 1973–Okt. 77 stellv. Vors. und Dez. 1982–Febr. 86 Vors. der Konf. Evang. Kirchenltg. in der DDR. Nachf. von Werner Krusche. 1981–86 leitender Bischof d. VELK in der DDR. Nachf. v. Heinrich Rathke. Mitgl. d. Exekutivausschusses des ökum. Rates der Kirchen. Seit Aug. 1983 einer der sieben Präsidenten des ökum. Rates der Kirchen. 1991–94 stellv. Vors. des Rates d. EKD. Seit 1994 im Ruhestand.

Rolf Henrich
Geb. 24.2.1944 i. Magdeburg.
Abitur. 1964 SED. Facharbeiter (Hauer) i. VEB Steinkohlenwerk Zwickau. Studium der Rechtswissenschaften a.d. HU Berlin. Dipl.-Jurist. Militärdienst i.d. NVA. 1973–89 Rechtsanwalt u. Parteisekr. d. SED d. Anwaltskollegiums Frankfurt/Oder. April 1989 wegen seines regimekritischen Buches „Der vormundschaftliche Staat" aus d. SED ausgeschlossen u. m. Berufsverbot belegt. Initiator d. „Neuen Forum". Seit 1990 wieder RA in Eisenhüttenstadt. 1990 SPD.

Wolfgang Herger
Geb. 10.8.1935 i. Rudolstadt/Thür. als Sohn eines Arbeiters.
Besuch d. Oberschule Rudolstadt/Thür. 1949 Mitgl. d. FDJ. 1953–58 Studium d. Philosophie a.d. Uni Jena. 1957 Mitgl. d. SED. Ass. a.d. Uni Jena. 1959 1. Sekr. d. FDJ i. VEB Schott u. Genossen, Jena. 1962 2. Sekr. d. FDJ-Hochschulltg. Jena. 1963–64 1. Sekr. d. FDJ-Stadtltg. Jena. 1963 Promotion zum Dr. phil. April 1964–Mai 1971 Sekr., Mai 1971–Mai 1976 2. Sekr. d. ZR d. FDJ. 1976–85 Ltr. d. Abt. Jugend i. ZK d. SED. Nachf. v. Siegfried Lorenz. Mai 1976–Dez. 89 Mitgl. d. ZK d. SED. 1976–85 Vors. d. Jugendausschusses d. VK. Seit 1979 Mitgl. Red. Koll. d. Ztschr. „Neuer Weg". 1985–89 Ltr. d. Abt. Sicherheit d. ZK d. SED. Nachf. v. Herbert Scheibe. März 1987–März 90 Vors. d. Ausschusses f. Nat. Verteidigung d. VK. Nachf. v. Paul Verner. 8.11.1989–3.12.89 Vollmitglied d. Politbüros d. ZK d. SED. Dez. 1989–Jan. 90 MA d. Parteivorstandes d. SED/PDS.

Guntolf Herzberg
Geb. 9.6.1940 in Berlin.
1961–65 Philosophiestudium a.d. HU Berlin, anschl. wiss. Lehr- u. Forschungstätigkeit. 1964 SED. 1972 Gründer d. „Freitagsrunde", d. 1989 i.d. Initiativgruppe f. d. Neue Forum überging. 1973 SED-Ausschluß u. Publikationsverbot. Seit Anfang d. achtziger Jahre i.d. unabhängigen Friedensbewegung aktiv. 1985 Übersiedlung nach West-Berlin u. Eintritt b. d. Grünen (Alternative Liste). 1986 zusammen m. Petra Kelly Mitbegründer d. Bundesarbeitsgemeinschaft Menschenrechte d. Grünen.

Wolfgang Heyl
Geb. 21.8.1921 in Borna bei Leipzig als Sohn eines Kaufmanns.
Besuch der Volks- und Oberschule. 1939 NSDAP. Kriegsdienst und Gefangenschaft. 1945–47 Zimmermann. 1947–52 Mitarbeiter und später Geschäftsführer der IHK Borna. 1949 Mitgl. der CDU. 1949–53 Stadtverordneter in Borna. 1952 Organisationsltr. und stellv. Vors. des Bezirksverbandes Leipzig der CDU. 1953–58 Abg. des Bezirkstages Leipzig. 1954–58 Vors. des Bezirksverbandes Leipzig der CDU. 1958–66 stellv. Generalsekr. der CDU. Seit 1966 Mitgl. des Präs. des Nationalrates der NF. 1966–71 Sekr. des Hauptvorstandes der CDU. 1958–März 90 Abg. d. VK. 1963–89 Vors. der CDU-Fraktion i.d. VK. 1967–71 und 1976–86 stellv. Vors. d. IPG. Juni 71–Ende 89 stellv. Vors. der CDU in der DDR. Seit Nov. 1971 stellv. Vors. des Aus-

schusses f. Ausw. Angelegenheiten der VK. 1976–89 Mitgl. des Präs. der VK. Seit 1974 bzw. 1975 Mitgl. des Präs. des Friedensrates und der Liga f. Völkerfreundschaft. Stellv. Vors. der Freundschaftsges. DDR-Österreich.

Ralf Hirsch
Geb. 25.7.1960 in Berlin.
POS in Berlin. 1977 aus polit. Gründen in ein Jugendhaus eingewiesen. Abschluß der Schlosserlehre. Kirchl. Jugend- und Oppositionsarbeit (Samaritergemeinde etc.) 1982–84 NVA, Bausoldat. 1984 Sachbearbeiter bei der evang. Kirche. 1986 Mitbegründer und Sprecher d. IFM. 25.1.88 Verhaftung im Zusammenhang mit der Liebknecht-Luxemburg-Demonstr. 5.2.1988 Ausweisung aus Ost-Berlin. Danach Angestellter im Landesamt f. zentrale soz. Aufgaben in West-Berlin. 1990 MA im Büro von Walter Momper, Reg. Bürgermeister.

Erich Honecker
25.8.1912–29.5.1994 (geb. i. Neunkirchen/Saar als Sohn eines Bergarbeiters).
Dachdeckerlehre i. Wiebelskirchen. 1922–26 Mitgl. d. komm. Kinderbewegung d. Jung-Spartakusbundes u. d. Roten Jungpioniere. 1926 KJV. 1929 KPD. 1930 Teilnahme an einem Jugendkursus d. Leninschule Moskau. 1931 Sekr. d. KJV i. Saargebiet. 1933 Ltr. d. KJV i. Ruhrgebiet. 1934 Ltr. d. KJV i. Hessen, Baden-Württemberg u. d. Pfalz. 1935 Ltr. d. KJV i. Berlin. Mitgl. d. ZK d. KJV. Dez. 1935 verhaftet. 1937 vom VGH zu 10 Jahren Zuchthaus verurteilt. 1945 aus dem Zuchthaus Brandenburg befreit. 1945 erneut Mitgl. d. KPD. Jugendsekr. d. ZK d. KPD. Mitgl. d. ZK. Ltr. d. Organisationskomitees d. FDJ. Mai 1946–Mai 1955 1. Vors. d. FDJ i.d. SBZ/DDR. 1946–89 ununterbrochen Mitgl. d. PV bzw. d. ZK d. SED. 1949–Nov. 89 Abg. d. VK. 1950–58 Kand. d. Politbüros d. ZK d. SED. 1956 Sekr. d. Sicherheitskommission d. ZK d. SED. 1956–57 zur Schulung i.d. SU. Danach mit militär. u. Abwehraufgaben im ZK d. SED beauftragt. 1958–71 Sekr. f. Sicherheit d. ZK d. SED. Juli 1958–Okt. 89 Mitgl. d. Politbüros d. ZK d. SED. 1960–71 Sekr., 1971–89 Vors. d. Nat. Verteidigungsrates. Seit 1971 1. Sekr., 1976–Okt. 89 Generalsekr. d. ZK d. SED. Nachf. v. Walter Ulbricht. Seit 1971 Mitgl., 1976–Okt. 89 Vors. d. Staatsrates d. DDR. 18.10.1989 auf d. 9. Tagung d. ZK von allen Ämtern zurückgetreten. 8.12.1989 Ermittlungsverfahren des Generalstaatsanwalts d. DDR wegen Amtsmißbrauchs u. Korruption. 3.12.1989 Ausschluß aus d. SED. 29.–30.1.1990 i. U-Haft. Jan. 1990–April 90 i.d. Hoffnungsthaler Anstalten i. Lobethal. April 1990–März 91 i. sowjetischen Spital i. Beelitz. März 1991–Jan. 92 i. Moskau. Vorübergehendes Asyl i.d. chilenischen Botschaft i. Moskau. 29.7.92 Rückkehr nach Deutschland. Verhaftung u. Anklage wegen d. Todesschüsse a.d. Mauer. 13.1.1993 Einstellung d. Verfahrens aus Gesundheitsgründen. 13.1.1993 Übersiedlung nach Chile.
In zweiter Ehe mit Edith Baumann, in dritter Ehe mit Margot Feist verheiratet.

Eckart Hübener
Geb. 8.6.1953 in Meyenburg (Mecklenburg).
1970–1973 Abitur m. Berufsausbildung (Anlagentechniker), 1973 Beginn Theologiestudium am Sprachenkonvikt Berlin. Nov. 1973–Apr. 1975 Bausoldat. 1981 Abschluß Theologiestudium. Aug. 1981 Inhaftierung wg. in d. DDR verbrachter Solidarnosc-Literatur, Jan. 1982 Verurteilung zu 15 Monaten Haft wg. Zollvergehens, Aug. 1982 Entlassung (Freikauf abgelehnt). Seit 1982 Vikar, seit 1984 Pfarrer in Mecklenburg. 1985 Miglied d. Arbeitsgruppe Frieden, des Mecklenburgischen Friedensseminars und der Initiative für Blockfreiheit in Europa, 1988 Koordinator d. grün-ökologischen Netzwerks „Arche“ in Mecklenburg. Sept. 1989 Mitgl. Neues Forum, Okt. 1989 Mitgl. d. Grünen Partei, 1990/91 Mitglied d. Bundeshauptausschusses der „Grünen“, seit 1991 kommunalpolitische Arbeit.

Klaus Huhn, (Pseudonym: Ullrich, Klaus)
Geb. 24.2.1928 i. Berlin
Seit 1945 Journalist, seit 1946 beim Zentralorgan der SED „Neues Deutschland". Zuerst Lokalreporter, dann Sportjournalist. Zeitweise Präs. d. Radsportverbandes d. DDR. 1979–94 Generalsekr. u. Vizepräs. d. Europ. Sportjournalisten-Union. Präs. d. Sportjournalisten-Ver. d. DDR. Mitgl. d. BV d. DTSB, d. Ges. z. Förderung d. olymp. Gedankens sowie d. VdJ. 1980–84 IM „Heinz Mohr" d. MfS. Seit 1964 enge Kooperation mit dem MfS. Dr. paed. d. DHfK i. Leipzig.

Erich Iltgen
Geb. 10.7.1940 in Köln.
1954–57 Landmaschinen- und Motorenschlosser. 1958–64 Ing. f. Landtechnik. Dipl.-Ing. f. Heizung, Lüftung, Sanitär. 1964-79 Gruppenltr. Anlagenbau. 1979–85 AL Investitionen, 1985–88 Ltr. der Dombauhütte der Kathedrale des Bistums Dresden-Meißen. 1988–90 Bauamtsltr. des Bistums Dresden-Meißen. 1989–90 Moderator des Runden Tisches des Bez. Dresden. Ltr. des Sächs. Forums. Juni 1990 Mitgl. der CDU. Seit Okt. 1990 MdL Sachsen. Seit Okt. 1990 Präs. des Landtages. Präs. der Europa-Beweg. Sachsen. 1. Vors. d. Kolping-Bildungswerkes Sachsen u.a.m.

Roland Jahn
Geb. 14.7.1953 in Jena als Sohn eines Konstrukteurs.
1972 Abitur. 1972–74 Grundwehrdienst bei der Bereitschaftspolizei. Seit 1974 oppos. Tätigkeit. 1975–77 Studium der Wirtschaftswiss. FSU Jena. Febr. 1977 Exmatrikulation wegen Protests gegen die Ausbürgerung Biermanns. Transportarbeiter in Jena. Wegen seines Eintretens f. die poln. Gewerkschaftsbew. „Solidarität" mehrmals verhaftet und nach 6 Monaten U-Haft im Jan. 1983 zu 18 Mon. Freiheitsstrafe verurteilt. Febr. 1983 vorzeitige Haftentlassung wegen internat. Proteste. Mitbegründer einer außerkirchl. Oppositionsgruppe. Juni 1983 Ausbürgerung aus der DDR und Zwangsabschiebung. Seitdem hauptsächlich freiberufl. Journalist, u. a. SFB-Magazin „Konstraste".

Walter Janka
29.4.1914–17.3.1994 (geb. in Chemnitz als Sohn eines Werkzeugmachers).
Schriftsetzerlehre. 1932 KPD. Ltr. d. KJV im Erzgebirge. 1933–35 Haft im Zuchthaus Brandenburg und KZ Sachsenhausen/Oranienburg. Ausweisung in die CSR. 1937–39 Teilnehmer am spanischen Bürgerkrieg, zuletzt Major und Btl.-Kdr. 1939–41 in Frankreich interniert. 1941–47 in Mexiko im Exil. Ass. von Paul Merker. Mitarbeit an der Ztschr. „Freies Deutschland". Febr. 1947 Rückkehr nach Dtschl. Pers. MA von Paul Merker in PV der SED 1948–50 Vorstandsvors. der DEFA. 1950–52 stellv. Ltr. 1952–56 Ltr. des Aufbau-Verlages in Berlin. 6.12.56 verhaftet. 27.6.1957 zu 5 Jahren Zuchthaus wegen Bildung einer konterrevol. Gruppe vom OG verurteilt. 1957–60 Häftling in Bautzen II. 1962–72 Dramaturg der DEFA. 5.1.1990 Aufhebung des Urteils des OG. Austritt aus der PDS. Veröff.: „Schwierigkeiten mit der Wahrheit", 1989 u. a.

Martin Kirchner
Geb. 9.8.1949 in Weimar als Sohn eines Haus- und Küchengerätehändlers.
Abitur. Studium der Rechtswiss. MLU Halle-Wittenberg. 1973–75 Sekr. HV CDU. 1973 Diplom-Jurist. Seit 1975 Kreiskirchenrat und Kirchenjurist in Gera. 18.4.1986 jur. Mitgl. des Landeskirchenrates der Evang. Kirche Thüringen. Oberkirchenrat. Nachf. von Hartmut Mitzenheim. 1967 Mitgl. Der CDU. Mitgl. der Konf. Evang. Kirchenltg. Stellv. Vors. des Landeskirchenrates. Mitunterzeichner des „Weimarer Briefes". Dez. 1989–Aug. 90 Generalsekr. der CDU der DDR. März 1990–Okt. 90 Abg. der VK. Aug. 1990 der inoffiziellen MA beim MfS beschuldigt und von seinem Amt entbunden. Gesellschafter einer Bauträgerges. in Thüringen. Austritt aus der CDU.

Sarah Kirsch
Geb. 16.4.1935 in Limlingerode/Südharz als Tochter eines Fernmeldemechanikers.
Abitur. Arbeiterin in einer Zuckerfabrik in Oschersleben. Biologie-Studium an der MLU Halle-Wittenberg. 1963–65 Studium am Literatur-Inst. in Leipzig. Seitdem freiberufl. Schriftstellerin in Halle/S., dann ab 1968 in Berlin. 1973–77 Mitgl. des Vorstandes d. DSV. Mitunterzeichnerin der Protesterklärung gegen die Ausbürgerung W. Biermanns. Ausschluß aus der SED und SV. Aug. 1977 Übersiedlung nach West-Berlin. Zeitweise verheiratet mit Rainer K. Veröff.: „Zaubersprüche", 1973. „Rückenwind" u. a.

Thomas Klein
Geb. 14.4.1948 in Berlin.
1966–73 Mathematik- u. Forschungsstudium a.d. HU Berlin. Seit 1973 i. verschiedenen oppositionellen Zirkeln aktiv. Sept. 1979–Dez. 1980 Inhaftierung wegen „ungesetzlicher Verbindungsaufnahme", anschl. Berufsverbot. Seit 1981 Mitarbeit i. kirchl. Friedensgruppen. Sept. 1989 Mitbegründer d. Vereinigten Linken, die er v. Dez. 1989–April 1990 a. Zentralen Runden Tisch u. anschl. als Volkskammer- bzw. bis Dez. 1990 als Bundestagsabgeordneter vertrat.

Freya Klier
Geb. 4.2.1950 in Dresden als Tochter eines Dekorateurs.
1968 wegen versuchter Republikflucht zu 16 Mon. Haft verurteilt. Abitur. 2 Jahre Kellnerin, Postgehilfin, MA eines Puppentheaters. 1970–73 Schauspielstudium an der Theater-HS Leipzig. 1973–75 am Schauspielstudio der Staatstheater Dresden tätig. 1975 am Theater der Bergarbeiter in Senftenberg. 1978–82 Studentin am Institut f. Schauspielregie Berlin. Diplom. Ab 1982 Regisseurin am Theater in Schwedt. 1984–85 freischaffend in Berlin. 1985 Berufsverbot. 1985–87 gemeinsame Auftritte mit damaligem Ehemann Stefan Krawczyk. 1988 Verhaftung, Ausbürgerung. Seitdem Autorin und Regisseurin in West-Berlin.

Olof Klohr
4.1.1927–1994 (geb. i. Hamburg als Sohn eines Schriftsetzers).
Kaufm. Lehrling f. Obst u. Südfrüchte. Lehrabschluß i. Lübeck. Kriegsdienst. 1946 Mitgl. d. KDP i. Hamburg. Übersiedlung i.d. SBZ. Besuch d. ABF Halle. 1949–51 Studium d. Gesellschaftswiss. a.d. Uni. Leipzig. Dozent f. Marxismus-Leninismus i. Leipzig. 1956 Promotion zum Dr. phil. i. Leipzig. 1962 Habil. 1963–68 Ltr d. Lehrstuhls „Wiss. Atheismus" a.d. Uni. Jena. 1969–89 Prorektor f. Gesellschaftswiss. IHS f. Seefahrt i. Warnemünde-Wustrow. o. Prof. f. Diamat. Ltr. d. Forschungsgruppe „Wiss. Atheismus" d. DDR. Veröff.: „Naturwissenschaft, Religion, Kirche"; „Religion und Kirche heute" u. a.

Josef Kneifel
Geb. 15.11.1942 in Weißig (Niederschlesien).
Lehre a. Fleischer u. Dreher. FDJ-Mitglied v. 1957–63. 1968 verteilte er Flugblätter gegen d. Einmarsch d. Warschauer-Pakt-Truppen i.d. CSSR. 1972 erster Ausreiseantrag. 1975 Verurteilung z. zehn Monaten Freiheitsstrafe wegen „Staatsverleumdung". Aus Protest gegen d. Einmarsch d. Roten Armee i. Afghanistan Beteiligung a. e. fehlgeschlagenen Sprengversuch e. sowjet. Panzerdenkmals i. Karl-Marx-Stadt a. 9.3.1980. Verurteilung z. lebenslanger Haft. Infolge v. Schikanen u. Mißhandlungen i. Strafvollzug schwere gesundheitl. Schäden. Im Juli 1987 Abschiebung i.d. Bundesrepublik i. Rahmen e. Agentenaustausches.

Thomas Köhler
Geb. 25.6.1940 i. Zwickau.
Oberschule Schwarzenberg. 1958–64 Studium DHfK. Diplom-Sportlehrer. 1958 SED. Leistungssportler i. Rennschlittensport. 1964 Olympiasieger i. Einsitzer, 1968 Olympiasieger i. Doppelsitzer. 1962 u. 1967 Weltmeister. Nach Abschluß seiner leistungssportl. Laufbahn Trainer u. AL

Wintersport i. BV d. DTSB. 1974 Promotion zum Dr. paed. 1980–89 Vizepräs. d. DTSB (seit 1970 Mitgl. d. Präsidiums). 1990 Geschäftsführer d. SV IHW Alex 78 e.V.

Lothar Kolditz
Geb. 30.9.1929 in Albernau, Krs. Aue/Sa.
Studium der Chemie an der HU Berlin. 1954 Promotion zum Dr. rer. nat. 1957 Habil. 1957–62 Lehrtätigkeit an der HU, THC Leuna-Merseburg und Uni Jena. 1962–79 o. Prof. f. anorg. Chemie an der HU. Dir. d. I. Chemischen Instituts. Zeitw. Dir. der Sektion Chemie. Seit 1972 o. Mitglied der AdW. Seit 1980 Dir. des Zentralinst f. anorg. Chemie der AdW. Febr. 1980 stellv. Vors., Sept. 1980–Okt. 81 Vors. d. BA Berlin d. NF. Nachf. von Joseph Stanek. Okt. 1981–Dez. 89 Präs. des Nationalrates der NF. Nachf. von Erich Correns. Seit Mai 1983 Mitgl. des Präs. d. ZV d. DSF. Seit Jan. 1986 d. Präsidialrates d. KB. 2.7.1982–89 Mitgl. des Staatsrates d. DDR. Juni 1986–März 90 Abg. der VK. IM „Roland Meister" des MfS.

Willi-Peter Konzok
26.9.1902–26.7.1984 (geb. i. Breslau als Sohn eines Bildhauers).
Besuch d. Volksschule i. Berlin u. d. Gymnasiums i. Breslau. Abitur. 1920–22 Buchhändlerlehre. 1920–24 Abendsemester i. Literatur u. Kunstwiss. i. Leipzig. 1924 Bibliothekarprüfung. 1924–26 als Drucker u. Setzer i. grafischen Betrieben tätig. 1924–32 Mitgl. d. DDP. 1930–32 Abg. d. Schles. Provinziallandtages. 1924–32 Mitgl. d. Gewerkschaftsbundes d. Angestellten. Kriegsdienst. 1945 Mitgl. d. LDP. 1948–50 Abg. d. Sächs. Landtages. 1949–50 Stadtrat i. Dresden u. stellv. Landesvors. d. LPD i. Sachsen. 1950–58 stellv. Min. (Staatssekr.) im Min. f. Leichtindustrie. Seit 1950 Abg. d. VK u. des Nat.-Rates d. Nat. Front. Seit 1951 stellv. Vors. d. LDP i.d. DDR. 1958–62 Sektoren- bzw. Abt.-Ltr. i.d. SPK bzw. VWR. Seit 1963 Vizepräs. d. Freundschaftsges. DDR-Afrika. Seit 1963 Generalsekr. d. Vereinigung d. Mitgliedstädte d. DDR i.d. Weltföderation d. Partnerstädte. Seit 1969 Mitgl. d. Präs. d. VK. 1971–81 1. stellv. Vors. d. Ausschusses f. Auswärtige Angel. d. VK.

Erhard Krack
Geb. 9.1.1931 in Danzig als Sohn eines Heizungsmonteurs.
Oberschule. Abitur. 1945–46 Installateurlehre. 1946 FDJ. FDJ-Funktionär. 1951 SED. 1951–52 MA der Stadtverw. Stralsund. 1952–56 Studium der Wirtschaftswiss. an der Uni Rostock. Dipl.-Wirtsch. 1956–63 als Betr.-Ass., AL und Haupttechnologe in der Warnow-Werft Warnemünde tätig. 1952–61 Sekr. der Zentr. PL der SED der Warnow-Werft. 1963–65 Vors. d. BWR Rostock. 1965 stellv. Vors. d. VWR f. Bez.gel. Ind. und Lebensmittelind. Dez. 1965–Febr. 74 Min. f. Bez.-gel. Ind. und Lebensmittelind. Seit Dez. 1965 Mitgl. des Min.-Rates. Febr. 1974–Febr. 90 OB von Ost-Berlin. Nachf. von Herbert Fechner. Mai 1976–April 81 Kand., 1981–89 Vollmitglied des ZK der SED. 1976–90 Abg. der VK und StVV Ost-Berlin. 1979–80 Studium an der AfG beim ZK der KPdSU in Moskau. Sept. 1993 wegen Wahlfälschung zu 2 Jahren Haft mit Bewährung verurteilt.

Peter Kraußer
Geb. 15.12.1941 i. Crawinkel, Krs. Arnstadt, als Sohn eines Maurers.
3 Jahre Lehrer. 1964–76 hauptamtl. FDJ-Funktionär, u. a. ..... stellv. Ltr. der Abt. Prop. im ZR der FDJ. 1977 PHSch. Seit 1977 Polit. MA, seit Nov. 1988 Ltr. der AG Kirchenfragen im ZK der SED. Nachf. von Rudi Bellmann. Gegenwärtig im Immobiliengeschäft tätig.

Stephan Krawczyk
Geb. 31.12.1953 in Weida als Sohn eines Bergmanns.
1974 Abitur. 1974–76 Wehrdienst. Hauswart, Kulturhaus-MA. 1976 SED. 1978–82 Fernstudium MHS Weimar (Konzertgitarre). Danach freiberufl. Liedermacher. 1981 Solistenhauptpreis des Internat. Chansonwettbewerbs. 1984 Umzug nach Berlin. Kontakt zu oppos. Gruppe 1985 Aus-

tritt und Ausschluß aus der SED. Berufsverbot. Auftritt mit Freya Klier. Jan. 1988 Verhaftung. Zum Ausreiseantrag gezwungen. 22.2.1988 Ausreise nach West-Berlin. Zahlreiche Veröff.

Egon Krenz
Geb. 19.3.1937 i. Kolberg als Sohn eines Schneiders.
1953 FDJ. 1955 SED. 1953–57 Inst. f. Lehrerbildung i. Putbus. Staatsexamen. 1957–59 Militärdienst i.d. NVA. 1959–60 2. bzw. 1. Sekr. d. FDJ-KL Bergen. 1960–61 1. Sekr. d. FDJ-BL Rostock. 1961–64 Sekr. d. Zentralrates d. FDJ. 1964–67 Besuch d. PHSch. d. KpdSU. Dipl.-Gewi. 1967–74 erneut Sekr. d. ZR d. FDJ. 1971–74 Vors. d. Pionierorg. „E. Thälmann". Seit 1969 Mitgl. d. Nationalrates d. NF. 1971–73 Kand., 1973–89 Mitgl. d. ZK d. SED. 1971–90 Abg. d. VK. 1971–81 Mitgl. d. Präs. d. VK. 1971–76 Vors. d. FDJ-Fraktion i.d. VK. Seit 1974 1. Sekr. d. Zentralrates d. FDJ. 1976–83 Kandidat, 1983 Vollmitglied d. PB sowie Sekretär d. ZK d. SED (zuständig f. Sicherheit, Kaderfragen). Seit 1981 Mitgl., 1984–89 stellv. Vors. d. Staatsrates. 18.10.1989–3.12.89 Generalsekr. d. ZK d. SED. 24.10.1989–6.12.89 Vors. d. Staatsrates sowie Vors. d. NVR. Nachf. v. Erich Honecker. 21.1.1990 aus d. SED/PDS ausgeschlossen. 1991 vorübergehend Umschüler bei einem Finanzmakler. Schriftstellerische Betätigung. 13.11.1995 Anklage wegen d. Tötungen a.d. Grenze (27. Strafkammer d. LG Berlin), verurteilt zu mehrjähriger Haftstrafe.

Thomas Krüger
Geb. 20.6.1959 in Buttstädt/Thür.
Berufsausbildung mit Abitur als Plast- und Elastfacharbeiter in Fürstenwalde. 1981–87 Studium der evang. Theologie in Berlin. 1979–81 Wehrdienst. 1987–89 Vikar in Berlin und Eisenach. 1989 Gründungsmitgl. der SDP. Geschäftsführer der SDP Berlin. Stellv. Bezirksvors. 1990–92 stellv. Landesvors. der SPD Berlin. Seit 1992 Kreisvors. der SPD Berlin-Lichtenberg. März-Okt. 1990 MdV. 1990–91 Stadtrat f. Inneres und 1. stellv. OB des Magistrats von Berlin. 1991–94 Senator f. Jugend und Familie, Berliner Senat. Seit 1994 MdB.

Manfred Krug
Geb. 8.2.1937 in Duisburg als Sohn eines Eisenhütteningenieurs.
In der DDR aufgewachsen. Lehre als Stahlwerker in Brandenburg. Abitur an der Abendschule 1956–57. Besuch der Berliner Schauspielschule. 1957 Eleve beim Berliner Ensemble. Seit 1957 überwiegend als Schauspieler bei der DEFA und im DFF tätig. Mitwirkung in zahlreichen Filmen („Wege übers Land", „Daniel Druskat" u. a. m). Jazzmusiker. 1976 Mitunterzeichner der Protestresolution gegen die Ausbürgerung W. Biermanns. Juni 1977 Übersiedlung nach West-Berlin. Dort erneute Betätigung als Schauspieler („Tatort", „Liebling Kreuzberg" etc.). Veröff.: „Abgehauen", 1995.

Günter Krusche
Geb. 25.2.1931 in Dresden als Sohn eines kirchl. Angestellten.
Abitur in Radebeul. 1949–54 Studium d. evang. Theologie in Leipzig. Ab 1956 Gemeindepfarrer in Taucha, dann Studieninspektor am sächs. Predigerseminar Lückendorf, Pfarrer in Dresden und Referent im sächs. Landeskirchenamt. Anschl. Studiendir. des Lückendorfer Predigerseminars. Seit 1974 Doz. f. Praktische Theologie am Sprachenkonvikt Berlin. Juli 1982–92 zum Generalsuperintendenten d. Sprengels Berlin d. Evang. Kirche Berlin-Brandenburg berufen. Nachf. von Hartmut Grünbaum. 1992 Rücktritt wegen des Vorwurfs, als IM „Günter" für das MfS gearbeitet zu haben.

Werner Krusche
Geb. 28.11.1917 in Lauter/Erzgeb. als Sohn eines Predigers.
1937 Abitur. 1940–44 Kriegsdienst. Schwere Verwundung. Studium der Evang. Theol. in Leipzig. Nach 1945 Studium der evang. Theologie in Bethel, Göttingen, Basel und Heidelberg. Bis

1954 wiss. Ass. an der Uni Heidelberg. Promotion bei Prof. Schlink („Das Wirken d. Hl. Geistes"). 1954 Ordination und Pfarrer zu Dresden. 1958 Studiendir. des sächs. Predigerseminars Lückendorf bei Zittau. Seit 1966 Doz. f. Syst. Theologie am Kirchl.-theol. Seminar Leipzig. Okt. 1968–Aug. 83 Bischof der Evang. Kirche der Kirchenprovinz Sachsen. Nachf. von J. Jänicke. Juni 1976–Juni 79 Vors. des Rates d. EKU. Seit 22.10.1977 stellv. Vors. Sept. 1981–Nov. 82 Vors. der Konf. der Evang. Kirchenltg. in der DDR. Nachf. von Albrecht Schönherr. Im Ruhestand.

Heinz Küchler
Geb. 22.1.1947 in Radebeul.
1965 Abitur. 1965–70 Studium d. Theologie a.d. Karl-Marx-Univeristät Leipzig.1970–73 Vikar. 1973 bis heute Pfarrer (vor allem Brüdergemeinde i. Berlin u. Dresden). Sept. 1989 Mitglied v. „Demokratie Jetzt" u. Kontaktgruppe z. Bildung d. Zentralen Runden Tisches i. Berlin. 1990 Mitglied Bündnis 90. Seit 1992 Mitglied Bündnis 90/Die Grünen.

Günter Kunert
Geb. 6.3.1929 in Berlin.
Während der NS-Zeit rassisch verfolgt, „wehrunwürdig". 1946–47 5 Semester Studium an der HS f. angew. und bild. Kunst in Berlin-Weißensee. Ab 1947 freiberufl. Schriftsteller und Lyriker. 1949 SED. 1977 Ausschluß. Seit 1965 Mitgl. d. PEN-Zentrums der DDR. 1972–73 Gastprof. in Austin/USA. 1976 Mitunterzeichner der Protestresolution gegen die Biermann-Ausweisung. Okt. 1979 Übersiedlung in die BR Deutschland. Lebt seitdem bei Itzehoe. Zahlr. Veröff.

Reiner Kunze
Geb. 16.8.1933 in Oelsnitz/Erzgeb. als Sohn eines Bergmanns.
Oberschule in Stollberg. 1951 Abitur. 1951–55 Studium der Phil. und Journalistik KMU Leipzig. 1955–59 wiss. Ass. KMU. SED. Parteiverfahren. 1959–61 Hilfsarbeiter und wiss. Mitarbeiter DAK. 1961–62 Aufenthalt in der CSSR. Danach freiberufl. Schriftsteller in Greiz. 1968 Austritt aus der SED wegen der Besetzung der CSSR. Nov. 1976 Ausschluß aus dem Schriftstellerverband wegen mehrfachen gröblichen Verstoßes gegen das „Statut des Verbandes". April 1977 Ausreise mit Familie in die BR Deutschland. Jetzt Schriftsteller und Lyriker in Bayern.

Werner Lamberz
14.4.1929–6.3.1978 (geb. in Mayen/Rheinland als Sohn des KPD-Funktionärs Peter L).
Volksschule. 1945–47 Lehre als Heizungsbauer, bis 1948 als Heizungsmonteur tätig. 1947 SED. Jugendfunktionär der IG Metall in Luckenwalde. 1948–49 Vors. der FDJ im Kreis Luckenwalde. 1949–50 Sekr. des Landesportausschusses Brandenburg. 1950–51 Ass. und Parteisekr. an der Landesparteischule Schmerwitz der SED. 1951–52 Sekr. der FDJ-Landesltg. Brandenburg. 1952–53 Besuch der HS des Komsomol in Moskau. 1953–63 Mitgl. und Sekr. des Zentralrats der FDJ. 1955–59 Vertreter der FDJ im Sekr. des WBDJ. Seit 1961 Vizepräs. der Deutsch-Afrikanischen Ges. der DDR. 1963–67 Kand., seit 1967 Mitgl. des ZK der SED und Sekr. (f. Agit.) des ZK. 1963–66 Ltr. der Abt. Auslandsinformation. 1966–71 Ltr. der Abt. Agit. beim ZK der SED. Seit 1967 Abg. der VK. Seit 1969 Mitgl. des Präs. des Nat. Rates der NF. Dez. 1970–Juni 71 Kand., seit Juni 1971 (VIII. Parteitag) Vollmitgl. des Politbüros des ZK der SED.

Rainer Land
Geb. 15.2.1952 in Caputh (b. Potsdam).
1971 SED. 1975 Studium u. Forschungsstudium a.d. Sektion Philosophie d. HU Berlin. Seit 1978 Mitarbeit i. informellen u. offenen Zirkeln, die sich u. e. Modernisierung d. Marxismus bemühten. 1989 Mitautor d. Programmentwurfs f. d. SED-PDS. Jan. 1990 Austritt a.d. SED-PDS n. seinen gescheiterten Bemühungen u. e. Selbstauflösung d. Partei. Beteiligung a. Versuch d. Gründung e. unabhängigen sozialistischen Partei.

Werner Leich
Geb. 31.1.1927 in Mühlhausen.
1942–44 Luftwaffenhelfer u. Kriegsteilnehmer. 1947–51 Theologiestudium i. Marburg u. Heidelberg. 1954 Pfarrer i. Wurzbach (Thür.) 1966–77 Vors. d. Lutherischen Bekenntnisgemeinschaft i. Thüringen. 1978 Amtsantritt a. Landesbischof d. Ev. Luth. Kirchen Thüringens. 1986-90 Vors. d. Konferenz d. Ev. Kirchenleitung i.d. DDR.

Vera Lengsfeld, geschiedene Wollenberger
Geb. 4.5.1952 in Sondershausen als Tochter eines Offiziers.
1970 Abitur. 1970–71 Studium der Phil. KMU Leipzig. Danach Fortsetzung des Studiums bis 1975 HU. 1975 SED. 1975–80 wiss. MA AdW. 1981–83 Lektorin Verlag Neues Leben. Mitbegründerin des Pankower Friedenskrs. 1983 SED-Ausschluß. Berufsverbot. Imkerin. Übersetzerin. 1985–88 Studium der evang. Theologie am Sprachenkonvikt Berlin. 1987 Mitbegründerin d. „Kirche von unten". Jan. 1988 Verhaftung wegen der Berliner Liebknecht-Luxemburg-Demonstration. Febr. 1988 Abschiebung nach Großbrit. Dort bis 1989 Studium an der Cambridge Uni. Nov. 1989 Rückkehr nach Berlin. Beitritt zu den Grünen. März-Okt. 1990 MdV. Seit Okt. 1990 MdB. Dez. 1996 Übertritt zur CDU.

Dietmar Linke
Geb. 12.8.1944 in Breslau als Sohn eines Konzertmeisters.
1963 Abitur in Senftenberg. Danach bis 1968 Studium der evang. Theologie an der HU. Wehrdienstverweigerung. 1969–70 Vikariat in Luckenwalde. 1970–71 am Predigerseminar Wittenberg. Anschließend bis 1983 Pfarrer in Meinsdorf/Krs. Jüterbog bzw. in Neuenhagen. Mitbegründer der „Friedenswerkstatt" in Berlin und kirchl. opposit. Gruppen. 1.9.83 Festnahme als Teilnehmer einer Lichterkette vor der US-Botschaft. 22.12.1983 Ausbürgerung und Ausreise nach West-Berlin. Bis 1987 Berufsverbot als Pfarrer. Referent im Gesamtdtsch. Institut. Seit 1987 Pfarrer in Berlin-Wedding. Versch. Veröff.: „Niemand kann zwei Herren dienen - Als Pfarrer in der DDR", 1988 u. a.

Heinz Lippmann
24.10.1921–11.8.1974 (geb. i. Berlin als Sohn eines jüd. Fabrikanten).
Realgymnasium (nicht beendet wegen der NS-Zeit). Hilfsarbeiter. 1941–45 KZ-Haft. 1945 KPD. 1945–46 i.d. Landesverw. Thüringen tätig. Mitbegründer d. FDJ. Mitgl. d. ZR d. FDJ. 1946–48 Sekr. d. FDJ-LL Thüringen. 1948–49 Sekr. f. Organisation, 1949–52 Sekr. d. ZR d. FDJ (zuletzt verantwortlich f. d. Westarbeit). 1952–53 Stellvertreter d. Vors. d. FDJ E. Honecker. Sept. 1953 Flucht nach Westdtsch. unter Mitnahme einer größeren Geldsumme. Eröffnung eines Ermittlungsverfahrens. 1956 Verurteilung wegen Unterschlagung. 1963 SPD. MA d. „Deutschen Welle", dann ab 1973 d. BfgA, Gesamtdtsch. Institut. Veröff.: „Honecker – Porträt eines Nachfolgers", 1971.

Hans Loch
2.11.1898–13.7.1960 (geb. i. Köln als Sohn eines Schlossers).
Besuch d. Gymnasiums i. Köln. Teilnehmer am 1. Weltkrieg. 1918–23 Studium d. Rechtswiss. a.d. Uni. Bonn u. Köln. 1923 Promotion zum Dr. jur. i. Köln. 1919–24 Mitgl. d. DDP. Bis 1925 Tätigkeit an verschiedenen Gerichten. 1926–33 Verbands- und Steuersyndikus i. Berlin. Nach 1933 vorübergehende Emigration nach Holland, anschl. wieder Syndikus versch. Wirtschaftsunternehmen i. Deutschland. Kriegsdienst. 1945 Mitbegründer d. LDP i. Thüringen. 1946–48 OB d. Stadt Gotha. 1948–49 Justizmin. d. Landes Thüringen. Mitgl. d. DWK. 1949–55 Finanzmin. d. DDR. Seit 1949 Abg. d. VK. Seit 1949 Mitgl. d. Präs. d. Deutschen Friedensrates. Seit 1950 stellv. Vors. d. Ministerrates d. DDR. 1951–52 zus. mit Dr. Hamannn Vors. d. LDP, seit 1952 (Verhaftung Hamanns) Alleinvors. d. LDP d. DDR. Seit 1954 Vors. d. Ausschusses f. Deutsche Einheit u. Mitgl. d. Präs. d. Nationalrates d. Nat. Front.

Erich Loest
Geb. 24.2.1926 in Mittweida/Sa. als Sohn eines Eisenwarenhändlers.
Abitur. 1944 NSDAP. Einberufung zur Wehrmacht. Nach 1945 Land- und Hilfsarbeiter. Volkskorrespondent. 1947–50 Volontär und Redakteur der „Leipziger Volkszeitung“. SED. Seit 1950 freiberufl. Schriftsteller in Leipzig. Zusammenarbeit mit Gerh. Zwerenz. Nov. 1957 Ausschluß aus der SED. 15.11.1957 verhaftet und am 31.12.1958 vom BG Halle wegen seiner oppos. Ansichten zu 7 ½ Jahren Z. verurteilt. 1964 zur Bewährung entlassen. März 1981 mit dreijährigem Visum Ausreise in die BR. Rückkehr nach Leipzig erst nach der Wende. Zeitweise stellv. Vors. bzw. 1. Vors. des Verb. der Schriftsteller in der BR Deutschland. Zahlr. Veröff.

Friedrich Magirius
Geb. 26.3.1930 in Dresden.
Studium der evang. Theologie in Berlin-Zehlendorf und EMA-Univ. Greifswald. Danach Krankenpfleger in Dresden-Friedrichstadt. Vikar. 1958–74 Pfarrer in Einsiedel. 1974 Pfarrer an der Kreuzkirche Dresden. Zeitweise Ltr. der Aktion „Sühnezeichen“ in der DDR. Seit 1982 Superintendent von Leipzig-Ost und Pfarrer der Nikolaikirche. 1989–90 Moderator des Runden Tisches in Leipzig. Seit 1990 Stadtpräs. in Leipzig.

Lothar de Maizière
Geb. 2.3.1940 in Nordhausen als Sohn eines Rechtsanwalts.
1969 bis 1975 Jura-Fernstudium an der HU Berlin. RA seit 1976. Vizepräses der Synode der Ev. Kirchen. Nov. 1989 bis März 1990 Stellv. Vors. des DDR-Ministerrates. April bis Oktober 1990 Ministerpräsident. 1990/91 MdB und Bundesminister für besondere Aufgaben. Sept. 1991 Rücktritt vom Amt des Stellv. CDU-Vorsitzenden.

Frank-Wolf Matthies
Geb. 4.10.1951 in Berlin als Sohn eines Betriebswirts.
1970 Abitur. Anschl. Ausb. als Kunstschlosser. Tätigkeit in versch. Berufen. 1973 Verhaftung wegen „Beleidigung und Herabwürdigung“. 1975–76 Wehrersatzdienst. Verfahren wegen „Meuterei“. Protestierte gegen die Ausweisung W. Biermanns. Mit Publikationsverbot belegt. Oppos. Betätigung in Form von Lesungen und literarischen Zirkeln. Nov. 1980 erneut verhaftet und wieder entlassen. Jan. 1981 Übersiedlung nach West-Berlin. Seit 1993 in Friedrichsthal bei Oranienburg ansässig.

Angela Merkel
Geb. 17.7.1954 in Hamburg als Tochter eines Pfarrers.
Aufgewachsen in Quitzow/Mark. 1961–71 Besuch der POS. 1973 Abitur. 1973–78 Studium der Physik an der KMU Leipzig. Diplom-Physikerin. 1978–90 wiss. MA am ZI f. Physikal. Chemie der AdW. 1986 Promotion. Dez. 1989 Mitgl. des Demokr. Aufbruchs. Ab Febr. 1990 dessen Pressesprecherin. April–Okt. 1990 stellv. Pressesprecherin der Regierung de Maizière. Aug. 1990 CDU. Seit Dez. 1991 stellv. Vors. der CDU Deutschlands. Seit Okt. 1990 MdB. Seit Jan. 1991 Bundesministerin f. Frauen und Jugend. Nov. 1994 bis Okt. 1998 Bundesministerin f. Umwelt, Naturschutz und Reaktorsicherheit. Seit Juni 1993 Vors. des Landesverbandes Mecklenburg-Vorpommern der CDU. Seit Nov. 1998 CDU-Generalsekretärin.

Erich Mielke
Geb. 28.12.1907 i. Berlin als Sohn eines Stellmachers.
Gymnasium o. Abschluß. Lehre als Speditionskaufmann. 1921 KJV. 1925 KPD. Verschiedene Funktionen i. Parteiapp. Expedient i. einer Berliner Firma. 1928–31 Reporter d. „Roten Fahne“. Aug. 1931 a.d. Ermordung d. Polizeihauptleute Anlauf u. Lenk auf d. Bülowplatz i. Berlin beteiligt. Anschließend Flucht i. Ausland. Aufenthalt i.d. SU. 1934/35 Besuch d. Lenin-Schule i. Moskau. 1936–39 Teilnehmer a. span. Bürgerkrieg. 1946–49 Vizepräsident d. Zentralverw. für

Inneres d. SBZ. 1950–53 u. 1955–57 Staatssekretär i. MfS. 1950– Dez. 89 Mitglied d. ZK d. SED. 1953–55 stellv. Staatssekretär f. Staatssicherheit i. MdI. Nov. 1957– Nov. 89 Minister f. Staatssicherheit. Nachf. v. Erich Wollweber. 1958–Nov. 89 Abgeordneter d. VK. Generalleutnant, Generaloberst, 1980 Armeegeneral. Vors. d. Sportver. „Dynamo". Seit Juni 1971 Kandidat, Mai 1976–Nov. 89 Mitgl. d. Politbüros. 3.12.1989 Ausschluß aus d. SED. 7.12.1989 Ermittlungsverf. wegen Amtsmißbrauchs, Korruption u. pers. Bereicherung. U-Haft. März bis Juli 1990 auf freiem Fuß. Juli 1990 f. haftfähig erklärt u. erneut in U-Haft. 12.11.1992 gemeinsam mit E. Honecker u. 4 weiteren Beschuldigten v. LG Berlin wegen d. Todesschüsse a.d. Mauer angeklagt. 13.11.1992 Verfahren vorläufig eingestellt. Sept. 1994 Wiederaufnahme des Verfahrens. Nov. 1994 vom KG erneut eingestellt aus Gesundheitsgründen. Urteil des KG im Dez. 1995 vom BGH aufgehoben, Fall an LG zurückverwiesen. 26.10.1993 v. LG Berlin wegen gemeinschaftlichen Mordes i. 2 Fällen zu 6 Jahren Freiheitsstrafe verurteilt. 28.7.1995 v. LG Berlin a.d. Haft entlassen, da 2/3 d. Haft verbüßt. Rentner i. Berlin-Hohenschönhausen.

Hans-Jürgen Misselwitz
Geb. 29.3.1950 i. Altenburg.
1968 Abitur i. Karl-Marx-Stadt. 1968–70 NVA. 1970–72 Studium d. Biologie FSU Jena. 1972–74 Fachstudium Biophysik Humboldt-Uni Berlin. 1974 Diplom. Wiss. Aspir. AdW. 1979–81 wiss. Ass. a.d. Humboldt-Uni. 1980 Dr. rer. nat. 1981–86 Studium d. evang. Theologie am Sprachenkonvikt Berlin. 1986 1. theol. Examen. 1987 Vikar Berliner Sophiengemeinde. 1987–88 postgraduales Studium i. USA. Sept. 1989–90 Pfarrer i. Hennigsdorf bei Berlin. Jan. 1990 SPD. März 1990 - Okt. 90 Abg. d. VK. April 1990–Okt. 90 Parl. Staatssekretär b. Minister f. Auswärtige Angel. Maßgeblich beteiligt an den 2 + 4 Verhandlungen. Seit 1990 Leiter der Landeszentrale für politische Bildung in Brandenburg.

Ruth Misselwitz
Geb. 4.2.1952 in Zützen als Tochter eines Pfarrers.
1970 Abitur. Danach Schwesternschülerin am Kath. Krankenhaus St. Hedwig in Berlin. Seit 1971 Studium der evang. Theologie HU und Predigerseminar Gnadau. Seit 1981 Pfarrerin der evang. Kirchengemeinde Alt-Pankow. 1981 Mitbegründerin des Friedenskreises Pankow. Christl. Friedensarbeit. („Konkret für den Frieden" u. a.). 1989–90 Moderatorin des Runden Tisches in Pankow.

Armin Mitter
Geb. 1.5.1953 in Schöbach/Sa. als Sohn eines Diplom-Agrarökonoms.
1971 Abitur. 1971–73 Wehrdienst. 1973–78 Studium der Geschichte HU. 1979–90 wiss. MA der AdW. 1988 Promotion. 1990 Mitbegründer des unabh. Historiker-Verbandes. März 1990–März 91 Arbeitsgruppenltr. des Staatl. Komitees für die Auflösung des MfS/AfNS bzw. beim Bundesbeauftragten f. die Unterlagen des ehemaligen Staatssicherheitsdienstes der DDR. März 1991 fristlos entlassen. Seit Okt. 1990 Ass. HU. 1991–94 Sachverständiger für Bündnis 90/Grüne in der Enquete-Kommission des Bundestages. Veröff.: „Ich liebe Euch doch alle" (Herausgeber zus. mit St. Wolle), 1990 u. a.

Rudi Mittig
Geb. 26.1.1925 - 28.8.1994, geb.i. Reichenberg/CSR
Maurer, Kriegsdienst. Bauingenieur. Seit 1952 Offizier d. SSD. 1952 SED. Studium. Dipl.-Jurist. 1956–64 Ltr. d. BV Potsdam d. MfS. 1964–75 Ltr. d. HA XVIII d. MfS. Seit 26.9.1969 Generalmajor d. SSD. Seit 1979 Generalleutnant. Seit 16.4.1981 Kandidat, April 1986–Dez. 89 Vollmitgl. d. ZK d. SED. 1975–89 stellv. Minister f. Staatssicherheit. Seit 1987 Generaloberst. Januar 1990 entlassen.

Hans Modrow
Geb. 27.1.1928 i. Jasenitz Krs. Ueckermünde, als Sohn eines Arbeiters.
1942–45 Schlosserlehre, Kriegsdienst u. Gefangenschaft. 1949 FDJ u. SED. 1953–61 1. Sekr. d. FDJ-BL Berlin. 1953–71 Mitglied d. StVV Ostberlin. 1954–57 Fernstudent d. PHSch. d. SED. Dipl.-Gesellschaftswiss. 1958–67 Kandidat, 1967–89 Mitgl. d. ZK d. SED. 1958–Okt. 90 Berl. Vertreter bzw. Abg. d. VK. 1961–67 1. Sekr. d. SED-KL Berlin-Köpenick. 1966 Promotion a.d. HU Berlin. 1967–71 Sekr. f. Agit. u. Prop. d. SED-BL Berlin. 1971–73 Ltr. d. Abt. Agit. i. ZK d. SED. Seit 1972 Vors. d. Freundschaftsgr. DDR - Japan d. VK. Okt. 1973–Nov. 89 1. Sekr. d. SED BL Dresden. 8.11.1989–3.12.89 Mitgl. d. Politbüros. 13.11.1989–März 90 Vors. d. MR d. DDR. Nachf. von Willi Stoph. Dez. 1989 stellv. Vors., seit Febr. 90 Ehrenvors. d. PDS. 1990–94 MdB. 27.5.1993 v. LG Dresden wegen Wahlfälschung i. 3 Fällen verwarnt und zu einer Geldstrafe verurteilt. Nov. 1994 BGH bestätigt Schuldspruch, verweist d. Urteil aber wegen unangemessener Strafzumessung u. Rechtsfehlers a.d. Gericht zurück. 9.8.1995 v. LG Dresden wegen Anstiftung zur Wahlfälschung in 4 Fällen zu einer Freiheitsstrafe von 9 Monaten auf Bewährung verurteilt.

Lothar Moritz
Geb. 24.5.1943.
Lehre im volkseigenen Gestüt Graditz. Studium der Landwirtschaft an den Univers. Jena und Halle. 1967 Diplom-Landwirt. 1970 Mitglied der CDU. Wiss. Aspirant am Institut f. Acker- und Pflanzenbau d. AdL in Müncheberg. Militärdienst in der NVA. Wiss. MA am Forschungszentrum f. Bodenfruchtbarkeit in Müncheberg. 1973 Faching. f. sozial. Betriebswirtschaft. 1974 Promotion zum Dr. agr. 1971–89 Abg. des BT Frankfurt/Oder. 1976–82 Ltr. der Abt. Wirtschaft im Bezirkssekr. Frankfurt/Oder der CDU. 27.4.1982–90 Vors. d. BV Schwerin der CDU. Nachf. von Bodo Kohagen. Okt. 1982–89 Mitgl. d. HV der CDU. 1990 Staatssekr. im Amt des Min.Präs. der DDR.

Heiner Müller
9.1.1929–30.12.1995 (geb. in Eppendorf/Sa. als Sohn eines Verwaltungsangestellten).
Oberschule. 1945 RAD-Angehöriger. 1945–47 Angestellter im Landratsamt Waren/Meckl. 1947–52 SED. Hilfsbibliothekar und Angestellter in Frankenberg. Ab 1951 Journalist. 1954–55 wiss. MA des Schriftstellerverbandes. 1958 am Maxim-Gorki-Theater in Ost-Berlin tätig. Seit 1959 freischaffender Schriftsteller. Seit Juni 1983 o. Mitglied d. AdK. Zeitweise Dramaturg b. Berliner Ensemble u. Volksbühne Berlin. März 1992 Kointendant, März 1995 bis zum Tod alleiniger künstl. Ltr. des Berliner Ensembles. Zahlr. Veröff.

Wolfgang Natonek
3.10.1919–21.1.1994 (geb. i. Leipzig als Sohn eines Schriftstellers).
Besuch d. Petri-Gymnasiums i. Leipzig. Abitur. In einer Autowerkstatt tätig. Kurze Zeit Soldat. Nach 1933 i. Exil. 1946–48 Studium d. Germanistik, Geschichte u. Anglistik i. Leipzig. 1. Vors. d. Studentenrates. Mitgl. d. LDP. Nov. 1948 verhaftet. Von einem SMT wegen Unterlassung einer Anzeige zu 25 Jahren Zwangsarbeit verurteilt. März 1956 entlassen. Forsetzung d. Studiums i. Göttingen. Danach i. Schuldienst bzw. bis 1984 Fachgebietsltr. Geschichte am Staatl. Studienseminar i. Göttingen. Okt. 1992 Prof. d. Univers. Leipzig.

Gert Neumann
Geb. 1942 in Heilsberg (Ostpreußen).
1967 Aufnahme d. Studiums a. Institut f. Literaturwissenschaften „Johannes R. Becher“ i. Leipzig. 1969 Exmatrikulation u. SED-Ausschluß wegen „ideologisch ästhetischer Bekenntnisse“ m. „revisionistischem Charakter“. Veröff. u. a. „Elf Uhr“, 1981. „Die Klandestinität des Kesselreinigers“, 1989.

Karl-Heinz Nitschke
7.3.1930–24.10.1984 (geb. in Leipzig).
1960 Staatsexamen als Arzt.1962 Stationsarzt i. Kreiskrankenhaus Quedlinburg. 1964 Fluchtversuch (Grund: Weigerung als Musterungsarzt tätig zu werden). 1964 Verhaftung wegen Fluchtversuchs u. 1965 Verurteilung zu 2 Jahren Gefängnis; gleichzeitig fristlose Entlassung.1966 Arzt i.d. Betriebspoliklinik d. Rohrkombinates Riesa.1971 Ltr. d. Abt. für Innere Medizin. 1973 erste Bemühungen um e. legale Übersiedlung i.d. Bundesrepublik Deutschland m. Familie unter Einschaltung v. RA Dr. Vogel.1973–76 13 Anträge a. Übersiedlung i.d. Bundesrepublik f. d. Familie unter Verweis a.d. UNO-Charta u. UNO-Konventionen sowie d. Staatsbürgerschaftsrecht d. DDR. 1975 Entbindung v. d. Funktion d. Ltr. d. Abt. innere Medizin. 29.1.1976 Brief a.d. Internat. Gesellschaft für Menschenrechte Frankfurt/M., 4.7.1976 „Erklärung über Verletzung der Menschenrechte durch DDR-Behörden", gerichtet a.d. UNO, bundesdeutsche Menschenrechtsvereinigungen u. d. Öffentlichkeit. 31.8.1976 Verhaftung durch d. MfS. 26.8.1977 aus d. U-Haft i.d. Westen abgeschoben. 1978–84 Betriebsarzt.

Dieter Noll
Geb. 31.12.1927 in Riesa als Sohn eines Apothekers.
Während der Nazizeit wegen „nichtarischer Abstammung" verfolgt. Besuch der Oberschule. Kriegsdienst. Amerik. Gefangenschaft. 1946 Mitgl. der KPD. 1947 Abitur. Studium der Kunstgeschichte, Germanistik und Philosophie an der Uni Jena. Hilfsheizer im RAW Chemnitz. 1950–56 Red. der kulturpolit. Zeitschrift „Aufbau". MA des „ND". Freiberufl. Schriftsteller in Ziegenhals. 1963–66 stellv. Vors. d. DSV in Ost-Berlin. 1964–67 Mitgl. der SED-BL Berlin. Seit 1969 Mitgl. d. AdK. Mitgl. des Vorstandes des Schriftstellerverbandes. 1976 maßgeblich beteiligt an der SED-Kampagne gegen die Unterzeichner der Biermann-Resolution (Brief an E. Honecker).

Günter Nooke
Geb. 21.1.1959 in Forst (Lausitz).
1980–85 Physikstudium a.d. KMU Leipzig. Seit 1986 Mitarbeit i. kirchl. Friedens- u. Umweltgruppen. Sept. 1989 Verbreitung d. Gründungsaufrufes v. „Demokratie Jetzt". Okt. 1989 Mitbegründer d. „Demokratischen Aufbruchs", anschl. Mitarbeit a. Zentralen Runden Tisch. April–Okt. 1990 Volkskammerabgeordneter f. Bündnis 90/Die Grünen, anschl. bis 1994 MdL i. Brandenburg. Seit 1998 MdB.

Vera Oelschlegel
Geb. 5.7.1939 in Leipzig als Tochter der späteren Kulturfunktionärin Ruth O. (Vater gefallen).
In Leipzig aufgewachsen. Besuch der Thomas-Schule Leipzig. Schauspielerische Ausbildung. Studium an der HS f. Film und Fernsehen. Dort FDJ-Sekr. Engagements in Putbus und Stralsund. 1961 beim DFF. 1966 Gründerin des „Ensembles 66". Interpretin der Lieder Weills, Dessaus, Eislers. Seit Mai 1976–90 Intendantin des „Theaters im Palast" (TIP). Mitgl. des Präsidiums des Friedensrates der DDR. In erster Ehe mit Hermann Kant, in zweiter Ehe mit Konrad Naumann verheiratet. Nach wie vor Schauspielerin und Regisseurin. Zahlreiche Veröff.: „Wenn das meine Mutter wüßt...". 1991.

Rudi Karl Pahnke
Geb. 30.6.1943 in Berlin.
1962–65 Predigerseminar, anschl. bis 1970 Theologiestudium a.d. HU Berlin. 1972–82 Pfarrer i. Berlin/Prenzlauer Berg. Seit Ende der sechziger Jahre vielfältige Kontakte z. oppositionellen Kreisen. 1982 Beteiligung a. „Berliner Appell". Okt. 1989 Mitbegründer des „Demokratischen Aufbruchs". Dez. 1989 Parteiaustritt wegen d. Wahl Wolfgang Schnurs z. DA-Vors. Studienleiter a.d. Ev. Akademie Berlin-Brandenburg.

Gerulf Pannach
Geb. 24.6.1948 in Arnsdorf bei Dresden als Sohn eines Fußballtrainers.
1967 Abitur. 1967–69 Wehrdienst. 1969–70 Studium der Rechtswiss. KMU Leipzig. 1969–71 in der Songgruppe Leipzig tätig. 1970–71 Referent f. Singebewegung RdSt Leipzig. Danach als Liedermacher tätig, u. a. mit Klaus-Renft-Kombo etc. 1976 Mitunterzeichner der Protestresolution gegen die Biermann-Ausweisung. Nov. 1976 Verhaftung. Aug. 1977 Abschiebung in die BR. Seitdem in West-Berlin tätig.

Martin-Michael Passauer
Geb. 20.1.1943 in Angerapp/Ostpr. als Sohn eines Pfarrers.
In Brandenburg/Havel aufgewachsen. Ab 1957 Besuch eines evang. Gymnasiums in West-Berlin. Nach 1961 kirchl. Abitur am kirchl. Oberseminar in Potsdam-Hermannswerder. 1962–67 Studium der evang. Theologie an der EMA-Univ. Greifswald und HU. Vikar in Bad Wilsnack. 1968–69 Besuch des Predigerseminars in Brandenburg. 1969 Pfarrer in Berlin-Weißensee. 1976–83 erster hauptamtl. Stadtjugendpfarrer in Ost-Berlin. Seit 1984 Pfarrer der Sophiengemeinde in Berlin-Mitte. Beteiligt an zahlreichen opposit. Aktionen (Kritik an den Kommunalwahlen, Übergriffe von MfS und Polizei auf Demonstranten etc.). 1988–90 zugl. pers. Referent von G. Forck. Seit 1992 Superintendent des Kirchenkrs. Berlin-Stadt, III. Seit April 1996 Generalsuperintendent von Berlin. Zeitweise Mitgl. der Synoden der Evang. Kirche Berlin-Brandenburg, d. EKU und d. BDK.

Ulrich Plenzdorf
Geb. 6.10.1934 in Berlin-Kreuzberg.
1954 Abitur. Danach Studium des Marxismus-Leninismus am Franz-Mehring-Inst. Leipzig. 1955–58 Bühnenarbeiter. 1958–59 Militärdienst. 1958–63 Studium an der HS f. Film und Fernsehen in Potsdam-Babelsberg. 1964 Diplom. Schriftsteller und Dramaturg. Veröff.: „Die Leiden des jungen W.“, Theaterstück, Hinstoff-Verlag, 1973. „Die Legende von Paul und Paula“, Film, Uraufführung, 1973. „Liebling Kreuzberg“, Fernsehserie s. 1994.

Ulrike Poppe
Geb. 26.1.1953 in Rostock als Tochter eines Historikers.
1971 Abitur. 1971–73 Studium der Geschichte und Kunsterz. HU. Ohne Abschluß. Versch. Tätigkeiten, u. a. Erzieherin, Pflegerin. 1976–88 Ass. am Museum f. Dtsch. Geschichte in Berlin. Opposit. Betätigung. („Frauen f. den Frieden“ etc.). Mitbegründerin „Demokratie Jetzt“. Dez. 1989–März 90 Vertreterin von „Demokratie jetzt“ am Zentralen Runden Tisch. Mitarbeit in der VK-Fraktion von Bündnis 90/Grüne. Seit 1992 Studienltr. an der Evang. Akademie Berlin-Brandenburg.

Hans-Dieter Raspe
Geb. 28.12.1937 i. Kühlungsborn, Krs. Bad Doberan als Sohn eines Landwirts.
Besuch d. OS, Abitur. 1961 Mitgl. d. LDP. 1961–63 Red. d. „Norddeutschen Zeitung“. Fernstudium a.d. FS f. Journalistik i. Leipzig u. d. Rechtswiss. a.d. Humboldt-Uni. Ost-Berlin. Dipl.-Jurist (mit Auszeichnung). Seit 1963 Polit. MA d. BV, 1966–82 stellv. Vors., Mai 1982–Juni 1984 Vors. d. BV Rostock d. LDP. Nachf. v. Erich Uschner. Abg. d. BT. 1984–90 Sekr. d. ZV d. LDP u. Mitgl. d. PA (seit April 1982 Mitgl. d. ZV d. LDP). Juni 1986–März 90 Abg. d. VK u. Mitgl. d. Verfassungs- u. Rechtsausschusses. 1987–90 stellv. Vors. d. LDP d. DDR. Seit 1990 FDP. Zeitweise geschäftsführ. Vorstandsmitgl. d. Ges. f. liberale Politik i. Berlin. Jetzt MA d. Fr.-Naumann-Stiftung i. Guatemala bzw. Indonesien.

Lutz Rathenow
Geb. 22.9.1952 in Jena als Sohn eines Bankkaufmanns
1971 Abitur. Danach Transportarbeiter, Beifahrer, Wehrdienst. 1973–77 Studium der Germanistik, Pädag. und Geschichte FSU Jena. März 1977 Exmatrikulation wegen „Zweifeln an Grund-

positionen, Objektivismus und Intellektualisierung der Probleme". Übersiedlung nach Berlin. Regie- und Produktionsass. sowie Inspizient der Volksbühne am Luxemburgplatz. Seit 1978 freischaffender Schriftsteller. Nov. 1980 Verhaftung wegen Veröff. in der BR Dtschl. Nach vielfachem Protest wieder entlassen und führend in der unabhängigen Literaturszene tätig.

Heinrich Rathke
Geb. 12.12.1928 in Mölln (Kreis Malchin).
Theologiestudium i. Kiel, Erlangen u. Tübingen. Ab 1962 Pastor i. Rostock. 1971 Amtsantritt a. Bischof d. Ev. Lutherischen Landeskirche Mecklenburgs. Seit Anfang d. achtziger Jahre verstärktes Engagement i.d. Friedens- u. Menschenrechtsarbeit. Nov. 1983 Ablehnung e. zweiten Amtsperiode a. Landesbischof. 1984 Pastor i. Crivitz b. Schwerin. Dort 1989 Mitbegründer d. Ortsgruppe d. Neuen Forums u. Vertrauensperson b. d. Auflösung d. MfS-Dienststellen i. Landkreis.

Jens-Georg Reich
Geb. 26.3.1939 i. Göttingen als Sohn eines Arztes.
Aufgewachsen i. Halberstadt. Abitur. 1956–62 Studium d. Medizin a.d. Humboldt-Uni Berlin. Danach Arzt in Halberstadt u. Umgebung. 1964–68 Biochemie-Fachausbildung a.d. FSU Jena. 1964 Promotion a.d. Humboldt-Uni. Seit 1968 am Zentralinstitut f. Molekularbiologie d. AdW als AL bzw. wiss. MA f. math. Biologie tätig. 1974–75 u. 1979–80 Gast f. theor. Arbeiten am Institut f. Biophysik i. Puschtschino UdSSR . 1977 Promotion B. Seit Sept. 1979 Prof. d. AdW. Prominentes Mitgl. d. „Neuen Forum". März 1990–Okt. 90 Abg. d. VK (Bündnis 90/Grüne). Seit 1994 Mitglied der Deutschen Nationalstiftung, Berlin.

Steffen Reiche
Geb. 27.6.1960 in Potsdam.
EOS. 1979 Abitur. Tischler. Studium der evang. Theologie am Sprachenkonvikt Berlin. 1988–90 Pfarrer in Christinendorf. Okt. 1989 Mitbegründer der SDP in Schwante. Jan. 1990 Mitgl. Des Parteivorstandes der SPD der DDR. März–Okt. 1990 MdV. Seit Mai 1990 Landesvors. der SPD in Brandenburg. Seit Okt. 1990 MdL Brandenburg. Seit Okt. 1994 Minister f. Wiss., Forschung und Kultur des Landes Brandenburg, seit 1999 Minister für Bildung, Jugend u. Sport des Landes Brandenburg.

Klaus Reichenbach
Geb. 22.9.1945 in Altenburg als Sohn eines Textilfabrikanten.
Gelernter Maschinenbauer (Abitur mit dieser Facharbeiterausbildung). Studium an der FS f. Textiltechnik in Reichenbach. Danach Leiter verschiedener Textilbetriebe im Bez. Chemnitz. 1972–82 Betriebsdir. VEB Feinstrickwaren „Goldfasan" in Burgstädt. 1969 CDU. 1975–80 Fernstudium als Diplom-Staatswiss. 1982–86 Fernstudium als Diplom-Jurist. 1974–87 Vors. des Kreisverb. Karl-Marx-Stadt-Land der CDU. Juli 1987–März 90 Vors. der CDU im Bez. Karl-Marx–Stadt. März 1990–Sept. 91 Vors. der CDU im Land Sachsen. 12.4.1990–Okt. 90 Minister im Amt des Ministerpräsidenten der DDR. März–Okt. 1990 MdV. 1990–94 MdB. Seit 1990 Rechtsanwalt in Hartmannsdorf/Sa. Präs. des sächs. Fußballverbandes.

Rolf Reißig
Geb. 28.9.1940 in Gelenau, Krs. Zschopau, als Sohn eines Maschinenschlossers.
Lehre als Werkzeugschlosser im VEB Motorradwerk Zschopau. Abend-Oberschule. Abitur. 1958–62 Studium der Phil. und Geschichte am Franz-Mehring-Inst. KMU Leipzig. Lehr- und Forschungstätigkeit MLU Halle und KMU. 1978–89 Lehrtätigkeit an der AfG. Seit 1981 Prof. Seit 1983 Dir. des Inst. f. wiss. Kommunismus. Vors. des Wiss. Rates f. wiss. Kommunismus der DDR. Mitautor des Positionspapiers „Der Streit der Ideologien und die gemeinsame Sicherheit". Teilnehmer an gemeinsamen wiss. Tagungen der AfG und Grundwertekommission der SPD. Ende 1989 amt. Rektor AfG. März 1990 Mitbegründer und Ltr. des Instituts f. sozialwiss. Studien.

Klaus Renft
Geb 30.6.1942 in Jena.
Musiker. 1957 Gründung des Klaus-Renft-Quartetts, dann Quintetts, später der Klaus-Renft-Combo. Enge Zusammenarbeit mit dem Komponisten Gerulf Pannach. Geriet mit seiner Rockmusik in Widerspruch zur DDR-Kulturpolitik und wurde zur Ausreise nach West-Berlin genötigt (1975). Erfolgstitel „Wer die Rose ehrt" u. a.

Edelbert Richter
Geb. 25.2.1943 in Chemnitz.
Ab 1961 Philosophie-Studium an der HU. Exmatrikulation aus polit. Gründen. Bis 1963 als Kranführer tätig. 1963–68 Studium der evang. Theologie MLU Halle-Wittenberg. Anschl. Ass. am Katech. Oberseminar in Naumburg. 1974–79 Pfarrer in Naumburg und Stößen. 1976 Dr. theol. 1977–87 Studentenpfarrer in Naumburg. Oppositionelle Betätigung. Seit 1987 Pfarrer in Erfurt und Doz. f. Syst. Theologie an der Predigerschule. Sommer 1989 Mitbegründer des Demokr. Aufbruchs. Mitgl. des Parteivorstandes des DA. Jan. 1990 Übertritt zur SPD. März–Okt. 1991 MdV. 1990–94 Abg. des Europa-Parlaments. Seit 1994 MdB.

Lothar Rochau
Geb. 2.9.1952 i. Weißensee/Thür.
Werkzeugmacher. 1973 –77 Ausbildung als Diakon i. Neinstedt und Eisenach. Ab 1977 –83 Diakon i. Halle/Neustadt. 1983 a.d. kirchl. Dienst entlassen. Juni 1983 verhaftet, danach vom Bezirksgericht Halle z. 3 Jahren Zuchthaus nach § 106 StGB verurteilt. Okt. 1983 Revision v. Obersten Gericht verworfen. Haft in Cottbus und Karl-Marx-Stadt. Dez. 1983 Freikauf. Danach bei d. ev. Kirche i. Darmstadt tätig. 1984–89 Referent d. Gesamtdeutschen Instituts. Seit 1990 Ltr. d. Jugendamtes Halle/Saale. Maßgebliche Mitarbeit b. d. „Offenen Arbeit" d. ev. Kirche i. Halle/Neustadt.

Walter Romberg
Geb. 23.12.1928 i. Schwerin.
Bis 1953 Studium d. Mathematik u. Physik a.d. Universitäten Rostock u. Berlin. 1953 Promotion. Anschließend (bis 1990) a.d. AdW. 1965–77 Chefred. einer internat. math. Zeitschrift. 1978–90 AL a. Institut f. Mathematik d. AdW. Friedensforschung u. Mitarbeit i.d. Friedensbewegung. Okt. 1989 SDP. Dez. 1989–März 90 Minister ohne Geschäftsbereich i.d. Regierung Modrow. April 1990–Aug. 90 Minister d. Finanzen d. DDR. Ltr. d. Expertendelegation f. d. Verhandlungen über die Währungsunion beider dtsch. Staaten. Seit 1990 Abg. d. Europäischen Parlaments.

Peter Ruben
Geb. 1.12.1933 in Berlin als Sohn eines Maschinenschlossers.
1952 Abitur. Danach bis 1955 KVP-Angehöriger. 1955 SED. Studium der Phil. an der HU. 1958 Exmatrikulation und Ausschluß aus der SED (Harich, Janka). Bewährung in der Produktion. 1961–63 Wiederaufnahme des Studiums an der HU. 1964 Wiederaufnahme in d. SED. Aspirant bzw. Ass. und Oberass. am Lehrstuhl Phil. 1973–74 Zusatzstudium in Leningrad. 1969 Promotion. 1975 Habil. 1981 als Mitbegründer einer phil. Arbeitsgruppe der HU des Revisionismus bezichtigt und vielfältigen Repressalien unterworfen. Erneuter Ausschluß aus der SED. 1990 Rehabilitierung durch ZI f. Philosophie und PDS. Zeitweise Dir. d. ZI f. Philosophie. Prof. f. Phil. der AdW. Jetzt an der Univ. Frankfurt/Oder tätig.

Hans Joachim Schädlich
Geb. 8.10.1935 in Reichenbach/Vogtl.
1954 Abitur. Danach Studium der Germanistik an der Univers. in Berlin und Leipzig. 1960 Promotion. 1959–76 MA der AdW. Freier Übersetzer und Schriftsteller. 1976 Mitunterzeichner der Protestresolution gegen die Ausweisung W. Biermanns. 1977 Ausreise aus der DDR und seitdem in Westdtschl. bzw. West-Berlin ansässig.

Gerhard Schaffran
4.7.1912–4.3.1996 (geb. in Leschnitz/Oberschlesien als Sohn eines Lehrers).
Besuch des Gymnasiums in Görlitz. 1932–37 Studium der Kath. Theologie und Phil. in Breslau. 2.8.1937 Priesterweihe. Kaplan St. Nikolai in Breslau. 1940 Wehrmachtsgeistl. Bis 1950 in sowj. Kriegsgefangenschaft. 1952 Rektor des Katechetischen Seminars Görlitz. 1959 Doz. f. Homiletik a. Priesterseminar Neuzelle. 1963–70 Kapitelsvikar des Erzbischöfl. Amtes Görlitz, Titularbischof von Semnea und Weihbischof in Görlitz. Sept. 1970–Aug. 87 Bischof von Meißen (jetzt Dresden-Meißen). Nachf. von Otto Spülbeck. Mai 1980–Sept. 82 Vors. der Berliner Bischofskonferenz. Nachf. von Alfred Bengsch.

Walter Schilling
Geb. 28. 2. 1930 in Sonneberg als Sohn eines Superintendenten.
1948 Abitur, Werkstudium. 1950–55 Studium d. ev. Theol. in Münster, Heidelberg und Jena. 1955 Vikar in Königsee und Braundorf/Krs. Rudolstadt. 1957 Kreisjugendpfarrer. Aufbau und Ltr. eines kirchlichen Heimes f. Jugendarbeit in Braundorf. 1974 als Ltr. abgesetzt. Mitorganisator und Repräsentant d. „Offenen Arbeit" und „Kirche von unten". Vielfältige oppositionelle Aktivitäten. 1990 Ltr. d. Heimes f. „Offene Arbeit" in Braundorf. Seit 1994 im Ruhestand.

Klaus Schlesinger
Geb. 9.1.1937 in Berlin als Sohn eines Expeditionsgehilfen.
Grundschule. Lehre als Chemielaborant. Einige Semester an den Ing.Schulen in West-Berlin und Fürstenwalde. Seit 1960 literarische Veröff. Seit 1963 freiberufl. Journalist bzw. Schriftsteller in Berlin. Wegen seiner oppos. Einstellung am 7.6.1979 aus dem Schriftstellerverband der DDR wegen Verletzung der Statuten und Unwürdigkeit ausgeschlossen. 1980 Übersiedlung nach West-Berlin. Seit 1992 wieder im Ostteil tätig. Veröff.: „Michael", Roman, 1971 u. a.

Rolf Schneider
Geb. 17.4.1932 in Chemnitz als Sohn eines Formers.
In Wernigerode aufgewachsen. Oberschule. 1951–55 Studium der Pädag. und Germanistik MLU Halle-Wittenberg. 1955–58 Redakteur der Ztschr. „Aufbau". Danach freiberufl. Schriftsteller. 1976 Mitunterzeichner der Protestresolution gegen die Ausweisung W. Biermanns. Juni 1979 Ausschluß aus dem Schriftstellerverband der DDR.

Wolfgang Schnur
Geb. 8.6.1944 in Stettin.
Fünfjähriges Studium der Rechtswiss. an der HU Berlin. 1973 Dipl.-Jurist. Danach Kollegiums- bzw. seit 1978 Einzelanwalt auf Rügen (Binz) bzw. in Rostock. Verteidiger, vornehmlich in Militärstrafsachen (Wehrdienstverweigerung etc.). Seit 29.10.1989 Vors. der Reformgruppe „Demokr. Aufbruch". Zeitweise Vizepräses der EKU-Synode. Synodale der Synode der Evang. Kirche in Mecklenburg u. der Evang. Bundessynode. Dez. 1989–März 90 Teilnehmer am Zentralen Runden Tisch. Mitbegründer der „Allianz für Dtschl.". 14.3.90 wegen seiner Verstrickung mit dem Staatssicherheitsdienst zurückgetreten („IM Torsten"). Juli 1993 Entzug der Rechtsanwaltslizenz.

Frank Schöbel
Geb. 11.12.1942 in Leipzig.
Vorbereitungslehrgang bei den Thomanern. Besuch der Volksmusikschule Leipzig. Ausbildung als Mechaniker. Musikal. Ausbildung im Erich-Weinert-Ensemble der NVA. Seit 1962 Sänger, seit 1964 Solist und Komponist. 1. Preis in „Dresden 71". Mitgl. des DEFA-Schauspielensembles (Film: „Reise ins Ehebett" u. a.). Zahlreiche Langspielplatten.

Albrecht Schönherr
Geb. 11.9.1911 in Katscher, Kreis Leobschütz (O/S) als Sohn eines Katasteramtsdirektors.
1918–29 Besuch des Gymnasiums in Neuruppin. 1929–33 Studium der evang. Theologie in Tübingen und Berlin. 1933 Vikar in Potsdam. 1934 Angehöriger der „Bekennenden Kirche". 1936 in Berlin-Dahlem ordiniert. 1937 Pfarrer in Brüssow. 1940 Soldat. Brit. Gefangensch. Lagerpfarrer in Tarent/Italien. 1946 Superintendent des Kirchenkrs. Brandenburg. 1958 Mitbegründer des „Weißenseer Arbeitskreises". 1951–62 Dir. des Predigerseminars Brandenburg. Seit 28.11.1962 Generalsuperintendent des Kirchenkrs. III (Eberswalde) der Evang. Kirche Berlin-Brandenburg. 1964–65 kommissarischer Ltr. des Regionalausschusses „DDR" d. CFK. Jan. 1967–Nov. 72 Verwalter des Bischofsamtes im Bereich der Regionalsynode Ost der Evang. Kirche Berlin-Brandenburg. 1969–81 Vors. des Bundes der Evang. Kirchen der DDR. Febr. 1970 pers. Titel Bischof verliehen. Nov. 1972–Sept. 81 Bischof der Evang. Kirche Berlin-Brandenburg. Im Ruhestand.

Friedrich Schorlemmer
Geb. 16.5.1944 in Wittenberge/Altmark als Sohn eines Pfarrers.
Abitur an einer VHS. 1962–67 Studium der evang. Theologie an der MLU Halle-Wittenberg. Danach Studieninspektor und Studienheimleiter. 1970 Ordination. 1968–70 Vikar in Halle-Neustadt. 1971–78 Jugend- und Studentenpfarrer in Merseburg. Seit 1978 Doz. am Evang. Predigerseminar Wittenberg und Prediger an der Schloßkirche. Sept. 1989 Mitbegründer des „Demokr. Aufbruch". Jan. 1990 Übertritt zur SPD. 1990–94 Stadtverordneter in Wittenberg. Seit 1992 Studienltr. Evang. Akademie Wittenberg.

Richard Schröder
Geb. 26.12.1943 in Frohburg/Sachsen als Sohn eines Apothekers.
Grundschule. 1958–62 Besuch der Vorschule f. den kirchlichen Dienst in Moritzburg. 1962–68 theologische Ausbildung am Katechetischen Oberseminar in Naumburg u. Sprachenkonvikt in Berlin. 1968–69 Vikariat. 1969–73 Repetent bzw. Assistent am Sprachenkonvikt Berlin. 1973–77 Pfarrer in Wiederstedt u. Walbeck. 1977 Dr. theol. 1977–90 Dozent am Sprachenkonvikt. 1989 SDP. März–Okt. 1990 Abg. d. VK. Fraktionsvorsitzender der SPD. Seit März 1991 Lehrtätgkeit an der HU Berlin. Seit Aug. 1992 Prof. f. Philosophie u. Systematische Theologie. Mitglied der Grundwertekommission der SPD u. des Rates der EKD. 1990–94 MdB. Seit 1993 Richter beim Verfassungsgericht des Landes Brandenburg.

Reinhard Schult
Geb. 23.9.1951 i. Berlin.
1968–71 Berufsausbildung als Maurer. 1971/72 Theologiestudium, anschl. Bauarbeiter. 1976–78 Bausoldat. 1979–80 acht Monate Freiheitsstrafe wegen Verbreitung illegaler Literatur, anschl. Aktive Mitarbeit in verschiedenen kirchl. Friedensgruppen. Sept. 1989 Teilnehmer a.d. Gründungsversammlung d. Neuen Forums. März–Okt. 1990 Abteilungsleiter i. Staatl. Komitee zur Auflösung d. MfS. Jan. 1991 Mitglied d. Gruppe Neues Forum/Bürgerbewegung i. Abgeordnetenhaus. v. Berlin.

Wolfgang Schwanitz
Geb. 26.6.1930 in Berlin als Sohn eines Angestellten.
1949–51 Ausbildung als Großhandelskaufmann. Seit 1951 Angehöriger des MfS. 1953 SED. 1954 Leiter der Kreisdienststelle Berlin-Pankow bzw. Weißensee des MfS. 1956 stellv. Ltr., 1958 Abtltr. II d. BV Berlin d. MfS. 1974–86 Leiter d. BV Berlin d. MfS. 1981 Generalmajor. 1984 Generalleutnant d. SSD. 1986–89 Kand. d. ZK d. SED. 1973 Dr. jur. 1987–89 stellv. Minister f. Staatssicherheit. Nov. 1989–Jan. 90 Ltr. d. Amtes f. Nationale Sicherheit.

Hans Seigewasser
12.8.1905–18.10.1979 (geb. in Berlin als Sohn eines Arbeiters).
Besuch der Volks- und Realschule in Berlin. 1919 Mitgl. d. SAJ. 1921–23 Ausbildung als Bankangestellter. 1921 Mitgl. der USPD. 1922 Mitgl. der SPD. 1926–33 Angest. der Sozialvers. 1928 Mitgl. der Jungsozialisten. 1930 Vors. der Reichsltg. der Jungsozialisten. 1931 SAP. 1932 Mitgl. der KPD. Nach 1933 illegale Tätigkeit für die KPD. 1934–45 im Zuchthaus und KZ inhaftiert. 1945–46 MA des ZK der KPD. Pers. Referent von Franz Dahlem. 1946–50 MA des Parteivorstandes bzw. des ZK der SED. 1950–53 stellv. Vors. 1953–59 Vors. des Büros des Präs. des Nat.-Rates der Nat. Front. Seit 1950 Abg. der VK. Seit 1953 Mitgl. des Präs. des Komitees der Antifaschistischen Widerstandskämpfer. 1955–62 Mitgl. des ZV der Ges. f. DSF. April 1959–Nov. 60 1. Sekr. des Bezirksausschusses Berlin der Nationalen Front und Vizepräs. des Nationalrates. Seit Nov. 1960 Staatssekr. f. Kirchenfragen. Nachf. von Werner Eggerath. Vors. der Parl. Freundschaftsgruppe DDR-Frankreich. Vizepräs. der Ges. DDR-Frankreich.

Joachim Seyppel
Geb. 3.11.1919 in Berlin als Sohn eines kfm. Angestellten.
1939–43 Studium der Germanistik und Phil. in Berlin, Lausanne und Rostock. 1943 Dr. phil. Schauspieler. Landarbeiter. Kriegsdienst. 1944 wegen Wehrkraftzersetzung 9 Mon. Haft. Sowj. Kriegsgefangenschaft. 1949–50 Stipendiat in Harvard und 1950–60 Lehrtätigkeit in der USA. 1961–73 Schriftsteller in West-Berlin. 1973 Übersiedlung in die DDR. 1973–85 Mitg. des PEN–Zentrums der DDR. 1976 Protest gegen die Ausbürgerung W. Biermanns. 7. Juni 1979 aus dem Schriftstellerverband der DDR wegen Verletzung des Statuts und Unwürdigkeit ausgeschlossen. Juli 1979 Ausreise aus der DDR mit dreijährigem Visum. Veröff.: „Ich bin ein kaputter Typ", 1982. „Die Wohnmaschine", 1991.(1979 in der DDR nicht gedruckt).

Christoph Singelnstein
Geb. 23.6.1955 i. Greifswald. 1974–77 Bühnentechniker am Deutschen Theater. 1977–1982 Kulturredakteur beim Berliner Rundfunk. 1983–90 Hauptabteilungsleiter Funkdramatik beim Rundfunk der DDR. August 1990–Dezember 1991 Geschäftsführender Intendant des Hörfunks der DDR/neue Bundesländer. Seit 1.1.1992 Chefredakteur von Radio Brandenburg (ORB).

Klaus Sorgenicht
Geb. 24.8.1923 in Wuppertal als Sohn eines Musikers.
Nach Schulbesuch kfm. Lehre. Kriegsdienst (1944 Obergefr. i. einem Pi.Btl.) u. sowj. Gefangenschaft. Mitgl. d. NKFD, 1945 d. KPD. 1945–46 Bürgermstr. bzw. OB von Güstrow. 1946–49 Landrat d. Krs. Güstrow. 1949–51 Hauptabtltr. d. Min. d. Innern d. Landes Mecklenburg. 1951–52 Hauptabtltr. i. MdI d. DDR. 1952–54 Hauptabtltr. i.d. Koordinierungs- u. Kontrollstelle f. d. Arbeit d. Verwaltungsorgane d. DDR. 1954–89 hauptamtl. MA d. ZK d. SED. Ltr. d. Abt. Staats- u. Rechtsfragen i. ZK d. SED. 1955–59 Fernstudium DASR. Diplomstaatswiss. Nov. 1958–März 90 Abg. d. VK. Nov. 1963–Jan. 90 Mitgl. d. Staatsrates. Seit 1967 stellv. Fraktionsvors. d. SED i.d. VK. 1968 Promotion zum Dr. rer. pol.

Christoph Stier
Geb. 7.1.1941 in Magdeburg.
1959–70 Theologiestudium u. wissenschaftlicher Assistent a.d. Universität Rostock, anschl. Pfarrer i. Rostock. Seit 1984 Nachf. v. Heinrich Rathke a. ev. Landesbischof v. Mecklenburg. In diesem Amt unterstützte er d. Engagement d. Christen i. Friedens- u. Menschenrechtsfragen u. setzte sich i. Okt. 1989 f. d. Zulassung oppositioneller Gruppen u. Parteien ein.

Ulrich Stockmann
Geb. 1.1.1951 in Oebisfelde (Altmark).
Studium der Theologie, Dipl-Ing. für Städtebau.1985 Initiator u. Begründer d. Solidarischen Kirche, die sich als erste oppositionelle Gruppe DDR-weit organisierte und demokratische Strukturen gab und d. Grundlage f. d. Gründung d. Neuen Forum war. Begründer d. Sommer-Akademie, (Bildungsveranstaltungen zu philosophischen, umweltpolitischen u. a. Themen). Von 1989–90 Vorsitzender d. Vereins f. Politische Bildung u. Demokratie e. V. 1989 Eintritt i.d. SDP (dann SPD). Mitarbeit am Parteiprogramm d. Grundsatzkommission u. Mitbegründer u. Vorsitzender d. Naumburger Ortsverbandes d. SPD. Seit 1989 Kreisvorsitzender d. SPD-Kreisverbandes Zeitz/ Naumburg/Nebra. 1990 Wahl i.d. Volkskammer. Ltr. d. Arbeitskreises Außenpolitik u. stellv. Fraktionsvorsitzender. Dann Mitglied i. Deutschen Bundestag. 1991–94 Beobachter im Europäischen Parlament für d. SPD Sachsen-Anhalt. Seit 1993 Mitglied d. Landesvorstandes d. SPD Sachsen-Anhalt. Seit 1994 Mitglied d. Europäischen Parlaments, Mitglied d. Ausschusses f. Forschung, Technologie u. Energie u. stellv. Mitglied d. Ausschusses f. Verkehr u. Fremdenverkehr.

Manfred Stolpe
Geb. 16.5.1936 in Stettin.
In Stettin und Greifswald aufgewachsen. 1954 Abitur in Greifswald (Ernst-Moritz-Arndt-OS). 1955–59 Studium der Rechtswiss. an der FSU Jena. Juni 1959 Staatsexamen. Seit 1959 im kirchl. Dienst. Konsistorialrat (1964) bzw. Oberkonsistorialrat (1969). Kuratoriumsmitglied d. Gossner-Mission. 1969–81 Ltr. des Sekr. des Bundes der Evang. Kirchen in der DDR. Seit 1.1.1982 Konsistorialpräs. des Evang. Konsistoriums Berlin-Brandenburg. 1.12.1982–90 stellv. Vors. der Konf. der evang. Kirchenltg. in der DDR (1986 wiedergewählt). Juli 1990 SPD. Seit Okt. 1990 MdL und seit Nov. 1990 Min.Präs. von Brandenburg.

Willi Stoph
9.7.1914–13.4.1999 (geb. in Berlin als Sohn eines Arbeiters).
Volksschule. 1928–31 Maurerlehre in Berlin. Anschließend als Maurer u. Bauleiter in Berlin tätig. 1928 KJV. 1931 KPD. 1935–37 Militärdienst. Während des 2. Weltkrieges erneut Soldat, zuletzt Stabsgefreiter der Wehrmacht. 1945 KPD. 1945–47 Ltr. der Abt. Baustoffindustrie u. Bauwirtschaft, 1947–48 Ltr. der Hauptabt. Grundstoffindustrie in der Zentralverw. für Industrie der SBZ. 1948–50 Ltr. der Abt. Wirtschaftpolitik b. Parteivorstand bzw. ZK der SED. 1950–89 Ageordneter d. VK. 1950–89 Mitgl. d. ZK der SED. 1950–53 Mitgl. des Sekretariats des ZK der SED. 1951–52 Ltr. des Büros f. Wirtschaftsfragen beim Ministerpräsidenten der DDR. 1952–55 Minister des Innern. Juli 1953–Nov. 89 Mitgl. des Politbüros. Seit 1954 stellv. Vors. des Ministerrates. 1956–60 Minister f. Nationale Verteidigung. 1956 Generaloberst, 1959 Armeegeneral. Im Juli 1960 mit der Koordinierung u. Kontrolle der Durchführung d. Beschlüsse des ZK der SED u. des Ministerrates beauftragt. 1962–64 1. stellv. Vors., Sept. 1964–Okt. 73 Vors. des Ministerrates sowie stellv. Vors. des Staatsrates. Okt. 1973–Okt. 76 Vors. des Staatsrates der DDR. Nachfolger von Walter Ulbricht. Okt. 1976–Nov. 89 erneut Vors. des Ministerrates sowie stellv. Vors. des Staatsrates. Nachfolger von Horst Sindermann. Dez. 1989 Ausschluß aus der SED u. Einleitung eines Ermittlungsverfahrens wegen Amtsmißbrauchs u. Korruption. Verhaftung. Febr. 1990 aus der Haft entlassen. Mai 1991 erneut in U-Haft. Anklage wegen gemeinschaftlich begangenen Totschlags vor dem LG Berlin. 14.11.1992 Verfahren aus Gesundheitsgründen eingestellt.

Josef Streit
9.6.1911–3.7.1987 (geb. in Friedrichswald in Nordböhmen).
In der CSR aufgewachsen. Buchdrucker. 1925 Mitgl. d. KJV. 1930 Eintritt i.d. KPC. 1938–45 Häftling in den KZ Mauthausen und Dachau. 1945 Kreisjugendltr. in Schönberg/Meckl. 1946 Richter in Schönberg/Meckl. 1949 Hauptref. im Min. der Justiz. 1951–53 Staatsanwalt beim Generalstaatsanwalt der DDR. 1953–62 MA des ZK der SED, zeitw. Ltr. des Sektors Justiz in der

Abt. Staats- und Rechtsfragen beim ZK der SED. Jan. 1962–Juni 86 Generalstaatsanwalt der DDR. Seitdem im Ruhestand. Nachf. von Ernst Melsheimer. Seit Jan. 1963 (VI. Parteitag) Mitgl. des ZK der SED.

Herbert Täschner

7.7.1916–10.5.1984 (geb. i. Dresden als Sohn eines Verwaltungsangestellten).
Nach Schulbesuch (Volks-, Oberreal-, Handels- u. Verwaltungsschule) Praktikum i. Verwaltungsdienst (Dresden, Pirna, Heidenau). 1937–45 Angehöriger d. RAD u. d. Wehrmacht (zuletzt Oberfeldwebel i. einer Pionier-Einheit). Kriegsgefangenschaft. 1946 Mitgl. d. LDP. Ab Mai 1946 hauptamt. Geschäftsführer d. Stadtgruppe „Friedrich Naumann" d. LDP. 1947 Geschäftsführer d. Stadtverbandes Dresden d. LDP. 1947–49 Bezirkssekr. bzw. Kreissekr. d. LDP i. Dresden. 1949–50 Generalsekr. d. Landesverbandes Sachsen d. LDP. 1950–54 Generalsekr. d. LDP i.d. DDR. 1950–54 Abg. d. VK. 1954–56 Ltr. d. Verlages d. „Thüringischen Landeszeitung", später d. Verlages d. GST u. 1962–67 d. Verlages „Lied der Zeit". 1963–79 Vors. d. Kreisverbandes Berlin-Friedrichshain d. LDP.

Hans-Jochen Tschiche

Geb. 10.11.1929 in Kossa, Krs. Bitterfeld als Sohn eines Bäckers.
1948 Abitur in Wittenberg. 1948–49 Studium der evang. Theol. in West-Berlin. 1949 Neulehrerkurs. Ausschluß. 1950–55 Fortsetzung des Theol.-Studiums in West- und Ost-Berlin. 1955–58 Vikar in Hilmsen. 1958–75 Hilfsprediger bzw. Pfarrer in Meßdorf. 1975–78 Studienltr., 1978–März 90 Ltr. der Evang. Akademie Sachsen-Anhalt. Seit 1980 in der kirchl. Friedensbewegung. Sept. 1989 Mitbegründer des „Neuen Forum". Dez. 1989–März 90 NF-Vertreter am Runden Tisch des Bez. Magdeburg. März–Okt. 1990 MdV. Fraktion Bündnis 90/Grüne. Seit Okt. 1990 MdL Sachsen-Anhalt. Vors. der Fraktion Bündnis 90/Grüne.

Wolfgang Ullmann

Geb. 18.8.1929 in Bad Gottleuba als Sohn eines Steuerbeamten.
1948 Abitur. 1948–54 Studium der Geschichte u. Theologie a.d. Kirchl. HS WestBerlin u. Uni Göttingen. Promotion zum Dr. theol. über Augustinus. 1954–63 Pfarrer i. Kölpenitz bei Freiberg. 1963–78 Dozent f. Kirchengeschichte am Katech. Oberseminar i. Naumburg. Seit 1978–90 Dozent f. Kirchengesch. am Sprachenkonvikt Berlin. Mitgl. d. Oppositionsgruppe „Demokratie jetzt". Teilnehmer am Zentralen Runden Tisch. Febr.–März 1990 Minister ohne Geschäftsbereich. März 1990–Okt. 90 Abg. d. VK u. Vizepräs. d. VK (Bündnis 90/Grüne). MdB von 1990–1994. 1994–1999 Mitgl. d. Europäischen Parlaments.

Harald Wagner

Geb. 3.3.1950 in Altenburg (Sachsen).
1970–75 Studium d. Sportwissenschaft a.d. DHfK Leipzig. 1980 Verurteilung z. einer einjährigen Haftstrafe wegen „staatsfeindlicher Hetze". 1981–86 Theologiestudium i. Leipzig. 1985 Mitbegründer d. Arbeitskreises „Solidarische Kirche". Mitgestalter d. Leipziger Friedensgebete. 1989 Mitbegründer d. „Demokratischen Aufbruchs", im Jan. 1990 Wechsel zu „Demokratie Jetzt".

Herbert Wagner

Geb. 21.9.1948 in Neustrelitz.
Studium der Informationselektronik TU Dresden. Promotion. Entwicklungs-Ing. Seit 1977 im VEB ZWT Dresden tätig. Seit 1975 Sprecher des Kathol. Akademikerkreises in Dresden. Okt. 1989 Sprecher der „Gruppe der 20" in Dresden. Vors. der Basisdemokr. Fraktion i.d. StVV Dresden. Febr. 1990 CDU. Seit Mai 1990 Oberbürgermeister von Dresden.

Hansjoachim Walther
Geb. 16.12.1939 in Bütow bei Danzig.
Heimatvertriebener. 1957 Abitur in Zeitz. Spitzendreherlehre in Zeitz. Studium an der TH Leipzig. 1964 Diplom-Mathematiker. Ass. an der TH Ilmenau. 1966 Promotion zum Dr. rer. nat. 1969 Habil. 1970 Doz.. 1986 ao. Prof. f. Reine Math. an der TH Ilmenau. 1989 Gründer einer Forumspartei, dann Mitbegründer der DSU. März–Okt. 1990 MdV, Franktionsvors. Juli 1990–Mai 91 Vors. der DSU. Nachf. von H. W. Ebeling. Okt. 1990–Jan.91 Bundesminister ohne Geschäftsbereich. Seitdem erneute Lehrtätigkeit in Ilmenau.

Bettina Wegener
Geb. 4.11.1947 in Berlin.
1964–66 Ausbildung z. Bibliotheksfacharbeiterin, anschl. Schauspielstudium i. Berlin. 1966/67 Mitglied d. Oktoberklubs d. FDJ. 1968 Teilnahme a. e. Flugblattaktion gegen d. Einmarsch d. Warschauer-Pakt-Truppen i.d. CSSR. Daraufhin Exmatrikulation u. Verurteilung z. 16 Monaten Haft auf Bewährung wegen „staatsfeindlicher Hetze“. 1968–70 „Bewährung in der Produktion“. 1972/73 Ausbildung a. Unterhaltungssängerin. Seit 1973 freischaffende Liedermacherin. 1976 öffentl. Protest gegen d. Ausbürgerung Wolf Biermanns, anschl. zunehmende Einschränkung d. Arbeitsmöglichkeiten u. Auftrittsverbote.1983 Übersiedlung nach West-Berlin.

Karl-Heinz Wehr
Geb. 25.5.1930 i. Etgerseleben.
Diplom-Jurist. 1953 Examen als Kampfrichter d. Boxsports. Zeitweise Offizier d. NVA (Oberstltn. u. AL i.d. Verw. Körperkultur u. Sport d. NVA). 1959–84 Vizepräs. d. DBV d. DDR. Seit 1968 Mitgl. d. Exekutive, seit 1976 Vizepräs. u. seit Nov. 1986 Generalsekr. d. Weltboxföderation (AIBA). Drei Jahrzehnte IM „Möve“ d. MfS.

Hansjörg Weigel
Geb. 15.3.1943 in Chemnitz.
1949–59 Mittlere Reife. 1959–61 Lehre als Kfz-Elektriker. 1961–66 Kfz-Elektriker. 1966/67 Bausoldat. 1967–90 Kfz-Elektriker b. d. PGH i. Werdau. Seit 1990 Kfz–Elektriker/Geschäftsführung Werkstatt & Verwaltung GmbH Werdau.1973 Initiator, Gründer u. Träger d. Königswalder Friedensseminars. 20.5.1980 Inhaftierung d. MfS. Juli 1980 Verurteilung wegen „staatsfeindlicher Hetze“ zu 1 Jahr, 6 Monaten Gefängnis. Aug. 1980 Entlassung a.d. Haft infolge kirchl. u. internationalen Drucks. Weiterführung d. Königswalder Friedensseminars. 1984–96 Laien-Synodaler d. Landessynode d. Ev.-Luth. Kirche Sachsen.1989/90 Vorsitzender d. basisorientierten Bürgerrates Kr. Werdau.1990–94 Kommunalpolitiker (Ausschuß Stadtplanung/Umwelt/Verkehr).

Konrad Weiss
Geb. 17.2.1942 in Lauban (Vater gefallen).
Aufgewachsen in Genthin. Lehre als Elektromonteur. Abendkurs Abitur. Bis 1965 in kirchl.-kathol. Dienst in Magdeburg. 1965–69 Studium an der HS f. Film- und Fernsehen (Lehrer Gass). 1969–89 Regisseur der DEFA. Seit 1972 vorwiegend an der Herstellung von Dokumentarfilmen f. Kinder beteiligt. Sept. 1989 Mitbegründer von „Demokratie Jetzt“ in der DDR. Dez. 1989–März 90 Vertreter von DJ am Zentralen Runden Tisch. April–Okt. 90 MdV (Bündnis 90/Grüne). 1990–94 MdB. Seit 1991 Vizepräs. Dtsch.-Israel. Ges.

Gerhard Wolf
Geb. 16.10.1928 in Bad Frankenhausen als Sohn eines Angestellten.
Besuch der OS. Luftwaffenhelfer. 1947 Abitur. 1946 SED. 1947–48 Oberschullehrer. 1948–52 Studium der Germanistik und Geschichte in Jena und Berlin. Danach bis 1957 Ltr. der Kulturred. des Deutschlandsenders. Seitdem freischaffend als Schriftsteller tätig. Seit 1972 Mitgl. des PEN-

Zentrums der DDR. Dez. 1976 wegen seines Protestes gegen die Biermann–Ausweisung aus der SED ausgeschlossen. Seit 1991 Verleger in Berlin. Verheiratet mit Christa W. Veröff.: „Der arme Hölderlin", Union-Vlg., Berlin 1972, Hrsg. v. Fürnberg. „Deutsche Lyrik nach 1945". „Ins Ungebundene gehet eine Sehnsucht", Prosa und Essays, zus. mit Christa W., Aufbau-Vlg., 1986 u.a.

Rosemarie Will
Geb. 25.8.1949 in Bernsdorf/Sa. als Tochter eines Lehrers.
1948 Abitur. Facharbeiterbrief als Betriebsschlosser. 1969–73 Studium Rechtswiss. HU. 1969–90 SED. 1977 Dr. jur. „Kampf um die sozialen Grundrechte in der BRD". 1979–80 Zusatzstudium in der SU. 1980–83 wiss. MA der AdW. 1984 Habil. Doz. HU. Dez. 89–März 90 MA in der AG „Neue Verfassung". des Zentralen Runden Tisches. Sept. 1989 o. Prof. f. Staatsrecht HU. April 1990 Dekan. 1992 Prof. f. öff. Recht. 1992–94 MA am Bundesverfassungsgericht. SPD. Verfassungsrichterin Brandenburg.

Christof Ziemer
Geb. 28.8.1941 in Gollnow/Po. als Sohn eines Pfarrers.
1960 Abitur. 1960–65 Studium der evang. Theologie HU und MLU Halle. 1962 Wehrdienstverweigerung. Bis 1967 Konviktinspektor am Sprachenkonvikt Halle /Saale. Danach Pfarrer in Pirna. 1972–74 Studieninspektor am Predigerseminar Lückendorf. 1974–80 Ltr. der theol. Studienabt beim Bund der Evang. Kirchen in der DDR. 1980–92 Pfarrer der Dresdener Kreuzkirche, Superintendent. 1987–89 Vors. der Vorbereitungsgruppe und des Präs. d. Ökumen. Versammlung f. Frieden, Gerechtigkeit und Bewahrung der Schöpfung in der DDR. Maßgeblich beteiligt an den Dresdener Rathausgesprächen 1989/90. 1992 aus dem kirchl. Dienst ausgeschieden.

Verzeichnis der in den biographischen Notizen verwendeten Abkürzungen

ABF	Arbeiter- und Bauern-Fakultät
Abg.	Abgeordneter
ABI	Arbeiter- und Bauern-Inspektion
Abt.	Abteilung
Abtltr., AL	Abteilungsleiter
ADGB	Allgemeiner Deutscher Gewerkschaftsbund
AdK	Akademie der Künste
AdL	Akademie der Landwirtschaftswissenschaften
ADMW	Allgemeiner Deutscher Motorsportverband
ADN	Allgemeiner Deutscher Nachrichtendienst
AdW	Akademie der Wissenschaften
AeO	Arbeitsgemeinschaft ehemaliger Offiziere
AfG	Akademie für Gesellschaftswissenschaften
AG	Amtsgericht, Aktiengesellschaft
AGL	Abteilungsgewerkschaftsleitung
Agit.	Agitation
agr. (Dr.)	Agrarwissenschaft, Landwirtschaftswissenschaft
AHU	Außenhandelsunternehmen
amt.	amtierend
Antifa	Antifaschismus, antifaschistisch
ao	außerordentlich
Art.	Artillerie
ASMW	Amt für Standardisierung, Meßwesen und Warenprüfung
ASP	Altsozialistische Partei
Aspir.	Aspirant, Aspirantur (etwa: Promotionsstipendium)
ASR	Akademie für Staats- und Rechtswissenschaft
Ass.	Assistent
ASV	Armee-Sportvereinigung
Ausw.	Auswärtige
Ausz.	Auszeichnung(en)
BDA	Bund Deutscher Architekten
BDO	Bund Deutscher Offiziere (in der SU)
BdVP	Bezirksbehörde der Volkspolizei
Ber.	Bereich
BG	Bezirksgericht
BGH	Bundesgerichtshof
BGL	Betriebsgewerkschaftsleitung
BHG	Bäuerliche Handels-Genossenschaft
BKW	Braunkohlenwerk
BL	Bezirksleitung
Bln	Berlin bzw. Berliner
BLWR	Bezirkslandwirtschaftsrat
BMK	Bau- und Montagekombinat
BPK	Bezirksplankommission
BPKK	Bezirksparteikontrollkommission
BPO	Betriebsparteiorganisation
BPS	Bezirksparteischule
BR	Bundesrepublik

BRK	Bezirksrevisionskommission
BT	Bezirkstag
BV	Bundesvorstand/Bezirksvorstand/Bezirksverwaltung
Btl.	Bataillon
BVG	Berliner Verkehrsgesellschaft
BWR	Bezirkswirtschaftsrat
BZ	Berliner Zeitung (Ostberlin)
CDA	Christlich-Demokratische Arbeitnehmerorganisation
CDU	Christlich-Demokratische Union
CFK	Christliche Friedenskonferenz
CSPD	Christlich-Soziale Partei Deutschlands (eine Vorgängerin der DSU)
CSR	Tschechoslowakische Republik (Ceskoslovenská Republika)
CSSR	Tschechoslowakische Sozialistische Republik (seit 11.7.1960)
DAG	Deutsche Agrarwissenschaftliche Gesellschaft
DAK	Deutsche Akademie der Künste
DAL	Deutsche Akademie der Landwirtschaftswissenschaften
DAMW	Deutsches Amt für Material- und Warenprüfung
DASR	Deutsche Akademie für Staats- und Rechtswissenschaften "Walter Ulbricht" in Potsdam-Babelsberg
DAW	Deutsche Akademie der Wissenschaften
DBA	Deutsche Bauakademie
DBD	Demokratische Bauernpartei Deutschlands
DBV	Deutscher Boxverband
DDP	Deutsche Demokratische Partei
DDR	Deutsche Demokratische Republik
DEFA	Deutsche Film AG, jetzt: Deutsche Filmgesellschaft mbH
DFF	Deutscher Fernsehfunk
DFD	Demokratischer Frauenbund Deutschlands
DGB	Deutscher Gewerkschaftsbund
DHfK	Deutsche Hochschule für Körperkultur (in Leipzig)
DHZ	Deutsche Handelszentrale
DIA	Deutscher Innen- und Außenhandel
Diamat	Dialektischer Materialismus
DIB	Deutsche Investitionsbank
Dipl.-Ing. oec.	Diplom-Ingenierökonom
Dipl.-Gewi.	Diplom-Gesellschaftswissenschaftler
Dipl.-Mil.	Diplom-Militärwissenschaftler
Dipl.-rer.mil.	
Dir.	Direktor
Div.	Division
DKB	Deutscher Kulturbund
DNB	Deutsche Notenbank
DNVP	Deutschnationale Volkspartei
Doz.	Dozent
DR	Deutsche Reichsbahn
DRK	Deutsches Rotes Kreuz
Dr. sc.	Doktor der Wissenschaften (etwa: Habilitation)
DSF	Deutsch-Sowjetische Freundschaft, Gesellschaft für
DSG	Deutsche Saatzucht-Gesellschaft
DSU	Deutsche Schiffahrts- und Umschlagsbetriebe, Deutsche Soziale Union

DSV	Deutscher Schriftstellerverband
DTSB	Deutscher Turn- und Sportbund
DVP	Deutsche Volkspartei, Deutsche Volkspolizei
DWK	Deutsche Wirtschaftskommission
EAW	Elektroapparate-Werk in Berlin-Treptow
EK	Eisernes Kreuz
EKD	Evangelische Kirche in Deutschland
EKO	Eisenhüttenkombinat Ost
EKU	Evangelische Kirche der Union
em.	emeritiert
EMA	Ernst-Moritz-Arndt-Universität Greifswald
Entw.	Entwicklung
EOS	Erweiterte Oberschule
Evang. luth.	Evangelisch-lutherisch
f.	für
FDGB	Freier Deutscher Gewerkschaftsbund
FDJ	Freie Deutsche Jugend
FIR	Fedération Internationale de Résistance
Fortb.	Fortbildung
FS	Fachschule
FSU	Friedrich-Schiller-Universität
GdA	Gewerkschaftsbund der Angestellten
Ges.	Gesellschaft, gesellschaftlich
Gewi.	Gesellschaftswissenschaften
GHG	Großhandels-Gesellschaft
GL	Gebietsleitung
GO	Grundorganisation
Gren.	Grenadier
GST	Gesellschaft für Sport und Technik
HA	Hauptabteilung, Hauptausschuß
HAB	Hochschule für Architektur und Bauwesen Weimar
Habil.	Habilitation
HJ	Hitler-Jugend
HO	Handelsorganisation
HfÖ	Hochschule für Ökonomie Ostberlin
HfP	Hochschule für Politik
HfV	Hochschule für Verkehrswesen
HS	Hochschule
HU	Humboldt-Universität Ostberlin
HV	Hauptverwaltung, Handelsvertretung, Hauptvorstand
HVA	Hauptverwaltung für Aufklärung
HVDVP	Hauptverwaltung Deutsche Volkspolizei
IAH	Internationale Arbeiterhilfe
IDFF	Internationale Demokratische Frauenförderung
IfG	Institut für Gesellschaftswissenschaften
IG	Industriegewerkschaft
IHK	Industrie- und Handelskammer

IHS	Ingenieur-Hochschule
ill.	illegal
IM	Inoffizieller Mitarbeiter (des MfS oder der Kripo)
IML	Institut für Marxismus-Leninismus
Ind.	Industrie
Ing.	Ingenieur
IOJ	Internationale Organisation der Journalisten
IPG	Interparlamentarische Gruppe
IPW	Institut für Internationale Politik und Wirtschaft
JD	Justizdienst
Kand.	Kandidat
KAP	Kooperative Abteilung Planzenproduktion
KB	Kulturbund
Kdr.	Kommandeur
KdT	Kammer der Technik
KfA	Kammer für Außenhandel
Kfm.	Kaufmann
KG	Kammergericht
KGB	Russisches Komitee für Staatssicherheit
KJV	Kommunistischer Jugendverband
Kl.	Klasse
KL	Kreisleitung
KLWR	Kreislandwirtschaftsrat (seit 1968: RLN)
KMU	Karl-Marx-Universität (in Leipzig)
Koll.	Kollektiv-Auszeichnung
Koll. d. RA.	Kollegium der Rechtsanwälte
komm.	kommissarisch, kommunistisch, Kommission
Komintern	Kommunistische Internationale
Konf.	Konferenz
KPC	Kommunistische Partei der Tschechoslowakei
KPD	Kommunistische Partei Deutschlands
KPdSU	Kommunistische Partei der Sowjetunion
KPF	Kommunistische Partei Frankreichs
KPKK	Kreisparteikontrollkommission
KPO	Kommunistische Partei-Opposition
KPÖ	Kommunistische Partei Österreichs
Krs.	Kreis
KS	Kreissekretär
KT	Kreistag
KV	Kreisverband
KVP	Kasernierte Volkspolizei
KWI	Kaiser-Wilhelm-Institut (seit 1948: Max-Planck-Gesellschaft) zur Förderung der Wissenschaften
KWU	Kommunales Wirtschaftsunternehmen
KZ	Konzentrationslager
L.	Lebenslauf
LA	Lehrauftrag
Landw.	Landwirtschaft, landwirtschaftlich
LB	Landesbezirk

LDPD	Liberal-Demokratische Partei Deutschlands
LG	Landgericht
LL	Linke Liste
LPG	Landwirtschaftliche Produktionsgenossenschaft
LPKK	Landesparteikontrollkommission
LSK	Luftstreitkräfte
lt.	leitend
Ltg.	Leitung
Ltn.	Leutnant
Ltr.	Leiter
LV	Luftverteidigung, Landesvorstand
LVZ	Leipziger Volkszeitung
LWR	Landwirtschaftsrat beim Ministerrat
MA	Mitarbeiter
MAI	Ministerium für Außenhandel und Innerdeutschen Handel
MAS	Maschinen-Ausleih-Station
MdB	Mitglied des Bundestages
MdF	Ministerium der Finanzen
MdI	Ministerium des Innern
MdJ	Ministerium der Justiz
MdL	Mitglied des Landtages
MdR	Mitglied des Reichstages
MdV	Mitglied der Volkskammer
MfA	Ministerium für Außenwirtschaft/Außenhandel
MfAA	Ministerium für Auswärtige Angelegenheiten
MfK	Ministerium für Kultur
MfNV	Ministerium für Nationale Verteidigung
MfS	Ministerium für Staatssicherheit
MLU	Martin-Luther-Universität (Halle-Wittenberg)
mot.	motorisiert
MPF	Ministerium für Post- und Fernmeldewesen
MR	Ministerrat
MSD	Motorisierte Schützendivision
MVR	Mongolische Volksrepublik
MTS	Maschinen-Traktoren-Station
Nachf.	Nachfolger
Nat. Front	Nationale Front des demokratischen Deutschland
Nat. Pr.	Nationalpreis
Nat. Rat	Nationalrat (der Nationalen Front)
nba.	nebenamtlich
ND	"Neues Deutschland" (Zentralorgan der SED)
NDPD	Nationaldemokratische Partei Deutschlands
NF	Nationale Front, Neues Forum
NFK	Nachfolgekandidat des ZK
NKFD	Nationalkomitee "Freies Deutschland"
NOK	Nationales Olympisches Komitee
NS	Nationalsozialismus
NSDAP	Nationalsozialistische Deutsche Arbeiterpartei
NSLB	Nationalsozialistischer Lehrerbund
NVA	Nationale Volksarmee

NVR	Nationaler Verteidigungsrat
NWDR	Nordwestdeutscher Rundfunk
OB	Oberbürgermeister
OdF	Opfer des Faschismus
ökon.	ökonomisch
Öst.	Österreich bzw. österreichisch
ÖVW	Örtliche Versorgungswirtschaft
OG	Oberstes Gericht
OLG	Oberlandesgericht
OMR	Obermedizinalrat
opp.	oppositionell
Org.	Organisation
OS	Oberschule
PB	Politbüro
PDS	Partei des demokratischen Sozialismus
PEN	PEN-Club, Abkürzung für Klub der "poets, playwriters, editors, essayists, novelists"
PG	Parteigenosse
PGH	Produktionsgenossenschaft des Handwerks
PHSch	Parteihochschule "Karl Marx" der SED Ostberlin, Parteihochschule der KPdSU Moskau
PHV	Politische Hauptverwaltung
Pi.	Pionier
PK	Politkultur
Po.	Pommern
PO	Parteiorganisation
POS	Polytechnische Oberschule
Pr.	Preis
Präs.	Präsident, Präsidium
Priv.	Privat
Prof.	Professor
Prof. m. LA	Professor mit Lehrauftrag
Prof. m. v. LA	Professor mit vollem Lehrauftrag
prol.	proletarisch
Prop.	Propaganda
prov.	provisorisch
PV	Parteivorstand, Parteivorsitzender
Pz.	Panzer
RA	Rechtsanwalt
RAD	Reichsarbeitsdienst
RAW	Reichsbahnausbesserungswerk
RB	Reichsbahn
Rba.	Reichsbahnamt
RBD/Rbd.	Reichsbahndirektion
RdB	Rat des Bezirks
RdK	Rat des Kreises
Red.	Redakteur, Redaktion
Res.	Reserve
RFB	Roter Frontkämpferbund
RGO	Revolutionäre Gewerkschaftsopposition

Rgt.	Regiment
RGW	Rat für gegenseitige Wirtschaftshilfe = COMECON (Council for Mutual Economic Aid)
RH	Rote Hilfe
RLN	Rat für Landwirtschaft und Nahrungsgüterwirtschaft
S	Sicherheit
SA	Sturm-Abteilung (der NSDAP)
Sa.	Sachsen
SAG (SDAG)	Sowjetische (bzw. Sowjetisch-Deutsche) Aktiengesellschaft
SAJ	Sozialistische Arbeiterjugend
SAP	Sozialistische Arbeiterpartei
SBZ	Sowjetische Besatzungszone
SED	Sozialistische Einheitspartei Deutschlands
Sekr.	Sekretär, Sekretariat
SHF	Staatssekretariat für Hoch- und Fachschulwesen
SMAD	Sowjetische Militäradministration in Deutschland
sozial.	sozialistisch
sowj.	sowjetisch
span.	spanisch
SPD	Sozialdemokratische Partei Deutschlands
SPF	Sozialdemokratische Partei Frankreichs
SPK	Staatliche Plankommission
SPÖ	Sozialistische Partei Österreichs
SS	Schutzstaffel (der NSDAP)
SSD	Staatssicherheitsdienst
St. Ausschuß	Ständiger Ausschuß (der Volkskammer)
StBL	Stadtbezirksleitung
StL	Stadtleitung
StPKK	Stadtparteikontrollkommission
StVV	Stadtverordnetenversammlung
SU	Sowjetunion
SV	Sportverein
SVK	Sozialversicherungskasse
SVZ	Schweriner Volkszeitung
TAN	Technisch begründete Arbeitsnorm
TH	Technische Hochschule
THC	Technische Hochschule für Chemie (Leuna/Merseburg)
UdSSR	Union der Sozialistischen Sowjetrepubliken
Uffz.	Unteroffizier
UGL	Universitäts-Gewerkschaftsleitung
U-Haft	Untersuchungshaft
UPL	Universitätsparteileitung
USPD	Unabhängige Sozialdemokratische Partei Deutschlands
VAR	Vereinigte Arabische Republik
VBKD	Verband Bildender Künstler Deutschlands
VBV	Verwaltung, Banken, Versicherungen (Gewerkschaft)
VdgB	Vereinigung der gegenseitigen Bauernhilfe
VdJ	Verband der Journalisten

VDJ	Verband der Deutschen Journalisten
VDK	Verband Deutscher Kommunisten und Musikwissenschaftler - oder: Verband Deutscher Konsumgenossenschaften
VDP	Verband der Deutschen Presse
VDR	Volksdemokratische Republik
VEAB	Volkseigener Erfassungs- und Aufkaufbetrieb
VEB	Volkseigener Betrieb
VEG	Volkseigenes Gut
VELK	Vereinigte Evangelische Lutherische Kirche
Vertr.	Vertreter
VGH	Volksgerichtshof
VK	Volkskammer
VKSK	Verband der Kleingärtner, Siedler und Kleintierzüchter
Vlg.	Verlag
VM	Volksmarine
VOB	Vereinigung organisationseigener Betriebe
Vors.	Vorsitzender
VP	Volkspolizei
VR	Volksrepublik
VVB	Vereinigung volkseigener Betriebe
VVEAB	Vereinigung volkseigener Erfassungs- und Aufkaufbetriebe
VVN	Vereinigung der Verfolgten des Naziregimes
VVO	Vaterländischer Verdienstorden
VVW	Vereinigung Volkseigener Warenhäuser
VWR	Volkswirtschaftsrat
w.	-wesen (z. B. Verkehrswesen)
WBDJ	Weltbund der Demokratischen Jugend
WGB	Weltgewerkschaftsbund
WMW	Werkzeugmaschinenwerke
WPU	Wilhelm-Pieck-Universität Rostock
Z.	Zuchthaus
ZdA	Zentralverband der Angestellten
Zentrag	Zentrale Druckerei-, Einkaufs- und Revisionsgesellschaft mbH
ZfK	Zentralinstitut für Kernforschung in Rossendorf bei Dresden
ZI	Zentralinstitut
ZK	Zentralkomitee
ZKSK	Zentrale Kommission für Staatliche Kontrolle
ZPKK	Zentrale Parteikontrollkommission
ZPL	Zentrale Parteileitung
ZR	Zentralrat
ZRK	Zentrale Revisionskommission
Ztschr.	Zeitschrift
ZV	Zentralvorstand, Zivilverteidigung

Die Autoren und Herausgeber dieses Bandes

Stephan Bickhardt, Jahrgang 1959, Theologe. Seit 1980 Engagement in verschiedenen oppositionellen und friedenspolitischen Gruppen, insbesondere Mitbegründer der Initiative für einen sozialen Friedensdienst (SoFd). Seit 1986 Mitarbeit bei der Initiative Frieden und Menschenrechte, zentrale Funktion bei der Herstellung und Verbreitung von Samisdat-Erzeugnissen, Mitbegründer des Synodalantrages „Absage an Praxis und Prinzip der Abgrenzung“. Sept. 1989 Mitglied d. DJ-Gründungskreises, 1990 DJ-Geschäftsführer. Zur Zeit ev. Studentenpfarrer in Leipzig. Zahlreiche Veröffentlichungen zur Friedensbewegung in der DDR.

Günther Buch, Jahrgang 1928, Dipl. Pol., langjähriger Referent im Untersuchungsausschuß Freiheitlicher Juristen und des Document Center Berlin, bis 1991 Referatsleiter und stellv. Abteilungsleiter im Gesamtdeutschen Institut, bis 1993 Leiter der Außenstelle des Bundesarchivs in Berlin; zahlreiche Veröffentlichungen, u.a. „SBZ-Biographie“ und „Namen und Daten wichtiger Personen in der DDR“.

Hannsjörg F. Buck, Dr. rer. pol., Jahrgang 1934, Dipl. Vw., 1963-73 wiss. Referent im Wiss. Beirat d. BM f. Gesamtdeutsche Fragen/Innerdt. Bez. (Forsch.beirat f. Fragen d. Wiedervereinigung Dtlds.), 1974-1977 Forsch.aufträge d. Bundesreg. u.d. Dt. Forsch.gemeinschaft, 1976-1991 Mitgl. d. Forsch.stelle f. gesamtdt. wirtsch. u. soz. Fragen, Berlin, 1978-1982 Wiss. Referent, 1982-1991 Ref.Ltr. im Gesamtdt. Institut, 1992-1999 Wiss. Referent im Bundesarchiv (Bonn), zahlreiche Veröffentlichungen zur Wirtschafts-, Finanz- und Umweltpolitik, Vergleich alternativer Wirtschaftssysteme, Transformation zentralgelenkter Staatswirtschaften in Marktwirtschaften.

Christian Dietrich, Jahrgang 1965, Theologe, Beteiligung an der ostdeutschen Opposition seit Anfang der 80er Jahre in Jena, Naumburg und Leipzig, (ab 1986 Mitglied des Arbeitskreises Solidarische Kirche, 1986 der Demokratischen Initiative). Seit September 1997 Vikar in Thüringen. Veröffentlichungen zu Kirche und Widerstand in der DDR.

Rainer Eckert, Dr. phil., Jahrgang 1950, Leiter des Zeitgeschichtlichen Forums des Hauses der Geschichte der Bundesrepublik Deutschland, Leipzig; zahlreiche Veröffentlichungen zur Geschichte des Nationalsozialismus, zu Opposition und Widerstand in der DDR, zum Geschichtsbild der PDS, zum Verhältnis von Wissenschaft und MfS in der DDR sowie zur ostdeutschen Geschichtswissenschaft.

Bernd Eisenfeld, Jahrgang 1941, Betriebswirt (grad.), wissenschaftlicher Mitarbeiter in der Abteilung Bildung und Forschung beim Bundesbeauftragten für die Unterlagen des Staatssicherheitsdienstes der ehemaligen DDR; Veröffentlichungen u.a. zur Deutschlandpolitik, zur Wehrdienstverweigerung, Wehrerziehung und Friedensbewegung in der DDR sowie zu Ausreise und Flucht und widerständigem Verhalten im Spiegel von MfS-Dokumenten.

Peter Eisenfeld, Jahrgang 1941, Diplomingenieurgeologe, Mitarbeiter beim Landesbeauftragten für die Unterlagen des Staatssicherheitsdienstes der ehemaligen DDR in Berlin; Veröffentlichungen zur Deutschlandpolitik, zur staatsunabhängigen Friedensarbeit in Dresden, zu Menschenrechts- und Glasnostfragen in der DDR sowie zum System der Rentenüberleitung.

Eppelmann, Rainer, Jahrgang 1943, Pfarrer. 1964-66 Bausoldat, zeitweise inhaftiert, Theologiestudium, seit 1975 Pfarrer an der Samaritergemeinde in Berlin. 1982 Mitautor des „Berliner Appells“, 1989 Mitbegründer des „Demokratischen Aufbruch“, Sprecher und Vertreter d. DA am Zentralen Runden Tisch, 1990 Minister o. Geschäftsbereich und später Min. für Abrüstung und Verteidigung der DDR, Vorsitzender d. DA, Sept. 1990 CDU. Seit Dez. 1990 MdB, Vorsitzender beider Enquete-Kommissionen des Deutschen Bundestages zur Aufarbeitung von Geschichte und Folgen der SED-Diktatur, seit 1994 Vors. d. CDU-Arbeitnehmerorganisation CDA, seit 1998 Vors. d. Vorstandes d. Stiftung zur Aufarbeitung der SED-Diktatur.

Karl Wilhelm Fricke, Dr. h. c., Jahrgang 1929, Journalist. Langjährige Haftstrafe in der DDR nach Entführung durch Stasi-Agenten. 1970 -1994 leitender Redakteur beim Deutschlandfunk, Köln. 1992 und 1995 Sachverständiges Mitglied der Enquete-Kommissionen „Aufarbeitung von Geschichte und Folgen der SED-Diktatur in Deutschland“ sowie „Überwindung der Folgen der SED-Diktatur im Prozeß der Deutschen Einheit“. Seit 1995 freiberuflicher Publizist. Zahlreiche Veröffentlichungen, insbesondere zur Justiz und Staatssicherheit in der DDR.

Martin Gutzeit, Jahrgang 1952, Pfarrer, Initiator der Sozialdemokratischen Partei in der DDR (SDP), Parlamentarischer Geschäftsführer der SDP-Fraktion der letzten Volkskammer der DDR, heute Landesbeauftragter für die Unterlagen des Staatssicherheitsdienstes der ehemaligen DDR des Landes Berlin

Stephan Hilsberg, Jahrgang 1956, Ingenieur für Informationsverarbeitung, MdVK 1990, Gründungsmitglied der SDP und 1. Sprecher bis Februar 1990, seit 1990 Mitglied des Deutschen Bundestages.

Gunter Holzweißig, Dr. phil., Jahrgang 1939, Regierungsdirektor im Bundesarchiv Berlin. Bis Ende 1991 Abteilungsleiter im Gesamtdeutschen Institut; zahlreiche Veröffentlichungen u. a. zu Sport, Militärwesen und Medien in der DDR.

Martin Jander, Dr. phil., Jahrgang 1955, Studium der Geschichte und Germanistik an der Freien Universität Berlin, seit 1992 Mitarbeiter im Forschungsverbund SED-Staat; Veröffentlichungen, u.a. „Formierung und Krise der DDR-Opposition".

Hubertus Knabe, Dr. phil., Jahrgang 1959, wissenschaftlicher Mitarbeiter der Abteilung Bildung und Forschung beim Bundesbeauftragten für die Unterlagen des Staatssicherheitsdienstes der ehemaligen DDR; Veröffentlichungen, u.a. Klaus Ehring (Pseud.) „Schwerter zu Pflugscharen. Friedensbewegung in der DDR", „Aufbruch in eine andere DDR. Reformer und Oppositionelle über die Zukunft ihres Landes", „Umweltkonflikte im Sozialismus. Möglichkeiten und Grenzen der Problemartikulation in sozialistischen Systemen – eine vergleichende Analyse der Umweltdiskussion in der DDR und Ungarn", sowie zur Arbeit des MfS in der Bundesrepublik.

Ilko-Sascha Kowalczuk, Jahrgang 1967, Historiker, Sachverständiges Mitglied der Enquete-Kommission „Überwindung und Folgen der SED-Diktatur im Prozeß der deutschen Einheit"; Veröffentlichungen zur Geschichte der SBZ/DDR. Zur Zeit Referent bei der Stiftung zur Aufarbeitung der SED-Diktatur, Berlin.

Fred Kowasch, Jahrgang 1965, Journalist. Seit Anfang der achtziger Jahre Mitarbeit in verschiedenen Friedens-, Umwelt- und Bürgerrechtsgruppen in Leipzig. Studium der Geschichte, Politik und Publizistik an der FU Berlin. Zur Zeit freier Fernsehjournalist.

Eberhard Kuhrt, Jahrgang 1946, Referatsleiter im Bundesministerium des Innern, Veröffentlichungen u.a. über Friedensbewegung und Kirche in der DDR, Geschichtswissenschaft in der DDR.

Heiko Lietz, Jahrgang 1943, Theologe, Bausoldat in der NVA. Ab 1979 Mitarbeit in der autonomen Friedensbewegung in Güstrow, Kessin und Rostock. Ab 1985 Mitorganisator der Arbeitsgruppe „Wehrdienstverweigerung" und Mitorganisator der unabhängigen Friedensbewegung in der DDR. September 1989 Beitritt zum Neuen Forum. 1990 Vertreter des Neuen Forums am Zentralen Runden Tisch. Zur Zeit in verschiedenen bundesweiten Bürgerrechtsinitiativen tätig. Veröffentlichungen zur Bürgerbewegung in der DDR.

Markus Meckel, Jahrgang 1952, Pfarrer, Theologiestudium in Naumburg und Berlin. Oppositionelle politische Arbeit seit den 70er Jahren, 1980-88 Vikariat und ev. Pfarramt in Vipperow/Müritz, Mitinitiator der Gründung der SDP, 1990 Außenminister der DDR, MdB seit 1990, Mitglied beider Enquete-Kommissionen des Deutschen Bundestages zur Aufarbeitung der SED-Diktatur und ihrer Folgen, Vors. des Stiftungsrats der Stiftung zur Aufarbeitung der SED-Diktatur, seit 1994 Vors. der Deutsch-Polnischen Parlamentariergruppe.

Ludwig Mehlhorn, Jahrgang 1950, Studium der Mathematik. Seit 1969 Mitarbeit bei der „Aktion Sühnezeichen“ der ev. Studentengemeinde. Seit Mitte der 70er Jahre Mitarbeit in der demokratischen Opposition. 1989 DJ-Gründungsmitglied und Mitinitiator der „Stiftung Kreisau“. Zur Zeit Studienleiter bei der ev. Akademie Berlin-Brandenburg, Hrsg. und Autor von oppositionellen Schriften.

Neubert, Ehrhart, Dr. theol., Jahrgang 1940, Theologe, 1967-75 Teilnahme an verschiedenen informellen Zirkeln zu philosoph. und soziol. Themen (Einfluß von Havemann). Seit 1979 Mitarbeit in Friedenskreisen der ev. Studentengemeinde und Thüringer Friedensgruppen. Juni 1989 Mitglied des Initiativkreises zur Gründung des Demokratischen Aufbruchs. Vertreter des DA am Runden Tisch. Mitarbeit in verschiedenen Untersuchungsausschüssen. Seit 1997 Fachbereichsleiter der Abt. Bildung und Forschung beim Bundesbeauftragten für die Unterlagen des Staatssicherheitsdienstes der ehemaligen DDR. Seit 1998 Mitglied d. Vorst. d. Stiftung z. Aufarbeitung der SED-Diktatur. Zahlreiche Publikationen zu religionssoziol. und historischen Themen.

Sebastian Pflugbeil, Dr. rer. nat., Jahrgang 1947, Physikstudium. Mitbegründer des Friedensseminars der Immanuelgemeinde in Berlin, 1989 Mitbegründer des Neuen Forums und Vertreter am Runden Tisch. Februar 1990 Minister ohne Geschäftsbereich, Mitglied der Berliner Stadtverordnetenversammlung. Zur Zeit Vorsitzender des Vereins „Kinder von Tschernobyl“. Publikationen zu Themen der Friedensbewegung, Energiepolitik und DDR-Geschichte

Gerd Poppe, Jahrgang 1941, Diplom-Physiker, seit 1968 Engagement in oppositionellen Kreisen, 1975 Bausoldat, Mitbegründer d. Initiative Frieden und Menschenrechte, 1989/90 Sprecher d. IFM und ihr Vertreter am Zentralen Runden Tisch, 1990 Minister o. Geschäftsbereich i. d. DDR, v. Dez 1990 bis Okt.1998 MdB, Außenpolitischer Sprecher der Fraktion Bündnis 90/Die Grünen, Mitglied des Auswärtigen Ausschusses, des Unterausschusses Menschenrechte und der beiden Enquete-Kommissionen zur Aufarbeitung der DDR-Geschichte und ihrer Folgen. Seit 1998 Beauftragter f. Menschenrechte und Humanitäre Hilfe des Auswärtigen Amtes, Mitglied des Vorstandes der Stiftung zur Aufarbeit. der SED-Diktatur.

Michael Richter, Dr. phil., Jahrgang 1952, Historiker, wissenschaftlicher Mitarbeiter am Hannah-Arendt-Institut für Totalitarismusforschung an der TU Dresden, Projektleiter „Friedliche Revolution und deutsche Einheit 1989/90“; zahlreiche Veröffentlichungen zum Themenbereich „DDR-Parteien“ und „Friedliche Revolution“.

Uwe Schwabe, Jahrgang 1962. Mitbegründer der Initiativgruppe „Leben“, Leipzig. Regionalsprecher des Neuen Forums 1989, Mitarbeit in kirchlichen Basisgruppen. Mitarbeiter beim Haus der Geschichte, Zeitgeschichtliches Forum Leipzig, Vorstandsmitglied Archiv Bürgerbewegung e. V. Leipzig. Veröffentlichungen zur Oppositionsbewegung in der DDR.

Wolfgang Templin, Jahrgang 1948, Studium des Bibliothekswesens und der Philosophie. Seit Ende der 70er Jahre Mitarbeit in verschiedenen unabhängigen Friedens- und Menschenrechtsgruppen. 1985 Mitbegründer der IFM. 1989 Vertreter der IFM am Zentralen Runden Tisch, 1989/1990 Mitarbeiter der Volkskammerfraktion Bündnis 90/Grüne. Mitbegründer von Bündnis 90. Zur Zeit Freier Publizist, zahlreiche Veröffentlichungen zur Opposition in der DDR und Osteuropa.

Reinhard Weißhuhn, Jahrgang 1951, seit 1973 als Stadtplaner, Dokumentarist, Architekt in Berlin, seit 1975 oppositionell aktiv, 1989 Zentraler Runder Tisch, seit März 1990 Außenpolitik für Bündnis 90/Die Grünen in Volkskammer und Bundestag.

Bildquellenverzeichnis

Bundesarchiv: XV, 503 (oben), 600 (unten), 689, 691 (oben), 694 (unten), 780, 783, 785, 786.

Bundesbildstelle, Bonn: XVI (Lehnartz), 607 (unten).

Deutsches Historisches Museum, Berlin: 324 (unten), 505 (unten).

Rainer Eppelmann, Berlin: 77 (unten).

Frank Feiertag,Leipzig: 504, 605 (unten).

Gunther Hübner, Dresden: 692 (unten).

Jürgens Ost + Europa Photo, Berlin: 76 (oben), 78 (oben), 133, 134, 135 (unten), 165, 324 (oben), 420, 424 (unten), 602, 605 (oben), 606 (oben), 690, 781, 784

Matthias-Domaschk-Archiv, Berlin: 78 (unten), 79, 80, 132, 135 (oben), 164, 166, 167 (oben), 168, 169, 170, 230, 231, 232, 233, 234, 235, 321, 322, 323, 325 (oben), 327, 329, 330, 421 (unten), 422, 423, 424 (oben), 503 (unten), 505 (oben), 599, 600 (oben), 601, 604, 692 (oben), 693, 782.

Archiv der Robert-Havemann-Gesellschaft, Berlin: 77 (oben), 167 (unten), 325 (unten), 326, 421 (oben), 603, 607 (oben), 688, 691 (unten).

Ullstein Bilderdienst, Berlin: 76 (unten) (Erich O. Kobelt), 328, 598, 606 (unten), 694 (oben).